R. Degkwitz · S. O. Hoffmann · H. Kindt

Psychisch krank

Psychisch krank

Einführung in die Psychiatrie
für das klinische Studium

R. Degkwitz, S. O. Hoffmann, H. Kindt

Mit Beiträgen von
Cl. Faust, G. Hochapfel, H. Koufen, G. Steinkraus

Urban & Schwarzenberg
München-Wien-Baltimore 1982

Anschriften des Herausgebers und der Mitarbeiter:

Prof. Dr. *Rudolf Degkwitz,* Direktor der Psychiatrischen und Neurologischen Univ.-Klinik, Hauptstraße 5, 7800 Freiburg i. Br.

Prof. Dr. *Clemens Faust,* Psychiatrische und Neurologische Univ.-Klinik (em.), Hauptstr. 5, 7800 Freiburg i. Br.

Dr. *Gerd Hochapfel,* Psychiatrische und Neurologische Univ.-Klinik, Abt. Psychotherapie und Psychosomatik, Habsburgerstr. 62, 7800 Freiburg i. Br.

Prof. Dr. *Sven Olaf Hoffmann,* Psychiatrische und Neurologische Univ.-Klinik, Abt. Psychotherapie und Psychosomatik, Habsburgerstr. 62, 7800 Freiburg i. Br.

Prof. Dr. *Hildburg Kindt,* Psychiatrische und Neurologische Univ.-Klinik, Abt. Allgemeine Psychiatrie mit Poliklinik, Hauptstr. 5, 7800 Freiburg i. Br.

Prof. Dr. *Hubert Koufen,* Psychiatrische und Neurologische Univ.-Klinik, Abt. Allgemeine Psychiatrie mit Poliklinik, Hauptstr. 5, 7800 Freiburg i. Br.

Dipl.-Psych. *Günther Steinkraus,* Neue Stuttgarter Str. 24, 7031 Magstadt/Sindelfingen

CIP-Kurztitelaufnahme der Deutschen Bibliothek

Degkwitz, Rudolf:
Psychisch krank: Einführung in die Psychiatrie für das klin. Studium / R. Degkwitz; S. O. Hoffmann; H. Kindt. Mit Beitr. von Cl. Faust... – München; Wien; Baltimore: Urban und Schwarzenberg, 1982.
ISBN 3-541-09911-9
NE: Hoffmann, Sven O.:; Kindt, Hildburg

Satz: Satz-Rechen-Zentrum Berlin, Druck und Bindung: Kösel, Kempten. Printed in Germany.
© Urban & Schwarzenberg 1982
ISBN 3-541-09911-9

Vorwort

Der Zugang zu psychisch Kranken ist erfahrungsgemäß für alle, unabhängig davon, ob sie eine medizinische Ausbildung haben oder nicht, besonders schwierig. Schon wenn man mit »Psychischem«, erst recht mit psychisch Krankem zu tun bekommt, fühlt man sich in der Regel unsicher. Das hat vielerlei Gründe. Als einer von ihnen wird angeführt, daß nicht nur in der Ausbildung zu medizinischen Berufen psychologische Kenntnisse unzureichend vermittelt werden. Hieran hat sich durch die neue Ausbildungsordnung für Ärzte leider nicht viel geändert. Es ist aber auch die Frage, ob bessere Kenntnisse in der Psychologie das sind, was eigentlich vermißt wird. Die Psychologie ist ja, ebenso wie die Anatomie, Physiologie und Biochemie, eine Wissenschaft, d. h. sie ist Wissen von Psychischem. Wissen vermittelt aber im Gegensatz zu einer weitverbreiteten Meinung nicht ohne weiteres die Fähigkeit, mit dem Gegenstand der Wissenschaft, in unserem Falle mit Psychischem, umzugehen. Zudem ist Psychologie nicht identisch mit Anthropologie, d. h. sie ist nicht »die« Wissenschaft vom Menschen. Vor einer gleichartigen Schwierigkeit steht der Lernende beim Umgang mit psychisch Kranken. Das, was er im Unterricht hört sowie in den Lehrbüchern findet, ist die Krankheitslehre, also das Wissen über möglich psychische Störungen und Krankheiten sowie deren Art und Einteilung. Das setzt ihn allenfalls in den Stand, psychische Störungen und Krankheiten zu erkennen, nicht aber Zugang zum psychisch Kranken zu finden. Damit soll natürlich nicht in Frage gestellt werden, daß gute Kenntnisse in der psychiatrischen Krankheitslehre unbedingt erforderlich sind. Wenn aber der Zugang zum psychisch Kranken nicht gelingt, erscheint die Krankheitslehre als formales Wissen, das man sich eben anlernt. Diese Schwierigkeiten wurden durch die für die neue Prüfungsordnung erforderlichen Gegenstandskataloge erheblich gesteigert. In diesen wird das geforderte Wissen in die Form von Definitionen von »Gegenständen« gebracht. Präzise Definitionen und das Eliminieren von Schulmeinungen, die für das Erarbeiten des Gegenstandskataloges erforderlich waren, sind fraglos von großem Wert. Der Gegenstandskatalog vermittelt so aber den Eindruck eines fertigen Gebäudes, an dem lediglich noch einige kleinere Verbesserungen erforderlich sind. Eine Folge davon ist, daß Kenntnis des Lehrgebäudes für die in Ausbildung Befindlichen zum Lernziel wird, ganz abgesehen davon, daß das Ziel der neuen Ausbildungsordnung für Ärzte ist, wie es in dem Erlaß heißt, daß die Studenten die Examina bestehen. Das bewirkt ein Schwinden des Bewußtseins dafür, daß alles Wissen lediglich ein Instrument für die eigentliche Aufgabe, Kranken zu helfen, ist, der wir zudem stets nur unvollkommen gerecht werden können. Es wird auch nicht genügend beachtet, daß die Instrumente unter verschiedenen Gesichtspunkten erdacht und erst im Laufe der Zeit geschmiedet wurden, bis sie zu dem wurden, was sie heute sind, d. h. sie zeigen die Spuren ihrer Geschichte und sind auch nicht etwas Letztes, sondern behalten stets den Charakter von etwas Vorläufigem. Diese Situation ist der Anlaß dafür, daß wir uns entschlossen haben zu versuchen, den Weg zum psychisch Kranken aufzuzeigen und zu ihm hinzuführen. Dazu müssen die Art der Probleme, die sich in Theorie und Praxis bei psychisch Kranken seit jeher ergeben, und die Versuche, sie zu lösen, dargelegt und erörtert werden. Das schließt natürlich eine Stellungnahme zur psychiatrischen Krankheitslehre ein. Es ist aber nicht unsere Absicht, wie man denken könnte, eine neue, bessere vorzulegen, sondern die Struktur der verschiedenen psychiatrischen Krankheitslehren zu beleuchten und zu zeigen, inwiefern sie beim Umgang mit psychisch Kranken eine Hilfe sein können, aber auch, welcher Art die Schwierigkeiten sind, die jede von ihnen mit sich bringt. Unser Blick ist dabei stets auf den psychisch Kranken gerichtet. Um offen zu bleiben und nicht in Begriffen und theoretischen Konstruktionen steckenzubleiben, müssen, so scheint es uns jedenfalls, deren Werdegang, Möglichkeiten und Grenzen aufgezeigt werden. Nur so ist eine gewisse Erstarrung und Stagnation in der Psychiatrie zu überwinden.

Bei den Bemühungen um diese Problematik sind wir in gewisser Weise den umgekehrten Weg gegangen. Unser Arbeitskreis hat sich gebildet, um dem Problem der sog. Krankheitsbegriffe nachzugehen. Dabei stießen wir bald auf die menschliche Grundgegebenheit oder richtiger Grunderfahrung »krank«, die sich, wie alle Grunderfahrungen des Menschen, beschreiben, aber letztlich nicht auflösen läßt. Daran knüpfen sich dann die weiteren Fragen nach unseren Möglichkeiten, mit dieser Grunderfahrung in Theorie und Praxis umzugehen. Das ist der Ausgangspunkt dieser Einführung in die Grundfragen des heute so viel diskutierten psychischen Krankseins. Wir setzen also bei etwas allen Bekanntem an, eben der Grunderfahrung »krank« bzw. »psychisch krank«. Diese Grunderfahrungen sind, wenn man so sagen darf, das Material, aus dem durch Abstraktion die medizinischen Begriffe und theoretischen Ansätze gebildet werden. Die ersten Schritte auf diesem Wege sind die Versuche, die Grunderfahrung psychisch krank einzugrenzen und ihr Wesen zu begreifen. Damit ist der Weg bereitet für die nächsten Schritte, die sich der Erscheinungsweise psychischen Krankseins, dem Wesen der Psychiatrie und deren verschiedenen Ansätzen, zuwenden. Daran knüpfen sich dann Fragen nach der Art praktischer Bemühungen um psychisch Kranke, deren Versorgung und Behandlung. Unsere heutigen Kenntnisse über psychische Krankheit wurden im Laufe der Zeit auf Grund der Wechselwirkung von Erfahrung und theoretischen Ansätzen allmählich erarbeitet. Von dieser Entwicklung sind unsere Begriffswelt und die sie darstellende psychiatrische Sprache nicht zu lösen. Vieles läßt sich überhaupt nur aus dieser Entstehungsgeschichte heraus verstehen. Deswegen muß hierauf immer wieder Bezug genommen werden. Dennoch haben wir keinen Versuch unternommen, dieser Einführung in die Grundfragen eine »Geschichte der Psychiatrie« einzufügen, da es sich dabei um eine andersartige Fragestellung handelt.

Bei diesem Vorgehen entsteht natürlich nicht ein weiteres psychiatrisches Lehrbuch oder eine Propädeutik der bisherigen Art. Wer das erwartet, wird von unseren Ausführungen enttäuscht werden, denn das Aufzeigen der Grundstrukturen unseres Faches enthält für ein Lehrbuch zu wenig Klinik und für eine Einführung in die Psychiatrie zu viel Theorie. Das darf nicht so verstanden werden, daß wir eine Theorie der Psychiatrie, losgelöst von der Klinik, vorlegen wollen. Da sich die Überlegungen auf die Grunderfahrung »krank« bzw. »psychisch krank« stützen, bleibt die Beziehung zur ärztlichen Aufgabe stets erhalten. Bei unserem Versuch stehen wir natürlich auch vor der bekannten Schwierigkeit, daß Erfahrung nur schwer vermittelt werden kann. Denn das, was wir darlegen, ist seinem Wesen nach unvermeidlich wieder Wissen über psychisches Kranksein und was damit zusammenhängt. Unser Bemühen ist darum, unserem Wissen seinen Platz als Hilfsmittel anzuweisen und die Struktur unseres Wissens und deren Auswirkungen auf unser Denken und Handeln deutlich zu machen. Damit ist, so hoffen wir, der Weg zum psychisch Kranken und zu einem frei verfügenden Umgang mit den psychiatrischen Konzepten im Interesse der Kranken gebahnt.

Unser Arbeitskreis setzt sich zusammen aus Professor Dr. Rudolf Degkwitz, Ärztlicher Direktor der Abteilung Allgemeine Psychiatrie im Klinikum der Universität Freiburg i.Br., Professor Dr. Sven Olaf Hoffmann, Oberarzt der Abteilung Psychotherapie und Psychosomatische Medizin im Klinikum der Universität Freiburg i.Br., Professor Dr.Hildburg Kindt, Oberärztin an der Abteilung Allgemeine Psychiatrie im Klinikum der Universität Freiburg i.Br.

Lange Zeit gehörte unserem Arbeitskreis Professor Dr. Clemens Faust, Ärztlicher Direktor der Abt. Neuropsychologie und Rehabilitation im Klinikum der Universität Freiburg i. Br. an, bis er im Sommer 1980 die Leitung des Neurologischen Sanatoriums Elzach übernahm.

Zwei Mitarbeiter der Abteilung Allgemeine Psychiatrie, Prof. Dr. Hubert Koufen und Dipl. Psychologe Günter Steinkraus, verfaßten die Kapitel Neurophysiologie und Testpsychologie, wirkten aber sonst nicht in unserem Arbeitskreis mit, dem anfangs auch Dr. Peter Riedesser, s. Zt. Assistent an der Abteilung Kinder-

und Jugendpsychiatrie im Klinikum der Universität Freiburg i.Br. angehörte. Das Kapitel über die psychosomatische Medizin schrieb Dr. Gerd Hochapfel, Assistent an der Abteilung für Psychotherapie und psychosomatische Medizin. Herr Dr. Hans Zimmermann, Oberarzt der Abteilung Allgemeine Psychiatrie, sah das Manuskript durch und gab viele wertvolle Anregungen zur Präzisierung der allgemeinen Aussagen.

Die einzelnen Kapitel wurden, wie das Inhaltsverzeichnis zeigt, von einzelnen von uns verfaßt. Alle Kapitel wurden in unserem Arbeitskreis gemeinsam erörtert. Bei der unterschiedlichen wissenschaftlichen Herkunft ist es verständlich, daß die einzelnen Kapitel durchaus verschiedene Akzente tragen und setzen. Dabei war für uns wichtig, daß Autoren mit unterschiedlichen Betrachtungsweisen versuchen, zu abgestimmten Aussagen über psychisches Kranksein zu kommen. Jedes Kapitel behandelt eine der Grundfragen psychischen Krankseins. In die Erörterung wurden stets allgemeine Gesichtspunkte, die an anderer Stelle in dem Buch ausführlich erörtert werden, mit einbezogen. Das führt zwar zu gewissen Wiederholungen, eröffnet dem Leser aber die Möglichkeit, sich einzelnen Kapiteln zuzuwenden, ohne auf die Lektüre des ganzen Buches angewiesen zu sein. Auf die ausführlichen einschlägigen Erörterungen finden sich jeweils entsprechende Verweise.

Unserer besonderer Dank gilt Frau Irmgard Becker, die die immer wieder überarbeiteten und verbesserten Texte mit großer Geduld und Zuverlässigkeit unermüdlich geschrieben und durchkorrigiert hat.

Freiburg/Br. im Oktober 1981

Rudolf Degkwitz

Inhaltsverzeichnis

Vorwort   V

Teil I: Grundlagen der Psychiatrie

1. Krank und psychisch krank
    (Degkwitz, Faust, Kindt)   3
1.1 Grunderfahrung »krank«
    (Degkwitz, Faust, Kindt)   3
1.2 Psychisch abnorm und psychisch
    krank *(Degkwitz, Faust, Kindt)*   6
1.3 Begreifen und Eingrenzen von
    »psychisch krank«
    (Degkwitz, Faust, Kindt) 10
1.4 Zusammenfassung
    (Degkwitz, Faust, Kindt) 19

2. Arzt und psychisch Kranker
    (Degkwitz, Kindt) 21
3. Stellung der Psychiatrie in der Me-
    dizin *(Degkwitz)* 35
4. Die methodischen Ansätze der Er-
    fahrungswissenschaften und ihre
    Bedeutung für die theoretischen
    Ansätze der Psychiatrie
    (Degkwitz, Kindt) 39

Teil II: Beschreibung und Gliederung psychischen Krankseins

5. Bemerkungen zur Gliederung und
    Beschreibung   psychiatrischer
    Krankheiten *(Degkwitz)* 47
5.1 Begriffe aus der allgemeinen
    Krankheitslehre *(Degkwitz)* 47
5.2 Gliederung von Krankheitseinhei-
    ten *(Degkwitz)* 50
6. Klassifikation   psychiatrischer
    Krankheiten nach dem Internatio-
    nalen Diagnosenschlüssel ICD
    (Degkwitz) 52
7. Erscheinungsweisen   psychischen
    Krankseins 81
7.1 Symptomatische Psychosen, hirnor-
    ganische Wesensänderungen und
    Demenzen (ICD-Nr. 290-294 u. 310)
    (Degkwitz) 81
7.2 Schizophrene Psychosen (ICD-Nr.
    295) *(Kindt)* 94
7.3 Atypische endogene Psychosen
    (ICD-Nr. 295.7) *(Kindt)* 101
7.4 Affektive Psychosen (ICD-Nr. 296)
    (Degkwitz) 103
7.5 Paranoide Syndrome (Paranoia, Pa-
    raphrenie, induzierte Psychosen)
    und andere nicht symptomatische
    Psychosen (ICD-Nr. 297–298)
    (Kindt) 114
7.6 Psychoneurosen (ICD-Nr. 300)
    (Hoffmann) 116

7.7 Charakter-   (Persönlichkeits-)Stö-
    rungen (ICD-Nr. 301)
    (Hoffmann) 126
7.8 Psychosomatische Störungen und
    Erkrankungen (ICD-Nr. 306 u. 316)
    (Hochapfel) 129
7.9 Belastungsreaktionen und psycho-
    gene Reaktionen (ICD-Nr. 308 u.
    309) *(Hoffmann)* 138
7.10 Sexuelle Deviationen (ICD-Nr.
    302) *(Hoffmann)* 139
7.11 Spezielle und häufige Formen ab-
    normer Entwicklungen: Abhängig-
    keit und Suizidalität 141
    Vorbemerkungen *(Degkwitz)* 141
    Drogen- und Medikamentenab-
    hängigkeit (ICD-Nr. 303–305)
    (Degkwitz) 141
    Suizidalität und Suizidhandlun-
    gen *(Kindt)* 150
7.12 Umschriebene Teilleistungsstörun-
    gen und Entwicklungsrückstände
    (ICD-Nr. 315) *(Degkwitz)* 153
7.13 Oligophrenien (ICD-Nr. 317-319)
    (Degkwitz) 154
7.14 Altersspezifische Formen psychi-
    scher Störungen und Krankheiten
    im Kindes- und Jugendalter sowie
    beim Altern *(Degkwitz)* 157
7.15 Psychische Störungen nach Hirn-
    traumen *(Faust)* 160

Teil III: Betrachtungsweisen, nosologische Konzepte und Erklärungsmodelle psychischen Krankseins

8. Vorbemerkungen *(Degkwitz)* 167
9. Der psychopathologische Ansatz: Phänomene, Symptome und Syndrome 170
9.1 Die psychopathologische Betrachtungsweise *(Degkwitz)* 170
9.2 Das Wachbewußtsein und seine Veränderungen *(Degkwitz)* 173
9.3 Störungen der Affektivität *(Degkwitz)* 176
9.4 Intelligenzstörungen *(Degkwitz)* ... 179
9.5 Aktivitäts- u. Antriebs-Störungen *(Degkwitz)* 181
9.6 Triebstörungen *(Degkwitz)* 183
9.7 Denkstörungen *(Degkwitz)* 183
9.8 Störungen des Wahrnehmens und Erkennens *(Degkwitz)* 185
9.9 Gedächtnisstörungen *(Degkwitz)* ... 189
9.10 Ichstörungen *(Degkwitz)* 190
9.11 Störungen des Wollens *(Degkwitz)* 190
9.12 Psychopathologische Syndrome *(Degkwitz)* 190
9.13 Ergänzende Bemerkungen 191
10. Die Neurosenpsychologische Betrachtungsweise: Entwicklung, Motivation, Verhalten *(Hoffmann)* 193
10.1 Neurose – Bestimmung und Abgrenzung..................... 193
10.2 Abgrenzung verschiedener Neurosenformen *(Hoffmann)* 197
11. Erklärungsmodelle (Ätiologie, Genese, Psychodynamik) 200
11.1 Vorbemerkungen zu den Begriffen *(Degkwitz)*.................... 200

11.2 Psychiatrische Ansätze zur Erklärung psychischen Krankseins *(Degkwitz)* 200
11.3 Psychoanalytischer Ansatz zur Erklärung des Wesens psychischen Krankseins *(Hoffmann)* 203
11.4 Psychosomatische Ansätze zur Erklärung des Wesens psychischen Krankseins *(Hochapfel)* 218
12. Übergeordnete Begriffe und Konzepte der psychiatrischen Krankheitslehre 222
12.1 Psychose – Neurose – Borderline *(Kindt)*..................... 222
12.2 Exogen – Endogen – Psychogen *(Degkwitz)*.................... 230
12.3 Anlage – Entwicklung – Prozeß – Restzustand *(Degkwitz)*........... 238
12.4 Querschnitts- und Längsschnitts-Betrachtung *(Degkwitz)*........... 241
12.5 Konflikt – Strukturelle Störung *(Hoffmann)*................... 242
12.6 Typisch – Atypisch *(Degkwitz)* 244
13. Gliederung und Analyse psychiatrischer Krankheitsbilder als Grundlagen klinischer Diagnostik *(Faust)* .. 246
14. Problematik der ICD im Kapitel V, Psychiatrische Krankheiten *(Degkwitz)* 251
15. Problematik psychiatrischer Diagnostik und Diagnosestellung *(Kindt)* 254

Teil IV: Versorgung und Behandlung psychisch Kranker

16. Vorbemerkungen *(Degkwitz)* 261
17. Die Entwicklung der Versorgung psychisch Kranker in Deutschland seit Beginn des 19. Jahrhunderts *(Degkwitz)*.................... 264
17.1 Übersicht über wichtige psychiatrische Institutionen im deutschen Sprachraum seit Beginn des 19. Jahrhunderts *(Degkwitz)*.......... 270
18. Prävention – Psychohygiene *(Degkwitz)* 280
19. Eingrenzung und Wesen von Therapie bei psychischem Kranksein *(Degkwitz)* 286
20. Allgemeine Behandlungsformen *(Degkwitz)* 289
20.1 Moral management *(Degkwitz)* 289
20.2 Arbeits- und Beschäftigungstherapie *(Degkwitz)* 291
20.3 Hydrotherapie *(Degkwitz)* 296

20.4 Bettbehandlung *(Degkwitz)* 297
20.5 Neuere Therapieformen *(Degkwitz)* 299
20.6 Milieugestaltung *(Degkwitz)*....... 299
20.7 Abschließende Bemerkungen zu den Kap. 20.1 – 20.6 *(Degkwitz)* 302
21. Psychotherapeutische Verfahren *(Hoffmann)* 304
21.1 Das ärztliche Gespräch *(Hoffmann)* 304
21.2 Konfliktzentrierte Verfahren *(Hoffmann)* 305
21.3 Suggestive Verfahren *(Hoffmann)* .. 309
21.4 Übende Psychotherapieverfahren *(Hoffmann)* 310
21.5 Erlebnisorientierte Verfahren *(Hoffmann)* 312
21.6 Psychotherapie in Gruppen *(Hoffmann)* 313
21.7 Stationäre Psychotherapie *(Hoffmann)* 314
21.8 Wirkprinzipien und Wirksamkeit der Psychotherapien *(Hoffmann)*... 316

22.	Somatische Behandlungsverfahren	319
22.1	»Klassische« psychiatrische Behandlungsverfahren *(Degkwitz)*	319
22.2	Psychopharmakotherapie *(Degkwitz)*	320
22.3	Schlafentzug *(Degkwitz)*	332
23.	Risiken und Kritik der Behandlungsverfahren in der Psychiatrie *(Degkwitz)*.	333
23.1	Psycholeptika *(Degkwitz)*	333
23.2	Tranquilizer *(Degkwitz)*	336
23.3	Andere Behandlungsverfahren *(Degkwitz)*	336
23.4	Kritik an den Behandlungsmethoden *(Degkwitz)*	337
24.	Therapie-Indikationen, Behandlungsziele und Erfolgsbeurteilung bei psychischen Krankheiten	338
24.1	Vorbemerkungen *(Degkwitz)*	338
24.2	Sedierende und schlafanstoßende Medikamente *(Degkwitz)*	339
24.3	Anregende Medikamente *(Degkwitz)*.	341
24.4	Behandlung von Depressionen *(Degkwitz)*	341
24.5	Behandlung von Manien *(Degkwitz)*	343
24.6	Lithium-Salze als prophylaktische Mittel bei affektiven Psychosen *(Degkwitz)*	343
24.7.	Behandlung schizophrener Erkrankungen *(Degkwitz)*	344
24.8	Behandlung von Abhängigen *(Degkwitz)*	345
24.9	Psychotherapeutische Verfahren *(Hoffmann)*	345
24.10	»Personale Therapie« *(Degkwitz)* . .	347
24.11	Beurteilung des Behandlungserfolges *(Degkwitz)*	347
25.	Derzeitige Versorgung psychisch Kranker in der Bundesrepublik Deutschland – Fakten, Entwicklungen, Tendenzen	349
25.1	Häufigkeit psychischer Krankheiten *(Degkwitz)*	349
25.2	Versorgung psychisch Kranker *(Degkwitz)*	349
25.3	Psychiatrische Großkrankenhäuser *(Degkwitz)*.	352
25.4	Reform des psychiatrischen Versorgungssystems *(Degkwitz)*	353

Teil V: Für die Psychiatrie wichtige Einzelwissenschaften

26.	Vorbemerkungen *(Degkwitz)*	359
27.	Psychiatrie und Neurologie *(Degkwitz)*	360
28.	Neuropsychologie *(Faust)*	366
29.	Psychologische Testverfahren *(Steinkraus)*	368
29.1	Intelligenz- und Leistungstests *(Steinkraus)*	370
29.2	Persönlichkeitsfragebögen *(Steinkraus)*	372
29.3	Projektive Testverfahren *(Steinkraus)*	372
29.4	Die Tests störende Einflüsse *(Steinkraus)*	373
29.5	Neuere diagnostische Ansätze *(Steinkraus)*	375
30.	Ethologie (vergleichende Verhaltensbiologie) *(Degkwitz)*	377
31.	Neurophysiologie	380
31.1	Vorbemerkungen *(Koufen)*.	380
31.2	Das Elektroenzephalogramm (EEG) *(Koufen)*	381
31.3	Neurophysiologie von Schlaf und Traum sowie Störungen des Schlafes und des Wachbewußtseins *(Koufen)*	382
31.4	Praktisch-klinische Bedeutung des EEG bei psychischen Störungen und Krankheiten *(Koufen)*	384
32.	Neurobiochemie *(Degkwitz)*.	387
33.	Psychiatrische Genetik *(Degkwitz)*. .	394

Teil VI: Ethische, rechtliche und sozialmedizinische Fragen und Probleme der Psychiatriereform

34.	Ethische Fragen in der Psychiatrie *(Degkwitz)*.	401
34.1	Unterbringung in einer geschlossenen Abteilung *(Degkwitz)*	402
34.2	Einwilligung zur Behandlung *(Degkwitz)*	404
34.3	Erprobung neuer Behandlungsverfahren *(Degkwitz)*	405
34.4	Aufklärung von psychisch Kranken und deren Angehörigen *(Degkwitz)*	406
35.	Psychisch Kranke betreffende Rechtsfragen und Gutachtertätigkeit.	407
35.1	Privatrecht *(Degkwitz)*.	407
35.2	Strafrecht *(Degkwitz)*.	408
35.3	Sozialrecht *(Degkwitz)*	410
35.4	Zusammenfassung von Kap. 35.1–35.3 *(Degkwitz)*	413
35.5	Aufgaben des forensisch psychiatrischen Gutachters *(Degkwitz)*	413

Inhaltsverzeichnis

35.6 Erstellung des Gutachtens
(Degkwitz) 420
36. Zur Problematik des sog. lebensunwerten Lebens und der »Euthanasie« (Degkwitz)................. 422
37. Fragen der Sozialmedizin
(Degkwitz) .... 431.

37.1 Sozialmedizinische Probleme in
der Psychiatrie (Degkwitz) 431
37.2 Epidemiologie (Degkwitz) 433
38. Psychiatrie und Antipsychiatrie
(Degkwitz) 436

Anhang

39. Glossar: Psychiatrische Begriffe
und deren Definitionen (Degkwitz) 445
40. Biographische Daten im Text er-
wähnter und zitierter Psychiater
(Degkwitz)..................... 453

41. Hinweis-Index zum Gegenstandskatalog 487
42. Namensverzeichnis.............. 491
43. Sachverzeichnis 493

Teil I

Grundlagen der Psychiatrie

1. Krank und psychisch krank

Wenn man als Arzt vor einem schwerkrank daniederliegenden Patienten steht, dann wirkt die Frage, was hier unter »krank« zu verstehen ist, recht akademisch. Durch die Beeinträchtigung des Wohlbefindens und des Allgemeinzustandes ist in einem solchen Fall das »Krank«-Sein, das womöglich auch eine vitale Bedrohung bedeutet, augenfällig. Psychisches Kranksein dagegen ist meist von anderer Art. Es unterscheidet sich von der skizzierten Form des Krankseins in vieler Hinsicht so sehr, daß immer wieder die Frage auftaucht, ob denn ein psychisch Kranker überhaupt als »krank« im obigen Sinne zu bezeichnen sei. Ehe wir uns der Frage zuwenden, was »psychisch krank« ist, müssen wir die Bedeutung von »krank« bedenken, denn wir können eine besondere Art von Kranksein nicht erörtern, ohne zunächst den Inhalt des allgemeinen Begriffs »krank« zu verstehen. Dieses erste Kapitel soll sich daher mit der anscheinend weit hergeholten Frage »was ist krank?« beschäftigen. Erst im zweiten Schritt soll eine Antwort auf die Frage »was ist psychisch krank?« versucht werden. Wir hoffen, daß unsere Leser uns im Nachhinein zustimmen werden, daß diese Fragen weder abwegig noch spitzfindig sind, und bitten sie darum, uns auf diesem Weg zu folgen, auch wenn er ihnen zeitweise als Umweg erscheinen mag. Dabei sehen wir ausdrücklich davon ab zu untersuchen, was »gesund« heißt. Schon die Frage nach der Bedeutung von »krank« ist schwierig genug.

1.1 Grunderfahrung »krank«

Die alltägliche Mitteilung, dieser oder jener sei krank und könne deswegen nicht zur Arbeit kommen oder etwas nicht machen, ist jedem verständlich. Eine solche Nachricht löst sehr oft die teilnahmsvolle Frage aus: »Was fehlt ihm denn?« Die Verständigung auf dieser Ebene setzt keinen bestimmten medizinischen Sachverhalt voraus, sondern ist der Austausch über etwas Charakteristisches und Bekanntes aus dem Erfahrungsbereich des Menschen. Das heißt natürlich nicht, daß jeder im einzelnen genau das gleiche darunter versteht und verstehen muß. Das, was der Einzelne mit »krank« an Vorstellungen verbindet, hängt von seiner persönlichen Erfahrung ab. Dennoch wird mit der Aussage »krank« etwas allgemein Gültiges mitgeteilt: Bei demjenigen, der krank (geworden) ist, ist im Vergleich zum Vorher eine Veränderung eingetreten. Diese Veränderung besteht offenbar in einer Minderung, der Betreffende ist hinfällig, schwach, hilfsbedürftig geworden, kann über seine Fähigkeiten und Kräfte nicht mehr in der gewohnten Weise verfügen und muß womöglich Schmerzen ertragen. Durch diese neuen Erfahrungen fühlt er sich nicht selten in der Existenz bedroht. (Wir sprechen hier nur vom Prototypischen des Krankwerdens und -seins und nicht von deren besonderen Formen). Krank[1] bedeutet also Veränderung zum Negativen in bestimmter Richtung, unter Umständen mit einer Gefährdung des Lebens oder ganz allgemein, daß der Betroffene in besonderer Weise nicht mehr so kann wie vorher. Wir unterscheiden dieses Nicht-Können und Nicht-mehr-können von solchem, das z. B. durch äußere Schwierigkeiten, Gefahren oder gar Nicht-Wollen bewirkt wird. Wir meinen mit krank offenkundig etwas anderes als

---

[1] Etymologisch geht »krank« auf das mittelhochdeutsche kranc(k) = schmal, schlank, gering, schwach, nichtig zurück, das sich aus dem westgermanischen Wortstamm kranka ableitet, dem, wie der Sprachvergleich ergibt, im Indogermanischen die Bedeutung (sich) drehen, (sich) winden, sich zusammenziehen, sich verkrampfen zukommt, womit das Zusammenkrümmen eines Verwundeten angesprochen wird.

3

arm, verhungert, unterdrückt, überlastet. »Krank« bedeutet eine besondere Art der Beeinträchtigung des Menschen, die wir von anderen Beeinträchtigungen unterscheiden, von der Schwierigkeit festzustellen, was im Einzelfall vorliegt, abgesehen. Bisher ging es um krank als Erfahrung. Mit der Aussage, ich *bin* krank oder derjenige *ist* krank (geworden), sagen wir aber auch etwas über die Veränderung des »Seins« des krank Gewordenen aus.

»Sein« ist hier natürlich nicht in dem Sinne gemeint, daß etwas vorhanden ist, das man registrierend feststellt. Alles »Sein« ist vielmehr über das bloße Dasein hinaus wirkkräftig. Das gilt in besonderer Weise für lebendiges Sein, das mit seiner Umgebung in einer ständigen Wechselwirkung steht. Veränderungen des »Seins« spüren wir unmittelbar und können dabei verschiedene Arten unterscheiden. Eine Art der Veränderung des »Seins«, die wir an uns selbst oder an anderen erfahren, kennzeichnen wir mit dem Wort krank. Die Bezeichnungen der Eigenarten des »Seins«, wie z. B. krank, treu, verzweifelt, stehen für bestimmte Erfahrungen und die damit zusammenhängenden lebhaften Empfindungen und Vorstellungen. Sie begrifflich zu fassen, fällt uns jedoch sehr schwer.

So lebendig die Vorstellungen auch sein mögen, die sich mit der Bezeichnung »krank« verbinden, so unbefriedigend ist diese Bezeichnung doch für unser begriffliches Denken: sie ist vage und konturlos sowie ohne Angriffspunkte für eine unterscheidende Analyse und ohne Ansatzmöglichkeiten zum Handeln. Anlaß genug zu dem Versuch, zu einer schärferen Begriffsbildung zu gelangen. Nur sollte man sich darüber klar sein – was gar zu gerne vergessen wird –, daß wir bei allen Versuchen der begrifflichen »Verschärfung« doch immer der vorwissenschaftlichen unscharfen Grunderfahrung verhaftet bleiben; sie bildet den Ausgangspunkt für jeden Versuch begrifflicher Präzisierung, und an ihr (der Grunderfahrung) kontrollieren wir, ob ein gewonnener schärferer Begriff inhaltlich stimmig ist.

Damit wird deutlich, daß es sich bei der Fähigkeit des Menschen, Grunderfahrungen zu machen, um etwas ganz Wesentliches handelt, obwohl wir geneigt sind, die Bedeutung dieser Fähigkeit als gering einzuschätzen, da sie uns bei der Bewältigung des Lebens unmittelbar

wenig nützt. Diese Geringschätzung wird um so größer, je mehr wir uns um eine wissenschaftlich objektivierende Haltung bemühen und je weiter wir die Wissenschaft und die von ihr abgeleitete Technik in jeglicher Hinsicht perfektionieren. Denn darin sehen wir nicht nur die beste, sondern auch die einzige Möglichkeit, auf »sicheren Boden« zu gelangen und unser Leben zu bewältigen. Das Fundament aller dieser Bemühungen und damit die »eigentliche Realität« ist die letztlich unbegreifliche menschliche Fähigkeit, Grunderfahrungen zu machen, d. h. daß wir unsere Um-und Mitwelt unmittelbar »berühren«, oder, wie Aristoteles sagte, in gewisser Weise mit ihr einswerden. Diese Fähigkeit des Menschen wird vielfach »Schauen« genannt, wobei Schauen mehr ist als Erkennen und Feststellen, und das Geschaute mehr als die Summe von einzelnen Erkenntnissen und Feststellungen. Schauen ist eine besondere Art des Erkennens, zu dessen Wesen Offenheit oder, noch stärker gesagt, ein gewisses Sich-Preisgeben des Schauenden an das Geschaute gehört, die zum »Einswerden« führt. Mit anderen Worten: Schauen ist passiver als das »aktive« Zupacken, Erkennen und Feststellen. Insofern bezeichnet Schauen das gleiche, was wir Grunderfahrungen-machen nennen. Wir bevorzugen diesen Ausdruck, da Schauen im modernen Verständnis zu leicht als Sehen aus einer objektivierenden Distanz mißverstanden wird. Allgemein muß man sagen, es ist ein Zug unserer Zeit, daß die Fähigkeit, Grunderfahrungen zu machen bzw. zu schauen, zunehmend verkümmert. Wir haben stattdessen Informationen, Ziele und auch verschiedene Formen von Geistigkeit, und bemühen uns, über alles Bescheid zu wissen. Dieses bloße Bescheidwissen in Kultur, Kunst und Religion, vor allem aber im Hinblick auf unsere Mitmenschen, beinhaltet eine Gefährdung, da es den Eindruck eines reichen Lebens vermittelt, in Wahrheit aber Ausdruck innerer Leere ist. Dadurch verliert der Mensch auch die Beziehung zur Wirklichkeit und beginnt, immer schneller Zielen und Zwecken nachzujagen, die der Wirklichkeit immer weniger entsprechen.

Das Gesagte hat im Positiven und Negativen offensichtlich grundlegende Bedeutung für alles ärztliches Tun und die Begegnung von Arzt und Kranken. Es ergibt sich daraus, daß sich unsere Darlegungen nicht nur mit den wissenschaftlichen Ansätzen bei psychischem Kranksein beschäftigen dürfen, sondern auch den den Grunderfahrungen zugehörigen Bereich und dessen Gegebenheiten mit einbeziehen müssen. (Näheres siehe 2. und 15. Kapitel).

Sucht man nach einer wissenschaftlichen Definition von Krankheit, so stößt man auf die erstaunliche Tatsache, daß es bis heute keine hinreichende gibt. Das ist eigentlich überraschend. Krankheit ist so häufig und ubiquitär. Sie bestimmt das Schicksal der Menschen oft in entscheidender Weise, im Kampf gegen Krankheit werden ungeheuere Anstrengungen gemacht – und doch soll es so sein, daß wir letztlich begrifflich nicht scharf definieren können, um was es sich eigentlich handelt?

Bei diesen Fragen haben wir unbemerkt unsere Ausdrucksweise geändert. Bisher hatten wir von der Grunderfahrung »krank« gesprochen, jetzt ist von »Krankheit« die Rede. Inhaltlich scheint zwischen den beiden Aussageformen »ich bin krank« und »ich habe eine Krankheit« kein Unterschied zu bestehen, sie werden synonym verwendet. Es wirkt wie eine grammatikalische Spitzfindigkeit, zwischen den beiden Ausdrucksweisen einen wesentlichen Unterschied sehen zu wollen, dennoch bedeutet der Wechsel von der adjektivischen zu der substantivischen Ausdrucksweise einen ganz entscheidenden Schritt, der eines der Grundprobleme unseres Denkens nicht nur in der Medizin betrifft. Deswegen muß etwas näher darauf eingegangen werden. »Krank« haben wir als eine Aussage über das (veränderte) »Sein« eines Menschen kennengelernt, als eine Eigenschaft oder Gruppe von Eigenschaften des kranken Menschen. Die Formulierung »eine Krankheit haben« legt nahe, daß Krankheit etwas vom Menschen Unabhängiges ist, welches der Betreffende »hat« z. B. eine Last auf den Schultern oder Schmutz an der Hand. Was wir als »Last« oder »Schmutz« bezeichnen, existiert unabhängig vom Menschen, wenn auch die besondere Qualität dieser Dinge, die wir mit »Last« oder »Schmutz« ausdrücken, erst im Zusammenwirken mit dem Menschen entsteht. Trifft dies so auch auf »Krankheit« zu? Dies ist offensichtlich nicht der Fall. So wie eine Last oder Schmutz kann man allenfalls

einen Krankheitserreger »haben«. »Krankheit« dagegen bezeichnet das durch den Erreger veränderte Sein des Betroffenen. Als Beispiel dafür sei ein Ausscheider Salmonella typhi und ein Typhuskranker angeführt: den Erreger haben beide, aber eine Krankheit hat nur der letztere. Es kann sich aber auch anders verhalten, z. B. bei einer histologisch gesicherten chronischen Hepatitis: Bei dem Befund, der klinisch »Krankheit« bedeutet, kann die Erfahrung »krank« sowohl vorliegen wie fehlen.

Wenn wir also den veränderten Zustand eines Menschen nicht adjektivisch als »krank«, sondern substantivisch mit »Krankheit« bezeichnen, so abstrahieren wir damit stärker von dem Kranken, obwohl wir in der Sache das gleiche sagen. Bereits der adjektivische Allgemeinbegriff »krank« stellt natürlich eine Abstraktion dar. Er ist aus der Erfahrung an vielen Kranken gewonnen und beschreibt nicht das Individuelle des Krankseins, sondern hebt das Gemeinsame heraus, was nur durch Ausklammerung des Individuellen möglich ist. Die substantivische Aussageform ist Ausdruck unserer Bemühung, die Grunderfahrung »krank« genauer zu begreifen und zu analysieren. Sie bedeutet einen weiteren Schritt der Abstraktion durch den die Seinseigenschaft »krank« von dem krank Seienden als »Krankheit« so abgelöst wird, als ob dieses Gedankending ein selbständiges Wesen und Sein habe. Vom Kranken, seiner veränderten Lebenssituation und seinen veränderten mitmenschlichen Beziehungen ist in diesem Begriff nichts mehr enthalten. Im nächsten Abstraktionsschritt lösen wir das Gedankending »Krankheit« in verschiedene selbständige Einheiten auf, in verschiedene »Krankheiten« (etwa: Schizophrenie, multiple Sklerose usw.), wobei die Kriterien, anhand derer wir eine bestimmte Art Kranksein als eine bestimmte Krankheit identifizieren, durchaus nicht so ganz selbstverständlich sind. Der gleiche Abstraktionsvorgang wiederholt sich, wenn bestimmte Symptome aus dem Ganzen der Krankheit »herausgegriffen« werden. Wieder wird dabei von dem komplexen Ganzen abgesehen, und um diesen Preis wird das Herausgegriffene griffiger, d. h. es ist besser zu beobachten und zu analysieren. Jeder neue Abstraktionsschritt schafft unvermeidlich neue Gedankendinge. Die Mehrzahl der »Gegenstände« des Gegenstandskataloges sind solche, die auf eben diese Weise »geschaffen« wurden.

Das Unbehagen, das einen bei dieser Lage der Dinge befällt, ist oft genug in der Forderung zum Ausdruck gebracht worden, der Arzt solle Menschen und nicht Krankheiten behandeln. Nur: so einfach ist dieses Problem nicht zu lösen. Wir können auf die Abstraktion nicht verzichten – es sei denn, wir wollten auf ärztliches Wirken verzichten. Natürlich können wir diese angesprochenen Probleme nicht etwa dadurch lösen, daß wir das Substantiv »Krankheit« aus unserem Sprachschatz tilgen. Die veränderte Sprachform hat nur Signalcharakter für den Weg fortschreitender begrifflicher Abstraktion, auf die wir angewiesen sind – allerdings geht von der veränderten Sprachform als solcher bereits eine Verführung aus, die durch Ab-

straktion geschaffenen Gedankendinge als selbständige Wesenheiten mißzuverstehen. Wir müssen uns des Preises bewußt bleiben, der für die Abstraktion und für die Möglichkeit zu wirken zu entrichten ist, und wir müssen lernen, mit den Problemen umzugehen, die wir durch unser begriffliches Abstrahieren schaffen.

Vorsorglich sei darauf hingewiesen, daß im Rahmen dieser Ausführungen auf die anthropologische Dimension von krank und auch auf die Frage nach dessen Sinn nicht näher eingegangen werden kann. Das sind Aufgaben der Anthropologie, Philosophie und Theologie. Soweit erforderlich, werden diese Bereiche berührende Fragen in den einzelnen Kapiteln, vor allem im Therapie-Teil IV und im Teil VI angesprochen.

1.2 Psychisch abnorm und psychisch krank

Anders als für »krank« gibt es für psychisch auffällig, psychisch abnorm und psychisch krank in der Alltagssprache eine Vielzahl von Ausdrücken, z. B. nervös, nervenkrank, reizbar, merkwürdig, verklemmt, verkrampft, verschroben, gemütskrank, durchgedreht, depressiv, verrückt, irr, geistesgestört, geistesschwach, geisteskrank, idiotisch, verblödet, wahnsinnig, schwachsinnig, übergeschnappt, tobsüchtig. Abgesehen davon, daß einige Ausdrücke den Begriff »krank« enthalten, wird mit ihnen Unterschiedliches angesprochen. Bei dem Versuch, das Angesprochene zu ordnen, ergibt sich, daß manche Ausdrücke eher den Zustand des Betreffenden beschreiben, etwa nervös, depressiv, durchgedreht, während andere sich mehr auf sein Verhalten beziehen, etwa verschroben, reizbar, tobsüchtig. Wieder andere Ausdrücke heben stärker auf das ab, was der Betreffende sagt oder tut, und inwieweit es unverständlich ist oder unsinnig wirkt, z. B. verrückt, irr, wahnsinnig; weitere Ausdrücke betonen, daß der Betreffende Schwierigkeiten hat, mit sich zurecht zu kommen, wie verklemmt und verkrampft. Alle genannten Beispiele betreffen auffälliges, von dem üblichen abweichendes Erleben und Verhalten eines Menschen. Noch anderer Art sind weitere Ausdrücke wie idiotisch, schwachsinnig, verblödet,

die dem Betreffenden umschriebene Eigenschaften absprechen, oder bestimmte Bereiche als krank bezeichnen wie nerven-, gemüts- und geisteskrank. Bei den letztgenannten Ausdrücken spielen bereits theoretische Vorstellungen eine Rolle, auf die wir weiter unten zurückkommen.

Die Alltagssprache beschreibt also eine große Vielfalt von Besonderheiten im Erleben und Verhalten, die wir mit dem Begriff psychisch abnorm bzw. psychisch krank zusammenfassen. Wir fragen uns zunächst, welche Vorstellungen mit den angeführten Ausdrücken verbunden sind.

Die Mitteilung, dieser oder jener sei psychisch krank geworden, erweckt in uns nicht primär die Vorstellung, daß derjenige danniederliegt, hinfällig ist und Schmerzen ertragen muß, sondern daß er irgendwie anders ist als sonst. Diese Veränderung kann in verschiedene Richtungen gehen, sei es, daß der Betreffende zu wenig oder zu viel tut, sich gar nicht äußert oder merkwürdige Dinge sagt und dabei gedrückter oder gehobener Stimmung ist. Jedenfalls bekommt man den Eindruck, daß er seither mit sich und seiner Umwelt nicht mehr zurechtkommt und Schwierigkeiten hat bei der Bewältigung seiner täglichen Aufgaben und Pflichten. Insofern kann man auch hier von einem Nicht-Können sprechen, das ein wesentliches Kriterium für krank ist. Bei Psychischkrank ist aber eine Verständigung über das jeweilige Nicht-Können erschwert, und das, was der Betreffende dazu äußert oder zu verstehen gibt, ist nicht ohne weiteres nachvollziehbar.

Nicht recht verständliche Veränderungen des Verhaltens im Alltag sowie bei der Gestaltung des Lebens und Schwierigkeiten beim Umgang mit sich selbst und der Umgebung sind also wesentliche Anhaltspunkte dafür, jemanden als »psychisch krank« anzusehen.

Aus dem Gesagten wird verständlich, daß Verhaltensweisen, die aus der allgemeinen Erfahrung und Erwartung nachhaltig herausfallen, die Umgebung in besonderer Weise betreffen. Krankheit löst Mitleid und die Bereitschaft zur Hilfeleistung aus, während das unverständliche und in manchen Fällen störende Verhalten psychisch Kranker auch andere Reaktionen hervorrufen kann. Die Schwierigkeit oder Unmöglichkeit, den merkwürdig Veränderten mit den üblichen Mitteln zu erreichen, sein Unverständnis für praktische Notwendigkeiten, etwa die Familie zu versorgen, und das Scheitern von diesbezüglichen Vorhaltungen bewirken Unsicherheit, lösen Angst aus oder verleiten dazu, strenge Maßnahmen zu ergreifen. Das alles gilt zwar nur für einen Teil der psychisch Kranken, es wird aber immer wieder, vor allem dann, wenn man solche Kranke nicht persönlich kennt, auf alle übertragen. Insgesamt differenzieren aber Laien hier besser, als dies lange Zeit von der psychiatrischen Fachwelt angenommen wurde, wie *W. Stumme* gezeigt hat (Psychische Erkrankungen im Urteil der Bevölkerung, 1975). Hier sei auch angemerkt, daß psychisch Kranke nicht gefährlicher sind als Gesunde (*W. Böker* u. *H. Häfner:* Gewalttaten Geistesgestörter, 1973). Bei der Einschätzung dieser Frage wirkt sich der erschwerte Zugang nachteilig auf die Beurteilung psychisch Kranker und die bei ihnen zu ergreifenden Maßnahmen aus. Mit der Begründung, daß man bei einer solchen Störung ja nicht wissen könne ..., werden überschießende Vorsichts- und Sicherheitsmaßnahmen gefordert, die meist Ausdruck der eigenen Unsicherheit in solchen gewiß nicht einfachen Situationen sind.

Die geschilderte, besondere Art, krank zu sein, bringen wir auf den Nenner »psychisch«

und sprechen deswegen von »psychisch krank«. Das klingt ganz selbstverständlich und unproblematisch, ist aber die Quelle von endlosen Diskussionen, die von nicht reflektierten Denkgewohnheiten und daraus entstehenden Mißverständnissen gespeist werden. Darum ist es unerläßlich, gleich zu Beginn hierauf näher einzugehen. Wir bitten unsere Leser um Verständis dafür, daß wir dabei etwas weiter ausholen: Als Ärzte haben wir einen Behandlungsauftrag vom Kranken und/oder der Gesellschaft. Da wir den Mikrokosmos Mensch nicht ganzheitlich behandeln können und da ein umfassendes Konzept des Menschen eine Utopie ist, müssen wir uns unseren Möglichkeiten entsprechend behelfen. Deswegen wurde, seit es eine wissenschaftlich orientierte Medizin gibt, der Weg gewählt, das Kranke oder, wie wir im ersten Kapitel schon gesehen haben, Krankheit am kranken Menschen zu erfassen und einem bestimmten Aspekt, unter dem der Mensch betrachtet wird, zuzuordnen. Da im abendländischen philosophischen Denken vor allem auf die psychische und die somatische Erscheinungsweise des Menschen abgehoben wurde, wurde meist der psychische oder somatische Aspekt gewählt, dem Krankheit zugeordnet wird. Der psychische und somatische Aspekt bzw. das Psychische und Somatische des Menschen werden dabei in gleicher Weise modifiziert, wie wir es oben an der Abstraktionsreihe: kranker Mensch, krank, Krankheit, Krankheitsform, Krankheitssymptom gesehen haben: aus dem psychischen und somatischen Aspekt wird das »Psychische« und das »Somatische« und daraus die »Psyche« und das »Soma« mit ihren verschiedenen Facetten.

Wesentlich ist, daß weder die Psyche noch das Soma ein Eigenleben haben, sondern Gedankendinge sind, die durch Abstraktion vom Menschen erzeugt wurden. (Das, was nach dem Tode ist bzw. aus dem Menschen wird, stellen wir hier zurück; mit der Erörterung dieser Frage kämen wir auf eine ganz andere Ebene).

Wesentlich ist ferner, daß wir dann, wenn wir den psychischen oder somatischen Aspekt des Menschen ins Auge fassen, unvermeidlich vom Menschen abstrahieren. Die so gewonnenen Gedankendinge Psyche und Soma sind folglich nicht identisch mit dem Menschen, was vor allem von den psychologischen Wissenschaften für die Psyche immer wieder behauptet wird, indem sie sich als Menschenkenntnis verstehen. Das gilt auch für die Tiefenpsychologie und die von ihr abgeleiteten psychoanalytischen Theorien.

Als vom Menschen abstrahierte Gedankendinge zeigen Psyche und Soma keine anderen menschlichen Dimensionen, z. B. mitmenschliche oder soziale. Deswegen war das medizinische Denken, das Krankheit der Psyche oder dem Soma zuordnet, den soziologischen Ansätzen gegenüber recht hilflos. Die Sicht, die den Menschen auf Psychisches oder Somatisches reduziert, blendet Soziales aus. Ebenso ist das Denken in sozialen Interaktionen blind für Psychisches oder Somatisches und den diesen Aspekten zugeordneten Krankheiten. Mit anderen Worten: weder Psychisches noch Somatisches noch Soziales haben alle Eigenschaften des Menschen, der stets alles ist.

Auf die Problematik, dem psychischen und somatischen Aspekt jeweils ein bestimmtes methodisches Vorgehen zuzuordnen, wird in Kap. 4 eingegangen, in dem die methodischen Ansätze der Erfahrungswissenschaften besprochen werden. Den allgemeinen Überlegungen über die Aspekte seien hier noch einige Gesichtspunkte angefügt, die nicht nur für die Medizin von besonderer Bedeutung sind: Das Hervorheben eines Aspektes läßt besonders in den Blick kommen, was zu dem gewählten Aspekt paßt, während Dinge, die sich weniger gut in den Aspekt einfügen, in Gefahr geraten, vernachlässigt zu werden, ohne daß sie deswegen notwendigerweise einem anderen Aspekt zugeschlagen werden. Mit anderen Worten: die Aspekte haben eine immanente Tendenz zur »Reinheit«. Wenn auf eine solche Weise das Somatische und Psychische getrennt sind, und die immanente Reduktion zur Reinheit erfahren haben, entsteht die unlösbare Frage, wie die Seele auf den Körper und umgekehrt, wie dieser auf die Seele einwirke. Aber nicht nur das. Es stellt sich auch die alte Frage nach der psychosomatischen Einheit des Menschen. Alle Versuche, die durch Reduktion gebildeten und so nebeneinandergestellten »Einheiten« Soma und Psyche wieder zu einem Ganzen zusammenzusetzen, sind nicht nur zum Scheitern verurteilt, sondern dem Wesen der Sache nach im Ansatz irrig.

Sehr wichtig ist, zu beachten, daß die durch Reduktion gewonnenen gedanklichen Einheiten Soma und Psyche nicht krank werden bzw. sein können, da »krank«, wie wir gesehen haben, eine Eigenschaft des Menschen ist.

Da die genannten Aspekte und die aus ihnen gebildeten »Einheiten« Soma und Psyche noch keinen Ansatzpunkt für therapeutisches Eingreifen liefern, müssen sie unter speziellen Gesichtspunkten betrachtet werden, um sog. Krankheitsmodelle zu entwickeln. Dabei spielt die Abhängigkeit von unserem methodischen Instrumentar eine entscheidende Rolle. (Näheres hierzu siehe Kap. 1.3, Begreifen und Eingrenzen von »psychisch krank«.

Ferner sei auf das Folgende hingewiesen: Die Aspekte und Denkmodelle stellen nicht lediglich Teilausschnitte der Wirklichkeit dar in dem Sinne, daß man durch Zusammenfügen der Teilausschnitte wieder die ganze Wirklichkeit gewinnen könnte. Um einen Vergleich zu wählen: Man kann mit einem Fotoapparat jeweils Teilausschnitte aus der Umwelt herausfotographieren und anschließend die Abbildungen der Teilausschnitte zu einem Bild des ganzen Panoramas zusammenfügen. Mit den wissenschaftlichen Aspekten und innerhalb von ihnen gebildeten Krankheitsmodellen und der Wirklichkeit des kranken Menschen verhält es sich nicht so. Jeder wissenschaftliche Aspekt und jedes wissenschaftliche Denkmodell stellt nicht nur einen Teilausschnitt der Wirklichkeit dar, sondern ist zugleich eine Reduktion desselben. Es ist hier nicht der Ort, diesen Reduktionscharakter der Wissenschaft erkenntnistheoretisch darzulegen, wir können lediglich versuchen, den Leser dafür zu »sensibilisieren«, daß bei der wissenschaftlichen Reduktion nicht etwa nur Mosaiksteine aus der Wirklichkeit herausgehoben werden, sondern daß dabei gleichsam ganze Dimensionen der Wirklichkeit ausgeblendet werden. Um im obigen Beispiel zu bleiben: Wenn man aus einzelnen fotographischen Ausschnitten ein Bild des Panoramas zusammenfügt, so erhält man eben nur ein zweidimensionales Bild aus Momentaufnahmen, und hat nicht die zeitliche und dreidimensionale räumliche Wirklichkeit der Umgebung erfaßt. Dieses Bild – mehr kann es nicht sein – kann vielleicht den Blick dafür schärfen, wie jede wissenschaftliche Abbildung der Wirklichkeit auf einem vorgegebenen begrifflichen Raster die Wirklichkeit mit Notwendigkeit reduziert. Besonders radikal wirkt sich diese Reduktion bei den Wissenschaften vom Menschen aus.

Es ist bei der Erörterung des Problems »psychisch krank« besonders wichtig, sich diese Zusammenhänge vor Augen zu halten, denn ein wesentlicher Teil der heutigen Grundsatzdiskussion in der Psychiatrie entsteht daraus, daß diese Zusammenhänge übersehen werden. So wird diese Diskussion z. B. zum Teil in der Erwartung geführt, daß der kranke Mensch wieder stärker in den Blickpunkt der Psychiatrie gerückt werden könne, wenn man ein andersartiges Krankheitsmodell zugrunde lege. Dabei wird vergessen, daß alle Aspekte und damit die daraus abgeleiteten Krankheitsmodelle die gemeinsame Eigentümlichkeit haben, daß sie durch Abstraktion vom Menschen gebildet werden und nur so gebildet werden können. Der Wechsel von einem Aspekt zu einem anderen kann daher diesen erhofften Durchbruch nicht bewirken. Eine andere solche irrige Hoffnung ist, daß man ein »falsches« Krankheitsmodell durch das »richtige« ersetzen könne. Wissenschaftliche Aspekte und Krankheitsmodelle können – gemessen an der Wirklichkeit des kranken Menschen – niemals »richtig« sein in dem Sinne, der hier erwartet wird; die entscheidende Frage ist, wie ergiebig sie sind. Die Aufforderung, eine Krankheit auch noch unter einem weiteren ergiebigen Aspekt zu sehen, kann also sehr sinnvoll sein, dies möchten wir ausdrücklich hervorheben, damit keine Mißverständnisse entstehen. Wichtig ist uns herauszuarbeiten, daß Aspekte und Krankheitsmodelle ihrer Herkunft nach ungeeignet sind, um als sich gegenseitig ausschließende Alternativen verwendet zu werden, und daß die parallele Berücksichtigung unterschiedlicher Krankheitsmodelle zwar die Einseitigkeit unserer Blickrichtung zu mindern vermag, was sehr wichtig ist, jedoch nicht dazu führen kann, die ganze Wirklichkeit des kranken Menschen sozusagen wie ein Mosaik zusammenzufügen.

Jeder Aspekt und jedes Modell lassen einen mehr oder weniger umfangreichen Sachverhalt am kranken Menschen in scharfem Licht erscheinen, während alles andere am Menschen ausgeblendet bleibt. Der mit ihnen anvisierte Sachverhalt erhält unter diesen Umständen

schärfere Konturen. Je mehr dies der Fall ist, mit anderen Worten: Je stärker die Reduktion ist und je präziser damit das Modell wird, um so weniger sagt es zugleich für das Ganze aus. In diesem Sinne wird das Modell in allen übrigen Hinsichten um so ungenauer, je schärfer mit seiner Hilfe ein bestimmter Sachverhalt herausgehoben wird.

Unsere Argumentation läuft also darauf hinaus, daß der menschliche Geist so beschaffen ist, daß wir nur um den Preis von Einseitigkeit erkennen und handeln können. In ganz besonderem Maße gilt dies, wo sich Erkennen und Handeln auf einen anderen Menschen beziehen. Man kann einem anderen begegnen und ihn so »erfahren«, dies ermöglicht aber noch kein ärztliches Handeln. Ärztlich erkennen und handeln können wir nur auf der Grundlage analysierender Beobachtungen und Überlegungen, die grundsätzlich einseitige Reduktionen darstellen. Wir müssen versuchen, aus dieser Einseitigkeit möglichst viel Nutzen für unser Handeln zu ziehen und damit möglichst wenig Schaden anzurichten. Eine unerläßliche Voraussetzung dafür ist, daß wir den Reduktionscharakter unserer Vorstellungen vom Krankheitsgeschehen erkennen und nicht etwa glauben, daß z. B. unter den verschiedenen Modellen psychischen Krankseins – etwa dem somatischen Modell, dem tiefenpsychologischen Modell oder dem sozial-psychologischen Modell – eines das richtige und die anderen die falschen sein müßten.

Ist nun nicht aber doch der psychosomatische Ansatz eine Möglichkeit, gerade die problematische Einseitigkeit, nämlich das Denken in alternativ somatischem oder psychischem Aspekt, zu überwinden? Bietet sich hier nicht zumindest für den Bereich der Instinkte, der Triebe und des Ausdrucksverhaltens eine ganzheitliche Betrachtungsmöglichkeit? Die ganzheitliche Betrachtung solcher Aspekte kann von uns erfahrungsgemäß nicht durchgehalten werden. So eindeutig die Trieblehre der Psychoanalyse z. B. von verschiedenen Trieben und Körperfunktionen, also »ganzheitlichen Funktionen« ausgeht, so unzweifelhaft betrachtet sie bei der Weiterentwicklung ihres Ansatzes nur die psychologische Seite der Triebe und bestimmter Körperfunktionen. Das Gegenstück dazu sind u. a. die Versuche, Instinkte in bestimmten Regionen im Gehirn zu lokalisieren. Obwohl man sich also bemüht »ganzheitlich« anzusetzen, wird dann doch nur der somatische oder psychische Aspekt weiter verfolgt. Diese grundsätzliche Schwierigkeit wird noch außerordentlich verstärkt durch unsere Denkgewohnheiten, und damit wenden wir uns der Frage zu, welche Rolle diese theoretischen Positionen bei der täglichen ärztlichen Arbeit spielen. Kann man wirklich sagen, daß jemand der Ansicht ist, der Mensch bestehe nur aus Körper und Seele? Das ist offenbar nicht der Fall. Es wird sogar eher die Leib-Seele-Einheit betont. Die Erfahrung lehrt aber, daß Ärzte in dem Augenblick, in dem sie beginnen, Kranke zu untersuchen, sehr dazu neigen, in Alternativen zu denken und Beschwerden und Symptome entweder dem somatischen oder psychischen Aspekt zuzuordnen. Das heißt mit anderen Worten, das ganze Beschwerdebild wird auf einen psychischen oder somatischen Nenner gebracht und die jeweils andere Möglichkeit ausgeblendet. Körperliche Beschwerden und Symptome werden dementsprechend entweder als die entscheidende Störung betrachtet oder als Zeichen für psychische Konflikte. Das Entsprechende gilt umgekehrt für psychische Beschwerden und Symptome. Beim Denken in diesen Alternativen werden, wie die tägliche Erfahrung lehrt, z. B. Folgen von Hirnschädigungen aller Art ebenso wie chronische Konfliktspannungen und Überlastungen mit ihren Folgen besonders häufig verkannt und darum einseitig entweder psychologisch oder somatisch behandelt. Die Tendenz, in Alternativen zu denken wird fraglos durch die zunehmende Spezialisierung und die damit verbundene Einseitigkeit verstärkt.

1.3   Begreifen und Eingrenzen von »psychisch krank«

Das Phänomen »psychisch krank« und die damit zusammenhängenden Fragen machen deutlich, daß wir als Ärzte in einem Spannungsfeld tätig sind. Beim Bemühen um einen Kranken, ebenso um einen psychisch Kranken, ist die Aufgabe eine doppelte: es gilt, sowohl die Krankheit zu erkennen und zu behandeln, wie auch, sich des Kranken als krankem Menschen anzunehmen, ihm den erforderlichen Halt zu geben und ihn in der Krankheit zu begleiten. Ersteres ist nur um den Preis möglich, von dem Kranken als Mensch abzusehen und die Aufmerksamkeit auf die Krankheit zu richten, letzteres allein, als einzige »Maßnahme«, schließt medizinische Hilfe aus. Das bezeichnet die äußeren Grenzen des Spannungsfeldes, in dem ärztliches Bemühen stattfindet.

Unsere Aufgabe ist somit, einerseits den Umgang mit psychisch kranken Menschen darzulegen (das ist das Thema des Kap. 2), und andererseits den bei psychisch Kranken gegebenen medizinischen Bereich zu entfalten. Die allgemeinen medizinischen Probleme werden in diesem Kap. 1.3, die speziellen medizinischen Fragen psychischen Krankseins im Teil II. besprochen.

Wir wenden uns zunächst der allgemein-medizinischen Frage zu, wie »psychisch krank« von »nicht psychisch krank« abzugrenzen ist. Es mag überraschen, daß das eine Schwierigkeit sein soll.

Abgrenzung von »psychisch krank – nicht psychisch krank«

Versuche, Krankheit allgemein zu definieren und von Gesundheit abzugrenzen, hat es viele gegeben. Die wichtigsten davon, auf die sich alle weiteren letztlich zurückführen lassen und die auch für »psychisch krank« gelten, seien hier angeführt: Wäre psychische Gesundheit mit einem Zustand vollkommenen Wohlbefindens oder auch nur mit dem Fehlen jeglicher Beschwerden gleichzusetzen, könnten, wie Untersuchungen aus den USA und Kanada gezeigt haben, nur rund 20 % der erwachsenen Bevölkerung als gesund bzw. als beschwerdefrei bezeichnet werden. Dabei wird davon ausgegangen, daß jegliche Klagen und Beschwerden als Krankheitssymptome zu beurteilen und damit vorübergehende Unlust und Leidenszustände wie Unzufriedenheit, Ärger, begründete Befürchtungen und Ängste, als psychische Krankheit aufzufassen sind. Eine so weite Fassung des Begriffes ist offensichtlich unbrauchbar, infolgedessen auch diese Methode zur Eingrenzung psychischer Krankheit. Auf die sich daraus ergebende Frage, wodurch sich Beeinträchtigungen des Wohlbefindens und Störungen des psychischen Gleichgewichtes infolge von Belastungen im täglichen Leben und durch Schicksalsschläge von psychischer Krankheit eigentlich unterscheiden, gibt es verschiedene Antworten:

a) Krankheit liegt vor, wenn Hilfe nötig ist,

b) um Krankheit handelt es sich bei einem anormalen körperlichen und seelischen Befund,

c) um Krankheit handelt es sich dann, wenn der Betreffende und/oder die Umgebung an der psychischen Störung leiden,

d) Krankheit gibt es nur im Somatischen, bei allen anderen, nicht somatisch bedingten psychischen Störungen, handelt es sich um Normvarianten.

ad a)

Krankheit liegt vor, wenn Hilfe nötig ist: Die erste Antwort ist eine Ergänzung der eingangs genannten Definitionen. Analog zu ihr wird jegliche Hilfe bei Beeinträchtigung des psychischen Wohlbefindens als psychiatrische Behandlung bezeichnet. Hilfsbedürftigkeit ist also kein brauchbares Kriterium zur Eingrenzung von psychisch krank.

ad b)

Krankheit liegt vor bei anormalen Befunden: Da das subjektive Befinden kein Kriterium für die Abgrenzung von »psychisch krank« und »nicht psychisch krank« zu liefern vermag, scheint es angemessen, objektive Kriterien für diese Unterscheidung heranzuziehen. Als solche bieten sich anormale Befunde an. Dabei liegt auf der Hand, daß nicht jeder von der Durchschnittsnorm abweichende Befund auch Krankheit bedeutet, z. B. extreme Körpergröße, 13. Rippen, wie aber auch geniale Begabung. Welchen anormalen Befunden ist also das Prädikat »krank« zuzuordnen? In der Regel wird so vorgegangen, daß bei offensichtlich Kranken erhobene anormale Befunde als krankhaft beurteilt werden. Das ist fraglos für einen Teil der Befunde angemessen. So besteht z. B. kein Zweifel, daß ein Serum-Bilirubin-Wert von 12 mg% oder ein Hämoglobin-Wert von 1,8 g% krankhaft ist. Aber wie verhält sich

das im Grenzbereich, sagen wir bei 1,2 mg% Serum-Bilirubin oder 12,5 g% Hämoglobin? Solche Werte finden sich sowohl bei Kranken wie auch bei Gesunden. Gibt es eine Grenze zwischen normal und anormal, die auf krank und nicht-krank schließen läßt? Bekanntlich wird die Normgrenze statistisch festgelegt. Derjenige Bereich, in dem etwa 98% der Bilirubinwerte »gesunder« (?!) Personen liegen, wird als der normale bezeichnet. 2% der »Gesunden« liegen also mit ihren Werten bereits im Bereich des »Anormalen«. Ärztliche Urteile bei der Abgrenzung von krank und nicht-krank sind also nicht so exakt wie die erhobenen Befunde, sondern so unscharf wie die Normgrenzen. Die Abgrenzung wird offensichtlich noch schwieriger in Bereichen, die keine exakten Messungen erlauben, z. B. bei Röntgenbildern oder Gewebsschnitten. Gegen die diskriminierende Bedeutung derartiger Einzelbefunde kann natürlich eingewandt werden, daß diese allein in der Regel noch keine Krankheit bedeuten. Dies wird bei einer Mehrzahl abnormer Befunde natürlich wahrscheinlicher. Es fragt sich aber, ob im Grenzbereich eine Addition von Unsicherheiten Sicherheit für die gesuchte Abgrenzung zu vermitteln vermag. Bei diesen Überlegungen ist stets im Auge zu behalten, daß es bei einer Definition von »krank« und der Abgrenzung gegen »nicht-krank« nicht um den Kernbereich von krank geht, bei dem es kaum Schwierigkeiten gibt, sondern um den Grenzbereich.

Wenn sich schon im somatischen Bereich, in dem Messungen eher möglich sind, derartige Schwierigkeiten ergeben, ist das noch mehr im psychischen Bereich der Fall. Worin liegt der Unterschied also zwischen psychisch normal und anormal bzw. zwischen psychisch krank und nicht-krank, und wie ist eine Abgrenzung möglich?

Bei der allgemeinen Umschreibung von »psychisch krank« haben wir unverständliche Veränderungen des Verhaltens sowie der Gestaltung des Lebens und des Umganges mit sich selbst als das herausgeschält, bei dem man gemeinhin psychische Krankheit vermutet, kurz gesagt, bei anormalem Verhalten. Auf den ersten Blick gibt es dabei keine Probleme: Psychisch Normale zeigen normales, psychisch Anormale eben abweichendes Verhalten.

Anormal ist dabei nicht wertend, sondern im Sinne einer faktischen Abweichung von der Norm gemeint. Unter psychisch anormal wird Verschiedenes zusammengefaßt:
– anormale Reaktionen auf ein Erlebnis (abnorme Erlebnisreaktionen)
– abnorme Entwicklungen als Folge von nicht gelösten inneren oder äußeren Konflikten
– anormale Persönlichkeiten, die durchgehend durch auffälliges Verhalten charakterisiert sind, wenn auch in verschiedenen Lebensabschnitten verschieden stark, das sich quantitativ, sei es insgesamt oder in einzelnen Persönlichkeitszügen, von »abnormalen« Persönlichkeiten unterscheidet
– psychisch krank bedeutet im Gegensatz zum psychisch Abnormen eine im Laufe des Lebens eingetretene Veränderung des Betroffenen, die ebenfalls zu abweichendem Verhalten führt. Die Veränderung kann vorübergehend sein und mehr oder weniger ausgeprägt dauernd bestehen bleiben.

Solange man psychisch Anormales in dieser Weise nur beschreibt, ergeben sich keine Probleme. Sobald man aber diese Vorstellungen anwendet und infolgedessen beurteilen muß, ob das Verhalten normal oder anormal ist, ergeben sich sehr schwierige Fragen, die in den innersten Kern der psychiatrischen Problematik stoßen. Betrachten wir wiederum zunächst nur das Verhalten und stellen das Erleben zurück. Welche Kriterien berechtigen uns zu sagen, ein Verhalten sei normal? »Normal« kann sowohl eine durchschnittliche Norm bedeuten wie auch, daß etwas in bestimmter Weise sein soll. »Normal« sowohl als Real- (= Ist) wie als Ideal- (= Soll) Norm, ist nie »an sich« gegeben, sondern nur im Hinblick auf einen Bezugsrahmen zu erkennen. Darum ist die nächste Frage, woran wird Normalität gemessen? Die Antwort der Soziologie lautet: Normales soziales Verhalten ist sinnhaftes Verhalten, das sich an den Vorstellungen und Erwartungen anderer Handelnder orientiert. Diese sozialen Normen innerhalb eines kulturellen Systems, bestimmen die Interaktionen der Handelnden im sozialen System. Abweichendes Verhalten ist demnach ein Verhalten, das von den erwarteten Normen abweicht, die das soziale System seinem Rollenträger auferlegt. Zu dem sozialen und kulturellen System kommt noch das für unsere Überlegungen wichtige personale System hinzu, das die Motivation der Handelnden erfaßt. Normalerweise stimmen deren Motivationsstrukturen mit den sozialen Normen überein. Weicht einer der Aktionspartner hiervon ab, so verändert sich auch die Situation der übrigen. Diese werden, je ausgeprägter die eingetretene Veränderung ist, desto mehr zu einer Lösung bzw. zu einer Wiederherstellung der Norm gedrängt. Für unsere Fragestellung ist das »personale System« von besonderer Bedeutung, da naheliegt anzunehmen, daß damit der Gegenstand der Psychiatrie nicht nur benannt, sondern auch hinreichend beschrieben ist. Im soziologischen Verständnis handelt es sich bei dem »personalen System« um die Motivationsstruktur der Handelnden, deren Formung folgendermaßen gedacht wird: Das kulturelle System (der Bestand an Normen und Werten) artikuliert sich in bestimmten sozialen Systemen (Rollensystemen) und geht auf dem Wege der Sozialisierung in die Motivationsstruktur des personalen Systems ein. Damit ist aber der Gegenstand der Psychiatrie offensichtlich nicht hinreichend beschrieben, der die viel umfassendere Aufgabe zusteht, das gesamte »Innen und Außen« einzelner Menschen zu untersuchen und zu klären, ob dieses von jeher Besonderheiten gezeigt oder ob es sich im Laufe des Lebens verändert hat. Bei der eingangs erörterten Grunderfahrung »psychisch krank« handelt es sich ihrem Wesen nach nicht nur um eine Störung der Beziehungen zwischen Gesunden und Kranken. Damit wäre lediglich die soziologische Ebene angesprochen. Die Grunderfahrung besagt vielmehr, daß der Andere anders (geworden) ist, wodurch auch die zwischenmenschlichen Beziehungen verändert und möglicherweise, aber nicht notwendig, gestört werden. Veränderung bedeutet nicht, daß der Kranke ganz anders geworden ist. Wir können ihn daher stets bis zu einem gewissen Grade verstehen und uns mehr oder weniger gut in »seine Welt« hineinversetzen. Darüber hinaus können wir das Vertrauen eines so Veränderten gewinnen, also auf eine Weise in Beziehung zu ihm treten, die der soziologischen Betrachtungsweise entgeht.

Diese Bestimmung der Norm sozialen Verhaltens bedeutet, daß die Kriterien mit deren Hilfe das Verhalten beurteilt wird, »subjektive«

Vorstellungen und Erwartungen eines gewissen Lebenskreises sind. Sie sind deswegen in anderen Lebensbereichen, etwa im transkulturellen Bereich, nur sehr bedingt gültig. Schon Unterschiede zwischen Landsmannschaften, zwischen Stadt und Land und verschiedenen Lebenskreisen (die heute meist als Schichten bezeichnet werden) und schließlich individuelle Einstellungen und Haltungen beeinflussen die Vorstellungen und Erwartungen dessen, was in einem Land als »normal« angesehen wird. Deswegen muß die Forderung gelten, auch in extremen Fällen mit Beurteilungen sehr zurückhaltend zu sein und große Toleranz zu üben. Es kommt hinzu, daß im konkreten Fall anhand der in die Person des Untersuchers internalisierten sozialen Normen gemessen wird, d. h. der Untersucher wird in gewisser Weise zum Maßstab, der sich selbst anwendet. Das ist natürlich nicht einfach subjektiv, aber eine gewisse »subjektive« Färbung kann bei der Beurteilung, ob psychisch krank oder nicht, nicht prinzipiell ausgeschlossen werden. Ein weiterer Grund dafür, besonders im Grenzbereich äußerst zurückhaltend zu sein.

Ein auf den ersten Blick andersartiges Kriterium für die Unterscheidung zwischen psychisch abnorm und psychisch krank hat *Karl Jaspers* angegeben: das normalpsychologisch Verständliche bzw. Einfühlbare. Das bedeutet, daß man sich in psychisch *Krankes* letztlich nicht hineinversetzen kann. Das führt aus der Schwierigkeit aber nicht heraus, denn wieder sind es »subjektive Kriterien« eines Lebenskreises, die für die Unterscheidung zwischen psychisch abnorm und psychisch krank herangezogen werden.

Es kommt hinzu, daß die Fähigkeit, Grunderfahrungen zu machen und dabei Nuancierungen wahrzunehmen, geübt werden kann, ebenso wie die Fähigkeit, andere zu verstehen. Die Erfahrung lehrt, daß man mehr versteht, wenn man über solche Erfahrungen verfügt und sich intensiv mit psychisch Kranken beschäftigt. Dadurch entsteht weitere Unsicherheit, und der Eindruck wird verstärkt, daß es der »Willkür« der Umgebung bzw. der Psychiater unterliegt, jemanden als psychisch krank oder gesund zu beurteilen. Es liegt nahe, deswegen »objektive Normen« für diese Entscheidung zu fordern. So verständlich das ist, so muß bedacht

werden, was es heißt, den Menschen an wie auch immer gesetzten »objektiven Normen« zu messen. Das widerspricht der unverfügbaren Einmaligkeit des menschlichen Individuums. Das gilt auch für alle Idealnormen, hinter denen wir immer zurückbleiben. Ein solches Zurückbleiben wird analog zur Erklärung der WHO über das, was Gesundheit ist, als anormal empfunden und darum als Krankheit bezeichnet. Die sich darauf gründenden, aber der Natur der Sache nach unerfüllbaren Hoffnungen auf »Heilung« führen zu Ängsten oder Resignation, also wieder zu »psychischer Krankheit«. Zur Überwindung der Überforderung durch die Ideal-Normen wird oft auf Real- oder Durchschnittsnormen zurückgegriffen und gesagt, der Mensch brauche nichts anderes zu sein als alle anderen. Das bewirkt zwar vordergründig eine Entlastung für die Einzelnen und die Verantwortlichen, etwa Eltern und Lehrer, bedeutet im Grunde aber die Preisgabe der Verwirklichung menschlicher Werte und damit einer unerläßlichen Voraussetzung menschlichen Zusammenlebens. Die Folge davon sind ebenfalls psychische Störungen, wenn auch anderer Art als die, die einer Überbetonung der Ideal-Normen folgen, nämlich innere Leere und Verwahrlosung. Wie wir die Sache also drehen und wenden, es bleibt ein gewisser Bereich, in dem Ermessensentscheide in der Natur der Sache liegen.

Die Tatsache, daß eine objektive Grenzziehung sich als unmöglich erweist, ist keineswegs ein spezifisches Problem des psychologischen Bereichs, wie nicht wenige meinen. Das Problem findet sich vielmehr ebenso in der übrigen Medizin und gilt letztlich für alle Beurteilungen von Menschen, z. B. in der Schule oder in einem Betrieb. In unserer wissenschaftlichen und verwalteten Welt wird ein solcher Mangel an Objektivierbarkeit als schlimmes Ärgernis angesehen, das dringend beseitigt werden müsse. Diese Forderung bedeutet den Anspruch, den Menschen ganz in den Griff zu bekommen, d. h. ihm seine Einmaligkeit abzusprechen und über ihn zu verfügen. Wir müssen darum trotz aller Schwierigkeiten anerkennen und voll bejahen, daß es uns letztlich nicht möglich ist, einen Menschen ganz objektiv zu beurteilen, damit der Versuchung widerstanden wird, auch ganz über ihn zu verfügen. Die Einmaligkeit und Freiheit des Menschen schlagen bis auf die einzelnen Aspekte durch, unter denen er betrachtet wird, da alles Menschliche wenigstens ein Quentchen Unberechenbarkeit hat und sich der exakten Wissenschaft letztlich entzieht.

ad c)

Krankheit liegt vor, wenn der Betroffene oder die Umgebung leidet: Da der Mensch und somit auch der kranke Mensch letztlich nicht an objektiven Maßstäben gemessen werden kann und darf, könnte eine Antwort auf die Frage, wie »psychisch krank« von »nicht-krank« zu unterscheiden ist, darin gesehen werden, die Betroffenheit oder das Leiden als unterscheidendes Kriterium heranzuziehen. Gegen diesen Ansatz spricht, daß Leiden, wenn es vorliegt, eine Folge von Krankheit ist, diese aber nicht konstituiert. Es kommt hinzu, daß psychisch Kranke nicht in jedem Fall leiden oder nicht an dem leiden, was von der Mitwelt als krank erfahren und beurteilt wird. Manche psychisch Kranke fühlen sich zum Beispiel so gesund und wohl, daß sie die Grenzen ihrer Möglichkeiten und das, was ihr Verhalten bewirkt, nicht wahrnehmen. Andere fühlen sich verfolgt und leiden darunter, wenden sich deswegen an einen Anwalt oder die Polizei, nicht aber an einen Arzt, da sie ihr Leiden nicht auf Krankheit beziehen. Es ergibt sich, daß Leiden kein ausreichendes Kriterium für die Eingrenzung von »psychisch krank« sein kann, so wesentlich es für bestimmte Therapieverfahren, etwa die Psychoanalyse, ist.

ad d)

Krankheit gibt es nur im somatischen Bereich: Den Eindruck eines eindeutigen Ansatzes macht schließlich die Aussage, daß es Krankheit überhaupt und damit auch psychische Krankheit nur im »medizinischen Sinn« gibt. Damit ist gemeint, daß Krankheit ausschließlich somatischer Natur ist. Diese insbesondere von *Kurt Schneider* formulierte Präzisierung ist eine der Grundannahmen für das Wesen psychischen Krankseins aus dem 19. Jahrhundert.

Die These besagt, daß alle psychischen Störungen, bei denen eine somatische Störung nachgewiesen oder, wie bei den endogenen Psychosen, als hinreichend begründet angenommen werden kann, »Krankheiten« sind, alle anderen psychischen Störungen dagegen, etwa abnorme Reaktionen, Entwicklungen und Persönlichkeiten, »lediglich« nicht-krankhafte Normvarianten. Zu der Schwierigkeit, daß bei einer wesentlichen Gruppe der so definierten psychischen Krankheiten, den endogenen Psychosen, bisher keine bestimmte somatische Störung nachgewiesen werden konnte, kommt eine weitere: Auch *Kurt Schneider* war gezwungen einzuräumen, daß manchen ausgeprägten Normvarianten in der Praxis »Krankheitswert« beigelegt werden muß. Krank bzw. Krankheit werden hier also mit unterschiedlicher Bedeutung verwandt, und theoretisch als prinzipiell unterschiedlich beurteilte Tatbestände werden bei besonderer Ausprägung in der Praxis gleichgestellt. So führt der Ansatz von *Kurt Schneider* in unlösbare Schwierigkeiten praktischer und theoretischer Art und ist darum für eine Abgrenzung von psychisch krank nicht geeignet.

Dieser Ansatz ist aber ein eindrucksvolles Beispiel dafür, daß das Wesen des methodischen Vorgehens und dessen immanente Konsequenzen nicht beachtet werden. Psyche und Soma sind, wie wir gesehen haben, Gedankendinge. Wird diesen Gedankendingen reales Sein zugesprochen, verführt das dazu, zwischen Psyche und Soma scharfe Grenzen anzunehmen, die es anscheinend erlauben, krank und gesund exakt zu unterscheiden.

Das alles mag recht theoretisch und lebensfern klingen. Zudem ist das Ergebnis unbefriedigend. Deswegen werden unsere Leser vielleicht sagen, wir haben es doch mit konkreten psychisch Kranken zu tun, die versorgt werden müssen. Denen nützen solche abstrakten Gedankengänge recht wenig. Nur, so einfach ist die Sache nicht, denn diese Kranken wollen angemessen versorgt werden, d. h. sie müssen krank- bzw. gesundgeschrieben werden, ggf. muß ihre Schuld- oder Geschäftsfähigkeit in ihrem Interesse beurteilt werden. Wir sind darum jedenfalls gezwungen, »psychisch krank« von »nicht-krank« zu unterscheiden, allerdings nicht im Sinne einer allgemeinen Definition, sondern im Hinblick auf eine spezielle konkrete Frage, nämlich, ob ein Nicht-Können in einer bestimmten Hinsicht vorliegt. Arbeits-, Schuld- und Geschäftsfähigkeit sind im Prinzip unabhängig voneinander. Wer arbeitsunfähig ist, ist deshalb nicht auch ohne weiteres schuldunfähig oder geschäftsunfähig. Man kann, mit anderen Worten, nicht automatisch von einer Unfähigkeit auf eine andere schließen und so zu einer allgemeinen Aussage darüber, ob krank oder nicht, gelangen.

Wie unterscheiden nun Ärzte zwischen krank und nicht-krank im Hinblick auf diese oder jene Fähigkeit? Im Prinzip ergeben sich hier die gleichen Schwierigkeiten wie bei der allgemeinen Frage nach der Abgrenzung von »psychisch krank« und »nicht-krank«. Der Unterschied liegt lediglich darin, daß nicht die Person als Ganzes, sondern nur eine ihrer Fähigkeiten beurteilt wird. Das ist für die Betroffenen und deren Angehörige meist leichter einzusehen und akzeptabel.

In dieser Kernfrage der Psychiatrie, wie psychische Krankheit eingegrenzt wird, kann es nicht ausreichend sein, lediglich die Problematik aufzuzeigen. Es muß vielmehr eine Aussage darüber gemacht werden, wann *wir* von psychischer Krankheit sprechen und wie *wir* sie eingrenzen. Wir hatten eingangs gesehen, daß Nicht-Können infolge einer Veränderung des Seins des Betroffenen ein wesentliches Konstituens für »krank« ist. Dieser Ansatz muß hier für psychische Krankheit vertieft werden. Auf den ersten Blick erscheint die Aussage, psychisch krank bedeute Nicht-Können, sehr dürftig. Dennoch ist die subjektive und objektive Erfahrung des Nicht-mehr-Zurechtkommens dasjenige, was den Eindruck des Krank-(geworden)seins bei dem Betroffenen und für seine Umgebung vermittelt. Der Betroffene erfährt, daß er nicht mehr so kann wie vorher, ebenso seine Umgebung, oder, anders ausgedrückt, sein Können entspricht nicht mehr dem Gewohnten und den dementsprechenden Erwartungen. Der Betreffende und seine Umgebung vergleichen den früheren »normalen« mit dem eingetretenen Zustand und kommen dann, wenn keine anderen Gründe für das eingetretene Nicht-Können vorliegen, zu dem *Urteil*, es liege eine psychische Krankheit vor, bei der es nicht nur um das Unvermögen zu bestimmten Leistungen geht, sondern auch um ein Unvermögen, mit sich selbst zurechtzukommen und vor sich selbst zu bestehen. Der nicht sehr ausgearbeitete psychoanalytische Krankheitsbegriff basiert ebenso zu weiten Teilen auf Vorhanden-

sein oder Einschränkung von Fähigkeiten, die als Ich-Funktionen beschrieben werden.

Bei diesen Unterscheidungen von gesund und krank handelt es sich, wie gesagt, im Grenzbereich letztlich immer um Ermessensentscheide. Diese werden jedoch nicht willkürlich vorgenommen, sondern werden anhand von zusätzlichen Kriterien, wie dem Ausmaß des Nicht-Könnens, dem Leiden, der eingetretenen oder drohenden Notlage und der damit gegebenen Hilfsbedürftigkeit geholfen. Die Beurteilung muß jedenfalls mit größter Zurückhaltung erfolgen, da die Feststellung »psychisch krank« nur zu leicht als eine persönliche Verurteilung aufgefaßt wird. Das ist z. B. bei Infektionskrankheiten oder einem Gelenkrheumatismus nicht der Fall.

Begreifen des Wesens von »psychisch krank«

Die Betrachtung psychischen Krankseins unter einem somatischen oder psychischen Aspekt bietet noch keine konkreten Ansätze für eine Behandlung, sondern entscheidet nur, in welchem Bereich ein Ansatz für die Behandlung vermutet wird. Um einen solchen zu finden, müssen weitere Reduktionen vorgenommen und die Aspekte unter speziellen Gesichtspunkten betrachtet und aufgegliedert werden: Der somatische Aspekt z. B. in Anatomie, Biochemie, Physiologie; der psychische z. B. in Bewußtseins-, Verhaltens- und Tiefenpsychologie. Erst auf dieser Reduktionsebene wird es möglich, sog. Krankheitsmodelle zu entwickeln und zu Handlungsanweisungen für die Behandlung und zu Ansätzen für die empirische Forschung zu kommen. Die im Laufe der Zeit vorgelegten verschiedenartigen Krankheitsmodelle für psychisches Kranksein, die als Leitvorstellung dafür dienen sollten, worin das Wesen oder auch nur das Wesentliche des Krankheitsgeschehens zu sehen sei, erwiesen sich bisher alle früher oder später als unzureichend, so daß neue Modelle entwickelt wurden. Das bedeutete nicht stets auch einen Fortschritt, denn neue Modelle klammern auch das aus, was die bisherigen an Vorteilen boten.

Aus dem Gesagten ergibt sich, daß es *das* sog. somatische Krankheitsmodell (im Singular), das der Psychiatrie immer wieder zugeschrieben wird, nicht geben kann, vielmehr können lediglich innerhalb des somatischen Bereichs, ebenso wie innerhalb des psychischen Bereichs, verschiedene Krankheitsmodelle entwickelt werden. Dennoch ist es unumgänglich, auf »das Somatische« und »das Psychische« im Hinblick auf psychisches Kranksein näher einzugehen. Um den Hintergrund der seit Anfang des 19. Jahrhunderts sich hinschleppenden Auseinandersetzungen zu verdeutlichen, müssen wir hier selber die globalen Begriffe »somatisch« und »psychisch« verwenden. Eine der wichtigsten und folgenreichsten Entwicklungen in der Medizin war und ist, daß der »somatische Aspekt« des Menschen, das »Soma«, zum zentralen Aufgabenfeld der Medizin wurde. Auf den geistesgeschichtlichen Hintergrund dieses Weges der Medizin kann hier nicht eingegangen werden. Er ist eng verwoben mit dem abendländischen Denken von der griechischen Philosophie her, hat eine Akzentuierung erfahren durch *R. Descartes* (1596–1650) mit seiner Unterscheidung von res cogitans und res extensa, und ist besonders geprägt durch die sensualistischen Vorstellungen der Aufklärung und dem sich daraus entwickelnden Positivismus des 19. Jahrhunderts. Seit Anfang des 19. Jahrhunderts begannen Ärzte, sich den psychisch Kranken intensiver zuzuwenden. Mit den dabei entwickelten theoretischen Ansätzen gerieten sie in den Sog der das damalige medizinische Denken prägenden Ideen. Das führte zu einer leidenschaftlichen Auseinandersetzung darüber, ob bei psychisch Kranken der Geist bzw. die Seele oder der Körper erkrankt sei. Die streitenden sog. Psychiker und Somatiker übersahen dabei, daß sie beide vor dieser Auseinandersetzung bereits einen entscheidenden gedanklichen Schritt vorgenommen hatten, nämlich anzunehmen, daß psychische Krankheit in einem bestimmten Bereich des Menschen lokalisiert sei. Als Streitpunkt blieb dann nur noch, in welchem Bereich. In dieser Auseinandersetzung gewannen, dem positivistischen Zeitgeist entsprechend, die Somatiker die Oberhand. *Wilhelm Griesinger* wandte sich mit seinem berühmten Satz: »Wann immer wir psychische Krankheit vor uns haben, handelt es sich um eine Erkrankung des Gehirns« (1845) an die Somatiker und präzisierte damit deren Position. Er wollte sagen, daß psychisches Kranksein

eben nicht irgendwo im Somatischen, sondern in einem bestimmten Organ, eben dem Gehirn, lokalisiert ist. Dabei dachte *Griesinger* ganz funktionell und nicht »statisch« im Sinne einer Läsion, wie dies bei den späteren Hirnpathologen der Fall war. Dieser Ansatz, daß psychische Krankheiten Hirnkrankheiten sind, wurde in den folgenden Jahrzehnten vielfach modifiziert, unter anderem unter neurophysiologischen und neurobiochemischen Gesichtspunkten. Auf einige diesbezügliche Einzelheiten gehen wir im Teil V. näher ein. Hier geht es allein um das Prinzip des Vorgehens, das im psychischen Bereich zu anderen Konsequenzen geführt hat als im somatischen. Im somatischen Bereich gibt es, ebenso wie im psychischen, verschiedene Ansätze, die stark von der Entwicklung der Psychologie geprägt sind. Sie sind aber alle mehr oder weniger von einer immanenten Folge der Trennung von Psyche und Soma überformt, die mit sich bringt, daß alles »Eigentliche« des Menschen in die Psyche verlagert, und schließlich Psyche und Mensch gleichgesetzt werden. Dementsprechend versteht sich die Psychologie weitgehend als die Wissenschaft vom Menschen. So meinte etwa auch der Hauptvertreter der Psychiker, *J. C. A. Heinroth* (1773–1843), psychische Krankheit sei eine Folge davon, daß der Betreffende seinem inneren Gesetz nicht gerechtgeworden und so in (säkularisiert verstandene) Sünde gefallen sei. Wichtig daran ist für unsere Überlegungen, daß *Heinroth* hier eigentlich nicht von der Psyche, sondern vom Menschen und dessen Verhalten spricht. Da das Ideengut der wissenschaftlichen Psychologie, wenn zum Teil auch mit erheblicher zeitlicher Verzögerung, starken Einfluß auf die Modellvorstellungen für psychisches Kranksein gehabt hat, sei die Entwicklung der Psychologie in groben Strichen skizziert: Die neuzeitliche Psychologie entsteht aus dem Bemühen, sich von den philosophischen Diskussionen der hellenistisch-christlichen Seelenlehren zu lösen und zu wissenschaftlich diskutierbaren Begriffen und Vorstellungen über Psychisches zu gelangen. *René Descartes* war mit seinem strengen, mechanischen Dualismus von cogitatio und extensio hierfür ein wichtiger Wegbereiter; mindestens ebenso bedeutungsvoll für den weiteren Denkweg der Psychologie wurden jedoch ab dem

17. Jahrhundert die sensualistischen[1], später assoziationstheoretische[2] Konzepte im Gefolge von *John Locke* (1632–1704) (1690: An Essay Concerning Human Understanding) and *David Hume* (1711–1776) (1748: An Enquiry Concerning Human Understanding). Im 18. Jahrhundert lassen sich die psychologischen Konzepte über Wesen und Auswirkungen der Seele in Deutschland als sog. Vermögenspsychologie beschreiben. Die Autoren jener Zeit nahmen eine Grundkraft der Seele an, und zwar die Vorstellungskraft als die Grundpotenz für alle anderen Vermögen, über deren Art und Zahl die empirische Psychologie zu entscheiden habe. Als Vermögen wurden in der aristotelisch-thomistischen Philosophie vegetative, sensitive und rationale Vermögen sowie das Begehrensvermögen und das Vermögen der willkürlichen Bewegung genannt. In den vielfältigen späteren Entwicklungen blieben drei Vermögen als Konstanten psychischer Kräfte erhalten, und zwar das Denken, Wollen und Fühlen. Aus der Grundpotenz entwickelte sich in der Psychologie des 19. Jahrhunderts der Begriff des Bewußtseins. Der Ausdruck wurde 1720 von *Christian Wolff* (1679–1754) geprägt für das vernünftige, ich-bezogene und deutliche Erkennen. Um die Mitte des 19. Jahrhunderts stellte *Wilhelm Wundt* (1832–1920) die unmittelbare (»subjektive«) Erfahrung als den eigentlichen Gegenstand der Psychologie heraus, um diese von der aufstrebenden Physiologie, die die objektiv gegebenen Gegenstände untersucht, abzugrenzen. Nach *Wundt* fallen die Begriffe einer seelischen Tatsache und einer Bewußtseinstatsache völlig zusammen (Bewußtseinspsychologie). Zum Bewußtsein wurde später das Unbewußte, aber im Grunde Bewußtseinsfähige hinzugerechnet [*Karl Jaspers* (1883–1968)]. *Philipp Lersch* (1898–1972) bezeichnete das Erleben als den Gegenstand der Psychologie. Weitgehend unabhängig von der klassischen Psychologie entwickelte seit der Jahrhundertwende *Sigmund Freud*

(1856–1939) die Tiefenpsychologie, in der das Unbewußte als dynamisches Prinzip eine zentrale Rolle spielt. Gegen diese Entwicklung verschloß sich die »Normalpsychologie«, nicht zuletzt auch wegen des Namens Tiefenpsychologie, der weitgehend so verstanden wurde, als ob die anderen psychologischen Ansätze sich nur mit der Oberfläche des Psychischen beschäftigten.

Neben dieser stark innenpsychologisch orientierten Entwicklung entstand seit Anfang des 20. Jahrhunderts in einer gewissen Gegenbewegung eine Außenpsychologie, die vor allem die »objektiv« beobachtbaren und meßbaren psychologischen Vorgänge beachtet, d. h. die Verhaltens- und Reaktionsweisen sowie die Leistungen und Aktivitäten von Organismen, wie bezeichnenderweise gesagt wird, und macht sie zum Gegenstand methodischer Untersuchungen. So entwickelte sich zum Beginn des 20. Jahrhunderts die russische Reflexologie von *Petrowitsch Pawlow* (1848–1936) und *Wladimir Michaelowitsch Bechterew* (1857–1927). Diese enthielt bereits die Grundgedanken des Behaviorismus, der in den USA im Zusammenhang mit den Arbeiten von *John B. Watson* (1878–1958) begründet wurde und die Basis für die spätere Entwicklung der Lerntheorien war, bei denen das Innen aus methodischen Gründen ganz außer Betracht gelassen wird, da man das Innen, d. h. den Inhalt der »black box«, also das Bewußtsein oder Erleben, mit Hilfe solcher objektivierender Methoden nicht untersuchen kann. Auf die sich hieraus ergebenden Ansätze in der Psychiatrie gehen wir im Kap. 4 näher ein.

Aus dem bisher Erörterten ergibt sich, daß es ebenso, wie eine umfassende Theorie des Menschen unmöglich ist, es auch keinen psychiatrischen »Krankheitsbegriff« oder, richtiger, kein Modell geben kann, das für alle Formen psychischen Krankseins zutrifft. Es gibt und kann vielmehr nur viele Ansätze und Modelle psychischer und somatischer und sonstiger Art geben, die dieser oder jener Form psychischen Krankseins mehr oder weniger gut gerecht werden. Diese methodische Offenheit der Psychiatrie ist zugleich ihre Schwäche. Das ist zweifellos eine Schwierigkeit, der durch eine möglichst breite Aus- und Weiterbildung und enge Kooperation und gegenseitige Konsultation der

---

[1] Sensualismus bedeutet die erkenntnistheoretische Auffassung, daß jegliche Erkenntnis allein auf Sinneswahrnehmungen beruhe.

[2] Assoziation = Verknüpfung seelischer Inhalte, die sich darin zeigt, daß das Auftreten des einen das Bewußtwerden des anderen (mit ihm assoziierten) nach sich zieht oder doch wenigstens begünstigt.

verschiedenen Ansätze soweit wie möglich begegnet, und die durch gegenseitige Toleranz ausgeglichen werden muß.

Im einzelnen ist zu sagen: Die Psychiatrie hat nicht *ein* somatisches Modell, wie immer wieder behauptet wird. Es gibt vielmehr eine Vielzahl von psychischen und somatischen Modellen, deren Mehrzahl fraglos und zugegebenermaßen etwas einseitig durch die als »Erklären« charakterisierte Methode geprägt ist. Diese Methode kann aber nicht auf den Nenner »somatisch« gebracht werden. (Siehe auch Kapitel 4.)

Die Psychiatrie ist weder einer »psychologischen« noch einer »somatischen« Medizin zuzuordnen, sondern ist eine ungeteilte Seelenheilkunde mit verschiedenen Ansätzen. Daß diese Tendenz, die Medizin zu spalten, in die Irre führt, wird bei der Psychiatrie besonders deutlich, da die Spaltung, die auf der Verabsolutierung methodischer Ansätze beruht, nicht dem Wesen des Menschen entspricht. Solche aus der Spaltung der Medizin abgeleiteten »Heilkunden« können ihrer Aufgabe nicht gerecht werden, sondern sind in Gefahr, zu einem Vorgehen zu degenerieren, das dem Menschen nicht gerecht wird.

Es handelt sich bei den Krankheitsbegriffen bzw. -vorstellungen in der Psychiatrie, wie eingangs gesagt, um sehr komplexe Sachverhalte. Wir haben versucht zu zeigen, auf welchem Wege wir zu Vorstellungen über das Wesen psychischer Krankheit gelangen. Dabei ergab sich, daß wir nicht zu einem klar abgegrenzten Begriff oder Konzept von Psychisch-krank kommen können. Wir stehen hier vor einer prinzipiellen Grenze unserer Möglichkeiten. Das ist unser Dilemma. Wir sollten nicht versuchen, es durch Pseudoexaktheiten zu verdekken. Denn die mit dem Dilemma gegebene Offenheit ist gleichzeitig die unerläßliche Voraussetzung dafür, den Kranken als Menschen gerecht zu werden, und auch die Voraussetzung dafür, daß die Psychiatrie als Wissenschaft nicht durch ein theoretisches Konzept dogmatisch festgelegt wird, sondern lebendig bleibt.

Um verschiedene wissenschaftliche Ansätze bei dem Bemühen um psychisch Kranke zu kennzeichnen, sprechen manche Autoren von sozialer oder biologischer Psychiatrie. Es ist ohne weiteres denkbar, daß die Psychiatrie auch noch mit anderen Adjektiven versehen

wird, die einen wissenschaftlichen Ansatz kennzeichnen. Deswegen lautet die Frage nicht nur, ob es eine soziale oder biologische Psychiatrie gibt, sondern, ob es überhaupt sinnvoll ist, verschiedenartige Psychiatrien zu unterscheiden.

Unter Sozialpsychiatrie wird in der Regel verstanden, daß die Veränderung der sozialen Stellung psychisch Kranker ein wesentlicher Aspekt ihres Krankseins ist und darum Behandlung vornehmlich in sozialer Rehabilitation besteht. Dieses Anliegen macht deutlich, worauf oben schon hingewiesen wurde, daß bisher Krankheit oft isoliert von den Kranken gesehen wurde. Das Empfinden für diesen Mangel ist einer der wesentlichen Gründe dafür, daß jetzt die Sozialpsychiatrie als die Lösung des Problems angesehen wird.

Der Gesichtspunkt, daß bei psychisch Kranken die Störung der sozialen Beziehungen besondere Bedeutung hat und deswegen die therapeutischen Bemühungen sich nicht wie bei einer Infektionskrankheit im wesentlichen auf die Gabe von Medikamenten beschränken dürfen, ist nicht neu, sondern so alt wie die Psychiatrie. Für die diesbezüglichen Einzelheiten im intra- und extramuralen Bereich sei auf die historischen Anmerkungen (Kap. 17) verwiesen.

Der Ausdruck »biologische Psychiatrie« wurde neuerdings angesichts der Einseitigkeiten der Sozialpsychiatrie geprägt. Er soll zum Ausdruck bringen, daß die Erforschung und Behandlung psychischer Krankheiten nicht allein auf psychologische und soziologische Ansätze und Methoden beschränkt werden darf.

Komplexer sind die Beziehungen der Psychiatrie zur Psychologie. Der Ausdruck »psychologische Psychiatrie« wurde bisher zwar nicht geprägt. Daß die Psychiatrie aber immer stark von der Entwicklung der Psychologie beeinflußt worden ist, ist ein weiterer Hinweis darauf, daß sie niemals »rein somatisch« orientiert war. Der Ausdruck »dynamische Psychiatrie« leitet sich aus der psychodynamischen Betrachtungsweise psychischer Vorgänge durch die Tiefenpsychologie ab. (S. Kap. 38: sog. Antipsychiatrie).

Der Begriff Psychiatrie kann schließlich auch viel weiter gefaßt und darunter nicht nur die Krankheitslehre und die Behandlung, sondern alles, was überhaupt mit psychisch Kranken zu tun hat, verstanden werden.

1.4 Zusammenfassung

Es gehört zum Erfahrungsbereich des Menschen, daß er krank werden kann. Jeder versteht, was gemeint ist, wenn es heißt, dieser oder jener ist krank geworden. Der Betroffene ist dadurch hinfällig, schwach und hilfsbedürftig, weil er nicht mehr so kann wie vorher. Das gilt auch für die besondere Form des Krankseins, für psychisches Kranksein. In diesem Fall heißt Nicht-Können, daß der Betroffene mit sich und seiner Umwelt nicht mehr zurechtkommt und Schwierigkeiten dabei hat, seine täglichen Aufgaben und Pflichten zu bewältigen. Eine Verständigung über dieses Nichtkönnen ist bei psychisch Kranken mehr oder weniger stark erschwert.

Die Aussage, jemand ist krank, besagt somit, daß das »Sein«[1] des Betroffenen verändert ist. Diese Veränderung des »Seins« nehmen wir unmittelbar wahr und machen damit die Grunderfahrung »krank«. Sie ist die Basis für alle weiteren Bemühungen und Überlegungen bei der Suche nach Antworten auf die Fragen, wie ist »krank« von »nicht-krank« abzugrenzen, und was ist das Wesen der Seinsveränderung, die wir als »krank« bezeichnen.

Bei der Beantwortung dieser Fragen stoßen wir auf einige Grundprobleme unserer Weise zu denken und unserer Möglichkeiten, Ansätze zum Helfen und Behandeln Kranker zu finden: Wir sagen nicht nur, jemand *ist* krank, sondern auch, er *hat* eine Krankheit. Dabei handelt es sich um eine Abstraktion, vom Kranken wird »die Krankheit« gedanklich abgelöst. Das verführt dazu, wenn man den Abstraktionsvorgang nicht beachtet, anzunehmen, Krankheit sei etwas vom Menschen Unabhängiges, dem ein eigenes Sein zukomme. Dieser Art sind aber lediglich Krankheitserreger. Die beim Krank-

werden eingetretene Seinsveränderung können wir nicht ganzheitlich behandeln, wir haben nicht die Macht zu sagen, sei gesund und geh. Wir sind vielmehr darauf angewiesen, uns eine Vorstellung von der krankhaften Störung zu machen, um einen Ansatz zum (Be)handeln zu finden. Dazu müssen wir den hierfür am besten geeigneten Aspekt des kranken Menschen ins Auge fassen, etwa den psychischen, somatischen oder sozialen. Auch hierbei handelt es sich um ein Abstrahieren, das gleichzeitig eine Reduktion bedeutet. Durch das Hervorheben des psychischen Aspektes wird vom Menschen als Person abgesehen. Auch hier besteht die Gefahr, zu vernachlässigen, daß das Psychische auf dem Wege der Abstraktion gewonnen wurde und die Tendenz, diesem Abstraktum ein eigenes Sein zuzusprechen. So gelangen wir zu den bekannten Gedankendingen Psyche und Soma. Wir neigen dazu, mit ihnen so umzugehen, als ob es sich um eigene, vom Menschen unabhängige Entitäten handle.

Auch die Aspekte geben uns noch keinen hinreichenden Ansatz dafür, Krankheit zu erkennen und zu behandeln. Dazu ist es notwendig, weitere Reduktionen vorzunehmen und sog. Krankheitsmodelle zu entwickeln, bei denen, ganz unabhängig von ihrer Art, ihrem Wesen entsprechend unweigerlich von der Person des Kranken abgesehen wird. Das bedeutet auch, daß das Ersetzen eines Modells durch ein anderes keine Möglichkeit darstellt, die Medizin zu humanisieren, solange man davon ausgeht, daß hierzu ein Krankheitsmodell der richtige Ansatz sei.

Da wir den Menschen nicht definieren können, ist auch die Veränderung des menschlichen Seins, die wir »krank« nennen, weder exakt gegen »nicht-krank« abzugrenzen noch in ihrem Wesen letztlich zu erfassen.

---

[1] »Sein« wird in diesem Zusammenhang nicht im philosophischen Sinn verstanden.

2. Arzt und psychisch Kranker

Mary Jane Ward veröffentlichte im Jahre 1948 ein Buch mit dem Titel »Die Schlangengrube«, in dem sie das Schicksal einer Patientin schildert, die in ein psychiatrisches Krankenhaus eingewiesen wurde. Im Gegensatz zu der gängigen Verwendung des Wortes Schlangengrube, das eine unzureichende Ausstattung psychiatrischer Krankenhäuser meint, schildert *Ward* etwas ganz anderes: Eine Patientin wird in ein gut eingerichtetes psychiatrisches Krankenhaus eingewiesen und dort nach dem Aufnahmezeremoniell auf eine Station verbracht. Nach einiger Zeit wird sie auf eine andere verlegt und auf den Stationen diesen und jenen Behandlungen unterzogen. Es wird ihr von niemandem eine Erklärung für die Vorgänge gegeben. Auf ihre diesbezüglichen Fragen hin erhält sie vielmehr lediglich beschwichtigende Auskünfte wie, es sei alles in Ordnung, es gehe ja schon besser, es sei aber noch einiges Weitere erforderlich, dessen Dauer man nicht genau abschätzen könne. Die Pat. sieht sich, mit anderen Worten, damit nicht nur einer großen, technisch durchorganisierten Versorgungs- und Behandlungseinrichtung ausgeliefert, deren Funktionieren sie nicht versteht, sie befindet sich auch in einer freundlichen und um sie bemühten Umgebung, in der die Therapeuten und Betreuer aber ständig »schlangenartig« vor ihr ausweichen. Keiner von ihnen erklärt sich für zuständig und in der Lage, verbindliche Auskünfte und Erklärungen zu geben. Die Patientin ist also von bemühten Leuten umsorgt, begegnet aber keinem »Menschen«. Die Rollenträger und Funktionäre erfüllen ihre Aufgaben gut und sind in dem Räderwerk der Diensteinteilung beliebig austauschbar. Damit befindet sich die Patientin in einer technisch perfekten Apparatur, die Heilung bewirken soll, menschlich aber ein steriles Vakuum dargestellt.

Diese Schilderung ist die praktische Ausgestaltung dessen, was wir im ersten Kapitel besprochen haben, nämlich, daß der Begriff Krankheit sowie die wissenschaftlichen Aspekte und Theorien, die zum Erkennen und Behandeln von Krankheit gebildet werden, ihrem Wesen nach von der Person des Kranken absehen. Die Schilderung von *Jane Ward* bezieht sich auf ein psychiatrisches Krankenhaus, in dem die wissenschaftlich-technischen Ansätze unmittelbar, ohne deren Eigenart zu beachten, in die Praxis umgesetzt werden. Es ist das ein Abbild des Lebens in einer einseitig naturwissenschaftlich orientierten und dementsprechend technifizierten und durchorganisierten Welt. Viele, wie auch die Betreuer und Therapeuten in dem Buch, sehen in der Perfektion dieses Vorgehens das Wesen des Fortschritts und identifizieren sich ganz damit. Andere, vor allem Jüngere, bezweifeln den Sinn dieser Anstrengungen und erfahren diese Welt so wie die Kranke, die von niemandem eine verbindliche Antwort erhält.

Der Mangel an zwischenmenschlicher Kommunikation ist offensichtlich nicht ein spezielles psychiatrisches Problem. Dessen Ursachen sind auch nicht allein auf die für wissenschaftliche Ansätze erforderliche Abstraktion zurückzuführen. Das wissenschaftliche Vorgehen betrifft nämlich nicht nur den Gegenstand der Forschung, sondern auch die Menschen, die wissenschaftlich vorgehen und die hierfür erforderliche wissenschaftliche Haltung einnehmen. Eine Grundvoraussetzung jeglichen wissenschaftlichen Bemühens ist, daß der Wissenschaftler seinen Gegenstand »objektiv« betrachtet und in einer neutralen Distanz zu ihm bleibt. Wird diese für die Wissenschaft erforderliche Distanz auf alle und alles, womit man im täglichen Leben umgeht, übertragen, so hat das tiefgreifende Auswirkungen auf die Selbsteinschätzung des Menschen. Eine Folge dieser wissenschaftlichen Einstellung ist, daß beim Menschen entweder seine Individualität oder seine Fähigkeit, über sich hinaus zu gelangen, einseitig überbetont werden. Wird die Einmaligkeit und Individualität des Menschen besonders hervorgehoben, dann wird seine Grundfähigkeit, mit seiner Mitwelt und Umwelt in einer gegenseitigen Wechselbeziehung zu stehen, vernachlässigt, und die Welt als von ihm abgelöst gesehen. Dies hat zur Folge, daß eine Möglichkeit zur Kommunikation mit anderen im letzten geleugnet und der Mensch in seinem Selbstverständnis zu einem Wesen wird, das sich letztlich nicht öffnen und mitteilen kann. Dadurch wird er ganz auf sich zurückgeworfen, auf seine Befindlichkeit und sein Erleben, die zum Maßstab nicht nur seines Wohlbefindens, sondern auch zur Beurteilung der Dinge werden.

Diesem »Subjektivismus« steht ein »Objektivismus« gegenüber. Trotzdem besteht zwischen ihnen ein tiefer innerer Zusammenhang. Da der Mensch sich selbst nicht genügen und in sich nicht die Sicherheit und Geborgenheit finden kann, nach der er sich sehnt, sucht er danach außerhalb seiner Person. Er hofft, dort Sicherheit zu gewinnen, und glaubt, daß das »objektiv Gegebene«, das jeder Interpretation Enthobene, ihm diese zu geben vermag. Hier liegt eine der tiefen Wurzeln dafür, daß sich so viele mit der objektivierenden wissenschaftlichen Haltung identifizieren: das Gefühl, nur dann auf sicherem Boden zu stehen, wenn das »Objektive« nicht durch die labile und damit unsichere »Subjektivität« verfälscht wird. Das verhilft aber nicht zu der stets ersehnten zwischenmenschlichen Kommunikation, da auch die Mitmenschen bei dieser Betrachtungsweise zu »Objekten« werden. Eine weitere Folge des wissenschaftlichen Ansatzes ist, daß das »Ich« nur als die Resultante vielfältiger Einflüsse gesehen wird, die darauf einwirken. Seine Eigentümlichkeit und Eigenständigkeit wird dabei gleichsam auf einen Punkt reduziert, den man zwar noch beim Namen nennen kann, der aber keine eigenen Eigenschaften und Wirkkräfte mehr hat. Ein ähnlicher Ansatz ist, das »Ich« als etwas anzusehen, das zwischen zwei mächtigen Kräften zu einem Ausgleich gelangen muß, nämlich zwischen den Triebkräften und dem Gewissen oder, wie es in der psychoanalytischen Theorie heißt, zwischen dem Es und dem Über-Ich. Hierbei wird das Ich ebenfalls als etwas gesehen, das »von außen« einwirkenden Kräften ausgesetzt ist, allerdings bei einem insgesamt innerpsychischen Vorgang.

Zu diesen Ansätzen, deren Rückwirkung auf die Selbsteinschätzung des Menschen hier nur skizziert werden kann, kommt, daß am Anfang der Neuzeit ein grundsätzlicher Zweifel steht. *Descartes* sagte bekanntlich: dubito, ergo sum (ich zweifle, also bin ich). Ihm war alles zutiefst zweifelhaft geworden, nur eines nicht, nämlich, daß er zweifelte. Hiermit begründete er zwar für sich seine eigene Existenz, löste diese aber aus der Geborgenheit und der Kommunikation mit allem anderen Sein heraus. Auch dies hat tiefgreifende Folgen, die die folgende Anekdote veranschaulichen soll: Ein Mensch wanderte allein durch die Wüste und verspürte Hunger und Durst. Er sah eine Oase, zweifelte aber daran, ob es wirklich eine Oase sei. Er sah bei der Oase Dattelbäume, bezweifelte aber, daß es sich tatsächlich um Dattelbäume handele. Infolge dieser Zweifel machte er keinen Gebrauch von den Dingen, die er sah. Er verlor immer mehr an Kräften und wurde am folgenden Tag von zwei Beduinen in unmittelbarer Nähe der Oase tot aufgefunden. Der eine von ihnen fragte erschüttert den anderen, was mit diesem Mann wohl gewesen sein könnte. Dieser antwortete, er war ein moderner Mensch.

Nach diesem Exkurs über allgemeine Probleme, die sich aus der Überbetonung und Identifikation mit der naturwissenschaftlichen-technischen Welt für die Grundhaltung des Menschen ergeben und sich in vielerlei Hinsicht auf die psychisch Kranken sowie deren Betreuer und ihre theoretischen Ansätze auswirken, kehren wir zu der eigentlichen psychiatrischen Problematik zurück. Es ist jetzt unsere Aufgabe, das, was wir bisher negativ gekennzeichnet haben, positiv zu formulieren. Für unsere Art zu denken ist es schwer zu erfassen und wird, wie wir gesehen haben, durch diesen Zugriff gleichsam zerstört. Wir müssen uns deswegen einer anderen Denkweise und einer entsprechenden Sprache bedienen, um dieses »Gegenstandes« habhaft zu werden.

Aus der Schilderung der Schlangengrube könnte man schließen, daß die fehlende zwischenmenschliche Kommunikation durch Information herzustellen sei. Hieran ist zweifellos etwas Richtiges. Wenn aber die zwischenmenschliche Kommunikation auf Information reduziert wird, in unserem Falle etwa auf Mitteilungen über Sachverhalte der Krankheit, die Prognose und die einzuschlagende Therapie, wird ebenfalls keine menschliche Begegnung möglich. Eine sich auf Information beschränkende zwischenmenschliche Kommunikation ist unzureichend. Information wirft den Betreffenden nämlich auf sich selbst zurück. Er weiß als Informierter zwar über sich Bescheid, muß hiermit aber allein fertigwerden, denn das, was der Informant zu geben hat, ist eben nur Information. Das, wonach sich der Kranke sehnt, ist aber mehr. In diesem Zusammenhang erzählte *Viktor von Weizsäcker*, der sich in besonderer Weise um die zwischenmenschliche Kommunikation im Arzt-Patient-Verhältnis bemüht hat, von einem Erlebnis, das ihm unvergeßlich geblieben ist: Er habe sich viele Stunden mit einer Kranken beschäftigt, in dem Bemühen, ihre innere Situation zu verstehen. Am Ende dieser Bemühungen habe ihm die Patientin erklärt, das, was sie von ihm erwarte, sei nicht, verstanden, sondern *angenommen* zu werden.

Die Antwort der Umgebung auf die Sehnsucht der Betroffenen, in ihrer Krankheit angenommen zu werden, ist sehr häufig Mitleid. Darunter wird verstanden, daß man sich bemüht, das Leiden des anderen möglichst intensiv nachzuempfinden, sich ganz in seine Lage hineinzuversetzen und von dem Leid des anderen möglichst stark anrühren zu lassen. Fast alle, die in der Betreuung von Kranken tätig sind, haben anfangs derartiges versucht, so lange sie ihre Haltung unter dem Einfluß der wissenschaftlichen Einstellung und den Anforderungen des Betriebes noch nicht geändert hatten. Früher oder später sind sie dabei in der Regel gescheitert. Der Grund hierfür ist nicht nur, daß es offensichtlich eine Überforderung ist, sich so stark von dem Leiden jedes Kranken anrühren zu lassen, sondern auch, daß man dann, wenn man so tief betroffen ist, den Kranken keinen genügenden Halt zu vermitteln vermag und dadurch selbst verunsichert wird. Der Halt ist aber gerade das, was der Kranke vom Arzt über die sachliche Kompetenz hinaus erwartet. Wenn dagegen die Betreuer durch die Krankheit und die damit verbundene Unsicherheit und Hilflosigkeit auch unsicher und damit hilflos werden, vermögen sie ihm weder sachlich noch menschlich ausreichend zu helfen. Eine Folge davon, das Mitleid zum Maßstab für das Bemühen um den Kranken zu machen, ist, daß man meint, ihm manches nicht zumuten zu

können, und deswegen Sonderaktionen in Gang setzt, z. B. Ausnahmeregelungen, die von der Stationsordnung abweichen oder gar zusätzliche Verordnungen von Beruhigungs- oder Schmerzmitteln, die der Oberarzt nicht wünscht. Die gute Absicht, so für den Kranken etwas Besonderes zu tun, bedeutet in Wahrheit, daß man sich der Position, ihm einen Halt zu vermitteln, beraubt hat. Der Kranke fühlt sich dadurch alleingelassen und versucht durch neue, größere Ansprüche an den Arzt, das Gewünschte zu erreichen. Der Arzt wird dadurch weiter verunsichert. Bei dem Kranken beginnen sich dann Zweifel einzuschleichen, die auf den Arzt zurückwirken. Dieser fühlt sich dadurch überfordert und zieht aus solchen Erfahrungen nicht selten die Konsequenz, sich in Zukunft möglichst distanziert zu verhalten und lieber auf dem anscheinend sicheren Boden der »Objektivität« zu bleiben.

Das Gesagte kann man dahingehend zusammenfassen, daß jeder theoretische Ansatz, unter dem man den Kranken betrachtet, und jedes daraus abgeleitete Verhalten dem Kranken gegenüber die unmittelbare menschliche Kommunikation mehr oder weniger stark beeinträchtigt. Das heißt, für die unmittelbare Begegnung von Mensch zu Mensch muß man alles Derartige zurückstellen oder, noch anders ausgedrückt, sich ganz leer davon machen, um ganz offen für den anderen, so wie er ist, zu sein. Für unsere Denkweise mag es paradox klingen, daß nur dann eine in die Tiefe gehende Begegnung möglich wird, wenn man in dem geschilderten Sinne »nichts macht«. Dies könnte dahingehend mißverstanden werden, daß man tatsächlich nichts tun und sich ganz passiv verhalten sollte. Das ist hiermit natürlich nicht gemeint. Eine Begegnung erfordert vielmehr eine aus einer Eigenständigkeit heraus wachsende Aktivität und Zuwendung zum anderen. Es kann nicht Gegenstand dieses Buches sein, nähere Ausführungen dazu zu machen, wie die für diese Eigenständigkeit erforderliche innere Kraft zu gewinnen und zu stärken ist. Dieses zentrale Problem unseres modernen Lebens kann jedenfalls nicht auf der technischen Ebene gelöst werden. Mit dem Gesagten haben wir den innersten Kern der Begegnung von Menschen herausgeschält und damit auch der Begegnung zwischen Arzt und Krankem. Es ist recht erstaunlich, daß wir für diese menschliche Grundgegebenheit kein Grundwort haben und es nur mühsam gelingt, den Blick darauf zu lenken. Darüber hinaus haben aber auch Begriffe, die in diesen Zusammenhang gehören wie z. B. Liebe, durch vielfältigen Gebrauch und Mißbrauch ihren eigentlichen Bedeutungsgehalt weitgehend verloren. Deswegen klingen sie leicht hohl und pathetisch. Das könnte den Eindruck erwecken, daß es sich um etwas zwar Schönes und Wünschenswertes, aber letztlich um ein romantisches Ideal handelt, dem in der Lebenswirklichkeit keine Realität und keine Wirkkraft zukommt. Das Gegenteil ist richtig. Um das darzustellen, sind wir gezwungen, abgegriffene Ausdrücke zu verwenden, da uns keine anderen zur Verfügung stehen. Wir bitten darum die Leser, bei den folgenden Ausführungen vornehmlich die Gesamttendenz zu beachten und aus dieser heraus den Gehalt der Begriffe zu verstehen. Um das Gemeinte zu verdeutlichen, sei an das Experiment erinnert, das Friedrich II. von Hohenstaufen anordnete: Er wollte überprüfen, ob die damals verbreitete Ansicht zutreffe, daß die Ursprache des Menschen aramäisch ist, die Sprache, die Jesus gesprochen hat. Zu diesem Zweck ordnete er an, daß 10 Ammen mit den ihnen übergebenen 10 Säuglingen kein Wort sprechen dürften, sie aber im übrigen gut versorgen sollten. Die Säuglinge begannen nicht zu sprechen, sondern starben alle. Sehen wir von der Sprache ab, auf deren Bedeutung wir unten zurückkommen, so ist der Geschichte zu entnehmen, daß die Versorgung allein mit Nahrung und Kleidung den Menschen nicht lebensfähig macht. Diese Deutung wurde durch die berühmte Untersuchung von *René Spitz* an Heimkindern aus dem Jahre 1946 bestätigt. Er fand, daß in Heimen untergebrachte Säuglinge in ihrer körperlichen und geistigen Entwicklung zurückbleiben, wenn sie nur mit Nahrung und dem sonst Notwendigen versorgt werden, aber keine feste »Bezugsperson« haben. Man kann das verallgemeinern und sagen, daß der andere für den Menschen von ganz entscheidender Bedeutung ist. Er ist gleichsam dessen Lebenselexier, von dem natürlich Schwache, Kranke, Alternde und Sterbende besonders zehren.

Ist die Fülle dieser zwischenmenschlichen Kommunikation mit dem Gesagten schon angesprochen oder gar erschöpfend dargestellt? Die Rede von einer Bezugsperson und dem, was sie vermittelt, klingt »neutral«, so, als ob ein Kraftwerk Lebensenergie spende. Da bei der Begegnung von Menschen diese im Innersten angesprochen sind, kommt dabei immer auch ihre Person ins Spiel. Das heißt, sie handeln jedenfalls, ob sie dem anderen nun ihre Kraft spenden oder sie ihm vorenthalten. *Erich Fromm* spricht darum von der »Kunst des Liebens«. Er sagt in seinem Buch, »daß Liebe nicht ein Gefühl ist, dem man sich einfach hinzugeben braucht«, und führt dazu weiter aus: »daß jeder Versuch der Liebe fehlschlagen muß, solange man sich nicht bemüht, die eigene Gesamtpersönlichkeit zu entwickeln und damit zu einer schöpferischen Orientierung zu gelangen und daß man in der individuellen Liebe keine Befriedigung finden wird, solange man nicht imstande ist, seinen Nächsten zu lieben und dies wirklich demütig, mutig, ehrlich und diszipliniert tut.« Umgekehrt gehört es, wie wir gesehen haben, existentiell zum Wesen des Menschen, geliebt zu werden. Er entbehrt darum etwas, wenn ihm keine Liebe zuteil wird. »Die meisten Menschen«, sagt *Erich Fromm*, »sehen in dem Problem des Liebens in erster Linie das Problem, selbst geliebt zu werden und nicht so sehr das Problem des Liebens, der eigenen Fähigkeit zu lieben«. Lieben heißt, dem anderen so zu begegnen, wie er ist. *Antoine de Saint-Exupery* sagt: »Man sieht nur mit dem Herzen gut«. Es geht, mit anderen Worten, im letzten nicht darum, jemanden zu suchen, den man für liebenswert hält und dann diesem seine Liebeskraft zuzuwenden, sondern darum, wie E. *Fromm* sagt, die Kunst des Liebens zu erlernen, damit man jedem unvoreingenommen zu begegnen vermag. Wenn man sich selbst öffnet, kann sich auch der andere öffnen. Da der Mensch nicht »reine Liebe« ist, kann er sie nur mitteilbar äußern. Eines der wichtigsten, wenn nicht das wichtigste Medium der zwischenmenschlichen Begegnung ist die Sprache. Sprechen allein ist, wie das Beispiel der Schlangengrube lehrt, noch nicht zwischenmenschliche Kommunikation. Der Sprache zugeordnet ist das Hören. In der hebräischen und in der vom griechischen Denken inspirierten abendländischen Tradition haben mit unterschiedlicher Betonung Hören und Sehen als die beiden

Sinne gegolten, die dem Menschen die volle Wirklichkeit vermitteln. Der Ausfall des Hörens hat aber schwerwiegendere Folgen als der Verlust des Sehens, wie die Erfahrung an Blinden und Tauben lehrt. Der Taube kann zwar den anderen sehen, ist aber in besonderer Weise von ihm getrennt. Fällt dagegen die Überflutung durch optische Sinneseindrücke und die durch sie bewirkte Gefahr der Abstumpfung für Menschliches fort, wie dies beim Blinden der Fall ist, so dringen die Worte ins Innerste des Menschen und vermitteln tiefste Menschenkenntnis, wie das »Wiedergefundene Licht« zeigt, von dem der erblindete *Jacques Lusseyran* berichtet. Man könnte darum in Abwandlung des bekannten Wortes »Der Mensch *hat* nicht nur einen Leib – er *ist* Leib« sagen: »Der Mensch *hat* nicht nur eine Sprache – er *ist* Sprache« und kann so zu einem tieferen Verständnis des Wesens des Menschen gelangen.

Die Sprache ist zwar an Worte und Begriffe gebunden, wirkt aber keineswegs allein nur durch sie. Worte allein bewirken keine zwischenmenschliche Kommunikation. Worte und Begriffe sind aber auch Mittel zur Differenzierung und können die zwischenmenschliche Kommunikation beeinträchtigen, wenn sie zum Mittel der Zergliederung werden. Wie wir gesehen haben, ist die Sprache dann wenig geeignet, zum innersten Geheimnis der Begegnung von Menschen vorzudringen. Wir befinden uns hier offenbar in einem Dilemma. Jedenfalls sollte man nicht zu unbefangen meinen, man könne auch die zwischenmenschliche Kommunikation als manipulierbar betrachten und sie darum auch als Behandlungstechnik anwenden. Gerade das führt an der hier gemeinten Grundwirklichkeit vorbei. Jeder weiß auch, daß theoretische und spekulative Erörterungen keine Gemeinsamkeit bewirken, sondern vor allem Grenzen, d. h. Abgrenzungen erkennen und eintreten lassen. Deswegen wurde zu allen Zeiten in dieser Frage von den Weisen der Menschheit der Praxis der Primat zugesprochen. Das bedeutet, daß der Mensch sich auf den Weg machen und dabei das, was er besitzt, seine Erkenntnisse und Theorien loslassen, sich frei machen, sich öffnen soll für das Unbekannte. Dann und nur dann erfährt er den anderen und erlernt »die Kunst des Liebens«. Im Gegensatz zu einer weit verbreiteten Meinung handelt es sich dabei nicht in erster Linie um eine spezifische Begabung für den ärztlichen Beruf, sondern tatsächlich um etwas, was jeder lernen kann und lernen sollte. Unerläßliche Voraussetzung dazu ist die Bereitschaft, sich loszulassen. Das muß gewagt werden. Das Wagnis bedeutet aber keinen Schritt ins völlig Ungewisse, sondern gleicht dem Betreten einer Bühne oder eines Podiums. Der Künstler muß vorher seine Rolle einüben und dabei lernen, nicht nur sich selbst zu spielen. Er darf sich weder in seiner Rolle verlieren, noch einer Identifikation mit seiner Rolle ausweichen. Nur dann kann er dem Publikum etwas vermitteln. Sonst bleibt sein Auftritt auch bei ausgefeiltester Technik leer, und die Zuschauer werden durch solche Perfektion nicht bereichert, sondern eher erdrückt. Obwohl man so die ärztliche Tätigkeit mit der eines Künstlers in vielerlei Hinsicht vergleichen kann, hat der Arzt kein großes Publikum. Seine »Auftritte« finden vielmehr auf der kleinen Bühne der zwischenmenschlichen Begegnung statt. Das, was von ihm dort erwartet wird, ist etwas Persönliches für den einzelnen Kranken und ist nicht etwas »Allgemeines« für viele, wie dies beim Künstler der Fall ist.

Wieviel wird von dem allen in der ärztlichen Aus- und Weiterbildung vermittelt? Während des Studiums erwacht wohl bei fast allen früher oder später der Wunsch, daß endlich die Praxis beginne. Das gilt nicht nur für Mediziner, sondern ebenso für Juristen, Pädagogen, Theologen usw. Die zunehmende Verwissenschaftlichung jeglicher Ausbildung bewirkt nicht nur, daß immer mehr gelernt werden muß, sondern vor allem, daß der Gegenstand, mit dem man später im Beruf umgehen soll, unbekannt bleibt, nicht erfahren wird. Das geforderte Wissen wird somit immer abstrakter und dessen Relevanz für die Praxis immer weniger erkennbar. Um dieser immer brennender werdenden Frage abzuhelfen, wurde in die medizinische Ausbildung das sog. bedside-teaching eingeführt, das den Bezug zur Praxis vermitteln soll. Was aber ist die Praxis, die auf diesem Wege vermittelt wird? Es ist das Einüben der Techniken, die der Arzt beherrschen muß, aber keine ärztliche Tätigkeit. Der Kranke wird dabei in erster Linie als Gegenstand des medizinischen Erkennens und Einübens von Verfahren »gebraucht«, aber nicht als kranker Mensch erfahren, der er zu allererst ist. Beim bedside-teaching wird, mit anderen Worten, das wissenschaftliche Lehren und technische Lernen lediglich vom Hör- oder Kursaal an das Krankenbett verlagert. Die ärztliche Praxis, nämlich, daß man selbst Kranke verantwortlich betreut, beginnt damit nicht. Für die ersten praktischen Bemühungen bedarf man als »Lehrling« der Anleitung und Hilfe von Erfahrenen, vor allem deren Vorbild. Dafür war die Famulatur und vor allem die Medizinalassistentenzeit, in der man bereits ärztlich tätig sein konnte, viel besser geeignet, obwohl zugegeben werden muß, daß gute Vorbilder nicht in ausreichender Zahl zur Verfügung standen. Der Umstand, daß Praxis in der Ausbildung vornehmlich als Kennenlernen medizinischer Sachverhalte und Einüben von Techniken aufgefaßt wird, ist nur eine Seite des Problems. Eine andere ist, daß infolge der naturwissenschaftlichen Grundhaltung alles, auch der Kranke, aus einer entsprechenden Distanz unter dem Gesichtspunkt, was kann man machen, betrachtet wird. Das bewirkt eine Scheu, sich auf das Wagnis, Kranken als Personen zu begegnen, einzulassen.

Das betrifft auch, darauf sei ausdrücklich hingewiesen, das ärztliche Gespräch. Selbst dieses kann als Gesprächstechnik aufgefaßt und zum Gegenstand der medizinisch-technischen Ausbildung gemacht werden. Das ärztliche Gespräch kann, als Technik angewandt, auch dazu dienen, die persönliche Betroffenheit, die bei der Begegnung mit Kranken eintritt, abzuwehren und sich trotz der großen Nähe zum Kranken, die bei einem Gespräch jedenfalls gegeben ist, einer persönlichen Begegnung zu entziehen. Dazu kommt, daß durch alle Arten von Technik die in jedem vorhandene Tendenz, sich abzusichern, verstärkt wird. Die Wissenschaften und die aus ihnen abgeleiteten Techniken scheinen die erwünschte Sicherheit zu gewährleisten. Voraussetzung dafür ist, daß das Engagement nur der Wissenschaft und Technik gilt, aber keine persönliche Note annehmen darf, weil man, wenn das der Fall ist, kein guter Wissenschaftler und Techniker wäre. Die Folge davon ist, daß man sich als Person immer mehr zurückhält. Nicht wenige empfinden die »wissenschaftliche« Zurückhaltung dem Kranken gegenüber als nicht ausreichend. Darum wenden sie sich, vor allem im Anfang

ihrer ärztlichen Tätigkeit, Kranken in besonderer Weise zu. Dabei erfahren sie, wie wir gesehen haben, meist bald, daß sie dem, was dabei von ihnen gefordert wird, nicht recht gewachsen sind, da ihnen nicht der richtige Weg gewiesen wird, »die Kunst des Liebens« zu erlernen. In letzter Zeit wächst die Tendenz, sich statt dessen psychologischen und soziologischen Techniken zuzuwenden, da man glaubt, der Person des Kranken auf diesem Wege näherzukommen. Der Kranke gerät dadurch ebenso in eine Schlangengrube wie bei den medizinischen Techniken, da die Psychologie und die Soziologie letztlich auch nur Techniken zu vermitteln vermögen, wenn auch »feinerer Art«, so daß man sich leicht täuschen läßt und das Technische übersieht. Dies wird noch verstärkt durch die Arbeitsteilung bei der ärztlichen Betreuung im Krankenhaus, wo der Kranke nicht mehr *einen* Arzt als Therapeuten hat. In diesem Zusammenhang wird regelmäßig der gute alte Hausarzt angeführt, der nicht nur alles Medizinische selbst ganz in der Hand hatte, sondern den Kranken, die ganze Familie und deren gesamte Lebensumstände seit Jahren kannte und sie so wirklich beraten, behandeln und führen konnte. Ob dies jemals so gewesen ist, kann hier dahingestellt bleiben. Die therapeutischen Möglichkeiten eines einzelnen, wir würden heute sagen eines Allgemeinarztes, sind im Hinblick auf die heute gängigen diagnostischen und therapeutischen Möglichkeiten jedenfalls beschränkt im Vergleich zu dem, was eine Institution, in der viele Ärzte tätig sind, in dieser Hinsicht zu leisten vermag. Deswegen ist der Kranke geneigt, sich für die bessere technische Behandlung zu entscheiden, in der Meinung, auf das Persönliche verzichten zu können, eine Entscheidung, die nicht nur in der Medizin von Bedeutung ist. Was bedeutet das für den Kranken? Schon der Spezialist macht keine Hausbesuche mehr. Der Kranke muß sich vielmehr zum Facharzt begeben. Das, was er und ggf. die Angehörigen bei diesem vorbringen, ist ein aus dem Lebensbereich herausgelöster »Sachverhalt«, für den die Sachkunde des Arztes in Anspruch genommen wird. Der Arzt kann sich dadurch in die Rolle drängen lassen, nur als Sachverständiger vorzugehen. Er wird sich natürlich dem Kranken auch als Person zuwenden, den er als einen aus seiner Situation »Herausgelösten« aber nur mehr oder weniger gut kennenlernen kann. Diese Herauslösung wird fast vollständig, wenn sich der Kranke in eine Institution begibt. Die Identifikation der dort Tätigen mit der ständigen Verbesserung der Mittel, d. h. gezielter wirkenden Arzneimitteln, Vergrößerung des therapeutischen Teams, Verbesserung der Einrichtungen läßt zunächst weder den Kranken noch die Therapeuten erkennen, was aufgegeben wurde. Die Vergrößerung des Aufwandes verleiht diesem ein gewisses Eigengewicht, da es mit der wachsenden Größe des Ganzen auch immer mehr organisatorische Probleme und Aufgaben gibt. Die Aufmerksamkeit und Kräfte der in solchen Betrieben Tätigen werden in zunehmendem Maße davon beansprucht. Der Kranke spürt diese Eigengesetzlichkeit der Institution und fühlt sich dieser ausgeliefert und alleingelassen. Auf einen allgemeinen Nenner gebracht, kann man sagen, der Kranke erfährt am »eigenen Leibe«, daß die Konzepte und die daraus abgeleiteten Techniken ihn zwar betreffen, aber gleichzeitig an ihm vorbeigehen. Auf die bessere technische Versorgung (im weitesten Sinne) kann und will er dennoch nicht verzichten, obwohl seine Sehnsucht nach dem, was die Technik ihrem Wesen nach nicht zu leisten vermag, ungestillt bleibt. Aus diesem Dilemma erwachsen Vorwürfe gegen die Institution. Für die in dieser Tätigen fehlen weitgehend die Anleitung und die persönliche Geborgenheit, es anders zu machen. So entsteht auch bei ihnen ein Gefühl des Unbefriedigtseins, das mit mangelnder Zeit und Überbeanspruchung durch die Arbeit erklärt wird. Da es für das persönliche Bemühen um die Kranken kein »Mittel« gibt, ist man persönlich gefordert, auf sich selbst gestellt und so leicht überfordert. Gängige Auswege sind, sich seinen Halt entweder in dem Sicheinfügen in die Institution zu suchen und hier Hervorragendes zu leisten oder sich auf irgendeine Weise über sein Dilemma hinwegzutäuschen, wobei Drogen und Medikamente eine nicht unerhebliche Rolle spielen, oder man versucht, seine Erfüllung irgendwo anders zu finden und seine Aufgabe in der Krankenversorgung lediglich als Job zu betreiben. So ist nicht nur der Kranke in der Schlangengrube der fortschrittlichen, wissenschaftlich-technischen Krankenhauswelt allein und verlassen.

Im folgenden wollen wir jetzt versuchen, die Begegnung von Arzt und psychisch Kranken und die dabei zu bewältigenden Aufgaben konkreter zu umschreiben. Da, wie wir gesehen haben, psychisches Kranksein stärker mit der Person des Kranken verknüpft, »personnäher« ist und weniger leicht lokalisiert und damit vom Kranken »getrennt« werden kann, ist das Wesen der Arzt-Patient-Beziehung am Beispiel psychischen Krankseins besonders gut aufzuzeigen: Der Begegnung des Nervenarztes mit einem psychisch Kranken geht in der Regel einiges voraus. Auch wenn der Kranke sich selbst an den Nervenarzt um Hilfe wendet, hat er meist einen längeren Entscheidungsweg hinter sich. Es dauert eine gewisse Zeit, bis man dazu kommt, Probleme und Schwierigkeiten als »psychisch« zu erkennen, sie weiter als Ausdruck psychischer Krankheit zu akzeptieren und schließlich den Weg zu einer psychiatrischen Behandlungsmöglichkeit zu gehen. In anderen Fällen macht die Umgebung diesen Weg, bis sie sich entschließt, den Betreffenden zu überreden, zum Psychiater zu gehen oder ihn zu diesem zu bringen. Wie nun auch immer der psychisch Kranke zum Psychiater gelangt, dieser ist für ihn oder seine Umgebung jemand, von dem man erwartet, daß er mit der eingetretenen Schwierigkeit umzugehen weiß und zu helfen versteht. Für den psychisch Kranken ist der Psychiater aber nicht nur ein Sachverständiger, sondern auch jemand, der ihm in seiner Bedrängnis annehmen und zur Seite stehen muß. Der Kranke spürt selbst, jedenfalls recht oft, daß irgendetwas nicht in Ordnung ist, und kann sich und seine Situation nicht so »von außen« betrachten, wie es der Umgebung möglich ist. Deswegen braucht er zunächst einen Partner, der ihn unvoreingenommen annimmt. Der Partner muß zudem jemand sein, der durch die Unsicherheit des Betroffenen und dessen Umgebung nicht selbst verunsichert wird, weil er dann den erforderlichen Halt nicht zu geben vermag. Der Psychiater darf dabei natürlich nicht jemand sein, an dem alles einfach abprallt. Er muß sich vielmehr beeindrucken lassen können, ohne persönlich stärker betroffen zu sein. Nur so lange er den Kranken als Person akzeptiert, kann dieser sich auf ihn einlassen und umgekehrt.

Wir wollen das, was sich zwischen Arzt und

dem psychisch Kranken abspielt, noch näher betrachten und den Schritt vom Allgemeinen zum Konkreten in diesem wichtigen Punkt gehen. Was geschieht, wenn ein Mensch nicht mehr so kann wie früher, wenn er sich verändert fühlt, kurz, wenn er psychisch krank geworden ist?

Schon wenn Spannkraft und Vitalität um die Mitte des Lebens nachlassen, ist oft eine Sinnkrise die Folge: ein weiterer beruflicher, gesellschaftlicher Aufstieg ist nicht mehr möglich. Geltung und Anerkennung können nicht mehr zunehmen. Dann taucht die Frage auf, welchen Sinn es hat, weiterhin zu schuften und sich abzurackern. Ältere Menschen, die aus dem Berufsleben ausgeschieden sind und erleben müssen, daß die jüngere Generation ihre eigenen Wege geht und sich nicht mehr um sie kümmert, fragen sich, wofür sie eigentlich weiterleben. Um wieviel mehr ist das alles der Fall, wenn sich ernste Krankheit einstellt und keine Hoffnung besteht, ganz zu genesen. Selbst wenn man in einem Sozialstaat ausreichend mit den lebensnotwendigen Gütern versorgt ist, tritt ein Verlust an sozialer Geltung ein: Man wird nicht mehr so wie vorher anerkannt. Mitleid hilft nur vorübergehend über die Einbuße an Bejahung und Anerkennung hinweg. Es bleibt die mangelnde Geborgenheit. Das gilt in besonderer Weise natürlich für Kranke und Sterbende, die sich nicht mehr selbst helfen können. Wenn ihre Krankheit nicht mehr geheilt werden kann und ihr Leben dahinschwindet, bleiben sie ganz und gar auf die persönliche Bejahung ihres Daseins durch andere angewiesen. Das alles ist von größter Bedeutung für psychisch Kranke sowie geistig und seelisch Behinderte. Sie fallen durch ihr Anderssein auf und geraten dadurch in Gefahr, nicht voll anerkannt zu werden. Da sie zudem oft nicht so viel zu leisten vermögen wie die anderen (Gesunden), haben sie es doppelt schwer, sich in der leistungsorientierten modernen Gesellschaft Anerkennung zu verschaffen. Dies wird ihnen, wie die Geschichte und die heutige Euthanasiebewegung zeigt, immer wieder zum Verhängnis, denn wenn der Mensch nur nach seiner Leistung und seinem Nutzen beurteilt wird, wird er zu einer austausch- und ersetzbaren Arbeitskraft. (Siehe auch Kap. 36). Wird das Individuum so eingeschätzt, dann geht etwas schwer Faßbares verloren, das in

alles Tun einfließt, ohne mit ihm identisch zu sein. Das Tun wird leer, wenn es ganz fehlt, nur wenig davon vorhanden ist oder gar versucht wird, es möglichst zurückzudrängen und sich auf die »technischen Mittel« zu verlassen.

Wir wollen das anhand eines Beispiels verdeutlichen und dabei weitere Einzelheiten der Begegnung des Arztes mit einem psychisch Kranken zeigen. Es geht dabei, das sei vorsorglich vorausgeschickt, nicht um den gesamten Hintergrund des Falles, sondern um die Beziehung des Kranken zu seiner Umwelt und damit auch des Arztes in der konkreten Situation.

Zu Hause und bei der Arbeit fühlt sich Herr Kraus eines Tages unsicher, er traut sich nicht mehr zu, seine Aufgaben zu erfüllen. Infolge seines Versagens zieht er sich von seiner Umgebung zurück, von der er sich bedrängt fühlt. Nachdem die Veränderung seinen Angehörigen auffällt, reden sie ihm gut zu, wobei aber im Unterton mit anklingt, daß er sich etwas mehr zusammennehmen solle, Probleme hätte jeder einmal. Dadurch fühlt sich Herr Kraus noch mehr belastet und letztlich alleingelassen, denn gerade die Kraft, sich anderen zu stellen, fehlt ihm. Deswegen kann er auch nicht darüber sprechen. Gleichzeitig beginnt er an sich selbst zu zweifeln, rechnet sich sein Versagen als Schuld an. Da es ihm aber nicht gelingt, sich aufzuraffen, beginnt er zu resignieren. Sein Zustand wird dadurch nach außen noch deutlicher erkennbar. Die Angehörigen werden jetzt ihm gegenüber energischer, sind aber gleichzeitig verunsichert, weil sie mit ihrer üblichen Lebenstechnik nichts erreichen. Da sie nicht mehr recht wissen, wie sie sich verhalten sollen, entsteht Herrn Kraus gegenüber ein beklommenes Verhalten, das diesem den Eindruck vermittelt, man wolle seine Gesellschaft nicht, ja man wolle ihn eigentlich lossein. Im Geschäft glaubt er zu hören, daß man über diese Dinge spricht. Er beobachtet seine Mitarbeiter deswegen etwas mißtrauisch und versucht durch Fragen herauszubekommen, ob diese etwas wissen. Das im Vergleich zu früher etwas eigentümliche Verhalten irritiert auch sie. Infolge erhöhter Aufmerksamkeit der Umgebung werden kleine Fehler, über die man sonst hinweggeht, besonders beachtet und nach einiger Zeit auch gerügt. Da Herr Kraus seine Arbeit ohnehin nur noch mit Mühe bewältigen kann, gerät er in zunehmende Bedrängnis. Er gibt sich besondere Mühe, alles ganz gut und richtig zu machen, aber gerade deswegen passieren ihm Fehler, und er benötigt für alles mehr Zeit. Schließlich wird er vom Abteilungsleiter gerufen, der ein ernstes Wort mit ihm spricht. Herr Kraus hat nicht die Kraft, die Situation zu ändern und traut sich nach einigen Tagen nicht mehr zur Arbeit. Da er dies den Angehörigen verbergen will, geht er morgens wie üblich aus dem Haus, schlägt aber dann einen anderen Weg ein. Dort meint er auf der anderen Straßenseite einen Bekannten zu erkennen, der erstaunt nach ihm schaut. Darum beschleunigt er seinen Schritt, biegt um die nächste Ecke, meint nach zwei Straßenkreuzungen, erneut bekannte Gesichter zu erkennen. Daraufhin nimmt er sich, entgegen seiner Gewohnheit, ein Taxi, um möglichst rasch in einen anderen Stadtteil zu gelangen. Im Taxi sind die Durchsagen der Taxizentrale zu hören. Herr Kraus meint, daß auch sein Name bei den Durchsagen genannt wird. Kurz darauf hört er, daß gesagt wird, jetzt haben wir den Faulpelz, den bringen wir zur Polizei. Er bittet den Taxifahrer zu halten. Als dieser das nicht sofort tut, springt Herr Kraus bei einer roten Ampel aus dem Wagen. Er hört jemanden sagen, dich kriegen wir trotzdem und versucht, sich daraufhin in einem Lokal zu verstecken. Dort nimmt er alle Kraft zusammen, um ganz ruhig und unauffällig zu erscheinen. Er bestellt ein Bier, das aber einen merkwürdigen Beigeschmack hat. Schon nach dem ersten Schluck spürt er seine Kräfte schwinden. Wieder hört er die Stimme, die sagt, dich kriegen wir schon, jetzt kannst du nicht mehr so schnell laufen, du faules Schwein. Herr Kraus stürzt aus dem Lokal auf die Straße, die Stimme sagt, jetzt versucht er fortzulaufen. Überall beobachtet Herr Kraus jetzt Verdächtiges. Autos mit langen Antennen fahren auffällig häufig an ihm vorbei, die Ampeln springen jedes Mal auf rot, wenn er über eine Straße gehen will, an Straßenecken und vor Lokalen stehen Gruppen von Leuten, die nach ihm schauen und eine drohende Haltung einnehmen. Ständig hört er seinen Namen. Nach längerem Umherirren begibt er sich in ein Krankenhaus, da er glaubt, daß ihm dort seine Verfolger nichts anhaben könnten. Bei der Aufnahme wird er gefragt, ob er angemeldet sei. Als er dies verneint, aber auch nicht weiß, zu welcher Abteilung er eigentlich will, sagt die Schwester er möge warten, bis der diensttuende Arzt komme. Das Warten zieht sich immer länger hin, es werden viele Telefongespräche geführt. Herr Kraus glaubt wieder, seinen Namen zu hören. Als dann ein Polizeibeamter den Raum betritt, ergreift Herr Kraus die Flucht, wartet in einem Park die Dunkelheit ab und schleicht sich nach Hause. Dort ist man in heller Aufregung, aber dann doch erleichtert, daß Herr Kraus wieder da ist. Nach einem langen Gespräch erklärt sich dieser bereit, am nächsten Tag zum Arzt zu gehen. Die Angehörigen hoffen natürlich, daß dieser herausfindet, was eigentlich los ist, Herr Kraus dagegen fügt sich dem Beschluß seiner Angehörigen, da er ratlos ist und hofft, daß er irgendwie aus seiner Klemme herauskommt.

Was muß nun der Arzt angesichts eines psychisch Kranken können und machen? Damit kommen wir auf den Ausgangspunkt unserer Ausführungen zurück. Die erste Aufgabe des Arztes ist anscheinend, die eingetretene Veränderung in der Lage von Herrn Kraus und seinen Angehörigen zu beurteilen, um einen Ansatz für die Behandlung zu finden. Keine Schwierigkeit dürfte es für ihn bedeuten zu erkennen, daß Herr Kraus akustische Halluzinationen und einen Verfolgungswahn hat (Näheres siehe Kap. 9.9). Auf die erforderlichen weiteren medizinischen Überlegungen einzugehen, erübrigt sich an dieser Stelle. Sie wurden ja bereits in dem vorangegangenen Kapitel erörtert. Hier ist die Frage, wie der Arzt mit Herrn Kraus über dessen Situation und die medizinischen Befunde spricht. Er kann das offenbar nicht in der gleichen Weise tun wie mit einem Kranken, der eine Fraktur oder eine Appendizitis hat. Herr Kraus fühlt sich zwar verändert, er kann nicht mehr so arbeiten wie vorher. Insofern sieht er sich so wie seine Umgebung. Das gilt aber nicht für seinen Eindruck, beobachtet und verfolgt zu werden. Für ihn handelt es sich dabei nicht um Sinnestäuschungen und Wahnideen, sondern um Realität. Er lebt damit zum Teil also in einer Welt, die er mit den anderen nicht gemeinsam hat. In etwa trifft das auf jeden Menschen zu. In ausgesprochener Weise ist es vor allem dann der Fall, wenn er von etwas besonders betroffen ist, z. B. auch wenn er krank wird. Es sieht alles anders aus, wenn man auf Hilfe angewiesen ist und nicht mehr die alte Rolle spielen kann. Für seine Umgebung ändert sich die Situation ebenfalls, und sie muß jedenfalls Stellung beziehen. Das sieht der Betroffene in besonders scharfem Licht. Bei psychisch Kranken kann hinzukommen, daß sie infolge der bei ihnen eingetretenen krankhaften Veränderung die Situation extrem zugespitzt oder auch verzerrt sehen. Wenn sie sich z. B. infolge von Angst ganz in die Enge getrieben fühlen, erleben sie ihre Umgebung oft als einmütig gegen sie eingestellt. Dasselbe kann eintreten, wenn sie sich zu Besonderem berufen fühlen und darum in ihrem Erleben ganz isoliert dastehen. Daß der Kranke sich infolge seiner Krankheit selbst verändert hat, und damit gleichzeitig auch seine Welt eine andere geworden ist, kann der Betreffende aber in der Regel nicht sehen. Er erlebt, so wie auch Herr Kraus, nur die Veränderung seiner Welt. Welche Faktoren die Veränderung bei Herrn Kraus bewirken, eine Krankheit, eine veränderte Situation, die Art von Herrn Kraus, auf Veränderungen zu reagieren usw., können wir für unsere Überlegungen hier beiseite lassen. Wie aber spricht der Arzt in dieser Situation mit Herrn Kraus? Für ein Gespräch ist zunächst erforderlich, daß er sich in die Welt des Herrn Kraus hineinversetzt, damit dieser sich in seiner Hilflosigkeit angenommen sieht und so wieder Sicherheit zu gewinnen vermag. Das ist aber nur möglich, wenn der Arzt das, was Herr Kraus vorbringt, weder sofort als Unsinn abtut noch als Realität übernimmt. Beides würde heißen, Herrn Kraus als nicht partnerschaftsfähig zu behandeln. Die meisten psychisch Kranken sind, wie Herr Kraus, nicht so krank, daß sie nicht doch etwas von der Realität wahrnehmen und zusammen mit dem Arzt eine gewisse Distanz zu der veränderten Situation herstellen können. Das gelingt leichter, wenn es möglich ist, die Veränderung als Störung irgendeiner Art zu lokalisieren. Bei somatisch Kranken geschieht das in der Regel in der Form, daß ein Organ als krank bezeichnet wird. In gewisser Weise tun das auch psychisch Kranke, wie Herr Kraus, indem sie die veränderte Situation auf Machenschaften bestimmter Personen oder Gruppen zurückführen. Damit, daß man sich in die Situation des Kranken hineinversetzt, ist der entscheidende Schritt allerdings noch nicht getan. Jenes ist vielmehr nur eine wichtige Vorbereitung für diesen. Das Entscheidende ist, daß Herr Kraus sich dabei von dem Arzt angenommen weiß, so wie er ist, unsicher darüber, was eigentlich mit ihm geschieht, unsicher darin, was er eigentlich tun soll, also kurz gesagt in einer Verfassung, in der er niemandem als Partner gegenüberzutreten wagt.

Das, was der Arzt zu tun hat, wurde hier nicht in einer zeitlichen Reihenfolge angeführt. Die einzelnen Komponenten seines Tuns, gegenseitiges Akzeptieren, Fürsorge und Handeln am Kranken sind in der Praxis natürlich vollständig miteinander verschränkt. Der Kranke ist ferner in der Regel nicht allein, sondern kommt aus einer Gemeinschaft dieser oder jener Konstellation. Darum müssen auch die Angehörigen in das Gesamt des ärztlichen Handelns mit einbezogen werden. Betrachten wir deswegen kurz auch deren Situation: Die Angehörigen des Herrn Kraus sorgen sich um ihn. Sie haben den Eindruck, daß etwas geschehen muß. Deswegen fassen sie einen Entschluß, der Herr Kraus bekanntgegeben wird. Sie gehen dabei freundlich vor, nehmen sich die Zeit, mit Herrn Kraus zu sprechen, bis er sich schließlich bereitfindet, ihren Beschluß zu akzeptieren. Man kann hier natürlich einwenden, daß Herr Kraus nicht ganz freiwillig zum Arzt mitging. Aber er vermag ja auch die Notwendigkeit nicht ganz einzusehen. Was wäre geschehen, wenn Herr Kraus sich nicht gefügt hätte? Die Angehörigen hätten ihn dann nicht zum Arzt bringen können. Dann wäre am Ende womöglich ein viel gröberes Verfügen über Herrn Kraus erforderlich geworden, es sei denn, man wäre bereit hinzunehmen, daß Herr Kraus nicht zur Arbeit geht, womöglich seine Stelle verliert und seine Familie nicht mehr unterhält. Was hätte man tun sollen, wenn Herr Kraus die Wohnung wieder verlassen hätte und nicht zurückgekehrt wäre? Infolge der Verunsicherung, die beim Kranken und auch bei seiner Umgebung eingetreten ist, wird das, was der Arzt entscheidet und tut, von den Betreffenden nur zu leicht als ein Parteiergreifen für die eine oder andere Seite aufgefaßt. So sagen die Angehörigen, wenn der Kranke stationär aufgenommen wird, wir haben also doch recht gehabt, er ist verrückt. Der Kranke dagegen fühlt sich von seinen Angehörigen abgeschoben. Läßt der Arzt ihn dagegen wieder gehen, bekommt der Kranke ein falsches Bild, er fühlt sich in seinem Verhalten bestätigt und zu Unrecht zum Nervenarzt oder in eine psychiatrische Klinik gebracht. Er macht dann deswegen seinen Angehörigen Vorwürfe. Diese fühlen sich mißverstanden und mit ihren Problemen alleingelassen. Da der Arzt zur Fürsorge und damit zum Handeln gezwungen ist, meist bevor die Situation vollständig geklärt ist, muß er sich dem »Verlierer« stets in besonderer Weise zuwenden, damit dieser sich nicht alleingelassen fühlt.

Das, was für die Beziehung zwischen Arzt und psychisch Krankem herausgestellt wurde, ist im Grunde die Beziehung zwischen der Person des Kranken und der des Arztes. In der Realisierung dieses sehr persönlichen Vorganges ergeben sich natürlich Unterschiede, je nach der Art des psychischen Krankseins und des jeweiligen Zustandes, in dem sich der Kranke befindet. Die Möglichkeiten des Zuganges zum Kranken und dessen Fähigkeiten, »den Arzt als Person zu erfahren« können sehr verschiedenartig sein. So ist z. B. die Gestaltung der Arzt-Patient-Beziehung bei Verwirrtheitszuständen anders als bei einer Depression, einer Zwangsneurose oder einem Wahnkranken. Diese Unterschiede beziehen sich nicht nur auf die Fürsorge und auf die Art, wie das diagnostische und therapeutische Vorgehen mit dem Kranken besprochen wird, sondern auf den Umgang mit dem Kranken. Das Entscheidende ist, das für diese jeweilige menschliche Begegnung Wichtige herauszufinden, auch wenn man mit dem Kranken in vieler Hinsicht »nicht reden kann«. Das darf nicht dazu verführen, über ihn als Person »hinwegzugehen«. Man sollte gerade dann darum bemüht sein, andere Möglichkeiten der Begegnung mit ihm zu suchen. So nehmen z. B. stark verwirrte Kranke doch wenigstens einige ihrer Schwierigkeiten und Nöte wahr, können aber durchaus auch Freude an manchem empfinden. Das, was sie erfahren, mag im »Umfang« gering sein. Geringfügig ist aber nicht, was es für sie bedeutet. Die Gestaltung der Begegnung zwischen Arzt und Krankem muß bei diesen Fällen eine ganz andere sein als etwa bei einem Patienten, der davon überzeugt ist, daß das Auftreten des Arztes eine weitere Machenschaft des Geheimdienstes sei, der durch ein feingesponnenes Netz

von Maßnahmen ihn überall bei der Realisierung seiner wissenschaftlichen und künstlerischen Pläne behindert. Obwohl es in einem solchen Fall dem Arzt nicht möglich ist, das Vertrauen des Kranken zu gewinnen, begegnen er und der Kranke sich dennoch. Die einzige Möglichkeit im Gespräch kann dann noch sein, gleichsam von weit entfernten Ufern miteinander zu sprechen, ohne sich zu verstehen. Wenn in solchen, meist schwierigen Situationen, etwas entschieden werden muß, wird es unerläßlich, dem Kranken in aller Offenheit gegenüberzutreten, wobei dessen Angst und Aggressionen akzeptiert werden müssen. Es kommt dann gleichsam jenseits des Mißtrauens und trotz des notwendigen Verfügens über den Kranken auf einer neuen Ebene eine Gemeinsamkeit zustande. In deren Folge wissen dann beide, wer der andere ist, so daß Verabredungen und das Einhalten von Versprechen möglich werden. Dieses Wissen um den anderen geschieht in einem Bereich, der sprachlich nicht zu fassen ist. Auf einen allgemeinen Nenner gebracht, ist also zu sagen, daß die Aufgabe des Arztes in der Arzt-Patient-Beziehung nicht in allen Fällen die gleiche ist und im Laufe der Behandlung nicht stets die gleiche bleibt. Je »stärker« der psychisch Kranke ist, um so mehr ist die Beziehung partnerschaftlich zu gestalten, je »schwächer« der Kranke ist, desto mehr muß der Arzt auch fürsorgliche Aufgaben übernehmen. Diese muß er ggf. bei »Erstarkung« des Kranken wieder zurücknehmen und dem Verhältnis einen möglichst partnerschaftlichen Charakter verleihen. Mit anderen Worten, die Kranken sollen ihren Kräften entsprechend in die Behandlung mit einbezogen, aber nicht überfordert werden.

Unsere bisherigen Ausführungen könnten so verstanden werden, daß sich der Arzt dann, wenn es ihm einmal gelungen ist, das Vertrauen des Kranken zu gewinnen, nicht weiter um den Kranken zu bemühen braucht. Das wäre sicher falsch. Die Begegnung und das gegenseitige Sich-Erfahren muß bei allen diagnostischen und therapeutischen Maßnahmen immer wieder von neuem stattfinden, vor allem bei entscheidenden Schritten. Das Wesentliche dieser Begegnungen ist nicht an ihrer Dauer zu messen, obwohl sie natürlich »in der Zeit« stattfinden. Es handelt sich auch nicht, um ein weiteres

Mißverständnis zu verhüten, um spezielle psychotherapeutische Techniken. Diese müssen zwar, wie alle therapeutischen Maßnahmen, auf der Basis der Arzt-Patient-Begegnung durchgeführt werden, sind aber nicht identisch mit dieser. Eine psychotherapeutische Technik ist also nicht das Konstituierende der Begegnung, wie sie hier gemeint ist. Zu dieser gehört, daß der Kranke den Freiraum erhält oder behält, dem er sich gewachsen zeigt. Darunter ist nicht die Unterbringung in einer geschlossenen, halboffenen oder offenen Station zu verstehen, sondern vor allem, daß der Arzt sich sobald wie möglich aus seiner fürsorgend-entscheidenden Funktion zurückzieht und sich nicht in die Rolle eines Dauertherapeuten begibt. Damit würde er in Gefahr geraten, sich als jemand darzustellen, der alle Fäden in der Hand behält und alles zu heilen vermag mit allen negativen Folgen für den Kranken und schließlich auch für sich selbst. Das Entlassen in den möglichst großen Freiraum muß natürlich begleitet werden durch der jeweiligen Krankheit angemessene Hilfen, etwa Rehabilitationsmaßnahmen. Dazu können auch probeweise Beurlaubungen gehören, damit der Kranke verspürt, wie es sich mit seiner Fähigkeit, »draußen zu bestehen«, verhält. Durch solche Einzelschritte entstehen neue Situationen, die wiederum die Basis für weitere Schritte in der Therapie sind und diese erleichtern.

Von besonderer Bedeutung ist die Begegnung mit den Kranken, die nicht wieder gesunden und deswegen mit ihnen unbekannten Schwierigkeiten fertigwerden müssen. Ihnen dabei zur Seite zu stehen, sie zu »begleiten« und zu stützen, ohne eine Führungsrolle übernehmen zu wollen, ist eine der vornehmsten Aufgaben der Behandlung. Gerade der psychisch Kranke reagiert besonders empfindlich auf einen Führungsanspruch des Arztes. Er sollte deshalb eher darin bestärkt werden, zu jedem Zeitpunkt seiner Erkrankung, die eigenen Möglichkeiten besser kennen und einsetzen zu können.

Das mag alles sehr ideal klingen. Es wird im einzelnen auch nie ganz gelingen. Man sollte sich aber dennoch davor hüten, die Gestaltung einer Arzt-Patient-Beziehung mit bestimmten Vorschriften zu belegen und deren Einhaltung zu fordern. Das würde zu einer Art Arzt-Patient-Verhaltensformel führen, die dem individuellen Anspruch des Kranken nicht gerecht werden kann. Das, was der Kranke braucht und erhofft, ist, daß der Arzt ihn in seinem Kranksein auch als Person annimmt und sich selbst als Person in diese Beziehung hineinbegibt. Wie das zu geschehen hat, kann nicht durch Verhaltensvorschriften und Techniken festgelegt werden; es muß sich vielmehr an den Bedürfnissen und Notwendigkeiten, aber auch an den gegenseitigen Möglichkeiten und der jeweiligen Situation orientieren.

Es sei noch eine Bemerkung über die Symmetrie bzw. Asymmetrie der Arzt-Patient-Beziehung angefügt. Deren Vielschichtigkeit verbietet es ohnehin, sie auf einen so einfachen Nenner zu bringen und daraus abzuleiten, daß die Asymmetrie jedenfalls durch ein »symmetrisches« Verhältnis ersetzt werden müsse. Bei der Begründung dieser Forderung nach »Gleichberechtigung« von Patient und Arzt wird nicht genügend beachtet, daß zum Wesen des Krankseins ein mehr oder weniger ausgeprägtes Nicht-können gehört, wie wir in Kap. 1 gesehen haben. Darum ist es für viele Kranke gar nicht möglich, dem Arzt wie in einer Verhandlung über ein Geschäft gegenüberzutreten. Das zu erwarten, ist in vielen Fällen eine Überforderung des Kranken und man wird damit vielen Kranken gerade im Hinblick darauf, daß sie krank sind, nicht gerecht. Das bedeutet natürlich auch eine Anforderung an den Arzt. Eine besondere Schwierigkeit bei psychisch Kranken ist in diesem Zusammenhang, daß die Begegnung mit dem Arzt in diesem persönlichen Sinne in manchen Fällen kaum möglich ist, etwa bei ausgeprägten Demenzen oder manchen akuten symptomatischen Psychosen. Es fordert zweifellos viel Kraft, in solchen Fällen den anderen als Mensch anzuerkennen und nur soweit über ihn zu verfügen, wie unbedingt nötig. An solchen Gegebenheiten gehen die Forderungen nach einer »symmetrischen Beziehung« zwischen Arzt und Krankem völlig vorbei und führen deswegen, zum Nachteil für beide Seiten, zu falschen Urteilen über das Verhalten des Arztes.

Die vorangehenden Ausführungen über die Beziehung des Arztes zu psychisch Kranken besagen, wenn man von der speziellen Aufgabe des Arztes absieht, nicht etwas Spezifisches über die Beziehung zu einem Kranken. Sie schildern vielmehr exemplarisch das Wesen der Beziehung aller Betreuer von Kranken zu diesen, das durch die Begegnung zweier Personen und deren gegenseitige Zuwendung gekennzeichnet ist. Die Unterschiede in der Beziehung zu dem Kranken ergeben sich bei den verschiedenen Betreuern durch die verschiedenen Aufgaben, die sie bei der Versorgung der Kranken wahrzunehmen haben, etwa als Krankenschwester und -pfleger, Sozialarbeiter, medizinisch-technische Assistentin, Beschäftigungstherapeutin oder als in der Verwaltung Tätige. Dies gilt auch für Ärzte, die neben dem behandelnden Arzt beim Kranken tätig werden, etwa Röntgenologen, die diagnostische Aufgaben erfüllen, oder Spezialisten anderer Fachrichtungen. Von Ausnahmen abgesehen, ergibt sich so eine Vielfalt von Beziehungen des Kranken zu seinen Betreuern. Das führt unvermeidlich zu Schwierigkeiten für den Kranken, aber auch bei seinen Betreuern. Da von den letzteren keiner allein ganz für den Kranken zuständig ist, entsteht bei ihnen eine Tendenz, nur die technischen Aufgaben zu erfüllen und sich der Person des Kranken möglichst zu entziehen. Der Kranke dagegen hofft auf jemanden, der für ihn »ansprechbar« ist. Mit diesen Schwierigkeiten fertig zu werden, ist nicht ganz einfach. Diese ganze Problematik ist kein ausdrückliches Thema der ärztlichen Ausbildung, sie wird in dieser im Gegenteil eher ausgeklammert. So liegt kaum Wissen für diesen Bereich vor, wenn nach Abschluß der Ausbildung die Praxis beginnt. Der einzelne muß dann seine Erfahrungen allein machen. Die Lösungsversuche lassen sich letztlich auf zwei Nenner bringen: 1. der behandelnde Arzt wird als die einzige Bezugsperson für den Kranken, alle anderen Betreuer dagegen als dessen Hilfsorgane angesehen, die beobachten, berichten und ärztliche Anordnungen ausführen. 2. Das therapeutische Team wird als eine Einheit betrachtet, die als solche in Beziehung zum Kranken steht und dabei eine gleichmäßige Nähe, damit aber auch eine gleichmäßige Distanz zum Kranken einhält. Beide Konzepte verleugnen die tatsächlichen Gegebenheiten und wirken nur vordergründig entlastend. Sie führen aber letztlich dazu, den Kranken als Person alleinzulassen und zu vernachlässigen. Das erste Konzept verstärkt die Tendenz zu einer technischen Medizin, wenn der Arzt nicht genügend Kraft und Zeit dafür hat, alleinige persönliche Bezugsperson für die Kranken zu sein. Das ist in Krankenhäusern natürlich viel eher der Fall als in einer Einmann-Praxis. Beim zweiten Konzept besteht die Tendenz, daß das Team ein zu starkes Eigenleben entwickelt und beginnt, sich vornehmlich mit sich selbst zu beschäftigen. Bei konsequenter Durchführung dieser Konzepte gerät der Kranke also so oder so in die oben geschilderte »Schlangengrube«. Es ist unrealistisch, davon auszugehen, daß alle Betreuer der Kranken außer dem Arzt nur Funktionäre bleiben und nicht auch in eine persönliche Beziehung zu ihnen treten, und ebenso unrealistisch, daß das Team eine gleichmäßige Distanz zu den Kranken einhält. Darum führen beide Konzepte auch zu Spannungen und Schwierigkeiten unter den Betreuern. In der Regel erweisen sich eben die natürlichen Kräfte als stärker als alle theoretischen Konzepte, und es bilden sich doch besondere Beziehungen zwischen dem Kranken und einzelnen Betreuern heraus. Darum ist es besser, die Vielfalt der Beziehungen zum Kranken ausdrücklich zu akzeptieren. Dies bewirkt nämlich eine Stärkung der Gemeinsamkeit der Betreuer, mindert die Gefahr eines zu starken Eigenlebens des Teams und trägt und stützt die besonderen Beziehungen einzelner zum Kranken, die unerläßlich sind. Nur so kann es gelingen, der Sehnsucht der Kranken nach Geborgenheit und Anerkennung in jeglicher Situation ihres Krankseins, vor allem auch dann, wenn keine Heilung mehr möglich ist, gerecht zu werden.

3. Stellung der Psychiatrie in der Medizin

Die Psychiatrie hat erst im Laufe der Entwicklung der modernen Medizin Anschluß an diese gefunden. Dennoch wurde sie infolge ihrer Eigenart in mancher Hinsicht bis heute nicht ganz in die Medizin integriert: das Versorgungssystem und die versorgungsrechtliche Stellung psychisch Kranker unterscheiden sich in vieler Hinsicht von denen anderer Kranker. Bei diesen mehr von der Praxis bestimmten Unterschieden spielt die theoretische Position der Trennung von Psyche und Soma ebenfalls eine gewisse Rolle. Beides führt immer wieder zu dem Gedanken oder gar der Forderung, die Psychiatrie aus der Medizin auszugliedern und neben der etablierten somatischen auch eine psychische Medizin zu begründen. So ergibt sich die Frage, welche Stellung die Psychiatrie in der Medizin hat. Um die Beziehung der beiden zu erörtern, müssen sie zunächst charakterisiert werden.

Die Aufgabe der Medizin war es von jeher, Kranke zu behandeln. Zu diesen zählten lange Zeit nicht die körperlich und geistig Behinderten, also Krüppel, Taubstumme und Schwachsinnige sowie die Irren und Tollen, d. h. wie wir heute sagen, die psychisch Kranken. Für die genannten Gruppen gab es besondere Versorgungseinrichtungen, in denen keine Ärzte tätig waren. Sie wurden alle erst allmählich in die medizinische Versorgung eingegliedert, haben dabei aber einen gewissen Sonderstatus behalten. Auf die Einzelheiten dieser historischen Entwicklungen kommt es hier nicht an. Die naturwissenschaftlich orientierte Medizin machte, wie oben bereits dargelegt, den somatischen Bereich des Menschen zu ihrem Hauptaufgabengebiet. In diesem Bereich suchte sie die Krankheit zu lokalisieren und, sehr abgekürzt gesagt, entweder konservativ oder operativ zu behandeln. Die innere Medizin und die Chirurgie wurden somit zu den Grundfächern der Medizin, von denen im Laufe der Zeit auf Grund altersspezifischer Unterschiede die Pädiatrie und Geriatrie abgetrennt wurden. Ferner wurden sie im Hinblick auf Besonderheiten der verschiedenen Organe aufgeteilt,

etwa in Urologie, Herzchirurgie, Dermatologie, Hämatologie, Nephrologie, Pulmologie etc. Diese heute sehr weitgehende Spezialisierung führte aber nicht zu einer Teilung der Medizin, die sich vielmehr nach wie vor auf Grund des gemeinsamen Ansatzes und der allen gemeinsamen naturwissenschaftlichen Methodik als eine große Einheit sieht. Diese Medizin wird in einem vielgliedrigen ambulanten und stationären Versorgungssystem, das von öffentlichen und privaten Trägern unterhalten wird, angewandt und zum größten Teil durch die Sozialversicherung finanziert.

Der Begriff Psychiatrie (eigentlich Psych-Iatrie, griech. Iatros = Arzt) wurde im deutschen Sprachraum um 1808 durch *Johann Christian Reil* (1759–1813) systematisch angewandt. Er und viele seiner Zeitgenossen sahen darin eine globale Bezeichnung für den »dritten Hebel« der ärztlichen Kunst, nämlich die Anwendung »psychischer Mittel, die über die Sinnesorgane und das Gemeingefühl das Heilgeschäft begünstigen«. Dies galt, entsprechend der damaligen Konzeption, für alle Kranken und meinte sowohl den nosologischen als auch den therapeutischen Aspekt. *Reil* teilte damit die Haltung vieler seiner Kollegen, daß der Arzt vor allem das Phänomen zu erfassen habe, aus dem sich »die Zwangsläufigkeit der Therapie« ergibt. Das Resultat waren keine systematischen Krankheitsvorstellungen, vielmehr war damals der Stand der Medizin und auch der Psychiatrie eher der einer sozialen und moralischen, weniger der einer wissenschaftlichen Instanz. Für die Psychiatrie ergab sich eine Einengung bzw. eine folgenreiche Neuorientierung, als sie sich um die Mitte des 19. Jahrhunderts in den Verband der anderen medizinischen Disziplinen begab und deren Methode und Frageweise zu übernehmen begann. Mit der Einführung naturwissenschaftlicher Methoden, dem Streben nach Kausalität und Wissenschaftlichkeit sowie mit der Errichtung psychopathologischer Systeme entstand die Fachdisziplin Psychiatrie entsprechend den Spezialisierungstendenzen in der Medizin. Sie schuf sich zwar eigenständige Bereiche von Forschung, Lehre und Krankenversorgung, vollzog aber im übrigen seit dieser Zeit die theoretischen und praktischen Bewegungen der gesamten Medizin im wesentlichen mit. Dies bewirkte auch bei ihr die Hinwendung zu einer somato-biologisch orientierten Krankheitsauffassung.

Die Psychiatrie wurde so zu einem Spezialfach der Medizin, das sich mit einer besonderen Gruppe von Kranken befaßt. Man sprach jetzt nicht mehr von Irren und Tollen, sondern von psychisch Kranken. Die andere Bezeichnung schloß eine entscheidende Änderung der Auffassung vom Wesen psychischen Krankseins ein. Man postulierte jetzt so wie bei anderen Krankheiten, daß auch bei psychisch Kranken eine umschriebene Störung vorläge. Hierfür mußten neue Konzepte sowie eine Krankheitslehre entwickelt werden, um so einen Ansatz für die Therapie zu finden.

Die ursprüngliche, als allgemeinärztlich zu bezeichnende Aufgabe von Psychiatrie wird heute vielfach in einem allgemeinen Sinn als Psychotherapie bezeichnet. Da Psychotherapie, welcher Art auch immer, jedenfalls Therapie ist, setzt sie genauso wie jede andere Therapie ein Konzept voraus. Deswegen gilt für alle psychotherapeutischen Verfahren das gleiche wie für die Psychiatrie, nämlich, daß sie von umschriebenen Störungen im psychischen Bereich der Kranken ausgeht und für diese Konzepte entwickelt. Die verschiedenen psychotherapeutischen Verfahren (z. B. Psychoanalyse, Verhaltenstherapie) haben z. T. viel weiter ausgearbeitete Theorien als die Psychiatrie und klammern dabei, trotz gegenteiligen Selbstverständnisses, dem Wesen therapeutischer Ansätze entsprechend den Menschen als Menschen in gewisser Weise aus. Sie gehen also im Prinzip genauso vor wie die Psychiatrie, auch wenn sie, anders als diese, ausschließlich psychische Methoden für Diagnostik und Therapie verwenden. Der Grundzug psychischer Krankheit ist nicht vornehmlich ein Daniederliegen, sie ist vielmehr, wie wir oben (Kap. 1.2) sahen, durch ein nicht mit sich selbst und der Welt Zurechtkommen und entsprechende Verhaltensstörungen charakterisiert. Dementsprechend unterscheidet sich auch die Grundstruktur der Krankenhäuser für psychisch Kranke von der für andere Kranke. Es kommt hinzu, daß ein

kleiner Anteil psychisch Kranker chronische Verläufe zeigt, so daß den Betreffenden mit ihren Schwierigkeiten in diesen Einrichtungen nicht nur ein Platz, sondern auch oft eine neue Heimat geschaffen werden muß. Dies erfordert, ganz abgesehen von therapeutischen Konzepten, auf die wir im Teil IV näher eingehen, aus rein praktischen Gründen eine gewisse Größe der Einrichtung, denn nur in solchen kann ein ausreichender Lebensraum mit den erforderlichen vielfältigen Arbeits- und Beschäftigungsmöglichkeiten geschaffen werden. Da dies sehr aufwendig ist, wurden solche Einrichtungen nur in relativ kleiner Zahl für jeweils größere Bezirke geschaffen. Hier hat es leider auch Fehlentwicklungen gegeben. Darauf kommen wir in Kap. 17 sowie in Kap. 38 zurück. Es soll an dieser Stelle lediglich auf eine der wesentlichen und nicht zu eliminierenden Quellen dafür hingewiesen werden, daß die institutionelle Versorgung psychisch Kranker eine besondere Entwicklung genommen hat.

Angesichts der anfänglich geringen therapeutischen Möglichkeiten bestanden die Maßnahmen in diesen Einrichtungen vornehmlich in einer den psychisch Kranken angemessenen Pflege. Viele Maßnahmen, die in diesem Rahmen angewandt wurden, etwa, daß man die Kranken beschäftigte und zur Arbeit anleitete, wurden als entsprechende Therapien bezeichnet, ohne daß ihnen ein ausgebautes theoretisches Konzept zu Grunde lag. (Siehe Kap. 16 und 19). Erst in jüngster Zeit wird jede Einzelheit der Gestaltung des Lebensraumes der psychisch Kranken unter therapeutischen Gesichtspunkten beurteilt und entsprechend gestaltet. (Näheres hierzu siehe Kap. 19). Das ist eine Entwicklung, die sonst vor allem den heilpädagogischen Bereich und die Rehabilitation betrifft, im allgemeinen Krankenhaus bisher aber kaum eine Rolle spielt.

Mit der Eigenart der Versorgung psychisch Kranker hängt auch ihre versorgungsrechtliche Sonderstellung zusammen. Der Hauptgrund dafür ist die Sorge, daß sich chronische Entwicklungen einstellen, und der Eindruck, daß man bei psychischer Krankheit mit etwas Vagem, schwer Faßbarem umgeht, das droht, ins Uferlose zu gehen. Sie hat dazu geführt, daß die Versicherungsträger bei psychischen Krankheiten in der Regel Vorbehalte machen. So ist auch immer noch der sog. Halbierungserlaß in Kraft, der im Jahre 1942 zur Verwaltungsvereinfachung eingeführt wurde. Er besagt, daß die gesetzlichen Krankenkassen (RVO-Kassen und Ersatzkassen) bei der stationären Behandlung psychisch Kranker nur 50% der Pflegesätze zu tragen haben, während die andere Hälfte vom Sozialamt zu übernehmen ist.

Versucht man, anhand des Gesagten die Stellung der Psychiatrie in der Medizin zu bestimmen, so ergibt sich, daß die Psychiatrie von der Aufgabe, der Grundkonzeption und dem methodischen Ansatz her fraglos der Medizin zugehört. Die Psychiatrie ist in dieser ein Spezialfach neben anderen Spezialfächern, obwohl bei ihr neben somatischem Aspekt auch andere Aspekte des Menschen eine wesentliche Rolle spielen. Abgesehen davon gibt es in Theorie und Praxis weitere Unterschiede im Vergleich zur übrigen Medizin, die mit Eigentümlichkeiten der von der Psychiatrie zu versorgenden Kranken zusammenhängen, Unterschiede, die teils durch die historische Entwicklung und teils infolge praktischer Notwendigkeiten ihre besondere Prägung erfahren haben.

Die psychologischen Methoden, deren sich die Psychiatrie und vor allem die ihnen zugeordneten therapeutischen Konzepte bedienen, stoßen bei denen, die vorwiegend mit somatischen Methoden arbeiten, nicht selten auf Unverständnis. Dadurch fühlen sich die in der Minderzahl befindlichen »psychischen Ärzte« manchmal isoliert, wenn nicht gar von der »eigentlichen Medizin« abgedrängt. Sie haben ihrerseits für die fast ausschließliche Anwendung somatischer Methoden, die die Grundlage der unbestreitbaren Erfolge der modernen Medizin sind, nicht immer das rechte Verständnis. Diese wechselseitige Schwierigkeit führt immer wieder zu der Forderung, die »Psycho-Fächer« aufgrund der Eigentümlichkeit ihrer diagnostischen und therapeutischen Methoden aus der Medizin herauszunehmen und eine eigene »psychische Medizin« zu begründen, ein Gedanke, den sich neuerdings (1978) auch der Wissenschaftsrat zueigen gemacht hat. Die »verbleibende« Medizin wird dann zwangsläufig zur »somatischen Medizin«. Diese Tendenz wird durch zwei sich gegenseitig verstärkende Faktoren genährt, und zwar:
– die moderne naturwissenschaftlich orien-

tierte Medizin zeigt eine starke Tendenz, zu einer technischen Medizin zu degenerieren (die Gründe hierfür werden im folgenden Kapitel 4 dargelegt), die sich dem Menschen als Menschen in einem zu geringen Maße zuwendet, da ihr theoretischer Ansatz auf die ärztliche Praxis übertragen wird und diese verformt;
– die Psychologie hat, wie oben bereits dargelegt, die Tendenz, zur Menschenkunde verformt zu werden. Sie erhebt infolgedessen den Anspruch, für alle »eigentlich menschlichen« Fragen und Aufgaben zuständig zu sein, d. h. für alle Angst, jegliche Sorge, Zuneigung, Kummer, Menschenführung, Schuld und Sterben, und damit in die Lücke eintreten zu können, die die moderne technische Medizin hat entstehen lassen. Dabei wird übersehen, daß jegliche Psychologie eine »Logie«, d. h. eine Wissenschaft ist, die sich ebenso wie die Physiologie, Anatomie, Biochemie und Soziologie mit einem bestimmten Aspekt des Menschen beschäftigt und somit ihrem Wesen nach einem solchen Anspruch nicht gerecht werden kann.

Bedenkt man die Konsequenzen einer Teilung der Heilkunde in eine psychische und somatische Medizin, so wird noch deutlicher, welche Folgen die unmittelbare Übernahme der wissenschaftlichen Ansätze ins tägliche Leben hätten: jeder Kranke würde dann neben seinem »Körperarzt« einen »Seelenarzt« benötigen, der ihn während der »persönlichkeitsfremden Manipulation« des ersteren seelisch betreut. Wie wäre das bei psychischer Krankheit zu handhaben? Mit dieser Frage stehen wir vor der schon erwähnten Problematik der Psychiker und Somatiker: was ist bei psychisch Kranken erkrankt, das Soma oder die Psyche (Kap. 1.3)? Im letzteren Fall müßten dann zwei Seelenärzte eingesetzt werden, einer für die psychische Krankheit und einer für den psychisch Kranken. (Zu dem in diesem Zusammenhang gehörenden Begriff der Schlangengrube siehe Kap. 2). Schließlich fragt sich, welcher Medizin die Psychiatrie zuzuschlagen wäre, da sie psychische Krankheiten bei »somatischen« Erkrankungen und Intoxikationen sowie psychisch Kranke ohne erkennbare »somatische Störung«, also »reine« psychische Erkrankungen zu versorgen hat. Die Frage zu stellen, bedeutet, absurde Konsequenzen aufzuzeigen, denen nicht weiter nachgegangen zu werden braucht.

Insgesamt müssen wir uns fragen, wieweit durch das Vorantreiben dieser wissenschaftli-chen Ansätze und deren unreflektierter Übernahme in alle Bereiche des Lebens gleichzeitig immer mehr am Menschen vorbeigedacht, -geplant und -gehandelt wird.

4. Die methodischen Ansätze der Erfahrungswissenschaften und ihre Bedeutung für die theoretischen Ansätze in der Psychiatrie

Jede Wissenschaft ist abhängig von den zur Verfügung stehenden Methoden, die darum die wissenschaftlichen Aussagen entscheidend prägen. Es ist infolgedessen angebracht, etwas über die methodischen Ansätze der Grundwissenschaften zu sagen, deren sich die Psychiatrie bedient, und die ihnen eigenen Gesetzmäßigkeiten.

Die für unsere Fragestellung wesentlichen Wissenschaften, die sich mit dem Menschen, sei er gesund oder krank, beschäftigen, sind die sog. Erfahrungswissenschaften. Mit der Bezeichnung ist besagt, daß sie auf Wahrnehmung und Beobachtung bzw. auf Zeugnissen, die ihrerseits auf Wahrnehmungen oder Beobachtungen zurückgehen, fußen. Das Zusammentragen von Wahrnehmungen und Beobachtungen ist noch nicht Wissenschaft, sondern lediglich Wissen. Wissenschaftlich wird das Vorgehen erst, wenn aufgrund eines Planes beobachtet und das Beobachtete entsprechend geordnet und darüber hinaus versucht wird, zu den Begründungszusammenhängen vorzudringen. Wissenschaftliches Vorgehen ist also, kurz gesagt, methodisches Vorgehen, das sich zudem selbst über die Art und Weise seines Vorgehens Rechenschaft gibt. Bei dieser allgemeinen Aussage ist zu beachten, daß für jede Fragestellung eine bestimmte Methode angewandt werden muß. Das bedeutet, ein Objekt kann jeweils nur im Hinblick auf eine bestimmte Frage untersucht werden, oder, anders ausgedrückt, nur ein der Fragestellung entsprechender Aspekt des Objektes. Man kann also Wissenschaft definieren als ein auf ein Sachgebiet (Aspekt) beschränktes methodisches Vordringen zu den Begründungszusammenhängen. Das Sachgebiet einer Wissenschaft ist von der Art ihres methodischen Vorgehens und ihrer Zielvorstellung bestimmt und ist nicht identisch mit dem Objekt, an dem die wissenschaftlichen Untersuchungen vorgenommen werden, etwa dem Wetter oder dem Menschen. Ein Objekt kann somit unter vielerlei Hinsichten wissenschaftlich untersucht werden.

Wissenschaft ist ohne solche Reduktion, d. h. ohne das Hervorheben eines Aspektes und ohne das methodische Ausklammern alles »übrigen« des Gegenstandes, nicht möglich. Allem Wissen und damit jeder Wissenschaft geht Erkennen voraus. Unter Erkennen wird der letztlich nicht definierbare Vorgang verstanden, daß ein Subjekt eines Gegenstandes (Objektes) innewird. Das Ergebnis dieses Vorganges ist Erkenntnis. Hier wäre weiter zu fragen nach dem Wesen unseres Erkennens, d. h. nach der Art, wie wir Erkenntnisse gewinnen, nach der Gewißheit, mit der wir einen Gegenstand als solchen erkennen, nach der Art und Weise, wie wir Begriffe bilden und zu Urteilen gelangen, nach der Gewißheit, die ihnen zukommt und letztlich danach, wie wahr unsere Erkenntnisse sind. Auf diese erkenntnistheoretischen Fragen kann hier nur hingewiesen, aber nicht näher eingegangen werden. Eine wesentliche Facette des Erkennens haben wir als Grunderfahrung im Kap. 1 beschrieben.

Da wir uns bei unseren Überlegungen auf die methodischen Ansätze der Erfahrungswissenschaften beschränken, seien zu den Voraussetzungen des Erkennens einige Bemerkungen angefügt, da diese in der Diskussion über die theoretischen Positionen der Psychiatrie eine Rolle spielen und deren Entwicklung in einer bestimmten Richtung beeinflußt haben. Wir wollen damit, daß wir uns auf die Erfahrungswissenschaften beschränken, nicht sagen, Erfahrung sei die alleinige Voraussetzung für wissenschaftliches Erkennen, wovon die Erfahrungsphilosophie (Empirismus) in der Nachfolge des mittelalterlichen Nominalismus ausgeht. Dieser Ansatz hat sich weiterverbreitet in der Form des Sensualismus und Positivismus. Beim ersteren handelt es sich um eine psychologisierende erkenntnistheoretische Richtung, die jegliches Erkennen auf innere und äußere

Sinnesreize zurückführt. So sagte *John Locke* (1632–1704): »Im Verstande ist nichts, was nicht vorher in den Sinnen war« oder E. B. de *Condillac* (1715–1780): »Die Sinneswahrnehmung umschließt alle Fähigkeiten der Seele«. *David Hume* (1711–1776) formuliert ausführlicher: »All die schöpferische Kraft der Seele ist nichts weiter als die Fähigkeit, den durch die Sinne und die Erfahrung gegebenen Stoff zu verbinden, umzustellen und zu vermehren.« Der Positivismus (begründet von *David Hume*, Hauptvertreter *Auguste Comte* (1798–1875) verlangt schließlich von jeder Wissenschaft, daß sie nicht nur von »wahrnehmbaren Tatsachen« ausgehe, sondern sich auf deren Feststellung und gesetzesmäßige Verknüpfung beschränke. Gegen den Empirismus, Sensualismus und Positivismus sind folgende Einwände geltend zu machen: »Die Fähigkeit der Seele, den durch die Sinne und die Erfahrung gegebenen Stoff zu verbinden« (*Hume*) ist keine Sinneswahrnehmung. Durch die absolut gesetzte Forderung des Positivismus wird der Versuch, Begründungszusammenhängen nachzugehen, d. h. zu erklären bzw. zu verstehen, ausgeschlossen, da es sich dabei nicht mehr um »wahrnehmbare Tatsachen« handelt. Dagegen ist die methodische Selbstbeschränkung der Naturwissenschaften auf das Wahrnehmbare durchaus legitim. Sie darf allerdings bei der Deutung der auf diese Weise gewonnenen Erkenntnisse nicht außer acht gelassen werden, eine Forderung, die für jede methodische Selbstbeschränkung und nicht nur im Hinblick auf psychisches Kranksein gilt.

Die Medizin bedient sich für ihren Auftrag, zu behandeln, der Wissenschaften und ihrer vielfältigen Methoden. Daraus ergibt sich gleichzeitig ihre Eigenart: Sie besitzt keine eigenen Methoden und gründet damit auch nicht auf einer eigenen Methodenlehre. Die besondere Schwierigkeit ist, daß die Medizin keine allgemeine Theorie vorlegen kann, da ihr Gegenstand der Mensch bzw. der kranke Mensch ist. Infolgedessen können alle aus den Wissenschaften übernommenen methodischen Ansätze nur zu einer Annäherung an den »Gegenstand Mensch« führen. Das Gleiche gilt auch für die Psychiatrie als einen Teil der Medizin. Auch sie kann sich nur an den Zugangswegen zu ihrem »Gegenstand« orientieren, die für die Medizin auch sonst gelten. Auch sie kann keine verallgemeinernde Theorie psychischen Krankseins vorlegen.

Es gibt viele Einzelwissenschaften, die in der Psychiatrie eine Rolle spielen. Deren Grundeinteilung erfolgt nach der Art und Weise, wie sie Begründungszusammenhänge erforschen, d. h. also nach dem ihnen zugrundeliegendem methodischen Ansatz. Dieser wird als naturwissenschaftlich bzw. geisteswissenschaftlich bezeichnet. *Wilhelm Dilthey* (1833–1911) stellte in seinem berühmten Satz: »Die Natur erklären wir, das Seelenleben verstehen wir« (1894) diese methodischen Ansätze gegenüber und ordnete sie gleichzeitig bestimmten Gegenstandsbereichen zu. Letzteres wirkt bis heute nach, und ist besonders für den psychischen Aspekt des Menschen eine Quelle endloser Diskussionen und Mißverständnisse.

Um dem entgegenzuwirken, sei das Wesen der Erfahrungswissenschaften, also der Natur- und Geisteswissenschaften, skizziert. Alle Naturwissenschaften sind darum bemüht, Gegebenheiten der Natur zu erfassen und durch Induktion, die sich auf Beobachtungen und Experimente stützt, von einzelnen Fällen auf ein allgemeines Gesetz zu schließen, das auch für die nichtbeobachteten Fälle gilt. Anders ausgedrückt heißt das, die Naturwissenschaften reduzieren die Erscheinungen auf ihre Elemente und untersuchen deren gesetzmäßige Begründungszusammenhänge. Die exakten Naturwissenschaften bringen die auf diese Weise gewonnenen Ergebnisse in mathematische Formeln. Dies wird als *Erklären* bezeichnet, mit dessen Hilfe etwas Unbekanntes auf Bekanntes, d. h. allgemeine Gesetze zurückgeführt wird. Wesentlich für diesen methodischen Ansatz ist, daß sich das Interesse der Naturwissenschaften auf die Gesetzmäßigkeit eines Geschehens und nicht auf den Einzelfall richtet, dem darum kein Eigenwert zukommt. Er ist vielmehr der Sonderfall eines allgemeinen Gesetzes. Es geht also nicht um diesen Fall eines Alkoholdelirs, sondern um das Alkoholdelir schlechthin. Mit dem Gegenstand und dem Ziel des Bemühens der Naturwissenschaften hängt zusammen, daß Erklären rational-begrifflich ist. Dabei steht die Herleitung der Erscheinungen aus ihren Wirkursachen im Vordergrund.

Dem Erklären wird, wie gesagt, seit *Wilhelm*

Dilthey das *Verstehen* gegenübergestellt. Um diesen Gegensatz zu untersuchen, müssen wir beachten, auf welcher Ebene wir uns bewegen. Im allgemeinen Verständnis wird ein Vorgang durch besondere Umstände oder Ursachen »erklärt«. Eine solche Erklärung wird »verstanden«, wenn sie dem allgemeinen Kausalitätsbedürfnis genügt. Diese menschliche Grunderfahrung wird durch das wissenschaftliche Vorgehen methodisch ausgeformt bis hin zur exakten Naturwissenschaft. Auch bei dieser ist Verstehen nicht ausgeklammert, sondern unerläßlich gefordert. Etwas Unbekanntes auf etwas Bekanntes zurückzuführen, also Erklären, ist ja kein mechanischer Vorgang, sondern das Bemühen, etwas verständlich zu machen. Hierin kann das Besondere des Verstehens als Methode also nicht liegen. Das gilt auch für den psychischen Bereich. In diesem wird Verstehen in der Regel in einer anderen Bedeutung angewandt, und zwar im Sinne von Sich-Hineinversetzen. Wenn es darum geht, wie Psychisches aus Psychischem hervorgeht oder sich gegenseitig bedingt, handelt es sich eigentlich um Erklären, das, wie schon gesagt, wiederum Verstehen erfordert. So sind auch die psychoanalytischen Ansätze der Trieb- und Ich-Theorien letztlich Erklärungen für die tiefenpsychologisch erfaßbaren Vorgänge im Menschen, aber nicht ein Verstehen des Menschen im engeren Sinn der Methodologie. Bei den neueren Entwicklungen, die das Selbst und die Objekt-Beziehungen in den Vordergrund rücken, liegt der Fall möglicherweise anders.

Die Geisteswissenschaften versuchen im Gegensatz zu den Naturwissenschaften, eine Erscheinung in ihrer einmaligen und geschichtlichen Gegebenheit zu erfassen. Sie fragen nicht, um ein Beispiel aus der Psychiatrie zu nehmen, wie Psychiater diagnostizieren und behandeln, wie psychisch Kranke versorgt, und welche theoretischen Ansichten entwickelt werden, sondern es geht ihnen darum zu ergründen, wie dieser Psychiater, diese psychiatrische Einrichtung, diese Theorie zu dem geworden sind, was sie sind. Im Prinzip können sich die Geisteswissenschaften mit allen Gegenständen befassen. Von besonderer Bedeutung für sie sind natürlich einzelne Menschen und der sog. objektive Geist, d. h. die von Menschen geschaffenen Kulturgüter und ihre Geschichte. Die Frage, ob es vom einzelnen überhaupt eine Wissenschaft geben kann, wurde lange bezweifelt, da das Einmalige sich nicht aus allgemeinen Gesetzmäßigkeiten begreifen lasse. Erst in den wissenschaftstheoretischen Auseinandersetzungen zwischen den Natur- und Geisteswissenschaften in der zweiten Hälfte des 19. Jahrhunderts haben letztere ihre eigene Methode entfaltet und deren Wissenschaftscharakter herausgestellt. Da die Geisteswissenschaften sich insbesondere dem Menschen und dem von ihm Geschaffenen zuwenden, ist ihre Methode das Verstehen. Es zielt darauf hin, den Sinn eines Geschehens oder Verhaltens zu ergründen, in einen Sinnzusammenhang zu stellen und zu interpretieren. Verstehen als Methode der Geisteswissenschaften ist darum mehr als das Sich-Hineinversetzen oder Einfühlen in die Situation eines anderen. Das wäre rein »subjektiv«. Als wissenschaftliche Methode muß das Verstehen vielmehr auch etwas »Objektives« vermitteln. Hier liegt die eigentliche Schwierigkeit, um die in der Geschichte der Geisteswissenschaften hart gerungen wurde.

Gehen wir zunächst den Problemen nach, die sich bei der Beschäftigung mit historischen Phänomenen ergeben, denn für diese wurde die geisteswissenschaftliche oder historische Methode entwickelt, die auch als hermeneutische Methode bezeichnet wird. Wir folgen dabei *Hans-Georg Gadamer.* Auf die Besonderheiten, die sich für den Arzt bei der Anwendung der hermeneutischen Methode ergeben, kommen wir unten zurück. Das erste Problem der hermeneutischen Methode ist die Uferlosigkeit der Aufgabe. Sehen wir dabei im Hinblick auf unsere ärztliche Fragestellung davon ab, daß untersucht wird, wie diese psychiatrische Einrichtung oder jenes psychiatrische Konzept entstanden ist, sondern beschränken uns darauf zu verstehen, wie ein bestimmter Psychiater das geworden ist, was er ist. Einen Menschen in diesem Sinn ganz zu verstehen, übersteigt die Möglichkeiten des Menschen. Es kommt hinzu, daß das, was als Besonderes auf den bestimmten Psychiater – um bei unserem Beispiel zu bleiben – eingewirkt hat, zum großen Teil wieder Menschen sind, mit anderen Worten: wieder »Faktoren«, die als solche nicht vollständig verstanden werden können. Der Anspruch, einen Menschen in seiner Situation ganz zu verstehen, läuft somit letztlich auf eine vollständige Welterkenntnis hinaus. Hier berühren sich die Extreme, denn die Art des Vorgehens ist dann die des Vordringens in immer neue, bisher unbekannte Gebiete. Das wäre dann auch naturwissenschaftliches Erfassen bisher nicht bekannter Gegebenheiten, und birgt in sich die Gefahr, daß der Einzelfall als ein Sonderfall einer alles umfassenden Erkenntnis gesehen wird. Das widerspräche dem Ziel der Geisteswissenschaft, die ja das Sinnhafte des Lebens des einzelnen in der jeweiligen geschichtlichen Situation zu verstehen sucht.

Damit kommen wir zu dem zweiten Problemkreis der Geisteswissenschaft, zu der Frage, wie sie zu objektiver Erkenntnis gelangt. Das Sinnhafte ist ja nicht nur eine Gegebenheit, die der Beobachter bzw. der Wissenschaftler feststellt, sondern etwas, was er aus seinen Verständnismöglichkeiten heraus verstehen muß. Damit ist unweigerlich seine Subjektivität in das wissenschaftliche Vorgehen mit einbezogen. Hier setzt natürlich die Kritik an. Ein solches, durch Subjektivität verfälschtes Erfassen, dürfe nicht wesentlicher Teil wissenschaftlicher Methodik sein. Da dies auf reine Subjektivität hinausliefe, wird demgegenüber verständlicherweise gefordert, objektiv zu erkennen und damit »objektiv zu verstehen«. Das heißt, die eigenen Vorurteile sind auszuscheiden, und es dürfen auch nicht anscheinend objektive Maßstäbe eingebracht werden, was die Vorurteile lediglich von einem selbst auf einen anderen verlagere, aber keine objektive Erkenntnis einbringe.

Da der Historiker nicht aus sich heraus in dieser Weise objektiv sein kann, führt die Forderung nach einer derartigen Objektivität dazu, systematisch ein Vorurteil in das wissenschaftliche Vorgehen einzuführen. Es wird damit ein Weg beschritten, auf dem das mit der unvermeidlichen Subjektivität gegebene Problem des Zirkelschlusses nicht gelöst werden kann, das darin besteht, daß wir beim Verstehen des anderen letztlich nur uns selbst bestätigen und »verstehen«. Subjektivität wird dabei scheinbar durch Objektivität ersetzt und die Illusion genährt, in der Lage zu sein, andere vollständig zu verstehen. Woher nimmt der Historiker, der sich auf diese Weise bemüht, objektiv vorzugehen, die ihm mangelnde Objektivität? Er sucht

sie, wie die Erfahrung zeigt, in einem System oder einer Lehre, die er mit dem Namen einer Autorität verbindet. Eine so gesetzte »objektive«, jeglichem Befragen entzogene Ausgangsbasis für geisteswissenschaftliches Vorgehen beraubt es seines eigentlichen, des verstehenden Charakters. Sie verwandelt es vielmehr zum Erklären, letztlich zum Erklären aufgrund einer Ideologie. Methodisches Verstehen als Interpretieren und Deuten ist dafür, daß es zu über das Subjektive hinausgehenden Aussagen kommt, darauf angewiesen, sich selbst stets zu korrigieren. Jeder Ansatz des Verstehens, mit dem zunächst an den Gegenstand herangegangen wird, muß beim weiteren Eindringen in die Gegebenheiten entsprechend verändert werden. Dabei darf sich der Verstehende nicht von seinen Denkgewohnheiten und -einfällen beeinflussen lassen. Es handelt sich also nicht um einen einmaligen Schritt, sondern um ein stetiges, schrittweises Bemühen darum, den Sinn eines Lebens immer *eindeutiger festzulegen*. Immer wieder sind zu diesem Zweck neue Entwürfe erforderlich, die sich beim weiteren Vorgehen bestätigen müssen. Die Objektivität des Verstehens besteht somit in der Bewährung, die die Entwürfe über den Sinn bei der weiteren Beschäftigung und Vertiefung mit dem Gegenstand finden. Ein solches Verständnis ist dann nicht mehr rein subjektiv. Das Gesagte gilt letztlich für alles verstehende Erkennen, unabhängig davon, ob es sich auf Menschen, auf Lebendiges oder auf sinnhaft Ganzes richtet. Jegliche Sinnhaftigkeit wird dagegen aus methodischen Gründen von den Naturwissenschaften ausgeklammert.

Verstehen und Deuten ist eine der wesentlichen Aufgaben des Arztes. und besonders des Psychiaters. Insofern ist seine Aufgabe auch geisteswissenschaftlicher Natur. Er muß methodisch verstehend vorgehen und gleicht insofern dem Historiker. Im Vergleich zu diesem gibt es aber, wie schon angedeutet, auch entscheidende Unterschiede: Der Arzt begegnet einer konkreten Person und steht mit dieser in einer Wechselbeziehung und -wirkung. Das ist beim Historiker grundsätzlich anders. Er hat es mit dem sog. objektiven Geist zu tun, d. h. mit historischen Gegebenheiten, die er nicht verändern kann. Er wirkt auch nicht auf sie ein und steht nicht unter der Notwendigkeit, zu (be)-

handeln. Im Hinblick auf das Verstehen hat der Arzt darum nicht die Muße und Zeit des Geisteswissenschaftlers. Außerdem tritt er selbst in das Leben des Kranken ein und verändert dadurch die Situation. Für die Methoden-Problematik ergibt sich deswegen die entscheidend wichtige Frage, was es bedeutet, den Gegenstand beim hermeneutischen Verstehen zu verändern, was zu der Frage führt, ob die geisteswissenschaftliche bzw. hermeneutische Methode überhaupt einen Ansatz zum Handeln, in unserem Falle zum Behandeln, zu liefern vermag. Hier sind grundsätzliche Zweifel anzumelden. Das wird bestätigt durch die Geschichte der anthropologischen Psychiatrie, die u. a. von *Ludwig Binswanger, Viktor von Gebsattel, Caspar Kulenkampff, Erwin Straus* und *Jürg Zutt* vertreten wurde. Ihre feinsinnigen Beobachtungen und Analysen der Situation einzelner Patienten haben sehr viel dazu beigetragen, psychisch Kranke zu verstehen. Dagegen hat die anthropologische Psychiatrie keinerlei direkten Beitrag zur Verbesserung der Versorgung dieser Kranken geliefert und ist insofern ohne Bedeutung für die Klinik geblieben. Gleichwohl darf nicht übersehen werden, daß die anthropologischen Psychiater durch ihr Anliegen, die Situation des einzelnen Kranken in den Mittelpunkt ihrer Betrachtungen zu stellen, dem rein naturwissenschaftlichen Denken und der daraus abgeleiteten Technik in der Medizin Einhalt geboten und sie relativiert haben. Die Wirkkraft der anthropologischen Psychiatrie blieb gering, da Situationsanalysen allein kaum Wertvorstellungen zu vermitteln vermögen, die entsprechendes Handeln induzieren. »Verstehen« ist eben genauso wie »Erklären« eine Methode der Erfahrungswissenschaften, denen, wie jeder Wissenschaft, solche Wirkkraft nicht eigen ist.

Der Arzt muß seinem Auftrag gemäß handeln. Dadurch gerät er unweigerlich in die Lage, statt weitere Verstehensschritte zu machen, ein theoretisches Konzept heranzuziehen, um einen Ansatz zum Behandeln zu gewinnen. Wieweit er im Einzelfall beim Verstehen zu gehen hat, hängt natürlich von dessen Eigenart ab. Als behandelnder Arzt kann er aber nicht wie der Historiker sich auf das Verstehen beschränken und es immer weiter vertiefen. In diesem methodischen Dilemma ist zu beachten,

daß sich die Tätigkeit des Arztes weder im Verstehen noch im Erklären, also in der stets erforderlichen Anwendung erfahrungswissenschaftlicher Methoden, erschöpft, sondern wie jede zwischenmenschliche Begegnung auch eine ganz andere Dimension hat. Hierfür verweisen wir auf das Kap. 2 »Arzt und psychisch Kranker«.

Wilhelm Dilthey hat, wie bereits ausgeführt, in seiner Abhandlung »Ideen über eine beschreibende und zergliedernde Psychologie« die erfahrungswissenschaftlichen Methoden bestimmten Seinsbereichen zugeordnet, das Erklären der Natur, das Verstehen dem Seelenleben. Damit hat er die philosophische Teilung des Menschen in Psyche und Soma in den Bereich der Erfahrungswissenschaften hineingetragen, indem er die Gedankendinge Psyche und Soma zu den »Sachgebieten« der Geistes- bzw. Naturwissenschaften erklärt. Das Sachgebiet eines methodischen Ansatzes ist aber das, was mit der Methode erfaßt werden kann. Um ein einfaches Beispiel zu geben, Meßbares für das Messen. Das ist aber nicht auf bestimmte Objekte beschränkt, sondern ein methodischer Ansatz, der vielfältig angewandt werden kann. Am Beispiel der Außenpsychologie haben wir schon gesehen, daß auch Psychisches gemessen und nicht lediglich verstanden werden kann. Verstehen als wissenschaftliche Methode ist, wie ebenfalls ausgeführt, nicht allein auf das Seelenleben anwendbar. Diese Gleichsetzung von »Objekt« und Sachbereich einer Methode ist eine weitere Quelle für Verwirrung und Mißverständnisse und hat zudem weitgehende praktische Konsequenzen, auf deren Auswirkungen auf die Medizin und damit die Psychiatrie näher eingegangen werden muß.

Das rational-begriffliche Erklären der Erscheinungen aus ihren Wirkursachen ist der anorganischen Materie besonders angemessen. Hier haben die Naturwissenschaften auch ihre größten Triumphe gefeiert. Große Erfolge haben sie auch erzielt bei der Anwendung ihrer Methode auf Organismen und den somatischen Aspekt des Menschen. Dies induziert die Auffassung, daß Organismen komplizierte Maschinen und Krankheiten Defekte in diesen Maschinen sind. Die Zuspitzung dieser Denkweise führt dazu, daß die Heilkunde zu der oft genug kritisierten technischen Medizin degeneriert. Diese Kritik übersieht in der Regel, daß es zum Wesen dieses so erfolgreichen Ansatzes gehört, Gesetzmäßigkeiten zu erkennen. Deswegen kann er dem einzelnen Menschen keinen Eigenwert zuerkennen. Dieser Vorwurf ist darum nicht an die Methode zu richten, sondern an die, die sie in der Heilkunde unreflektiert und zu ausschließlich anwenden.

Beim psychischen Aspekt des Menschen und dessen »Verdinglichung« zur Psyche besteht die Gefahr, wie die Entwicklung der Psychologie zeigt, die Aufmerksamkeit einseitig dem Innerpsychischen zuzuwenden, sei es dem Bewußtsein oder dem Erleben oder dem tiefenpsychologisch Erfaßbaren, und dies wiederum mit dem Menschen gleichzusetzen. Für Innerpsychisches ist Verstehen die angemessene wissenschaftliche Methode, die infolge der genannten Gleichsetzung zum Verstehen des ganzen Menschen umgedeutet wird. Eine Störung der innerpsychischen Harmonie wird dann nicht nur als Krankheit bezeichnet, sondern auch als Weg, den Sinn von Krankheit zu verstehen. Beides birgt in sich die Gefahr, daß Heilkunde zu säkularisierter Seelsorge wird.

Die Verabsolutierung der methodischen Ansätze und deren Zuordnung zu Soma bzw. Psyche führt schließlich zu der immer wieder vorgetragenen Ansicht, daß Somatisches nur auf Somatisches und Psychisches nur auf Psychisches einzuwirken vermöge. Dabei werden Einwirkungen im Psychischen als ausschließlich sinngebend aufgefaßt. Der tägliche Gebrauch von Genußmitteln lehrt allerdings, daß im psychischen Bereich auch anderes als Sinngebendes wirksam sein kann. Dennoch wird die Möglichkeit, daß auch im psychischen Bereich Krankheit wirksam sein könnte, vielfach prinzipiell geleugnet. Im Gegensatz dazu stehen die Versuche, das Entstehen somatischer Störungen als Ausdruck innerpsychischer Vorgänge zu verstehen, z. B. eine Angina (= Schamröte des Rachens), die Tuberkulose und die Parkinsonsche Krankheit (psychosomatischer Ansatz im engeren Sinne, siehe Kap. 11.4). Es hat lange gedauert, bis von Medizinern bei somatischen Beschwerden auch eine psychische Bedingtheit als möglich anerkannt wurde. So pflanzt sich die philosophische Teilung des Menschen in Psyche und Soma sowie die damit einhergehende Einengung der Gegenstände der Erfahrungswissenschaften bis in die tägliche medizinische Arbeit fort. Das gilt auch für die Beurteilung der psychotherapeutischen Methoden. Da Mediziner praktisch nur naturwissenschaftlich ausgebildet werden, neigen sie dazu, nur die so arbeitende Verhaltenstherapie als wissenschaftliche Methode anzusehen und die mit innen-psychologischen, verstehenden Methoden arbeitenden Psychotherapieformen abzulehnen.

Teil II

Beschreibung und Gliederung
psychischen Krankseins

5. Bemerkungen zur Beschreibung und Gliederung psychiatrischer Krankheiten

Psychisches Kranksein, die von ihm vermittelte Grunderfahrung und die Fragen nach dessen Eingrenzung und Wesen waren der Gegenstand des Kapitels 1. Dessen allgemeine Aussagen und Überlegungen differenzieren nicht zwischen verschiedenen Formen psychischen Krankseins, so daß das dort Ausgeführte durch die Schilderung der einzelnen Krankheitsbilder ergänzt werden muß. Sie sind gleichsam das Material für das Allgemeine. Grunderfahrungen beziehen sich aber nicht auf Allgemeines, sondern auf einzelne Kranke. Die Schilderung von Krankheitsbildern wiederum setzt eine Verallgemeinerung von Erfahrungen voraus, die an einer größeren Zahl von Kranken gewonnen wurden. Solche Verallgemeinerungen und das Zusammenfassen von Erfahrungen zu Krankheitsbildern setzen voraus, daß bestimmte Kriterien als das »Charakteristische« des Krankheitsbildes herausgehoben werden. Mit anderen Worten: reine Beschreibung von Krankheitsbildern gibt es nicht. *Es gehen vielmehr in eine Beschreibung unweigerlich Gesichtspunkte einer wie auch immmer konzipierten Krankheitslehre mit ein.* Das ist bei der folgenden Schilderung der psychischen Krankheitsbilder zu beachten.

In dem Feld zwischen Beschreibung von Krankheitsbildern und Krankheitslehre werden eine Reihe von Begriffen verwendet, die eine unterschiedliche Stellung zwischen Beschreibung und Lehre haben. Da es hier bei psychischem Kranksein Besonderheiten gibt, sollen diese Begriffe zunächst kurz erläutert werden:

5.1 Begriffe aus der allgemeinen Krankheitslehre

Deskription = Beschreibung = Nosographie (siehe dort)
Krankheitsbild: wörtlich: Erscheinungsbild einer bestimmten Krankheit, die einer näheren Beschreibung bedarf = Krankheitseinheit (s. dort)
In der Praxis wird als Krankheitsbild meist das Syndrom (s. dort) verstanden, das der Kranke zur Zeit der Untersuchung oder während einer kurzen Beobachtungszeit bietet, und das Syndrom wiederum mit dem Zustandsbild des Kranken gleichgesetzt. Da zum Erscheinungsbild einer Krankheit auch ihr Verlauf gehört, wird die Bedeutung des Begriffes Krankheitsbild in der Praxis häufig verkürzt. Für die Psychiatrie ist wichtig, das Syndrom oder das »Querschnittsbild« vom Krankheitsbild, welches den Verlauf einschließt, zu unterscheiden, da die Verlaufsgestalt der Syndrome hier eine besondere Rolle spielt. In den Begriff des Krankheitsbildes gehen unweigerlich konzeptionelle Gesichtspunkte mit ein, da es ebensowenig möglich ist, ein Bild vom Standpunkt »Null« zu betrachten wie zu beschreiben (s. Nosographie).

Krankheitseinheit: Zusammenschau der Beschreibung von Krankheitsbildern und -verläufen mit deren Ursachen und Ausprägungen.
Ideal wäre die Darstellung einheitlicher Bilder, Verläufe und Ursachen. In der psychiatrischen Praxis sind so beschreibbare Krankheitseinheiten die Ausnahme: Es gibt nicht wenige psychiatrische Krankheitsbilder, deren Ursache nicht bekannt ist. Dennoch werden diese Krankheitsbilder als Krankheitseinheiten aufgefaßt. Mißverständnisse entstehen dann, wenn diese Krankheitsbilder als »reine psychopathologische Syndrome« deklariert und dadurch Fragen nach somatischen Befunden ausgeklammert werden. Dieselben psychopathologischen Syndrome können nämlich sowohl im klinischen Zusammenhang mit klinisch

faßbaren somatischen Befunden auftreten wie auch ohne sie. Ihr Fehlen ist darum auch ein Befund!

Krankheitslehre: im engeren Sinn = Nosologie (siehe dort).

Der Begriff Krankheitslehre wird in der Regel weiter gefaßt und beinhaltet dann die zusammenfassende Darstellung der Krankheitseinheiten. In dieser allgemeinen Fassung verwenden wir hier den Begriff Krankheitslehre. Die klinische Krankheitslehre, die den theoretischen Hintergrund der ärztlichen Tätigkeit darstellt, bewegt sich also zwischen zwei Grenzbegriffen, dem der Nosographie (s. dort) und dem der Nosologie. In diesem Bereich können die Akzente verschieden gesetzt werden. Wie das geschieht, hängt davon ab, welcher Aufgabe bei der Versorgung der Kranken der Vorrang eingeräumt wird. Die eine Aufgabe ist, alle psychischen Krankheitsbilder anhand gewisser nosologischer Anhaltspunkte zu ordnen und damit Ansätze für die Therapie zu geben. Die andere Aufgabe ist, differenzierte nosologische Konzepte zu entwickeln, um die Therapie für die verschiedenen Krankheitsbilder nach Möglichkeit zu verbessern, bis hin zu dem Versuch, über die verschiedenen Konzepte hinaus zu einer umfassenderen Theorie psychischen Krankseins zu gelangen. Die Folgen dieser Akzentsetzungen sind entweder, daß die Nosographie überwiegt: Die Nosologie entspricht dabei unseren unzureichenden Kenntnissen und es entsteht die Gefahr, nicht wesentlich über das Beschreiben von Krankheitsbildern hinauszukommen. Oder, daß die Nosographie im Gegensatz zur Theorie wenig ausgebaut wird: Die dabei entstehende Gefahr ist die Versuchung, ein umfassendes nosologisches Konzept zu entwickeln, und dies als Theorie vom Menschen und damit als Schlüssel jeglichen psychischen Krankseins anzusehen. Auf eine kurze Formel gebracht bedeutet das, ein Erfassen *aller* Krankheitsbilder schließt eine durchgehende Theorie aus. Infolge des reduktiven Charakters jeglicher Theorie kann es keine Theorie geben, die für alle Krankheitsbilder gültig ist.

Krankheitszustand: Dieser bezeichnet den Zustand, den ein von einer bestimmten Krankheit Befallener zur Zeit der Untersuchung oder während einer kurzen Beobachtungszeit zeigt.

Der Ausdruck bezieht sich also nicht nur auf das Syndrom, das regelhaft aber nicht krankheitsspezifisch ist, auch nicht auf das Krankheitsbild, das ebenfalls regelhaft, aber auf eine bestimmte Krankheit bezogen ist, sondern eben auf den Zustand, in dem sich ein bestimmter Kranker mit einer bestimmten Krankheit zu einem bestimmten Zeitpunkt befindet.

Nosographie (gr. nosos = Krankheit, graphein = Schreiben) = Beschreibung von Krankheitsbildern und Krankheitseinheiten.

Da Beschreiben ohne von einem Standpunkt auszugehen, bzw. ohne einen Gesichtspunkt anzuwenden, nicht möglich ist, gibt es im strengen Sinne keine reine Nosographie, die zudem nur einen einzelnen Kranken betreffen könnte. Die Nosographie von Krankheitsbildern und -einheiten setzt die Beobachtung an mehreren Kranken voraus und ist im Grunde eine Umschreibung von Syndromen, Krankheitsbildern und -einheiten, bezieht sich also auf die begriffliche Ebene.

Nosologie (gr. nosos = Krankheit, logos = Wort, Gesetz, Lehre, Wissenschaft) = Krankheitslehre im engeren Sinn.

Diese umfaßt die wissenschaftlichen Aussagen und Konzepte über das Wesen der Krankheitsbilder und -einheiten, die die Nosographie erfaßt. Denkbar ist natürlich, daß eine Krankheitslehre sich auf ein einziges Konzept für alle Bilder psychischen Krankseins stützt.

Phänomenologie (gr. phainein = scheinen, erscheinen, logos = Wort, Gesetz, Lehre, Wissenschaft) = die Lehre von den Erscheinungen der Wirklichkeit, der Welt, hier der Krankheitszustände, die als Symptome oder Syndrome nosographisch beschrieben werden.

Symptom (gr. synpiptein = auftauchen) = Krankheitszeichen;
wird sowohl als Zeichen, das auf eine Krankheit hinweist, als auch als Grund- oder Achsensymptom für bestimmte Krankheitsbilder bzw.

-einheiten verstanden. Im Anglo-amerikanischen werden in diesem Zusammenhang sign und symptom unterschieden. Ein Symptom kann psychischer oder somatischer Natur sein. Ferner kann es sich um »objektive« Symptome handeln, das sind Befunde, die in der Regel der Arzt erhebt, oder um »subjektive« Symptome, das sind Beschwerden des Kranken. Der Begriff Symptom wird von der Psychoanalyse mit einer etwas anderen Bedeutung verwendet als in der übrigen Medizin und der Psychiatrie. Von einem Symptom wird von jener nur dann gesprochen, wenn der Kranke von ihm subjektiv betroffen ist. Für die psychiatrische Befunderhebung ist wesentlich, daß die bei dieser festgestellten Symptome nicht »Teile« der Psyche sind, aus denen sich Syndrome der Krankheitsbilder oder -einheiten zusammensetzen, sondern das Ergebnis des Abstrahierens einer bestimmten Einzelheit von einem Syndrom, das seinerseits vom Krankheitszustand abstrahiert wird. Aus diesem Grunde gibt es keine »reinen« psychopathologischen Symptome. Diese sind vielmehr immer »gefärbt« von dem Ganzen, d. h. dem Syndrom, von dem sie abstrahiert sind. In der Psychiatrie werden ferner primäre von sekundären Symptomen unterschieden. Mit primär wird dasjenige bezeichnet, was bei einer psychischen Krankheit normal-psychologisch nicht verstanden, bzw. abgeleitet werden kann, mit sekundär dagegen das, was an dem Erleben und Verhalten des psychisch Kranken in seiner Situation verständlich ist, und das, was psychopathologisch dem Primär-Symptom folgt.

Symptomatologie = Die Lehre von den Symptomen der einzelnen Krankheitseinheiten.

Sie wird in der Praxis nicht immer hinreichend von den Symptomkomplexen = Syndromen unterschieden.

Symptomenkomplex = Syndrom (siehe dort)

Syndrom = (gr. syn = mit, dromein = laufen, gehen) = regelhafte Verknüpfung von Symptomen, bei der die Verlaufsgestalt mitberücksichtigt sein kann.

Das Syndrom kann identisch sein mit dem Krankheitsbild und u. U. auch mit dem Krankheitszustand, die der Kranke zum Zeitpunkt der Untersuchung oder auch während einer kürzeren Zeitspanne der Beobachtung, etwa auch von einigen Tagen, zeigt. Mit Syndrom ist nicht das Individuelle des Zustandes des jeweiligen Kranken gemeint, sondern eine Zusammenschau krankhafter Veränderungen, die bei mehreren Kranken beobachtet wurden. Syndrom bedeutet somit, daß nicht etwas Individuelles, sondern etwas Regelhaftes, Typisches vorliegt, das durch Abstraktion gewonnen wird. Das Syndrom ist nicht spezifisch für eine bestimmte Krankheitseinheit. Es wird vielmehr im Laufe des diagnostischen Vorgehens einer bestimmten Krankheitseinheit zugeordnet.

Syndrome sind nicht aus Symptomen »zusammengesetzt«, was der Ausdruck Symptomkomplex, der statt Syndrom gebraucht wird, nahelegt. Symptome werden nämlich durch Abstrahieren von den übrigen Komponenten der Syndrome aus diesen gewonnen.

Der Begriff Syndrom sagt nichts über die Ursache oder Genese des Zustandsbildes aus. In dieser Hinsicht gibt es zwei verschiedene Grundansichten in der Psychiatrie. Die eine besagt – es handelt sich um die Ansicht E. *Kraepelins* – daß eine Ursache stets das gleiche Zustandsbild bewirke. Die andere auf C. *Wernicke* zurückgehende Ansicht, die der heute allgemeinen akzeptierten Erfahrung entspricht, ist, daß psychopathologische Syndrome keinen sicheren Rückschluß auf deren Ursache zulassen. A. *Hoche* hat deswegen die Syndrome als Einheiten zweiter Ordnung zwischen den »Elementarsymptomen« und den Krankheitseinheiten angesehen.

Infolge der besonderen Bedeutung, welche Syndrome in der Psychiatrie haben, wurde eine Syndromlehre entwickelt, d. h. bestimmte, immer wieder zu beobachtende Syndrome beschrieben; z. B.: das paranoid-halluzinatorische und das manische, das depressive, das hypochondrische und das phobisch-anankastische Syndrom, das Syndrom des (dysphorischen) Erregungszustandes und ein organisches (vorwiegend amnestisches) (Psycho-)Syndrom.

Bei der Syndromlehre hat »Lehre« somit eine andere Bedeutung als bei der Nosologie, bei der »Lehre« Aussagen über das Wesen der Krankheit bedeutet. Der Syndrombegriff ist seiner Eigenart nach deskriptiv und dies ist infolgedessen die Syndromlehre ebenfalls.

In der Psychiatrie besteht die Schwierigkeit, daß die Ursache wichtiger Gruppen von Krankheitsbildern nicht bekannt ist. Deswegen finden sich im Klassifikationssystem psychischer Krankheiten solche, deren Ursachen bekannt, und solche, bei denen das nicht der Fall ist. Letztere sind deswegen im Grunde nur Syndrome und werden als solche in das Klassifikationssystem eingeordnet, dann aber wie Krankheitseinheiten behandelt.

Syndromlehre – siehe unter Syndrom

Zustand(s-Bild) = Der konkrete Zustand des jeweiligen Kranken.
Zustandsbild bedeutet also nicht etwas Regelhaftes, wie das Krankheitsbild, obwohl beide identisch sein können. Der Begriff Krankheitszustand verbindet das Regelhafte der Krankheitseinheit mit dem Individuellen des Zustandsbildes, kann infolge dessen identisch sein mit dem Krankheitsbild.

5.2 Gliederung von Krankheitseinheiten

Unerläßliche Voraussetzungen für die Verständigung und wissenschaftliches Arbeiten sind eindeutige Benennung und Einordnung der Krankheitseinheiten. Eine solche Ordnung setzt Kriterien und diese wiederum setzen ein Einteilungs- bzw. Klassifikationssystem voraus. Ideale Systeme sind so geartet, daß jeder Fall eine Stelle in dem System findet und unter stets gleichen Einteilungskriterien nur an einer Stelle eingeordnet werden kann, sowie daß verschiedene Beobachter zur gleichen Einordnung des Falles kommen. Für die Einordnung klinischer Phänomene gibt es formal gesehen zwei Arten von Kriterien: entweder erfolgt die Zuordnung anhand eines »äußeren« Merkmales. Man spricht dann von einem künstlichen Einteilungssystem. Oder man wählt »natürliche Einheiten« als Ordnungskriterien und kommt so zu einem sog. natürlichen System. Ein Beispiel aus der Biologie möge das erläutern: Es kann die Farbe des Fells bei Tieren ein Ordnungskriterium sein oder ihre Art, etwa, daß es sich um Elefanten, Pferde, Hunde und Kaninchen handelt.

Zur Verdeutlichung der Problematik für die Psychiatrie seien Beispiele aus ihrer Geschichte angeführt. Zunächst erfolgten die Einteilungen nach groben Auffälligkeiten, etwa apathischer Blödsinn, Dämonomanie, Erotomanie, Tobsucht. Dem wurde dann als Ordnungsversuch das Konzept der Einheitspsychose gegenübergestellt, in dem die verschiedenen Zustandsbilder als Stadien einer einzigen psychischen Krankheit aufgefaßt wurden. Diese Stadien waren z. B. Melancholie, Manie, Verrücktheit und Blödsinn. *Kraepelin* forderte demgegen-über »der Natur entsprechende Krankheitsbilder« und wollte ein nosologisches System auf diesen Krankheitseinheiten begründen. Ein solches System sollte seiner Ansicht nach »weit mehr enthalten als eine Zusammenfassung der gerade beobachteten Krankheitserscheinungen; es muß auch eine mehr oder weniger bestimmte Anschauung über die Entstehungsgeschichte und den mutmaßlichen weiteren Verlauf des Diagnostizierten in sich schließen. Wir können demnach einen Krankheitsbegriff erst dann als abgeschlossen und klar umgrenzt ansehen, wenn wir über die Ursache, die Erscheinungen, den Verlauf und Ausgang des Leidens, endlich auch über die ihm eigentümlichen anatomischen Veränderungen genau unterrichtet sind«. (*Kraepelin*, 1910).

Von einem ganz anderen Konzept ging K. *Bonhoeffer* mit den von ihm sogenannten exogenen psychischen Reaktionstypen aus. Bei diesen handelt es sich, wie der Name sagt, nicht um Krankheitseinheiten, sondern um unter bestimmten Umständen auftretende Syndrome. Die Frage, ob es die von *Kraepelin* geforderten und gesuchten »natürlichen« Krankheitseinheiten tatsächlich gibt, ist ein bis heute diskutiertes Problem. Leugnet man die Existenz von »Krankheitseinheiten«, so wird es erforderlich, lediglich Syndrome zu klassifizieren. Damit gerät man in die Nähe zu der Einteilung nach äußeren Kriterien (künstliches System), da Syndrome keine Aussage über die Ursache und den Verlauf enthalten und somit keine zusammenfassende Aussage über eine Krankheit. Als Ausweg aus dieser Schwierigkeit wird in der Psychiatrie vielfach von »Krankheitstypen«

gesprochen. Je nachdem, wie man »Typus« auffaßt, rückt dieser in die Nähe zu den Krankheitseinheiten oder den »typischen Syndromen«. Zu dieser Problematik ist zu sagen, daß es sich bei einem Klassifikationssystem und der ihm zugrunde liegenden Ordnung jedenfalls in der Klinik um ein Instrument zur Verständigung über und Identifikation von Krankheitsbildern handelt und nicht um »Wahrheit«. Deswegen führen prinzipielle Erörterungen über Klassifikationssysteme, wie die Geschichte solcher Bemühungen zeigt, zu keinem Ergebnis. Der Grund dafür ist natürlich, daß wir das Wesen von Krankheiten letztlich nicht kennen. Dennoch sind die Zuordnungen auch nicht ganz beliebig wie bei Autonummern, die nichts über das Fabrikat des Fahrzeugs, die Persönlichkeit des Besitzers und dessen Fahrweise aussagen. In einem Klassifikationssystem wird versucht, die klinische Erfahrung in eine gewisse Ordnung zu bringen. Dabei ist die Frage nicht, ob das System richtig oder falsch ist, sondern ob es den praktischen Zwecken genügt, d. h. die klinische Erfahrung einigermaßen brauchbar wiedergibt, eine Verständigung ermöglicht und gestattet, die Fälle für die wissenschaftliche Bearbeitung hinreichend genau zu unterscheiden. Darum sind *Klassifikationen*

in der Klinik *immer Kompromisse, die den jeweiligen Stand der Kenntnisse* spiegeln.

Von Bedeutung für die Anwendung eines Klassifikationssystems ist weiter, daß ein solches nur das Regelhafte, von dem Individuellen der Kranken Abstrahierte enthält, seinem Wesen und Zweck entsprechend auch nur enthalten kann. Klassifikationssysteme sind dem krankheitsorientierten Denken darum angemessen. Es bereitet Schwierigkeiten, Persönlichkeits- und Verhaltensstörungen in solchen unterzubringen, da es sich um Symptome und Syndrome, aber nicht um Krankheitseinheiten handelt. Dies ist, abgesehen von der stärker persönlichkeitsorientierten Betrachtungsweise, ein in der Sache liegender Grund dafür, daß diesbezügliche Krankheitslehren nicht sehr weit ausgebaut sind.

Das Einordnen eines Syndroms oder eines Krankheitsbildes in das Klassifikationsschema erlaubt nicht den Rückschluß, daß der Betreffende unter einem oder allen rechtlichen Gesichtspunkten auch als krank, also etwa als arbeitsunfähig, geschäfts- oder schuldunfähig etc. zu beurteilen ist. Ein solches unbedachtes Gleichsetzen von Einordnung in das Klassifikationsschema mit der Beurteilung »krank« führt immer wieder zu falschen Schlußfolgerungen und Forderungen.

6. Klassifikation psychiatrischer Krankheiten nach dem Internationalen Diagnosenschlüssel (ICD)

Die psychiatrische Krankheitslehre ist der Inhalt psychiatrischer Lehrbücher. Dort wird sie im wesentlichen gleichartig dargestellt, wenn man von unterschiedlichen Bedeutungen der Bezeichnungen und gewissen Unterschieden im Detail absieht. Wir folgen hier nicht einem der Autoren und versuchen auch nicht, eine eigene Fassung einer psychiatrischen Krankheitslehre vorzulegen, sondern halten uns an die international erzielte Übereinstimmung, die in Form der *International Classification of Diseases* (ICD) vorliegt, und zwar an die gerade fertiggestellte 9. Revision derselben. In deren V. Kapitel sind die psychiatrischen Krankheiten eingeordnet. Sie sind dort etwas anderes gegliedert, als dies in den deutschsprachigen Lehrbüchern üblich ist, die Bildung von Gruppen psychiatrischer Krankheitseinheiten ist dabei aber letztlich die gleiche. In das V. Kapitel der ICD wurde im Gegensatz zu den anderen Kapiteln ein Glossar eingefügt, um im Interesse einer besseren Verständigung die psychischen Krankheiten einheitlich zu bezeichnen und zu umschreiben. Das Glossar war erforderlich, da viele psychiatrische Schlüsselbegriffe und Bezeichnungen nicht nur in verschiedenen Ländern, sondern auch innerhalb derselben zum Teil mit unterschiedlicher Bedeutung verwendet werden oder manchen Begriffen eine eingeschränkte Bedeutung unterlegt wird. Die bei der Erarbeitung des Glossars erzielte Übereinstimmung ist auf den ersten Blick erstaunlich, sie ist ein Zeichen für das hohe Maß an Übereinstimmung in der klinischen Erfahrung. Die Unterschiede sind vornehmlich Ausdruck unterschiedlicher nosologischer Konzepte, die, wie gesagt, unvermeidlich in die Beschreibung von Krankheitsbildern mit eingehen. In dieser Hinsicht stellt das V. Kapitel der ICD wie jedes medizinische Klassifikationssystem einen Kompromiß dar. Um trotzdem einer Nosographie möglichst nahe zu kommen, ist das Glossar bemüht, sich gegenüber nosologischen Aussagen soweit wie angängig »neutral« zu verhalten.

Das Glossar umschreibt in der geschilderten Weise für den Fachmann das jeweilige Krankheitsbild, um diesen in den Stand zu setzen, es eindeutig in das Klassifikationssystem einzuordnen und zu verschlüsseln. Für diesen Zweck ist die Beschreibung der Krankheitsbilder auf das Notwendigste beschränkt. Bei der Einordnung der psychiatrischen Krankheitsbilder in den folgenden Kapiteln halten wir uns an das V. Kapitel der ICD, das sich auf Seite 54 findet und führen die jeweiligen Schlüsselzahlen an. Bei der Beschreibung der Krankheitsbilder dagegen gehen wir erheblich über das Glossar hinaus, um sie möglichst anschaulich zu machen. Dazu ist es unvermeidlich, Fachausdrücke zu verwenden. Soweit im Text keine oder keine hinreichende Definition möglich ist, um diesen nicht zu überlasten, werden die Fachausdrücke im Anhang erläutert. So kann sich der nicht mit der psychiatrischen Terminologie Vertraute ein Bild machen und der Fachmann vielleicht die nicht immer ganz gleiche Bedeutung bemerken, die im deutschen Sprachraum manchen Begriffen unterlegt wird.

Aufbau des V. Kapitels der 9. Revision der ICD

Die ICD unterscheidet drei Gruppen psychischer Krankheiten:
1. *Psychosen* (ICD Nrn. 290–299),
2. *Neurosen, Persönlichkeitsstörungen (Psychopathien) und andere nicht-psychotische psychische Störungen* (ICD Nrn. 300–316),
3. *Oligophrenien* (ICD Nrn. 317–319).

Die genannten Begriffe, die die drei Gruppen bezeichnen, werden nicht genauer definiert, sondern lediglich annähernd umschrieben, um, wie gesagt, Hinweise für den Fachmann zu liefern.

Bei der Gliederung psychischer Krankheiten werden Psychosen als schwere Krankheitsbilder bezeichnet, während Neurosen und Persönlichkeitsstörungen als psychische Störungen leichteren Grades aufgefaßt werden. Das hängt damit zusammen, daß sich die Begriffe an der Lebenstüchtigkeit orientieren. Auf die Herkunft, Entwicklung und die sich wandelnden Bedeutungen der Begriffe Psychose und Neurose wird im Kap. 12 näher eingegangen.

Die drei Hauptgruppen psychischer Krankheiten werden in der ICD nach verschiedenen Gesichtspunkten weiter unterteilt. So werden Psychosen verschiedener Genese unterschieden, und zwar somatogene (Nrn. 290–294) und psychogene (Nrn. 297 u. 298), ferner Psychosen, bei denen bestimmte Arten von Störungen vorliegen, die affektiven Psychosen (Nr. 296) und die Psychosen mit tiefgehenden Persönlichkeitsstörungen (Nr. 295) und schließlich die

Psychosen im Kindesalter. Die somatogenen Psychosen – in der ICD als organische Psychosen bezeichnet – werden weiter unterteilt nach akuten und chronischen Bildern sowie nach der Art der zugrunde liegenden somatischen Krankheit. Die Unterteilungen der anderen Psychosen erfolgen nach dem Erscheinungsbild, in manchen Fällen auch nach den Verläufen. Die Neurosen werden nach dem Erscheinungsbild unterteilt, das gleiche gilt für die Persönlichkeitsstörungen (Psychopathien, Charakterneurosen), bei den folgenden Gruppen (Nrn. 302–315) nach dem hervorstechenden Symptom. Die Oligophrenien werden aufgrund der verschiedenen Schweregrade unterschieden (Nrn. 317–319).

Diese Übersicht macht die stets erforderlichen Kompromisse eines solchen Klassifikationssystems deutlich, auf dessen Problematik im Kap. 14 näher eingegangen wird.

Internationale Klassification der psychiatrischen Krankheiten (ICD)
9. Revision 1979

Um eine einheitliche psychiatrische Terminologie zu gewährleisten, erfolgte die Übersetzung in enger Anlehnung an die deutsche Ausgabe des „Diagnosenschlüssel und Glossar psychiatrischer Krankheiten" (8. Revision), herausg. von R. Degkwitz, H. Helmchen, G. Kockott, W. Mombour. 4. Auflage. Springer (Berlin, Heidelberg, New York) 1975 und für die in der 9. Revision neu hinzugekommenen kinderpsychiatrischen Teile in Anlehnung an „Multiaxiales Klassifikationsschema für psychiatrische Erkrankungen im Kindes- und Jugendalter nach Rutter, Shaffer und Sturge", herausg. von H. Remschmidt, M. Schmidt, C. Klicpera. Huber (Bern, Stuttgart, Wien) 1977. Englische Ausdrücke, für die es in der deutschsprachigen Psychiatrie keine Entsprechungen gibt (wie z. B. alcoholic mania), wurden weggelassen. Diagnosenschlüssel und Glossar psychiatrischer Krankheiten (9. Revision) wird weiter wie bisher als separate Publikation, versehen mit deutschen Zusätzen und Einführungskapitel, vom Springer-Verlag, Berlin-Heidelberg-New York, herausgegeben. Es ist für den Benutzer wichtig, die Beschreibung des Glossars und nicht nur die Titel der Kategorien zu verwenden, wenn er nach der besten Zuordnung der Erkrankung sucht, die er verschlüsseln will. Die Anweisung „Eine zusätzliche Schlüsselnummer sollte benutzt werden, um..." ist wichtig, weil viele psychiatrische Störungen zwei oder mehr Schlüsselnummern benötigen, um die Störung und die damit in Verbindung stehenden oder ursächlichen Faktoren zu beschreiben. Diese Anweisung sollte, wenn immer möglich, benutzt werden.

290-299 Psychosen
Psychiatrische Erkrankungen, in denen die Beeinträchtigung der psychischen Funktionen ein so großes Ausmaß erreicht hat, daß dadurch Einsicht und Fähigkeit, einigen der üblichen Lebensanforderungen zu entsprechen, oder der Realitätsbezug erheblich gestört sind. Es handelt sich um keinen exakten oder genau definierten Begriff. Die Oligophrenien gehören nicht dazu.

290-294 Organische Psychosen
Syndrome mit Störungen der Orientierung, des Gedächtnisses, der Auffassung, des Rechnens, der Lern- und Urteilsfähigkeit. Dies sind die Hauptmerkmale, aber auch Affektverflachung und -labilität können vorhanden sein oder eine anhaltende Stimmungsänderung, Abnahme des Gefühls für ethische Normen und Zuspitzung oder Neuauftreten von Persönlichkeitszügen sowie eine herabgesetzte Fähigkeit, selbständig Entscheidungen treffen zu können. Psychosen mit einer unter 295-298 klassifizierbaren Typologie und ohne die oben erwähnten Symptome gehören nicht hierher, auch wenn sie mit organischen Störungen in Zusammenhang stehen. Der Begriff *Demenz* umfaßt in diesem Glossar organische Psychosen, wie sie oben definiert wurden, die chronisch oder fortschreitend und, wenn unbehandelt, im allgemeinen irreversibel sind und einen Endzustand darstellen. Der Begriff *Delir* umfaßt in diesem Glossar organische Psychosen mit einer kurzen Verlaufsdauer, bei denen die oben geschilderten Symptome überlagert werden von Bewußtseinstrübung, Verwirrtheit, Desorientiertheit, Wahn, Illusionen und oft lebhaften Halluzinationen.

Dazugehörige Begriffe:
Organisches Psychosyndrom

Ausschl.: Nichtpsychotische Syndrome organischer Verursachung   310.-
Unter 295-298 klassifizierbare Psychosen ohne die oben erwähnten Symptome, die aber mit einer Körperkrankheit, einer Hirnverletzung oder einer Hirnerkrankung in Verbindung stehen (z. B. im Anschluß an eine Geburt); sie sollten unter 295-298 verschlüsselt werden zusammen mit einer zusätzlichen Schlüsselnummer (Diagnosennummer) für die körperliche Störung, die hiermit in Zusammenhang steht.

290 Senile und präsenile organische Psychosen
Ausschl.: Unter 295-298.8 klassifizierbare Psychosen, die im Senium ohne Demenz oder Delir   295-298
auftreten
Vorübergehende organische Psychosen (akute exogene Reaktionstypen)   293.-
Demenz, die nicht als senil, präsenil oder arteriosklerotisch eingeordnet werden kann   294.1

290.0 *Einfache senile Demenz*
Demenz, die meist nach dem 65. Lebensjahr auftritt, bei der jede andere Hirnkrankheit außer der senilatrophischen Veränderung einigermaßen ausgeschlossen werden kann.

Ausschl.: Leichte Gedächtnisstörungen, die nicht das Ausmaß einer Demenz erreichen, aber mit seniler Hirnerkrankung in Verbindung stehen 310.1

Senile Demenz mit depressivem oder paranoidem Erscheinungsbild 290.2

Senile Demenz mit Verwirrtheit und/oder Delir 290.3

290.1 *Präsenile Demenz*
Demenz, die meist vor dem 65. Lebensjahr bei Patienten auftritt mit den relativ seltenen Formen einer diffusen oder Lappenatrophie des Gehirns. Eine zusätzliche Schlüsselnummer sollte verwendet werden, um die hiermit in Verbindung stehende neurologische Störung zu bezeichnen.

Organisches Psychosyndrom bei präseniler Hirnerkrankung
Umschriebene Hirnatrophie
Demenz bei:
Morbus Alzheimer
Morbus Pick

Ausschl.: Arteriosklerotische Demenz 290.4

Demenz in Verbindung mit anderen Hirnerkrankungen 294.1

290.2 *Senile Demenz mit depressivem oder paranoidem Erscheinungsbild*
Ein Erscheinungsbild der senilen Demenz, das durch durch die Entwicklung im höheren Lebensalter und seinen progressiven Verlauf gekennzeichnet ist; hierbei sind eine Vielzahl von Wahnideen und Halluzinationen vorhanden, die sich auf Verfolgung, depressive Inhalte und das körperliche Wohlbefinden beziehen. Störung des Schlaf-Wachrhythmus und Beschäftigung mit Verstorbenen stehen oft im Vordergrund.

Nicht näher bezeichnete senile Psychose

Ausschl.: Nicht näher bezeichnete senile Demenz 290.0

Senile Demenz mit Verwirrtheit und/oder Delir 290.3

290.3 *Senile Demenz mit akutem Verwirrtheitszustand*
Senile Demenz überlagert von einer reversiblen Episode eines akuten Verwirrtheitszustandes

Ausschl.: Nicht näher bezeichnete senile Demenz 290.0

Nicht näher bezeichnete senile Psychose 290.2

290.4 *Arteriosklerotische Demenz*
Demenz, die aufgrund der körperlichen Befunde bei der Untersuchung des Zentralnervensystems einer degenerativen Erkrankung der Hirnarterien zugeschrieben werden kann. Häufig kommen Symptome vor, die auf eine fokale Hirnschädigung hinweisen. Die psychischen Ausfälle können in ihrer Intensität wechseln und sie können ungleichmäßig ausgeprägt sein; Krankheitseinsicht für die Ausfälle kann vorliegen; ein intermittierender Verlauf ist häufig. Die klinische Unterscheidung von evtl. auch gleichzeitig bestehender seniler oder präseniler Demenz kann sehr schwierig oder unmöglich sein. Eine zusätzliche Schlüsselnummer sollte benutzt werden, um die zerebrale Gefäßsklerose zu bezeichnen (437.0).

Ausschl.: Verdachtsfälle ohne eindeutigen Hinweis auf Arteriosklerose 290.9

290.8 *Andere senile und präsenile organische Psychosen*

290.9 *Nicht näher bezeichnete senile und präsenile organische Psychosen*

291 Alkoholpsychosen
Organische Psychosen, die hauptsächlich mit exzessivem Alkoholkonsum in Zusammenhang stehen. Man nimmt an, daß Mangelernährung eine bedeutende Rolle spielt. Bei einigen dieser Zustandsbilder kann Alkoholentzug von ursächlicher Bedeutung sein.

Ausschl.: Alkoholismus ohne Psychose 303

291.0 *Delirium tremens*
Akute oder subakute organische Psychosen bei Alkoholikern, die charakterisiert sind durch Bewußtseinstrübung, Desorientiertheit, Angst, Illusionen, Wahn, Halluzinationen jeder Art, vorwiegend optisch und haptisch, Unruhe, Tremor und manchmal Fieber.

Alkoholdelir

291.1 *Alkoholisches Korsakow-Syndrom (Korsakow-Psychose)*
Syndrom bei Alkoholikern mit auffälliger und anhaltender Gedächtnisschwäche, erheblicher Einbuße des Kurzzeitgedächtnisses, zeitlicher Desorientiertheit und Konfabulationen. Es tritt als Folge einer akuten Alkoholpsychose auf (besonders eines Delirium tremens) oder seltener im Verlauf eines chronischen Alkoholismus. Gewöhnlich findet man eine periphere Neuritis, und es kann eine Wernicke'sche Encephalopathie vorliegen.

Alkoholische Psychose mit Polyneuritis

Ausschl.: Nicht näher bezeichnete Korsakow-Psychose   294.0

        Nichtalkoholisches Korsakow-Syndrom   294.0

291.2 *Andere Alkoholdemenz*

Demenz ohne Halluzinationen, die in Verbindung mit Alkoholismus auftritt, aber nicht durch die Symptome des Delirium tremens oder der Korsakow-Psychose charakterisiert ist.

Nicht näher bezeichnete Alkoholdemenz

Alkoholbedingtes chronisches organisches Psychosyndrom

291.3 *Alkohol-Halluzinose*

Eine Psychose, die meistens weniger als 6 Monate dauert, mit leichter oder fehlender Bewußtseinstrübung und starker ängstlicher Unruhe, bei der akustische Halluzinationen im Vordergrund stehen. Meistens sind es Stimmen, die Beschimpfungen und Drohungen ausstoßen.

Ausschl.: Schizophrenie 295.- und paranoide Syndrome 297.-, die in Form einer chronischen 295.-, 297.- Halluzinose mit klarer Bewußtseinslage bei Alkoholikern auftreten.

291.4 *Pathologischer Rausch*

Akute psychotische Episoden, hervorgerufen durch relativ geringe Alkoholmengen. Man betrachtet sie als individuelle (idiosynkratische) Reaktionen auf Alkohol, die nicht auf exzessiven Alkoholkonsum zurückzuführen sind und keine auffälligen neurologischen Zeichen einer Intoxikation bieten.

Ausschl.: Alkoholrausch   305.0

291.5 *Alkoholischer Eifersuchtswahn*

Chronische paranoide Psychose, die durch wahnhafte Eifersucht charakterisiert ist und mit Alkoholismus in Verbindung steht.

Alkoholparanoia

Ausschl.: Nicht alkoholbedingte paranoide Syndrome   297.-

        Paranoide Schizophrenie   295.3

291.8 *Andere Alkoholpsychosen*

Alkoholentzugssyndrom, „Praedelir". (Anmerkung der Übersetzer: der englische Ausdruck „alcohol withdrawal syndrome" ist weiter gefaßt als die deutsche Bezeichnung „Alkoholentzugssyndrom")

Ausschl.: Delirium tremens   291.0

291.9 *Nicht näher bezeichnete Alkoholpsychosen*

Nicht näher bezeichnete Alkoholpsychose

(Chronischer) Alkoholismus mit Psychose

292 Drogenpsychosen

Syndrome, auf die die Beschreibungen für die Nummern 295-298 (nichtorganische Psychosen) nicht passen und die durch den Gebrauch von Drogen (besonders Amphetamine, Barbiturate, Opiate und LSD) und Lösungsmitteln verursacht werden. Einige der Syndrome in dieser Gruppe sind nicht so schwerwiegend wie die meisten Störungen, die als psychotisch bezeichnet werden, aber sie sind hier aus praktischen Gründen aufgeführt. Zusätzlich sollte der E-Schlüssel benutzt werden, um die Droge und, falls vorhanden, die Medikamentenabhängigkeit (304.-) zu bezeichnen.

292.0 *Drogenentzugssyndrom*

Zustandsbilder bei Drogenentzug. Hierher gehören sowohl schwere Störungen, wie sie z. B. für Alkohol unter 291.0 (Delirium tremens) beschrieben wurden, als auch leichtere Formen, die durch ein oder mehrere der folgenden Symptome charakterisiert werden: Krämpfe, Tremor, Angst, Unruhe, gastrointestinale und Muskelbeschwerden sowie leichte Desorientiertheit und Gedächtnisstörung.

292.1 *Drogeninduzierte paranoide und/oder halluzinatorische Zustandsbilder*

Zustandsbilder, die länger als einige Tage, aber im allgemeinen nicht länger als einige Monate dauern. Sie stehen im Zusammenhang mit reichlicher oder länger dauernder Drogeneinnahme vor allem aus der Gruppe der Amphetamine oder von LSD. Gehörshalluzinationen stehen gewöhnlich im Vordergrund. Zusätzlich können Angst und Unruhe vorhanden sein.

Ausschl.: Die beschriebenen Störungen, wenn sie mit Verwirrtheit oder Delir einhergehen   293.-

        Zustandsbilder nach Einnahme von LSD oder anderen Halluzinogenen, die nur einige   305.3 Tage oder kürzer dauern („bad trips")

292.2 *Pathologischer Drogenrausch*

Individuelle (idiosynkratische) Reaktionen auf relativ kleine Mengen einer Droge, die eine akute kurzdauernde Psychose beliebiger Typologie hervorrufen.

Ausschl.: Physiologische Nebenwirkungen von Drogen (z. B. Tonusveränderungen der Muskulatur)

Kurzdauernde psychotische Reaktionen auf Halluzinogene, mit denen im Rahmen der   305.3
Drogeneinnahme gerechnet wird („bad trips")

292.8 *Andere Drogenpsychosen*

292.9 *Nicht näher bezeichnete Drogenpsychosen*

293 Vorübergehende organische Psychosen (Akute exogene Reaktionstypen)

Zustandsbilder, die charakterisiert sind durch Bewußtseinstrübung, Verwirrtheit, Desorientiertheit, Illusionen und oft lebhafte Halluzinationen. Sie sind meist verursacht durch intra- und extrazerebrale, toxische, infektiöse oder metabolische Störungen oder eine andere Systemerkrankung. Gewöhnlich sind sie reversibel. Depressive und paranoide Symptome können auch vorhanden sein, prägen aber nicht das Bild. Eine zusätzliche Schlüsselnummer sollte benutzt werden, um die körperliche oder neurologische Störung zu bezeichnen, mit der die Psychose im Zusammenhang steht.

Ausschl.: Verwirrtheitszustand oder Delir bei seniler Demenz   290.3
Demenz bei:
Alkoholismus   291.-
Arteriosklerose   290.4
Seniler Hirnerkrankung   290.0

293.0 *Akuter Verwirrtheitszustand*

Kurzdauernde Zustandsbilder oben beschriebener Typologie, die Stunden oder Tage dauern.

Akutes Delir
Akute Psychose bei Infektion
Akute organische Psychose
Akute posttraumatische organische Psychose
Akutes psychoorganisches Syndrom
Akute Psychose in Zusammenhang mit endokrinen, zerebrovaskulären oder Stoffwechsel-
    störungen
Epileptischer Verwirrtheitszustand
Epileptischer Dämmerzustand

293.1 *Subakuter Verwirrtheitszustand*

Zustandsbilder oben beschriebener Typologie, bei welchen die Symptome gewöhnlich weniger ausgeprägt sind und einige Wochen oder länger bestehen bleiben; während dieser Zeit können sie in ihrer Intensität deutlich wechseln.

Subakutes Delir
Subakute Psychose bei Infektion
Subakute organische Psychose
Subakute posttraumatische organische Psychose
Subakutes psychoorganisches Syndrom
Subakute Psychose in Zusammenhang mit endokrinen oder Stoffwechselstörungen

293.8 *Andere vorübergehende organische Psychosen*

293.9 *Nicht näher bezeichnete vorübergehende organische Psychosen*

294 Andere (chronische) organische Psychosen

294.0 *(Nichtalkoholische) Korsakow-Psychose oder Korsakow-Syndrom*

Unter 291.1 beschriebene Syndrome, die nicht durch Alkohol verursacht werden.

294.1 *Demenz bei an anderer Stelle klassifizierten Krankheitsbildern*

Demenz, die nicht als senil, präsenil oder arteriosklerotisch (290.-) klassifizierbar ist, sondern mit anderen zugrundeliegenden Störungen im Zusammenhang steht.

Demenz bei:
Zerebralen Lipoidosen
Epilepsie
Progressiver Paralyse
Hepatolentikulärer Degeneration
Chorea Huntington

Multipler Sklerose
Polyarteriitis nodosa
Eine zusätzliche Schlüsselnummer sollte benutzt werden, um die zugrundeliegende körperliche Störung zu bezeichnen.

294.8 *Andere (chronische) organische Psychosen*

Zustandsbilder, die die Kriterien einer organischen Psychose erfüllen, aber nicht in der Form eines Verwirrtheitszustandes (293.-), einer nichtalkoholischen Korsakow-Psychose (294.0) oder einer Demenz (294.1) auftreten.

Organische Psychosen mit gemischter paranoider und affektiver Symptomatologie
Epileptische Psychose ohne nähere Angaben (auch unter 345.- zu verschlüsseln)

Ausschl.: Leichte Gedächtnisstörungen, die nicht das Ausmaß einer Demenz erreichen.   310.1

294.9 *Nicht näher bezeichnete (chronische) organische Psychosen*

295-299 Andere Psychosen

295 Schizophrene Psychosen

Eine Gruppe von Psychosen mit einer tiefgehenden Persönlichkeitsstörung, charakteristischen Denkstörungen, oft einem Gefühl, von fremden Kräften kontrolliert zu werden, Wahnideen, die bizarr sein können, gestörter Wahrnehmung, abnormem Affekt, der mit der tatsächlichen Situation nicht übereinstimmt, und Autismus. Trotzdem bleiben im allgemeinen klares Bewußtsein und intellektuelle Fähigkeiten erhalten. Die Persönlichkeitsstörung bezieht sich auf die grundlegenden Funktionen, die einer normalen Person das Gefühl von Individualität, Einmaligkeit und Unabhängigkeit geben. Die Patienten haben das Empfinden, ihre intimsten Gedanken, Gefühle und Handlungen sind anderen bekannt oder werden von anderen geteilt. Zur Erklärung können sie Wahnideen entwickeln, daß natürliche oder übernatürliche Mächte am Werk sind, um ihre Gedanken und Handlungen in einer oft bizarren Weise zu beeinflussen. Der Schizophrene kann sich selbst als den Angelpunkt aller Geschehnisse sehen. Halluzinationen, besonders Stimmen, sind häufig; sie können den Patienten kommentieren oder ihn direkt anreden. Die Wahrnehmung ist häufig in anderer Art gestört: eine gewisse Ratlosigkeit kann vorhanden sein, nebensächliche Gesichtspunkte können übermächtige Bedeutung erlangen und können zusammen mit Gefühlen des Ausgeliefertseins den Patienten zu dem Glauben führen, alltägliche Dinge und Situationen besäßen eine speziell auf ihn gerichtete, meist unheimliche Bedeutung. Bei der charakteristischen schizophrenen Denkstörung gelangen periphere und nebensächliche Züge eines Gesamtkonzepts in den Vordergrund, die im normalen Denken gehemmt sind; sie werden anstelle der Elemente benutzt, die für die Situation zutreffend und angebracht sind. So wird das Denken vage, schief und obskur und der sprachliche Ausdruck oft unverständlich. Unterbrechungen und Ablenkungen im fortlaufenden Gedankengang sind häufig; der Patient kann überzeugt sein, daß seine Gedanken von irgendwelchen außenstehenden Kräften entzogen werden. Der Affekt kann flach, launisch und unangepaßt sein, Ambivalenz und Willensstörungen können als Untätigkeit, Negativismus oder Stupor erscheinen. Katatone Symptome können vorhanden sein. Die Diagnose Schizophrenie sollte nur gestellt werden, wenn charakteristische Störungen des Denkens, der Wahrnehmung, der Stimmung, des Verhaltens oder der Persönlichkeit vorhanden sind oder während des Krankheitsverlaufes vorhanden waren; wenigstens in zwei der genannten Gebiete sollten Störungen vorliegen. Die Diagnose sollte nicht auf Fälle beschränkt werden, die einen protrahierten, zum Abbau führenden oder chronischen Verlauf nehmen.

Zusätzlich zur Diagnosestellung auf Grund der oben angegebenen Kriterien sollte man sich möglichst bemühen, eine der folgenden Untergruppen anhand der Symptome zu benennen, die im Vordergrund stehen.

Dazugehörige Begriffe:
Schizophrenien der unter 295.0-295.9 beschriebenen Typologie im Kindesalter

Ausschl.: Kindliche Schizophrenien   299.9
        Frühkindlicher Autismus   299.0

295.0 *Schizophrenia simplex*

Eine Psychose, bei der sich Absonderlichkeiten im Verhalten, Unfähigkeiten, den Anforderungen der Gesellschaft zu entsprechen und Leistungsabfall auf allen Gebieten schleichend entwickeln. Wahnideen und Halluzinationen sind nicht deutlich, und die Störung ist weniger offensichtlich psychotisch als beim hebephrenen, katatonen oder paranoiden Untertyp der Schizophrenie. Mit zunehmender sozialer Isolierung kann sich Landstreicherei entwickeln, der Patient zieht sich auf sich selbst zurück, wird untätig und ziellos. Da die schizophrenen Symptome nicht eindeutig sind, sollte die Diagnose dieser Unterform, wenn überhaupt, selten gestellt werden.

Ausschl.: Latente Schizophrenie   295.5

295.1 *Hebephrene Form*

Eine Form der Schizophrenie, bei welcher Affektveränderungen im Vordergrund stehen, Wahnideen und Halluzinationen flüchtig und fragmentarisch sind, unverantwortliches und nicht vorhersehbares Verhalten auftritt und Manierismen häufig sind. Der Affekt ist abgeflacht und inadäquat, häufig verbunden mit Kichern oder selbstgenügsamem, auf sich selbst bezogenem Lächeln oder mit stolzem Gehabe, mit Grimassen, Manierismen, Possen, hypochondrischen Klagen und häufig wiederholten Redensarten. Das Denken ist zerfahren. Der Patient hat die Tendenz sich abzusondern, und das Verhalten erscheint ziel- und gefühllos. Diese Schizophrenieform beginnt meistens zwischen dem 15. und 25. Lebensjahr.

Hebephrenie

295.2 *Katatone Form*

Als wesentlicher Zug dieser Form besteht eine ausgeprägte Störung der Psychomotorik, die oft zwischen zwei Extremen wie motorische Erregung und Stupor oder automatischem Befolgen von Befehlen und Negativismus schwankt. Erzwungene Haltungen können für längere Zeit beibehalten werden: bringt man die Glieder des Patienten in eine unnatürliche Stellung, dann werden sie im allgemeinen für einige Zeit so weiter gehalten, auch wenn die äußere Unterstützung wegfällt. Schwere Erregung kann ein eindrucksvolles Merkmal dieses Zustandsbildes sein. Depressive und hypomanische Begleitsymptome können vorhanden sein.

Katatoner Erregungszustand
Katatoner Spannungszustand
Katatoner Stupor

Katalepsie ⎫
Katatonie ⎬ bei Schizophrenie
Flexibilitas cerea ⎭

295.3 *Paranoide Form*

Die Form der Schizophrenie, in der relativ dauerhafte Wahnideen, die von Halluzinationen begleitet sein können, das klinische Bild beherrschen. Es handelt sich häufig um Verfolgungswahn, aber auch andere Wahnformen kommen vor (z. B. Eifersuchtswahn, Abstammungswahn, Sendungswahn oder Wahn körperlicher Veränderung). Halluzinationen und unberechenbares Verhalten können vorkommen; in einigen Fällen ist das Verhalten von Anfang an schwer gestört, die Denkstörung kann grob auffällig sein und Affektverflachung mit fragmentarischen Wahnideen und Halluzinationen kann sich entwickeln.

Paraphrene Schizophrenie

Ausschl.: Paraphrenie, paranoide Psychose im Involutionsalter   297.2
     Paranoia   297.1

295.4 *Akute schizophrene Episode*

Anders als bei den bisher beschriebenen schizophrenen Störungen tritt ein traumhafter Zustand mit leichter Bewußtseinstrübung und Ratlosigkeit auf. Gegenstände, Leute und Ereignisse bekommen eine persönliche Bedeutung für den Patienten. Beziehungsideen und emotionale Unruhe können vorhanden sein. In den meisten Fällen tritt Rückbildung innerhalb weniger Wochen oder Monate auf, selbst ohne Behandlung.

Oneirophrenie
Schizophreniforme Episode
Schizophreniforme Psychose (Verwirrtheitszustand bei . . .)

Ausschl.: Akute Katatonie   295.2
     Akute Hebephrenie   295.1
     Akute paranoide Schizophrenie   295.3
     Akute Schizophrenia simplex   295.0

295.5 *Latente Schizophrenie*

Es war nicht möglich, eine allgemein akzeptable Beschreibung dieser Störung zu finden. Diese Untergruppe wird nicht zur allgemeinen Benutzung empfohlen, sondern es wird nur eine Beschreibung für diejenigen angeboten, die sie für sinnvoll halten: es handelt sich um eine Störung mit exzentrischen und inkonsequenten Verhaltensweisen und Affektstörungen, die den Eindruck einer Schizophrenie vermitteln, obwohl sich weder in der Vergangenheit noch in der Gegenwart eindeutige und charakteristische schizophrene Symptome gezeigt haben.

Die dazugehörigen Begriffe zeigen, daß hier der beste Platz ist, einige andere schlecht definierte Untergruppen der Schizophrenie zu klassifizieren.

Borderline-Schizophrenie
Präpsychotische Schizophrenie
Prodromi einer Schizophrenie
Pseudoneurotische Schizophrenie
Pseudopsychopathische Schizophrenie

Ausschl.: Schizoide Persönlichkeit   301.2

295.6 *Schizophrene Rest- und Defektzustände*

Eine chronische Form der Schizophrenie, in der die Symptome, die von der akuten Phase weiterbestehen, meistens ihre Schärfe verloren haben. Das Gefühlsleben ist abgestumpft, die Denkstörungen, auch wenn sie grob auffällig sind, verhindern nicht, daß Routinetätigkeit ausgeübt werden kann.

Chronische undifferenzierte Schizophrenie
Schizophrener Restzustand
Schizophrener Defekt

295.7 Schizo-affektive Psychose

Eine Psychose, in der auffällige manische oder depressive Symptome vermischt sind mit schizophrenen Symptomen. Gewöhnlich tritt eine Rückbildung ohne Dauerdefekt ein, aber die Rückfallgefahr ist groß. Die Diagnose sollte nur dann gestellt werden, wenn affektive und schizophrene Symptome ausgeprägt sind.

Zykloide Psychose
Mischpsychose
Schizophreniforme Psychose, affektiver Typ

295.8 Andere Schizophrenieformen

Umschriebene Schizophrenieformen, die nicht unter 295.0-295.7 klassifiziert werden können.

Akute undifferenzierte Schizophrenie
Atypische Schizophrenie
Coenästhetische Schizophrenie

Ausschl.: Frühkindlicher Autismus   299.0

295.9 Nicht näher bezeichnete Schizophrenieformen

Sollte nur als letzte Möglichkeit benutzt werden.

Nicht näher bezeichnete Schizophrenie
Nicht näher bezeichnete schizophreniforme Psychose

296 Affektive Psychosen

Häufig sich wiederholende psychische Störungen, bei denen eine schwere Affektstörung vorliegt (meistens als Depression und Angst, aber auch als gehobene Stimmung und Erregung). Eines oder mehrere der folgenden Symptome sind zusätzlich vorhanden: Wahnideen, Ratlosigkeit, gestörte Selbsteinschätzung, Wahrnehmungs- und Verhaltensstörungen; sie alle stehen in Zusammenhang mit der vorherrschenden Stimmung des Patienten (so auch Halluzinationen, wenn sie auftreten).
Es besteht eine starke Suizidtendenz. Aus praktischen Gründen sollen hierzu auch leichte Stimmungsschwankungen gerechnet werden, wenn sie der gegebenen Beschreibung weitgehend entsprechen; dies bezieht sich besonders auf leichte hypomanische Zustände.

Ausschl.: Reaktive depressive Psychose   298.0
          Reaktiver Erregungszustand   298.1
          Neurotische Depression   300.4

296.0 Endogene Manie, bisher nur monopolar

Psychische Störungen mit gehobener Stimmung oder Erregung, die mit den augenblicklichen Verhältnissen des Patienten nicht im Einklang stehen. Sie variieren von gesteigerter Lebhaftigkeit (Hypomanie) zu heftiger und fast unkontrollierbarer Erregung. Aggression und Gereiztheit, Ideenflucht, Ablenkbarkeit, beeinträchtigte Urteilsfähigkeit und Größenideen sind häufig.

Nicht näher bezeichnete Hypomanie
Hypomanische Psychose
Nicht näher bezeichnete (monopolare) Manie
Manische Psychose
Affektive Psychose:
  Hypomanisch
  Manisch

Ausschl.: Zirkuläre Verlaufsform mit einer vorausgegangenen depressiven Phase   296.2

296.1 Endogene Depression, bisher nur monopolar

Eine affektive Psychose mit einer allgemeinen depressiven Verstimmung mit Angst, in der die Patienten sich trübsinnig und erbärmlich fühlen. Häufig ist die Aktivität herabgesetzt, aber Unruhe und Agitiertheit können vorhanden sein. Die Rückfalltendenz ist hoch; bei manchen Fällen sogar in regelmäßigen Abständen.

Depressive Psychose
Endogene Depression
Involutionsdepression
Affektive Psychose, depressive Phase
Monopolare Depression
Psychotische Depression

Ausschl.: Zirkuläre Verlaufsform mit vorausgegangener manischer Phase   296.3
          Nicht näher bezeichnete Depression   311

296.2 Manie im Rahmen einer zirkulären Verlaufsform einer manisch-depressiven Psychose

Eine affektive Psychose mit depressiven und manischen Phasen, die entweder alternierend oder durch ein symptomfreies Intervall getrennt auftreten können. Gegenwärtig besteht eine manische Phase. (Manische Phasen sind wesentlich seltener als depressive.)

Manische Phase im Rahmen einer bipolaren Psychose
Ausschl.: Kurze Nachschwankungen (kompensatorisch oder als rebound-Effekt)   296.8

296.3 *Depression im Rahmen einer zirkulären Verlaufsform einer manisch-depressiven Psychose*
Zirkuläre Verlaufsform (siehe 296.2), bei der z. Zt. eine depressive Phase besteht
Depressive Phase im Rahmen einer bipolaren Psychose
Ausschl.: Kurze Nachschwankungen (kompensatorisch oder als rebound-Effekt)   296.8

296.4 *Mischzustand im Rahmen einer zirkulären Verlaufsform einer manisch-depressiven Psychose*
Eine affektive Psychose, bei der manische und depressive Symptome gleichzeitig vorhanden sind.

296.5 *Zirkuläre Verlaufsform einer manisch-depressiven Psychose ohne Angaben über das vorliegende Zustandsbild*
Zirkuläre Verlaufsform (siehe 296.2), bei der das vorliegende Zustandsbild weder als manisch noch als depressiv bezeichnet ist.

296.6 *Andere und nicht näher bezeichnete manisch-depressive Psychosen*
Diese Schlüsselnummer sollte nur benutzt werden, wenn keine andere Information vorliegt außer daß eine manisch-depressive Psychose vorliegt. Sie kann auch für Syndrome benutzt werden, deren Beschreibung der depressiven (296.1) oder manischen 296.0) Typologie entspricht, die aber aus anderen Gründen nicht unter den Nummern 296.0-296.5 verschlüsselt werden konnten.
Nicht näher bezeichnete manisch-depressive Psychose
Mischzustand bei manisch-depressiver Psychose
Nicht näher bezeichnetes manisch-depressives Syndrom

296.8 *Andere affektive Psychose*
Ausschl.: Psychogene Psychosen mit affektiver Symptomatik   298.-

296.9 *Nicht näher bezeichnete affektive Psychosen*
Nicht näher bezeichnete Melancholie

297 Paranoide Syndrome
Ausschl.: Akute paranoide Reaktion   298.3
   Alkoholischer Eifersuchtswahn   291.5
   Paranoide Schizophrenie   295.3

297.0 *Einfache paranoide Psychose*
Eine akute oder chronische Psychose, die nicht als Schizophrenie oder affektive Psychose klassifizierbar ist. Wahnideen, vor allem beeinflußt, verfolgt oder in besonderer (negativer) Weise behandelt zu werden, sind die Hauptsymptome. Die Wahnideen sind ziemlich fixiert, ausgearbeitet und systematisiert.

297.1 *Paranoia*
Eine seltene chronische Psychose, bei der sich ein logisch konstruierter systematisierter Wahn langsam entwickelt hat, ohne Halluzinationen oder schizophrene Denkstörungen. Meistens handelt es sich um Größenwahn (paranoischer Prophet oder Erfinder), Verfolgungswahn oder um hypochondrischen Wahn.
Ausschl.: Paranoide Persönlichkeit   301.0

297.2 *Paraphrenie*
Paranoide Psychose mit auffälligen Halluzinationen, die oft in verschiedenen Sinnesgebieten auftreten. Wenn affektive Symptome und Denkstörungen vorhanden sind, dominieren sie nicht das klinische Erscheinungsbild, und die Persönlichkeit ist gut erhalten.
Paranoide Psychose im Involutionsalter
Spätparaphrenie

297.3 *Induzierte Psychose*
Eine vorwiegend wahnhafte Psychose, meist chronisch und oft ohne floride Symptomatik. Sie scheint sich aus einer engen, oder sogar abhängigen Beziehung mit einer anderen Person entwickelt zu haben, bei der sich bereits eine ähnliche Psychose manifestiert hat. Die Wahnideen werden zumindest z. T. übernommen. Die seltenen Fälle, in denen mehrere Personen von der Störung befallen sind, sollten hier auch verschlüsselt werden.
Folie à deux
Induzierte paranoide Psychose

297.8 *Andere paranoide Syndrome*

Wahnsyndrome, die sich nicht ohne weiteres unter einer der vorausgehenden Rubriken oder unter 298.4 klassifizieren lassen, obwohl sie in mancher Weise der Schizophrenie oder den affektiven Psychosen ähneln.

Querulantenwahn
Sensitiver Beziehungswahn

Ausschl.: Paranoide Psychose im Senium   297.2

297.9 *Nicht näher bezeichnete paranoide Syndrome*

Nicht näher bezeichnetes paranoides Zustandsbild

298 Andere nichtorganische Psychosen

Die Rubriken 298.0-298.8 sollten auf die kleine Gruppe von Psychosen beschränkt bleiben, die weitgehend oder vollständig einem kürzlich vorausgegangenen Erlebnis zugeschrieben werden können. Sie sollten nicht benutzt werden für den größeren Bereich solcher Psychosen, bei denen Umgebungseinflüsse ein Teilfaktor (aber nicht der *Hauptfaktor*) in der Verursachung sind.

298.0 *Reaktive depressive Psychose*

Depressive Psychose, die in ihren Symptomen einer endogenen Depression ähnelt (296.1), die aber offensichtlich durch eine Belastung wie Trauer oder schwere Enttäuschung oder eine Frustration hervorgerufen wird. Die Tagesschwankungen können weniger stark ausgeprägt sein als bei den Depressionen unter 296.1. Die Wahnideen sind eher aus den Lebenserfahrungen verstehbar. In ihrem Verhalten sind die Patienten meist deutlich gestört, z. B. kommen ernsthafte Suizidversuche vor.

Reaktive Depression von psychotischem Ausmaß
Psychogene depressive Psychose

Ausschl.: Monopolare Depression (wörtlich: Depression im Rahmen einer manisch-depres-   296.1
siven Psychose)
Neurotische Depression   300.4

298.1 *Reaktiver Erregungszustand*

Eine affektive Psychose, die einer endogenen Manie sehr ähnelt, aber offensichtlich durch emotionale Belastung hervorgerufen wurde.

Ausschl.: Monopolare Manie (wörtliche Übersetzung: Manie im Rahmen einer manisch-de-   296.0
pressiven Psychose)

298.2 *Reaktiver Verwirrtheitszustand*

Eine psychische Störung mit Bewußtseinsveränderung, Desorientiertheit (weniger ausgeprägt als im Verwirrtheitszustand bei organischen Psychosen) und verminderter Zugänglichkeit, oft auch mit starker motorischer Erregung, die offensichtlich durch emotionale Belastung hervorgerufen wurde.

Psychogener Verwirrtheitszustand
Psychogener Dämmerzustand

Ausschl.: Akuter Verwirrtheitszustand   293.0

298.3 *Akute paranoide Reaktion*

Paranoide Syndrome, offenbar hervorgerufen durch ein als emotionale Belastung wirkendes Ereignis, das als Angriff oder Bedrohung fehlgedeutet wird. Solche Zustände treten besonders häufig bei Gefangenen auf oder als akute Reaktion auf eine fremde und bedrohliche Umgebung, z. B. bei Immigranten.

Bouffée délirante

Ausschl.: Paranoide Syndrome   297.-

298.4 *Psychogene Psychose mit paranoider Symptomatik*

Psychogene oder reaktive paranoide Psychose jeder Typologie, die länger anhält als die akuten Reaktionen, die zu 298.3 gehören. Diese Schlüsselnummer sollte auch verwendet werden, wenn die Diagnose einer psychogenen Psychose mit paranoider Symptomatik nicht ausdrücklich als „akut" bezeichnet ist.

Länger dauernde reaktive paranoide Psychose

298.8 *Andere und nicht näher bezeichnete reaktive Psychosen*

Hysterische Psychose
Nicht näher bezeichnete psychogene Psychose
Psychogener Stupor

298.9 *Nicht näher bezeichnete Psychose*

Sollte nur als letzte Möglichkeit verwendet werden, wenn keine andere Bezeichnung als zutreffend angesehen werden kann.

299 Typische Psychosen des Kindesalters

Diese Kategorie sollte nur für Psychosen benutzt werden, die stets vor der Pubertät beginnen. Wenn Psychosen, die gewöhnlich bei Erwachsenen auftreten, wie Schizophrenie oder manisch-depressive Psychose, im Kindesalter vorkommen, sollten sie unter der entsprechenden ICD-Nummer eingeordnet werden - d. h. 295 bzw. 296 für die angeführten Beispiele.

299.0 *Frühkindlicher Autismus*

Ein Syndrom, das entweder von Geburt an besteht oder fast ausschließlich in den ersten 30 Monaten beginnt. Die Reaktionen auf akustische und manchmal auch auf visuelle Eindrücke sind abnorm, und es gibt gewöhnlich große Schwierigkeiten hinsichtlich des Verstehens der Sprache. Die Sprache tritt verspätet auf und ist, wenn sie sich entwickelt, charakterisiert durch Echolalie, Vertauschen der Pronomina, einfache grammatikalische Struktur und die Unfähigkeit, abstrakte Begriffe zu gebrauchen. Der Gebrauch von verbaler und Gebärdensprache ist im zwischenmenschlichen Kontakt beeinträchtigt. Die Kontaktstörungen sind vor dem 6. Lebensjahr besonders ausgeprägt und umfassen eine gestörte Entwicklung des Blickkontaktes, der zwischenmenschlichen Bindungen und des kooperativen Spielens mit anderen Kindern. Häufig besteht rituelles Verhalten, das abnorme Gewohnheiten, Widerstand gegen Veränderungen, Bindung an seltsame Objekte und stereotype Spielmuster umfassen kann. Die Fähigkeit zum abstrakten oder symbolischen Denken und zum phantasiereichen Spielen ist herabgesetzt. Die Intelligenz kann zwischen schwerer intellektueller Behinderung und durchschnittlicher Begabung variieren. Die Leistungen sind meist besser bei Aufgaben, die Auswendiglernen oder visuomotorische Fähigkeit verlangen als bei solchen, die symbolische oder sprachliche Leistungen erfordern.

Kindlicher Autismus
Infantile Psychose
Kanner-Syndrom

Ausschl.: Desintegrative Psychose	299.1
Heller'sches Syndrom	299.1
Schizophrenes Syndrom im Kindesalter	299.9

299.1 *Desintegrative Psychose*

Bei diesen Störungen folgt auf eine normale oder eine nahezu normale Entwicklung während der ersten Lebensjahre ein Verlust an sozialen und sprachlichen Fähigkeiten, der mit einer schweren emotionalen Verhaltens- und Kontaktstörung einhergeht. Meist findet dieser Verlust der Sprache und der sozialen Kompetenz über einen Zeitraum von einigen Monaten statt und wird vom Auftreten von Hyperaktivität und Stereotypien begleitet. In den meisten Fällen besteht eine intellektuelle Behinderung, diese ist aber nicht notwendigerweise mit der Störung verbunden. Der Zustand kann einer eindeutigen Hirnkrankheit folgen - wie z. B. Masern-Enzephalitis - kann aber auch bei Fehlen jeder erkennbaren organischen Hirnkrankheit oder Hirnschädigung vorkommen. Eine zusätzliche Schlüsselnummer sollte benutzt werden, um damit verbundene neurologische Erkrankungen zu kennzeichnen.

Heller'sche Demenz (Heller'sches Syndrom)

Ausschl.: Frühkindlicher Autismus	299.0
Schizophrenes Syndrom im Kindesalter	299.9

299.8 *Andere Psychosen des Kindesalters*

Eine Reihe von atypischen kindlichen Psychosen, die einige, aber nicht alle Merkmale des frühkindlichen Autismus zeigen können. Die Symptomatik kann stereotyp wiederholte Bewegungen, Hyperkinese, Selbstverletzungen, verlangsamte Sprachentwicklung, Echolalie und Kontaktstörungen umfassen. Solche Störungen können bei Kindern jeden Intelligenzniveaus vorkommen, sind aber bei intellektuell Behinderten besonders häufig.

Atypische Psychose im Kindesalter

Ausschl.: Einfache Stereotypien ohne psychotische Störung	307.3

299.9 *Nicht näher bezeichnete Psychosen des Kindesalters*

Nicht näher bezeichnete kindliche Psychose
Nicht näher bezeichnete kindliche Schizophrenie
Nicht näher bezeichnetes Schizophreniesyndrom im Kindesalter

Ausschl.: Schizophrenietyp, der gewöhnlich bei Erwachsenen vorkommt, wenn er im Kindesalter auftritt	295.0-295.8

300-316 Neurosen, Persönlichkeitsstörungen (Psychopathien) und andere nichtpsychotische psychische Störungen

300 Neurosen

Die Unterscheidung zwischen Neurose und Psychose ist schwierig zu definieren und bleibt umstritten, wird jedoch beibehalten, da sie allgemein gebräuchlich ist. Neurosen sind psychische Störungen ohne jede nachweisbare organische Grundlage, in denen der Patient beträchtliche Einsicht und ungestörte Realitätswahrnehmung haben kann und im allgemeinen seine krankhaften subjektiven Erfahrungen und Phantasien nicht mit der äußeren Realität verwechselt. Das Verhalten kann stark beeinträchtigt sein, obwohl es im allgemeinen innerhalb sozial akzeptierter Grenzen bleibt, aber die Persönlichkeit bleibt erhalten. Die wesentlichen Symptome umfassen: ausgeprägte Angst, hysterische Symptome, Phobien, Zwangssymptome und Depression.

300.0 *Angstneurose*

Verschiedene Kombinationen körperlicher und psychischer Angstsymptome, die keiner realen Gefahr zuzuschreiben sind und entweder als Angstanfälle oder als Dauerzustand auftreten. Die Angst ist meistens diffus und kann sich bis zur Panik steigern. Andere neurotische Störungen wie Zwangsphänomene oder hysterische Symptome können vorhanden sein, aber beherrschen nicht das klinische Bild.

Angstreaktion
Neurotischer Angstzustand
Panikanfall
Panik
Panikzustand

Ausschl.: Neurasthenie	300.5
Psychophysiologische Störungen	306.-

300.1 *Hysterische Neurose*

Bei diesen psychischen Störungen erzeugen Motive, deren sich der Patient nicht bewußt zu sein scheint, entweder eine Einengung des Bewußtseinsfeldes oder motorische bzw. sensorische Funktionsstörungen, die einen psychologischen Vorteil (Krankheitsgewinn) oder eine symbolische Bedeutung zu haben scheinen. Diese Neurose kann durch Konversionssymptome oder hysterische Dämmerzustände charakterisiert sein. In der konversionsneurotischen Form sind die Haupt- oder einzigen Symptome psychogene Körperfunktionsstörungen, z. B. Lähmung, Tremor, Blindheit, Taubheit, Anfälle. Bei den Dämmerzuständen ist der hervorstechendste Zug eine Einengung des Bewußtseinsfeldes, die einem unbewußten Zweck zu dienen scheint, und im allgemeinen begleitet sie oder folgt ihr eine selektive Amnesie. Dramatische aber im wesentlichen oberflächliche Persönlichkeitsveränderungen können auftreten, manchmal in Form eines dranghaften Weglaufens (Fugue). Im Verhalten kann der Patient eine Psychose nachahmen oder, besser gesagt, seine Vorstellung von einer Psychose.

Funktionelle Astasie
Funktionelle Abasie
Entschädigungsneurose
Konversionshysterie
Hysterischer Dämmerzustand
Hysterisches Ganser-Syndrom
Nicht näher bezeichnete Hysterie
Alternierende Bewußtseinszustände

Ausschl.: Psychogene Reaktion (Anpassungsstörung)	309.-
Anorexia nervosa	307.1
Psychogene Reaktion (akute Belastungsreaktion)	308.-
Hysterische Persönlichkeit	301.5
Psychophysiologische Störungen	306.-

300.2 *Phobie*

Neurosen mit abnorm starker Furcht vor bestimmten Objekten oder Situationen, die normalerweise solche Gefühle nicht hervorrufen würden. Wenn die Angst vor einer bestimmten Situation oder einem bestimmten Objekt sich auf weitere Situationen ausbreitet, wird die Störung ähnlich oder identisch mit Angstneurose und sollte dort eingeordnet werden (300.0).

Agoraphobie
Tierphobien
Angsthysterie
Claustrophobie
Nicht näher bezeichnete Phobie

Ausschl.: Angstneurose	300.0
Zwangsbefürchtungen	300.3

300.3 *Zwangsneurose*

Neurosen, in denen das hervorstechende Symptom in einem Gefühl subjektiven Zwanges besteht - gegen den der Patient sich wehrt - bestimmte Handlungen auszuüben, über einen Gedanken nachzugrübeln, ein Erlebnis sich wieder vorzustellen oder über ein abstraktes Thema nachzusinnen. Die auftauchenden unerwünschten Gedanken, die Beharrlichkeit der Worte oder Ideen, die Grübeleien oder die Gedankenketten werden von dem Patienten als unangepaßt oder unsinnig empfunden. Die Zwangsantriebe oder Zwangsideen werden von dem Patienten als persönlichkeitsfremd erkannt, er weiß aber, daß sie aus ihm selbst kommen. Die Zwänge können quasi Ritualhandlungen sein mit dem Zweck, die Angst zu erleichtern, z. B. Hände waschen, um Ansteckung zu vermeiden. Versuche, die unwillkommenen Gedanken oder Antriebe zu unterdrücken, können zu einem starken inneren Kampf mit intensiver Angst führen.

Anankastische Neurose

Ausschl.: Zwangssymptome, die im Rahmen einer   296.1, 295.-
endogenen Depression 296.1
Schizophrenie 295.-
oder bei organischen Zuständen,
z. B. Enzephalitis auftreten

300.4 *Neurotische Depression*

Eine Neurose mit unverhältnismäßig starker Depression, die gewöhnlich einer erkennbaren traumatisierenden Erfahrung folgt; Wahnideen oder Halluzinationen gehören nicht dazu. Der Patient beschäftigt sich meist ausschließlich mit dem vorangegangenen psychischen Trauma, z. B. Verlust einer geliebten Person oder eines Besitzes. Häufig ist auch Angst vorhanden; Mischzustände aus Angst und Depression sollten hier eingeordnet werden. Die Unterscheidung zwischen depressiver Neurose und Psychose sollte sich nicht nur auf den Grad der Depression stützen, sondern auch auf Vorhandensein oder Fehlen anderer neurotischer und psychotischer Züge und auf den Grad der Störung im Verhalten des Patienten.

Depressiver Angstzustand
Depressive Reaktion
Neurotisch-depressives Zustandsbild
Reaktive Depression

Ausschl.: Psychogene Reaktion (Anpassungsstörung) mit depressiver Symptomatik   309.0
Nicht näher bezeichnete Depression   311
Monopolare Depression   296.1
Reaktive depressive Psychose   298.0

300.5 *Neurasthenie*

Eine Neurose mit allgemeiner Schwäche, Reizbarkeit, Kopfweh, Depression, Schlaflosigkeit, Konzentrationsschwierigkeiten und Mangel der Fähigkeit, Freude zu empfinden (Anhedonie). Sie kann einer Infektionskrankheit oder einer Erschöpfung folgen oder sie begleiten oder aus einer anhaltenden emotionalen Störung hervorgehen. Steht die Neurasthenie mit einer körperlichen Erkrankung im Zusammenhang, dann sollte die letztere auch verschlüsselt werden.

Nervenschwäche

Ausschl.: Angstneurose   300.0
Neurotische Depression   300.4
Psychophysiologische Störungen   306.-
Spezifische nichtpsychotische psychische Störungen nach Hirnschädigungen   310.-

300.6 *Neurotisches Depersonalisationssyndrom*

Eine Neurose mit einem unangenehmen Zustand gestörter Wahrnehmung, bei der äußere Objekte oder Teile des eigenen Körpers in ihrer Qualität verändert, als unwirklich, fremd und ohne ihre normale Unmittelbarkeit erlebt werden. Der Patient ist sich der subjektiven Art der Veränderung, die er erlebt, bewußt. Depersonalisationssyndrome können auch als Merkmal verschiedener psychischer Störungen auftreten wie Depression, Zwangsneurose, Angstneurose und Schizophrenie. In diesem Fall sollte die Störung nicht hier eingeordnet werden, sondern unter der entsprechenden Hauptkategorie.

Derealisation (neurotische)

300.7 *Hypochondrische Neurose*

Die auffälligen Züge bei dieser Neurose sind eine exzessive Beschäftigung mit der eigenen Gesundheit im allgemeinen oder der Unversehrtheit und der Funktion von einzelnen Körperorganen oder weniger häufig des eigenen Verstandes. Meist ist Angst oder Depression dabei. Hypochondrie kann als Merkmal einer anderen Geisteskrankheit auftreten und sollte in diesem Falle nicht hier, sondern unter der entsprechenden Hauptkategorie klassifiziert werden.

Ausschl.: Hysterische Neurose   300.1
Monopolare Depression   296.1
Neurasthenie   300.5
Zwangsneurose   300.3
Schizophrenie   295.-

300.8 *Andere Neurosen*

Neurotische Störungen, die woanders nicht eingeordnet werden können, z. B. Beschäftigungsneurose. Patienten mit gemischten Neurosen sollten nicht in dieser Kategorie klassifiziert werden, sondern entsprechend den am meisten im Vordergrund stehenden Symptomen.

Briquet'sche Erkrankung (= psychogene Anaesthesie der Haut und der Fußmuskeln)
Beschäftigungsneurose einschließlich Schreibkrampf
Psychasthenie
Psychasthenische Neurose

300.9 *Nicht näher bezeichnete Neurosen*
Sollte nur als letzte Möglichkeit benutzt werden

Nicht näher bezeichnete Neurose
Nicht näher bezeichnete Psychoneurose

301 Persönlichkeitsstörungen (Psychopathien, Charakterneurosen)

Personen mit tief eingewurzeltem Fehlverhalten, das im allgemeinen zur Zeit der Adoleszenz oder früher erkennbar wird, die meiste Zeit während des Erwachsenenalters besteht, obwohl es häufig im mittleren und höheren Lebensalter weniger deutlich wird. Die Persönlichkeit ist abnorm entweder hinsichtlich der Ausgeglichenheit ihrer Komponenten, deren Qualität und Ausdrucksform oder hinsichtlich des Gesamtbildes. Unter dieser Abnormität oder Psychopathie leidet der Patient oder andere haben darunter zu leiden, und es ergeben sich nachteilige Folgen für das Individuum oder die Gesellschaft. Hierzu gehören auch sogenannte Psychopathien. Wenn diese Abnormität primär durch eine Hirnfunktionsstörung bedingt ist, sollte sie nicht hier klassifiziert werden, sondern als eine der nichtpsychotischen organischen Psychosyndrome (310). Wenn der Patient eine Persönlichkeitsstörung bietet, die direkt mit seiner Neurose oder Psychose im Zusammenhang steht, z. B. schizoide Persönlichkeit und Schizophrenie oder anankastische Persönlichkeit und Zwangsneurose, so sollte die entsprechende Neurose oder Psychose, die das Erscheinungsbild prägt, zusätzlich diagnostiziert werden.

Charakterneurose

301.0 *Paranoide Persönlichkeit*
Eine Persönlichkeitsstörung mit starker Empfindlichkeit für Mißerfolge und vermeintliche Demütigungen und Zurückweisungen mit einer Tendenz, Erlebtes zu verdrehen, indem neutrale oder freundliche Handlungen anderer als feindlich oder verächtlich mißdeutet werden. Die Patienten bestehen streitbar und beharrlich auf dem eigenen Recht, sie können zu Eifersucht oder überhöhtem Selbstwertgefühl neigen. Diese Personen können sich hilflos gedemütigt und ausgenutzt fühlen, andere dagegen, obwohl genau so extrem empfindlich, sind aggressiv und beharrlich. In allen Fällen besteht eine starke Selbstbezogenheit.

Fanatische Persönlichkeit
Paranoide Charakterzüge
Paranoide Persönlichkeitsstörung

Ausschl.: Akute paranoide Reaktion	298.3
Alkoholparanoia (alkoholischer Eifersuchtswahn)	291.5
Paranoide Schizophrenie	295.3
Paranoide Syndrome	297.-

301.1 *Cyclothyme (thymopathische) Persönlichkeit*
Eine Persönlichkeitsstörung, bei der eine ausgeprägte Abnormität der Stimmung das ganze Leben lang besteht. Die Stimmung kann ständig depressiv oder gehoben sein oder sie schwankt ständig zwischen diesen beiden Extremen. Während der gehobenen Stimmung herrscht unerschütterlicher Optimismus und eine übertriebene Aktivität und Lebensfreude, während die depressiven Zeitperioden durch Sorgen, Pessimismus, erniedrigtes Energieniveau und Gefühl der Nutzlosigkeit charakterisiert sind.

Cycloide Persönlichkeit
Cyclothyme Persönlichkeit
Depressive Persönlichkeit

Ausschl.: Affektive Psychosen	296.-
Cyclothymie	296.2-296.5
Neurasthenie	300.5
Neurotische Depression	300.4

301.2 *Schizoide Persönlichkeit*
Eine Persönlichkeitsstörung mit Neigung, sich von emotionellen, sozialen und anderen Kontakten zurückzuziehen und mit autistischer Vorliebe für Phantasie und introspektiver Zurückhaltung. Im Verhalten kann der Patient exzentrisch wirken oder dazu neigen, Konkurrenzsituationen zu vermeiden. Auffällige Kühle und Zurückhaltung kann die Unfähigkeit verdecken, Gefühle auszudrücken.

Ausschl.: Schizophrenie	295.-

301.3 *Erregbare Persönlichkeit*
Eine Persönlichkeitsstörung, die durch Unbeständigkeit der Stimmung und durch Neigung zu Temperamentsausbrüchen oder zu zügellosen Ausbrüchen von Ärger, Haß oder Gewalttätigkeit charakterisiert ist. Aggression kann verbal ausgedrückt werden oder in körperlicher Gewalttätigkeit bestehen. Personen mit dieser Störung, die sonst nicht zu antisozialem Verhalten neigen, können ihre Ausbrüche nicht genügend kontrollieren.

Aggressive Persönlichkeit
Aggressivität
(Exzessive) emotionale Unausgeglichenheit
Pathologische Erregbarkeit
Streitsucht

Ausschl.: Antisoziale Persönlichkeit	301.7
Hysterische Neurose	300.1

301.4 *Anankastische Persönlichkeit*

Eine Persönlichkeitsstörung, die durch Unsicherheitsgefühl, Zweifel an sich selbst und Gefühl der eigenen Unvollkommenheit charakterisiert ist. Dies führt zu übertriebener Gewissenhaftigkeit, Kontrollieren, Eigensinn und Vorsicht. Andrängende und unerwünschte Gedanken oder Impulse können vorhanden sein, erreichen aber nie die Schwere wie bei einer Zwangsneurose. Perfektionismus und eine peinlich genaue Sorgfalt bestehen, sowie das Bedürfnis nach ständiger Kontrolle, um dies möglichst zu gewährleisten. Rigidität und starke Zweifelsucht können sehr deutlich sein.

Zwanghafte Persönlichkeit

Ausschl.: Zwangsneurose	300.3
Phobie	300.2

301.5 *Hysterische Persönlichkeit*

Eine Persönlichkeitsstörung mit oberflächlicher und labiler Affektivität, Abhängigkeit von anderen, sehnsüchtigem Verlangen nach Anerkennung und Aufmerksamkeit, Suggestibilität und theatralischem Verhalten. Oft besteht sexuelle Unreife, z. B. Frigidität und übermäßiges Ansprechen auf sexuelle Stimuli. Unter Streß können sich hysterische Symptome (Neurose) entwickeln.

Hysterische Persönlichkeit
Infantile Persönlichkeit

Ausschl.: Hysterische Neurose	300.1

301.6 *Asthenische Persönlichkeit*

Eine Persönlichkeitsstörung, die durch Willfährigkeit gegenüber den Wünschen älterer und anderer Personen charakterisiert ist und durch eine schwache, inadäquate Reaktion auf die Anforderungen des täglichen Lebens. Der Energiemangel kann sich intellektuell oder gefühlsmäßig zeigen. Die Fähigkeit sich zu freuen ist gering.

Abhängige Persönlichkeit
Inadäquate Persönlichkeit
Passive Persönlichkeit

Ausschl.: Neurasthenie	300.5

301.7 *Persönlichkeitsstörung mit vorwiegend soziopathischem oder asozialem Verhalten*

Eine Persönlichkeitsstörung mit Mißachtung für soziale Verpflichtungen, fehlendem Gefühl für andere und maßloser Gewalttätigkeit oder herzlosem Unbeteiligtsein. Es besteht eine große Diskrepanz zwischen diesem Verhalten und den geltenden sozialen Normen. Das Verhalten ist durch Erfahrung einschließlich Bestrafung nicht genügend modifizierbar. Personen mit dieser Persönlichkeitsstörung sind gefühlskalt und können abnorm aggressiv oder verantwortungslos sein. Ihre Frustrationstoleranz ist niedrig, sie beschuldigen andere oder bieten vordergründige Rationalisierungen für ihr Verhalten an, das sie in Konflikt mit der Gesellschaft bringt.

Amoralische Persönlichkeit
Antisoziale Persönlichkeit
Asoziale Persönlichkeit

Ausschl.: Störung des Sozialverhaltens ohne näher bestimmbare Persönlichkeitsstörung	312.-
Erregbare Persönlichkeit	301.3

301.8 *Andere Persönlichkeitsstörungen*

Exzentrische Persönlichkeit
Haltlose Persönlichkeit
Unreife Persönlichkeit
Passiv-aggressive Persönlichkeit
Psychoneurotische Persönlichkeit

Ausschl.: Infantile Persönlichkeit	301.5

301.9 *Nicht näher bezeichnete Persönlichkeitsstörungen*

Nicht näher bezeichnete pathologische Persönlichkeit
Nicht näher bezeichnete Persönlichkeitsstörung
Konstitutionelle Psychopathie
Psychopathische Persönlichkeit

302 Sexuelle Verhaltensabweichungen und Störungen

Abnorme sexuelle Neigungen oder abnormes sexuelles Verhalten, das zu einer ärztlichen Konsultation führt. Die Grenzen und Bilder normaler sexueller Neigung und normalen sexuellen Verhaltens sind in den verschiedenen Gesellschaften und Kulturen nicht absolut festgelegt worden, aber sind im großen und ganzen so, daß sie akzeptierten sozialen und biologischen Zielen dienen. Die sexuelle Aktivität der betroffenen Personen ist primär entweder auf Personen des gleichen Geschlechtes gerichtet oder auf in der Regel nicht mit dem Koitus verbundene sexuelle Verhaltensweisen oder einen unter abnormen Umständen ausgeführten Koitus. Falls das abweichende Verhalten nur während einer Psychose oder einer anderen psychischen Erkrankung manifest wird, sollte das Zustandsbild unter der Haupterkrankung klassifiziert werden. Häufig treten mehrere Abnormitäten zusammen in der gleichen Person auf. In diesem Falle sollte die im Vordergrund stehende Abweichung klassifiziert werden. Man sollte in dieser Kategorie solche Personen nicht aufführen, die sexuelle Verhaltensabweichungen ausüben, wenn ihnen normale sexuelle Gelegenheiten nicht zur Verfügung stehen.

302.0 *Homosexualität*

Ausschließliche oder vorwiegende sexuelle Anziehung zwischen Personen des gleichen Geschlechtes mit oder ohne körperliche Beziehung. Homosexualität ist hier unabhängig davon zu verschlüsseln, ob sie als psychische Störung betrachtet wird oder nicht.

Lesbische Liebe

Ausschl.: Homosexuelle Pädophilie   302.2

302.1 *Sodomie*

Sexual- oder Analverkehr mit Tieren

302.2 *Pädophilie*

Eine sexuelle Verhaltensabweichung, in der Erwachsene sich mit Kindern des gleichen oder anderen Geschlechts sexuell betätigen.

302.3 *Transvestitismus*

Eine sexuelle Verhaltensabweichung, in der sexuelle Lust durch das Anlegen von Kleidern des anderen Geschlechtes erreicht wird. Dabei besteht kein ständiges Bemühen, die Identität des anderen Geschlechtes zu übernehmen.

Ausschl.: Transsexualität   302.5

302.4 *Exhibitionismus*

Eine sexuelle Verhaltensabweichung, bei der sexuelle Lust und Befriedigung im wesentlichen durch das Zeigen der Genitalien gegenüber Personen des anderen Geschlechtes erreicht wird.

302.5 *Transsexualität*

Eine sexuelle Verhaltensabweichung, die von der fixierten Vorstellung getragen ist, daß die erkennbare Geschlechtszugehörigkeit falsch sei. Das daraus resultierende Verhalten ist entweder auf eine operative Veränderung der Geschlechtsorgane gerichtet oder auf eine völlige Geheimhaltung des eigenen körperlichen Geschlechts durch die Übernahme von Kleidung und Verhalten des anderen Geschlechtes.

Ausschl.: Transvestitismus   302.3

302.6 *Störungen der psychosexuellen Identität*

Ein in der Präadoleszenz bei noch nicht ausgereifter Psychosexualität auftretendes Verhalten, das dem als Transvestitismus (302.3) und Transsexualität (302.5) beschriebenen ähnelt. Kleidung des anderen Geschlechtes wird nur vorübergehend getragen - wenngleich dies häufig vorkommen kann - und die Identifikation mit Verhalten und Erscheinungsbild des anderen Geschlechtes ist nicht fixiert. Die häufigste Form ist Feminismus bei Jungen.

Störung der Geschlechtsrolle

Ausschl.: Homosexualität   302.0
          Transsexualität   302.5
          Transvestitismus   302.3

302.7 *Frigidität und Impotenz*

Frigidität: psychogene Unlust oder Abneigung gegen Sexualverkehr, ausreichend stark, um zu ausgeprägter Angst, Unbehagen oder Schmerzen beim normalen Verkehr zu führen, wenn nicht zu aktiver Vermeidung. Auch leichtere Formen dieser Störung, die aber Anlaß zur Konsultation sind, sollten hier verschlüsselt werden.

Impotenz: anhaltende psychogene Unfähigkeit, eine Erektion aufrecht zu erhalten, die normale heterosexuelle Penetration und Ejakulation erlaubt.

Psychogene Dyspareunie

Ausschl.: Impotenz organischen Ursprungs
          Normale vorübergehende Symptomatik nach Defloration
          Vorübergehende oder gelegentliche Erektionsunfähigkeit infolge Müdigkeit, Angst, Alkohol oder Drogen

302.8 *Andere sexuelle Verhaltensabweichungen und Störungen*
Fetischismus
Masochismus
Sadismus

302.9 *Nicht näher bezeichnete sexuelle Verhaltensabweichungen und Störungen*

303 Alkoholabhängigkeit

Ein psychischer, manchmal auch körperlicher Zustand, der durch Alkoholgenuß entsteht und durch Verhaltensweisen und andere Reaktionen charakterisiert ist, die immer den Drang einschließen, ständig oder periodisch Alkohol zu sich zu nehmen, um dessen psychischen Effekt zu erleben. Manchmal soll damit auch das Mißbehagen bei fehlendem Alkoholgenuß vermieden werden. Toleranz kann vorliegen oder nicht. Eine Person kann von Alkohol und anderen Drogen abhängig sein; wenn dies der Fall ist, sollte auch die entsprechende Schlüsselnummer der Rubrik 304 verwendet werden. Wenn die Abhängigkeit mit Alkoholpsychose oder mit körperlichen Folgekrankheiten verbunden ist, sollten *beide* verschlüsselt werden.

Akuter Rausch bei Alkoholabhängigkeit
Chronischer Alkoholismus
Dipsomanie

Ausschl.: Alkoholpsychosen	291.-
Nicht näher bezeichneter Alkoholrausch	305.0
Alkoholbedingte körperliche Folgekrankheiten wie:	
Leberzirrhose	571.2
Epilepsie	345.-
Gastritis	535.3

304 Medikamenten-/Drogenabhängigkeit

Psychisches und manchmal auch körperliches Zustandsbild als Folge einer Medikamenten-/Drogeneinnahme. Es ist charakterisiert durch Verhaltensstörungen und andere Störungen, die immer den Zwang einschließen, das Medikament/ Droge zeitweilig oder länger einzunehmen, um ihre psychischen Wirkungen zu erfahren und manchmal, um das Mißbehagen beim Fehlen des Medikamentes/Droge zu vermeiden. Toleranz kann vorliegen oder nicht. Abhängigkeit kann für eine oder mehrere Medikamente/Drogen bestehen.

Ausschl.: Medikamenten-/Drogenmißbrauch ohne Abhängigkeit   305.-

304.0
Morphintyp
Heroin
Methadon
Opium
Opiumalkaloide und ihre Derivate
Synthetische Substanzen mit morphinähnlicher Wirkung

304.1 *Barbiturattyp*
Barbiturate
Nicht barbiturathaltige Sedativa und Tranquilizer mit barbituratähnlichem Effekt:
Chlordiazepoxid
Diazepam
Glutethimid
Meprobamat

304.2 *Cocain*
Cocain und seine Derivate

304.3 *Cannabis*
Hanfprodukte
Haschisch
Marihuana

304.4 *Amphetamintyp und andere Psychostimulantien*
Phenmetrazin
Methylphenidat

Halluzinogene
   LSD und Derivate
   Meskalin
   Psilocybin

304.6 *Abhängigkeit von anderen Medikamenten/Drogen*
   Absinthabhängigkeit
   Schnüffeln (meist von Lösungsmitteln)
   Ausschl.: Nikotinabhängigkeit   305.1

304.7 *Polytoxikomanie einschließlich des Morphintyps*

304.8 *Polytoxikomanie ohne Morphintyp*

304.9 *Nicht näher bezeichnete Medikamenten-/Drogenabhängigkeit*
   Nicht näher bezeichnete Medikamenten-/Drogensucht

305 Drogen- und Medikamentenmißbrauch ohne Abhängigkeit

Hierunter gehören die Fälle, die nicht anderweitig klassifizierbar sind und bei denen die Betroffenen wegen der Beeinträchtigung durch ein Medikament/Droge (keine Abhängigkeit wie unter 304.- definiert), die sie aus eigener Initiative und zum Schaden ihrer Gesundheit oder sozialen Anpassung eingenommen haben, in ärztliche Behandlung kamen. Ist der Medikamenten-/Drogenmißbrauch die Folge einer psychiatrischen Erkrankung, dann sollte diese Erkrankung verschlüsselt werden.

   Ausschl.: Alkoholabhängigkeit   303
       Medikamenten-/Drogenabhängigkeit   304.-
       Drogenentzugssyndrom   292.0
       Drogen- oder Medikamentenintoxikation   960-979

305.0 *Alkoholmißbrauch*
   Akute Alkoholintoxikation oder „Kater"
   Nicht näher bezeichnete Trunkenheit
   Nicht näher bezeichneter exzessiver Alkoholgenuß
   „Alkoholkater"
   Nicht näher bezeichneter Rausch

   Ausschl.: Alkoholpsychosen   291.-
       Alkoholbedingte körperliche Folgekrankheiten wie:
       Leberzirrhose   571.2
       Epilepsie   345.-
       Gastritis   535.3

305.1 *Nikotinmißbrauch*
   Fälle, bei denen der Nikotingenuß die Gesundheit oder die soziale Anpassung beeinträchtigt oder bei denen eine Nikotinabhängigkeit besteht. Abhängigkeit ist eher hier einzuordnen als unter 304.-, weil Nikotin sich von anderen abhängig machenden Drogen in seinen psychotoxischen Effekten unterscheidet.
   Nikotinabhängigkeit

305.2 *Cannabismißbrauch*

305.3 *Halluzinogenmißbrauch*
   Fälle mit akuter Intoxikation oder „Horrortrip"
   LSD-Rausch

305.4 *Mißbrauch von Barbituraten und Tranquilizern*
   Fälle, in denen ein Medikament in Überdosis oder länger als therapeutisch üblich zum Schaden der Gesundheit oder der sozialen Anpassung eingenommen wurde.

305.5 *Mißbrauch vom Morphintyp*

305.6 *Mißbrauch vom Cocaintyp*

305.7 *Mißbrauch vom Amphetamintyp*

305.8 *Mißbrauch von Antidepressiva*

305.9 *Anderer, kombinierter und nicht näher bezeichneter Medikamenten-/Drogenmißbrauch*
Laxantienabusus
Nicht näher bezeichneter Medikamenten-/Drogenmißbrauch
Mißbrauch von nichtverschriebenen Drogen oder Medikamenten

306 Funktionelle Störungen psychischen Ursprungs

Eine Vielzahl körperlicher Symptome oder Bilder physiologisch-funktioneller Störungen psychischen Ursprungs ohne Gewebeschädigung, die gewöhnlich durch das autonome Nervensystem vermittelt werden. Die Störungen werden nach Organsystemen gruppiert. Die Schlüsselnummern 306.0-306.9 sollten nicht benutzt werden, wenn das körperliche Symptom Folge einer anderweitig klassifizierbaren psychiatrischen Erkrankung ist. Wenn Gewebsschädigung vorliegt, sollte die Störung unter 316 verschlüsselt werden.

Ausschl.: Hysterische Neurose	300.1
Psychische Störungen in Verbindung mit anderweitig klassifizierten Erkrankungen, die eine Gewebsschädigung implizieren	316
Spezifische nichtpsychotische psychische Störungen nach Hirnschädigungen	310.-

306.0 *Muskulatur und Skelettsystem*
Psychogener Schiefhals

Ausschl.: Gilles de la Tourette-Syndrom	307.2
Ticks	307.2

306.1 *Atmungsorgane*
Atemnot
(Psychogener) Singultus
Hyperventilation
Psychogener Husten
Gähnen

Ausschl.: Psychogenes Asthma	316 und 493.9

306.2 *Herz- und Kreislaufsystem*
Herzneurose
Herzkreislaufneurose
Neurozirkulatorische Asthenie
Psychogene Herzkreislaufstörung

Ausschl.: Psychogene paroxysmale Tachykardie	316 und 427.9

306.3 *Haut*
Psychogener Pruritus

Ausschl.: Psychogene Alopezie	316 und 704.0
Psychogene Dermatitis	316 und 692.-
Psychogenes Ekzem	316 und 691.- oder 692.-
Psychogene Urticaria	316 und 708.-

306.4 *Magen-Darm-Trakt*
Aerophagie (Luftschlucken)
Psychogenes periodisches Erbrechen

Ausschl.: Nicht näher bezeichnetes periodisches Erbrechen	536.2
Colitis mucosa	316 und 564.1
Psychogener Cardiospasmus	316 und 530.0
Psychogenes Ulcus duodeni	316 und 532.-
Psychogenes Magenulcus	316 und 531.-
Psychogenes peptisches Ulcus	316 und 533.-

306.5 *Urogenitalsystem*
Psychogene Dysmenorrhoe

Ausschl.: Dyspareunie	302.7
Enuresis	307.6
Frigidität	302.7
Impotenz	302.7

306.6 *Endokrines System*

306.7 *Sinnesorgane*
Ausschl.: Hysterische Blindheit oder Taubheit   300.1

306.8 *Andere funktionelle Störungen psychischen Ursprungs*
Zähneknirschen

306.9 *Nicht näher bezeichnete funktionelle Störungen psychischen Ursprungs*
Nicht näher bezeichnete psychophysiologische Störung
Nicht näher bezeichnete psychosomatische Störung

307 Spezielle, nicht anderweitig klassifizierbare Symptome oder Syndrome
Zustandsbilder, bei denen ein hervorstechendes Symptom oder eine Gruppe von Symptomen kein fester Bestandteil eines zugrunde liegenden klassifizierbaren Krankheitsbildes sind.

Ausschl.: Symptome in Folge einer anderweitig klassifizierten psychischen Störung
Symptome organischen Ursprungs

307.0 *Stammeln und Stottern*
Störungen des Sprechrhythmus, bei denen der Betroffene genau weiß, was er sagen möchte, aber es zu diesem Zeitpunkt in Folge unwillkürlicher Wiederholungen oder Dehnungen eines Lautes nicht sagen kann.

Ausschl.: Dysarthrie	784.5
Lispeln oder Lallen	307.9
Verzögerte Sprachentwicklung	315.3

307.1 *Anorexia nervosa*
Eine Störung, deren Hauptmerkmale eine persistente aktive Essensverweigerung und ein markanter Gewichtsverlust sind. Das Aktivitätsniveau ist charakteristischerweise hoch im Verhältnis zum Grad des Gewichtsverlustes. Die Störung beginnt typischerweise beim pubertierenden Mädchen, gelegentlich auch vor der Pubertät, und tritt bei Personen männlichen Geschlechts selten auf. Gewöhnlich besteht Amenorrhoe, verschiedene andere physiologische Veränderungen, wie verlangsamter Puls und Atemfrequenz, erniedrigte Körpertemperatur und lageabhängige Ödeme, sind möglich. Ungewöhnliche Eßgewohnheiten und Einstellungen zur Nahrung sind typisch und manchmal folgt das Hungern Perioden übermäßiger Nahrungsaufnahme oder wechselt mit solchen. Die begleitenden psychiatrischen Symptome sind unterschiedlich.

Ausschl.: Nicht näher bezeichnete Eßstörungen	307.5
Appetitverlust	783.0
Appetitverlust nichtorganischen Ursprungs	307.5

307.2 *Ticks*
Störungen ohne bekannte organische Genese, bei welchen das hervorstechende Merkmal rasche, unwillkürliche und offensichtlich zwecklose, häufig wiederholte Bewegungen sind, die nicht auf eine neurologische Störung zurückgeführt werden können. Jede Körperregion kann beteiligt sein, jedoch ist das Gesicht am häufigsten betroffen. Es können nur ein Tick oder eine Kombination von Ticks bestehen, die gleichzeitig, alternativ oder aufeinander folgend ausgeführt werden. Beim Gilles de la Tourette-Syndrom handelt es sich um eine seltene Störung, die bei Personen jeglichen Intelligenzniveaus auftreten kann, bei der Gesichtsticks und tickähnliche Schlundgeräusche zunehmend auffallen und generalisieren und bei der später ganze Worte oder kurze Sätze (oft obszönen Inhalts) stoßweise und unwillkürlich hervorgebracht werden. Es besteht eine gewisse Überschneidung mit anderen Arten von Ticks.

Ausschl.: Nägelkauen oder Daumenlutschen	307.9
Bei Isolierung auftretende Stereotypien	307.3
Ticks organischen Ursprungs	333.3

307.3 *Wiederholte stereotype Bewegungen*
Störungen, deren Hauptsymptomatik in willkürlich wiederholten, stereotypen Bewegungen besteht, welche nicht von einer psychiatrischen oder neurologischen Erkrankung herrühren. Hierher gehören Kopfschaukeln, Körperschaukeln, Sichdrehen um die Körperachse, stereotype Fingerbewegungen und Augenbohren. Solche Bewegungen sind besonders häufig bei intellektueller Behinderung durch Sinnesbehinderung oder monotone Umgebung.

Nicht näher bezeichnete Stereotypien

Ausschl.: Nicht näher bezeichnete Ticks	307.2
Ticks organischen Ursprungs	333.3

307.4 *Spezifische Schlafstörungen*

Diese Kategorie sollte nur verwendet werden, wenn eine genauere medizinische oder psychiatrische Diagnose nicht gestellt werden kann.

Hypersomnie (Schlafsucht)
Schlaflosigkeit
Umgekehrter Schlafrhythmus } nichtorganischen Ursprungs
Alpträume
Pavor nocturnus
Schlafwandeln

Ausschl.: Narkolepsie	347
Schlafstörungen nicht näher bezeichneter Ursache	780.5

307.5 *Andere und nicht näher bezeichnete Eßstörungen*

Diese Kategorie sollte nur verwendet werden, wenn eine genauere medizinische oder psychiatrische Diagnose nicht gestellt werden kann.

Eßstörungen von Kleinkindern
Appetitverlust
Freßsucht } nichtorganischen Ursprungs
Pica
Psychogenes Erbrechen

Ausschl.: Anorexia nervosa	307.1
Anorexie unklarer Ursache	783.0
Freßsucht unklarer Ursache	783.6
Nicht näher bezeichnetes Erbrechen	787.0
Periodisches Erbrechen	536.2
Psychogenes periodisches Erbrechen	306.4

307.6 *Enuresis*

Eine Störung, deren Hauptmerkmal eine persistente unwillkürliche Urinausscheidung bei Tag oder Nacht ist, die im Hinblick auf das Alter des Betroffenen als abnorm zu betrachten ist. Teilweise haben die Kinder Blasenkontrolle nie erreicht, teilweise die erlangte Kontrolle später verloren. Episodische oder fluktuierende Enuresis ist hier zu klassifizieren. Üblicherweise wird die Störung bei einem Alter unter vier Jahren nicht diagnostiziert.

(Primäre und sekundäre) Enuresis nichtorganischen Ursprungs

Ausschl.: Enuresis nicht näher bezeichneten Ursprungs	788.3

307.7 *Enkopresis*

Eine Störung, deren Hauptmerkmal ein persistenter willkürlicher oder unwillkürlicher Stuhlabgang ist. Der Stuhl hat in der Regel normale oder fast normale Konsistenz und wird an Orten abgesetzt, die entsprechend der soziokulturellen Umgebung des Individuums nicht dafür vorgesehen sind. Ein Teil der Kinder hat die Darmkontrolle nicht erlernt, ein Teil hat die erworbene Kontrolle später wieder verloren. Verschiedene begleitende psychiatrische Symptome können bestehen, ferner Kotschmieren. Die Störung wird üblicherweise nicht bei Kindern unter vier Jahren diagnostiziert.

(Andauernde oder intermittierende) Enkopresis nichtorganischen Ursprungs

Ausschl.: Enkopresis nicht näher bezeichneter Ursache	787.6

307.8 *Psychalgie*

Fälle, bei denen Schmerzen psychischen Ursprungs bestehen, z. B. Kopfschmerzen oder Rückenschmerzen, wenn eine genauere medizinische oder psychiatrische Diagnose nicht gestellt werden kann.

Spannungskopfschmerz
Psychogene Rückenschmerzen

Ausschl.: Migräne	346.-
Schmerzen, die nicht speziell einer psychologischen Ursache zugeschrieben werden können:	
Rückenschmerzen	724.5
Kopfschmerzen	784.0
Gelenkschmerzen	719.4
Gliederschmerzen	729.5
Lumbago	724.2
Rheumatische Schmerzen	729.0

307.9 *Andere und nicht näher bezeichnete spezifische Symptome oder Syndrome, die nicht anderweitig klassifiziert werden können*

Der Gebrauch dieser Kategorie sollte vermieden werden. Die meisten hier angeführten Symptome deuten nicht notwendigerweise auf eine psychische Störung hin und werden nur aufgeführt, weil solche Begriffe manchmal als Diagnosen erscheinen.

Haareausreißen
Lallen
Lispeln
Masturbation
Nägelbeißen
Daumenlutschen

308 Psychogene Reaktion (akute Belastungsreaktion)

Rasch vorübergehende Störungen jeder Schwere und Art, die bei Personen ohne auffällige psychische Störung auftreten. Sie sind als Antwort auf außerordentliche körperliche oder psychische Belastungen, wie Naturkatastrophen oder Kriegsereignisse aufzufassen und klingen üblicherweise innerhalb von Stunden oder Tagen ab.

Katastrophenreaktion
Combat fatigue (Kriegszitterer etc.)
Erschöpfungszustand

Ausschl.: Psychogene Reaktion (Anpassungsstörung)   309.-

308.0 *Akute Belastungsreaktion mit vorherrschender emotionaler Störung*
Panikzustände, Reizbarkeit, Furcht, Depression und Angst, die die obigen Kriterien erfüllen.

308.1 *Akute Belastungsreaktion mit vorherrschender Bewußtseinsstörung*
Psychogene Dämmerzustände (Fluchtreaktion), die die obigen Kriterien erfüllen.

308.2 *Akute Belastungsreaktion mit vorherrschender psychomotorischer Störung*
Erregungs- oder Stuporzustände, die die obigen Kriterien erfüllen.

308.3 *Andere akute Belastungsreaktion*
Akute situationsabhängige Störungen

308.4 *Mischformen*
Viele der Reaktionen auf außergewöhnliche Belastung schließen verschiedene der genannten Elemente ein; sofern möglich; sollte aber eine spezifische Klassifizierung unter .0, .1, .2 oder .3 gemäß dem *vorherrschenden* Typ der Störung erfolgen. Die Kategorie der Mischform sollte nur benutzt werden, wenn ein so ausgeprägtes Mischbild vorliegt, daß ein *vorherrschender* Typ nicht isoliert werden kann.

308.9 *Nicht näher bezeichnete akute Belastungsreaktion*

309 Psychogene Reaktion (Anpassungsstörung)

Leichte oder vorübergehende Störungen, die länger dauern als akute Belastungsreaktionen (308.-) und Personen jeden Alters ohne offensichtlich vorbestehende psychische Störungen betreffen. Solche Störungen sind oft relativ umschrieben oder situationsspezifisch, im allgemeinen rückbildungsfähig und dauern gewöhnlich nur einige Monate an. Sie stehen in der Regel in enger zeitlicher und inhaltlicher Beziehung zu Belastungen wie Trauer, Migration oder Trennungserlebnissen. Reaktionen auf stärkere Belastungen, die länger als einige Tage anhalten, gehören ebenfalls hierher. Bei Kindern sind solche Reaktionen nicht mit deutlichen Entwicklungsstörungen verbunden.

Ausschl.: Psychogene Reaktion (akute Belastungsreaktion) auf außergewöhnliche Belastung   308.-
       Neurosen   300.-

309.0 *Kurzdauernde depressive Reaktion*
Depressive Zustände, die nicht als manisch-depressiv, psychotisch oder neurotisch spezifiziert werden können. Sie sind im allgemeinen vorübergehend, und die depressiven Symptome stehen gewöhnlich in enger zeitlicher oder inhaltlicher Beziehung zu einem belastenden Ereignis.

Trauerreaktion

Ausschl.: Affektive Psychosen   296.-
       Neurotische Depression   300.4
       Länger dauernde depressive Reaktion   309.1
       Psychogene depressive Psychose   298.0

309.1 *Länger dauernde depressive Reaktion*
Depressive Zustandsbilder, die nicht als manisch-depressiv, psychotisch oder neurotisch spezifiziert werden können und im allgemeinen länger anhalten; sie entwickeln sich gewöhnlich, wenn Personen über längere Zeit einer belastenden Situation ausgesetzt sind.

Ausschl.: Affektive Psychosen	296.-
Kurzdauernde depressive Reaktion	309.0
Neurotische Depression	300.4
Psychogene depressive Psychose	298.0

309.2 *Anpassungsstörung mit vorwiegend emotionaler Symptomatik*
Zustandsbilder, die die allgemeinen Kriterien einer Anpassungsstörung erfüllen, mit vorherrschender emotionaler Symptomatik (Angst, Furcht, Besorgnis etc.), die aber nicht spezifisch depressiv ist.

Abnorme Trennungsangst
„Culture shock"

309.3 *Anpassungsstörung vorwiegend im Sozialverhalten*
Leichte oder vorübergehende Störungen, die die allgemeinen Kriterien einer Anpassungsstörung erfüllen, deren wesentliche Symptomatik in einer Störung des Sozialverhaltens besteht. Hierzu würde beispielsweise die Trauerreaktion eines Adoleszenten gehören, die sich in aggressivem oder antisozialem Verhalten äußert.

Ausschl.: Nicht näher bezeichnete Störung des Sozialverhaltens	312.-
Persönlichkeitsstörung mit vorwiegend soziopathischen oder asozialen Manifestationen	301.7

309.4 *Anpassungsstörung im Sozialverhalten und mit emotionaler Symptomatik*
Störungen, die die Kriterien für eine Anpassungsstörung erfüllen und durch emotionale und soziale Störungen charakterisiert sind.

309.8 *Andere Anpassungsstörungen*
Anpassungsstörungen mit elektivem Mutismus
Nicht näher bezeichneter Hospitalismus bei Kindern

309.9 *Nicht näher bezeichnete Anpassungsstörungen*
Nicht näher bezeichnete Adaptationsstörung

310 Spezifische nichtpsychotische psychische Störungen nach Hirnschädigungen
Diese Kategorie sollte nur für Zustandsbilder benutzt werden, bei denen das *Erscheinungsbild* der Störung durch die Hirnpathologie bestimmt ist.

Ausschl.: Neurosen, Persönlichkeitsstörungen oder andere nichtpsychotische Zustandsbilder, die zwar in ihrem Erscheinungsbild denen bei funktionellen Störungen vorkommenden ähneln, aber im Zusammenhang mit einer körperlichen Erkrankung auftreten; diese sind unter 300.-, 301.- etc. zu verschlüsseln, wobei zusätzlich eine andere Schlüsselnummer zur Identifizierung der körperlichen Erkrankung zu benutzen ist.

310.0 *Frontalhirn-Syndrom*
Verhaltensänderungen infolge einer Schädigung der Frontalregion des Gehirns oder infolge einer Beeinträchtigung von Verbindungen mit dieser Region. Es besteht eine allgemeine Minderung von Selbstkontrolle, Vorausschau, Kreativität und Spontaneität, die sich als erhöhte Irritierbarkeit, Egozentrizität, Rastlosigkeit und mangelnde Rücksicht auf andere manifestieren kann. Gewissenhaftigkeit und Konzentrationsfähigkeit sind oft vermindert, meßbare Verschlechterungen von Intellekt oder Gedächtnis jedoch nicht notwendigerweise vorhanden. Der Gesamteindruck ist oft von emotionaler Abstumpfung, Antriebsmangel und Verlangsamung geprägt; bei früher energischen, rastlosen oder aggressiven Personen kann jedoch ein Wechsel in Richtung auf Impulsivität, Überheblichkeit, jähe Temperamentsausbrüche, Witzelsucht und die Entwicklung unrealistischer Ansprüche erfolgen. Die Art der Wesensänderung hängt von der früheren Persönlichkeit ab. Eine beträchtliche Besserung ist möglich und kann auch erst im Verlauf von Jahren eintreten.

Leukotomiesyndrom
Postleukotomiesyndrom (Zustandsbild nach Leukotomie)

Ausschl.: Postkontusionelles Syndrom	310.2

310.1 *Intelligenz- oder Persönlichkeitsveränderung anderer Typologie*
Chronische, leichte Beeinträchtigung von Gedächtnis und Intelligenz, oft begleitet von gesteigerter Irritierbarkeit, Querulanz, Abgespanntheit und Klagen über körperliche Schwäche. Diese Zustände treten häufig im höheren Alter auf und können schwereren Zustandsbildern vorausgehen, die auf einer Hirnschädigung beruhen, die unter Demenz jeder Typologie (290.- und 294.-) oder unter jeder Störung der Rubrik 293.- (vorübergehende organische Psychosen) zu verschlüsseln sind.

Leichte Gedächtnisstörung

Organisches Psychosyndrom nichtpsychotischer Ausprägung (Definition der organischen Psychosen: siehe Einleitung zu organischen Psychosen 290-294 - Anmerkung der Übersetzer).

310.2 *Postkontusionelles Syndrom*

Zustände, die nach Hirnkontusion auftreten, deren Symptombild dem des Frontalhirnsyndroms (310.0) oder dem einer Neurose (300.0-300.9) gleichen, bei denen in der Regel aber zusätzlich Kopfschmerz, Schwindel, Müdigkeit, Schlaflosigkeit und ein subjektives Gefühl von verminderter intellektueller Fähigkeit auffallen. Die Stimmung kann schwanken und ganz normale Belastungen können ausgeprägte Furcht und Besorgnis erregen. Merkliche Intoleranz gegenüber psychischer und körperlicher Anstrengung, übertriebene Lärmempfindlichkeit und hypochondrische Befürchtungen kommen vor. Die Symptomatik ist häufiger bei Personen, die früher an Neurosen oder Persönlichkeitsstörungen gelitten haben, oder wenn die Möglichkeit für Entschädigungsansprüche besteht. Dieses Syndrom steht häufig in Zusammenhang mit gedeckten Schädelverletzungen, bei denen Zeichen einer lokalisierten Hirnschädigung nur diskret sind oder fehlen, es kann aber auch bei anderen Zustandsbildern vorkommen.

Postkontusionelles Syndrom (Enzephalopathie)

Zustand nach Commotio cerebri

Posttraumatisches Psychosyndrom nichtpsychotischer Ausprägung

Ausschl.: Frontalhirnsyndrom	310.0
Postenzephalitisches Syndrom	310.8
Organische Psychosen infolge Hirnverletzungen	290.- bis 294.0

310.8 *Andere spezifische nichtpsychotische Störungen nach Hirnschädigungen*

Hierunter sind Störungen einzubeziehen, die dem postkontusionellen Syndrom (310.2) ähneln und mit Infektionskrankheiten oder anderen Krankheiten des Gehirns oder der Hirnhäute zusammen vorkommen.

Andere fokale organische Psychosyndrome

310.9 *Nicht näher bezeichnete spezifische, nichtpsychotische psychische Störungen nach Hirnschädigungen*

311 Anderweitig nicht klassifizierbare depressive Zustandsbilder

Depressive Zustandsbilder von in der Regel geringer Intensität, gelegentlich aber ausgeprägter, die keine spezifisch manisch-depressiven oder andere psychotisch depressiven Merkmale haben und die nicht im Zusammenhang mit belastenden Ereignissen oder anderen; bei der neurotischen Depression erwähnten, Merkmalen auftreten.

Nicht näher bezeichnete depressive Störung

Nicht näher bezeichnetes depressives Zustandsbild

Nicht näher bezeichnete Depression

Ausschl.: Psychogene Reaktion (akute Belastungsreaktion auf außergewöhnliche Belastung) mit depressiver Symptomatik	308.0
Zyklothyme Persönlichkeitsstörung	301.1
Affektive Psychosen	296.-
Kurzdauernde depressive Reaktion	309.0
Spezifische emotionale Störungen des Kindes- und Jugendalters mit Niedergeschlagenheit und Unglücklichsein	313.1
Anpassungsstörung im Sozialverhalten und mit depressiver Symptomatik	309.4
Neurotische Depression	300.4
Längerdauernde depressive Reaktion	309.1
Psychogene depressive Psychose	298.0

312 Anderweitig nicht klassifizierbare Störungen des Sozialverhaltens

Störungen, die hauptsächlich aggressives und destruktives Verhalten oder Delinquenz umfassen. Diese Kategorie sollte bei Personen jeglichen Alters für abnormes Verhalten benutzt werden, das zur sozialen Mißbilligung führt, aber nicht Teil einer anderen psychiatrischen Erkrankung ist. Leichte emotionale Störungen können gleichzeitig bestehen. Die Zuordnung zu dieser Kategorie setzt voraus, daß das Verhalten in seinem jeweiligen Kontext nach Häufigkeit, Schwere und Art der Verknüpfung mit anderen Symptomen abnorm ist. Störungen des Sozialverhaltens unterscheiden sich von Anpassungsstörungen durch ihre längere Dauer und durch das Fehlen einer engen zeitlichen oder inhaltlichen Beziehung zu irgendwelchen Belastungen. Sie unterscheiden sich ferner von Persönlichkeitsstörungen durch das Fehlen tief verwurzelter unangepaßter Verhaltensmuster, die seit der Adoleszenz oder früher bestehen.

Ausschl.: Anpassungsstörung im Sozialverhalten	309.3
Medikamenten-/Drogenabhängigkeit	304.-
Persönlichkeitsstörung mit vorherrschender soziopathischer oder asozialer Manifestation	301.7
Sexuelle Verhaltensabweichungen	302.-

312.0 *Störungen des Sozialverhaltens ohne Sozialisation (ohne Gruppe)*
Störungen, die durch Verhaltensweisen wie Trotz, Ungehorsam, Streitsucht, Aggressivität, destruktives Verhalten, Wutausbrüche, allein ausgeführte Diebstähle, Lügen, Ärgern anderer, Tyrannisieren und gestörte Beziehungen zu anderen gekennzeichnet sind. Der Trotz kann sich auch in Verstößen gegen sexuelle Verhaltensnormen äußern.
Aggressivität ohne Sozialisation

312.1 *Störungen des Sozialverhaltens mit Sozialisation (in Gruppe)*
Störungen bei Personen, die die Wertordnung und die Verhaltensnorm einer delinquenten „peer group" angenommen haben, der gegenüber sie sich loyal verhalten und mit der sie typischerweise stehlen, Schule schwänzen und abends lange wegbleiben. Dabei kann Promiskuität bestehen.
Gruppendelinquenz

312.2 *Störungen des Sozialverhaltens mit Zwangscharakter*
Fälle, bei denen die Störung des Sozialverhaltens oder die Delinquenz spezifisch zwanghaften Ursprungs ist.
Kleptomanie

312.3 *Störungen des Sozialverhaltens mit emotionaler Symptomatik*
Störungen, die das für 312.0 und 312.1 angegebene Verhalten umfassen, bei denen aber außerdem *beträchtliche* emotionale Störungen bestehen, die sich beispielsweise durch Angst, Unglücklichsein oder zwanghafte Verhaltensweisen manifestieren.
Neurotische Delinquenz

Ausschl.: Störung des Sozialverhaltens mit Zwangscharakter   312.2

312.8 *Andere Störungen des Sozialverhaltens*

312.9 *Nicht näher bezeichnete Störungen des Sozialverhaltens*

313 Spezifische emotionale Störungen des Kindes- und Jugendalters
Weniger gut abgegrenzte emotionale Störungen, die für das Kindesalter charakteristisch sind. Sofern die emotionale Störung die Form einer unter 300.- beschriebenen neurotischen Störung aufweist, sollte die entsprechende Klassifizierung unter 300.- erfolgen. Diese Kategorie unterscheidet sich von Kategorie 308.- durch längere Dauer und durch das Fehlen einer engen zeitlichen oder inhaltlichen Verknüpfung mit belastenden Ereignissen.

Ausschl.: Anpassungsstörung   309.-
Masturbation, Nägelbeißen, Daumenlutschen und andere isolierte Symptome   307.-

313.0 *Mit Angst und Furchtsamkeit*
Schlecht definierte, für das Kindesalter charakteristische emotionale Störungen, deren Hauptsymptome Angst und Furchtsamkeit sind. Viele Fälle von Schulverweigerung oder elektivem Mutismus können hierzu gezählt werden.
Überängstliche Reaktion in Kindheit oder Adoleszenz

Ausschl.: Abnorme Trennungsangst   309.2
Angstneurosen   300.0
Hospitalismus bei Kindern   309.8
Phobie   300.2

313.1 *Mit Niedergeschlagenheit und Unglücklichsein*
Für das Kindesalter charakteristische emotionale Störungen, deren Hauptsymptome Niedergeschlagenheit und Unglücklichsein sind. Es können auch Eß- und Schlafstörungen bestehen.

Ausschl.: Neurotische Depression   300.4

313.2 *Mit Empfindsamkeit, Scheu und Abkapselung*
Für das Kindesalter charakteristische emotionale Störung, deren Hauptsymptome Empfindsamkeit, Scheu und Abkapselung sind. Einige Fälle von elektivem Mutismus dürfen hierzu gehören.
Abkapselung bei Kindern und Jugendlichen

Ausschl.: Frühkindlicher Autismus   299.0
Schizoide Persönlichkeit   301.2
Schizophrenie   295.-

313.3 *Mit Beziehungsschwierigkeiten*
Für das Kindesalter charakteristische emotionale Störung, deren Hauptsymptom Schwierigkeiten in den zwischenmenschlichen Beziehungen sind. Geschwisterrivalität

Ausschl.: Beziehungsschwierigkeiten in Verbindung mit Aggressivität, Destruktivität oder   312.-
anderen Formen einer Störung des Sozialverhaltens

313.8 *Andere oder Mischformen*

Viele emotionale Störungen des Kindesalters umfassen verschiedene Elemente. Wenn möglich, sollte eine spezifische Verschlüsselung unter .0, .1, .2 oder .3 gemäß des *vorherrschenden* Typs der Störung erfolgen. Die Kategorie der kombinierten Störung sollte nur benutzt werden, wenn eine derartige Kombination besteht, die dies unmöglich macht.

313.9 *Nicht näher bezeichnete spezifische emotionale Störungen des Kindes- und Jugendalters*

314 Hyperkinetisches Syndrom des Kindesalters

Störungen, deren wesentliche Merkmale kurze Aufmerksamkeitsspanne und erhöhte Ablenkbarkeit sind. In der frühen Kindheit ist das auffallendste Symptom eine ungehemmte, wenig organisierte und schlecht gesteuerte, extreme Überaktivität, an deren Stelle aber in der Adoleszenz Hypoaktivität treten kann. Impulsivität, ausgeprägte Stimmungsschwankungen und Aggressivität sind ebenfalls häufige Symptome. Oft bestehen Verzögerungen in der Entwicklung bestimmter Fähigkeiten sowie gestörte und eingeschränkte zwischenmenschliche Beziehungen. Wenn die Hyperaktivität symptomatisch für eine Grundkrankheit ist, sollte diese letztere verschlüsselt werden.

314.0 *Störung von Aktivität und Aufmerksamkeit*

Fälle, bei denen kurze Aufmerksamkeitsspanne, Ablenkbarkeit und Hyperaktivität die wesentlichen Merkmale sind, ohne daß eine deutliche Verhaltensstörung oder eine Entwicklungsverzögerung besteht.

Nicht näher bezeichnete Hyperaktivität

314.1 *Hyperkinetisches Syndrom mit Entwicklungsrückstand*

Fälle, bei denen das hyperkinetische Syndrom mit verzögerter Sprachentwicklung, motorischer Ungeschicklichkeit, Leseschwierigkeiten oder anderen spezifischen Entwicklungsrückständen einhergeht.

Entwicklungsrückstand mit Hyperkinese
Eine zusätzliche Schlüsselnummer sollte benutzt werden, um die neurologische Störung zu bezeichnen, die damit im Zusammenhang steht.

314.2 *Hyperkinetisches Syndrom mit Störung des Sozialverhaltens*

Fälle, bei denen das hyperkinetische Syndrom mit ausgeprägten Störungen des Sozialverhaltens, aber nicht mit einer Entwicklungsverzögerung einhergeht.

Ausschl.: Hyperkinetisches Syndrom mit umschriebenen Entwicklungsrückständen   314.1

314.8 *Andere hyperkinetische Syndrome des Kindesalters*

314.9 *Nicht näher bezeichnete hyperkinetische Syndrome des Kindesalters*

Nicht näher bezeichnete hyperkinetische Störung des Kindes- oder Jugendalters
Nicht näher bezeichnetes hyperkinetisches Syndrom

315 Umschriebene Entwicklungsrückstände

Eine Gruppe von Störungen, in denen ein umschriebener Entwicklungsrückstand das Hauptsymptom darstellt. Entwicklung ist in jedem Falle mit dem biologischen Reifungsprozeß verbunden, aber wird auch von nichtbiologischen Faktoren beeinflußt. Die Verschlüsselung enthält keine ätiologischen Folgerungen.

Ausschl.: Entwicklungsrückstand im Zusammenhang mit einer neurologischen Erkrankung   320-389

315.0 *Umschriebene Lese- Rechtschreibschwäche*

Störungen, deren Hauptmerkmal eine ausgeprägte Beeinträchtigung der Entwicklung der Lese- und Rechtschreibfähigkeit ist, die nicht durch eine allgemeine intellektuelle Behinderung oder inadäquate schulische Betreuung erklärt werden kann. Sprech- oder Sprachschwierigkeiten, beeinträchtigte Rechts-Links-Unterscheidung, sensomotorische Störungen und Kodierungsschwierigkeiten bestehen oft gleichzeitig. Häufig finden sich ähnliche Schwierigkeiten bei anderen Familienmitgliedern. Ungünstige psychosoziale Einflüsse können bestehen.

Legasthenie
Umschriebene Rechtschreibstörung

315.1 *Umschriebene Rechenschwäche*

Störungen, deren Hauptmerkmal eine ausgeprägte Beeinträchtigung der Entwicklung der Rechenfähigkeit ist, die nicht durch eine generelle intellektuelle Behinderung oder inadäquate schulische Betreuung erklärt werden kann.

Dyskalkulie

315.2 *Andere umschriebene Lernschwächen*

Störungen, deren Hauptmerkmal eine ausgeprägte Beeinträchtigung der Entwicklung eines anderen Leistungsbereiches ist, die nicht durch eine generelle intellektuelle Behinderung oder durch eine inadäquate schulische Betreuung erklärt werden kann.

Ausschl.: Umschriebene Rechenschwäche   315.1
        Umschriebene Lese- Rechtschreibschwäche   315.0

315.3 *Umschriebener Rückstand in der Sprech- und Sprachentwicklung*

Störungen, deren Hauptmerkmal eine ausgeprägte Beeinträchtigung der Entwicklung des Sprechens oder der Sprache (Syntax oder Semantik) ist, die nicht durch eine allgemeine intellektuelle Behinderung erklärt werden kann. Am verbreitetsten ist eine Verzögerung in der Entwicklung der normalen Wort- Tonproduktion, aus der eine Artikulationsstörung resultiert. Weglassen und Ersetzen von Konsonanten ist sehr verbreitet. Auch kann die Sprachproduktion verspätet eintreten. Gelegentlich besteht gleichzeitig ein Rückstand im Sprachverständnis. Entwicklungsrückstände, die überwiegend auf einer deprivierenden Umgebung beruhen, sind hier einzuschließen.

Entwicklungsbedingte Aphasie
Dyslalie

Ausschl.: Erworbene Aphasie	784.3
Elektiver Mutismus	309.8, 313.0 oder 313.2
Lispeln und Lallen	307.9
Stammeln und Stottern	307.0

315.4 *Umschriebener Rückstand in der motorischen Entwicklung*

Störungen, deren Hauptmerkmal eine ausgeprägte Beeinträchtigung in der Entwicklung der motorischen Koordination ist, die nicht durch eine allgemeine intellektuelle Behinderung erklärt werden kann. Die Ungeschicklichkeit ist gewöhnlich mit Wahrnehmungsstörungen verbunden.

Ungeschicklichkeit
Dyspraxie-Syndrom

315.5 *Mischform*

Ein Rückstand der Entwicklung in einer spezifischen Fertigkeit (z. B. Lesen, Rechnen, Sprechen oder Koordination) ist häufig verbunden mit geringeren Rückständen in anderen Fähigkeiten. Trifft das zu, dann sollte die am meisten beeinträchtigte Fähigkeit verschlüsselt werden. Die Kategorie Mischform sollte nur benutzt werden, wenn keine Fähigkeit überwiegend betroffen ist.

315.8 *Andere umschriebene Entwicklungsrückstände*

315.9 *Nicht näher bezeichnete umschriebene Entwicklungsrückstände*

316 Anderweitig klassifizierte Erkrankungen, bei denen psychische Faktoren eine Rolle spielen (psychosomatische Erkrankungen im engeren Sinne)

Psychische Erkrankungen oder Symptome jeglicher Art, von denen angenommen wird, daß sie eine wesentliche Rolle bei der Entstehung klassifizierter körperlicher Erkrankungen spielen, die gewöhnlich mit Gewebeschädigungen einhergehen. Die psychische Störung ist gewöhnlich leichteren Grades und unspezifisch, psychische Symptome (Besorgtheit, Furcht, Konflikte usw.) können ohne eine offensichtliche psychiatrische Erkrankung vorhanden sein. Eine zusätzliche Schlüsselnummer sollte verwendet werden, um die körperliche Erkrankung zu bezeichnen. Für den seltenen Fall, daß eine offensichtliche psychiatrische Erkrankung für die Ursache einer körperlichen Erkrankung gehalten wird, sollte eine zweite zusätzliche Schlüsselnummer verwendet werden, um die psychiatrische Diagnose aufzuzeichnen.

Beispiele für den Gebrauch dieser Kategorie sind:
  Psychogenes Asthma (316 und 493.9)
  Psychogene Dermatitis (316 und 692.-)
  Psychogenes Ekzem (316 und 691.- oder 692.-)
  Psychogenes Magenulcus (316 und 531.-)
  Psychogene Colitis mucosa (316 und 564.1)
  Psychogene Colitis ulcerosa (316 und 556)
  Psychogene Urticaria (316 und 708.-)
  Psychosozialer Minderwuchs (316 und 259.4)

Ausschl.: Körperliche Symptome und funktionelle Störungen psychischen Ursprungs ohne Gewebeschädigung	306.-

317-319 Oligophrenien

Abnormer Zustand, bei welchem die geistige Entwicklung unvollständig ist oder auf einem früheren Entwicklungsstadium stehengeblieben ist. Dieser Zustand ist im besonderen durch Intelligenzminderung charakterisiert. Die Verschlüsselung sollte anhand des gegenwärtigen intellektuellen Niveaus *ohne Berücksichtigung von dessen Natur* und Ursache - wie z. B. Psychose, kulturelle Deprivation, Down-Syndrom usw. - erfolgen. Sofern eine spezifische Behinderung vorliegt, etwa der Sprache, sollte die *vierstellige Verschlüsselung* auf einer Beurteilung des intellektuellen Niveaus basieren, *die die spezifische Behinderung nicht einbezieht*. Die Beurteilung des intellektuellen Niveaus sollte auf allen verfügbaren Informationen beruhen einschließlich dem klinischen Eindruck, der Anpassungsfähigkeit und der Testergebnisse. Die angegebenen IQ-Niveaus basieren auf einem Test mit einem Mittelwert von 100 und einer Standardabweichung von 15, wie sie für die Wechsler-Skalen gültig sind. Sie sollten nur als Anhaltspunkt dienen und nicht rigide angewendet werden.* Oligophrenien sind oft mit psychiatrischen Erkrankungen verbunden und können sich oft als Folge einer körperlichen Erkrankung oder Verletzung entwickeln. In diesen Fällen sollten eine oder mehrere zusätzliche Schlüsselnummern verwendet werden, um die psychiatrische oder körperliche Erkrankung zu bezeichnen, die damit in Verbindung steht. Die Schlüsselnummern für Behinderung und Handicap (impairment and handicap codes) sollten ebenfalls berücksichtigt werden.

*Die in der Originalfassung angegebenen IQ-Werte bieten zwei Schwierigkeiten: 1. ist die Methode, nach der diese IQ-Werte bestimmt werden, nicht eindeutig klar; 2. ist die Zuordnung klinisch diagnostizierter Schwachsinnsgrade zu bestimmten IQ-Bereichen kontrovers sowie in den im Original angeführten unteren Bereichen nicht durchführbar und auch sinnlos (Anmerkung der Übersetzer).

317 Leichter Schwachsinn
Leichte intellektuelle Behinderung
Debilität
IQ 50-70

318 Andere Ausprägungsgrade des Schwachsinns

318.0 *Deutlicher Schwachsinn*
Imbezillität
IQ 35-49
Intellektuelle Behinderung mittleren Grades

318.1 *Schwerer Schwachsinn*
IQ 20-34
Schwere intellektuelle Behinderung

318.2 *Hochgradiger Schwachsinn*
Idiotie
IQ unter 20
Schwerste intellektuelle Behinderung

319 Nicht näher bezeichneter Schwachsinn
Nicht näher bezeichnete intellektuelle Behinderung

7. Erscheinungsweisen psychischen Krankseins

7.1 Symptomatische Psychosen, hirnorganische Wesensänderungen und Demenzen
(ICD-Nrn. 290–294 + 310)

Der Begriff symptomatische Psychosen besagt, daß eine reversible oder fortschreitende Funktionsstörung im Gehirn mit oder ohne Substanzschädigung vorliegt, die mit einer psychischen Störung einhergeht. Unter hirnorganischer Wesensänderung und Demenz versteht man irreversible psychische Veränderungen unterschiedlicher Art bei bleibender Hirnschädigung.

Auf die in diesem Zusammenhang gehörenden Begriffe muß noch etwas näher eingegangen werden, weil es für diese so außerordentlich häufigen psychischen Krankheitsbilder, die auch außerhalb psychiatrischer Einrichtungen eine wichtige Rolle spielen, keine allgemein anerkannte Bezeichnung gibt. Das gilt auch für den im Gegenstandskatalog gewählten Ausdruck »symptomatische Psychose«, den wir für unsere Darlegungen übernommen haben, der besagt, daß die psychischen Störungen Symptome der zugrunde liegenden Krankheit sind. Das Verständnis für die verschiedenen Begriffe, mit denen verschiedene Aspekte der symptomatischen Psychosen, hirnorganischen Wesensänderungen und Demenzen bezeichnet werden, erschließt sich am besten aus der historischen Entwicklung.

Auf die in diesem Kapitel zu behandelnden Psychosen trifft der berühmte Satz von W. *Griesinger* zu, daß »in den psychischen Krankheiten jedesmal Erkrankungen des Gehirns zu erkennen« sind, allerdings mit einem wichtigen Unterschied. *Griesinger* sagte, daß bei psychischen Krankheiten immer eine Erkrankung des Gehirns vorliege. Damit formulierte er ein theoretisches Konzept für das Wesen psychischer Krankheit das dem medizinischen Denken dieser Zeit entspricht. Bei den hier gemeinten psychischen Krankheiten liegt eine klinische oder neurophysiologisch oder pathologisch-anatomisch faßbare Hirnerkrankung vor, es handelt sich also um eine empirisch belegte Aussage für bestimmte Gruppen psychischer Krankheiten.

Auf der Suche nach pathologischen Befunden im Gehirn bei psychischer Krankheit war eine wichtige Entdeckung die von P. *Broca* (1861). Er fand, daß eine Schädigung des unteren Anteils der dritten Stirnhirnwindung der dominanten Hemisphäre zu einer von ihm sog. Aphemie führt, d. h. zu der später als motorische Aphasie bezeichneten expressiven Sprachstörung, ohne daß eine Lähmung der beim Sprechen beteiligten Muskeln vorliegt. Dieser Entdeckung folgte die der sensorischen Aphasie von C. *Wernicke* (1874), d. h. einer Störung des Sprachverständnisses ohne Beeinträchtigung des Hörvermögens. Es folgten viele weitere entsprechende Befunde, die als Agnosien (S. *Freud*, 1891), Apraxie (*Liepmann*), Agraphie, Akalkulie, Anosognosie bezeichnet und unter dem Oberbegriff Werkzeugstörungen zusammengefaßt wurden. Neuerdings spricht man von neuropsychologischen Störungen, d. h., wie K. *Leonhard* sagt, neurologische Störungen (= umschriebene Schädigungen des Nervensystems) »mit psychischer Komponente«. Mit Hilfe dieser Forschungsrichtung, die u. a. vor allem von K. *Kleist* intensiv gefördert wurde, hoffte man, auch der psychischer Krankheit zugrundeliegenden Störung auf die Spur zu kommen. So viele wesentliche Erkenntnisse auf diesem Wege auch gewonnen wurden, diese Hoffnung hat sich nicht erfüllt. Neuropsychologische Störungen der geschilderten Art werden heute in der Regel in psychiatrischen Lehrbüchern gar nicht mehr behandelt. Außer den Werkzeugstörungen gehören auch die hirnorganischen Wesensänderungen zu neuropsychologischen Störungen, deren Kenntnis für das Verständnis der klinischen Bilder, vor allem chronischer symptomatischer Psychosen und Demenzen von großer Bedeutung ist, auf die wir unten zurückkommen. In diesem Buch wird die Neuropsychologie im Kap. 28 dargelegt.

Einen weiteren wesentlichen Schritt zur Klärung der symptomatischen Psychosen vollzog K. *Bonhoeffer* (1909) mit der Beschreibung der akuten exogenen psychischen Reaktionstypen. Er hat seine Beobachtungen als Konsiliarius in einer internistischen Abteilung gemacht und dabei gefunden, daß unabhängig von den zugrundeliegenden inneren Erkrankungen und Intoxikationen einige wenige psychische Krankheitsbilder auftreten, und zwar das Delirium, die Amentia (Verwirrtheit) und Dämmerzustände. Er folgerte daraus, daß das Gehirn auf die zahlreichen verschiedenartigen Noxen mit nur ganz wenigen psychischen Störungen reagiere und bestimmte Noxen nicht bestimmten Reaktionstypen zuzuordnen sind.

Eine besondere Bedeutung hat in diesem Zusammenhang der Begriff exogen. Darunter verstand *Bonhoeffer* nicht, daß es sich um von außen auf den Organismus einwirkende Noxen handle. Sein Ansatz war vielmehr, daß die von ihm beobachteten Krankheitsbilder nicht auf »primäre« Erkrankungen des Gehirns zurückzuführen seien, dieses vielmehr von außen = exogen betroffen werde. Die das Gehirn schädigenden Noxen waren dabei solche, die bei Allgemeinerkrankungen aus dem Organismus kamen oder bei Intoxikationen über den Organismus auf das Gehirn wirkten. Der Begriff exogen hat dadurch in der Psychiatrie eine ganz bestimmte Bedeutung erhalten: exogen heißt »von außen« im Hinblick auf das Gehirn und meint außerdem schädigende Wirkungen materieller Art wie Stoffwechselprodukte, Toxine, O_2-Mangel, Vitaminmangel etc. Es sind mit exogen also nicht den Menschen von außen belastende Ereignisse gemeint. In diesem Sinne wird der Begriff exogen häufig von Psychologen verwandt.

Im Laufe der weiteren Entwicklung ergaben sich zwei wichtige Veränderungen des Konzeptes von *Bonhoeffer*. Die Zahl der von ihm beschriebenen exogenen Psychosyndrome mußte erheblich vergrößert werden. Schließlich zeigte sich, daß praktisch alle akuten psychiatrischen Krankheitsbilder auch exogener Natur sein können. Es blieb von dem Konzept *Bonhoeffers* »nur«, aber das ist entscheidend wichtig, daß eine bestimmte materielle Noxe nicht einem bestimmten psychotischen Syndrom zuzuordnen ist, sondern daß jede Noxe die verschiedensten Bilder hervorrufen und somit um-

gekehrt jedes Bild von verschiedenen Noxen bewirkt sein kann. *Bonhoeffer* berücksichtigte allerdings nicht, daß Amnesien, Dämmer- und Verwirrtheitszustände auch psychogen sein können. Ferner zeigte sich, daß bei »primären« Erkrankungen des Gehirns und seiner Häute die gleichen Krankheitsbilder auftreten, wie sie *Bonhoeffer* als exogene Reaktionstypen beschrieben hatte. Dies führte zu einem Bedeutungswandel des Begriffes exogen. Er konnte nach diesen ergänzenden Beobachtungen nicht mehr in dem ursprünglichen Sinn verwendet werden, sondern konnte sich jetzt nur noch auf die Qualität des psychopathologischen Syndroms beziehen. In diesem Sinne wurde jetzt von akuten exogenen Psychosen gesprochen. Da bei diesen das Gehirn das erkrankte Organ ist, ist die häufig verwendete Bezeichnung hirnorganische oder organische Psychose eine verständliche Folge der ursprünglichen Konzeption von *Bonhoeffer*. In der Regel wird allerdings ungenau nur von organischen Psychosen gesprochen, obwohl ja nicht irgendein Organ, sondern das Gehirn betroffen ist. Darauf hinzuweisen war 1845 das Anliegen *Griesingers*, der sich mit seiner Äußerung an die Somatiker wandte und nicht, wie es heute oft dargestellt wird, an die Psychiker. *Kurt Schneider* sprach dagegen wieder allgemeiner von »körperlich begründbaren Psychosen«.

So gelangte man zu der Auffassung, daß akute exogene Psychosen sich nicht nur hinsichtlich ihrer Entstehung und Verursachung von endogenen Psychosen unterscheiden, sondern insbesondere durch die psychopathologischen Erscheinungsbilder. Diese Ansicht gründete sich vor allem darauf, daß akute exogene Psychosen mit einer Störung des Wachbewußtseins (Vigilanz) einhergehen. Die das Krankheitsbild bewirkenden Noxen haben die Potenz, eine Bewußtlosigkeit herbeizuführen. Ist das der Fall, sind verschiedene Schweregrade zu unterscheiden, wie Sopor und Koma. Bewußtlosigkeit tritt vor allem ein bei rasch einwirkenden starken Noxen bzw. schwächeren Noxen in hohen Dosen, z. B. bei einem starken Schlag auf den Kopf mit einem stumpfen Gegenstand (Schädelhirntrauma) oder durch Betäubungs-, Schlaf- oder Beruhigungsmittel. Da die Noxen nicht immer »ihre volle Wirkungsschwäche« entfalten, tritt nicht immer Bewußtlosigkeit ein. Beim Erwachen aus der Bewußt-losigkeit werden verschiedene Stadien der Störung des Wachbewußtseins durchlaufen (Sopor, Benommenheit), je nach Art der Noxe und deren Auswirkung auf das Gehirn mehr oder weniger rasch. Beim protrahierten Erwachen kann es bei noch leichter Beeinträchtigung der Vigilanz zu den von *Bonhoeffer* beschriebenen akuten exogenen psychischen Reaktionstypen kommen. Bedingt durch den Krankheitsprozeß, der symptomatischen Psychosen zugrunde liegt, kann der Ablauf auch der umgekehrte sein und die Störung des Wachbewußtseins mehr oder weniger rasch zunehmen und bis zu einem Koma führen. Letzteres muß naturgemäß nicht immer der Fall sein. Die Bewußtseinsminderung kann sich bei jedem Ausprägungsgrad wieder zurückbilden.

Nach dem Abklingen der Störung des Wachbewußtseins tritt nicht immer sofort gänzliche Wiederherstellung ein. Je nach der zugrundeliegenden Krankheit und der durch sie bewirkten mehr oder weniger starken Beeinträchtigung der Funktionen im Gehirn kommt es nach kürzerer oder längerer Latenzzeit entweder zur völligen Erholung oder einer bleibenden Veränderung unterschiedlichen Schweregrades. Ein entsprechendes Vorstadium kann die akute symptomatische Psychose einleiten. Schon *Bonhoeffer* hat darauf hingewiesen. Er sprach von einem hyperästhetisch emotionellen Schwächezustand, der den akuten exogenen Reaktionen vorausgehen oder folgen könne.

Im Laufe der Zeit wurden weitere symptomatische Psychosen bekannter Ätiologie beschrieben, die keine Beeinträchtigung des Wachbewußtseins zeigen. Das psychopathologische Querschnittsbild ähnelt darum dem der endogenen Psychosen so stark, daß es klinisch von diesem nicht sicher zu unterscheiden ist. Das ist nicht selten der Fall. Damit wurde das psychopathologische Erscheinungsbild als durchgängiges Unterscheidungskriterium zwischen exogenen und endogenen Psychosen hinfällig. Es trifft auf Grund dieser Beobachtungen nur noch für diejenigen Fälle zu, bei denen das Wachbewußtsein klinisch faßbar beeinträchtigt ist (wie dies faßbar ist, wird weiter unten besprochen). Bei den Formen symptomatischer Psychosen, bei denen das nicht der Fall ist, bleibt als »Beweis« (eigentlich ist es nur

ein Hinweis) dafür, daß es sich um eine symptomatische Psychose handelt, der zeitliche Zusammenhang zwischen dem Einwirken einer Noxe und dem Eintreten einer psychischen Störung sowie die Annahme, daß die Noxe eine zentralnervöse Wirkung entfaltet. Ein ursächlicher Zusammenhang wird dann wahrscheinlicher und schließlich wirklich zum Beweis, wenn gezeigt werden kann, daß mit der Beseitigung der Noxe, etwa einer Stoffwechselstörung, auch die psychische Störung abklingt und evtl. beim Wiederauftreten der Stoffwechselstörung auch ein Rezidiv eintritt. Die Zuordnung dieser Formen symptomatischer Psychosen ist strittig. In der ICD werden sie als endogene Psychosen oder paranoide Syndrome aufgefaßt (im deutschen Sprachraum werden sie im Gegensatz zu den von der ICD empfohlenen Regelungen entsprechend der deutschen Tradition bei der Gruppe der organischen Psychosen untergebracht).

Von symptomatischen Psychosen sollte man nur sprechen, solange ein Krankheitsprozeß im Gang ist. Das gilt unabhängig von der Verlaufsrichtung, die der Krankheitsprozeß nimmt, d. h. ob er fortschreitet oder eine Heilung eintritt. Dieser Sachverhalt kann dadurch kompliziert werden, daß die das Gehirn schädigende Noxe dieses sofort oder erst im Verlauf der Krankheit so schädigt, daß eine bleibende Veränderung im Gehirn eintritt. Dieser Prozeß kann in Minuten oder auch in Jahren vor sich gehen. Bei langen Verläufen spricht man von chronischen symptomatischen Psychosen, deren Erscheinungsbild sich von dem akuter unterscheidet. Akute symptomatische Psychosen haben nicht immer eine gute Prognose, ebensowenig wie chronisch verlaufende stets eine ungünstige Prognose zeigen.

Den nach Ablauf einer akuten oder chronischen symptomatischen Psychose verbleibenden Zustand nennt man je nach der Art des Bildes hirnorganische Wesensänderung oder Demenz. Leichte Residuen werden mit einem nicht ganz glücklichen Ausdruck als Hirnleistungsschwäche bezeichnet (ICD Nr. 310). Chronisch progredient verlaufende symptomatische Psychosen, die zur Demenz führen, werden nicht nur chronische exogene oder organische Psychosen genannt, sondern auch als Demenzen bezeichnet, etwa präsenile Demenz (ICD

Nr. 290.1) und senile Demenz (ICD Nr. 290.0), obwohl es sich um fortschreitende Störungen, also um Demenzprozesse handelt. Bei der progressiven Paralyse (luetische Enzephalitis) z. B. handelt es sich um einen Demenzprozeß, der unbehandelt in 2–3 Jahren zum Tode führt. Kann der Prozeß durch die Behandlung nicht geheilt, sondern nur zum Stillstand gebracht werden, resultiert eine (paralytische) Demenz (in anderen Fällen kann eine organische Wesensveränderung oder Hirnleistungsschwäche zurückbleiben). In der Klinik kann es vor allem bei einmaliger Untersuchung oder kurzer Beobachtungszeit schwierig oder unmöglich sein zu erkennen, ob ein Prozeß im Gange ist oder bereits ein Demenzzustand eingetreten ist. Diese klinische Schwierigkeit sollte man aber nicht auf die begriffliche Ebene übertragen.

Sehr stark schematisierend hat H. H. *Wieck* die symptomatischen Psychosen dargestellt. Als Oberbegriff wählte er den Ausdruck »Funktionspsychose« mit der Begründung, daß bei diesen Krankheitsbildern eine homogene Syndromdynamik vorliege, die besagt, daß »sämtliche seelisch-geistigen Funktionen bei einem bestimmten Schweregrad der Funktionspsychose gleichmäßig stark beeinträchtigt seien«. Dabei sind für *Wieck* das, was *Bonhoeffer* akute exogene Reaktionstypen nannte, und *Kurt Schneider* als akute körperlich begründbare Psychosen bezeichnete, »besondere symptomatische Ausgestaltungen« dieser gleichmäßigen Hirnfunktionsminderung, aber kein unterschiedliches Betroffensein der äußerst differenzierten Funktionen des Organs Gehirn. Das vereinfacht u. E. den Sachverhalt zu sehr. Das klinische Bild der akuten und chronischen symptomatischen Psychosen ist sehr vielfältig und hat ganz unterschiedliche Akzente, so daß man es u. E. schwerlich auf den Nenner einer »homogenen Funktionsminderung« bringen kann (siehe hierzu auch die Ausführungen über die polare Struktur des Bewußtseins in Kap. 9.2).

---

[1] Dem Ausdruck »Durchgangssyndrom« wird von *Wieck* eine ganz spezifische Bedeutung unterlegt. Durchgangssyndrome sind aber in der Medizin sehr häufig und verschiedenartig, z. B. ein Migräne-Anfall, eine Grippe-Erkrankung, eine Phase einer affektiven Erkrankung.

Diejenigen Zustandsbilder oder richtiger, Stadien der Funktionspsychosen, die ohne Beeinträchtigung des Wachbewußtseins einhergehen und reversibel sind, belegte *Wieck* mit dem Ausdruck »Durchgangssyndrome«[1] verschiedener Schweregrade (1956). Damit hat er zweifellos auf einen wichtigen Tatbestand erneut hingewiesen, dem sonst in der psychiatrischen Krankheitslehre keine besondere Bedeutung beigemessen wurde. Diese klinischen Bilder werden großenteils nicht in psychiatrischen Einrichtungen behandelt und bieten auch keine besonders eindringlichen psychopathologischen Bilder.

Diese ausgezeichneten Beobachtungen, die *Wieck* ursprünglich an abklingenden Schlafmittelintoxikationen machte, zu einem Prinzip zu erheben, das für alle symptomatischen Psychosen gültig sein soll, scheint uns den klinischen Gegebenheiten nicht hinreichend gerecht zu werden. Es gleichen nicht alle auf das Gehirn einwirkenden Noxen den Schlafmitteln, auch ihre Einwirkungen sind nicht alle gleichartig. Ferner wird das so häufige Exzitationsstadium, das bei dem Erwachen aus Schlafmittelvergiftungen auftritt, nicht genügend erfaßt, wenn man lediglich von verschiedenen Schweregraden der Durchgangssyndrome ausgeht. Das gilt auch für viele andere Noxen, wenn ihre Wirkung im Ansteigen oder Abklingen ist.

Die Beschreibung der Schweregrade der Durchgangssyndrome geht davon aus, daß ein gleichmäßiges Fortschreiten oder eine kontinuierliche Rückbildung der Beeinträchtigung »aller Hirnfunktionen« vorliegt. Diese werden mit Hilfe des Syndromtestes nach F. *Böcker* bestimmt, den *Wieck* folgendermaßen beschreibt: »Er besteht aus 13 immer in der gleichen Reihenfolge dargebotenen Aufgaben (Subtesten). Zuerst wird der Kranke aufgefordert, fünfstellige Zahlen vorzulesen (Subtest 1). Bei den folgenden Aufgaben müssen fünf einstellige Zahlen (Subtest 2), zehn zweistellige Zahlen (Subtest 3) und fünfzehn dreistellige Zahlen (Subtest 5) nach ihrem Wert sowie fünfzehn Buchstaben in der alphabetischen Reihenfolge (Subtest 4) geordnet werden. Der Buchstabentest wird allerdings nur angewandt, wenn der Kranke das Alphabet ohne Fehler aufzusagen vermag. Im Subtest 6 muß der Untersuchte sechs auf einem Brett befestigte Gegenstände benennen und diese unmittelbar anschließend (Subtest 7) sowie nach Ablenkung (Subtest 9) reproduzieren. Der zwischen diesen beiden Aufgaben eingefügte Subtest 8 verlangt, 25 Farbplättchen in entsprechende Vertiefungen eines Farbbrettes einzulegen. Im Subtest 10 sollen die fehlenden Teile aus sechs Lückenbildern gesucht und im Subtest 11 ohne Vorlage reproduziert werden. Schließlich soll der Kranke – nach einem Vorschlag von C. *Weinschenk* – vorgesprochene Zahlen sofort (Subtest 12) und nach Ablenkung (Subtest 13) wiederholen. Die für jede Einzelaufgabe benötigte Zeit wird mit einer Stoppuhr gemessen; um bei mehrfachen Untersuchungen desselben Kranken den Lerneffekt zu verhüten, werden mehreren Serien mit abgewandelten Subtesten benutzt. Die Syndrom-Testwerte erhält man, wenn die Leistungsminderung in jedem Subtest berücksichtigt wird, für den max. 3 Minuspunkte als Testpunkte vorgesehen sind. Ist die Störung geringer, werden 2, 1 oder keine Testpunkte angesetzt. Insgesamt sind also $13 \times 3 = 39$ Testpunkte möglich. Das entspricht dem Zustand einer schweren Bewußtseinstrübung. Zwei weitere Punkte bezeichnen die Unfähigkeit, zusammenhängende Sätze zu sprechen. Wenn der Kranke keine Worte mehr herausbringt, wird der Testwert mit 43 festgelegt. Die Punktzahl 44 ist für den Zustand der Bewußtlosigkeit vorgesehen.« Wir führen dieses Beispiel an, um die Art dieses Vorgehens zu illustrieren. Der Begriff »Durchgangssyndrom« wird entgegen der Definition von *Wieck* sehr oft unrichtig für alle hirnorganisch bedingten psychischen Störungen angewandt, gleichgültig, ob Störungen der Vigilanz vorliegen und welchen Verlauf das Syndrom nimmt. Eine solche unpräzise Verwendung von Begriffen hemmt klinisch exaktes Untersuchen und Beobachten zum Nachteil der Kranken.

Nach diesen mehr formalen Schilderungen symptomatischer Psychosen und den zugehörigen Begriffsbildungen wenden wir uns den klinischen Bildern zu. Wir beginnen mit den von K. *Bonhoeffer* herausgestellten exogenen Reaktionstypen (ICD Nr. 293). Sie haben als gemeinsames Merkmal, das auch als das Achsensyndrom akuter exogener Psychosen bezeichnet wurde, (G. *Sterz*) eine Störung des Wachbewußtseins. Diese zeigt sich nicht in Benommenheit oder gar Bewußtlosigkeit, wie dies etwa von einer Ohnmacht her bekannt ist. Die Kranken wirken vielmehr wach und sind dabei unkonzentriert, fahrig, leicht ablenkbar. In typischen Fällen erweisen sie sich als örtlich und zeitlich nicht richtig orientiert. Sie zeigen zudem eine Störung der Merkfähigkeit, da die »Speicherung« von Sinneseindrücken und Erlebnissen gemindert oder aufgehoben ist. Dazu kommen meist Sinnestäuschungen, vorwiegend im optischen Gebiet, aber auch auf anderen Sinnesgebieten. Als klinische Bilder begegnen uns drei Typen akuter exogener psychischer Reaktionen:

Delirien: Es handelt sich um psychotische Episoden, bei welchen neben der Störung des Wachbewußtseins mit zeitlicher, örtlicher und situativer Desorientierung lebhafte Sinnestäuschungen mit Schwerpunkt im optischen Bereich auftreten. Dabei finden sich nicht nur Halluzinationen, sondern auch illusionäre Verkennungen. Meist kommt beides nebeneinander vor. In der Regel handelt es sich um szenische Sinnestäuschungen. Die Kranken sehen z. B. Personen, die durch den Raum schweben und auch zu ihnen sprechen oder kleine Tiere (»weiße Mäuse«), die am Körper hochkrabbeln, aus Lampen kriechen, sie spüren Strahlen, sehen Spinngewebe oder Drähte, die von oben herunterhängen oder quer durch den Raum gespannt sind und hören zugleich, daß irgendwelche Leute, Bekannte oder Geister Drohungen aussprechen und angsterregende Äußerungen machen. Die Pat. befinden sich oft in einer ständigen Unruhe und hantieren ununterbrochen mit den Händen und beschäftigen sich dabei mit Erlebnissen im Rahmen ihrer Sinnestäuschungen (Beschäftigungsdelir) und zeigen eine ausgeprägte Suggestibilität. Die Erscheinungen verstärken sich gegen Abend und in der Nacht und es kommt meist am Tage zu Aufhellungen des Wachbewußtseins und einem Rückgang der Sinnestäuschungen. Delirante Psychosen haben eine stärkere Beziehung zu Intoxikationen und Entziehungssituationen nach Mißbrauch von Narkotika als andere exogene Psychosen. Sie hinterlassen infolge der erwähnten Störung der Speicherfähigkeit für Sinneseindrücke und Erlebnisse stets eine mehr oder weniger vollständige Erinnerungslücke (Amnesie). Erinnerungsinseln beziehen sich meist auf besondere Ereignisse, wie Aufnahme ins Krankenhaus, Schmerzen durch Injektionen. In manchen Fällen wird noch eine Zeitstrecke vor dem Einsetzen der Störung des Wachbewußtseins mit ausgelöscht = retrograde Amnesie, d. h. die Betreffenden können sich an Ereignisse, die der Störung des Wachbewußtseins unmittelbar vorausgehen, nicht erinnern, obwohl sie zu diesem Zeitpunkt noch nicht erkrankt waren. Die retrograde Amnesie wird vor allem bei rasch einwirkenden starken Noxen beobachtet. Bei weniger stark ausgeprägten Störungen der Vigilanz können die Kranken orientiert sein. Sie wirken dann auch geordnet, Sinnestäuschungen finden sich stärker oder ganz im akustischen Bereich und haben für den Betreffenden häufig einen bedrohlichen Charakter (Belagerungssyndrom). Bei der Prüfung der Merkfähigkeit zeigen die Betreffenden oft Unsicherheiten und Konzentrationsschwierigkeiten. Ihre Angaben über den bisherigen Verlauf sind recht unsicher und lückenhaft. Da solche Formen symptomatischer Psychosen auch Amnesien hinterlassen, sind sie daran ohne weiteres als solche zu erkennen. Das Erleben im Delirium hat also einen traumhaften Charakter, ist allerdings vom Träumen unterschieden dadurch, daß der Betreffende sich in einem krankhaft veränderten Zustand befindet, aus dem er nicht erweckbar ist, weil er ja nicht schläft und sein Erleben auch nicht als traumhaft beurteilen kann.

Amentielle Syndrome sind solche mit fluktuierendem Bewußtsein mit entsprechenden EEG-Veränderungen (s. Kap. 31), flüchtigen illusionären Verkennungen, vor allem auch von Personen. Sie sind ferner gekennzeichnet durch nur zeitweiliges Auftreten von Sinnestäuschungen, Neigung zu dranghafter Unruhe, flüchtigen Angstaffekten und inkohärentem Denken. Heute wird der Begriff amentielle Syndrome von vielen nicht mehr verwendet, weil eine eindeutige Abgrenzung vom deliranten Syndrom kaum möglich ist.

Dämmerzustände sind Tage und Wochen dauernde Zustände stärkerer Bewußtseinsveränderung, die mit heftiger Aggressivität und Wahnbildung einhergehen können. In manchen Fällen, vor allem bei verworrenen Dämmerzuständen, spielen bedrohliche akustische und optische Halluzinationen eine große Rolle. Dabei treten nicht selten psycho-

motorische Erregungszustände auf, die nur sehr schwer zu beeinflussen sind. Bei sog. geordneten Dämmerzuständen, die sich meist aus einer initialen kurzen Bewußtlosigkeit heraus entwickeln, kommt es zu einer stunden- und tagelangen psychotischen Episode, in welcher der Kranke nach außen hin geordnet wirkt. Es können dabei gewohnte Handlungen ausgeführt und auch komplizierte Dinge verrichtet werden, wenn sie vorher erlernt wurden. Es können aber keine neuen Handlungsziele mehr verfolgt werden. Die Beendigung eines solchen Dämmerzustandes erfolgt meist schlagartig. Er hinterläßt, unabhängig davon, ob er verworren oder geordnet war, eine Amnesie für das Geschehen. Oft erscheint das Bewußtsein im Verlaufe eines geordneten Dämmerzustandes klinisch nicht beeinträchtigt. Trotzdem bleibt nach Beendigung der Erkrankung eine Erinnerungslücke zurück.

Es gibt zwei Besonderheiten bei den Erinnerungsstörungen, die sich von dem üblichen Bild einer Erinnerungslücke nach Bewußtseinsstörungen abheben. Es handelt sich dabei um eine partielle Hypermnesie und um eine Paramnesie.

Bei der Hypermnesie wird in einem Zustand gestörten Bewußtseins ein Erlebnisinhalt, der sehr stark affektbesetzt war, als außergewöhnliches Erlebnis überdeutlich fixiert. Solche Erlebnisse kommen vor allem in der epileptischen Aura vor. Ein Beispiel dafür ist die ekstatische Aura, die Dostojewski beschrieb. Auch angstbesetzte Zustände, z. B. bei einem Alkoholdelir, können wegen ihres bedrohlichen Charakters in Erinnerung bleiben und sich damit von anderen Alltagserlebnissen abheben.

Bei Paramnesien handelt es sich um Fehlerinnerung von Erlebnissen im Rahmen wechselnder Bewußtseinsklarheit. Die inselhaften Erinnerungsrelikte besitzen kein Zeitzeichen, sie können deshalb nicht richtig in der Lebensgeschichte eingetragen werden und tauchen nun bei Berichten darüber an zeitlich falscher Stelle auf. Solche Fehlerinnerungen kommen vor allem nach durchgemachten Korsakow-Psychosen vor.

Die somatische Symptomatik akuter symptomatischer Psychosen wird von der Art der Erkrankung geprägt.

Bei fehlender Störung des Wachbewußtseins zeigen sich akute symptomatische Psychosen im Gewande einer endogen anmutenden Depression mit Vitalstörungen und Tagesschwankungen oder als expansive manische Erkrankung oder auch als schizophrenieähnliche Psychose. In diesen Fällen können neben Wahn und Sinnestäuschungen auch Ich-Störungen mit Fremdbeeinflussung und Gefühl des Gemachten beobachtet werden (das exogene paranoid-halluzinatorische Syndrom, U. H. *Peters*). Treten bei den schizophrenieähnlichen psychopathologischen Syndromen optische Sinnestäuschungen stärker hervor und ist der Kranke mehr ein Beobachter der halluzinierten Vorgänge, so sprechen manche von einer »organischen Färbung«, die man aber nicht als Beweis, sondern nur als Hinweis auf den exogenen Charakter des psychopathologischen Bildes bewerten darf. Trotz dieser »organischen« Färbung darf man nicht vergessen, daß, wie eben schon erwähnt, diese Bilder auch psychogen sein können.

Setzt die Wirkung der Noxe, die zu einer akuten symptomatischen Psychose führen kann, nicht abrupt, sondern allmählich ein, so kommt es zu uncharakteristischen Vorstadien ohne Störung des Wachbewußtseins. Man könnte von leichten, noch uncharakteristischen Formen akuter exogener Reaktionen sprechen oder von Durchgangssyndromen (H. H. *Wieck*). Diese Vorstadien sind nicht nur durch eine »Minderung der psychischen Funktionen« gekennzeichnet, sondern äußern sich oft durch Stimmungsschwankungen, schwermütige Anwandlungen, das Gefühl, daß die Tränen leichter fließen als sonst, leichte Erregung mit ungewohntem Tatendrang, der dennoch nicht recht fruchtbar wird, oder durch Arbeitsunlust, Trägheit, Müdigkeit. Träume bekommen eine größere Bedeutung, wie es in der Kindheit der Fall war. Appetit, Schlafbedürfnis, Empfindlichkeit gegen Wärme und Kälte, sexuelle Regungen, Reizbarkeit im Umgang mit anderen, Zärtlichkeitsbedürfnis, Furcht vor dem Alleinsein oder Sehnsucht danach treten heftiger auf als in gesunden Zeiten und wechseln rascher miteinander ab. Dazu kommen vegetative Störungen, Neigung zum Schwitzen, Tachykardien, Klagen über kalte Hände und Füße, Schwierigkeiten beim Einschlafen, mangelnde Schlaftiefe.

Der Verlauf akuter symptomatischer Psy-

chosen hängt nicht allein von der Einwirkung der Noxen ab. Die von ihnen bewirkten funktionellen Veränderungen im Gehirn, deren Art allerdings nicht bekannt ist, zeigen vielmehr eine gewisse Eigengesetzlichkeit, jedenfalls in vielen Fällen. So treten akute symptomatische Psychosen bei fieberhaften Erkrankungen häufig erst beim Abklingen des Fiebers auf (Entfieberungspsychosen) und dauern über die Heilung der Infektionskrankheit hinaus an. Akute exogene Reaktionen entwickeln sich bei Alkohol-, Schlafmittel- oder Tranquilizer-Mißbrauch regelmäßig erst eine gewisse Zeit nach dem Absetzen der Mittel (beim Alkohol nach 3 Tagen, bei Schlafmitteln und Tranquilizern nach 8–10 Tagen), also dann, wenn sie nicht mehr oder höchstens noch in ganz geringem Maße wirksam sind. Symptomatische Psychosen infolge von LSD- oder Weckmittel-Gebrauch dauern ferner oft Wochen oder Monate an, sind in ihrem Verlauf also offensichtlich unabhängig von unmittelbarer Drogenwirkung. Hier gibt es eine gewisse Schwierigkeit. Es kommen nämlich auch Fälle vor, bei denen psychische Veränderungen offensichtlich parallel zur Wirkung der Mittel auftreten, etwa im Alkohol-, LSD-, Coffein- oder Pervitinrausch. In diesen Fällen ist es nicht zwingend, anzunehmen, daß zusätzliche funktionelle Veränderungen im Gehirn eintreten. Die psychische Veränderung kann vielmehr unmittelbar auf die Intoxikation zurückgeführt werden, und geht ihrem Verlauf ganz parallel. Man kann bei solchen Rauschzuständen ebenfalls von symptomatischen Psychosen sprechen. Diesen fehlen allerdings im Gegensatz zu den bisher geschilderten die Eigengesetzlichkeit, von Ausnahmen abgesehen die Amnesie und die mangelnde Einsicht in das Abnorme der psychischen Veränderung. Schließlich hinterlassen sie auch keine Residuen (s. u.). Es handelt sich also um symptomatische Psychosen in einem weiteren Sinn im Gegensatz zu symptomatischen Psychosen im engeren Sinne, auf die sich unsere Ausführungen beziehen.

Akute symptomatische Psychosen im engeren Sinn gehen aus in Heilung, Tod oder in ein unterschiedlich stark ausgeprägtes chronisches hirnorganisches Psychosyndrom. Ebenso wie der Beginn in vielen Fällen plötzlich ist, enden sie auch mit einem »jähen Abfall der Symptome, gleichsam einem Erwachen« (*Bonhoeffer*, 1913). Einen plötzlichen Abfall der Symptome zeigen keineswegs bloß die Delirien, epileptiforme Erregungen und die Dämmerzustände. Auch die Amentia hört oft plötzlich auf. Doch ist bei ihr eine allmähliche Aufhellung häufiger. Vor allem in den Fällen, bei denen die Noxe längere Zeit einwirkt, können sich Schwächezustände von charakteristischem Aussehen entwickeln, die *Bonhoeffer* als hyperästhetisch-emotionelle Schwächezustände bezeichnete. Er schildert sie folgendermaßen: »Das subjektive Allgemeinbefinden ist in dieser Phase schlecht, die Kranken klagen über Kopfschmerzen, über Schmerzen und Parästhesien in den Gliedern und großes Schwächegefühl. Sie sind überempfindlich gegen Geräusche und Licht, schrecken leicht auf, klagen über beunruhigende Träume. Die habituelle Aufmerksamkeit ist herabgesetzt, sie versinken leicht in einen Halbtraum, klagen über schreckhafte Bilder, die sie sehen, insbesondere, wenn sie die Augen schließen. Sie hören in diesen hypnagogen Zuständen rufende Stimmen von Angehörigen, fühlen sich angefaßt, das Bett bewegt sich mit ihnen. Zeitweise sind sie nicht imstande, die Täuschungen von wirklich Erlebtem zu differenzieren. Die lokale Orientierung ist im allgemeinen erhalten, doch nicht immer dauerhaft. Die Prüfung der Merkfähigkeit ergibt meist eine Herabsetzung, die Rückerinnerung ist dann entsprechend ungenau, einfache Kombinationen von Bildern, Zusammenzählen von Geld, Bestimmungen der Zeit auf der Uhr erfolgen langsam, mit dem Gefühl subjektiver Anstrengung, mitunter gelingen sie gar nicht. Oft besteht ausgesprochenes Gefühl der Denkerschwerung. Die Stimmung ist labil, es besteht Neigung zu Weinausbrüchen und zu rührseliger Dankbarkeit. Zu anderen Zeiten sind die Kranken wehleidig, mißmutig, gereizt, haben Andeutungen krankhafter Eigenbeziehung, sie beklagen sich über das Essen, die Pflege, fühlen sich gegen andere zurückgesetzt, sind außerordentlich empfindsam. Bemerkenswert sind die Schwankungen des Befindens. Stunden wesentlich besseren subjektiven Befindens und besserer psychischer Leistung, guter Orientierung und guter Krankheitseinsicht wechseln mit ausgesprochenen psychischen Schwächeerscheinungen. Diese emotionell hyperästhetische

Phase kann sich durch Wochen und selbst Monate erstrecken, bis schließlich die volle Genesung eintritt.«

Heilen akute symptomatische Psychosen nicht rasch aus und verschlimmern sich nicht, dann treten die Verwirrung, die Sinnestäuschungen oft mehr und mehr zurück und hinterlassen ein reines amnestisches Zustandsbild. Es tritt dann die charakteristische Gedächtnisstörung hervor mit Herabsetzung oder Verlust der Merkfähigkeit, Störung der Rückerinnerung für die jüngste Vergangenheit, Orientierungsverlust und Situationsverkennung im Sinne einer zeitlich zurückliegenden Situation, mehr oder weniger ausgesprochenen Konfabulationen. Die amnestischen Symptome können unter dem Bilde des Stupors verdeckt sein und müssen dann erst durch eine Exploration nachgewiesen werden, in anderen Fällen sind die Kranken regsam und lassen das amnestische Bild klar hervortreten. Sinnestäuschungen und delirante Erregungen kommen dann nur noch als Episoden, und zwar meist am Abend vor. Der Affekt ist indifferent, häufig mit der charakteristischen leichten euphorischen Beimischung organischer Hirnerkrankungen. Eine emotionelle Schwäche findet sich bei diesen Bildern selten. Das akute amnestische Psychosyndrom klingt im allgemeinen allmählich ab. Die Merkfähigkeit bessert sich allmählich, die Orientierung wird sicherer und das Interesse kehrt langsam zurück. Die Dauer der Rückbildung hängt bis zu einem gewissen Grade mit der Dauer der symptomatischen Psychose zusammen.

Heilen die den akuten symptomatischen Psychosen zugrundeliegenden Funktionsstörungen im Gehirn nicht aus, dann hinterlassen sie mehr oder weniger ausgeprägte Residuen in Form einer Hirnleistungsschwäche, organischen Wesensänderung oder Demenz. Hierauf kommen wir unten zurück.

Das klinische Bild der chronischen symptomatischen Psychosen (ICD Nr. 290) hat mit dem der akuten Form gemeinsam die Störung der Merkfähigkeit und der örtlichen und zeitlichen Orientierung. Es ist bei den chronischen symptomatischen Psychosen aber nicht Folge einer Bewußtseinsstörung. Die Vigilanz ist bei den Kranken nicht gestört. Die klinischen Bilder sind darüber hinaus gekennzeichnet durch

Störungen des Altgedächtnisses, der Auffassungsfähigkeit, der Fähigkeit zu denken und Veränderungen der Affektivität. Dabei steht bald die eine, bald die andere dieser Störungen im Vordergrund des klinischen Bildes, das also wiederum nicht durch eine »gleichmäßige Minderung der Funktionen« (*Wieck*) gekennzeichnet ist. Den Kern des klinischen Bildes der chronischen symptomatischen Psychosen kann man als eine Verarmung und Vereinfachung unterschiedlicher Grade aller psychischen Vorgänge (*Bleuler*) beschreiben. Verarmt ist der Schatz von Vorstellungen und Erinnerungen sowie das Gestaltungsvermögen im Denken und im Empfinden. Einzelne Vorstellungen, Strebungen und Empfindungen werden nicht mehr genügend mit dem gesamten Erfahrungsschatz, der Gesamtsituation und der Gesamtheit der Strebungen in Beziehung gesetzt. Der Umfang der gleichzeitig möglichen Vorstellungen ist beschränkt und die Auswahl wird stark durch die momentane Bestimmungslage bestimmt. Hinzu kommen die Störungen der Merkfähigkeit und des Altgedächtnisses (für die Einzelheiten sei auf Kap. 9.4 verwiesen). Diese führen nicht nur zu einer Störung der örtlichen und zeitlichen Orientierung und zu Verkennungen der Situation, sondern beeinträchtigen auch die Fähigkeit, die eigene Situation, Wünsche, die an die Betreffenden herangetragen werden, und das eigene Verhalten genügend zu beurteilen. Charakteristisch ist ferner, daß viele Beschreibungen sehr vage werden, die Pat. sprechen statt von einem Krankenhaus nur von einem großen Haus, bezeichnen ihre Umgebung als nette Menschen, ohne sie als Schwestern, Mitkranke und Ärzte zu differenzieren. Ferner kommt hinzu eine leichte Ablenkbarkeit einerseits oder das Perseverieren andererseits, nicht selten auch beides zugleich. Hierdurch wird die Auffassung von Vorgängen in der Umgebung sowie das Antworten auf Fragen erheblich erschwert. Insgesamt ist die Dauer der Aufmerksamkeit herabgesetzt. Kranke können infolgedessen am Anfang einer Untersuchung noch verhältnismäßig gute und zutreffende Antworten geben, um dann nach kurzer Zeit in ihrer Aufmerksamkeit und Zuwendung nachzulassen, so daß dann ein Gespräch kaum noch möglich sein kann.

Die Affektivität zeigt häufig Veränderungen im Sinne des Euphorischen. Den Kranken macht es kaum etwas aus, daß sie viele Antworten nicht zu geben vermögen. Sie sind auch durch ihre Hilflosigkeit nur wenig, vor allem aber nicht nachhaltig beeindruckt. Bei anderen herrscht nicht eine solche stabile Stimmungslage vor, sondern das Gegenteil, sie reagieren auf geringe Anlässe sehr stark in die eine oder andere Richtung, beginnen zu weinen, um dann auf ein freundliches Wort hin wieder zu lachen (Affektlabilität). Diese Veränderungen der Stimmungslage sind nicht nachhaltig. Seltener sind dauerhafte, ins Depressive gehende Veränderungen der Stimmungslage. In selteneren Fällen können affektive Verstimmungen auftreten, die manischen oder depressiven endogenen Psychosen stark ähneln. Der wesentliche Unterschied ist in der Regel der klinisch faßbare Antriebsmangel chronischer symptomatischer Psychosen. Etwas Ähnliches gilt für paranoidhalluzinatorische Bilder, die sehr vielfältig sein können. Es kann somit auch bei chronischen symptomatischen Psychosen diagnostische Schwierigkeiten zu den endogenen Psychosen hin geben. Die Störung des Antriebsmangels ist dabei viel besser durch fremdanamnestische Angaben oder die Beobachtung des Verhaltens des Kranken auf der Station zu erkennen als in der unmittelbaren Untersuchungssituation.

Bei chronischen symptomatischen Psychosen spielt, ebenso wie bei den bleibenden Störungen, auf die wir unten zurückkommen, die Lokalisation der geschädigten Hirnabschnitte eine entscheidende Rolle. Krankheitsprozesse, die sich im Schläfenlappen entwickeln, führen zu anderen Symptomen als solche im Stirnhirn. Bei der progressiven Paralyse, bei welcher sowohl Rindenregionen vom Stirnhirn und Schläfenlappen zugleich mit subcorticalen Zentren betroffen sind, werden am häufigsten psychotische Episoden mit Wahnbildung sowie maniformen und depressiven Syndromen beobachtet. Auch bei heredodegenerativen Erkrankungen, etwa der hepatolenticulären Degeneration, kommen psychopathologische Bilder vor, die sich kaum von denen endogener Psychosen unterscheiden lassen. Bei genauer Prüfung findet man zusätzlich Leistungsmängel der Sprache, des Erkennens und des Handelns. Insgesamt sind also chronische symptomatische Psychosen in ihrer Psychopathologie uncharakteristischer als akute symptomatische Psychosen. Die Diagnostik chronischer symptomatischer Psychosen ist mit zahlreichen Schwierigkeiten behaftet. Wenn eine offensichtlich schwere körperliche Krankheit vorliegt, etwa eine Niereninsuffizienz oder eine schwere Thyreotoxikose, ist die Diagnostik und die Zuordnung psychopathologischer Phänomene leicht. Auch dann, wenn etwa im Rahmen einer Hirnerkrankung deutliche neurologische Befunde zu erheben sind (Lähmungen, Gesichtsfeldstörungen, epileptische Anfälle), fällt es nicht schwer, begleitende psychische Störungen als Ausdruck des Grundleidens zu werten. Es gibt aber zahlreiche Erkrankungen und Schädigungen des Gehirns, die weder mit ausgeprägten somatischen Befunden noch neurologischen Abweichungen einhergehen und sich praktisch nur in psychischen Störungen zeigen. Zusätzliche Untersuchungen wie die des Liquors oder Röntgenuntersuchungen (Computer-Tomographie, Kontrastmitteldarstellung von Hirngefäßen) führen manchmal erst zum Nachweis der hirnorganischen Erkrankung. Daraus ergibt sich, daß hirnorganische psychische Störungen als Ausdruck einer chronischen symptomatischen Psychose unter Umständen auch schwer von einer hirnorganischen Wesensveränderung abzugrenzen sind. Zur Diagnose einer Psychose gehört das Prozeßhafte. Bei der Wesensveränderung dagegen handelt es sich um einen Dauerzustand, der höchstens belastungsabhängige Intensitätsschwankungen aufweist. Das EEG kann bei chronischen symptomatischen Psychosen unverändert bleiben, da mit seiner Hilfe nur Vigilanzstörungen nachzuweisen sind, natürlich abgesehen von Herdbefunden bei umschriebenen Hirnschädigungen. Für die Diagnose einer chronischen symptomatischen Psychose sind anamnestische Angaben, vor allem Beobachtungen der Umgebung, von besonderer Bedeutung. So weisen auf solche Störungen hin Versagen bei der gewohnten Tätigkeit, Vernachlässigung der Körperpflege, zunehmende Rücksichtslosigkeit, Aufgeben von Liebhabereien, Gefühlsverarmung, Versagen des Gedächtnisses bei besonderen Anforderungen, affektive Reizbarkeit, Nachlassen der schöpferischen Leistungen und zu der früheren Persönlichkeit nicht recht passende Verhaltensweisen.

Für die chronischen symptomatischen Psychosen sind verschiedene Ausdrücke im Gebrauch, je nachdem, welche Komponente des klinischen Bildes oder der zugrundeliegenden Störung ins Auge gefaßt wird. Eingebürgert hat sich der von E. *Bleuler* geprägte Ausdruck psychoorganisches Syndrom. Heute wird meist von einem organischen Psychosyndrom gesprochen. Richtiger wäre die Bezeichnung hirnorganisches Psychosyndrom. Andere sprechen vom amnestischen Psychosyndrom, da klinisch die Störungen des Gedächtnisses oft im Vordergrund stehen und vor allem sehr leicht zu erkennen und zu untersuchen sind. Das Gleiche ist mit dem Ausdruck *Korsakow*-Syndrom gemeint. *Korsakow* beschrieb ursprünglich ein Bild, das als Folge des chronischen Alkoholismus auftreten kann, nämlich die Kombination einer Polyneuropathie mit Gedächtnisstörungen. Da bei der Mehrzahl der chronischen symptomatischen Psychosen keine Polyneuropathie vorliegt, spricht man von einem *Korsakow*-Syndrom und meint damit vor allem die Störungen der Merkfähigkeit und des Altgedächtnisses.

M. *Bleuler* schlägt selbst vor, daß es klarer wäre, von einem hirndiffusen Psychosyndrom zu sprechen. Dem liegt die Vorstellung zugrunde, daß bei chronischen symptomatischen Psychosen das ganze Gehirn mehr oder weniger gleichmäßig betroffen ist. Er stellt dem das von ihm sogenannte hirnlokale Psychosyndrom gegenüber (s. u.). Er fügt aber selbst hinzu, daß er nicht recht wage, diesen Ausdruck vorzuschlagen, da unsere Kenntnisse über die Beziehungen zwischen Hirnpathologie und Psychopathologie zu mangelhaft seien. Auf den von *Wieck* geprägten Ausdruck Durchgangssyndrom wurden oben bereits hingewiesen.

Auch bei den chronischen symptomatischen Psychosen kann die zugrunde liegende Ursache (körperliche Krankheit oder Hirnkrankheit) nicht auf Grund des psychopathologischen Bildes erkannt werden.

Das klinische Bild der Demenz, bei der im Gegensatz zur chronischen symptomatischen Psychose kein Krankheitsprozeß mehr vorliegt, sondern ein Dauerzustand eingetreten ist, entspricht dem der chronischen symptomatischen Psychose. Neurologische Befunde, etwa Pupillenstörungen, können auf die Genese der Demenz hinweisen. Der von *Bleuler* geprägte Ausdruck hirnorganisches Psychosyndrom enthält keinen Hinweis darauf, ob es sich um eine Psychose, also um eine prozeßhafte Veränderung oder um einen Dauerzustand handelt. Dies gehört zum Wesen eines Syndroms. Dieses sollte darum nicht mit einer Krankheitseinheit gleichgesetzt werden. Die unterschiedliche Ausprägung der Demenz entspricht in etwa den verschiedenen Schweregraden der klinischen Bilder der chronischen symptomatischen Psychosen. Eine Sonderstellung nehmen in diesem Zusammenhang leichte bleibende Veränderungen ein, die als Hirnleistungsschwäche bezeichnet werden. Dieser Begriff wird allerdings vornehmlich auf die Folgen von bleibenden Veränderungen nach Schädelhirntraumen verwendet. *Cl. Faust* charakterisiert die Hirnleistungsschwäche folgendermaßen: »Belastungsabhängige Konzentrationsschwierigkeiten, Nachlassen des affektiven Tonus, vermehrte Schreckhaftigkeit, Schwankung der Stimmung mit Neigung zu mißmutiggereizter Reaktion sind ebenso charakteristisch wie Schwankungen des Antriebes, der Zuwendung, der Aufmerksamkeit und der affektiven Steuerung. Vegetatives und Psychisches ist in solchen Fällen sehr eng verflochten. Die subjektiven Befindungsschwankungen sind eng verknüpft mit den Durchblutungsverhältnissen des Gehirns, die ihrerseits durch Belastung psychischer oder sonstiger Art fehlgesteuert werden können, und die auch von innen her durch Verarbeitungsschwierigkeiten aktueller Konflikte in beiden Teilbereichen beeinflußt werden. Auch überstarke Anspannungen können in der Entlastungssituation zu heftigen, ungesteuerten Entgleisungen im vegetativen und affektiven Bereich führen. Schlafentzug, summierende Reizfaktoren sensorischer Art, Temperaturschwankungen und Witterungsumschläge können das unterminierte Gleichgewicht vollends zur Dekompensation bringen. Bei allen diesen genannten Schwankungen der adäquaten Reaktionsfähigkeit auf innere und äußere Situationen bleibt die persönliche Eigenart unversehrt. Die Schwankungen selbst können in sehr unterschiedlichen graduellen Abstufungen zu verschiedenen Zeiten wechselnd in Erscheinung treten. Die meisten traumatisch Geschädigten berichten von »guten« und »schlechten«

Tagen. Sie können unter Umständen in ihren guten Tagen voll leistungsfähig und gänzlich unauffällig sein. Die richtige Beurteilung ergibt erst ein zeitlicher Längsschnitt. Dieses Syndrom stellt, isoliert betrachtet, ein sehr unspezifisches Krankheitsbild dar. Die individuelle Kompensierbarkeit ist sehr verschieden. Unspezifische, sich summierende und kumulativ wirkende Reize, die entweder den vegetativen oder psychischen Anteil überstark belasten, können Restitution und Kompensierbarkeit hintanhalten.«

Das Syndrom der Hirnleistungsschwäche ist sehr unspezifisch und kann bei zahlreichen internen Erkrankungen als Begleitsymptom beobachtet werden. Zu den geschilderten psychischen Veränderungen kommen labile Kreislaufverhältnisse, Grundumsatzschwankungen, Überempfindlichkeit gegen Witterungseinflüsse, Schlafstörungen und vermehrtes Schwitzen, lageabhängige Kopfschmerzen und Schwindelerscheinungen, Alkohol- und Nikotin-Intoleranz.

Bleuler bezeichnet die Hirnleistungsschwäche im Gegensatz zu dem hier Gesagten als »leichte Form des organischen Psychosyndroms«. Mit dieser Umschreibung kommt die Besonderheit der Hirnleistungsschwäche, vor allem daß die Persönlichkeit unberührt ist, nicht zum Ausdruck.

Der Begriff hirnorganische Wesensveränderung wird ebenfalls nicht von allen in gleicher Weise verstanden. *Bleuler* definiert ihn folgendermaßen: »Zustand bei Verflechtung eines leichten organischen Psychosyndroms mit den psychoreaktiven Persönlichkeitsveränderungen im Zusammenhang mit dem Krankheitserleben«. Andere sehen darin neuropsychologische Störungen, die nicht spezielle Fähigkeiten betreffen, sondern eben das Wesen bzw. die Persönlichkeit des Betroffenen. Von besonderer Bedeutung sind in diesem Zusammenhang Schädigungen des hochfrontalen Stirnhirns und des Orbitalhirns sowie der Schläfenlappen. K. *Kleist* nannte als grundlegende Störung hochfrontaler Schäden einen Antriebsmangel (1911). Dabei ist vor allem das tätige Denken geschwächt. Neben der formalen Änderung der Denkvorgänge kommt es auch zu inhaltlichen Mängeln der Denkergebnisse, der Denkprozeß verläuft abgekürzt und vereinfacht. Es wird nicht zu Ende gedacht und es werden Zwischenglieder weggelassen. Perseverationsneigung und Dürftigkeit der Aussage bei Schilderung eines Sachverhaltes sind charakteristisch für die hochfrontalen Stirnhirnschäden. Der Antriebsmangel bezieht sich vor allem auf einen Verlust an Eigenantrieb bei erhaltener Fremdanregbarkeit (K. *Beringer,* 1941 u. 1943). Diese Symptomatik wird leider oft nicht richtig gesehen, geschweige denn zutreffend beurteilt. Bei psychologischen Testungen wird oft vergessen, daß ein Stirnhirngeschädigter die geforderten Leistungen wie ein Gesunder vollbringen kann, wenn der Untersucher den fehlenden Eigenantrieb ersetzt. Daß aber der Wegfall des Eigenantriebs keine Leistungen zuläßt und damit ein Versagen beim Bewältigen der Erfordernisse des Tages hervorruft, wird nicht genügend beachtet. Man kann sagen, die Werkzeuge intellektuellen Verhaltens stehen zur Verfügung, sie werden aber aus Antriebsmangel nicht eingesetzt. Die mit dem Antriebsmangel gegebene Schwierigkeit, eine Tätigkeit zu beginnen und zu Ende zu führen, wirkt sich im täglichen Leben durch Vernachlässigung der Kleidung, der Körperpflege, regelmäßiger Nahrungsaufnahme usw. aus. Hinzu kommt eine pathologische Unbekümmertheit und Sorglosigkeit bis hin zu echten euphorischen expansiven Bildern. Die Betreffenden haben kein subjektives Krankheitsgefühl.

Umschriebene Schädigungen des Orbitalhirns führen zu tiefgreifenden Persönlichkeitsveränderungen, die allerdings oft schwer zu erkennen sind. Auffällig ist eine Neigung zu verletzenden und aggressiven Äußerungen im schnoddrigen oder auch witzelnden Ton, eine gewisse Distanzlosigkeit und eine Neigung, in Gesprächen rasch vom Thema abzuspringen. Aus den dadurch eintretenden Schwierigkeiten in den zwischenmenschlichen Beziehungen lernen die Geschädigten nicht. Derartiges ist in der Untersuchungssituation oft schwer zu erkennen, da die so Geschädigten schlagfertig, wenig ermüdbar, beweglich und umstellfähig erscheinen. Sie bringen keine Beschwerden vor und halten sich subjektiv für gesund. Von den Angehörigen dagegen erfährt man nicht selten von erstaunlichen Entgleisungen. Die Betreffenden fallen durch eine gewisse Enthemmung und Bedenkenlosigkeit auf und nehmen es mit der Darstellung des eigenen Lebens nicht sehr genau. Sie neigen zu kriminellen Entgleisungen, kurzschlüssigen Gewaltakten mit Körperverletzung sowie zu Verschuldung, Verwahrlosung und Landstreicherei.

Orbitalhirn und basale Anteile der Temporallappen stellen nach H. *Spatz* eine Funktionseinheit dar, so daß basale Schädigungen der Schläfenlappen ähnliche psychopathologische Bilder erzeugen wie frontobasale Schäden. Gemütskälte, triebhafte Enthemmung, Aggressivität, antisoziale Tendenzen sowie mangelnde Selbstwahrnehmung für ihr Leistungsvermögen und für die Bedeutung der eigenen Person und deren Stellung innerhalb der Gesellschaft finden sich in beiden Fällen.

Die geschilderten Veränderungen stellen sich auch ein, wenn das zugehörige Mark des Gehirns und damit die Projektionsbahnen der Rindenfelder geschädigt sind. Dies dürfte einer der wesentlichen Gründe dafür sein, daß *Bleuler* die Spezifität der Schädigungen der genannten Hirnrindenregion bezweifelt. Er führt dazu aus, daß man zunächst gemeint habe, spezifische Spätfolgen der Encephalitis lethargica als Hirnstammsyndrom beschreiben zu können. Nach und nach seien aber auch psychische Störungen bei anderen umschriebenen Hirnschädigungen als im Stammhirn in größerer Zahl bekanntgeworden, so namentlich von solchen bei Stirnhirnschädigungen. Man habe sie als psychopathologische Stirnhirnsyndrome zusammengefaßt, sei aber dann erstaunt gewesen, als sich herausgestellt habe, daß die Beschreibungen beider sich weitgehend deckten. Die Psychopathologie von zerebralen Herdstörungen noch anderer Lokalisation sei erst ungenügend bekannt, soweit wir aber wüßten, decke sie sich ebenfalls weitgehend mit den Psychosyndromen, die bei Hirnstamm- und Stirnhirnschädigungen gefunden worden seien. Er folgert daraus, daß die chronischen Psychosyndrome bei lokalisierten Hirnschädigungen, soweit unser heutiges Wissen reiche, unter sich ähnlich seien, ganz unabhängig davon, wie sie lokalisiert sind. Man könne darum »von einem gemeinsamen symptomatologischen Rahmen aller hirnlokalen Psychosyndrome sprechen oder ihn einfacher als das hirnlokale Psychosyndrom bezeichnen«. Das hirnlokale Psychosyndrom ist durch Störungen des Antriebs und der Affektivität bei völligem oder weitgehendem Erhaltensein der intellektuellen Funktionen gekennzeichnet. Insbesondere zeigt es auch keine Störungen des Gedächtnisses und der Merkfähigkeit, unterscheidet sich also vom »hirndiffusen« organischen Psychosyndrom und der Demenz, obwohl letztere Züge der Stirnhirn- bzw. Schläfenlappensyndrome zeigen. Da sowohl das »hirndiffuse« wie das »hirnlokale« organische Psychosyndrom die Persönlichkeit mehr oder minder stark betreffen, unterscheiden sich beide von der oben geschilderten Hirnleistungsschwäche.

Eine Sonderform der chronischen symptomatischen Psychose stellt das von E. *Kretschmer* beschriebene apallische Syndrom dar. Dank der modernen Intensivmedizin überleben heutzutage nicht wenige Kranke, die sich längere Zeit in einem tiefen Koma befunden haben. Wenn die Kranken dies überleben, stellt sich ein Zustand ein, in dem gleichsam nur die vegetativen Funktionen erhalten sind. Der Kranke wirkt wach, liegt mit offenen Augen da. Der Blick gleitet, ohne sich auf etwas zu fixieren, hin und her. Die Kranken können nicht sprechen, können ihre Umgebung oder Gegenstände nicht erkennen und auch keine erlernten Bewegungsabläufe durchführen. Das Schlucken dagegen ist erhalten. Oft lassen sich der Saug- und Greifreflex auslösen. Man bezeichnet diesen Zustand auch als Koma vigile.

Alle geschilderten psychischen Störungen, die akuten oder chronischen symptomatischen Psychosen sowie die bleibenden Folgen haben eines gemeinsam: Es ist nicht möglich, allein aufgrund der psychischen Veränderungen zu sagen, welche Ursachen sie hervorgerufen haben. Die Ursachen kann man in acht Gruppen unterteilen. Sie führen, wenn es sich um Gifte, Infektionen, um Wirkstoffmängel und Unterbrechung von Blutzufuhr handelt, ebenso wie Traumen, bei genügender Intensität der Einwirkung bei jedem Menschen zu psychotischen Erscheinungen. Die Noxen im einzelnen sind:
– Traumen (mechanisch-physikalisch, elektrisch, Strahleneinwirkung) oder operative Eingriffe am Gehirn,
– Durchblutungsstörungen (Unterbrechung der Blutzufuhr durch Verschluß von das Gehirn versorgenden Arterien infolge von Thromben oder Embolien),
– raumverdrängende Prozesse (Tumoren, Metastasen, Abzesse, Zysten, Parasiten, Massenblutungen),
– Wirkstoff- und Sauerstoffmangel (Hypoxie, Höhenkrankheit, akuter Blutverlust, schwere Anämie, Vitaminmangelzustände),
– Infektionen (bakteriell, Viren),
– Intoxikationen, entweder von außen kommend (Alkohol (ICD-Nr. 291), Schlafmittel, Narkosemittel, Insektizide, Drogen (ICD-Nr. 292), Halluzinogene (ICD-Nr. 292.2) oder im Körper entstehende (Urämie, Leberversagen, hormonelle Störungen, diabetische Stoffwechselstörungen),
– heredodegenerative Abbauprozesse (präsenile Demenzen, senile Demenzen, Chorea Huntington, hepatolenticuläre Degeneration),
– Zusammenwirken verschiedener Noxen im Wochenbett.

Die klinische Diagnostik muß also in zwei Schritten vorgehen. Zunächst muß das psychopathologische Bild genau untersucht und erfaßt und dann die ihm zugrundeliegende Ursache geklärt werden.

Die Therapie ist vornehmlich auf die zugrundeliegenden Störungen gerichtet. Es können zusätzliche Maßnahmen wie Ausgleich des Wasser- und Elektrolythaushaltes, Bekämpfung von Fieberzuständen sowie des Hirnödems hinzukommen. Eine besondere Schwierigkeit stellt die nicht selten notwendige medikamentöse Beruhigung dar. Diese kann erforderlich werden, um diagnostische und therapeutische Maßnahmen durchzuführen. Die Beruhigungsmittel selbst haben aber auch die Potenz, symptomatische Psychosen hervorzurufen: Dies kann besonders dann der Fall sein, wenn mehrere Noxen gleichzeitig wirksam werden. Wesentlich ist, möglichst kurzwirkende Mittel anzuwenden, da Mittel mit langen Halbwertzeiten bei schlechtem Allgemeinzustand oft nur sehr langsam ausgeschieden werden und dadurch das gegebene Krankheitsbild komplizieren können. Dies gilt insbesondere für die Neuroleptika sowie die Mehrzahl der Schlaf- und Beruhigungsmittel. Sedierende Mittel dürfen zudem nur in der unbedingt nötigen Menge gegeben werden, um das Krankheitsbild nicht zu verschleiern. Es ist stets zu bedenken, daß die zugrundeliegende Krankheit fortschreiten und zur Bewußtlosigkeit führen kann, die ggf. von der Sedierung schwer oder gar nicht zu unterscheiden ist. Außerdem können sich Komplikationen einstellen, die unter der Sedierung schwer oder nicht erkennbar sind.

Besonders hingewiesen sei auf das Folgende: Die Kranken mit akuten oder chronischen symptomatischen Psychosen oder bleibenden Folgezuständen setzen sich stets mit den bei ihnen eingetretenen krankhaften Veränderungen auseinander. Ihr Zustandsbild ist, mit anderen Worten, nicht allein von dem Krankheitsgeschehen geprägt, wenn man von extremen Zuständen absieht. Bei der Auseinandersetzung spielt die Art der betroffenen Persönlichkeit sowie die Art der Störung und die durch diese modifizierte Möglichkeit der Auseinandersetzung eine Rolle. Das Zustandsbild darf also nicht kurzschlüssig auf einen Nenner gebracht werden. Bei den Auseinandersetzungen des Kranken mit den bei ihm eingetretenen Veränderungen spielt auch der Zeitfaktor eine oft nicht genügend beachtete Rolle. Es dauert häufig längere Zeit, bis der Kranke wahrnimmt, daß eine bleibende Behinderung eingetreten ist und keine Hoffnung auf Besserung besteht. Deswegen kommt es nach Wochen oder Monaten zu schweren psychischen Krisen, in denen die Betreffenden dringend der Hilfe bedürfen. Aber auch bei akuten und subakuten symptomatischen Psychosen sind die Kranken nicht vollständig von dem Verhalten der Umgebung abgeschnitten. Sie spüren die Anwesenheit und Zuwendung ihrer Umgebung sehr wohl. In nicht wenigen Fällen werden hierdurch sedierende Maßnahmen überflüssig. Die Betreuer müssen aber auch bedenken, daß die Kranken, vor allem bei akuten symptomatischen Psychosen, die Umgebung und damit auch die Betreuer verkennen können und sie aus solchen Gründen ablehnen. Dies darf nicht persönlich genommen werden. Es hat unter solchen Umständen auch keinen Sinn, dem Kranken zuzureden. Man wird sich eher zurückziehen und versuchen, ob ein anderer Betreuer einen besseren Zugang zum Kranken findet. Es ist eine besondere, oft unterschätzte Kunst des Pflegepersonals, mit solchen Kranken umzugehen. Dieses erfordert großen Einsatz und auch viel Zeit. Entsprechendes ist für chronische symptomatische Psychosen zu sagen, bei denen eine psychotherapeutische Behandlung im engeren Sinne nicht möglich ist. Auch sie bedürfen ständiger Zuwendung, für die sie in der Regel sehr dankbar sind. Die Versorgung solcher Kranker darf sich keineswegs in der körperlichen Pflege erschöpfen. Wesensveränderte bedürfen einer langzeitigen begleitenden Betreuung und oft auch Führung. Aufdeckende psychotherapeutische Verfahren sind bei ihnen allerdings ganz ungeeignet. Wenn die Betreffenden wissen, daß sie einen zuverlässigen Betreuer und Begleiter haben, kann dies für sie selbst und vor allem auch für ihre Umgebung oft eine unschätzbare Hilfe bedeuten. Die Betreuer selbst müssen allerdings viel Geduld aufbringen und in der Lage sein, Enttäuschungen hinzunehmen, ohne zu resignieren. Insgesamt erfordert somit die psychotherapeutische Betreuung (im weitesten Sinne) symptomatischer Psychosen und geistiger Behinderungen sehr viel Geschick und Zeit.

7.2 Schizophrene Psychosen (ICD Nr. 295)

Wesen und Konzepte

Unter schizophrenen Psychosen werden heute im Internationalen Diagnosenschlüssel eine Gruppe endogener Psychosen verstanden und zusammengefaßt, die in unterschiedlicher Intensität folgende Symptome aufweisen können: tiefergehende Persönlichkeitsstörung, formale und/oder inhaltliche Denkstörungen, Vorstellungen, von fremden Kräften kontrolliert zu werden, Wahnideen und/oder Wahnsysteme, gestörte Wahrnehmung, abnorme Affektäußerungen, die mit der tatsächlichen Situation nicht übereinstimmen, Autismus. Vorausgesetzt werden ein klares Bewußtsein (voll erhaltene Vigilanz) und zunächst noch erhaltene intellektuelle Fähigkeiten. Das heißt, Vigilanzstörungen wie bei symptomatischen Psychosen sowie hirnorganische Abbauprozesse müssen ausgeschlossen sein, wie auch keine organische

Genese der beobachteten psychischen Veränderungen bekannt sein darf.

Um zu begreifen, wie es zu der scheinbar ungeordneten Zusammenfassung psychopathologischer Phänomene ohne Kenntnis ihrer Ursache oder Pathogenese unter einem Oberbegriff »schizophrene Psychosen« gekommen ist, sollen einige Entwicklungslinien des heutigen Schizophreniekonzeptes nachgezeichnet werden.

Die Krankheitsvorstellungen der Psychiatrie des ausgehenden 19. Jahrhunderts wurden entscheidend erweitert durch den Versuch *Emil Kraepelins* (1856–1926), eine theoretisch wie praktisch gleichermaßen brauchbare Systematik psychischer Krankheiten zu erarbeiten. Grundlage des neuen Klassifikationsschemas war die naturwissenschaftliche Hypothese seiner Zeit, psychopathologische Phänomene mit hirnpathologischen Veränderungen kausal aufeinander beziehen und damit ein hirnorganisches Substrat mit der zugehörigen psychopathologischen Veränderung korrelieren zu können. Eine solche Hypothese basierte auf der Ursachenlehre psychischer Krankheiten seiner Zeit, mit der eine Angliederung der Psychiatrie an die somatische Medizin unter naturwissenschaftlichen Kriterien möglich werden sollte. Die Einführung der Begriffe »endogen« und »exogen«, die *Kraepelin* von *Paul Möbius* (1853–1907) übernahm, ließ zwei grundsätzlich mögliche Verursachungen zu: *endogene* Psychosen konnten von *exogenen* (heute symptomatischen) Psychosen unterschieden werden. Für die Annahme endogener Psychosen galt, daß eine körperliche Verursachung (exogene Genese) ausgeschlossen werden mußte, eine Voraussetzung, die später auch für psychogen entstandene Krankheiten gültig wurde und heute noch gültig ist.

Eine zweiter Denkschritt *Kraepelins* galt dem *Verlauf* der diagnostizierten endogenen psychischen Erkrankung. Er stellte die Frage, welche Formen endogener Psychosen in unheilbare Endzustände übergehen und welche als heilbar anzusehen sind. Heute als schizophrene Psychosen bezeichnete Formen waren für *Kraepelin* Erkrankungen, die in unheilbare Endzustände übergehen, manisch–depressive Erkrankungen wurden als heilbar angesehen. Damit spaltete *Kraepelin* die endogenen Psychosen in zwei Formenkreise auf, nämlich den der schizophrenen Erkrankungen und den der manisch–depressiven Erkrankungen. *Kraepelin* sprach aber noch nicht von schizophrenen Erkrankungen. In der vierten Auflage seines Lehrbuches für Psychiatrie faßte er vielmehr 1893 die schon vor ihm so benannte »Dementia praecox« (in nahezu gleicher Bedeutung mit der damaligen Hebephrenie) mit den Krankheitsformen Katatonie (*Karl Kahlbaum*, 1874) und Dementia paranoides (Wahnsinn und Verrücktheit) als psychische Entartungsprozesse zusammen. Erst in der sechsten Auflage 1899 erhob er den Terminus »Dementia praecox« zum Oberbegriff über Hebephrenie, Katatonie und Dementia paranoides und trennte auch diese von den manisch-depressiven Erkrankungen ab. *Kraepelin* wählte die Bezeichnung Dementia praecox, »weil sie nichts weiter enthielt, als die üble Prognose und die Entwicklung des Leidens im jugendlichen Alter«. (Fragestellungen der klinischen Psychiatrie. Zbl. Nervenheilk. 28, 573–579, 1905, hier: S. 573). Zur besseren Abgrenzung endogener Psychosen führte *Kraepelin* neben der Akzentuierung der Genese Verlaufskriterien ein, wobei diejenigen Krankheitsformen, die unter der Einheit Dementia praecox zusammengefaßt wurden, gleichbedeutend mit schlechter Prognose, d. h. mit Übergang in unheilbare Endzustände waren. Hingegen wurde das manisch–depressive Irresein als zweiter Formenkreis endogener Psychosen mit einer günstigeren Prognose belegt.

Die Diskussion um einen Schizophrenie–Begriff beginnt, als *Eugen Bleuler* (1854—1939) 1908 in seinem Referat vor der Jahresversammlung des Deutschen Vereins für Psychiatrie *Kraepelins* Begriff der Dementia praecox durch den Begriff »Schizophrenie« ersetzte. Es handelte sich lediglich um eine neue Begriffsbildung, die theoretischen und klinischen Konzepte der Dementia praecox gingen nahtlos auf die Schizophrenie über. *Bleuler* rechtfertigte 1911 in seinem berühmten Handbuchbeitrag »Dementia praecox oder Gruppe der Schizophrenien« die Umbenennung folgendermaßen: »Ich nenne die Dementia praecox Schizophrenie, weil, wie ich zu zeigen hoffe, die *Spaltung* der verschiedensten psychischen Funktionen eine ihrer wichtigsten Eigenschaften ist. Der Bequemlichkeit halber brauche ich das Wort im Singular, obschon die Gruppe wahrscheinlich mehrere Krankheiten umfaßt« (1911, 5). Mit der Zusammenordnung typischer schizophrener Symptome und typischer Krankheitsverläufe zu *schizophrenen Psychosen* stellte sich gleichzeitig die Frage nach einer möglichen *»schizophrenen Grundstörung«* als einem gemeinsamen Kriterium aller schizophrenen Psychosen. *Bleuler* nahm an, daß die von ihm sogenannten »Grundsymptome« durch die schizophrene Störung der Assoziationen, der Affektivität und des Autismus gebildet würden. Assoziationsstörungen, gestörte Affektivität und Ambivalenz gehörten für *Bleuler* zu Grundsymptomen *einfacher* psychischer Funktionen, währenddessen Autismus und Aufmerksamkeitsstörungen, Willens- und Intelligenzstörungen sowie Störungen im Handeln und Verhalten als Grundsymptome *zusammengesetzter* psychischer Funktionen verstanden wurden. Von diesen Grundsymptomen trennte *Bleuler* »akzessorische Symptome« ab. Hierzu gehörten Sinnestäuschungen, Wahnideen, Veränderungen der Person (in späteren Jahren sind letztere, zusammengefaßt mit Autismus, als Persönlichkeitsveränderungen den Grundsymptomen zugeordnet worden!), Veränderungen der Sprache und der Schrift sowie die Veränderung körperlicher Funktionen in Form katatoner Symptome (Katalepsie, Stupor, Hyperkinesen, Stereotypien, Manirismen, Negativismen, Befehlsautomatien, Echopraxie, Impulsivität). Obwohl *Bleuler* von *Kraepelin* weitgehend die Einteilungskriterien endogener Psychosen übernahm, galt sein hauptsächliches Interesse der psychopathologischen Differenzierung schizophrener Symptome und deren Strukturzusammenhang. Seinen Überlegungen hat sich – wenn auch aus anderer Richtung her argumentierend – später *Kurt Schneider* (1887–1967) angeschlossen. Auch *Kurt Schneider* vertrat seit 1924 einen psychopathologisch definierten Schizophrenie-Begriff, in dem aber nur das als »Krankheit« erschien, was »auf krankhafte Organprozesse zurückzuführen ist«, d. h. mit einer Ätiologie auf organischer Basis zu korrelieren war. Für *Schneider* galt, daß schizophrene Psychosen psychische Krankheiten sind, deren krankhafte Organprozesse *noch nicht* bekannt, aber unter

allen Umständen vorauszusetzen waren. Ein zumindest vorläufig erklärter Verzicht auf die körperliche Begründbarkeit endogener schizophrener Psychosen legitimierte die daraus folgende Überbewertung von nur symptomatologisch geordneten psychopathologischen Kriterien, mittels derer schizophrene Psychosen durch *Symptome ersten und zweiten Ranges* näher einzugrenzen waren. Als *Symptome ersten Ranges* wurden Gedankenlautwerden, Hören von Stimmen in Rede und Gegenrede, Hören von Stimmen, die das eigene Tun begleiten, leibliche Beeinflussungserlebnisse, Gedankenentzug und andere Gedankenbeeinflussungen, Gedankenausbreitung, Wahnwahrnehmung und alles von anderen Gemachte und Beeinflußte auf dem Gebiet des Fühlens, Strebens, der Triebe und des Willens bezeichnet. *Symptome zweiten Ranges* sind die übrigen Sinnestäuschungen, der Wahneinfall, die Ratlosigkeit, depressive und frohe Verstimmungen und erlebte Gefühlsverarmung. Wo die genannten Symptome ersten Ranges psychopathologisch eindeutig nachweisbar sind, war für *Kurt Schneider* und seine Schule die Diagnose einer schizophrenen Psychose gesichert, sofern eine körperliche Grunderkrankung ausgeschlossen wurde.

Neben und zusätzlich zu den Überlegungen *Kraepelins, Bleulers* und *Kurt Schneiders* wurden in der Schizophrenie-Forschung weitere Schwerpunkte erarbeitet: in Deutschland wurden durch *Gaupp* und *Kretschmer* erbbiologische und erbgenetische Forschungen durchgeführt, die eine Beziehung zwischen Körperbau und Persönlichkeitsentwicklung besonders bei der präpsychotischen Charakterstörung nachweisen sollten. *Rüdin* und *Luxenburger* entwickelten statistische Methoden zur Messung von Morbidität und Krankheitshäufigkeit in schizophrenen Familien und in der Durchschnittsbevölkerung, *Kleist* und *Leonhard* bemühten sich um neuartige nosologische Einteilungen schizophrener Erkrankungen und deren neuroanatomische Deutung. In Amerika wurden durch die Arbeiten von A. *Meyer* psychodynamische und soziologische Konzepte zur Deutung schizophrener Erkrankungen herangezogen.

Die von *Kraepelin* und *Kurt Schneider* vermutete *körperliche* Erkrankung Schizophrenie konnte bis heute nicht nachgewiesen, auch die von *Bleuler* für wahrscheinlich gehaltene Korrelation zwischen schizophrenen Grundsymptomen und einer körperlichen Grundstörung konnte nicht aufgedeckt werden. Alle weiteren pathologisch-anatomischen, pathophysiologischen, biochemischen, erbbiologischen, pathopsychologischen, soziologischen und anthropologischen Konzepte haben sich zur Erklärung psychopathologisch faßbarer schizophrener Symptome als unzureichend erwiesen, so daß zum jetzigen Zeitpunkt von einer sogenannten *multifaktoriellen Pathogenese* schizophrener Psychosen ausgegangen werden muß – eine Aussage, die die Unsicherheit aller Erklärungsversuche widerspiegelt.

Bestehengeblieben ist ein wesentlicher Teil des *Bleuler*schen Schizophrenie-Begriffes, nämlich, daß der Strukturzusammenhang der Persönlichkeit bei akuten schizophrenen Episoden und vor allem im Verlauf schizophrener Erkrankungen verlorengeht. Denken, Affektivität, Erleben und Verhalten können sowohl voneinander wie auch in ihrem Zusammenhang *gespalten* (griech. schizo = ich spalte, phren = Seele) sein. Der Schizophrenie-Begriff ist allerdings nicht standardisiert, er wird je nach psychiatrischer Schule und Land unterschiedlich weit gefaßt, jeweils abhängig von der Berücksichtigung symptomatologischer Merkmale, soziologischer Bedingungen, psychodynamischer Interpretation sowie Kriterien des Verlaufes.

Psychopathologische Symptomatik

Da bisher keine schizophrene Grundstörung einzugrenzen ist, kann sich die Diagnostik schizophrener Symptome mit einiger Berechtigung an den schon erwähnten Symptomen ersten und zweiten Ranges (*Kurt Schneider*) orientieren. Sicherer und verläßlicher ist allerdings die Orientierung an den einzelnen Ebenen des psychischen Befundes. Dabei muß berücksichtigt werden, daß wir uns niemals einzelnen psychischen Qualitäten nähern können, sondern seelisches Erleben und Verhalten in ihrer Ganzheitlichkeit betrachtet werden müssen. Dies gilt auch, wenn die Aufmerksamkeit im einzelnen mehr auf Denkprozesse oder Ich-Erlebnisstö-

rungen gelenkt wird. Die Berücksichtigung der Gesamtpersönlichkeit ist für die Diagnose einer schizophrenen Erkrankung immer unerläßlich.

Bewußtsein und *Orientierung* zu Raum, Zeit, Person und Situation sind intakt. Schizophrene Orientierungsstörungen im Raum, in der Person, in der Situation und in der Zeit weisen nicht auf ein eingeschränktes neuropsychologisches Differenzierungsvermögen hin, sondern sind eigentlich und im ursprünglichen Wortsinn Verkennungen bei voll erhaltener Vigilanz. Der Begriff »desorientiert« sollte von daher neuropsychologischen Ausfällen vorbehalten bleiben.

Das *äußere Erscheinungsbild* wird bei einem schizophren Erkrankten nur in den seltensten Fällen Abweichungen aufweisen. Verwahrlosung oder Nachlässigkeit in Bekleidung oder Körperpflege haben lediglich Hinweischarakter darauf, daß die Kranken entweder in ihren Gedanken derart eingeengt sind, daß sie auf Forderungen der Umwelt nicht mehr eingehen können, oder bedeuten einen Hinweis auf den größeren Anspruch ihrer geistigen Welt.

Sprache, Gestik und *Mimik* als Vermittler psychomotorischer Störungen ergeben hingegen schon wesentlich deutlichere Symptome. Sie werden *Ausdrucksstörungen* oder *psychomotorische Störungen* genannt. Hierzu rechnen bizarre Haltungen, Haltungsverharren, Bewegungsstereotypien, Automatismen, Erregungszustände und stuporös-mutistische Gebremstheit (*katatone Symptomatik*). Zugehörig sind auch Grimassieren oder inadäquate Begleitmimik oder -gestik. Psychomotorische Störungen werden als Ausdruck dafür angesehen, daß der schizophren Erkrankte auch auf der Ebene der Motorik seine Unangepaßtheit und einen autistischen Rückzug in seine Eigenwelt dokumentiert. Vorausgesetzt wird, daß die Gerichtetheit psychischer Vorgänge in ihrer Beziehungsnahme auf Menschen und Objekte auch auf der Ebene des Bewegungsablaufes in gleicher Weise gestört ist wie die Verarbeitung von Gefühlsinhalten.

Störungen der *Affektivität* und der *Stimmung* äußern sich vor allem in Form inadäquater Affektäußerungen, wie sie vom Beobachter wahrgenommen werden. Hier wird u. a. von Fehlen eines affektiven Kontaktes gesprochen. Gemeint ist die Unberechenbarkeit affektiver Reaktionsweisen. *Rümke* nannte ein befremdendes Erleben, das man beim Kontakt mit einem schizophren Erkrankten hat, »Praecox-Gefühl«. Er verstand darunter die subjektive Reaktion des gesunden Menschen auf das Fehlen eines adäquaten affektiven Rapports oder auf die Unsicherheit bei der Kontaktaufnahme mit schizophrenen Patienten, vor allem wenn selbstverständliche und vom Beobachter erwartete affektive Reaktionen ausbleiben. Eine verminderte emotionale Ansprechbarkeit mit einer eingeschränkten affektiven Modulationsfähigkeit sind durch verschiedene Bezeichnungen charakterisiert worden: affektive Versandung (*Bleuler*), Athymie (*Cerletti*), psychische Ataxie (*Stransky*), Verlust des energetischen Potentials (*Conrad*). Affektivitätsstörungen stehen bei schizophrenen Erkrankungen niemals im Vordergrund der Symptomatik, können aber zwingende Folgeerscheinung von inhaltlichen Denkstörungen (Wahn) oder Ich-Störungen sein. Unter »Spaltung« der affektiven Reaktionen verstand *Bleuler* einerseits die Aufspaltung in ihre einzelnen Komponenten (sprachlich, motorisch, neurovegetativ), aber auch den Verlust der Einheitlichkeit im Ausdruck.

Unter *Autismus*, einer besonderen Form schizophrener Affektstörung, verstehen wir Abkehr und Rückzug von allen menschlichen Beziehungen und Aufbau eines unabhängigen Eigenerlebens, an dem andere keinen Anteil haben. *Bleuler* hatte von »Loslösung von der Wirklichkeit zusammen mit dem relativen oder absoluten Überwiegen des Binnenlebens« gesprochen und den Autismus als ein für Schizophrenie typisches Symptom angesehen. Der Begriff wurde in späteren Jahren weiter gefaßt und im Sinne von Selbstbezogenheit (autistischer Rückzug) auch bei anderen Erkrankungsformen, wie Neurosen und hirnorganischen Störungen, beobachtet.

Den *schizophrenen Denkstörungen* ist lange Zeit besondere Beachtung geschenkt worden, in der Hoffnung, im Bereich des Denkens eine typische und primäre schizophrene Grundstörung erkennen und belegen zu können. *Bleuler* faßte unter dem Begriff der *Zerfahrenheit* eine assoziative Lockerung der formalen Denkvorgänge zusammen, die nicht nur im Zerfall logi-

scher und normalpsychologisch zu erwartender Denkzusammenhänge bestand, sondern auch zu Begriffszerfall und Wortneuschöpfungen (Neologismen) führen sollte. Wiederum unter dem übergeordneten Gesichtspunkt der »Spaltung« von Denken, Affekt und Erleben sollten der Denkzerfahrenheit die schizophrene Erlebnisstörung mit Ausbildung von Wahn und Halluzinationen sowie die Affektstörung und die psychomotorische Ausdrucksstörung entsprechen.

Mit *schizophrener Erlebnisstörung* sind vor allem die psychischen Symptome des Ich-Verlustes, der Ich–Spaltung und des Persönlichkeitszerfalles gemeint. Als Ich–Störung imponiert das Bewußtsein, daß die eigenen seelischen Vorgänge als von außen beeinflußt und gesteuert erlebt werden. Die Ichhaftigkeit der eigenen Befindlichkeit, des eigenen Denkens, Wollens und Handelns, die Abgrenzung des Ich zum Du gehen verloren. Das Ich steht sich fremd (Depersonalisation) und enteignet gegenüber. Welt und Umwelt sind aus dem personalen Bezug, aus der Verbundenheit mit dem Ich-Erleben herausgenommen. Auch das Ich wird nicht mehr als wahrnehmbare Struktur von der Außenwelt abgegrenzt. Gleichzeitig wird eine Entfremdung der eigenen Wahrnehmungswelt beobachtet, bei der Personen und Gegenstände um den Kranken herum fremd und unwirklich (Derealisation) erscheinen. Unfähigkeit und Ohnmacht des eigenen Ichs, Distanz zum Wahrgenommenen und zur Umwelt zu schaffen, führen notwendigerweise zu abnormen Beziehungssetzungen und krankhaften Bedeutungsinhalten, denen sich das Ich ausgeliefert sieht. Überschwemmt sein von der Fülle von Assoziationen, Bedeutungen und Beziehungen bis hin zu Halluzinationen und Wahnwahrnehmungen beschreibt das, was mit Ich- oder Persönlichkeitszerfall gemeint ist.

Immer wieder ist versucht worden, das Wesen schizophrener Denk- und Wahrnehmungszusammenhänge mittels psychologischer und psychodynamischer Interpretation zu verstehen. Schizophrene Erlebnisstörungen wurden in dieser Sicht als Ergebnis von Ängsten und Wünschen der Person, ihrer Störung im Bezug zur unmittelbaren Umwelt und Welt verstanden, der nur in amorpher und desorganisierter Weise Ausdruck gegeben werden könne. Auf diese Interpretationsversuche der Psychoanalyse und Daseinsanalyse kann hier im einzelnen nicht eingegangen werden.

Als weiteres charakteristisches Merkmal schizophrener Erkrankungen werden *Halluzinationen* und die *schizophrene Wahnwelt* angesehen. Wir verstehen unter Wahn eine krankhaft unkorrigierbare Überzeugung auf dem Boden von Beziehungs- und Urteilsstörungen. Er manifestiert sich in der gestörten Stellungnahme zu sich selbst und zur Umwelt mit ihren Personen und Gegenständen. Eine Anpassung oder ein Mitdenken anderer Überzeugungen sind nicht möglich, weil ein krankhaftes Erleben und Interpretieren der Wirklichkeit vorliegt. Pathologisches Kriterium des Wahns kann daher niemals das Wahnthema selbst sein, sondern pathologisch sind immer nur die falsche Beziehungssetzung und die Unfähigkeit zur Korrektur der eigenen Überzeugung. Die Wahnthematik steht sicherlich in engem Zusammenhang mit lebensgeschichtlich erfaßbaren und psychodynamisch verstehbaren und ableitbaren Daten der Persönlichkeitsentwicklung. Die Frage aber, weshalb ein Patient überhaupt Wahnerlebnisse ausbildet und in einer Krisen- oder Konfliktsituation nicht andere psychische Phänomene zeigt, konnte bisher durch keine tiefenpsychologische Theorienbildung hinreichend verständlich gemacht werden. Kennzeichnend für Halluzinationen und Wahnbildungen schizophrener Psychosen ist weiterhin, daß die Halluzinationen in einen Sinnzusammenhang gestellt werden, der durch die erlebte Wahnwelt und Wahnwirklichkeit vertreten wird. Diskutiert wird von daher, ob schizophrene Halluzinationen sinnliche Konkretisierungen sind oder ob es sich um normale Wahrnehmungen handelt, die im Nachhinein durch den Wahn verändert rationalisiert werden.

Diagnose und Differentialdiagnose der Zustandsbilder und Verlaufsformen

Gehen wir an endogene Psychosen unter dem Gesichtspunkt der Abgrenzung manisch-depressiver Erkrankungen von schizophrenen Psychosen heran, so fällt auf, daß die Gruppe affektiver Psychosen eine wesentlich größere symptomatologische Einheitlichkeit aufweist als der Formenkreis schizophrener Erkrankungen. Die Diagnose ›schizophrene Psychose‹ vom psychopathologischen Zustandsbild her wird uns nur unter Zuhilfenahme symptomatologischer Kriterien wie z. B. der von *Kurt Schneider* angegebenen Symptome ersten und zweiten Ranges möglich sein. Voraussetzung dafür ist allerdings immer, daß eine organisch bedingte Ursache der beobachteten psychopathologischen Symptome ausgeschlossen ist. Aussagen über den weiteren Verlauf eines festgestellten schizophrenen Syndroms (d. h. insbesondere, ob sich die Symptomatik ganz und für immer zurückbildet, ob weitere Erkrankungsschübe auftreten oder ob im Verlauf weiterer Schübe noch neue Symptome hinzutreten oder ein Residualzustand auftritt, ob und wie Person und Persönlichkeit des Betroffenen sich ändern) lassen sich nicht machen. Auch wenn sogenannte peristatische Faktoren wie Lebensalter, Konstitution, prämorbide Persönlichkeit, erbbiologische Faktoren, Umwelteinflüsse und situative Belastungen bei der Beurteilung berücksichtigt werden, können Verlauf und Prognose schizophrener Erkrankungsschübe letztlich nicht vorhergesagt werden. Dies ist im Gegensatz hierzu bei affektiven Psychosen insofern möglich, als die Rückkehr zu einer affektiv ausgeglichenen Stimmungslage ohne Persönlichkeitsänderung eines der wichtigsten differentialdiagnostischen Kriterien einer affektiven Erkrankung geworden ist. Treffen wir also bei der Differentialdiagnose einer psychischen Erkrankung auf schizophrene Symptome, muß zunächst eine symptomatische Psychose ausgeschlossen werden. Kann diese weitgehend verneint werden, wird die Wahrscheinlichkeit, daß es sich um eine schizophrene Erkrankung handelt, größer. Heilt eine für schizophren gehaltene Erkrankungsepisode aber vollständig aus, ohne Persönlichkeitsänderungen zu hinterlassen, wird dennoch von einer abgelaufenen »*Phase*« einer affektiven Erkrankung gesprochen auch wenn »typische« schizophrene Symptome vorlagen. Eine schizophrene Episode mit nachfolgenden Persönlichkeitsänderungen wird dagegen »*Schub*« genannt. Die Zuordnung als Schub oder Phase beinhaltet in diesem Verständnis also bereits die vermutete Prognose über den weiteren Krankheitsverlauf.

Schubweise Verlaufsformen sind für einen Großteil endogener Psychosen mit schizophrener Symptomatik charakteristisch. Aus mehrfachen Schüben resultierende Persönlichkeitsänderungen weisen sich oft durch nur minimale, aber psychopathologisch faßbare Phänomene aus, ohne daß es zu einem sozialen Abstieg kommt. Wir sprechen dann von *Remission* und meinen, daß sich die akute Symptomatik zwar zurückgebildet, aber ein *Residualsyndrom* hinterlassen hat. Dieses braucht die soziale Wiedereingliederung keinesfalls zu behindern, kann aber auch dazu führen, daß der Erkrankte auf einem geringeren sozialen Niveau eingestuft werden muß. Dieser Sachverhalt wird *»Knick«* in der sozialen Leistungskurve genannt. Oftmals ist er das einzige faßbare Kriterium einer im übrigen asymptomatisch verlaufenden (blanden) schizophrenen Erkrankung.

Mit einiger Berechtigung lassen sich bei der Differenzierung endogener Psychosen des schizophrenen Formenkreises verschiedene Typen, d. h. *Unterformen schizophrener Erkrankungen* unterscheiden:

- Schizophrenia simplex
- hebephrene Form
- katatone Form
- paranoid-halluzinatorische Form
- latente Schizophrenie

Auf die Unterform der sogenannten *schizoaffektiven Psychosen* wird bei den *atypischen endogenen Psychosen* näher eingegangen werden (Kap. 7.3).

Die typologische Unterscheidung in verschiedene *Formen* schizophrener Erkrankungen basiert einerseits auf Unterschieden in der Gestalt der Psychose, also einer unterschiedlichen Symptomatik des Zustandsbildes. Andererseits gehen, wie bei der Hebephrenie, weitere Faktoren, nämlich der des Auftretens zu einem bestimmten Zeitpunkt (hier im jugendlichen Alter) sowie bestimmte Verlaufstypen mit ein.

Die *Schizophrenia simplex* stellt eine besonders symptomarme Verlaufsform dar, deren Prognose nach allgemeiner Übereinkunft schlechter eingeschätzt wird als die der paranoid-halluzinatorischen Formen, weil sie nach längerem Krankheitsverlauf zu schweren Residualsymptomen in Form ausgeprägter Persönlichkeitsstörungen führt.

Als *hebephrene Form* wird diejenige Psychose aus dem schizophrenen Formenkreis bezeichnet, die im jugendlichen Alter auftritt und/oder deren Symptomatik besonders durch Affektänderungen, inadäquate Verhaltensweisen, Zerfahrenheit des Denkens und Selbstüberschätzung gekennzeichnet ist. Beobachtet wird im allgemeinen kein Verlauf in Schüben, sondern ein allmähliches »Versanden« persönlicher und intellektueller Funktionen.

Als *katatone Form* bezeichnet man diejenige schizophrene Psychose, bei der im Vordergrund der Symptomatik eine ausgeprägte Störung der Psychomotorik steht. Sie schwankt oft zwischen zwei extremen Polen, wie zwischen Erregung und Stupor oder automatischem Befolgen von Befehlen und Negativismus. Haltungs- und Bewegungsstereotypien können für längere Zeit das Zustandsbild charakterisieren. Kataton in diesem Verständnis ist eine Zustandsbildbeschreibung.

Die *paranoid-halluzinatorische Form* der Schizophrenie wird von systematischen oder unsystematischen Wahninhalten mit oder ohne Halluzinationen geprägt, die zu erheblichen Affektstörungen und zu unberechenbarem Verhalten mit schwerer Beeinträchtigung des Realitätsbewußtseins führen. Diese Erscheinungen sind häufig von formalen Denkstörungen begleitet. Beim klinischen Gebrauch von sog. Unterformen schizophrener Psychosen sollte deutlich gemacht werden, ob sich die typologische Differenzierung am Zustandsbild oder an der Verlaufsbeobachtung orientiert hat.

Die Diagnose *schizophrener Residualzustände* mit ihren bleibenden Persönlichkeitsänderungen ist ohne die Kenntnis der Vorgeschichte unmöglich. Ebensowenig lassen sich schizophrene Vorstadien vor Ausbruch einer schizophrenen Erkrankung von nicht-psychotischen Erkrankungen (Neurosen und Charakterstörungen) sicher abgrenzen. Besonders bei den symptomarmen Verläufen schizophrener Erkrankungen ist eine differentialdiagnostische Grenzziehung zu schweren Verläufen neurotischer Entwicklungen oder zu den Charakterstörungen, oft trotz Kenntnis der gesamten Lebensgeschichte mit Kenntnis der beruflich-sozialen und persönlichkeitsbedingten Entwicklung, nicht sicher möglich. Eine bleibende psychische Beeinträchtigung in Form einer verminderten emotionalen Ansprechbarkeit, einer verminderten affektiven Schwingungsfähigkeit oder in Form einer verminderten vitalen und sozialen Kontaktfähigkeit hat kein spezifisch schizophrenes Gepräge. Bei diesen Residualsymptomen von einer sogenannten »Minussymptomatik« (mit »Plussymptomatik« werden sogenannte produktive Symptome wie Wahn und Halluzinationen bezeichnet) zu sprechen, sollte vermieden werden, auch wenn die »Herabsetzung« psychischer Funktionen im Vordergrund steht.

Therapie

Durch die Einführung der Psychopharmakatherapie wurden bei der Behandlung schizophrener Psychosen wesentliche Verbesserungen gegenüber früheren therapeutischen Beeinflussungsmöglichkeiten (Elektrokrampfbehandlung, Insulinbehandlung) geschaffen. Die Verbesserung liegt teilweise in der rascheren Rückbildung der Akutsymptomatik, so daß der Kranke schneller an seinen früheren familiären und beruflichen Platz zurückvermittelt werden kann. Das Auftreten weiterer schizophrener Schübe konnte jedoch auch unter prophylaktischer Gabe von Psychopharmaka bisher nicht verhindert werden. Dennoch ist es seit Einführung der Psychopharmakatherapie zu einer besseren Gesamtprognose schizophrener Erkrankungen gekommen, auch wenn wir im einzelnen nicht wissen, welche Faktoren für die Verschiedenheit der einzelnen Verläufe verantwortlich zu machen sind. Sinnvoll, möglich und notwendig für den betroffenen Kranken sind die durch Psychopharmaka erzielbare Ruhigstellung, die Angstlösung sowie eine Erhöhung der Schlafbereitschaft. Als unabdingbares Prinzip der Medikation von Psychopharmaka sollte gelten, so hoch wie nötig, aber so niedrig wie möglich zu dosieren, um die extrapyramidalen Nebenwirkungen, wie z. B. persistierende Hyperkinesen, möglichst gering zu halten. Eine Psychopharmakabehandlung ohne begleitende und stützende psychische Führung ist nicht vertretbar. Welches Psychopharmakon für den jeweilig Kranken gewählt wird, ist mehr eine Frage der ärztlichen Erfahrung, mit Medikamenten flexibel umgehen zu können, als eine Frage, welche Symptome der Patient bietet. Eine spezifische, am Symptom orientierte Psychopharmakatherapie gibt es nicht. Neben der medikamentösen Behandlung müssen die Therapieformen des ärztlichen Gespräches, der Werk-, Beschäftigungs- oder Arbeitstherapie mit dem Ziel der sozialen und beruflichen Rehabilitation angewendet werden. Da eine nicht abgebrochene Schul- und Berufsausbildung, die Konstanz familiärer Beziehungen, die Kontaktfähigkeit der Persönlichkeit und ihr Reflektionsvermögen als prognostisch günstige Kriterien für die Remission und die Prophylaxe weiterer Schübe angesehen werden, sollte diese Kenntnis auch therapeutisch genutzt werden. Zu berücksichtigen ist allerdings, daß die Kranken mit verminderten psychischen Funktionen nicht zu früh unter zu hohe Forderungen der Rück- und Wiedereingliederung gestellt werden.

7.3 Atypische endogene Psychosen (ICD-Nr. 295.7)

Die Vorstellung, sog. »atypische endogene Psychosen« (Synonyma: Mischpsychosen, zykloide Randpsychosen, atypische zirkuläre Psychosen, schizoaffektive Psychosen) abgrenzen zu können, setzt voraus, *typische endogene Psychosen* zu kennen. Diese Voraussetzung wird bestimmt durch die Hypothese, bei den endogenen Psychosen zwar nicht differentialdiagnostisch, aber typologisch zwischen zwei Hauptgruppen ›affektive Psychosen‹ (manisch-depressive Erkrankungen) und den ›schizophrenen Psychosen‹ unterscheiden zu können. Atypie wird dementsprechend bedeuten, daß man eine endogen entstandene und aufgefasste Psychose weder dem einen noch dem anderen Typ zuordnen kann.

Als affektive Grundstörung haben wir die Beeinträchtigung der Gefühle, des Gemütslebens, der Stimmungen, der Emotionen, der Triebe und Antriebe, des Temperaments und des Vegetativums in allen seinen Funktionsäußerungen benannt. Eine schizophrene Grundstörung konnte nicht gefunden werden. Hingegen wurden schwere Beeinträchtigungen in den Bereichen des Wahrnehmens, Denkens, der Affektivität, des Wollens und Erkennens, der Psychomotorik, der Person und der Persönlichkeit beschrieben. E. *Bleuler* unterschied bei schizophrenen Psychosen sog. Grundsymptome und akzessorische Symptome, während *Kurt Schneider* mittels Symptomen ersten und zweiten Ranges die Diagnose ›Schizophrenie‹ auf der symptomatologischen Ebene festzulegen suchte.

»Typisch affektiv« ergibt sich auf der Basis dieser Überlegungen *symptomatologisch* in Form der affektiven Grundstörung. Ausgegangen wird von einer möglichen Auslenkung der Stimmungslage und Affektivität zu zwei entgegengesetzten Polen: manisch oder depressiv. Vom *Krankheitsverlauf* her bedeutet »typisch affektiv«, daß nach Abklingen der Phase die Rückkehr der entgleisten Affektivität zur Ausgangslage, dem Normalzustand, erfolgt. Aufeinanderfolgende Auslenkungen können monopolar manisch oder depressiv sein oder aber bipolar, d. h. alternierend zwischen depressiven oder manischen Phasen.

»Typisch schizophren« heißt dementsprechend auf der *symptomatologischen* Ebene: Auftreten von Störungen der Wahrnehmung, des Denkens, der Affektivität, der Psychomotorik, des Ich-Bewußtseins, der Persönlichkeit, des Realitätsbewußtseins, der gesamten Lebensgestaltung. Die einzelnen Ebenen können in unterschiedlicher Intensität betroffen sein. Vom *Krankheitsverlauf* her heißt »typisch schizophren« das Durchlaufen mehrerer Krankheitsschübe mit Entwicklung von Residualsymptomen und einer Persönlichkeitsänderung sowie einem Knick in der sozialen Leistungskurve.

Für »atypische endogene Psychosen« würden sich aus dieser Konstellation mehrere theoretische Möglichkeiten ergeben:

Atypisch-endogen:

Die in Rede stehende Erkrankung ist nicht eindeutig endogen verursacht, sondern ihr Entstehungsmodus wird entweder zwischen endogener und psychogener Verursachung oder aber zwischen endogener und somatogener Verursachung gesehen. Es ist zu klären, ob die beobachteten psychischen Erscheinungen als Begleiterscheinungen der körperlichen Grund-

krankheit zu verstehen sind (somatogen) oder ob die körperliche Erkrankung zur Erklärung psychischer Phänomene nicht herangezogen werden kann (endogen). Bei den sog. Grenzpsychosen (Borderline States) sind die Grenzen zwischen endogener und psychogener Verursachung fließend.

Atypisch in Form von schizo-affektiv (d. h. Kombination von affektiven und schizophrenen Symptomen):

Für diese Konstellation ergeben sich 4 Denkmöglichkeiten:

a) Im gleichen Erkrankungszeitraum sind affektive und schizophrene Symptome miteinander vermischt.

b) Im Längsschnitt eines längeren Krankheitsverlaufes treten affektive Phasen und schizophrene Schübe auf.

c) Die einzelnen Erkrankungsphasen zeigen schizophrene Symptome. Nach Abklingen der Episoden treten keine Persönlichkeitsänderungen, kein sozialer Abstieg, keine Residualsymptome auf, deshalb wird ein Verlauf vom affektiven Typ angenommen.

d) Ein Krankheitsverlauf mit mehreren Phasen zeigt eindeutig affektive Symptome, da aber nach Abklingen der Phasen Persönlichkeitsänderungen und Residualsymptome auftreten, wird der Verlauf dem schizophrenen Typ zugeschrieben.

Wenn wir also von *atypischen endogenen Psychosen* sprechen, müssen wir deutlich machen, auf welcher Ebene (Symptomatik oder Krankheitsverlauf) wir Typie bzw. Atypie feststellen.

Es mag scheinen, als ob die Darstellung der 5 theoretisch möglichen Konstellationen für atypische endogene Psychosen nur eine akademische Spielerei sei. Tatsache ist, daß immer wieder versucht worden ist, atypische endogene Psychosen als dritte Gruppe endogener Psychosen zwischen affektiven und schizophrenen Psychosen klinisch und nosologisch zu definieren. H. J. *Weitbrecht* charakterisierte 1972 die Gruppe atypischer Psychosen (die in zahlreichen Monographien bearbeitet wurden: W. *Janzarik*, 1959, S. *Mentzos*, 1967, K. *Leonhard*, 1969 B. *Pauleikoff*, 1969, u.a.) als »umstrittenste Zankäpfel der speziellen Psychiatrie«, da sie sich als »Randpsychosen« von den bisher bekannten Kerngruppen abspalten würden. Erbbiologische und Konstitutionsunter-suchungen von E. *Kretschmer* (1921), E. *Elsäs-ser* (1950) sowie F. *Mauz* (1926) und R. *Gaupp* hatten schon frühzeitig auf die Notwendigkeit hingewiesen, die Krankheitsbilder atypischer endogener Psychosen entweder zu den bereits bekannten Formenkreisen zuzuordnen oder sie aber wie E. *Kahn*, 1922, und H. *Hoffmann*, 1934, als dritte Gruppe endogener Psychosen eindeutig zu klassifizieren. H. J. *Weitbrecht* stellte dagegen die Frage, ob es überhaupt zuläs-sig sei, Norm- und Standardtypen endogener Psychosen aufzustellen und all das als atypisch zu bezeichnen, was sich den bisher bekannten Formen nicht zuordnen ließe. Anstelle eines ewigen Hin- und Herschiebens von einem ins andere Fach der psychiatrischen Registratur sei es sinnvoller, die endogenen Psychosen ganz neu nach ihrer Symptomatik und ihrem Verlauf zu beschreiben. *Weitbrecht* kehrte damit auf einen syndromatischen Standpunkt endogener Psychosen zurück, wie er speziell für schizophrene Psychosen vertreten wird. Ob-wohl sich S. *Mentzos* diesem Ansatz zwar ver-pflichtet fühlte, hatte er 1967 noch mehr Verwir-rung durch die Akzentuierung der von *Bürger-Prinz* 1961 bereits unterschiedenen Begriffe des »Mischbildes« und der »mischbildhaften Psy-chose« geschaffen. Als Misch*bild* wollte *Ment-zos* psychopathologische Zustandsbilder ver-standen wissen, »bei denen eine simultan-kon-tradiktorische oder schnell wechselnde An-triebs-Stimmungslage im Vordergrund steht«. Als Misch*zustände* wurden dagegen nur dieje-

nigen psychotischen Zustände angesehen, die »eindeutig dem manisch-depressiven Formen-kreis im engeren Sinne angehören« (*Mentzos*, 1967, 10). Der Begriff der *Mischpsychose* (Psy-chose zwischen Schizophrenie und affektiver Psychose) solle nur dann für Mischbilder ange-wandt werden, wenn sie die typische mischbild-hafte Störungs- und Antriebsstruktur aufwie-sen. *Mentzos* stellte allerdings fest, dass sich ein Großteil der von ihm so benannten Mischbil-der dem Schema *Karl Kleists* und *Karl Leon-hard*s als zykloide (zirkuläre) Psychosen (aty-pische zirkuläre phasische Psychosen, zykloide Randpsychosen) zuordnen ließen, deren ein-zelne Unterformen, z. B. Angst-Glücks-Psycho-se, ängstlich-ekstatische Wahnpsychose, akine-tisch-hyperkinetische Motilitätspsychose, nicht im einzelnen aufgeführt werden sollen.

Die Unterscheidung in Mischbild und Mischzustand hat sich klinisch nicht durchge-setzt. Es ist strittig geblieben, nach welchen spezifischen psychopathologischen Kriterien beide Formen voneinander unterschieden wer-den. Vor allem ist offen geblieben, ob es Quer-schnitts- oder Längsschnittsbeobachtungen sind, die zur Annahme einer dritten Gruppe endogener Psychosen geführt haben.

In der 9. Revision der ICD werden die »schizo-affektiven Psychosen« als Unter-gruppe schizophrener Erkrankungen aufge-führt. Damit scheint deren Zuordnung eindeu-tig fixiert zu sein. Wir meinen, daß die Diskus-sion um die Differentialtypologie endogener Psychosen noch nicht abgeschlossen ist.

7.4 Affektive Psychosen (ICD Nr. 296)

Die Bezeichnung affektive Psychosen ist mit der Einführung des Internationalen Diagnosen-schlüssels verbindlich geworden. Die früher gebräuchlichen und auch heute noch vielfach verwandten Ausdrücke wie »manisch-depres-sive Krankheit«, »endogene, periodische oder monopolare Depression«, »endogene, perio-dische oder monopolare Manie«, »zyklische Psychose« bezeichnen die gleichen psychischen Störungen. Sie bringen eine Eigentümlichkeit der affektiven Psychosen mit zum Ausdruck, nämlich den häufig sog. phasischen Verlauf, d. h. das Kommen und Gehen der Erkrankung.

Dabei kann es sowohl am Anfang wie am Ende dieser sog. Phasen und auch beim erneuten Auf-treten der affektiven Psychose zu entgegenge-setzten Ausprägungen der affektiven Störung kommen, z. B. manische Nachschwankung nach einer Depression oder manische Phase nach 2 oder 3 depressiven Phasen.

Mit dem Ausdruck »affektiv« und »Affekti-vität« wird ein Bereich des Menschen bezeich-net, der zu Unrecht meist als nur der Psyche zu-gehörig angesehen wird. Andere Ausdrücke, die in etwa das gleiche besagen, sind Emotio-nalität und Gefühlsleben. Es handelt sich um einen recht umfangreichen Bereich mit vielen Facetten und Schwerpunkten, den *Bleuler*, auf den der jetzt eingebürgerte Begriff Affektivität zurückgeht, folgendermaßen umschreibt: »Affektivität umfaßt das Gefühls- und Gemütsleben, die Affekte, die Stimmungen, die Emotionen und die Triebhaftigkeit«.

Im Begriff Affektivität steckt als Wortstamm Affekt, der sich aus dem lateinischen affectus = Gemütsstimmung, Erregung, ableitet. In der nicht fachgebundenen Sprache wird Affekt mit unterschiedlicher Bedeutung verwendet, und zwar entweder im Sinne von trauriger oder freudiger Stimmung oder als Bezeichnung für eine heftige, kurzandauernde Gemütserregung. Mit Affektivität werden, wie gesagt, nicht nur diese gemeint, sondern darüber hinaus auch länger andauernde Stimmungen und Verstimmungen. Scharfe Abgrenzungen dieser verschiedenen Züge der Affektivität voneinander sind letztlich nicht möglich. Zur Affektivität gehört für *Bleuler* aber noch mehr. Er sagt: »Erleben von Lust und Unlust, Freude, Trauer, Zorn sind Aspekte der Affektivität ebenso wie die Gefühle, die uns beim Verkehr mit anderen Menschen beherrschen: Liebe, Ehrfurcht, Haß, Verachtung in ihren mannigfachen Tönungen«. Diese weite Fassung des Begriffes ist nicht ganz unproblematisch, da das Affektive im Menschen dabei als fast »rein« psychologisch gezeichnet bzw. nur von der psychologischen Seite her betrachtet wird. Affektivität ist aber mit den körperlichen Funktionen, z. B. dem Kreislauf, der Verdauung, den endokrinen Vorgängen, kurz mit dem Vegetativen und der Triebhaftigkeit so eng verwoben, daß man eigentlich vom affektiv-vegetativ-triebhaften Bereich im Menschen sprechen und an dieser »Nahtstelle« Psychisches und Somatisches nicht voneinander trennen sollte. Dementsprechend sind die affektiven Psychosen nicht »rein« psychische Erkrankungen, sondern zeigen alle auch vegetative Störungen und Veränderungen der Triebsphäre.

Die Zusammenfassung eines so weit gespannten Bereiches unter einer Bezeichnung hat natürlich auch ihre Berechtigung. Das Gemeinsame der verschiedenen Facetten und Schwerpunkte des Affektiven ist, auf äußere oder innere Ereignisse zu reagieren, mit der Tendenz, nach einer Auslenkung in die eine

oder andere Richtung zur »Ausgangslage« zurückzuschwingen. Das kann fast beliebig oft geschehen, ohne die Affektivität nachhaltig zu verändern. Dazu gehört auch die fast ausnahmslos gegebene Tendenz pathologischer Auslenkungen im affektiven Bereich zur jeweiligen »Norm« zurückzuschwingen, ohne bleibende Residuen zu hinterlassen.

Ein solches Zurückschwingen zur »Mittellage«, sei es rasch oder allmählich, gibt es im Bereich des Denkens und Wollens nicht. Hier gibt es Schritte der Erkenntnis oder Entscheidungen, die korrigiert oder zurückgenommen werden können, aber ihrem Wesen nach keine Ausgangslage haben, zu der nach einem Schritt in die eine oder andere Richtung ein Rückschwingen erfolgen könnte. Ist ein Erkenntnisschritt einmal getan, so besteht nicht die Neigung, ihn immer wieder zu vollziehen, wie dies bei der Befriedigung z. B. von Hunger oder Durst der Fall ist. Ein Irrtum sowie eine Entscheidung können korrigiert werden. In beiden Fällen ist die Korrektur ein neuer Schritt. Das Besondere des Affektiven ist somit nicht ein Fortschreiten in dem für das Denken und Wollen angeführten Sinn, sondern ein mehr oder weniger starkes Abweichen von und Rückkehr zu einer Ausgangslage, wobei die Regel gilt: je stärker die Abweichung, desto stärker die Tendenz, rasch in die Ausgangslage zurückzuschwingen.

Von diesen allgemeinen, die Affektivität charakterisierenden Zügen ist zu unterscheiden die Eigenart der Affektivität des einzelnen, die zum Temperament gehört, das als die individuelle Art der Reaktionen des Gefühls- und Trieblebens und des Willens umschrieben wird und einen wesentlichen Teil der Persönlichkeit ausmacht, d. h.: ihre eigentümliche, habituelle Stimmungslage und die aus dieser erwachsende Reaktionsweise. In der Spruchweisheit der allgemeinen Lebenserfahrung heißt es, daß der Mensch nichts dazulernt, sondern im Alter noch die gleichen Fehler macht wie in der Jugend. Damit ist gemeint, daß sich das Temperament mit seiner speziellen Reaktionsweise des einzelnen im Laufe des Lebens nicht ändert. Das ist natürlich nicht ganz richtig, obwohl die Lebenserfahrung lehrt, daß der Betreffende auch nach Jahrzehnten »noch ganz der Alte« sein kann. Änderungen der individuellen Affektivität treten ein mit der Reife und dem Alter, aber auch durch Schicksalsschläge. Hinzu kommt, daß mit zunehmender Lebenserfahrung vielfältige Differenzierungen affektiven Erlebens und Reagierens erlernt werden können. Es kann aber auch das Gegenteil in Form einer Abstumpfung eintreten.

Welche Möglichkeiten haben wir, den affektiv-vegetativ-triebhaften Bereich zu erfassen und zu beeinflussen? Für unser auf Begriffe angewiesenes Denken ist er nur schwer faßbar. Den affektiven Bereich zu fassen, gelingt besser mit Hilfe von Bildern und Vergleichen. So lassen Künstler mit ihren Werken etwas in uns anklingen, das uns eine Erfahrung im affektiven Bereich vermittelt. Auch Dichter, die, wie wir, Worte und Begriffe verwenden, mit denen wir glauben, alles ergreifen zu können, vermitteln durch die Sprache Erfahrung, die in einem nicht rationalen Sinn des Wortes Erkenntnis ist.

Einen direkten willentlichen Einfluß auf den affektiven Bereich in der Weise, daß wir ihn durch einen Beschluß oder Willensakt ändern können, haben wir nicht. Wir können aber Haltung bewahren, obwohl wir Angst haben, uns beherrschen, wenn wir hassen, und können unsere Triebe bezwingen. Unter bestimmten Umständen heißt das, das zu diesem Bereich Gehörende zu verdrängen. Wir wissen aber auch, wie oft das alles nur zum Teil oder gar nicht gelingt, und daß wir nicht ganz Herr über diesen Bereich sind. Trotzdem wirkt eine Haltung, die wir einnehmen, auf diesen Bereich zurück. Wir können auch durch eine Änderung der Umgebung, ein erfrischendes Bad oder durch Drogen und Medikamente anregend oder dämpfend auf den affektiven Bereich Einfluß nehmen. Das gelingt umso eher, je akuter und ausgeprägter die Reaktion ist, und wird schwieriger bei langfristigen Verstimmungen und Fehlhaltungen, die durch innere oder äußere Faktoren unterhalten werden, da es nicht ohne weiteres gelingt, solches bei sich wahrzunehmen. Die Art, wie mit der Affektivität umgegangen wird, wie man sie zum Ausdruck bringt, was hier akzeptiert oder abgelehnt wird, hängt sehr stark von dem soziokulturellen Umfeld ab. Insgesamt kann man sagen, daß ein wesentlicher Teil von dem, was wir Kultur nennen, die Gestaltung des Umganges mit dem affektiven Bereich ist.

All unser Tun und Lassen ist von Affektiv-Vegetativ-Triebhaftem begleitet, es wird davon getragen oder dadurch gehemmt. Starke Emotionen, Affekte sowie Triebregungen können es stark bestimmen, im Extremfall werden wir von der Leidenschaft im Guten oder Bösen fortgerissen. So ist nichts im Menschen ohne Affektiv-Vegetativ-Triebhaftes, vieles geschieht durch sein Drängen, aber das, was geschieht, das, was bewirkt wird, ist nicht das Affektive. Es schwingt immer mit, begleitet alles, wird aber selbst nie zum Faktum. Darum besteht die Gefahr, daß wir uns in diesen Bereich verlieren, wenn wir bei unserem Streben und Mühen nur das Affektive im Auge haben. Im Positiven wie im Negativen bleibt dann nur die Steigerung der Intensität des affektiven Erlebens.

Es kann hier nicht darum gehen, die vielen möglichen Unterscheidungen und Differenzierungen des affektiv-vegetativ-triebhaften Bereiches darzulegen, das ist Aufgabe der Psychologie. Hier soll lediglich versucht werden, diesen Bereich aufzuzeigen, der jedem bekannt ist, und einige wesentliche Grundzüge zu benennen, die für das Verständnis der affektiven psychischen Erkrankungen von Bedeutung sind. Man könnte zusammenfassend sagen, der affektiv-vegetativ-triebhafte Bereich macht wesentlich die Grunderfahrung von »Leben« mit seinen vielfältigen Vorgängen und Befindlichkeiten aus. Entscheidend ist, daß es sich eben um Erfahrung, Erleben und Bewußtsein handelt, nicht aber um Erkenntnis im rationalen Sinn.

Im affektiven Bereich ist es besonders schwierig zu sagen, was »normal« ist, da hier die Reaktionsweise von den konstitutionellen Gegebenheiten (Temperament) und der jeweiligen aktuellen Situation (Stimmung) abhängt. Als abnorm empfinden wir stärkere Einengungen der Schwingungsfähigkeit sowie nachhaltige Abweichungen der aktuellen Stimmungslage und schließlich auch des Temperamentes von einem »mittleren« Bereich. Von etwas Krankhaftem spricht man, wenn die affektive Ansprechbarkeit stark gemindert oder erhöht und die aktuelle Stimmungslage nicht aus der Situation heraus psychologisch hinreichend verständlich gemacht werden kann.

Die Affektivität ist ihrem Wesen entsprechend bei allen psychischen Erkrankungen mitbetroffen. Die Eigenart der affektiven Psychosen ist, daß die sie charakterisierende Grundstörung eine Veränderung der Affektivität ist. Das bedeutet, daß andere Erkrankungen, die die Affektivität verändern, ausgeschlossen sein müssen, wenn man von einer endogenen affektiven Psychose spricht. (Näheres zu »endogen« siehe Kap. 12.2)

Die affektiven Psychosen lassen sich aufgliedern nach dem Vorherrschen unterschiedlicher Störungen der Affektivität. Es sind zwei entgegengesetzte typische Krankheitsbilder, das depressive und das manische, bzw. Krankheitseinheiten: die endogene Depression und endogene Manie.

Die Bezeichnungen depressiv und Depression geben Anlaß zu Fehlvorstellungen bezüglich des Krankheitscharakters von endogenen Depressionen, da man auch traurig-, enttäuscht-, schlecht gestimmt-sein als »depressiv« anspricht bzw. Trauer, Enttäuschung und gedrückte Stimmung als »Depression« bezeichnet. Dadurch entsteht der Eindruck, daß es sich bei der endogenen Depression um eine besonders stark ausgeprägte depressive Verstimmung handle, mit anderen Worten, daß der Unterschied zwischen »depressiv« sein und eine endogene Depression haben lediglich quantitativer Natur sei. Davon wird vor allem aus psychologischer und psychometrischer Sicht ausgegangen. Dies trifft aber nach allen psychiatrischen Erfahrungen nicht zu. Natürlich handelt es sich bei großer Trauer und einer ausgeprägten endogenen Depression um starke und somit quantitative Abweichungen von der »Ausgangslage«. Obwohl also in einer Hinsicht eine Vergleichsmöglichkeit besteht, die auch bei geringeren Ausprägungen zutrifft, handelt es sich nicht in jeder Hinsicht um das gleiche. Worin liegt also der Unterschied?

Bei tiefer Trauer, oder wie man heute oft sagt, bei einer schweren »Depression«, kann ein Zustand eintreten, der als »Erstarrung« oder »Versteinerung« beschrieben werden kann. Damit soll gesagt werden, daß die Betreffenden dann nicht trauern, nicht verzweifelt sind und keine auch noch so düstere Zukunft mehr sehen, sondern erstarrt und gleichsam leblos sind. Dieser Zustand ist vergleichbar mit dem, was bei der endogenen Depression eintritt (es ist hier vom Typischen die Rede), mit zwei wesentlichen Unterschieden: Depressive Verstimmungen sind die Folge von belastenden, bedrückenden = »depressiven« (im wörtlichen Sinn) Erlebnissen. Diese betreffen die Person ganz, so daß diese »ganz erstarrt«, nicht leidet. Endogene Depressionen dagegen treten auch ohne schwere belastende Erlebnisse auf, die Kranken leiden unter der eingetretenen Veränderung und klagen darüber, daß sie wie tot seien, nichts empfänden und trotz des Willens, ihren Pflichten nachzukommen, nichts leisten und schließlich überhaupt nichts tun könnten. Mit anderen Worten: obwohl die Person zutiefst von der Veränderung betroffen ist, hat diese auch etwas »Persönlichkeitsfremdes«. Um das zu verdeutlichen und damit die Eigenart der endogen-depressiven Veränderung aufzuzeigen, sei das Zustandsbild noch eingehender geschildert: Aus dem Gesagten geht hervor, daß nicht einzelne psychische Funktionen und Fähigkeiten betroffen sind, sondern der gesamte alles Erleben und Tun begleitende und »färbende« affektive Bereich. Infolgedessen erfahren sich die Betroffenen als insgesamt verändert und beeinträchtigt. Sie bezeichnen diesen Zustand in der Regel allerdings nicht als krank. Sie empfinden sich vielmehr als unfähig, etwas zu tun, und können sich tatsächlich auch zu nichts aufraffen. Andere setzen immer wieder an, kommen aber nicht in Gang, so daß sie ständig die Erfahrung machen, daß nichts vorwärtsgeht, sondern alles gebremst ist oder gar stillsteht. Eine Einsicht in das Krankhafte dieser Veränderung ist den Betroffenen in der Regel nicht möglich. Sie neigen aber dazu, ihr Nicht-Können als Versagen anzusehen, das sie sich zum Vorwurf machen. So leben sie ständig unter dem Eindruck, nicht genug Willenskraft aufgebracht oder zu schnell nachgegeben zu haben und schämen sich vor ihrer Umwelt, weil sie so sehr »versagt« hätten. Bildlich ausgedrückt kann man sagen, das Schwungrad, dessen Umdrehungsgeschwindigkeit die Erfahrung zu leben vermittelt, läuft zu langsam und kann nicht beschleunigt werden. So wie der Lauf des affektiv-vegetativ-triebhaften Schwungrades von »innen« nicht beeinflußt werden kann, sei es durch Sich-aufraffen, Sich-anstrengen, so reagiert es auch nicht auf äußere Einflüsse. Die Betroffenen haben das Gefühl, daß sie nichts empfinden (Gefühl der Gefühllosigkeit), weder Trauer noch Freude erfahren können, daß darum nichts an sie herankomme und sie von der Umgebung abgeschnitten seien. Diese Veränderung als »Herabgestimmtsein« (K. *Heinrich*) zu beschreiben, legt nahe, daß sie lediglich quantitativer Natur sei, trifft aber ihre Eigenart nicht. Mit diesen Schwierigkeiten sind die Betroffenen innerlich ständig beschäftigt, sie rennen gleichsam ständig gegen ihre Unfähigkeit an, ohne dabei einen Fortschritt zu erzielen. Bei diesem sog. depressiven Grübelzirkel, der sehr qualvoll ist, stehen die Betroffenen ständig vor demselben Problem, ohne daß es irgendwie bearbeitet oder erledigt werden könnte, wie andere tägliche Verrichtungen. Ein solches immer wieder Ansetzenwollen aber nicht Weiterkommen und die damit gegebene ständige innere Unruhe sind für endogene Depressionen charakteristisch. Für die Betroffenen ist dieser Zustand außerordentlich quälend. Das verstärkt das Gefühl der Hoffnungslosigkeit, aus dem heraus nicht wenige Kranke resignieren und versuchen, »diesem« Leben ein Ende zu setzen. Der Bezug zur Realität ist, allgemein gesagt, also gestört bei erhaltener Wahrnehmung derselben im inneren und äußeren Erleben.

Das Gegenstück zur Depression ist in fast jeder Hinsicht die Manie, so daß man das über die Depression Ausgeführte nur mit einem anderen Vorzeichen versehen muß: In der Manie sind die Betroffenen »heraufgestimmt« und ihr Schwungrad läuft auf zu hohen Touren. Sie fühlen sich zu sehr vielem, wenn nicht zu allem fähig und als in voller Fahrt befindlich. Mit ihrer »autonomen« Aktivität gehen auch sie an der Realität vorbei. Deswegen wirken sie auf ihre Umgebung nicht so anregend und erheiternd, wie man denken könnte, sondern eher belastend.

Bisher wurden vornehmlich die psychischen Aspekte der affektiven Psychosen mit ihren entgegengesetzten Ausprägungen dargelegt. Es handelt sich bei den affektiven Psychosen aber, wie gesagt, keineswegs um rein psychopathologische Syndrome. Alle zeigen Schlafstörungen und Gewichtsverluste. Erstere werden, der inneren Verfassung entsprechend, sehr unterschiedlich erlebt. Sie können sich als Einschlaf- und Durchschlafstörungen zeigen, wobei für die Depressionen die frühen Morgenstunden durch die dann in Gang kommende Grübelei

besonders belastend sind, weil der kommende Tag bevorsteht, den sie fürchten, nicht zu bestehen. Manische dagegen erleben die Schlafstörung als geringeres Schlafbedürfnis, das ihnen mehr Aktivitäten gestattet als in gesunden Zeiten. Mit den Schlafstörungen in gewisser Weise verbunden sind Tagesschwankungen im Befinden, die bei Depressionen stark ausgeprägt sein können. Die depressive Verfassung geht im Laufe des Tages in der Regel mehr oder weniger vollständig zurück, so daß sich die Kranken am späten Nachmittag oder Abend besser, manchmal sogar ganz gesund fühlen. Sie schlafen dann auch ohne Schwierigkeiten ein und sind am nächsten Morgen umsomehr enttäuscht, wenn die Depression wieder da ist. Dazu kommen bei Depressionen Verlust der Libido, Amenorrhoe, Stuhlverstopfung, verminderter Tränen- und Speichelfluß etc. in unterschiedlichen Ausprägungen und Kombinationen. Man könnte vereinfachend sagen, die vegetativen Regulationen sind »trophotrop geschaltet« und können nicht »ergotrop« reagieren, so daß daraus ein Gefühl der Schwäche und Kraftlosigkeit resultiert. Manische dagegen sind gleichsam besonders gesund, etwa von Infekten relativ wenig beeinträchtigt. Libido und Potenz sind in der Regel gesteigert.

Der klinische Verlauf der affektiven Psychosen zeigt alle erdenklichen Varianten. Sie können allmählich beginnen, recht oft treten als erste Zeichen Schlafstörungen und Kopfschmerzen auf, oder sie beginnen von einer Stunde auf die andere und hören allmählich oder plötzlich wieder auf. Sie klingen auch ohne Behandlung in der Mehrzahl der Fälle völlig ab. Deswegen spricht man von Phasen, die zur Ausgangslage zurückschwingen wie eine Sinuskurve. Der Verlauf während der Krankheitsphasen entspricht nicht notwendig einer solchen gleichmäßigen Kurve. Er kann erhebliche Schwankungen zeigen und kurzfristig für Stunden oder auch länger ins Gegenteil umschlagen. Bei Beginn oder am Ende einer depressiven Phase kommt es nicht selten zu kurzfristigen Gegenschwingungen ins Manische. Manche Patienten bekommen nur Depressionen (monopolare periodische Depressionen, ICD Nr. 296.1) andere nur Manien (monopolare periodische Manien, ICD Nr. 296.0), andere in beliebigen Kombinationen und Abwechselungen beides (manisch-depressive Krankheit, zyklische affektive Psychosen, ICD Nr. 296.6)

Insgesamt sind manische Bilder seltener als depressive (Verhältnis etwa 1:5), wobei es Unterschiede bei den Landsmannschaften gibt. Unbehandelte Manien dauern kürzer (im Durchschnitt 2-3 Monate) als Depressionen (im Durchschnitt 6-9 Monate), wobei sehr extreme Varianten vorkommen (Tage bis viele Jahre). Unterschiede in der Häufigkeit und im Verlauf in den verschiedenen Bevölkerungsschichten sind nicht bekannt. Kranke mit wenig Introspektionsfähigkeit und geringer Verbalisierungsmöglichkeit klagen sehr oft nur über körperliche Schwäche.

Dafür, daß eine Disposition zu endogenen affektiven Verstimmungen vorliegt, sprechen die Ergebnisse der Erbforschung trotz der weit auseinandergehenden Zahlen. *Bleuler* berichtet über folgende höchste und niedrigste Werte, die sich aus den wichtigsten derartigen Untersuchungen über die Wahrscheinlichkeit, an affektiven Psychosen zu erkranken, bei verschiedenen Verwandtschaftsgraden ergeben:

Durchschnitt der Bevölkerung:	0,4 – 1,0%
Eltern:	3 –23%
Geschwister:	3 – 23%
Eineiige Zwillingspartner:	über 50 – 100%
Kinder eines kranken Elternteils:	6 – 24%
Kinder zweier kranker Eltern:	20 – 40%
Enkel, Neffen, Nichten, Onkel, Tanten, Vetter, Basen:	1 – 4%

Über den Vererbungsgang ist bisher nichts bekannt, ebenso nichts über die Art der zugrunde liegenden vererbten Disposition.

Die stark streuenden Zahlen sind fraglos auch Ausdruck der Schwierigkeit bei der diagnostischen Abgrenzung (siehe Kap. 15). Die Tatsache, daß bei eineiigen Zwillingen eine Diskordanz bis zu 50% beobachtet wird, spricht dafür, daß neben der Erblichkeit zusätzliche Faktoren bei der Manifestation affektiver Psychosen eine nicht unerhebliche Rolle spielen.

Die Prognose ist für die einzelne Krankheitsphase gut, d. h. sie klingt vollständig ab, von seltenen Ausnahmen abgesehen, bei denen ein Rest der Verstimmung bleibt oder die Affektivität ständig zwischen den beiden »Polen« hin und her schwankt. Nach dem Abklingen der

Phase fällt es den Betroffenen oft schwer, sich die krankhafte affektive Veränderung zu vergegenwärtigen. Sie wissen nur wenig darüber zu sagen. Der Grund hierfür ist, daß es sowohl sehr schwierig ist, das Erfahrene zu beschreiben, wie auch, daß sie in der affektiven Erkrankung wenig erlebt haben. Diese erscheint ihnen insgesamt als ein krankhafter Zustand, den sie glücklicherweise hinter sich haben. Kranke sagen oft, sie könnten sich nicht recht an ihre Krankheit erinnern. Es handelt sich dabei aber nicht um eine echte Erinnerungslücke, sondern, wie gesagt, um eine Schwierigkeit, das Erlebte zu schildern. Bei wiederholten affektiven Erkrankungen vermögen die Betreffenden frühere Phasen häufig als krankhafte Zustände zu erkennen, dagegen halten sie gar nicht selten die augenblickliche nicht für etwas Krankhaftes, sondern versuchen, ihren Zustand entsprechend ihrer Persönlichkeit andersartig zu deuten.

Wie bei anderen Erkrankungen auch, sind nicht wenige stark davon betroffen, daß sie überhaupt krank geworden sind und es sich zudem noch um eine psychische Krankheit gehandelt hat. Dies kann zu depressiven Verstimmungen und neurotischen Fehlentwicklungen führen, die von der Depression unterschieden werden müssen.

Zur Ursache (Ätiologie) affektiver Psychosen ist zunächst zu sagen, daß die Affektivität im Menschen aus nicht erklärbaren Gründen »von innen heraus« = endogen (s. Kap. 12.2) gestört sein kann. Man kann eine solche »Fehlschaltung« als autonom auftretend betrachten oder annehmen, es liege eine Bereitschaft vor, die schon unter alltäglichen Bedingungen oder erst unter besonderen Belastungen zu »Fehlschaltungen« führt. In der Klinik spricht man dementsprechend von »reinen« endogenen oder »ausgelösten« endogenen affektiven Psychosen. Dabei ist zu beachten, daß »endogen« nicht einfach als Wirkursache wie Toxine oder Bakterien angesehen werden kann. Endogen bedeutet etwas zum Organismus Gehöriges, in ihm Wirksames, so daß die eingetretene endogene Veränderung ihrem Wesen entsprechend komplexer Natur sein dürfte.

Wir haben im Vorangegangenen versucht, das Typische des von ihm bewirkten Erscheinungsbildes zu schildern. Dabei handelt es sich, das ist zu beachten, um das Ergebnis einer im Hinblick auf »Krankhaftes« vorgenommenen Abstraktion, was im Begriff »endogene affektive Psychose« zusammengefaßt ist. Damit ist die endogene krankhafte Veränderung in etwa erfaßt und einiges darüber ausgesagt, denn Begriffe können ja nicht losgelöst von Gegebenheiten gebildet werden. Dagegen ist das Typische, bzw. die »Reinheit« des Begriffes ein »gedankliches Kunstprodukt« (siehe Kap. 12.6), denn je schärfer man Begriffe faßt, desto mehr müssen alle Varianten des Krankheitsbildes eliminiert werden, um den »wahren Kern« der Veränderung herauszuschälen. Trotz dieser richtigen und ganz und gar berechtigten Bemühung, reine Begriffe zu bilden, spricht man in der medizinischen Wirklichkeit auch dann von affektiven Psychosen, wenn kein »reines« Zustandsbild vorliegt. Die Erfahrung lehrt vielmehr, daß es viele charakteristische Erscheinungsbilder affektiver Psychosen gibt. Das ist im Grunde selbstverständlich, denn die endogene Veränderung betrifft ja verschiedene Menschen mit unterschiedlicher Reaktions- und Verarbeitungsweise, ganz abgesehen davon, daß sie selbst unterschiedlich stark ausgeprägt sein und diese oder jene Variante zeigen kann. Anders ausgedrückt heißt das, die Pathogenese des jeweiligen Krankheitsbildes ist ein komplexer Vorgang, aus dem diese oder jene Komponenten hervorgehoben und der Krankheit oder der Persönlichkeit zugeordnet werden können. Hierbei ist zu beachten, daß der Betreffende in der Krankheit zwar verändert, aber deswegen seine Persönlichkeit keine ganz andere geworden ist, sondern auch in dieser, in unserem Fall der affektiven Psychose, als solche stets erkennbar bleibt.

Die Komplexität der Pathogenese verbietet es, das Krankheitsbild auf eine (Wirk-)Ursache zurückzuführen. Das ist nicht nur für wissenschaftliche Theorienbildungen, sondern auch für den Zugang zum Kranken und die Behandlung von entscheidender Bedeutung.

Bei der folgenden Schilderung der häufigen Variationen der typischen Bilder affektiver Psychosen gehen wir auf die Pathogenese nicht näher ein, die Besonderheiten in jedem Einzelfall zeigt. Während viele Betroffene in der Depression sich einfach zurückziehen, da sie sich nichts zutrauen und Sorge haben, der Umgebung zur Last zu fallen, werden von anderen solche Gedanken, daß man zu nichts nutze oder nichts wert ist, gedanklich ausgestaltet und mit den Grundsorgen der menschlichen Existenz in Verbindung gebracht: Hoffnungslose Krankheit (*hypochondrischer Wahn*), mangelnde finanzielle Versorgung (*Verarmungswahn*), moralisches Versagen (*Schuldwahn*). Dabei klammern sich die Betroffenen oft an ein Detail: Moralisches Versagen, das in jedem Leben vielfältig vorkommt, wird etwa nur in einer falschen Abrechnung gesehen, oder der Grund für den finanziellen Ruin darin, daß einmal der Krankenkassenbeitrag nicht pünktlich bezahlt wurde und darum die Kosten für das Krankenhaus ins Unermeßliche steigen. Geringe Mißempfindungen, die jeder kennt, werden zum Beweis für unheilbare Krankheiten, wobei die bei Depressionen häufigen, vielfältigen Leibgefühlsstörungen natürlich eine fördernde Rolle für solche Vorstellungen spielen. Bei manchen findet das Immer-wieder-Ansetzen-Wollen und die damit gegebene innere Unruhe im Verhalten seinen Ausdruck: Sie treten auf der Stelle, machen ständig den Ansatz zu einem Schritt, ohne sich weiter zu bewegen. Sie ringen dazu die Hände und wiederholen immer die gleichen Sätze. Man spricht dann von einer *agitierten Depression*. Bei manchen sog. agitierten Depressionen wird auch ein Appell an die Umgebung deutlich. Bei wieder anderen prägen Triebimpulse, etwa der ständige Gedanke, jemanden mit einem Messer zu verletzen, das Bild, ohne daß diese Impulse in die Tat umgesetzt werden (*Zwangsdepression*).

Bei sehr vielen Depressiven ist das alles von Angst begleitet, die bei manchen extreme Formen annimmt. Bei anderen hat die Angst keinen bestimmten Inhalt, so daß der Betroffene »nur« Angst hat, die ungerichtet ist (*Angstdepression*). Aus der Angst heraus erwachsen häufig vielfältige Befürchtungen, die sich mit den oben schon genannten Wahnideen verquicken: Die Betroffenen meinen, andere sprächen über ihre Schlechtigkeit (*Beziehungsideen),* oder Handlungen und Ereignisse bedeuten etwas Schlimmes für sie (*Bedeutungserlebnisse*), bis hin zu dem Gedanken, sie würden ihrer Minderwertigkeit oder Schlechtigkeit wegen von der Polizei beobachtet und verfolgt, da man sie fortschaffen wolle (*Verfolgungswahn*). In diesem von der Angst gefärbten Erleben hören nicht wenige Kranke das, was sie befürchten, wobei viele bei genauerem Fragen angeben, es seien innere Stimmen, während andere auch über sog. echte Halluzinationen berichten, d. h. Stimmen hören, die scheinbar von außen kommen, in der Regel aber den Inhalt der Befürchtungen aussprechen.

Depressive erleben sich somit als Mittelpunkt aller vermeintlichen oder befürchteten Aktionen, die sie als gegen sich gerichtet empfinden (sog. Schuldzeiger).

So wie im Psychischen spielt auch bei Leibgefühlsstörungen die individuelle Art und Weise, auf psychische Belastungen zu reagieren, eine das Zustandsbild modifizierende Rolle. Unter psychischen Belastungen bekommen die einen Kopfweh, die anderen Schmerzen in der Oberbauchgegend (Hypochondrium) oder in der Herzgegend, bei wieder anderen treten Parästhesien an den Extremitätenenden auf. Entsprechend klagen Depressive über die verschiedenartigsten Leibgefühlsstörungen, wobei die Häufigkeit der genannten Reihenfolge entspricht. Wenn ein Gefühl der Schwäche im Vordergrund des Krankheitsbildes steht, spricht man von »Erschöpfungsdepression«. In nicht ganz seltenen Fällen kann hierbei »das Psychische« der Depression fehlen oder so gering ausgeprägt sein, daß sie übersehen wird. Die bei allen Depressionen vorhandene Suizidalität ist z. T. ein normalpsychologisch verständliches Reagieren in der Verstimmung auf diese und zum anderen Teil Ausdruck der schon erwähnten Triebimpulse mit einer bei Depressiven häufigen Umkehr in eine Autoaggression. Letztere kann, begünstigt durch die verständliche depressive Reaktion sowie durch physiologische Schwankungen des Befindens im Tages-Nacht-Rhythmus und äußere Anlässe, ganz überraschend durchbrechen (sog. raptus melancholicus).

Das manische Bild trägt auch in den Variationen des typischen Bildes das umgekehrte Vorzeichen. Das Gegenstück zur Angst sind übergroße Glücksgefühle und ekstatische Erlebnisse. Nicht nur Personen mit Minderwertigkeitsgefühlen haben häufig den Eindruck, daß die Umgebung gegen sie eingestellt ist, sondern auch solche, die irgendwie hervorgehoben sind. So haben nicht wenige Manische

Beziehungs- und Verfolgungsideen und hören dementsprechend auch Stimmen, die diesen Erlebnissen Entsprechendes äußern. In ekstatischen Zuständen vernehmen sie mitunter Aufträge, z. B. sie sollen die Welt erlösen oder die Liebe zu den Menschen bringen. Leibgefühlsstörungen spielen in den Berichten von Manischen infolge ihres subjektiven Wohlbefindens nur eine geringe Rolle. Sind sie vorhanden, werden sie manchmal wahnhaft verarbeitet, z. B. als Folge von Versuchen gedeutet, den Betreffenden durch Gift zu schwächen und an seinen Aktivitäten zu hindern. Die Veränderung bei affektiven Psychosen ist also nicht selten dergestalt, daß die Betroffenen diese nicht als in ihrer Person liegend erleben, sondern als Veränderung im Verhalten der Umwelt. Diese Veränderung erfahren die Betroffenen ebenso als Wirklichkeit wie die Umgebung sie als eine in der Person des Betreffenden liegende betrachtet. Eine Einsicht in diese Zusammenhänge ist den Betroffenen nicht möglich, zu sehr ist ihr Denken und Wollen von der veränderten Affektivität bestimmt. Bei erhaltener Intelligenz sehen sie, mit anderen Worten, andere und die gesamte Situation in einem besonderen Licht und sind nicht in der Lage, andere Denkmöglichkeiten zuzulassen.

Die Diagnose »affektive Psychose«, d. h. die Aussage, es handle sich um eine Krankheit dieser Art, muß unterschieden werden von psychotischen affektiven Syndromen. Diese kommen sowohl bei symptomatischen als auch affektiven Psychosen vor, mit anderen Worten, die Diagnose »affektive Psychose« setzt voraus, daß eine somatische Krankheit ausgeschlossen sein muß. Als solche kommen insbesondere in Betracht Hirnkrankheiten, wie die progressive Paralyse, Schädel-Hirn-Traumen oder Temporallappen-Epilepsien sowie Arzneimittelintoxikationen, aber auch alle anderen Ursachen symptomatischer Psychosen. Die Schwierigkeiten sind aber nicht nur praktischer, differentialdiagnostischer, sondern auch theoretischer Natur: Beim Vorliegen einer somatischen Krankheit stellt sich die Frage, ob es sich bei den affektiv-vegetativen psychotischen Störungen um eine »ausgelöste« endogene Phase oder um eine depressiv geartete symptomatische Psychose handelt. Die Antwort scheint auf den ersten Blick leicht zu sein: liegt eine körperliche

Krankheit vor und spricht das psychopathologische Bild, z. B. das Vorliegen von Orientierungs- oder mnestischen Störungen, für eine akute symptomatische Psychose, dann ist eine solche auch anzunehmen. Es kann aber natürlich auch die Auslösung einer endogenen Psychose, die jetzt durch die symptomatisch psychotischen Veränderungen überlagert ist, nicht prinzipiell ausgeschlossen werden. Schwieriger wird die Sache, wenn es sich um eine sog. lucide symptomatische Psychose handelt, d. h. kein Anhalt für Bewußtseinsstörungen vorliegt, wie dies etwa bei Weckmittel-, Haschisch- und Cortisonpsychosen der Fall ist, und auch bei den nicht seltenen Depressionen als Folge der Gabe von trizyklischen Thymoleptika und Neuroleptika. Hier fehlt dann der psychopathologische Hinweis auf den möglicherweise symptomatischen Charakter der Depression. Es ist lediglich ein zeitlicher Zusammenhang gegeben, aus dem nicht ohne weiteres auf einen ursächlichen geschlossen werden darf. Problematisch ist die Zuordnung ebenfalls, wenn bei einem Schädel-Hirn-Trauma oder bei einer multiplen Sklerose oder hepatolenticulären Degeneration Phasen von affektiven Störungen auftreten. Sind diese als ausgelöste affektive Psychosen zu beurteilen, oder handelt es sich um symptomatische Psychosen affektiv-psychotischen Gepräges? Da wir weder wissen, wie eine endogene affektive Psychose entsteht noch den Mechanismus kennen, durch den bei symptomatischen Psychosen die Grunderkrankung das psychotische Bild bewirkt (*Bonhoeffer* sprach hier von dem fehlenden ätiologischen Zwischenglied (1911)), ist es nicht verwunderlich, daß diese Fragen nicht hinreichend beantwortet werden können.

Da die Diagnose »affektive Psychose« nur gestellt werden darf, wenn eine somatische Krankheit ausgeschlossen ist, wird daraus immer wieder gefolgert, daß es sich bei affektiven Psychosen lediglich um ein Syndrom handle, ein Problem, das im Kap. 5 bereits besprochen wurde.

In diesem Zusammenhang sei angemerkt, daß der Ablauf einer affektiv-psychotischen Phase nicht nur an psychopathologischen, sondern auch an somatopathologischen Befunden erkannt, ja gemessen werden kann. So ist das Abklingen von depressiven Phasen z. B. an der Gewichtszunahme oder an der Normalisierung des Tränen- und Speichelflusses zu messen. Eine Besonderheit hat die Lithium-Behandlung manischer Phasen in diesem Zusammenhang gezeigt: der Bedarf an Lithium zum Erzeugen des gewünschten Blutspiegels ist während der Manie bis zum Zwei- bis Dreifachen erhöht. Durch die Lithiumgabe wirken die Kranken psychisch ganz unauffällig. Das Vorliegen der Manie kann aber am erhöhten »Lithium-Bedarf« erkannt werden. Was dem zugrunde liegt, ist bisher nicht geklärt. Man weiß lediglich, daß die Lithium-Clearance unverändert ist und eine gewisse Lithiummenge im Körper retiniert wird.

Endogene affektive Psychosen können therapeutisch beeinflußt werden durch Eingriffe, die auf diese oder jene Weise eine vorübergehende »Hirnfunktionsstörung« bewirken. Als Eingriffe in zentrale vegetative Regulationen sind zu nennen: Schlafentzug (ebenso können ernste somatische Erkrankungen wirken) und die Gabe von trizyklischen Thymoleptika, die in die zentrale Verfügbarkeit von Katecholaminen eingreifen (s. Kap. 22.2). Durch die sog. klassischen Behandlungsverfahren, d. h. Auslösen von epileptischen Anfällen durch Kardiazol oder elektrischen Strom, wird eine kurzdauernde vorübergehende Hirnfunktionsstörung erzeugt (weiteres s. Kap. 22.1), die nicht ein bestimmtes »Hirnfunktionssystem« betrifft. Auch die trizyklischen Thymoleptika entfalten eine Wirkung, die nicht auf die zentralen vegetativen Regulationen beschränkt ist, sondern richtiger als ein vorübergehendes hirnlokales Psychosyndrom beschrieben werden muß, da sie die Potenz haben, ein sog. medikamentöses Parkinsonsyndrom zu bewirken (s. Kap. 22.2). Wie die einzelnen Behandlungsverfahren letztlich wirken, ist nicht bekannt. Ihre Wirkung läßt sich bei allen auf den Nenner des Erzeugens einer vorübergehenden hirnorganischen Funktionsstörung bringen. Auch die Gabe von Lithiumsalzen, die nicht nur prophylaktisch, sondern bei Manien, nach unseren Erfahrungen auch bei Depressionen, therapeutisch wirksam sein kann, läßt sich hier einordnen. Lithiumsalze erzeugen bei Blutspiegeln über 1,0 mval Antriebshemmungen, Störungen der Libido und bewirken Veränderungen im EEG, so daß auch Lithium ein hirnorganisches Psychosyndrom zu erzeugen in der Lage ist, das bei geeigneter Einstellung klinisch nicht manifest wird.

Neben der Bekämpfung der Krankheit als solcher ist ein sehr wichtiges Therapieziel, dem Pat. Erleichterung zu verschaffen und ihn vor Gefahren zu bewahren. Dies gilt insbesondere für depressive Kranke, die meist sehr gequält sind. Wohlmeinende Umgebung empfinden sie oft als eine große Last, ebenso das Gefühl, etwas leisten zu müssen, was sie nicht leisten können. Aus diesem Grunde kann die Aufnahme in eine Klinik eine große Hilfe für den Pat. sein. Diese ist auch bei Selbstmordgefahr angezeigt. Bei manischen Psychosen ist nicht nur die Gefährdung durch unbesonnene Handlungen, sondern auch deren Auswirkung im sozialen Bereich zu bedenken. Das Ansehen der Kranken kann dadurch schweren Schaden leiden, eine Gefahr, die von juristischer Seite zum Nachteil der Kranken oft nicht als solche anerkannt wird.

Nach dem Abklingen der Krankheit ist dem Patienten dabei zu helfen, mit der Tatsache, daß er in dieser Weise krank geworden ist, umzugehen und den Weg in seine alte Umgebung zurück zu finden. Die Gabe von Lithium kann in diesem Zusammenhang eine große Hilfe sein, weil der Betreffende sich vor Rückfällen weitgehend geschützt weiß. Lithium kann aber auch als eine ständige Erinnerung an die »Katastrophe«, psychisch erkrankt gewesen zu sein, erlebt und darum abgelehnt werden. Spezielle psychotherapeutische Maßnahmen sind schon aus diesen Gründen in einem Teil der Fälle erforderlich. Für die Einzelheiten des psychiatrischen therapeutischen Vorgehens sei auf Kapitel 21 verwiesen.

Affektive Störungen kommen, wie schon erwähnt, auch bei anderen psychischen Erkrankungen fast regelmäßig vor, dem Wesen des Affektiven entsprechend, das bei allem Tun und Lassen mitbetroffen ist. Auf solche Besonderheiten wird in den entsprechenden Kapiteln eingegangen.

Bei affektiven Psychosen ist also vornehmlich das Wie des Erlebens verändert. Dadurch wird die ganze Persönlichkeit in Mitleidenschaft gezogen. Der Betroffene sieht infolgedessen das, was er erlebt und wahrnimmt, d. h. sich und seine Welt, in einem anderen Licht, je nach der Art der affektiven Veränderung. Sein Verhalten ändert sich entsprechend. Für die Beurteilung des Zustandes sind darum nicht der Inhalt der Beschwerden und das Verhalten als solche entscheidend, sondern die Art, wie sie erlebt werden. Faßt man nur das ins Auge, was die Kranken vorbringen, und achtet nicht auch auf die affektive Färbung der geschilderten Situation, aus der heraus der Betroffene spricht und handelt, kann es schwierig oder gar unmöglich werden, das Krankhafte affektiver Psychosen zu erkennen.

Eine Schwierigkeit ergibt sich hierbei dadurch, daß Konflikte und Probleme jeglicher Art von den Betroffenen in die affektive Verstimmung »mit hineingenommen werden«, denn sie werden ja durch die Verstimmung nicht »ganz andere«, und ihre bisherigen Sorgen und Nöte hören mit der Verstimmung nicht auf, sondern erscheinen in einem anderen Licht und werden dann anders bewertet. Es gilt also zu beurteilen, in welchem Verhältnis Ereignis und affektive Reaktion stehen. Dafür ist zweierlei abzuwägen: ist das Ereignis als solches oder nur für den Betreffenden besonders belastend und ist die affektive Reaktion dem Stellenwert, den das Ereignis für ihn hat, angemessen und damit verständlich oder ist das nicht der Fall. So kann es sein, daß ein geringfügiges Ereignis eine alte Wunde aufreißt und zu einer überstark wirkenden Reaktion führt oder, was bei endogenen Depressionen häufig der Fall ist, daß alltägliche Sorgen und Nöte, die den Betreffenden nie besonders belastet haben, plötzlich einen sehr hohen Stellenwert erhalten, den sie mit dem Abklingen der endogenen Depression wieder verlieren. Hier zeigt sich etwas Wichtiges, nämlich, daß affektive psychische Störungen immer auch einen »Inhalt« haben, wie dies auch bei Konflikten der Fall ist, die sich an einem bestimmten Problem entzünden. Der »Inhalt«, um den sich bei affektiven Psychosen die Gedanken drehen, ist aber nicht identisch mit einem Konfliktthema, das auch einen »Inhalt« darstellt, aber für den Betroffenen ein ganz anderes Gewicht hat. Für das »Endogene« einer affektiven psychischen Störung spricht, daß sie nicht stark an ein auslösendes Ereignis gebunden ist oder dieses im Erleben rasch in den Hintergrund tritt. Mögliche Mißverständnisse oder einseitige Betrachtungsweisen zeichnen sich nach dem Gesagten ab: Entweder es wird jeder »Inhalt« als Konfliktstoff beurteilt oder es wird nur die Verstimmung beachtet und der möglicherweise auslösende Konflikt nicht (genügend) bewertet. In nicht wenigen Fällen bleibt es fraglich, ob der Inhalt gravierend genug ist, um als Konfliktstoff wirksam zu werden, oder ob lediglich eine nicht alltägliche Sorge infolge der Verstimmung überwertet wird. So kann etwa ein kleines Versäumnis als ungeheure Schuld bezeichnet oder der drohende Auszug erwachsener Kinder als existenzbedrohend erlebt werden.

Bei der geschilderten Beziehung zwischen veränderter Affektivität und »Inhalt« des Erlebens kann gleichsam die ganze Welt durch die endogene affektive Verstimmung für den Betreffenden verändert sein, die er seiner affektiven Veränderung entsprechend (= katathym) erlebt. Es kommt aber auch nicht selten vor, daß der affektiv psychisch Kranke mit seiner veränderten Affektivität einen bestimmten »Gegenstand« »besetzt«, d. h. daß er nur diesen katathym betrachtet. So werden in Depressionen etwa Beschwerden im Oberbauch, eine kleine Verfehlung oder eine unbezahlte Rechnung der affektiven Herabgestimmtheit entsprechend als große Katastrophen, ungeheures Unglück und als unmittelbar drohender moralischer, finanzieller oder physischer Untergang erlebt. Manische Pat. glauben, in sich besondere Fähigkeiten in wissenschaftlicher oder künstlerischer Hinsicht zu haben oder verspüren die Kraft, der Welt den Frieden zu geben. Solche affektiven Besetzungen bestimmter Gegenstände gibt es auch außerhalb affektiver Psychosen. Dies hat in der Psychiatrie eine nicht unerhebliche Bedeutung. Darum sei hier ein *Exkurs* darüber angefügt.

Exkurs: Affektive Besetzung

Beginnen wir wieder mit dem, was jedem geläufig ist. Nicht nur bei jeder Wahrnehmung, sondern auch bei jeglicher Ansicht oder Meinung über einen Sachverhalt ist der Inhalt zu unterscheiden von dem, was dieser für den Betreffenden bedeutet bzw. wie weit dieser sich mit dem Inhalt identifiziert. Hierbei gibt es unterschiedliche Grade, die von einer Ansicht zu einer festen Meinung bzw. Überzeugung bis hin zu einem fanatisch vertretenen Gewißheitsgrad

ansteigen können. Überlegt man in der entgegengesetzten Richtung und bedenkt, wieweit Inhalte dem Betreffenden gleichgültig sein können, so wird deutlich, daß es auch hier verschiedene Grade gibt, aber auch, daß für das Zustandekommen einer Meinung jedenfalls eine gewisse Identifikation des Betreffenden mit dem Inhalt unerläßlich ist. Das gleiche gilt für Sinneswahrnehmungen. Der Betreffende sagt: ich habe es ja selbst gesehen oder gehört. Mit anderen Worten heißt das: Wahrnehmungen und Meinungen bedürfen nicht nur eines Trägers, da sie nicht an sich existieren, sondern auch einer gewissen Identifikation des Trägers mit ihnen. Selbst bei wissenschaftlichem Bemühen um Objektivität läßt sich deswegen die Subjektivität des Beobachters und dessen Identifikation mit seinen Beobachtungen letztlich nicht ausschalten. Daß auch bei den objektivierenden Naturwissenschaften eine nicht unerhebliche affektive Besetzung der »objektiven« Ergebnisse vorliegen kann, lehrt die Geschichte dieser Wissenschaften.

Eine stärkere affektive Besetzung gibt es nicht nur bei akuter starker affektiver Betroffenheit, sondern z. B. auch beim Verliebtsein und bei ausgesprochenen Überzeugungen, so daß man mit dem Betreffenden »darüber nicht mehr reden kann«. Mit dem Ansteigen der Intensität der affektiven Betroffenheit bzw. des Engagements tritt eine zunehmende Einengung der Urteilsfähigkeit sowohl in bezug auf die Sache wie die eigene Betroffenheit ein. Dabei steht die Einschränkung der Urteilsfähigkeit in einem umgekehrten Verhältnis zur Intensität der affektiven Besetzung. Bei ihrer Zunahme nimmt die Zahl der Denkmöglichkeiten ab, bis schließlich nur noch eine einzige Möglichkeit gesehen und anerkannt wird (»nur dies eine ist richtig« oder »nur diese(r) oder keine(r) kommt für mich als Partner in Betracht«).

Das aus der Alltagserfahrung allgemein Bekannte gilt ebenso für die wahnhaften Entwicklungen und die sog. reinen Wahnkrankheiten, z. B. Eifersuchts-, Querulanten- und Erfinderwahn. Aus der klinischen Erfahrung muß angemerkt werden, daß bei längerem Bestehen eines Wahns die Stärke der affektiven Veränderung nach außen nicht mehr unmittelbar sichtbar sein muß. Die Betreffenden agieren vielmehr zurückhaltend infolge der negativen Erfahrungen, die sie im Laufe der Zeit mit ihrem Verhalten bei ihrer Umgebung machten. Bei den genannten Krankheitsbildern sind die Themen der Wahnbildung Alltagsfragen des Menschen. Das Besondere liegt in der Zuspitzung und in der Dauer der psychischen Veränderung. Die Erfahrung lehrt, daß es hier, sowohl was die Intensität als auch die Dauer anbetrifft, fließende Übergänge vom »Normalen« zu den seltenen extremen Entwicklungen eines sog. reinen Wahns gibt. In die Reihe der verschiedenen Ausprägungsgrade solcher Bilder reihte C. *Wernicke* die von ihm sog. überwertigen Ideen ein, die ihrerseits weder gegen das »Normale« noch gegen den »reinen« Wahn scharf abgegrenzt werden können. Viel häufiger als solche sog. reinen Wahnkrankheiten begegnet uns eine Wahnsymptomatik bei anderen psychischen Krankheiten aller Art. Hierbei ist zu berücksichtigen, daß bei diesen andersartige Voraussetzungen gegeben sind. Man kann deswegen ganz allgemein davon ausgehen, daß durch diese Veränderungen leichter Identifikationen mit bzw. affektive Besetzungen von Wahrnehmungen, Erlebnissen, Vorstellungen und Gedanken eintreten als bei Gesunden. Die Ausprägung der affektiven Besetzung ist infolgedessen auch keineswegs immer so stark ausgeprägt wie bei reinen Wahnkrankheiten. Die Betroffenen haben in das Anormale solcher Symptome keine Einsicht, sie können mit anderen Worten den »Überstieg« (K. *Conrad*) nicht leisten, d. h. keine innere Distanz herstellen und so zu einem Urteil über ihre Erlebnisse gelangen. Diese Unfähigkeit ist ein wesentliches Kennzeichen einer schweren, psychotischen

psychischen Störung, deren Wesen auf diese Weise natürlich nicht erklärt werden kann.

Im Hinblick auf die klinischen Aufgaben sei schließlich darauf hingewiesen, daß Veränderungen im affektiven Bereich nicht ein Symptom bzw. Befund im engeren medizinischen Sinn sind. Sie sind eher vergleichbar mit dem Allgemeinzustand, über den sich in jeder Krankengeschichte ein Vermerk findet. Man wendet sich in der Regel für die medizinischen Fragestellungen gleichsam sofort den Symptomen und Befunden zu, die abgrenzbar und lokalisierbar sind, was bei dem Allgemeinzustand problematisch ist. In analoger Weise entsteht bei psychisch Kranken immer die Tendenz, sich auch hier Befunden zuzuwenden. Da im Psychischen »greifbare« Befunde schwer zu erheben sind, hält man sich hier gern an die »Inhalte« des Erlebens oder an bestimmte Einzelheiten des Verhaltens und daraus resultierende Vorkommnisse. Die mehr allgemeine Veränderung, die eintritt, wenn der affektive Bereich betroffen ist, kann auf diesem Wege aus dem Blickfeld geraten. Ihn erfaßt man nur, wenn man sich auch in den Kranken hineinversetzt und versucht, seine gesamte Situation nachzuvollziehen. Den Betroffenen ist es ihrerseits schwer möglich, ihren veränderten Zustand zu schildern, sie neigen deswegen dazu, dies anhand von Einzelheiten zu tun, vor allem anhand von somatischen Beschwerden (larvierte Depression, d. h. die Depression ist durch die Maske der körperlichen Beschwerden verborgen und nicht unmittelbar zu erkennen). Das ist beim Umgang mit psychisch Kranken zu beachten.

7.5 Paranoide Syndrome

(Paranoia, Paraphrenie, induzierte Psychosen)
und andere nicht-symptomatische Psychosen (ICD Nr. 297-298)

Die Bezeichnung »paranoides Syndrom« wird immer da angewandt, wo wahnhafte Phänomene im Vordergrund eines Zustandsbildes stehen, das nach Ätiologie und Genese jedoch nicht oder noch nicht einer bestimmten Krankheitsform zugeordnet werden kann. Die Unspezifität des Begriffes »paranoides Syndrom« läßt also noch keine Aussage darüber zu, ob das Syndrom den symptomatischen Psychosen

oder den endogenen Psychosen oder irgend einer anderen psychischen Erkrankung zugehörig ist.

Paranoid als Substantiv wird synonym mit Wahn verwendet. Die synonyme Verwendung für paranoide Schizophrenie sollte vermieden werden. Paranoid als Adjektiv bedeutet zwar wahnhaft, aber in Verbindung mit Persönlichkeit, Struktur und Neurose bedeutet paranoid lediglich eine Neigung zu Beziehunngsideen oder das Gefühl sensitiver Beeinträchtigung. Es handelt sich dabei definitionsgemäß nicht um psychotische Phänomene. Paranoisch (eigentlich zugehöriges Adjektiv zu Paranoia) wird entweder im Sinne von »wahnähnlich« gebraucht oder bedeutet ebenfalls die mögliche Interpretation als »psychodynamisch ableitbar«.

Aus der psychiatrie-historischen Entwicklung heraus läßt sich eine terminologische und inhaltliche Verknüpfung der Begriffe Wahn und wahnhaft (Paranoia und paranoid) mit den Aussagen über Psychose belegen. Vor allem die inhaltliche Denkstörung »Wahn« wird immer im Zusammenhang mit Psychose verwendet, weil die Beziehungs- und Urteilsstörung des Wahns gleichzeitig eine erhebliche Einschränkung des Realitätsbewusstseins dokumentieren. Damit ist aber nur die inhaltliche Nähe zur Psychoseformulierung gemeint (Unfähigkeit, einem Großteil der üblichen Lebensanforderungen zu entsprechen und, gleichzeitig ausgedrückt, Schwere der psychischen Erkrankung), nicht aber die Zugehörigkeit zur endogenen oder zur symptomatischen Psychose. Der Begriff »paranoides Syndrom« erfordert ähnlich, wie wir dies für »schizophrenes Syndrom« dargestellt haben, die nähere Erklärung, zu welchem der beiden Formenkreise die Zuordnung gedacht wird.

Daß der Begriff der *Paranoia* bereits in der Antike als Bezeichnung für Geistesstörung oder Geisteskrankheit schlechthin verwandt wurde, hatte bei der Entwicklung psychiatrischer Grundvorstellungen zunächst dazu geführt, alle Geistesstörungen mit einem systematisierten Wahnsystem mit der Bezeichnung Paranoia zu belegen. Ein großer Teil der von *Emil Kraepelin* als Paranoia eingegrenzten Krankheitsbilder wurde dann in späterer Zeit der paranoiden Unterform schizophrener Psychosen mit all deren Konsequenzen (schubweiser Verlauf psychotischer Episoden, Persönlichkeitsänderung) zugeordnet. Daneben wurden aber Krankheitsbilder beschrieben, bei denen ein chronisches und vor allem systematisiertes Wahnsystem die einzige psychopathologische Auffälligkeit eines psychisch Kranken war, der in seiner übrigen Lebensweise und Lebenseinstellung (soziale und berufliche Integration) und in seiner Persönlichkeit sowie in seiner

Realitätsorientierung nicht beeinträchtigt schien. Das bedeutete klinisch, daß man eine Krankheitsform mit einer isolierten Wahnbildung abgrenzen konnte, die sich der Symptomatik und dem Verlauf sowie den anderen Beeinträchtigungen schizophrener Psychosen nicht unterordnen ließ. Dies führte dazu, daß eine sich aus einer sensitiv-mißtrauischen Charakterstörung heraus entwickelnde Wahnbildung (Beziehungs-, Eifersuchts-, Verfolgungswahn) als »Paranoia« bezeichnet wurde. Andere Autoren faßten hingegen Paranoia als beginnende Ich-Desintegrierung auf, die durch Lockerung der Ich-Grenzen und durch die dem Wahn typischen falschen Beziehungssetzungen mit der unkorrigierbaren Wahngewissheit charakterisiert ist. Der Übergang in schizophrene Psychosen sei möglich, aber nicht zwingend.

Zur Zeit ist davon auszugehen, daß die Bezeichnung Paranoia weder terminologisch noch klinisch eindeutig definiert ist. Ein klinisches Beispiel für die Auseinandersetzungen um den Begriff Paranoia ist die Abgenzung der Krankheitsform einer *Involutionsparanoia* (*Karl Kleist*, 1913), die als Prototyp eines Beeinträchtigungswahns bei erhaltenen intellektuellen Fähigkeiten ohne Persönlichkeitsabbau gilt.

Unter *Paranoia* verstehen wir heute ein systematisiertes Wahnsystem, das über lange Zeit formal und inhaltlich thematisch gleichbleibt. Dadurch unterscheidet es sich von der häufig vielgestaltigen paranoiden Symptomatik bei paranoiden Schizophrenien und involutiven oder symptomatischen Psychosen. Läßt sich dieses Wahnsystem im weiteren Verlauf den Formenkreisen der symptomatischen oder den endogenen Psychosen zuordnen, sollte man nicht mehr von Paranoia, sondern von paranoider Symptomatik bei der entsprechenden Grunderkrankung sprechen. Ist die Paranoia als systematisierte Wahnbildung eine der möglichen Ausformungen eines mißtrauischen, sensitiven oder paranoiden Charakters (Charakterneurose, neurotischer Charakter, Psychopathie), sollte es möglich sein, neurosenpsychologisch über Struktur und Dynamik der vorliegenden Störung Auskunft geben zu können. In diesem Verständnis bedeutet die Interpretation des Begriffes paranoisch zwar wahnhaft, aber aus der Persönlichkeitsentwicklung her verständlich und psycho-dynamisch ableitbar.

Als *paranoide Erlebnisreaktion* wird eine wahnhafte Form abnormer seelischer Reaktion verstanden, die in unmittelbarem zeitlichen und inhaltlichen Zusammenhang mit einem traumatisierendem Erlebnis (Kränkung, Demütigung, Beschämung) steht. Es wird die Vorstellung zugrunde gelegt, daß eine ohnehin zu abnormen Reaktionen neigende Persönlichkeit (kränkbare, selbstunsichere Persönlichkeit) bei situativen und persönlichen Belastungen mit der Entwicklung paranoider Umdeutungen der Situation und der Umweltbeziehungen reagiert. E. *Kretschmer* sprach von der beschämenden Insuffizienz einer ethischen Niederlage (1918). Vorausgesetzt wird, daß der Betroffene in die Krankhaftigkeit seiner Reaktion zumindestens vorübergehend Einsicht gewinnen kann. Der Begriff paranoide Reaktion sollte vermieden werden, wenn die paranoiden Verhaltensweisen nicht nach einer umgrenzten Zeitdauer wieder abklingen.

Paraphrenie ist ein im heutigen psychiatrischen Sprachgebrauch nicht mehr verwendeter klinischer Begriff für Krankheitsformen, die nach E. *Kraepelin* (1909) zwischen den Formen der Paranoia und denen der paranoiden Schizophrenie stehen. Mit der Paranoia hat der betroffene Kranke ein umschriebenes Wahnsystem gemeinsam, mit der paranoiden Schizophrenie dagegen die paranoid-halluzinatorische Symptomatik. Bei der ohnehin vorhandenen Unsicherheit gegenüber einer typologischen Differenzierung einzelner Unterformen schizophrener Erkrankungen sollten solche Begriffe, deren klinische Aussage unklar ist, vermieden werden.

Als »*induzierte Psychosen*« werden solche Psychosen bezeichnet, deren Entstehung und Entwicklung im Zusammenhang mit einem »Psychose-Partner« gesehen werden, der thematisch und von der Ausprägung her das gleiche psychopathologische Zustandsbild bietet. Ein solcher »Übertragungsmechanismus« würde allerdings für die psychogene Entstehung dieser Form von Psychosen sprechen.

Das »*paranoid-halluzinatorische Syndrom*« bei symptomatischen Psychosen (U. H. *Peters*, 1967) begreift psychopathologische Zustandsbilder mit paranoiden und halluzinatorischen Phänomenen, die bei erhaltener Vigilanz Ausdruck und Begleiterscheinung einer körperlichen Grunderkrankung sind. Eine differentialdiagnostische Abgrenzung gegenüber einem paranoid-halluzinatorischen Syndrom bei endogenen Psychosen ist auf der psychopathologischen Ebene allein nicht möglich.

7.6 Die Psychoneurosen (ICD Nr. 300)

Vorbemerkungen

Die Ordnung der abnormen Erlebnisreaktionen und Entwicklungen ist nicht einheitlich und erfolgt anhand unterschiedlicher Einteilungsprinzipien. Die folgenden Einteilungen sind die häufigsten:

nach der Art des *auslösenden Erlebnisses*: z. B. Haftreaktionen, Schreckreaktionen, »traumatische« Neurosen (psychische und somatische Traumen), Rechtsneurosen.

Derartige Einteilungen können zu dem Mißverständnis führen, daß die abnorme psychische Reaktion oder Entwicklung durch bestimmte Erlebnisse allein hervorgerufen und geprägt wird. Da es sich dabei aber nicht um spezifische, neuroseauslösende Ereignisse handelt, können sie unabhängig von der betroffenen Persönlichkeit und deren Reaktionsweise keine krankmachende Wirkung haben, von Extremen abgesehen.

Nach der Art der *beschränkten Verarbeitungsmöglichkeit*, die zu abnormen Reaktionen und Entwicklungen führt: z. B. Eigentümlichkeiten der Persönlichkeit, Persönlichkeitsstörungen, Unterbegabung sowie symptomatische und endogene Psychosen (bei diesen vor allem chronisch verlaufende Formen).

Nach der Art der *Symptome, die das Zustandsbild prägen*: z. B. Herzneurosen, Sexualneurose, Agoraphobie, Zwangsneurose, neurotische Depression, paranoide Reaktion. So wie ein Erlebnis nicht allein für eine abnorme Entwicklung verantwortlich gemacht werden kann, so zeigen die abnormen Erlebnisreaktionen und Entwicklungen nicht nur ein Symptom, sondern eine komplexe Symptomatik, die von einem im Vordergrund des Zustandsbildes stehenden Symptom ein besonderes Gepräge erhalten kann.

Nach der Art *der Genese der abnormen Reaktionen* und Entwicklungen, z. B. reaktive depressive Verstimmung auf einen Verlust; Fehlentwicklungen bei bewußten Konfliktsituationen, etwa uneheliche Geburt, körperliche Entstellung, Sprachfehler; neurotische Entwicklungen, bei denen wesentliche Teile des Konflikts verdrängt werden.

Auch Versuche, abnorme Reaktionen und Entwicklungen in akute und vorübergehende Störungen sowie in langdauernde und chronisch verlaufende Störungen zu unterteilen, halten einer Kritik nicht stand. Kurzdauernde Reaktionen können Ausdruck einer ungünstigen Persönlichkeitsentwicklung sein und letztere kann zu akuten Reaktionen disponieren, die wiederum ein Teil der Persönlichkeitsentwicklung sind. Trotz dieser Schwierigkeiten sollte man versuchen, das Besondere der Störung zu kennzeichnen und eine Diagnose zu stellen. Mit dieser soll sowohl das Besondere des Zustandsbildes sowie dessen Genese in eine Kurzformel gefaßt werden. Daß dies problematisch ist, liegt auf der Hand, da so komplexe Zustände schwer auf eine ganz kurze Formel gebracht werden können. Deswegen sollte man auch nicht versuchen, mit einem einzigen Substantiv auszukommen, sondern vielmehr durch zusätzliche Angaben das Krankheitsbild und dessen Genese genauer charakterisieren.

In der Klinik bilden die Psychoneurosen das Kernstück der Neurosen. Damit sind Neurosen gemeint, deren Symptomatik überwiegend im psychischen Bereich liegt. Deren Unterteilung wird im Folgenden nach der *vorherrschenden Symptomatik* vorgenommen. So können folgende Krankheitsbilder unterschieden werden:

Die Angstneurose und die phobische Neurose, die neurotische Depression, die hysterische Neurose, insbesondere die Konversionsneurose und die Zwangsneurose. Mit einer gewissen Berechtigung kann man diesen Neurosenformen das neurotisch-hypochondrische Syndrom und das neurotische Depersonalisations- und Derealisationssyndrom hinzuzählen.

Diese Aufzählung könnte den Eindruck vermitteln, daß es sich bei den verschiedenen Neuroseformen um eindeutig voneinander unterscheidbare und abgrenzbare Krankheitsbil-der handelt. Das ist keineswegs der Fall. Die psychotherapeutische Erfahrung lehrt vielmehr, daß sich die verschiedenen Formen der Psychoneurosen vielfach überschneiden und »reine« Formen relativ selten sind. In der Klinik stellt man die Diagnose anhand der jeweils am stärksten ausgeprägten Symptomatik und bezieht die übrigen Symptome durch zusätzliche Beschreibungen mit in die Diagnose ein. Das hat oft etwas umständlich klingende Diagnosen zur Folge. Wenn nachstehend dennoch die »reinen« Krankheitsbilder in aller Kürze besprochen werden, so geschieht dies, um die Grundformen darzustellen, deren Anteile in der Mehrzahl der klinischen Bilder nebeneinander eine Rolle spielen.

Auch wenn man von »reinen« Neuroseformen ausgeht, ist zu sagen, daß diese keineswegs einheitliche Bilder zeigen, was die Ausprägung und den Schweregrad der Störung angeht. Jeder Neurosetyp, sei es eine Konversionsneurose, eine Phobie oder eine Zwangsneurose, bietet vielmehr ein breites Spektrum, das von prognostisch guten, sich oft spontan zurückbildenden Bildern bis zu schwersten therapeutisch kaum angehbaren oder chronifizierten Zuständen reicht. Am stärksten ausgeprägt ist diese Breite des klinischen Bildes bei Neurosen mit vorherrschender Angstsymptomatik und den hysterischen Neurosen. Grundsätzlich trifft diese Aussage aber für jeden Neurosetyp zu. Die Abgrenzung zum Nicht-Neurotischen ist problematisch, da, wie in der Allgemeinen psychoanalytischen Neurosenlehre dargelegt werden wird (Kap. 10), sich alltägliches Erleben von neurotischem vornehmlich durch den Grad der Ausprägung bestimmter Erlebensweisen unterscheidet. Eine weitere Schwierigkeit ist, daß die gleichen Symptome, z. B. Angst, Depression etc., die bei Neurosen vorkommen, auch als über lange Zeit bestehendes latentes Phänomen bei Persönlichkeitsstörungen wie auch als kurzdauernde Symptomatik bei Reaktionen (Krisen) und als Symptome bei endogenen und symptomatischen Psychosen auftreten können. Man steht also vor der doppelten Schwierigkeit, daß die verschiedenen Neuroseformen nicht scharf gegeneinander abgegrenzt werden können und daß psychische Symptome nicht ohne den sie bedingenden Kontext diagnostisch zugeordnet werden können.

Der Bezug der speziellen zur allgemeinen Neurosenlehre soll mit wenigen Hinweisen schon hier hergestellt werden: Neurosen werden aus psychodynamischer Sicht als Kompromißbildungen, Lösungsversuche, Folgezustände von reaktivierten, unbewußten, infantilen Konflikten interpretiert. Damit stellt sich die Frage, ob es eine Beziehung zwischen einer bestimmten Entwicklungsstörung oder Konfliktverarbeitung einerseits und einer bestimmten Neurose andererseits gibt. Die Antwort muß heute etwa so aussehen: Eine einfache Zuordnung von Konfliktphasen und Neuroseformen, wie man sie ursprünglich annahm – oral/depressiv, anal/zwangsneurotisch, ödipal/hysterisch – ist nicht zu halten, auch wenn natürlich eine gewisse Dominanz des Zusammenhanges in der angedeuteten Richtung besteht. Auch die relative Dominanz der Abwehrmechanismen bei bestimmten Neurosen – Wendung der Aggression gegen das Selbst/depressiv, Reaktionsbildung/zwangsneurotisch, Verdrängung/hysterisch, Verschiebung/phobisch – darf nicht absolut gesehen werden. Das gleiche gilt für die aufgezeigten Bedingungen der Entstehung schwerer Entwicklungsstörungen (»frühe Störungen«); sie gelten generell, aber nicht für jeden Einzelfall. Diese äußeren erfaßbaren Einflüsse wirken auf das Kind ein, das aber keine »tabula rasa« ist, sondern eine individuelle, vorgegebene Ausstattung von Frustrationstoleranz, Verarbeitungsbereitschaft, Konfliktlösungsvermögen und anderem mitbringt. Diese individuellen Unterschiede tragen dann in einer jeweils ganz singulären Weise zum Entstehen psychischer Gesundheit oder psychischer Krankheit bei. Nicht die objektive Stärke der beschreibbaren Traumen, sondern die jeweils subjektive Schwere des Traumas ist entscheidend. Damit wird verständlich, warum die Interpretation der neurotischen Gegenwart aus einer ganz persönlichen Geschichte von Konflikten und deren Verarbeitungen heraus, jenseits aller allgemeinen Aussagen, den eigentlichen Kern der psychoanalytischen Neurosenauffassung darstellt.

Neurosen mit vorherrschender Angstsymptomatik

Es bedarf eigentlich keiner besonderen Erklärung des Gefühls der Angst: dies ist jedem Menschen vertraut. Jeder Mensch muß mit der Verarbeitung von gewissen Quantitäten von Angst zeitlebens fertig werden. Ein Leben ohne Angst ist eine Utopie. Unsere Vorfahren waren Schicksalsschlägen und Naturgewalten in ganz anderem Maße ausgesetzt als wir. Vielleicht ist das der Grund, daß Angst heute auf den ersten Blick »kein Thema« mehr zu sein scheint. Sieht man jedoch genauer hin, dann sind auch heute die Ängste des Menschen aktuell wie eh und je. Einen Großteil der Freizeit-, Vergnügungs- und Konsum-Industrie kann man als Versuche, diese latenten Ängste abzuwehren, auffassen. Kein technisches Zeitalter kann dem Menschen die Angst vor dem eigenen Tod, vor der Ungewißheit der Zukunft oder auch nur vor dem Verlassenwerden durch einen anderen Menschen, den man liebt, nehmen. In älteren Zeiten gestand man sich allgemein diese Angst ein – wer mit der Angst umgehen konnte, wer Abenteuer bestand, war ein Held. Manifeste Angst, oder genauer: die Fähigkeit, bewußt Angst bei sich wahrzunehmen, ist heute etwas, dessen Mangel auffällt.

Dieser Zusammenhang soll einmal ausgesprochen werden, bevor wir uns einer Reihe von Krankheitsbildern zuwenden, die sich durch ihr erhöhtes Ausmaß von Angst, bzw. durch ihre herabgesetzte Fähigkeit, Angst zu ertragen, auszeichnen. Wie noch auszuführen sein wird, kann man aus der Sicht der psychoanalytischen Neurosenlehre alle Neurosen als Abwehr von Ängsten oder als Versuche, Angst zu vermeiden, auffassen. Neurotische Krankheitsbilder, deren zentrale Symptomatik Angstzustände darstellen, sind auch deshalb von besonderem Interesse. Die wichtigsten Krankheitsbilder dieses Typs sind die Angstneurose, die Phobie, die Herzphobie und die Hypochondrie.

Als *Angstneurose* (ICD 300.0) bezeichnen wir eine Neurosenform, bei der die Leitsymptomatik ein in seiner Intensität zwar schwankender, aber eigentlich ständig anhaltender Angstzustand ist. Solche Menschen haben ständig vor allem und vor jedem Angst. Die Angst ist meist nicht gerichtet, diffus, und kann sich bis zur Panik steigern. Freud prägte zur Beschreibung dieses Zustandes den Begriff der »frei flottierenden« Angst.

Auch wenn man sich bemüht, Ängste nicht nur als pathologische Phänomene, sondern auch als etwas allgemein Menschliches zu sehen, wird auch dem Laien rasch klar, daß hier offensichtlich sehr weitgehende Störungen wirksam sind. Insofern erscheint es berechtigt, die Angstneurose als eigene Gruppe von anderen Neuroseformen abzugrenzen, bei denen auch Angst eine Rolle spielt. Allerdings ist die Praxis verbreitet, generell alle Neurosen mit Angsterscheinungen als »Angstneurosen« zu benennen. Dieser Gebrauch entfernt sich dann von unserer eingrenzenden Verwendung.

Pathogenetisch muß man in der Regel davon ausgehen, daß die Angstneurose Hinweis auf eine schwere psychische Störung ist, bei der die Entwicklung zur Zeit der frühen Ich-Reifung ernstlich gestört wurde. Meist mußten diese Menschen als Kinder entbehren, was zu einem stabilen Ich- und Selbst-Bild führt. Häufig werden massive Traumen (Verlust eines Elternteils, Heimerziehung, asoziales Milieu) berichtet. Die extreme Verwöhnung, die dem Kinde nicht gestattete, Erfahrung im Umgang mit erträglichen Mengen von Angst zu sammeln, ist nach unserer Erfahrung seltener beteiligt. Die Ich-Schwäche führt zu dem, was man als »Versagen der (Angst-)Abwehr« bezeichnen könnte. Darauf wird im Kapitel 11.3 eingegangen.

Differentialdiagnostisch müssen gerade die diffusen Angstzustände von klinisch ähnlichen oder gleichen Bildern bei den endogenen Psychosen (Schizophrenie, psychotische Depression), bei Grenzzuständen (atypische Neurosen, Borderline-Syndrom) und von exogen verursachten Panikbildern (Intoxikation, »Horrortrip« unter LSD) abgegrenzt werden.

Die *phobischen Neurosen* (ICD 300.2) zeichnen sich gegenüber den Angstneurosen dadurch aus, daß der Patient keine ungerichtete Angst, sondern Angst *vor etwas* hat. Der phobische Patient ist weitgehend angstfrei, wenn er den angsterregenden Inhalt oder Gegenstand meidet. Diese Beschreibung besagt schon, daß die Abwehr und auch die Ich-Stärke bei den Phobien deutlich besser ist als bei den Angstneurosen. Phobien können vor jedem Gegenstand und vor jeder Tätigkeit bestehen. Es gibt Ängste vor Plätzen und Straßen (Platzangst, Agoraphobie) und es gibt Ängste vor geschlossenen Räumen (Klaustrophobie). Gut bekannt sind Ängste vor Tieren (Zoophobie), bei denen auffallend häufig Schlangen, kleine Nager, Insekten und Spinnen Gegenstand der Furcht sind. Es gibt auch Ängste vor vegetativen Reaktionen, in erster Linie die Angst zu erröten (Erythrophobie). Damit wird bereits etwas von der »Breite« des klinischen Bildes nachvollziehbar. Eine Mäuse-Phobie kann zeitlebens »subklinisch« bleiben und braucht den Träger kaum zu beeinträchtigen, wenn er um Mäuse einen ausreichend großen Bogen macht. Die Erythrophobie aber berührt zentral den Kontakt zum Mitmenschen. Kein Gespräch, keine Begrüßung, kein Besuch, dem der Betroffene nicht mit großen Erwartungsängsten entgegensieht, was natürlich unweigerlich das reale Erröten provoziert. Phobiker mit derartigen Ängsten ziehen sich häufig zurück. Ebenfalls zur sozialen Isolierung führen die Platzängste – der Kranke ist bei jedem Verlassen des Hauses auf einen Begleiter, eine »Schutzfigur« angewiesen – oder die Ängste vor nicht näher bekannten Menschen überhaupt (Xenophobie).

Die Pathogenese stellt sich aus psychoanalytischer Sicht in Kurzform folgendermaßen dar: Psychodynamisch gesehen ist die Ursache von Phobien eine unbewußte Phantasie, deren Inhalt verdrängt ist. Diese Phantasie bezieht sich auf intrapsychisch erlebte Gefahren, für die die in der Außenwelt erlebten Gefahren dann stellvertretend eintreten. Die Abwehr verläuft hier über eine Verschiebung und Projektion der Angst auf einen bestimmten Gegenstand oder eine bestimmte Situation. Bei Phobien, die den Zwangsneurosen nahestehen, überwiegen unbewußte Konflikte, die sich auf die Aggressionen beziehen. Bei solchen, die hysterischen Formen verwandt sind, kommen sexuelle Konflikte auffallend häufig vor. Die von der Verhaltenstheorie generell gemachte Annahme, daß Phobien Ausbreitungen (Generalisierungen) realer angsthafter Erlebnisse seien, mag für eine Minderzahl zwar zutreffen, ist aber als ausschließliche Ursache klinisch nicht zu bestätigen.

Die *Herzneurose* (ICD 306.2) ist die am engsten umschriebene Phobie, die sich auf den eigenen Körper bezieht. Objekt der Angst ist nicht ein Teil der Außenwelt, sondern ein Teil der körperlichen Innenwelt. Inhalt der Angst des Herzphobikers ist die Angst vor dem plötzlichen Herztod, die Angst, das Herz könne stillstehen, die Angst, vor der unerkannten Herzkrankheit. Aufgrund von testpsychologischen Befunden ist ein A-Typ (depressiv-anlehnend) von einem B-Typ (aktiv-kontraphobisch) abzugrenzen.

Die intensiven Untersuchungen der Herzneurosen der letzten Jahre haben ergeben, daß bei deren Psychogenese vor allem unbewußte ambivalente Trennungskonflikte wahrscheinlich entscheidend sind. Es besteht eine Beziehung zur Anlehnungsthematik und zur Gefühlsambivalenz (gleichzeitig Haßgefühle und Liebeswünsche gegenüber dem gleichen Partner), die auch für die neurotische Depression bezeichnend ist. Differentialdiagnostisch sind natürlich organisch verursachte Herzbeschwerden auszuschließen.

Auch die *Hypochondrie* (ICD 300.7), die ausgeprägte Beobachtung des eigenen Körpers, geht mit einer starken Krankheitsfurcht einher, läßt sich also den Neuroseformen mit Angstsymptomatik zuordnen. So wurde die Herzneurose früher auch als Herzhypochondrie bezeichnet. Beim neurotisch hypochondrisch Kranken ist das Angstobjekt nicht in der Außenwelt – wie beim Phobiker – sondern findet sich im eigenen Körper. Fast jedes Organ des Körpers kann Gegenstand der Angst werden. Die Hypochondrie kann leicht ausgeprägt und vorübergehend, sie kann aber auch Zeichen einer schweren psychopathologischen Veränderung sein. Chronische Hypochondrien haben eine ausgesprochen schlechte Prognose.

Hypochondrische Erscheinungen sind häufig. Oft sind sie harmloser und vorübergehender Natur – z. B. bei Medizinstudenten, die während des Studiums mit den vielfältigen Krankheitsbildern konfrontiert werden –, aber sie kommen auch bei depressiven oder schizophrenen Psychosen vor. Hier treten sie dann meist in der Form des hypochondrischen Wahns auf. Die Differentialdiagnose ist manchmal schwierig, da sich die wahnhafte Fixierung der hypochondrischen Vorstellung oft erst nach längerer Verlaufsbeobachtung zeigt. Auch bei organischen Hirnerkrankungen sind Hypochondrien beschrieben worden.

Das ausgeprägte hypochondrische Syndrom ist pathogenetisch Ausdruck einer gestörten Beziehung zum Körperbild. Diese äußert sich in einem magischen Denken, das zu abstrusen Vorstellungen über den Körper und seine Funktionen führt. Die gesunden Ich-Funktionen, die parallel mit dem Körperbild entstehen, sind entsprechend unzureichend gereift. Die Ängste des Patienten, die ursprünglich der sozialen Interaktion entstammen, haben sich in die angsthafte Beschäftigung mit dem Körper und seinen Funktionen verwandelt. Letztlich tritt der eigene Körper zunehmend in die Funktion des sozialen Partners ein: die Patienten vereinsamen, isolieren sich und beschäftigen sich nur noch mit ihrem Körper.

Die *Therapie* der Neurosen mit Angstsymptomatik muß von den differenten zugrunde liegenden Konflikten ausgehen. Bei den schweren Formen der Angstneurose kann die Psychotherapie nur stützend sein, oft ist eine gleichzeitige medikamentöse (anxiolytische) Behandlung unvermeidlich. Nicht selten entwickeln diese Patienten sekundär eine Medikamentenabhängigkeit, wozu sie ihre gestörte Persönlichkeitsstruktur (genetisch: Defizite und weniger Konflikte) prädestiniert. Phobien sind deutlich besser zu behandeln. Bei isolierten Phobien und Desinteresse des Patienten an einer »aufdeckenden« Psychotherapie ist Verhaltenstherapie indiziert. Sonst ergibt sich ein weites Feld für die psychoanalytischen Therapieformen. Bei der Herzneurose ist die analytische Psychotherapie die Therapie der Wahl, wobei die Prognose des B-Typs besser ist als die des A-Typs. Die Psychotherapie der hypochondrischen Störungen ist ein ungelöstes Problem, da diese Patienten meist auf ihre Organbeschwerden fixiert sind und jede Form der Psychotherapie als Fehlbehandlung empfinden.

Die neurotische Depression und der psychische Masochismus

Als neurotische Depression (ICD 300.4) bezeichnen wir eine stärkere Senkung der Stimmungslage, die verbunden ist mit einer Minderung des Antriebes, des Interesses, der Leistung, der Konzentration, der Selbsteinschätzung und allgemeinen Aktivität. Die Symptomatik einer neurotischen und einer psychotischen Depression kann durchaus gleich sein. Oft ist die Differentialdiagnose auch für den Fachmann schwierig. Man macht sicher eine zutreffende Aussage, wenn man die neurotische Depression als im Durchschnitt nicht so schwer und nicht so tiefgehend wie die psychotische und im Verlauf aber als chronisch beschreibt. Suizidalität ist häufig, aber insgesamt weniger akut als bei endogenen Depressionen. Der Realitätsbezug ist weitgehend erhalten.

Das Erscheinungsbild des neurotisch Depressiven zeigt vielfältige Facetten. Bei weitem nicht jeder Patient ist depressiv, der sich so bezeichnet. So haben fast alle hysterischen Patienten die Neigung, ihre Störungen als »Depressionen« zu bezeichnen. Auch gibt es depressive Bilder, die stark agierende Züge tragen, wie sie eher für hysterische Patienten charakteristisch sind. Übergänge zwischen beiden Neurosetypen sind häufig. Schwieriger ist, wie schon erwähnt, die *Differentialdiagnose* zur endogenen Depression, da sich die Bilder stark gleichen können. (s. 7.4)

Die endogene Depression kann aber zusätzlich durch andere Kriterien gekennzeichnet werden, und zwar durch deutlich abgrenzbare Phasen, eine Eigengesetzlichkeit des Verlaufes, und ausgesprochene Vitalstörungen (schwere Schlafstörungen, starke Gewichtsverluste, ausgeprägte Tagesschwankungen, vegetative Regulationsstörungen). Der einfühlende Zugang in das Erleben ist viel schwieriger als bei der neurotischen Depression, die eher durch eine chronische depressive Verstimmung mit schwankender Intensität ausgezeichnet ist.

Die den neurotischen Depressionen zugrunde liegende *Persönlichkeitsstruktur* wird in der Regel als fordernd und »abhängig« beschrieben. Sie kann gleichzeitig ausgesprochen sensible, gewissenhafte und skupulante Züge zeigen, so daß sie oft kaum von zwanghaften Persönlichkeiten abzugrenzen ist. Pathogenetisch wird davon ausgegangen, daß die Störung auf einer ausgesprochen ambivalenten Beziehung zu den frühen Bezugspersonen basiert. Im Zusammenhang damit bildet sich beim Depressiven ein sehr strenges Gewissen, das insbesondere auf die geringsten feindseligen Impulse sehr empfindlich reagiert. Auf Versagun-

gen entsteht im Kleinkind als Reaktion eine heftige Wut, die wegen der rigiden Moralbildung beim neurotisch Depressiven gegen ihn selbst gewendet wird. Die Folge sind depressive Verstimmungen und ein instabiles Selbstbild, bei dem die positive und negative Selbsteinschätzung ständig wechselt. Schwerere depressive Verstimmungen werden bei diesen Fällen oft durch sogenannte narzißtische Kränkungen ausgelöst. E. *Bibring* hat gezeigt, daß es dabei insbesondere um Verletzungen des Wunsches geht, geliebt und geachtet zu werden, des Wunsches, stark zu sein, und des Wunsches, gut und liebevoll zu sein. Die natürliche Enttäuschung führt zu Ärger, der nicht wahrgenommen werden darf und die Selbstvorwürfe verstärkt, weil der Depressive glaubt, so nicht sein zu dürfen. Derartige Enttäuschungen über sich selbst führen zu dem hadernden Umgang mit sich, der den neurotisch Depressiven kennzeichnet.

Eine neurotische Störung, die einerseits viel mit der Depression zu tun hat, andererseits gut von ihr abgrenzbar ist, ist der *psychische Masochismus*. Man spricht auch von masochistischer Reaktion, was aber eine recht unzutreffende Bezeichnung ist, weil gerade diese Störung wenig mit akuten Reaktionen und viel mit einer Grundhaltung zu tun hat.

Vom Phänomen her bezeichnet man als psychischen Masochismus ein Lebensarrangement, das dem Menschen ständig Leiden, Unglück und Schicksalsschläge »beschert«. Mag es auf den ersten Blick noch so scheinen, als ob die Häufung besonders unglücklicher Zufälle hier eine Rolle spielte, so wird bei näherer Betrachtung deutlich, daß eine unbewußte Einstellung vorliegt, die diese Situation immer wieder aktiv konstelliert. Das Ich dieser Menschen hat im Umgang mit dem strengen Gewissen eine Formel entwickelt, die man vielleicht so umschreiben könnte: »Solange ich mich ständig selbst bestrafe, habe ich vor meinem Gewissen Ruhe.« Tatsächlich haben diese Menschen häufig keine bewußten Schuldgefühle. Ihr Schuldgefühl ist vielmehr unbewußt, verdrängt, was sie von den Depressiven unterscheidet, die meist bewußt unter ihren Schuldgefühlen leiden. Beim psychischen Masochismus wird die Rechnung mit dem Gewissen durch autoaggressive Handlungen beglichen. Hat der Mensch darin »Erfolg«, dann brauchen seine Schuldgefühle nie bewußt zu werden. Die Beziehung zwischen Depression und Masochismus läßt sich so formulieren: Jeder Depressive hat masochistische Züge, aber nicht jeder Masochistische ist depressiv.

Während die *Therapie* des psychischen Masochismus ein erhebliches Problem darstellt, stellt die Therapie der neurotischen Depression ein breites Feld von Indikation für alle Formen der analytischen Psychotherapie dar. Bei leichten Formen kann auch die Gesprächstherapie angezeigt sein. Die (eventuell gleichzeitige) Behandlung mit antidepressiven Medikamenten ist sehr viel seltener tatsächlich erforderlich, als sie in der Praxis eingesetzt wird.

Die Zwangsneurose (ICD 300.3)

Von den neurotischen Krankheitsbildern findet der Unerfahrene zur Zwangsneurose meist am schlechtesten einen erlebnishaften Zugang. Zu fremdartig, zu bizzar, zu abstrus erscheint das voll ausgeprägte Bild. Und doch schließen auch die Zwangssymptome an das alltäglich Vertraute an: Vielen Menschen ist erinnerlich, daß sie z. B. die Vorstellung hatten, bei völlig unpassender Gelegenheit (in der Kirche, bei einer Festversammlung) etwas völlig Unsinniges zu tun, zu schreien o. ä. Meist ist eine solche Phantasie erheiternd, aber wenn sie sich einmal, fünfmal und zehnmal und öfters aufdrängt, nicht zu unterdrücken ist, dann wird sie quälend. Der Mensch fühlt sich unfrei, »unter Zwang«, beschämt. Erster Versuch einer Hilfe ist die »Ablenkung«: Man denkt an etwas anderes, Freundliches, Sachliches. Man zählt die Fenster, die Birnen im Leuchter, die Kassetten an der Decke. Sehr ähnlich verhält es sich beim Phänomen des Zwanges: Etwas Unangenehmes, ein Einfall, eine Phantasie drängt sich auf, wiederholt sich, der Betroffene setzt aktive Leistungen dagegen, fängt an zu zählen, zu ordnen. Den ersten Teil des Vorgangs nennt man einen Zwangsanfall, den zweiten Teil ein Zwangsritual – hier im Bereich des Denkens. Der Zwangseinfall ist ein störender, Unordnung, subjektives Chaos herbeiführender Impuls; das Ritual ist ein Versuch, eine sinnvolle Ordnung dagegenzustellen. Kinder, die sich ständig mit neuen, ihnen noch nicht vertrauten

»Unordnungen« auseinandersetzen müssen, haben eine natürliche Neigung, Wiederholungen, Rituale, vertraute Abläufe dagegenzusetzen. Aus der Sicht des Erwachsenen wäre solch kindliches Verhalten durchaus korrekt als »Zwangsritual« zu beschreiben, allerdings sollte man vorsichtig sein, für natürliche, entwicklungsbedingte Vorgänge die gleichen Begriffe wie für pathologische Phänomene zu verwenden. Andererseits gibt es infantile Formen der echten Zwangsneurose. Dies leitet zum Bilde der eigentlichen Erkrankung über.

Die Zwangsneurose zeigt bei phänomenologischer Betrachtung ein vom Zweifel beherrschtes Denken und eine magische Grundeinstellung zu Gedanken, Zahlen, Farben und Dingen sowie Selbstvorstellungen von einer magischen Allmacht. Daneben bestehen Zwangsantriebe, Zwangsimpulse und Zwangseinfälle, in deren Folge sich plötzlich einschießende Vorstellungen aggressiven, sexuellen oder anderen unangenehmen Charakters im Erleben des Patienten gegen seinen Willen durchsetzen, die zu Zwangshandlungen führen können. Magische Rituale sollen das Böse bannen, welches das Denken und Wünschen heraufbeschwört; Kontroll- und Ordnungszwänge dienen der Absicherung, Waschzwänge magischen Reinigungsvorstellungen. Dabei ist dem Kranken das Unsinnige dieser Zwänge durchaus bewußt. Bei Versuchen, ihnen nicht zu folgen, entsteht Angst, die sich rasch steigert, so daß der Kranke bald nachgibt. Eine besondere Beziehung besteht zwischen Zwang und Phobie. Über die Art dieser Beziehung herrschen widersprüchliche Ansichten. Einige Autoren meinen, daß Zwangsneurotiker in Bezug auf den ihnen bekannten, angstauslösenden Gegenstand eine Phobie entwickeln. Dem entgegengesetzt ist die Meinung anderer Untersucher, nach deren Verständnis eine am Beginn der Zwangsneurose stehende Phobie erst sekundär zu Zwangshandlungen und Vermeidungsritualen führt. Die Erfahrung lehrt, daß es kaum eine Zwangsneurose ohne phobische Züge gibt.

In der Psychodynamik der Zwangsneurose geht es offenbar um zweierlei: Auf der einen Seite gibt es Impulse, Phantasien, Vorstellungen, die sich aufdrängen und die der Patient nicht ertragen kann; und auf der anderen Seite gibt es Versuche, eine Art des Umgangs mit diesen zu finden, die aber offensichtlich – wie bei allen Neurosen – ungeeignet und letztlich verfehlt ist. Über diese Dynamik ist aus psychoanalytischer Sicht viel gearbeitet worden, und die Ergebnisse lassen sich in aller Kürze folgendermaßen zusammenfassen: Die pathogenen Impulse bei der Zwangsneurose sind archaische Triebanteile, die vom Ich nicht integriert werden. Insbesondere handelt es sich um sogenannte anal-sadistische Impulse, die dem analen Organerleben des Kindes entstammen. Der Akzent bei der zwangsneurotischen Problematik liegt auf der unzureichenden Verarbeitung antisozialer Bedürfnisse. Aber es sind auch sexuelle Konflikte verschiedenster Art nachweisbar. Die eigentlichen pathogenen Impulse sind kaum einmal wirklich unbewußt, auch wenn sie nicht verbalisiert werden. Dadurch unterscheidet sich die Zwangsneurose von den meisten anderen Neurosen, bei denen die basalen Konflikte verdrängt sind. Der Zwangsneurotiker zentriert seine Abwehr eher um die Reaktionsbildung einerseits und die Isolierung der affektiven Begleittönung dieser Inhalte andererseits. *Fenichel* sagt: »Der Zwangsneurotiker isoliert, wo der Hysteriker verdrängt«. Bei der Zwangsneurose ist die moralische und idealbildende psychische Substruktur, das Über-Ich, immer als besonders streng und rigide beschrieben worden. Auf der Ich-Seite zeigt die Symptomatik des Zwangskranken jeweils das Überwiegen entweder des Trieb- oder des Gewissensfaktors, d. h. die Symptomatik nimmt mehr einen »Befriedigungscharakter« oder einen »Buß-und Strafcharakter« (*Fenichel*) an. Hinter dem Zweifel, der das Denken des Zwangsneurotikers so sehr auszeichnet, steht auf der affektiven Seite die Ambivalenz. Diese Ambivalenz bewirkt eine ausgeprägte Handlungstörung, was für neuere Bearbeiter wie *Quint* die zentrale Ich-Störung der Zwangsneurose darstellt.

Neben dieser Pathogenese aus psychodynamischer Sicht sind bei der Zwangsneurose Erbfaktoren immer wieder vermutet worden. Im Milieu, dem der Zwangsneurotiker entstammt, findet sich eine Häufung von zwanghaften oder zwangsneurotischen Personen. Insgesamt bestehen strenge, rigide, legalistische, sachbezogene, teilweise aggressive oder auch willkürliche Entwicklungsbedingungen. Spontaneität und Eigenwille müssen früh unterdrückt werden. In der Praxis sind die genetischen und die sozialen Faktoren nicht voneinander zu isolieren und spielen wohl gleichermaßen eine Rolle.

Das der Zwangsneurose zugrundeliegende Charakterbild wird als *Zwangscharakter* (ICD 301.4) bezeichnet. Damit sind Menschen gemeint, die sich durch Ordnungsliebe, Rigidität und Enge in ihren Denkfunktionen auszeichnen. Ein starkes Bedürfnis nach Sauberkeit entspricht häufig ausgeprägten und dominierenden Moralvorstellungen. Ängstlichkeit, Skrupulanz, peinliche Genauigkeit und anderes kommen hinzu.

Differentialdiagnostisch ist das voll ausgeprägte Bild der Zwangsneurose, insbesondere wenn Zwangshandlungen bestehen, kaum zu verkennen. Es muß aber daran gedacht werden, daß Zwänge – wie schon erwähnt – ein ubiquitäres Phänomen sind, wenn man so will, ein archaischer Versuch des Menschen, Ordnung in die eigene Unordnung zu bringen. Insofern verwundert nicht, daß ausgeprägte Zwangszustände bei Psychosen (sowohl bei den affektiven Psychosen als auch bei den Schizophrenien) und bei allen Hirnschädigungen (posttraumatisch, toxisch, arteriosklerotisch) vorkommen. Bei diesen Störungen hängt der *Verlauf* von der Grundkrankheit ab. Sonst neigt die Zwangsneurose zu einem eher wechselhaften Verlauf mit deutlicher Neigung zur Chronifizierung. Etwa 15 % der Erkrankungen verlaufen maligne (Zwangskrankheiten i. e. S.) und führen in weitgehend hilflose und pflegebedürftige Endzustände.

Die Zwangsneurose stellt unter allen Neurosen das *therapeutisch* unbefriedigendste Problem dar. (Ein Patient sagt: »Ich bezweifle sehr, daß es eine Therapie gibt, die mir hilft. Und wenn es sie gäbe: Wer sagt mir, daß während der Zeit, wo ich diese Therapie mache, ich nicht eine andere wirkungsvollere versäume?«) Die psychoanalytische Therapie ist einheitlich als schwierig und mit spezifischen Problemen verbunden angesehen worden. Allerdings hat *Quint* in neuerer Zeit über eindrucksvolle Erfolge bei sorgfältiger Indikationsstellung berichtet. Die Verhaltenstherapie scheint, was die Symptomatik angeht, insbesondere mit der Implosionstechnik (s. Kap. 21) befriedigende Erfolge zu erzielen. Eine spezifische Pharmakotherapie der Zwangsneurose fehlt. Therapierbar sind hier vor allem die psychopathologischen Nebenphänomene, insbesondere die Depressivität. Die von Neurochirurgen als erfolgversprechend empfohlenen stereotaktischen Hirnoperationen sollten in jedem Falle erst nach einem erfolglosen, ernsthaften, methodenorientierten Psychotherapieversuch unternommen werden.

Die hysterische Neurose (Konversionsneurose) (ICD 300.1)

Wenn ein Mensch sich auffallend verhält, wenn sein Verhalten laut, dramatisierend, theatralisch ist, wenn er gerne im Mittelpunkt steht und sehr geltungsbedürftig ist, dann kann es ihm passieren, daß er von irgend jemand als »hysterisch« bezeichnet wird – besonders wenn es sich dabei um eine Frau handelt. Diese Persönlichkeits-Diagnose der Alltagspsychologie ist gewiß nicht sehr valide und dient auch meist nur dazu, einen ärgerlichen Mitmenschen abzuwerten. Dennoch ist der Hysterie-Begriff ein alter medizinischer und wurde sowohl für ein bestimmtes Persönlichkeitsbild als auch für ein bestimmtes Krankheitsbild verwandt.

Das hysterische Krankheitsbild meint eine psychogene Körpersymptomatik, die oft rasch wechselt und schwer zu beschreiben ist. Der französische Arzt *Briquet* beschrieb im vorigen Jahrhundert ein Störungsbild mit vielfältiger Körpersymptomatik, für das sich aber keine organischen Ursachen finden ließen. *Freud* ging davon aus, daß unbewußte Konflikte aus dem psychischen Bereich in den körperlichen »konvertiert« würden und sprach deswegen von einer Konversionsneurose. Dieser Begriff wird weitgehend synonym mit Hysterie gebraucht.

Während es sich bei der Zwangsneurose um eine ausgesprochen seltene Neurosenform handelt, sind die hysterischen Neurosen ähnlich wie die depressiven Störungen und die Gruppe der Angstneurosen relativ häufig. Wahrscheinlich ist die hysterische Konversionsneurose diejenige Form der Neurose, die besonders oft verkannt und fehldiagnostiziert wird. Man kann formulieren, daß die hysterische Neurose praktisch jedes Krankheitsbild zu imitieren vermag. In der alten französischen Psychiatrie hieß es daher: »La Hystérie imite toutes les maladies«. Neben der Vielgestaltigkeit des klinischen Bildes ist ein weiteres verwirrendes Moment die Vielfalt der anzutreffenden Störungen. Neben prognostisch günstigen Bildern stehen solche mit fast völliger therapeutischer Resistenz. Das klassische Symptom der hysterischen Neurose war der »große hysterische Anfall«, bei dem der Kranke sich in Überstreckung des ganzen Körpers aufbäumt (»arc de cercle«). Dieses sehr dramatische Bild, das aber rein psychogener Natur ist, ist in den Industriestaaten fast verschwunden. Während im 19. Jahrhundert ein Großteil der psychiatrischen Patienten solche Anfälle bot, hat sich seither eine eindrucksvolle Umstrukturierung ergeben, die bis heute anhält. In den Entwicklungsländern und solchen mit stark agrarischer Wirtschaft ist der große Anfall noch heute häufig; in den Industrieländern hingegen »organisiert« sich die Hysterie immer mehr in Richtung der organischen Krankheitsbilder. Bei kaum einer Neurose ist der psychosoziale Einfluß auf die Symptombildung und der dadurch bedingte Symptomwandel im Laufe der Zeit eindrucksvoller als bei der hysterischen Neurose.

Die *Symptomatik* zeigt heute im Bereich der »Anfälle« überwiegend Hyperventilations-Anfälle oder »Kopien« neurologischer Synkopen, die die Patienten rasch von den organisch Kranken übernehmen. Die hysterische Symptomatik zeichnet sich durch sogenannte Konversionssymptome aus, d. h. psychogene Anfälle, wobei heute die Hyperventilationstetanie den klassischen hysterischen Anfall (»arc de cercle«) fast ganz ersetzt hat. Dysfunktionen der Motorik (psychogene Lähmungen) und des Sensoriums (sensible Störungen, Schmerzen!) werden von Darstellungen ganz verschiedenartiger Krankheiten und Körperzustände ergänzt (z. B. die Scheinschwangerschaft, die sogenannte »Grossesse nerveuse«). Regelmäßig treten auf Bewußtseinsstörungen und dissoziative Phänomene (psychogene Dämmerzustände, Traumzustände, »Ohnmachten«). Häufig sind Gedächtnisstörungen (»Amnesien«). Viele Patienten zeigen auch vielfältige Angstphänomene. Die Sexualität ist praktisch bei allen Hysterikern gestört. Letztlich ist bei allen unklaren, auf die Psychogenese hindeutenden Körperbeschwerden an eine Konversionsneurose zu denken.

Einen wichtigen Hinweis gibt das Vorliegen einer hysterischen Persönlichkeit oder Charakters (ICD 301.5), obwohl nicht jede Konversionsneurose sich auf dieser aufbaut. Diese Persönlichkeitsstörung wird meist in Termini beschrieben, die alle eine etwas unfreundliche Tendenz dem Patienten gegenüber beinhalten, was Ausdruck der Schwierigkeiten sein kann, den Ärzte und Psychologen im Umgang mit diesen Patienen haben. Meist werden genannt Infantilität, Egozentrik, Unechtheit und Geltungssucht sowie eine gewisse fordernde Abhängigkeit, exhibitionistische Neigungen, sexuelle Provokation und Suggestibilität. Die Partnerbeziehungen sind regelmäßig höchst problematisch. Unbefriedigende Erlebnisse mit häufigen »Szenen« und einem immer wieder erneuten Herstellen des als unbefriedigend erkannten Arrangements sind charakteristisch. Sehr eindrucksvolle Beschreibungen dieser gestörten Beziehungen sind in dem Buch von J. *Willi* über die Zweierbeziehung enthalten.

Psychogenetisch stehen im Mittelpunkt der hysterischen Psychodynamik unbewußte Vorstellungen und Phantasien, d. h. diese psychischen Abläufe sind vollständig verdrängt. Inhalte dieser Phantasien sind häufig ödipale Vorstellungen, wenngleich dies offenbar nur für die »reiferen« Neuroseformen gilt (s. Kap. 11.3). Sie lassen sich innerhalb eines psychoanalytischen Behandlungsprozesses meist gut nachweisen, während der Mechanismus der eigentlichen Konversion ins Körperliche noch weitgehend ungeklärt ist. Soviel scheint sicher: Der Konversionsmechanismus ist eher komplex als einfach, und er ist nach neueren Arbeiten auch nicht so eng mit der Hysterie verknüpft, wie man es bislang annahm. Psychodynamisch kommt bei den Patienten eine profuse Neigung hinzu, sich mit anderen Menschen zu identifizieren. Die Rolle der Hyperemotionalität zur Abwehr von nicht akzeptablen Umwelteindrücken und von Schuldgefühlen ist besonders wichtig, und diese psychodynamischen Zusammenhänge sind eigentlich erst in den letzten Jahren verstanden worden (»Szene«, »Anfall«, »Nervenzusammenbruch«). Die

Veränderung des Selbstbildes in der hysterischen Neurose ist ebenfalls erst in neuerer Zeit intensiver bearbeitet worden. Der Patient verändert sein Selbsterleben in der Krankheit auf eine Weise, daß ein für ihn annehmbares Bild von sich selbst entsteht. Annehmbarer ist für ihn, wie insbesondere *Mentzos* zeigen konnte, meist die regressive Veränderung des Selbstbildes, also ein appellatives Herausstellen der eigenen Hilflosigkeit. Als Hauptabwehrmechanismen dienen Verdrängung und Verleugnung.

Die differentialdiagnostischen Probleme ergeben sich von selbst: Jede unklare, zum Wechsel in Ausprägung und Lokalisation neigende, nicht auf eine organische Genese zurückführbare körperliche Störung ist verdächtig, konversionsneurotischen Ursprungs zu sein. Am schwierigsten ist die Diagnose bei Schmerzen, Mißempfindungen und anderen Störungen, die vom Patienten nur subjektiv erlebt werden, aber nicht auf andere Art zu objektivieren sind. Die psychogene Lähmung z. B. ist demgegenüber sehr viel leichter abzugrenzen.

Während früher die Psychotherapie als indiziert und prognostisch günstig angesehen wurde, sind seit Jahren starke Zweifel an dieser generellen Feststellung aufgetaucht. In dem Maße, wie gesehen wurde, welch große Zahlen an »therapieunwilligen« und chronifizierten Konversionsneurosen existieren, schwand der anfängliche Optimismus. Allgemein läßt sich sagen, daß die analytische Therapie umso besser anspricht, je »reifer« die Störung im Sinne der psychoanalytischen Nosologie ist (s. u.). Für die Fälle, wo die Störung stabil monosymptomatisch ist, ist zum Teil auch Verhaltenstherapie indiziert.

Das Depersonalisationssyndrom (ICD 300.6)

Als Depersonalisation bezeichnet man eine Reihe von Störungen, die sich als kurzzeitige Reaktion sowohl im Rahmen von Neurosen wie auch bei Psychosen zeigen können. Auch kommt diese Störung bei Temporallappen-Epilepsien (dreamy states) vor (siehe auch Kap. 9.1). Das Erleben in der Depersonalisation bezieht sich auf eine ausgesprochene Störung des Erlebens der eigenen Identität. Der

Patient hat das Gefühl, nicht mehr er selbst zu sein, er erlebt sich gedoppelt, als neben sich stehend, unter Umständen auch mit multipler Identität. Wichtig und entscheidendes Kriterium für die Diagnose ist das Gefühl der aufgelösten Einheit der eigenen Identität. Von den Depersonalisationserlebnissen ist zu unterscheiden das gelegentlich mit ihr auftretende veränderte Erleben der Umwelt, das als *Derealisationserlebnis* bezeichnet wird. Beide Zustände gehören offenbar zu dem unangenehmsten, was Menschen erleben können. Sie beunruhigen in jedem Fall den Patienten erheblich und sind meist von starker Angst begleitet. Für die psychische Entwicklung von Depersonalisations- und Derealisationserlebnissen wird angenommen, daß für solche Kranke der Vorgang der Identitätsauflösung eine Möglichkeit darstellt, ihr Selbstwertgefühl wenigstens in gewisser Weise zu bewahren. Des weiteren wird davon ausgegangen, daß Störungen in der Entwicklung des Körperbildes und der Ich-Funktionen, ähnlich wie bei der Hypochondrie, vorliegen. Die Prognose des neurotischen Depersonalisationssyndroms ist in der Regel gut.

Auch hier erscheint es auf den ersten Blick schwierig, solche Zustände aus dem Alltagserleben abzuleiten. Dennoch ist es möglich. Jeder kennt Zustände starker Müdigkeit oder Intoxikationszustände, wo man »mechanisch« noch redet und handelt, aber innerlich längst »abgeschaltet« hat. Gerade unter Alkoholeinfluß wird von vielen Menschen dieses »als ob«-Gefühl erlebt, dieser Zustand von Ich-Fremdheit, den man durchaus eine passagere Depersonalisation nennen kann. Auch die hypnagogen Halluzinationen und Körpererlebnisse beim Einschlafen und Aufwachen geben eine Vorstellung der Richtung, in die sich das veränderte Erleben bei der Depersonalisation bewegt. – *Differentialdiagnostisch* sind die (am häufigsten) neurotischen Depersonalisationszustände von solchen bei Psychosen, (chronischen) Intoxikationen und organisch bedingten Hirnveränderungen (temporale Epilepsie) abzugrenzen. Entgegen einer oft wiederholten Ansicht geben Depersonalisationszustände keinen Hinweis auf das Vorliegen einer Psychose: es gibt sie lediglich *auch* bei schizophrenen und vor allem depressiven Psychosen.

7.7. Charakter-(Persönlichkeits-)Störungen (ICD Nr. 301)

Obwohl durchaus verschiedene Konzepte dahinterstehen, werden in der Praxis die Begriffe der Persönlichkeits- oder Charakterstörungen, der abnormen Persönlichkeiten und der Psychopathien weitgehend synonym benutzt. Auch der von der Psychoanalyse bevorzugte Begriff der Charakterneurose meint die gleiche Personengruppe. Im Glossar der ICD heißt es in Bezug auf das Merkmal der Abweichung: »Die Persönlichkeit ist abnorm entweder hinsichtlich der Ausgeglichenheit ihrer Komponenten, deren Qualität und Ausdrucksform oder hinsichtlich des Gesamtbildes.« Sicher ist, daß sich bei keinem zweiten in diesem Buch besprochenen Störungsbild ein so breites Spektrum zeigt, wie bei den Persönlichkeitsstörungen. Es erstreckt sich von der Gesundheit (Normalität) bis zur Krankheit (Pathologie).

Wenn wir von Störungen der Persönlichkeit oder des Charakters sprechen, so steht dahinter die Annahme, daß es auch eine ungestörte Persönlichkeit gibt. Obwohl im Einzelfall der

Beurteilung, ob es sich nun um eine Charakterstörung handelt oder nicht, erhebliche Schwierigkeiten erwachsen können, kommt der Annahme einer *Grundpersönlichkeit,* auf deren Basis die pathologischen Phänomene entstehen, große theoretische Wichtigkeit zu. Aufgrund dieser Betrachtung entsteht ein sinnvoller Zusammenhang zwischen dem, was vorher war und dem, was in der Krankheit hinzu kommt. Erstaunlicherweise (oder letztlich eigentlich nicht erstaunlich) orientierte sich die klinische Praxis nicht an der ungestörten Grundpersönlichkeit, sondern an den korrespondierenden schweren Krankheitsbildern (Neurosen, Psychosen). Von diesen Krankheitsbildern wurde dann eine entsprechende Persönlichkeit abgeleitet, die meist in Analogie zu diesen Störungsbildern bezeichnet ist. Es handelt sich also um eine rechte »Patho-Charakterologie«, wie K. *Schneider* kritisch bemerkt. Bis heute ist es nicht gelungen, Grundpersönlichkeiten zu definieren, in die nicht direkt oder indirekt die Krankheitsbilder, von denen sie abgeleitet werden, eingegangen sind.

Am deutlichsten ist dies bei den paranoiden, den zyklothymen und den schizoiden Persönlichkeiten. Diese Persönlichkeitsbezeichnungen beziehen sich direkt auf Paranoia, Zyklothymie und Schizophrenie. *Paranoide Persönlichkeiten* (ICD 301.0) sind durch ihr starkes Beziehungserleben ausgezeichnet: Sie haben eine Neigung, die verschiedensten Vorgänge auf sich zu beziehen (alle haben etwas gegen mich...). Diese starke Selbstbezogenheit führt zu einem oft gereizten und streitbaren Verhalten und dem ständigen Gefühl, Unrecht zu erleben. Psychodynamisch kommt dem Abwehrmechanismus der Projektion große Bedeutung zu. Als *zyklothyme Persönlichkeiten* (ICD 301.1) werden Menschen bezeichnet, die stärkeren Stimmungsschwankungen unterliegen. Diese Verstimmungen können depressiv oder gehoben sein oder sie schwanken ständig zwischen diesen Extremen. Auf die depressive Komponente war bereits im Rahmen der Besprechung der depressiven Neurose eingegangen worden. Die *schizoide Persönlichkeit* (ICD 301.2) zeichnet sich durch eine ausgeprägte Unterdrückung von Emotionen und Affekten aus, die oft mit sozialem Rückzug einhergeht. Solche Menschen werden auch als »introvertiert« bezeichnet, sie leben zurückgezogen und manchmal isoliert. Psychodynamisch kommt insbesondere der Isolierung von Affekten und dem Vermeiden des sozialen Engagements die entscheidende Bedeutung zu.

Im Zusammenhang der entsprechenden Neurosebilder war bereits auf die *hysterische* (ICD 301.5), die *depressive* (ICD 301.1) und die *zwanghafte* (anankastische; ICD 301.4) Persönlichkeit eingegangen worden (vgl. Kap. 7.6). Dies braucht hier nicht wiederholt zu werden.

Als *asthenische Persönlichkeiten* (ICD 301.6) werden antriebsarme, oft rasch versagende und in ihrer Affektivität matte Menschen bezeichnet. Mit *antisozialer* oder *dissozialer Persönlichkeitsstörung* (ICD 301.7) wird schließlich die kriminelle Persönlichkeit mit fehlender sozialer Einsicht und Verantwortung, Mißachtung normativen Verhaltens und ausgeprägter affektiver Kälte gemeint. Es kann heute als gesichert angesehen werden, daß Menschen mit einer solchen Charakterverfassung aus einem ablehnenden und emotional kalten psychosozialen Milieu stammen. Die Beobachtung, daß Generationen von Kriminellen sich in Übertretung der Gesetze ablösen, hat früher zu der Ansicht geführt, allein einen genetischen Faktor dafür verantwortlich zu machen, während man heute die Prägung durch das Milieu stärker betont.

K. *Schneider* (1950) hat in seiner bekannten Psychopathie-Lehre versucht, den »Reichtum« der verschiedenen Persönlichkeitsvarianten noch etwas anders als bisher geschildert darzustellen. Er spricht von Menschen mit Abweichungen besonders im affektiven Bereich (»hyperthymische«, »depressive« und »selbstunsichere Psychopathen«); bei anderen herrschen expansive und exzentrische Züge vor (»fanatische« und »geltungssüchtige Psychopathen«); wieder andere sind launenhaft und reizbar (»stimmungslabile« und »explosible Psychopathen«); schließlich gibt es Menschen, bei denen die Gefühlskälte (»gemütlose Psychopathen«), die starke äußere Beeinflußbarkeit (»willenlose Psychopathen«) oder das ständige Versagen in allen Bereichen (»asthenische Psychopathen«) auffällt. *Schneider* betont, daß es sich dabei um Normvarianten und nicht um Krankheiten handle, daß diese Bezeichnungen demnach auch nicht als Diagnosen zu verstehen seien, auch wenn sie so aussähen.

Bei allen bisher genannten Persönlichkeitsformen handelt es sich um Beschreibungen ihrer Eigenart, die von der Psychoanalyse teilweise psychodynamisch interpretiert wurden. Systematisch ist dies zuerst von O. *Fenichel* unternommen worden. Insbesondere wurde die Übereinstimmung der Abwehrstruktur bei der Grundpersönlichkeit und der darauf sich aufbauenden Neurose erfaßt. Für die *Neurose des Charakters,* der Persönlichkeit selbst, hat sich phänomenologisch folgendes herausgestellt: Die Betroffenen leiden weniger an umschriebenen Symptomen als an einem allgemeinen Gefühl der Unzufriedenheit, des Unglücks und der Unfähigkeit zu befriedigenden Erlebnissen. Insofern handelt es sich um »Neurosen«. Insbesondere in den sozialen Beziehungen bestehen mannigfache Konflikte. Aus psychoanalytischer Sicht sind diese Persönlichkeitsstörungen (*Freud:* »Ich-Verzerrungen«) genauso Lösungsversuche innerer Konflikte, wie es die Symptomneurosen auch sind. Warum es zu so verschiedenen Verarbeitungsformen auf dem Wege der Charakterverzerrung einerseits oder dem Wege der Symptombildung andererseits kommt, ist im Detail noch nicht geklärt. Für die Untersuchung kommt erschwerend hinzu, daß regelmäßig Symptom- und Charakterneurose in einem gewissen Ausmaß kombiniert sind.

Die Bezeichnung von pathologischen Persönlichkeitssyndromen schwankt je nach wissenschaftlicher Ausgangsposition. Die Psychiatrie hat (s. o.) den heute stark kritisierten *Psychopathie-Begriff* bevorzugt. Zum Begriff der Psychopathie gehörte eine Betonung des genetischen und konstitutionellen Moments. Psychopathen sind nach der Definition von K. *Schneider* Menschen, die an ihrer Abnormität leiden oder an deren Abnormität die Gesellschaft leidet. So definiert ist der Psychopathie-Begriff nicht von den psychodynamischen Konzepten der *Charakterneurose* oder des *neurotischen Charakters* abzugrenzen. Das subjektive Leiden und die Störung der sozialen Beziehungen war schon als regelmäßig bei der Charakterneurose vorkommend erwähnt worden. Auch wird in der Psychiatrie von *abnormer Persönlichkeit* oder *Persönlichkeitsstörung* (engl. personality disorder) gesprochen. Bei diesen Begriffen wird versucht, die Persönlichkeitsabweichung vorwiegend deskriptiv zu erfassen, wobei allerdings, je nach Autor, verschiedene pathogenetische Konzeptionen mit einfließen.

Vergleicht man die Psychodynamik der Symptomneurosen mit der der Charakterneurosen, dann läßt sich formulieren, daß die Störung bei den Charakterneurosen ichsynton ist, d. h., das Ich empfindet nicht jene Fremdheit, die sein Erleben den Symptomen gegenüber auszeichnet (ichdyston). Man könnte sagen, daß hier ein Teil der Störung vom Ich integriert wurde – um den Preis des allgemeinen psychischen Wohlbefindens.

Die *Therapie* der Persönlichkeitsstörungen stellt ein besonderes Problem dar. Da wegen des Fehlens von Symptomen verhaltenstherapeu-

tische und übende Maßnahmen weitgehend entfallen, kommen eigentlich nur die Verfahren der analytischen Psychotherapie und der Gesprächstherapie in Frage. Dabei sind nur solche Störungen mit diesen psychotherapeutischen Techniken behandelbar, bei denen eine Motivation des Patienten, das heißt ein subjektives Leidensgefühl und der Wunsch nach Veränderung, vorliegt. Diese Persönlichkeitsstörungen könnte man als *Charakterneurosen* im engeren Sinne bezeichnen. Alle jene Charakterzüge dagegen, deren Träger sich nicht krank fühlen und auch keinerlei Einsicht in die von ihnen bewirkte Belastung der Umwelt zeigen – und das dürfte die Mehrzahl sein –, sind auch mit diesen psychotherapeutischen Techniken nicht therapierbar. Sie sind auch dann oder gerade dann nicht zu behandeln, wenn sie »Psychotherapie« als richterliche Auflage bei Verwicklung in Straftaten erhalten. Solche Auflagen sind gut gemeint, aber führen nicht zum Ziel, da die Motivation der Betroffenen sich unter diesen Umständen bestenfalls auf die Erfüllung der Auflage erstreckt, die in der Regel mit Haftverschonung verkoppelt ist. Gelingt es aber, zu solchen Patienten eine persönliche Beziehung herzustellen, so kann es möglich werden, dem Betreffenden sein Verhalten und dessen Auswirkungen einsichtig zu machen und ihn so in gewisser Weise zu führen. Dabei ist zu berücksichtigen, daß sich gestörtes Verhalten erst in Bezug auf eine bestimmte soziale Umwelt und in einer bestimmten Zeit geltend macht. Es wird störend nur in besonderen, für die jeweilige Charakterstruktur kritischen Situationen, während es in anderen den Rahmen des »Normalen« nicht sprengt. Deswegen kann es von besonderer Bedeutung sein, auch auf die Umgebung des Betreffenden Einfluß zu gewinnen und Verständnis für seine Eigenarten zu vermitteln. Eine Hilfe kann auch darin bestehen, den Betreffenden in eine für seine Eigenart günstigere Umgebung zu »verpflanzen«. Solche soziotherapeutischen Maßnahmen können durchaus erfolgreich sein und es zeigt sich, daß gestörte Persönlichkeiten auch noch reifen können.

7.8 Psychosomatische Störungen und Erkrankungen (ICD Nr. 306 und 316)

Versuch einer Einteilung der psychosomatischen Krankheitsbilder

Auf das Problem der Klassifikation von psychogenen Erkrankungen wurde mehrfach hingewiesen. Die strenge Unterscheidung psychosomatische Erkrankung und somatische Erkrankung ist heute weitgehend verlassen. Wir betrachten die Krankheiten als multifaktorielles Geschehen, bei denen psychische Faktoren eine unterschiedliche Bedeutung haben. In der klinischen Praxis ist es jedoch oftmals hilfreich, eine Einteilung vorzunehmen, in der jene Krankheiten berücksichtigt sind, bei denen psychische Faktoren eine größere Rolle spielen.

Die einfachste und am häufigsten gebrauchte Einteilung ist eine Gliederung *nach den Organsystemen* bzw. Fachgebieten.

Verdauungstrakt

oberer Verdauungstrakt: Schluckstörungen, Ulcus pepticum, funktionelle Magenbeschwerden;
unterer Verdauungstrakt: Colitis ulcerosa, funktionelle abdominelle Beschwerden (Obstipation, Diarrhoe), Colon irritabile, Ileitis terminalis

Respirationstrakt

Asthma bronchiale, nervöses Atemsyndrom, Tbc, Schnupfen

Herz-Kreislauf-System

Herzneurose, koronare Herzkrankheit, essentielle Hypertonie, Rhythmusstörungen des Herzens, synkopale Zustände

Endokrines System

Hyperthyreose, Diabetes mellitus

Hautkrankheiten

Atopische Neurodermitis, Urticaria, Erythema fugax

Bewegungsapparat

Rheumatische Arthritis, Weichteilrheumatismus, Konversionslähmung, Torticollis spasticus, Schreibkrampf, Tic

Urogenitaltrakt

Primäre und sekundäre Amenorrhoe, Pseudogravidität, Dysmenorrhoe, psychogene Sterilität, Impotenz

ZNS

Kopfschmerz, Migräne

Psychosomatik des Eßverhaltens

Anorexia nervosa, Fettsucht

Es gibt daneben den Versuch, die Krankheiten, bei denen psychische Faktoren eine größere Rolle spielen, *nach psychodynamischen Gesichtspunkten* einzuteilen.

Psychosomatosen im engeren Sinne: Sie werden nach *Alexander Organneurosen* oder *vegetative Neurosen* oder nach von *Uexküll Bereitstellungskrankheiten* genannt. Im Gegensatz zu den anderen Gruppen von psychosomatischen Erscheinungsbildern, also den Ausdruckskrankheiten und den funktionellen Syndromen, lassen sich bei den Psychosomatosen im engeren Sinne Organveränderungen nachweisen. Die Psychosomatosen drücken primär keinen Konflikt aus, sondern stellen die physiologische Reaktion der vegetativen Organe auf anhaltende oder periodisch wiederkehrende emotionale Zustände dar.

In diese Gruppe gehören das Ulcus pepticum, die Colitis ulcerosa, das Asthma bronchiale, die essentielle Hypertonie, die atopische Neurodermitis, die Hyperthyreose und die rheumatoide Arthritis (»holy seven«).

Ausdruckskrankheiten (von Uexküll) oder monosymptomatische Konversionshysterien. Hierzu gehören die monosymptomatischen Hysterien wie z. B. die psychogenen Lähmungen, Sensibilitätsstörungen, die psychogenen Ertaubungen und Erblindungen.

Sog. *funktionelle Syndrome*. Ihr wesentliches Kennzeichen ist, daß trotz jahrelangen Bestehens keine organpathologischen Veränderungen auftreten. Bei diesen Erscheinungsbildern nimmt man einen Kampf von verschiedenen Handlungsmotivationen an, mit starken Stimmungsschwankungen und wechselnden vegetativen Bereitstellungen. Bei den vegetativen

Syndromen verfügt das Ich nicht über eine ausreichende Integrationsfähigkeit, die widerstrebenden und sich ausschließenden Motive zum Einklang zu bringen. Psychodynamisch kann man diese Syndrome als Angstäquivalente auffassen.

Funktionelle Syndrome treten auf im Bereich des Magens, des cardiovasculären Systems, des unteren Verdauungstraktes, im Bereich der Atmungsorgane, in Form von Kopfschmerzen und in Form von diffusen, wechselnden nicht dauernd auf ein Organ lokalisierten Symptomen (siehe auch Abschnitt über Angstneurose).

Sekundäre Ausdruckskrankheit. Hierbei sind die Patienten bereits Träger einer primär organischen Erkrankung, wie z. B. eines schweren organischen Herzfehlers. Durch diese Krankheit entsteht für den Patienten eine neue Situation, eine Veränderung des Selbstwertgefühls, eine Veränderung der Motivkonstellationen. Die primär organische Krankheit bekommt für den Träger in der Auseinandersetzung mit sich selbst und seiner Umwelt einen sekundären Ausdrucksgehalt (sekundärer Krankheitsgewinn, psychogene Überlagerung).

Da die Kenntnis der psychosomatischen Erkrankungen sich dem Psychiater und Psychotherapeuten gewöhnlich stärker entzieht als die der Psychoneurosen, erfolgt die *Darstellung der speziellen Bilder* etwas ausführlicher.

Ulcus pepticum

Als Ulcus pepticum bezeichnet man eine benigne unspezifische Ulceration in den Abschnitten des Verdauungstraktes, welche mit Magensaft in Berührung kommen. Es ist ein Schleimhautdefekt, der über die Muscularis mucosa in die Submucosa und teilweise bis in die Muskulatur der Magenwand eindringen kann. Die klinische Symptomatik ist den Lehrbüchern der Inneren Medizin zu entnehmen.

Psychische Auslösungssituationen: Überblickt man eine große Zahl von Krankheitsfällen, so gibt es Häufungen bei zwei auslösenden Situationen: Situationen, die einen Geborgenheitsverlust beinhalten, und Situationen, die einen Zuwachs an Verantwortung, an Reifungsanforderung bedeuten, sei es durch Aufgaben, welche von außen kommen, sei es durch eigene

Ansprüche, die aus dem Leistungs- und Ehrgeizbereich stammen. Sie können auch in Anforderungen der genital-sexuellen Reifungsstufe liegen, die die symbiotischen oral-depressiven Bindungen in Frage stellen.

Die anschaulichste Darstellung des *psychodynamischen Konfliktes* der Ulcuskranken stammt von F. *Alexander.* Nach ihm leiden diese Patienten an einem spezifischen Konflikt zwischen unbewußten infantilen Abhängigkeitswünschen auf der einen Seite und bewußtem Kampf um Unabhängigkeit und Erfolg auf der anderen Seite. Bei allen Kranken soll der verdrängte Wunsch nach Befriedigung der infantilen oral-rezeptiven Bestrebungen nachweisbar sein. Es ist der Wunsch, so mit Liebe gefüttert zu werden und umsorgt zu werden, wie es der Säugling auf der oralen Stufe seiner Entwicklung erlebt hat. Diese infantilen Wünsche sind mit den Motiven des erwachsenen Ich unvereinbar und werden verdrängt, was eine dauernde Hypermotilität und Hypersekretion des Magens zur Folge hat. Für die Magenkranken ist die Gleichung »Nahrung = Liebe« bestehen geblieben. Die Vorstellungen lassen sich etwa so formulieren: »Mein Ideal ist die Unabhängigkeit. Es ist für mich unmöglich zu akzeptieren, daß ich in Bezug auf meine geheimsten Wünsche ein Kleinkind bin.« In Gegenreaktion auf diese Ahnung wird Unabhängigkeit agiert und zur Schau getragen.

Als Ausgangspunkt der Psychodynamik wird eine frühzeitige Hemmung und Verformung der oralen Bedürfnisse beschrieben. Der Magenkranke ist innerlich ratlos. »Darf ich etwas wünschen, fordern, Ansprüche stellen? Nein!« Frühkindliche Versagungen und Enttäuschungen haben ihn gelehrt, daß er das nicht darf, aber er hat sich mit dieser Situation nicht abgefunden, sondern bleibt in einer ständigen Ambivalenz.

Zwei Reaktionstypen der *Persönlichkeitsstruktur* werden unterschieden:

Der aktive Ulcustyp: Hier werden die Abhängigkeitswünsche durch Pseudounabhängigkeit abgewehrt. Es ist der Typ des erfolgreichen, ehrgeizigen, aufstrebenden Geschäftsmannes, Vorarbeiters, Akademikers, der Typ des empfindlichen, leicht erregbaren »Strebers«. Es ist der Mensch, der keine Hilfe annehmen will und sich alle möglichen Verantwortlichkeiten auflädt, der sich in Ehrgeiz verzehrt und von seinen Mitmenschen als unangenehmer Konkurrent empfunden wird.

Der passive Ulcustyp: Hier sind die oral rezeptiven Wünsche viel weniger stark verdrängt und gleichsam verbunden mit einer Stimmung der Hilf- und Hoffnungslosigkeit. Sie stellen ungehemmt und direkt ihre regressiven Wünsche dar und werden dann oftmals von der rauhen Wirklichkeit enttäuscht.

Beide Grundeinstellungen werden uns bei der Darstellung anderer psychosomatischer Bilder, wie z. B. der Herzneurose (s. 7. 6) wieder begegnen.

Besondere Probleme der Therapie

Da die Mehrzahl dieser Patienten unbewußt die Bewußtmachung ihrer Abhängigkeitswünsche durch psychotherapeutische Interventionen befürchtet, entziehen sie sich dem Arbeitsbündnis mit dem Therapeuten. Diese Patienten können lediglich anläßlich eines Ulcusschubes während des stationären Aufenthaltes ihre Abhängigkeitswünsche akzeptieren. Die passiven Ulcuskranken neigen dazu, den Arzt durch ihre Abhängigkeitsbedürfnisse zu überfordern, mit dem pseudounabhängigen Patienten gerät der Arzt leicht in eine Situation der Konkurrenz und des Kampfes. Wegen des Grundkonfliktes dieser Patienten kommt es nur in einem recht niedrigen Prozentsatz zu einer psychoanalytischen Langzeittherapie.

Colitis ulcerosa

Die Colitis ulcerosa ist eine unspezifische, häufig chronisch rezidivierende, entzündliche Erkrankung des Rektums, des Colons und evtl. auch des Ileums. Die klinische Symptomatik ist in den entsprechenden Lehrbüchern beschrieben.

In der Mehrzahl der Fälle gehen der Erkrankung eine wirkliche oder phantasierte oder drohende Unterbrechung einer Schlüsselbeziehung zu anderen Menschen voraus. Als weitere auslösende Faktoren werden Lebenssituationen beschrieben, die eine äußere oder innere Leistungsanforderung, häufig in Richtung einer Verselbständigung, beinhalten, denen sich der Patient nicht gewachsen fühlt. Weiter-

hin kommen als auslösende Faktoren die Bedrohung oder Mißbilligung durch eine elterliche Figur in Betracht.

Schon die Auslösungssituation weist auf den Stellenwert der Verletzbarkeit der Objektbeziehungen für die *Psychodynamik* hin. In zwei Dritteln der Fälle besteht eine starke Abhängigkeit von der Realpräsenz einer Vater- oder Mutterfigur auf dem Boden nicht gelöster früher Objektbeziehungen. Die Kranken verfügen nicht über stabile Innenbilder der sozialen Bezugspersonen (internalisierte Objekte), die ihnen die Freiheit und Distanz gegenüber den realen Bezugspersonen geben. Das selbständige internalisierte Über-Ich und Ideal-Ich ist unzureichend ausgebildet. Es besteht somit eine depressive Objektabhängigkeit mit Verdrängung der Aggression gegenüber den früheren Bezugspersonen. Die Aggressivität wird bei Verlust des Ideal-Objektes identifikatorisch und schuldhaft gegen das eigene Selbst gerichtet. Gefühle von Resignation, Hilflosigkeit und düsterer Hoffnungslosigkeit stellen sich ein. Es überwiegt das Erleben der Demütigung und des nicht zu ertragenden ohnmächtigen Zornes. Die Trennungs- bzw. Verlusterlebnisse werden von den Patienten jedoch nicht bewußt erlebt. *Alexander* betont die Bedeutung emotionaler Faktoren, die von der frühen Kindheit an mit den exkrementellen und Ernährungsfunktionen zusammenhängen. Der Defäkationsakt bedeutet auf der einen Seite das Aufgeben eines wertvollen Besitzes, auf der anderen Seite eine Leistung. Bei Menschen mit dieser Art emotionaler Fixierung kann eine Regression auf die anale Form des Gebens oder Vollbringens stattfinden, wenn im späteren Leben die Notwendigkeit zu geben entsteht.

Persönlichkeitsstrukturell wurden bei einer großen Anzahl der Patienten zwanghafte Charakterzüge festgestellt. Viele Untersucher waren beeindruckt von der extremen Empfindsamkeit dieser Patienten, ihrer fast unheimlichen Wahrnehmung feindlicher oder ablehnender Haltung von anderen. Eine große Aktivität wird von diesen Patienten dazu verwendet, Zurückweisungen abzuwenden oder zu vermeiden, was eine versöhnliche Haltung, Nachgiebigkeit, Höflichkeit, Versuche, zu gefallen und sich anzupassen, einschließt. Daneben gibt es andere, die stolz bleiben und distanziert, die ungeduldig sind, nörgelnd und offen fordernd. Nahezu alle Beobachter haben diese Patienten auf vielerlei Weise als »unreif« beschrieben. Dies bezieht sich auf die Abhängigkeitshaltungen, eingeschränkte Fähigkeit, Frustration zu ertragen, geringe Fähigkeit, Verantwortung zu übernehmen, auf die sexuelle Unreife und die eingeschränkte Art der Beziehung zu anderen. Der oberflächliche Eindruck von Energie und Strebsamkeit bei diesen Patienten erweist sich als schwache »Tünche«, unter der sich starke Minderwertigkeitsgefühle, Schuldgefühle und Bedürfnisse nach Sicherheit verbergen. Als charakteristisch wird die Trias Infantilität, depressive Reaktionsbereitschaft und Aggressionshemmung genannt.

Im akuten Stadium steht die internistisch-somatische Betreuung ganz im Vordergrund, eine stützende *therapeutische Behandlung* kann sinnvoll sein. Auch im weiteren Verlauf ist eine gleichzeitige internistische Mitbetreuung unbedingt notwendig. Aufdeckende psychotherapeutische Techniken sind nur für eine kleine Minderheit der Colitis-Patienten geeignet, die zumeist zu der Gruppe der pseudo-unabhängigen Patienten gehören.

Asthma bronchiale

Asthma bronchiale ist definiert als eine Krankheit mit akuter, anfallsweise rezidivierender, generalisierter Atemwegsbehinderung. Das eindrucksvolle Krankheitsbild wird in den entsprechenden Fachbüchern beschrieben.

Für den Asthmatiker stellt die Mutter die zentrale und dominierende Beziehungsfigur der Psychodynamik dar. Der Grundkonflikt besteht in einer exzessiven, nicht gelösten Mutterbindung. Alle inneren Impulse, die die Zuneigung zur Mutter oder zum Mutterersatz bedrohen könnten, lösen den zentralen Konflikt aus. Die bei Asthmatikern gefundene Abhängigkeit hat eine andere Untertönung als z. B. bei den Ulcuskranken. Ihr Inhalt ist nicht so sehr der orale Wunsch, gefüttert zu werden, es ist mehr der Wunsch, beschützt zu werden, von der Mutter »unter die Fittiche« genommen zu werden. Die Mütter von Asthmatikern werden vor allem als überprotektiv und dominierend beschrieben. Ihre versagende oder überfürsorg-

liche Haltung gegenüber dem Patienten schafft die Voraussetzung zu der besonderen Bindung an sie, die durch Ambivalenz von Anziehung und Ablehnung, Anklammerungs- und Distanzierungstendenz gekennzeichnet ist. Durch Unterdrückung jeder gesunden Aggressivität und von Autonomiebedürfnissen der Kinder werden bei diesen die Schuldgefühle und die Abhängigkeit erhöht. Die frühkindlichen Wünsche nach Geborgenheit bleiben unbefriedigt, besonders Hingabe- und Zärtlichkeitswünsche werden frühzeitig mit Furcht erlebt. Dementsprechend bestehen zwar erhöhte Ansprüche nach emotionaler Zuwendung, die jedoch niemals voll erlebnisfähig werden, weil gleichzeitig jene Ängste zutage treten, die mit den Distanzierungswünschen verknüpft sind. Die Patienten stehen im Konflikt zwischen dem Wunsch, sich anzuvertrauen, und der Angst davor. Asthmatische Anfälle treten an die Stelle gestörter frühkindlicher präverbaler Kommunikationsformen. Asthma wurde häufig als unterdrücktes Weinen interpretiert oder als unterdrückte Wut oder als Angstschrei gegen die Mutter. Entscheidend ist dabei nicht die Trennung von der Mutter, sondern der Konflikt zwischen dem Drang, sich an die Mutter anzuklammern und dem Bedürfnis, sich von ihr zu trennen.

Die *Persönlichkeit* des Asthmatikers ist mehr oder weniger deutlich durch Abwehr emotionaler, vor allem zärtlicher und aggressiver Regungen charakterisiert. Sie werden gewöhnlich als egozentrisch, mit einer Neigung zu dominieren, mit einer großen emotionalen Überempfindlichkeit, einem starken Bedürfnis nach Liebe und Zuwendung, das hinter einem indifferenten oder sogar aggressiven Verhalten verborgen wird, beschrieben. Die Grundstimmung ist unsicher, bedrückt, lebensunlustig, unzufrieden, depressiv. Asthmatiker werden als kontaktscheu, als Einzelgänger, mißtrauisch mit der Neigung, sich zurückzuziehen, und zur Resignation beschrieben. Daneben besteht großes Bedürnis nach Sicherheit, Geborgenheit und Anlehnung. Der akute Anfall hat eine starke appellative Wirkung auf Ärzte und Schwestern sowie alle Familienangehörigen. Neben einer internistischen *Therapie* kommen übende Verfahren wie Atemtherapie und autogenes Training, eine unterstützende Psychotherapie und aufdeckende psychoanalytische Verfahren in Betracht.

Essentielle Hypertonie

Nach den Empfehlungen der WHO ist eine Hyptertonie anzunehmen, wenn bei mehrfachen Blutdruckmessungen über längere Zeit die Werte 160 mm/Hg systolisch und 95 mm/Hg diastolisch übersteigen. Die Diagnose der essentiellen Hypertonie wird per exclusionem gestellt, das heißt, die Diagnose setzt den Ausschluß nephrogener, endokriner und kardiovaskulärer Hypertonie-Formen voraus.

Die *Ausösungssituation* ist nur schwer rekonstruierbar, da der Blutdruck oft schon mehrere Jahre besteht, bis er durch Zufall entdeckt wird. Nach *Grace* und *Graham* beginnt eine Hypertonie häufig dann, wenn ein Individuum in einer chronischen Erwartungsspannung lebt. Auslösende Situationen sind häufig Zeiten vermehrter und lang anhaltender Angst, Zeitnot und wachsender Anspannung.

Nach *Alexander* steht im Mittelpunkt der *Psychodynamik* der ständige Kampf dieser Patienten gegen emporkommende feindselige aggressive Gefühle. Die Patienten fürchten, die Zuneigung anderer zu verlieren und kontrollieren die Äußerungen ihrer Feindseligkeit. In ihrer Kindheit neigten diese Patienten zu Anfällen von Wut und Aggression. Die Erfahrung als Kind, die Zuneigung der Eltern durch aggressive Haltung zu verlieren, veranlaßte bereits diese Kinder, ihre feindseligen Impulse zu kontrollieren und abzuschirmen. Das ehemals aggressive Kind verwandelt sich später in einen überbetont fügsamen Menschen, der sich nicht behaupten kann. Im zwischenmenschlichen Umgang zeigen sie sich betont kontrolliert im Sinne einer ausgesprochenen Verhaltensnormalität, die mit Leistungsstreben verknüpft ist. Dieses Verhalten dient erstens der Abwehr von Abhängigkeitswünschen, zweitens der Verhinderung des Zutagetretens von aggressiven Triebwünschen und feindseligen Umweltauseinandersetzungen. Drittens müssen feindselige Umweltauseinandersetzungen vermieden werden, um einen Objektverlust zu verhindern, der zur Versagung von unbewußten Abhängigkeitswünschen, zu narzißtischer Kränkung und Depression führen würde.

Hypertoniker werden als leistungswillig, pflichtbewußt, gesellschaftlich überangepaßt, mit hohem Anspruchsniveau an sich selbst beschrieben. In einer spezifischen Bescheidenheitseinstellung werden alle eigenen Bedürfnisse zurückgestellt gegenüber dem Wunsch, durch Leistung von anderen Bejahung zu gewinnen, ohne dadurch Aggressionen und Abneigungen auf sich zu ziehen. Hinsichtlich der Indikation zu einer Psychotherapie zeigen die Erfahrungen, daß bei den wenigsten Patienten ein genügendes Konfliktbewußtsein vorliegt. Nach dem derzeitigen Wissensstand empfiehlt sich die Kombination von antihypertensiver Medikation und kontinuierlicher psychologischer Führung, sofern bei dem Patienten eine psychische Mitverursachung der Hypertonie nachweisbar ist, und er bereit ist, auf lange Sicht mit dem Arzt zu kooperieren.

Hyperthyreose

Der Krankheit liegt eine Überfunktion der Schilddrüse zugrunde mit den Symptomen einer allgemeinen Stoffwechselsteigerung. Die Vergrößerung der Schilddrüse und der Exophthalmus sind häufige Begleitsymptome, können jedoch auch fehlen.

Die Krankheit wird *ausgelöst,* wenn eine Art von Lebensbedrohung eintritt, in der die kontraphobische Abwehr – das ist die aktive Ausführung eben dessen, was dem Patienten eigentlich Angst macht – dieser Patienten zusammenbricht. Solche Ereignisse können in der Konfrontation mit Todesfällen oder schweren Unfällen, im Verlassenwerden von Angehörigen, in der Untreue des Ehemannes liegen. Dabei spielt weniger der akute Schreck, sondern mehr die innere Ausrichtung auf eine langdauernde psychische Belastung die wichtige Rolle.

Zur *psychodynamischen Konfiguration* dieser Patienten gehört ein starkes Verantwortungsbewußtsein und eine Leistungsbereitschaft, die aber untergründig von dem Bedürfnis, Angst nicht hochkommen zu lassen, eingesetzt wird. Fortlaufend muß eine antizipierte Bedrohung der Sicherheit durch eigene Kraftanstrengung überwunden werden. Dazu gehört auch die Bereitschaft, Sorge für andere zu übernehmen. Charakteristisch und spezifisch für Patienten mit einer Hyperthyreose ist, daß eigene Ängste und Abhängigkeitsbedürfnisse nicht direkt geäußert werden können, sondern durch Übernahme von Verantwortlichkeit, Anstrengung und kontraphobische Verleugnung abgewehrt werden. Es wird vor allem eine starke Bindung an die Mutter und zugleich die Erfahrung, daß diese Sicherheit in der Kindheit bedroht wurde, gefunden.

Atopische Neurodermitis

Es handelt sich um eine chronische, juckende, oberflächliche Entzündung der Haut, die man in der Regel bei Patienten antrifft, in deren persönlicher oder Familienanamnese allergische Leiden vorkommen.

Persönlichkeitsstruktur: Charakteristisch ist eine dauernde Gespanntheit, ein großes Bedürfnis nach Anerkennung und Erfolg. Sie sind ungeduldig, leicht reizbar, stolz auf ihre Kraft und Vitalität. Sie zeigen eine gewisse Sentimentalität und ein Gefühl der Enttäuschung über ihre Mitmenschen. Es finden sich häufig Zeichen einer verdrängten Feindseligkeit.

Für die *Psychodynamik* besteht ein deutlicher Zusammenhang zwischen der atopischen Neurodermitis einerseits und der fehlenden mütterlichen Zuwendung im Kindesalter andererseits. *Alexander* und Mitarb. beschrieben im Zusammenhang mit der frühkindlichen Situation einen Konflikt zwischen Exhibitionismus, Schuld und Masochismus. Die Patienten lenken die Aufmerksamkeit der Umgebung auf ihren Körper, um mehr Zuwendung und Liebe zu erhalten. Exhibitionismus wird so als Waffe im Konkurrenzstreben benutzt und löst auf der anderen Seite Schuldgefühle aus. Die Haut dient dem Exhibitionismus als Werkzeug und wird daher zugleich zum Ort schmerzhafter Plage. Eine große Bedeutung kommt bei dieser Erkrankung dem Kratzen zu. Der entscheidende Faktor beim Kratzen ist ein feindseliger Antrieb, der infolge von Schuldgefühlen von seinem ursprünglichen Ziel abgelenkt und gegen das eigene Selbst gerichtet wird. In der Arzt-Patient-Beziehung wiederholt sich oftmals der Konflikt zwischen den intensiven Wünschen nach Liebe, Geborgenheit, Nähe und Hautkontakt und der Erwartung, abgelehnt zu werden.

Arthritis rheumatica

Es handelt sich um eine chronische Systemerkrankung, die sich klinisch vorwiegend an den Gelenken manifestiert und bei der sich charakteristische, unspezifische histopathologische Veränderungen an der Synovia, am Knorpel und an den Skelettmuskeln finden.

Es ist immer wieder beobachtet worden, daß emotionell belastende akute Geschehnisse einen Einfluß auf die rheumatoide Arthritis hatten. Die psychischen Belastungen umfaßten vor allem Krisen in zwischenmenschlichen Beziehungen. Die äußeren Belastungen können auf der einen Seite bisher abgewehrte Aggressionen mobilisieren oder sie können die bisherigen Formen der überkompensierten Abwehr durchbrechen. *Alexander* nimmt an, daß die chronische Polyarthritis sich oft dann entwickelt, wenn die Kanalisierung der feindlichen Impulse durch eine Änderung der äußeren Lebensweise behindert wird. Nach *Erikson* ist bei der rheumatoiden Arthritis die Phase des Gewinnens von Autonomie durch motorische Betätigung und sexuelle Penetration, die Erreichung von Initiative ohne Schuldgefühle nicht gelungen.

Das Gegensatzpaar Spannung und Lösung im Bereich unserer Gefühlserlebnisse ist aufs engste gekoppelt mit Spannungs- und Lösungszuständen in der willkürlichen Muskulatur. Es ist das retentive oder das hingebungsvolle Verhalten, das unsere willkürliche Muskulatur in Spannung oder in Lösung versetzt.

Werden die retentiven bzw. hingebungsvollen Bedürfnisse der analen Phase mit Härte und Gewalt zerbrochen, so wird das Kind erfahrungsgemäß gefügig. Es entsteht so eine retentive Haltung gegenüber der Welt schlechthin, die sich dann in der Gesamtheit der quergestreiften Muskulatur ausdrücken kann, von welcher der After nur ein Teil war. Das Kind bezieht eine ängstliche, gespannte Haltung, ist dauernd auf gefährdetem Beobachtungsposten. Korrespondierend werden bestimmte Muskelpartien gespannt. Diese Muskelpartien sind am häufigsten von der Krankheit befallen. Es sind die gleichen, die auch phylogenetisch der Abwehr und der Verteidigung zugeordnet sind.

Persönlichkeitsstrukturell hat man von einem

fehlenden oder nicht geglückten Ausgleich zwischen den Polen Weichheit und Härte gesprochen. Vor allem drei Charakterzüge sind von vielen Untersuchern immer wieder festgestellt worden: ein *zwanghafter Zug* mit Übergewissenhaftigkeit, Perfektionismus und scheinbarer Fügsamkeit, verbunden mit der Neigung, alle aggressiven und feindseligen Impulse wie Ärger oder Wut zu unterdrücken. Ein *masochistisch depressiver Zug* mit einem starken Bedürfnis nach Selbstaufopferung und übertriebenem Helferwillen, verbunden mit übermoralischem Verhalten und Neigung zu depressiven Verstimmungen. Ein *starkes Bedürfnis nach körperlichen Aktivitäten* vor Ausbruch der Erkrankung.

Neben physiotherapeutischen und internistischen Maßnahmen kommt ebenfalls eine psychotherapeutische Behandlung in Frage. Sie reicht vom einfachen aufdeckenden Gespräch über kürzere oder längere Psychotherapie bis zu einer großen Psychoanalyse. Hilfreich können auch die Heranziehung von entspannenden Therapien sein, die den Bewegungsapparat im Ganzen ansprechen, wie z. B. konzentrative Bewegungsübungen.

Anorexia nervosa (ICD Nr. 307.i)

Unter Anorexia nervosa versteht man eine Krankheit, die als Ausdruck eines seelischen Konfliktes zu einem extremen Gewichtsverlust führt. Sie kommt fast ausschließlich bei Mädchen vor und tritt meist erstmals in der Pubertät auf. In 10 % der Fälle verläuft sie tödlich.

Symptomatik: extreme Gewichtsabnahme, Untergewicht; die Gewichtsabnahme wird erreicht durch Nahrungsverweigerung, durch spontanes oder induziertes Erbrechen und durch Abführmittelabusus; neben der Nahrungsverweigerung sind »Freßphasen« zu beobachten und Nahrungsmitteldiebstähle; sekundäre Amenorrhoe; chronische Obstipation; sekundäre Folgen des Hungerzustandes: der Gesamtstoffwechsel ist subnormal, der Grundumsatz reduziert, die Körpertemperatur, der Blutzucker und Blutdruck erniedrigt, Haut und Haare sind trocken, brüchig, es tritt Lanugo-Behaarung auf, Hypokaliämie, ab und zu bestehen Magenbeschwerden und eine Acrozyanose; motorische Überaktivität, innere Unruhe.

Es sind in der Mehrzahl der Fälle nicht äußere Gefahren, sondern die Entwicklungsvorgänge als solche, die den Konflikt *auslösen.* Die Umgestaltungen der Pubertät sind es, die zu Angst und Abwehr führen und zwar dann, wenn die sexuelle Reifung zur psychischen Realität geworden ist oder zu werden droht. Die seelische Krise wird dadurch ausgelöst, daß das Ich-Ideal und das Körper-Ich nicht mehr übereinstimmen. Das Ich-Ideal erfährt im Laufe der Erkrankung eine Umwandlung. Zunächst kann man es mit »knabenhaft« beschreiben, später wird es ersetzt durch das Ideal, ein geschlechtsloses und reines Wesen zu sein. Banaler äußerer Anlaß der Erkrankung können Bemerkungen von Außenstehenden über ihre runden Körperformen sein oder spielerische Manipulationen mit der Nahrungsaufnahme. Gewöhnlich gehen ein erster Kontakt mit dem anderen Geschlecht, eine körperliche Berührung, Zärtlichkeiten, die als gefährlich oder bedrohlich abgelehnt werden, der Erkrankung voraus. Durch solche Kontakte wird der zentrale Konflikt verstärkt, der in der tiefliegenden Ablehnung der weiblichen Geschlechtsrolle liegt.

Als grundlegenden Konflikt der *Psychodynamik* findet man eine hochgradige Ambivalenz mit Entwertung, ja Ablehnung gegenüber der weiblichen Identität, den weiblichen Körperbauformen und eine Verneinung von sexuellen Problemen. Die sexuelle Ambivalenz wird von der genitalen auf die orale Ebene verschoben. Die Ängste, die andere Frauen haben, sexuell penetriert oder geschwängert zu werden, bestehen hier gegenüber der Nahrungsaufnahme. Die Patienten leiden außerordentlich stark unter ihrem Hunger. Ein innerer Widerstand verhindert die Befriedigung dieses Bedürfnisses. Kommt es dann doch zum oralen Triebdurchbruch (»Freßanfall«), stellen sich Unruhe, Angst und Schuldgefühle ein. Die Magersucht ist als ein Versuch zu verstehen, sich überhaupt außerhalb jeder menschlichen triebhaften Regung zu stellen.

Das passive Ausgeliefertsein des Ich an die zähe unerbittliche Gewalt des Hungers ist es, was diese Patienten zu einem Abwehrkampf führt. Im Hunger wird die Abhängigkeit des Ich von der Natur, vom eigenen Körper und insbesondere im Kindesalter von der Fürsorge einer Pflegeperson in unvergleichlicher Weise erlebt.

Unbewußt liegen Erinnerungen zugrunde, von der Mutter nicht genug bekommen haben. Die Nahrungsabstinenz steht im Dienste einer Selbstbestrafung und stellt den vergeblichen Versuch dar, Schuldgefühlen zu entgehen.

Das manifeste Bild wird bestimmt durch ein Verhalten, das der unbewußten Sehnsucht nach dem Einssein mit der Mutter entgegengesetzt ist. Die ambivalente Einstellung zum Objekt (Nahrung = Mutter) bringt es mit sich, daß die Aufhebung der Grenzen als ein gefährlicher Vorgang erlebt wird. Bei der Einverleibung der Nahrung wird die Grenze zwischen Ich und Objekt aufgehoben. Durch die Nahrungsabstinenz wird diese Gefahr vermieden. Der orale Objektbezug stellt das Vorbild der Objektfindung dar. Der körperliche Kontakt ist das Ziel sowohl der zärtlichen wie der aggressiven Objektbesetzung. Die orale Zone ist lediglich der Brennpunkt der ersten Annäherungsweise. Der Modus der Einverleibung ist auch an Hautkontakte und manuelles Greifen gebunden. Bei der Anorexia nervosa wird die Objektfindungsstörung nicht nur auf die orale Zone beschränkt, sondern jede tatsächliche oder emotionelle Nähe vermieden.

Mit großer Wahrscheinlichkeit liegt eine primäre Störung der dualen Einheit von Mutter und Kind vor. Meist wird der Typ einer versagenden, absolut dominierenden, sexual-feindlich eingestellten Mutter beschrieben, die überaktiv, tüchtig und meist berufstätig ist. Sie war Mann und Frau zugleich. Zärtlichkeit und Sexualität wird von ihr wie von der ganzen Familie abgelehnt. Durch das Erbrechen haben es die Patienten in der Hand, die Folgen der Befriedigung des Hungers wieder rückgängig zu machen. Das Erbrechen folgt dem Essen, wie die Strafe und Sühne dem Vergehen.

Bei der Entscheidung: »Das will ich essen, oder das will ich ausspucken«, entscheiden sich die Patienten für das letztere. In dieser Verneinung und in diesem Negativismus werden destruktive Impulse gebunden. Die infantile Enttäuschung, nicht genug bekommen zu haben, wird durch die Unlusterfahrung der Nahrungskarenz wieder belebt.

Zur Fiktion der Autarkie gehört der Versuch, eine Art Perpetuum mobile zu sein und mit minimaler Zufuhr von Energie große Leistungen zu vollbringen. Die dabei auftretende Müdigkeit und Erschöpfung wird nicht zugegeben. In der Hypermotilität sucht die durch das abgewehrte Nahrungsbedürfnis gesetzte Erregung ihren Abfluß.

Persönlichkeitsstruktur: Meist handelt es sich bei diesen Patienten um überdurchschnittlich intelligente Menschen. Gewöhnlich sind die Patienten autistisch in einer trotzig oppositionellen und eigensinnigen Haltung verfangen. Dabei erscheinen sie nach außen in der ersten Annäherung oftmals auch übergefügig. Sie können mit unschuldigem Gesicht über Wochen und Monate lügen, d. h. die Gegebenheiten in ihrem Sinne entstellen, insbesondere wenn es um die Fragen des Essens geht.

Bemerkenswert ist, daß die Regression von der genitalen auf die orale Stufe nahezu ohne innere Konflikthaftigkeit, ohne inneren Widerspruch, Ich-synton vor sich geht. Das triebhafte Essenmüssen, das Stehlen, die oralen Aggressionen in Träumen sowie die Praxis, durch Erbrechen, Abführmittel etc. die Gewichtszunahme zu verhindern, all das wird bewußt, meist völlig konfliktlos praktiziert.

Arzt-Patient-Beziehung: Die Patienten üben einen massiven Appell aus und verstehen es, Ärzte und Pflegepersonal durch ihr kindliches, hilfloses und dabei differenziertes und »vernünftiges« Wesen für sich einzunehmen. Alle Versuche jedoch, wirklich Einfluß zu nehmen und eine Gemeinsamkeit herzustellen, prallen ab. Sie sehen eine Behandlung bei ihrer fehlenden Krankheitseinsicht als völlig unnötig an, insbesondere eine stationäre Behandlung, die ihre Nahrungsrituale unweigerlich aufdecken muß. Wenn die stationäre Aufnahme nicht zu umgehen ist, wollen sie selbst den Gang der Behandlung bestimmen, handeln Privilegien aus. Nach einigen Wochen treten dann regelmäßig Enttäuschungen auf. Insbesondere dann, wenn die Gewichtskurve, obwohl die Patienten angeblich Unmengen zu sich genommen haben, gleichbleibt oder abfällt und die Tricks der Nahrungsverweigerung, des heimlichen Erbrechens entdeckt werden und spätestens dann, wenn Diebstähle in der Küche oder Anzeigen aus benachbarten Warenhäusern die Geduld der Ärzte und Schwestern strapazieren. Ein Arbeitsbündnis herzustellen und gleichzeitig die schweren psychopathologischen Verhaltensstörungen der Patienten zu ertragen, ist eine schwierige Aufgabe für Ärzte und Schwestern. Es besteht immer wieder die Gefahr, daß man in die gleichen Machtproben verfällt, an denen die Eltern schon gescheitert sind, nämlich eine Gewichtszunahme erzwingen zu wollen, koste es, was es wolle. Der Arzt darf jedoch auch nicht so tun, als glaube er die Phantasieerzählungen über angeblich normales Essen, dies führt im wesentlichen zu einer Verstärkung der Angst und Schuldgefühle. Die Behandlungstechnik muß danach ausgerichtet sein, den Kampf des Patienten um seine Autonomie zu verstehen.

Die *Probleme der Behandlung* sind erhebliche. An erster Stelle steht das Therapie-Arrangement überhaupt, das der Reflektion bedarf. Wenn man sich das, was oben über den Kampf der Patienten um Autonomie und Selbstbestimmung gesagt wurde, vergegenwärtigt, dann ergibt sich für den Therapeuten eine geradezu *paradoxe Situation*: Auf der einen Seite ist der Patient lebensbedrohlich krank. Der Arzt muß helfen, er muß gegen den Willen des Patienten etwas tun, was dieser nicht möchte. Er *will* etwas vom Patienten – muß ihn zu etwas bringen, zu einem Verhalten drängen, das für diesen Unterwerfung bedeutet. In psychodynamischer Konsequenz ist für den Patienten anfangs die Einwilligung in die Therapie mit einer *Unterwerfung unter den Willen der dominierenden Mutter* identisch. Die Therapie wird zur (so erlebten) Selbstaufgabe. Nur so ist der hinhaltende Widerstand gegen jede Form der Therapie zu verstehen. Meist sind es auch die Angehörigen selbst, die den Patienten zum Arzt oder in die Klinik bringen. Aktiv helfen heißt für den Arzt in den Augen des Patienten zum Helfershelfer der Angehörigen zu werden. Ein Vertrauensverhältnis erscheint anfangs kaum erreichbar. Alle Vertreter einer »nur« somatischen Therapie (Sonderernährung; Dauerschlafbehandlung, wo der Patient nur zum Essen geweckt wird) sind für den Patienten keine Verbündeten, sondern Gegner. Aus diesem Verständnis des Patienten heraus ist die Zwangsernährung mit der Sonde kritisch als »orale Vergewaltigung« bezeichnet worden.

Aber die Situation des Arztes, der es mit einem Patienten mit einem Gewicht von oft unter 30 kg zu tun hat, ist in der Tat paradox. Der Zustand ist eben lebensbedrohlich. Erste Aufgabe ist es daher, dem Patienten *gleichzeitig*

das Gefühl zu vermitteln, daß man ihn in seinem Widerstand und ohnmächtigen Trotz *versteht* und ihn trotz dieses Verständnisses *nicht sterben lassen will*. Man muß dem Patienten vermitteln – und das ist eine echt dialektische Aufgabe –, daß man ihm helfen will, jenen inneren Kampf um seine Autonomie zu seinen Gunsten zu entscheiden, daß man aber die gewählten autoaggressiven Mittel für völlig verfehlt hält. Man muß versuchen, das zu etablieren, was man eine therapeutische Ich-Spaltung nennt. Dies ist bei kaum einer Neurose so problematisch wie bei der Anorexie. Eine Patientin sagt während der Psychoanalyse zu ihrem Therapeuten: »Sie sagen immer, daß Sie nichts von mir wollen. Aber natürlich wollen Sie etwas von mir: Sie wollen mich gesund machen. Wenn Sie mich soweit haben, dann werden Sie triumphieren und denken: »Die habe ich geschafft.« Aber seien Sie gewarnt: Mich schaffen Sie nicht.« Diese Patientin kann in sehr charakteristischer Weise ein sogenanntes »Arbeitsbündnis« in der Therapie nicht eingehen, sondern sie erlebt die Therapie in der Übertragung als ein ständiges Ringen mit der dominierenden Mutter. Die Auflösung solch eines gordischen Knotens stellt erhebliche Anforderungen an Geduld und Können des Therapeuten. Dazu gehört es auch, alle Versuche der Verwandten, sich in die Therapie einzumischen, freundlich, aber bestimmt zurückzuweisen. Wiederholt beobachteten wir, wie aus psychotherapeutischer Sicht »gut laufende« Therapien von den Familienangehörigen minderjähriger Patientinnen beendet wurden. Wenn das, was oben über die psychische Struktur der Mütter gesagt wurde, zutrifft, dann ist diese Einmischung nur konsequent. Denn ein Autonomwerden der Tochter in der Psychotherapie *muß* Ablösung von der Mutter und damit Schmerz und Betroffenheit für diese bedeuten. Auch aus diesem Grunde sind die Eltern von Anorexie-Patienten den »drastischen« Behandlungsverfahren der Inneren Medizin oft sehr viel zugeneigter als psychotherapeutischen Therapiemethoden.

Die »Behandlungstechnik« in der psychotherapeutischen Klinik muß anfangs bei allem Verständnis strikt und entschlossen sein: Zimmeraufenthalt, notfalls Bettruhe, Besuchsverbot (!), Kontrolle der Ein- und Ausfuhr von Kalorien. Kontrolle der »Zufuhr« von Medikamenten (Laxantien, Diuretika)! Man muß dem Patienten ständig zu verstehen geben, daß man ihn akzeptiert, aber nicht seine Autodestruktion. Erst wenn die Gewichtskurve ansteigt, wird gewöhnlich mit psychotherapeutischen Gesprächen begonnen, und man kann dann zunehmend die strengen äußeren Bedingungen lockern. Anfangs sind diese aber unumgänglich, wenn man den Patienten nicht vital gefährden will. Es versteht sich, daß bei extremer Kachexie die Sondenernährung nicht zu umgehen ist. Insbesondere von somatisch orientierten Behandlern wird immer wieder die Ansicht vertreten, daß eine Zwangsernährung am Beginn generell unumgänglich sei. Dagegen spricht die bis zu zwei Jahrzehnte alte Erfahrung von bekannten psychosomatischen Kliniken (z. B. Umkirch bei Freiburg, Gengenbach), wo auch stark untergewichtige Patienten ohne Zwangsernährung sehr rasch wieder zunehmen. Bei mehreren Hundert Behandlungsfällen war dort praktisch nie eine Zwangsernährung erforderlich. Wenn möglich, sollte dem Aufenthalt in der psychotherapeutischen Klinik eine psychoanalytisch orientierte Einzel- oder Gruppentherapie über einen längeren Zeitraum folgen. In neuerer Zeit wurde von erfolgreichen Behandlungsversuchen mit *Familientherapie* berichtet. – Bei manchen Verläufen wurden

schizophrenieforme psychotische Dekompensationen beobachtet.

Zum Problem der nosologischen Klassifizierung: Wir rechnen die Anorexia nervosa nicht zu den klassischen Psychosomatosen. Statt dessen fassen wir sie als eine narzißtische Störung auf, die zum Teil von depressiven, hysterischen oder zwanghaften Komponenten begleitet ist. Der Prozeß zur Abgrenzung des Selbst, der mit der Pubertät abgeschlossen ist, ist bei diesen Patienten gestört. Meist besteht ein enger symbiotischer Kontakt mit der Mutter. Anorexie-Mütter lassen ihren Kindern keinen Wunsch offen, sie erlauben keine Individuation, sie entlassen sie nicht aus ihrem Selbst. Die Mütter besetzen die Tochter als ihr narzißtisches Objekt. Die Anorexie stellt den Versuch dar, sich aus der narzißtischen Umklammerung durch die Mutter loszureißen. Das Abnehmen wird als einzige Möglichkeit gesehen, sich von der Mutter zu trennen, selbständig zu werden. Das »psychosomatische« Krankheitsbild, nämlich der extrem körperliche Verfall, entsteht eigentlich erst sekundär als Folge einer psychischen Verweigerung. Dieses Krankheitsbild gehört damit u. E. nur »uneigentlich« in die Gruppe der Psychosomatosen und sollte besser als die Sonderform einer Psychoneurose aufgefaßt werden.

7.9 Belastungsreaktionen und psychogene Reaktionen (ICD Nr. 308 und 309)

Der begriffliche gemeinsame Nenner dieser an und für sich sehr heterogenen Störungen ist die Annahme, daß es sich um direkte psychische Folgen von Belastungen und Einwirkungen handelt. Man geht hier von der Voraussetzung aus, daß nicht eine Regression auf infantiles Konfliktmaterial erfolgen muß, um das entstehende Störungsbild zu verursachen. Es handelt sich also um quantitative und qualitative Überforderungen der psychischen Verarbeitungsmöglichkeiten, wie sie am charakteristischsten bei Streßreaktionen, akuten Überlastungen und ähnlichem auftreten. Bei den akuten Belastungsreaktionen handelt es sich um Störungen jeder Schwere und Art, die insgesamt rasch vorübergehen und üblicherweise innerhalb von Stunden oder Tagen abklingen. Es sind dies die zu erwartenden Überforderungsreaktionen de-

finiertermaßen gesunder Persönlichkeiten bei extremen körperlichen oder psychischen Anstrengungen. Demgegenüber werden die psychogenen Reaktionen (Anpassungsstörungen) als längerdauernde Störungsbilder aufgefaßt. Sie stehen im Zusammenhang mit Auslösesituationen, wie sie uns aus der Neurosenlehre bereits bekannt sind: Trennungserlebnisse, Verlusterlebnisse durch Tod, Wohnungswechsel, Auslandsaufenthalte u. a. Diese letzte Beschreibung zeigt bereits, wie schwierig die Abgrenzung solcher Zustände von den neurotischen Krankheitsbildern sein kann. Man sollte sich klar machen, daß im wesentlichen die Voreinstellung des Diagnostikers darüber entscheidet, ob er ein Störungsbild als »neurotisch-depressive Verstimmung« oder »akute depressive Reaktion« bezeichnet. Der eine

Diagnostiker glaubt offensichtlich, das Zustandsbild ohne Rekurs auf infantiles Material erklären zu können, der andere meint, solche Anteile mitbeteiligt zu sehen.

Die wichtigsten psychogenen *Belastungsreaktionen* sind Katastrophenreaktionen (Panikzustände, totale Erschöpfungszustände, depressive Zusammenbrüche u. a.), psychogene Bewußtseinsstörungen (z. B. Dämmerzustände als Fluchtreaktion), psychogene Erregungszustände (in der Populär-Psychologie oft als »Nervenzusammenbruch«) bezeichnet. Bei den *längerdauernden psychogenen Reaktionen* sind die depressiven Verstimmungen die mit der größten klinischen Bedeutung. Bei diesen Diagnosen sollte man durchaus kritisch sein. Die Neigung, jede Form von Traurigkeit nach Verlust eines Angehörigen als depressiv zu bezeichnen und womöglich zu therapieren, erscheint uns sehr fragwürdig. Andererseits gibt es sicher depressive Zustandsbilder einer stark verlängerten Trauerreaktion (»pathologische Trauer«), die an Dauer und Intensität das Ausmaß der innerhalb einer Kultur üblichen Trauerreaktion deutlich überschreiten. Hier wird wieder die Abgrenzung zu den neurotischen Depressionen sehr problematisch. In diesen Zusammenhang gehören auch die *Verfolgungssyndrome*: Auch bei unauffälliger vorangehender Entwicklung wurden nach jahrelanger KZ-Haft unter der Naziherrschaft und ähnlichen Erfahrungen Jahrzehnte anhaltende psychische Beeinträchtigungen beobachtet. Am typischsten ist hier ein chronisches subdepressives Syndrom mit sozialem Rückzug, Apathie, Armut der Interessen, Ängstlichkeit und weiteren Störungen.

7.10 Sexuelle Deviationen (ICD Nr. 302)

Wie bei kaum einem anderen Gebiet psychischer Abweichungen vom Normalverhalten ist auf dem Gebiet der sexuellen Deviation in den letzten Jahren die Debatte mit großer Leidenschaft geführt worden, ob es sich hierbei um Krankheiten im engeren Sinne handelt. Die amerikanische psychiatrische Vereinigung hat sich mit Mehrheitsvotum dagegen ausgesprochen, die Homosexualität als psychische Störung anzusehen. Vielleicht zeigt gerade dieser Mehrheitsbeschluß sehr deutlich, wie sehr die Auffassung über das, was gesund, was krank, was normal, was abnormal ist, nur im Rahmen einer bestimmten Gesellschaft und der in ihr herrschenden sozialen Übereinstimmung gesehen werden kann. Aber auch hier besteht wieder ein breites Spektrum der Abweichungsmöglichkeiten: Auf der einen Seite steht der einfach Homosexuelle, der in seinem übrigen Verhalten unauffällig ist und sich nicht krank fühlt, und auf der anderen Seite steht der Nekrophile, ein Mensch, der eine sexuelle Attraktion nur gegenüber Leichen empfindet und den wohl auch die progressivsten Vorkämpfer zur Änderung psychischer Normen nicht als »gesund« bezeichnen wollten.

Die häufigste sexuelle Verhaltensdeviation ist die *Homosexualität* (ICD Nr. 302.0), also die überwiegende sexuelle Anziehung zwischen Personen des gleichen Geschlechts mit oder ohne manifesten sexuellen Handlungen. Bei der *Pädophilie* (ICD Nr. 302.2) gilt das sexuelle Interesse des Erwachsenen Kindern des gleichen oder des anderen Geschlechtes. Die Übergänge zur Homosexualität mit Jugendlichen können hier fließend sein. Das sexuelle Interesse an und der Sexualverkehr mit Tieren wird als *Sodomie* (ICD Nr. 302.1) bezeichnet. Im Gegensatz etwa zur Homosexualität findet sich diese Verhaltensabweichung gehäuft bei intelligenzgeminderten Personen. Als *Transvestitismus* (ICD Nr. 302.3) wird die sexuelle Lust beim Anlegen von Kleidern des Gegengeschlechtes bezeichnet. Wenn der Mensch sexuelle Erregung beim Demonstrieren der eigenen Genitalien gegenüber Personen des anderen Geschlechtes verspürt, spricht man von *Exhibitionismus* (ICD Nr. 304.4); dieser ist bei Männern sehr viel häufiger als bei Frauen. Ist die sexuelle Befriedigung überwiegend mit phantasierten oder aktiven Mißhandlungen des Partners verbunden, so spricht man von *Sadismus* (ICD Nr. 302.8). Die sexuelle Lust beim Erleiden von Quälereien wird demgegenüber als *Masochismus* (ICD Nr. 302.8) benannt. Diese beiden Varianten kommen oft kombiniert vor, das heißt die gleichen Personen genießen das eine Mal den aktiven, das andere Mal den passiven Vorgang. *Fetischismus* (ICD Nr. 302.8) ist die sexuelle Erregung, welche an bestimmte auslösende Gegenstände gekoppelt ist. Auffallend häufig handelt es sich dabei um Schuhe, Lederartikel und Gummigeräte.

Von diesen Abweichungen in gewissem Sinne abzugrenzen ist die sogenannte *Transsexualität* (ICD Nr. 302.5). Bei dieser Ausprägung besteht die nicht korrigierbare Vorstellung, daß das äußerlich wahrnehmbare Geschlecht »falsch« sei, daß man eigentlich dem anderen Geschlechte angehöre. Hier handelt es sich um eine sehr weitgehende Störung der Geschlechtsidentität, für die sich bis heute kein sicheres körperliches Korrelat hat finden lassen. Hormonell, chromosomal usw. sind diese Menschen völlig in Übereinstimmung mit ihrem äußeren Geschlecht, das sie ablehnen. Einem Teil dieser Patienten kann durch eine operative Geschlechtsumwandlung in der Tat geholfen werden, andererseits ist vor der unkritischen Anwendung solcher Operationen zu warnen, da nach unseren eigenen Erfahrungen ausgesprochen unterbegabte Menschen mit polymorph perversen Neigungen plötzlich auf geschlechtsumwandelnde Operationen drängen und diesen Wunsch oft mit sehr großer Beharrlichkeit und Intensität vortragen. Hier muß man davon ausgehen, daß die unabdingbare Voraussetzung, nämlich die Sicherheit des Arztes, daß sich der Wunsch aller Wahrscheinlichkeit nach nicht mehr ändern wird und die Möglichkeit des Patienten, die Konsequenzen der Operation zu überblicken, nicht gegeben sind. Diese zunehmend häufiger werdenden Patienten sollte man als Pseudo-Transsexuelle bezeichnen.

Eine sexuelle Störung, die nichts mit einer Perversion zu tun hat und die wahrscheinlich sehr viel verbreiteter ist als gemeinhin angenommen wird, ist die sexuelle Funktionsstörung im Sinne der *Impotenz* oder der *Anorgasmie* (ICD Nr. 302.7). Es handelt sich dabei um eine psychogene Unlust zum oder Abneigung gegen den Sexualverkehr, oft mit Angst, Schmerzen und einer Unfähigkeit, den normalen Verkehr zu vollziehen, verbunden. Diese Störung tritt auffallend oft bei der Konversionsneurose und bei den hysterischen Persön-

lichkeiten auf. Letztlich ist sie aber nicht spezifisch für diese Krankheitsgruppe. Bei der männlichen Impotenz unterscheidet man die Impotenz beim Verkehr (Impotentia coeundi), eine Zeugungsimpotenz (Impotentia generandi) und eine Befriedigungsimpotenz (Impotentia satisfactionis). Alle drei Formen können psychogener Natur sein und insbesondere die Unfähigkeit, bei der Sexualität eine Befriedigung zu empfinden, trotz intakter erektiver Potenz, dürfte sehr viel häufiger sein als gewöhnlich angenommen wird.

Die Erklärungsmöglichkeiten der Perversionen oder sexuellen Deviationen sind sehr viel weniger fortgeschritten als die deskriptive Aufgliederung suggerieren könnte. Allgemein läßt sich sagen, daß bei keiner sexuellen Verhaltensabweichung sich im organischen Bereich spezifische Veränderungen finden ließen, die das psychische Erleben in der bestimmten Richtung erklären könnten. Die oft postulierten Hormonverschiebungen existieren in der Praxis nicht. So wurden in der Psychiatrie meist unterschiedliche instinktive Muster angenommen, die zudem noch als irgendwie genetisch verankert aufgefaßt wurden. Ein Vertreter dieser Anschauung etwa ist K. *Leonhard*. Das Verständnis *Freuds* ging in seiner ursprünglichen Form von einer anfänglich sehr undifferenzierten Ausprägung des menschlichen Sexualtriebs aus. Er prägte den berühmten Satz von der »polymorph perversen« Anlage des Säuglings. Konstant am menschlichen Sexualtrieb sei nur das Ziel der Befriedigung, das Objekt, auf das sich der Trieb richte, sei in hohem Maße variabel. Auf diese Weise gewinnt *Freud* eine Möglichkeit, sexuelle Deviationen aus Prägungen und Fixierungen an bestimmte Vorstellungen innerhalb der Entwicklung zu erklären. Die in der Deviation sich darstellenden Triebformen nennt er »Partialtriebe«; es sind dies sozusagen die Nebenziele, die neben dem Ziel der am anderen Geschlecht orientierten sexuellen Befriedigung weiterbestehen, auch wenn sich die genitale Sexualität beim Erwachsenen bereits durchgesetzt hat. Im durch ihn geprägten Verständnis der Perversionen kann *Freud* dann formulieren, daß die Perversion ein Negativ der Neurose sei: Bei der Neurose werde der Partialtrieb abgewehrt, verdrängt, unterdrückt und in Symptome umgesetzt; bei der Perversion hingegen werde er ungehemmt zur Befriedigung zugelassen. Gegenüber dieser Betrachtung hat sich eine andere innerhalb der letzten zwanzig Jahre durchgesetzt, die auch die sexuellen Deviationen im Prinzip als Lösungsversuche innerer unbewußter Konflikte erklären will. Diese Verständnisweise sieht also die Perversionen als Parallelen zur Neuroseentstehung und nicht als ihr entgegengesetzt. Der Hauptvertreter dieser Richtung ist gegenwärtig *Socarides*.

Bei ihm klingt bereits die Betrachtungsweise an, daß die Perversion dem Betroffenen helfe, einen strukturellen Ich-Verlust auszugleichen. Insgesamt muß festgehalten werden, daß über die Psychodynamik der sexuellen Deviationen sehr viel weniger Kenntnisse vorliegen als über die der Neurosen. Das hängt vor allem damit zusammen, daß sexuelle Deviationen nur in Ausnahmefällen das Motiv verspüren, sich einer Psychotherapie zu unterziehen.

7.11 Spezielle und häufige Formen abnormer Entwicklungen: Abhängigkeit und Suizidalität

Vorbemerkungen

Es mag auf den ersten Blick überraschend sein, daß Abhängigkeit und Suizidalität in so großer Nähe zueinander in einem Kapitel behandelt werden, da doch die Abhängigen in besonderer Weise, d. h. besser und intensiver, leben, während die anderen allem Anschein nach das Gegenteil, nämlich ihrem Leben ein Ende setzen wollen. Es ist aber zu bedenken, daß Abhängige immer ein gewisses Risiko eingehen und nicht selten mit ihrem Leben spielen, um der urmenschlichen Sehnsucht entsprechend wenigstens einen kurzen Augenblick lang zu einem erfüllten Erleben zu gelangen. Die Erfahrung lehrt ferner, daß viele Suizidale im Vollzug ihrer Tat nicht allem ein Ende setzen wollen, sondern um diesen Preis ein »Leben in Frieden und Glück« anstreben. Sowohl Abhänge wie Suizidale tun dies aus größter innerer Not heraus. Insofern besteht im letzten zwischen beiden eine Gemeinsamkeit. Es handelt sich auch bei beiden, so unterschiedlich der zeitliche Ablauf auch ist – wie wir gleich sehen werden –, um Entwicklungen, bei denen am Anfang allgemein-menschliche Probleme stehen, nämlich das Gefühl der Aussichts- und Hoffnungslosigkeit, das Leben zu bestehen. Bei der Suizidalität handelt es sich häufig um eine akute Entwicklung, die sich krisenhaft zur Autoaggression und Selbstzerstörung hin entwickelt, während Abhängigkeit in der Regel eine chronische Entwicklung darstellt, die auch Autoaggression und Selbstzerstörung beinhaltet, die zu einer tiefgreifenden Veränderung der Persönlichkeit führen. Dies dürfte der Grund dafür sein, daß

Abhängigkeit in der ICD einen Platz gefunden hat, die Suizidalität dagegen nicht. Bei beiden Entwicklungen setzt irgendwann ein Zustand eingeschränkter Willens- und Handlungsfreiheit ein, der fachkundige Behandlung erfordert, die allerdings in sehr vielen Fällen nicht gesucht wird, da die Betreffenden sich nicht für krank halten und in einem engeren Sinne des Wortes auch nicht psychisch krank sind, abgesehen davon, daß bei allen Formen psychischer Krankheiten sich Suizidalität entwickeln und es zu Suizidhandlungen kommen kann. Eine weitere Gemeinsamkeit zwischen Abhängigen und Suizidalen (wieder abgesehen von psychisch Kranken, die suizidal geworden sind) besteht schließlich darin, daß nach Überwindung der akuten Krise eine Behandlung im engeren medizinischen Sinne nicht das Entscheidende ist, sondern eine mitmenschliche und im weiteren Sinne eine psychische und seelsorgerliche Beratung und Betreuung erforderlich wird.

Drogen- und Medikamenten-Abhängigkeit (ICD-Nr. 303–305)

»Abhängig« bedeutet unselbständig, angewiesen auf jemanden oder etwas. (Abhängigkeit, Abhängiger sind die zugehörigen Substantive.) Der entsprechende englische Begriff lautet »addicted«: geneigt sein zu, »addiction«: Neigung, Hang zu. Eine noch andere Nuance des gleichen Sachverhaltes bezeichnet »süchtig« und »Sucht« (althochdeutsch ist »sucht« = Krankheit, wie wir es heute noch z. B. in Gelbsucht, Fallsucht, Schwindsucht finden) = ein abnorm oder krankhaft gesteigertes Bedürfnis, z. B. Geltungssucht, Vergnügungssucht, Ruhmsucht sowie Trunksucht, Rauschmittelsucht.

Faßt man die Bedeutung der verschiedenen hierher gehörigen Begriffe zusammen, so fällt zunächst auf, daß sie sich keineswegs, wie man denken könnte, nur auf den Gebrauch von Alkohol, Drogen oder Rauschmitteln beziehen, sondern auch mit anderen Verhaltensweisen in Beziehung gebracht werden können, etwa Arbeit, Spiel, Eitelkeit, Gewinnstreben, Sammeln. Es handelt sich dabei also nicht darum, in welcher Hinsicht jemand abhängig oder süchtig ist, sondern um die Abhängigkeit und Süchtigkeit als eine besondere Eigenschaft oder Veränderung des Menschen. Welcher menschliche Bereich ist damit angesprochen? Es ist sein unstillbarer Hunger nach immer neuen Erfahrungen und seine Sehnsucht nach Wohlbefinden und Glück. Sie äußern sich in der Neigung, alles zu sehen, zu hören, zu erfahren und auszukosten, um so die innere Unruhe zu befrieden und die Sehnsucht des Herzens zu stillen. Es handelt sich also um viel mehr als um Triebbefriedigung. Der ganze Mensch mit Leib und Seele ist vielmehr von dieser Sehnsucht und der zugehörigen Unruhe und Rastlosigkeit ergriffen. Die Versuchung des Menschen (um seine Sehnsucht nach Glück zu erfüllen) ist es, nur für sich etwas zu tun, statt von sich abzusehen und sich anderen zuzuwenden. In dem Maße, in dem er das tut, befriedet er sein unruhiges Herz (weiteres hierzu s. Kap. 2). Folgt er dagegen der alltäglichen Versuchung, so handelt er in der Hoffnung, daß er seiner unendlichen Sehnsucht zu genügen vermag, indem er etwas für sich tut. Dies führt stets nur zu vorübergehenden »Erfolgen«, denen ein Gefühl der Leere folgt. Der Mensch versucht auf diesem Wege ja letztlich, sein Selbstgefühl zu steigern, kann sich seinem Wesen nach aber selbst nie genug sein. Das verleitet ihn dazu, zu versuchen, die Intensität seiner Bemühungen in dieser Richtung nach Möglichkeit zu steigern, um so der ständig wachsenden inneren Leere zu entgehen. Hierfür ist er schließlich bereit, sein Leben aufs Spiel zu setzen, um in Grenzsituationen, die die Selbstzerstörung mit einschließen, das Äußerste zu erfahren. Die auf diesem Wege mit vielerlei Mitteln bewirkte Steigerung der Intensität des Erlebens

führt zu zunehmender Erschöpfung und völliger Aushöhlung der Person oder zum Tode infolge eines letzten verzweifelten Einsatzes dessen, was ihm noch verblieben war, aber nicht zur Erfüllung der unendlichen Sehnsucht, da er sich ja nur selbst gemeint hat und nur »für sich etwas tat«.

Das alles gibt es in vielerlei Gestalten und »Verdünnungen«, es begegnet einem auch im Bereich der Kunst und bestimmter Richtungen der Existenzphilosophie. Hierauf kann nicht näher eingegangen werden. Hier soll lediglich die Dimension von Abhängigkeit und Sucht aufgezeigt und vor allem die hier im Hinblick auf Prophylaxe und Therapie gegebene Problematik deutlich gemacht werden.

Dem Psychiater begegnet diese vor allem in der Form von geltungssüchtigem Verhalten und als Abhängigkeit von Drogen und Medikamenten, wenn die Umgebung darunter stark leidet, oder wenn für den Betreffenden gefährliche Folgen eingetreten sind. Für das geltungssüchtige Verhalten sei auf die Kapitel 7.6 und 7.7 verwiesen. Hier wird nur die Drogen- und Medikamentenabhängigkeit erörtert, der wir uns nach diesen allgemeinen Bemerkungen über die Neigung des Menschen zu süchtigem Verhalten, zuwenden.

Die heute allgemein eingeführte Bezeichnung für süchtigen Gebrauch von Drogen und Medikamenten ist »Abhängigkeit«. Die früher üblichen Ausdrücke »Sucht« und »Gewöhnung« wurden fallengelassen, da mit ihnen die Vorstellung verbunden war, daß sog. starke Mittel zwangsläufig zur gefährlichen Sucht, schwächere Mittel dagegen nur zu der »harmloseren« Gewöhnung führen. Diese Unterscheidung hat sich als unzutreffend erwiesen. Stattdessen wird heute zwischen physischer und psychischer Abhängigkeit unterschieden. Damit soll zum Ausdruck gebracht werden, daß die Mittel zu unterschiedlich starken Reaktionen des Organismus führen können und bei der physischen Abhängigkeit der Mißbrauch gleichsam zu einem elementaren Triebbedürfnis geworden ist. Die Bezeichnungen physische und psychische Abhängigkeit bringen also graduelle Unterschiede zum Ausdruck, nicht aber eine prinzipiell unterschiedliche Art von Abhängigkeit. Physische Abhängigkeit wird angenommen, wenn der Drogen- und Medikamentenmißbrauch zur Entwicklung erhöhter Toleranz führt (es werden größere Dosen zum Erzielen der ursprünglichen Wirkung benötigt) und nach Abklingen der Wirkung oder Absetzen der Mittel Entziehungserscheinungen auftreten. Psychische Abhängigkeit, die bisher als Gewöhnung bezeichnet wurde, meint, daß kein »somatischer Zwang« durch die Entwicklung einer Toleranz und das Auftreten von Entziehungserscheinungen zur Fortsetzung des Mißbrauchs vorliegt, sondern eben nur eine Gewohnheit, deren Nichteinhalten mehr oder weniger starkes Unbehagen erzeugt. Eine scharfe Unterscheidung zwischen diesem Unbehagen und Entziehungserscheinungen ist letztlich nicht möglich. Es handelt sich vielmehr um graduelle Unterschiede, sowohl was die Intensität als auch die Dauer der Wirkungen nach dem Absetzen der Drogen und Medikamente anbelangt. Als entscheidender Einwand gegen diese Unterscheidung kommt hinzu, daß sog. starke Mittel, wie etwa Morphium, nicht notwendig Entziehungserscheinungen erzeugen, diese aber auch nach Mißbrauch »schwacher« Mittel, etwa Tranquilizer, ganz erheblich sein und lang andauern können. Schließlich hat natürlich keines der Mittel *nur* eine physische oder psychische Wirkung.

Es werden verschiedenartige Mittel als abhängigkeitserzeugend bezeichnet und 7 Hauptformen der Abhängigkeit unterschieden (WHO 1964):

Alkaloidtyp
Barbiturat-/Alkoholtyp
Kokaintyp
Cannabistyp
Halluzinogentyp
Weckamintyp
Khattyp[1]

Diese Zusammenstellung darf nicht so verstanden werden, daß nicht auch andere Mittel Abhängigkeit erzeugen können. Dies gilt insbesondere auch für nicht-barbitursäurehaltige Schlafmittel, Tranquilizer und Phenacetin neben vielen anderen Substanzen, etwa Lö-

---

[1] Khat = Catha edulis wird in Ostafrika und der arabischen Halbinsel kultiviert und enthält als aktives Prinzip ein dem Amphetamin ähnlich wirkendes Stimulans. Die frischen Pflanzenteile werden gekaut.

sungsmitteln. Da diese Mittel bei allen chemischen Unterschieden das gleiche Phänomen, nämlich Abhängigkeit, erzeugen können, müssen sie eine gleichartige Wirkungsweise bzw. denselben Angriffspunkt haben. Diese Wirkung wird in der Regel als zentral-anregend und stimmungshebend (euphorisierend) bei gleichzeitig geringer Beeinträchtigung des Wachbewußtseins (Vigilanz) beschrieben und kurz »Rausch« genannt. Bei diesem handelt es sich um einen Zustand, den jeder durch 2–3 rasch hintereinander getrunkene Schnäpse und selbst auch nach einigen Tassen starken Kaffee in geringer bis mäßiger Ausprägung herbeiführen kann. Der Rausch kann sehr unterschiedliche Intensitätsgrade haben und ist, wie das Erleben des affektiv-vegetativ-triebhaften Bereiches, nur schwer zu beschreiben. Diejenigen, die Rauscherfahrungen mit starkwirkenden Drogen, etwa intravenösen Gaben von Weckaminen oder Heroin, haben, sprechen von einem »feeling«. Ohne entsprechende Erfahrung kann man nur ahnen, was damit gemeint ist, denn auch wer etwa einen Alkoholrausch oder einen Orgasmus nicht erfahren hat, kann sich in solches Erleben nicht hineinversetzen.

Das Rauscherleben wird modifiziert durch die physischen und psychischen Reaktionsweisen der Persönlichkeit, ferner von ihrer augenblicklichen Situation und Disponiertheit und ein wenig auch von der Erwartung. Es gilt die Faustregel: je stärker das Mittel, je höher die Dosis, je größer die Geschwindigkeit der Anflutung des Mittels im Organismus, desto weniger individuell ist die Wirkung. Der Einfluß von Persönlichkeit und Situation treten dann zurück, oder, anders ausgedrückt, das Rauschmittel überwältigt den Betreffenden. Je schwächer das Mittel, je geringer die Dosis auch eines starken Mittels und je langsamer die Anflutung im Organismus, desto mehr gewinnen die Persönlichkeit mit ihrer Reaktionsweise und ihrer derzeitigen Disposition sowie die konkrete Situation einen Einfluß auf das Rauscherleben. Durch Gestaltung der letzteren im sog. setting kann das Rauscherleben in gewissen Grenzen modifiziert werden.

Alle pathologischen Formen von Räuschen, die durch die Zufuhr von Drogen oder Medikamenten eintreten, zeigen das Bild von akuten, symptomatischen Psychosen, wobei die Vigilanz unterschiedlich stark betroffen sein kann. Im Rausch ist die Person zwar auch als ganzes betroffen, aber nicht so tiefgreifend wie in einer Psychose. Im Unterschied zu dieser weiß der Betreffende, daß er den Zustand selbst herbeigeführt hat und verliert in dem nur Stunden andauernden Rausch den Überblick nicht ganz. Ist das aber der Fall, handelt es sich um eine toxische symptomatische Psychose. Rauschmittel wirken nicht nur auf die »Psyche«, sondern beeinflussen auch den »somatischen« Bereich, insbesondere die zentralen vegetativen Regulationen und weitere zentralnervöse Funktionen. Das wird nach den ersten Dosen am stärksten erlebt und ist vom Probieren der ersten Zigaretten allgemein bekannt. Es kommt zu Übelkeit, Schwindel, Schweißausbrüchen, Herzklopfen und vor allem bei dem Gebrauch von Weckaminen zum Anstieg des Blutdruckes. Diese unangenehmen Erscheinungen gehen bei weiterem Gebrauch meist rasch zurück, infolge der Adaptation des Organismus an die Mittelzufuhr. Anpassung des Organismus bedeutet ein neues Gleichgewicht, das gestört wird, wenn die Mittel plötzlich weggelassen werden. Der Organismus erwartet gleichsam die Wirkung der Mittel, stellt sich darauf ein und zeigt eine »Fehl«-Reaktion, wenn die Wirkung, die er kompensieren wollte, nicht eintritt.

Nur Mittel, die einen Rausch zu erzeugen vermögen, können nach kurzem oder längerem Mißbrauch zur Abhängigkeit führen. Eine solche tritt, darauf sei ausdrücklich hingewiesen, nicht zwangsläufig ein, obwohl es natürlich gefählich ist, »mit dem Feuer zu spielen«. Die Gefahr der Abhängigkeit steigt mit der Dauer des Gebrauches bzw. Mißbrauches. Bei der Entwicklung der Abhängigkeit spielt eine wichtige Rolle, daß die Kraft, Unangenehmes zu ertragen, durch die Mittelwirkung gemindert ist. Zu dem Unangenehmen gehört auch die nachlassende Wirkung der Mittel und die ins Leere gehenden Gegenreaktionen des Organismus (= Entzugserscheinungen). Auch durch die Minderung der Kraft, etwas zu ertragen, nicht allein durch die Entziehungserscheinungen, wird die Möglichkeit, von einem Mißbrauch zu lassen, nicht unerheblich beeinträchtigt. Das gilt u. a. für den Gebrauch bzw. Mißbrauch von Schmerzmitteln und ist wichtig für die Therapie. Nach dem kürzeren oder längeren Ge-

brauch bzw. Mißbrauch von Drogen und Medikamenten kann, wie gesagt, eine Abhängigkeit von ihnen eintreten, deren Wesen bisher ungeklärt ist. Im Folgenden sollen die wesentlichen theoretischen Ansätze zur Erklärung der Abhängigkeit dargelegt werden. Die drei Ansätze sind der *biologische, psychologische* und *anthropologische*.

Der *biologische Ansatz* geht davon aus, daß sich im Körper bei regelmäßigem Gebrauch von bestimmten Stoffen mehr oder weniger rasch bestimmte Veränderungen (= Veränderungen der Reaktionsweise des Organismus) einstellen, die zu dem Bedürfnis führen, sich das Mittel erneut zuzuführen. Auf die biochemischen und physiologischen Einzelheiten braucht für diese Überlegungen nicht eingegangen zu werden, da das Prinzipielle dieses Ansatzes an den genannten klinischen Erscheinungen erörtert werden kann. Diese sind die Entwicklung einer Toleranz und eine veränderte Reaktionslage des Organismus, die zum Auftreten von Entziehungserscheinungen führt. Letztere können nur durch das gleiche Mittel oder ein im Prinzip ähnlich wirkendes Mittel kupiert werden, so daß hieraus auf eine spezifische Veränderung der Reaktionslage des Organismus rückgeschlossen werden muß. Ein weiterer Hinweis auf eine Veränderung der Reaktionslage des Organismus ist das Phänomen des flash back. Insbesondere nach der Einnahme von Halluzinogenen (LSD) kann es, wenn solche mehrfach genommen wurden, unter bestimmten äußeren Umständen zum Auftreten rauschähnlicher Zustände kommen, ohne daß erneut Rauschmittel eingenommen wurden.

Dieser Ansatz führt zu dem Schluß, daß dann, wenn eine Abhängigkeit eingetreten ist, entscheidend ist, das Mittel möglichst lange fernzuhalten, damit sich die veränderte Reaktionslage zurückbildet. Dieser hier vereinfacht dargestellte Ansatz hat sich als unzureichend erwiesen. Es entwickelt sich keineswegs bei allen Rauschmitteln eine Toleranz, sie fehlt etwa beim Kokain, ist beim Alkohol und Cannabis nur in geringem Grade zu beobachten und kann bei den euphorisierenden Analgetika (Alkaloiden), Schlafmitteln und Weckaminen sehr ausgeprägt sein. Entziehungserscheinungen können bei allen diesen Mitteln praktisch fehlen. Eine veränderte Reaktionslage bleibt, wenn jemand längere Zeit mit den Mitteln in Berührung gekommen ist, lediglich ihr Ausmaß bildet sich allmählich zurück. Das Phänomen der Abhängigkeit ist vom biologischen Ansatz her allein also nicht hinreichend zu fassen. Die biologische Wirkung von Drogen und Medikamenten ist deswegen für die Abhängigkeit aber nicht von geringer Bedeutung. Das gilt insbesondere bei der Einleitung von Entziehungsbehandlungen. Der Begriff körperliche Abhängigkeit ist darum für die Klinik mit den genannten Einschränkungen brauchbar.

Der *psychologische Ansatz* zur Klärung des Phänomens der Abhängigkeit geht von der Art der Persönlichkeit und ihrer Reaktionsweise aus, sei diese angeboren oder erworben. Als entscheidende Grundzüge der Persönlichkeit Abhängiger werden Egozentrik auf der einen Seite und Haltlosigkeit auf der anderen Seite angeführt. Es wird gesagt, der Abhängige entbehre eines Haltes und versuche, diesen in Rauschmitteln zu finden. Kritisch muß hier angemerkt werden, daß bei diesen Untersuchungen die Veränderungen der Persönlichkeit infolge der Abhängigkeit nicht immer genügend gewürdigt wurden. Dies ist aus der Schwierigkeit heraus verständlich, prospektive Untersuchungen durchzuführen. Die weitere Frage ist, ob es sich bei den aufgezeigten Wesenszügen um eine Fehlanlage oder eine Fehlentwicklung handelt. Es wurde viel Mühe darauf verwandt, diese Fragen im einzelnen zu klären. So wird etwa davon gesprochen, daß es sich bei Abhängigen um abnorme Persönlichkeiten handelt, deren Anteil bei den Abhängigen etwa von *Bergmann* und *Fouquet* mit 50 %, von *Machover* mit 60 %, von *Bleuler* dagegen nur mit 40 % angegeben wird. *Bumke* fand bei der Analyse dieser Art von Psychopathen, daß bei Trunksüchtigen vor allem hyper- und dysthyme, ängstliche, hysterische, erregbare, weichliche oder haltlose Persönlichkeiten zu finden sind. Andere Autoren beobachteten unter den Abhängigen nicht mehr abnorme Persönlichkeiten als im Durchschnitt der Bevölkerung. Angesichts solcher Unterschiede scheint es zweckmäßiger, lediglich von psychopathischen Wesenszügen zu sprechen, wie dies etwa *Leonhard* tut. Abnorme Wesenszüge, die man für die Entstehung von Abhängigkeit verantwortlich

machen könnte, entbehren ebenfalls der Einheitlichkeit. So fand z. B. *Staehelin* unter Schmerzmittelabhängigen bei 44 % abnorme Charakteranlagen mit hysterischen, sensitiven, schizoiden, stimmungslabilen und willensschwachen Wesenszügen.

Mit den erworbenen Persönlichkeitsstörungen Abhängiger haben sich natürlich Psychoanalytiker in besonderer Weise beschäftigt. Sie sprechen entweder von einer Fixierung des Betreffenden auf einer oralen Stufe oder einer Regression auf orale Abhängigkeitsstufen. Als orales Symptom der Abhängigen wird die Unersättlichkeit bezeichnet. *Matussek* spricht in diesem Zusammenhang von der Tendenz der Abhängigen, die Welt zu verschlingen, wobei es ihnen hauptsächlich auf diesen Vorgang ankomme. Drogen, Medikamente, Nahrung, aber auch Mitmenschen werden ihnen zum Mittel für diese Art des Lebensvollzuges. Als Ursache für die Fehlhaltung Süchtiger werden strukturelle Ich-Störungen, Störungen der Mutter-Kind-Beziehung sowie Verwöhnung in der Kindheit angesehen.

Diese Hinweise mögen hier genügen. Sie zeigen, daß Untersuchungen über die Eigenart abhängig gewordener Persönlichkeiten keine hinreichende Erklärung des Wesens der Abhängigkeit erbracht haben. Die gefundenen Eigentümlichkeiten treffen immer nur für einen Teil der Abhängigen zu oder charakterisieren ihr Verhalten und ihre Persönlichkeit nur zum Teil. Ergänzend hierzu sei angemerkt, daß auch Eigentümlichkeiten der körperlichen Reaktionsweise, die zur Sucht disponieren, etwa Besonderheiten des Fermentsystems, nicht gefunden wurden.

Wenn also ein Spezifikum für die Entwicklung von Abhängigkeit weder im Mittel noch in der Persönlichkeit gefunden werden kann, muß man sich fragen, ob der Mensch seinem Wesen nach zur Abhängigkeit neigt. Damit kommen wir zu dem *anthropologischen Ansatz. Grotian* schrieb Ende des 19. Jahrhunderts in diesem Zusammenhang: »Die Neigung, narkotische Stoffe zu genießen, ist eine allgemein-menschliche Eigenschaft«. Auch *Zutt* spricht von einer allgemein-menschlichen Neigung und einem Hang des Menschen, narkotische Stoffe einzunehmen. Bei den anthropologischen Ansätzen wird davon ausgegangen, daß verschiedene

Prinzipien im Menschen wirksam sind, die in der griechischen Mythologie in den Göttern Dionysos und Apollo verkörpert waren und in der Psychoanalyse als Es und Über-Ich unterschieden werden. Dionysos wird als der Gott des Rausches und der verzücktesten Liebe beschrieben, der gepriesene Geber des Weines als Löser aller Trauer und Sorge. Dionysos scheint so den Menschen alle Herrlichkeit der Welt zu zeigen und Verbrüderung mit allen zu vermitteln. Er hat als Gegenspieler Apollo, dem die Aufgabe zusteht, die Gedanken und Träume der Menschen in die Tat umzusetzen und in Lebenswirklichkeit zu verwandeln. Die Griechen wußten natürlich, daß Dionysos ein Verführer, Apollo allein aber in Gefahr ist, das Leben nicht zur vollen Entfaltung kommen zu lassen.

Statt einer solchen mythologischen Schilderung des Problems würde man heute medizinisch-anthropologisch etwa folgendes sagen: Der geistige Bereich des Menschen, dem Verstand und Wille zugeordnet sind, ist vom Bereich des Vegetativ-Affektiv-Triebhaften zu unterscheiden. Dieser ist der Untergrund, durch den wir von unserem Leib dunkel etwas erfahren. Veränderungen in diesem Bereich wirken auf unser bewußtes Seelenleben ein, wenn wir z. B. Hunger oder Durst empfinden, uns schlapp oder kräftig fühlen, traurig oder froh gestimmt sind, erotische oder sexuelle Gefühle haben oder schließlich Haß und Liebe uns blind machen. Die jedem Menschen bekannte Versuchung besteht darin, sich diesem Untergrund ganz zu überlassen, sich von ihm forttragen oder gar fortreißen zu lassen. Da damit kein greifbares Ziel angestrebt wird, ergibt sich im Gegensatz zu dem Vorgang bei einer Erkenntnis oder einer Entscheidung die Möglichkeit zu ständiger Wiederholung. Es bereitet nämlich immer wieder von neuem Genuß, Durst zu löschen, eine Affektspannung zu lösen oder sexuelle Befriedigung zu erfahren. Die Wiederholungsmöglichkeit bedeutet aber auch die Gefahr, sich darin zu verlieren. Neues gibt es auf diesem Wege nur durch Steigerung der Intensität, was wiederum die Gefahr des Sich-Verlierens erhöht. Man könnte folgenden Vergleich anführen: Ein Autofahrer startet nicht in der Absicht, irgendwohin zu gelangen, sondern um das Fahren zu genießen. Wenn ihm dies zu langweilig wird, erhöht er die Geschwindigkeit,

bis er schließlich nur noch bei der Beschleunigung seines Fahrzeuges den Eindruck »positiven Erlebens« hat.

Für den anthropologischen Ansatz ist also der Rausch ein Versuch des Menschen, seine Sehnsüchte zu erfüllen. Derartiges haben Menschen von jeher auf vielfältige Weise versucht. Der durch Drogen und Medikamente bewirkte Rausch ist ein besonders bequemer Weg, da er jederzeit durch leicht zugängliche Mittel erneut herbeigeführt werden kann.

Eine solche Beschreibung der im Menschen wirksamen Prinzipien zeigt Möglichkeiten dafür auf, daß der Mensch von dem einen oder anderen bestimmt wird bzw. ihm folgt. Ein solcher Ansatz kann aber nichts darüber aussagen, warum dieser Mensch auf diesen oder jenen Weg bzw. Abweg geraten ist. Das Phänomen der Abhängigkeit ist ferner nicht allein vom Rausch her zu verstehen. Ganz entscheidend ist die Entwicklung, die dadurch in Gang kommt, daß man sich immer wieder berauscht und sich so der Realität des Lebens nicht stellt. Diese Entwicklung, die im Prinzip bei allen Abhängigen eintritt, sei anhand der Erfahrungen mit Drogenabhängigen geschildert. Bei dieser Schilderung wird der Zeitfaktor bewußt außer acht gelassen. Das Tempo der Entwicklung kann in verschiedenen Stadien sehr unterschiedlich sein und sie kann bei »weichen« Mitteln sehr lange in dem gleichen Stadium verbleiben. In der ersten Zeit der Drogenwelle begegneten einem viele ernsthaft Suchende. Sie wußten zwar nicht, wo ein neues Ufer zu finden ist, setzten sich aber erst einmal in Bewegung. Die Drogen halfen ihnen nicht nur, das Bisherige zu verlassen und zu »neuen Welten« aufzubrechen, oder, wie sie sagten, das Bewußtsein zu verändern, sondern vermittelten ihnen vor allem den Eindruck, intensiv zu leben. Letztlich hofften sie, auf diesem Weg sich selbst zu finden. Da der Mensch sich selbst nie genug ist und sein kann, bleibt für die weitere Suche nach Neuem auf diesem Wege, wie gesagt, lediglich die Steigerung der Intensität des Lebensgefühls, d. h. der Intensität des feelings, bis letztlich nur noch der sog. Knall das Leben lebenswert zu machen scheint, der wenige Augenblicke nach der intravenösen Injektion der Droge eintritt. So führt der Versuch, die Grenzen zu überschreiten und die Sehnsucht nach Unendlichkeit zu erfüllen, dazu, daß der Kreis, in dem sich der Betreffende bewegt, immer enger wird. Die Erleichterung, die die Mittelzufuhr in der schier unterträglichen Leere zu verschaffen vermag, ist belastet durch das Wissen um die Sinnlosigkeit dieses Tuns, da der Betreffende ja weiß, daß die Wirkung der neuen Dosis in Kürze wieder nachläßt und das Elend von neuem beginnt.

Übersetzen wir diese allgemeinen Aussagen in eine konkretere Schilderung der sog. Rauschmittelkarriere. Der Einstieg in den Rauschmittelgebrauch erfolgt bei den meisten in Gesellschaft mit anderen. Dabei spielen Neugier, Kraftmeierei, Mithaltenwollen und Verführung die Hauptrolle. Das kennen die meisten von ihren ersten Versuchen mit Alkohol und Tabak her. Bei anderen beginnt der Mißbrauch mit vom Arzt verschriebenen Tabletten. Früher oder später bemerken diese »Probierer« die Möglichkeit, mit Hilfe von Rauschmitteln ihre Stimmung, das Gefühl der Leistungsfähigkeit und ihre Befindlichkeit zu manipulieren. Manche verspüren dies bereits bei der ersten Dosis. Hat man einmal erfahren, daß solches möglich ist, ist die Versuchung, das erneut zu machen, natürlich groß. Dabei ist es letztlich ohne Bedeutung, ob schon geringe Schwierigkeiten und innere Spannungen als unerträglich empfunden und auf diesem Wege »überwunden« werden. Mittel wie Alkohol, Tabak oder Haschisch werden zunächst meist in Gesellschaft, Tabletten dagegen in der Regel von vornherein als heimliches Mittel genommen. Aber auch zu den »geselligen« Mitteln greifen diejenigen, die besonders gefährdet sind, bald allein und im stillen. Dieser Schritt ist ein wichtiger Hinweis auf den Beginn einer gefährlichen Entwicklung, die dadurch gekennzeichnet ist, daß die Betreffenden meinen, aus eigener Kraft nicht oder nicht mehr zurechtzukommen und deswegen etwas für sich tun zu müssen. Wird daraufhin mit häufigerem oder gar regelmäßigem Drogenmißbrauch begonnen, zeigt sich bald die Doppelgesichtigkeit der Wirkung der Rauschmittel. Von außen gesehen tritt eine gewisse Passivität ein und damit eine Isolierung von der Umgebung. Negative Reaktionen der Umgebung verstärken den Gebrauch. Hierauf reagiert der Betreffende mit einer gewissen Selbstbeschwichtigung, er sagt sich, die Mittel

sind ja harmlos, ich bin ja frei und kann es jederzeit lassen. Die Mittel haben mir aber geholfen. Wenn ich mich ihrer noch eine zeitlang bediene, werde ich die Schwierigkeiten überwinden und dann aufhören. Der nächste Schritt der Entwicklung ist, daß der Betreffende bei besonderen Schwierigkeiten und Belastungen eine Extradosis nimmt oder wegen der infolge des Mittelgebrauches steigenden inneren Spannung in Rauschmittelexzesse verfällt. In diesem Stadium kommt es häufig zum Gruppenwechsel. Das bisherige Milieu wird verlassen und Gesellschaft gesucht, in der der Rauschmittelgebrauch gepflegt und keine Vorwürfe geäußert werden. Andere ziehen sich in diesem Stadium immer mehr zurück, erledigen noch ihre täglichen Pflichten und steigern sich dabei nicht selten in eine große Betriebsamkeit, um auch dadurch die innere Leere auszufüllen. Reichen die Kräfte hierfür nicht mehr aus, wird mit weiterer Dosissteigerung nachgeholfen und damit gleichzeitig die Möglichkeit, die innere Leere auf andere Weise zu füllen, noch geringer. Beides führt zu Schwierigkeiten am Arbeitsplatz, häufig zum Wechsel desselben, wiederholte Ausfälle wegen »Krankheit« führen zu Schwierigkeiten mit Kollegen und Vorgesetzten. Daraufhin wird neuerlich gewechselt und die Dosis weiter gesteigert. Entscheidend für das jetzt eintretende, offensichtlich desolate Stadium ist die zunehmende Erschwerung zwischenmenschlicher Beziehungen. Nicht allein infolge der chronischen Intoxikation, sondern auch durch die demoralisierende Wirkung des ständigen Kapitulierens vor der Abhängigkeit sinkt die Kraft, Schwierigkeiten zu überwinden und Spannungen zu ertragen. Dadurch steigt gleichzeitig die Angst, sich anderen zuzuwenden oder sich jemandem anzuvertrauen. Versuche, die Mittel nicht mehr zu nehmen, sind schon früher gescheitert und scheitern jetzt erst recht. Häufigeres Scheitern führt nach und nach zu innerer Resignation und zu einem Sich-selbst-Aufgeben. Die dadurch eintretenden äußeren Schwierigkeiten führen früher oder später zu Eingriffen durch die Umgebung. Es wird eine Entziehungskur eingeleitet, aus der der Betreffende möglichst rasch zu entkommen sucht mit Beschwichtigungen sich selbst und vor allem der Umgebung gegenüber. Er ist gleichsam zu schwach, um sein ganzes Elend zu offenbaren und meint, durch die Flucht vor der Behandlung einen letzten Rest von positiver Selbsteinschätzung und Selbstbehauptung bewahren zu können. Bald nach der Entlassung kommt es zum Rückfall, weitere Isolierung ist die Folge, verbunden mit steigender Empfindlichkeit und wachsendem Mißtrauen der Mitwelt gegenüber. Diese hat wegen der Rückfälle in der Regel Grund, skeptisch zu sein. Die Isolierung führt zu weiterem Gebrauch der Mittel, dieser zu weiterem Leistungsabfall und steigender Lebensangst und diese wieder zu gesteigertem Rauschmittel- oder Medikamentengebrauch. Diese psychologische und soziale Entwicklung und ihre Folgen sind so charakteristisch, daß sich alle Abhängigen weitgehend gleichen, so daß man sagen kann: wenn man einen in diesen Kreis Geratenen wirklich gut kennt, kennt man alle Abhängigen. Es kommt, mit anderen Worten, im völligen Gegensatz zu den anfänglichen Hoffnungen und Vorstellungen zu einer sehr weitgehenden Entindividualisierung.

In dieser Entwicklung ist ein wesentlicher Zug des Verhaltens Süchtiger zu erkennen: Angesichts der Schwäche, die wir alle an uns selbst kennen, öffnet sich der Süchtige nicht einem anderen, er vertraut sich niemandem an. Darum erfährt er auch nicht, daß Anerkennung und Vertrauen, die einem entgegengebracht werden, in besonderer Weise zu stärken vermögen. Der Abhängige versucht dagegen, zunächst sich selbst zu stärken oder, besser gesagt, sich das Gefühl der Kraft zu geben. Gerade darum verfehlt er aber den anderen. Dadurch schwindet die Kraft, für sich selbst einzustehen und die Fähigkeit, sich selbst zurückzustellen. Infolge dieses Verlustes »ihrer selbst« finden sich Abhängige schließlich zu allem bereit, bis zur völligen Würdelosigkeit und kriminellen Handlungen.

Dieser Entwicklung entspricht, daß Abhängige, wie die Erfahrung lehrt, die beste Aussicht haben, geheilt zu werden, wenn sie einem Menschen begegnen, der sie trotz ihres Versagens annimmt und schätzt. Auf dieser Erfahrung beruhen die Erfolge der Selbsthilfegruppen, z. B. der Anonymen Alkoholiker. Erst wenn es den Betreffenden gelingt, sich anderen gegenüber zu öffnen, d. h. sich selbst preiszugeben, gewinnen sie das Leben, das sie suchten. Zu einem

solchen Schritt gelangt man allerdings nicht mit Hilfe psychologischer Techniken, da die Psychologie ihrem Wesen nach diese Ebene nicht erreicht.

Zur Klinik der Abhängigkeit sei das Folgende angefügt: Die akuten Abstinenzsymptome erreichen ihren Gipfel nach 24 bis 48 Stunden. Die Normalisierung der Kreislaufdysregulation sowie des gestörten Schlafes benötigt in der Regel mindestens 6 bis 8 Wochen, oft noch erheblich länger. Das Überwinden der akuten Entziehungserscheinungen wird oft als »Entgiftungsphase« bezeichnet. Diese Bezeichnung erweckt den Eindruck, daß es hauptsächlich darauf ankomme, die Ausscheidung der Drogen und Medikamente abzuwarten. Das impliziert die falsche Vorstellung, daß der Betreffende damit den entscheidenden Schritt zur Heilung getan habe. Die Labilisierung des affektiv-vegetativen Bereiches, die durch die chronische Intoxikation bewirkt wird und sich erst ganz allmählich zurückbildet, wird dabei übersehen. Für die akute Entziehung von Alkohol muß beachtet werden, daß dabei in den ersten beiden Tagen nicht selten epileptische Anfälle auftreten und sich im Anschluß daran ein Entzugsdelir entwickeln kann. Beim Entzug von Schlafmitteln und Tranquilizern droht die Gefahr eines Status epilepticus auch noch bis zu einer Woche nach Absetzen der Mittel. Diese müssen deswegen sehr langsam entzogen werden. Ebenso wie die Entziehungserscheinungen sind die Entzugsdelirien keine direkte Intoxikationserscheinung im Gegensatz zu den Intoxikationspsychosen, die durch Halluzinogene und größere Dosen von Weckaminen hervorgerufen werden. Der längere Gebrauch von Halluzinogenen und Weckaminen, aber auch von Haschisch in größeren Dosen, kann zu langdauernden symptomatischen Psychosen führen, deren klinisches Bild schizophrenen Psychosen in vieler Hinsicht ähnelt. Bei der Entziehung von Weckmitteln kommt es nicht zu übermäßigem Schlaf, sondern zu monatelang andauernder Apathie und Müdigkeit sowie Schlafstörungen, die wahrscheinlich Folgen der durch die Weckamine unterdrückten REM-Phasen sind (s. Kap. 31).

Bei der *Behandlung* Abhängiger sind drei ineinander übergehende Phasen zu beachten: die allmähliche Rückbildung der Labilisierung des vegetativ-affektiven Bereiches, die Überwindung der durch die Entziehung eintretenden Leere sowie die zunehmende Konfrontation mit der für die Betreffenden in der Regel trostlos erscheinenden Realität und schließlich die eigentliche Rehabilitation. In der zweiten, vor allem aber in der dritten Phase haben sich Selbsthilfe-Gruppen Ehemaliger, wie gesagt, sehr gut bewährt, während klassische psychoanalytische Behandlungen von Abhängigen sehr oft nicht durchgehalten werden. Sie sind nicht genügend gefestigt, um eine aufdeckende Behandlung zu ertragen. Bei allen Therapien Abhängiger ist entscheidend, daß sie keinerlei Mittel mehr nehmen dürfen und lernen müssen, daß das Leben auch ohne »Mittel« lebenswert ist, so daß sie der Versuchung, wieder zu ihrem Mittel zu greifen, nicht erliegen. Die Stärke dieser Versuchung wird nur zu leicht, sowohl von den Abhängigen als auch von der Umgebung und den Therapeuten, unterschätzt. Darauf muß man die Kranken am Ende der Entziehungsbehandlung, bevor sie wieder ins Leben zurückkehren, sorgfältig vorbereiten. In die Behandlung muß, soweit möglich, die Umgebung mit einbezogen oder der Anschluß an eine Selbsthilfegruppe Ehemaliger vermittelt werden.

Das Ziel der Therapie Abhängiger ist eindeutig und der zu beschreitende Weg ist im Prinzip ebenfalls klar und unproblematisch, dennoch gestaltet sich die Behandlung nicht ganz einfach. Diese Schwierigkeiten ergeben sich vor allem daraus, daß der Abhängige einerseits weiß, daß von ihm erwartet wird, die Abhängigkeit aufzugeben, diese ihm aber andererseits auch geholfen hat, überhaupt irgendwie durchzukommen und das Leben einigermaßen zu meistern. Dabei ist ihm im letzten klar, daß die Mittel nur eine Scheinlösung ermöglichen, diese aber die einzige Lösung darstellt, die ihm erträglich ist. Die Scheinlösung hat, wenn auch nur für den Augenblick, eine befreiende Wirkung und ist leicht herbeizuführen. So wird das Behandlungsangebot gleichzeitig zu einer Bedrohung, die den Abhängigen immer wieder in einen Zwiespalt und den Therapeuten in die Gefahr bringt, in diesen hineingezogen zu werden: entweder fühlt sich der Abhängige von dem Therapeuten und dem, was dieser von ihm fordert, bedroht, oder er bewegt

den Therapeuten dazu, ihn nicht zu bedrängen, was bedeutet, die Entziehung nicht ernsthaft durchzuführen. Dies wird durch die kaum zu unterschätzende Ich-Schwäche, die sich durch die Abhängigkeit einstellt, kompliziert. Die Folge davon ist, daß für den Abhängigen Festigkeit des Therapeuten als unerträglich empfunden werden kann und nicht als Stütze. Es kommt hinzu, daß die Behandlung unter einem gewissen Erfolgsdruck steht, da für diese ja erhebliche Mittel investiert werden und der Abhängige nicht beliebig lang von der Familie und dem Arbeitsplatz getrennt bleiben kann. So fürchtet und ersehnt der Abhängige den Therapeuten gleichzeitig und läßt ihn mal diese, mal jene Seite seiner Beziehung zu ihm spüren. Er wird versuchen, sich stark zu zeigen, und erklären, er werde mit der Sache schon selbst fertig und wird gleichzeitig oder kurz darauf wieder eine Situation herbeiführen, die den Therapeuten veranlaßt, sich ihm stärker zuzuwenden. Letzteres geschieht in der Regel durch Klagen über verschiedene körperliche Beschwerden und die Forderung nach einer Behandlung, die die Abstinenz durchbrechen würde. Wenn sich der Therapeut durch dieses Wechselspiel irritieren läßt und der Abhängige bei den damit einhergehenden »Kraftproben« gewinnt, ist der Abbruch der Behandlung eingeleitet. Umgekehrt darf natürlich auch der Therapeut nicht »siegen« wollen, denn auch das bedeutet, daß die Behandlung nicht mehr lange weitergeführt werden kann.

Bezüglich der Frage, wie man mit Entziehungserscheinungen umgehen soll, seien noch einige Bemerkungen angefügt: Die von manchen vertretene These, daß starke Entziehungserscheinungen vor einem Rückfall bewahren könnten, hat sich ebensowenig bewährt wie der Hinweis auf gesundheitliche Schäden davon abhält, Rauschmittel zu mißbrauchen. Entziehungserscheinungen können am besten durch die Gabe des vorher verwendeten Rauschmittels oder Medikamentes bekämpft werden. Bei Drogenabhängigen ist eine gewisse Hilfe die Verabreichung von Diazepam (Valium). Bei der weiteren Verordnung von Drogen und Medikamenten zur Milderung der Entziehungserscheinungen müssen diese in einem Zeitraum von 8–14 Tagen fortschreitend abgesetzt werden. Dabei ist zu beachten, daß es für die Abhängigen oft besonders schwierig ist, die letzte Dosis aufzugeben. Beim Reduzieren der Mittel sollte den Abhängigen getrost etwas zugemutet werden als Training für das spätere Leben ohne Rauschmittel. Man sollte sich davor hüten, am Ende der Entziehung »harmlose« Mittel (etwa solche auf »pflanzlicher Basis«) zu verordnen. Dadurch wird der entscheidende Schritt, nämlich daß der Abhängige lernen muß, ohne »Krücke« zu leben, nicht getan. Es wurde oben bereits darauf hingewiesen, daß beim Entzug von Schlafmitteln die Dosis nicht zu rasch reduziert werden darf. Eine Schwierigkeit ist, daß die Angaben über die mißbräuchlich verwendeten Dosen oft unzuverlässig sind. Deswegen sollte man zunächst wenigstens die angegebene Dosis verordnen und die Wirkung beobachten. Wenn der Betreffende zum Schlafen kommt, hat man die richtige Dosis getroffen. Es muß dann langsam reduziert werden, um das Auftreten von epileptischen Anfällen oder langandauernden symptomatischen Psychosen zu verhüten. Bei der Entziehung von Alkoholikern ist zur Überbrückung der Entzugserscheinungen, wenn solche überhaupt auftreten, Distraneurin das Mittel der Wahl. Hierbei muß allerdings beachtet werden, daß es möglichst rasch abgesetzt wird, damit der Kranke nicht mit ärztlicher Hilfe von Alkohol auf Distraneurin umsteigt. Die neue Abhängigkeit ist dann gleichsam ärztlich legitimiert.

Eine zu langsame Reduktion der Überbrückungsmittel führt zu sehr langen Perioden des Absetzens. Die eigentliche Entziehung beginnt aber erst, wenn der Abhängige keine Mittel mehr erhält. Man sollte deswegen das Absetzen nicht zu vorsichtig vornehmen.

Suizidalität und Suizidhandlungen

Unter *Suizidalität* wird im allgemeinen das Ausmaß der bei einem Menschen bestehenden Tendenz, sein Leben zu beenden, verstanden. *Pöldinger* definiert sie 1968 als Integral aller aktuellen seelischen Kräfte und Funktionen, die zu einer Selbstmordhandlung tendieren. Unter Suizid wird die absichtliche Beendigung des eigenen Lebens, die Selbsttötung, verstanden. Der Suizid-»versuch« bedeutet den unvollendeten bzw. erfolglosen Versuch der Selbsttötung. Wir sind dazu übergegangen, lieber von Suizid*handlung* als von Suizid-»versuch« zu sprechen, da dem Versuch oftmals eine nur demonstrative Absicht unterstellt worden ist, weil er ja nicht gelungen sei. Da das Nichtgelingen aber auch von äußeren, vom Betroffenen nicht abhängigen Faktoren bestimmt wird, erscheint uns der Ausdruck Suizidhandlung geeigneter zu sein. Der tödliche Ausgang bzw. das Überleben läßt jedenfalls keine Rückschlüsse auf die Ernsthaftigkeit der Handlung zu. Es gibt Suizidhandlungen auch ohne eigentliche suizidale Absicht (versehentliche Tabletteneinnahme, um zur Ruhe zu kommen oder im Dämmerzustand). Andererseits können Suizidhandlungen als ein sog. »Spiel mit dem Tod« begangen werden, wobei der Tod als Ende des Lebens nicht ernsthaft in Betracht gezogen wird (*parasuizidale Geste*). Deshalb müssen Motivation und Handlungsziel in jedem Einzelfall geklärt werden.

Die nichtvollendete Suizidhandlung ist etwa zehnmal häufiger als der vollendete Suizid, dabei sind Frauen etwa doppelt so häufig wie Männer betroffen. Nach vorsichtiger Schätzung der WHO sterben etwa eine halbe Million Menschen jährlich durch Suizid, dabei sind die Industriestaaten deutlich höher betroffen. Ca. 75 % aller Suizidhandlungen wurden vorher in irgendeiner Form angekündigt. Tendenzen zur Suizidhandlung nehmen im Alter deutlich zu, dabei unterscheiden wir zwei Gipfel, den einen in der Jugend, etwa zwischen 15 und 25 Jahren, den anderen im späteren Alter, zwischen 45 und 55 Jahren. In der Lebensmitte überwiegen die Suizidhandlungen der Männer über die der Frauen. Eine sichere jahreszeitliche Häufung läßt sich lediglich im Frühling nachweisen. Auffällig häufig sind Suizidhandlungen in medizinischen Berufsbereichen. In der Stadt werden deutlich häufiger Suizidhandlungen als auf dem Land unternommen.

Besonders gefährdet sind alleinstehende alte Menschen, vor allem die mit unheilbaren Krankheiten, einer Sucht sowie psychisch Kranke, Entwurzelte und unter existentiellen Belastungen stehende Menschen. Bei Frauen überwiegen als Suizidmittel die Schlaf- und Beruhigungsmittel, sowie, seltener, Gas und Pflanzenschutzmittel. Bei Männern stehen Suizidarten wie Erhängen und Erschießen im Vordergrund.

Die Gefährlichkeit, einen Suizid zu vollenden, nimmt bei Wiederholung der Suizidhandlung zu.

Unter *erweiterter Suizidhandlung* oder *erweitertem Suizid* wird eine Form der Selbsttötungshandlung verstanden, in der die Tötung anderer Menschen – meist naher Familienangehöriger – vorausgeht. Dabei ist juristisch von Bedeutung, daß der Entschluß der Selbsttötung vor der Tötung anderer gefaßt worden ist. Anderenfalls handelt es sich um Tötung mit anschließender Suizidhandlung oder Suizid.

Die Frage, ob eine Suizidhandlung der freie Willensentschluß eines Gesunden ist (Freitod) oder aber der Abschluß einer abnormen Entwicklung im Rahmen einer psychischen Krankheit, hat von jeher Ärzte und Philosophen beschäftigt. Für den Psychiater sind Suizidalität und Suizidhandlung Ausdruck einer psychischen Störung, und zwar dergestalt, daß für die Verarbeitung eines Konfliktes oder einer Konfliktsituation offenbar keine anderen Handlungsmöglichkeiten offengeblieben sind. In diesem Sinne wird von eingeschränkter Willens- und Handlungsfreiheit gesprochen. Die Ursache, die zu einer derart schwerwiegenden Einengung von Handlungsmöglichkeiten und Beurteilungsmöglichkeiten der Situation geführt hat, muß in jedem einzelnen Fall aufgesucht und differenziert werden. Das bedeutet, daß Suizidalität, Suizidhandlungen und der vollendete Suizid unspezifische Syndrome sind, deren Genese oder Begleiterkrankung zu klären sind. Dazu gehören u. a.

Die neurotische Depression: Hier steht die Suizidhandlung unter dem Prinzip des depressiven Rückzuges mit mangelnder Fähigkeit, eine Lebensgestaltung aktiv in die Hand nehmen zu können. Die Suizidhandlung wird als letzter Ausweg, als Konsequenz der vorangegangenen Enttäuschungen an sich selbst und an der Umwelt verstanden.

Die juvenile und die Altersdepression: Im Alter, wie auch in der Umbruchsituation der Pubertät, ist der Betroffene vor das Problem der Adaptation an veränderte Lebensumstände gestellt. Eine depressive Verfassung und die Suizidhandlung stellen sich als Resultat der mißglückten Anpassung an die veränderten Lebensumstände dar. Während der junge Mensch die Diskrepanz zwischen Erwartung der Umwelt und eigenem Leistungsvermögen mehr im seelischen Bereich austrägt, fühlt sich der alte Mensch durch das Nachlassen der körperlichen und geistigen Funktionen in seiner gesamten körperlichen wie seelischen Existenz bedroht. Die Reduktion von körperlichen oder seelischen Möglichkeiten und die Schwierigkeit, neue Beziehungen herzustellen, führen häufig zu einer erheblichen Isolierung, aus der heraus Suizidhandlungen unternommen werden.

Die endogene Depression: Die schwerwiegende affektive sowie die psychomotorische Symptomatik der endogenen Depression mit ihren Vitalstörungen ist gewissermaßen die Voraussetzung für eine ständig vorherrschende Suizidalität. Die psychomotorische Hemmung darf nicht als Schutzmechanismus gegen Suizidtendenzen verkannt werden. Der Zeitpunkt, zu dem sich die Hemmung löst, ist als besonders kritisch in Bezug auf Suizidhandlungen zu beurteilen. Die Hemmung kann aber jederzeit in Form eines Angst- und Verzweiflungs*raptus* durchbrochen werden, der häufiger bei agitierten Depressionen vermutet wird. Eine depressive Phase ist oft der Nährboden für außerordentlich aggressionsgeladene Suizidhandlungen. Es ist zu vermuten, daß die Art der Suizidhandlung die Endgültigkeit der Abkehr von der Umwelt stärker verdeutlicht als z. B. bei neurotisch-depressiven Einengungen, bei denen langes Zaudern und Zögern vor der Suizidhandlung auch die Ambivalenz der eigenen Gefühle widerspiegelt.

Psychosen aus dem schizophrenen Formenkreis: Hier sind Suizidhandlungen nicht so häufig wie bei endogenen Depressionen, dürfen aber als Gefahr nicht übersehen werden. Vor allem wenn eine depressive Affektstörung vorhanden ist, darf Suizidalität nicht unterschätzt werden. Veränderungsgefühle, Wahnstimmung, Verfolgungsgedanken, Kontaktverluste und affektive Entleerungen sowie auch imperative akustische Sinneseindrücke werden gar nicht so selten mit Suizidhandlungen beantwortet, die oft automatisch ablaufen und mosaikartig in das Gefüge der Gesamtstörung hineinpassen. Auch hier finden wir auffallend grausame Todesarten, die die Endgültigkeit der Entscheidung, auch aber oftmals einen schweren Aggressionsdurchbruch verdeutlichen.

Akute psychische Fehlreaktionen:

(»Kurzschluß«-Reaktionen): Hier handelt es sich um eine akute Fehlreaktion im Zusammenhang mit einem plötzlich wirksam gewordenen Konflikt, der eine empfindliche Stelle in den Anpassungs- und Verarbeitungsmöglichkeiten der Persönlichkeit getroffen hat. Die Suizidhandlung steht in einem unmittelbaren Zusammenhang mit dem den Konflikt auslösenden Faktor. Einer solchen Kurzschlußreaktion muß eine klinisch nicht manifest gewordene neurotische Entwicklung nicht in jedem Fall vorausgegangen sein. Die Suizidhandlung läßt vielmehr nur Rückschlüsse auf brüchige Abwehr- und Verarbeitungsmechanismen zu. Wenn Suizidhandlungen als psychische Fehlreaktionen im Rahmen organisch bedingter Verstimmungszustände auftreten, wird es schwer, nach auslösenden Konflikten zu suchen. Entscheidender ist dann die Kenntnis der Grundkrankheit.

Die Beurteilung der Suizidalität liefert die Grundlage für Behandlungsmaßnahmen und beinhaltet oftmals die Entscheidung darüber, ob die Behandlung noch ambulant durchführbar ist oder in einer Klinik erfolgen muß. Aus der Kenntnis heraus, daß Suizidhandlungen in den allerseltensten Fällen raptusartig auftreten, sondern meist intensiv vorbereitet werden, hat *Erwin Ringel* angenommen, daß die Zeit *vor* der Suizidhandlung bestimmten Gesetzmäßigkeiten unterworfen ist. Er beschrieb diese vor dem Suizid ablaufende Zeit als *präsuizidales Syndrom*. Im einzelnen werden vier Phasen durchlaufen:

Situative Einengung der persönlichen Möglichkeiten mit dem Gefühl, von allen Seiten behindert und umstellt zu sein. Die sonst erwünschten Bereiche des Lebens stehen außerhalb der erreichbaren Möglichkeiten (»ich sehe keinen Ausweg mehr«). Es ist wichtig zu betonen, daß es sich nicht allein um Außenfaktoren handelt, die diese Form der Einengung ermöglichen, vielmehr muß eine persönliche Stellungnahme hinzukommen, die sich dafür »entscheidet«, den äußeren Belastungsfaktoren nicht gewachsen zu sein.

Dynamische Einengung: Hier handelt es sich um den Zwang zu gleichbleibenden Gedanken und Inhalten, der mit einem erheblichen Spontanitätsverlust, der psychomotorischen Hemmung und einem passiven Verhalten sich selbst

und der Umwelt gegenüber verbunden ist. Wahrnehmung auf dieser Ebene läuft nur im Hinblick auf eine bereits getroffene Entscheidung zur Selbstzerstörung ab. Die kommenden Ereignisse werden nur in dieser Richtung hin interpretiert (»alles sagt mir, daß ich es tun muß – alles ist in mir nur noch auf einen Gedanken konzentriert«). Damit kommt es zu einer entscheidenden Reduzierung der Verhaltensmöglichkeiten. Durch die affeive Einengung steht die Zeit scheinbar still (»ich habe keine Vorstellung davon, daß es einmal anders werden kann«). Der Betroffene ist ein Opfer der eigenen Stimmung und berichtet oftmals von einer »unheimlichen Ruhe und Gewißheit«, die der Entscheidung zur Zerstörung gefolgt seien. Auch die zwischenmenschlichen Beziehungen werden im Lichte der Entscheidung entwertet (»ich brauche die anderen nicht mehr«). Am Ende steht die totale Isolierung mit einer schweren Einengung und Entwertung aller bisher wesentlichen Werte.

Aggressionsumkehr: In Form der gegen die eigene Person gerichteten Aggression erklärt sich am eindruckvollsten die Abkehr von zwischenmenschlichen Beziehungen. Es gibt keine Möglichkeit mehr, Aggression nach außen abzuführen, sie muß gegen die eigene Person gerichtet werden. In dieser Phase des präsuizidalen Syndroms kann die Suizidtendenz in allen Formen der Selbstschädigung ausgeübt aber auch aufgehalten werden. Einige Kranke sind noch in der Lage, über die Zerstörung der Körperoberfläche beim Schneiden oder Brennen Angst oder Schrecken zu empfinden, die den weiteren Fortgang der Suizidhandlung hemmen. Andere hingegen befinden sich in einer derartigen, fast tranceartigen Affektstörung, daß körperliche Schmerzen im Augenblick der Verletzung (z. B. Durchtrennen eines Armes, Abschneiden der Zunge) nicht wahrgenommen werden.

Todesphantasien: Die letzte Phase vor der Suizidhandlung ist die der intensivsten Todesphantasien. Es ist diejenige intellektuelle und auch affektive Auseinandersetzung mit dem Tod, die Philosophen und Dichter angezogen hat und die sie verherrlicht haben. Die alles umfassende gedankliche Beschäftigung mit dem Tod läuft parallel mit zielgerichteten Gedanken, sich als Sein zu töten, getötet zu werden, und der Wunschphantasie, tot zu sein. Während aktive Todesgedanken und -phantasien letztlich bis hin zum Vollzug immer noch durchbrechbar sind, sind die passiven, sich zwangartig aufdrängenden Gedanken und Impulse nur noch selten zu durchbrechen. Dabei gilt, daß die Tötungsphantasien umso drängender sind, je mehr sie von der dynamischen Einengung im situativen und affektiven Bereich, der Aggressionsumkehr und der Intensität der Todessehnsucht beeinflußt werden. Es ist anzunehmen, daß sich die einzelnen Faktoren gegenseitig verstärken, so daß eine Potenzierung der destruktiven Kräfte eintritt. An der Art der Todesphantasien fällt auf, daß die Vorstellung, tot zu sein, offenbar leichter zu ertragen ist als die Vorstellung des Sterbensvorganges. Das Totsein wird oftmals als eine Form des noch-weiter-am-Leben-seins, aber in Ruhe und Glück, interpretiert. *Henseler* hat in seiner Monographie über die narzißtischen Krisen eindrucksvoll über gerade diesen Rückzug in Todesphantasien berichtet. Danach kann Tod als Insel und Ruhe, als Paradies, in dem Sicherheit und Geborgenheit für Dauer lebbar sind,

gleichbedeutend mit dem kindlichen Wunsch und Bedürfnis nach Sicherheit und Wohlbefinden gesehen werden.

Auch das präsuizidale Syndrom wird von *Ringel* nicht als nosologische Einheit verstanden und damit auch keiner bestimmten psychischen Erkrankung zugeordnet. Ebenso wie es für die Suizidalität dargestellt wurde, sieht *Ringel* das präsuizidale Syndrom als gemeinsamen Nenner an für alle diejenigen Erkrankungen, in deren Gefolge Suizidhandlungen oder Suizid vorkommen.

Da 75 % aller Suizidhandlungen vorher angekündigt werden, kommt der Prophylaxe eine große Bedeutung zu. Diese kann nicht nur im medizinisch-psychiatrischen Bereich geleistet werden. Vielmehr sind es die Beratungsstellen und Laiengruppen, die mit psychisch Kranken arbeiten, die die Hauptlast der Prophylaxe tragen. Auch nach einer erfolglosen Suizidhandlung kann nur eine geringe Hilfe im medizinischen Bereich angeboten und über längere Zeit geleistet werden. Auch hier kommt den Beratungsstellen besondere Bedeutung zu.

7.12 Umschriebene Teilleistungsstörungen und Entwicklungsrückstände (ICD-Nr. 315)

Es handelt sich um angeborene oder früh erworbene neuro-psychologische Störungen. Der Begriff »Teilleistungsstörungen«, den Kinder- und Jugendpsychologen gebrauchen, will sagen, daß bei normaler Intelligenz bestimmte Leistungen nicht oder nur sehr schlecht erbracht werden können, z. B. Lesen, Schreiben, Rechnen, sprachliche Äußerungen, Farbenbenennung und -unterscheidung, optisch-räumliche Orientierung etc., kurz gesagt die von umschriebenen Hirnschädigungen her bekannten neuropsychologischen Störungen. Von diesen früh erworbenen oder angeborenen Störungen ist am besten bekannt die Lese- und Rechtschreibschwäche, die sog. Legasthenie (ICD Nr. 315.0). »Durchgehend findet man bei ihr eine Unfähigkeit, nach Diktat zu schreiben, bei erhaltener Fähigkeit, Gedrucktes abzuschreiben oder auch Gedrucktes zu transponieren. In der Regel zeichnet sich das Abgeschriebene durch eine sklavische Anlehnung an Vorgedrucktes aus. Für das Schriftverständnis Unwe-

sentliches, wie Schnörkel oder sonstige Verzierungen, wird mit kopiert. Spontan wird nur der eigene Name geschrieben. Beim Lesen können in manchen Fällen zwar alle Buchstaben, aber kein Wort, also keine Buchstaben im Wortverband gelesen werden. Aus einem Wortverband können selten Buchstaben herausgenommen und zu neuen sinnvollen Wörtern zusammengesetzt werden. Es kommt zu Vergreifungen und Unsicherheit. Selbst die Buchstaben des eigenen Namens, die mühelos geschrieben werden, können in keinem neuen Wort verwendet werden. Bei Leseversuchen ziehen die meisten ein buchstabiertes Lesen vor, wobei sie nicht in der Lage sind, die nacheinander gesprochenen Laute zu verbinden. In einzelnen Fällen zeigte sich, daß manche immer wiederkehrende oder affektiv besetzte Wörter als ganze erkannt werden. C. *Rieger* und M. *Reichardt* sprachen deshalb davon, daß jene partiell Unterbegabten nicht die Fähigkeit besitzen, ihre Gedanken, ›die recht gut sein können‹, in die Schriftsprache umzusetzen.« (Cl. *Faust*). Die bei der Lese- und Rechtschreibschwäche beobachteten Fehler sind immer die gleichen. Es kommt zu Verwechslungen klanglich gleichlautender, aber schriftlich verschiedener Buchstaben wie v und f, eu und oe oder äu, optisch ähnlicher Buchstaben wie p und q, b und d, u und v, W und M. Ferner können einzelne Buchstabenteile einen Ganzheitscharakter bekommen, so daß aus einem N ein V wird und aus einem P ein D. Manche Buchstaben verlieren ihren Buchstabencharakter, sie werden zu Bildchen oder Strichfiguren. Im Gegensatz zu diesen Schwierigkeiten werden Ziffern richtig gelesen und geschrieben.

Die Beobachtung, daß eine solche Behinderung des Lesens und Schreibens bei sonst normal begabten Menschen vorkommt, hat die Aufmerksamkeit darauf gelenkt, daß es in vielerlei Hinsicht große Unterschiede menschlicher Begabungen gibt, z. B. des Musikverständnisses, der manuellen Geschicklichkeit, der künstlerischen Gestaltungskraft, des mathematischen Verständnisses. So beschrieb etwa J. *Lange* einen Schriftsteller, der eine Schreibunterbegabung in Verbindung mit einer Sprachüberbegabung zeigte (1936). Als weitere Teilleistungsstörungen wurden neben der Lese- und Rechtschreibschwäche auch umschriebene Rechenschwächen (ICD Nr. 315.1), umschriebene Rückstände in der Sprech- und Sprachfähigkeit (ICD Nr. 315.3) sowie Apraxien und Agnosien beschrieben.

Diese Teilbegabungen und Teilstörungen kommen in manchen Familien vermehrt vor. In anderen Fällen kann eine Erblichkeit nicht nachgewiesen werden, bei denen sich dann oft Hinweise auf geringgradige frühkindliche Hirnschädigungen finden (R. *Lempp*). Neben ausgesprochenen Störungen finden sich oft gering ausgeprägte in anderen Bereichen, die nur durch sorgfältige Untersuchungen aufgedeckt werden können.

Die Diagnose solcher Teilleistungsstörungen sollte nur dann gestellt werden, wenn die Intelligenz im übrigen nicht beeinträchtigt ist. Darum muß differentialdiagnostisch eine Minderbegabung ausgeschlossen werden. Bei Schulschwierigkeiten wird man in jedem Falle derartige umschriebene Leistungsschwächen ausschließen müssen. Die genaue Diagnostik muß mit Hilfe der Prüfung entsprechender Anforderungen mit steigendem Schwierigkeitsgrad erfolgen. So wird man etwa bei der Legasthenie folgende Worte schreiben lassen: schieben, scheiben, schreiben, schneiden, schneidern.

Die in dem letzten Jahrzehnt verbreitete Ganzheitsmethode beim Erlernen von Lesen und Schreiben hat auch viele leichte Formen der Lese- und Rechtschreibschwäche deutlich werden lassen. Ferner hat sich gezeigt, daß die bei dieser Methode geforderten visuellen und kombinatorischen Fähigkeiten bei Legasthenikern mit beeinträchtigt sind.

Bei Legasthenikern findet man ferner Angaben über charakterliche Auffälligkeiten, die bei ihren Vorfahren ebenfalls beobachtet wurden. Es muß aber auch bedacht werden, daß Kinder mit derartigen Teilleistungsstörungen sozial benachteiligt sind, da ihre Schwäche von der Umwelt sehr oft negativ beurteilt wird. Ihre Unfähigkeit wird als Dummheit oder Faulheit angesehen und es werden ihnen entsprechende Vorwürfe gemacht, so daß die Betroffenen aus diesen Gründen ein auffälliges Verhalten zeigen. Deswegen müssen die Eltern über die Art der Störung eingehend unterrichtet werden.

Als Therapie sind intensive Übungen erforderlich. Bei der Legasthenie etwa Schreiben nach Diktat, Abschreiben und Lesen, damit die betroffenen Kinder ihren Altersgenossen gegenüber nicht zu sehr in Rückstand geraten, den sie später kaum noch aufholen können. Nur wenn dies gelingt, werden auch die negativen sozialen Folgen hintangehalten.

7.13 Oligophrenien (ICD Nr. 317–319)

Vorbemerkungen

Bleibende Störungen im psychischen oder somatischen Bereich, wie immer verursacht, nennt man »Behinderungen«. Solche Behinderungen können angeboren oder im Laufe des Lebens erworben sein. Zu den angeborenen Behinderungen rechnet man auch die in der frühen Kindheit erworbenen, da der Betroffene auf seinem Lebensweg von vornherein behindert ist und noch keine längere Lebenserfahrung (im ganz allgemeinen Sinn) als Gesunder machen konnte.

Im psychischen Bereich spricht man mit nicht ganz glücklichen Terminis technicis bei angeborenen von geistigen Behinderungen und bei erworbenen von seelischen Behinderungen. Letztere können als Folge von Krankheiten des Gehirns und seiner Häute, das Gehirn mitbetreffender allgemeiner Krankheiten, von Hirnverletzungen und auch von psychischen Krankheiten eintreten. Unter geistig Behinderten (Oligophrenen) versteht man Kinder, Jugendliche und Erwachsene, bei denen die geistige Entwicklung unvollständig oder auf einem frühen Entwicklungsstadium steckengeblieben ist, so daß die Betroffenen für ihre Lebensführung besonderer Hilfen bedürfen. Mit der geistigen Behinderung sind oft Beeinträchtigungen der Sprache, der Motorik, der Sinnesleistungen, des Verhaltens, der emotionalen und der Persönlichkeitsentwicklung sowie der sozialen Anpassung verbunden. Diese Umschreibung gilt unabhängig von der Ursache. Zu den angeborenen Behinderungen könnte man auch die auf der Grundlage einer abnormen Anlage lebensgeschichtlich entstandenen Abnormitäten der Persönlichkeit ohne geistige Behinderung zählen, obwohl dies in der Regel nicht geschieht. Geistige und seelische Behinderungen darf man nicht als absolut statisch betrachten. Gewiße Änderungen des Bildes können im Zusammenhang mit der Entwicklung im Laufe des Lebens, z. B. in der Pubertät, eintreten. Ferner kann der Betroffene bis zu einem gewissen Grade lernen, mit seiner Behinderung umzugehen. Es können durch die Behinderung aber auch Fehlentwicklungen und -haltungen eintreten oder begünstigt werden.

Man spricht heute nicht gern von Behinderungen, weil man Schwierigkeiten hat, sie zu akzeptieren. Die tief eingewurzelte Einstellung, alles sei »machbar«, verleitet dazu, nur Positives anzuerkennen und Mängel lediglich als etwas zu Beseitigendes zu beurteilen. Wenn sich die Erwartungen auf Besserung nicht erfüllen, entsteht die Gefahr, keinen rechten Sinn mehr in weiteren Bemühungen zu sehen, was dazu führt, entweder das Negative auszublenden

oder, wenn das nicht möglich ist, sich seiner irgendwie zu entledigen. Es tauchen dann bei den Angehörigen und auch in der Gesellschaft Phantasien auf, die sich mit dem Tod der Behinderten beschäftigen. Man sucht infolgedessen nach Möglichkeiten, die Behinderten irgendwie loszuwerden. So entsteht insgesamt ein Raum, in dem Vorstellungen gedeihen können, die schließlich zur sog. Euthanasie (Kap. 36) führen. Damit ist natürlich nicht gesagt, wie sich die einzelnen im konkreten Fall verhalten. Jedenfalls bedeutet aber die Einstellung, alles sei machbar, für Behinderte, also Menschen, bei denen man »nichts« machen kann, eine schwere Benachteiligung. Sie sind in Gefahr, aus allen therapeutischen Programmen herauszufallen oder in diese gar nicht erst aufgenommen zu werden. Das mag zu pauschal und theoretisch klingen. Alle Reformen der psychiatrischen Versorgung in den USA, England und bei uns haben aber dazu beigetragen, das Prinzip der Heil- *und* Pflegeanstalten aufzugeben und aus den psychiatrischen Krankenhäusern reine Behandlungseinrichtungen zu machen, in die geistig und psychisch Behinderte nicht aufgenommen oder aus ihnen sobald wie möglich in »andere« Einrichtungen verlegt werden. Eine derartige Entflechtung mag gerechtfertigt sein. Von welchem Geist sie getragen ist, zeigt sich aber daran, daß die Entlassungen bzw. Verlegungen der Behinderten fast überall erfolgt sind, bevor ausreichende andere Versorgungsmöglichkeiten für sie geschaffen wurden. Ein Engagement für soziale Randgruppen wirkt sich in der Praxis leider vielfach anders aus, als der Begriff sozial denken läßt. Der Grund dafür ist, wie schon erwähnt, daß *Aktionen* für Benachteiligte und Behinderte das Wesen dieses Engagements sind, ohne daß der Behinderte als solcher akzeptiert wird. Auf eine kurze Formel gebracht könnte man sagen, wir können der aufgezeigten Entwicklung nur dadurch entgegentreten, daß wir im Menschen nicht vornehmlich ein Objekt für Aktivitäten und Aktionen sehen, sondern seine Eigenständigkeit respektieren und den ihm innewohnenden Wert zum Maßstab unseres Bemühens machen.

Klinik der Oligophrenie

Von Oligophrenien spricht man, wie gesagt, wenn von der frühen Kindheit an eine geistige Behinderung vorliegt, unabhängig davon, welche Ursache sie hat. Es handelt sich dabei nicht nur um eine intellektuelle, sondern um eine allgemeine, den ganzen geistigen Bereich betreffende Beeinträchtigung. Es sind verschiedene Grade zu unterscheiden, deren Ausprägung umgekehrt proportional zur Häufigkeit ist. Die Ausprägungsgrade gehen verständlicherweise fließend ineinander über. Man orientiert sich dabei weitgehend an der Intelligenz bzw. an der schulischen Bildungsfähigkeit. Die Anwendung dieser Fähigkeiten ist aber abhängig von der Persönlichkeit, so daß die Beurteilung besser an der praktischen Bildungs- und Leistungsfähigkeit erfolgt. Unterbegabte sind etwa 10–12 % der Bevölkerung (HAWIE 70–90; ICD Nr. 317.0). Leichte Grade einer Oligophrenie (Debilität, HAWIE 55–70, sonderschulfähig; ICD Nr. 317.1) zeigen 3–4 %, mittlere Grade (Imbezillität, HAWIE 40–55, nicht schul- aber anlernfähig; ICD Nr. 318) 0,5 %, hohe Grade (Idiotie, HAWIE unter 40, nicht bildungsfähig, lernen nicht sprechen; ICD Nr. 319) 0,25 % der Bevölkerung. Insgesamt sind also 4 % der Bevölkerung der Bundesrepublik Deutschland, d. h. 2,5 Mio. Personen oligophren und bedürfen einer erheblichen Unterstützung bis hin zur vollständigen Pflege.

Die Ursachen für Oligophrenien sind nur in einem kleinen Teil der Fälle bekannt. Bei einigen Stoffwechselstörungen, wie etwa der Phenylketonurie, sind therapeutische Möglichkeiten im engeren medizinischen Sinn gegeben, um Schädigungen des Gehirns zu verhüten. Von besonderer Bedeutung sind prophylaktische Maßnahmen, um bekannte Noxen rechtzeitig zu erkennen und möglichst auszuschalten. Dabei handelt es sich um Beratungen bei der Familienplanung, etwa im Hinblick auf Inkompatibilitäten des Rhesusfaktors oder der Tatsache, daß bei Müttern zwischen dem 40. und 44. Lebensjahr auf 80, und nach dem 45. Jahr auf 30 Geburten ein Kind mit einer Trisomie 21 (Langdon-Down-Syndrom, Mongoloismus) kommt. Zwei Drittel dieser Kinder werden von Müttern zur Welt gebracht, die älter als 35 Jahre alt sind. Es geht ferner um

Beratungen in der Gravidität, etwa über die Gefahren der Einnahme von Drogen und Medikamenten, um die Behandlung von Schwangerschaftstoxikosen, die Vermeidung von Schäden bei der Geburt und in der Nachgeburtsperiode. Angesichts der geringen Möglichkeiten der medizinischen Prophylaxe und Therapie heißt das, daß in der Mehrzahl der Fälle schicksalsmäßig oligophrene Kinder zur Welt kommen. Die Eltern stehen dann eines Tages vor der Erkenntnis, daß ihr Kind sich nicht richtig entwickelt und geistig behindert ist. Meist ist es ein langer Prozeß, bis aus der Erkenntnis die unausweichliche Gewißheit wird, daß es sich um ein geistig behindertes Kind handelt. Für das weitere Schicksal ist nicht nur der Grad der Behinderung, sondern auch die Art, wie die Eltern sich zu dem behinderten Kind einstellen, von großer Bedeutung.

Für Normale ist es sehr schwierig, sich in die Welt von geistig Behinderten hineinzuversetzen, und zwar um so mehr, je stärker die Behinderung ausgeprägt ist. Dabei gelten bei ihnen nicht völlig andere Gesetze als bei Normalen. Behinderte machen aber früh Erfahrungen in der Weise, daß sie nicht so recht mithalten können, Sonderregelungen für sie getroffen werden und sie bei ihren Äußerungen und Reaktionen nicht die erhoffte Anerkennung finden. Dabei ist die normale Umgebung zu sehr geneigt, nur darauf zu schauen, was die Betreffenden nicht können, anstatt auf das, was sie können. Die Möglichkeiten geistig Behinderter, das zu kompensieren, sind entsprechend ihrer Behinderung geringer als die Normaler, so daß sie viele Enttäuschungen erleben. Enttäuschungen erlebt natürlich auch die Umgebung, die zwar andere Kompensationsmöglichkeiten hat, aber gleichsam auch über einen Fundus verfügen muß, mit der gesamten Situation zurechtzukommen und sie zu tragen. Nur dann ist auch die erforderliche Hilfe für die Behinderten letztlich zu leisten.

Im Rahmen der vorliegenden Behinderung hängt die weitere Entwicklung von der Persönlichkeit und der Umgebung des Behinderten ab und kann darum sehr verschiedenartig verlaufen. Es bleibt jedenfalls die geistige Behinderung als »Störfaktor«, die trotz allem die Situation prägt. Man kann sie nicht beeinflussen, steht hilflos davor und rennt wie gegen eine

Mauer gegen sie an. Veränderung der Situation gibt es sehr häufig in der Pubertät. Es treten dann, unter anderem, stärkere Verhaltensstörungen, Aggressionen, innere Unruhe, erhöhte Erregbarkeit auf, so daß die Versorgung größere Probleme bereiten kann. Diese Schwierigkeiten ziehen sich nicht selten weit über die unmittelbare Pubertätsphase bis zur Mitte des dritten Lebensjahrzehnts hin. Oligophrene zeigen wie andere auch erotische und sexuelle Wünsche. Mädchen lassen sich auf sexuelle Beziehungen ein, um Anschluß zu finden und sich akzeptiert zu fühlen, obwohl sie dabei nicht selten ausgenutzt werden. So entsteht die Gefahr der Verwahrlosung und der Prostitution. Männliche Oligophrene suchen nicht selten auf eine hilflose Weise Anschluß, z. B. durch exhibitionistische Handlungen. Insgesamt kann man sagen, daß es ihnen schwerfällt, Kontakt zu finden. Sie zeigen eine starke Sehnsucht nach Anerkennung und Geborgenheit und laufen infolgedessen, etwa aus Heimen, immer wieder fort, um nach Hause zu gelangen, selbst wenn sie dort nicht willkommen sind.

Insgesamt handelt es sich bei der Betreuung und Versorgung Oligophrener also um zwischenmenschliche und soziale Probleme. Deswegen haben sich von jeher vorwiegend Pädagogen und andere medizinische Laien diesen Aufgaben gewidmet und tun dies auch heute. Eine nervenärztliche Betreuung wird nur erforderlich bei Anfallsleiden und schweren Verhaltensstörungen, die allein mit Medikamenten, heutzutage meist Neuroleptika, einigermaßen beherrschbar sind. Bei sog. erethischen (vom griechischen Eritsein = erregen, reizen) Oligophrenien kann in extremen Fällen ein stereotaktischer Eingriff indiziert sein, durch den eine hirnorganische Antriebsminderung (s. Kap. 7.1, 7.15 und 9.5) bewirkt werden kann.

Die Versorgung geistig Behinderter erfolgt, wenn die Familien die Pflege nicht zu leisten vermögen, je nach dem Grad der Behinderung in Pflegeanstalten bzw. Heimen und in Behindertenwerkstätten, wenn die Betreffenden zu Hause wohnen. Die sog. Kolonisierung bei der Versorgung psychisch Kranker (s. Bemerkungen zur Geschichte der psychiatrischen Versorgung Kap. 17) kam zu einem nicht geringen Grade den Oligophrenen zugute. In letzter Zeit werden an einigen Stellen, vor allem in Skandinavien, Siedlungen von dorfartigem Charakter für Oligophrene errichtet. Wesentlich ist, daß sie, wo auch immer untergebracht, in geeigneter Weise gefördert werden.

In besonderer Weise nachteilig betroffen sind weniger stark Behinderte, für die keine besonderen Versorgungseinrichtungen bestehen, die sich infolgedessen im »normalen Leben« behaupten müssen. Es kann sein, daß dies etwa durch sehr gewissenhafte Arbeit geschieht, so daß sie ständig unter einer Anspannung leben, damit aber auch große Anerkennung finden. Es kann aber auch sein, daß die Betreffenden aus den verschiedensten Gründen eine solche Anerkennung nicht zu erringen vermögen, nur zu allen möglichen Hilfsarbeiten herangezogen und bei wirtschaftlichen Schwierigkeiten als erste gekündigt werden. Regelungen, die derartiges verhindern sollen, führen nicht selten dazu, daß solche Behinderte gar nicht erst eingestellt werden, um die hohen sozialen und arbeitsrechtlichen Auflagen bei Versagen nicht erfüllen zu müssen. Hier zeigt sich erneut, daß derartige Probleme nicht allein durch gesetzliche Regelungen bewältigt werden können. Deswegen haben sich große private Hilfsorganisationen gebildet, etwa die Lebenshilfe und die Aktion Sorgenkind, die die Lücken füllen, die rein rechtliche und technische Maßnahmen ihrem Wesen gemäß nicht schließen.

7.14 Altersspezifische Formen psychischer Störungen und Krankheiten im Kindes- und Jugendalter sowie beim Altern

Die Abtrennung der Kinder- und Jugendpsychiatrie sowie der Psychiatrie des Alterns von der allgemeinen Psychiatrie wurde aus Gründen der Versorgung vorgenommen. Es handelt sich somit nicht um ganz andere Arten von Psychiatrie, obwohl es natürlich spezifische Probleme in der Kindheit und Jugend sowie beim Altern gibt und damit auch Besonderheiten der Klinik psychischer Erkrankungen in diesen Phasen des Lebens. Die Frage, wann in diesen

Lebensabschnitten von normal, anormal und krank gesprochen werden muß, ist noch schwieriger zu beantworten als im Erwachsenenalter. Im Gegensatz zum Erwachsensein sind die Entwicklungen des Kindes und Jugendlichen sowie der physiologische Vorgang des Alterns viel einschneidender und infolgedessen viel schwieriger zu beurteilen. In diesen Phasen muß das Erwachsen-Werden und das Altern bewältigt werden, was fast immer mit mehr oder weniger ausgeprägten Krisen einhergeht. Es handelt sich dabei nicht nur um »am Menschen« ablaufende Vorgänge, für die das »Normale« mit einer gewissen Sicherheit festgestellt werden könnte. Zu diesen Vorgängen muß vielmehr jeder Stellung beziehen und so seinen Lebensweg mitgestalten. Hier gibt es viel weniger das »Normale« als bei den Lebensaufgaben des Erwachsenen, etwa im Beruf und in der Gesellschaft. Bei Krisen in diesen Lebensphasen ist es darum besonders schwierig, zu sagen, ob sie als abnorm oder pathologisch zu beurteilen sind. Es ist hier, wie auch sonst, im Grenzbereich eine Frage der Konvention, wann von »Krankheit« gesprochen wird (siehe Kap. 1.3).

In den Lehrbüchern der Kinder- und Jugendpsychiatrie sowie der Gerontopsychiatrie wird betont, daß die Differenzierung der verschiedenen medizinischen Fachrichtungen, wie bei Erwachsenen üblich, hier nicht angemessen ist. Die sonst übliche Trennung der medizinischen Fächer wird als eher hinderlich empfunden. Daraus ergibt sich die schwer gültig zu beantwortende Frage, wohin psychisch kranke Kinder und Alternde gehören: in die Pädiatrie bzw. innere Medizin oder in die Psychiatrie – eine Frage, die die Probleme der Spezialisierung besonders deutlich macht. So werden etwa die Kinder von der einen oder anderen Disziplin als »zu ihr gehörig beansprucht«, da man für sie alleine zuständig sei. In der Praxis sollten Gesichtspunkte der bestmöglichen Versorgung den Ausschlag geben. Im Freiburger Universitäts-Klinikum hat aus diesen Gründen die Abteilung für Kinder- und Jugendpsychiatrie sowohl in der Pädiatrie als in der Psychiatrie eine Krankenstation und eine Ambulanz.

Bei der ganzheitlichen Sicht werden die krankhaften Störungen nicht in erster Linie nach Krankheitsgruppen eingeteilt, sondern

Symptome und Verhaltensweisen angeführt. Für die Kinder gibt es hierfür eigene Nummern in der ICD, für die Symptome und Verhaltensweisen die Nummern 307 und 313. Daneben werden die organischen Psychodrome (ICD Nr. 314 u. 315) und die endogenen Psychosen (ICD Nr. 299) in besonderen Kapiteln behandelt. So wird letzten Endes doch die triadische Einteilung der Nosologie der Erwachsenenpsychiatrie sichtbar. Da Verhaltensauffälligkeiten, soziale Probleme und Konflikte sowohl bei Kindern und Jugendlichen wie auch bei Alternden eine viel größere Rolle spielen als bei den erwachsenen psychisch Kranken, ist die klinisch bedeutsame Problematik bei diesen Altersgruppen etwas anders gelagert. Dahinter steht die allgemeine Problematik, wieweit der psychosoziale Bereich zum heilkundlichen Bereich gerechnet werden muß. Die Entscheidung hierüber ist eine politische Entscheidung von großer Tragweite.

Für die klinischen Bilder der psychischen Störungen bei Kindern und Jugendlichen ist von besonderer Bedeutung, daß die Entwicklung der Persönlichkeit noch nicht zu einem gewissen Abschluß gekommen ist. Bei Alternden ist das Gegenteil der Fall, sie haben sich eine »Lebenstechnik« im Laufe der Jahrzehnte erworben, so daß ihr Erleben »schärfere Konturen« hat. Es steht ihnen darum mehr »Material« aus der Lebenserfahrung zur Verfügung, die konkrete Aussagen über die eingetretene Veränderung ermöglichen, während dies bei Kindern in diesem Maße nicht der Fall ist. Ihre Unfähigkeit, ihre Situation mit Worten Erwachsener zu schildern, macht es erforderlich, bei ihnen viel mehr Verhaltensbeobachtungen zu berücksichtigen und mit Tests zu arbeiten, um Einblicke in »ihre Welt« zu gewinnen. Für die Entwicklungspsychologie und die Psychologie des Alterns muß auf die entsprechende Darstellung verwiesen werden, ebenso wie für die Einzelheiten der psychischen Störungen und Krankheiten bei Kindern und Jugendlichen sowie bei Alternden.

Die psychischen Störungen des Alterns haben in der Mehrzahl keinen Eingang in die ICD gefunden. Angeführt werden nur psychische Störungen bei Hirnabbauprozessen (s. Kap. 7.1), die sich mit den geschilderten psychischen Altersstörungen natürlich vermischen.

Von großer praktischer Bedeutung sind darüber hinaus vor allem die depressiven Verstimmungen und paranoiden Syndrome, bei denen die physiologischen Veränderungen des Alterns eine wichtige Rolle spielen. Es geht z. B. nicht nur die Dauer des Schlafes kontinuierlich im Laufe des Lebens zurück, sondern der Anteil des REM-Schlafes sinkt auf 20 % und weniger ab (beim Säugling ist der Anteil etwa 50 %), d. h. auch die Art des Schlafes ändert sich. Parallel damit geht eine Veränderung der Reaktionsweisen. Es tritt eine Neigung zu Verstimmungen, vor allem depressiver Natur auf, die eine gewisse Eigengesetzlichkeit zeigen, d. h. nicht in einem proportionalen Verhältnis zum Anlaß stehen, andererseits aber auch nicht die charakteristischen Zeichen endogener Depressionen aufweisen. Darum wird immer wieder neu diskutiert, ob es sich bei der sog. Involutionsdepression um ein eigenes Krankheitsbild handelt oder um beim Altern erstmalig auftretende Phasen endogener Depressionen eigener Prägung. Altersdepressionen sind relativ häufig paranoid gefärbt. Die Kranken zeigen Beziehungs- und Beeinträchtigungsideen oder fühlen sich gar beobachtet und verfolgt. Auch unabhängig von depressiven Verstimmungen spielen Beeinträchtigungsideen beim Altern eine nicht unerhebliche Rolle. Die Tatsache, daß man nicht mehr am aktiven Leben teilhat, wird nicht selten zur überwertigen Idee oder zum Wahn, die Umgebung wolle sich ihrer entledigen. Die Betreffenden klagen z. B. auch darüber, daß man sie vergiften oder durch andere Machenschaften beseitigen wolle. Es können Körperhalluzinationen hinzukommen, die von den Betreffenden als gezielte, schädigende Maßnahmen erlebt werden. Als Ziel dieser Machenschaften vermuten sie, man begehre ihr Geld oder ihre Wohnung (präseniler Beeinträchtigungswahn). Insbesondere alternde Frauen klagen über Beeinflussungserlebnisse in der Genitalsphäre, worüber sie besonders empört sind. Es werden so die nicht seltenen Triebwünsche erkennbar, die alternde Frauen auch sonst stark belasten können. Ausgeprägte hirnorganische Veränderungen fehlen dabei. Da aber internistische Erkrankungen im Alter häufig sind, ist eine »organische Komponente« bei den depressiven Verstimmungen und paranoiden Syndromen nicht auszuschließen. Hieraus ergibt sich oft ein besserer therapeutischer Ansatz als durch die Gabe von Thymoleptika oder Neuroleptika, deren antriebsmindernde Wirkung in der Regel die ohnehin eingetretene Antriebsschwäche verstärkt. Es kommt hinzu, daß der Abbau von Medikamenten und deren Ausscheidung im Alter verzögert ist, so daß es schon nach relativ geringen Dosen zu chronischen Intoxikationen kommen kann. Aus diesem Grunde ist auch der Verzicht auf die Verordnung von Schlafmitteln angezeigt. Besser als solche Mittel zu geben ist, den Betreffenden dabei zu helfen, die verkürzte Schlaftzeit zu akzeptieren, statt damit zu hadern. Letzteres hat mit Depression nichts zu tun. Zu beachten ist schließlich, daß Alternde sich nicht mehr so rasch auf neue Menschen und Situationen umstellen können. Darauf ist bei den diagnostischen Untersuchungen Rücksicht zu nehmen. Die Kranken sollten nicht fortgesetzt von einer Poliklinik zur anderen und von einer technischen Untersuchung zur anderen geschickt werden. Die dadurch bewirkte Beeinträchtigung übertrifft den Nutzen, den diese Maßnahmen für die Therapie haben, in der Regel bei weitem. Kranke mit stärker ausgeprägten hirnorganischen Psychosyndromen vertragen das Verlegen von einer Einrichtung in die andere ausgesprochen schlecht. Deswegen ist eine vorausschauende Planung der Maßnahmen dringend angezeigt. Die Kranken sollten möglichst direkt an den endgültigen Ort ihrer Versorgung gebracht werden. Dafür muß häufig bei den Angehörigen das Verständnis geweckt werden, da sie die eingetretene Situation und vor allem den voraussehbaren weiteren Verlauf, nämlich daß die Kräfte der alternden Angehörigen fortschreitend abnehmen werden, (noch) nicht wahrhaben wollen. Sie sind nur zu oft geneigt, größeren Entscheidungen auszuweichen und es mit vorläufigen halben Maßnahmen »noch einmal« zu versuchen. Ein dadurch bedingtes Hin und Her mit dem Alternden ist, wie gesagt, zu vermeiden, so wichtig es andererseits ist, alternde Menschen solange irgend möglich in ihrer Umgebung zu belassen. Diejenigen, die die Pflege übernommen haben, sind dabei mit Rat und Tat zu unterstützen. Dabei zeigt sich, daß man häufig vor schwierigen Entscheidungen bei der Betreuung Alternder steht.

7.15   Psychische Störungen nach Hirntraumen

Der Psychiater hat notwendigerweise bei der Beurteilung von Hirnverletzungsfolgen eine wichtige Aufgabe. Das Gehirn nimmt innerhalb der Körperorgane eine Ausnahmestellung ein. Es setzt sich aus zahlreichen Teilorganen zusammen, die sehr unterschiedlichen Aufgaben dienen. Beim Menschen haben diejenigen Anteile sich am meisten entwickelt, die etwas mit psychischen Funktionen zu tun haben. Vom Gehirn her werden Stimmung, Affektivität und Reaktionsvermögen gesteuert. Aufnahme und Fixierung von Wissen, Erfahrung und Erlebnissen werden vom Gehirn her gewährleistet. Das Gehirn ist entscheidend für die Entwicklung und Aufrechterhaltung von Bewußtsein und für die Ichbildung der Persönlichkeit. In der Hirnrinde finden sich Zentralstellen zum Erwerb und Gebrauch der Sprache und der damit zusammenhängenden Teilleistungen wie Lesen, Schreiben und Rechnen. In all diesen verschiedenen Bereichen können Störungen auftreten, wenn das Gehirn verletzt wird. Diese Störungen können, müssen aber nicht mit neurologischen Ausfällen verbunden sein. Der psychiatrisch ausgerichtete Nervenarzt hat in solchen Fällen die Aufgabe, diesen psychischen Teil der Hirnverletzungsfolgen nach Teilbereichen zu gliedern und sie in ihrem Schweregrad einzuschätzen.

Die Frühsymptomatik nach Schädelhirntraumen unterscheidet sich in der Regel deutlich von den psychiatrischen Spätfolgen. Bei schweren Traumen, die zu Spätfolgen führen, kommt es im Frühstadium regelmäßig zu Beeinträchtigungen des Bewußtseins als Ausdruck einer Hirnstammirritation. Neben totaler Bewußtlosigkeit werden auch Zustände von Bewußtseinsveränderungen kürzerer oder längerer Dauer beobachtet. Sie zeigen sich in Form von Dämmerzuständen meistens verworrener Art, seltener als sogenannte geordnete Ausnahmezustände. Bezüglich der Frühsymptomatik nach Schädelhirntraumen sei darauf hingewiesen, daß außer Stunden oder Tage dauernden Umdämmerungen nicht selten schwere traumatische Psychosen auftreten, die nie unter 6 Wochen andauern. Die psychische Veränderung bzw. die psychotische Symptomatik hält etwa so lange an, wie sich Zeichen eines ausgedehnten Hirnödems finden. Man kann deshalb auch von Ödempsychosen sprechen. Erscheinungsbildmäßig stehen dabei Korsakow-Syndrome im Vordergrund. Merkschwäche, Desorientierung in zeitlicher und örtlicher Hinsicht, sowie eine Neigung zu Konfabulation beherrschen das Bild. Besonders phantasievoll wird über das der Amnesie verfallene Unfallereignis fabuliert. Es kann darum passieren, daß Verkehrspolizeibeamte sehr eigentümliche Protokolle über ein Unfallgeschehen aufnehmen. Neben Korsakow-Syndromen sieht man Halluzinosen, katatone Bilder mit Stupor oder schwerer Erregung, dranghafter Bettflüchtigkeit und verworrenen sprachlichen Äußerungen. Gelegentlich kommen auch schizophrenieähnliche Bilder mit paranoischer Umdeutung von Wahrnehmungen und Umweltvorgängen vor. Schließlich gibt es ganz blande Psychosen, deren Bestehen oft auch ärztlich nicht registriert wird. Wenn solche Patienten nicht zufällig noch andere Verletzungen wie Knochenbrüche haben, kann es passieren, daß sie als gesund nach Hause entlassen werden. Nicht unerwähnt sollen depressiv-hypochondrische und maniforme Bilder mit expansiven Ideen (Größenwahn) bleiben. Wenn keine Bewußtseinsstörung vorliegt, kann man solche psychotischen Episoden auch als »Durchgangssyndrome« bezeichnen. Nach Abklingen der Psychose pflegt das Erinnerungsvermögen an die Zeit der psychischen Veränderung getrübt, ungenau und oft nur inselhaft zu sein. Man erinnert sich etwa an das Einladen in einen Sanitätswagen, an das Anlegen einer Infusion oder den Besuch eines nahen Angehörigen, während die Zwischenperioden nicht mnestisch fixiert werden. Während dieser Zeit findet man in der Regel Veränderungen im EEG. Im Vordergrund stehen dabei Allgemeinveränderungen verschiedener Schweregrade.

Solche Verletzungen, die zu traumatischen Psychosen führen, sind bei den heutigen Gegebenheiten keine Seltenheit. Alle Verletzungen, bei denen es zu einer breitflächigen Gewalteinwirkung am Schädel kommt, sind grundsätzlich geeignet, eine derartig intensive Störung im Mittel-Zwischenhirnbereich hervorzurufen, so daß sich über eine längere Bewußtlosigkeit eine traumatische Psychose entwickelt. Bei solchen Verletzungen ist auch mit Dauerfolgen zu rechnen. Sie können allerdings relativ gering sein und sind im wesentlichen darauf zurückzuführen, daß ein wochenlang bestehendes Hirnödem zu einem Markschwund führt und damit zu einem Hydrocephalus internus. Resultiert nur ein Hydrocephalus internus, so ist die Spätsymptomatik im wesentlichen auf eine sogenannte *Hirnleistungsschwäche* beschränkt (Näheres siehe Kap. 7.1). Damit wird ein erstes wichtiges psychopathologisches Syndrom aus dem Gesamt der Spätfolgen umschrieben. Der Begriff kennzeichnet gut, was man am häufigsten nach Hirnschädigungen verschiedener Genese zu beobachten pflegt. Nämlich eine belastungsabhängige Einschränkung des Leistungsvermögens. Es kommt unter entsprechender Beanspruchung zu einem Nachlassen des Konzentrationsvermögens, der Aufmerksamkeit und der Merkfähigkeit. Durch Einlegen von Pausen läßt sich dieses Manko wieder beheben. Die Leistungsschwäche ist allerdings so stark, daß bei erneuter Belastung das Stadium der Ermüdung früher einsetzt. Oft ist die allgemeine Leistungsschwäche gepaart mit einer erhöhten Empfindlichkeit gegen Außenreize wie Licht und Lärm. Außerdem findet man unter Belastung auch eine Neigung zu stärkeren Stimmungsschwankungen mit mißmutig gereizter Reaktionsbereitschaft. Schließlich kommen dabei auch vegetative Dysregulationen vor, vor allem in Form von Blutdruckschwankungen mit hypotonen Reaktionen.

Aus dem Gesagten ist zu entnehmen, daß es sich bei der Hirnleistungsschwäche um etwas handelt, was im Querschnitt keiner bestimmten Noxe zugeordnet werden kann. Zeichen von Hirnleistungsschwäche gibt es auch bei internen Leiden, etwa einer chronischen Anämie oder im Gefolge von Infektionskrankheiten. Dabei handelt es sich aber um reversible Vorgänge. Auch nach Traumen können im akuten Stadium Zeichen von Hirnleistungsschwäche bestehen, die nach einiger Zeit wieder verschwinden. Man muß also *zwei Formen von Hirnleistungsschwäche* trennen, nämlich eine reversible von einer irreversiblen. Die reversible Form verschwindet nach Traumen in der Regel innerhalb von zwei Jahren, während die irreversible bestehen bleibt.

Wie kann man nun eine solche Hirnleistungsschwäche objektivieren? Hier können im Gegensatz zu anderen psychopathologischen Erscheinungen psychologische Testverfahren wertvolle Befunde liefern. Konzentrations- und Aufmerksamkeitstests, Reihenaufgaben und Belastungen über eine Zeitspanne von 2 Stunden liefern Ergebnisse, die mehr aussagen als die subjektiven Angaben eines Verletzten. Die dabei erhobenen Befunde müssen aber sehr kritisch in einen Gesamtzusammenhang gestellt werden und besitzen nur Aussagekraft im Rahmen einer Gesamtbeurteilung der Persönlichkeit, des Verletzungsmechanismus und der Frühphase.

Selten sind Verletzungen, die nur eine Hirnleistungsschwäche hinterlassen. Viel häufiger kommt es zu einem ganzen Komplex von Störungsbildern, die auch eine Hirnleistungsschwäche mit einbeziehen. So findet man häufig bei Patienten, die eine traumatische Psychose durchmachten, nicht nur einen Markschwund, sondern auch Hirn-Rindenherde. Bei gedeckten Schädelhirnverletzungen gibt es *Prädilektionsstellen* für solche Schädigungen (Hirnrindenprellungsherde), die vor allem sogenannte *neurologisch stumme Hirnregionen* betreffen. Es sind dies vorzugsweise die Regionen des Stirnhirns und des Schläfenhirns. Besonders das basale Stirnhirn (Orbitalhirn) wird bei vielen Traumen, unabhängig vom Einwirkungsort der Gewalt, geschädigt. Wenn die benachbarten Riechnerven nicht mitgeschädigt werden, findet man bei diesen Verletzten keine neurologischen Abweichungen, sondern nur psychische Auffälligkeiten. Diese psychischen Auffälligkeiten richtig zu klassifizieren und in ihrer Bedeutung für das Verhalten, das Zusammenleben mit anderen Menschen und die persönliche Lebensgestaltung des Betroffenen zu erfassen, ist nicht einfach. Viele Jahre ging man davon aus, daß psychische Veränderungen nach Kopfverletzungen pathologische Reaktionen auf das Verletzungsereignis darstellten. Man nahm an, daß die Kopfverletzung einen besonderen Stellenwert innerhalb anderer Verletzungen besäße, daß sozusagen die Befürchtung, durch die Verletzung am Kopf in besonderer Weise gesundheitlich geschädigt zu sein, zu psychischem Fehlverhalten führe. Noch im 1. Weltkrieg gab es spezielle Neurosenstationen zur Behandlung von Kopfverletzten. Erst allmählich realisierte man, daß die Grundlage des Fehlverhaltens in einer lokalisierten Hirnschädigung besteht.

Heutzutage hat man es durch die Computertomographie leichter, Contusionsherde im Stirnhirn und Schläfenhirn nachzuweisen. Die psychischen Veränderungen im Spätstadium nach einer Verletzung, die sich nicht im psychologischen Testverfahren erfassen lassen und sich mehr im Verhalten als in der Leistung zeigen, werden unterschiedlich benannt. Am zweckmäßigsten ist der Ausdruck *»organische Wesensänderung«*. Damit wird gesagt, daß der Verletzte sich in seiner Art geändert hat, daß hiervon nicht die Intelligenz betroffen wurde, sondern die Persönlichkeit, der Charakter, das Wesen. Die Störungen zeigen sich dabei im Bereich des Antriebs, der Stimmung und der Steuerung der Gefühle und der Triebregungen. Darüber hinaus sind Selbsteinschätzung und kritische Beurteilung der eigenen Möglichkeiten deutlich beeinträchtigt. Damit sind auch intellektuelle Bereiche, soweit sie das Urteilsvermögen betreffen, mit tangiert. Die Störung ist allerdings nicht konstant, sondern starken Schwankungen unterworfen. Es kommt nicht selten zu eigengesetzlichen Schwankungen, vor allem was Antrieb und Stimmung betrifft. Die affektive Unausgeglichenheit kann zu dranghaften Entladungen und aggressiven Durchbrüchen führen. Die Symptomatik wird zudem von der prätraumatischen Persönlichkeitsstruktur mitgefärbt und auch das *Lebensalter* spielt eine große Rolle. Z. B. sehen psychische Veränderungen in der Pubertät anders aus als beim Erwachsenen. Vor Ausreifung führen Verletzungen im Stirnhirn und Schläfenbereich zu Reifungshemmungen, Reifungsstillständen und zu Verzerrungen einer pubertären Unausgeglichenheit. Auch der *Zeitpunkt der Verletzung* scheint für das Ausmaß der psychischen Veränderungen bedeutungsvoll zu sein. Wenn jemand, der sich in einem akuten Konflikt befindet, etwa in einer Ehekrise oder einer ungesicherten beruflichen Lage, eine Hirnverletzung mit Wesensänderung erleidet, ist er hinterher nicht mehr in der Lage, die Krise zu überwinden. Umgekehrt wirkt sich bei einem Menschen in ausgereiftem Zustand, in gefestigter beruflicher und sozialer Situation ein Hirnverletzungsfolgezustand mit Wesensänderung weni-

ger aus. Bei entsprechender Einstellung von Ehepartner, Berufskollegen und Vorgesetzten können Stimmungsschwankungen, Antriebsminderung und Kontaktschwierigkeiten leichter kompensiert werden.

Bei ausgedehnten Verletzungen kann es im Rahmen einer Wesensänderung und unter äußeren Belastungen, die nicht bewältigt werden, auch zu einem *organischen Hysteroid* kommen. Gerade bei Rentenverfahren und im Rahmen von Begutachtungen zeigen solche Verletzte unter Umständen Primitivreaktionen und infantiles Verhalten. Es kommt bei Untersuchungen zu demonstrativem Vorbeizeigen, zu hysterischen Gang- und Standstörungen und oft zu grotesken Äußerungen bei Prüfung der Sensibilität.

Im übrigen ist die Selbstmordrate unter Verletzten mit organischer Wesensänderung besonders hoch. Auf Details kann hier nicht eingegangen werden. Erwähnt sei nur noch ein Punkt, nämlich, daß bei reinen Orbitalhirnverletzten alle Eigenschaften fehlen, die man gewöhnlich mit Hirnverletzten in Verbindung bringt. Neuere Untersuchungen haben gezeigt, daß Orbitalhirnverletzte bei den üblichen Testuntersuchungen besonders gut abschneiden. Sie reagieren meist rasch, antworten vorschnell, sind schlagfertig, witzig und zeigen kaum Ermüdungsgefühle. Durch ihre fehlerhafte Selbsteinschätzung und mangelnde Wahrnehmung der eigenen Grenzen ihrer Belastbarkeit fehlen die Zeichen von Langsamkeit, Antriebsmangel und erschwerter Umstellfähigkeit, Symptome, die man sonst bei Hirnverletzten erwartet.

Während die Hirnleistungsschwäche eine Art Allgemeinstörung des Gehirns darstellt, handelt es sich bei der Wesensänderung um ein Herdsymptom analog den neurologischen Herdzeichen.

In vielen Fällen ist die Wesensänderung mit traumatischem *Anfallsleiden* kombiniert. Vielfach beruhen Wesensänderung und Anfallsleiden auf den gleichen Hirnherden. Stirnhirnschäden führen besonders häufig zu großen epileptischen Anfällen. Schläfenlappenherde bewirken nicht selten pseudopsychopathische Zustandsbilder mit Affektstörungen und Triebenthemmungen einerseits sowie Verstimmungen episodischer Art und temporale Anfälle andererseits. Diese Störungsbilder treten oft schon sehr bald nach der Hirnverletzung in Erscheinung. Ihre pathologisch-anatomische Grundlage läßt sich heutzutage gut im Computertomogramm objektivieren.

Außer den angeführten Störungen, der *Hirnleistungsschwäche* und der organischen *Wesensänderung,* ist noch ein *dritter Bereich* geistigseelischer Beeinträchtigungen zu erwähnen, nämlich die sogenannten *Werkzeugstörungen;* die bei gedeckten Verletzungen nicht so häufig sind wie bei offenen. Sie sind nicht selten Folge ausgedehnter Blutungen, die operativ angegangen werden mußten. In erster Linie handelt es sich bei Werkzeugstörungen um Aphasien, die bei Traumen meistens keine ungünstige Prognose haben. Es kommen aber auch häufig Störungen von Seiten des parieto-occipitalen Übergangsgebietes vor. Es handelt sich dabei um Beeinträchtigungen im optisch-räumlichen Bereich. Man übersieht sie häufig, sie machen sich allerdings bei der beruflichen Arbeit störend bemerkbar, wenn gerade dieser Bereich Bedeutung für die Berufsarbeit hat. In Testverfahren sind sie gut zu erfassen. Schließlich können nach langdauernden Korsakowpsychosen starke mnestische Störungen zurückbleiben, die die Leistungsfähigkeit über die übliche Hirnleistungsschwäche hinaus mindern. Man kann von einem protrahierten amnestischen Syndrom sprechen und, wenn es sich nicht zurückbildet, von einer traumatischen Demenz.

Die psychiatrischen Folgeerscheinungen von Hirnverletzungen sind kurz zusammengefaßt also die folgenden: Im Frühstadium wird das psycho-pathologische Geschehen durch Bewußtseinsstörungen quantitativer und qualitativer Art bestimmt. Es handelt sich dabei im wesentlichen um reversible Zustandsbilder. Die Spätsymptomatik setzt sich im unterschiedlichen Maße aus Hirnleistungsschwäche, Werkzeugstörungen, Wesensänderung, protrahierten amnestischen Syndromen und den psychischen Begleiterscheinungen von Epilepsie zusammen. Nur ein Teil der psychischen Folgen läßt sich testmäßig verifizieren. Die Spätfolgen kann man nach den Kriterien *Leistungsmängel* und *Verhaltensstörungen* differenzieren. Bewußt ausgeklammert wurden die fortschreitenden Veränderungen nach Boxverletzungen und die Folgezustände nach apallischen Syndromen.

Teil III

**Betrachtungsweisen, nosologische Konzepte
und Erklärungsmodelle psychischen Krankseins**

8.   Vorbemerkungen

Den Erörterungen dieses Kapitels seien einige Bemerkungen vorausgeschickt. Im Kap.1.1 hatten wir allgemein von der Grunderfahrung »krank« gesprochen. Wir hatten im zweiten Abschnitt (1.2) eine erste Differenzierung von »krank« vorgenommen und »psychisch krank« als eine besondere Form von »krank« und »Krank-sein« herausgestellt. Psychisches Kranksein wurde im vorangehenden Teil II weiter differenziert. Dabei war es unser Bemühen, auf der Ebene der Grunderfahrungen zu bleiben. Die Grunderfahrung »krank« wird je nach der Betroffenheit einzelner »Seins-Bereiche« des Menschen nuanciert, z. B. bei Veränderungen im Bereich der Affektivität und der Vigilanz. Die Schilderung der verschiedenen Weisen psychischen Krankseins ist, wie wir gesehen haben, nicht ohne Verwendung entsprechender Begriffe möglich. Hierbei stoßen wir wieder auf die gleiche Schwierigkeit, der wir schon bei dem allgemeinen Begriff »krank« begegnet sind. Die Umschreibungen speziellen psychischen Krankseins befriedigen nicht, da sie unvermeidlich etwas Vages und Unbestimmtes an sich haben. Wir möchten den Gegenstand unseres Bemühens fester in den Griff bekommen, um über ihn besser verfügen zu können. Die Erfahrung lehrt aber nicht nur, daß das nicht gelingt, da Lebendiges sich nur bedingt begrifflich fassen läßt, sondern auch, daß wir uns zur Überprüfung und Korrektur aller Begriffe an unseren Grunderfahrungen orientieren müssen, ja uns letztlich nur unter Einbeziehung unserer Grunderfahrungen über einen Sachverhalt verständigen können. Das ist bei den Ausführungen über die nosologischen Konzepte stets im Auge zu behalten.

Im Kap. 1 hatten wir gesehen, daß eine unerläßliche Voraussetzung für unser ärztliches Bemühen ist, »psychisch krank« einzugrenzen, d. h. gegen »nicht psychisch krank« abzugrenzen und es zu begreifen, d. h. sich eine Vorstellung über das Wesen von »psychisch krank« und seine Entstehungsbedingungen zu machen. Ein solches Eingrenzen und Begreifen ist auch für die Krankheitseinheiten erforderlich, findet aber »innerhalb« von »krank« statt. Formal ist der Vorgang der gleiche wie bei »krank«, er hat aber einen anderen Bezugsrahmen: bei »krank« bedeutet Eingrenzen Abgrenzung gegen »nicht-krank«; bei den Krankheitseinheiten bedeutet Eingrenzen dagegen Abgrenzung der verschiedenen krankhaften Veränderungen voneinander. Die nosologischen Konzepte für das Begreifen von Kranksein setzen beide Arten der Eingrenzung voraus. Da sie sich auf das letztlich nicht exakt faßbare Kranksein beziehen, werden sie ebenso wie die zugehörigen Begriffe nicht von allen in gleicher Weise gefaßt und verstanden. Das ist der Grund dafür, daß sie auch eine Geschichte haben. Deren Kenntnis und die sich daraus ergebenden begrifflichen Varianten sind sowohl für das Verständnis der Psychiatrie wie für die gegenseitige Verständigung unerläßlich. Darüber hinaus ist die Begriffsgeschichte eine wichtige Voraussetzung dafür, der ständig wirksamen Tendenz zum Dogmatismus nicht zu erliegen, und der dadurch bewirkten Erstarrung entgegenzuwirken.

In der Psychiatrie kommt als Schwierigkeit hinzu, daß manche Begriffe sowohl zum Eingrenzen wie zum Begreifen bestimmter Formen psychischen Krankseins verwendet werden, etwa die Begriffe Psychose und Neurose. Erfahrungsgemäß hat es sich nicht bewährt, eingebürgerte Begriffe durch andere zu ersetzen. Der Grund dafür ist, daß vor allem im biologischen und anthropologischen Bereich der Sachverhalt letztlich nicht zu klären und durch Begriffe nicht zureichend erfaßbar ist. Ein neuer Begriff kann unter diesen Umständen nur die Funktion haben, eine bestimmte andere Bedeutung des alten Begriffes zu betonen, ohne daß dadurch die Bedeutung des vorhergehenden Begriffes ausgelöscht wird. Der neue Begriff erleidet sehr schnell das Schicksal des alten, nämlich, daß auch er nicht von allen in der gleichen Weise verstanden und gebraucht wird. Darum ist es sehr wichtig, mögliche unterschiedliche Bedeutungen eingebürgerter Begriffe zu beachten, um die Verständigung nicht zu gefährden.

Der Gegenstand der Betrachtung bei psychischem Kranksein ist nicht nur die abnorme und krankhaft veränderte Psyche, sondern das kranke Sein, wie im Kap. 1 bereits eingehender abgehandelt. Für die verschiedenen Betrachtungsweisen psychischen Krankseins seien einige Bemerkungen eingefügt, vor allem im Hinblick darauf, daß man vielfach glaubt, es spiele sich allein im psychischen Bereich ab.

Bei der Betrachtung des Psychischen kann die Aufmerksamkeit auf das gerichtet werden, was in der Psyche *ist* und auf das, was in ihr *geschieht*; anders ausgedrückt: entweder auf den psychopathologischen Befund oder die psycho(patho-)logischen Vorgänge. Man befindet sich dabei in einer analogen Schwierigkeit, wie sie *Heisenberg* für die Atomphysik als Unbestimmtheitsrelation beschrieben hat: Es ist nur möglich, entweder den Ort eines Elektrons zu bestimmen oder seine Geschwindigkeit exakt zu messen. Für den psychischen Bereich heißt das, die exakte Beschreibung psychischer Befunde bedeutet das Ausblenden psychischer Abläufe; deren ausschließliche Betrachtung dagegen die Vernachlässigung psychopathologischer Befunde. Dementsprechend gibt es eine mehr statische und eine mehr dynamische Betrachtungsweise, die gemäß der Natur methodischer Ansätze nicht miteinander verschmolzen werden können. Es kann aber auch nicht einer der Vorrang gegeben werden, beide ergänzen sich vielmehr. Dementsprechend hat dieses Kapitel zwei Abschnitte. Der erste beschäftigt sich vorwiegend damit, was in der Psyche ist, der zweite vorwiegend mit dem, was in ihr vorgeht.

Für die Betrachtungsweisen sei das Folgende angemerkt:

Methodische Ansätze beruhen stets auf gewissen Grundannahmen, die zwar die Art des Vorgehens prägen, aber kaum je ausdrücklich zur Sprache kommen. Es gibt keinen methodischen Ansatz, der nicht von bestimmten reflektierten oder unreflektierten Grundannahmen ausgeht.

Die Grundannahmen sind der eigentliche Gegenstand der Kontroversen, bei denen es umso weniger zu einem sinnvollen Ergebnis kommt, je weniger die Kontrahenten ihre Grundannahmen reflektieren. Wenn das der Fall ist, schleppen sich die Kontroversen jahrzehntelang hin und sind dann mehr Ausdruck von Machtkämpfen der sie vertretenden Gruppen als Diskussionen um die Sache. Deswegen soll hier der Versuch gemacht werden, zu dem Kern der Sache, d. h. den jeweiligen implizit vorgegebenen Grundannahmen, vorzustoßen. Dazu soll von den theoretisch gegebenen Möglichkeiten der Grundannahmen ausgegangen werden, um nicht in die ausgefahrenen Diskussionsgleise zu geraten.

Zunächst müssen wir uns vergegenwärtigen, daß »psychisches Kranksein« nur als Begriff den Eindruck von etwas Einheitlichem vermittelt. Ihm liegen aber, wie der vorangegangene Teil II zeigt, viele Arten psychischen Krankseins zugrunde. Verschiedenartige Grundannahmen sind also in der Sache begründet. Die stets vorhandene Tendenz ist, jeweils eine von ihnen auf das Ganze, d. h. auf jegliches psychische Kranksein zu extrapolieren.

Welche Grundannahmen sind also für das Wesen psychischen Kranksein denkbar?

1. Es tritt bei psychischer Krankheit eine Veränderung des Seins des Betroffenen ein, so daß die psychischen Abläufe nicht mehr mit Hilfe der Normalpsychologie begriffen werden können.
2. Es handelt sich bei psychischer Krankheit um im Grunde »normale«, aber abnorm ausgeprägte Verhaltensmuster bzw. Reaktionen, so daß für normale und pathologische psychische Abläufe das gleiche Erklärungsprinzip anwendbar ist.

Zur Veranschaulichung seien Beispiele von anderen Krankheiten herangezogen, die natürlich, wie jedes Beispiel, nur in gewisser, aber nicht in jeder Hinsicht zutreffen. So findet die erste Grundannahme ihre Analogie in der Degeneration, z. B. des Herzmuskels, die zweite in einem Blutdruckanstieg. Die infolge der Herzmuskeldegeneration eintretende Kreislaufdekompensation bedeutet eine Veränderung der Kreislauffunktion, die teils mit physiologischen, teils mit pathologischen Vorgängen einhergeht, nicht aber ein völliges Erliegen des Kreislaufes. Die Funktion des Kreislaufes ist unter diesen Umständen »normal-physiologisch« nicht mehr ganz zu begreifen.

Anders verhält es sich bei dem physiologischen Blutdruckanstieg – etwa infolge von Belastungen – der unter bestimmten Umständen Beschwerden macht und als störend empfunden wird. Infolge immer wiederkehrender Belastungen reagiert die Blutdruckregulation immer empfindlicher, bis sich im Organismus ein neues Gleichgewicht, ein »fixierter« Hochdruck einstellt. In diesem neuen Gleichgewicht kommt es schon bei geringen Belastungen zu zusätzlichen physiologischen Reaktionen des Kreislaufes und zu entsprechenden Beschwerden.

Damit soll, abstrakt ausgedrückt, gesagt werden:

ad 1) Veränderung des Seins führt auch zu veränderten Abläufen;

ad 2) es handelt sich dem Wesen nach um normale, wenn auch stark von der Norm abweichende Vorgänge;

beides kann im Hinblick auf das Können zu der Beurteilung »krank« führen.

Von der Klinik psychischen Krankseins her entsprechen unstreitig die symptomatischen Psychosen (ICD-Nr. 290-294) der Grundannahme 1), Neurosen der Grundannahme 2) (ICD-Nr. 300-315). Die Diskussion dreht sich deshalb um die »endogenen Psychosen« (ICD-Nr. 295 u. 296). Von diesen werden im Grunde nur die schizophrenen Erkrankungen diskutiert. Bezogen auf die gegebenen Positionen neigt die sog. klassische Psychiatrie zu der Annahme 1) und versucht, das veränderte Sein und die daraus erwachsenden veränderten Vorgänge zu erfassen. Dies ist Aufgabe und Ziel psycho-pathologischer Ansätze. Die psychotherapeutischen Schulen dagegen, allen voran die Psychoanalyse, haben im Gegensatz hierzu keine Psychopathologie entwickelt, sondern gehen von einem einheitlichen Erklärungsprinzip aller psychischen Vorgänge aus. Dies möge bei den folgenden Ausführungen im Auge behalten werden.

9. Der Psychopathologische Ansatz: Phänomene, Symptome und Syndrome

9.1 Die psychopathologische Betrachtungsweise

Der Begriff Psychopathologie ist zusammengesetzt aus Psyche (gr. = Seele), Pathos (gr. = Krankheit, Leiden) und Logos (gr. = Lehre, Wissenschaft) und kann darum verstanden werden als Lehre von den Krankheiten der Seele oder von psychischen Krankheiten. Da Psyche aber nur ein Aspekt des Menschen ist, und »krank« bzw. Krankheit den ganzen Menschen betreffen, ist Psychopathologie nicht Lehre von den Krankheiten der Seele, sondern von der beim psychisch Kranken veränderten Seele. Die Bedeutung dieser einschränkenden Aussage muß näher bestimmt werden. Sie hat verschiedene Ebenen:

a) Es kann sich um die krankhaft veränderte Psyche bei einzelnen psychisch Kranken handeln. Die bei ihnen festgestellten Phänomene können gemäß dem geisteswissenschaftlichen Ansatz das Besondere des jeweiligen Kranken beschreiben oder sie können Hinweis darauf sein, daß es sich um einen Fall einer bestimmten Krankheite handelt, der es erlaubt, den Betreffenden gemäß dem naturwissenschaftlichen Ansatz zu beurteilen. Die psychopathologischen Phänomene sind dann ein Symptom einer psychischen Krankheit oder ein Syndrom, das das Erscheinungsbild bestimmten psychischen Krankseins sein kann.

Faßt man die krankhaften Veränderungen der Psyche bei bestimmten Krankheiten ins Auge, abstrahiert also vom einzelnen Kranken und sucht nach dem Regelhaften bei den einzelnen Krankheitsbildern, handelt es sich um spezielle Psychopathologie. Werden dagegen krankhafte psychische Veränderungen überhaupt betrachtet, dann betreibt man allgemeine Psychopathologie.

b) Worum handelt es sich bei Pathologischem im Psychischen bzw. in der Psyche? Psychopathologie könnte auf den ersten Blick als Analogon zur pathologischen Anatomie verstanden werden: so wie sich neben gesundem Gewebe verändertes findet, sei es eine Entzündung, ein Tumor oder ein Infarkt, so wird von gesunden und kranken Anteilen der Persönlichkeit oder der Psyche gesprochen. Bei genauerem Hinsehen zeigt sich sofort, daß dieses Bild in die Irre führt und der Sachverhalt sehr viel komplexer ist. Organe kann man nur bei der Leiche isoliert vom Ganzen betrachten und untersuchen. Aus der Funktionseinheit eines lebendigen Organismus können sie nicht ohne Rückwirkung auf das Ganze in gleicher Weise wie aus der Leiche herausgelöst werden, da sie ein integraler Bestandteil dieser Einheit sind. Bei der Psyche verhält es sich in gewisser Hinsicht ähnlich. Sie kann nur am Lebenden untersucht und, nach der bekannten Äußerung des Pathologen R. *Virchow*, bei der Sektion naturgemäß niemals gefunden werden. Die Psyche ist aber kein Organ und hat auch keine Teile wie Organe, sie ist vielmehr ein »ganzheitlicher Aspekt« des Menschen. So wird Psychisches auch erlebt. Das Psychische hat jedoch gewisse »Züge«, und in ihm sind verschiedene Vorgänge zu unterscheiden, so sehr auch alles ineinanderfließt. Das alles ist der Gegenstand der Psychologie.

Wie aber kann nach dem Gesagten im Psychischen »Pathologie« sein? Gegenüber der Vorstellung, daß »Teile« erkrankt sind, muß man offensichtlich davon ausgehen, daß immer das Ganze erkrankt ist, wenn auch mit unterschiedlichen Akzentuierungen. Das Ganze ist auch bei Krankheiten im somatischen Bereich sehr oft zumindest mitbetroffen. Der Schweregrad einer Erkrankung wird vornehmlich anhand der Beeinträchtigung des Allgemeinzustandes beurteilt. Dieser geht in der Regel auch dem allgemeinen Befinden des Kranken parallel. Das Ganzheitliche ist also keine Besonderheit des Psychischen, wenn es hier auch in besonderer Weise gegeben ist, da es keine »psychischen Teile« gibt. Krankes im Psychischen ist darum nicht lokalisierbar wie in der pathologischen Anatomie. Die im Psychischen erkennbaren Züge oder, wie K. *Jaspers* sagt, die seelischen Einzeltatbestände sind in das Ganze eingebettet und können nur gedanklich »herausgelöst« werden. Das Verhältnis der »Teile« zum Ganzen spielt in der gesamten Medizin, so auch in der Psychiatrie, eine wichtige Rolle: Bei der Grunderfahrung »krank« und der Beurteilung des Zustandes von Kranken steht »das Ganze« im Vordergrund, während sich die Wissenschaft, in unserem Fall die Psychopathologie, mehr den »Einzelteilen«, d. h. den Symptomen und Symptom-Verbänden zuwendet.

Die Frage, was krankhaft im psychischen Bereich sein kann, muß auch in einer anderen Hinsicht gestellt werden. Wir hatten schon in den Vorbemerkungen zu diesem Kapitel ausgeführt, daß es sich um abnorme quantitative sowie um qualitative Veränderungen handeln kann, die Nicht-können = krank bewirken. Dabei ist wichtig zu beachten, daß letzteres nicht für Einzelsymptome gilt. Es gibt nämlich keines dieser sog. psychopathologischen Symptome im engeren Sinne, das nur bei psychischer Krankheit auftritt. Das wird unten im Kapitel 9.12 über die allgemeinen psychopathologischen Symptome näher ausgeführt.

c) Wie ist »psychisch« und damit auch »psychopathologisch« gegen »nicht-psychisch« abgegrenzt? Diese Frage mag auf den ersten Blick überraschen, ist doch psychisch alles, was wir erleben. Schon die Tatsache, daß die für die Bewußtseinspsychologie noch fraglos gültige Aussage, bewußtes Erleben grenze Psychisches ein, durch die Tiefenpsychologie außer Kraft gesetzt wurde, zeigt, daß die Abgrenzung nicht selbstverständlich ist. Noch schwieriger wird sie bei allen Sinneswahrnehmungen, bei neuropsychologischen und allen psychophysiologischen Phänomenen. Diesen ist gemeinsam, daß sie sowohl faßbare psychische wie auch somatische Einzelbefunde zeigen, zwischen denen eine Korrelation besteht. Wo beginnt hier das Psychische und wo hört es auf? Die gleiche Frage stellt sich bei komplexeren Vorgängen, wie dem Ausdrucksverhalten. Bei psychosomatischen Störungen und Krankheiten werden die somatischen Beschwerden und krankhaften Veränderungen als Ausdruck psychischer Konflikte aufgefaßt. Das gleiche gilt für jegliches Verhalten, »normales« und »abweichendes«, das selbstverständlich als psychisch be-

dingt angesehen wird. Solches Fragen zeigt, daß es einerseits nichts am Menschen gibt, was nicht auch »psychisch« ist und andererseits nichts, was nur »psychisch« ist. Aus dem Gesagten wird die Tendenz verständlich, das »eigentlich Psychische« im »Innen« zu suchen. So gesehen zeigt sich das Innen im »Außen«. Dort ist es quantifizierbar. Der eigentliche Zugang zum Innen ist aber nur gegeben, wenn der Betreffende sich öffnet und sein »Innen« mitteilt. Auch dieser Zugang ist nicht unmittelbar. Die Kommunikation, sowohl die verbale wie die averbale, setzt vielmehr das »Außen« voraus. Das alles macht verständlich, daß das »Innen« zum »Psychischen« und das Außen immer stärker zum »Somatischen« verkürzt wird, und man dabei in den abendländischen Leib-Seele-Dualismus hineingerät. Die dabei auftretenden Schwierigkeiten haben dazu geführt, daß sich alle Psychopathologien dem »Innen« psychischen Krankseins in besonderer Weise zugewandt haben.

d) Ein ganz anderer Problemkreis ist, wie die verschiedenen psychologischen Ansätze das »Innen« psychischen Krankseins erfaßt und beschrieben haben. Nachhaltig geprägt wurde die Psychopathologie bis heute durch den »innenpsychopathologischen« analytischen Ansatz von *Karl Jaspers*. Er forderte, daß man bis zu dem vordringen müsse, was der einzelne wirklich erlebt hat, d. h., wie er sagt, zu den »Einzeltatbeständen des Seelenlebens«. Da der Bereich des Erlebens sehr umfangreich ist, muß er, um ihn zu beschreiben, gegliedert werden. Die Einzeltatbestände werden zu diesem Zweck aus dem Ganzen des Erlebens begrifflich »herausgelöst«, ebenso wie das Erleben selbst aus dem Ganzen des Menschen. Bei den Einzeltatbeständen des Seelenlebens entsteht ebenfalls die Tendenz, ihnen ein »eigenes Sein« zuzuschreiben, wie wir dies für die Begriffe Krankheit, Soma und Psyche oben schon gesehen haben. Durch das begriffliche Abheben aus dem Erleben werden sie ganz vom Erlebnishintergrund gelöst, so daß es auf dieser Abstraktionsebene möglich wird, sie als psychopathologische Grund-Phaenomene von den verschiedenen Erlebenshorizonten zu isolieren.

Da es verschiedene Weisen gibt, psychisch krank zu sein, stellt sich für die Psychopathologie die Frage, ob die aus verschiedenartigen

Ganzheiten des Erlebens »herausgelösten« Einzeltatbestände wirklich gleichartig sind. Von der formalen Struktur her ist das zweifellos der Fall. Eine optische Halluzination ist eben immer das Erlebnis einer Sinneswahrnehmung, ohne daß ein realer Wahrnehmungsgegenstand vorhanden ist, gleichgültig, ob der Betreffende träumt, eine occipitale Hirnschädigung hat, an einer symptomatischen oder schizophrenen Psychose leidet. Diese formale Gleichheit begünstigt die Vorstellung, es gäbe »ganz reine« psychopathologische Einzeltatbestände, die keine Eigentümlichkeit des Ganzen mehr zeigen, aus dem sie genommen wurden. Wir stehen auch hier wieder vor der Tatsache, daß für das Erarbeiten von Gedankendingen von dem Ganzen, das das Material für die Abstraktion liefert, unvermeidlich abgesehen werden muß.

Dem analytischen Ansatz von *Jaspers* (die erste Auflage seiner allgemeinen Psychopathologie erschien im Jahre 1913) sind erst in den Jahrzehnten nach dem zweiten Weltkrieg andere Ansätze gefolgt, z. B. der gestaltpsychologische von K. W. *Bash* und ganzheitspsychologische Ansätze z. B. von N. *Petrilowitsch* und *Janzarik*. Letztere geraten in die Nähe umfassender psychologischer, wenn nicht anthropologischer Konzepte. Sie wurden jeweils an bestimmten Beispielen entwickelt, von *Petrilowitsch* an den abnormen Persönlichkeiten, von *Janzarik* an den endogenen Psychosen und haben deswegen vornehmlich für diese Bezugsgruppen Bedeutung erlangt.

e) Nicht zur Psychopathologie gehören die Problemkreise der Unterscheidung zwischen »krank« und »nicht krank«, die Frage der Diagnose und Differentialdiagnose psychischer Krankheiten, obwohl es hier von der Sache her natürlich weitgehende Überschneidungen gibt. Dies darf aber nicht dazu führen, die verschiedenen Betrachtungsweisen miteinander zu vermischen.

f) Abschließend mögen negative Bestimmungen verdeutlichen, welches der Ort von Psychopathologie ist, wie sie eingegrenzt wird und was sie nicht ist. Psychopathologie vermag, wie gesagt, nichts über »krank«– »nicht krank« auszusagen. Ihr ist auch keine Aussage über das Wesen von psychischer Krankheit möglich.

Ferner vermag die Psychopathologie nichts über die Genese psychischen Krankseins auszusagen, also nicht zu der Frage Stellung zu nehmen, ob eine Psychogenese oder Somatogenese anzunehmen ist. Schließlich ist die Psychopathologie allein keine Grundlage für die Diagnose psychischer Krankheiten. Natürlich gibt es hier überall Überschneidungen. Psychopathologische Aussagen sind von den anderen Fragen nicht zu lösen, aber auch nicht mit ihnen identisch. Das Ausklammern der Genese bedeutet nicht »reine Statik« bzw. Deskription von Statischem. Auch psychische Vorgänge gehören zum Gegenstand der Psychopathologie. Diese sind aber von der Genese psychischer Krankheit sorgfältig zu unterscheiden, da Krankheit, wie gesagt, nicht rein psychischer Natur ist.

Wenden wir uns nach diesen formalen Bestimmungen den inhaltlichen Aussagen der allgemeinen Psychopathologie zu, die diejenigen der speziellen Psychopathologie voraussetzen. In den klinischen Kapiteln des Teiles II wurden die speziellen psychopathologischen Befunde bei den einzelnen Krankheitsbildern dargestellt. Für die allgemeine Psychopathologie wird von diesen ganz abgesehen, um zu allgemeinen Begriffen und Regeln des Psychopathologischen zu gelangen. Voraussetzung hierfür ist, wie schon oben gesagt, eine Gliederung des Psychischen, der angesichts dessen, was zu gliedern ist, unvermeidlich etwas Starres und Willkürliches anhaften muß. Für die Beschreibung psychischer Vorgänge entsteht dadurch die Gefahr, von einer mechanischen Betrachtungsweise auszugehen. Dem Lebendigen und dem mit ihm gegebenen Ineinander-Verwobensein aller Bereiche und ständigem Wandel werden Bilder oft besser gerecht als aus der Physik entlehnte Vorstellungen.

Einer näheren Betrachtung für die allgemeine Psychopathologie bedürfen das Wachbewußtsein, die Affektivität, die Intelligenz, die Sinneswahrnehmungen und die Persönlichkeitsstörungen u. a. Wir beginnen mit der Grundgegebenheit alles menschlichen psychischen Lebens, dem Wachbewußtsein und seinen Veränderungen.

9.2 Das Wachbewußtsein und seine Veränderungen

Bewußtsein beinhaltet sowohl das gegenwärtig Erlebte (Bewußtseinsinhalt) als auch das Innewerden dieses Erlebens, das wiederum auch Bewußtseinsinhalt sein kann, denn wir sind uns auch dessen bewußt. Damit ist die unlösbare Schwierigkeit gekennzeichnet, Bewußtseinsvorgang und -inhalt voneinander zu trennen und eine gültige Definition von Bewußtsein zu geben. Voraussetzung hierfür sowie für jegliches psychische Leben und Erleben ist das, was als Wachbewußtsein bezeichnet wird. Auch für dieses gibt es keine allgemeingültige Definition. Dennoch sind über das Wachbewußtsein Aussagen möglich, die für die Klinik von großer Bedeutung sind. Eine der wesentlichen betrifft die Helligkeit bzw. Trübung des Wachbewußtseins (Vigilanz).

In der Regel geht man davon aus, daß Veränderungen des Wachbewußtseins nur in Form einer Minderung der Vigilanz auftreten und zwar als Schlaf und Bewußtlosigkeit. Jedem sind die eindrucksvollen Erlebnisse des Müdewerdens und Einschlafens, kurz, des schwindenden Bewußtseins aus dem täglichen Leben bekannt. Viele haben entsprechende Erfahrung aus der Einleitung der Narkose, die über eine Benommenheit zur Bewußtlosigkeit führt. In dieser hat das Bewußtsein gleichsam eine unveränderliche Grenze, wenn man von der Frage absieht, was im Tode geschieht. Es fragt sich, ob auch der Zustand wachen Bewußtseins als Grenzzustand verstanden werden muß, wie das in der Regel geschieht. J. *Zutt* (1943) hat anhand der Erfahrungen mit Pervitin gezeigt, daß es nicht nur Veränderungen des Bewußtseins zum Pole der Bewußtlosigkeit hin, sondern auch in der Richtung einer gesteigerten Wachheit, einer übermäßigen Helle und Weite gibt. Er fragt sich: »Was geschieht (durch die Gabe von Pervitin) mit dem Bewußtsein eines wachen Menschen, bei dem keine Benommenheit aufzuhellen ist, keine Müdigkeit zu vertreiben, wenn er unter die Wirkung des Medikamentes gebracht wird«, und antwortet: »Wäre die Wachheit, das wache Bewußtsein, ein Grenzzustand, nur der Veränderung in Richtung zu Benommenheit und Bewußtlosigkeit fähig, so würde sich wohl gar nichts ereignen. Es wäre nicht anders, als wenn man über einen schon reingefegten Tisch

noch einmal mit der Hand wegfahren würde; mehr als rein kann er nicht werden. So ist es aber nicht. Der wache Mensch erfährt eine deutliche Veränderung« (durch die Gabe von Pervitin). Es tritt mehr als völlige Wachheit und mehr als völlige Bewußtseinsklarheit ein, also eine Überwachheit, eine Überhelle und Überweite«. Daraus folgerte er, daß das Bewußtsein eine polare Struktur hat. K. W. *Bash* bezeichnet mit den Begriffen Bewußtheit bzw. Unbewußtheit »zwei ineinandergreifende Bereiche einer Skala, auf welcher sämtliche psychische Inhalte zwischen den Polen der höchstmöglichen Bewußtheit und der tiefst möglichen Unbewußtheit geordnet werden können« (1955). Jedem psychischen Inhalt kommt so im gegebenen Augenblick ein gewisser Bewußtheits- bzw. Unbewußtheitsgrad zu.

Die polaren Gegensätze gibt es physiologischerweise; abgesehen vom Schlafen und Wachen kennt jeder Zustände, in denen das Erleben besonders intensiv bewußt ist sowie dessen Gegenteil, daß alles in die Ferne gerückt und gleichgültig erscheint.

Prinzipiell verschieden davon sind die Bewußtseinsveränderungen im pathologischen Bereich. Das ist am deutlichsten an dem Unterschied zwischen Schlaf und Koma zu erkennen. In beiden Fällen ist der Betreffende nicht bei Bewußtsein. Aus dem Schlaf, der verschiedene Stadien zeigt (Kapitel 31), ist er aber jederzeit erweckbar. Die Tiefe der Bewußtlosigkeit, die verschiedene Grade zeigt, kann durch Reize zwar vorübergehend etwas vermindert, aber ein Erwachen nicht bewirkt werden. Als Grade der Bewußtseinsminderung werden Benommenheit, Somnolenz, Sopor und Komata verschiedener Schweregrade unterschieden. Neurologische Befunde, wie die Weite und Reaktion der Pupillen, das Reflexverhalten sowie die Reaktionen auf Sinnesreize, erlauben diese Differenzierungen.

Die Beschreibung der Abnahme der Helligkeit des Bewußtseins in der Richtung zum Schlaf und zur Bewußtlosigkeit hin als rein quantitatives Phänomen ist aber eine unzulässige Vereinfachung, die den Phänomenen nicht gerecht wird. Der zunehmende Verlust an Erlebnisinhalten beim Einschlafen bedeutet nicht nur einen entsprechenden Verlust der Möglichkeiten, etwas zu erleben, vielmehr treten in einem bestimmten Schlaf-Stadium vielfältige traumhafte Erlebnisse auf. Das Sprechen im Schlaf und das Nachtwandeln sind in analoger Weise zu sehen. Bei den pathologischen Formen absinkender Bewußtseinshelligkeit gibt es Entsprechendes in Form von Delirien und Dämmerzuständen, die sowohl auf den »Weg in die Bewußtlosigkeit« wie beim Erwachen aus derselben auftreten können.

Im Schlaf und in der Bewußtlosigkeit zeigen die Betreffenden keine individuellen Reaktionen. Dies ändert sich im Traum sowie in Delirien, in denen die Persönlichkeit und ihre Reaktionsweise die Erscheinungsbilder der Bewußtseinsstörung sehr vielfältig werden lassen, wenn ihnen auch noch gewisse Grundzüge gemeinsam sind. Bei den pathologischen Minderungen der Bewußtseinshelligkeit treten Verlangsamung der Reaktionen, Störungen der Aufmerksamkeit und Konzentrationsfähigkeit ein und damit zusammenhängende Beeinträchtigungen der Fähigkeit, die Situation richtig zu erkennen und sich in Raum und Zeit zu orientieren.

Die Ursache für die pathologischen Verminderungen der Bewußtseinshelligkeit sind primär Hirnerkrankungen z. B. Tumoren, Traumen, Entzündungen, Durchblutungsstörungen und sekundäre Auswirkungen allgemeiner Erkrankungen, z. B. Sauerstoffmangel, Stoffwechselstörungen (Diabetes mellitus, Urämie u. a.), Infektionskrankheiten und Intoxikationen mit narkotisch wirkenden Mitteln. Bei letzteren ist die von der Pharmakologie her bekannte *Arndt-Schultzsche* Regel zu beachten, die besagt, daß kleine Dosen dieser Mittel anregend, etwas größere sedierend und noch größere betäubend wirken. Beim Absetzen dieser Mittel, vor allem nach längerem Gebrauch, wird erneut ein Erregungszustand durchlaufen, der zu epileptischen Anfällen führen und mit deliranten Bildern einhergehen kann.

Weniger beachtet werden in der Regel die pathologischen Zustände abnormer Bewußtseinshelligkeit. Solche treten auf beim Gebrauch von Weckaminen, Halluzinogenen und bei manischen, vor allem ekstatisch gefärbten manischen Zuständen. Es tritt in diesen eine Erweiterung der Aktivitäten und Ansprechbarkeit ein, verbunden mit einer erhöhten Leistungsbereitschaft. Subjektiv besteht dabei der Eindruck besonderer Produktivität, der allerdings der objektiven Nachprüfung durch andere oder der Beurteilung durch den Betreffenden selbst nach Abklingen des Zustandes nicht standhält. Die Umwelt wird für den Betreffenden nicht nur interessanter, es interessiert ihn auch viel mehr in ihr als vorher. Es gibt infolgedessen keine Langeweile, die Betreffenden fühlen sich ständig angeregt. Für den Außenstehenden bedeutet das, daß eine erhöhte Ablenkbarkeit und Unruhe im Tun bei so Veränderten eingetreten ist. Sie können sich nicht konzentrieren, weil zu viel Interessantes gleichzeitig vorhanden ist. Insofern kann man von einer Erweiterung des Bewußtseinsfeldes sprechen. Hierauf wird im nächsten Absatz näher eingegangen. Diese Erweiterung des Bewußtseinshorizontes führt aber auch zu einer Störung der gewohnten Ordnung. Man kann auch sagen, daß die Fähigkeit, Inhalte einzuordnen begrenzt ist und diese Fähigkeit bei einer zu großen Weite und Helligkeit des Bewußtseins überfordert wird, und die Gegebenheiten werden dann »unfaßlich«. Dies führt zu einer Verunsicherung des Betreffenden und nicht selten zu erheblicher Angst. Hierauf wird näher in dem folgenden Abschnitt über die Affektivität eingegangen.

Eine weitere klinisch wichtige Aussage über das Wachbewußtsein ist die über die Weite des Bewußtseinsfeldes. Damit ist gemeint, daß der Umfang dessen, was gleichzeitig bewußt ist, stets begrenzt ist, aber unterschiedlich groß sein kann. Derartige Unterschiede sind jedem bekannt: Es kann nur ein Gegenstand im Bewußtsein sein oder vieles, womöglich zu vieles, Interesse erregen, so daß man es nicht fassen kann. Das ist durch Experimente zu belegen. Bei tachistoskopischen Untersuchungen z. B. können nur 4–6 einfache Wahrnehmungsinhalte zugleich aufgefaßt werden. Solche Experimente entsprechen aber nicht der Wirklichkeit des Erlebens. Normalerweise ist ein Gegenstand »scharf bewußt«. Um ihn herum gibt es einen mehr oder weniger großen »Hof«, der zu dem Gegenstand gehört, nicht ganz bewußt, aber auch nicht so »voll bewußt« ist wie der im Mittelpunkt stehende Gegenstand. In Zuständen der Müdigkeit etwa ist es nur schwer oder gar nicht möglich, einen Gegenstand im Bewußtsein zu halten. Dies wird als Unfähigkeit, sich zu konzentrieren, oder als leichte Ablenkbarkeit beschrieben. Gleichzeitig ist in solchen Zuständen der »Hof« in der Regel kleiner als bei der Konzentration auf einen Gegenstand. Im wachen, nicht ermüdeten Zustand kann man sich schließlich dem Bewußtseinsstrom, d. h. einem ununterbrochenen Strom von Bewußtseinsinhalten ausliefern, etwa beim sog. Tagträumen. Dabei handelt es sich um einen willensunabhängigen, fast passiven Vorgang. Bei den östlichen Meditationspraktiken dagegen wird versucht, von den heranströmenden Gedankeninhalten ganz abzusehen, sich auch nicht auf einen Gegenstand zu konzentrieren und dennoch nicht in ein leeres Dösen, sondern in einen Zustand des hellen Wachseins zu kommen, in dem man weder von einer Enge noch Weite des Bewußtseinsfeldes sprechen kann.

Die geschilderten Bewußtseinszustände werden mehr oder weniger aktiv herbeigeführt bzw. zugelassen. Beim Einschlafen kommt es zu einer Einengung des Bewußtseinsfeldes, das im Traum eine Ausweitung erfahren kann, aber nicht muß.

Zu starken Einengungen des Bewußtseinsfeldes kommt es bei Angstzuständen und Depressionen aller Art sowie bei dem präsuizidalen Syndrom. Extreme Einengungen des Bewußtseinsfeldes ohne Störung des Wachbewußtseins können bei sog. hysterischen Dämmerzuständen eintreten. Bei Dämmerzuständen mit Minderung des Wachbewußtseins der verschiedensten Genese kommt es ebenfalls zu starken Einengungen des Bewußtseinsfeldes, etwa bei Epilepsie oder im pathologischen Rausch.

Abnorme Erweiterungen des Bewußtseinsfeldes treten – wie oben schon angedeutet – bei Zuständen von überhellem Bewußtsein ein, so daß die Betreffenden die Fülle der Gegenstände nicht mehr übersehen und in den Griff bekommen können. In diesen Zuständen ist alles, was sonst nur als »Hof« zum Bewußtseinsfeld hinzukommt, klar bewußt.

Mit dem Ausdruck »Hof« wurde ein komplexes Problem angesprochen, auf das noch näher einzugehen ist. Es muß zwischen Bewußtem, relativ Bewußtem und relativ Unbewußtem sowie Unbewußtem unterschieden werden. Zum Bewußten kommt das, was mit ihm gegeben ist und vorläufig als Hof bezeichnet wurde, hinzu. Dagegen ist das relativ Unbewußte, auch als Vorbewußtes bezeichnet, im gegebenen Augenblick nicht bewußt, kann aber ohne besondere Schwierigkeiten in das Bewußtsein gehoben werden, während dies beim Unbewußten nicht möglich ist.

Diese Unterscheidungen hat S. *Freud* in seinem tiefenpsychologischen Modell ausdrücklicher formuliert und in sein psychodynamisches Konzept einbezogen und zu einem Interpretationsmodell erweitert. Das Vorbewußte ist im ersten Modell, das er vom psychischen Apparat entwickelte, eine Instanz, die zwischen dem Bewußten und dem Unbewußten wie ein Schirm eingeschoben ist. Es unterhält nähere Beziehungen zum Bewußten als zum Unbewußten. Diesem stellt sich das Vorbewußte als kritisierendes System entgegen, das den Vorgängen im Unbewußten den ungehinderten Zugang ins Bewußtsein versperrt. Die Vorgänge und latenten Gedanken im Vorbewußten können jederzeit ins Bewußtsein eindringen, sofern sie eine gewisse Intensität aufweisen und die Aufmerksamkeit des Bewußtseins auf sich ziehen. Die Zensur des Unbewußten ist dagegen der bewußten Einflußnahme entzogen.

Auf die Einzelheiten dieses Modells wird im Kap. 11.3 näher eingegangen.

Das durch das Wachbewußtsein konstituierte psychische Leben des Menschen wird durch zahlreiche psychische Eigenschaften vielfältig variiert. Die Reihenfolge, in der wir die für die Klinik psychischen Krankseins wichtigen Komponenten behandeln, ist keine Rangfolge. Es sei auch darauf hingewiesen, daß ihre Schilderung in psychologischen Begriffen eine Reduktion bedeutet und deshalb hinter literarischen Darstellungen seelischen Erlebens zurückbleibt.

9.3 Störungen der Affektivität

Das Gefühlsleben, oder, wie man in der Psychiatrie sagt, *die Affektivität* ist einer der wesentlichen Faktoren des menschlichen psychischen Lebens, wodurch es seine Farbe erhält. Die Affektivität hat mit dem Bewußtsein gemeinsam, daß es keine gültige Definition für sie gibt, aber dennoch viele für die Klinik wichtige Aussagen möglich sind. Einiges hierüber wurde in dem Kapitel 7.4 über die affektiven Psychosen bereits ausgeführt. Das soll hier ergänzt werden. Mit dem Wachbewußtsein hat die Affektivität gemeinsam, daß sie auch eine polare Struktur besitzt, wie die ihr zugehörigen Begriffspaare Euphorie-Depression, Freude-Traurigkeit, Lust-Unlust, Beglücktheit-Angst, angenehm-unangenehm (im Gegensatz zu richtig-falsch und gut-böse) zeigen. Die Art dieser Polarität ist freilich von der des Wachbewußtseins sehr verschieden. Bei diesem ist der eine Pol eine Minderung bis hin zum völligen Verlust, der Gegenpol eine Erweiterung mit einer Tendenz ins »Grenzenlose«. Dagegen bedeutet der »negative« Pol der Affektivität nicht Minderung des Lebens und Erlebens, sondern im Gegenteil deren Steigerung und Intensivierung in der Gestalt von Furcht, Angst, Grauen, Verzweiflung. Beim Abweichen der Affektivität von der »Mittellage« in die eine oder andere Richtung tritt aber dennoch auch eine Minderung ein. Die Vielfalt und der Reichtum an Nuancen, die Differenziertheit des Reagierens gehen bei der Steigerung der Intensität des affektiven Lebens parallel damit verloren, es wird immer einförmiger, z. B. ganz von der Angst oder auch ekstatischem Glücksgefühl geprägt.

Bisher wurde die Affektivität als ein Zustand gekennzeichnet, in dem man sich befindet. Das ist fraglos einer ihrer Züge. So gesehen wird mit Stimmung oder Gestimmtheit die über längere Zeit vorliegende affektive Verfassung eines Menschen gemeint, mit Affekten dagegen kurzdauernde Gefühlsveränderungen, die rasch eintreten und eine große Intensität erreichen können, und mit Temperament die habituelle affektive Eigenart einer Person. Affektivität und damit Stimmung, Affekt und Temperament haben aber noch entscheidende andere, dynamische Komponenten. C. G. *Jung* sagte in diesem Zusammenhang: »Das Gefühl ist zunächst ein Vorgang, der zwischen dem Ich und einem gegebenen Inhalt stattfindet, und zwar ein Vorgang, welcher dem Inhalt einen bestimmten Wert im Sinne des Annehmens oder Zurückweisens (Lust oder Unlust) erteilt, sodann aber auch ein Vorgang, der, abgesehen vom momentanen Bewußtseinsinhalt oder von momentanen Empfindungen, sozusagen isoliert als Stimmung auftreten kann.« Zwischen dem erlebenden Ich und den in seiner Innen- und Außenwelt vorhandenen Gegenständen aller Art spielen sich zusammen mit dem Wahrnehmen und Erkennen affektive Vorgänge ab, bei denen, etwas schematisierend, zwei »Richtungen« unterschieden werden können: Die eine ist dadurch gekennzeichnet, daß das Ich durch einen Gegenstand oder ein Ereignis affektiv angerührt wird und darauf reagiert, sei es mit Freude oder Trauer, Begeisterung oder Zorn, gehobener oder gedrückter (Ver)Stimmung. Der affektive Vorgang hat gleichsam die umgekehrte Richtung, wenn sich das Ich einem Gegenstand affektiv zuwendet, ihn »affektiv besetzt«. K. *Lewin* sprach von dem Aufforderungscharakter von Gegenständen, der dazu führt, daß sie die affektive Aufmerksamkeit oder »Energie« anziehen. Gefühle werden danach unterschieden, welchem Gegenstand sie sich zuwenden. So wird etwa von Leibgefühlen, von Selbst- und Fremdwertgefühlen gesprochen. Diese zeigen wiederum entgegengesetzte Züge, etwa Gefühle von Überlegenheit, Selbstgefälligkeit, Kraft, Stolz, Sicherheit oder von Schuld, Beschämung, Unsicherheit, Minderwertigkeit. Als Fremdwertgefühle wären zu nennen: Zuneigung, Vertrauen, Liebe, Ehrfurcht, Interesse oder Abneigung, Mißtrauen, Haß, Verachtung, Ablehnung.

Es versteht sich, daß die geschilderten affektiven Vorgänge in mehr oder weniger lang andauernde affektive »Zustände« übergehen und diese wiederum durch affektive Reaktionen dieser oder jener Art modifiziert werden können, wobei die habituelle Reaktionsweise, die das Temperament entscheidend charakterisiert, von wesentlicher Bedeutung ist. Hier sind zu nennen die Stärke der Empfindlichkeit, d. h. mehr oder weniger ausgeprägt sensibel bzw. stumpf sowie die affektive Eigenart, d. h.

schwernehmend, melancholisch oder leichtlebig, hyperthym. Solche Eigentümlichkeiten der Persönlichkeit haben ihren Niederschlag in der Literatur aller Zeiten gefunden. In der Psychiatrie werden ihre ausgeprägten Formen als psychopathische Persönlichkeiten beschrieben, die H. *Binder* als Thymopathen auffaßt. *Kurt Schneider* unterscheidet (es gibt zahlreiche andere Einteilungen): Hyperthymische, depressive, selbstunsichere, fanatische, stimmungslabile, geltungsbedürftige, gemütslose, willenlose, asthenische und explosible abnorme Persönlichkeiten.

Die bisherige Darstellung der polaren Struktur der Affektivität bedarf einer Ergänzung, die im Hinblick auf das psychische Kranksein erhebliche Bedeutung hat. Bei der Affektivität gibt es Veränderungen nicht nur in Richtung der Pole Euphorie-Depression, sondern auch in der Art ihrer Ansprechbarkeit, sei es in Form erhöhter Erregbarkeit oder deren Gegenteil, in Form herabgesetzter Erregbarkeit oder Stumpfheit. Bei verstärkter Erregbarkeit sind rasches und langsames Ansprechen der Affektivität zu unterscheiden. Man spricht von Lebhaftigkeit und Schwerblütigkeit. Diese besagt aber nicht Stumpfheit, sondern im Gegenteil, eine nicht selten starke , sehr tiefgehende und länger andauernde affektive Reaktionsweise. Stumpfheit dagegen bedeutet eine Minderung affektiver Ansprechbarkeit jedweder Art.

Bei der Beurteilung der Affektivität ist also sowohl die Qualität wie auch die Quantität ihrer Reaktionsweise zu beurteilen.

Die geschilderten »normalen« affektiven Vorgänge und »Zustände« werden bei psychisch Kranken nicht aufgehoben oder vollständig durch die krankhaften psychischen Vorgänge ersetzt, sondern bleiben erhalten, werden allerdings dadurch, daß die »Ausgangslage« sich infolge der psychischen Krankheit ändert, vielfach modifiziert. Das gilt auch für die affektiven Psychosen, bei denen sich ebenfalls normale und pathologische Affektivität nebeneinander findet, wie oben dargelegt (Kap. 7.4). Krankhafte Veränderungen der »Ausgangslage«, die zu pathologischen affektiven Vorgängen und Veränderungen führen, finden sich außerdem bei symptomatischen Psychosen und Psychosen aus dem schizophrenen Formenkreis. Das Erleben der eintretenden

krankhaften Veränderung führt häufig zu Angst, da die Betroffenen gleichsam den Boden unter den Füßen verlieren. Solange die Angst im Gegensatz zu manchen Formen von Phobien (z. B. Spinnenphobie) nicht auf einen Gegenstand bezogen wird, spricht man von »freisteigender« Angst. Der Kranke kann aber auch Befürchtungen entwickeln, die seinen eigenen Leib oder seine Person betreffen (hypochondrische Befürchtungen, Schuldgefühle) oder Beziehungs- und Verfolgungsideen. Die Angst, die er dabei wahrnimmt, führt er darauf zurück, daß andere sich gegen ihn stellen oder ihn verfolgen, bemerkt aber nicht, daß er die Betreffenden vorher gleichsam zu seinen Verfolgern gemacht hat. Es kann sich, wenn auch seltener, das Gegenteil einstellen, nämlich eine abnorme Selbstsicherheit mit entsprechendem Kraftgefühl, die zu Selbstüberschätzung mit Größenideen, die die eigene Person und die eigenen Möglichkeiten betreffen, führt. Derartiges wurde bei der progressiven Paralyse nicht selten beobachtet, tritt aber auch bei anderen symptomatischen Psychosen und bei Frontalhirnverletzungen auf und kann ebenfalls am Beginn schizophrener Erkrankungen stehen.

Verarmung des Gefühlslebens und verminderte affektive Ansprechbarkeit (nicht das Gefühl der Gefühllosigkeit bei endogenen Depressionen) treten häufig bei chronischen symptomatischen Psychosen auf. Bei ihnen, ebenso wie bei chronisch schizophrenen Kranken, darf aber nicht übersehen werden, daß sie auch dann, wenn sie affektiv abgestumpft wirken, nicht selten außerordentlich verletzbar sind, sich aber nicht zu äußern vermögen. Bei chronischen symptomatischen Psychosen führt die Häufung solcher Verwundungen, je nachdem, wie stark das Antriebsvermögen betroffen ist, immer wieder zu für die Umgebung überraschenden Affektausbrüchen oder -handlungen, während schizophrene Kranke eher zum Rückzug von der sie zu sehr bedrängenden Umgebung neigen (= wesentliche Teilkomponente des sog. Autismus).

Mit »inadäquatem Affekt«, der insbesondere bei schizophrenen Kranken beobachtet wird, ist gemeint, daß z. B. der Kranke anscheinend kaum betroffen davon spricht, er werde durch irgendwelche Machenschaften seiner Widersacher ständig gefoltert und gemordet. Ein häufig zitiertes Beispiel ist, daß solche Kranke bei einem traurigen Anlaß, etwa einer Beerdigung, plötzlich zu lachen beginnen. Das Inadäquate liegt dabei darin, daß die gesunde Umgebung eine andere affektive Reaktion erwartet, als sie der Kranke zeigt, der, wie sich in der Regel ergibt, für sein Erleben ein angemessenes affektives Verhalten bietet. Unangemessene affektive Reaktionen finden sich auch bei chronischen symptomatischen Psychosen und vor allem bei Hirnverletzten, wenn das Orbitalhirn mitbetroffen ist.

Chronische symptomatische Psychosen und Hirngeschädigte können auch eine sog. Affektlabilität oder Affektinkontinenz zeigen, d. h. schon auf geringfügige Anlässe hin überstark reagieren, etwa mit Weinen oder Lachen, wobei der Eindruck entsteht, daß dabei ihre Person nicht tiefgehend davon betroffen ist, sondern das affektive Geschehen mehr ein äußerer Ablauf des entsprechenden Ausdrucksverhaltens bleibt.

Es wird auch eine übermäßige Objektbezogenheit des Gefühlslebens beobachtet, die physiologischerweise bei Kindern und dementsprechend bei infantil gebliebenen Persönlichkeiten auftritt. Sie ist eine der wesentlichen Störungen bei neurotischen Erkrankungen und, wie schon erwähnt, bei Psychosen aller Art sehr häufig gegeben. Eine besondere Bedeutung gewinnen in der Klinik die Leibgefühlsstörungen, die entweder an bestimmten Stellen im Leib lokalisiert oder als allgemeine Leibgefühlsstörungen, sog. Vitalstörungen, empfunden werden. Nur letztere können auch als angenehm erlebt werden. Klagen über Leibgefühlsstörungen aller Art sind sehr häufig Ausdruck psychischer Störungen. Sehr viele Menschen erleben psychische Störungen als somatische und können hier begrifflich nicht so differenzieren, wie dies in der Psychologie geschieht. Dies ist einer der Gründe für den Ärzten gegenüber geäußerten Vorwurf, daß sie die psychische Störung hinter den somatisch klingenden Klagen nicht erkennen.

Eine besondere Form sind die von G. *Huber* sogenannten coenästhetischen Leibgefühlsstörungen einer bestimmten Gruppe Schizophrener. Er versteht darunter »qualitativ eigenartige Leibgefühle, die durch die fast unübersehbare Mannigfaltigkeit, den raschen zeitlichen Wechsel, den häufig paroxysmalen oder phasenhaften Charakter ihres Auftretens und die subjektive Neu- und Andersartigkeit, den fremdartigen, seltsamen, z. T. bizarren Charakter und die schwere Beschreibbarkeit gekennzeichnet sind«. Da es dem Kranken für die Leibgefühlsstörungen an adäquaten Ausdrucksmöglichkeiten fehle, nehme er Zuflucht zu oft grotesk anmutenden Vergleichen und Bildern. Aus dieser Vielfalt hebt G. *Huber* einige Prägnanztypen hervor, und zwar »Taubheits-, Steifigkeits- und Fremdheitsempfindungen bis zu Entfremdungserlebnissen am eigenen Körper; Sensationen motorischer Schwäche; umschriebene Schmerzsensationen; Wandersensationen, d. h. unbestimmt fluktuierende, ziehende, kreisende, steigende Leibgefühle; Elektrisierungs- und thermische Sensationen; Bewegungs-, Zug- und Druckempfindungen im Körperinneren und an der Körperoberfläche; Erlebnisse abnormer Schwere oder Leichtigkeit und Leere; Erlebnisse der Verkleinerung und Schrumpfung; kinästhetische Sensationen; vestibuläre Sensationen und sensorisch, affektiv und sensibel ausgelöste Dysästhesien«.

Durch den von K. *Schneider* geprägten Ausdruck »vitale Traurigkeit«, mit dem er das Besondere der Leibgefühlsstörungen endogener Depressionen zu charakterisieren versucht, wird der Unterschied von Traurigkeit und Depression verwischt (Näheres hierzu siehe Kap. 7.4).

Als Reaktion auf plötzliche belastende Ereignisse kann es zu einer akut eintretenden Lähmung affektiver Vorgänge kommen. Die Folge davon ist, daß die davon Ergriffenen nicht nur nicht betroffen wirken, sondern sich so, als ob nichts geschehen wäre, verhalten und handeln können. Dies kann eine Art Schutzfunktion haben, so daß die Betroffenen z. B. nicht in Panik geraten und die erforderlichen Maßnahmen sachgerecht ergreifen. Es kann aber auch sein, daß sie gar nichts tun und ganz unbeteiligt alles über sich ergehen lassen (sog. Emotions-Stupor). Solche affektiven Reaktionsweisen können bei Gesunden und psychisch Kranken in akut eintretenden bedrohlichen oder als solche erlebten Situationen vorkommen. Die Beurteilung solcher Zustandsbilder ist sehr schwierig. In der Praxis gewinnt eine derartige affektive Reaktion besondere Bedeutung bei zu Suizidhandlungen Entschlossenen, die nicht nur Haltung bewahren, um die Umgebung nichts von ihrer Absicht merken zu lassen, sondern tatsächlich ganz ausgeglichen wirken.

Infolgedessen spürt man dann auch nichts von den dramatischen inneren Vorgängen, die der Entschluß zur Suizidhandlung mit sich bringt.

9.4 Intelligenzstörungen

Als weitere psychische Eigenschaft nennen wir die *Intelligenz*. Der Begriff leitet sich aus dem Lateinischen intellegere = verstehen, einsehen, erkennen ab. Damit ist in etwa umschrieben, was der Begriff besagt. Aber auch er entzieht sich, ebenso wie die bisher besprochenen psychischen Eigenschaften, einer exakten Definition. Allgemein anerkannt ist, daß es sich bei der Intelligenz um eine Fähigkeit handelt. Kontrovers sind dagegen die Ansichten über das Wesen dieser Fähigkeit und auch, worauf sie sich bezieht und was sie leistet. So sagt etwa W. L. *Stern*: »Intelligenz ist die Fähigkeit, sich unter zweckmäßiger Verfügung über Denkmittel auf den Forderungscharakter neuer Situationen einzustellen«, und D. *Wechsler*: »Intelligenz ist die zusammengesetzte und globale Befähigung eines Individuums, zweckvoll zu handeln, vernünftig zu denken und sich erfolgreich mit seiner Umwelt auseinanderzusetzen.« Bei anderen Definitionen werden unterschiedliche Züge der Intelligenz, etwa die Lernfähigkeit, die Fähigkeit, sich der Umgebung anzupassen oder die Fähigkeit zum abstrakten Denken betont (F. S. *Freeman*). Diese Definitionen machen deutlich, daß mit der Intelligenz unlösbar verbunden sind Fähigkeiten wie Auffassungsgabe, Konzentrationsvermögen, Denken, Merkfähigkeit und Gedächtnis. Auch der Antrieb sowie die Urteilsfähigkeit spielen dabei eine entscheidende Rolle. Man muß darum einen weiten und einen engen Begriff von Intelligenz unterscheiden. Quantitativ erfaßbar ist nicht die Intelligenz, sondern nur das intelligente Verhalten. »Bei der Konstruktion von Intelligenztests richtet sich die Auswahl der Testaufgaben oft nach ungeprüften Annahmen über die Bedeutung der damit untersuchten Fertigkeiten. Ihre Gültigkeit wiederum wird an solchen Außenkriterien überprüft (z. B. Schulleistung, Berufserfolg), die eben diesen Annahmen zugrunde liegen, aber unter dem Einfluß auch anderer Bedingungen stehen (Motivation, sozialer Status, Anpassung)« (F. *Sprecht*). Dies ist der Hintergrund für die ironische Bemerkung *Borings* (1923), daß Intelligenz das ist, was der Intelligenztest mißt.

Intelligentes Verhalten ist das Ergebnis eines Prozesses, an dem genetische Determinierung, Umwelteinflüsse, Lernen und das Reifen der Persönlichkeit beteiligt sind.[1] Von großer Bedeutung sind Art und Umfang des Angebotes, an denen die intelligenten Fähigkeiten geübt werden. Hier sind zu unterscheiden die Grunderfahrungen, die jeder Mensch als Säugling und Kleinkind macht, ferner kulturspezifische Erfahrungen und nicht-organisierte Lernangebote und schließlich die organisierten und institutionalisierten Lernangebote. Das Ergebnis wird beeinflußt von unterschiedlichen Geschwindigkeiten der individuellen geistigen Entwicklung, die offenbar zu einem sehr wesentlichen Teil anlagebedingt sind. Bei eineiigen Zwillingen, die in gleicher Umwelt aufwachsen, korrelieren ihre Intelligenzquotienten mit 0,93, beim Aufwachsen in sehr unterschiedlicher Umwelt mit 0,87. Andere Geschwister zeigen unter diesen Bedingungen eine Korrelation von 0,53 bzw. 0,43 (C. *Burt*, 1958). Zwillings- und Geschwisteruntersuchungen haben aber auch gezeigt, daß hinsichtlich des Schulerfolges nicht die gleichen Übereinstimmungen wie bei den Intelligenzquotienten vorhanden sind. Bei eineiigen Zwillingen in unterschiedlicher Umgebung lag die Korrelation hinsichtlich des Intelligenzquotienten bei 0,87, hin-

---

[1] In der Vergangenheit gab es eine intensive Kontroverse vor allem um die Feststellungen des amerikanischen Psychologen *Jensen*, der dem Genetischen die höchste Wertigkeit zusprach.

Nach unserem Verständnis sind alle genannten Faktoren beteiligt, ohne daß man deren Wirksamkeit sicher gegeneinander abgrenzen könnte. Für die Frage genetischer Determinierung und Phaenotypus sei auch auf das Kap. 33 verwiesen.

sichtlich des Schulerfolges aber nur noch bei 0,62, während in gleicher Umgebung aufwachsende Geschwister hinsichtlich des Intelligenzquotienten zwar nur mit 0,53, hinsichtlich des Schulerfolges aber mit 0,80 korrelieren (F. *Specht*).

Intelligentes Verhalten ändert sich im Laufe der individuellen Entwicklung sowohl quantitativ (d. h. hinsichtlich der Zahl und des Schwierigkeitsgrades der Probleme, für die Lösungen gefunden werden) als auch qualitativ (d. h. hinsichtlich des Vorgehens bei der Problemlösung). Die mit Hilfe einer gleichartig strukturierten Testbatterie gemessenen intellektuellen Leistungen nehmen während der ersten 10 Lebensjahre rasch, zwischen dem 10. und 20. Lebensjahr langsamer zu und erreichen zwischen dem 20. und 25. Jahr ihr Maximum. Dann kommt es zu einem langsamen, aber kontinuierlichen Rückgang der gemessenen Leistungen (F. *Specht*). Man kann darum sagen, daß sich bis zum 10. Lebensjahr das individuelle Niveau der gemessenen intellektuellen Leistungen weitgehend stabilisiert und sich danach nicht mehr wesentlich ändert. Dabei ist zu beachten, daß bei diesen Messungen diejenigen Fähigkeiten, die als Lebenserfahrung und Weisheit umschrieben werden können, nicht erfaßt werden.

Diese Bemerkungen über die Intelligenz müssen hier genügen, da auf eines der Hauptgebiete der Normalpsychologie hier nicht näher eingegangen werden soll. Die Bemerkungen mögen verdeutlichen, wie vielfältig psychisches Leben und Erleben durch das, was man als Intelligenz bezeichnet, modifiziert wird. Für die Klinik psychischen Krankseins kommt hinzu, daß die Intelligenz eine ähnliche formale Struktur zeigt wie das Wachbewußtsein. Sie hat einen Pol, der eine mehr oder weniger starke Abweichung vom Durchschnitt nach unten, und einen anderen, der eine solche Abweichung nach oben kennzeichnet. Ferner ist zwischen Intelligenzstörungen zu unterscheiden, die bei der Geburt vorhanden oder in der allerersten Lebenszeit erworben wurden und solchen, die bei zunächst »normaler« Entwicklung im Laufe des Lebens eintreten. Im ersten Fall ist niemals nur die Intelligenz, sondern auch die Entwicklung der Persönlichkeit mitbetroffen, so daß man nicht von Schwachsinn sprechen sollte, da

dieser Ausdruck zu sehr auf die Intelligenz abhebt. Begriffe wie geistige Behinderung und Oligophrenie sind treffendere Bezeichnungen. Diese Störungen wurden in dem Kap. 7.13 behandelt. Beim Menschen kommt hinzu, daß das Zentralnervensystem erst nach der Geburt im Verlauf des 1. Lebensjahres im wesentlichen ausreift. Der Reifungsprozeß kommt erst sehr viel später zum Abschluß. Ein wichtiger Schritt ist z. B. der Eintritt der Schulreife, mit der sich u. a. die Fähigkeit, mit Hilfe der synthetischen Methode Lesen und Schreiben zu lernen, einstellt. Es besteht darum in dieser Zeit eine besondere Anfälligkeit für äußere Einflüsse. Neben den bekannten Auswirkungen emotionaler Entbehrungen erleiden Kinder, die diesen ausgesetzt sind, auch erhebliche motorische und intellektuelle Entwicklungsrückstände, die nicht immer ganz ausgeglichen werden können. Zu berücksichtigen ist dabei, daß Kinder, die unter Bedingungen der Massenpflege oder auch in Familien eine solche Deprivation erleben, häufiger solche sind, die mit einem erhöhten Risiko prä- und perinataler Hirnschäden belastet und damit besonders vulnerabel sind (F. *Specht*). Es tritt damit eine Wechselwirkung zwischen negativen biologischen und sozialen Faktoren ein.

Die im Laufe des Lebens eintretenden Intelligenzminderungen werden als Demenz bezeichnet. Der Begriff Demenz ist nicht allein durch »erworben« charakterisiert, auch Oligophrenien können erworben sein, sondern durch »im späteren Leben nach normaler Entwicklung erworben«.

Da sich der Begriff Demenz von mens (lat.) = Verstand ableitet, werden unter ihm häufig Mängel, die nur die Intelligenz betreffen, verstanden. Derartige reine Intelligenzstörungen werden aber in der Klinik nicht beobachtet. Es handelt sich vielmehr um sehr komplexe Störungen der Persönlichkeit, aus denen der intellektuelle Anteil durch Abstraktion herausgelöst werden kann. Eine weitere Schwierigkeit ist, daß die intellektuellen Fähigkeiten unterschiedlich stark betroffen sein können, so daß nicht von einer Demenz, sondern von verschiedenen Formen von Demenz gesprochen werden müßte.

Das klinische Bild der Demenz wurde von E. *Bleuler* als psychoorganisches Syndrom im engeren Sinne bezeichnet (bzw. hirnorganisches Psychosyndrom). Es ist gekennzeichnet durch Störungen des Gedächtnisses, der Auffassung, der Orientierung, des Denkens und der Affektivität. Dabei steht bald die eine, bald die andere dieser psychischen Funktionsstörungen im Vordergrund, so daß man verschiedene Unterformen danach unterscheiden kann, ob mehr das Gedächtnis, das Denken oder die Affektivität betroffen ist. Insgesamt kann man das hirnorganische Psychosyndrom als eine Verarmung und Vereinfachung aller psychischen Vorgänge charakterisieren. Verarmt sind der Schatz von Vorstellungen und Erinnerungen, das Gestaltungsvermögen im Denken und die Differenzierung des Gefühlslebens und einzelner Vorstellungen; Strebungen und affektive Reaktionen werden nicht mehr genügend mit dem gesamten Erfahrungsschatz und der gesamten Situation in Beziehung gesetzt. Für die Einzelheiten der Störungen des Gedächtnisses, des Denkens, des Antriebes und der Affektivität sei auf die jeweiligen Kapitel verwiesen.

Während die Ursache der angeborenen Oligophrenien nur bei einem kleinen Teil der Fälle bekannt ist, sind die erworbenen Intelligenzmängel, unabhängig davon, zu welchem Zeitpunkt im Laufe des Lebens sie erworben werden, immer Folge von ausgedehnteren Hirnschädigungen jeglicher Art. Umschriebene Hirnschädigungen führen zu den sog. Werkzeugstörungen und organischen Wesensänderungen, die im Kap. 7.12 und im Kap. 27 im einzelnen behandelt werden. Umschriebene Störungen einzelner Fähigkeiten können auch angeboren sein, etwa die Rechtschreib-Lese-Schwäche (Legasthenie), eine Rechenschwäche oder eine Schwäche des optisch-räumlichen Vorstellungsvermögens, und können sehr verschieden stark ausgeprägt sein (Kap. 7.12).

Sonstige Begabungsmängel und ihr Gegenstück, die besonderen Begabungen aller Art, betreffen keineswegs nur intellektuelle Fähigkeiten und gehören in der Regel nicht in den psychopathologischen Bereich. Soweit es sich um Fähigkeiten zu bestimmten Leistungen handelt, sind sie Gegenstand entsprechender Leistungstests (siehe Kap. 28). Insgesamt sind sie weitere Faktoren psychischen Lebens, die die Entwicklung der Persönlichkeit beeinflussen und bei der Beurteilung, ob psychopathologische Veränderungen vorliegen oder nicht, mitberücksichtigt werden müssen.

9.5 Aktivitäts- und Antriebs-Störungen

Weitere Komponenten der Psyche sind die *Aktivität* und der *Antrieb*. Damit wird die allen Lebensvorgängen zugrunde liegende Kraft, soweit sie das psychische Leben betrifft, bezeichnet. Andere Bezeichnungen, mit denen in etwa dasselbe gemeint ist, sind psychische Energie, Libido, psychische Dynamik. Es handelt sich gleichsam um den allem Leben zugehörigen Motor, der das Lebewesen befähigt, sich zu behaupten und sein Leben zu gestalten. Die durch diesen Motor verliehene Kraft ist ungerichtet = Aktivität. W. *Klages* bezeichnet sie als »das dynamische Moment, das in alle motorischen, sensorischen und assoziativen Leistungen einfließt, diese erst ermöglicht und in seiner qualitativen und quantitativen Verschiedenheit zur individuellen Persönlichkeitsstruktur des Menschen beiträgt«. Der Antrieb, dem etwas »Gerichtetes« eignet, ist nicht identisch mit dem Willen, bei dem es sich um das bewußte Steuern der Antriebskraft handelt, der diese also voraussetzt.

Aus dieser Skizzierung des Antriebes ergibt sich die Art der Antriebsstörungen. Die Stärke des Antriebes ist interindividuell verschieden, sie verändert sich im Laufe des Lebens – physiologisches Nachlassen beim Altern–und kann pathologisch vermindert (Antriebsmangel, K. *Kleist*, 1911) oder gesteigert sein. Diese Störungen können bis zu einem gewissen Grade durch den Willen beherrscht und kompensiert werden. Bei der Entwicklung eines Antriebsmangels werden die Betroffenen nachlässig, träge, interesselos und in ihrer Fähigkeit, sich anzustrengen, beeinträchtigt, so daß sie keine Eigeninitiative mehr entwickeln oder eine begonnene Tätigkeit nach kurzer Zeit wieder fallenlassen. Mäßige Grade eines Antriebsmangels können durch Anregung von außen (Fremdantrieb) kompensiert werden. Solche

Kranken wirken in der Untersuchungssituation nicht antriebsgemindert, weil sie durch den Untersucher angeregt werden. Sie geben prompt angemessene Antworten, gehen auf alles ein und machen alles, was der Untersucher von ihnen fordert. Die Störung wird erst sichtbar, wenn die Kranken sich selbst überlassen sind und für Aktivitäten auf ihren spontanen Antrieb angewiesen sind. Darum ist bei solchen Fällen die Fremdanamnese und die Beobachtung des Verhaltens im Alltag für das Erkennen der Störung entscheidend. Sie kann der üblichen Untersuchung inklusive psychologischen Tests völlig entgehen, so daß unrichtige Gutachten über die Beeinträchtigung der Kranken, die keineswegs leichtzunehmen ist, abgegeben werden. Solche Kranke können durchaus beruflich tätig sein, wenn die Tätigkeit einen ständigen Aufforderungscharakter hat, sie versagen dagegen bei allem, was Eigeninitiative erfordert. Bei weiterer Steigerung des Antriebsmangels können die Betroffenen angefangene Tätigkeiten nicht selbst weiterführen. Fremdanregungen reichen dann nicht mehr als Motor zur Fortsetzung der Tätigkeit aus. In der eintretenden Leere entsteht aber nicht etwa ein Bedürfnis nach anderen Aktivitäten, Erholung oder Freizeitbeschäftigung. Die Aktivität und Tätigkeit erlahmt vielmehr und versandet. Bei weiterer Entwicklung des Antriebsmangels erlischt nach und nach alle psychische Eigentätigkeit. Es wird nicht mehr gesprochen und kein Interesse, selbst für die vitalen Bedürfnisse, geäußert, obwohl die Fähigkeiten, diese zu realisieren, noch vorhanden sind. Frühere Gewohnheiten werden noch eine zeitlang beibehalten, etwa das Aufschlagen einer Zeitung oder das Einschalten eines Radio- oder Fernsehapparates, aber der Kranke bringt kein Interesse mehr auf für das, was ihm so angeboten wird. Die Aktivitäten vollziehen sich gleichsam im Leerlauf. Die täglichen Verrichtungen benötigen sehr viel Zeit, bis der Kranke auch bei diesen erlahmt, keine Nahrung mehr zu sich nimmt und alles unter sich gehen läßt, weil er sich nicht aufraffen kann, die Toilette aufzusuchen. Bei diesen höheren Graden des Antriebsmangels ist auch jedes Bedürfnis, etwas zu wollen, erloschen oder auch der Wille selbst von der Störung mitbetroffen.

Antriebsmangel wird auf eine Schädigung der hochfrontalen Stirnhirnrinde zurückgeführt, sei es, daß diese oder die ihr zugehörigen Bahnen im frontalen Mark allein oder bei anderen Schädigungen mitbetroffen sind. Da das frontale Mark einen wesentlichen Teil des Markes im Gehirn überhaupt ausmacht, sind Antriebsstörungen bei sehr vielen Schädigungen des Gehirns zu beobachten, auch wenn die Frontalhirnrinde nicht direkt geschädigt ist. Dabei kommt es allein auf den Sitz der Schädigung, aber nicht auf die Art der Schädigung an. Außer Schädigungen des Stirnhirns führen auch solche des Stammhirns zu Antriebsminderungen, wie die Folgen der epidemischen Enzephalitis gelehrt haben.

Antriebsminderungen treten ferner als Folge von chronischen Intoxikationen mit Tranquilizern, Schlafmitteln, Thymo- und Neuroleptika auf und nach dem Mißbrauch von Drogen aller Art. Ferner sind Antriebsstörungen eine Folge von schweren Allgemeinerkrankungen, die nicht immer hinreichend mit allgemeiner Schwäche erklärt werden können. In diesen Fällen kommen Ermüdung, Nachgeben und Verzagen hinzu, die bei Erschöpfungszuständen nach übergroßen Belastungen die alleinige Ursache für die Minderung des Antriebes sind. Es ist bei diesen Zuständen so, als ob die Antriebskraft eine beschränkte Kapazität habe, die durch die Belastungen verbraucht und nicht schnell genug regeneriert werden kann. Dies kann bis zu einem gewissen Grade durch Willensanstrengung kompensiert werden.

Das Gegenstück zum Antriebsmangel ist nicht allein die Antriebssteigerung, sondern auch eine Enthemmung. Bei letzterer handelt es sich nicht um Antriebssteigerung im eigentlichen Sinne, sondern darum, daß es an hemmender Kraft mangelt und so das Bild einer Antriebssteigerung entsteht. In besonders reiner Form ist dies bei Schädigungen des orbitalen Anteiles des Stirnhirns und seiner Projektionsbahnen der Fall. Solche Kranke sind gleichsam besonders leicht von außen anregbar, ohne daß der spontane Antrieb gesteigert ist, da sie die Fähigkeit, ihre Antriebsimpulse zu lenken und zu mäßigen, eingebüßt haben. Derartige Enthemmungen sind auch nach Stammhirnerkrankungen beobachtet worden.

Antriebssteigerungen im eigentlichen Sinne können nur dann als pathologisch beurteilt werden, wenn die Fähigkeit, die Antriebskräfte zu lenken und zu mäßigen, nicht ausreicht. Das klinische Bild ist dann durch eine allgemeine Betriebsamkeit, Triebhaftigkeit, Gedankenfülle, Rededrang und psychomotorische Erregung gekennzeichnet, die insgesamt als zielloser Tatendrang imponieren. Solche Veränderungen der Antriebslage treten fast nur bei manischen Krankheitsbildern (s. Kap. 7.4) auf, selten einmal bei akuten symptomatischen Psychosen, mäßig ausgeprägt gelegentlich auch bei abklingenden Schlafmittelintoxikationen. Die Überfunktion der Schilddrüse führt ebenfalls zu Antriebssteigerungen, während alle anderen endokrinen Störungen eher einen Antriebsmangel bewirken.

Schwierig gestaltet sich die Beurteilung der Antriebsstörungen bei endogenen Psychosen. Wenn Kranke untätig sind und auch alltägliche Aufgaben nicht verrichten, kann daraus nicht ohne weiteres auf einen Antriebsmangel rückgeschlossen werden. Bei endogenen Depressio-

nen handelt es sich eher um eine Antriebshemmung, wie oben bereits dargelegt wurde. Bei schizophrenen Erkrankungen stellt sich die Frage, inwieweit die Kranken durch andere Erlebnisse erfüllt sind und sich den täglichen Aufgaben gar nicht zuwenden. Das gilt für extreme Zustände dieser Art im katatonen Stupor. Auch bei dessen Gegenteil, der katatonen Erregung, kann man nicht ohne weiteres von einer Antriebssteigerung sprechen. Es handelt sich oft vielmehr um eine Reaktion auf pathologische Erlebnisweisen und deren Verarbeitung. Auf die Problematik der schizophrenen Residualzustände, die zum großen Teil durch eine Inaktivität charakterisiert sind, ohne daß eine Schädigung des Gehirns nachgewiesen werden kann, wurde in dem Kapitel über die schizophrenen Erkrankungen näher eingegangen (Kap. 7.2). Im übrigen ist zu sagen, daß aus einem mehr aktiven oder passiven Verhalten nicht ohne weiteres auf eine Antriebsstörung rückgeschlossen werden darf.

9.6 Triebstörungen

Im Gegensatz zum Antrieb handelt es sich bei den *Trieben* um angeborene, auf etwas Bestimmtes gerichtete psychische Kräfte, die als gegeben oder von selbst entstehend erfahren werden. Sie sind meist von einem Gefühl der Spannung begleitet, die Unlust bewirkt, und beim Erreichen des Zieles Lust verspricht. Vielfach wird gesagt, daß alles Leben von Trieben bestimmt sei. Dabei wird die Möglichkeit des aktiven Verhaltens, sei es ein Lenken oder Verdrängen der Triebe, außer acht gelassen. Bei den Trieben sind nach *Kurt Schneider* zu unterscheiden: »1. eine allgemeine Triebhaftigkeit allen Erlebens, 2. leibliche Triebe: Nahrungs- und Geschlechtstrieb, Trieb sich auszuruhen, zu bewegen, zu schlafen, zu gähnen, sich zu kratzen, sich zu entleeren u. a., 3. seelische Triebe: Streben nach Macht, Geltung, Einfluß, Ehre, Reichtum, Erfolg, Schönheit, Pflichterfüllung,

Demut, Reinheit, Heiligkeit.« Alle Triebformen können in abnormer Weise gesteigert oder herabgesetzt oder auch in veränderter Form vorkommen. Da der Ausdruck Trieb vielfach als Geschlechtstrieb verstanden wird, wird auch der Ausdruck Strebung synonym für ihn verwandt.

Den Trieben sprach S. *Freud* im psychischen Leben des Menschen eine besondere Bedeutung zu. Er ist ein »Grenzbegriff zwischen Seelischem und Somatischem, als psychischer Repräsentant der aus dem Körperinnern stammenden, in die Seele gelangenden Reize, ein Maß der Arbeitsanforderung, die dem Seelischen infolge seines Zusammenhanges mit dem Körperlichen auferlegt ist.« Für die Einzelheiten der Trieblehre *Freuds* sei auf die tiefenpsychologischen Kapitel verwiesen.

9.7 Denkstörungen

Beim *Denken* handelt es sich um die Fähigkeit des Menschen, sich über die Sinnfälligkeit der

Wahrnehmungen zu erheben zu einer geistigen Vergegenwärtigung seiner Welt und deren Wesen. Wie die anderen psychischen Eigenschaften auch, kann es nicht direkt erfaßt, sondern lediglich an seinen Auswirkungen, das sind mündliche und schriftliche Äußerungen, erkannt werden. Denken ist jedenfalls mehr als Assoziieren von Vorstellungen, eine Ansicht der älteren Psychologie. Es gehören determinierende Tendenzen dazu sowie die Spannung des intentionalen Bogens (K. *Beringer*), um einige Züge des Denkens zu nennen, die für das Verständnis der Denkstörungen von Bedeutung sind. Bei diesen werden in der Klinik üblicherweise zwei Gruppen unterschieden, die formalen und inhaltlichen Denkstörungen. Da letztere wesentliche gemeinsame Grundzüge mit den Wahrnehmungsstörungen haben, werden sie zusammen mit diesen im folgenden Kap. (9.8) besprochen.

Formale Denkstörungen sind Störungen des Denkablaufes, auf die aus Störungen der sprachlichen Äußerungen zurückgeschlossen wird. Der Einfachheithalber sprechen wir im folgenden dennoch von »Denkstörungen«.

Verlangsamung des Denkens ist regelmäßig eingebettet in eine »Verlangsamung des psychischen Lebens«, die als Bradyphrenie bezeichnet und beobachtet wird zu Beginn und am Ausgang symptomatischer Psychosen, beim Erwachen aus Bewußtlosigkeit nach Schädelhirntraumen und Intoxikationen sowie bei Hirnschädigungen, die zu Antriebsstörungen führen. Gleichzeitig ist dabei häufig der intentionale Bogen verkürzt. Bei stärker ausgeprägten Antriebsstörungen werden Gedanken nicht mehr zu Ende geführt, der Gedankengang verebbt.

Von der Verlangsamung zu unterscheiden ist die *Hemmung* des Denkens, die sich klinisch als eine Schwierigkeit des Betreffenden zeigt, sich sprachlich zu äußern, obwohl die Intention dazu deutlich gegeben ist. Die Betreffenden haben den Eindruck, daß ihr Gedankenfluß trotz Bemühens nicht in Gang kommt und ihnen nichts einfällt, obwohl sie nicht selten beredt über diese Schwierigkeit klagen. Die Denkhemmung ist eine charakteristische Störung endogener Depressionen, aber auch bei diesen ist sie eingebettet in die depressive Hemmung aller Aktivität und kaum je isoliert zu beobachten. Hohe Grade der Hemmung führen zum Stupor, in dem der Kranke kaum noch

einen Gedanken äußert oder gar kein Wort mehr hervorbringt.

Das Gegenstück zur Denkhemmung ist die sog. *Ideenflucht*, besser wäre es von enthemmtem Denken zu sprechen, das weitschweifig ist und sein Ziel – wenn überhaupt – erst nach längeren Abweichungen vom Thema erreicht. Bei höheren Graden sind die einströmenden Gedanken so zahlreich, daß die Betreffenden vom Hundertsten ins Tausendste kommen und denkzerfahren wirken. Ihr Denken scheint unzusammenhängend (= inkohärent). Auch dieser Denkstörung liegt wieder eine allgemeine Störung, eine Aktivitätssteigerung, zugrunde, am häufigsten eine manische Erkrankung. Selten können ideenflüchtige Bilder auch bei dem Erwachen aus Schlafmittelvergiftungen oder in der Phase der Rückbildung von Hirnödempsychosen beobachtet werden.

Zerfahrenheit und *Inkohärenz* des Denkens werden von manchen nicht in der genannten Weise deskriptiv verwendet, sondern als Termini technici für die Denkstörungen bei bestimmten Formen von Psychosen. Dabei wird Zerfahrenheit schizophrenen Psychosen und Inkohärenz symptomatischen Psychosen zugeordnet. Als Charakteristika der Zerfahrenheit werden Verschmelzungen heterogener Sachverhalte zu unsinnigen Einheiten, Entgleisungen von Gedankengängen in unvorhersehbare Richtungen, Entschwinden des gerade verfolgten Gedankens aus dem Bewußtsein (Sperrung) und das Zusammenwürfeln verschiedenartiger Gedankengänge (Faseln) angeführt. Inkohärenz dagegen sei durch Gedankensprünge, Klangassoziationen und einen Wechsel von klaren und verworrenen Gedanken gekennzeichnet. Es fragt sich allerdings, wieweit Zerfahrenheit und Inkohärenz im Einzelfall ohne Kenntnis der Grundstörung unterschieden und daraus diagnostische Schlüsse gezogen werden können. Die Voraussetzung dafür wäre, daß beide Gruppen von Psychosen stets mehr oder weniger »reine Formen« der einen oder anderen Denkstörung zeigen, was der Erfahrung nicht entspricht.

Eine *Verarmung* des Denkens ist bei Demenzprozessen und ein mehr oder minder ärmliches Denken bei verschiedenen Graden der Demenz und Oligophrenie zu beobachten.

Unbeweglichkeit des Denkens wird durch

das Haften an einem Gedanken, in höheren Graden auch an einzelnen Worten, bedingt, das als *Perseveration* bezeichnet wird. Sie kann bei Ermüdung auftreten und ist häufig bei Hirnerkrankungen aller Art zu finden.

Konzentrationsstörungen, d. h. die Beeinträchtigung der Fähigkeit, längere Zeit einem Gedanken zu folgen oder sich auf einen Gegenstand zu konzentrieren, sind in gewisser Weise das Gegenstück der Perseveration. Die Betreffenden wirken leicht abgelenkt, fahrig, aber nicht einfallsreich wie bei der Ideenflucht. Störungen der Konzentrationsfähigkeit haben vielfältige Ursachen, wie etwa Müdigkeit, Erschöpfungszustände, Übererregbarkeit durch anregende Medikamente und Intoxikationen durch andere zentralangreifende Mittel sowie alle Arten und Formen von Psychosen.

Sprachliche Äußerungen sind ein wesentlicher Teil menschlichen Verhaltens. Sie gewinnen in der Untersuchungssituation, sei es in einem Interview oder bei einer Exploration, zusätzliche Bedeutung, da die Möglichkeiten zu anderen Verhaltensweisen hierbei ja stark beschränkt sind. Sprachliche Äußerungen dürfen natürlich nicht losgelöst von dem »averbalen« Verhalten betrachtet werden, da sie in dieses stets eingebettet sind. Bei sprachlichen Äußerungen ist ihre Art für die Beurteilung des Zustandes des Kranken und das Diagnostizieren wenigstens von gleicher Bedeutung wie deren Inhalt, in nicht wenigen Fällen viel entscheidender als dieser. Psychiatrische Laien und Anfänger neigen dagegen dazu, ihre Aufmerksamkeit ganz dem Inhalt der sprachlichen Äußerungen zuzuwenden, so daß ihnen Wesentliches des Krankheitsbildes entgeht, und Fehlbeurteilungen die Folge sind.

9.8 Störungen des Wahrnehmens und Erkennens

Im Gegensatz zu den bisher besprochenen psychischen Komponenten weisen »*Wahrnehmen*« und »*Erkennen*« über die einzelne Person hinaus und konstituieren in besonderer Weise ihre Beziehung und ihr Verhältnis zu ihrer Welt (Außen- und Innenwelt). Die Störungen des Wahrnehmens werden *Sinnestäuschungen* oder *Trugwahrnehmungen* und die des Erkennens *inhaltliche Denkstörungen oder Wahn* genannt. Es handelt sich um:

Halluzinationen (lat.: halucinor = gedankenlos reden, faseln, geistesabwesend sein) = für objektiv wirklich gehaltene Sinneseindrücke ohne entsprechenden äußeren Sinnesreiz, z. T. mit sinnlicher Klarheit, aber ausgeprägter als bei Vorstellungen und Gedanken.

Illusionen (lat.: illudo = vortäuschen, vorspiegeln) = verfälschte Wahrnehmungen eines realen Objektes. Den Betroffenen erscheinen die Wahrnehmungsgegenstände verändert = illusionäre Verkennung.

Pseudohalluzinationen = ohne adäquaten Sinnesreiz auftretende Sinneseindrücke, die nicht den Charakter der Objektivität wie normale Wahrnehmungen haben, deren Trugcharakter erkannt wird. Von Vorstellungen unterscheiden sie sich dadurch, daß sie nicht gewollt, sondern passiv erlebt werden und eine stärkere sinnliche Deutlichkeit als Vorstellungen zeigen.

Wahnwahrnehmungen = bei einer Sinneswahrnehmung eintretendes Erlebnis einer bestimmten, aber abnormen Bedeutung, häufig in Form der Eigenbeziehung. *Bash* sagt: »Bei der Wahnwahrnehmung wird ein beliebiger sinnlicher Gegenstand der Außenwelt als das wahrgenommen, wofür es andere, gesunde Menschen übereinstimmend halten. Es wird ihm aber ebenso unvermittelt im Falle der Wahnidee eine wahnhafte Bedeutung beigemessen.«

Wahn und *Wahnideen* = werden oft als Synonyma gebraucht, aber auch in der Weise unterschieden, daß singuläre Wahnideen und ein komplexes Gebäude von Wahnideen als Wahn bezeichnet werden.

»Das Wort Wahn erscheint erst zum Ende des 18. Jahrhunderts im psychiatrischen Sprachschatz, nachdem es im Laufe der Zeit eine deutliche Sinnesänderung erfahren hat (*Hofer*). Ursprünglich bedeutet Wahn »Verlangen« oder »Erwartung« und dann »Verdacht gegen jemanden« und »falsche Annahme«, später »Trugbild« und »Sinnestäuschung«. Die den Eigenschaftswörtern der Wurzel »wahn« zukommende Bedeutung von »mangelnd«, »leer«, führt schließlich zur Bildung des Wortes »Wahnsinn«, das dann für »Sinnlosigkeit«

bzw. »Unsinnigkeit« steht und dem Begriff Wahn den Eingang in die psychiatrische Terminologie eröffnet«. (*P. Berner* u. *R. Naske*). Eine allgemein anerkannte Definition von Wahn gibt es nicht. Er wird umschrieben als: »Objektiv falsche, aus krankhafter Ursache entstehende Überzeugung, die ohne entsprechende Anregung von außen entsteht und trotz vernünftiger Gegengründe aufrecht erhalten wird«; (*U. H. Peters*) oder als »krankhaft verfälschte Vorstellung, die der Berichtigung durch Beweisgründe nicht zugänglich ist« (*K. Kraepelin*). *Gruhle* sieht das Wesen des Wahns in einer »falschen Bezugssetzung ohne Anlaß«.

Bei diesen Umschreibungen der Wahrnehmens- und Erkennensstörungen handelt es sich mehr um eine Phänomenologie als um eine Definition ihres Wesens. Die Phänomene haben anscheinend auch keine Beziehung zueinander, gehören aber in der klinischen Erfahrung eng zusammen, wie das so häufige paranoid-halluzinatorische Syndrom zeigt. Die Störungen des Erkennens und Wahrnehmens sowie das paranoid-halluzinatorische Syndrom werden vielfach als das kennzeichnende Charakteristikum für psychisches Kranksein angesehen, obwohl das, wie wir in den klinischen Kapiteln gesehen haben, keineswegs zutrifft. Ausgehend von einigen gemeinsamen Wesenszügen der psychischen Vermögen Wahrnehmen und Erkennen wollen wir versuchen, einen Zugang zum Wesen ihrer Störungen zu finden.

Wahrnehmen ist keineswegs nur ein Registrieren von Sinneseindrücken, etwa von Lichtwellen wie bei einem Fotoapparat. Wie wenig das der Fall ist, erfahren Anfänger beim Fotografieren in der Regel sehr bald: sie knipsen das, was ihnen wichtig erscheint und sind hinterher enttäuscht, daß das Wichtige auf dem Film nicht als solches abgebildet ist, sondern ganz und gar nicht hervorgehoben neben allem anderen steht, das nicht beachtet wurde. Andere Beispiele, die in dieselbe Richtung weisen, sind das Überlesen von Druckfehlern und das Verstehen von Strichzeichnungen und Karrikaturen. Daraus ergibt sich, daß Wahrnehmen nicht nur ein passives Registrieren sein kann, sondern auch einen produktiven Gestaltungsvorgang darstellt. Mit Wahrnehmen ist hier nicht besonders gutes Beobachten und Bemerken, etwa von

Nuancen menschlichen Verhaltens und dessen tiefenpsychologischen Hintergründen gemeint, sondern die Fähigkeit zu Sinneswahrnehmungen, die mehr sind als die Tätigkeit der Sinnesorgane und der ihnen zugehörigen Teile des Zentralnervensystems. Sinneswahrnehmungen werden beim Menschen zu solchen nur in Verbindung mit der ihm eigentümlichen Fähigkeit zu denken. Eine Facette dieser umfassenden Denkfähigkeit, die für die sogenannten inhaltlichen Denkstörungen von besonderer Bedeutung ist, ist das Erkennen. Dabei handelt es sich um eine Weise der Wahrnehmung, die über bloße Sinnes-Wahrnehmung hinausgeht und auf »Erfahrung« gründet. Unter Erfahrung als philosophischem Begriff wird dabei das Empfangen eines unmittelbaren Eindruckes eines anderen Seins verstanden, wie wir es im Kap. 1 für die Grunderfahrung »krank« ausführlicher dargelegt haben. Die Unmittelbarkeit des Eindruckes, die durch die Gegenwart des Erfahrenen bewirkt wird, vermittelt der so verstandenen Erfahrung die ihr eigentümliche Gewißheit (Evidenz). So wie das Wahrnehmen ist auch die Erfahrung nicht nur ein passives Beeindrucktwerden einer Tabula rasa. Vielmehr wird auch sie durch die Eigenart des Beeindruckten aktiv gestaltet. Wahrnehmung und Erfahrung zeigen also den doppelten Grundzug der »Begegnung« von einem Menschen mit Seienden, nämlich ein gegenseitiges Geben und Nehmen, das in der liebenden Zuwendung zum anderen seine besondere Ausprägung erfährt, was in dem Kap. 16 über die Grundfragen der Therapie ausführlicher dargelegt wird. Im Erkennen werden Wahrnehmung und Erfahrung ausdrücklich erfaßt, wie dies im Kap. 1 für das Kranksein eingehender erörtert wurde. Auch Erkennen ist einerseits Empfangen, durch das der Mensch mit allen und allem verbunden ist, gleichzeitig aber ein Davon-Abstand-nehmen und »Gestalten«, das es dem Menschen ermöglicht, abwägend mit dem Erkannten umzugehen. Erkennen kann, wie sich aus dem Gesagten ergibt, in verschiedener Weise vollzogen werden, sowohl mehr ganzheitlich, bildhaft, die Vielfalt des Erkannten erfassend, als auch mehr analytisch, begrifflich präzisierend mit der dabei unvermeidlich durch die Gestaltung eintretenden Reduktion. Vielfach wird nur dieses begriffliche Erkennen als Erkennen bezeichnet. Für die Klinik der Störungen des Wahrnehmens und Erkennens zeigt diese Skizze der philosophischen Problematik, daß jede Wahrnehmung und Erkenntnis mit einem Evidenzerlebnis einhergeht, mit dem sich der Mensch unmittelbar identifiziert. Es bedarf, auch bei erhaltener Fähigkeit, eine innere Distanz zum Erlebten herzustellen, einer geistigen Anstrengung, die Evidenz in Frage zu stellen, was normalerweise gelingt. Es liegt auf der Hand, daß es hierbei Unterschiede geben kann, je nachdem, wie stark der Wahrnehmende oder Erkennende betroffen ist und welche Bedeutung das Wahrgenommene und Erkannte für ihn hat. Da es sich beim Erkennen nicht um Sinnfälliges handelt, ist die Beurteilung der Angemessenheit des Grades der Identifikation schwierig, wie die tägliche Erfahrung lehrt. Man unterscheidet in diesem Zusammenhang Meinungen, Überzeugungen und überwertige Ideen, die mit mehr oder weniger großer Leidenschaft oder gar Fanatismus vertreten werden.

Betrachten wir vor diesem Hintergrund die Wahrnehmens- und Erkennensstörungen:

Bei *Illusionen* ist der passive und der aktive Anteil des Wahrnehmungsvorganges besonders deutlich zu erkennen. Illusionen sind darum von äußeren Umständen sowie von der Verfassung des Wahrnehmenden abhängig. Von Illusionen im psychopathologischen Sinne sollte man erst dann sprechen, wenn der Wahrnehmungsvorgang den Betreffenden in die Irre führt, etwa wie in dem bekannten Beispiel im Erlkönig (Goethe). Zur Klinik der Illusionen ist zu sagen, daß ihr Auftreten begünstigt wird durch Übermüdung, Bewußtseinstrübung, ängstliche oder ekstatische Stimmungslage sowie durch erschwerte Wahrnehmungsbedingungen wie Dämmerung, Nebel, Stimmengewirr, mangelnde Strukturiertheit des wahrzunehmenden Objektes bzw. mangelnde Abhebung vom Hintergrund, Überlagerung durch andere Strukturen usw.

Halluzinationen und *Pseudohalluzinationen* kann man als Autonomie des aktiven Anteils des Wahrnehmungsvorganges auffassen, wobei erstere jeder vom Träumen her kennt; Pseudohalluzinationen können beim Einschlafen und Erwachen sowie bei Meditationen physiologischerweise auftreten. Um etwas Psychopatho-

logisches handelt es sich offensichtlich dann, wenn die Veränderung des Seins des Betroffenen, die zu der Verselbständigung des aktiven Teiles des Wahrnehmensvorganges führt, so stark ausgeprägt ist, daß dem Betreffenden gleichzeitig auch die Fähigkeit abgeht, das Irreale des so Wahrgenommenen zu erkennen. Dementsprechend finden sich halluzinatorische Sinnestäuschungen bei schwereren Krankheitszuständen, vor allem bei akuten symptomatischen Psychosen, schizophrenen Erkrankungen, aber durchaus auch, wenn auch nicht regelmäßig, bei affektiven Psychosen. Im Krankheitsfalle spielt die persönliche Betroffenheit im negativen oder positiven Sinne zusätzlich eine besondere Rolle; dies ist aber auch sonst der Fall. Die durch die psychische Krankheit in dem Betreffenden bewirkte Veränderung sowie die besondere Betroffenheit beeinträchtigen die Fähigkeit zur inneren Distanzierung vom Erlebten sowie die Urteilsfähigkeit.

Bei *Wahnwahrnehmungen* sind K. *Jaspers* und K. *Schneider* davon ausgegangen, daß die Wahrnehmung selbst ungestört ist. Untersuchungen von P. *Matussek* haben aber gezeigt, daß es bei diesen zu einer »Lockerung des Wahrnehmungszusammenhanges« sowie in einem gegenüber der Norm gesteigerten und erweiterten Vorrang von Wesenseigenschaften an bestimmten Wahrnehmungsgegenständen kommt. Bei der Wahnwahrnehmung wird der Anteil des Erkennens an der Wahrnehmung deutlich, wenn auch gleichsam die Gewichte zwischen der Störung des Wahrnehmens und des Erkennens unterschiedlich stark verteilt sind.

Beim *Wahn* und bei den *Wahnideen* entfällt das Sinnfällige. Es handelt sich aber immer um ein ganzheitliches Erfassen, das infolge seiner Bildhaftigkeit dem Sinnenhaften nahesteht. Die persönliche Betroffenheit spielt bei allen Wahnformen eine besondere Rolle, beim Querulanten-, Eifersuchts-, Verarmungs-, Versündigungs-, Verfolgungs-, Kleinheits- und Größenwahn. Das Abnorme bzw. Pathologische ist das lange Anhalten der affektiven Betroffenheit. Infolgedessen gewinnen die entsprechenden Inhalte ein Übergewicht über alle anderen Erlebnisse und Gedanken, wie dies bei besonderer Betroffenheit Gesunder ebenso der Fall ist. Infolge der starken persönlichen Betroffenheit ergibt sich ein verstehender Zugang zu der Entwicklung eines Wahns. Damit kann aber das Persistieren der affektiven Betroffenheit für längere Zeit oder auch dauernd nicht hinreichend verständlich gemacht werden. Das gilt auch dann, wenn sonstige krankhafte Störungen der Persönlichkeit klinisch nicht faßbar sind. Wenn das der Fall ist, kann die Wahnentwicklung weniger leicht verständlich gemacht werden und die Zuordnung zu einem krankhaften psychischen Geschehen liegt näher.

Wahrnehmen und Erkennen werden von K. W. *Bash* im Anschluß an C. G. *Jung* als Intuieren zusammengefaßt. C. G. *Jung* sagt: »Das Eigentümliche der Intuition ist, daß sie weder Sinnesempfindung, noch Gefühl, noch intellektueller Schluß ist, obschon sie auch in diesen Formen auftreten kann. Bei der Intuition präsentiert sich irgendein Inhalt als fertiges Ganzes, ohne daß wir zunächst fähig wären, anzugeben oder herauszufinden, auf welche Weise dieser Inhalt zustandegekommen ist. Die Intuition ist eine Art instinktiven Erfassens, gleichviel welcher Inhalte«. Dies entspricht dem, was oben als Erfahrung definiert wurde, macht aber die Komplexität des Vorganges und das ihm zugehörige Wahrnehmen und Erkennen sowie Nehmen und Geben nicht deutlich, die für einen Ansatz des Verständnisses der Erkennens- und Wahrnehmensstörungen u. E. erforderlich sind.

Zur *Klinik der Sinnestäuschungen* ist zu sagen, daß eine einigermaßen sichere Unterscheidung zwischen Illusionen und Halluzinationen nur bei den Fernsinnen, also auf dem optischen und akustischen Sinnesbereich möglich ist, da es bei den Nahsinnen oft nicht zu entscheiden ist, ob Sinnesreize, etwa Jucken in der Haut oder schlechter Geschmack im Mund, vorhanden sind. Man unterscheidet die Sinnestäuschungen je nach dem betroffenen Sinnesgebiet. Bei den akustischen und optischen Halluzinationen werden ferner elementare Wahrnehmungen (Akoasmen bzw. Photome) von differenzierten Sinnestäuschungen unterschieden. Auf dem akustischen Gebiet handelt es sich um die sog. Stimmen, die auch als Phoneme bezeichnet werden. Sie können in verschiedenen Formen auftreten. Der Kranke kann den Eindruck haben, daß eine oder mehrere Personen zu ihm sprechen oder auch, daß sie sich über ihn unterhalten. Bei dem, was die Stimmen sagen, kommen Beschimpfungen, Ermunterungen und vor allem bei schizophrenen Erkrankungen Bemerkungen vor, die das Tun des Kranken begleiten und kommentieren. Optische Halluzinationen haben häufig einen szenenhaften Charakter. Innerhalb der Szene, aber auch unabhängig davon, können sich Tiere oder Personen bewegen. Die Thematik steht häufig mit biographischen Fakten in einem engen Zusammenhang. Bei den sog. Körperhalluzinationen sind die taktilen Halluzinationen, die die Körperoberfläche, von solchen, die die Körperorgane im Innern des Körpers betreffen, zu unterscheiden.

Wahrnehmungs- und Erkennensstörungen kommen nur selten isoliert voneinander vor. Bei Sinnestäuschungen spricht man dann von optischen oder akustischen Halluzinosen. Diese sind in der Mehrzahl der Fälle durch chronische Intoxikationen mit Alkohol oder Amitriptylin bedingt und nur selten Restzustände akuter schizophrener Bilder. Wahnerleben ohne Sinnestäuschungen findet sich am häufigsten bei affektiven Psychosen in Form von Größen- oder Kleinheitswahn, Schuld- oder Versündigungswahn und hypochondrischem Wahn. Bei diesen katathymen Wahnformen werden nicht selten katathyme Sinnestäuschungen in der Regel in der Form von akustischen Halluzinationen beobachtet, deren Inhalt den wahnhaften Überzeugungen des Kranken entspricht. Reine Wahnformen anderer Genese sind eine Seltenheit. Das häufige paranoid-halluzinatorische Syndrom wird am häufigsten bei akuten symptomatischen Psychosen, Intoxikationspsychosen (Weckmittel, Halluzinogene, Haschisch) und bei schizophrenen Erkrankungen beobachtet, ist aber nicht in jedem Fall zu finden.

9.9 Gedächtnisstörungen

Das *Gedächtnis* ist die Fähigkeit, Erlebtes, Erfahrenes, Erkanntes mehr oder weniger vollständig zu bewahren und dem Erleben und Erkennen wieder zugänglich zu machen. Es ist ein Forschungsgegenstand der Psychologie, der hier nur in dieser allgemeinen Weise umschrieben werden soll. Für die Klinik der Gedächtnisstörungen ist von Bedeutung, daß das Gedächtnis für einzelne Ereignisse und Vorkommnisse mit der allgemeinen Intelligenz nicht parallel geht. Es muß unterschieden werden zwischen einem Kurzzeit-(Frisch- und Neugedächtnis, Merkfähigkeit) und einem Altgedächtnis (Langzeitgedächtnis). Ersteres bezeichnet die Fähigkeit, Erlebtes eine gewisse zeitlang festzuhalten und zu reproduzieren. Es ist dies die Voraussetzung dafür, daß wir uns orientieren, Gespräche führen, denken, rechnen können usw. Ohne daß das gerade Vorangegangene zur Verfügung steht, könnten wir keine dieser Tätigkeiten ausüben und hätten auch nicht den Eindruck des Kontinuums des Lebens. Von dem, was uns auf diese Weise unmittelbar zur Verfügung steht, bleibt nur weniges im Gedächtnisbesitz. Es sind Dinge, die wir uns ausdrücklich gemerkt haben, solche, von denen wir besonders betroffen sind oder die uns aus anderen Gründen wichtig erscheinen. Bei diesem Gedächtnisschatz ist das, was das Leben des einzelnen betrifft, von dem allgemeinen Wissen zu unterscheiden.

Bei den *Gedächtnisstörungen* werden solche des Kurzzeitgedächtnisses (Merkfähigkeitsstörung) und des Altgedächtnisses unterschieden. Die Merkfähigkeitsstörung beginnt physiologischerweise mit der Unfähigkeit, Namen zu behalten. Bei ausgeprägteren Graden, die allein als sicher psychopathologisch zu beurteilen sind, verfällt das eben Erlebte oder Wahrgenommene nach wenigen Minuten völligem Vergessen. Dies kann man sich in der Untersuchungssituation besonders leicht verdeutlichen, wenn man den Kranken auffordert, sich Dinge zu merken, etwa Zahlen, die ihn persönlich nicht betreffen. Er kann derartiges oft unmittelbar, nachdem es ihm gesagt wurde, nicht reproduzieren. Das verhält sich aber anders bei Dingen, die ihn stärker persönlich berühren. Bei Störungen des Altgedächtnisses geht aus dem Gedächtnisbesitz das jüngst Erworbene eher verloren als das früher Erworbene (Ribotsche-Regel). Dieser Verlust des Gedächtnisbesitzes betrifft aber nicht alle Themen gleichmäßig. Dinge, die den Kranken besonders betreffen, weiß er, auch wenn er vieles andere völlig vergessen hat. Störungen der Merkfähigkeit werden vor allem bei akuten symptomatischen Psychosen und Demenzprozessen beobachtet. Bei letzteren geht mit dem Fortschreiten des Prozesses immer mehr vom Gedächtnisbesitz verloren, wobei die erwähnten Unterschiede für die verschiedenen Bereiche des Lebens zu beachten sind.

Bei krankhaften Vorgängen, die zu einer Beeinträchtigung des Wachbewußtseins führen, kommt es für deren Dauer zu mehr oder weniger vollständigen Gedächtnislücken (Amnesien). Bei plötzlich einsetzenden derartigen Störungen kann auch das, was dem Eintreten des krankhaften Vorganges unmittelbar vorausging, nicht mehr erinnert werden (*retrograde Amnesie*). Dies ist besonders häufig bei Schädelhirntraumen der Fall. Die Amnesie für die Dauer der Bewußtlosigkeit wird als *kongrade Amnesie* bezeichnet. Von *anterograder Amnesie* wird bei der Gedächtnislücke gesprochen, die den Zeitraum nach einem schädigenden Ereignis betrifft und die Bewußtlosigkeit überdauert. Diese Bezeichnungen verwischen den grundlegenden Unterschied zwischen retrograder und anterograder bzw. kongrader Amnesie. Letztere betreffen den Zeitraum, in dem eine Bewußtseinsstörung, also ein krankhafter Prozeß, vorliegt, während die retrograde Amnesie einen Zeitraum betrifft, in dem noch keine krankhafte Störung am Werke war. Für die Klinik wichtig ist, zu beachten, daß Kranke nach dem Erwachen aus der Bewußtlosigkeit zwar ansprechbar sein können, aber nicht selten auch dafür eine Amnesie zeigen. Dies ist der Fall beim Erwachen aus Bewußtlosigkeiten nach Hirntraumen oder Intoxikationen, dagegen kaum je nach einer Ohnmacht.

9.10 Ichstörungen

Mit dem *Ich* und seinen Störungen werden in der Psychiatrie und Psychoanalyse nicht identische Dinge gemeint. In der Psychiatrie werden Ich, Selbst und Person als weitgehend identisch und synonyme Ausdrücke verwendet. Dies war auch zu Beginn der Entwicklung der analytischen Theorienbildung der Fall, obwohl dort schon damals dem Ich die Fähigkeit zur Zensur und zur Verdrängung zurückgewiesener Wünsche und Bedürfnisse zugeschrieben wurde. Im strukturellen Persönlichkeitsmodell ist das Ich eine psychische Instanz und als solche das Organ der Anpassung, Hemmung und Synthese. Es ist jener Teil der Psyche, der auf die Umwelt ausgerichtet ist, um an ihr und durch sie ein Optimum an Triebabfuhr und Befriedigung zu erzielen. Es hat die Aufgabe der Reizbewältigung und Selbsterhaltung und ist von der Rücksicht auf Sicherheit beherrscht.

Unter *Ich-Störungen* werden in der Psychiatrie verschiedene Dinge gemeint, und zwar 1. das Gefühl, dem eigenen Ich und dem eigenen Körper fremd gegenüberzustehen. Sie werden als nicht zum Ich gehörig empfunden = Depersonalisations-Erleben. Dies wird auch als Entfremdungsgefühl bezeichnet. Von der Entfremdung können auch die gewohnten Dinge und Menschen betroffen sein, die starr und leer und nicht wirklich wirken (= Derealisation). Es handelt sich um sehr häufige Symptome bei Neurosen und Depressionen, die aber auch bei akuten Erlebnisreaktionen und schizophrenen Erkrankungen beobachtet werden. 2. Störungen des Ich-Erlebens in der Form, daß die Grenzen zwischen dem Ich und der Umwelt als durchlässig erscheinen, so daß die Umwelt nach dem Eindruck des Kranken über seine gesamte Innenwelt Bescheid weiß. Dazu kommt häufig der Eindruck, daß das gesamte Befinden oder auch einzelne Körpervorgänge von außen beeinflußt und »gemacht« werden, sowie, daß bestimmte Handlungen von anderen Personen oder Kräften gelenkt werden. Die Kranken berichten in diesem Zusammenhang über Gedankenentzug und Gedankeneingebung, Beeinflussung des Fühlens, Wollens und Denkens, oder berichten darüber, daß sie unter Hypnose stehen.

Psychoanalytisch und psychodynamisch betrachtet ist das Ich Konfliktpartner des Es und des Über-Ichs. Es bildet den adaptiven und defensiven Pol der Persönlichkeit und reagiert beim Auftreten stärkerer Unlustaffekte mit Abwehr. Bezüglich der hierher gehörigen Ich-Störungen wird auf die psychoanalytischen Kapitel verwiesen.

9.11 Störungen des Wollens

Diese werden als Abulie bezeichnet. Es handelt sich um eine Beeinträchtigung der Fähigkeit, Entschlüsse und Entscheidungen zu treffen, aber auch die Triebe und den Antrieb in bestimmte Richtungen zu lenken. Der Kranke hat zwar den Wunsch dazu, aber nicht die Kraft, seinen Wunsch zu verwirklichen. Diese Schwächung des Willens hat E. *Bleuler* als eines der Grundsymptome schizophrener Erkrankungen bezeichnet. Es wird auch beobachtet bei Stirnhirnerkrankungen im Zusammenhang mit den hierdurch bedingten Antriebsstörungen und nach der Gabe von Neuro- und Thymoleptika.

9.12 Psychopathologische Syndrome

Die Einzeltatbestände des Seelenlebens psychisch Kranker, die, wie K. *Jaspers* sagte, psychopathologischen Symptome, treten, von Ausnahmen abgesehen, nicht isoliert auf, sondern als »Teile« von Symptomkomplexen oder psychopathologischen Syndromen. Die Eigenart dieser Syndrome in der Psychiatrie wurde im Kap. 5 bereits besprochen und die wichtigsten psychopathologischen Syndrome angeführt. Das häufigste ist das depressive Syndrom, das bei allen Krankheitsbildern vorkommen kann, selbst bei Manien in Form von kurzen depressiven Verstimmungen. Es kann auch mit allen anderen psychopathologischen Syndromen kombiniert sein. Auf das paranoid-halluzinatorische Syndrom wurde oben bereits näher eingegangen, ebenso auf das manische. Dysphorische Erregungszustände werden bei allen Krankheitsbildern, meist in Form kurzfristiger Verstimmungen, beobachtet, während das organische Psychosyndrom subakute, subchronische und chronische symptomatische Psychosen sowie Demenzzustände kennzeichnet. Das hypochondrische Syndrom kann bei schizophrenen Erkrankungen und endogenen Depressionen sowie Neurosen auftreten, das phobisch-anankastische Syndrom wird vornehmlich bei den letzteren Erkrankungsformen gefunden. Weitere Einzelheiten über die psychopathologischen Syndrome finden sich in der Schilderung der psychiatrischen Krankheitsbilder (Kap. 7.1–15). Dabei ist zu beachten, daß der Syndromdiagnose als zweiter diagnostischer Schritt stets eine Krankheitsdiagnose folgen muß. Für die Psychodynamik der psychopathologischen Veränderungen sei auch auf die tiefenpsychologischen Darlegungen verwiesen.

9.13 Ergänzende Bemerkungen

Die psychopathologischen Phänomene können in diesem Rahmen nur skizziert werden. Für umfassende Darstellungen der allgemeinen Psychopathologie muß auf entsprechende Werke, etwa von K. *Jaspers* u. K. W. *Bash*, verwiesen werden. Dennoch wurde hier versucht, nicht nur den innen- oder den außenpsychologischen Aspekt der allgemeinen psychopathologischen Phänomene ins Auge zu fassen, was für wissenschaftliche Untersuchungen legitim und unerläßlich ist, sondern sie ganzheitlich zu umschreiben. Die für wissenschaftliches Vorgehen erforderliche Reduktion muß aber stets beachtet werden, um zu vermeiden, daß von der Betrachtung und Untersuchung eines Aspektes her generalisierende Aussagen über die psychischen Fähigkeiten und Vorgänge bei Kranken gemacht werden. Das einseitige Ausgehen von einem innen- oder außenpsychologischen Aspekt in der Klinik hat weitgehende Folgen und ist eine der viel zu wenig beachteten Quellen des chronischen gegenseitigen Mißverstehens von Psychotherapeuten und Psychiatern.

Faßt man die innenpsychologische Seite psychischen Krankseins ins Auge, ist der Gegenstand der Betrachtung und Untersuchung das Erleben, also die subjektive Seite des psychischen Lebens. Dabei ist es gleichgültig, ob der Ansatz mehr phänomenologisch oder psychodynamisch ist. K. *Jaspers* forderte, daß der Psychopathologe dabei bis zu den Einzeltatbeständen des Seelenlebens, zu dem, was der Betreffende tatsächlich erlebt, vordringen müsse.

Mit der ausschließlichen Beachtung der innenpsychologischen Seite wird die Unfähigkeit, das Nicht-Können, das psychische Krankheit charakterisiert, ausgeblendet. Solche Unfähigkeit ist, wie wir gesehen haben, bei stärkerer Ausprägung zahlreicher psychopathologischer Störungen gegeben, vor allem die Unfähigkeit, die Störung als Störung zu erkennen, etwa bei Halluzinationen oder Wahnideen. Das Ausblenden dieser Unfähigkeiten verführt dazu, derartige Störungen nur als Extremvarianten psychischen Lebens aufzufassen. Als Folge davon werden von Unerfahrenen den psychisch Kranken Verhaltensweisen, Fähigkeiten und Kräfte zugetraut, aber auch zugemutet, die sie eben oft nicht mehr haben. Die Kranken werden dann in ihrer Hilflosigkeit alleingelassen.

Beachtet man dagegen die außenpsychologische Seite psychischen Krankseins, dann wird zum Gegenstand der Betrachtung vor allem die Unfähigkeit, das Nicht-Können. Daraus leitet sich eine Einstellung ab, die Kranken vornehmlich zu versorgen und auch zu bewachen, mit einer Tendenz, die stets vorhandenen gesunden Kräfte und Reaktionen zu unterschätzen und auszublenden.

Das Hervorheben und Generalisieren entweder des innen- oder des außenpsychologischen Aspektes psychischen Krankseins hat seine Wurzel zweifellos im unterschiedlichen Erfahrungsgut von Psychotherapeuten und Psychiatern. Da aber die Fähigkeiten der Kranken unterschiedlich sind und sich im Verlauf der psychischen Krankheit ändern können, ist es für die Kranken jedenfalls ungut, nur von dem einen oder anderen Aspekt auszugehen, ganz abgesehen von den fruchtlosen Diskussionen, die sich aus solchen Einseitigkeiten ergeben. Es gehört zur ärztlichen Kunst, das Vorgehen dem Zustand und den Fähigkeiten des Kranken anzupassen, nicht aber, Prinzipien zu reiten.

Abschließend sei darauf aufmerksam ge-macht, daß es dem Menschen nicht gerecht wird, seine Freude und seine Trauer, seine Hoffnung, Sorge, Liebe, Enttäuschung, seinen Haß und seine Verzweiflung in psychopathologische Begriffe zu fassen, denn Trauer ist mehr als Depression und Freude mehr als Euphorie. Man gerät dabei in Gefahr, den Menschen »auf sein Befinden zu reduzieren.«

10. Die Neurosenpsychologische Betrachtungsweise: Entwicklung, Motivation und Verhalten

10.1 Neurose – Bestimmung und Abgrenzung

Das, was normales, alltägliches psychisches Erleben vom neurotischen unterscheidet, ist vornehmlich der Grad der Ausprägung bestimmter Erlebensweisen. Jeder Mensch kennt Angst (oder sollte in der Lage sein, Angst bei sich wahrzunehmen), jeder kennt Traurigkeit, Hemmungen, Zwiespältigkeit der Gefühle, Verstimmungen, Gereiztheit, Wut, kurz alle jene Vorgänge, die wir beim Studium der Neurosen antreffen. Jeder Mensch kennt auch Konflikte, die solches Erleben herbeiführen, bzw. die die Ursache davon sind, z. B. der häufige Konflikt, etwas zu wollen und es gleichzeitig nicht zu wollen (»... ja/nein, aber...«), oder der charakteristische Ambivalenzkonflikt, d. h. der gleichen Person werden Liebe und Haß entgegengebracht. Was das Neurotische vom »Normalen« abhebt, ist lediglich das Ausmaß der Störung, sowie die Unfähigkeit des Neurosekranken, seine inneren und äußeren emotionalen Konflikte in irgendeiner Form befriedigend zu lösen. Die Kenntnis der konfliktverursachenden Bedingungen und die Versuche, die alltäglichen psychischen Konflikte zu lösen, machen ein Gutteil der in Form von Merksätzen und Sprichwörtern überlieferten Volkspsychologie aus. Dafür seien ein paar Beispiele angeführt: »Einmal ist keinmal« ist ein Vorschlag zur magischen Verleugnung von Realität, denn Einmal ist natürlich Einmal und nicht Keinmal. »Getroffene Hunde bellen« zeigt eine gute Kenntnis darüber, daß nur solche Vorwürfe eine affektive Reaktion (sprich Wut) im Menschen hervorrufen, die ganz oder teilweise zutreffend sind, denn wenn etwas die eigene Problematik nicht berührt, läßt es einen kalt. In diese Richtung geht: »Was ich nicht weiß, macht mich nicht heiß«. Der Trost, daß der »Spatz in der Hand besser als die Taube auf dem Dach« sei, ist eine direkte Aufforderung zur resignativen Zurücksteckung eigener Ziele. Dahinter steht die Erfahrung, daß man nur wenig enttäuscht werden kann, wenn man sich nur wenig wünscht. Die Reihe läßt sich lange fortsetzen. (Die vorgeschlagenen Interpretationen der genannten Beispiele beanspruchen nicht die einzig möglichen oder gültigen zu sein.) Unter Neurose ist also zunächst zu verstehen eine besondere Ausprägung des aus der Alltagserfahrung bekannten Erlebens, für die der Anlaß nicht auf den ersten Blick zu erkennen ist. Aus dem Gesagten ergibt sich ferner, daß die Beschäftigung mit neurotischen psychischen Störungen ein Stück Selbstreflektion und Selbstkritik für den Arzt impliziert.

Unter Neurose versteht man heute, nachdem der Begriff, wie im Kapitel 12.1 dargelegt, einen erheblichen Bedeutungswandel durchgemacht hat, ganz allgemein *psychogen entstandene Erkrankung*. Damit ist nicht gesagt, daß alles, was *nicht* Neurose genannt wird, keine psychogenen Komponenten hätte. Dieser allgemeinen Fassung des Begriffes Neurose werden heute verschiedene Konzepte unterlegt. Sechs der am häufigsten verwendeten Definitionen sollen hier vorgestellt und kurz auf ihre wissenschaftliche Herkunft hin kommentiert werden. Allgemein ist zu sagen, Neurose ist eine denkbar unscharfe und unklare Bezeichnung. Von den Definitionsansätzen können wir demnach nur eine begriffliche Annäherung an die menschlichen Gegebenheiten erwarten, wie das überall, so auch im Bereich des Tiefenpsychologischen und Psychopathologischen, der Fall ist. Im Sinne einer solchen Annäherung soll nachstehend versucht werden, von einer Reihe von Definitionen des Neurosebegriffs auszugehen und den Leser auf diese Weise an die Problematik und Verschiedenheit dieser Ansätze heranzuführen:

Neurosen sind *psychische Störungen ohne jede nachweisbare organische Grundlage*, in denen der Patient beträchtliche Einsicht und ungestörte Realitätswahrnehmung haben kann und im allgemeinen seine krankhaften subjektiven Erfahrungen und Phantasien nicht mit der äußeren Realität verwechselt. Es kommen mehr oder weniger stark ausgeprägte Verhaltensstörungen hinzu, obwohl das Verhalten im allgemeinen innerhalb sozial akzeptierter Grenzen bleibt, aber die Persönlichkeit bleibt erhalten. Die wesentlichen Symptome umfassen: ausgeprägte Angst, hysterische Symptome, Phobien, Zwangssymptome und Depressionen. (Art der Aussage: deskriptive Sammeldefinition, die durch Ausschlüsse gegenüber den Psychosen und organischen Störungen abgrenzt und durch Symptomaufzählung spezifiziert. Int. Classification of Diseases der WHO; ICD. 9. Revision).

Die Neurose ist eine *umschriebene Störung bei einer sonst normalen Person,* die in Kontakt mit der Umwelt steht und hinreichend angepaßt ist, mit Ausnahme eines begrenzten Gebietes. Menschen mit einer Neurose haben Gefühle, Ängste, Gedanken oder Impulse, oder begehen Handlungen, die sie als ich-fremd empfinden, die sie aber trotzdem fühlen, denken oder tun müssen. Die neurotischen Erscheinungen scheinen nicht organisch verursacht. Sie sind umschrieben, ich-fremd und vermeidbar nur um den Preis unerträglicher Angst. Zwischen den neurotischen Symptomen und der übrigen Persönlichkeit kann im Erleben des Betroffenen gut unterschieden werden. (Art der Aussage: ebenfalls deskriptive Definition; darüberhinaus Einführung psychodynamischer Kriterien wie Ich-Fremdheit, Angstvermeidung u. a. Leicht modifiziert nach R. *Waelder*).

Neurosen sind *mißlungene Verarbeitungs- und Lösungsversuche unbewußter,* in ihrer Genese *infantiler Konflikte,* die durch eine auslösende Situation reaktiviert wurden. (Art der Aussage: Definition mit psychodynamischen Annahmen zur Ätiologie und Finalität. Bezug auf das psychoanalytische Neurosenmodell).

Neurosen sind *Lösungsversuche von unbewußten Triebimpuls-Abwehr-Konflikten mit intraindividuell unteroptimalem Ausgang.* (Art der Aussage: Definition, die auf weitergehenden »metapsychologischen« Annahmen zur Struktur und Dynamik der Persönlichkeit basiert. Bezug auf das psychoanalytische Neurosenmodell).

Neurotisches Verhalten ist (a) erlernt und (b) fehlangepaßt. Die Ausbildung bedingter Reflexe ist an der Entstehung der überwiegenden Mehrheit neurotischer Erscheinungen beteiligt. (Art der Aussage: Definition mit Aussage zur Ätiologie, die eine nosologische Theorie meidet und über die Unangepaßtheit des Verhaltens spezifiziert. Bezug auf das lerntheoretische Neurosenmodell. Nach H. J. *Eysenck*).

Psychopathische Persönlichkeiten sind solche, die an ihrer Abnormität leiden oder unter deren Abnormität die Gesellschaft leidet. (Art der Aussage: Definition, die den Neurosebegriff meidet, weil das Vorliegen einer Krankheit dabei bestritten wird. Spezifizierung über das subjektive Leiden und das soziale Fehlverhalten. K. *Schneider*).

Betrachtet man diese vielfältigen Ansätze zum Neurosebegriff, dann verwundert nicht, daß in der Praxis die Diagnose einer Neurose in erster Linie besagt, daß der untersuchende Arzt keine organische Ursache für die Beschwerden feststellen konnte. Damit wird der Begriff *diskriminierend,* denn er entlarvt gleichsam den »nicht richtig Kranken«. Nur wenn man dies berücksichtigt, wird verständlich, warum sich eine Reihe quasi-wissenschaftlicher Diagnosen hartnäckig hält, wie etwa »vegetative Labilität«, »vegetative Dystonie«, »neuro-vegetative Dysregulation«. Mit einer solchen »somatoiden« Diagnose will der Arzt – in der Regel unbewußt – dem neurotisch Kranken »etwas Gutes« tun. Wohl wegen des Wortes Soma, das eine Beziehung zur somatischen Medizin herstellen soll, wird von vielen Ärzten der gesamte Bereich des Faches Psychotherapie und Neurosenlehre auch als »Psychosomatik« bezeichnet. *Psychosomatische Medizin* in diesem Sinn ist eine Sammelbezeichnung, die wenig mit dem speziellen Begriff der psychosomatischen Medizin und der Psychosomatosen, wie er unten dargestellt wird, gemeinsam hat. Man könnte am ehesten sagen, daß diese – unreflektierte – Auffassung von Psychosomatischer Medizin etwas mit einer – *ärztlichen Haltung* dem Patienten gegenüber zu tun hat: man ist bereit, neben den körperlichen auch psychische Probleme zu sehen. Von hieraus gibt es fließende Übergänge zum Konzept der »patientenzentrierten Medizin« oder der »Psychosomatischen Medizin« als integrierender Wissenschaft der Gesamtmedizin, wie es z.B. v. *Uexküll* vertritt (s. u.). Ohne den Patienten zu diskriminieren, kann man bis zur Abklärung durch den

Fachmann Krankheitsbilder mit nicht erkennbarer somatischer Genese als »funktionelle« beschreiben. Etwas: funktionelle Atembeschwerden, funktionelle Schluckbeschwerden, funktionelle Hörstörung. Diese Praxis setzt sich zunehmend durch.

Zurück zu den hier vorgestellten Definitionsansätzen von Neurose. Sie haben verschiedene Abstraktionsgrade und differierende Bezugssysteme. Eine produktive Arbeit mit dem Begriff – von der therapeutischen Praxis gar nicht zu reden – ist nur möglich, wenn man Festlegungen trifft und sich für eine bestimmte Auffassung von dem, was man mit Neurose meint, entscheidet. Die Art der Interpretation, die die neurotischen Phänomene erfahren, wird dann immer von dieser Auffassung geprägt sein und muß als von diesem Modell her relativiert begriffen werden. Dieses Bezugssystem soll in diesem Band die *psychoanalytische Neurosenpsychologie* darstellen. Prinzipiell ist sie, wie gesagt, eine Neurosenpsychologie unter mehreren. Als konkurrierendes Modell ist allerdings gegenwärtig nur die lerntheoretische Neurosentheorie zu nennen. Die psychoanalytische Neurosenlehre ist, verglichen mit der Lerntheorie, ungleich weiter ausgearbeitet und stärker an den vielfältigen klinischen Phänomenen orientiert. Das hängt vielleicht damit zusammen, daß Psychologen, die die lerntheoretische Neurosekonzeption entwickelten, bis vor zwei Jahrzehnten kaum Zugang zu Patienten hatten. Vielleicht wirkt aus diesen Gründen auch heute noch die lerntheoretische Neurosetheorie in manchen Aspekten praxisfern. Die deskriptive Verhaltensanalyse der Lerntheoretiker reduziert das Gesamtbild einer psychischen Störung aus methodischen Gründen auf eine beschreibbare und damit therapeutisch angehbare Verhaltensabweichung. Dahinter steht die Konzeption, daß Neurosen nicht als Krankheiten, sondern lediglich als unangepaßtes Verhalten zu verstehen sind.

Stellt man den *Kern lerntheoretischer und psychoanalytischer Neurosenauffassung* nebeneinander, dann findet man als Gemeinsames, daß beide Konzeptionen Neurosen als im Laufe des Lebens erworbene psychische Störungen ansehen, wobei die Psychoanalyse den Akzent auf die frühe Entwicklung legt. Während die Lerntheorie im wesentlichen verfehlte Lern-

vorgänge als Ursachen der Neurosen ansieht, stehen in der psychoanalytischen Theorie unbewußte Konflikte im Mittelpunkt, deren Lösungsversuche die Neurosen darstellen. Die Rolle der Angst in der Genese wird von Vertretern beider Positionen in gleicher Weise betont. Die psychoanalytische Sicht, daß eine *unbewußte Vorstellung* in eine Neurose führt, ist aus lerntheoretischer Sicht methodisch nicht faßbar und nicht beschreibbar. Dies macht deutlich, daß *Methodenfragen* von entscheidender Bedeutung sind. Hinter der Lerntheorie steht die behavioristische Wissenschaftsauffassung, die nur beobachtbare Phänomene für untersuchenswert hält. Deren Untersuchungsinstrumente sind dementsprechend konzipiert. Für unbewußte Vorgänge kann es in der Lerntheorie infolgedessen keine begrifflichen Konzepte und Beobachtungsmethoden geben. Die Psychoanalyse hat ihrerseits dafür geeignete Konzepte und Methoden (psychoanalytische Interviewtechnik, Methode der freien Assoziation, Traumdeutung u. a.) entwickelt, die aus behavioristischer Sicht zum Teil invalide sind, gerade weil sie darauf basieren, daß nicht alles Verhalten auf direkt beobachtbare Phänomene zurückzuführen ist. So nahm die Diskussion zwischen Lerntheorie und Psychoanalyse leider vielerorts den Charakter von Polemik an bzw. ist heute eine weitgehende gegenseitige Abkapselung entstanden und beide Theorien entwickeln sich ziemlich unabhängig voneinander. Dabei soll die kleine Zahl derjenigen aus beiden Lagern besonders erwähnt werden, die weiterhin nach gemeinsamen Ansätzen suchen und Forschungsergebnisse der jeweils anderen Richtung zur Kenntnis nehmen und zu integrieren streben.

Die psychoanalytische Neurosentheorie orientiert sich am medizinischen Krankheitsmodell (Ätiologie, Pathogenese, Symptom, Diagnose, Prognose), das von der Verhaltenstheorie in dieser Form abgelehnt wird. Im Unterschied zur psychiatrischen Verwendung des Begriffs Symptom ist er in der Psychoanalyse enger gefaßt. Während in der psychiatrischen Krankheitslehre auch schon Verhaltensabweichungen Symptomcharakter tragen, tendiert die psychoanalytische Auffassung dazu, die subjektive Betroffenheit (Leiden im Sinne von Ich-Fremdheit (Ichdystonie)) als Hauptkriterium anzusehen. In diesem Sinne wird im folgenden Text von Symptom gesprochen.

Mit »*neurosenpsychologischer Betrachtungsweise*« sind im allgemeinen Verständnis meist die psychoanalytischen Denkansätze gemeint. Wegen ihres besonderen Akzentes auf den psychischen Abläufen, Prozessen und Entwicklungen werden sie auch als »psychodynamisch« bezeichnet. Das heißt, das Interesse richtet sich vorzugsweise auf seelische Bewegungen. Solche Bewegungen lassen sich in einer Reihe von Fragen veranschaulichen, die in der neurosenpsychologischen Diagnostik zu klären versucht werden: Was »will« der Patient, welches sind seine unbewußten Wünsche und Motive? Welche Ängste hat er? Und wie geht er mit ihnen um? Wie ist die innere Dynamik, mit der der Patient seine Krankheit »erhält«? Wie wird sie von außen erhalten?

Aus diesen Fragestellungen wird deutlich, daß im neurosenpsychologischen Ansatz, soweit er psychodynamisch ist, neben der beobachtbaren Symptomatik den bewußten und vor allem unbewußten Wünschen, Motiven, Ängsten, Mechanismen, Reaktionsformen u. a. eine entscheidende Bedeutung zukommen. Es geht also um Motive des Menschen, um Ängste, die diese in ihm auslösen, um Versuche, diese Ängste zu bewältigen, und schließlich um das Mißlingen dieser Bewältigung und den Ausbruch der Krankheit. Dies sind Abläufe, die Zeit erfordern, die sich entwickeln, die in menschliche Schicksale führen. Der Mensch wird von ihnen geprägt, die ganze Persönlichkeit ist oft in die Spannungen dieser Abläufe einbezogen. Deswegen wird diagnostisch auch von einer »neurotischen Entwicklung« gesprochen. Die Phänomene der Neurose haben eine Entstehungsgeschichte und diese Geschichte ist wiederum von den Phänomenen geprägt. Dies läßt sich am *Beispiel* einer Erythrophobie zeigen, der krankhaften Furcht zu erröten also. Das neurotische Phänomen ist das Erröten und die starke Angst davor. Dieses Phänomen führt zu diversen Konsequenzen, die wiederum sein Bestehen fördern und begünstigen: sozialer Rückzug, Anstieg der Ängste, Vermeidung aller Exposition usw. Die persönliche Geschichte

solcher Patienten ist voll von derartigen Maßnahmen. Aber hinter dem Symptom – so nehmen wir an – stehen andere, unbewußte Motive, Ängste, Befürchtungen. Sie sind ebenfalls weiter wirksam, können stärker und schwächer werden, oder sich im günstigsten Falle sogar spontan verlieren. Die meisten kindlichen Phobien bilden sich ja glücklicherweise von selbst zurück, weil mit der zunehmenden Reifung und Entwicklung die jeweiligen Ängste irrelevant werden. Neurotische Ängste (s. u.) haben aber leider eine Tendenz durch Erfahrung *nicht* ausgelöscht zu werden. Diese wenigen Hinweise müssen hier als Hinweise auf die Psychodynamik genügen, nach denen die Neurosenpsychologie bevorzugt fragt.

Zum gegenwärtigen Zeitpunkt ist die psychoanalytische Neurosentheorie das umfassendste Konzept für Entstehung, Verlauf und Therapie von Neurosen. Versteht man im Sinne der psychoanalytischen Theorie Neurosen als mißlungene Verarbeitungs- und Lösungsversuche unbewußter, in ihrer Genese infantiler Konflikte, so sind einige weitere Abgrenzungen möglich. So definierte Neurosen können phänomenal entweder neurotische Symptome zeigen (Symptomneurose) oder ohne Symptome einhergehen (Charakterneurose). Das Symptom kann im psychischen Bereich (Psychoneurose) oder im somatischen Bereich (Konversionsneurose, Psychosomatose oder funktionelles Syndrom) auftreten. Nach dieser eingrenzenden Definition würden Suchten, Perversionen, Kriminalität, Soziopathie nicht zum Bereich der Neurosen gehören. Will man diese Erscheinungen alle in einen Neurosebegriff mit einbeziehen, so müßte man sich für eine sehr weite Definition entscheiden, was aber nicht üblich ist. Eine Reihe von Autoren rechnet auch die Psychosomatosen (s. u.) nicht zur Gruppe der Neurosen, sondern stellt die Somato-Psychosomatosen (*Engel*) den Psychoneurosen (Neurosen im engeren Sinne) gegenüber. *Dührssen* hat vorgeschlagen, pragmatisch vorzugehen und von psychogenen Störungen im körperlichen und psychischen Bereich sowie im Charakter auszugehen.

10.2 Abgrenzung verschiedener Neurosenformen

Somit gibt es körperliche Symptome, die als neurotische Symptome im engeren Sinne aufzufassen sind (Konversionssymptome) und andere, für die dies diskutiert wird (Psychosomatosen im engeren Sinne). Wie kann man psychogene Störungen mit körperlicher Symptomatik einteilen? Gewöhnlich wird von drei großen Bereichen ausgegangen: den Konversionsneurosen, den Psychosomatosen und den funktionellen Syndromen (siehe hierzu die speziellen Ausführungen im Kap. 7.6).

Körperliche Symptomatik

Psychosomatosen sind als Ausdruck unzureichender Verarbeitung von unbewußten Konflikten zu verstehen, wie die Neurosen im engeren Sinne, aber die Art der Konfliktverarbeitung ist eine gänzlich andere. Sie sind *Folgezustände anhaltender vegetativer Spannungen*. Man neigt heute zu der Ansicht, daß es grundlegende, »präverbale« (vor der Sprachentwicklung stattfindende) Störungen sind, die in einer »Körpersprache« eine stabile, wenig beeinflußbare Antwort auf einen schweren Entwicklungskonflikt darstellen. Im Gegensatz zur Konversionsneurose, bei der das körperliche Symptom als sekundäre Somatisierung eines Entwicklungskonfliktes aufgefaßt wird, werden Psychosomatosen als *primär somatische Reaktion* auf konflikthaftes Erleben gedeutet. Im Gegensatz zur Konversionsneurose oder zum funktionellen psychovegetativen Syndrom ist bei der Psychosomatose ferner ein *pathologischer somatischer Befund* zu erheben. Nach *Alexander* schließlich manifestieren sich Psychosomatosen an *Organen mit glatter Muskulatur*, während die Konversionsneurosen zu psychogenen Funktionsstörungen der quergestreiften Muskulatur führen. Die Prognose der Psychosomatosen ist ungleich schlechter als die der funktionellen Syndrome. Um die Psychosomatosen im engeren Sinne zu kennzeichnen, spricht *Engel* von »*Somato-Psychosomatosen*«, *Alexander* von »*Organ-Neurosen*«.

Die »klassischen« Psychosomatosen sind die 7 von *Alexander* benannten Krankheitsbilder (»holy seven«): das Asthma bronchiale, das Ulcus pepticum ventriculi et duodeni, die Colitis ulcerosa, die essentielle Hypertonie, die rheumatoide Arthritis, das atopische Ekzem und die Thyreotoxikose. – Die Anorexia nervosa wird meist auch zu den Psychosomatosen gerechnet. Richtiger ist es, sie als Sonderfall einer Psychoneurose (Nahrungsverweigerung, weibliche Identitätsstörung) mit sekundären somatischen Folgeerscheinungen (Kachexie, Amenorrhoe) anzusehen.

Die zweite Gruppe von Neurosen mit somatischer Symptomatik ist die der – *Konversionsneurosen*. Konversionssymptome werden als *sekundäre Somatisierung* eines neurotischen Konfliktes aufgefaßt. Sie betreffen vornehmlich die Skelettmuskulatur und die Sinnesorgane. Pathologische somatische Befunde liegen meist nicht vor. Die traditionelle Ansicht, daß Konversionsneurosen praktisch nur bei hysterischen Persönlichkeiten auftreten, wird heute in Frage gestellt. Es gibt Hinweise darauf, daß fast jede beobachtbare Neurosenstruktur Konversionssymptome hervorbringen kann. Die psychodynamische Konzeption sieht in den Konversionssymptomen die Darstellung einer konkreten *unbewußten Phantasie*. Diese Störungen haben einen *umschriebenen sinnbildlichen Ausdrucksgehalt*. So ließe sich die funktionelle Armlähmung eines aggressiv gehemmten Patienten folgendermaßen deuten: »Ich will die Hand gegen niemand erheben«. Die Umsetzung (Konversion) dieses Konfliktes in eine Lähmung wird, wie gesagt, als sekundäre Somatisierung bezeichnet. Häufige Konversionserscheinungen sind psychogene Blindheit, Taubheit, Parästhesien, Dysästhesien und andere sowie funktionelle Lähmungen aller Art. Ferner werden von einigen Autoren das cardio-respiratorische Syndrom und die Herzneurose (Herzphobie) hier eingeordnet.

Die *psychovegetativen Erscheinungen* sind die dritte Art, wie sich psychoreaktive Störungen auf körperlichem Gebiet manifestieren. Hierunter fallen insbesondere die funktionellen Syndrome im Bereich des Herz-Kreislauf-, des Atemwegs-Systems, des Magen-Darm-Traktes und des Urogenitalsystems und das, was jeweils unter vegetativer Dystonie verstanden wird. Hier sind auch einzuordnen bestimmte Typen von Schlafstörungen und sexuellen Störungen, starkes Schwitzen, Erröten u. a. Das cardio-respiratorische Syndrom und die Herzneurose werden von der Mehrzahl der Autoren diesem Bereich zugeordnet. Ein *Beispiel* für psychovegetative Erscheinungen wären Herzjagen, Schweißausbrüche und Durchfälle als Folge starker unbewußter Ängste (»vegetative Angstäquivalente«).

Psychische Symptomatik

Die Neuroseformen, die eine psychische Symptomatik zeigen, sind die als *Psychoneurosen* zusammengefaßten Formen: die Hysterie bzw. die Konversionsneurose, die phobische Neurose, die neurotische Depression und die Zwangsneurose. Auch einige Formen von Angstneurosen gehören hierher. Die Gruppe dieser Neurosen wurde von *Freud* als *Übertragungsneurosen* bezeichnet, weil er meinte, daß nur sie in der Lage wären, die sogenannte Übertragung in der Therapie auszubilden.

Hinzu kommen die sogenannten *frühen Störungen*, denen sich in den letzten Jahren das Interesse zunehmend zuwandte. Diese etwas unglückliche Bezeichnung bezieht sich auf eine biographisch frühe Genese. Zusammengefaßt werden unter diesem Begriff eine Reihe atypischer Neurosen, Borderline-Syndrome und narzißtische Neurosen. Die Symptomatik ist gekennzeichnet durch schwere Formen der Angst, sensitive Entwicklungen, neurotische hypochondrische Befürchtungen und Depersonalisations- und Derealisationserlebnisse. Auf die frühe Genese dieser Störungen weisen die basalen Beeinträchtigungen solcher Patienten hin, insbesondere ihre Ich-Schwäche und ihre Unfähigkeit, letztlich zwischen sich und den sozialen Bezugspersonen im Erleben eine sichere Grenze zu ziehen.

Charakterstörungen (Persönlichkeitsstörungen)

Wenn die Störungen zu einem subjektiven Leidensgefühl führen, ohne daß eine eigentliche neurotische Symptomatik vorliegt, sprechen wir aus psychodynamischer Sicht von *Charakterneurosen*. Mit diesem Begriff soll zum Ausdruck gebracht werden, daß, obwohl keine eigentliche neurotische Symptomatik vorliegt und die Störung die Persönlichkeit erfaßt, die für den psychoanalytischen Neurosebegriff entscheidende subjektive Betroffenheit vorliegt. Im psychiatrischen Verständnis hingegen werden diese Störungen als Störung im psychischen Bereich und somit als Symptom aufgefaßt. Meist rührt das Leidensgefühl aus den erheblich gestörten zwischenmenschlichen Beziehungen her. Charakterneurosen in diesem Sinne etwa sind die hysterische Persönlichkeit, der Zwangscharakter, die narzißtische Persönlichkeitsstörung und andere. Von der Psychiatrie werden diese Erscheinungen meist als *abnorme Persönlichkeiten* oder *Psychopathien* bezeichnet. Diese Begriffe implizieren weniger ein psychoreaktives Verständnis als vielmehr die Annahme einer konstitutionellen Ausprägung.

Ohne ein charakteristisches Leidensgefühl sind eine Reihe ausgeprägter Störungen, die aus psychodynamischer Sicht ebenfalls zu den sogenannten »*frühen Störungen*« gerechnet werden: Suchten, Delinquenz, Soziopathie, neurotische Charaktere und Perversionen. Hierher gehören ebenfalls die Begriffe der abnormen Persönlichkeit und der Psychopathie. Allen sogenannten frühen Störungen ist eine schlechte Therapierbarkeit und schlechte Prognose gemeinsam. Diese Formen der Persönlichkeitsstörungen werden nicht den Neurosen im engeren Sinne zugerechnet.

Die hier kurz aufgegliederten verschiedenen Bereiche, die den weiteren Rahmen des Gebietes der Psychotherapie und Psychosomatischen Medizin ausmachen, zeigt die nachstehende Synopsis. Die Übersicht versucht, den Stand der Diskussion darzustellen, der heute mehrheitliche Zustimmung findet. Eine Reihe von Autoren vertritt die Ansicht, daß die Psychosomatosen im engeren Sinne das körperbezogene Krankheitsbild der »frühen Störungen« darstellen. Es bestünde demnach eine gewisse Berechtigung, in der Synopsis die Psychosomatosen im obersten freien Feld der gleichen vertikalen Rubrik einzutragen.

Nach den bisherigen Bestimmungen sind noch einige Begriffe nachzutragen:

Konfliktreaktionen werden in der deutschen Psychiatrie besonders klassifiziert. Gemeint sind erlebnisreaktive Störungen mit psychi-

Nosologische Gesamtübersicht zum Bereich
Psychotherapie und Psychosomatische Medizin

	psychische Symptome	*körperliche* Symtome	*charakterliche Symptome*
sogenannte „frühe Störungen"	Atypische Neurosen Borderline-Syndrome Narzißtische Neurosen		Suchten Delinquenz Soziopathie Neurotische Charaktere
Psychoneurosen	Klassische Psychoneurosen Übertragungsneurosen	(Hysterische) Konversionsneurose	Charakterneurosen
Psychosomatosen i.e.S.		Psychosomatosen i.e.S. „Somato-Psychosomatosen", ENGEL, Organ-Neurosen	Alexithymie?
Psychovegetative Erscheinungen		Funktionelle Syndrome „Vegetative Dystonie"	

schen und körperlichen Symptomen, begrenzter Dauer und guter Prognose. Die Diagnose beinhaltet nicht die Vorstellung der Verarbeitung von unbewußten infantilen Konflikten. Konfliktreaktionen sind somit keine Neurosen in des Wortes (oben ausgeführter) engerer Bedeutung. Problem: In leichteren Fällen sind sie kaum von »normalen« Reaktionen (z. B. Trauerreaktion nach Verlust), in schweren Fällen kaum von einer Neurose abgrenzbar. In Deutschland wird bei diesen Fällen meist die Diagnose reaktive Depression gestellt.

Neurotische Entwicklung ist ein unscharfer Begriff, der gewöhnlich dann als Diagnose verwandt wird, wenn der Diagnostiker nicht genau weiß, um welche Neuroseform es sich handelt. Sein Aussagewert entspricht dem des Wortes »Neurose«. Der Akzent liegt auf der in der Biographie sichtbar gewordenen gestörten Entwicklung. Häufig ist damit eine Charakterneurose jüngerer Patienten mit ausgeprägten Verhaltensstörungen gemeint.

Für die Definition des Begriffes Neurose wurden oben mehrere Ansätze angeführt. Dabei standen die verschiedenen Abstraktionsgrade und Bezugssysteme im Vordergrund der Überlegungen. Es wurde weiter ausgeführt, daß für das Folgende das psychodynamische Neurosenmodell der Psychoanalyse zu Grunde gelegt wird. Dabei muß darauf hingewiesen werden, daß das psychoanalytische Neurosenmodell zwar an psychischen Störungen entwickelt wurde, aber keine eigentliche Nosologie (Krankheitslehre) darstellt. Es wird vielmehr mit ihm die Bedeutung von gleichen Funktionsprinzipien für gesunde und kranke, normale und anormale psychische Abläufe hervorgehoben.

11. Erklärungsmodelle (Ätiologie, Genese, Psychodynamik)

11.1 Vorbemerkungen zu den Begriffen

Eine Erörterung dieser Problemkreise ist nicht ohne eine Klärung der genannten Hauptbegriffe möglich.

Ätiologie bedeutet wörtlich Lehre von den Ursachen (griech.: aitia = Ursache). Ursache ist der Grund für ein Geschehen, der Ursprung, die Veranlassung etwa eines Konfliktes, einer Krankheit oder des Todes. Sie sind das, was die Ursache bewirkt. Ohne Ursache entsteht keine Krankheit, obwohl es natürlich Begleitumstände und Auslöser für diese gibt.

Genese (griech.: genesis = Erzeugung, Ursprung) bedeutet wörtlich Entstehung, Entwicklung, Werden, Bildung des Lebens, für unsere Fragestellung das Entstehen von Kranksein, das durch die Krankheitsursache bewirkt wurde (Pathogenese).

Psychodynamik. Dynamik bedeutet die Lehre von der Bewegung von Körpern unter dem Einfluß von Kräften und den Gegensatz zu Statik. Dynamik bedeutet ferner Triebkraft, Kraftentfaltung, Schwung, Lebendigkeit, lebendige Bewegung. Psychodynamik ist infolgedessen die Lehre von den Vorgängen in der Psyche unter dem Einfluß von auf diese wirkenden Faktoren.

Für unsere Überlegungen ist von besonderer Bedeutung, daß Psychodynamik keine Veränderung des Seins bedeutet im Gegensatz zur Genese, die eine tiefergreifende Veränderung besagt, wie Entstehung, Entwicklung, Werden und Bildung des Lebens und somit auch von krankem Leben = Kranksein. Unabhängig davon, ob sich die Folgen der Psychodynamik und der Entwicklung von psychischer Krankheit im Einzelfall unterscheiden lassen, muß der prinzipielle Unterschied zwischen beiden Vorgängen

für die folgenden Darlegungen im Auge behalten werden. Psychodynamische Vorgänge können zu Fehlhaltungen führen, die prinzipiell reversibel sind, da das »Sein« hiervon nicht berührt wird, während die Entwicklung von Krankheit in dieses eingreift, unabhängig davon, ob die Veränderung reversibel ist oder nicht. Krankheit bzw. »krank« ist hier nicht im Sinne der Abgrenzung gegen Gesundheit bzw. »gesund«, also nicht in irgendeiner rechtlichen Hinsicht zu verstehen. Ursachen für psychische Störungen können beides bewirken, d. h., Vorgänge im Psychischen auslösen und auch Seinsveränderungen bewirken. Was im konkreten Fall eintritt, hängt von Begleitumständen, etwa der Konstitution bzw. der Stabilität des Betroffenen ab. Bezüglich der Mittel, mit deren Hilfe die eingetretene Veränderung beeinflußt werden kann, ist grundsätzlich dasselbe zu sagen, obwohl bei Seinsveränderungen in der Regel Mittel anzuwenden sind, die ebenfalls eine »seinsverändernde« Wirkung entfalten.

Diese prinzipiellen Unterscheidungen sind begrifflicher Art. Sie müssen für die biologischen Gegebenheiten relativiert werden. Auch ist die immanente Tendenz zur Reinheit von Begriffen zu beachten, die die Gefahr der Verabsolutierung derselben heraufbeschwört. Mit anderen Worten, psychische Krankheit ist nicht vollständig »statisch« und die Psychodynamik kommt nicht ohne Aussagen über Befunde bzw. Strukturen aus. Die Relativierung der Begriffe muß darüber hinaus auch prinzipieller Art sein und darf sich nicht nur auf Einzelheiten und »kleinere Mängel« beziehen. Wir müssen uns vielmehr stets fragen, wie weit unsere Begriffe dem Wesen des Lebendigen entsprechen.

11.2 Psychiatrische Ansätze zur Erklärung psychischen Krankseins

Es gibt viele psychiatrische Ansätze zur Erklärung psychischen Krankseins, die aber kein gemeinsames Grundkonzept haben. Um diesen komplexen Sachverhalt darzulegen, müssen wir schrittweise vorgehen. Dafür ist es unvermeidlich, die einzelnen Gedankenschritte etwas künstlich voneinander zu trennen. Allgemein ist zunächst zu sagen, daß die Psychiatrie wie die Medizin von der klinischen Erfahrung ausgeht. Darum wird zunächst etwas über das Wesen von Empirie gesagt, um dann die Art des Erfahrungsgutes und die es bestimmenden Faktoren zu charakterisieren sowie ihre Rückwirkung auf die Bildung von Theorien und methodischen Ansätzen.

Der Ansatz der Psychiatrie ist, wie gesagt, empirisch. Er stützt sich, mit anderen Worten, auf die klinische Erfahrung. Erfahrung bedeutet zunächst das durch eigenes Erleben und eigene Anschauung gesammelte und erworbene Wissen. Was ist hier mit Empirie bzw. Erfahrung gemeint? Erfahrung wird hier nicht im Sinne des Empirismus, einer erkenntnistheoretischen Lehre, verstanden, die besagt, daß alle Erkenntnis unmittelbar auf Erfahrung beruht und daher das Nicht-Erfahrbare nicht wirklich oder nicht erkennbar ist (= Positivismus). Dies steht im Gegensatz zum Rationalismus, der die Ansicht vertritt, daß die Welt und das Leben von logischer oder logisch erfaßbarer Beschaffenheit ist und daß letztlich nur im reinen Denken Erkenntnis möglich wird. Der Empirismus hat somit eine Tendenz zur »sensualistischen« Auffassung, daß es sich nur bei der Erfahrung der äußeren Sinne um Erkenntnis handelt, und damit auch eine Tendenz zum Materialismus. Im Gegensatz dazu geht der von *Richard Avenarius* begründete und von *Mach* und *Vaihinger* vertretene Empirio-Kritizismus davon aus, daß den aus der Erfahrung gewonnenen Begriffen nur ein beschreibender Charakter zukommt. Diese Begriffe haben, mit anderen Worten, keinen eigentlichen Erkenntniswert, sondern allenfalls einen Nützlichkeitswert. Die psychiatrische Empirie sollte von allen diesen »Ismen« ferngehalten werden, weil sie von Psychiatern und deren Kritikern mißverstanden werden und zu Fehldeutungen Anlaß geben können. Die häufigsten derartigen Mißverständnisse bestehen darin, daß die psychiatrischen Begriffe rein beschreibender Natur seien und nichts über das Wesen psychischer Krankheiten aussagen. Ferner wird der psychiatrische Ansatz zur Erklärung psychischen Krankseins allein dem somatischen Aspekt zugeordnet, und man behauptet, daß die Psychiatrie an einem Theorie-Defizit leide und ungeeignet

sei, eine dem Menschen angemessene Theorie zu entwickeln.

Zu dieser auf der theoretischen Ebene liegenden Problematik kommt hinzu, daß es reine Empirie nicht gibt und nicht geben kann. Darum müssen wir uns Rechenschaft geben über die die psychiatrische Empirie beeinflussenden Faktoren und die durch diese bewirkten Tendenzen in der Psychiatrie. Von entscheidender Bedeutung für das Sammeln von Erfahrung ist das Beobachtungsgut, von dem ja stets nur eine gewisse Auswahl zur Verfügung steht. Es stellt sich deswegen die Frage, wie repräsentativ diese Auswahl ist. Hierzu ist folgendes zu bemerken: Nachdem die Aus- und Weiterbildung der Ärzte im 19. Jahrhundert in das Krankenhaus verlegt wurde, waren und sind Kranke, die einer stationären Behandlung bedürfen, diejenigen, an denen systematisch Erfahrung gesammelt wird. Für psychisch Kranke gab es zudem bis zum Ersten Weltkrieg praktisch keine ambulante Versorgung. Es kommt hinzu, daß sich die psychiatrische Forschung seit den letzten Jahrzehnten des 19. Jahrhunderts von den Heil- und Pflegeanstalten weitgehend in die psychiatrischen Universitätskliniken verlagerte, in die vornehmlich akute Fälle aufgenommen wurden. Psychisch Kranke, bei denen die Krankheit einen längeren Verlauf nahm, wurden von dort in die Heil- u. Pflegeanstalten weiterverlegt. In Universitätskliniken sind natürlich die Voraussetzungen dafür, systematisch Erfahrungen zu sammeln, die gewonnenen Ergebnisse zu veröffentlichen und Lehrgebäude zu errichten, unvergleichlich viel günstiger als in Psychiatrischen Landeskrankenhäusern und in Praxen niedergelassener Ärzte. Der Mangel, daß in den Universitätskliniken nur ein selektiertes Krankengut zur Beobachtung zur Verfügung steht, kann dadurch gemildert werden, daß man sich dort zeitweise bestimmten Krankheitsbildern zuwenden und diese in die Kliniken leiten kann. Die ärztliche Tätigkeit außerhalb von Krankenhäusern und die in ärztlichen Praxen versorgten Krankheitszustände sind dagegen noch weitgehend unerforscht. Es kommt hinzu, daß langfristige Verläufe in den Universitätskliniken kaum beobachtet werden und darum langfristige systematische Katamnesen eine Seltenheit sind. Durch diese Selektionsvorgänge ist die klinische Erfahrung in der Psychiatrie weitgehend geprägt.

Ein anderer, für die psychiatrische Erfahrung wesentlicher Faktor ist, daß die Psychiater eine ärztliche Ausbildung haben, die bekanntlich die Anatomie, Physiologie und Biochemie umfaßt. Dadurch wird ihre Sichtweise natürlich stark geprägt. Dagegen gehört die Psychologie, die sich mit einem der wesentlichen Bereiche befaßt, in dem Psychiater tätig werden, nicht zur Ausbildung des Arztes und wird auch nicht in der Medizinischen Fakultät gelehrt. Es kommt hier nicht auf die Gründe dafür an, daß dies so ist, sondern allein auf die Tatsache. Die Psychopathologie wurde weitgehend unabhängig von der Psychologie von Ärzten = Psychiatern entwickelt. Das Wissen der Fachleute um den jeweils anderen Bereich der Psychologie ist in aller Regel kaum größer als das gebildeter Laien. Es gibt nur eine kleine Zahl von Psychiatern, die ein Psychologiestudium absolviert haben. Die große Mehrzahl auch der »klinischen« Psychologen hat psychisch Kranke während der Ausbildung nicht kennengelernt. So sind Psychologie und Psychopathologie nicht nur in der Sache erstaunlich wenig aufeinander bezogen, sondern es gibt auch nur wenige Personen, die in beiden Bereichen wissenschaftliche Kenntnisse und Erfahrung haben.

Für die Art und Weise, wie Erfahrung an psychisch Kranken und über psychopathologische Phänomene gesammelt wird, ist von entscheidender Bedeutung, daß die Psychiatrie in der Mitte des 19. Jahrhunderts Anschluß an die naturwissenschaftlich geprägte Medizin gefunden hat. Das hatte zur Folge, daß psychische Krankheiten weitgehend in der Weise wissenschaftlich untersucht wurden, wie dies auch bei anderen Krankheiten geschah. So wurde bei der Erforschung des somatischen Aspektes psychischer Krankheiten wie in der Biologie vorgegangen und versucht, Krankheitseinheiten zu klassifizieren und in ein System zu bringen.

Die nächste Frage ist, wie die Psychiatrie mit der so geprägten Erfahrung umgeht und angesichts ihrer eigenen Vorgeschichte einen Ansatz für die Behandlung psychischer Krankheiten findet. Für die Beantwortung dieses Fragenkomplexes müssen wir auf das zurückgreifen, was wir eingangs (Kap. 1.2) über den psychischen und somatischen Aspekt des Menschen

und über die methodischen Ansätze der Erfahrungswissenschaften (Kap. 4) gesagt haben. Psyche und Soma sind so umfassende Aspekte des Menschen, daß sie keinen genügenden Ansatz für ärztliches Handeln liefern. Die Modelle für solches Handeln beziehen sich vielmehr jeweils nur auf Teilbereiche des Psychischen und Somatischen. So gibt es kein Modell des gesamten Körpers, sondern eine Anatomie, Physiologie, Biochemie usw., und auch kein Modell der gesamten Psyche, sondern solche der Assoziationspsychologie, der Tiefenpsychologie und der Verhaltenspsychologie u. a. Diese Modelle bedeuten also weitere, nicht unerhebliche Reduktionen, durch die alle anderen Facetten des jeweiligen Aspektes ausgeklammert werden.

Für unsere Frage ist ferner wichtig, daß die geschilderten methodischen Ansätze, die kurz mit Verstehen und Erklären charakterisiert seien, »ihren Bereichen«, dem psychischen und somatischen, nicht fest zugeordnet sind (Näheres hierzu siehe Kap. 4). Hierdurch entsteht zusätzliche Verwirrung. Um einen psychischen Tatbestand oder Vorgang zu erklären, müssen zunächst entsprechende »Tatsachen« festgestellt werden. So sagt *Jaspers*, der erste Schritt des Vorgehens in der Psychopathologie ist, die Einzeltatbestände des Seelenlebens auszusondern. In weiteren Schritten sind dann die Zusammenhänge zwischen den Einzeltatbeständen zu erforschen. *Jaspers* wendet somit das naturwissenschaftliche Prinzip auf Innerpsychisches an. Das hat weitgehende Folgen, wie das folgende Beispiel zeigt: Ein solcher Einzeltatbestand des Seelenlebens, den die Psychopathologie herausgearbeitet hat, ist die Halluzination, die als Wahrnehmung ohne reales Wahrnehmungsobjekt definiert ist. In dieser Definition fehlt eine sehr wichtige psychische Komponente, nämlich der Umstand, daß der Betreffende das Halluzinierte für real hält. Die Unvollständigkeit dieser Definition, die für die meisten psychopathologischen Befunde gilt, beleuchtet das durch den methodischen Ansatz bedingte Ausblenden von Gegebenheiten und die damit bewirkte Verkürzung.

Die Psychoanalyse vertritt bekanntlich das Verstehen des Kranken in besonderer Weise. Die psychoanalytischen Trieb- und Ich-Theorien, die das Verstehen »erklären« sollen, haben eine nicht nur formale Ähnlichkeit mit den Hirnmodellen, die die Hirntätigkeit durch komplizierte Schaltungen der Neuronen erklärt. Gleichermaßen wird von einem seelischen Apparat gesprochen, und die Mitmenschen werden als Objekte bezeichnet. So wird hier ebenfalls naturwissenschaftliches Denken greifbar. Dieses Denken wird in seiner Anwendung auf Psychisches besonders deutlich in der Reflexologie *Pawlows*, dem Behaviorismus und den daraus abgeleiteten Lerntheorien, die sich aus methodischen Gründen nur mit dem »Außen« des Psychischen beschäftigen und das Innerpsychische als eine unerforschbare »black box« bezeichnen. Auch ihre Methodik ist naturwissenschaftlich erklärend. Dies ist ein wesentlicher Grund dafür, daß Mediziner eher geneigt sind, Verhaltenstherapie als wissenschaftliche psychotherapeutische Methode anzuerkennen als die innenpsychologischen verstehenden Methoden. Wenden wir das Gesagte auf psychisches Kranksein an, so ist folgendes zu sagen: Es ist, wie wir gesehen haben, nicht möglich, »psychisch krank« generell und exakt von »nicht-psychisch-krank« abzugrenzen (Kap. 1.3). Das mag zugespitzt und recht akademisch-theoretisch klingen. Es ist aber von weitreichender praktischer Bedeutung, wie wir in den kommenden Jahren erleben werden, wenn es darum gehen wird, die Heilkunde davor zu bewahren, für völliges physisches, psychisches und soziales Wohlbefinden zuständig zu sein. Beim Denken in Krankheitseinheiten ist die Frage der Abgrenzung scheinbar ganz einfach, dann bedeutet nämlich eine Diagnose zu stellen gleichzeitig, daß der Betreffende auch in jeder gesetzlich geregelten Hinsicht »krank« ist. Die Einordnung eines Krankheitsbildes in ein Diagnosenschema begründet aber nicht ohne weiteres die Beurteilung »krank«. Hierzu sind vielmehr Außenkriterien

aus dem subjektiven, sozialen, juristischen oder finanziellen etc. Raum erforderlich. Diese Kriterien decken sich offensichtlich nicht und es ist eine Frage der Setzung, welchem Außenkriterium die entscheidende Bedeutung für die jeweilige Fragestellung zugesprochen wird. Das ist das Dilemma, vor dem wir jedenfalls stehen, gleichgültig, welche Auffassung über das Wesen von »psychisch krank« wir haben. (Näheres siehe Kap. 1). Zu diesem Themenkreis ergibt sich aus dem Gesagten, daß es so, wie es keine Theorie des Menschen gibt, auch keinen psychiatrischen »Krankheitsbegriff« oder richtiger, kein Modell, das für alle Formen psychischen Krankseins zutrifft, geben kann. Es gibt und kann vielmehr nur viele Ansätze und Modelle psychischer, somatischer und sonstiger Art geben, die dieser oder jener Form psychischen Krankseins mehr oder weniger gut gerecht werden. Diese methodische Offenheit der Psychiatrie ist zugleich ihre Schwäche und ihr Dilemma. Man sollte nicht versuchen, diese durch Pseudoexaktheit zu verdecken. Die Psychiatrie steht, wie jegliche Wissenschaft, bei allen Lebensvorgängen letztlich vor einem Rätsel. Die psychischen und psychopathologischen Vorgänge kennt sie gleichsam nur von außen, aber nicht ihr Wesen und die sie letztlich bestimmenden Kräfte. Die mit diesem Dilemma gegebene Offenheit ist die unerläßliche Voraussetzung dafür, dem Kranken als Menschen gerecht zu werden.

Das bisher zu den psychiatrischen Ansätzen Gesagte bezieht sich auf den methodischen Aspekt des Vorgehens. Damit sind die Begriffe und Konzepte, mit denen versucht wurde und wird, dem Rätsel psychischen Krankseins und seiner Genese beizukommen, noch nicht angesprochen. Das ist der Gegenstand von Kapitel 12 (»Übergeordnete Begriffe und Konzepte für die psychiatrische Krankheitslehre«).

11.3 Psychoanalytischer Ansatz zur Erklärung des Wesens psychischen Krankseins

Der psychoanalytische Ansatz bzw. die Psychoanalyse allgemein wurde entwickelt und begründet von *Sigmund Freud* (1856–1939). Stand in der Betrachtung des psychiatrischen Ansatzes die Vielfalt der Positionen im Vorder-

grund, so haben wir es bei der psychoanalytischen Betrachtung mit einer eher einheitlichen Konzeption zu tun. Auf den ersten Blick hat der psychoanalytische Ansatz mit dem psychiatrischen etliche Gemeinsamkeiten, ja er ist – zumindest in seiner Entstehung – eigentlich die Sonderform *einer* psychiatrischen Betrachtungsweise, die sich dann zunehmend verselbständigte. Sieht man die ersten psychoanalytischen Publikationen einmal in Bezug zu den psychiatrisch-neurologischen Fachzeitschriften, in denen sie erschienen, dann wird dies besonders deutlich. Während die ersten Psychoanalytiker fast alle Ärzte und Nervenärzte waren, ergab sich bald ein reicher Zustrom aus den verschiedensten Fachgebieten, insbesondere den Geisteswissenschaften, der Pädagogik und der Psychologie, was sich natürlich in der Theoriebildung niederschlug und die Entstehung einer Abgrenzung zwischen Psychiatrie und Psychoanalyse förderte. Hier wären aber eine Reihe weiterer Faktoren zu nennen, die an dieser Stelle nicht weiter erörtert werden können.

Freuds durchgehendes Verständnis der Psychoanalyse ist das einer »Wissenschaft von den unbewußten seelischen Vorgängen«. Obwohl er von seiner Ausbildung her Physiologe, Neurologe und Psychiater war und auch der Beginn seiner wissenschaftlichen Arbeit ganz in der medizinischen Tradition stand, sah *Freud* die Psychoanalyse als eher zur Psychologie gehörig an. Psychologie und Medizin hielt er aber beide für Teile der Naturwissenschaften. Im Denken *Freuds* finden sich die Einflüsse von *Herbart*, *Helmholtz*, *Brücke*, *Fechner* und anderen. Seine Modellvorstellungen sind zwar dezidiert psychologische, zeigen aber an vielen Stellen noch deutlich ihre Herkunft aus Biologie, Physiologie und Physik.

Die grundlegenden Neueinführungen *Freuds* waren die folgenden:

Das Konzept des *dynamischen Unbewußten*, dem für die Motivation psychischer Vorgänge entscheidende Bedeutung zukommt. Hierzu gehört der Begriff der »Verdrängung«, das ist das aktive Unbewußtmachen von psychischen Inhalten.

Die Auffassung, daß *Triebe*, bzw. die Auseinandersetzung mit ihnen, entscheidende Wurzeln der bewußten und unbewußten menschlichen Motivation sind. *Freud* bearbeitete hier vor allem die Rolle der sexuellen und (weniger ausgeführt) der aggressiven Triebimpulse.

Die Beobachtung, daß diese Triebe unter dem Einfluß der sozialen Umwelt eine cha-

rakteristische *Entwicklung* nehmen, die für die Entwicklung der menschlichen Emotionen und Affekte von Wichtigkeit ist. Störungen und Fehlleitungen innerhalb dieser Entwicklung führen zu charakteristischen psychopathologischen Erscheinungen. Eine entscheidende Bedeutung nimmt dabei die Verarbeitung des sogenannten Ödipus-Komplexes ein (s. unten).

Die Entwicklung einer psychologischen *Therapie*, die durch eine Art emotionaler »Nachreifung« und Neuorientierung eine Änderung von Einstellungen und Verhalten ermöglicht.

Die Beobachtung, daß innerhalb dieser Therapie affektive *Interaktionsprozesse* (»Übertragung« und »Gegenübertragung«) auftreten, denen eine weitreichende Bedeutung auch über die therapeutische Situation hinaus zukommt.

Die Annahme, daß *alle* psychischen Vorgänge den gleichen *Prinzipien* unterliegen. Damit ist gesagt, daß die Unterscheidung von psychisch gesund und krank wohl aufgrund der jeweiligen Dysfunktionen, aber nicht aufgrund der Feststellung eines jeweils anderen Wirkprinzips möglich ist.

Es soll festgehalten werden, daß nicht alle diese Beobachtungen und Einführungen unbedingt neu waren. Etwa das Konzept eines Unbewußten wurde im 19. Jahrhundert und schon lange davor auch von anderen Autoren diskutiert, jedoch hat niemand außer *Freud* der Auffassung eines dynamischen Unbewußten eine so zentrale Rolle in seiner Theorie zugeschrieben. Mit dynamischem Unbewußten ist gemeint, daß über die Feststellung unbewußter Teile und Abläufe der Psyche (»deskriptives Unbewußtes«) hinaus dem Unbewußten eine spezifische dynamische Wirkung als Motiv zahlreicher Vorgänge im gesunden und pathologischen Bereich zukommt.

Insgesamt macht die psychoanalytische Theorie Aussagen zu einer Entwicklungspsychologie, einer Persönlichkeitspsychologie, einer Motivationspsychologie, einer klinischen Psychologie, die in erster Linie eine Neurosenlehre ist, und zu einer allgemeinen Psychologie. Diese Bereiche lassen sich in der Darstellung nur schwer voneinander abgrenzen. *Freud* hatte die Theorie relativ wenig systematisiert. Ein Problem ist vor allem, daß er im Laufe der Zeit neue Alternativen und Fortentwicklungen einführte, ohne den Stellenwert der älteren Konzepte und Theoreme eindeutig zu klären. Ein korrektes Verständnis der psychoanalytischen Theorie ist daher nur möglich unter Berücksichtigung ihrer historischen Entwicklung und des jeweiligen Standes der konzeptuellen Ausarbeitung. Als die »essentials« der psychoanalytischen Theorie sah *Freud* an: Die Konzepte vom Unbewußten, vom Widerstand und der Verdrängung sowie die zentrale Rolle der Sexualität und des Ödipus-Komplexes. Die systematische Durchstrukturierung der gesamten Theorie ist das Werk von Nachfolgern, wobei im Bereich der klinischen Theorie vor allem O. *Fenichel* (1945) und im Bereich der Persönlichkeits- und Motivationstheorie D. *Rapaport* (1959) weite Anerkennung fanden. *Rapaports* letzte Darstellung der übergeordneten Gesichtspunkte in der Psychoanalyse erfaßt folgende Bereiche:

Das Objekt der Psychoanalyse ist das Verhalten (empirischer Gesichtspunkt).

Jedes Verhalten ist integral und unteilbar (»Gestalt«-Gesichtspunkt).

Kein Verhalten steht isoliert (organismischer Gesichtspunkt).

Alles Verhalten ist Teil einer genetischen Reihe (genetischer Gesichtspunkt).

Die entscheidenden Determinanten des Verhaltens sind unbewußt (topographischer Gesichtspunkt).

Alles Verhalten ist letzten Endes triebbestimmt (dynamischer Gesichtspunkt).

Alles Verhalten führt seelische Energie ab und wird durch sie reguliert (ökonomischer Gesichtspunkt).

Alles Verhalten hat strukturelle Determinanten (struktureller Gesichtspunkt).

Alles Verhalten wird durch die Realität bestimmt (adaptiver Gesichtspunkt).

Alles Verhalten ist sozial determiniert (psychosozialer Gesichtspunkt).

In der nachstehenden Darstellung kommt naturgemäß der Neurosenpsychologie der breiteste Raum zu. Es ist aber unerläßlich, einige Daten der Persönlichkeits- und der Entwicklungspsychologie gerafft vorauszuschikken, auf die die Neurosenpsychologie immer wieder Bezug nimmt.

Die psychoanalytische Persönlichkeits- und Motivationstheorie

Die Persönlichkeits- und Motivationstheorie der Psychoanalyse macht Aussagen über stabile psychische Substrukturen, die als Funktionseinheiten wirken, ihre Beziehung untereinander und über die Entstehung von Motiven. Das erste psychoanalytische Persönlichkeitsmodell, das *Freud* 1900 entwarf (»Der Reflexvorgang bleibt das Vorbild auch aller psychischen Leistung«), war das sogenannte Reflexbogenmodell. Das nachfolgende, sogenannte topische Modell, ist ein Schichtenmodell: Die Inhalte steigen aus der untersten Schicht, dem System »Unbewußtes«, über das System »Vorbewußtes« in das System »Bewußtsein«. Für diesen Vorgang von Bedeutung ist die »Besetzung« eines Inhalts mit psychischer Energie. Der Entzug von Besetzung bewirkt das Unbewußtmachen bzw. -bleiben. Diesen aktiven Vorgang nennt *Freud* »Verdrängung« und räumt ihm eine zentrale Stellung in seiner Theorie ein. Verdrängung ist somit ein motiviertes Vergessen von Inhalten. Hinter der Verdrängung steht die sogenannte »Zensur«, die darüber entscheidet, ob ein Inhalt der Verdrängung unterliegt, oder ob er »bewußtseinsfähig« ist. Diese Annahme begründet die Auffassung vom dynamischen (und nicht deskriptiven) Unbewußten. Die Inhalte des Vorbewußten sind potentiell bewußtseinsfähig, die des Unbewußten nicht. Am nachhaltigsten hat sich das sogenannte strukturelle Persönlichkeitsmodell durchgesetzt. Diese Persönlichkeitstheorie unterscheidet psychische Substrukturen, sogenannte Instanzen, die mit den Eigennamen »Ich«, »Über-Ich« und »Es« gekennzeichnet werden. Das Über-Ich erfaßt den normativen Bereich im Menschen, die soziokulturell vermittelten Normen und Ideale, das Gewissen. Zum Aufbau des Über-Ich sind Identifizierungsvorgänge von großer Wichtigkeit. Meist wird der Bereich der Wert- und Zielvorstellungen als Teilbereich des Über-Ich beschrieben: als »Ich-Ideal«. Den Bereich der primären Impulse, der triebhaften Grundbedürfnisse, der in sich nicht mehr auflösbaren basalen Bedürfnisse, nennt *Freud* das Es. Die Vermittlungsfunktion zwischen den basalen Bedürfnissen des Menschen: Aktivität, Passivität, Liebe,

Haß u. a. m. – und den normativen Werten des Über-Ich stellt das Ich dar. Das Ich muß den Kompromiß, die Synthese zwischen den emotionalen Grundbedürfnissen des Menschen (Es), dem, was der Mensch sich moralisch gestatten kann (Über-Ich) und den Erfordernissen und Realitäten der äußeren Wirklichkeit (soziale und materielle Umwelt) herstellen. Das Ich wird damit zu einer zentralen Funktionsinstanz, deren primäre Aufgabe ein Ausgleich der inneren Bedürfnisse des Menschen mit den inneren Normen und den äußeren Realitäten darstellt. Das Ich ist es, das bei der Neurose die Symptome ausbildet, das der Ort der Affekte, insbesondere der Ängste ist, und das jene psychischen Maßnahmen zur Herstellung eines inneren Gleichgewichts ergreift, die »Abwehr« genannt werden. Aus den »Systemen« (Bw, Vbw, Ubw) im topographischen Modell sind jetzt die »Qualitäten« bewußt, vorbewußt und unbewußt geworden, die in verschiedener Weise die Funktion der drei Instanzen auszeichnen. Freuds letzte Konzeption in bezug auf die Triebtheorie ging von zwei Grundtrieben aus, Sexualität und Aggression, deren Interferenzprodukte die Basis der allgemeinen und pathologischen Motivation darstellen. Dabei wird ein breites Band von quasi originären Triebimpulsen bis hin zu weitgehend »neutralisierten« (Hartmann) Formen angenommen. Mit der Entwicklung dieser Triebstrukturen befaßt sich die psychoanalytische Entwicklungspsychologie.

Die psychoanalytische Entwicklungspsychologie

Die psychoanalytische Entwicklungspsychologie ist ursprünglich eine Theorie der Entwicklung der Triebe, Emotionen und Affekte. Erst später wurden andere Bereiche einbezogen. Wie alle anderen Theoriebereiche hat sie immer unter dem Aspekt der Neurosengenese gestanden und zeigt weniger Bearbeitung von hierfür nicht relevanten Entwicklungselementen. In ihrer ursprünglichen Form ist die psychoanalytische Entwicklungstheorie eine Phasenlehre, die Entwicklungsabschnitte der Organisation der Sexualenergie (»Libido«) beschreibt. Dabei folgt die »psychosexuelle Entwicklung« (Freud) physiologischen Leitorganen. Es wird unterschieden die orale Phase (1. Lebensjahr), die anale Phase (2. und 3. Lebensjahr), die phallische Phase (4. bis 6. Lebensjahr), die Latenz (6. bis 12. Lebensjahr) und die Pubertät.

Das psychologische Hauptmerkmal der Entwicklung in der Frühzeit des Menschen ist das Erlebnis der sozialen Abhängigkeit, das in verminderter Form bis weit über die Pubertät hin anhält. Die Erfahrung eines in befriedigender Form im weitesten Sinne Angenommenwerdens entscheidet über »Urvertrauen« oder »Urmißtrauen«, wie E. H. *Erikson* es formuliert hat. Es wird eine grundlegende Einstellung zur Umwelt und zu den Mitmenschen erworben, die das ganze Leben hin anhält. Die emotional zugewandte Präsenz einer oder weniger Bezugspersonen scheint für die gesunde psychische Entwicklung des Menschen in den ersten Lebensjahren unerläßlich. Das einfache Fehlen solcher zugewandten Personen führt zu Ausfällen, die letztlich nicht mehr reparabel sind. Insbesondere betreffen diese den affektiven Bereich (Affektkälte, schizoide Affektunterdrückung) und die Störungen im Sozialleben. Über die Identifizierungen bilden sich entscheidende Anteile der schon geschilderten psychischen Strukturen des Ich und des Über-Ich. Das Erlebnis des eigenen Körpers in einer befriedigenden und lustvollen Form ist die Grundlage für ein späteres nicht verzerrtes Körperbild und Selbstbild. Ebenfalls bereits im 1. Lebensjahr muß das Kind lernen, den eigenen Körper von der Umwelt abzugrenzen, was wiederum die Voraussetzung für die Entwicklung der Vorstellung eines »Ich« und eines »Du« ist, die Voraussetzung für den angemessenen sozialen Umgang miteinander. Wird dieser Abschnitt von Ängsten vor dem Verlust der mütterlichen Bezugsperson überschattet, so entstehen fließende Übergänge zu allen Formen von Ängsten im späteren Leben. Die Entwicklung des 2. und 3. Lebensjahres hat *Erikson* besonders unter dem Aspekt der Entstehung des Gefühls einer »Autonomie« gesehen. Stößt das Kind auf eine Umwelt, die ihm seine ersten Selbständigkeitsbedürfnisse nicht gestattet, so resultiert eine verhängnisvolle Umkehr seiner aggressiven Spannungen gegen sich selbst, die den Boden für ein alles dominierendes Gefühl des Zweifels an sich selbst und an den anderen ergibt. Festhalten und Loslassen sind die entscheidenden sozialen Modalitäten, die in diesem Zeitraum beherrscht werden müssen *(Erikson)*. Das Festhalten, die haltende, konservierende Tendenz im späteren Leben, hat *Schultz-Hencke* als *retentiv* bezeichnet, während er das Aufnehmende, das Zugreifende der oralen Phase als *kaptativ* bezeichnete. Der wichtigste Entwicklungsabschnitt aus neurosenpsychologischer Sicht ist der sogenannte Ödipus-Komplex. *Freud* schreibt ihm eine für die Neurosengenese zentrale Rolle zu. Gemeint sind mit dieser Konfliktkonstellation der phallischen Phase die rivalisierenden und aggressiven Gefühle gegenüber dem gleichgeschlechtlichen Elternteil und die positiven und zugeneigten gegenüber dem gegengeschlechtlichen. Dieser Entwicklungsabschnitt endet mit der Identitätsübernahme (»Identifizierung«) des gleichgeschlechtlichen Elternteils.

Versucht man diese wenigen Bemerkungen noch einmal stärker auf die Genese von Neurosen zu beziehen, so lassen sich diese Zusammenhänge etwa folgendermaßen formulieren: Für die Entwicklung des Menschen ist neurosenpsychologisch die Entwicklung der Emotionen, Affekte und Triebe von Bedeutung. Störungen der Entwicklung machen sich später um so nachhaltiger bemerkbar, je früher, je schwerer und je länger sie einwirken. Die Thematik von Abhängigkeit und Vertrauen zur Umwelt bestimmt die Säuglingszeit in einzigartiger Weise. Im zweiten und dritten Lebensjahr fordert im Rahmen der motorischen Entwicklung das psychische Bedürfnis nach Autonomie sein Recht, was von seiten der Eltern mit einem langsamen Abbau der Abhängigkeitserziehung einhergehen sollte. Ein festes Geborgenheitsgefühl, welches unabhängig von Verdiensten und Leistungen dem Kinde von den Eltern garantiert wird, ist während der ganzen infantilen Entwicklung unerläßlich. Ist das nicht der Fall, so hat das Kind später für die sozialen Beziehungen »keine Valenzen« frei, weil es immer mit Sicherungsmaßnahmen zur Aufrechterhaltung des eigenen Selbstgefühls beschäftigt ist. Der Mensch kommt sozusagen niemals aus seiner infantilen Selbstbezogenheit heraus, weil er kein stabiles Selbstbild entwickeln konnte, das die Basis aller sozialen Beziehungen ist. Dieses stabile Selbstbildnis entsteht in seinem wesentlichen Teil wohl dadurch, daß das Kind einfach

erlebt, daß seine bloße Gegenwart bei seinen Eltern Zufriedenheit und Interesse an seiner Person auslöst. Da die entscheidende, die innere Sicherheit des Kindes begründende Beziehung in den ersten Jahren eine Zweierbeziehung ist, in der Regel die zur (psychologischen) Mutter, bezeichnen wir die Konflikte um Abhängigkeit und Autonomie auch als dyadische Konflikte. Zur Beschreibung der psychischen Welt des ganz jungen Kindes sprechen wir auch von der Mutter-Kind-Dyade. Spätestens durch die ödipalen Konflikte erweitert sich das emotionale Bezugsfeld zur Triade, dem emotionalen Feld zwischen Vater, Mutter und Kind, das durch Geschwister und andere Personen der Hausgemeinschaft charakteristische und individuell verschiedene Abwandlungen erfährt. Jetzt geht es um den Umgang mit intensiver Zuneigung und Rivalität. Die Thematik der aggressiven und sexuellen Bedürfnisse, die in der oralen Phase noch ungehemmt waren, in der analen Phase sich deutlich verstärkten, aber bereits erhebliche Beschränkungen von außen erfuhren, dieser Umgang mit Sexualität und Aggressivität muß auf der ödipalen Stufe jetzt endgültig eine sozial akzeptable Form annehmen, wenn das Kind nicht das Opfer massiver Ängste werden soll. In der Latenz tritt die Stärke der triebhaften Impulse zurück, das Kind übt seine Fertigkeiten und verstärkt die sozialen Kontakte. In der Pubertät erfolgt ein erneuter Triebschub, der die endgültige Geschlechtsidentität provoziert und ins Erwachsenenalter überleitet.

Aus psychoanalytischer Sicht stellt die Kindheit, die Geschichte eines jeden Menschen, somit nicht nur die Basis seiner heutigen Eigenarten, Fähigkeiten und Möglichkeiten, sondern auch die ganz speziellen Bedingungen für sein späteres Erkranken in Form einer ganz persönlichen Neurose. Der entwicklungspsychologische Aspekt ist demnach für die Neurosenpsychologie soweit von Interesse, wie er sich bis in die Gegenwart des Menschen als pathogenes Potential erhalten hat.

Die psychoanalytische Neurosentheorie

Der Kern der psychoanalytischen Vorstellungen über Neurosen ist der Begriff des intrapsychischen Konfliktes. Während die Lerntheorie die Neurosen als eine Folge fehlgeleiteter, unzureichender, zu starker oder sonstwie gestörter Lernvorgänge auffaßt, sieht die Psychoanalyse in den Neurosen *Kompromißbildungen, Lösungsversuche, Folgezustände von reaktivierten, unbewußten, infantilen Konflikten.*

Ein Konflikt wird durch mindestens zwei sich widerstrebende Tendenzen hervorgerufen. Es geht dabei um die Spannung, die in Folge zweier unverträglicher, unvereinbarer Strebungen, Wünsche oder Motive entsteht. Als Folge dieser Spannungen kommt es zur »Verdrängung«, das ist die Verschiebung eines psychischen Inhalts aus dem Bereich des bewußten Erlebens in das Unbewußte. Mit Reaktivierung infantiler Konflikte ist ein komplexer Sachverhalt gemeint. Der Terminus besagt zum einen, daß ein aktueller, momentaner Konflikt existiert, zum anderen, daß früher, in der Kindheit, ähnlich strukturierte Konflikte bestanden, die in einer Beziehung zum gegenwärtigen stehen. Sind die infantilen Konflikte zufriedenstellend verarbeitet, so kann der aktuelle Konflikt unabhängig von ihnen geklärt und gelöst werden. Sind die infantilen Konflikte noch nicht hinreichend gelöst und unzureichend verarbeitet, so können sie durch die entsprechende Auslösesituation reaktiviert werden und die neurotische Störung klinisch manifest werden lassen. Solche unbewußten pathogenen seelischen Konflikte bezeichnen wir auch als *Komplexe.* Es leuchtet ein, daß die Entwicklung des Menschen durch zahlreiche, vor allem äußere Konflikte geprägt ist, ja, daß sogar der Umgang mit diesen Konflikten ein wesentlicher Bestandteil der Persönlichkeit des Menschen ist. Im Gegensatz zu diesen ubiquitären Differenzen von eigenen und fremden Wünschen sind *pathogene Konflikte* solche, deren ausreichende Lösung die jeweils alters- und persönlichkeitsentsprechenden Möglichkeiten des Kindes übersteigen. Hier bleibt in der Folge jenes störende Potential erhalten, das später wieder reaktiviert werden kann.

Neurotische Konflikte lassen sich in äußere (vor allem in der Kindheit), innere (hier sind die differenten Strebungen im Menschen selbst gemeint) und verinnerlichte aufgliedern. Die wichtigste Form hierbei sind die verinnerlichten Konflikte, wo über die Identifizierungen ein Niederschlag des ehemals sozialen Konfliktes

im Individuum stattgefunden hat. Dieser verinnerlichte, internalisierte Konflikt ist der eigentlich neurotische. Aus dem Konflikt zwischen Kleinkind und sozialer Bezugsperson ist der internalisierte Konflikt zwischen Ich und Über-Ich (Gewissen) geworden. Die Verbote erfolgen nicht mehr von außen, sondern von innen. Dies ist ein Vorgang, der auf der einen Seite ein natürlicher und unvermeidlicher ist, denn im Rahmen eines sozialen Zusammenlebens ist eine Innensteuerung des einzelnen unerläßlich. Im Falle der Neurose haben wir es jedoch häufig mit rigiden inneren Strukturen zu tun, zwischen denen erhebliche und massive Spannungen entstehen. Erreichen solche Spannungen ein ausreichendes Maß, dann entsteht im Ich ein charakteristisches Spannungsgefühl, ein Signal, das nachhaltig auf Beseitigung der Konfliktbasis drängt: der *Affekt der Angst.* Die Angst ist per se kein primär neurotisches Phänomen. Etwa die *Realangst,* die Angst vor realer äußerer Bedrohung, ist zum Überleben des Individuums unerläßlich. Angst aus gleichem Realanlaß wird sehr unterschiedlich erlebt: Die einen entwickeln häufig und rasch Angst, die anderen bleiben gelassener und entspannter. Die *neurotische Angst* im Gegensatz zur Realangst ist eine Angst aus einer innerlich erlebten Bedrohung, ist eine Angst aus einem internalisierten Konflikt. *Angst ist die Basis jeder Neurose, alle Neurosen sind beschreibbar als fehlgeleitete Versuche des Ich, Angst zu vermeiden.* – Stammesgeschichtlich gesehen kommt der Angst eine höchst sinnvolle Funktion zu. In erster Linie hat sie die Funktion, das Individuum aus dem Bereich realer Gefahr zu bringen und alternatives Verhalten (Flucht, Angriff usw.) hierzu in Gang zu setzen. Diese sinnvolle Funktion der Angst besteht auch heute prinzipiell bei jedem Menschen. Bei der Neurose jedoch ist dieser Ablauf in gewissem Sinne verzerrt.

Im Verlauf der Entstehung einer Neurose kommt es zu einer charakteristischen Verstärkung der vorhandenen Ängste. Ein aktueller Konflikt (»auslösende Situation«) führt zum Phänomen der *Regression* (s. unten) und die Folge der Regression ist die Reaktivierung infantiler Ängste, soweit sie nicht durch eine stark gestörte Entwicklung überhaupt immer aktuell geblieben sind. Vielleicht kann man formulieren, daß wir das, was wir beim Kind als Realangst bezeichnen können, beim Erwachsenen meist als neurotische Angst antreffen, d. h. eine innere Gefahr wird so erlebt, als ob sie eine äußere wäre. Ein zweijähriges Kind, das ins Krankenhaus kommt, hat ganz real Verlassenheitsängste; ein 20jähriger Mann, dessen Freundin ihn verläßt, kann auch mit verschiedenen Gefühlen reagieren, aber Verlassenheitsängste müssen nicht notwendig dabei sein, weil seine Existenz ja nicht real von der Freundin abhängt. Gerät dieser Mensch dennoch in panische Verlassenheitsängste, so spricht einiges dafür, diese als neurotische Ängste aufzufassen.

Anna Freud unterschied vier Grundformen der menschlichen Angst, die sich in spezifischer Form nacheinander entwickeln:

Die *Trennungsangst,* die Angst vor Verlust der versorgenden sozialen Bezugsperson. Dies ist die früheste Form sozialer Angst, die wir beim Menschen annehmen.

Die *Angst vor Liebesverlust,* die Angst vor dem Verlust der Liebe und Zuneigung des sozialen Objektes.

Die *Angst vor Strafe.*

Die Kastrationsangst; das ist die Angst vor Verlust der körperlichen Integrität, die sich im Rahmen der infantilen Wünsche und Phantasien um den ödipalen Konflikt herum ausbildet.

Was für die Prognose wichtig ist, sind weniger die Formen und Intensitäten der Angst, als die Fähigkeit zur Angstbewältigung, die bei verschiedenen Menschen in verschiedenem Ausmaß vorhanden ist und von der letzten Endes das seelische Gleichgewicht abhängt. Menschen, die jedes Maß von Angst als unerträglich finden, sind besonders gefährdet, eine manifeste Neurose zu entwickeln. Ihr Ich ist genötigt, das Vorhandensein aller inneren und äußeren Gefahren, d. h. aller möglicher Angstquellen, zu verleugnen und zu verdrängen oder alle inneren Gefahren in die Außenwelt zu projizieren, aus der sie nur umso angsterregender zurückkehren, oder sich phobisch von allen Angst- und Gefahrdrohungen zurückziehen. *Angstvermeidung um jeden Preis* wird zur Einstellung, die zuerst die Kindheit und später das erwachsene Leben des Individuums beherrschen und durch übermäßigen Gebrauch der Abwehrmechanismen (s. unten) zur Neurose führt. Um die psychische Gesundheit des Indi-

viduums steht es besser, wenn das Ich die Angst nicht vermeidet, sondern ihr mit aktiven Maßnahmen begegnet, d. h. zum Verstand, logischen Denken, tatkräftigen Veränderungen der Außenwelt, aggressiven Gegenmaßnahmen seine Zuflucht nimmt. Ein solches Ich kann große Mengen von Angst bewältigen und leichter ohne übermäßige Abwehr, Kompromiß- und Symptombildungen auskommen.

Wir können zusammenfassen: Angst ist ein ubiquitäres Phänomen. Sie ist in der Neurosenpsychologie insoweit relevant, wie sie Indikator eines Konfliktes ist. Die Unlust, die jede Form von Angst hervorruft, ist beim Neurotiker stark erhöht, er muß Angst um praktisch jeden Preis vermeiden. Zwei Erklärungsmodelle sind für diese Beobachtung denkbar: einerseits ist die Angstspannung durch den internalisierten Konflikt wahrscheinlich bereits ziemlich hoch – zusätzliche Belastungen werden nicht vertragen; vielleicht gibt es auch eine konstitutionell verminderte Fähigkeit, Spannungen zu ertragen, die dann das Entstehen der Neurose begünstigt.

Die Gesamtheit der Versuche zur Vermeidung von Angst bezeichnen wir als *Abwehr.* Abwehr meint, genaugenommen, die Versuche zur Vermeidung aller für das Ich unlustvollen Vorgänge, nicht nur der Angst. Man spricht daher auch von Abwehr von Trauer, Depression, Kränkung, Verletztwerden usw. Zur Abwehr kann grundsätzlich jeder psychische Vorgang und jedes Verhalten eingesetzt werden, welches das Ziel erreicht, etwas Gefürchtetes oder Verpöntes in Schach zu halten. *Alles kann mit allem abgewehrt werden.* Innerhalb bestimmter Kulturen gibt es kollektive Abwehrrituale, die als solche anerkannt und sanktioniert sind. Eines der bekanntesten ist der Humor. Zum Prototyp der Angstabwehr durch Humor ist der »Galgenhumor« des auf die Hinrichtung Wartenden geworden.

Von großer Bedeutung ist auch die *psychosoziale* bzw. *interpersonale Abwehr.* In eng zusammenlebenden sozialen Verbänden, par excellence in der Familie, kann sich die pathologische Dynamik mit verschiedenen Rollen auf alle verteilen. In der Regel übernehmen die Schwächeren den schlechteren Part.

Besonders eingehend bearbeitet ist ein Typ der Kommunikation, den man »double-bind«

nennt (Zwickmühle). Die verbale und die averbale Kommunikation meinen dabei etwas ganz Unterschiedliches. Dieser Kommunikationstyp hat – insbesondere für die Entwicklung der sozialen Wahrnehmung, für die Wahrnehmung der Wünsche des anderen – besonders nachteilige Folgen. Er herrscht vor in Familien, aus denen schizophrene Patienten stammen. Er ist aber auch in den Familien vieler Neurotiker zu finden. Und jeder Mensch kennt Ähnliches bei sich selbst, wenn er »ja« oder »nein« sagt und eigentlich jeweils das Gegenteil meint.

Das vordergründige Ziel der Abwehr ist, mit dem Unlust erregenden Impuls, der zum Konflikt führt, fertig zu werden. Das dahinterstehende Ziel ist, den Affekt oder diesen Impuls *unbewußt* zu machen oder zu halten. Es war schon erwähnt worden, daß ein Großteil der menschlichen Motive unbewußt ist. An diesem Punkt können wir die Ursache, warum das so ist, umreißen: Das Motiv, welches wir nicht kennen, welches uns unbewußt ist, macht uns auch keine direkte Unlust. Unbewußte Motive sind immer solche, die pontentiell unlustmachend sind. Das Ich versucht deshalb konsequent, Impulse, die aus dem Es, dem unbewußten Triebbereich, stammen und ihm Unlust bereiten würden, zu verdrängen. *Verdrängen* heißt, einen Affekt, eine Regung, einen Inhalt unbewußt zu machen oder unbewußt zu halten. Da die Angst bzw. die Unlustgefühle des Ich als Motiv hinter der Verdrängung stehen, können wir die Verdrängung auch als ein »*Vergessen aus Angst*« bezeichnen. Die unlustvollen Reize können von innen kommen, d. h. es können für das Ich nicht akzeptable Triebimpulse sein, sie können aber auch aus dem Über-Ich kommen, d. h. es können für das Ich nicht akzeptable Normen sein. Die primitive und archaische Art der Inhalte des eigenen Gewissens ist z. B. für viele aufgeklärte und liberale Menschen unerträglich. Solche Anteile des Gewissens werden häufig verdrängt. Dieses Konzept von verdrängten Über-Ich-Anteilen, von unbewußten Gewissensinhalten, ist außerordentlich wichtig z. B. für die Annahme von unbewußten Schuldgefühlen, wie wir sie bei einer ganzen Reihe von Neurosen postulieren. Unlustvoll können auch die von außen kommenden Reize sein, weil sie z. B. im Ich Bedürfnisse oder Begierden erwecken, die wiederum mit Gewis-

Relative Dominanz von Abwehrmechanismen bei verschiedenen Neurosen

Verdrängung	
Verleugnung	Hysterische Neurose
Verschiebung	Phobie
Projektion	
Identifizierung mit dem Aggressor	
Wendung gegen das Selbst	Neurotische Depression
Introjektion	
Intellektualisierung	
Rationalisierung	
Reaktionsbildung	Zwangsneurose
Isolierung v. Inhalt	
v. Affekt	
Ungeschehenmachen	

sensnormen in Konflikt geraten. Diese Verdrängung der speziell von außen kommenden Reize wird auch *Verleugnung* genannt.

Daraus ergibt sich: Faßt man Verdrängung als einen Oberbegriff für den Vorgang des Unbewußtmachens auf, dann wäre die Verdrängung im engeren Sinne das Zurückweisen von innen kommender Reize. Verdrängung und Verleugnung werden der Gruppe der Abwehrmechanismen zugeordnet. Prinzipiell kann zur Abwehr jegliches Verhalten und Empfinden herangezogen werden – soweit die Angst dies zuläßt. Einige Formen finden sich allerdings mit großer Regelmäßigkeit wieder. Es sind dies Formen, die quasi Automatismen der Abwehr darstellen, Formen, die sich offenbar als besonders wirkungsvoll herausgebildet haben: die sog. *Abwehrmechanismen*. Sie sind bei jedermann in Gebrauch, ihr übermäßiger Einsatz jedoch kennzeichnet ihre besondere Rolle im Rahmen der Neurosenpsychologie. Angst, Abwehr, Verdrängung sind »natürliche« Reaktionsweisen, die in sich auch »sinnvoll« sind – das wurde bereits betont. A. *Freud* hat als das speziell Pathologische an der Abwehr zu große Intensität (»zuviel«), zu große Dauer (»zu lang«), unzureichende Differenzierung (»zu global«) und Altersunangemessenheit genannt. Der erste und am ausführlichsten von Freud bearbeitete Abwehrmechanismus war die Verdrängung. In den frühen Schriften Freuds ist dieser Begriff praktisch synonym mit Abwehr. Man kann davon ausgehen, daß alle Abwehrmechanismen, weil sie ja dem Ziel des Unbewußtmachens dienen, immer einen gewissen begleitenden Anteil von Verdrängung haben. Folgenden Abwehrmechanismen kommt in der Neurosenlehre eine besondere Bedeutung zu: Verdrängung und Verleugnung (s. o.), Projektion (Verlagerung des unlustmachenden Impulses nach außen), Reaktionsbildung (Ersetzung durch das Gegenteil), Intellektualisierung, Rationalisierung, Isolierung von Inhalten und Affekten, Verschiebung (auf eine andere Person oder Sache), Wendung gegen das Selbst, Identifizierung mit dem Aggressor, Regression, Introjektion (Verinnerlichung als Abwehr), Ungeschehenmachen.

Dieser Sammlung von Abwehrmechanismen, der der eine oder andere Abwehrmechanismus bei anderen Aufzählungen noch hinzugefügt wird, kommt für die Normal- und für die Neurosenpsychologie eine zweifache Bedeutung zu. Die Art der Abwehr garantiert die Spezifität sowohl des einzelnen Menschen, als auch der verschiedenen Neurosetypen:

Jede Person, jedes Individuum bevorzugt einige wenige aufeinander abgestimmte Abwehrmechanismen. Die Beobachtung geht dahin, daß das, was die Spezifität der einzelnen Persönlichkeiten ausmacht, das, was wir den Charakter des Menschen nennen, einiges zu tun hat mit der Art seines ganz individuellen Umgangs mit Triebimpulsen, Angst und unbewußten Inhalten.

Die zweite Form von Spezifität ist die für die Neurosenpsychologie eigentlich bedeutsame: Jede Neurose zeigt eine Bevorzugung bestimmter Abwehrmechanismen, d. h. man kann von einer relativen Dominanz bestimmter Abwehrtypen innerhalb bestimmter Neurosen sprechen. Am deutlichsten ist diese Spezifität bei der Dominanz des Abwehrmechanismus der Projektion für die Gruppe der Persönlichkeitsstörungen, Neurosen und Psychosen, die sich um die paranoide Dynamik gruppieren. Die nachstehende Übersicht soll schematisch die Zuordnung von Neurosetyp und Abwehrformen verdeutlichen. Der charakteristischste Abwehrmechanimus für den jeweiligen Neurosetyp ist kursiv gesetzt. Zur Erinnerung sei noch einmal betont, daß im Prinzip bei jeder Neuroseform jeder Abwehrmechanismus auftreten kann, so daß man korrekterweise nur von einer relativen Dominanz einzelner Abwehrformen sprechen darf.

Während die deskriptive Betrachtungsweise die Spezifität von Krankheitsbildern über eine phänomenologische Festlegung beschreibt,

Stark vereinfachende Zuordnung von (triebdefinierten) Entwicklungsstadien, Konflikten und Symptombildungen

Psycho-sexuelle Entwicklung	Impulse	Konflikte	Neurose
oral	Selbstbild-bezogene (narzißtisch)	Narzißtische Konflikte	→ „frühe Störung"
oral	anaklitische	Abhängigkeits-Konflikte	→ depressiv
anal	aggressive selbstbestimmende	Aggressions-Konflikte Autonomie-Konflikte	→ zwangsneurotisch
phallisch/ödipal	(genital-) sexuelle	Ödipale Konflikte	→ hysterisch
Latenz	——	——	——
Pubertät	aggressive/sexuelle	Autonomie -/ Ödipale Konflikte	

versucht der psychodynamische Ansatz der Psychoanalyse dies von einer inneren Dynamik her. Für die Neurose ist der Abwehrmechanismus als der spezifische Versuch einer psychodynamischen Festschreibung für einzelne Neurosetypen anzusehen. Am Beginn der psychoanalytischen Arbeit hatte die ganze Hoffnung darauf geruht, zu einer spezifischen Beziehung von Triebimpulsen und Neurosetypen zu kommen. Generell muß man diesen Versuch als gescheitert ansehen, obgleich eine gewisse Impulsspezifität für bestimmte Konflikte und bestimmte Neurosen bestehen bleibt. Diese nicht sehr ausgeprägte Beziehung, die aber immer wieder angegeben wird, soll die nachstehende Tabelle verdeutlichen. Der Akzent liegt bei dieser Übersicht darauf, daß die dargestellte Zuordnung nur noch bei einer stark vereinfachenden Sichtweise möglich ist.

Modell der Entwicklung neurotischer Symptome

Das einfachste Modell der Entwicklung neurotischer Symptome sieht folgendermaßen aus:

Triebimpuls → Konflikt (Abwehr) →
→ Symptom

Dieses vereinfachte und stark reduzierte Modell bedarf einer Erweiterung um eine Reihe von Komponenten:

»Auslösende Situation« → aktueller Konflikt → Angst → Regression → Reaktualisierung von infantilen Konflikten → Verstärkung der Konfliktspannung (Angst) → Abwehr → Mißlingen der Abwehr → »Kompromißbildung« zwischen den einzelnen Konfliktanteilen → Symptombildung.

Dieses erweiterte Schema besagt, daß am Anfang der Neurose eine auslösende Ursache steht, bei der ein äußeres Mißverhältnis von auslösendem Anlaß und krankhafter Folge charakteristisch ist. Dabei läßt die objektive Konfliktsituation nur Schlüsse auf die Art des Problems zu, nicht jedoch auf die tatsächliche Relevanz, die es für den Patienten hat. Durch den aktuellen Konflikt kommt es zu einer Reaktivierung des infantilen Konfliktes. Der

Patient versucht, die gegenwärtige Belastungssituation mit eben den Mitteln zu lösen, die er in infantilen Belastungssituationen anwandte, bzw. von denen er damals phantasierte, daß sie geeignete Mittel sein müßten. Er versucht einen Konflikt, den er als Erwachsener erlebt, mit kindlichen Mitteln zu lösen. Dieses Zurückgreifen auf infantile Erlebensformen bezeichnen wir als *Regression*. Die Regression, von der sich der Patient unbewußt eine Erleichterung erhoffte, führt zu einer Verschlimmerung und Verstärkung des Konflikts. Aus dem Konflikt heraus entsteht soviel Spannung und Angst, daß ein Modus der Spannungsabfuhr um praktisch jeden Preis gefunden werden muß. Dieser *unlösbare Konflikt* ist die Basis der Symptombildung. Die Konstituenten des Konflikts sind die Triebimpulse, die Ich-Komponenten, die internalisierten Normen und die äußere Realität. Zwischen diesen Kräften versucht das Ich gleichsam als letztes Mittel einen *Kompromiß* zu schließen, der irgendwie noch den verschiedenen Pressionen Rechnung trägt. Das Symptom wird zum Ausdruck eines für den Menschen sehr schlechten Kompromisses zwischen verschiedenen Kräften. Es stellt eine in jeder Hinsicht *unzureichende Lösung* dar. Es ist – wie *Freud* sagt – ein mißglückter Reparations- und Heilungsversuch. Andererseits muß man festhalten, daß das Symptom, die phänomenologische Neurose, als die *jeweils beste Organisationsform eines psychischen Konfliktes* aufgefaßt werden kann, die dem Kranken zu einem bestimmten Zeitpunkt unter seinen gegebenen inneren und äußeren Bedingungen möglich ist.

Diese klassische Auffassung, daß Neurosen unteroptimale Lösungen von Triebimpuls-Abwehrkonflikten bzw. Reaktualisierungen infantiler Konflikte sind, muß im Hinblick auf einige wichtige pathologische Erscheinungen modifiziert werden. Eingangs – bei Einführung in die allgemeine Neurosenpsychologie – war in einer nosologischen Übersicht auf eine Gruppe von Störungen hingewiesen worden, die meist als *»frühe Störungen«* bezeichnet werden: Kriminalität, Dissozialität, Soziopathie, Suchten, Perversionen, Psychopathien u. a. Auch wenn diese Begriffe sehr verschiedenen Kategorien entstammen, läßt sich für die Haupterscheinungsform, unter welcher sie klinisch auffällig werden, eine generelle Aussage machen: In der

Regel handelt es sich nicht um eine Wiederbelebung infantiler Probleme aus einem aktuellen Konflikt heraus, sondern es handelt sich um einen *Lösungsversuch* eines von vornherein *ungelöst gebliebenen Entwicklungskonfliktes*. Gewöhnlich sind in der Biographie solcher Menschen starke Frustrationen der emotionalen Basisbedürfnisse nachzuweisen, häufig entstammen die Betreffenden einem dissozialen Milieu. Diese Milieu gab ihnen keine Chance, ein stabiles Ich aufzubauen, meist herrscht jener Zustand vor, den wir eine ausgeprägte »*Ich-Schwäche*« nennen. Zwar haben alle Neurosen infolge der Entwicklungsstörung eine mehr oder minder ausgeprägte Ich-Schwäche, bei den Dissozialen, Kriminellen, Suchten und anderen Störungen aber ist diese Ich-Schwäche von vornherein so ausgeprägt, daß auch von einem »Ich-Defekt«, im angelsächsischen Schrifttum auch von »ego-distortion« gesprochen wird. Damit ist gemeint, daß das Ich kaum Möglichkeiten hat, die Triebimpulse zu hemmen. Das Leben solcher Menschen wird mehr oder minder von ihrem Impulsverhalten und von der Art der Außenwelteinflüsse bestimmt. Ein extrem versagendes Milieu, insbesondere

ein solches, das keine affektive Zuwendung geben kann, bewirkt auch eine völlig unzulängliche Über-Ich-Bildung. Wir gehen davon aus, daß es aus den gleichen Gründen, die zur Ich-Schwäche führten, auch zu einer höchst unzulänglichen Innenrepräsentanz von sozialen Gesetzen kommt. Man spricht von *Über-Ich-Schwäche* oder noch drastischer von *Über-Ich-Defekt*. Menschen mit solchen Störungen richten sich fast ausschließlich nach der Art der Intensität der *äußeren* Kontrolle. Fehlt eine äußere Kontrolle, dann existiert für das Ich auch kein Gesetz. Diese Art von Gewissensbildung kontrastiert sehr scharf zur häufig hypermoralischen und überstrengen Gewissensbildung bei den klassischen Neurosen.

Schließlich muß bei der Entstehung von asozialem Verhalten auch daran gedacht werden, daß im entsprechenden Milieu für die heranwachsenden Kinder solches Verhalten gar nicht als dissozial erkannt werden kann, da die Erwachsenen, an denen sie sich orientieren, sich selbst entsprechend verhalten.

Das gestörte Verhalten, die Sucht, das kriminelle Symptom, tritt hier – metaphorisch ausgedrückt – an die Stelle des Strukturdefektes, füllt

Das dynamische Neurosenverständnis der Psychoanalyse

Allgemeine Aussage: Neurosen sind Versuche (Kompromißbildungen), unlösbare Konflikte in einen subjektiv leichter erträglichen Zustand umzuwandeln.

Spezielle Aussagen:

A. Zur Genese

   1. Die neurotischen Konflikte sind *unbewußte*

   2.   biographische, ursprünglich *infantile*

   3.   *Internalisierungen* ursprünglich sozialer Konflikte

   4.   *innere,* zwischen psychischen Substrukturen

   5.   solche zwischen *Trieb*impulsen und *Abwehr*versuchen

B. Zur Finalität

   6. Die neurotischen Erscheinungen (Symptome) sind ein „*Kompromiß*"zwischen subjektiv unvereinbaren Tendenzen

   7.   Versuche *Angst* (und/oder Unlust) um jeden Preis *zu vermeiden*

   8.   ein Rekonstruktions- und *Selbstheilungsversuch*

   9.   die individuell jeweils *bestmögliche Organisationsform* eines psychischen Konflikts

   10.   der Versuch einer subjektiv *erträglicheren Selbstwahrnehmung* und -darstellung

   11.   als Konfliktlösung letztlich *unzureichend* („unteroptimal")

hier gleichsam die früh entstandene Lücke im Ich aus. (Von einer Reihe von Autoren werden auch die Psychosomatosen im engeren Sinne, das sind die Organneurosen, als zu diesen frühen Störungen gehörend angesehen.) Die eben beschriebenen frühen Störungen werden umso eher auftreten, je mehr sich die Polaritäten Ablehnung und emotionale Kälte kombinieren. In diesem Sinne ist die Formulierung von A. *Freud* zu verstehen, daß prinzipiell zwei Ausgänge von Entwicklungsstörungen möglich sind: Der *Ausgang als Konflikt* und der *Ausgang als Defekt* (»strukturelle Ich-Störung« im Sinne von *Fürstenau*). Mit dem Ausgang als Konflikt ist der weitere Rahmen der klassischen Neurosen gemeint. Mit dem Ausgang als Defekt ist die Gruppe der frühen Störungen umrissen (siehe hierzu auch die Ausführungen über »Konflikt« und »strukturelle Störung«).

Ein Versuch zur näheren Bestimmung des speziell psychoanalytischen Neuroseverständnisses in einer Übersichtsdarstellung soll diese allgemeine Einführung abschließen. Alle einzelnen Punkte sind bereits ausgeführt worden. Beabsichtigt ist eine Synopsis, die dem Leser auf einen Blick eine Übersicht gestattet.

Die psychoanalytische Psychosentheorie

Auch wenn der psychoanalytische Anspruch besteht, eine allgemeine Psychologie zu sein, d. h. Erklärungen letztlich zum Gesamtgebiet der gesunden und kranken psychischen Erscheinungen beizutragen, sind im Detail insbesondere mannigfaltige Unterschiede für den Grad der Ausarbeitung dieser Theorie festzuhalten. Die Neurosenlehre ist, wie schon dargestellt, breit ausgearbeitet und mit erheblichem Datenmaterial gestützt. Die psychoanalytischen Beiträge zur Alltagspsychologie und auch die zur Erklärung der Psychosen sind demgegenüber deutlich geringer in der Zahl. Dennoch gibt es eine psychoanalytische Theorie von den Psychosen, die nachstehend kurz referiert werden soll.

Die Darstellung der psychodynamischen Interpretation von Psychosen muß von der gleichen Schwierigkeit ausgehen, wie sie unten (12.1) ausgeführt ist: Der Psychose-Begriff ist letztlich nicht definiert. Die Psychoanalytiker behalfen sich so pragmatisch, wie die Psychiater es taten. Da die meisten älteren Analytiker Ärzte und Nervenärzte waren, wurde die Bezeichnung Psychose halt weiter für das verwandt, was man so zu bezeichnen gewohnt war. *Freud* spricht von Psychose meist in Bezug auf die Schizophrenie und die Amentia *Meynerts*. Auch nennt er bestimmte organische Bilder so, wie die Korsakowsche Psychose. Bei der endogenen Depression – Melancholie – vermutet er somatische Ursachen, ohne sie als Psychose zu bezeichnen. Zeitgenössische Psychoanalytiker, die besonders über die Erkrankungen des manisch-depressiven Formenkreises gearbeitet haben (E. *Jacobson*, B. *Lewin*, C. *Scott*), lassen keinen Zweifel daran, daß sie diese Krankheiten zu den Psychosen rechnen. Generell kann man (für den früheren und heutigen Sprachgebrauch) sagen, daß die Psychoanalyse und die Psychiatrie die gleichen Krankheitsbilder als Psychosen bezeichnen. Den psychoanalytischen Kriterien zur Diagnose einer Psychose, die noch dargestellt werden sollen, merkt man jedoch deutlich an, daß sie insgesamt besser die Schizophrenie erfassen, d. h. vielleicht, daß das alte Bleuler'sche Konzept: Psychose = Schizophrenie immanent noch weiter wirkt. Das ist aber nicht ganz sicher.

Obwohl die Theorie der Psychosen in der Psychoanalyse nur einen Bruchteil der Bearbeitung und des Interesses fand, die für die Neurosen investiert wurde, hat die Gruppe der Autoren, welche an diesem Thema arbeitete (z. B. F. *Fromm-Reichmann*, T. *Freemann*, H. *Searles*, H. *Rosenfeld*), sich dem Problem mit größter Intensität gewidmet. In der Praxis fanden z. B. die Psychotherapien teilweise an 7 Wochentagen und über Jahre statt. *Searles* berichtet von einer Modellbehandlung einer paranoid-halluzinatorischen Schizophrenie mit einigen Tausend Behandlungsstunden.

Das psychoanalytische Psychose-Verständnis ist fraglos funktional. Eine operationale Definition wie die von *Redlich* und *Freemann* – wer schwerkrank ist, hat eine Psychose, wer leicht krank ist, eine Neurose – ist in ihrem Wesen nicht psychoanalytisch, auch wenn sie von psychoanalytisch orientierten Psychiatern stammt. Bei den funktionellen Bestimmungen geht es immer um die Funktion bzw. Dysfunktion jener psychischen Instanz im strukturellen

Persönlichkeitsmodell, die als das »Ich« bezeichnet wird.

Die zentrale und allen übrigen Bestimmungen zugrundeliegende Funktion des Ichs ist es, zwischen dem Bereich der primären, nicht modifizierten Impulse (»Es«) und den Gegebenheiten der Außenwelt zu vermitteln. Dazu muß das Ich über die Wahrnehmung nach innen Kenntnis von seinen Bedürfnissen und über die Wahrnehmung nach außen Kenntnis von den jeweils vorhandenen Möglichkeiten haben, diese zu realisieren. Auf diese Wahrnehmungsfunktion nach innen und nach außen kommt es besonders an. Sie ist natürlich nur eine im Felde der multiplen Ich-Leistungen, aber eine von besonderer Bedeutung. Zu diesen Wahrnehmungsfunktionen gehört in erster Linie die »Realitätsprüfung«, die neben der sogenannten synthetischen Funktion immer wieder als die Ich-Leistung *par excellence* genannt wird. Realitätsprüfung oder Realitätskontrolle ist auf verschiedene Weise definiert worden. *Freuds* Definition ging davon aus, daß es im wesentlichen um die Fähigkeit der Unterscheidung zwischen innen und außen geht, d. h. um die Fähigkeit zu unterscheiden, welche perzeptiven Inhalte aus dem Individuum selbst und welche aus seiner Umwelt kommen. Dieses spezifische Vermögen zur Diskrimination ist die Quintessenz des Begriffs der Realitätskontrolle.

Von hier aus läßt sich ein *erster Aspekt* entwickeln. Es gibt mehrere Konzepte zur Frage psychodynamischer Abläufe in der Psychose. Der älteste, noch auf *Freud* zurückgehende Entwurf, versteht die Psychose – analog zur Neurose – als einen mißlungenen Selbstheilungsversuch. Dem Menschen unerträgliche Wünsche und Bedürfnisse, die zu einem Konflikt mit der Außenwelt führen würden, werden dadurch beseitigt, daß die Verbindung zur Außenwelt vom Kranken quasi abgebrochen wird. An die Stelle der störenden, nicht zu den Binnenvorgängen passenden Informationen von außen, werden die eigenen Vorstellungen und Phantasien gesetzt. »Störende« Wahrnehmungen von außen werden verkannt oder verleugnet oder durch eigene, neue, dann als von außen kommend erlebte Wahrnehmungen ersetzt. Damit werden offensichtlich die Phänomene Wahnbildung, illusionäre Verkennung und Halluzination umschrieben. Psychodynamisch ist der gemein-same Nenner das Versagen des Ichs in der Realitätskontrolle. Das Ich kann objektiv nicht mehr unterscheiden: Kommt diese Wahrnehmung, dieser Gedanke von innen oder von außen? *Freud* meinte wohl zurecht, daß es auch beim Neurotiker in gewissem Sinne zu einem »Realitätsverlust« komme, daß aber nur beim Psychotiker ein »Realitätsersatz« durch Binnenvorstellungen und -wahrnehmungen stattfindet.

Bei diesem Modell finden wir also viele Merkmale wieder, die oben für das Modell der Neuroseentstehung geschildert wurden: Konflikt, Mißlingen der Abwehr, Kompromißbildung. Diese abstrakten Formeln sollen zur Veranschaulichung auf das Beispiel der paranoiden Psychose übertragen werden. Was *Freud* nur als Vermutung äußern konnte, ist durch zahlreiche Untersuchungen inzwischen gut belegt: am Beginn dieser Psychoseform stehen unbewußte homosexuelle Interessen. Diese verursachen starke Ängste, die wiederum das Motiv zu zwei entscheidenden Abwehroperationen darstellen. Aus dem Motiv, sich für das gleiche Geschlecht zu interessieren, wird die Ablehnung, und diese Ablehnung wird in den anderen projiziert. Objektiv hat der Paranoiker sein eigenes Motiv verkehrt und dann in den sozialen anderen verlagert, subjektiv fühlt er sich vom anderen angegriffen und verfolgt. Dieses Gefühl ist in der paranoiden Psychose nicht korrigierbar und wird zur Gewißheit. Die Realität ist durch eine Binnenvorstellung ersetzt. Die klinische Erfahrung lehrt, daß dabei unterschiedliche Ausprägungsgrade vorkommen. Die wahnhafte Gewißheit des Verfolgtwerdens gehört zur eigentlichen »Paranoia«. Das Störungsbild, bei dem die Vorstellungen sich noch korrigieren lassen, aber die Bereitschaft zur Projektion eigener Impulse generell groß ist, wird als »sensitive Persönlichkeit« bezeichnet. Etwa dazwischen steht die »paranoide Entwicklung«, bei der die Möglichkeit des Ichs zur Realitätskontrolle im Laufe der Zeit immer schlechter wird.

Der *zweite Aspekt* zu diesem Thema ist grundlegend anderer Natur. Es gibt heute eine Gruppe von Autoren, die insbesondere auf P. *Federn* basieren, die das eben Dargestellte unter genau umgekehrten Vorzeichen sehen. Für diese Theoretiker sind die gestörten Ich-Funktionen nicht final auf einen mißglückten Reparationsversuch hin zu sehen. Wahn und Halluzination werden nicht als mißlungene Rekonstruktionsversuche betrachtet, sondern, kurz gesagt, als Folge des Ich-Defektes. Für *Federn* ist der Rückzug von der Realität Konsequenz des Ich-Ausfalls und nicht seine Ursache. *Weil* das Ich in der Psychose in seinen entscheidenden Funktionen versagt, kommt es zu den psychotischen Phänomenen. Bezogen auf jenen Teil des Persönlichkeitsmodells, das schon dargestellt wurde, liegt hier der Akzent der Betrachtung weniger auf dem Defekt der Grenze zwischen Ich und Außenwelt, als vielmehr auf dem Defekt der Grenze zwischen Ich und Es. Im Ich setzen sich nämlich nach diesem Verständnis psychische Abläufe einer Qualität durch, wie sie sonst nur im Bereich des Es, des Unbewußten, vorkommen. (Dieses Erklärungsmodell gleicht wiederum dem der »frühen Störungen«, bzw. der »strukturellen Ich-Störungen«, wie es oben dargestellt wurde.)

Dazu wieder eine Vorbemerkung. Die Art und Weise der Organisation des Denkens im Es und im Ich wird als Primärvorgang und als Sekundärvorgang (Primär- und Sekundärprozeß) bezeichnet. Der Primärvorgang ist der ontogenetisch ältere, es ist die Denkweise des sehr jungen Kindes, die aber im ganzen Leben des Erwachsenen im Schatten des Sekundärvorgangs weiter existiert. Durch *Regression* (s. oben) des Gesunden, am deutlichsten in den Träumen oder des Kranken, am typischsten in der paranoid-halluzinatorischen Psychose, kann der Primärvorgang wieder die bestimmende Denkweise werden. Die Charakteristika des Primärprozesses sind: Verdichtung und Verschiebung der Denkinhalte, Zeitlosigkeit, Fortfall der Logik. Am ehesten hat man diese Gesetzmäßigkeit vor Augen, wenn man an die Abläufe in den eigenen Träumen denkt. Sie gilt aber auch für frühkindliches Denken und für das Denken des Psychotikers. Teile stehen für das Ganze, das Ganze steht für Teile, die übliche Syntax fehlt, Zeitvorgänge können beliebig verkürzt und erweitert werden, Widersprüche existieren nicht, eine korrigierende Realität entsteht nicht. Der Sekundärprozeß dagegen entspricht dem Denken des wachen Mitteleuropäers (!), er ist logisch und syntaktisch, zeit- und realitätsbezogen – mehr oder minder.

Es soll noch kurz darauf hingewiesen werden, daß es in der jüngeren analytischen Literatur, etwa der Entwicklung der letzten 20 Jahre, Ansätze zu einem *weiteren psychodynamischen Verständnis* der Psychose gibt. Die Autoren dieser Richtung gehen von der sogenannten Objektbeziehungstheorie aus. Sie betrachten die pathologischen Phänomene vorwiegend unter dem Aspekt der Beziehung zur sozialen Umwelt, bzw. der Art, wie diese soziale Umwelt sich im Individuum niederschlägt. E. *Jacobson* hat hier Formulierungen angeboten, die die Psychose als Zerfall der Abgrenzung von Selbstwahrnehmung und Wahrnehmung des sozialen Gegenübers beschreiben. Zentraler Ablauf in der Psychose aus dieser Sicht ist das Verschmelzen der Objekt- und der Selbstrepräsentanzen, d. i. der Vorstellungsbilder, die im Menschen von sich selbst und von der sozialen Umwelt bestehen. Es leuchtet ein, daß ein Zusammenfließen dieser beiden Kategorien zu schweren Störungen im Realverhalten führen muß. – Gegenüber diesem Ansatz sind, wie gesagt, die beiden anderen Möglichkeiten deutlich besser ausgearbeitet und insbesondere der Begriff des Realitätsersatzes scheint so etwas wie eine gute Brücke zur Verständigung zwischen dem stärker psychodynamisch und dem stärker deskriptiv arbeitenden Psychiater.

Grenzen und Möglichkeiten des psychoanalytischen Ansatzes

Die entscheidenden Vorzüge des psychoanalytischen Ansatzes wird man vor allem in den schon dargestellten Neueinführungen sehen dürfen: Die Realität und Bedeutung auch unbewußter Motive, die Wichtigkeit der psychodynamischen Abläufe im Menschen, und die Möglichkeit, mit den Konzepten von Übertragung und Gegenübertragung eine bis dahin nicht erfaßbare Interaktionskategorie zu beschreiben und in der Therapie zu verwenden (dieser letzte Punkt wird bei den psychotherapeutischen Verfahren [s. dort] näher ausgeführt).

Grenzen und Kritik des psychoanalytischen Ansatzes können von mehreren Seiten her aufgezeigt werden. Zum einen sind die allgemeinen Einwendungen gegen die psychoanalytische Konzeption auch in der Neurosentheorie gültig.

Vor allem ist zu nennen, daß die psychoanalytische Theorie logisch nicht gut durchstrukturiert ist. Dies hängt vor allem damit zusammen, daß *Freud* an der Errichtung eines schlüssigen Theoriegebäudes nur begrenztes Interesse hatte. Er führte wiederholt neue Konzepte ein, ohne die älteren expressis verbis außer Kraft zu setzen. Dies hat zu zahlreichen Interpretationsschwierigkeiten seiner schriftlichen Äußerungen geführt. Wie schon erwähnt, ist die stringentere Gliederung der Theorie das Werk von Nachfolgern, vor allem von *Fenichel* und *Rapaport*.

Die uneinheitliche Ausgestaltung der psychoanalytischen Theorie war bereits erwähnt worden. Hiervon ist allerdings die Neurosentheorie weniger betroffen, denn sie ist der am umfassendsten ausgearbeitete Teil der psychoanalytischen Konzeptionen. Ein oft wiederholter Kritikpunkt, der auch für die Neurosentheorie Gültigkeit hat, ist der Vorwurf des Mechanismus. Fraglos lassen sich in der psychoanalytischen Theorie zahlreiche mechanistische Elemente, vor allem solche aus der Physik und Physiologie, nachweisen (Kräfte, Bewegungen, Widerstände u. a.). Wie überall stellt sich auch hier die Frage nach dem Ausmaß, in dem solche Analogien benutzt werden. Da, wo sie eine Anregung zur Einbringung einer neuen Kategorie des Verständnisses in psychische Abläufe (»Psychodynamik«) waren, wird man sie auch heute noch begrüßen müssen; da, wo sie als ausschließliches Wirkprinzip für menschliche psychische Prozesse gesehen werden, stellen sie eine arge Einengung dar. Auch das strukturelle Persönlichkeitsmodell (Ich, Über-Ich, Es) enthält fraglos mechanistische Momente. Wenn man sich aber den Zweck seiner Konstruktion vergegenwärtigt, nämlich die Erklärung innerer Konflikte, dann wird man sagen müssen, daß hier dieses Modell gute Dienste geleistet hat und auch partiell weiter leistet. Da, wo das gleiche Modell herangezogen wird, sämtliche psychischen Phänomene des Menschen aus den Spannungen von Triebimpulsen, Gewissensnormen, Druck der Umwelt und Vermittlungsleistungen des Ich zu erklären, ist dieser Ansatz einfach überfordert. Auch die Auffassung von der Wichtigkeit der Triebtheorie (Konzept der Libidoentwicklung, der triebhaften Impulse) muß kritisch gesehen

werden. Vor 80 Jahren war es fraglos von großem Vorteil, die endogene Wunschwelt des Menschen über die Konstruktion eines Triebpontentials den verinnerlichten und den äußeren sozialen Forderungen gegenüberzustellen. Zunehmend zeigte sich aber im Versuch, alle Vorgänge innerhalb dieses Modells letztlich als Triebvorgänge zu interpretieren, wieder eine gewisse Einengung. So wird die Triebpsychologie in der neueren psychoanalytischen Theorie als »Anachronismus ohne Hoffnung auf Rehabilitierung« (R. *Holt*) bezeichnet. Dem gegenüber haben allerdings insbesondere die Vertreter der Frankfurter Schule der Psychoanalyse kritisch argumentiert, daß der »emanzipatorische Gehalt« der Psychoanalyse sich nur wahren lasse, wenn die scharfe Gegenüberstellung von Individuum und Gesellschaft, von endogenen Triebbedürfnissen einerseits und gesellschaftlichen Normen andererseits, unverändert erhalten werde.

Zu den theoretischen Problemen kommen Probleme der allgemeinen Theorievalidierung. Es steht ebenfalls außer Frage, daß die psychoanalytischen Aussagen zum großen Teil sich zur Validierung, insbesondere zur Falsifizierung (*Popper*), schlecht eignen. Schuld daran ist vor allem ihr großer Grad an Komplexität. Nun kann man dagegen mit Fug und Recht einwenden, daß eine Theorie, die beanspruche, etwas so Komplexes wie den Menschen zu erklären, kaum einfach und gut operationalisierbar konstruiert sein könne. Genaugenommen entstammen die psychoanalytischen Aussagen verschiedenen Theorieebenen von verschiedenem Abstraktionsgrad. Die Konstrukte der sogenannten Metapsychologie (Über-Ich, Es, Abwehr, Libido) dürften aufgrund ihrer Komplexität so gut wie überhaupt nicht validierbar sein. Andere Konzepte sind dagegen sehr viel praxis- und kliniknäher. Ein Abwehrmechanismus wie die Projektion etwa läßt sich testpsychologisch und experimentell sehr wohl untersuchen und auch belegen. Die oben geschilderten Annahmen zur Entstehung der paranoiden Psychose auf der Basis von abgewehrten homosexuellen Bedürfnissen sind z. B. vielfach untersucht worden und können im Rahmen des Möglichen als gut validiert bezeichnet werden. Es ist wohl eine Konsequenz aus solchen Überlegungen, daß ein Teil der psychoanalytischen Forschung sich heute zunehmend in den kliniknahen Bereich verlagert und auch die neuere Theoriebildung (G. S. *Klein*, R. *Schafer*, R. *Holt*) es sich zum Ziel gesetzt hat, gerade für diesen Bereich präzisere Aussagen zu treffen. Teilweise ist es dabei zu radikalen Umformulierungen gekommen, die auf den ersten Blick mit der traditionellen psychoanalytischen Theorie kaum noch etwas gemeinsam zu haben scheinen.

11.4 Psychosomatische Ansätze zur Erklärung des Wesens psychischen Krankseins

Der Ausdruck »psychosomatisch« wurde erstmals 1818 von J. C. *Heinroth* verwandt. Der Begriff Psychosomatische Medizin umfaßt folgende drei Bereiche:

Psychosomatische Medizin beinhaltet *eine ärztliche Grundeinstellung,* die bei der Diagnostik und Therapie von Krankheiten seelische Faktoren mitberücksichtigt. Das ist die allgemeinste Bedeutung des Begriffes und entspricht dem am weitesten verbreiteten Gebrauch von »psychosomatisch«.

Psychosomatische Medizin ist weiterhin *eine Forschungsrichtung,* die mit physiologischen, psychologischen und psychoanalytischen Methoden die Bedeutung seelischer Vorgänge für die Entstehung und Fortdauer von körperlichen Krankheiten untersucht.

Psychosomatische Medizin ist schließlich *ein metaphysisch-philosophischer Begriff* und bezeichnet das Bestreben, die psychophysische Totalität des Menschen zu begreifen.

Das zentrale Problem der psychosomatischen Medizin ist das Leib-Seele-Problem. Es geht um die Frage, wie sich seelische und körperliche Vorgänge gegenseitig beeinflussen und verändern können. Diese Frage geht nicht von einer Leib-Seele-Einheit, sondern von einem Leib-Seele-Dualismus aus. Es gibt aber nichts am Menschen, was »rein psychisch« oder »rein somatisch« ist, jede Sinneswahrnehmung, jede Bewegung ist vielmehr psychosomatisch in des Wortes wörtlicher Bedeutung. Eine Wurzel der Problematik des Psychosomatischen bzw. Somatopsychischen in der Medizin ist, daß von der das Krankheitsbild prägenden Symptomatik ausgegangen wird, also entweder von der psychischen oder somatischen Symptomatik. Es wird dann dem Ansatz der Medizin, die nach den Ursachen forscht, entsprechend nach den Ursachen der jeweiligen Symptomatik gefragt. Sie können in beiden Fällen somatischer oder psychischer Natur sein. Somatogene psychische Symptomatik liegt für diese Denkweise bei den symptomatischen Psychosen und neuropsychologischen Phänomenen vor, während psychogene somatische Symptomatik bei den psychosomatischen Erkrankungen im engeren Sinne gegeben ist. Im Folgenden beschäftigen wir uns mit den für die letzteren entwickelten theoretischen Konzepten.

F. Alexanders Theorie krankheitsspezifischer psychodynamischer Konflikte

A. unterscheidet zwei Arten von psychosomatischen Symptomen:
- Konversionssymptome: Unter einem Konversionssymptom versteht *Alexander* in Anlehnung an S. *Freud* körperliche Symptome, die unbewußt als symbolischer Ausdruck chronischer unerträglicher emotionaler Konflikte entstehen.
- Symptome der vegetativen Neurose (Organneurose): Hier werden die körperlichen Symptome als funktionelle Begleiterscheinungen von chronisch unterdrückten emotionalen Spannungen verstanden.

Alexander sieht die Hauptaufgabe des Organismus in der Aufrechterhaltung der Homöostase. Das vegetative Nervensystem ist hierbei für die »inneren Angelegenheiten« des Organismus zuständig. Bei neurotischen Störungen im Bereich des vegetativen Nervensystems ist die Arbeitsteilung zwischen dem para-sympathischen Anteil und dem sympathischen Anteil des vegetativen Nervensystems gestört. *Alexander* unterscheidet zwei wesentliche Grundstörungen:
- Der Organismus bleibt im Zustand der Bereitstellung zu einer notwendigen Handlung bestehen.

– Der Organismus reagiert auf die Notwendigkeit zum Handeln mit Rückzug.

Bei der ersten Grundstörung überwiegen die sympathischen Anteile. Die für die jeweilige Situation notwendigen adaptativen vegetativen Reaktionen werden bei dieser Störung in Gang gesetzt. Die Störung liegt darin, daß es nie zur Ausführung der vorbereiteten Handlung kommt. Der Zustand der Vorbereitung auf das Handeln bleibt chronisch bestehen.

Bei der zweiten Grundstörung überwiegen die parasympathischen Anteile. Er sieht in dieser Störung einen vollständigeren Rückzug vor der Lösung äußerer Probleme. Das Individuum reagiert auf die sich ergebende Notwendigkeit von Selbsterhaltungstendenzen mit einem gefühlsmäßigen Sichzurückziehen vor der Handlung in einen Abhängigkeitszustand.

Die *Spezifität* der bei vegetativen Störungen wirksamen psychodynamischen Faktoren muß nach *Alexander* in der Konfliktsituation gesucht werden, in der die verschiedenen psychologischen Faktoren wie Angst, verdrängte feindselige und erotische Antriebe, Versagungen oder Abhängigkeitsstrebungen, Minderwertigkeits- und Schuldgefühle in Erscheinung treten. Wie bereits ausgeführt, stellt die Definition solcher spezifischer Konfliktsituationen ein erhebliches methodologisches Problem dar.

Eine weitere Spezifität findet sich in der Art, in der sich eine motivierende, psychologische Kraft ausdrückt. Feindseligkeit kann sich auf ganz verschiedene Weise ausdrücken, sei es auf dem Weg einer tätlichen Auseinandersetzung oder durch Besudeln, Anspeien oder ähnlichem oder durch Beschimpfungen und Vernichtungsphantasien etc. Die physiologischen Reaktionen werden in entsprechender Weise verschieden sein.

Weiter führt er als bedeutsame Faktoren für die Spezifität die Konstitution und die Anamnese des beteiligten Organsystems auf, die eine spezifisch erhöhte Ansprechbarkeit auf emotionale Reize bedingen können.

Alexander sieht in dem *Abhängigkeitskonflikt* den zentralen Konflikt psychosomatischer Krankheiten. Die entwicklungsgeschichtliche Wurzel der psychosomatischen Störung sieht *Alexander* in der Störung der frühen Mutter-Kind-Beziehung, in deren Rahmen sich ein spezifischer Konflikt mit entsprechender Abwehr ausbildet, wobei konstitutionelle Faktoren eine unterschiedliche Rolle spielen. Die Manifestation der Erkrankung erfolgt in einer Lebenssituation, in der es zu einer erneuten Aktualisierung des Konfliktes oder zu einer Infragestellung bzw. Schwächung der ausgebildeten Abwehr kommt. Hierdurch wird der frühere Ambivalenzkonflikt zwischen Abhängigkeits- und Verselbständigungstendenzen wieder aktuell und tritt in Form der Symptombildung zutage.

S. Freuds Konzept von der Entstehung psychogener Körpersymptome (siehe auch Kap. 7.6 über Konversionsneurose)

Das Konversionsmodell

Die Konversion besteht nach *Freud* in der Umsetzung der Erregungssumme eines seelischen Konfliktes in körperliche, insbesonere in sensorische oder motorische Innervation. Die Symptombildung stellt den Lösungsversuch eines Konfliktes dar und verfolgt psychischökonomisch einen Zweck, nämlich die Vermeidung von unangenehmen oder peinlichen, mit den Vorstellungen des Bewußtseins unverträglichen Affekten.

Hysterische Symptome stehen in einem Zusammenhang mit einem traumatischen Erlebnis. Die traumatischen Ereignisse sind fast immer unbewußt. Bei der Wiedererinnerung an den auslösenden Vorgang verschwinden die Symptome jedoch nur dann, wenn die Erinnerung mit einem Affekt verbunden ist. Mit der klassischen konversionshysterischen Symptomatik ist ein sexueller Konflikt, der auf der ödipalen Ebene liegt, verbunden. *Freud* sah den Konversionsbegriff nicht als Modell für psychosomatische Krankheiten an. Typische Beispiele für hysterische Symptombildungen sind der hysterische Anfall, die hysterische Lähmung, die hysterische Gangstörung, die hysterische Gefühlsstörung, die hysterische Blindheit und Taubheit.

Die Angstneurose

Das Krankheitsbild der Angstneurose wurde von *Freud* 1895 von der Neurasthenie abgetrennt und unter den Oberbegriff der Aktualneurosen eingereiht. Im klinischen Bild steht die ungerichtete Angst im Vordergrund der Beschwerden. Aktuelle Faktoren spielen als auslösende Ursache oft eine wichtige Rolle. Neben der Angst kommen bei diesen Krankheitsbildern verschiedene Symptome vor, wie z. B. Herzbeschwerden, Atemstörungen, Schweißausbrüche, Heißhunger, Zittern, Diarrhoe, Parästhesien. *Freud* sieht die Ursache der Angstneurosen in der Anhäufung sexueller Spannung bzw. in der fehlenden psychischen Verarbeitung der somatischen sexuellen Erregung. Er faßt die somatischen Symptome als Äquivalente der Angst auf, dabei erfolgt die Umsetzung von Angst in körperliche Symptome oft ohne Beteiligung psychischer Prozesse. Die körperlichen Symptome entstehen also durch Projektion der Angstquelle nach außen und sind zum Teil nicht im Bewußtsein enthalten. Der therapeutische Zugang ist nur über die Bearbeitung der Ursachen der Angst möglich.

Die Theorie der De- und Resomatisierung von M. Schur

M. *Schur* beschreibt die Entwicklungs- und Reifungsvorgänge des gesunden Kindes als einen fortlaufenden Prozeß der Desomatisierung. Während das Neugeborene aufgrund seiner noch unentwickelten, nicht ausdifferenzierten psychischen und somatischen Strukturen auf Störungen seiner Homöostase körperlich, unkoordiniert, unbewußt, primär prozeßhaft reagiert, erlaubt die zunehmende Reifung und Strukturierunng des Ich zunehmend mehr psychisch bewußte, sekundär prozeßhafte Verarbeitungsformen. Unter bestimmten Bedingungen ist der Reifungsvorgang der Desomatisierung umkehrbar. Wenn z. B. eine bestimmte innere oder äußere Gefahr nicht mehr mit den frei verfügbaren Energien bewältigt werden kann, so kommt es unter dem Druck der dadurch entstehenden Angst zu einer Regression in somatische Reaktionen = Resomatisierung.

Die Französische Psychosomatische Schule, das Alexithymie-Modell

Gegenwärtig viel diskutiert werden die Konzepte der Französischen Psychosomatischen Schule (*Marty*, de *M'Uzan, David, Fain*). Diese Autoren gehen von der Beobachtung aus, daß sich der psychosomatisch Kranke in der Untersuchungssituation, in dem Verhalten in einer Gruppe bzw. in einer Gruppen- bzw. Einzeltherapie deutlich von einem Neurotiker bzw. von einem Gesunden unterscheidet. Sie stellen die Hypothese auf, daß Patienten mit psychosomatischen Krankheiten eine spezifische Struktur besitzen. Das wesentliche Merkmal dieser Struktur ist die Unfähigkeit dieser Patienten, ihre Gefühle wahrzunehmen und mit Worten zu beschreiben.

Folgende Merkmale der psychosomatischen Struktur werden genannt:

Operationales Denken

Es ist gekennzeichnet durch eine mehr oder weniger ausgeprägte qualitative Armut dieser Patienten in ihrer Beziehung zu seelischen Objekten. Die Patienten haben eine schlechte sprachliche Ausdrucksfähigkeit und keinen Zugang zu ihren Phantasien. Es ist ihnen nicht möglich, Triebwünsche und deren Abwehr bewußtwerden zu lassen.

Ich-Störungen

Ich-Störungen treten auf im Sinne einer partiellen psychischen Unreife und einer rigiden, aber brüchigen Abwehrorganisation. Dazu zählen mangelhafte Symbolisierungsfähigkeit, eine Beziehungsleere in den Objektbeziehungen, die Unfähigkeit zu einer echten Übertragungsbeziehung. Die Patienten scheinen von ihrem unbewußten Erleben in besonderer Weise abgeschnitten zu sein.

Psychosomatische Regression

Als psychosomatische Regression wird eine Regression auf ein primitives Abwehrsystem mit aggressiven und autodestruktiven Tendenzen in Form der Somatisierung beschrieben.

Die projektive Verdoppelung

Der psychosomatische Patient sieht den anderen stereotyp, so wie er selbst ist. Das Subjekt verneint seine eigene Originalität ebenso wie diejenige des anderen, in den es sich projiziert und in dem es eine genaue Entsprechung seiner selbst sieht.

Das lerntheoretische Konzept – Verhaltenstherapie

Das lerntheoretische Konzept geht von der Annahme aus, daß bei der Entstehung und beim Fortbestehen psychischer Störungen Lernprozesse von entscheidender Bedeutung sind. Psychische Störungen werden als Verhaltensstörungen verstanden, die entweder durch unerwünschte oder durch fehlende Lernprozesse entstanden sind und deswegen auch durch erneute Lernprozesse beseitigt werden können.

Die meisten Lerntheoretiker halten die Angst für den zentralen Faktor bei neurotischen Störungen. Sie interpretieren die neurotische Angst als eine gelernte emotionale Reaktion, die durch das Zusammentreffen eines vormals neutralen äußeren oder inneren Reizes mit einem aversiven Reiz im Sinne des Lernens von Signalen entstanden ist. Auch die Lerntheorie geht davon aus, daß das affektive Verhalten körperliche Reaktionen auf autonomem und endokrinem Gebiet einbezieht und unter Umständen zu einer Gewebebeschädigung führen kann. Das Problem der Organwahl erklären die Lerntheoretiker durch das Vorhandensein von individuellen Unterschieden in den Mustern vegetativer Reaktionsbereitschaft auf Belastungen. Die Lerntheorie hat verschiedene Formen von Verhaltenstherapien entwickelt, z. B. Methoden der Gegenkonditionierung, die Methode des positiven Konditionierens, Aversionstechniken, die Methode der negativen Übung und das Lernen am Erfolg, auf die im Kapitel 21 eingegangen wird.

12. Übergeordnete Begriffe und Konzepte der psychiatrischen Krankheitslehre

12.1 Psychose – Neurose – Borderline

Vorbemerkungen

In jeder Wissenschaft wird Wissen um Gegenstände oder Sachverhalte durch Begriffe oder Sätze (d. h. Aussagen unter Hinzufügung von Prädikationen) abgebildet. Und zwar werden Dinge, Eigenschaften oder Zuordnungen in Begriffen, Sachverhalte dagegen in Sätzen zum Ausdruck gebracht. Begriffe allein genügen daher dem Wissen nicht, sie müssen durch weitere Aussagen, nämlich durch Sätze, vervollständigt werden.

Auch in der Medizin wird eine Vielzahl von Begriffen verwandt, wie z. B. Gelbsucht, Schock oder Kachexie, die zwar bestimmte Eigenschaften oder Relationen eines Krankheitszustandes näher bezeichnen, aber noch nichts über die Ursache oder die Pathogenese der zu Grunde liegenden Erkrankung mitteilen. Derartige eindeutige Aussagen können erst durch Sätze im oben genannten Sinne getroffen werden. So setzt zum Beispiel die Verknüpfung von Kachexie mit einer zugrunde liegenden Karzinomerkrankung die Aussage voraus, daß die Karzinomerkrankung als konsumierender Prozeß erkannt worden ist. Einigen der medizinischen Begriffe ist eine übergeordnete Funktion über andere Begriffe zugewiesen worden. Sie rücken damit in die Nähe von diagnostischen Bezeichnungen oder sogar von Diagnosen, was ermöglicht, sie auch als Einzelglieder einer nosologischen Systematik zu verwenden.

Hierher gehören in der Psychiatrie die Begriffe Psychose und Neurose. Als Syndrombezeichnungen sagen sie Spezifisches und Typisches über die Art oder Intensität der psychischen Erkrankung aus. Als Aussagen in übergeordneter Funktion fassen sie eine Vielzahl von unterschiedlichen Krankheitsformen zusammen und werden damit über den bloßen Begriff hinaus zu medizinischen Sachverhalten auf der Grundlage bestimmter Krankheitskon-

zepte. Diese Doppelfunktion macht die klinische Verwendung der Begriffe Psychose und Neurose besonders schwierig. Es ist von daher notwendig, sich Klarheit zu verschaffen, was mit den Begriffen Psychose und Neurose gemeint ist (Begriffsklärung) und auf welchen theoretischen Konzeptionen ihre Verwendung beruht (medizinische Aussage). Wenn von mindestens zwei sich unterscheidenden Sachverhalten ausgegangen wird, muß konsequenterweise auch ein Grenzbereich vorhanden sein, der immer dann entstehen muß, wenn ein Sachverhalt gegen einen anderen abgegrenzt wird. Von daher sollen nicht nur die Bereiche Psychose und Neurose, sondern auch ein dritter Bereich – Grenzbereich (Border) – diskutiert werden.

Psychose

Um 1845 wird der Begriff »Psychose« wahrscheinlich zum ersten Mal systematisch von *Ernst Freiherr von Feuchtersleben* (1806–1849) in seinem Lehrbuch der ärztlichen Seelenheilkunde benutzt. *Feuchtersleben* spricht hier von Zuständen, »die man im engeren Sinne Seelenstörungen, Psychosen, Psychopathien usw. zu nennen pflegt« (1845, 260). *Feuchtersleben* ist der Ansicht, daß jede Psychose zugleich eine Neurose sei, »weil ohne Vermittlung des Nervenlebens keine Veränderung des Psychischen zur Erscheinung kommt; aber nicht jede Neurose ist auch Psychose, wovon die Krämpfe und Algien sattsame Beispiele geben«. Psychose bedeutet für ihn ganz allgemein »psychische Störung« und wird mit den synonym gebrauchten Begriffen wie Irresein, Verrücktheit, Wahnsinn, Unsinnigkeit, Gemütsverwirrung und Geisteszerrüttung zur generellen Bezeichnung von Seelen- oder Geistesstörung. Psychose in dieser Bedeutung ist die Sonderform der Nervenkrankheit Neurose mit vorwiegend psychischer Symptomatik. Damit sollte zum Ausdruck gebracht werden, daß die Geistesstörung nur als Teilsymptomatik einer krankhaft gestörten Hirntätigkeit anzusehen ist. Das Irresein war eine besondere Gattung der Encephalopathien. Die Pathologie der Seelenkrankheiten verstand sich als Pathologie der mit Irresein verbundenen Körperkrankheiten. Unter dieser Voraussetzung bekommen »Psychose« und das Adjektiv »psychotisch« die Wertigkeit eines Symptoms zugeteilt. Beide Begriffe verdrängten die Vielzahl der offenbar auch umgangssprachlich benutzten Begriffe wie »irre« und »verrückt«.

Die Entwicklung des Begriffes »Psychose« als Benennung einer Krankheitseinheit ist ohne Kenntnis des Bedeutungswandels der klinischen Aussage »Neurose« nicht zu verstehen. Während sich die Neurose konsequent von der somatischen Erkrankung zur psychogen entstandenen Störung entwickelt, bleibt für den Bereich der Psychosen ein besonderes Dilemma bestehen: Psychosen werden sowohl solche Erkrankungen genannt, für die ein pathologisch-anatomisches Substrat verantwortlich gemacht werden kann, wie auch solche, für die eine derartige ätiologische Zuordnung nicht möglich ist. Das heißt, daß sich noch heute Neuropathologie und Psychopathologie des gleichen Begriffes bedienen, der zwar das Faktum einer schweren seelischen Störung beinhaltet, aber nichts darüber aussagt, ob dieser Störung eine körperliche oder eine andere, noch nicht bekannte, Ursache zugrunde liegt. Das führt zu der Frage, ob es gemeinsame Kriterien für das, was Psychose genannt wird, gibt, ganz gleich, ob es sich um eine symptomatische Psychose oder eine endogene Psychose handelt.

Im Laufe der Entwicklung von Psychosekonzepten galten für endogene und symptomatische Psychosen völlig unterschiedliche Kriterien. Unabhängig von exogener oder endogener Verursachung konnten nur wenige gemeinsame Kriterien gefunden werden. Dazu gehören:

– *Das qualitativ Abnorme* (das vorherige psychische Bild muß qualitativ verändert sein. Das Abnorme muß im medizinischen Sinne als pathologisch erkennbar und diagnostizierbar sein).

– *Das formal Neue* (es muß ein Einbruch in die bisherige physische oder psychische Entwicklung erkennbar sein).

– *Das normalpsychologisch nicht Ableitbare* und *»Unverständliche«.*

– *Der eigengesetzliche Verlauf,* der »Prozeßhaftigkeit« anzeigt.

Das Kriterium der *schweren seelischen Störung* ist vermutlich immer im Spiel gewesen, wenn Psychose diagnostiziert wurde, auch wenn dies nicht als besonderer Parameter erscheint. Die Kriterien des eigengesetzlichen Verlaufes und der psychologisch nicht ableitbaren, unverständlichen Gestalt der Psychose haben dazu geführt, einen weiteren Gesichtspunkt, den der *Sinngesetzlichkeit (Kurt Schneider)* einzuführen, deren Kontinuität in der Psychose durchbrochen sei. Psychose sei sinnlos in ihrem Dasein und meist sinnlos bezüglich der Seins-Weise ihres Themas. Nur hinsichtlich des Themas selbst unterbreche die Psychose sinngesetzliche Zusammenhänge nicht. Es darf nicht übersehen werden, daß der Gedanke der Zerstörung von Sinngesetzlichkeit die Psychose nahe an die somatische Krankheit rückt, die unvorhergesehen ebenfalls die vorher bestandene Lebens- und Sinnkontinuität von Gesundheit durchbricht. Der von *Kurt Schneider* intendierte »wissenschaftlich strenge Begriff der Psychose« basiert deshalb auf abnormen seelischen Prozessen mit (wenn auch unentdeckten) somatischen Ursachen. Dort wo seelische Veränderungen nur quantitative Spielarten des normalen psychischen Lebens sind, spielt sich für *Kurt Schneider* Psychose nicht ab. Die »Somatisierung« des Psychosebegriffes führte dazu, vor allem jene psychischen Veränderungen zu Psychosen zu zählen, die infolge Bewußtseinsstörungen oder infolge körperlicher Prozesse entstanden sind. In diesem Sinne waren bereits die leichtesten seelischen Veränderungen Psychosen, wenn sie nur ein faßbares organpathologisches Substrat besaßen oder ein solches zumindest hypostasiert werden konnte. Daß durch derartige Überlegungen auch der Begriff des »Endogenen« eine Wendung ins »Somatische« erfuhr, ist oft übersehen worden.

Trotz dieses pragmatischen Ansatzes von erheblicher klinischer Bedeutung zeigte sich aber, daß es nicht sinnvoll war, in jedem Fall von

Psychose eine, wenn auch hypothetische, somatische Krankheitsursache vorauszusetzen. Psychosekriterien sollten sich vielmehr, wie u. a. der amerikanische Psychiater *Adolf Meyer* verlangte, anhand der *Intensität (der Schwere) der Störung* und am *Grad der Auswirkung auf die Persönlichkeit und deren Umwelt* ergeben. Diese Einstellung gewann unter den Erkenntnissen der Psychoanalyse entscheidende Bedeutung: Zwischen Neurose und Psychose wurde kein struktureller, sondern ein dynamischer Unterschied angenommen. Bei der Neurose unterdrücke das Ich in Abhängigkeit von der Realität einen Teil des Es, während bei der Psychose das Ich, vom Es überwältigt, sich in weiten Teilen von der Realität zurückziehe. Dieses Konzept trug dazu bei, Psychosen als *Reaktionen* des Betroffenen aufzufassen und damit als psychogen bedingt anzusehen. F. *Alexander* war der Ansicht, daß Psychose nur das fortgeschrittene, durch stärkere Realitätsabkehr und größere Übermacht des Unbewußten gekennzeichnete Stadium einer Neurose sei. Diese Überlegungen ließen nunmehr die Intensität und das Ausmaß einer Störung, aber auch ihre Gestalt und ihre Symptomatik, zu entscheidenden Parametern für Psychose werden, vor allem, wenn keine organisch faßbaren Veränderungen für die Störung verantwortlich gemacht werden konnten.

Wir haben es also bei der Klärung des Bedeutungswandels von Psychose mit Tendenzen sowohl zum Somatogenen wie auch zum Psychogenen zu tun. Eine Entscheidung darüber, ob es sich bei Psychosen um nur somatogen oder nur psychogen entwickelte Erkrankungen handelt, konnte jedoch bisher nicht getroffen werden. Begreift man Psychose als psychogene psychische Störung, so ist sie von Neurose prinzipiell nicht zu unterscheiden. Eine Abgrenzung ergibt sich lediglich aus der Schwere der Störung. Begreift man Psychose jedoch als somatogen bedingte psychische Störung, beinhaltet die Abgrenzung zur Neurose ätiologische und pathogenetische Unterschiede.

Es hat oft den Anschein gehabt, als ob nur diejenigen Psychosekriterien klinisch brauchbar seien, die eine Aussage über das Ausmaß der *individuellen* Symptomatik machen. Dennoch läßt sich zeigen, daß für die Beurteilung des weiteren Verlaufes einer Störung eben gerade diese typisierende, gestaltorientierte Betrach-

tungsweise nicht ausreicht. So bieten die sog. »blanden« Psychosen zwar ein symptomarmes, wenig auffälliges psychopathologisches Bild, erweisen sich aber im Hinblick auf die Integrations- und Kommunikationsmöglichkeiten des betroffenen Individuums als *schwere* Störungen, also als Psychosen. Im Gegensatz dazu läßt sich die klinisch-stürmische Reaktion einer dekompensierten hysterischen Neurose zwar vom Zustandsbild her als Psychose umschreiben, zeigt sich aber vom Verlauf her als eine Störung, die wesentlich weniger zu einer tiefgreifenden Desorganisation der Persönlichkeit führt. Gleiches gilt für das von anderen Autoren, wie z. B. *Arieti* 1959 eingeführte Kriterium, wieweit der Patient seine als nicht krankhaft erlebte Störung mit sich selbst identifizieren kann. Dieser Parameter, der von *Arieti* sogenannten »Ich-syntonen-Störung« im Gegensatz zur »Ich-fremden Störung« findet sich auch bei schweren abnormen Entwicklungen, den sog. Charakterstörungen und nicht nur bei Psychosen.

Dennoch läßt sich auch das Kriterium des weiteren *Verlaufes*, der *Prognose*, nicht zwingend mit den Begriffen Psychose oder Neurose verknüpfen. Die Vorstellung, Psychose habe immer die schlechtere Prognose als Neurose, gilt insofern nicht, als maligne Dekompensationen einer Neurose, wie z. B. Zwangskrankheiten, mit Sicherheit eine schlechtere Prognose, auch im Hinblick auf soziale und individuelle Integrationsmöglichkeiten, haben als z. B. produktive schizophrene Episoden, die nur einmal oder selten auftreten.

Um diesem Zuordnungsdilemma zu entgehen, wurde oftmals der Vorschlag gemacht, die Termini Psychose und Neurose abzuschaffen, da die Rigidität der Begriffe sowie ihre undifferenzierte Verwendung je nach Betrachtungsebene einer sachgerechten Beurteilung der Patienten im Wege stehe und außerdem unklares und unwissenschaftliches Denken begünstige. Trotz dieser berechtigten Kritik haben sich die Begriffe Psychose und Neurose bis heute konstant gehalten, was als Beweis dafür angesehen wird, daß sie klinisch brauchbar sind.

Wichtig erscheint, daß der *Begriff Psychose zusätzliche phänomenologische, typologische, neuropsychologische oder psychodynamische Determinanten* fordert, anhand derer er erst zu einer klinischen Aussage gemacht werden kann.

Als entscheidende Kriterien dafür bieten sich an:

- Intensität und Ausmaß der Störung (darunter fallen Schweregrad sowie psychopathologisch erfaßbare Kriterien).
- Eigengesetzlicher Verlauf, Unvorhersehbarkeit.
- Realitätsverlust mit Desintegration der Persönlichkeit und ihrer Fähigkeiten.
- Bewußtseinsstörungen (Vigilanzstörungen).
- Störungen der Bewußtheit mit Beeinträchtigung der Selbstkontrolle und der Möglichkeit, über sich selbst zu verfügen.

Alle diese Kriterien liefern nur Hinweise darauf, daß die Beeinträchtigung der psychischen Funktionen ein so großes Ausmaß erreicht hat, daß dadurch Einsicht und Fähigkeit, den meisten Lebensanforderungen zu entsprechen, oder der Realitätsbezug erheblich gestört sind.

Neurose

Der Begriff »Neurose« ist von *William Cullen* (1710–1790) um 1786 geprägt worden. Unter dem Eindruck der neurophysiologischen Erkenntnisse seiner Zeit war er der Ansicht, daß das Nervensystem eine übergeordnete Funktion über den gesamten Körper besitze, so daß man »fast alle und jede Krankheiten Nervenkrankheiten nennen könnte« (1785, 249). Dennoch nannte er nur diejenigen Krankheiten Neurosen, die »auf das Nervensystem fast nur allein oder doch zuerst und vornehmlich wirken« (1786, 249). Dies waren vor allem diejenigen Erkrankungen, die durch einerseits Symptomenreichtum und andererseits Inkonstanz der Symptome aufgefallen waren, wie z. B. die Epilepsie, die Chorea, die Hysterie und die Hypochondrie – Krankheiten, die sich unter dem Bild der Hystero-Hypochondrie zusammenfassen ließen.

Dem Weg bis hin zu dem, was in heutiger Zeit unter Neurose verstanden wird, ist *Fischer-Homberger* im einzelnen nachgegangen. Neurose in der ursprünglichen Konzeption hieß zunächst organische Nervenkrankheit, wobei die psychischen Störungen als Ausdruck somatischer Schädigungen verstanden wurden. Ließen sich die organischen Ursachen nicht finden, mußte aber doch eine Funktionsstörung im somatischen Bereich vermutet werden. Wenn, wie *Cullen* annahm, dem Nervensystem eine übergeordnete Funktion über die übrigen Körperfunktionen zukam, ist verständlich, daß Krankheitszustände auf eine »Cerebralirritation« oder eine »Spinalirritation« zurückgeführt werden mußten, je nachdem in welchen Bereich die Ursache der Zerrüttung gelegt wurde. Hatte zur Zeit der Entdeckung des spinalen Reflexes und der Erkenntnisse über die Irritabilität der Nerven das Spinalsystem eine wesentliche Rolle gespielt, trat im Zusammenhang mit den Erkenntnissen der cerebralen Neuroanatomie und Neuropathologie das »Cerebralorgan« gegenüber dem Rückenmark in den Vordergrund. Spinalirritation und Cerebralirritation ließen sich unter dem Oberbegriff der »Neuropathie« zusammenfassen. Darunter wurden vor allem reizbare Schwäche, Nervosität und Neurasthenie verstanden, die nunmehr unter dem Begriff der »Neurosen« die Nachfolge der alten »Hystero-Hypochondrie« antraten. Als sog. »Psychoneurosen« wurden sie als Nervenkrankheiten, für die kein organpathologisches Substrat verantwortlich gemacht werden konnte, geführt. Mit dieser Entwicklung ist der Weg von der ursprünglichen somatischen Nervenerkrankung zur psychogenen psychischen Erkrankung, die nur psychologisch auflösbar war und auf seelisch bedingten konflikthaften Entwicklungen beruhte, vollzogen worden. Die eigentlichen (somatischen) Nervenerkrankungen wurden dagegen als *neurologische Erkrankungen* erkannt, für die ein pathologisch-anatomisches Substrat im Bereich des Zentralnervensystems oder des Rückenmarkes Voraussetzung war.

Wir haben es also, erstens, mit einer Einengung des *Neurosebegriffes* von der zunächst allumfassenden Nervenerkrankung zur nur im psychischen Bereich zu »lokalisierenden« Störung zu tun. Zweitens hat ein Bedeutungswandel von der zunächst somatogen zur psychogen entstandenen Erkrankung stattgefunden. Es fällt dabei auf, daß bei den *psychosomatischen* Erkrankungen zwar der betroffene somatische Bereich in der Krankheitsbezeichnung enthalten ist, aber keine ätiologische Bedeutung für die Entstehung der Erkrankung hat. Neurose als übergreifende Bezeichnung bleibt damit, drittens, ein Begriff, der psychogene Störungen des gesamten Menschen kennzeichnet, wobei psychischer und somatischer Bereich in bestimmter Weise betroffen sein können. Aussagen über Ursache, Genese und Symptomatik von Neurosen erfordern zusätzliche klassifizierende Angaben, mit denen eine Neurose näher bestimmt werden kann.

Auf der allgemeinen Ebene ist »Neurose« also eine übergreifende Bezeichnung für psychogen entstandene Störungen. Eine Abgrenzung ist gegenüber dem Bereich Psychose und der Charakterstörung notwendig. Aussagen über spezifische Neurosen lassen sich nur durch zusätzliche ätiologische, pathogenetische, psychodynamische oder symptomatische Angaben machen, die eine Abgrenzung zu anderen Neurosen ermöglichen.

Borderline

Der Begriff der »Borderline-Erkrankung« hat in den letzten Jahren zunehmend an Beliebtheit und Bedeutung gewonnen. Die Anwendung eines sog. »Borderline-Syndroms« als diagnostische Bezeichnung beinhaltet jedoch grundsätzliche Probleme: zum einen handelt es sich bei dem Terminus »Borderline« um eine überaus unscharfe Begriffsbildung, die danach verlangt, eindeutiger definiert zu werden. Zum zweiten ist aus dem Begriff nicht ersichtlich, ob das Grenzland, »Borderland«, sich nur zwischen den Bereichen Neurose und Psychose ausspannt oder vielmehr auch von Grenzerkrankungen zwischen schizophrenen und affektiven Psychosen oder zwischen endogenen und symptomatischen Psychosen ausgegangen werden muß. Zum dritten fällt auf, daß die Bezeichnung »Borderline-Erkrankung« vorwiegend von psychoanalytisch weitergebildeten Psychiatern benutzt wird, wähenddessen sie in der traditionellen psychiatrischen Terminologie nach wie vor keine Erwähnung findet. Drei Aspekte sind zu diskutieren: Erstens ist *der theoretische Hintergrund* für eine Grenzfall-Erkrankung aufzuzeigen. Zweitens sind wir *nach dem jetzigen Stand von Definitionsversuchen* und, drittens, nach ihrer *klinischen Aussage* gefragt.

Der theoretische Hintergrund: Mit dem Begriff »Borderline« wurde gegen Ende des 19. Jahrhunderts jene Grenze bezeichnet, die zwischen den vermuteten Krankheitseinheiten Neurose und Psychose angenommen wurde. Die theoretische Vorstellung einer »Grenze« legte zugleich die klinische Forderung nahe, beide Störformen durch spezifische psychopathologische, ätiologische oder pathogenetische Kriterien oder durch gezielte Aussagen über den möglichen Verlauf voneinander trennen zu können. Wer den Begriff der »Grenze«, der »Borderline« als erster gebraucht hat, ist nicht sicher. In der Monographie von *Grinker, Werble* und *Drye* über »Borderline States« 1968 wird darauf hingewiesen, daß bereits 1884 von einem »Borderland of insanity« gesprochen wurde, das bewohnt sei von Menschen, die das ganze Leben in der Nähe dieser Linie zwischen Neurose und Psychose verbrächten. Diese Aussage beinhaltet ein methodisch wichtiges Problem: bereits der Versuch einer systematischen Trennung neurotischer und psychotischer Erkrankungen basiert theoretisch und klinisch auf der Vorstellung vom Vorhandensein eines Grenzbereiches, der sich zwangsläufig durch Strukturanteile beider nosologischer Einheiten auszeichnen muß. Je nachdem, welche Kriterien zur Begrenzung dieses Grenzlandes herangezogen werden, müssen sich nun Begriff, Inhalt und nosologische Zuordnung entweder mehr der einen oder aber der anderen Seite zuneigen.

Von dieser Vorgabe ausgehend, müssen folgende theoretische Überlegungen angestellt werden: eine vermutete gemeinsame Grenzlinie, »Borderline«, zwischen den Formenkreisen Neurose und endogene Psychose legt zunächst einen fließenden Übergang zwischen beiden Krankheitseinheiten ohne eigenständigen Grenzbereich nahe. In dem Augenblick aber, da eigenständige Grenzerkrankungen angenommen werden, können Neurose und Psychose nicht mehr durch eine einfache Grenzlinie, sondern müssen durch einen Grenz*bereich* getrennt werden. Dieser wäre konsequenterweise besser mit »Borderland« zu bezeichnen. Die Entstehung eines solchen Grenzbereiches kann nun wiederum theoretisch sowohl in Form von Überschneidung beider Felder von Neurose und Psychose, aber auch als eigenständiger, zwischen Neurose und Psychose liegender

Bereich gedacht werden. In jedem Fall folgt aber aus der Annahme eines Grenzbereiches zwischen Neurose und Psychose, daß sich die sog. »Borderline-Erkrankungen« durch zwei Grenzlinien, die der »nicht-mehr-Neurose« und die der »noch-nicht-Psychose« auszeichnen müssen. Damit werden »Borderline-Erkrankungen« immer zu »Borderland«-Erkrankungen.

Jetziger Stand von Definitionsversuchen: Diesen theoretischen Vorüberlegungen passen sich die klinischen Aussagen in der Psychiatrie nahtlos an. Ausgehend von einem Grenzbereich zwischen den Krankheitseinheiten Neurose und Psychose wurden zur Charakterisierung der im Grenzland zwischen Neurose und Psychose angesiedelten Erkrankungen Krankheitsformen beschrieben wie latente Schizophrenien (*Bleuler*), schizophrene Reaktionen (*Popper* u. *Kahn*), das Schizoid (*Kretschmer, Berze* u. *Beringer*), eine sog. pseudoneurotische Schizophrenie (*Hoch* u. *Polatin*) sowie ambulatorische Schizophrenien *(Zilboorg).* Als echte Grenzfallerkrankungen zwischen den Störformen Neurose und Psychose enthielten sie übereinstimmend atypische Varianten neurotischer und zugleich psychotischer Symptome. Diese Grenzerkrankungen zeichneten sich zwar durch die latente Bereitschaft aus, jederzeit in das Vollbild einer schizophrenen Psychose im Sinne einer Verschlechterung einmünden zu können, wurden aber dennoch prognostisch wesentlich günstiger bewertet. Ein Übergang einer zunächst mehr schizophrenpsychotischen Symptomatik in eine neurotische Symptomatik wird nicht diskutiert. Ätiologische oder pathogenetische Kriterien gehen nicht in die differentialdiagnostische theoretische Diskussion über Grenzerkrankungen mit ein. Lediglich der Gesichtspunkt der »Schwere« der Erkrankung spielt eine Rolle. Grenzerkrankungen im Sinne von Überschneidung der Störformen Neurose und Psychose theoretisch zu diskutieren und klinisch zu beschreiben, hieße aber, die gesamte Grenzfallproblematik zu eng sehen.

Ein gleiches Begriffschaos wie im Übergangsbereich zwischen Neurose und Psychose findet sich im Abgrenzungsfeld zyklothymer und schizophrener Psychosen. Auch hier spannt sich ein weites Grenzland atypischer Varianten beider Störungsformen aus, die in der bisherigen psychiatrischen Terminologie am ehesten mit dem Begriff der *Mischpsychosen (Gaupp)* umschrieben worden sind. Je nachdem, welcher wissenschaftlichen Schule die Autoren angehörten, finden sich zur Klassifikation dieser Mischformen Begriffe wie Randpsychosen (*Kleist),* atypische Psychosen *(Leonhard),* autochtone Degenerations- oder metabolische Psychosen (*Schröder*) – alle in Kraepelin-Kleist-Leonhardscher Tradition – oder Begriffe wie kombinierte Psychosen (*Siemens, Krafft-Ebing*), schizoaffektive Psychose (*Casanin*), komplizierte Aufbaupsychose (*Birnbaum*), intermediäre Psychose (*Kretschmer*), atypische Affektpsychosen oder Zwischenfälle (*Kurt Schneider*), atypische Gestaltungen (*Lange*) oder Schizomanie (*Claude*).

Unabhängig vom Streit der wissenschaftlichen Lehrmeinungen wurde also auch ein Übergangsbereich zwischen zyklothymen und schizophrenen Psychosen diskutiert. Die Unterscheidungskriterien wurden zunächst symptomatologisch (psychopathologisch) gewonnen, da für beide Formenkreise keine Ätiologie bekannt war. Ein mögliches Unterscheidungskriterium schien sich in dem günstigeren Verlauf der affektiven Psychosen im Gegensatz zu dem der schizophrenen Psychosen anzudeuten. Diese prognostischen Überlegungen konnten aber letztlich nicht als ausschlaggebendes Unterscheidungskriterium für den Bereich der »Mischpsychosen« herangezogen werden. Wichtig erscheint, daß ebenso Übergänge von schizophrener zu zyklothymer Psychose beschrieben wie auch umgekehrt Übergänge von zyklothymen zu schizophrenen Psychosen diskutiert wurden. Dem phasischen, zyklischen Charakter dieser Psychosen kommt bei der differentialdiagnostischen Abgrenzung mit Sicherheit erhebliche Bedeutung zu: Auch wenn eine endogene Psychose in ihrer Gestalt mehr den schizophrenen Ausprägungstyp zeigte, von ihrem Verlauf her aber zyklisch auftrat, wurde eher eine Mischpsychose oder atypische affektive Psychose angenommen. Hingegen wurde eine persistierende affektive Entgleisung ohne zyklischen Verlaufscharakter eher den schizophrenen Psychosen zugeordnet.

Ein weiteres Grenzland müßte zwischen den Bereichen von symptomatischer Psychose und endogener Psychose und den Bereichen Neurosen und Charakterstörung zu denken sein. Erkrankungen aus diesen Bereichen ebenfalls »Grenzerkrankungen« zu bezeichnen, wäre zwar terminologisch richtig, aber eine Spitzfindigkeit. Dennoch gestattet die hypothetische Vorstellung auch solcher Grenzsituationen in der gegenwärtigen Situation sog. »Borderline-Erkrankungen« kritischer zu reflektieren.

Die klinische Aussage: Weder im Internationalen Diagnosenschlüssel der ICD noch im offiziellen amerikanischen Diagnosenschema psychischer Krankheiten hat der Begriff »Borderline States« bisher einen definitiven Platz gefunden. Es scheint vielmehr, daß die klinische Bezeichnung seit ihrer Wiedereinführung durch *Robert Knight* 1959 nur mit Vorbehalten benutzt und wegen ihrer Vieldeutigkeit und Unschärfe ebensohäufig wieder verworfen wurde. Dennoch bleibt die Tatsache bestehen, daß der Begriff zunehmend Eingang in die Routinediagnostik auch der deutschsprachigen Psychiatrie, vor allem der Neurosenlehre, findet. Eine verbindliche nosologische Eingrenzung läßt sich aber nach wie vor nicht erkennen. Man beobachtet lediglich die Tendenz, »Borderline-Erkrankungen« unter Diagnosen des Diagnosenschlüssels wie »schizoide Persönlichkeit«, »neurotisches Depersonalisationssyndrom«, »schizoide Neurose« oder »latente Schizophrenie« zu verschlüsseln. Diese Unsicherheit der Zuordnung kennzeichnet recht gut ein diagnostisches Dilemma, daß man nämlich ein klinisch beobachtetes Krankheitsbild mit offenbar zusammengehörigen psychopathologischen Symptomen und einem ähnlichen Verlauf weder einer der klassischen Neurosen noch aber mit Sicherheit den endogenen Psychosen des schizophrenen Formenkreises zuordnen kann. Daß gleichartige Erscheinungsbilder aber entweder zu den Psychopathien, zu Sonderformen der Neurosen oder gar zu den latenten Schizophrenien gezählt werden, zwingt zum Durchdenken der klinischen Problematik.

Aus der gesamten Literatur wird klar, daß es bei der Diskussion von »Borderline States« nur um den Grenzbereich von Neurose und schizophrener Psychose geht. Damit ist eindeutig gesagt, daß die ursprüngliche Grenzpsychose zwischen Neurose und Psychose (darunter auch zyklothyme Erkrankung) eine deutliche Einengung im Hinblick auf die Differentialdiagnose zwischen Neurose und schizophrener Psychose erfahren hat. Verständlich wird diese Einengung, wenn berücksichtigt wird, daß im allgemeinen Sprachgebrauch die schizophrene Psychose ohnehin als Prototyp aller endogenen Psychosen angesehen wird. Ein weiterer Faktor ist zu beachten. Um welche Störungen es sich klinisch handelt, hat *Benedetti* 1967 in seiner Arbeit über die »Grenzpsychosen« formuliert. Er schreibt diesen die Trias Hypochondrie, Beziehungsideen, Depersonalisation und evtl. »Pan-Neurose« zu. Offenbar sind damit jene tiefgreifenden psychischen Störungen gemeint, die regellos und rasch wechselnd eine Fülle neurotischer und psychotischer Symptome aufweisen, die nicht nur vom Kranken als bedrohlich und überwältigend erlebt werden, sondern darüber hinaus auch beim Arzt eine erhebliche Unsicherheit der diagnostischen Zuordnung hervorrufen. Mit »psychotisch« sind dabei diejenigen Symptome gemeint, die eine Desintegration der Persönlichkeit und ihren Realitätsverlust bedeuten. Der »neurotische« Anteil besteht dagegen in der neurosespezifischen Verarbeitung der psychotischen Elemente in Form von ausgeprägten somatischen oder psychischen Reaktionsbildungen.

Allen Autoren, die sich der klinischen Problematik annehmen, ist die Aussage gemeinsam, daß sich diese Krankheitsbilder weder eindeutig den Störungsformen der Neurosen noch denen der endogenen Psychosen zuordnen lassen. Aufbauend auf ähnlichen Überlegungen haben in den letzten zwanzig Jahren vorwiegend psychoanalytisch orientierte Autoren strukturdynamische Konzepte vorgestellt, auf deren Basis es nunmehr möglich wurde, diese »Grenzerkrankungen« als eigenständige Erkrankungsformen *zwischen* Neurose und Psychose anzusehen. Gleichzeitig konnten therapeutische Richtlinien zur Behandlung dieser Störungen erarbeitet werden. Patienten, die in früheren Jahren entweder unter der Überschätzung ihrer psychotischen Symptomatik als nicht psychotherapiefähig oder unter der Kennzeichnung einer Psychopathie als nicht leidensfähig oder nicht behandlungsbedürftig galten, wurden nunmehr unter neuen diagnostischen und therapeutischen Gesichtspunkten betrachtet. Damit rückte das Problem der Grenzerkrankungen zwischen Neurose und schizophrener Psychose wieder vordringlich in das allgemeine klinische Interesse. Dies hat aber nicht dazu geführt, Begriff und Inhalt von sog. »Boderline-Erkrankungen« auch in der psychiatrischen Krankheitslehre in allen Konsequenzen zu diskutieren. Gebräuchlich wurde, eine Vielzahl von Varianten normaler, abnormer und krankhafter Persönlichkeitsstrukturen mit dem Begriff »Borderline-Erkrankung« zu belegen. Seine Beliebtheit wechselte in Abhängigkeit vom Fachwissen und Erfahrungsraum des jeweiligen Psychiaters. Ein so vereinfachtes Verfahren, nicht einzuordnende Krankheitsbilder mit »Borderline-Erkrankung« zu bezeichnen, entpuppt sich aber als Ergebnis der eigenen diagnostischen Unsicherheit. Borderline-Erkrankung in diesem Verständnis ist eine Verlegenheitsdiagnose, ähnlich wie es jene der »vegetativen Dystonie« war.

In Gegensatz zu dieser üblichen, aber klinisch unzulässigen psychiatrischen Praxis steht, daß spezifische, diagnostische und therapeutische Konzepte von sog. »Borderline-Erkrankungen« in der Psychoanalyse bestehen. Sie folgen den amerikanischen Überlegungen, die eine *»Borderline personality organisation«* (*Otto Kernberg*) annehmen, die sich durch Ich-Schwäche, mangelhafte Realitätskontrolle, Durchlässigkeit der Ich-Grenzen und durch vielgestaltige Abwehrbewegungen gegenüber triebhaften Impulsen auszeichnet. Auch gestörte Objektbeziehungen mit fehlerhafter Einschätzung von Nähe und Distanz der Umwelt wurden als zugehörig betrachtet. Diese Kriterien machen deutlich, daß hier ein spezifisches Persönlichkeitskonzept vorausgesetzt und theoretisch belegt werden kann. Das bedeutet, daß der Begriff »Borderline States« nicht nur auf gleichzeitig vorhandene neurotische und psychotische Symptome hinweist, sondern darüber hinaus die Annahme beinhaltet, daß die betreffende Störung zu einem spezifischen Zeitpunkt der frühkindlichen Entwicklung erfolgt, der zwischen den Störfeldern von Neurose und Psychose vermutet wird.

Die klinische Situation zeigt deutlich, daß wir es offenbar mit verschiedenen »Borderline«-Syndromen zu tun haben: immer da, wo wir von definitiven Grenzsetzungen zwischen psychiatrischen Krankheitsbildern ausgehen, ergeben sich unweigerlich auch Grenzbereiche. Diese sind aber – wie leicht zu zeigen ist – durch neue Grenzziehungen wiederum mühelos in kleinere klinische Einheiten zu zerlegen. Das bedeutet, daß wir immer da, wo es um *nosologische Grenzsetzungen* geht, auch eine klinische *Grenzproblematik* akzeptieren müssen. Die diagnostische Benennung dieses Grenzbereiches führt zwangsläufig zur nächsten Grenzziehung und damit in weitere Entscheidungskonflikte. Zum anderen läßt sich der Begriff Borderline-Syndrom als Übersichtsdiagnose für nicht eindeutig zuzuordnende Krankheitsbilder zwischen Neurose und Psychose im weitesten Sinne und zwischen Neurose und schizophrener Psychose im engeren Sinne verwenden. Der Terminus Borderline-Erkrankung als Grenzerkrankung zwischen schizophrener und zyklothymer Psychose ist klinisch nicht üblich. Drittens liegt dem Begriff »Borderline«-Erkrankung ein psychoanalytisches Konzept einer Persönlichkeitsstörung (Borderline personality organisation) mit spezifischen Symptomen, aber auch einem psychodynamisch relevantem Störungsbeginn in der frühkindlichen Entwicklung zugrunde.

Die Vieldeutigkeit des Begriffes »Borderline-Erkrankung« zwingt zu der Frage, ob Begriff und Aussage »Borderline-Erkrankung« ohne die Übernahme des psychoanalytischen Persönlichkeitskonzeptes in der psychiatrischen Terminologie angewendet werden dürfen. Dies wäre nur möglich, wenn nachzuweisen wäre, daß die Krankheitsbilder mit rasch wechselnder psychotischer (affektiver und schizophrener) und neurotischer Symptomatik, deren eindeutige Zuordnung zu den Erkrankungsformen von Neurose und Psychose nicht gelingt, identisch sind mit jenen »Borderline States«, die sich auf einer »Borderline personality organisation« aufbauen.

12.2. Exogen – Endogen – Psychogen

Die Einteilung psychischer Krankheiten in die drei Hauptgruppen des Klassifikationssystems erfolgt aufgrund ihrer Genese, wie wir oben (Kapitel 6) gesehen haben. Die Kriterien der Einteilung sind exogen, endogen und psychogen.

Exogen (griechisch exo = außerhalb; gennan = erzeugen) bedeutet von außen stammend, von außen wirkend, von außen in den Körper eingeführt, außen entstehend. Exogen in der Wirtschaftswissenschaft bedeutet, daß Einflüsse, die nicht zum Wirtschaftsprozeß selbst gehören, etwa politische Kräfte, diese in hohem Maße bestimmen. In der Geologie heißen exogen alle Kräfte, die auf die Erdoberfläche einwirken, wie Wasser, Atmosphäre, Organismen, Sonnenstrahlen.

Endogen (griechisch endon = drinnen, innerhalb; gennan = erzeugen) bedeutet von innen kommend, im Innern entstehend, im Innern befindlich. In der Wirtschaft bedeutet endogen, daß eintretende Veränderungen aus dem Wirtschaftsprozeß selbst herrühren und diesen beeinflussen. In der Geologie heißen endogen diejenigen Kräfte, deren Energie aus dem Erdinnern stammt, die sich z. B. in Bewegungen der Erdkruste und in vulkanischen Erscheinungen zeigen. Besondere Bedeutung gewinnt die Verwendung von endogen in der modernen Biologie, und zwar in der Verhaltensphysiologie und der Ethologie. Normale physiologische Leistungen des Zentralnervensystems, die phylogenetisch entstanden, d. h. dem Individuum angeboren sind, werden hier als endogen bezeichnet. Den Nachweis einer autonomen, nicht von Umweltreizen abhängigen, rhythmischen Aktivität des Rückenmarkes von Tieren führte zuerst E. V. *Holst* (1969). Analog dazu hat K. *Lorenz* als Ursache der von ihm beobachteten sog. Leerlaufreaktionen, d. h. ohne Auslöser ablaufende angeborene Verhaltensweisen, eine »endogene Reizerzeugung« im Zentralnervensystem angenommen (1954). In der Medizin schließlich werden z. B. Stoffwechseltoxine, Pigmente, hämolytische Anämien als endogen bezeichnet.

Psychogen (griechisch Psyche = Lebensodem, Lebenskraft, Seele; gennan = erzeugen) bedeutet seelisch bedingt, aus psychischen Vorgängen entstanden, in der Eigenart des Psychischen begründete psychische Störungen, Einfluß psychischer Faktoren auf Krankheitszustände.

Die Begriffe endogen und exogen wurden im Jahre 1893 von P. J. *Möbius* für die Einteilung der Nervenkrankheiten erstmalig in diesem Bereich verwendet. *Möbius* unterscheidet Haupt- und Nebenbedingungen: »Läßt sich eine Hauptbedingung nachweisen oder vermuten, die von außen in das Individuum hineinkommen muß, damit die Krankheit entstehe, so haben wir eine exogene Krankheit vor uns. Existieren nur quantitative Bedingungen, bald diese, bald jene, so muß die Hauptbedingung im Individuum liegen, in einer mitgebrachten Anlage bestehen und dann sprechen wir von einer endogenen Krankheit.« Oder: »Während an den exogenen Krankheiten der Mensch nicht erkranken kann, wenn nicht die bestimmte Ursache der Krankheit auf ihn eingewirkt hat, und andererseits jeder Mensch erkranken kann, sobald die Einwirkung eine genügende Stärke erlangt, ist bei den endogenen Krankheiten die einzige unumgängliche Bedingung eine gewisse angeborene Anlage und können, wenn diese vorhanden ist, sehr verschiedene Umstände die Krankheit hervorrufen«. In seinem Buch »Abriß der Lehre von den Nervenkrankheiten« hat *Möbius* die »endogenen Nervenkrankheiten« beschrieben und zwar die Nervosität, Hysterie, Epilepsie, Hemikranie, Chorea Chronica, Thomson'sche Krankheit, Dystrophie musculorum progressiva und die Friedreich'sche Krankheit. Bei den endogenen psychischen Krankheiten unterscheidet er: intermittierendes Irresein, Paranoia, Melancholie, Hypochondrie, »obsession«, Phobie und Nervenschwäche. Welche dieser Krankheitsformen sich entwickelt, hänge vom Grad der Entartung ab. *Möbius* sagt: »Daß einer an einer endogenen Krankheit leide, ist nur unter der Voraussetzung möglich, daß er entartet sei«. Der Degenerationsgedanke wurde bereits 1857 von B. A. *Morel* in seinem Buch »Traité des dégénérescences« dargelegt. Degeneration war für ihn eine krankhafte Abweichung vom Gott-eben-bildlich gedachten ursprünglichen Menschen. Die Entartungen seien »das Resultat eines krankhaften Einflusses, sei er physischer oder moralischer Natur«, und durch polymorphe Erblichkeit und durch Progredienz gekennzeichnet. Entartungen können nach *Morels* Klassifikation entstehen durch Vergiftungen, das soziale Milieu, vorausgehende Krankheit oder krankhaftes Temperament, moralische Fehler, angeborene oder in der Kindheit erworbene Schwäche und Erblichkeit. »Die erste Generation einer degenerierenden Familie mochte nur nervös sein, die zweite neigte schon dazu, neurotisch, die dritte psychotisch zu sein, die vierte war idiotisch und starb aus«.

Schädliche äußere Einflüsse sowie Fehlverhalten führen also zur Degeneration. *Von Magnan* interpretierte die Degeneration dagegen im Sinne des Darwinismus als »pathologischen Zustand verminderter psychophysischer Resistenz im Daseinskampf«. Neben einer absteigenden Entwicklung zur psychischen Krankheit und Idiotie wurde eine aufsteigende Entwicklung des Menschen zum »type idéal« angenommen. Der Begriff des Endogenen wird zuerst von R. *Sommer* und *von Strümpell* (1893) in die Psychiatrie übernommen. R. *Sommer* (Diagnostik der Geisteskrankheiten, 1894) spricht vom endogenen Charakter des degenerativen Irreseins und rechnet die endogenen Geistesstörungen zur Gruppe der psychischen Krankheiten, bei denen sich keine bestimmte materielle Veränderung der Nervensubstanz behaupten läßt. »Endogen« und »degenerativ« unterscheidet er vom prognostischen Gesichtspunkt her: »Es ist besser, das Wort degenerativ auf diejenigen endogenen funktionellen Geistesstörungen einzuschränken, welche zu einem dauernden geistigen Schwächezustand führen«, während »Anfälle von Geistesstörung, die nach ihrem symptomatischen Charakter als prognostisch günstig aufgefaßt werden müssen« endogener Natur seien. E. *Kraepelin* unterscheidet seit der 5. Auflage seines Lehrbuches (1896) zwischen erworbenen und aus krankhafter Veranlagung entstehenden psychischen Krankheiten.

Ein Wandel der Bedeutung ist im Laufe der Zeit auch bei dem Begriff exogen eingetreten. Mit der Prägung des Ausdruckes »exogene psychische Reaktionstypen« (K. *Bonhoeffer*, 1909) wurde der Begriff exogen erheblich eingeengt und ihm eine ganz spezifische Bedeutung gegeben. Als Noxen, die exogene psychische Reaktionstypen auslösen, führt *Bonhoeffer* an: »Infektionskrankheiten, zur Erschöpfung führende somatische Erkrankungen, Autointoxikationen von den verschiedensten Organerkrankungen ausgehend« und fügt hinzu, daß man den Kreis der Ätiologien noch weiter ziehen kann, »denn auch die chronischen Intoxikationen, auch schwere Hirntraumen, Strangulationshyperämien können übereinstimmende akute Bilder zeigen«. Die Einflüsse sind also jedenfalls materieller Natur. Psychische Einflüsse führen nicht zu exogenen psychischen Reaktionstypen im Sinne von *Bonhoeffer*. Eine weitere Einengung des Begriffes exogen besteht darin, daß es sich um exogene Einflüsse auf die Psyche handelt. Dazu führt *Bonhoeffer* aus, daß zunächst das Gehirn betroffen und so die Psyche verändert werde. Die von ihm genannten exogenen Noxen kommen »von außen« an das Gehirn heran. So sind »Autointoxikationen« auch exogen für das Gehirn. Da Hirnerkrankungen und Hirnschädigungen die gleichen psychischen Bilder boten wie die von *Bonhoeffer* beschriebenen exogenen psychischen Reaktionstypen, erhielten exogene psychische Störungen bzw. Psychosen später immer mehr die Bedeutung von organischer Psychose, organisch im Sinne von hirnorganisch. *Kurt Schneider* sprach bei dem gleichen Sachverhalt von »körperlich begründbaren Psychosen«, H. H. *Wieck* von »Funktionspsychosen«, K. *Kleist* von »allogenen bzw. somatogenen Psychosen«. (Weiteres hierzu siehe Kapitel 7.1). Der Ausdruck »exogen« wird neuerdings, vor allem von Psychologen, mit einer ganz anderen Bedeutung verwendet, nämlich für von außen kommende psychische Belastungen. Wenn man exogen so nicht als Terminus technicus in der Psychiatrie verwendet, müßten auch die sogenannten psychogenen Psychosen als exogene Psychosen bezeichnet werden. Angesichts dieser unterschiedlichen Verwendung des Begriffes ist sorgfältig zu beachten, welche Bedeutung ihm im konkreten Fall gegeben wird. Exogen verwenden wir als Terminus technicus der Psychiatrie mit der von *Bonhoeffer* geprägten Bedeutung.

Bei den Konzepten zur Genese psychischer Krankheiten stehen also theoretisch drei Gegensatzpaare nebeneinander: exogen-endogen, exogen-psychogen und endogen-psychogen. Da diesen Begriffen aber besondere Bedeutungen unterlegt werden, haben sich in den Diskussionen über die Genese psychischer Krankheiten Gegenüberstellungen ergeben: erhält exogen die Bedeutung »organisch«, wird psychische Krankheit als vom Somatischen bewirkt verstanden. Nimmt man hinzu, daß psychogen besagt, psychische Krankheit werde durch psychische Faktoren bewirkt, so ergibt sich, daß psychische Krankheit in beiden Fällen durch Einwirkungen auf die Psyche von »außen« entsteht. Endogen als Genese von »innen« wird dann »überflüssig«, da es ja neben psychisch und somatisch keine weitere Möglichkeit gibt. Die Alternative für die Genese psychischer Krankheit ist dann nur noch psychogen und somatogen. Endogen wird zur Verlegenheitsantwort, weil man nicht weiß, welcher Genese man bestimmte Gruppen psychischer Krankheiten zuordnen soll. Im Hinblick auf psychisch und somatisch ist endogen »neutral«. Endogen bedeutet aber seinem Wesen nach nicht nur Genese von Krankhaftem, wie das in der Medizin als selbstverständlich angenommen wird, sondern bedeutet von innen kommende Vorgänge und Entwicklungen ganz allgemein, was eine »innere Genese« von Krankheit natürlich nicht ausschließt. Endogen ist also allen Lebensvorgängen zugeordnet und entspricht in gewisser Weise der »Lebenskraft«. In dieser Bedeutung von endogen hat H. *Tellenbach* die Möglichkeit zu einem neuen Ansatz gesehen. Er führt aus (1961): »Endogen ist all das am Menschen, was sich als Einheit der Grundgestalt im Geschehen immer wieder hervorbringt, zeitigt, seine Selbigkeit ... Es ist weder das Apersonal-Biologische noch das Personale im Sinne der Innerlichkeit«. Mit dem von ihm eingeführten Begriff »Endon« versucht er, einen die menschliche Natur konstituierenden Eigenbereich, der weder auf Physisches noch auf Psychisches zurückführbar ist, abzugrenzen. Die Bildung des Begriffes »Endon« ist ein charakteristisches Beispiel für den Umgang mit Begriffen, auf den wir bereits mehrfach hingewiesen haben, nämlich die Tendenz zur Verdinglichung, d. h. einem durch Abstraktion aus einem Ganzen herausgehobenen Begriff ein eigenes Sein zuzuprechen, ohne die Genese und das Wesen

dieses »Dinges« zu beachten. *Tellenbach* sieht das »Endon« auf diesem Wege ganz vom Menschen gelöst und gleichzeitig als das »Eigentliche« des Menschen und auch als Wirkursache »endogener psychischer Krankheiten«. Diese Konstruktion hat in der Geschichte der psychiatrischen Theorien keine Bedeutung erlangt.

Die Versuche, das Endogene teilweise oder ganz entweder dem Exogenen oder Psychogenen einzuverleiben, führen in die uns schon bekannte Zweigleisigkeit, hie psychisch, da somatisch. Da diese der klinischen Erfahrung nicht entspricht, müssen vielerlei gedankliche Kunstgriffe angewandt werden, um das Leben dem theoretischen Ansatz zu unterwerfen. Das zeigt die folgende Darstellung der unterschiedlichen Fassungen von exogen und endogen sowie die Zuordnung psychischer Krankheiten zu diesen Kategorien, bei der wir z. T. den Ausführungen von *Martin Müller* (1976) folgen. O. *Bumke* z. B. hat im Jahre 1909 als Abgrenzungskriterien zwischen exogenen und endogenen psychischen Krankheiten die psychologische Verständlichkeit eingeführt. Unverständlichkeit spreche für eine exogene, Verständlichkeit für eine endogene Entscheidung. Demgemäß ordnete *Bumke* die schizophrenen Erkrankungen, deren Symptomatik »unverständlich« sei, den exogenen Psychosen zu und nahm als Ursache für diese im Körper entstehende Gifte an, die das Gehirn sekundär schädigen. Über die anderen endogenen Psychosen sagte er: »Es ist in der Tat die eine gemeinsame Eigentümlichkeit dieser endogenen, funktionellen Krankheiten, daß sie zu psychologischen Deutungen immer wieder herausfordern. Sie tun es, weil ihre Symptome nicht prinzipiell Neues bedeuten, sondern durch fließende Übergänge mit den Erscheinungen des gesunden Seelenlebens verbunden sind, so eng, daß im Einzelfall die Entscheidung ›gesund oder krank‹ schlechterdings unmöglich werden kann«. Er versteht unter »endogen« nicht nur, daß der Vorgang verständlich ist, sondern auch, daß es sich lediglich um eine prinzipiell reversible Funktionsstörung handelt und unter dem Gegenbegriff »exogen« eine organische und nicht sicher reversible Störung. A. *Alzheimer* schlug dagegen vor (1910), auf die »zweideutigen Begriffe der organischen und funktionellen Geistesstörungen« zu verzichten und stattdessen zwischen Psychosen zu unterscheiden, »welche durch irgendwelche Schädigungen, die vom übrigen Körper oder der Außenwelt herkommen, auf die Hirnrinde veranlaßt werden (exogene Psychosen), und solchen, die in einer pathologischen Veranlagung ihre Grundlage haben und sich aus ihr heraus entwickeln (endogene Psychosen, Entartungsirresein)«. E. *Kraepelin* bemühte sich um eine Unterscheidung vom klinischen Bild und dem Verlauf her und meinte, daß die exogenen Erkrankungen »wesentlich abgerundete Verlaufsarten von bestimmtem Gepräge mit einer gewissen Gleichförmigkeit der gesamten Entwicklung« zeigen, dagegen den endogenen Geisteskrankheiten »vielfacher Wechsel der Krankheitserscheinungen nach Stärke und Art, schwankender, unregelmäßiger Verlauf oder fortbestehender Störung durch das ganze Leben hindurch eigentümlich« sei. v. *Magnan* sah in der Disharmonie, d. h. dem einseitigen Hervortreten einzelner Züge, die auch beim Gesunden vorhanden sind, das Charakteristikum endogener psychischer Erkrankungen. In diesem Zusammenhang sagte A. *Fauser* (1904): »Es handelt sich bei den degenerativen Krankheitserscheinungen um koordinierte Symptomenkomplexe, die beim Gesunden bereits präformiert sind, deren einseitiges Hervortreten aber beim Gesunden durch eine Reihe von Momenten, insbesondere durch die Einflüsse der Übung, der Erziehung, der intellektuellen Prozesse, ganz oder nahezu verhindert wird«. Diese Idee der präformierten Symptomen-Komplexe geht auf den englischen Neurologen J. H. *Jackson* zurück, der von einer Enthemmung »vorgebildeter Einrichtungen unseres Organismus« sprach, »die als Überbleibsel früherer Entwicklungsstufen durch Zerstörung höherer Leistungen eine verhängnisvolle Selbständigkeit erhalten«.

Diesen Gedanken der Genese endogener Psychosen führte A. *Hoche* weiter, indem er ausführte (1912), »daß in der normalen Psyche ebenso wie in der degenerativ veranlagten bestimmte Symptomverkupplungen präformiert liegen, die teils das ausmachen, was wir als den Charakter eines Menschen bezeichnen, teils im Falle besonderer krankmachender Einflüsse bestimmen, wie die krankhaft abweichende Reaktionsform der Persönlichkeit ausfällt«. K. *Jaspers* unterschied »innerhalb der endogenen

Psychosen die reaktive von der produktiven Abnormität. In der ersteren reagiert eine gleichbleibende abnorme Konstitution in abnormer Weise auf äußere Anlässe, um nachher zum früheren Zustand zurückzukehren, in der letzteren läuft ohne äußere Anlässe ein Prozeß ab, der zunehmend die seelische Konstitution verändert« (1913). Eine eindeutige Abgrenzung psychischer Gesundheit von endogener psychischer Krankheit erklärten *Fauser* (1904), *Bumke* (1909), *Gaupp* (1910), *Wilmanns* (1910), *Aschaffenburg* (1915) und andere Autoren ausdrücklich für unmöglich. Man ging also, anders als bei den exogenen Psychosen, durch die die Individualität des Kranken zerstört werde, bei den endogenen Psychosen davon aus, »daß die Krankheit eine schon bestehende Disharmonie der Elemente und Faktoren des geistigen Organismus steigert, einzelne präponderierende Teile auf Kosten der anderen stärker entwickelt und so ein Zerrbild entstehen läßt, indem einzelne Züge übertrieben hervortreten« (Th. *Tiling*, 1903). Von daher war es kaum ein großer Schritt, sich der Konstitution zuzuwenden, mit der sich vor allem E. *Kretschmer* befaßte. Er sah zwischen einer zyklothymen Konstitution und der manisch-depressiven Krankheit als Bindeglied die »Cycloidie«, und zwischen der Schizothymie und schizophrenen Erkrankung das »Schizoid«. »Man denkt sich also jetzt vielfach in der Psychiatrie das klinische System nicht mehr in Form von einander geschiedenen Krankheitseinheiten, sondern mehr in Form von biologischen und psychologischen Typen«. In diesen klinischen Typen stecken »biologische Radikale, etwa phylogenetische Entwicklungsstufen, die auch in der Normalpsyche fest präformiert durch die Psyche nicht erst geschaffen, sondern herausgeholt werden« (*Kretschmer*, 1922). Mit der Annahme eines kontinuierlichen Überganges von der Konstitution zur zirkulären (affektiven) Psychose stieß er kaum auf Kritik. Dagegen wurde eine solche Kontinuität zwischen schizothymer Anlage und der Krankheit Schizophrenie nicht ohne weiteres akzeptiert. Von einem ganz anderen Ansatz für die Genese der exogenen Psychosen ging K. *Bonhoeffer* im Jahre 1909 mit den von ihm so bezeichneten exogenen psychischen Reaktionstypen aus. *Bonhoeffer* sagte hierzu: »Die Sonderstellung der exogenen Reaktionstypen ist wahrscheinlich darin begründet, daß es sich um Erkrankungsprozesse handelt, bei denen es sich eben nicht um krankhafte Anlage bestimmter Funktionssysteme handelt, sondern um die Reaktion ursprünglich gesunder Gehirne auf Schädigungen, die im Laufe des Lebens einsetzen«. Dagegen handelt es sich seiner Ansicht nach bei den manisch-depressiven und schizophrenen Erkrankungen um »präformierte Störungen wahrscheinlich ganz bestimmter Art, von denen jede ihren eigenen Gesetzen folgt«. Dieser Gedanke, daß exogene oder endogene Bilder entstehen, je nachdem, ob ein gesundes oder krankes Gehirn betroffen ist, wurde von E. *Rittershaus* (1920), E. *Popper* (1920) und E. *Kahn* (1921) aufgegriffen. Sie sprachen von »endogenen Reaktionstypen«, die von E. *Stransky* als »zirkulärer Reaktionstyp« (1911) und von *Kahn* als »schizoider Reaktionstyp« (1921) weiter differenziert wurden.

Das Herausheben der exogenen psychischen Reaktionstypen durch *Bonhoeffer* führte gleichzeitig zu der Ansicht, man könne die exogene bzw. endogene Entstehung der Psychosen allein anhand ihrer Symptomatologie unterscheiden, da exogene Psychosen dieselben psychischen Symptome, unabhängig von der speziellen Ursache zeigten. Gleichsam als Gegenstück hierzu versuchte K. *Schneider* bestimmte Symptome für die Diagnostik der endogenen Psychosen hervorzuheben. Er sagt in seiner klinischen Psychopathologie: »Unter den zahlreichen, bei der Schizophrenie vorkommenden abnormen Erlebnisweisen gibt es einige, die wir Symptome ersten Ranges heißen, nicht weil wir sie für Grundstörungen hielten, sondern weil sie für die Diagnose sowohl gegenüber nicht psychotisch seelisch abnormen gegenüber der Zyklothymie ein ganz besonderes Gewicht haben. Symptome ersten Ranges für die Diagnose Schizophrenie sind: Gedankenlautwerden; Hören von Stimmen in der Form von Rede und Gegenrede; Hören von Stimmen, die das eigene Tun mit Bemerkungen begleiten; leibliche Beeinflussungserlebnisse, Gedankenentzug und andere Gedankenbeeinflussung; Gedankenausbreitung; Wahnwahrnehmung sowie alles von anderen Gemachte und Beeinflußte auf dem Gebiet des Fühlens, Strebens (der Triebe) und des Willens«. Weiter sagt er dazu: »Wo derartige Erlebnisweisen einwandfrei vorliegen

und keine körperlichen Grundkrankheiten zu finden sind, sprechen wir klinisch in aller Bescheidenheit von Schizophrenie«. Von weit geringerer Bedeutung für die Diagnose Schizophrenie sind alle anderen bei ihr vorkommenden Erlebnisweisen, »die wir Symptome zweiten Ranges heißen. Zu ihnen gehören die übrigen Sinnestäuschungen, der Wahneinfall, Ratlosigkeit, depressive und frohe Verstimmungen, erlebte Gefühlsverarmung und noch manche andere«. Bezüglich der affektiven Psychosen sagt K. *Schneider:* »Auf dem Gebiet der Zyklothymie wüßten wir nun kein Symptom, das wir eines ersten Ranges heißen könnten. Wir wüßten keines, von dem man sagen könnte, wo es da ist, ist Zyklothymie. Am ehesten könnte man noch den vitalen Charakter der Verstimmung dafür gelten lassen.« Schon die Definition der Symptome ersten Ranges durch K. *Schneider* zeigt, daß eine schwere körperliche Erkrankung ausgeschlossen sein muß. Dies schließt aber ein, daß allein aufgrund der psychischen Symptomatologie die Diagnose nicht gestellt werden kann. Die klinische Erfahrung lehrt, daß es sog. lucide symptomatische (exogene) Psychosen gibt, bei denen es offenbleibt, ob das klinische Bild exogener oder endogener Natur ist. So ist eine strenge Zuordnung von Genese und Erscheinungsbild nicht möglich. Mehr descriptiv sprach man von »symptomatischen Schizophrenien und endogen-depressiven Bildern im Rahmen exogener Psychosen«, z. B. nach Schädel-Hirn-Traumen. K. *Kleist* äußerte schon im Jahre 1916 kritisch: »Ob man exogene und endogene, hirnfremde und hirnverwandte Ursachen, ob man Einwirkungen und Anlagen unterscheidet – niemals finden sich dem einen Gliede eines Ursachenpaares die heteronomen, dem anderen die homonomen Symptombilder ausschließlich zugeordnet. Ursachen und Reaktionsweisen des Gehirns sind eben letztlich unvergleichbare Größen«. Er schlug vor, die nichtssagend gewordenen Unterscheidungen von endogen und exogen fallen zu lassen und stattdessen Einwirkungen und Anlagen bzw. hirnfremde (heteronome) und hirnverwandte (homonome) Krankheitsursachen zu unterscheiden. Im Jahre 1947 hat *Kleist* für die Unterscheidung andere Begriffe vorgeschlagen: Er sprach jetzt von allogenen Erkrankungen des zentralen Nervensystems, deren Ursachen der Außenwelt entstammen, z. B. progressive Paralyse und somatogene Erkrankungen des zentralen Nervensystems, deren Ursachen im übrigen Körper, z. B. Begleitpsychosen bei endokrinen Erkrankungen, und neurogenen Erkrankungen, deren Ursachen im Nervensystem selbst gelegen sind, z. B. affektive Psychosen. Damit wurde im Grunde aber nichts Neues ausgesagt, sondern lediglich der Inhalt von »exogen« und »endogen« neu umschrieben. Dagegen ging G. *Specht* (1913) von der Annahme aus, daß jede Noxe, je nach Stärke ihrer Einwirkung, zu endogenen und exogenen Psychosen führen könne. Ferner vertrat er die Ansicht, daß »auch die exogenen Schädigungstypen der Delirien, Dämmerzustände usw. nicht selten Ausdruck einer rein endogenen Veranlagung« seien. *Kleist* sprach von einer »symptomatischen Labilität« (1916) und wollte damit zum Ausdruck bringen, es gäbe eine besondere Veranlagung dafür, daß sich bei exogenen Noxen symptomatische Psychosen entwickeln.

So wurden die Grenzen zwischen exogen und endogen sowohl im Hinblick auf die Ätiologie, die Genese, die Symptomatologie und die Art der schädigenden Noxe immer wieder verändert und z. T. auch verwischt. Damit wurde die Unterscheidung endogen und exogen fragwürdig. Das gleiche gilt für die Abgrenzung von psychogen und endogen, insbesondere bei den sog. Borderline-Fällen (s. Kap. 12.1). Ebenso unklar bleibt, wie die Darlegungen zeigen, wo die Grenze zwischen exogen und psychogen verläuft. Hierbei gibt es zwei extreme Positionen, nämlich diejenige, die das Endogene ganz dem Exogenen zuordnet (*Kurt Schneider*, s. auch Kap. 11.2) und die andere, die es ganz dem Psychogenen einzuverleiben sucht (tiefenpsychologische Ansätze). Diese beiden Extrempositionen machen unabhängig davon, wo die Grenze zwischen exogen und psychogen oder besser zwischen somatogen und psychogen gezogen wird, deutlich, daß sich aus dieser Zweigleisigkeit unlösbare Probleme ergeben, wie die obigen Ausführungen zeigen. Das soll im folgenden noch verdeutlicht werden. Dabei ist zu beachten: somatogen wird dort in einem ganz allgemeinen Sinne verwendet, als Gegensatz zu psychogen, nicht aber in der speziellen Bedeutung, die K. *Kleist* diesem Begriff beilegte,

nämlich, daß die Krankheitsursache im Körper des Betreffenden liegt, im Unterschied zu allogen, worunter *Kleist* von außen auf den Körper einwirkend verstand. Somatogen wird hier als gleichbedeutend mit einer weiten Fassung von exogen = »körperlich bedingt« verwendet, was allerdings nicht *Bonhoeffers* Auffassung entspricht. Für ihn war exogen = »von außen auf das Gehirn einwirkend«, wobei unter »außen« auch der übrige Organismus verstanden wurde.

Als Hauptrepräsentant der Somatiker präzisierte K. *Schneider* deren Position und führt in seiner Klinischen Psychopathologie, die seit 1936 in vielen Auflagen erschienen ist, aus: »Der Krankheitsbegriff ist für uns grade in der Psychiatrie ein streng medizinischer. Krankheit selbst gibt es nur im Leiblichen und »krankhaft« heißen wir seelisch Abnormes dann, wenn es auf krankhafte Organprozesse zurückzuführen ist. Ohne eine derartige Fundierung psychische oder gar soziale Auffälligkeiten als »krankhaft« zu bezeichnen, hat nur die Bedeutung eines Bildes, also keinen Erkenntniswert ... »Krankhaft« sind für uns die seelischen Störungen, die durch Organprozesse, ihre funktionalen Folgen und lokalen Residuen bedingt sind. Wir fundieren also den Krankheitsbegriff in der Psychiatrie ausschließlich auf krankhafte Veränderungen des Leibes.« Dieser Ansatz bereitet keine Schwierigkeiten bei den akuten und chronischen symptomatischen (exogenen) Psychosen. Als psychische Krankheiten bezeichnet K. *Schneider* auch die endogenen Psychosen. Hierzu führt er aus: »Die der Zyklothymie (affektiven Psychosen) und Schizophrenie zugrunde liegenden Krankheitsvorgänge kennen wir nicht. Daß ihnen aber Krankheiten zugrunde liegen, ist ein sehr gut gestütztes Postulat, eine sehr gut begründete Hypothese. Die häufige Erblichkeit, Bindungen an die Generationsvorgänge, die oft vorhandenen allgemeinen körperlichen Veränderungen, der unbestreitbare Vorrang der somatischen Therapie (bei den Zyklothymien gibt es keine andere) sind dafür nicht so gewichtig wie folgende psychopathologische Tatsachen: es treten u. a. Symptomen auch solche auf, die im normalen Seelenleben und seinen abnormen Variationen keine Analogie haben. Diese Psychosen schließen sich in erdrückender Mehrzahl nicht an Erlebnisse an, sind nicht von solchen motiviert. Vor allem aber zerreißen sie die Geschlossenheit, die Sinngesetzlichkeit, die Sinnkontinuität der Lebensentwicklung.« Einschränkend fügt er hinzu: »Gewiß kann man niemanden überzeugend zwingen, zu »glauben«, daß den Zyklothymien und Schizophrenien Krankheiten zugrunde liegen, daß sie also »krankhaft« sind. Man kann das Postulat bezweifeln und ablehnen und sich dabei auch auf die merkwürdige Tatsache stützen, daß körperlich begründbare Psychosen fast durchweg ganz anders aussehen, als diese bis heute nicht körperlich begründbaren.« Alle abnormen Spielarten seelischen Wesens (K. *Schneider*), d. h. abnorme Verstandesanlagen, abnorme Persönlichkeiten und abnorme Erlebnisreaktionen sind somit keine »Krankheiten«. Diese anscheinend klare Position impliziert nicht geringe Schwierigkeiten. *Schneider* sagt selbst, daß »eine noch so starke abnorme Erlebnisreaktion keine Psychose, dagegen selbst die leichteste seelische Veränderung infolge einer Kopfverletzung und die mildeste zyklothyme Depression« eine »psychotische Krankheit« sind. Das bedeutet mit anderen Worten, die Frage nach dem Wesen von Krankheit fällt mit der Frage der Abgrenzung von krank und nichtkrank zusammen. Dies hat weitgehende Konsequenzen, da, wie wir im Kapitel 1 gesehen haben, Abgrenzungen von krank und nichtkrank Setzungen sind vor allem im Grenzbereich, während *Schneider* erklärt, daß ein Mensch mit einer leichtesten seelischen Veränderung infolge einer Kopfverletzung »krank« ist, d. h. arbeitsunfähig, geschäftsunfähig, schuldunfähig, eheunfähig usw. Auf der anderen Seite ist er gezwungen, um den Gegebenheiten des Lebens gerecht zu werden, starken abnormen Erlebnisreaktionen »Krankheitswert« zuzusprechen. Erst das macht es möglich, auch neben den psychischen Krankheiten die abnormen Spielarten seelischen Wesens in das psychiatrische Klassifikationssystem einzuordnen. Von prinzipieller Bedeutung ist, daß der Ansatz K. *Schneiders* davon ausgeht, daß das erkrankte Substrat Soma auf die Psyche einwirkt. Hier ergibt sich die Schwierigkeit, daß »Psychisches« kein Substrat ist und auch keinen Ort hat, so daß eine Wirkung auf Psychisches jedenfalls nicht in der Weise stattfinden kann, wie auf Somatisches. Es scheint zwar so, als ob man mit Untersuchungen der Funktion und Struktur des Gehirns als dem »Organ der Psyche« diese ergründen und aufgrund von Hirnveränderungen psychische Störungen und Krankheiten hinreichend erklären könne. *Bonhoeffer* sprach in diesem Zusammenhang von einem fehlenden ätiologischen Zwischenglied (1909). K. *Jaspers* vertrat den gleichen Standpunkt wie K. *Schneider*, indem er sagte, daß die Aussage »krank« auf seelischem Gebiet gar nichts besage. Als Beweis dafür wird die Eigengesetzlichkeit der Psychosen angeführt, die zum Zerreißen der Geschlossenheit, der Sinngesetzlichkeit und der Sinnkontinuität der Lebensentwicklung führe (K. *Schneider*, K. P. *Kisker*). Es fragt sich aber, was Sinnzusammenhang heißt. Die Erfahrung lehrt nämlich, daß man, je besser man psychotisch Kranke kennt, umso eher den Sinnzusammenhang ihres Erlebens und Tuns nachvollziehen kann. Ihr Verhalten erscheint dann auch dem Untersucher nicht mehr unverständlich. Unverständlich bleibt dagegen, warum psychotisch Kranke auf so merkwürdige Weise Sinnzusammenhänge herstellen.

Die Psychoanalyse vertritt die entgegengesetzte Position und nimmt eine Psychogenese der endogenen Psychosen an. D. h.: »die gemeinsame Ätiologie für den Ausbruch einer Psychoneurose oder einer Psychose bleibt immer die Versagung, die Nichterfüllung eines jener ewig unbezwungenen Kindheitswünsche, die so tief in unserer phylogenetisch bestimmten Organisation wurzeln« (S. *Freud*, 1924). *Freud* unterschied innerhalb der mit Wahnbildungen einhergehenden Psychosen zwischen der Paranoia und Dementia praecox. Sie hatten für ihn den gemeinsamen Hauptcharakter »der eigentlichen Verdrängung, die Libido-Ablösung mit Regression zum Ich und unterscheiden sich durch eine andere Lokalisation der disponierenden Fixierung und einem anderen Mechanismus der Wiederkehr (Symptombildung)« (1911). Grundsätzlich bewirkt also eine Fixierung auf bestimmte Stadien der psychosexuellen Entwicklung die spezifische Krankheitsdisposition. Für die Paranoia nahm *Freud* an, daß die Abwehr der homosexuellen Regungen, die sich auf dem Wege von Autoerotismus zur Objektliebe entwickeln, einen innerpsychischen Konflikt erzeuge, aus dem die Krankheitserscheinungen entspringen. Dagegen wurde für die Dementia praecox eine weiter zurückliegende disponierende Fixierung angenommen. Hier gehe »die Regression nicht nur bis zum Narzißmus, sondern bis zur vollen Auflassung der Objektliebe und Rückkehr zum infantilen Autoerotismus«. Auf die späteren Entwicklungen dieser theoretischen Ansätze kommt es hier nicht an, da lediglich das Prinzip dieses Ansatzes dargestellt werden soll. Grundsätzlich hielt *Freud* auch bei den affektiven Psychosen eine neurosenpsychologische Deutung für möglich, deutete allerdings an, daß einige der klinischen Typen »eher an somatische als an psychogene Affektionen mahnen«. Als die »drei Voraussetzungen der Melancholie« benannte *Freud* eine »geringe Resistenz der Objektbesetzung« bei gleichzeitig »starker Fixierung an das Liebesobjekt«, was leicht zu einem Ambivalenzkonflikt führe, und schließlich »die Regression von einem Typus der Objektwahl auf den ursprünglichen Narzißmus«.

Eine weitere extremere Position im Hinblick auf die endogenen Psychosen vertrat *Schultz-Hencke:* »Die Schizophrenie und zumindest denn auch das manisch-depressive Irresein sind nicht endogen und auch nicht ein Prozeß«. »Alles, was wir bei genauem Durchdenken heute feststellen können, läßt es sicher erscheinen, daß es sich bei der Schizophrenie nicht um einen primär-organischen Prozeß handelt, sondern im Gegenteil um etwas Primär-Seelisches« (Das Problem der Schizophrenie, 1952). Die Schwierigkeit bei dem neurosenpsychologischen Ansatz ist, daß die endogenen Psychosen sich klinisch, sowohl was das Zustandsbild wie den Verlauf anbetrifft, von Neurosen weitgehend unterscheiden und außerdem der psychoanalytischen Behandlungstechnik nur in beschränktem Maße zugänglich sind.

Angesichts dieser Verwirrung der Begriffe sprechen wir anstelle von exogenen, organischen, körperlich begründbaren usw. Psychosen von *symptomatischen Psychosen*, da diese, wie der Name sagt, ein zusätzliches Symptom einer Erkrankung sind und der Name keine theoretischen Ansätze impliziert. Der von H. H.

Wieck für diesen eingeführten Begriff »Funktions-Psychose« geht von einer neurologischen Konzeption exogener psychischer Störungen aus. (s. auch Kap. 7.1). Da der Ausdruck Funktion bzw. funktionell nicht nur im Englischen sondern auch im Deutschen weitgehend für endogene Psychosen bzw. psychogene psychische Störungen verwandt wird, führt diese Bezeichnung zu Mißverständnissen.

Unter endogenen Psychosen verstehen wir klinische Bilder, die

eine *erbliche Disposition* mit unterschiedlich hohem Schwellenwert zeigen, so daß auslösende Faktoren psychischer oder physischer Art beim Manifestwerden der Krankheitszustände eine zusätzliche Rolle spielen,

in ihrem Verlauf eine gewisse *Eigengesetzlichkeit* zeigen und so aus der Lebensgeschichte und der aktuellen Situation des Betroffenen allein nicht hinreichend erklärt werden können,

bei dem schizophrenen Formenkreis dann, wenn sie nicht ausheilen, eigentümliche, von den organischen Wesensveränderungen und Demenzen zu unterscheidende *Folgen* hinterlassen.

Psychogene psychische Erkrankungen sind solche, die vornehmlich durch psychdynamische Vorgänge geprägt sind, unabhängig davon, ob sich um akute, abnorme Erlebnisreaktionen, neurotische Entwicklungen oder Psychosen handelt.

Der Begriff »endogen« hat in der klinischen Psychiatrie weitgehend die Bedeutung von kryptogen (H. J. *Weitbrecht*) bekommen. Es ist uns auch nicht möglich, »endogen« positiv zu definieren. Man kann aber sagen, daß das Endogene weder rein somatischer noch rein psychischer Natur ist, mit der Anlage des Menschen etwas zu tun hat, hiermit aber nicht identisch ist, sondern durch die vielfachen Einflüsse aller Art auf den Organismus gestaltet wird und bei den Betreffenden in spezifischer Weise belastenden Vorkommnissen »dekompensieren« kann. Damit ist das Rätsel des Endogenen, das mit dem Rätsel des Lebens und von »krank« eng verwoben ist, natürlich nicht gelöst.

12.3 Anlage – Entwicklung – Prozeß – Restzustand

Bei den Konzepten zur Genese psychischer Krankheiten spielen neben *Exogen, Endogen* und *Psychogen*, die im vorangegangenen Abschnitt besprochen wurden, weitere Begriffe eine wesentliche Rolle. Es sind: *Anlage, Entwicklung* und *Prozeß,* die die mit exo-, endo- und psychogen umschriebenen Ansätze erweitern und ergänzen, aber auch unabhängig davon von Bedeutung sind.

Betrachten wir zunächst die Begriffe selbst, da ihre Eigenart bei der Übertragung auf psychisches Kranksein erhalten bleibt, aber bei der speziellen Anwendung, die in der Regel mit einer Einengung der Bedeutung einhergeht, nicht immer genügend beachtet wird.

Anlage allgemein: Bereitstellung, Gründung, Keim. Beim Menschen: angeborene Fähigkeiten, bestimmte Begabungen, z. B. für Mathematik oder Musik, Veranlagung, aber auch angeborene Neigung, etwa zu krankhafter Entwicklung. Anlage betrifft sowohl physische wie psychische Eigenschaften.

Entwicklung, entwickeln = Entstehen, Wachsen, Werden, sich Entwickeln, z. B. der Frosch entwickelt sich aus der Kaulquappe, der Junge entwickelt sich zum Mann. Entwicklung ist auch Reifung, die zur körperlich-seelisch-geistigen Reife führt.

Prozeß (lateinisch procedere = vorwärtsschreiten): Processus = Fortschreiten, Vorgang, Verlauf. Entwicklungsprozeß = fortschreitende Entwicklung. Wachstumsprozeß = Verlauf, Vorgang des Wachsens.

Betrachtet man den Inhalt dieser Begriffe, so zeigt sich, daß Anlage, Entwicklung und Prozeß alle den Lebensvorgängen des Werdens zugeordnet und verschiedene Aspekte desselben sind, also eng zusammengehören: die Entwicklung eines Lebewesens setzt Anlagen voraus, die den Gang der Entwicklung, deren Prozeß in Gang bringen, mitformen und gestalten, die das Maß für die Reife vorgeben und damit auch »Defekte« oder Residuen einer Fehlentwicklung erkennbar werden lassen.

In der Theorienbildung der Psychiatrie wurden den Begriffen Anlage, Entwicklung und Prozeß im Gegensatz zu dem eben Gesagten sich gegenseitig ausschließende Bedeutungsgehalte unterlegt, so daß Anlage und Entwicklung jetzt alternative Konzepte für die Genese psychischer Krankheiten beinhalten, ebenso wie Entwicklung und Prozeß. Letzterer wird als die Folge einer angeborenen Neigung zur Krankheit angesehen, so daß Entwicklung und die zum Krankheitsprozeß führende Anlage als die prinzipiellen Alternativen erscheinen. Dazu ist im einzelnen folgendes zu sagen:

Anlage: Die Art, wie ein Lebewesen angelegt ist, folgt aus dem, was es von seinen Vorfahren ererbt hat, das sind die Eigentümlichkeiten seiner Spezies ganz allgemein und individuelle Varianten davon. Erbinformationen bestimmen also die Art der Entwicklung und der möglichen Reaktionen in einem gewissen Umfang. Das Lebewesen entwickelt sich aber nicht in einem leeren Raum, sondern ist in eine konkrete Umwelt hineingestellt und reagiert auf diese, die umgekehrt auf das Lebewesen zurückwirkt. Es ist somit durch die Anlage etwas Stabiles, in gewissen Grenzen Festgelegtes ebenso im Spiel wie eine ständig auf die Umgebung sich einstellende und anpassende Dynamik. Dies gilt natürlich keineswegs nur im psychosozialen, sondern genauso im somatischen Bereich. Anlage gehört somit eng zusammen mit »endogen« im eigentlichen Sinne des Wortes, das nicht allein die angeborene Neigung zum Krankwerden bedeutet, allerdings auch so verstanden werden kann.

In der Psychiatrie ist im Zusammenhang mit der aus dem Darwinismus erwachsenen Degenerationslehre die »endogene Erbanlage« zu einem Begriff geworden, der nur den negativen Aspekt der Erbanlage hervorhebt. Darüber hinaus hat er auch den Charakter des Festgelegten »Statischen«, erhalten, der keine Entwicklung mehr beinhaltet. Die endogene »statische« Anlage wird einerseits auf den psychischen Aspekt des Menschen bezogen und hier auf die abnormen Persönlichkeiten, was seinen Ausdruck in dem Begriff der Psychopathie gefunden hat. Andererseits wird sie auf das Somatische und damit auf die Genese psychischer Krankheiten bezogen, »da es Krankheit nur in diesem gibt« (K. *Schneider*). Dadurch, daß die Anlage der Dynamik der Entwicklung gegenübergestellt wurde, ist das Statische = Unbeeinflußbare der endogenen Anlage noch besonders akzentuiert worden. Mit anderen Worten: Anlage wird als etwas durch Vererbung fixiertes »Negatives« aufgefaßt, das »statisch« ist und keinen zeitlichen Ablauf zeigt. Ihr wird Entwicklung als ein »frei bewegliches Positives« gegenübergestellt, das erworben ist, stets »dynamisch« bleibt und deswegen nie unbeeinflußbare Folgen zeitigt.

Entwicklung[1] ist die Entfaltung der Anlage im Entwicklungs- bzw. Reifeprozeß des Menschen in dessen jeweiliger Situation. Sie umfaßt u. a. die Reifung des Nervensystems in den ersten Lebensjahren, die Pubertät, die Involution und das Altern, also Vorgänge, die nicht »rein« biologischer Art sind, sondern ebenso psychologische Reifungsschritte darstellen (Entwicklungspsychologie). Zu dieser allgemeinen Entwicklung des Menschen kommt eine spezielle, die sich aufgrund der individuell angelegten Reaktionsweisen und der das einzelne Individuum besonders betreffenden Bedingungen der Umwelt vollzieht und damit die Geschichtlichkeit des Menschen ausmacht. Sie führt im Rahmen der gegebenen Anlage zu verschiedenen Reaktionsweisen, Einstellungen und Haltungen, die das »geschichtlich gewordene« Individuum kennzeichnen. Das bezieht sich sowohl auf den somatischen wie den psychologischen Aspekt, also etwa immunologische Vorgänge, Prägungen (Näheres siehe vergleichende Verhaltensbiologie, Kap. 30, Ethologie) und Reaktionsmuster, mit denen sich die Verhaltens- und Tiefenpsychologie beschäftigen unter der Vorstellung, daß das Gewordene auch beeinflußbar sei. Wir sind verständlicherweise geneigt, uns dem psychologischen Aspekt der Entwicklung in besonderer Weise zuzuwenden, da dieser das Eigentümliche des Individuums in besonderer Weise hervortreten läßt. Die psychische Entwicklung kann entsprechend den beiden Zugangsmöglichkeiten zum psychischen Bereich des Menschen von innen als »innere Lebensgeschichte« und von außen als »erworbene Verhaltensweisen« betrachtet werden. Dabei erschließt sich die innere Lebensgeschichte dem subjektiven Zugang des bewußten Erlebens, während alles Nichtbewußte nur der

Beobachtung von »außen« zugänglich ist. Der Verlauf der allgemeinen Entwicklung wird mit Kategorien wie (zu) rasch- (zu) langsam, (zu) früh- (zu) spät beschrieben, während die speziellen Entwicklungen durch besondere Ausprägungen von Reaktionsweisen gekennzeichnet werden. Hier stellt sich natürlich die Frage, wie die Maßstäbe für diese Aussagen gewonnen werden, und wann von einer Fehlentwicklung gesprochen werden kann. Die begriffliche Trennung der Entwicklung von der Anlage bedeutet letztlich, daß nichts vorhanden ist, was sich entwickeln kann. Diese offensichtlich unsinnige Konsequenz wird auch nicht gezogen, dafür besteht die Tendenz, erblich bedingte Anlagen und die damit gegebene vermeintliche Festlegung zu leugnen und davon auszugehen, daß alle Menschen gleiche und auch gleich günstige Anlagen haben. Das widerspricht allerdings aller Erfahrung und impliziert, daß alle Fehlentwicklungen allein Folge von außen kommender Einwirkungen sind und prinzipiell völlig korrigiert werden können, da ja keine Anlage die Entwicklung mitbestimmt und die Korrekturmöglichkeiten beschränkt. Am deutlichsten zeigt sich das in unserem Fach, wenn hier davon ausgegangen wird, daß das, was psychisch geworden, auch vollkommen therapierbar sei – eine Fehleinschätzung, die zwangsläufig zu Enttäuschungen führt. Entwicklung ist dann auch kein fortschreitender Prozeß mehr, der zur Reife führt, sondern das Resultat von Reaktionen auf Umwelteinflüsse oder, anders ausgedrückt, eine Verschiebung des ursprünglichen, harmonischen und idealen Gleichgewichts zu einem neuen mehr oder minder unharmonischen Gleichgewichtszustand, der durch »richtige« Maßnahmen in die »Ausgangslage«, d. h. in den kindlichen Zustand, genau genommen in den bei der Befruchtung, zurückgeführt werden kann.

Prozeß ist ein Vorgang, der fortschreitet und zu einem gewissen Abschluß führt, beim Entwicklungsprozeß zur Reife. Der Entwicklungsprozeß ist aber ein Werden, das nicht einfach an uns abläuft, in das wir vielmehr durch unser Wollen und Tun eingreifen und es so mitgestalten. Wie groß der Anteil unseres Wirkens dabei ist, kann hier dahingestellt bleiben. Daß sich beim Prozeß etwas an uns vollzieht, wird herausgehoben, wenn wir von Krankheitsprozeß

---

[1] Entwickeln wird hier nicht im Sinne von aktiv »etwas entwickeln« verstanden.

sprechen, durch den das Sein des Betroffenen verändert wird (s. Kap. 1), sei es, daß dieser wieder in die »normale« Entwicklung einmündet, ein Residuum, d. h. einen Restzustand hinterläßt oder fortschreitet. Der Krankheitsprozeß ist, so gesehen, jedenfalls ein Vorgang, der von der Anlage und dem Entwicklungsprozeß nicht ganz abgehoben werden kann, er bezieht vielmehr seine »Energie« aus ihnen und »verformt« vorübergehend, bleibend oder zunehmend den Entwicklungsgang bis hin zu der Möglichkeit, daß die Verformung mit dem Leben nicht mehr vereinbar ist und es zerstört. Im Bereich psychischen Krankseins wird ebenfalls von Prozessen gesprochen, allerdings mit etwas unterschiedlicher Bedeutung. Demenzprozeß bedeutet einen fortschreitenden Abbau der geistigen Fähigkeiten, etwa bei der progressiven Paralyse oder hirnatrophischen Vorgängen. Aber auch psychische Entwicklungsstörungen können in einen Krankheitsprozeß übergehen, wie K. *Jaspers* am Beispiel des Eifersuchtswahns zeigte. Als psychopathologischen Prozeß definierte er: »Prozesse sind unheilbare, der bisherigen Persönlichkeit heterogene Veränderungen des psychischen Lebens, die entweder einmal und isoliert oder wiederholt und allgemein und in allen Übergängen zwischen diesen Möglichkeiten in dasselbe eingreifen«. An einem nicht exakt auszumachenden Punkt einer solchen psychologisch verständlichen Entwicklung nimmt diese einen eigengesetzlichen Charakter an und läuft als »Prozeß« weiter. Etwa Ähnliches gilt für die Entwicklung der Abhängigkeit infolge des Mißbrauchs von Drogen und Medikamenten. Analog hierzu spricht man auch von einem Krankheitsprozeß bei endogenen Psychosen, insbesondere bei schizophrenen Erkrankungen und meint damit, daß mehr oder weniger ausgeprägte Eigentümlichkeiten der Persönlichkeit, z. B. »eine schon bestehende Disharmonie der Elemente und Faktoren des geistigen Organismus« (Th. *Tiling,* 1913) oder die »Schizothymie« über das »Schizoid« (E. *Kretschmer,* 1922) in den schizophrenen Krankheitsprozeß (Schizophrenie = Prozeßpsychose) übergehen. In den verschiedenen Entwicklungsstadien gibt es unterschiedliche Zugangswege zu dem Geschehen. Zunächst ist der innenpsychologische verstehende Zugang angemessen, während die

Eigenart der eingetretenen prozeßhaften Veränderung nur von »außen« beschrieben, erklärt und beurteilt werden kann.

Sieht man den Krankheitsprozeß in dieser Weise als einen autonomen Vorgang, so stellt man ihn in einen unüberbrückbaren Gegensatz zu der Entwicklung und rückt ihn ganz in die Nähe zu der von dieser getrennten Anlage. Diese ähnelt als Gegebenheit der Autonomie des Krankheitsprozesses in gewisser Hinsicht, wenn man nicht einen Schritt weitergeht und den Krankheitsprozeß direkt als aus einer negativen Anlage hervorgehend denkt. Das widerspricht, abgesehen von seltenen Krankheiten wie der Huntington Chorea und der Pickschen Erkrankung, aller Erfahrung. In der Regel reicht die Anlage allein für deren Manifestwerden nicht aus (Näheres s. Kap. 32).

Der Gegensatz Entwicklung – Prozeß ist also aus den genannten Gründen nur auf der begrifflichen Ebene gegeben und gilt nur unter den dargelegten Voraussetzungen, nämlich, daß diesen Begriffen bestimmte verkürzte Bedeutungen beigelegt werden. Das ist für die wissenschaftliche Betrachtung unvermeidlich und legitim, wenn geprüft werden soll, wieweit ein Konzept trägt. Ein solcher hypothetischer Ansatz darf aber nicht verabsolutiert werden.

So wie der Entwicklungsprozeß zur Reife führt, wird als Endergebnis des Krankheitsprozesses vielfach ein Restzustand, ein Residualzustand oder ein sogenannter Defekt angenommen. Auch das ist wiederum eine reduzierende Betrachtungsweise, denn wie oben schon gesagt wurde, hinterläßt nur ein Teil der psychischen Krankheitsprozesse einen Restzustand. So wie die Art der Prozesse bei psychischen Krankheiten nicht gleichartig ist, so gilt das in gleicher Weise für die Residuen. Demenzprozesse führen zu Mängeln der geistigen Leistungsfähigkeit, so daß man hier von einem Defekt sprechen kann, während es sich bei einem »irreversiblen psychischen Prozeß« (*Jaspers*), z. B. bei einem Eifersuchtswahn, offensichtlich um etwas anderes handelt. Man kann nur aufgrund des Postulates, einem derartigen psychischen Prozeß liege eine Hirnveränderung zugrunde, von einem Defekt in dem Sinne wie bei hirnorganischen Abbauvorgängen sprechen. Auch wenn man nicht soweit geht, bleibt, daß auch mit der Entwicklung eines Wahns eine

Veränderung eintritt, die psychologisch nicht hinreichend verständlich gemacht werden kann. Zwischen diesen Extremen liegt das Residuum, das als Folge schizophrener Erkrankungen zurückbleiben kann. Es wird auf verschiedene Weise beschrieben: der schizophren-defekte Kranke sei sozial auf ein niedrigeres Niveau gesunken als ihm »eigentlich« zugehöre, er sei antriebsgemindert und habe ein »reduziertes energetisches Potential«. Daß so Veränderte der Gefahr des psychischen Hospitalismus stärker ausgesetzt sind als psychisch Gesunde, liegt auf der Hand. Die Erfahrung der letzten Jahrzehnte hat nämlich gezeigt, daß es sich bei den klinischen Bildern der schizophrenen Residuen zum Teil um Verhaltensstörungen infolge der langfristigen Hospitalisierung handelt, also um Artefakte. Dies hat dazu geführt, nicht nur mit größerem Optimismus auch solche Kranke zu behandeln und deren Rehabilitation zu versuchen, sondern auch dazu, jeglichen Residualzustand bei schizophrenen Psychosen überhaupt zu leugnen und als Irrtum der Psychiatrie hinzustellen. Das hat sich in der Praxis allerdings nicht bestätigt. Es wird inzwischen von den »neuen« chronisch schizophrenen Kranken gesprochen, die sich trotz aller sozial-psychiatrischen Bemühungen und des Ausbaues des Behandlungs- und Betreuungsnetzes »entwickelt« haben.

12.4 Querschnitts- und Längsschnitts-Betrachtung

Mit »Querschnitt« ist nicht das Zustandsbild des einzelnen Kranken in seiner konkreten Situation gemeint, sondern das Syndrom, also etwas Regelhaftes, das aber nicht einer bestimmten Krankheit zugeordnet ist. In weiteren diagnostischen Schritten muß das Syndrom einer bestimmten Krankheitseinheit zugeordnet werden. Entsprechendes gilt für den »Längsschnitt«, d. h. den regelhaften Verlauf, den die Krankheit nimmt. Die Frage Querschnitt-Längsschnitt hat aber nicht nur diesen diagnostischen Aspekt, sondern auch einen prinzipiellen, der in der Psychiatrie vor allem im Hinblick auf die schizophrenen Erkrankungen ein viel diskutiertes Problem ist. Syndrom und Verlauf gehören, wie ihm Kap. 5 ausgeführt, zur Krankheitseinheit, die ihrerseits zudem die Ursache und Genese des Syndroms umfaßt. Die Eigengesetzlichkeit des Verlaufes ist ein Charakteristikum vor allem der Psychosen. Deswegen kann eine sichere Prognose bei solchen Krankheitszuständen nicht gestellt werden. Da bei endogenen Psychosen die Ursache weitgehend unbekannt und die Genese problematisch ist, erscheint es verständlich, daß eine Neigung besteht, sich für praktische Zwecke, etwa die Diagnostik, mit einer Syndrom-Diagnose zu begnügen. Dies hat am konsequentesten K. *Schneider* getan. Er hat eine Reihe von Symptomen für die Diagnose Schizophrenie angeführt, bei denen er solche ersten und zweiten Ranges unterschied (siehe Kap. 12.2). Mit diesen Symptomen versuchte er nicht, über deren Genese etwas auszusagen. Verlaufsuntersuchungen der so diagnostizierten Schizophrenie hat er nicht vorgelegt. Damit fragt sich aber, was die Diagnose Schizophrenie dann eigentlich besagt. Handelt es sich um ein Syndrom oder um eine Krankheit(s-Einheit)? Das ist der Kern der grundsätzlichen Problematik. Von der Sache her handelt es sich bei der so diagnostizierten Schizophrenie offensichtlich um ein Syndrom, obwohl *Schneider* von einer Krankheit spricht. Das gleiche gilt für E. u. M. *Bleuler*, die, anders als K. *Schneider*, Grundsymptome und akzessorische Symptome unterscheiden, damit letztlich aber auch über eine Syndrombeschreibung nicht hinausgelangen. Die Frage, ob Syndrom oder Krankheit, hat weitergehende Konsequenzen, als es auf den ersten Blick scheinen mag. Aus der Annahme, daß es sich bei krankhaften Zuständen »nur« um ein Syndrom handle, wird die Konsequenz gezogen, »daß die Schizophrenie doch heilbar ist« (Th. *Winkler*), obwohl Syndrome ihrem Wesen nach keine Prognose haben. Im Gegensatz hierzu gingen sowohl E. *Kraepelin* und K. *Wernicke* und ihnen folgend K. *Kleist* und K. *Leonhard* bei schizophrenen Erkrankungen von Krankheitseinheiten aus, die zumindest auf lange Sicht einen ungünstigen Verlauf nehmen. Sie hielten nur unter dieser Voraussetzung die Diagnose Schizophrenie für berechtigt. Vordergründig handelt es sich also darum, wie

Schizophrenie definiert wird, ob der Verlauf in die Definition mit einbezogen wird oder nicht. Die eigentliche Problematik des Unterschiedes Syndrom oder Krankheit zeigt sich aber, wenn man sie unabhängig von Schulmeinungen betrachtet. Wird ein Syndrom unabhängig vom Kranksein gesehen, erhält es den Charakter einer psychopathologischen Konstellation, die durchaus auch auf psychodynamischen Vorgängen beruhen kann. E. *Bleuler* war der erste der hervorragenden deutschsprachigen Psychiater, der tiefenpsychologische und psychodynamische Vorgänge für die Psychiatrie akzeptierte. So wird verständlich, daß A. *Meyer,* einer seiner Schüler, der in die USA auswanderte, nicht mehr von schizophrenen Krankheiten, sondern von schizophrenen Reaktionen sprach. Die nordamerikanische Psychiatrie ist von diesem Ansatz weitgehend geprägt worden. Er entspricht dem psychodynamischen Konzept psychischer Störungen, das ja auch von »normalen« psychischen Vorgängen bei psychischen Krankheiten ausgeht. Dieser Ansatz wird zweifellos vielen Arten psychischer Störungen gerecht, impliziert aber auch die Tendenz, ihn auf alle psychischen Störungen und Krankheiten zu übertragen. Dadurch entsteht die Notwendigkeit, psychopathologische Phänomene, die Eigengesetzlichkeit der Krankheitsverläufe und deren Ausgänge psychodynamisch oder als Reaktionen zu interpretieren. Das gleiche wird erforderlich für alle somatischen Phänomene bei psychosomatischen Erkrankungen im engeren und weiteren Sinn. Es handelt sich bei diesen Krankheitsbildern offensichtlich nicht um »reine« psychodynamische Abläufe, es sind vielmehr weitere Faktoren im Spiel. Der Grund für die erheblichen Unterschiede zwischen Neurosen und diesen Krankheitsbildern wird aber nicht in einem Krankheitsvorgang, sondern in einer Eigentümlichkeit der Persönlichkeit gesucht. Dabei

besteht die Neigung, auf sog. frühe Störungen zurückzugreifen, bei denen der Unterschied zur Anlage zwar vom theoretischen Konzept her noch postuliert werden kann, dessen Nachweis aber schwer zu führen ist. Die Gegenposition ist: das Auftreten psychopathologischer Phänomene, der eigengesetzliche Verlauf und die gleichzeitig gegebene mangelnde Therapierbarkeit mit psychischen Mitteln als Kriterium für eingetretene Krankheitsvorgänge anzusehen. Das alles schließt psychodynamische Vorgänge und Reaktionen keineswegs aus, verändert aber den »Untergrund«, auf dem sie ablaufen. Daraus ergibt sich die Frage, für welche psychische Störungen diese Annahme eigentlich gelten kann. Gilt das, abgesehen von den Psychosen, außer für die Zwangsneurose bzw. -krankheit auch für (alle) anderen (schweren) Neurosen? Die Bejahung dieser Frage würde bedeuten, daß das Krankheitskonzept für alle psychischen Störungen Gültigkeit hat. Das heißt, die Abgrenzung zwischen »krankhaften« Psychosen und Abnormem (abnorme Persönlichkeiten und abnorme Reaktionen und Entwicklungen), wie sie K. *Schneider* vorgenommen hat, ist schon in der Praxis nicht mit der von ihm angenommenen Schärfe möglich. Sie wird aber im Grunde dadurch, daß er in der Sache von Syndromen ausgeht, aufgehoben.

Aus dem Gesagten ergibt sich, daß die psychiatrische Diagnostik nicht bei einer psychopathologischen »Syndrom-Diagnose« stehenbleiben darf, sondern es muß auch der Längsschnitt in die Diagnostik mit einbezogen werden. Dabei ist die Erfahrung zu beachten, daß bei psychischem Kranksein verschiedene Ursachen zu gleichen Bildern und dieselbe Ursache zu verschiedenen Syndromen und Verläufen führen können. Man kann vom Syndrom nicht auf dessen Genese rückschließen und auch nicht auf den Verlauf.

12.5   Konflikt – Strukturelle Störung

Während die bisher besprochenen Antinomien fast alle der Psychiatrie entstammen, findet das jetzt zu besprechende Begriffspaar vorwiegend in der Psychoanalyse Beachtung. Es wird aber rasch deutlich werden, daß uns hier bereits vertraute Polaritäten, etwa die Beziehungen Dynamik – Statik, Entwicklung – Konstitution in einem anderen Zusammenhang entgegentreten.

Neurose im engeren Sinne wird von der Psychoanalyse als unzureichender Lösungsversuch innerer Konflikte aufgefaßt. Dies war bereits dargestellt worden. Der Begriff des *Konflikts* ist in dieser Anschauung wesenhaft mit dem der Neurose verbunden. Es sind auf der einen Seite Wünsche aufgetreten, diese trafen auf bereits vorliegende innere und äußere Bedingungen, und der Mensch muß einen Ausgleich in diesem Spannungsfeld suchen. In diesem Sinne ist Neurose der vielgesichtige äußere Ausdruck innerer Spannungen (Konflikt). Dieser Vorgang ist emminent dynamisch, es entstehen starke innere Bewegungen, weshalb man generell die Modellvorstellungen, die hiervon ausgehen, als psycho-dynamische bezeichnet. Die entstehenden neurotischen Symptome sind Ich-Leistungen, wenn auch insuffiziente, denn sonst wäre der Neurotiker gesund und nicht krank. Entscheidend ist die Aktivität des Ichs, die in den schon dargestellten Einsätzen von Abwehr, Regression und Kompromißbildung zu einem Symptom führt.

Dieser Vorstellung ist eine grundlegend andere gegenüberzustellen. Aus der klinischen Beobachtung stammt die Feststellung, daß die Anzeichen eines inneren Konflikts (Spannungsgefühle, Hemmungen, Ängste) bei einer Reihe von psychischen Störungen fehlen. Diese Menschen zeigen ausgeprägtes Fehlverhalten, insbesondere Kriminalität, Dissozialität, Suchtverhalten, sexuelle Devianz und anderes. Sie sind aber sehr viel weniger davon betroffen als der Neurotiker; es gibt wenig Hinweise, daß ihre Störung als subjektiver Lösungsversuch interpretiert werden kann. Das hat dazu geführt, daß man diese Störungen weniger als Ausdruck von Konflikten, denn als Symptom von *Ausfällen,* von Defekten versteht. Was im Symptom sichtbar wird, ist weniger der Versuch einer, wenn auch unzureichenden Gestaltung von Konflikten durch das Ich, als vielmehr die vielfachen Anzeichen seiner Schwäche und Schädigung. Ein Beispiel: Während man einen aggressiven Ausfall beim Neurotiker gegebenenfalls als Abwehr einer nicht akzeptablen Zuneigung ansehen kann, würde beim Ich-Gestörten das aggressive Verhalten einfach als das Unvermögen des Ich interpretiert, einen aggressiven Impuls zu hemmen. Diese Betrachtungsweise setzt voraus, daß das Ich nicht oder nicht nur die Spuren infantiler Konflikte an sich trägt, sondern die Folgen infantiler Schäden.

Auf eine Kurzformel gebracht: Im Falle der Neurose »hat das Ich etwas getan«, nämlich einen Konflikt entwickelt und unzureichend verarbeitet – im Falle der Entwicklungsstörung »wurde dem Ich etwas angetan«, nämlich es wurde so geschädigt, daß es auch nicht die eingeschränkte Funktionsfähigkeit hat, die dem Neurotiker zur Verfügung steht. Diese Schäden des Ich sind direkte Folge der emotionalen Vernachlässigung des Kleinkindes, der groben Mißachtung jener Basisbedürfnisse nach Sicherheit, Wärme und Beständigkeit seiner Umwelt, ohne die es nicht gedeihen kann. Meist ist es ein asoziales Milieu, oft in Kombination mit unzureichender Heimbetreuung, die zu diesen Folgen führt. Als Regel gilt: Die Entwicklungsschäden sind umso nachhaltiger, je früher, je schwerer und je längerdauernder sie einwirken. Hierauf bezieht sich auch die nicht sehr präzise Sammeldiagnose der sog. »frühen Störung«. Was sich in der Entwicklung zeigt, sind, in *Freuds* Worten, »Ich-Verzerrungen« und wird im angelsächsischen Schrifttum als »ego distortions« bezeichnet. Das insbesondere soziale Fehlverhalten ist aus dieser Sicht direkter Ausdruck der unzureichenden Ich-Entwicklung. Hiervon leitet sich eine zweite Sichtweise ab.

Der Dissoziale, der Schizoide, der Gemütskalte, der Delinquente (oder wie auch immer die Störung aussehen mag) zeigt Folgen eines Ausfalls, eines *Defektes;* dem Ich fehlt ein Teil seiner Substanz, es zeigt Ausfälle in seiner Struktur. Um den aus vielfältigen Gründen problematischen Begriff des Defektes zu vermeiden, sprechen wir in der Folge von strukturellen Ich-Störungen, wie *Fürstenau* es empfohlen hat. Dennoch kennzeichnet »Defekt« ziemlich genau den Ausfall, das Defizitäre, den Verlust an Struktur. Versucht man, eine Beziehung zu den bereits besprochenen Konzepten von Anlage und Entwicklung herzustellen, so steht die Strukturstörung etwa zwischen geschwächter Konstitution und gestörter Entwicklung. Sie enthält statische und dynamische Anteile.

Eine Reihe von Autoren geht nun davon aus, daß das gestörte Verhalten bei den strukturellen Ich-Störungen zum Ausfüllen dieses Defizits diene, quasi die Funktion einer Plombe einnehme. So wird von bestimmten psychosomatischen Störungen, von den Perversionen und anderen Symptomen angenommen, daß sie in diesem Sinne eine »Versatz«-Funktion erfüllen, das Ich durch die »Plombe« zwar entlasten, aber ihm gleichzeitig ein Symptom bescheren. Mit dieser Betrachtung – eben, daß ein Strukturausfall in der Persönlichkeit durch eine Symptom-»Prothese« ersetzt wird – ergeben sich weitreichende klinische Konsequenzen: Wir gewinnen hier eine Möglichkeit zur Unterscheidung von Störungen, deren Therapie aussichtsreich erscheint und solchen, wo größte therapeutische Probleme zu erwarten sind. Auch werden Störungen interpretierbar als etwas, was der Patient »braucht« und in der Therapie nicht ohne weiteres aufgeben kann. Modifikationen der therapeutischen Angebote sind eine entscheidende Konsequenz. Die Therapie, hier die Psychotherapie, muß sich von einer methodenorientierten zu einer personenzentrierten entwickeln – so lautet etwa eine Forderung *Fürstenaus*. Erschwerend kommt hinzu, daß traditionelle Symptome bei diesem Störungstyp eher die Ausnahme darstellen. In der Regel überwiegen die Schäden der Gesamtpersönlichkeit (abnormale Persönlichkeiten, neurotische Charaktere) und die Ausfälle sowie das Fehlverhalten in den sozialen Beziehungen.

Wann sich diese konzeptuelle Unterscheidung entwickelte, ist nicht mehr genau zu klären. A. *Freud* arbeitete sicher 1968 damit, aber implizite war sie wohl bereits früher vorhanden. Wahrscheinlich geht sie auf die Erkenntnisse der WHO-Studie von J. *Bowlby* über »Mütterliche Zuwendung und seelische Gesundheit« (1950) zurück. Spätestens hier zeigte sich die Notwendigkeit, dem Konflikt-Modell ein ergänzendes zur Seite zu stellen. Man neigt heute zur Ansicht, daß die skizzierten Pole so etwas wie Extreme auf einem Kontinum darstellen, und daß die klinische Wirklichkeit dazwischen liegt. Auch das ist uns aus den vorangehenden Kapiteln vertraut. Offensichtlich gibt es auch bei Patienten mit strukturellen Ich-Störungen gleichzeitig innere Konflikte, die auf traditionelle Psychotherapie ansprechen, und umgekehrt sind vielleicht manche der hartnäckigen neurotischen Symptome »Plomben« im beschriebenen funktionellen Sinn. Sonst gilt die Regel, daß Neurosen flexibler, beweglicher, rückführbarer und damit besser therapierbar sind als die strukturellen Ich-Störungen. Eine Konsequenz dieser Überlegungen ist auch, daß der Gegensatz »ererbt – erworben«, von dem ebenfalls schon die Rede war, zwar Beachtung verdient, daß es aber offenbar ein gewisses Spektrum von Möglichkeiten gibt, psychische Schäden zu »erwerben«, von denen nun einige zunehmend besser beschreibbar werden.

12.6 Typisch – Atypisch

Die Begriffe »typisch« und »atypisch« gehören in den klinischen Bereich, vor allem in den der Diagnostik. Sie beschreiben keine Ansätze zur Erklärung von Kranksein. Klinische Begriffsbildungen sind häufig auf prinzipielle Probleme zurückzuführen. Da dies bei typisch und atypisch der Fall ist, wird an dieser Stelle darauf eingegangen.

Auf den ersten Blick könnte man denken, daß häufige Bilder einer Krankheit auch die typischen und die seltenen die atypischen sind. Die Erfahrung lehrt aber, daß die typischen Krankheitsbilder selten und die häufigen Bilder nicht gleichförmig sind, sondern viele Varianten zeigen, die durch die Eigenart des Erkrankten bedingt sind. Daraus entsteht das Bemühen, das Typische der Krankheitsbilder herauszuarbeiten, gleichsam das »wirkliche« Krankheitsbild und damit die Krankheit als solche. Das ist gemeint, wenn in der Klinik von typischen Krankheitsbildern gesprochen wird. Sie sind auch Gegenstand der Darlegungen in Lehrbüchern, obwohl, wie gesagt, typische Krankheitsbilder selten beobachtet werden. Dennoch wird für das Diagnostizieren stets auf sie Bezug genommen, und man macht sich gegenseitig darauf aufmerksam, wenn ein besonders »reines«, »schönes« oder »typisches« Krankheitsbild vorliegt. Woher rührt die Diskrepanz zwischen der täglichen klinischen Erfahrung, in der einem eher atypische Krankheitsbilder begegnen und dem Idealbild des Typischen? Die Antwort liegt auf der Hand, wenn man bedenkt, wie man zur Vorstellung eines typischen Krankheitsbildes gelangt. Es handelt sich dabei, wie gesagt, um einen Abstraktionsvorgang aus der Erfahrung anhand vieler Fälle und um die Bildung eines Begriffes. Auf die Begriffen innewohnende Tendenz zur Reinheit haben wir eingangs bereits hingewiesen (Kap. 1.2). Diese Tendenz bedeutet, daß Dinge, die nicht so gut zu dem Begriff, in unserem Fall zum Krankheitsbild, passen, vernachlässigt werden. Da Ursache und Wesen von vielen psychischen Krankheiten nicht bekannt sind, und auch kein generelles Konzept für psychisches Kranksein entwickelt werden kann, ist man auf eine Beschreibung der Krankheitszustände angewiesen und muß das Typische herausheben, um sie zu identifizieren. Daraus wird von Kritikern der Psychiatrie abgeleitet, daß ihr Vorgehen »rein deskriptiver« Art sei. Sie fordern statt dessen eine dynamische Betrachtungsweise. Auch bei dieser gibt es Typisches, das sich auf die Genese der Krankheitsbilder bezieht, etwa bei depressiven oder hysterischen Neurosen, bei asthenischen oder paranoiden Persönlichkeiten oder bei Demenzprozessen, Störungen der Vigilanz (akute symptomatische Psychosen) und der Affektivität oder bei paranoiden oder süchtigen Entwicklungen und Prozessen. Derartige »typische« Genesen führen angesichts der Verschiedenartigkeit der betroffenen Persönlichkeiten und der äußeren Umstände zwar zu unterschiedlichen klinischen Bildern, im Falle der affektiven Psychosen zum Beispiel zu gehemmten oder agitierten endogenen Depressionen mit oder ohne Wahnbildungen. Die Genese wird somit ebenfalls beschrieben. Zu ihr passen die Adjektive typisch und atypisch nicht recht. Angemessen sind hier vielmehr »konsequent durchdacht« oder »in sich stimmig«, womit für die Theorie das Entsprechende wie mit typisch für die Krankheitsbilder ausgesagt wird. Theorien sind aber auch Abstraktionen, die anhand der Erfahrung gebildet werden und haben die gleiche immanente Tendenz zur »Reinheit« wie Begriffe. Beide werden beim Zuwachs der Erfahrung nötigenfalls korrigiert.

Als Abstracta haftet Krankheitsbildern, ebenso wie Theorien, naturgemäß etwas Lebensfernes an, da sie nicht so wie das Leben selbst Erfahrung zu vermitteln vermögen. Dennoch sind wir, worauf bereits verschiedentlich hingewiesen wurde, auf das Erarbeiten von typischen Krankheitsbildern und guten Theorien angewiesen. Deren Grenzen dürfen aber insbesondere bei allen Konzepten für die Ausbildung und das Vermitteln von klinischer Erfahrung nicht außer acht gelassen werden, was heute leider weitgehend der Fall ist. Dieser Mangel wird noch vergrößert, wenn infolge der Tendenz, sich nur auf der Abstraktionsebene zu bewegen, davon ausgegangen wird, daß »typische Genesen« zu »typischen Krankheitsbildern« führen.

Die Erfahrung zeigt, daß der Kliniker anfangs dazu neigt, analysierend vorzugehen, d. h. er orientiert sich bei der Diagnostik psychischer Krankheiten am Krankheitsbild und seinen Symptomen. Mit zunehmender Erfahrung geht er dazu über, die Genese des Krankheitsbildes immer mehr zu beachten, die ganz anders als das Krankheitsbild, die Art des Krankseins vermittelt und sich in Form der Grunderfahrung unmittelbar erfassen läßt. Da Erfahrung bekanntlich nur schwer vermittelt werden kann, ist verständlich, daß versucht wird, das Erfahrene zu »objektivieren«. Bei der Art, wie dies zu geschehen hat, scheiden sich die Geister. Da die Genese unbekannt ist, neigen die einen zu der Meinung, ein klar herausgearbeitetes Krankheitsbild biete die besten Voraussetzungen dafür, eines Tages dessen Genese zu klären, während die anderen von einem theoretischen Ansatz über die Genese ausgehen und diesen ständig verbessern. Bei der Erforschung von etwas Unbekanntem muß man sich stets für alle möglichen Wege offenhalten. Dies geschieht, wie an vielen anderen Stellen, so auch hier leider nicht immer.

13. Gliederung und Analyse psychiatrischer Krankheitsbilder als Grundlagen klinischer Diagnostik

Wie werden psychische Krankheitszustände und Krankheitsprozesse, deren Erscheinungsweisen, Ätiologie, Behandlung und Prognose gegliedert? Ideal wäre es, wenn Krankheitsbilder zusammengefaßt werden könnten, die auf gleiche Ursachen zurückgehen, gleiche Symptome bieten, denselben Verlauf nehmen und in den gleichen Endzustand einmünden. In Wirklichkeit sind aber diese vier Voraussetzungen selten gleichzeitig erfüllt. Von vielen psychischen Krankheiten ist die Ätiologie nicht oder nur teilweise bekannt. Bei anderen Erkrankungen führen unterschiedliche Ursachen zu ähnlichen Bildern. Nur bezüglich des Verlaufs und des Ausganges gibt es häufiger Übereinstimmung. Manche Erkrankungen, wie die affektiven Psychosen (Zyklothymie oder manisch-depressive Erkrankung), verlaufen phasisch, d. h. nach einer Krankheitsphase kommt es zu einer vollen gesundheitlichen Wiederherstellung. Andere Erkrankungen neigen zu einer Progression und münden in einen Defekt, wie z. B. ein progresssiver Hirnabbau im Rahmen einer präsenilen Demenz. Aus diesen Tatsachen ergibt sich, daß man psychiatrische Krankheitsbilder immer in mehrfacher Hinsicht untersuchen und darstellen muß. Vor allem ist es wichtig, das Querschnittsbild von dem Längsschnitt deutlich zu trennen. Das Querschnittsbild entspricht einem Syndrom, das im Hinblick auf Genese und Verlauf unspezifisch ist. Erst durch Hinzunahme des Längsschnittes ergibt sich ein möglicher diagnostischer Hinweis. Wenn wiederholte Querschnitte zu verschiedenen Zeiten das gleiche bieten, kann man von Zuständen oder von Fehlverfassungen sprechen (z. B. bei angeborener intellektueller Minderbegabung oder bei einer abnormen Wesens- und Charakterstruktur, etwa im Gefolge einer abgelaufenen Encephalitis). Ein einmal erhobener psychopathologischer Befund, etwa ein Versagen bei einem Intelligenztest, kann sehr verschiedene Ursachen haben und braucht deswegen keineswegs Beweis für einen Schwachsinnszustand zu sein.

Beschränkt man sich zunächst einmal auf die wesentlichen Entstehungsursachen abnormer geistig-seelischer Zustände oder seelischer Erkrankungen, so kann man drei Faktoren unterscheiden:
1. psychogen (im psychologischen Bereich vielfach auch als exogen oder psychisch-reaktiv bezeichnet),
2. endogen,
3. symptomatisch (im psychiatrischen Bereich als hirnorganisch bedingt aufgefaßt).

Zu 1. Psychogen

Daß psychische Ursachen seelische Veränderungen bewirken können, ist psychologisch jedem verständlich. Schwere seelische Belastungen, Verluste von Partnern, nahen Angehörigen, traumatisierende Umwelteinflüsse allgemein werden von jedem Gesunden mit emotionalen und affektiven Reaktionen beantwortet, die von Fall zu Fall unterschiedlich tief gehen und verschieden lang dauern. Pathologisch wäre, wenn jemand auf solche Ereignisse nicht antworten würde. Seelische Reaktionen können sich aber auch als langdauernde vegetativ-nervöse Störungen oder in Form von Organbeschwerden bemerkbar machen und so lange anhalten, daß man sie zunächst nicht mit dem auslösenden Ereignis in Beziehung bringt. Dem davon Betroffenen selbst kann die tatsächliche Kausalbeziehung zwischen seiner abnormen seelischen und körperlichen Verfassung und einer auslösenden psychischen Traumatisierung verborgen bleiben. Das Gros der neurotischen Entwicklungen und verschiedenartigen Ausgestaltungen seelischer Fehleinstellungen gehört hierher. In den meisten Fällen finden sich bei sorgfältiger Analyse Konflikte und Belastungen in der frühesten Kindheit, die später in Vergessenheit geraten bzw. verdrängt werden. In solchen Fällen können spätere Erlebnisse, die an die früheren Konfliktkonstellationen erinnern, zu akuten Verschlechterungen oder Erstmanifestationen von neurotischen Symptomen führen. Zu diesen psychisch-reaktiv bewirkten seelischen Krankheitszuständen zählen auch die abnormen Reaktionen im Zusammenhang mit einem aktuellen Konflikt. In solchen Fällen spielt ein Mißverhältnis zwischen Belastung und Belastbarkeit des Betroffenen eine Rolle. Die mangelnde Belastbarkeit kann auf einer neurotischen Persönlichkeitsstruktur, aber auch auf organischen oder konstitutionellen Normabweichungen beruhen. Bei allen diesen psychischen Reaktionen handelt es sich in erster Linie um affektiv-emotionale Fehlantworten, die entweder überschießend oder unzulänglich sind. Bei überschießenden Reaktionen können die Affektstörungen zu flüchtigen Beeinträchtigungen der Aufnahmefähigkeit von Umwelteindrücken führen, zu sog. hysterischen Abspaltungen und Dämmerzuständen *(Ganser).*

Bei psychogen entstandenen Krankheitszuständen pflegt man in der Regel nicht von Psychosen zu sprechen, weil die davon Betroffenen nicht von einer eigengesetzlich ablaufenden Krankheit überwältigt werden, sondern noch mehr oder weniger gut in der Lage sind, durch Verstandes- und Willenseinflüsse ihr Verhalten zu steuern oder mitzugestalten. Daraus ergibt sich auch der therapeutische Ansatz, der sich an den Betreffenden und dessen Mitarbeit im Rahmen einer Psychotherapie wendet.

Eine Ausnahme machen die sog. Haftpsychosen, bei welchen seelisch-abnorme Persönlichkeiten unter äußerem Druck und bei dem Gefühl, sich in einer ausweglosen Situation zu befinden, tage- und wochenlang dauernde psychotische Episoden mit Wahn und Sinnestäuschungen zeigen können. In anderen Fällen spielen Unfähigkeiten oder Mängel des Betroffenen eine mitverursachende Rolle bei der Entstehung psychogener Psychosen, etwa bei Wahnpsychosen von Schwerhörigen oder Psychosen in sprachfremder Umgebung, sowie bei Psychosen von körperlich Behinderten und leicht kränkbaren, empfindlichen Persönlichkeiten. Bei Schwerhörigen und Menschen in sprachfremder Umgebung führt der Verlust der sprachlichen Kontaktfähigkeit zu fortschreitenden Mißverständnissen und schließlich zu

Angst und wahnhafter Fehlverarbeitung von Sinneseindrücken. Bei körperlich Behinderten liegt die Wurzel der psychopathologischen Entgleisungen im gestörten Selbstwertgefühl und der damit zusammenhängenden Überkompensation von Minderwertigkeitsgefühlen. In diesen Fällen kommen also zwei Faktoren, psychogene und konstitutionelle, zusammen, so daß erst durch dieses Aufeinandertreffen die psychotische Krankheit hervorgerufen wird.

Zu 2. Endogen

Eine Hauptgruppe von Psychosen umfaßt die sog. *endogenen* Psychosen. Man faßt dabei die manisch-depressive Erkrankung mit allen ihren Unterformen und atypischen Ausgestaltungen und die Psychosen des schizophrenen Formenkreises zusammen. Diese Gruppe psychischer Krankheiten ist dadurch charakterisiert, daß psychische Faktoren bei ihrer Entstehung zwar nicht ganz fehlen, aber auch keine so entscheidende Bedeutung haben wie bei den oben genannten psychogenen Psychosen. Das gilt vor allem für das psychopathologische Bild, den Verlauf und bei den schizophrenen Psychosen auch für den möglichen Ausgang. Bei der Entstehung endogener Psychosen spielen ferner »exogene« Ursachen (siehe den folgenden Absatz) keine Rolle. Endogene Psychosen sind somit im Vergleich zu den psychogenen und symptomatischen Psychosen in ihrer Genese verhältnismäßig stark von einer wie auch immer zu denkenden Anlage her bestimmt, die aber auch bei den psychogenen und symptomatischen Formen keineswegs ohne Bedeutung ist. Früher wurden auch psychotische Zustände bei Epilepsien zu den endogenen Psychosen gezählt. Die weitere Diagnostik, vor allem die Entwicklung der neurophysiologischen Untersuchungsverfahren, hat aber gezeigt, daß nur ein sehr kleiner Bruchteil epileptischer Erkrankungen und damit einhergehender Psychosen auf erblicher Grundlage entsteht. Das Gros der Epilepsien wird durch frühkindliche Hirnschäden, Hirntumoren, Gefäßkrankheiten usw., also im psychiatrischen Sinne durch exogene Noxen verursacht. Bei den »endogenen« Epilepsien handelt es sich auch z. T. um Stoffwechselkrankheiten, wobei nicht das Leiden Epilepsie, sondern der pathologisch veränderte Stoffwechsel vererbt wird.

Zu 3. Symptomatisch

Die exogenen Ursachen psychischer Krankheiten sind solche, die »von außen« (siehe 7.1 und 12.2) auf das Gehirn einwirken und durch Hirnfunktionsstörungen oder anatomische Veränderungen des Gehirngewebes seelische Krankheitszustände bewirken. Dabei heißt »von außen« nicht nur außerhalb des Körpers, sondern auch von Seiten der Körperorgane und des Stoffwechsels auf das Gehirn. Es ist deshalb besser, nicht generell nur von exogen zu sprechen, sondern bei symptomatischen Psychosen noch einmal *allogene* und *somatogene* zu unterscheiden.

Wegen dieser Schwierigkeiten werden alle derartigen Psychosen unter dem Begriff *symptomatische* Psychosen zusammengefaßt unter der Vorstellung, daß in diesen Fällen das psychotische Geschehen oder die psychopathologische Auffälligkeit »Symptom« einer Körperkrankheit oder eines Hirnleidens darstellt.

Unter *allogen* wäre dann ein krankmachendes Agens zu verstehen, das über Körperorgane oder über den Stoffwechsel auch das Gehirn in Mitleidenschaft zieht oder das Gehirn direkt von außen trifft. Dabei muß man an physikalische und elektrische Einwirkungen auf den Kopf denken. Allogen ist auch, wenn jemand Giftgas einatmet, z. B. Kohlenmonoxyd, das über die Lunge aufgenommen zu einer Blockierung des Haemoglobins führt und dann über den Blutweg den Sauerstoffaustausch der Nervenzellen verhindert. Auch Gifte, die über den Magen oder die Haut via Stoffwechsel den Hirnfunktionszustand beeinflussen, zählen dazu. Die häufigsten exogenen Schädigungen allogener Art entstehen in unserer Zivilisation durch Medikamente und Alkoholabusus.

Somatogen wären jene Ursachen, die etwa durch Ausfall eines Körperorgans, z. B. der Nieren oder der Leber, zu toxischen Psychosen führen. Auch Resorptionsstörungen im Magen-Darm-Trakt mit Unterbilanz an lebenswichtigen Vitaminen (B_1, B_6, B_{12}) führen zu (somatogenen) symptomatischen Psychosen. In manchen Fällen läßt sich allogen und somatogen nicht exakt trennen. So kann es z. B. bei Alkoholabusus zunächst zu Organschäden kommen oder auch zu Vitamin-B_1-Mangelzuständen, die dann sekundär die psychische Erkrankung durch Hirnveränderungen hervorrufen. Bei infektiösen Prozessen kommen sowohl direkt durch Ansiedlung von Bakterien und Viren im Nervensystem Psychosen zustande, aber auch indirekt durch Toxine bei bakteriellen und viralen Erkrankungen hirnferner Körperorgane.

Alle symptomatischen Psychosen und Störungskomplexe haben gewisse Gemeinsamkeiten im Erscheinungsbild. Eine gewisse Variabilität der Bilder wird weniger durch die unterschiedlichen Noxen als durch die Geschwindigkeit der Einwirkung und die Dauer der Beeinflussung des Gehirns hervorgerufen.

Die *Symptom-Analyse* psychiatrischer Krankheitsbilder muß vor dem Hintergrund dieser ätiologischen Gliederung erfolgen.

Bei der Begegnung mit einem psychisch Kranken wird man aber nur in den seltensten Fällen durch anamnestische Daten oder grobe organische oder neurologische Symptome direkt auf die Ätiologie der Veränderungen gebracht werden. Man wird vielmehr zunächst mit den psychopathologischen Phänomenen konfrontiert und muß diese analysieren. Dabei ist es außerordentlich wichtig, sich Klarheit darüber zu verschaffen, in welchem seelischen Bereich der Schwerpunkt der Störung zu suchen ist. Unmittelbar zugänglich sind uns nur der physiognomische Eindruck mit Mimik, Gestik, Haltung und Sprechweise des Betreffenden, und Form und Inhalt des Gesprochenen bzw. von etwas Geschriebenem. Mimik, Gestik und Haltung sagen etwas über Stimmung, Affektivität, seelisches Gleichgewicht, Irritierbarkeit, Spontaneität und Kontaktfähigkeit aus. Aus dem sprachlichen Verhalten lassen sich Schlüsse auf Denkabläufe, Beeinträchtigung des formalen Denkens und der Vorstellungswelt des Kranken ziehen. Die Analyse darf sich aber nicht auf die schlichte Beobachtung und Registrierung des Spontanverhaltens beschränken, sondern muß durch eine gezielte Befragung und Prüfung nach psychiatrischen Gesichtspunkten ergänzt werden, da erfahrungsgemäß bei den verschiedenen seelischen Erkrankungen einzelne »Teile« der Psyche unterschiedlich stark in Mitleidenschaft gezogen werden. Es ist selbstverständlich, daß enge Wechselbeziehungen zwischen den einzelnen seelischen Bereichen bestehen, so daß Veränderungen in einem Bereich die anderen Bereiche stets mitbetreffen. Trotzdem gibt es innerhalb der seelischen Gesamtsituation Unterschiede zwischen den Veränderungen einzelner Bereiche: Wenn ein intellektuell Unterbegabter in einer Belastungssituation heftig reagiert, z. B. mit einer Brandstiftung antwortet, so scheint zwar die heftige Affektentladung im Vordergrund zu stehen, sie wäre aber nicht ohne die mangelhafte Verarbeitungsfähigkeit des Schwachsinnigen zustande gekommen. In diesem Fall ist also die Wechselwirkung zwischen dem beeinträchtigten intellektuellen Bereich und den Auswirkungen auf die Affektivität deutlich zu erkennen. In anderen Fällen führen Bewußtseinsstörungen, wie sie etwa unter Alkoholeinfluß auftreten, zu psychotischen Zuständen (Rauschdämmerzustände oder pathologische Rauschzustände), in denen infolge der Bewußtseinsstörung schwere Affektentladungen und Triebenthemmungen mit Aggressivität entstehen können. Hier beeinflußt also die Bewußtseinsstörung das Handeln. Wenn ein manischer Patient in seinem affektiven Ausnahmezustand das Gefühl hat, über hellseherische Fähigkeiten zu verfügen und die Stimme Gottes hört, so hat hier der pathologisch veränderte Affekt zu einer Wahrnehmungsstörung Anlaß gegeben. Betrachtet man die verschiedenen Beispiele im einzelnen, so finden wir jeweils Wechselwirkungen zwischen Affekt und Bewußtsein einerseits und Wahrnehmung, Denken, Vorstellen, Handeln und Psychomotorik andererseits. Daraus geht hervor, daß man bei allen psychopathologischen Zuständen die einzelnen Bereiche getrennt untersuchen muß und in einem zweiten Schritt die Feststellung zu treffen hat, ob es sich um primäre oder sekundäre Störungsbilder handelt.

Wichtig ist dabei, zwischen *Grundbefindlichkeiten* und *geistig-seelischen Teilbereichen* zu trennen. Zu den Grundbefindlichkeiten zählen die Affektivität und das Wachbewußtsein. Bei jedem Menschen besteht ständig ein gewisser Pegel an Gestimmtheit und affektiver Reagibilität. Sowohl die inneren Vorgänge als auch die äußeren Erlebnisse spielen sich in einer gewissen Gestimmtheit ab. Dabei gibt es eine gewisse Mittellage, von der physiologischerweise nicht sehr weit abgewichen wird. Die affektive Beantwortung von freudigen und unangenehmen Er-

lebnissen erfolgt angemessen, und nach Ausschlägen zu der einen oder anderen Seite hin kommt es wieder zu einer Mittellage. Bei bestimmten psychiatrischen Erkrankungen kommt es nun zu primären Verschiebungen dieses affektiven Gleichgewichtes nach der einen und anderen Seite und damit zugleich auch zu Veränderungen der Wahrnehmung, der Psychomotorik usw. Bei den affektiven Psychosen erkrankt dieser Bereich primär, und es kommt je nach Auslenkung der Gestimmtheit in die eine oder andere Richtung zu entsprechenden Veränderungen des Denkens, der gesamten Motorik und des Handelns. (Einzelheiten siehe manisches und depressives Syndrom [Kap. 7.4]). Auch toxische Substanzen können solche Affektstörungen hervorrufen und z. B. bei euphorisierenden Drogen über diese Affektveränderungen zu Halluzinationen und Wahnvorstellungen führen. Analoges gilt für die sog. Verstimmungen im Rahmen von Epilepsien und bei Migräne. Auch hier kann die Psychomotorik und das Denken vorübergehend in entsprechender Weise verändert werden.

Die andere Grundbefindlichkeit, das menschliche Wachbewußtsein, die Mittellage einer gewissen Vigilanz, kann bei bestimmten psychiatrichen Erkrankungen primär gestört sein. Es handelt sich dabei vor allem um akute symptomatische Psychosen und um flüchtige Rauschzustände oder Umdämmerungen im Rahmen von Epilepsien.

Aber auch die Senkung der Vigilanz beim Einschlafen kann bei manchen Menschen zum Auftreten von illusionären Verkennungen und Wahnerlebnissen führen. Auch im Rahmen einer Narkolepsie mit einer mangelnden »Entmischung von Schlafen und Wachen« können psychotische Episoden auftreten, wobei wiederum Wahngedanken und Sinnestäuschungen im Vordergrund stehen.

Aber nicht nur die Senkung des Bewußtseinspegels und die Verminderung der Vigilanz führt zu Beeinflussungen psychischer Teilbereiche, sondern auch die Überwachheit bzw. die toxisch gesteigerte Vigilanz, etwa durch Sympathikomimetika, kann zu psychotischen Zuständen mit akustischen Halluzinationen und Wahnvorstellungen führen.

Wenn bei wenig veränderter Affektivität und klarem Bewußtsein Wahrnehmungsstörungen in Form von Sinnestäuschungen, Wahngedanken und psychomotorische Hemmung oder Enthemmung auftreten, so kann eine solche Symptomatik auf eine schizophrene Erkrankung hinweisen. Es könnte aber auch eine lucide symptomatische Psychose vorliegen.

Wenn primäre Bewußtseinsstörungen vorliegen, hat man die Möglichkeit, auch durch neurophysiologische Befunde im Rahmen von EEG-Ableitungen die organische Genese des Geschehens zu objektivieren, abgesehen davon, daß die Kranken dann nicht richtig örtlich und zeitlich orientiert sind, Merkfähigkeitsstörungen und eine Amnesie zeigen.

Aus diesen Gegenüberstellungen lassen sich gewisse Regeln über das diagnostische Vorgehen herleiten. Man wird also etwa beim Auftreten von Halluzinationen und Wahngedanken zunächst fragen, handelt es sich um primäre Störungen oder können dafür Affektveränderungen bzw. Bewußtseinsstörungen verantwortlich sein. Manche Wahninhalte, wie z. B. hypochondrischer Wahn, Verarmungswahn, Versündigungswahn, weisen erfahrungsgemäß

auf primäre Affektstörungen hin. Sinnestäuschungen mit schweren Beschuldigungen des Kranken oder akustische Halluzinationen, die als Stimme Gottes gehört werden, sprechen ebenfalls für primäre affektive Verschiebungen. Wenn schwere psychomotorische Enthemmung auftritt und rasch wechselnde Wahninhalte vorgebracht werden, spricht dies ebenfalls nicht für primäre Störungen in Teilbereichen, sondern für sekundäre Folgen einer Bewußtseinsstörung. Man wird in diesem Fall nach exogenen bzw. körperlichen Ursachen der psychischen Veränderungen fahnden und auch EEG-Ableitungen vornehmen.

Die ätiologische Diagnostik kann stets deswegen erschwert sein, weil Bewußtseinsveränderte nicht benommen wirken müssen und schwer Depressive oder Manische nicht auf den ersten Blick affektgestört. Bei depressiven Kranken kann sich etwa die depressive Verstimmung allein in dem Wahninhalt, an einer unheilbaren Krankheit zu leiden, niederschlagen und nicht als gedrückte Stimmung in Erscheinung treten.

14. Problematik der ICD

im Kap. V. Psychiatrische Krankheiten

Wir hatten oben (Kap. 6) bereits darauf hingewiesen, daß es für das Erstellen des V. Kapitels der ICD erforderlich war, es möglichst deskriptiv zu halten, um international eine breite Zustimmung zu finden. Hierbei ergaben sich keine Schwierigkeiten. Bei der Krankheitslehre hingegen war eine solche Übereinstimmung nicht gegeben. Deswegen wurden solche Aussagen soweit wie möglich vermieden. Nachdem die Konzepte für psychisches Kranksein im vorangegangenen Kapitel dargelegt wurden, kann jetzt ihrem Einfluß auf das V. Kapitel der ICD im einzelnen nachgegangen werden. Vorsorglich sei darauf hingewiesen, daß die Struktur des Klassifikationssystems der Gegenstand der folgenden Ausführungen ist, nicht aber das Diagnostizieren. Die damit zusammenhängenden Fragen werden in den Kap. 13 u. 15 besprochen. Für das Diagnostizieren ist es aber unumgänglich, die Eigenheiten des Klassifikationssystems zu kennen: Die in Kap. 12.1 besprochenen Oberbegriffe Psychose und Neurose werden in die psychiatrischen Klassifikationssysteme mit verschiedener Bedeutung und gegenseitiger Abgrenzung eingebracht. Die eine Art der Abgrenzung ist, schwere psychische Krankheitsbilder als Psychose und leichte als Neurose zu bezeichnen, also eine »horizontale« Abgrenzung zwischen den beiden Begriffen vorzunehmen. Das führt in letzter Konsequenz dazu, daß jede psychische Krankheit je nach dem Schweregrad eine Psychose oder eine Neurose sein kann. Die Begriffe Psychose oder Neurose sagen bei diesem Vorgehen nichts über das Wesen der psychischen Krankheit aus. Das ist besonders zu beachten, da es unseren Denkgewohnheiten nicht entspricht. Bei anderer Art der Abgrenzung werden die Begriffe Psychose und Neurose mit einer bestimmten inhaltlichen Bedeutung verwendet. Es handelt sich also um eine qualitative oder »vertikale« Unterscheidung zwischen Psychose und Neurose. »Psychose« bedeutet dann psychische Krankheit in einem engeren Sinne, etwa nur symptomatische und endogene Psychose, ganz unabhängig von der Schwere des Zustandsbildes, »Neurose« abnorme Reaktionen und Entwicklungen, ebenfalls unabhängig von der Schwere der Störung. Eine »vertikale« Unterscheidung zwischen Psychose und Neurose ist besonders nachdrücklich von K. *Schneider* vertreten worden (s. Kap. 12.2), während etwa *Redlich* und *Freedmann* Psychose und Neurose »horizontal« unterscheiden. Auf die Schwierigkeiten, die sich aus der Position von *Schneider* ergeben, wurde oben bereits hingewiesen. Aber auch die Unterscheidung von *Redlich* und *Freedmann* führt zu Schwierigkeiten. Sie selbst führen als Beispiel die Zwangsneurose an, die eigentlich als Zwangspsychose bezeichnet werden müßte. Das Internationale psychiatrische Klassifikationsschema ist in dieser Hinsicht weder konsequent »horizontal« noch »vertikal« gegliedert. Die symptomatischen Psychosen sind in der schweren Ausprägung unter den Nrn. 290–294 angeordnet, die leichteren Ausprägungen bleibender Hirnschädigungen unter der Nr. 310. Die endogenen Psychosen werden unter der Überschrift »Andere Psychosen« unter den Nrn. 295 (schizophrene Psychosen) und 296 (affektive Psychosen) ohne Unterscheidung von leichten und schweren Krankheitsbildern zusammengefaßt. Die psychogenen psychischen Störungen, werden in ihrer schweren Form unter Nr. 298 und in den leichten Formen unter den Nrn. 308 und 309 eingeordnet, die abnormen Entwicklungen sind in der schweren Ausprägung unter der Nr. 297, in der leichteren unter der Nr. 300 zu finden. Psychosomatische Störungen, ebenso Persönlichkeitsstörungen (Psychopathien und Charakterneurosen), sexuelle Verhaltensabweichungen sowie Abhängigkeiten von Alkohol, Medikamenten und Drogen sind nur unter den Neurosen aufgeführt. Bei den Oligophrenien (Nr. 317–319) werden vier verschiedene Schweregrade unterschieden.

Diese Übersicht zeigt, daß nosologische Gesichtspunkte in nicht ganz unerheblichem Maße die einzelnen Untergruppen von Psychosen und Neurosen prägen, obwohl diese Begriffe bei der Einteilung in Hauptgruppen als Bezeichnungen für leichte und schwere psychische Krankheitsformen verwendet werden. Im einzelnen ist dazu das Folgende anzuführen: Die symptomatischen Psychosen werden als organische Psychosen bezeichnet, unter der Voraussetzung, daß bestimmte Symptome vorliegen, und zwar Störungen der Orientierung, des Gedächtnisses, der Auffassung, des Rechnens, der Lern- und Urteilsfähigkeit. Neben diesen Hauptmerkmalen können weitere auftreten, wie Affektverflachung oder Labilität oder eine anhaltende Stimmungsänderung, Abnahme des Gefühls für ethische Normen und Zuspitzung oder Neuauftreten von Persönlichkeitszügen sowie eine herabgesetzte Fähigkeit, selbständig Entscheidungen treffen zu können. »Psychosen mit einer unter 295–298 klassifizierbaren Typologie ohne die oben erwähnten Symptome gehören nicht hierher, auch wenn sie mit organischen Störungen im Zusammenhang stehen.« Die sogenannten luciden akuten symptomatischen Psychosen, also Krankheitszustände, die klinisch keine Vigilanzstörungen, d. h. keine Orientierungs- und Gedächtnisstörungen zeigen und deswegen immer differentialdiagnostische Probleme aufwerfen, gehören in der ICD demnach nicht zu den »organischen« Psychosen, also etwa Psychosen beim Mißbrauch von Weckaminen, Haschisch und LSD oder z. B. Psychosen bei Porphyrinstoffwechselstörungen. Es wird hier also ein enger Zusammenhang zwischen einem bestimmten Syndrom und der Genese der psychischen Krankheit hergestellt. Liegt das Syndrom nicht vor, ist auch die Voraussetzung für die Annahme einer organischen Genese der psychischen Erkrankung nicht gegeben.

Obwohl ein Alkoholrausch unzweifelhaft »organischer« Genese ist, wird er dem Kapitel »Neurosen« zugeordnet, ebenso die akute Alkoholintoxikation, der »Alkoholkater« und die Trunkenheit (Nr. 305.0). Solche Unstimmigkeiten sind nur aus den Zwängen heraus zu verstehen, die sich bei der Konstruktion eines Klassifikationssystems ergeben. Oberster Gesichtspunkt dabei ist, daß jedem Krankheitsbild

ein bestimmter Ort zugewiesen werden muß. Dabei gerät man unweigerlich mit anderen Ordnungsgesichtspunkten an manchen Stellen in Konflikt, etwa dem der Zugehörigkeit zu einer Gruppe von Krankheitsbildern gleicher Genese oder dem der klinischen Zusammengehörigkeit. Solche Konflikte werden an den genannten Stellen besonders deutlich.

Von den organischen Psychosen werden »andere« (Nr. 295 u. 296) und »andere nichtorganische« (Nr. 298) Psychosen unterschieden. Die sonst als endogene Psychosen bezeichneten schizophrenen (Nr. 295) und affektiven (Nr. 296) Erkrankungen werden damit gleichsam indirekt als »nicht organische Psychosen« eingeordnet, ebenso die »paranoiden Syndrome« (Nr. 297). Ausdrücklich als »nicht organisch« werden die Neurosen bezeichnet: »Neurosen sind psychische Störungen ohne jede nachweisbare organische Grundlage« (Nr. 300). Der Begriff psychogen findet sich in der ICD unter Nr. 308, für die schweren Formen unter der Nr. 298.4 (psychogene Psychose mit paranoider Symptomatik), die folgendermaßen beschrieben wird: »Psychogene oder reaktive paranoide Psychose jeder Typologie, die länger anhält als die akuten Reaktionen, die zu 298.3 gehören«. Bei den »anderen nicht organischen Psychosen« (Nr. 298), also der reaktiven depressiven Psychose (Nr. 298.0), dem reaktiven Erregungszustand (Nr. 298.1), dem reaktiven Verwirrtheitszustand (Nr. 298.2) und der akuten paranoiden Reaktion (Nr. 298.3) wird gesagt, daß sie »weitgehend oder vollständig einem kürzlich vorausgegangenen Erlebnis zugeschrieben werden können«. Nur hier und bei den verschiedenen Formen der Abhängigkeit (Nr. 304 u. 305) wird von der Genese der psychischen Störung gesprochen. Abgesehen von den Psychosen des Kindesalters (Nr. 299) finden sich alle anderen psychischen Krankheitsbilder ohne nosologische Angaben in dem Abschnitt Neurosen, Persönlichkeitsstörungen und andere nicht psychotische psychische Störungen (Nr. 300–316).

Daraus ergeben sich zwei schwerer wiegende Probleme: Das erste ist, daß es sich bei den Gruppen der psychischen Krankheiten, die mit Psychosen und Neurosen bezeichnet werden, pauschal gesehen um unterschiedlich schwere Krankheitsbilder handelt. Im einzelnen ist dies aber nur für die Folgen von Hirnschädigungen Nr. 293.0 u. 293.1 (schwere Form) und Nr. 310 (leichte Form) sowie für die psychogenen Reaktionen (Nr. 308 u. 309) und die psychogenen Psychosen (Nr. 298) ausgeführt.

Bei den verschiedenen Krankheitsbildern handelt es sich nicht um die Alternative, der Kranke habe entweder diese oder jene Krankheit, wie es das Klassifikationsschema nahelegt. »Neurosen« können vielmehr zusätzlich an »Psychosen« erkranken, können sich weiterhin während der Psychose zeigen und als Folge von Psychosen entwickeln. Nur in seltenen Fällen können sich »Neurosen« (Nr. 308 u. 309) zu Psychosen (Nr. 298) steigern. Man könnte auch sagen, mit dem Auftreten einer Psychose hört die »Neurose« bei dem Betreffenden nicht auf. Das ist für den Umgang mit psychotisch Kranken von besonderer Bedeutung und darf weder auf der theoretischen noch der diagnostischen Ebene dazu führen, nur die »Neurose« bzw. Psychodynamik ins Auge zu fassen oder diese ganz auszublenden.

Ein weiteres Problem ist, daß der beschreibende Charakter des Klassifikationssystems auch in anderer Hinsicht nicht durchgehalten worden ist. Die Analyse des V. Kapitels der ICD zeigt, daß an keiner Stelle von somatischen Befunden die Rede ist, sondern die Beschreibung der Krankheitsbilder ausschließlich deren psychischen Aspekt betrifft, obwohl unter anderem von »organischen« Psychosen die Rede ist. Insofern kann das Klassifikationssystem der ICD für psychiatrische Krankheiten im Sinne einer »psychischen Medizin« verstanden werden. Hier zeigt sich, daß auch ein nominalistischer Ansatz nicht »neutral« ist, sondern von einer bestimmten grundsätzlichen Position ausgeht. Dies kann weitreichende Folgen haben, die weit über den unmittelbaren praktischen Zweck des Klassifikationssystems hinausgehen.

Schließlich sei angemerkt, daß das Klassifikationsschema durch die in ihm vorgenommenen Unterteilungen keine Aussagen über Häufigkeitsverteilungen der psychischen Krankheiten in der Bevölkerung macht. Das Klassifikationsschema entspricht ferner eher den Erfordernissen stationärer Einrichtungen und eignet sich darum, was die bisherige Erfahrung

bestätigt, weniger für die Dokumentation der Tätigkeit niedergelassener Nervenärzte. Der Grund dafür ist, daß sich die Art psychischer Krankheiten im stationären und ambulanten Bereich nicht unerheblich unterscheidet. (Näheres hierzu s. Kap. 25).

Jedes Klassifikationssystem schafft auch Grenzen. Dieses Problem wurde in Kap. 12.1 im einzelnen besprochen. In einem Klassifikationssystem psychischer Krankheiten und krankhafter Zustände werden aber nicht nur verschiedene Krankheiten unterschieden. Die Art der Grenzen ist in einem solchen vielmehr nicht überall gleichartig. Das gilt z. B. für die Abgrenzung der Psychosen (ICD Nr. 209–299) untereinander und dieser von den Neurosen (ICD Nr. 300). Wie aus den Definitionen hervorgeht, handelt es sich teils um quantitative Unterschiede (graduelle Ausprägung der psychischen Störung), teils um qualitative Unterschiede (Andersartigkeit der psychischen Störung). Zu den Neurosen wird, wie gesagt, ausgeführt, daß diese psychischen Störungen ohne jede nachweisbare organische Grundlage seien. In dieser Hinsicht gleichen sie den Psychosen, die unter den Nrn. 295 (Schizophrenie), 296 (affektive Psychosen), 297 (paranoide Syndrome) und 298 (andere [reaktive] Psychosen) angeführt sind. Alle hier genannten psychischen Störungen unterscheiden sich von den »organischen« Psychosen (ICD Nr. 290–294) aufgrund eines Befundes, eben des »Organischen«, aber nicht wie Psychosen und Neurosen aufgrund verschiedener Schweregrade der psychischen Störung oder unterschiedlicher psychopathologischer Syndrome.

Mit diesen kritischen Bemerkungen soll nicht das Klassifikationsschema in Frage gestellt werden; es handelt sich, wie gesagt, um eine pragmatische Lösung zur gegenseitigen Verständigung und Dokumentation. Es soll lediglich der Blick für die Problematik geschärft und darauf aufmerksam gemacht werden, daß die in dem Klassifikationsschema nebeneinanderstehenden und so unterschiedlichen psychischen Störungen nicht unter allen Gesichtspunkten als nebeneinanderstehend einzuordnen sind, mit anderen Worten, nicht lediglich als Varianten »einer« psychischen Störung beurteilt werden können.

15. Problematik
psychiatrischer Diagnostik und Diagnosestellung

Der Umgang mit dem medizinischen Begriff »Diagnose« setzt im allgemeinen voraus, auch von Krankheit zu sprechen, oder sich auf das unterscheidende Erkennen (dia-gnosis) zwischen »gesunden« und »krankhaften« Zuständen zu beziehen. Eine durch die Diagnose benannte Krankheit ist medizinisch-terminologisch umso genauer definiert, je weniger individuelle Variablen in die diagnostische Bezeichnung mit einfließen. Das heißt, je größer der Abstraktionsgrad der diagnostischen Bezeichnung ist, für desto präziser wird die medizinische Aussage gehalten. Diagnose ist also die zusammenfassende Benennung von für krankhaft gehaltenen Zeichen und Zuständen in Form einer bestimmten Krankheitsbezeichnung, die im idealen Fall eine bestimmte Ätiologie und Pathogenese sowie Aussagen über die Prognose zuläßt.

Eine Diagnose wie zum Beispiel »multiple Sklerose« oder »endogene Depression« ist das Ergebnis von einzelnen Denkschritten ärztlicher Erkenntnis, die auf mehr oder weniger systematisch gesammelter Erfahrung beruhen. Die so gewonnenen Diagnosen müssen sich klinisch von anderen Zuständen abgrenzen lassen. Das bedeutet, daß sie auch als Einzelelemente oder Bausteine unter jeweils verschiedenen Gesichtspunkten zu einer Krankheitslehre, der Nosologie (Lehre von abgrenzbaren krankhaften Zuständen oder Krankheiten), zusammengeordnet werden können.

Wenn Arzt und Patient in dieser Weise von durch Diagnosen genauer bezeichneten Krankheiten sprechen, schließt das ein, daß sie von physischen oder psychischen Normabweichungen ausgehen, denen der Charakter des Pathologischen und darüber hinaus des Krankhaften zugewiesen wurde. Diagnose ist darum für beide das Resultat der Beurteilung von Normabweichungen, deren Zusammenordnung zu einer eindeutigen Krankheit sowie der Abgrenzung von anderen Krankheitszuständen. Krankhafte Zustände benennen zu kön-

nen, verleitet nicht selten zu der Vorstellung, das Wesen eines Sachverhaltes erfaßt zu haben.

Für Einzeldiagnosen und die darauf aufgebaute Krankheitslehre gilt aber grundsätzlich, daß sie immer auf dem Wege der Abstraktion vom kranken Menschen gewonnen wurden, wie es eingangs für die Begriffe »krank« und »Krankheit« erläutert wurde. Da wir auch bei der Diagnosestellung in besonderer Weise mit den Problemen des Krank*werdens,* des Krank*seins* und des eine Krankheit-*Habens* konfrontiert sind, müssen wir in unserer diagnostischen Bezeichnung eindeutig Stellung beziehen, welche medizinische Aussage gleichzeitig auch Diagnose ist. Anderenfalls bestünde Gefahr, daß die Feststellung, ein Patient sei *depressiv,* gleichbedeutend damit ist, er habe eine *Depression.*

Daß es sich – ganz gleich, ob wir auf der Ist-Ebene oder auf der Haben-Ebene Beurteilungen treffen – immer auch um die Schwierigkeit handelt, als krankhaft erkannte Seinszustände in abstrakte Begriffe überführen zu müssen, ist ein methodisches Problem jeder Begriffsbildung; auf die hierbei zwangsläufig entstehenden Abgrenzungsschwierigkeiten wurde im Kapitel der Grenz-Erkrankungen (Borderline und Borderland 12.1) eingegangen.

Während sich Krankheit im somatischen Bereich als Erscheinungskomplex, der quantitativ und qualitativ die Normen und Grenzen des Physiologischen nicht einhält, einigermaßen prägnant in diagnostischen Bezeichnungen fassen läßt, ist dies im Bereich des Seelischen viel schwerer möglich. Wo schon die Norm nur sehr bedingt quantifizierbar dargestellt werden kann, ist auch das Abnorme und vor allem das Pathologische noch weniger eindeutig bestimmbar. Eine Beurteilung des Abnormen oder Pathologischen ergibt sich vielfach weniger anhand bestimmter Merkmale, sondern vielmehr aufgrund ihrer Auswirkungen. Wenn wir dennoch mit ziemlicher Sicherheit von psychischer Krankheit und damit auch von psychiatrischen Diagnosen sprechen, so können wir das nur unter einer der folgenden Voraussetzungen: Entweder sind wir in der Lage, der psychischen Störung einen organisch faßbaren Krankheitsprozeß zugrunde legen zu können. Damit befinden wir uns im Bereich somatischer Krankheit, die auch als solche diagnostisch bezeichnet wird, wie sich am Beispiel der progressiven Paralyse zeigen läßt. Die psychische Störung ordnet sich dann als Folgeerscheinung dem somatischen Krankheitsprozeß unter. Oder eine somatische Funktionsstörung ist nicht faßbar, dann sprechen wir von psychischer Krankheit in der Annahme, psychische Störungen anhand spezifischer symptomatologischer Kriterien in einem psychopathologischen Ordnungssystem klassifizieren und abgrenzen zu können. Dies führt zu beurteilenden Stellungnahmen, die aber noch keine Diagnosen sind, sondern uns lediglich krankheitsunspezifische syndromatische Zuordnungen erlauben. Wir befinden uns deshalb mit dem Problem psychiatrischer Diagnosen in einem Spannungsfeld zwischen einerseits psychischen Störungen, die auf organische Läsion oder Dysfunktion zu beziehen sind und damit als Krankheiten im engeren Sinne auch eine Diagnose tragen, und andererseits psychopathologisch abgrenzbaren Störungen, die sich nur typologisch nach der Art der psychischen Abweichung erkennen und zu syndromatischen Bezeichnungen (Syndrom-Diagnosen) zusammenordnen lassen. Dies Dilemma fordert dazu auf, sich die Frage, was »psychisch krank« unter diagnostischen Gesichtspunkten bedeutet, zu stellen.

Das, was für psychisch krank gehalten und auch so genannt wurde, ist von jeher abhängig von zeit- und kulturspezifischen Gesichtspunkten gewesen. Aber nicht nur medizinisch-biologische Befunde, sondern vorwiegend Faktoren der sozialen Integration und der Sozialmoral haben hier zu Norm- und Wertbegriffen geführt, an denen oftmals Maßstab und Benennung psychischer Störungen orientiert wurden. K. *Jaspers* war der Ansicht, daß dem »psychischen Krankheitsbegriff« ein »allgemeiner Unwertbegriff« zugrunde liegt, der versuche, die »heterogensten Realitäten« zusammenzufassen. Er folgert daraus, daß krank im Hinblick auf seelisches Geschehen zunächst nichts aus-

sagen könne, sondern weitere Erklärungen notwendig seien. Wir haben bei der Beurteilung von »psychisch krank« gesehen, wie diese Aussage ständig von Außenkriterien modifiziert werden kann. Die in sich schlüssigen und im jeweiligen System logischen Bewertungskategorien einer Ebene lassen sich aber nicht ohne weiteres in gleicher Gültigkeit auf andere Ebenen übertragen. Dies hat dazu geführt, ständig neue und heterogene Ansätze zu versuchen, um psychisches Kranksein unabhängig von zeit- und normspezifischen Überlegungen zu definieren. Es läßt sich aber zeigen, daß es nicht möglich ist, eindeutige, gesetzmäßige und zu verallgemeinernde Regeln zur Bezeichnung und Bewertung krankhafter psychischer Merkmale festzulegen. (Ausnahmen: akute symptomatische Psychosen mit Vigilanzstörungen, schwere chronische symptomatische Psychosen sowie Demenzen und Oligophrenien ausgeprägten Grades, bei denen Art und Schwere der Störung regelhaft ist.) Jeder Versuch muß an der Komplexität der zugehörigen Sachverhalte scheitern, denn es sind nicht nur begriffliche Unschärfen und Abgrenzungsschwierigkeiten, sondern die Vielgestaltigkeit und Vielbedingtheit des Psychischen selbst, die auch den Bereich »psychisch krank« gestalten. »Psychisch krank« und psychisches Kranksein ist also – abgesehen von den eben genannten symptomatischen Psychosen, Demenzen und Oligophrenien – für sich allein genommen, als Einzelmerkmal nur sehr bedingt denkbar. Außerdem erhob sich von jeher die Frage, ob es berechtigt sei, von psychischen Krankheiten als Einheiten zu sprechen, wenn keine zugrunde liegende organische Läsion oder Funktionsstörung nachzuweisen ist. Wenn darüber hinaus die medizinische Diagnose einer Krankheit desto präziser ist, je weniger individuelle Variablen in diese Bezeichnung eingehen, wird eine psychiatrische Krankheitsdiagnose in weiten Bereichen fragwürdig.

Auf psychopathologischen Kriterien beruhende psychiatrische Krankheitsdiagnosen so in Frage zu stellen, darf aber nicht dazu führen, auf eine genügend weitreichende und systematische psychiatrische Diagnostik zu verzichten. Hier sind wir am unmittelbarsten aufgefordert, uns die einzelnen Denkschritte zu vergegenwärtigen, die wir später in einem, wenn nur vorläufigen, Ordnungssystem zusammenfügen. Ob wir die Einteilung nach äußeren (sichtbaren), objektivierbaren Merkmalen oder nach subjektiven Aussagen des Betroffenen oder nach Auswirkungen auf die Umwelt vornehmen oder aber versuchen, das Wesen einer Sache in Einheiten zu erfassen, immer ist ein differenzierendes Erkennen und damit eine Diagnostik Grundlage für die daraus resultierenden Einteilungssysteme. Auch wenn davon ausgegangen wird, daß Diagnostizieren und Diagnose nicht ohne weiteres die Aussage »krank« beinhalten und auch keine grundsätzlichen Wahrheiten bedeuten, dienen die diagnostischen Denkschritte der pragmatischen Verständigung unter Ärzten im Hinblick auf die Unterscheidung von verschiedenen Weisen psychischen Krankseins.

In dem Maß, in dem sich die Psychiatrie als naturwissenschaftlich orientierte medizinische Fachdisziplin verstanden hat, hat sie im Laufe ihrer Entwicklung auch die Art ihrer Diagnostik und der diagnostischen Bezeichnungen unter die Prämissen einer naturwissenschaftlichen Methodik gestellt. In diesem Sinne wurde zunächst nach subjektiven und/oder objektivierbaren pathologischen Erscheinungen gesucht, die als »Symptom« (kleinste Einheit einer vom Normalen abweichenden Störung, die als pathologisch zu bewerten ist) in ein Einteilungsschema psychischer Krankheiten systematisiert werden konnte. In Angleichung an das Krankheitssystem der somatischen Medizin, die in weiten Bereichen den Anspruch erheben kann, aus Symptomen und der sich aus ihnen ergebenden Diagnose auf eine spezifische Ätiologie und Pathogenese zurückschließen zu können, wurde das gleiche Vorgehen aber nur im Bereich der Neuropathologie und Neuropsychologie möglich, wo psychische Veränderungen kausal auf eine ihnen zugrunde liegende somatische Ursache bezogen werden konnte. Hingegen bedeutete dieser Denkansatz für den Bereich nur psychopathologisch faßbarer Störungen, für die bisher kein somatisches Korrelat gefunden werden konnte, den vorläufigen Verzicht auf die kausale Verknüpfung mit den die Störung begründenden Ursachen. Psychopathologische Diagnostik ohne bekannte somatische Verursachung war deshalb immer nur typologisch, aber nicht auf Grund ätiologischer und patho-

genetischer Kriterien möglich. Die Einführung einer in der Psychologie entwickelten Psychodiagnostik schien eine Möglichkeit zu eröffnen, psychopathologische Erscheinungen nicht nur typologisch ordnen, sondern anhand bestimmter Leistungen besser differenzieren und sogar objektivieren zu können. Wenn von Leistung gesprochen wurde, mußte aber wieder eine bestimmte Hirnleistung zugrunde gelegt werden, was dahin führte, jede psychische Leistung oder ihre psychopathologische Abweichung als grundsätzliches neuropsychologisches Vermögen im weitesten Sinne zu erkennen. Psychopathologie im engeren Sinne[1] bleibt damit nicht viel mehr als ein methodisch begrenztes Ordnungssystem, in dem Psychisches und Psychopathologisches erkannt, beschrieben und benannt werden. Mit den ihr möglichen Aussagen ist (allgemeine) Psychopathologie zu einer wesentlichen Hilfswissenschaft für die Psychiatrie und ihre Krankheitslehre geworden. Sie selbst ist aber keine Krankheitslehre, weil die Benennung von Einzelphänomenen, wie z. B. Wahn, Halluzination, Zwang, Willens- oder Antriebsstörung letztlich nicht auf die Benennung psychischer Krankheiten zielen, sondern lediglich die spezifische Art und Weise der als pathologisch erkannten Abweichung bestimmen. Gestörte Affektivität, Sinnestäuschungen oder Wahn bleiben vielmehr unspezifische, allgemein gültige Bezeichnungen, deren Zuordnung zu einer bestimmten Krankheitsform nötig ist. Da psychopathologische Befunde keine Aussagen über die Ätiologie und Pathogenese machen und machen können, lassen sie nur syndromatische, krankheitsunspezifische Zuordnungen zu. Dem psychopathologischen Vorgehen läßt sich also eine wichtige Funktion beim Diagnostizieren psychischer Störungen zuweisen, allein kann es infolge seiner begrenzten Möglichkeiten nicht zu Krankheitsdiagnosen führen und keine Voraussetzungen zur Einteilung psychischer Krankheiten schaffen.

Diagnostik und damit auch Diagnosestellung

---

[1]Im nordamerikanischen Schrifttum werden unter Psychopathologie die gesamten psychopathologischen Vorgänge auch in ihrer psychodynamischen Verknüpfung verstanden.

in der Psychiatrie sind angewiesen auf diejenigen Grund- und Hilfswissenschaften, die in der Lage sind, Wesentliches zum Erfassen psychischer Störungen beizutragen (die methodischen Ansätze und die einzelnen in Frage kommenden Wissenschaften sind im Kap. 4 und Teil V eingehend dargestellt). Jede dieser wissenschaftlichen Methoden ist entsprechend ihrer methodischen Begrenztheit in der Lage, einen bestimmten Aspekt psychischer Gegebenheiten zu erfassen, zu beschreiben und zu benennen. Die Aspekthaftigkeit des Vorgehens wird besonders deutlich daran, daß Aussagen des einen Zugangsweges nicht in Aussagen des anderen Zugangsweges überführt werden können. Sie ergänzen sich vielmehr und bleiben letztlich dennoch unvollständig, wenn es darum geht, Psychisches und damit auch Psychopathologisches in ihrer Gesamtheit zu erfassen. Aus den unterschiedlichen, aber verwandten Grund- und Hilfswissenschaften ergeben sich Einteilungsschemata psychischer Störungen. Sie sind – ebenso wie in der somatischen Medizin – immer nur vorläufige Ordnungssysteme, die durch weitere naturwissenschaftlich oder erfahrungswissenschaftlich begründete Erkenntnisse vom Menschen ständig modifiziert und erweitert werden können. Auf dem Hintergrund dieser Überlegungen bleiben diagnostische Bezeichnungen pragmatische Stellungnahmen und basieren auf diagnostischen Denkschritten verschiedener methodischer Ansätze.

Teil IV

Versorgung und Behandlung psychisch Kranker

16. Vorbemerkungen

In den Teilen I—III dieses Buches haben wir das Schwergewicht unserer Ausführungen auf das Erkennen von »krank« gelegt. Dabei haben wir gesehen, daß dem wissenschaftlichen Erkennen eine reduktive Tendenz innewohnt. Es hat einen einengenden Zug, der bei den »fortschrittlichsten Ansätzen« der Hypothesen- und Theorienbildung, dem Operationalisieren, am stärksten hervortritt. Solche wissenschaftlichen Ansätze vermitteln einerseits den Eindruck, daß mit ihrer Hilfe der »Kern der Wirklichkeit« am besten in den Griff zu bekommen ist. Andererseits bewirken sie die Befürchtung, daß das dem »Leben« nicht angemessene wissenschaftliche Vorgehen zu einem Würgegriff wird.

In den folgenden Abschnitten wenden wir uns jetzt der Versorgung und Behandlung von Kranken zu. Das Handeln am psychisch Kranken sollte über das Behandeln der Krankheit hinausführen. Das Erkennen von Kranksein ist kein Selbstzweck, sondern angelegt auf helfendes Handeln und für dieses eine unerläßliche Voraussetzung. Infolge dieses inneren Zusammenhanges von Erkennen und Handeln kann sich die einengende Tendenz des ersteren auf das zweite auswirken. Wenn dieses nämlich in den Sog des Reduktiven und Begrenzenden gerät, führt dies zu einer Reduktion und Begrenzung der therapeutischen Zielsetzungen. Dadurch wird deren wesensmäßige Offenheit aufgehoben, indem das Handeln am Kranken auf das bloße Behandeln der Krankheit reduziert wird.

Wir hatten im Kap. 2 gesehen, daß Behandlung eine vorbehaltlose Begegnung mit dem Kranken voraussetzt. Dieser Vorgang und die mit ihm vermittelte »Lebenskraft« sind stets aller Einengung voraus, transzendieren alle wissenschaftlichen Ansätze und sind der unerschöpfliche Quell für die dem Menschen zugehörige Offenheit. Damit wird die Begegnung gleichzeitig der Kraftquell für alles Bemühen um die Kranken in der Versorgung und Behandlung sowie die Erfüllung ihrer Sehnsucht, angenommen zu sein.

Bei derartigen Aussagen geht es uns ebenso wie bei der Erörterung von »krank«. So lebendig die Vorstellungen auch sein mögen, die sich mit den Begriffen Zuwendung zum Kranken und helfendem und heilendem Tun an ihm verbinden, so ist doch unbefriedigend, weil es so wenig Ansatz zum Behandeln bietet. Das weckt natürlich den Wunsch, die Möglichkeiten dazu präziser zu fassen. Ebenso wie bei dem Versuch, zu einer schärferen Begriffsbildung von »krank« zu kommen, müssen wir uns auch bei allen Ansätzen zu heilen darüber klar sein, daß jegliche wissenschaftliche Präzisierung immer der vorwissenschaftlichen Grunderfahrung verhaftet bleibt. Im Gegensatz zu der schärferen begrifflichen Fassung, deren Wert in der Eingrenzung liegt, muß beim Handeln das über die Grenzen seines Zieles Hinausweisende als das Entscheidende stets mitbedacht werden. Auf eine kurze Formel gebracht heißt das für unsere Fragestellung: Heilung wozu? Diese Zusammenhänge sind mit der Perfektion der Intensivmedizin in den letzten Jahren jedermann bewußt geworden. In der Psychiatrie haben sie vor allem seit Ende des 19. Jahrhunderts bei der Versorgung geistig und seelisch Behinderter eine Rolle gespielt. Auch bei den Bemühungen um sie wurde die Frage laut: wozu? (Näheres hierzu siehe Kap. 35). Die Frage nach dem Sinn, der hinter allem ärztlichen Tun steht, kann sich aber auch in anderer Weise stellen. Heilung bzw. Gesundheit haben, wie wir sahen, ihren Sinn nicht in sich. Ist ärztliches Tun aber zwingend mit Heilung bzw. Gesundheit in jedem Fall verbunden? Je nachdem, welchen Sinn der Betroffene seinem Leben zu geben sucht, kann er seiner körperlichen Leistungsfähigkeit, seinem Wohlbefinden und seinem vitalen Gleichgewicht den höchsten Rang einräumen oder diese Güter zur Verwirklichung anderer Werte einsetzen und sie dadurch gefährden. Schließlich kann er vorübergehendes oder dauerndes Leiden als förderlich ansehen, da es ihn vor geistiger Trägheit und einem Sich-Einrichten in einer kleinen, heilen Welt bewahrt, oder es gar als Opfer auffassen, das er für andere darbringt.

Damit zeigt sich: So wie der Mensch nicht als Individuum isoliert, sondern in die menschliche Gemeinschaft, ja den ganzen Kosmos eingebettet ist, so steht auch der Arzt mit seinem Bemühen zwischen der reduzierenden und damit einengenden Wissenschaft und, wenn man so sagen darf, offenen, lebendigen Weisheit. Diese Situation des Arztes sei anhand von drei Skizzen über Vorstellungen, wie heilendes Tun wirksam wird, verdeutlicht: Der sogenannte primitive Mensch fühlt sich in einem Kosmos voller Kräfte, die auf ihn positiv oder negativ einwirken. Sein Helfer ist der priesterliche Medizinmann, welcher über diese Kräfte Bescheid weiß und sie, je nach dem Bedürfnis des Betroffenen, beeinflussen kann. Er bannt die bösen Kräfte und beschwört die guten, die zu bewahren und zu heilen vermögen. Der Medizinmann besitzt ein Wissen, das zum größten Teil magisches Geheimwissen und eine Form der Weisheit, die zum Teil aber auch durch Erfahrung erprobt ist.

Aufgabe des antiken Arztes war es, die Beziehungen zwischen dem menschlichen Organismus und dem heilen Makrokosmos zu ergründen und ihre Gesetzmäßigkeiten in ihrer Bedeutung für die Heilung der Kranken zu erkennen. Solches Wissen (siehe etwa die Hippokratischen Schriften), machte den Arzt zu einem Weisen, der über eine mehr als menschliche Weisheit verfügt. Der Kosmos, der den Menschen umgibt, ist das Heile, seine Kräfte sind in ewiger Harmonie, und zwar deswegen, weil innerhalb seiner die Lebewesen entstehen und vergehen, wachsen und absterben. Krankheit ist in dieser Sicht eine Vorform des Todes. Platon unternimmt es zu beweisen, daß es etwas im Menschen gibt, das dem Tode nicht unterliegt. Dabei spaltet sich für ihn der Begriff der Gesundheit in einen leiblichen und einen seelischen. Beide Sphären haben ihre eigene Harmonie und damit ihre eigene Form der Gesundheit. Für die des Körpers sorgt die rechte Hygiene, die Gymnastik und so weiter. Die Gesundheit der Seele ist Platons eigentliches Anliegen. Er beschreibt sie auf das genaueste, indem er zeigt, wie der Vernunft die Besonnenheit, dem iraziblen Vermögen die Tapferkeit, dem Begehrungsvermögen die Zucht und dem

Ganzen das rechte Verhältnis, die Gerechtigkeit nötig ist, damit sich die Seele ihrer eigenen Natur gemäß gesund erhält. In der Antike und den folgenden Jahrhunderten finden sich zahllose Gesundheitslehren, die beide Bereiche, Leib und Seele, im Auge behalten und sich ganz ausdrücklich bemühen, zwischen wissenschaftlicher Hygiene und weisheitlicher Lebensführung das Gleichgewicht zu halten. Als Leitspruch hierfür wird meist der Satz zitiert: mens sana in corpore sano. Dieser wird in der Regel so verstanden, daß dann, wenn der Körper gesund ist, auch die Seele gesund sein kann. Dieser Satz von Juvenal, der in seiner zehnten Satire zu finden ist, lautet ursprünglich aber ganz anders, nämlich: Man muß die Götter darum bitten, daß wir einen gesunden Geist in einem gesunden Leib haben dürfen (orandum est ut sit mens sana in corpore sano). Damit will Juvenal nicht sagen, daß die ärztliche Wissenschaft zu verachten ist, aber die leib-seelische Gesundheit ist eben mehr, sie ist eine Gnade, um die gebetet werden muß.

Mit der Entwicklung der modernen wissenschaftlichen Medizin ist eine weitere Veränderung des Verhältnisses von Wissenschaft und »Weisheit« zugunsten der Wissenschaft eingetreten. Die systematische Beobachtung und Anwendung des durch sie gewonnenen Wissens beherrschen das moderne Gesundheitswesen. Der ursprünglich beherrschende Teil in Form von vielfältigen naturgemäßen Heilmethoden und natürlichen Gesundheitslehren steht dabei ganz am Rande und hat weitgehend auch die Beziehung zum Kosmischen und Religiösen verloren. Eine Ausnahme machen die »geheimnisvollen Ärzte«, wie *Ebermuth Rudolph* sie nennt, die »Heiler«, von denen es noch einige Hundert in der Bundesrepublik Deutschland gibt, die ihren Kranken durch Heilsprüche und Segensformeln zu helfen suchen. Nicht selten spielt im Leben dieser Gesundbeter, Spruch- und Sympathieheiler eine tiefe Religiosität eine Rolle, die allerdings mit herkömmlichen kirchlichen Begriffen kaum zu fassen ist.

Es wäre ein Mißverständnis, wenn man aus diesen Ausführungen ein sich gegenseitiges Ausschließen von Wissenschaft und »Weisheit« herauslesen wollte. Bemühen sich doch beide um die Gesundheit des Menschen und den gesamten menschlichen Bereich, zu dem sowohl seine Fähigkeiten gehören, Sinn zu erfassen und zu geben, wie auch, systematisch Erfahrung zu sammeln und daraus praktische Konsequenzen zu ziehen. Die Möglichkeiten dieser Wissenschaft sind begrenzt und begrenzend. Diese Wissenschaften vermitteln uns damit etwas Greifbares als Voraussetzung für die praktische Bewältigung unseres Lebens, wie wir das am Beispiel der Behandlung von Kranken im Kap. 1 ausführlicher erörtert haben. Weisheit indessen vermag die einengende Wirkung der genannten Wissenschaften zu überwinden, uns davor zu bewahren, in einem »geschlossenen System zu verkümmern«. (Näheres hierzu siehe Kap. 18.) Das »Herz der Weisheit« ist die »Kunst des Liebens«, die eingeübt werden muß. Die liebende Zuwendung zum Kranken ist, wie wir oben gesehen haben (Kap. 2), der Kern jeglicher zwischenmenschlicher Kommunikation und damit auch die Kraftquelle aller Therapie. Darüber hinaus ist sie die Garantie dafür, daß die Therapeuten die ihnen anvertrauten psychisch Kranken wieder freizugeben vermögen, denn »man sieht nur mit dem Herzen«, daß der Sinn des Lebens des Kranken nicht allein in der Heilung und auch nicht in einer noch so umfassenden Versorgung erfahren werden kann. »Liebende Weisheit« verwandelt alles Tun für den Kranken. Davon sollte jeder Kranke jedenfalls etwas während der Behandlung erfahren haben.

Vor diesem Hintergrund wollen wir in den folgenden Abschnitten die Versorgung und Behandlung psychisch Kranker betrachten.

17. Die Entwicklung der Versorgung psychisch Kranker in Deutschland seit Beginn des 19. Jahrhunderts

Von einer umfassenden Versorgung und Behandlung psychisch Kranker in speziell für sie hergerichteten oder erbauten Einrichtungen mit ärztlicher Betreuung kann man bei uns erst seit Anfang des 19. Jahrhunderts sprechen. Vieles von dem, was die heutige Versorgung psychisch Kranker prägt, wurde im Laufe des vorigen Jahrhunderts entwickelt. Wir sind auch heute noch weitgehend auf die in dieser Zeit entstandenen Einrichtungen angewiesen. Man kann die heutige Situation der Versorgung psychisch Kranker besser verstehen, wenn man diese Entwicklung kennt. Sie soll deswegen hier skizziert werden. Dabei wird sich zeigen, daß sich die Grundprobleme im Laufe der Zeit nicht verändert haben. Trotz aller Bemühungen um Reformen beschäftigen sie uns bis heute, ohne daß die ideale Lösung aller Probleme in Sicht wäre. Die Analyse und Klärung der Hintergründe dieser Entwicklung kann in dem gegebenen Rahmen dieses Buches hier nur gestreift werden und muß einer gesonderten Darstellung vorbehalten bleiben.

Die Anfänge

Die im Zusammenhang mit den Napoleonischen Kriegen neugebildeten deutschen Staaten machten es sich zur Aufgabe, die Betreuung der psychisch Kranken zu übernehmen, da sie von den Gemeinden in der Regel nicht gemeistert werden konnte. Die Versorgung psychisch Kranker, die seinerzeit als Irre bezeichnet wurden, erfolgte bis dahin vornehmlich in sog. Zucht- und Tollhäusern oder auch in Zucht-, Armen-, Waisen-, Siechen-, Toll- und Arbeitshäusern, in denen die sozial Schwachen und Störer untergebracht wurden. Sie waren entsprechend den aufgeklärt-absolutistischen Regierungs- und Verwaltungsmethoden des 17. und 18. Jahrhunderts nach französischen Vorbildern im Laufe des 18. Jahrhunderts eingerichtet worden, z. B. in Celle 1710, Pforzheim

1714, Waldheim (Sachsen) 1716, Neumünster 1728, Ludwigsburg 1746, Braunschweig 1748, Mannheim 1749, Glückstadt 1755, Schwabach (b. Ansbach) 1763, Bayreuth 1791 (*D. Jetter*, 1966). Mit diesen Einrichtungen sollten »die sozialen Probleme, die durch die sozial Schwachen und Störer für jedes Gemeinwesen entstehen, durchgreifend angepackt und rigoros gelöst werden: Wer die Gesellschaft in asozialer oder antisozialer Weise belastet, bedroht oder gefährdet – sei es durch Armut, Schwäche, Krankheit, Amoralität oder Kriminalität –, wird aus dieser Gesellschaft entfernt und unter Versorgung, Kontrolle und Zucht gebracht« (M. *Schrenk*, 1973). Die Kombination von Zucht- und Tollhäusern wurde häufig nicht von vornherein geplant, sondern dem Tollhaus später ein Zuchthaus angefügt (z. B. in Neumünster) oder umgekehrt dem Zuchthaus ein Tollhaus, z. B. in Ludwigsburg. Dort wurde dem seit 1736 bestehenden Zucht- und Arbeitshaus 10 Jahre später das Tollhaus angeschlossen, in das im Jahre 1749 die ersten 11 Irren aufgenommen wurden. Die Zucht- und Tollhäuser, die in der Regel nur 20–30 Personen beherbergten, dienten der Verwahrung, Pflege und auch der Behandlung psychisch Kranker sowie der Wahrung der öffentlichen Sicherheit. Neben den Zucht- und Tollhäusern gab es andere Einrichtungen, die viel früher entwickelt worden waren, z. B. die Landeshospitäler in Hessen, die Landgraf Philipp der Großmütige in ehemaligen Klostergebäuden im Jahre 1535 gründete (Haina, Hofheim, Merxhausen und Grunau), sowie das Julius-Hospital in Würzburg.

Die Zeit der »Aufklärung« und das 19. Jahrhundert

Ende des 18. Jahrhunderts bahnte sich ein Wandel in der Versorgung der Irren an. Im Zusammenhang mit dem Geist der Aufklärung, der Philanthropie und der Pädagogik sowie dem Ruf nach Freiheit, Gleichheit und Brüderlichkeit entstand eine Bewegung, die, getragen von der Überzeugung, die Irren sind heilbar, sie »zur Vernunft bringen« und in das normale Leben zurückführen wollte. Hinzu kamen praktische Notwendigkeiten: Der Bedarf an Unterbringung psychisch Kranker hatte sich in der letzten Hälfte des 18. Jahrhunderts verdoppelt (M. *Schrenk*, 1973), so daß die Zustände in den Häusern durch die Überfüllung immer unerträglicher wurden. Das Leitbild dieses neuen Bemühens war die (wohl doch legendäre) Tat von *Philipp Pinel*, der im Jahre 1793 in Bicêtre zu Paris psychisch Kranke von ihren Ketten befreite. Sie wird als der Beginn der modernen Psychiatrie gepriesen, die nicht durch neue Erkenntnisse über die Behandlungsmöglichkeit, sondern durch eine neue Einstellung zu den »Irren« gekennzeichnet ist. Um die Versorgung zu verbessern, schlugen die Regierungen der deutschen Staaten folgende Wege ein: Die Irren wurden aus dem Zucht- und Tollhaus heraus in eine eigene Einrichtung verbracht, so z. B. im Jahre 1812 aus Ludwigsburg in die in einem ehemaligen Benediktinerkloster gegründete Anstalt Zwiefalten, so daß in Ludwigsburg nur das Zuchthaus verblieb. Oder es wurde das Zuchthaus ausgegliedert wie in Pforzheim im Jahre 1804. Das Zuchthaus wurde nach Bruchsal verlegt. Aus dem verbleibenden Siechen- und Tollhaus wurden die Irren im Jahre 1826 in die Irrenanstalt Heidelberg verlegt, die in dem ehemaligen Jesuitenkonvikt eingerichtet worden war. Solche Irrenhäuser und -asyle, die etwa 30–40 Plätze hatten, gab es in vielen größeren Städten. Zum Teil handelte es sich gleichsam um psychiatrische Abteilungen an Allgemeinkrankenhäusern, z. B. in Basel, Bremen, Breslau, Köln, Königsberg, Leipzig, oder um selbständige Einrichtungen wie in Frankfurt a. M., Heidelberg und Zürich. Sie wurden im Laufe der folgenden Jahrzehnte fast überall durch etwa zehnmal größere Heil- und Pflegeanstalten ersetzt (s. Übersicht am Ende dieses Kapitels). Schließlich wurden dem Bedarf entsprechend Gebäude »adaptiert«, so etwa das ehemalige Kloster »St. Getreu« in Bamberg (1805), die Festung Sonnenstein bei Pirna/ Sachsen (1811), die Benediktinerabteien Zwiefalten (1812) und Siegburg (1825), das

Jagdschloß Winnental (1834). Der erste Neubau erfolgte in den Jahren 1818–1820 in Schleswig nach Vorschlägen von *Esquirol*, der erste Neubau auf damals deutschem Boden war der Sachsenberg b. Schwerin (1830). Der Bedarf an Unterbringungsmöglichkeiten stieg rasch an, so daß, abgesehen von der »Adaptation« (auf deutschem Boden gab es 27 adaptierte Anstalten), in großer Zahl Neubauten errichtet wurden. Insgesamt wurden die stationären psychiatrischen Behandlungsmöglichkeiten bis zum Jahre 1899 verzwanzigfacht, während die Bevölkerung sich im gleichen Zeitraum nur verdoppelte. Das heißt, die Möglichkeit, psychisch Kranke stationär zu behandeln, wurde im Hinblick auf die Bevölkerung verzehnfacht. Da sich die deutschen Kleinstaaten in der Regel nur eine psychiatrische Anstalt leisten konnten, wurde diese in die Mitte des Landes gelegt. In Preußen wurde in den einzelnen Provinzen je eine Anstalt errichtet, in Bayern in jedem Bezirk, meist ebenfalls möglichst zentral. Während die ersten Anstalten noch recht klein waren, sah man sich unter dem Druck der wachsenden Aufnahmeziffern mehr und mehr genötigt, die Kapazitäten zu erhöhen. Um die Mitte des Jahrhunderts hatten die Einrichtungen 300 bis 400 Behandlungsplätze, gegen Ende des Jahrhunderts wuchs die Zahl auf 600 bis 800. Infolge des ständig wachsenden Aufnahmedruckes wurden die Häuser zudem bis zu 100 % überbelegt.

Man war damals der Ansicht, daß es für den psychisch Kranken heilsam sei, ihn aus seiner Umgebung und ihrem Getriebe herauszulösen und in die Stille eines abgelegenen, friedlichen Bezirkes zu bringen. Deswegen wurden die neuen Anstalten gemäß der Empfehlung von *Johann Christian Roller* (1802–1878; »Die Irrenanstalt nach allen ihren Beziehungen«, 1831) in ländlich-idyllischer Lage in der Nähe einer kleinen Stadt errichtet. Die Wahl des Ortes bei dem Bau einer psychiatrischen Einrichtung erfolgte also auch aufgrund eines therapeutischen Gedankens. Die Lage in der Nähe einer Stadt sollte dem Kranken bei beginnender Genesung ermöglichen, sich wieder an das Alltagsleben zu gewöhnen und sich so auf die Rückkehr nach Hause vorzubereiten. In diesen bei den damaligen Verkehrsverhältnissen schwer erreichbaren Anstalten gab es viele gesellige Veranstaltungen, ferner Arbeitstherapie, musische Therapie, kurz alles das, was wir heute sozialpsychiatrische Aktivitäten nennen, in reichem Maße.

Alle neuen Einrichtungen waren kurz nach der Eröffnung wieder überfüllt, und es erschallte der Ruf nach weiteren Behandlungsplätzen. Die unverhältnismäßig starke Zunahme psychisch Kranker im Vergleich zur Zunahme der Bevölkerung war in der zweiten Hälte des 19. Jahrhunderts Gegenstand lebhafter Diskussionen und zahlreicher Untersuchungen. Es handelt sich dabei natürlich nur um die Zunahme der Zahl derjenigen, die stationärer Behandlung bedurften. Die Gründe dafür dürften verschiedenartig gewesen sein. Zweifellos wuchs mit dem größeren Angebot auch die Behandlungsbedürftigkeit. Eine wichtige Rolle spielte ferner die zunehmende Verstädterung, da in den Städten von jeher die Toleranzschwelle für Störende niedriger war als auf dem Lande, so daß in jenen eher Versorgungseinrichtungen errichtet wurden. Die größere Wirtschaftskraft der Städte hat dies auch ermöglicht. Die zunehmende Industrialisierung und der allgemein wachsende Reichtum führten ferner zu der fast unglaublichen Bautätigkeit im Laufe des 19. Jahrhunderts. Mit dem Ausbau der stationären Versorgung entstand ein neues Problem. Zunächst hatte man vornehmlich »tolle« Kranke, die nach damaliger Ansicht unheilbar waren, stationär versorgt. Jetzt kamen nicht nur tolle und, wie man glaubte, gefährliche und unheilbare Kranke, sondern auch »harmlose«, heilbare Kranke in die psychiatrischen Anstalten. Die Frage, ob man die Heilbaren und Unheilbaren trennen sollte oder nicht, wurde sehr lebhaft diskutiert, bis *Heinrich Damerow* (1798–1866), entsprechend dem Gedanken von *Roller*, im Jahre 1841 vorschlug, »relativ verbundene Anstalten« einzurichten, die ihrem Zweck entsprechend Heil- und Pflegeanstalten genannt wurden. Unsere heutigen Anstalten, die zum allergrößten Teil im vorigen Jahrhundert erbaut wurden, haben alle bis vor kurzem diese Struktur gehabt. Durch das Prinzip der unter einem Dach zusammengefaßten, relativ verbundenen oder völlig gemischten Heil- und Pflegeanstalt wurde seinerzeit die Diskussion zwar beendet, aber das Problem langfristig hospitalisierungsbedürftiger Kranker wurde

damit nicht aus der Welt geschafft. Es beschäftigt uns noch heute (weiteres hierzu siehe Kap. 38). Da man es zunächst, wie gesagt, nur mit »tollen« und »gefährlichen« Kranken zu tun hatte, wurden vielfältige Zwangsmaßnahmen angewandt, da man sich nicht anders zu helfen wußte. Es wurden sowohl abgeschlossene Gebäude, Stationen und Räume eingerichtet, als auch die Bewegungsfreiheit der Kranken direkt durch Ketten, Zwangsjacken und andere mechanische Zwangsmaßnahmen eingeschränkt. Von den englischen Ärzten *R. Gardiner-Hill* und *John Conolly* wurde im Jahre 1837 erstmalig der Versuch gemacht, ohne jeglichen mechanischen Zwang bei den einzelnen Kranken auszukommen. Dies war der Ausgangspunkt der Bewegung des »no-restraint«. Im Jahre 1839 berichtete *Gardiner-Hill* über seine damit erzielten Erfolge. Das entsprechende Buch von *Conolly* aus dem gleichen Jahr wurde im Jahre 1860 ins Deutsche übersetzt. Von da an verbreitete sich die No-restraint-Bewegung in Deutschland rasch, vor allem durch die Bemühungen von *Ludwig Meyer* (St. Georg/Hamburg und Göttingen) und *Bernhard von Gudden* (Werneck, München). Die letzte psychisch Kranke wurde in Deutschland allerdings erst im Jahre 1897 in Husum von ihren Ketten befreit. Schließlich wurden die trotz des no-restraint beibehaltenen geschlossenen Abteilungen geöffnet (Open-door-System). Die Bewegungsfreiheit der Kranken außerhalb des Hauses und des Anstaltsgeländes wurde erweitert und der beinahe uneingeschränkte Besuch von Angehörigen zugelassen.

Mit der zunehmenden Ausdehnung der Versorgung ergab sich, daß immer mehr Kranke nur vorübergehend hospitalisiert werden mußten. Es blieb aber eine Gruppe übrig, die zwar wesentlich gebessert, aber nicht entlassen werden konnte. Um für diese Kranken zu sorgen, wurden den Anstalten landwirtschaftliche Kolonien angegliedert (sog. Kolonisierung, *A. Paetz*, 1893). Für die weitere Versorgung Entlassener wurden umfangreiche Betreuungs- und Versorgungssysteme außerhalb der psychiatrischen Krankenhäuser aufgebaut, die sog. offene Geisteskrankenfürsorge.

Diese wurde in einem umfangreichen Werk, das man als erstes Handbuch der Sozialpsychiatrie bezeichnen könnte, im Jahre 1927 von

H. Römer, G. Kolb und *V. Faltlhauser* dargelegt. G. *Kolb* sagte in seiner ersten Veröffentlichung im Jahre 1902 (Sammelatlas für den Bau von Irrenanstalten): »Die großen Anstalten besitzen neben anderen Nachteilen auch den Nachteil, daß sie die Einführung einer familiären Verpflegung, d. h. der Unterbringung von Geisteskranken in Familien unter der Aufsicht und nach den Anweisungen spezialwissenschaftlich gebildeter Ärzte in direktem oder organisatorischem Anschluß an eine Anstalt verhindern«. *Kolb* betrieb die offene Fürsorge von der Heil- und Pflegeanstalt aus. Diese Organisationsform wird, da *Kolb* in Erlangen tätig war, »Erlanger System« genannt, das z. B. auch in Leipzig und Mannheim praktiziert wurde. Dagegen wurde etwa in Köln, Frankfurt a. M., Berlin und vor allem im rheinisch-westfälischen Industriegebiet die offene Fürsorge für psychisch Kranke von Fürsorgestellen oder Gesundheitsämtern getragen, was meist als »Gelsenkirchener System« bezeichnet wird. Ergänzend zu der offenen Fürsorge waren Hilfsvereine für Geisteskranke tätig. Der erste derartige Verein wurde von dem nichtärztlichen Direktor des Korrektions-, Zucht- und Irrenhauses Eberbach (im Rheingau) *Lindpaitner* im Jahre 1829 »zur Beaufsichtigung und Unterstützung entlassener Individuen im Herzogtum Nassau« ins Leben gerufen. Auf Landesebene gründete der schon erwähnte *Christian F. W. Roller* zusammen mit *Franz Fischer* im Jahre 1872 in Baden den ersten Hilfsverein. In der jahrelangen, sehr gut durchorganisierten Fürsorgetätigkeit, die von der von *Roller* errichteten Irrenanstalt Illenau bei Achern ausging, war schon wichtige Vorarbeit hierfür geleistet worden. Im gleichen Jahr entstanden Hilfsvereine in Westfalen und Berlin, 1873 in der Kurmark, 1874 in Hessen, 1875 in Schlesien. *Roller* empfahl 1876 ausdrücklich die Einbeziehung der Hilfsvereine in die Außenfürsorge. Der Grundgedanke all dieser Einrichtungen war immer die Aktivierung vor allem der chronisch Kranken (*Hermann Simon*, 1867–1947, Warstein, Gütersloh).

Die zunehmende Liberalisierung in den Anstalten lief so mit der Bemühung, die Kranken auch außerhalb der psychiatrischen Krankenhäuser zu versorgen, parallel. So wurden die ruhigen und arbeitsfähigen Kranken freier un-

tergebracht und erhielten zum Teil auch die Möglichkeit, sich selbst zu versorgen. Seit Anfang des 19. Jahrhunderts wurden die psychisch Kranken nicht mehr als Irre, sondern als Kranke betrachtet. Die verschiedenen Behandlungsprinzipien, die dabei zum Tragen kamen, werden im Kap. 20.1 besprochen. Mit der Eingliederung der Psychiatrie in die Medizin (s. auch Kap. 3) änderte sich das Konzept – man kann es auch umgekehrt sehen und sagen, daß die Änderung des Konzeptes die Voraussetzung für die Eingliederung der Psychiatrie in die Medizin war. Hierauf kommt es an dieser Stelle aber nicht an. Jedenfalls ging man jetzt, so wie bei anderen Krankheiten, auch bei psychischen Krankheiten davon aus, daß eine umschriebene Störung vorliegt. Das neue Konzept hat *W. Griesinger* (1817–1868) im Jahre 1845 in der bekannten Weise exemplarisch formuliert, indem er sagte, daß »wir in psychischen Krankheiten jedesmal Erkrankungen des Gehirns zu erkennen« haben. Er vertrat also die Ansicht, daß psychische Krankheit eine Organkrankheit sei, analog zu Krankheiten anderer Organe, und forderte darum, daß psychisch Kranke in der gleichen Weise als krank zu gelten hätten wie z. B. Herz-, Leber- oder Lungenkranke und deren Behandlungseinrichtungen infolgedessen Krankenhäuser zu sein hätten wie die für andere Kranke. Mit anderen Worten: *Griesinger* forderte, daß die Versorgung psychisch Kranker, die sich bis dahin neben der sonstigen medizinischen Versorgung entwickelt hatte, in diese eingegliedert werden solle. Dazu sollten die Stadtasyle dienen, und damit sollte sein weiteres wichtiges Anliegen verwirklicht werden, nämlich die akut psychisch Kranken an ihrem Wohnort zu versorgen, das der damaligen Auffassung entgegenlief. Außerdem wollte er in den Stadtasylen den psychiatrischen Unterricht für Medizinstudenten stattfinden lassen. Für diesen sollte ein rascher Durchgang an Kranken gewährleistet sein, damit für die Studenten eine genügende Zahl von verschiedenartigen Fällen zur Verfügung stünde. *Griesingers* Forderungen ließen die alte Diskussion über die Versorgung der chronisch Kranken wieder aufleben, die mit der Formel von *Damerow* vorläufig beendet worden war. Da in den Stadtasylen ein rascher Durchgang herrschen sollte, mußte, wie *Griesinger* sagte, der »Abfluß der

Kranken« gut geregelt sein. Damit vertrat *Griesinger* die Position des Klinikers, dessen Hauptinteresse die Diagnostik und die akute klinische Behandlung sind, die das Gesicht der modernen Medizin in zunehmendem Maße zu prägen begannen. Für sie war und ist die langfristige Betreuung chronisch Kranker ein mit ihren Mitteln nicht lösbares und darum »verdrängtes« Problem. *Griesinger* löste mit seinen Reformplänen heftige Reaktionen bei den in den Anstalten tätigen Psychiatern aus. Der Wortführer der Gegner der Stadtasyle und der Befürworter der Einheit der Psychiatrie, *Hans H. Laehr* (1820–1905), antwortete auf die Forderungen *Griesingers* mit seiner berühmten Streitschrift »Fortschritt? – Rückschritt!« (1868). *Laehr* trat für die »Totalversorgung« psychisch Kranker durch die Heil- und Pflegeanstalten ein. In dieser Diskussion unterlag *Griesinger*. Stadtasyle in allgemeinen Krankenhäusern wurden nur vereinzelt eingerichtet. Wo sie 100 Betten und mehr hatten und von Fachpersonal betreut wurden, arbeiteten sie gut. Wo dagegen nur kleine Stationen oder gar lediglich einige Betten in Isolierräumen für Notfälle vorhanden waren, die von nicht sachkundigem Personal mitbetreut wurden, gab es wie früher »Tobzellen«. Seit etwa 1870 wurden in zunehmender Zahl psychiatrische Universitätskliniken mit 100 bis 150 Betten errichtet. Sie übernahmen weitgehend die Aufgaben, die *Griesinger* den Stadtasylen zugedacht hatte. Zusammen mit den erwähnten größeren psychiatrischen Abteilungen in Allgemeinkrankenhäusern tätigten sie bis zum Zweiten Weltkrieg fast alle Erstaufnahmen und rund 50% aller Aufnahmen psychisch Kranker in stationäre Einrichtungen überhaupt. In den Universitätskliniken wurden Studenten psychiatrisch ausgebildet. Das wurde von den Anstaltspsychiatern weitgehend abgelehnt, da sie meinten, daß die Atmosphäre in psychiatrischen Krankenhäusern durch den Unterricht zu sehr gestört werde. So kam es zu einer Trennung in eine Hochschul- und Anstaltspsychiatrie, die gleichzeitig auch eine Trennung der Versorgungsbereiche für Akut- und Chronischkranke bedeutete. Diese Auseinanderentwicklung hatte für beide Seiten nachteilige Folgen. Die Hochschulpsychiatrie verschloß sich in einigen entscheidenden Punkten den praktischen Bedürfnissen der psychia-

trischen Versorgung: sie behandelte in ihren relativ kleinen Einrichtungen fast ausschließlich Akutkranke und verlor mit den chronisch Kranken zunehmend einen wesentlichen klinischen Forschungsgegenstand und die damit verbundenen andersartigen Behandlungsformen aus ihrem Gesichtsfeld. Die Anstaltspsychiatrie dagegen, von der zunächst der große Aufschwung der Psychiatrie getragen worden war, verlor weitgehend die Aufgabe der Versorgung akut psychisch Kranker und geriet gleichzeitig bei der Forschung ins Hintertreffen.

Entwicklungen im 20. Jahrhundert

Trotz der unglücklichen Folgen, die durch die Trennung von Universitäts- und Anstaltspsychiatrie bedingt waren, gingen zu Beginn des 20. Jahrhunderts von den Anstalten einige wichtige Impulse für die praktische Psychiatrie aus. Es handelt sich um die schon erwähnte, von *Hermann Simon* systematisch betriebene Aktivierung der längerfristig hospitalisierten Kranken. Er entwickelte für sie ein ausgeklügeltes System der Beschäftigung und nutzbringender Arbeit (s. Kap. 20.2). Diese dann so genannte Arbeitstherapie verhalf zu bemerkenswerten Erfolgen, nicht nur im Sinne einer besseren anstaltsinternen Resozialisierung, sondern verhalf auch zu einem Leben und einer Tätigkeit psychisch Kranker außerhalb der Krankenhäuser. In den letzten Jahrzehnten wurde diese Therapieform in anderen Ländern zu einer industriellen Fertigungstherapie weiterentwikkelt. Hierbei muß berücksichtigt werden, daß die Zahl der Kranken, die aus der Landwirtschaft kamen, kontinuierlich abnahm. Bis zur Jahrhundertwende waren in Deutschland 50% der Berufstätigen in der Landwirtschaft tätig, heute sind es nur noch 9%

Eine weitere von der Anstaltspsychiatrie angestoßene Entwicklung richtete sich, wie schon ausgeführt, auf die Versorgung der Kranken außerhalb des Krankenhauses.

Nach dem Ersten Weltkrieg begannen sich in größerem Umfang Nervenärzte niederzulassen, die die ambulante Versorgung psychisch Kranker übernahmen. Sie unterstützten damit die extramurale psychiatrische Versorgung, so daß bei uns die stationären psychiatrischen Einrichtungen nicht annähernd in dem Maße weiter ausgebaut wurden wie in anderen Ländern. In diesen wurden 4–4,5‰ psychiatrischer Betten, bezogen auf die Bevölkerung, erreicht, während es bei uns nur 1,8‰ waren.

Das »Dritte Reich«

Die gesamte Entwicklung der Versorgung psychisch Kranker erlitt einen schweren Rückschlag durch die Nationalsozialisten, die bekanntlich eine Veredelung der germanischen Rasse anstrebten. Zur Verhütung »erbkranken Nachwuchses« wurde im Jahre 1934 das sog. Erbgesundheitsgesetz erlassen, das die Sterilisierung »Minderwertiger« ermöglichte. Hiervon waren vor allem psychisch Kranke betroffen. Die offene Fürsorge und die Hilfsvereine wurden zerschlagen, die stationären Einrichtungen nicht gefördert. Kurz nach Beginn des Zweiten Weltkrieges wurde die sog. Euthanasie-Aktion von Hitler eingeleitet, der rd. 80 000 psychisch Kranke, d. h. etwa die Hälfte der seinerzeit in psychiatrischen Einrichtungen Untergebrachten, zum Opfer fielen (Näheres hierzu im Kap. 35).

Die Zeit nach dem Zweiten Weltkrieg

Durch den Zweiten Weltkrieg und die Nachkriegszeit erlitten die Einrichtungen zusätzlich schweren Schaden. So hatten die psychiatrischen Krankenhäuser nach dem Kriege mit einem äußerst mangelhaften Zustand ihrer Bauten zu kämpfen, der durch die schlechte Wirtschaftslage nach den beiden Weltkriegen und durch die katastrophale Vernachlässigung während der Nazizeit entstanden war. Der Neubau psychiatrischer Krankenhäuser hatte seit der Jahrhundertwende nicht mehr mit der Bevölkerungsentwicklung Schritt gehalten. Die Bettenzahl der einzelnen Häuser war z. T. durch Erweiterung, zum wesentlichen Teil aber durch die Belegung aller freien Räume, die ursprünglich für den Aufenthalt und die Arbeit gedacht waren, immer weiter angewachsen. Trotz des enormen wirtschaftlichen Aufschwungs wurde nach dem Zweiten Weltkrieg für die psychiatrischen Krankenhäuser zunächst relativ wenig getan. Die schlechte Situation der psychiatrischen Krankenhäuser verschärfte sich dadurch, daß sich die Universitätskliniken an der Akutversorgung psychisch Kranker weitgehend nicht mehr beteiligten. Sie verlegten sich vielmehr auf eine sog. Einbestellungspsychiatrie; ihr Anteil an den Aufnahmen psychisch Kranker in stationäre Einrichtungen sank von 50% vor dem Zweiten Weltkrieg auf 16% der gesamten Aufnahmen ab. So wurde der größte Teil der Akutversorgung auf die ohnehin überlasteten und schlecht ausgerüsteten psychiatrischen Krankenhäuser verlagert. Bis zum Zweiten Weltkrieg betrug die Zahl der Aufnahmen bei ihnen pro Jahr 25% der Bettenzahl. Sie stieg infolge der geschilderten Entwicklung rasch auf 150 bis 200% und mehr der Bettenzahl pro Jahr an. Das bedeutete natürlich nicht nur eine starke arbeitsmäßige Überlastung, sondern auch eine erhebliche Verschiebung der Aufgaben. Hatte man doch die Aufgaben der psychiatrischen Krankenhäuser seit Jahrzehnten vornehmlich darin gesehen, diejenigen psychisch Kranken, die in der Gemeinschaft der Gesunden keinen Platz mehr finden konnten, innerhalb oder, angelehnt an das psychiatrische Krankenhaus, auch außerhalb desselben zu versorgen und ihnen dort eine neue Heimat zu schaffen. Die Verlagerung der Akutversorgung auf die psychiatrischen Krankenhäuser ging vornehmlich auf Kosten dieser Gruppe psychisch Kranker. Die Folgen dieser Entwicklung wurden dadurch verschärft, daß die offene Fürsorge und die Hilfsvereine nicht wieder annähernd auf den früheren Stand gebracht wurden. Neben der Überlastung der psychiatrischen Krankenhäuser hat dies seinen Grund zweifellos auch in der Entwicklung der Psychopharmaka seit dem Jahre 1952. Dadurch wurde die medizinische Einstellung in der Psychiatrie stärker betont und die sozialen Aspekte psychischen Krankseins im Gegensatz zu früher weniger beachtet. Da diese bei chronisch Kranken von besonderer Bedeutung sind, wurden sie hierdurch zusätzlich benachteiligt. Die Kritik an der Psychiatrie setzte darum zu Recht an der mangelhaften Versorgung dieser Gruppe psychisch Kranker an. Sie traf in der Sache weitgehend zu. In geringer Weise entstand eine ähnliche Situation wie zu Beginn der modernen Psychiatrie am Anfang des 19. Jahrhunderts.

Jetzt wurde die Befreiung der psychisch Kranken aus den psychiatrischen Krankenhäusern und der durch die Psychopharmaka erzeugten »chemischen Zwangsjacke« gefordert (siehe auch Kap. 38). Es entstand eine sozialpsychiatrische Bewegung, die von der Überzeugung getragen war, psychisch Kranke seien heilbar, wenn man sie in die Gemeinde zurückführe. Diese Überzeugung von der Heilbarkeit war ebensowenig wie die zu Beginn des 19. Jahrhunderts Folge neuer wissenschaftlicher Erkenntnisse, sondern Ausdruck einer neuen engagierten Einstellung gegenüber allen Benachteiligten, Randgruppen und »Unterdrückten«, so auch der psychisch Kranken. Beide Bewegungen bedienten sich psychosozialer Methoden, die erste des moral management und psychischer Kuren (siehe Kap. 20.1), die jetzige rehabilitativer und psychotherapeutischer Verfahren im weitesten Sinn (Näheres siehe Kap. 20.5, 20.7 und 38). Bei der Kritik an der Versorgung psychisch Kranker wurde allerdings lange übersehen, daß man die psychiatrischen Krankenhäuser in den Jahrzehnten des Wiederaufbaues nach dem Zweiten Weltkrieg stark vernachlässigt und sich selbst überlassen hatte.

Das zentrale Problem der Versorgung psychisch Kranker ist aber immer noch dasselbe wie im letzten Jahrhundert, nämlich die angemessene Versorgung derjenigen, die langfristig institutionell betreut werden müssen. Die Qualität dessen, was in dieser Hinsicht geleistet wird, muß als Maßstab für die Qualität des ganzen Versorgungssystems gelten. Durch die Mängel der Versorgung psychisch Kranker ist die Psychiatrie selbst ins Feuer heftiger Kritik geraten. Sie erwies sich dabei vor allem gegenüber den Vorwürfen der Soziologen als recht hilflos, da sie die soziologischen Aspekte zu wenig beachtet hatte. Die Soziologen hatten ihrerseits kein Auge für die medizinischen Aspekte psychischen Krankseins, eine Problematik, die in Kap. 1.2 näher erörtert wurde. Auf die Problematik der derzeitigen Situation der Psychiatrie und die Kritik an ihr gehen wir in den Kapiteln 25 und 38 näher ein.

Die Ausführungen zeigen, daß die Versorgung psychisch Kranker von psychiatrischen Abteilungen und Krankenhäusern her entwickelt wurde. Das gleiche gilt für die psychiatrische Krankheitslehre. Bis auf den heutigen Tag erfolgt schließlich die Weiterbildung zum Psychiater und Nervenarzt in einer psychiatrischen Einrichtung, in der psychisch Kranke stationär behandelt werden. Alle Psychiater sind deswegen an einer oder mehreren psychiatrischen Abteilungen, Kliniken oder Krankenhäusern mehr oder weniger lange tätig gewesen, sammelten dort ihre Erfahrungen und wurden durch die Einrichtung und die dort Tätigen geprägt. Wir geben im folgenden eine Übersicht über diejenigen psychiatrischen Einrichtungen, die für die Entwicklung der Psychiatrie und die psychiatrische Ausbildung von besonderer Bedeutung waren und sind. Vollständigkeit kann dabei natürlich nicht angestrebt werden. Dennoch, so hoffen wir, vermittelt diese Übersicht einen Eindruck von der Entwicklung der Psychiatrie im deutschen Sprachraum seit Beginn des 19. Jahrhunderts.

17.1 Übersicht über wichtige psychiatrische Institutionen im deutschen Sprachraum seit Beginn des 19. Jahrhunderts

Bei den folgenden Angaben ist die auf die Einrichtung bezogene Jahreszahl jeweils die der Eröffnung, die auf die leitenden Ärzte bezogenen Zahlen geben Beginn und Ende ihrer Tätigkeit in dem Hause an.

Die Abkürzungen bedeuten:
psych. Anst. = unabhängig vom historischen Namen Einrichtung zur stationären Behandlung und Betreuung von psychisch Kranken
Dir. = Direktor
o. P. = Lehrstuhl + Dir. der psych. Uniklinik

Aachen
seit 14. Jahrh. Heil- und Pflegeanstalt der Alexianer-Brüder für männliche psychisch Kranke

1875 Mariabronn
städt. Anstalt für weibliche Irre als Durchgangsstation für psych. Anst. Düren
1968 psych. Uniklinik
1968–   W. Klages

Allenstein, Ostpreußen
1852 wurde als Ersatz für die kgl. Irrenanstalt des Löbenicht-Hospitals in Königsberg errichtet, das 1852 geschlossen wurde

Alt-Scherbitz, Prov. Sachsen
1876 Rittergut gekauft
1876 Dir. Dr. Koeppe
1879 Dir. Dr. Paetz »Coloniale Irrenanstalt«

Bamberg, St. Getreu
bis 1803 Benediktinerkloster St. Michaelsberg
1805 Dir. Dr. Marcus
1870 Um- und Neubauten
1897 weiterer Neubau

Basel
1842 Irrenabt. des Städt. Spitals, 40 Betten
1886 psych. Anst. Friedmatt
Psychiatrischer Unterricht seit 1835
1835–1874 F. Brenner
1875–1904 L. Wille
1904–1925 G. Wolff
1925–1928 E. Rüdin
1929–1959 J. E. Staehelin
1959 –   P. Kielholz

Berlin, Charité
1798 alte Charité, nur Heilanstalt, Aufnahmestation für alle Irren der Stadt Berlin
1867 psych. Unikl.
1892 Aufnahmestation für bestimmten Bezirk in Berlin neben psych. Anst. Dalldorf und Herzberge
1898 Neubau
1830–1860 C. W. Ideler
1865–1868 W. Griesinger
1869–1890 C. Westphal
1890–1904 F. Jolly
1904–1912 Th. Ziehen
1912–1938 K. Bonhoeffer
1938–1945 M. de Crinis
1949–1957 R. Thiele
1957–1972 K. Leonhard

Berlin, Freie Universität
1950 Psych. u. Nervenklinik
1950–1976 H. Selbach Psychiatrie I
1968–1970 H. Hippius Psychiatrie II (seit 1968)
1972–   H. Helmchen Psychiatrie II, von 1976 an mit I vereint

Berlin, Buch
1906 psych. Anst.

Berlin, Dalldorf, seit 1957 Karl-Bonhoeffer-Nervenklinik
1880 psych. Anst.
nahm die der öffentlichen Fürsorge anheimfallenden Geisteskranken aus der Charité auf

Berlin, Herzberge
1883 psych. Anst.

Bern, Psych. Anst. Waldau
1855 kantonale Irrenanstalt
1861 auch psych. Unikl.
1861–1889 R. Schärer
1890–1933 W. v. Speyr
1933–1953 J. Klaesi
1954–1963 M. Müller
1963–1980 H. Walther
1980–   W. Böker

Bethel
1867 Beginn in einem umgebauten Bauernhaus

Bonn
1882–1945 Personalunion des Dir. von psych. Anst. und psych. Unikl.
1960 Neubau der psych. Unikl. auf Venusberg
1882–1889 W. Nasse
1889–1904 K. Pelman
1904–1928 A. Westphal
1929–1934 A. Hübner
1934–1945 K. Pohlisch
1946–1952 H. Gruhle
1952–1955 K. Pohlisch
1955–1955 H. Gruhle
1956–1975 H. J. Weitbrecht
1978–   H. Huber

Bremen

in Reformation Johanniskloster säkularisiert, das dann Pflegeanst. für psychisch Kranke wurde

1851 Irrenabt. der Allgem. Krankenanstalt mit 26 Betten bis 1904

1904 agricole Anst. für 322 Kranke

Breslau

bis 1888 Irrenabt. des Städt. Allerheiligenhospitals

1888 städt. Irrenhaus mit 210 Betten

1907 Psych. und Nervenklinik mit 80 Betten

    1851–1884 H. Neumann

    1885–1904 C. Wernicke

    1904–1912 K. Bonhoeffer

    1912–1915 A. Alzheimer

    1916–1921 O. Bumke

    1921–1930 R. Wollenberg

    1930–1938 J. Lange

    1940–1945 W. Villinger

Danzig

1870 städt. Irrenstation mit 15 Betten zur vorübergehenden Aufnahme aus Danzig bis zur definitiven Unterbringung in Irrenanst.

1934 Gründung der Med. Akademie u. psych. Lehrklinik

    1934–1945 F. Kauffmann

Dorpat (Litauen)

1880 Klinik für Nerven- u. Geisteskranke mit 89 Betten

1881 ins Klinikum der Uni eingefügt

    1. Dir. H. Emminghaus

Dresden

aus der Irrenanst. des Stadtkrankenhauses Friedrichstadt hervorgegangen

1889 städt. Heil- u. Pflegeanst. mit 120 Betten

Düren

1878 nach Schließung der Irren-Heilstätte Siegburg

Düsseldorf

1826 für 40 Kranke

1897–98 Erweiterungsbau

seit 1902 auch städt. Asyl

Düsseldorf/Grafenberg

1876 psych. Anst.

1949 nach dem Tode von Franz Sioli wurde Dir. Anst. von o. P. an der Med. Akademie getrennt

    1923–1949 F. Sioli

    1950–1954 G. Störring

    1955–1966 F. Panse

    1967–1971 C. Kulenkampff

    1972–   K. Heinrich

Eglfing-Haar

1905 als Ersatz für die Kreis-Irrenanst. München mit 775 Betten

Eichberg/Rhg.

als Ersatz für die 1815 im ehemaligen Zisterzienserkloster Eberbach/Rhg. untergebrachte Landesirrenanst.

1848 psych. Anst.

1881–85 erweitert

Emmendingen

1889 psych. Anst.

Erlangen

1846 Heilanst.

1880 Pflegeanst.

1903 für Unterricht an der Uni 210 Betten abgezweigt und Dir. der psych. Anst. v. o. P. getrennt

    1849–1859 A. Solbrig

    1859–1888 F. W. Hagen

    1888–1896 A. Bumm

    1896–1934 G. Specht

    1934–1945 F. Meggendorfer

    1947–1951 H. Scheller

    1951–1967 F. E. Flügel

    1967–1980 H. H. Wieck

Essen

1909 Psych. u. Nervenklinik der städtischen Krankenanstalten, 40 Betten, geschl. Abteilung

1925 offene Abt. im früheren Kruppschen Erholungshaus, 55 Betten, gemeinsame Leitung

1974 Rheinische Landes- und Hochschulklinik für Psychiatrie. Gründung der Hochschule

    1965–   M. P. Engelmeier

Frankfurt a. M.
1775 Hospital für Geisteskranke, 67 Betten
1864 städt. Heil- u. Pflegeanst., 450 Betten
1914 Gründung der Universität
1931 Neubau der psych. Unikl. Frankfurt-Niederrad (175 psych. Betten)
1851–1888 H. Hoffmann
1888–1919 E. Sioli
1920–1950 K. Kleist
1950–1964 J. Zutt
1967– H. J. Bochnik

Freiburg i. Br.
1887 psych. Unikl., 160 Betten
1886–1902 H. Emminghaus
1902–1933 A. Hoche
1934–1949 K. Beringer
1951–1966 H. Ruffin
1968– R. Degkwitz

Giessen
1896 Unikl. für psychische u. nervöse Krankheiten, 70 Betten
1876–1881 K. Spamer
1895–1934 R. Sommer
1934–1936 H. Hoffmann
1936–1960 H. Boening
1963–1978 A. Derwort
1980– W. Schumacher
1905 psych. Anst., 450 Betten

Goddelau (»Philippshospital«)
1533 Philipp der Großmütige gründete psych. Anst. »Hofheim«
1884–1920 Neubauten

Göppingen
1852 von H. Landerer gegründet, »Christophsbad«
seit 1853 auch als Hilfsanst. für die Staatsanstalten in Württemberg benutzt
1881 umfangreiche Neubauten

Göttingen
1866 psych. Anst.
1901 Poliklinik für psychische u. Nervenkranke der Kgl. Unikl., gemeinsames Direktorium

1955 Neubau der Psych. u. Nervenklinik, gleichzeitig Trennung der Dir. von psych. Anst. u. psych. Unikl.
1866–1900 L. Meyer
1900–1912 A. Cramer
1912–1933 E. Schultze
1934–1958 G. Ewald
1958–1961 K. Conrad
1963– J. E. Meyer

Graz
in psych. Anst. Feldhof 1870 Beobachtungsabt. für Unikl.
1874 psych. Unikl. Abt. im Allgem. Landeskrankenhs. Graz, da psych. Anst. Feldhof zu weit entfernt
1870–1872 J. Czermak
1874–1889 R. v. Krafft-Ebing
1889–1893 J. Wagner von Jauregg
1894–1905 G. Anton
1906–1934 F. Hartmann
1935–1938 O. Kauders
1940–1945 O. Reisch
1946–1954 W. Holzer
1954–1964 H. Bertha
1968– H. Reisner

Greifswald
1834 kommunalständische Irren-Heilanst., 21 Betten
1877 überführt als Provinzial-Irrenanst. mit 50 Betten
1889 Erhebung zur psych. Unikl.,
1906 Neubau psych. Unikl., 65 Betten
1868–1900 R. Arndt
1901–1904 A. Westphal
1904–1912 E. Schultze
1912–1925 P. Schroeder
1926–1933 E. Förster
1933–1934 G. Ewald
1934–1937 W. Jacobi
1937– P. Hilpert
1938–1946 R. Thiele
1948–1965 H. Schwarz
1965– K.-H. Elsaesser

Haina
1535 von Landgraf Philipp von Hessen in ehem. Klostergebäude gegründete psych. Anst.
1882–99 Neu- und Erweiterungsbauten

Halle

1885 psych. Unikl. in 2 gemieteten Privathäusern.

1891 Neubau
vorher psych. Kl. in psych. Anst. Nietleben

1855–1859 O. E. Loewenhardt
1869–1879 M. Koeppe
1879–1903 E. Hitzig
1903–1904 Th. Ziehen
1904–1905 C. Wernicke
1905–1926 G. Anton
1926–1935 A. Hauptmann
1937–1939 P. Hilpert
1939–1949 F. E. Flügel
1950–1958 K. Pönitz
1958–   H. Rennert

Hamburg

1864 psych. Anst. Friedrichsberg
1878 Irren- u. Siechenanst. angegliedert
1919 Gründung der Universität
psych. Unikl. in Friedrichsberg
1942 eigene psych. Unikl. im Universitätsklinikum Eppendorf
1965 Neubau der psych. Unikl.

1919–1935 W. Weygandt
1937–1966 H. Bürger-Prinz
1968–   I. Gross

Hannover

Gründung der Med. Hochschule
1966–   K. P. Kisker

Heidelberg

1826 städt. Irrenanst.
Verlegung der psychisch Kranken aus Siechen- und Tollhaus Pforzheim unter F. Groos u. C. F. W. Roller
1878 psych. Unikl.

1826–1832 F. Groos
1835–1840 G. Heermann
1877–1891 K. Fürstner
1891–1904 E. Kraepelin
1904–   K. Bonhoeffer
1904–1918 F. Nissl
1918–1933 K. Wilmanns
1933–1945 C. Schneider
1946–1955 K. Schneider
1955–1972 W. v. Baeyer
1973–   W. Janzarik

Heppenheim a. d. B.

1866 psych. Anst.

Hildesheim

1827 psych. Anst.

Homburg (Saar)

1948 psych. Unikl. im Landeskrankenhaus

1948–1958 K. Conrad
1958–1978 H. H. Meyer
1979–   K. Wanke

Jena

1804 als Heil- und Pflegeanst. bis 1822 mit dem Landeskrankenhaus verbunden, dann selbständig
1879 neue Heil- und Pflegeanst.
1905 psych. Unikl. mit Poliklinik auf dem Gelände der psych. Anst.

1847–1862 D.-G. Kieser
1870–1882 F. Siebert
1882–1919 O. Binswanger
1919–1938 H. Berger
1938–1945 B. Kihn
1950–1957 R. Lemke
1958–   H. v. Keyserlinck

Illenau

1842 psych. Anst.
1842 Dir. Christian F. Roller
1890 Dir. Heinrich Schüle
1916 Dir. H. Roemer
1940 Lazarett
nach 2. Weltkrieg von französ. Armee beschlagnahmt. Seither nicht mehr als psych. Anst. verwendet.

Ilten-Hannover

1862 priv. Heil- u. Pflegeanst.

Innsbruck

1871 psych. Anst. Hall
1891 psych. u. neurol. Unikl.

1871–1876 J. Stolz
1878–1886 F. Schnopfhagen
1891–1894 G. Anton
1894–1936 C. Mayer
1937–1938 H. Urban
1938–1945 H. Scharfetter
1945–1975 H. Urban
1976–

Kiel
1845 psych. Anst. Hornheim
1901 psych. u. neurol. Unikl.
　　　1845–1875 P. W. Jessen
　　　1875–1901 P. W. Jessen
　　　1901–1925 E. Siemerling
　　　1926–1937 G. Stertz
　　　1938–1953 H.-G. Creutzfeldt
　　　1954–1971 G. Störring
　　　1972–　　 G. Schimmelpennig

Köln
1854 psych. Abt. an Städt. Krankenanst. Lindenburg, 80 Betten
1900 Umwandlung in Stadtasyl mit Verlegungen in psych. Anst. Bonn und psych. Anst. Galkhausen (Langenfeld)
1919 Gründung der Uni.
　　　Stadtasyl mit Abt. f. Nervenkranke in Köln-Lindenburg vereinigt
　　　1919–1934 G. Aschaffenburg
　　　1934–1938 M. de Crinis
　　　1938–1948 E. Fünfgeld
　　　1950–1978 W. Scheid
　　　1979–　　 U. H. Peters

Königsberg
1789 psych. Abt. an Löbenichtschen Hospital, 71 Betten bis 1852
1852 psych. Anst. Wehlau, 200 Betten
　　　neu 1832 (?) psych. Abt. an Städt. Krankenanstalten
1879 Haus für Tobsüchtige in Städt. Krankenanstalten
1892 psych. Abt. zur psych. Unikl. in den Städt. Krankenanstalten erhoben
1903 psych. Unikl. unter besonderer Leitung
1913 Neubau psych. Unikl.
　　　1892–1903 F. Meschede
　　　1903–1904 K. Bonhoeffer
　　　1904–1931 E. Meyer
　　　1932–1939 A. Bostroem
　　　1939–1945 F. Mauz

Kork
1892 Heil- u. Pflegeanst. für epileptische Kinder
1904 auch für Erwachsene

Kreuzlingen, Priv. Anst. Bellevue
1857 gegründet von L. Binswanger

Langenfeld (Galkhausen)
1900 psych. Anst.

Leipzig
1212 Irren-Siechen-Haus
1668 Neubau: Irren-Versorgungsanstalt
1700 psych. Abt. am Hospital St. Georgen, 35 Betten
　　　Wirkungsstätte von J. C. A. Heinroth v. 1818–1833
1871 psych. Abt. am St.-Jacobs-Krankenhaus, 100 Betten
　　　seit 1892 nur noch für psychisch Kranke
1882 Neubau psych. Unikl. (150 Betten)
　　　1811–1843 J. C. A. Heinroth
　　　1877–1921 P. Flechsig
　　　1921–1924 O. Bumke
　　　1925–1939 P. Schroeder
　　　1939–1942 A. Bostroem
　　　1944–1945 W. Wagner
　　　1953–1964 D. Müller-Hegemann
　　　1965–　　 B. Schwarz

Leubus, Schlesien
1830 adaptiertes ehemaliges Zisterzienserkloster, 100 Betten
　　　Allmähliche Erweiterung
1901 Landhaus
1907 Neubau auf dem Gelände

Lübeck
1787 Staats-Irren-Anstalt
1857 erweitert und erneuert
1870–1889 Erweiterungen durch Neubauten
1890 Beschluß, einen Assistenzarzt neben dem Dir. anzustellen
1912 psych. Anst. Strecknitz
1964 Medizinische Akademie der Uni Kiel
　　　psych. Abt. des Städt. Krankenhauses = psych. Unikl.
1975 Hochschule Lübeck
　　　–1973 G. Schmid
　　　1974–1978 G. Huber
　　　1979–　　 H. Dilling

Ludwigsburg
1812 Tollhaus mit Zuchthaus kombiniert aufgehoben, psychisch Kranke nach psych. Anst. Zwiefalten

Magdeburg

1891 Beobachtungsstation für 15 Kranke

Mainz

1946 Psych. u. Nervenklinik in den ehemals
    städt. Krankenanstalten
    1946–1951 H. Ruffin
    1951–1966 H. Kranz
    1969–1979 U. H. Peters
    1980–   O. Benkert

Marburg a. d. L.

1876 psych. Anst., dort ab 1876 Unterricht
1914 psych. Unikl.
    1877–1893 H. Cramer
    1894–1919 F. Tuczek
    1919–1921 R. Wollenberg
    1921–1926 G. Stertz
    1926–1946 E. Kretzschmer
    1946–1959 W. Villinger
    1959–1976 H. Jacob
    1979–   W. Blankenburg

Merxhausen

1533 ehemaliges Augustinerkloster, von Phi-
    lipp dem Großmütigen von Hessen zu-
    sammen mit Haina, Gronau und Hof-
    heim für Geisteskranke bestimmt
1801 Neubau
1886 Anstellung eines ärztlichen Dir.

München

1859 Kreisirrenanstalt
    1905 aufgelöst. Ersatz psych. Anst. Egl-
    fing-Haar
1904 psych. Unikl. (im Klinikum der Univer-
    sität links d. Isar)
    1859–1872 A. Solbrig
    1872–1886 B. v. Gudden
    1886–1896 H. Grashey
    1896–1903 A. Bumm
    1904–1922 E. Kraepelin
    1924–1945 O. Bumke
    1946–1951 G. Stertz
    1952–1966 K. Kolle
    1970–   H. Hippius
    psych. Unikl. (im Klinikum rechts Isar
    der Techn. Univ.)
    1978–   H. Lauter
    Max-Planck-Institut für Psychiatrie

1917 Errichtung der Stiftung »Deutsche For-
    schungsanstalt für Psychiatrie« durch
    E. Kraepelin
1928 Einweihung des heutigen Institutsgebäu-
    des, eines Geschenkes der Rockefeller
    Foundation
1954 Eingliederung der Deutschen For-
    schungsanstalt für Psychiatrie in die
    Max-Planck-Gesellschaft
    Theoretisches Institut: Dir. A. Herz
    umfaßt die Arbeitsbereiche: Neuromor-
    phologie, exp. Verhaltensforschung,
    Neuropharmakologie, Neurophysiolo-
    gie, Neurochemie
    Klinisches Institut: Dir. D. Ploog
    (s. 1964)
    umfaßt die Arbeitsbereiche: exp., klin. u.
    soziale Psychologie, Psychiatrie u. Psy-
    chopathologie, Kinderpsychiatrie u.
    -neurologie, Entwicklungspsychobiolo-
    gie, Neuropsychologie, Neurologie u.
    Neuroradiologie, klin. Neurophysiolo-
    gie, Therapie-Forschung, klin. Chemie u.
    klin. Biochemie, Biostatistik

Münster

1878 psych. Anst.
1924 Psych. u. Nervenklinik der Uni
    1924–1925 M. Reichardt
    1925–1953 F. A. Kehrer
    1953–1968 F. Mauz
    1972–   R. Tölle

Neustadt, Holstein

1893 psych. Anst. in einem aus einer Zucker-
    fabrik umgebauten Gebäude
1897–98 Neubauten

Nietleben, Prov. Sachsen (b. Halle)

1844 psych. Anst. nach Plänen von Damerow
1885 schied mit Prof. Kitzig die psych. Unikl.
    aus Anstalt aus (siehe Halle)

Oberursel/Ts.

1903 Privatklinik Hohemark für Nerven-
    kranke u. Krankensinnige

Pforzheim

1322 Spital für »elende und arme Siechen«
1689 von Franzosen eingeäschert, aufgebaut
    als Landeswaisenhaus

1758 nur Waisen, Wahnsinnige u. Abscheu erregende Kranke dürfen aufgenommen werden

1804 Zucht-, Waisen-, Siechen u. Tollhaus aufgelöst. Zuchthaus verlegt nach Bruchsal. Erster eigener Arzt: J. Chr. Roller (Vater des Gründers der psych. Anst. Illenau)

1814 Dr. Groos
1826 psychisch Kranke nach Heidelberg verlegt. In Pforzheim verblieb Siechenhaus, in dem von 1845–1921 erneut psychisch Kranke versorgt wurden, um Anst. Illenau zu entlasten

Prag
1790 Tollhaus, lag am K. u. K. Krankenhaus
1822 St.-Katharinen-Kloster-Gebäude adaptiert
1846 neue Heilanstalt
1886 Deutsche Lehrkanzel
psych. Unikl. im I. u. II. Stock der Prager Irrenanstalt
1841–1850 J. G. Riedel
1850–1853 J. Fischel
1854–1867 F. Köstl
1867–1885 J. Fischel
1886–1921 A. Pick
1922–1928 O. Pötzl
1930–1938 E. Gamper
1940–1945 K. Albrecht

Rostock
1825 St.-Katharinen-Stiftung, 110 Betten
1896 psych. Anst. Gehlsheim = psych. Unikl.
1895–1913 F. Schuchardt
1914–1916 O. Bumke
1916–1920 K. Kleist
1920–1936 M. Rosenfeld
1937–1945 E. Braun
1945–1953 H. Heygster
1954–1958 F. G. v. Stockert
1959–   G. Göllnitz

Rottenmünster
1864 Heil- und Pflegeanst. St. Vincenz für Geisteskranke in Schwäbisch Gmünd mit 7 Kranken
1898 verlegt nach Rottenmünster (120 Betten)

Sachsenberg/Schwerin
1830 erster Neubau einer Irrenanst. in Deutschland
Erster Dir. K. Flemming
1880 mit Pflegeanst. Dönitz vereint

Schleswig
1820 erstes Haus nach einem Plan von Esquirol
1834 zweites Haus
1846–47 Frauenhaus
1866–1905 weitere Neubauten

Siegburg
1825 adaptierte Anst. in ehemaliger Benediktinerabtei bis 1878
bei Eröffnung von psych. Anst. Düren geschlossen

Sigmaringen
1847 psych. Abt.
1857 zweites Haus
1897 Neubau und Erweiterung
1978 Neubau Allgemeinkrankenhaus mit psych. Abt.

Sonnenstein, Königreich Sachsen, bei Pirna
1758–1811 Asyl für pensionierte Offiziere
1811 psych. Anst. im Schloß Sonnenstein, Dir. E. G. Pienitz
1856 Neu- und Umbauten
1873–1894 weitere Neubauten

Straßburg
1872 psych. Klinik im »Irren-Depot«
1886 Neubau
1872–1873 R. v. Krafft-Ebing
1873–1890 F. Jolly
1891–1906 K. Fürstner
1906–1918 R. Wollenberg

Stuttgart
1894 Irren-Abt. im Städt. Bürgerhospital zur vorübergehenden Aufnahme von Geisteskranken. Das ursprüngliche Notasyl für Geisteskranke wurde von A. Fauser (Dir. Bürgerhospital 1907–1924) zu einem modernen Krankenhaus mit Spezialabt. umgestaltet

Tübingen

1894 psych. Unikl.

    1893–1901 E. Siemerling
    1901–1906 R. Wollenberg
    1906–1936 R. Gaupp
    1936–1944 H. Hoffmann
    1946–1960 E. Kretschmer
    1960–1972 W. Schulte
    1974–   H. Heimann

Weissenau-Ravensburg

1892 psych. Anst. in adaptierter ehemaliger Prämonstratenserabtei
1967 Akadem. Krankenhaus der Uni Ulm
1968 psych. Unikl. der Uni Ulm

    1967–1968 R. Degkwitz
    1968–1974 G. Huber
    1975–   G. Hole

Werneck, Unterfranken

1855 psych. Anst., Bischöfliches Schloß adaptiert
1886–1903 Neubauten

Wien

1784 Narrenturm im Allgem. Krankenhs. bis 1869
1853 Landes-Irren-Heil- u. Pflegeanstalt, darin seit 1870 erste psych. Unikl.
1875 psych. Beobachtungsabt. im Allgemeinen Krankenhaus und zweite psych. Unikl.

    I. Klinik:
    1870–1975 Th. Meynert
    1875–1889 M. Leidesdorf
    1889–1892 R. v. Krafft-Ebing
    1893–1902 J. Wagner v. Jauregg
    1902–1907 A. Pilcz

    II. Klinik:
    1875–1892 Th. Meynert
    1892–1902 R. v. Krafft-Ebing
    1902–1911 J. Wagner v. Jauregg
    psych. Unikl. vereint
    1911–1928 J. Wagner v. Jauregg
    1928–1945 O. Pötzl
    1945–1949 O. Kauders
    1950–1970 H. Hoff
    1971–   P. Berner

Winnenden, Winnental

1834 psych. Anst. in adaptiertem Jagdschloß Dir. Albert Zeller bis 1877
1876–79 Umbauten
1899 Neubauten

Würzburg

1576 Juliusspital, stets auch Abt. für Geisteskranke
1833 klinischer Unterricht für Psychiatrie
1863 psychiatrischer Lehrstuhl
1888 psych. Uni-Institut im Juliusspital, selbständig
1893 psych. Unikl.

    1834–1862 K. F. Marcus
    1863–1883 F. Rinecker
    1884–1886 H. Grashey
    1887–1925 K. Rieger
    1925–1939 M. Reichardt
    1939–1945 W. Heyde
    1946–1950 J. Zutt
    1951–1969 H. Scheller
    1970–   O. Schrappe

Zürich

1863 »Psych. Klinik« im alten Züricher Stadtasyl von Griesinger eingerichtet
1870 Burghölzli, psych. Anst. und psych. Unikl.

    1860–1865 W. Griesinger
    1869–1872 B. v. Gudden
    1873–1874 G. Huguerin
    1875–1879 E. Hitzig
    1879–1898 A. Forel
    1898–1927 E. Bleuler
    1927–1941 H. W. Maier
    1942–1969 M. Bleuler
    1969–   J. Angst

Zwiefalten

1812 psych. Anst. adaptierte ehemalige Benediktinerabtei. Nach Eröffnung von psych. Anst. Winnental 1834 zunächt reine Pflegeanstalt. Bis 1834 einzige Anst. des Königlichen Württemberg

Diese Übersicht zeigt u. a., daß an nicht ganz wenigen Orten zunächst kleine psychiatrische Abteilungen an Allgemeinkrankenhäusern bestanden, die im Laufe der Zeit durch psychiatrische Krankenhäuser mit der zehn- bis zwanzigfachen Bettenzahl ersetzt wurden. Diese enorme Ausweitung der stationären psychiatrischen Behandlungsmöglichkeiten geht nicht parallel zur Vermehrung der Bevölkerung, die sich im 19. Jahrhundert insgesamt etwa verdoppelte. Besonders ausgeprägt war sie in manchen Großstädten, etwa Berlin. Die sog. Beobachtungsabteilungen, die in etwa den von W. *Griesinger* geforderten Stadtasylen entsprechen, wurden fast überall wieder aufgegeben.

Auf die Baugeschichte der psychiatrischen Krankenhäuser und die bei Neu- oder Erweiterungsbauten angewandten Prinzipien kann hier nicht näher eingegangen werden. Es sei hierfür auf die Arbeiten z. B. von *D. Jetter* verwiesen.

18. Prävention – Psychohygiene

Prävention umfaßt alle Maßnahmen, die das Auftreten und Wiederauftreten psychischer Störungen und Krankheiten verhindern sowie deren Dauer verkürzen und nachteilige Auswirkungen verhüten oder mindern. In diesem großen Aufgabengebiet unterscheidet man drei Bereiche:

Primärprävention – Verhindern des erstmaligen Auftretens psychischer Störungen und Erkrankungen

Sekundärprävention – Früherfassung und Frühbehandlung zur Verkürzung der Behandlungsdauer und Verhütung von Rückfällen

Tertiärprävention – Verhütung bzw. Minderung nachteiliger Folgen psychischer Erkrankungen und Störungen.

Die Sekundär- und Tertiärprävention sind von der Therapie und Rehabilitation nicht exakt zu trennen. Hier gibt es vielmehr fließende Übergänge. Prävention bedeutet ihrem Anliegen entsprechend nicht nur Maßnahmen für einzelne Kranke, sondern auch Abwehr von Krankheiten bei Gesunden bzw. Gefährdeten. Der Blick ist also auch auf die Allgemeinheit und die entsprechenden allgemeinen Maßnahmen gerichtet. Das gilt offenbar besonders für die Primärprävention. Ihr Aufgabenbereich kann somit folgendermaßen umschrieben werden: Verhindern psychischer Krankheiten und Schädigungen, die zu psychischen Störungen führen, bei der Familienplanung (genetische Prävention), während der Schwangerschaft, bei der Geburt, während der ersten Lebensmonate, in der Kindheit und im Jugendalter sowie bei Erwachsenen und im höheren Alter einerseits und Verhütung psychischer Krankheiten durch schädigende Einflüsse etwa der Arbeit, der Wohnverhältnisse, der Umwelt, der Ernährung andererseits. Da in der Regel bei der Entstehung psychischer Krankheiten viele Faktoren wirksam sind, entsteht eine gewisse Tendenz, den gesamten Lebensbereich des Menschen in Präventionsmaßnahmen einzubeziehen und im Hinblick auf sie zu gestalten.

Ein solcher universeller Ansatz war der Psychohygiene-Bewegung von vornherein eigen. Sie intendierte über Therapie, Rehabilitation und Prävention sowie jede Art der Hilfe und Fürsorge für psychisch Kranke und Behinderte hinaus umfassende Maßnahmen nicht nur zur Abwehr von Krankheit, sondern zum Bewirken von Gesundheit, die in der Präambel zu den Satzungen der Weltgesundheitsorganisation als völliges physisches, psychisches und soziales Wohlbefinden und nicht lediglich als Abwesenheit von Krankheit definiert ist.

Anfänge psychohygienischer Bemühungen in den USA

Der Begriff Psychohygiene wurde von dem Gießener Psychiater *R. Sommer* Ende des 19. Jahrhunderts erstmalig verwendet. Der Plan, eine Bewegung der Psychohygiene in Gang zu setzen, stammt von dem ehemaligen Versicherungsangestellten *Clifford Beers*. Er hat unter dem Titel »A mind that found itself« seine eigene psychische Krankheit geschildert, derentwegen er 2 Jahre in einer psychiatrischen Anstalt behandelt wurde. Aus dieser Erfahrung heraus wollte er etwas Gutes und Nützliches machen. Um Unterstützung für seinen Plan zu erhalten, legte er im Jahre 1906 sein Manuskript dem »ersten amerikanischen Psychiater« *Adolf Meyer* vor, der, gebürtiger Schweizer, Schüler von *Auguste Forel*, Zürich, die dynamische Psychiatrie in den USA begründete. *Adolf Meyer* zögerte nicht, den Plan von *Beers* zu unterstützen. Nachdem die beiden Männer sich im Jahre 1907 persönlich kennengelernt hatten und der Philosoph und Psychologe *William James* das Vorhaben ebenfalls unterstützte, wurde im Jahre 1908 die »Connecticut Society for metal hygiene« und im folgenden Jahr das »National Committee for mental hygiene« in New York gegründet. Das Anliegen war zunächst die bessere Versorgung der psychisch Kranken in den psychiatrischen Anstalten und ihre weitere Betreuung nach der Entlassung. Es entspricht also weitgehend dem der Irrenhilfsvereine in Deutschland. Darüber hinaus betrachtete es das National Committee als seine Verpflichtung, »all denen, die sich infolge psychischer Anomalien sozial nicht anpassen können, zu helfen und die Mißstände, die im öffentlichen Leben, z. B. bei der Jugenderziehung, bei der Verbrechensbekämpfung usw., auf psychische Anomalien zurückzuführen sind, zu beseitigen . . ., die Bevölkerung entsprechend aufzuklären, bei den einschlägigen gesetzgeberischen Maßnahmen mitzuwirken und mit den übrigen sozialhygienischen und sonstigen gemeinnützigen Körperschaften privater und öffentlicher Art zusammenzuarbeiten«.

Die Internationalisierung der Psychohygiene-Bewegung

Die Psychohygiene-Bewegung wurde während des 1. Weltkrieges von den Amerikanern in die westlichen Länder Europas herübergetragen und Interesse für sie, namentlich in England, Frankreich und Belgien, erweckt. Von *Toulouse*, Frankreich, ergingen die ersten Einladungen an die Schweiz zur Teilnahme an dieser Bewegung. Dort, wie auch in Deutschland, fanden diese Bemühungen zunächst keinen großen Widerhall. Auch *Toulouse* stand mit seinen Bemühungen um die Psychohygiene in Frankreich etwas vereinsamt da. Trotz dieser anfänglichen Zurückhaltung gewann die Psychohygiene-Bewegung nicht zuletzt infolge der unermüdlichen Tätigkeit von *Beers* ständig an Boden. Im Jahre 1930 gab es insgesamt 25 nationale Vereinigungen, davon in Europa in: Finnland 1917, Frankreich 1920, Belgien 1921, England 1922, Bulgarien 1923, Dänemark, Italien, Tschechoslowakei, Ungarn 1924, Deutschland 1925, Österreich, Schweiz 1927. Die Art dieser Bemühungen sei anhand des »Allgemeinen Studien- und Arbeitsprogrammes der Schweizerischen Liga für Psychohygiene und Prophylaxe« charakterisiert, das der Schweizerischen Psychiaterversammlung im Frühjahr 1927 von *André Repond* vorgelegt wurde. Der Text dieses Programms beginnt mit folgenden Worten: »Vorliegendes Programm ist provisorisch und soll bloß als Studienvorschlag betrachtet werden. Die Probleme, welche es berührt, sind von verschiedener Wichtigkeit, und ihre Lösung ist nicht gleichmäßig dringend. Einige davon sind von den anderen abhängig und können nur unter gewissen Voraussetzungen gelöst werden. Dieses Programm ist jedoch keine Utopie; es stützt sich größtenteils auf das, was auf diesem Gebiet in den Vereinigten Staaten schon erreicht wurde, zieht aber auch die besonderen Umstände unseres Landes in Betracht. Sein Verfasser legt großen Wert darauf, es vervollständigt, korrigiert und den Umständen besser angepaßt zu sehen. Die meisten Kantone besitzen bereits gemeinnützige, hygienische, erzieherische, fürsorgerische Institutionen, deren Zwecke teilweise mit denjenigen der Liga für Psychohygiene identisch sind. Diese Liga möchte eine Synthese aller Bestrebungen für geistige Hygiene und Prophylaxe erreichen und die verstreuten Bemühungen koordinieren. Sie wird also ihre Tätigkeit nicht allein auf soziale Fürsorge oder Krankenbehandlung beschränken. Die Förderer dieser Liga sind der Meinung, daß in unserer gegenwärtigen Zeit, wo die individuelle und soziale Mentalität größeren Gefahren und Schwierigkeiten ausgesetzt ist, als es je der Fall war, jedermann auf die außerordentliche Wichtigkeit der geistigen Gesundheit, auf die Mittel und Wege, sie zu fördern und aufrechtzuerhalten, aufmerksam gemacht werden sollte.« Als Aufgaben der Liga für Psychohygiene werden angeführt:

1. Erblichkeitsprobleme,

2. Erziehungsprobleme. Bei diesen wird genannt eine bessere Erziehung in der Familie sowie in der Schule, geistige Hygiene in den Sekundar-, Fach- und technischen Schulen und die Psychohygiene für die schulentlassene Jugend, ferner die Psychohygiene bei abnormen Kindern und Jugendlichen.

3. Psychohygiene und Prophylaxe bei Erwachsenen und

4. einige Sonderaufgaben der Psychohygiene, und zwar a) Kampf gegen gewisse soziale Übel wie Alkoholismus, Toxikomanien, Prostitution, b) Psychohygiene in der Armee, c) Behandlung der Nerven- und Geisteskrankheiten, d) Vorbeugung und Bekämpfung der Kriminalität.

Über den Geist der Liga für Psychohygiene

wird schließlich ausgeführt: »Diese Liga soll weder eine ausschließlich psychiatrische Gesellschaft sein, noch die Probleme einzig vom Standpunkt der Anstaltspsychiater aus betrachten. Es darf nicht vergessen werden, daß die geistige Hygiene und Prophylaxe vor allem zum gesunden Menschen sprechen soll. Da die geistige Hygiene in die verschiedensten Gebiete eindringen und auf sie wirken muß, benötigt sie der Mitwirkung aller derjenigen, die ihre Bemühungen unterstützen und fördern können: Erzieher, Soziologen, Pfarrer, Ärzte, Behörden, Gesellschaften und Institutionen für soziale Vor- und Fürsorge usw. Die Leitung der Liga muß jedoch in den Händen der Neuro-Psychiatrie bleiben, von welcher die Initiative ausgehen muß. Die Aufgaben auf den Einzelgebieten müssen aber in der Regel von den kompetenten Fachleuten gelöst werden.«

Die Psychohygiene-Bewegung war von Anbeginn an international orientiert. Der erste internationale Kongreß für Psychohygiene wurde 1930 in Washington veranstaltet, der 2. im Jahre 1937 in Paris. Diese beiden Weltkongresse wurden von dem »Internationalen Ausschuß für psychische Hygiene« unter der Leitung von *C. Beers* vorbereitet, der der Generalsekretär beider Kongresse war.

In Deutschland wurde auf der Jahrestagung des »Deutschen Vereins der Psychiatrie« im Jahre 1925 in Kassel die Gründung des »Deutschen Verbandes für psychische Hygiene« beschlossen, als dessen offizielles Organ von 1928 bis 1945 die »Zeitschrift für psychische Hygiene« erschien, die von den Vorstandsmitgliedern *G. Kolb, H. Roemer, H. Simon, R. Sommer* und *W. Weygand* herausgegeben wurde.

Nach dem 2. Weltkrieg wurde im Jahre 1948 der 4. Internationale Kongreß für Psychohygiene in London abgehalten und bei dieser Gelegenheit die World Federation for Mental Health (WFMH) gegründet. Hierbei war die Sorge für den psychisch Kranken nur ein Teilproblem innerhalb des großen Fragenkomplexes, der sich mit den zwischenmenschlichen Beziehungen, den Ursachen ihrer Störbarkeit, den Möglichkeiten ihrer Wiederherstellung und ihres Schutzes beschäftigte.

In der Bundesrepublik bildeten sich nach dem 2. Weltkrieg einige psychohygienische Arbeitsgruppen. Die bedeutendste Organisation, die sich aus den psychohygienischen Bestrebungen entwickelt hat, ist die 1958 gegründete »Lebenshilfe für geistig Behinderte«. Am 9. 2. 1959 trat zum ersten Mal der »Aktionsausschuß zur Verbesserung der Hilfe für psychisch Kranke« zusammen, der sich im Rahmen und mit Unterstützung des »Deutschen Vereins für öffentliche und private Fürsorge« selbständig entfaltete und betätigen konnte. In Berlin arbeitet die Berliner Arbeitsgemeinschaft für psychische Gesundheit. Im Zusammenhang mit der Arbeit für die Enquête-Kommission haben sich in der »Aktion psychisch Kranke« Bundestagsabgeordnete und Psychiater zusammengetan, um die psychisch Kranken politisch zu vertreten und um sich der so notwendigen Öffentlichkeitsarbeit anzunehmen. Ferner wurde die »Deutsche Gesellschaft für soziale Psychiatrie« (DGSP) gegründet, die alle in der psychiatrischen Versorgung tätigen Berufsgruppen zusammenfaßt. In einigen Städten, z. B. Gießen, wurden psychosoziale Arbeitskreise gebildet, in denen alle in diesem Bereich Tätigen zusammenarbeiten.

Die Bilanz der zwanzigjährigen Tätigkeit der Schweizerischen Liga für Psychohygiene und Prophylaxe, die für die ganze Psychohygiene-Bewegung ihre Gültigkeit hat, zieht *A. Repond* mit folgenden Worten: »Soviel sei nur gesagt, daß die Sorge um die geistige Gesundheit ein allgemeines Problem geworden ist, welches nicht nur dem Individuum, sondern der Gesellschaft und folglich den Behörden bewußt geworden ist. Darauf kommt es hauptsächlich an. Die praktischen Verwirklichungen der Psychohygiene in sozialpsychiatrischer Für- und Vorsorge, in erzieherischer Hinsicht usw. haben selbstverständlich sehr dazu beigetragen, die Gedanken der Psychohygiene zu verbreiten. Daß man immer häufiger vergißt, ihr wenigstens die geistige Vaterschaft für neue Gründungen, Verwirklichungen und gesetzliche Bestimmungen, Propagandabewegungen usw. anzurechnen, ist ein Beweis dafür, wie ihre Ideen Fuß gefaßt haben und sich unbewußt verbreiten. Doch sind wir noch weit davon entfernt, daß die Ansprüche der Psychohygiene befriedigt seien. Ihr Aufgabenbereich ist so breit wie die Tätigkeit des menschlichen Geistes, und sie wird erst dann ihre Ziele verwirklichen können, wenn sie zu einem unzertrennlichen Eckpfeiler und Bestandteil der menschlichen Gesellschaft geworden ist.« Diese umfassende Zielsetzung der Psychohygiene kommt in der Änderung der Bezeichnung im Englischen von »mental hygiene« zu »mental health« zum Ausdruck.

Die Problematik psychohygienischer Bemühungen

Psychohygienische Gedanken wirken auf klinisch tätige Ärzte in der Regel vage und wenig konkret. Die Bemühungen, psychohygienische Gesellschaften zu gründen, sind in Europa dementsprechend auf eine gewisse Skepsis gestoßen und haben nicht das Echo gefunden, das den eben zitierten Vorstellungen der Vertreter der Psychohygiene entspricht. Dennoch ist das psychohygienische Gedankengut überall wirksam geworden. Vielerorts gibt es inzwichen Beratungsstellen aller Art. Die Arbeit, das Wohnen, die Freizeit etc. werden vielfach unter psychohygienischen Gesichtspunkten beurteilt und gestaltet. Die Gesundheit wird vom hochzivilisierten (westlichen) Menschen als eines der höchsten Güter eingeschätzt – man denke nur an die ständig wiederholte Formel bei Glückwünschen zum Geburtstag und zur Jahreswende: Wir wünschen alles Gute, vor allem Gesundheit.

Betrachtet man vor diesem Hintergrund den Stand unserer wissenschaftlichen Kenntnisse in diesem Bereich und die damit zusammenhängenden Möglichkeiten der Realisierung psychohygienischer Vorstellungen und Ziele, so ist das Ergebnis ernüchternd. Schon die Vielfalt psychischer Störungen und Krankheiten, bei deren Entstehung die verschiedensten Faktoren wirksam sind, verbietet es, undifferenziert von Prävention zu sprechen. Die Zahl der möglicherweise mittelbar nachteilig oder schädlich auf die psychische Gesundheit wirkenden Faktoren ist Legion.

Ein ganz wesentlicher Faktor von ihnen ist, wie die im Auftrag der WHO im Jahre 1951 durchgeführte Bowlby-Enquête ergeben hat, die Deprivation. *Bowlby* sagt: »Partielle Deprivation hat meist akute Angst, übertriebenes Liebesverlangen, ausgeprägte Rachegefühle und, aus diesen letzteren resultierend, Schuld-

bewußtsein und Depression zur Folge. Durch diese Triebregungen und Emotionen wird die noch wenig ausgebildete Persönlichkeitskontrolle des Kleinkindes, das physisch wie psychisch gleichermaßen unreif ist, weit überfordert. Die daraus resultierende Störung des seelischen Gleichgewichts hat eine Vielzahl von Reaktionen im Gefolge, die oft zur Wiederholung tendieren und sich gegenseitig verstärken und die schließlich zu Neurosen und charakterlicher Labilität führen. Vollständige Deprivation, mit der wir uns hier hauptsächlich beschäftigen wollen, hat noch viel schwerwiegendere Folgen für die Persönlichkeitsentwicklung und kann u. U. dazu führen, daß jegliche Kontaktfähigkeit verkümmert« (siehe auch Kap. 2).

Die Problematik der Psychohygiene wird besonders deutlich, wenn man die Erfolge eingeleiteter Maßnahmen zu beurteilen hat. Mit der Prävention verhält es sich in dieser Hinsicht ähnlich wie mit der Beurteilung von Therapie-Erfolgen bei Krankheiten: Bei akuten Krankheiten ist es einigermaßen sicher möglich, den Erfolg der therapeutischen Maßnahmen zu beurteilen. Dagegen sind die methodischen Schwierigkeiten der Beurteilung langfristiger Therapieprogramme bei chronischen Krankheitsverläufen sehr erheblich und die Aussage entsprechend unsicher. Das gilt in besonderem Maße auch für Maßnahmen der Primär-Prävention, deren Auswirkungen über Jahrzehnte hin beurteilt werden müssen. In diesen Zeiträumen werden zahlreiche nicht unerhebliche Faktoren wirksam, z. B. das zunehmende Lebensalter und Veränderungen der soziologischen, ökologischen und beruflichen Situation, die nicht völlig unabhängig voneinander, aber doch in unterschiedlicher Weise Einfluß auf die psychische Gesundheit haben. Die Gefahr der Überschätzung der Bedeutung einzelner Faktoren, die aus dem Komplex wirksamer Einflüsse mehr oder weniger willkürlich herausgelöst werden, liegt auf der Hand. Das Gesagte gilt in verstärktem Maße für alle psychohygienischen Maßnahmen, die psychische Gesundheit bewirken sollen.

Auch wenn man das methodische Problem mit dem Hinweis auf die modernen Möglichkeiten der elektronischen Datenverarbeitung prinzipiell für lösbar hält, so ist dies doch nicht das entscheidende Problem psychohygienischer Bemühungen. Sie haben vielmehr zwei andere wesentliche Seiten. Die eine ist, daß die Situation des einzelnen sich grundlegend verändert, wenn er sich an jemanden oder an eine Institution wenden kann. Das gilt, obwohl statistische Untersuchungen ergeben haben, daß sich etwa die Häufigkeit von Suizidhandlungen durch die Einrichtung von entsprechenden Beratungsstellen nicht verminderten (*C. Jennings, B. M. Barraclourgh* u. *J. R. Moss*, Psychological medicine, 1978). Die andere Seite der Sache ist, daß Psychohygiene-Maßnahmen das ganze Leben nicht nur durchdringen, sondern es dadurch unweigerlich auch formen. Diese Konsequenz bewirkt natürlich Unbehagen. Spürt doch ein jeder am eigenen Leibe, wie die Wissenschaften in alle Bereiche des Lebens drängen und Schule, Universität, Sprache, Kulturbetrieb ebenso verändern wie die öffentliche Meinung, Politik, Verwaltung, Arbeit, den Beruf, den Glauben und das religiöse Leben, die Familie, Freundschaft und Liebe bis hin zum sexuellen Intimbereich. Jetzt soll auf diese Weise Krankheit nicht nur abgewendet und geheilt, sondern gar psychische Gesundheit bewirkt werden. Die Einzelziele sind dabei fraglos berechtigt, es soll ja dem Menschen geholfen und seine Lebensumstände sollen verbessert werden. Dem Unbehagen stehen also große Anliegen, Hoffnungen und Wünsche gegenüber, so daß Positives und Negatives gegeneinander abgewogen werden müssen. Die Problematik hat aber noch eine andere Dimension: Die Anliegen, Wünsche und Hoffnungen im Bereich der Gesundheit sind eingebettet in den umfassenden Anspruch auf soziale Betreuung, der seinen stärksten Ausdruck gefunden hat in der allgemeinen Erklärung der Menschenrechte der Vereinten Nationen vom 10. 12. 1948. In dieser werden in den ersten 21 Artikeln die Bürgerrechte behandelt, die jeder in einer staatlichen Gemeinschaft hat, z. B. Gleichheit vor dem Gesetz, Anspruch auf rechtliches Gehör, Gewissens- und Religionsfreiheit, Freizügigkeit, Meinungs- und Informationsfreiheit, Versammlungsfreiheit etc. Die folgenden Artikel 22–28 handeln von der sozialen Sicherheit. Artikel 22 lautet: »Jeder Mensch hat als Mitglied der Gesellschaft Recht auf soziale Sicherheit; er hat Anspruch darauf, durch innerstaatliche Maßnahmen und interna-

tionale Zusammenarbeit unter Berücksichtigung der Organisation und der Hilfsmittel jeden Staates in den Genuß der für seine Würde und die freie Entwicklung seiner Persönlichkeit unentbehrlichen wirtschaftlichen, sozialen und kulturellen Rechte zu gelangen.« Artikel 23 behandelt das Recht auf Arbeit und gleichen Lohn und Koalitionsfreiheit, Artikel 24 das Recht auf Erholung und Freizeit. Artikel 25 lautet: »1. Jeder Mensch hat Anspruch auf eine Lebenshaltung, die seine und seiner Familie Gesundheit und Wohlbefinden einschließlich Nahrung, Kleidung, Wohnung, ärztlicher Betreuung und den notwendigen Leistungen der sozialen Fürsorge gewährleistet; er hat das Recht auf Sicherheit im Falle von Arbeitslosigkeit, Krankheit, Invalidität, Verwitwung, Alter oder von anderweitigem Verlust seiner Unterhaltsmittel durch unverschuldete Umstände. 2. Mutter und Kind haben Anspruch auf besondere Hilfe und Unterstützung. Alle Kinder, eheliche und uneheliche, genießen den gleichen sozialen Schutz.« Die folgenden Artikel befassen sich mit dem Recht auf kulturelle Betreuung, Bildung und Elternrecht (Artikel 26), Freiheit des Kulturlebens (Artikel 27) und angemessene Sozial- und Internationalordnung (Artikel 28). Was hier geltend gemacht wird, sind nicht Aussagen über das Wesen und die Würde des Menschen, sondern Rechte, die er beanspruchen kann. Die Bürgerrechte werden in einem Rechtsstaat von diesem garantiert, und der einzelne kann sich an die staatlichen Instanzen wenden, die ihm sein Recht gewähren bzw. verschaffen müssen. Wie verhält sich das bei den sozialen Rechten? Artikel 22 der Allgemeinen Erklärung der Menschenrechte beginnt mit dem Satz: »Jeder Mensch hat als Mitglied der Gesellschaft Recht auf soziale Sicherheit.« Die Gesellschaft ist aber keine Rechtsgemeinschaft wie der Staat. Das bedeutet, daß der einzelne seine sozialen Rechte nur geltend machen kann, wenn Gesellschaft und Staat miteinander verschmolzen bzw. gleichgesetzt werden oder, allgemein ausgedrückt, der einzelne in ein geschlossenes System versetzt wird. Nur in einem solchen können soziale Rechte und damit auch das Recht auf Gesundheit definiert und geltend gemacht werden. Nur unter diesen Bedingungen ist die Gesundheit selbst konkret zu fassen ebenso wie auch Krankheit. Wir haben eingangs versucht zu zeigen, daß Krankheit als verändertes Sein des Menschen angesichts der Einmaligkeit des Menschen einer exakten allgemeinen Definition nicht zugänglich ist. Das gilt ebenso für das Ziel, das durch die Behandlung bewirkt werden soll, allgemein gesagt für die Gesundheit. Exakte Definition von Krankheit und Gesundheit implizieren ferner, daß das Ziel aller therapeutischen, rehabilitativen, präventiven und psychohygienischen Maßnahmen erfahrungswissenschaftlich faßbar ist. Die Tatsache, die in den letzten Jahren allen bewußt geworden ist, daß die Intensivmedizin den Maßstab für ihr Handeln und ihr Ziel nicht aus sich, d. h. aus ihren methodischen Ansätzen und ihren Möglichkeiten gewinnen kann, gilt auch hier: Den Maßstab für psychohygienische Bemühungen kann nicht die Psychohygiene liefern.

Die Psychohygiene-Bewegung war ursprünglich angetreten mit dem Anliegen, die Versorgung psychisch Kranker zu verbessern.

Über konkrete Maßnahmen hinaus wurde von ihr im Zusammenhang mit der Tendenz zur »Mental-*health*-Bewegung« in den letzten Jahren auch die bisherige Psychiatrie als solche in Frage gestellt und gefordert, bei der Betreuung und Behandlung psychisch Kranker grundsätzlich neu anzusetzen. Es sollte die einengende Wirkung der wissenschaftlichen Psychiatrie überwunden werden. Da die Psychohygiene selbst der Wissenschaft verhaftet ist, entsteht die Gefahr, daß sie versucht, deren Fesseln allen Menschen anzulegen. Sie wächst, je mehr wir uns allein auf die Wissenschaft stützen. Deren befreiende Möglichkeiten können nur wirksam werden, wenn sie von »Weisheit« getragen werden, wie in Kap. 2 u. 16 näher ausgeführt wurde. Das obengenannte Beispiel der Beratungsstellen für Suizidanten zeigt, daß es einen essentiellen Bereich des menschlichen Lebens gibt, der nicht »objektiv« erfaßt werden kann und dennoch eine entscheidende Realität darstellt.

19. Eingrenzung und Wesen von Therapie bei psychischem Kranksein

Die Problematik von »Therapie« allgemein

Das Ziel jeglicher Therapie (griech.: therapeia = Dienst, Bedienung, Behandlung; als Verb: therapeuein = dienen, behandeln) ist, Krankheit zu behandeln sowie evtl. verbliebene Behinderungen soweit wie möglich auszugleichen. Dazu kommen Maßnahmen der Rehabilitation in der Rekonvaleszenz. Bei allen therapeutischen Maßnahmen erhofft man ein günstigeres Ergebnis, als es der spontane Verlauf der Krankheit im Hinblick auf die Beschwerden, ihre Dauer und evtl. zurückbleibende Folgen erwarten läßt. Solche allgemeinen formalen Aussagen über die Ziele von Therapie sind unproblematisch. Schwierig dagegen ist zu sagen: was ist Therapie, wenn man sie gegen allgemeine pflegerische, ärztliche und menschliche Betreuung abzugrenzen versucht. Es wird vielleicht überraschen, daß die Frage, was ist Therapie, nicht ohne weiteres beantwortet werden kann. Wird die Antwort wissenschaftlich gegeben, so muß sie lauten: Therapie ist methodisches Angehen zum Zwecke der Heilung eines umschriebenen, als abnorm beurteilten Sachverhaltes somatischer oder psychischer Art, der Ursache oder Folge des Krankseins ist. Solchen strengen methodischen Anforderungen entsprechen viele der täglich angewandten Therapien nicht. Bekannte Formen solcher methodisch unzureichend begründeten therapeutischen Verfahren sind z. B. Bade- und Luftkuren, die Verabreichung von »Medikamenten« ohne nachweisbare pharmakologische Wirkung bis hin zu Extremen von Fernbehandlungen, bei denen der »Heiler« den Kranken gar nicht sieht. Aber auch diese Maßnahmen sind teilweise irgendwie wirksam und werden darum von nicht wenigen als therapeutisches Tun angesehen. Gemessen an streng methodischem Vorgehen werden damit keine »echten« Besserungen oder Heilungen bewirkt. Es tritt vielmehr beim Kranken nur das rein subjektive Gefühl ein, geheilt oder gebessert zu sein.

An einem Ende der Skala therapeutischen Vorgehens scheinen so die der wissenschaftlichen Medizin angemessenen, d. h. die kausal begründeten und methodisch angewendeten therapeutischen Verfahren zu stehen, die gleichsam das Ideal jeglicher Therapie sind, während am anderen Ende der Skala wissenschaftlich nicht begründbare therapeutische Formen zu finden sind, bei denen das Irrationale dominiert und das einzige »Wirkungsprinzip« darstellt. Diese Betrachtungsweise nimmt Verschiedenartiges in den Blick und stellt es in unrichtiger Weise gegenüber: Organismen sind keine »Mechanismen«, deswegen ist bei ihnen keine streng kausale Wirksamkeit therapeutischer Maßnahmen zu erwarten. Als Paradebeispiel für eine kausale Therapie wird u. a. die Gabe von Antibiotika bei akuten Infektionskrankheiten angeführt. Die Entwicklung von Resistenzen und des bakteriellen Hospitalismus zeigt aber, daß die Gabe von Antibiotika nicht dem Ideal einer »echten« kausalen Therapie entspricht. Es kommt hinzu, daß die »rein subjektive Wirkung« der Person des Arztes auf den Kranken nicht gänzlich irrealer Natur ist, wie im Kap. 2 dargelegt wurde. Man könnte sagen, daß z. B. Kuren und das Verabreichen von Placebos gleichsam die Materialisation dieser Wirkung sind, die in jede therapeutische Maßnahme mit eingeht. Die Wirkung von Mensch zu Mensch kann nicht als »rein geistig« oder »rein psychisch«, d. h. als ganz immateriell aufgefaßt werden, da der Mensch immer auch Leib und damit die von ihm ausgehende Wirkung stets auch materieller Natur ist, wenngleich das nicht immer sinnfällig werden muß.

Auch ohne das Wesen möglicher Wirkungsweisen nicht »schulmedizinischer« Behandlungsverfahren näher zu untersuchen, ergibt sich aus dem Gesagten jedenfalls, daß alle Therapie primär in menschlicher Zuwendung gründet, gleichzeitig aber darüber hinausgeht, indem sie zusätzliche Maßnahmen zur Bekämpfung der Krankheit, Besserung des Befindens und der Wiederherstellung der Gesundheit einschließt. Entscheidend ist, daß alle therapeutischen Maßnahmen, gleich welcher Art, dann ihrer »Leben vermittelnden Kraft« beraubt und zu Techniken reduziert werden, wenn man sie losgelöst von ihrem Grund anwendet. Der Arzt ist deshalb gehalten, sich ständig darum zu bemühen, die therapeutischen Techniken, die ihm während der Aus- und Weiterbildung vermittelt werden, in sein ärztliches Tun zu integrieren. Nur dadurch kann der Verselbständigung der einengenden und distanzierenden therapeutischen Techniken begegnet werden. Dann, aber auch nur dann, handelt der Arzt »personzentriert« und nicht »krankheitsorientiert« und gerät nicht an ein Ende bzw. in eine Sackgasse, wenn für Therapie kein Ansatz mehr gegeben ist oder von vornherein nicht gegeben war.

Die Grenzen und Gefahren rein technisch gehandhabter Therapie sind am Beispiel der Intensivmedizin in letzter Zeit jedem bewußt geworden. Nicht so stark ins Bewußtsein getreten ist, welche Auswirkung eine solche »therapeutische Einstellung« auf chronisch Kranke, Alte und Behinderte hat. Sie sind die nicht ganz geringe Zahl derjenigen, die infolge des methodenorientierten »therapeutischen« Denkens ins Hintertreffen geraten, da bei ihnen für Therapie kein Ansatz gegeben ist. Was das für psychisch Kranke und Behinderte bedeutet, wird in den Kapiteln 25, 36 und 38 näher behandelt.

Das hier über das Wesen von Therapie Gesagte zeigt, daß Therapie in das ärztliche Tun eingebettet ist und hiervon letztlich nicht exakt unterschieden werden kann. Insofern verhält es sich bei Therapie genauso wie bei Krankheit, wie wir oben im Kap. 1 ausgeführt haben. Dort hatten wir gesehen, daß es sich bei der Abtrennung von krank und nicht krank im Grenzbereich um Setzungen handelt. Das gleiche gilt auch für die Frage, welche Verfahren, Maßnahmen, Anwendungen, Beeinflussungen, Linderungen und Hilfen Therapie sind. Es liegt auf der Hand, daß nicht jegliches Bemühen um Kranke als Therapie qualifiziert werden kann. Das trifft auch für allgemeine pflegerische Maßnahmen zu, obwohl es bei diesen nicht unproblematisch ist, ihnen jegliche therapeutische Qualität abzusprechen. Wieviel Linderung von Leiden und Besserung des Wohlbefindens geht doch von einer guten Pflege aus, die nicht nur eine wichtige Voraussetzung für die Heilung ist, sondern auch selbst heilend wirkt. Das Entsprechende gilt bei psychisch Kranken für das gesamte »Klima« in psychiatrischen Einrichtungen, z. B. auch für die Gestaltung des Wohnbereiches.

Therapie als ein so komplexes Phänomen ist natürlich von den verschiedensten Seiten her der Kritik ausgeliefert, weil es nicht gelingen kann, allen Vorstellungen gerecht zu werden. Kritik entsteht vor allem dann, wenn von Idealem als Maßstab ausgegangen wird. Das ist besonders dann der Fall, wenn ein bestimmtes therapeutisches Verfahren von dem allgemeinen Grund aller Therapie abgelöst als das einzig richtige hingestellt wird. Dabei besteht die Gefahr, den Kranken bestimmte therapeutische Konzepte und Techniken aufzuzwingen und nicht genügend zu beachten, was für sie in ihrer Situation angemessen ist. Das liegt nicht in jedem Fall auf der Hand, so daß hier mit großer Behutsamkeit und Toleranz vorgegangen und geurteilt werden muß. Gehört es doch zum Wesen psychischen Krankseins, daß die Betroffenen ihre Situation nicht nur nicht in der gleichen Weise wie Gesunde zu beurteilen vermögen, sondern in der Regel auch nicht die Kraft haben, sich zu wehren, wenn das therapeutische Vorgehen z. B. als zu belastend empfunden wird oder ihnen die Art der allgemeinen Betreuung nicht zusagt. Sie sind darum in besonderer Weise darauf angewiesen, daß ihre Therapeuten ihrer Situation und Belastbarkeit sowie ihrem Vermögen, mitzuarbeiten, gerecht werden.

»Therapie« in der Psychiatrie

Im Kap. 2 haben wir die Bedeutung der zwischenmenschlichen Beziehungen zwischen Arzt und psychisch Krankem für die Behandlung eingehend erörtert. In den folgenden Kapiteln sollen die therapeutischen Verfahren bei psychischem Kranksein besprochen werden. In der Psychiatrie wurden im Vergleich zur übrigen Medizin erst sehr spät Behandlungsformen entdeckt, die es gestatten, bestimmte psychische Krankheiten gezielt zu therapieren. Bis dahin wurden verschiedene allgemeine Maßnahmen als therapeutische Verfahren bezeichnet, so etwa die Arbeitstherapie, die Bett- und Dauerbadbehandlung (Weiteres siehe Kap. 20). Auch

die Gestaltung des Stationsmilieus, die Freizeitbeschäftigung und Beurlaubungen wurden in
den Therapieplan mit einbezogen. Der Begriff
Therapie wird deswegen in der Psychiatrie anders als in der übrigen Medizin sehr weit gefaßt.
In den letzten Jahren wurden sowohl die von
vielen als spezifisch wirkend beurteilten Psychopharmaka immer weiter entwickelt, als
auch in zunehmendem Maße äußere Faktoren
wie Baumaßnahmen und die Inneneinrichtung
sowie das Verhalten der Betreuer, also der Ärzte, des Pflegepersonals und aller anderen bis
hin zur Verwaltung, unter therapeutischen Gesichtspunkten beurteilt und versucht, alle diese
Bereiche bewußt zu gestalten. So sind in der
psychiatrischen Therapie zwei anscheinend entgegengesetzte Tendenzen gleichzeitig wirksam:
die eine geht in die Richtung einer »medizini-
scheren« Einstellung zum psychisch Kranken,
d. h. es wird versucht, die Störung näher zu umschreiben und gezielt anzugehen, sei es mit Psychopharmaka oder psychotherapeutischen Verfahren. Die andere Tendenz ist die schon erwähnte Ausweitung des Begriffes Therapie auf
alles, was auf den Kranken einwirkt, das man
dementsprechend zu gestalten sucht. Diese beiden therapeutischen Tendenzen werden als
»Medizin«- bzw. »Person«-orientiert bezeichnet und ihnen grundsätzliche Verschiedenartigkeit beigemessen. »Medizinische« Therapie
wird in diesem Zusammenhang häufig als »persönlichkeitsfremd« beurteilt, da sie die Persönlichkeit »überwältige«. Aber auch die totale therapeutische Gestaltung des Milieus (s. auch

Kap. 2) läßt dem Kranken letztlich keine Freiheit, denn wenn er eigene Wege geht, um dem
zu entkommen, wird das als Versuch, sich der
Therapie zu entziehen, interpretiert. Es fragt
sich daher, bei welchem Vorgehen der Kranke
dem Therapeuten stärker ausgeliefert ist.

In der Psychiatrie ist insbesondere zu berücksichtigen, daß es sowohl einen psychischen
als auch einen somatischen Zugang zum Kranken gibt. Diese Zugänge werden oft als sich gegenseitig ausschließend betrachtet und die Art
des therapeutischen Zuganges zum Kranken
mit einer Erkrankung von Psyche und Soma
gleichgesetzt. Auf die Unangemessenheit dieser
Gleichsetzungen wurde bereits hingewiesen
(Kap. 4). Hierher gehört auch, daß aus der Einteilung psychischer Krankheiten nach ihrer
Genese immer wieder geschlossen wird, nur die
ihr entsprechende Therapieform sei angemessen, also bei symptomatischen (somatogenen)
Psychosen eine somatische Therapie, bei endogenen Psychosen Psychopharmakatherapie,
bei abnormen Reaktionen und Entwicklungen
»Psychotherapie«. Das ist nicht ganz falsch,
aber in dieser Einlinigkeit auch nicht richtig. Es
geht immer um die Behandlung des ganzen
Menschen mit den jeweils bestmöglichen Mitteln, die im Laufe der Behandlung oft mehrfach
gewechselt oder kombiniert werden müssen.
Komplexität und Ineinandergreifen der verschiedenen Ansätze und Methoden charakterisieren eben nicht nur die Diagnostik, sondern
auch die Therapie psychisch Kranker.

20. Allgemeine Behandlungsformen

Wir unterscheiden bei den Behandlungsmethoden etwas vereinfachend zwischen allgemeinen unspezifischen und besonderen spezifischen im Hinblick auf das Konzept und die Art des Vorgehens. Bei beiden, den allgemeinen und besonderen Methoden, werden sowohl die psychischen wie die somatischen Zugangsmöglichkeiten zum Menschen genutzt (siehe Teil I). All diese Behandlungsmethoden sind in Maßnahmen der Betreuung und Versorgung eingebettet, die nach den Regeln der Lebenserfahrung gestaltet werden. Die allgemeinen Behandlungsverfahren sind von diesen natürlich nicht scharf abzutrennen. Einzelne Gesichtspunkte einer gesunden Lebensführung werden vielmehr zu therapeutischen Verfahren erhoben und so in gewisser Weise zu »besonderen« Verfahren.

20.1 Moral management

Zu Beginn der modernen Psychiatrie im Übergang vom 18. zum 19. Jahrhundert hatte bei der Behandlung psychisch Kranker das von England kommende moral management (französisch: traitement moral et philosophique, deutsch: psychische Kuren) große Bedeutung. Da dieser Begriff seit über 150 Jahren nicht mehr verwendet wird, ist das moral management dennoch nicht nur von historischem Interesse. Es enthält nämlich sehr viele Momente, die, zum Teil in der Folgezeit sowohl methodisch ausgestaltet als auch in dieser oder jener Weise verformt, bis heute bei der Versorgung und Behandlung psychisch Kranker eine nicht unerhebliche Rolle spielen. Deswegen sei hier darauf näher eingegangen:

William Battie (1704–1776) spricht in seinem im Jahre 1758 erschienenen Buch »A Treatise on Madness« nur von »management« und meint damit die Gestaltung der Lebensweise, d. h. die Regeln der Diätetik. Dazu gehören ordentliche und saubere Kleidung und Unterkunft, leichte und einfache Nahrung, reine und frische Luft, ein abwechslungsreicher Tageslauf mit nicht zu langen und aufregenden Vergnügungen, die Beschäftigung mit »rather indifferent things«, so daß ein »mittlerer Zustand« zwischen freudiger Erregung und ängstlicher Verstimmung bewirkt wird. Als besonders wichtige Maßnahme des managements wird die Isolation des psychisch Kranken angesehen, so daß alle Besuche untersagt werden. Auch *Philippe Pinel* (1745–1826) legt in seinem grundlegenden Werk »Traité médico-philosophique sur l'aliénation mental, ou la manie« (1801) dem Wechsel zwischen Arbeit, Ruhe und Erholung große Heilwirkung bei. Hinzu kommt bei ihm die »police intérieure«, worunter der gesamte Umgang mit den Kranken verstanden wird. Die Gestaltung des Tageslaufs liegt in der Hand des Oberaufsehers. Er muß auf strenge Aufrechterhaltung der Ordnung achten. Bei der dabei einzunehmenden Haltung verlangt er »von allen Angehörigen der police intérieure eine ›mutige und ehrfurchtgebietende Entschlossenheit‹, die sich aber ›jeder Beleidigung enthalten‹ und, frei von jeder Äußerung der Bitterkeit und des Zorns, die heiligen Gesetze der Menschlichkeit achten muß« (zit. nach *Schrenk:* Über den Umgang mit Geisteskranken, 1973). *Pinel* erwartet von der police intérieure ein möglichst hohes Maß an menschlicher Zuwendung, die aus Einsicht, Verständnis und Kenntnis erfolgt. Dies ist gemeint, wenn er von »reinster und aufgeklärtester Menschenliebe« spricht. Gelingt es nicht, zu dieser gemeinsamen Verwirklichung einer aufgeklärten Menschenliebe gegenüber den Kranken zu gelangen, so kann man freilich auch »in den Irrenhäusern, wie in den despotischen Staaten, einen Anschein von Ordnung einhalten«. Ebenso wie *Francis Willis* (1718–1807), Greatford in Lincolnshire, der den psychisch kranken König Georg III. behandelte, *S. Tuke*

(1784–1857), York, und die deutschen Psychiater *M. Jacobi* (1774–1858), Siegburg, und *Christian F. W. Roller* (1802–1878), Illenau, legte *Pinel* großen Wert darauf, daß die psychiatrische Einrichtung in einer schönen Umgebung liegt. *Roller* fordert zudem die Lage in der Nähe einer kleinen Stadt, damit die Kranken Gelegenheit haben, wenn sie gebessert sind, sich nach der Entfernung aus der krankmachenden Umgebung wieder an das normale Leben zu gewöhnen.

Über dieses »management« hinaus, das durchaus »moralisch« und »philosophisch« ist, werden besondere »moralische« oder, wie *Pinel* sagt, »medico-philosophische« Mittel angewandt. Die Maßnahmen dürfen nicht als moralische in unserem heutigen Sprachverständnis aufgefaßt werden. Es handelt sich vielmehr um aufklärerischen und pädagogischen Umgang mit Störern, so auch mit psychisch Kranken. Diese sollten durch das moral management »zur Vernunft gebracht werden«. Mit »philosophisch« ist die kritische Beobachtung und Prüfung von Erfahrungen gemeint. *J. B. Friedreich* (1796–1862) bezeichnet die medico-philosophische Methode *P. Pinels* als »geläuterte Empirie und eine Therapie, welche sich auf Welt- und Menschenkenntnis stützt«.

Wichtig bei dem traitement moral sind nach *P. Pinel* das Symptom des »Eigensinns«, das »Sich-Fügen« und die »Einsicht« beim psychisch Kranken sowie die Wirkung der »stärkeren Macht« des Therapeuten, die die Heilung bewirkt, wie das folgende, von *M. Schrenk* angeführte Beispiel zeigt: Einen tobsüchtigen Mann ließ *Pinel* mehrere Tage lang »in stärksten Banden seine heftige Wut ausschnauben«, bis dieser nach einer Woche einsehen mußte, daß er nicht mächtig genug sei, seinem Eigensinn zu folgen. Als der Vorsteher die Runde machte, erfaßte der Mann dessen Hand, versprach, ruhig zu sein. »Der Kranke hielt Wort« und konnte bald geheilt entlassen werden. Aber nicht nur der mechanische Zwang kann nach *Pinel* »moralisch« wirksam sein, sondern auch eine »starke Erschütterung der Imagination«. Einem Wahnkranken, der nicht zu essen wagt, wird mit grausamer Fesselung und anderen Qualen gedroht. Wärter kommen mit schweren Ketten und anderem Instrumentarium in der Nacht in seine Zelle und »intimidieren« ihn. Er

besinnt sich eines Besseren, ißt und wird bald gesund. Gewalt muß also nur selten angewendet werden, oft genügt es, die Kranken zu schrecken. Eine besondere Kunst, Wahnsinnige zu leiten, besteht darin, ihre Ideen, anstatt sie einfach ausmerzen zu wollen, zu verändern. *Pinel* zitiert hier einen Grundsatz der »moral philosophie«, der besagt, man solle »die menschlichen Leidenschaften« nicht ausrotten, sondern die eine der anderen entgegensetzen.

Körperliche Arbeit zählt für *Pinel* zu den wirkungsvollsten Heilmitteln. Er betont, daß hier nicht nur eine physische Wirkung für den Kranken und ein ökonomischer Vorteil erzielt werden, sondern daß regelmäßige Arbeit, und zwar »im Wechsel mit Leibesübungen« und dann wieder mit Ruhe und Erholung, eine große »moralische« Heilwirkung habe: Die Aufmerksamkeit werde gefesselt, die Leidenschaften werden in andere Richtungen gelenkt und entlastet. Weitere Methoden des traitement moral befassen sich mit den Mußestunden des Kranken. Musik, möglichst als eigenes aktives Musizieren der Kranken, auch Theaterspiel sollen nach moralphilosophischen Grundsätzen »anderen Leidenschaften entgegengesetzt werden und das Gemüt sowohl beruhigen wie anregen« (Zit. n. *M. Schrenk* w. o.).

Zuständig für die Durchführung solcher Maßnahmen waren dementsprechend nicht in erster Linie Ärzte, sondern Pädagogen, Philosophen oder Geistliche. Nimmt man das alles zusammen, so kann man sagen, daß die damaligen Vorstellungen den ganzen Menschen im Auge hatten, sie wandten sich mit ihren Methoden an ihn als einen zwar nicht ganz mündigen, aber einen, der letztlich durch entsprechende Maßnahmen »zur Vernunft gebracht« werden kann, wie ein ungezogenes Kind, bei dem man auch keine »krankhafte« Störung psychischer oder somatischer Art vermutet.

Johann Christian Reil (1759–1813) sprach von psychischen Kurmethoden. Er meint damit die »methodische Anwendung solcher Mittel auf den Menschen, welche zunächst auf die Seele desselben und auf diese in der Absicht wirken, damit dadurch die Heilung einer Krankheit zustande kommen möge. Es ist daher in Rücksicht ihrer Begriffe gleichgültig, ob sie eine Krankheit der Seele oder des Körpers heilen; ob das erregte Spiel der Seelenkräfte zum

Behuf der Heilung durch mitgeteilte Vorstellungen und Begriffe oder durch körperliche Mittel erregt worden ist«. Neben chemischen, physisch-mechanischen spricht *Reil* von psychischen Heilmitteln. Zu diesen gehören vor allem »die Curen durch erregte Leidenschaften, Sympathie, Kraft des Vorsatzes«. Insgesamt gehören zu den psychischen Kuren aber nicht nur solche Mittel, die ihrer Art nach psychisch sind, sondern auch solche körperlicher Natur. *Reil* sagt hierzu: »Curen sind überhaupt, also auch psychische Curen, nicht ohne Mittel (Werkzeuge) möglich. Die Mittel, durch welche der Arzt psychisch wirkt, werde ich psychische Mittel nennen, um sie von den Arznei- und chirurgischen Mitteln zu unterscheiden.« Weiter unterscheidet er zwischen einer positiven und negativen Methode. Letztere soll krankmachende Reize fernhalten, z. B. »Licht, Gemälde, Spiegel, Geräusch, Besuch usw.«. Die positive Methode dagegen soll heilsame Erregungen zuführen: »Den faselnden Narren müssen wir durch Gegenstände halten, die ein hinlängliches Interesse für ihn haben«, der psychisch Kranke soll auf diese Weise wieder zu normalen Gedanken geführt werden. Die Vorschläge, die *Reil* in seinem berühmten Buch »Rhapsodien über die Anwendung der psychischen Curmethode auf Geisteszerrüttung« (1803) im einzelnen macht, sind sehr phantasievoll. Er sprach von der Anregung des Wohlbehagens und des Mißbehagens, etwa durch Donner und Blitz oder ein Gruselkabinett, sowie durch Musik und Theaterspielen. Bei letzteren war es nicht in erster Linie die Absicht, die Kranken zu unterhalten, sondern sie dazu anzuregen, selbst Musik zu machen und Theater zu spielen. Insgesamt ist der Ansatz von *Reil* also weniger pädagogischer Art, als das beim moral management der Fall ist, eher also ein modern anmuten-

des Bemühen, mit verschiedenartigen Mitteln auf den psychisch Kranken einzuwirken.

Die geschilderten therapeutischen Ansätze dürfen nicht einfach als hilflose Bemühungen beurteilt werden, psychisch Kranke irgendwie zu behandeln. Es liegt diesen therapeutischen Vorschlägen vielmehr der Versuch zugrunde, einen philosophischen Ansatz, und zwar den sensualistischen, in die Praxis umzusetzen. Der Sensualismus der Neuzeit wurde von *J. Locke* (1632–1704) mit dem Satz begründet: Im Verstande ist nichts, was nicht vorher in den Sinnen war. Daraus wurde für die menschliche Vernunft gefolgert, daß sie durch Sinneseindrücke bildbar sei, und für die Irren, daß die Unvernunft durch Sinneseindrücke wiederhergestellt werden könne. Das daraus abgeleitete therapeutische Prinzip zielte darauf ab, wie die Schilderungen zeigen, die Irren mit Hilfe starker Sinneseindrücke »zur Vernunft« zurückzuführen. Das erforderte pädagogische Autorität, wie sich aus den angeführten Beispielen ebenfalls ergibt, die den Prinzipien des Gehorsams und der Arbeit verpflichtet waren und sich nicht scheute, durch Einflößung von Furcht ihr Ziel zu erreichen. Aus diesem philosophischen Ansatz ist in der Praxis ein pädagogischer Pragmatismus geworden, der die Art des Vorgehens in den zahlreichen neuerrichteten psychiatrischen Krankenhäusern prägte. Er wurde von *Christian F. W. Roller* (1802–1878) in seinem Buch »Die Irrenanstalt nach allen ihren Beziehungen« (1831) ausführlich dargestellt.

Obwohl sich die theoretischen Konzepte im Laufe der Jahrzehnte erheblich verändert haben, ähnelt das praktische Vorgehen von heute dem früheren doch sehr stark, wenn man die viel zurückhaltendere Art des heutigen Umgangs mit psychisch Kranken berücksichtigt.

20.2 Arbeits- und Beschäftigungstherapie

Arbeit als Mittel zur Behandlung psychisch Kranker hat eine sehr lange Tradition und spielte auch, wie wir gesehen haben, beim moral management eine wichtige Rolle. Dennoch ist die Beurteilung der Arbeit als therapeutisches Mittel keineswegs einhellig, im Gegenteil, eher kontrovers. Die einen sehen in der Arbeit für

psychisch Kranke etwas ungemein Segensreiches, während die anderen mit harten Worten verurteilen, daß Kranke zur Arbeit herangezogen werden. Manche Kranke und deren Angehörige verstehen nicht, daß bei Kranken Arbeit als Therapie gelten soll. Andere Kranke sind froh darüber, daß sie eine sinnvolle Tätigkeit ausüben und sich auf die Rückkehr ins Leben vorbereiten können. Bei der Beurteilung der Arbeit Kranker ist zu beachten, daß Arbeit auch von Gesunden unterschiedlich gesehen wird: Für viele ist sie ein notwendiges Übel, um den Unterhalt zu verdienen, für andere sinnvolles Bemühen, durch das etwas hergestellt, jedenfalls etwas für die Gemeinschaft Nützliches geleistet wird. Arbeit ist somit nicht gleich Arbeit. Sie kann interessant oder stumpfsinnig sein, hohe Anforderungen stellen oder nur mechanisch abzuwickeln sein. Arbeit kann Selbstbestätigung bedeuten, aber auch als Mittel zur Reglementierung und Unterdrückung erlebt und eingesetzt werden. Schließlich spielt das Maß von Arbeit, die geleistet oder gefordert wird, eine Rolle. Unstreitig ist, daß dabei Mißbrauch getrieben werden kann und worden ist. Es ist also nicht verwunderlich, daß ein so komplexer Sachverhalt keine einheitliche Beurteilung erfährt. Bei der Arbeit Kranker muß gefragt werden, zu welchem Zweck die Arbeit verrichtet werden soll. Für die Antwort spielt eine Rolle, ob akut Erkrankte, mittelfristig oder lang zu hospitalisierende Kranke zur Arbeit angehalten werden. Bei akut Kranken kann Arbeit ein wichtiges Mittel dafür sein, zur Realität zurückzufinden und wieder Selbstvertrauen zu gewinnen. Es kommt dabei nicht in erster Linie auf Arbeitsleistung an. Bei chronisch Kranken dagegen kann arbeiten bedeuten, eine gewisse Position zu gewinnen und zu halten.

Trotz der verschiedenen Gesichtspunkte, unter denen Arbeit gesehen wird, ist unstreitig, daß sie zum Erwerb des Lebensunterhaltes unerläßlich und Teilnahme am Arbeitsleben wesentlich, Teilhaben am Leben überhaupt ist. Aus dem Arbeitsleben herauszugeraten und nicht mehr für den eigenen Unterhalt und den seiner Angehörigen sorgen zu können, ist für den, den es trifft, jedenfalls von einschneidender Bedeutung. Für Gesunde und Kranke gilt schließlich, daß Untätigkeit und Langeweile die Ursache für viele Schwierigkeiten und die bedrückende Atmosphäre sind, die überall dort eintritt, wo Menschen in Lagern, Krankenhäusern, Haftanstalten, Heimen und Asylen aller Art untergebracht sind und keine Betätigungsmöglichkeit haben, ganz unabhängig von dem Grund der Unterbringung und dem Status der Betreffenden in diesen Einrichtungen. Die Ak-

tivierung durch eine Betätigung hat sich zur Bekämpfung des »Institutionalismus« – bei Kranken spricht man von »Hospitalismus« – immer als eine große Hilfe erwiesen, so auch bei psychisch Kranken. In einer Situation, wie sie am Ende des 19. Jahrhunderts gegeben war, in der infolge einer sehr liberalen Einstellung einerseits und des Fehlens jeglicher wirksamer Behandlungsmöglichkeit andererseits eine wahre »Narrenfreiheit« *(W. Schulte)* in den psychiatrischen Krankenhäusern herrschte, erhob *Hermann Simon* die Forderung, den Kranken etwas zuzutrauen und zuzumuten und sie auf diese Weise zu fördern. Sie sollten ihre Kräfte nach Möglichkeit einsetzen, um ihr Leben auszufüllen und dort wieder einen Platz zu erhalten. Deswegen nannte *H. Simon* (1867–1947) sein Buch »Aktivere Krankenbehandlung in der Irrenanstalt« (1929, Neuaufl. 1969). Für ihn war ein wichtiges Mittel hierfür die Arbeit, so daß sein Name mit der Arbeitstherapie in Verbindung gebracht wird. *H. Simon* hat sich selbst nie als Erfinder der Arbeitstherapie betrachtet. Diese geht in Europa vielmehr weit zurück auf arabische Einflüsse in spanischen Spitälern für psychisch Kranke. Mit der Arbeitstherapie sind fast alle berühmten Namen der Psychiatrie verbunden, wie *Philippe Pinel*, Paris (1745–1826), *John Conolly*, Hanwell, England (1794–1866), *Chiarurgi*, Florenz (1759–1820), *Johann Christian Reil*, Halle (1759–1813), *Maximilian Jakobi*, Siegburg (1775–1858), *Christian Roller*, Illenau b. Achern (1802–1878), *Wilhelm Griesinger*, Winnenden, Zürich, Berlin (1817–1868) und *Eugen Bleuler*, Burghölzli b. Zürich (1857–1939).

Wenn außer Zweifel steht, daß Aktivierung eine günstige Wirkung der Arbeit ist, dann bleibt die weitere Frage, welchem Ziel die Arbeit aus der Sicht der Kranken und ihrer Betreuer außerdem dient.

Aus dem Blickwinkel der Kranken ist Arbeit, solange sie nur Aktivierung ist, sinnloses Tun, dem sie sich ebenso wie Gesunde zu entziehen suchen. Daraus folgt, daß Arbeit einen für die Kranken ersichtlichen Sinn haben muß. Das kann in einer zeitlich begrenzten Rehabilitationsphase selbstverständlich Aktivierung sein, zweifellos aber nicht bei längerer Tätigkeit. Psychisch Kranke begründen ihre Weigerung zu arbeiten häufig damit, daß sie krank sind.

Angehörige bestärken sie nicht selten in dieser Ansicht. Die nicht stets leicht zu lösende Aufgabe besteht darin, den Kranken und ihren Angehörigen zu vermitteln, daß Arbeit eine der wichtigsten Möglichkeiten zur Selbstbestätigung ist, sei es, daß sie als Rehabilitationstraining, sei es, daß sie zur Sinnerfüllung des Lebens innerhalb einer Institution geleistet wird. Eine der wesentlichen Voraussetzungen dafür, den Kranken die Arbeit nahezubringen, ist, daß die Therapeuten selbst eine entsprechende Einstellung zur Arbeit haben und ihre eigene Tätigkeit nicht als (lästigen) Job empfinden.

Die Betreuer psychisch Kranker verfolgten im Laufe der Zeit mit der Arbeit unterschiedliche Ziele. In den Zucht- und Tollhäusern im ausgehenden 18. Jahrhundert war die Arbeit zweifellos ein Mittel, um die Unkosten für die Asylierung der Bettler, Landstreicher und psychisch Kranken, die man von der Straße weg haben wollte, zu senken. Gleichzeitig diente sie der Erziehung der genannten Gruppen, mit dem Ziel, sie an ein »vernünftiges Leben« zu gewöhnen. Im Rahmen der Bemühungen um eine Reform der Versorgung psychisch Kranker wurde schon Ende des 18. Jahrhunderts und in großem Umfang zu Beginn des 19. Jahrhunderts die Krankenarbeit zur Arbeitsbehandlung umgestaltet. In England war hieran die Familie *Tuke* entscheidend beteiligt. *Samuel Tuke* (1784–1857), ein Sohn des Erbauers des berühmten »retreat« in der Nähe von York, der die Regeln des moral management in einem Buch niederlegte, betont dabei ausdrücklich, daß die Einführung des Arbeitssystems »nicht in erster Linie im Hinblick auf den pekuniären Profit geplant« werden dürfe. Sie sei vielmehr ein Mittel, um die Behandlung und das Wohlbefinden des Patienten zu fördern. *P. Pinel* machte in seiner »medizinisch-philosophischen Abhandlung über Geistesverwirrung oder Manie« (deutsch 1801) wichtige Ausführungen über den Wert der Arbeit bei der Betreuung psychisch Kranker. Dabei entspricht die Ausdrucksweise natürlich den Auffassungen seiner Zeit:

»Welch ein schmerzliches Schauspiel ist es, die Verrückten aller Art in allen unseren Nationalanstalten für Wahnsinnige entweder in einer immerwährenden unnützen und eitlen Bewegung, oder in einer traurigen Trägheit und Stumpfsinn versunken zu sehen. Eine anhaltende Arbeit . . . ändert die irrige Verknüpfung ihrer Ideen, fixiert ihre Verstandesfähigkeiten, in dem sie dieselben beschäftigt, erhält die Ordnung in jedem Sammelplatz der Wahnsinnigen und macht eine Menge kleinlicher und oft unnützer Regeln entbehrlich. Die wenigsten Wahnsinnigen, nicht einmal im Zustande der Raserei, sollten von aller Beschäftigung entfernt werden. Man würde diesen Zweck in seinem ganzen Umfang erreichen, wenn man jedem Irrenhaus einen ausgedehnten, eingeschlossenen Platz einräumen oder es vielmehr in eine Art von Meierei umschaffen möchte, bei der die Feldarbeit von den Rekonvaleszenten verrichtet und die Produkte teils zu ihrer Ernährung, teils zu dem Aufwand für sie verwendet würden. Eine erquickende Bewegung oder eine mühsame Arbeit hemmen die Ausschweifungen der Wahnsinnigen, verhindern Congestionen im Kopfe, machen den Kreislauf gleichförmiger und bereiten einen ruhigen Schlaf. Nichts fiel mehr auf als die Stille und Ruhe, welche in dem Irrenhaus zu Bicêtre geherrscht hat, nachdem die Pariser Handelsleute den meisten Wahnsinnigen Handarbeiten verschafften, welche ihre Aufmerksamkeit fixierten und auf welche sie sich in der Hoffnung eines kleinen Verdienstes mit Fleiß verlegten.« *Christian Roller*, der Erbauer der für die deutsche und europäische Psychiatrie wegweisenden psychiatrischen Anstalt Illenau bei Achern, schrieb in seinem grundlegenden Werk »Die Irrenanstalt nach allen ihren Beziehungen« (1831): »Man beschäftigt die Irren durch Arbeit, durch körperliche Übung in anderer Art und durch Unterricht, Spiele, Musik, Lektüre und andere zur Beschäftigung und Erheiterung zugleich angewandten Mittel«. Und weiter: »Die für die Therapie ersprießliche Idee, die Irren für ihre Bedürfnisse selbst sorgen zu lassen, ist es auch in ökonomischer Beziehung. Auf dem Grundeigentum der Anstalt können die meisten Lebensmittel durch die Hände ihrer Bewohner gewonnen werden, wodurch für diese ein verderblicher Müßiggang und für die Anstalt eine große Ausgabe verhütet wird. Auch von den übrigen Bedürfnissen können manche, wie Leinwand, Kleider, Schuhe, Schreinwerk etc. in der Anstalt selbst gewonnen werden. Nur vergesse man nie dabei, daß die Beschäftigung der Irren ein Mittel ärztlicher Behandlung und keine ökonomische Maßregel sei. *J. Leupoldt* und *H. Neumann* scheinen aus der Irrenanstalt in Erlangen fast ein Arbeitshaus machen zu wollen«. Diesen Beispielen könnte man viele weitere hinzufügen, die alle das gleiche Prinzip vertreten. Die Beurteilung der Arbeit hängt entscheidend davon ab, wie sich die psychiatrischen Krankenhäuser verstehen: bis vor einem Jahrzehnt sahen sie sich als Heil- *und* Pflegeanstalten (*Damerow*, 1841, s. Kap. 17), während sie neuerdings reine Heilanstalten sein möchten. War früher der Gedanke der Rehabilitation vielleicht nicht immer ausreichend betont worden, so ist die Frage heute, inwieweit man psychisch Kranke mit der Absicht, sie jedenfalls »ins freie Leben« zurück zu rehabilitieren, überfordert. Nicht zu rechtfertigen ist es jedenfalls, Kranke, die 10, 20 oder mehr Jahre in einem psychiatrischen Krankenhaus verbracht und dort entsprechend ihrer Möglichkeiten auch gearbeitet haben, aus dieser ihrer »Heimat« zu entfernen, wenn es nicht gelingt, sie völlig zu rehabilitieren und in Heime zu verlegen. Dort finden sie zudem in der Regel keine sinnvolle Betätigung und verlieren damit auch ihren Platz im Leben.

Bei der Arbeitstherapie hat es im Laufe der Geschichte immer ein Auf und Ab gegeben. Der Grund dafür ist nicht nur, daß der Pioniergeist nach einiger Zeit verfliegt. Wenn die erste Begeisterung durch den Alltag abgelöst wird, sieht man nüchterner, daß nicht »objektiv« nachgewiesen werden kann, worin der Wert der Arbeit für psychisch Kranke eigentlich liegt. Es handelt sich ja nicht um eine Therapie wie die Gabe von Antibiotika oder Neuroleptika. Die Wirksamkeit der Arbeitstherapie kann auch nicht an dem gemessen werden, was bei ihr produziert wird, ganz abgesehen davon, daß es viele Arbeiten gibt, etwa Hausarbeit, die zu keinem zähl- oder meßbaren Ergebnis führen. Arbeitstherapie führt aber auch dann, wenn meßbare Leistungen erbracht werden, nicht zur Heilung. Mit ihrer Hilfe soll vielmehr ein »therapeutischer Raum« geschaffen werden, in dem psychosoziales Verhalten geübt und gestaltet werden kann. Der Übergang zur Milieutherapie (siehe Kap. 20.7) ist somit fließend. Bei der Arbeitstherapie wurde auch immer wieder die Problematik des Entgeltes diskutiert. Da bei ihr

etwas Nützliches erbracht wird, erscheint es selbstverständlich, daß ein Entgelt dafür gegeben wird. Zum anderen handelt es sich nicht nur um Arbeits-Leistung, sondern um Therapie, die sonst nirgends entlohnt wird. Damit ist der Rahmen abgesteckt, in dem sich die Diskussionen um das Arbeitsentgelt bewegen. Eine endgültige Antwort gibt es hier verständlicherweise nicht. Es kommt hinzu, daß sich die Positionen für die Bewertung der Arbeitstherapie im Laufe der Jahrzehnte verschoben haben: Früher neigte man dazu, die Arbeit der Kranken als Mithilfe in einer großen Familie zu sehen, bei der jeder, entsprechend seinen Kräften, zur Existenz des Familienverbandes, der die Schwachen mitträgt, beisteuert. Dadurch ist die Versorgung aller gesichert. Der einzelne erhält aber so wie in einer Großfamilie keine Bezahlung für seine Tätigkeit. Heute wird Arbeit der Kranken als Produktionstätigkeit bewertet, die entsprechend der Leistung bezahlt werden muß. Damit wird die Art Arbeit, unter der schon viele Gesunde leiden, auch den Kranken zugemutet. Es kommt hinzu, daß die moderne Arbeitswelt nicht sehr gemeinschaftsfördernd ist, was viele psychisch Kranke zusätzlich belastet, da sie ja gerade Schwierigkeiten dabei haben, sich in der Gemeinschaft zurechtzufinden. Um dem zu begegnen, wird ein großer »sozialtherapeutischer« Aufwand erforderlich.

Diese Gegenüberstellung macht das Spannungsfeld deutlich, in dem Arbeit psychisch Kranker stattfindet und zu beurteilen ist. Eine allen Gesichtspunkten gleichzeitig gerecht werdende Lösung kann es hier nicht geben. Einige *Grundregeln* lassen sich aber dennoch formulieren: Kranke, die überhaupt etwas arbeiten, sollten unabhängig von der erbrachten Leistung eine geringe Vergütung erhalten, um sie von denen, die gar nichts tun, abzuheben. Für diese Gruppe sind Tätigkeiten, die der Gemeinschaft dienen, von besonderer Bedeutung. Darüber hinaus erbrachte Leistung sollte leistungsgerecht bezahlt werden. Aber auch Kranke, die im Produktionsbetrieb tätig sind, sollten von Gemeinschaftsaufgaben nicht ganz entbunden sein. Nur so kann den Kranken eine Anleitung zur Realitätsbewältigung vermittelt werden, denn eine wesentliche therapeutische Aufgabe ist, ihnen zu helfen, mit der Realität umzugehen. Das kann gegebenenfalls auch heißen zu ak-

zeptieren, daß ihre Leistungsfähigkeit geringer ist als die von anderen. Schließlich sei angefügt, daß Arbeit als therapeutisches Mittel nicht, wie man heute manchmal meint, durch Gespräche, auch nicht durch Gruppengespräche, ersetzt werden kann.

Es handelt sich bei der Arbeit und der Arbeitstherapie also um eine wesentliche Form der Betreuung und Behandlung psychisch Kranker, der sich unserem rationalen Bemühen aber nur teilweise erschließt.

Das gleiche gilt für die *Beschäftigungstherapie*, die seit dem 1. Weltkrieg entwickelt wurde. Sie wird umschrieben als »jede Betätigung körperlicher oder geistiger Art, die, vom Arzt verordnet und unter Anleitung einer Beschäftigungstherapeutin ausgeführt, dazu beiträgt, den Gesamtzustand des Patienten zu bessern« (Richtlinien der Staatlichen Schule für Beschäftigungstherapie, Hannover). Dabei müssen zwei Hauptrichtungen unterschieden werden, und zwar die funktionelle und die psychiatrische Beschäftigungstherapie. Bei der ersteren geht es darum, beeinträchtigte Körperfunktionen Kranker oder Versehrter durch Übung soweit wie möglich wiederherzustellen. Dies war früher die Aufgabe der Physiotherapie und der Krankengymnastik. Es zeigte sich aber, daß Bewegungsübungen allein lediglich einen Trainingseffekt haben. Darum begannen die Beschäftigungstherapeuten, die Kranken zu ansprechenden Betätigungen anzuleiten, um dadurch die beeinträchtigten Funktionen zu beanspruchen. Zugleich dient die funktionelle Beschäftigungstherapie dann dem Zweck, seelischen Fehlhaltungen bei chronischen körperlichen Krankheiten entgegenzuwirken. Die psychiatrische Beschäftigungstherapie ging ursprünglich ebenfalls von der Absicht aus, beeinträchtigte oder gestörte Funktionen im psychischen Bereich durch Üben zu beeinflussen und verfügbare ungestörte Leistungsmöglichkeiten zu aktivieren, um von der Krankheit abzulenken und wenigstens ein Gleichgewicht zwischen gesunden und kranken psychischen Funktionen zu bewirken. Arbeits- und Beschäftigungstherapie haben somit viel Gemeinsames, unterscheiden sich aber auch in wichtigen Punkten. Das wird folgendermaßen umschrieben: »Beschäftigungstherapie ist eine Behandlung mit sinngebundener und zweckbe-

zogener Tätigkeit, Arbeitstherapie dagegen eine Behandlung mit zweckgebundenen und sinnbezogenen Verrichtungen.« Das soll heißen, die Betätigung der Kranken in der Beschäftigungstherapie muß mit einem »ästhetischen Sinngehalt« verbunden sein, sie kann und soll nach Möglichkeit zugleich einen praktischen Zweck haben. Die Verrichtungen der Kranken in der Arbeitstherapie dagegen müssen in erster Linie durch einen praktischen Zweck bestimmt sein, ohne daß dabei ein »ästhetischer Sinngehalt« ausgeschlossen ist. So könnte man sagen:

In der Arbeitstherapie wird Notwendiges getan, in der Beschäftigungstherapie werden Möglichkeiten angeboten; Arbeitstherapie bedeutet Anspannung der Kräfte, Beschäftigungstherapie fordert die Gestaltungskraft heraus; bei der Arbeitstherapie wird die Sozialität betont, bei der Beschäftigungstherapie die Individualität.

Arbeitstherapie ist mehr dem Homo faber, Beschäftigungstherapie mehr dem Homo ludens zugeordnet. Diese Unterschiede schließen ein, daß die Arbeitstherapie einen sehr viel weiteren Indikationsbereich hat als die Beschäftigungstherapie, von der erfahrungsgemäß ein nicht unerheblicher Teil psychisch Kranker nur für kurze Zeit gefördert wird. Wichtig ist darum zu beachten, daß es sich nicht um Alternativen, sondern um zeitliche Abfolgen handelt, in denen die Kranken der Beschäftigungs- oder Arbeitstherapie zugeführt werden sollten. Die Beschäftigungstherapie ist für viele Kranke am Anfang ihrer Erkrankung ein wichtiges Mittel, um wieder Zutrauen zu sich selbst zu finden und zu erfahren, daß ihre Möglichkeiten viel größer sind, als sie meinen. Es besteht aber die Gefahr, daß dann, wenn das Spielerische zu lange ausgedehnt wird, die Kranken sich in diesem Freiraum verlieren und Schwierigkeiten dabei bekommen, ins »reale Leben« zurückzufinden. Deswegen ist der Übergang zur Arbeitstherapie, in der etwas geleistet werden muß, von großer Bedeutung, vor allem im Hinblick auf die Rehabilitation. Die Kranken müssen, wenn sie entlassen werden, erfahren haben, daß sie wieder in der Lage sind, im Arbeitsleben zu bestehen.

Wegen dieser sich gegenseitig ergänzenden Indikation zur Arbeits- und Beschäftigungstherapie sollten diese gemeinsam organisiert und, wie es vielfach geschieht, unter einem Oberbegriff, z. B. Werktherapie, zusammengefaßt werden.

20.3 Hydrotherapie

Die Anwendung von Wasser hat bei der Behandlung von Kranken von jeher eine große Rolle gespielt, so auch in der Psychiatrie. Wasseranwendungen hatten hier verschiedene Ziele, sie waren auch schon Mittel des moral management, ihre beruhigende und schlafmachende Wirkung wurde gelobt. Außerdem wurde angenommen, daß sie die Hautausdünstungen verstärken, deren Minderung als Ursache vor allem der Melancholie angesehen wurde.

Im Rahmen des moral management wurde Wasser als Schreck- und Umstimmungsmittel in Form von Tauchbädern, Strahlduschen, Regen- und Tropfbädern angewandt. Durch plötzliches Eintauchen in kaltes Wasser, das »bain de surprise« z. B., sollte eine heftige Erschütterung des Körpers herbeigeführt werden. Der dadurch bewirkte »herbe psychische Schlag« sollte verkehrte Vorstellungen durchbrechen und neuen, vielleicht gesunden Gedankengängen Raum schaffen. Wasser wurde zur Erweckung von Furcht in solchen Fällen benutzt, »wo sich der Kranke dem Gebrauche der Arzneien hartnäckig widersetzt oder wo er sich nicht den für zweckmäßig gehaltenen Maßregeln unterwerfen will«. Kalte Vollbäder bei akuten Manien empfahl *M. Jacobi* (1774—1858), Siegburg, als erster deutscher Psychiater. Gegenüber Kaltwasserkuren, die »nie ohne eine gewisse Feierlichkeit und Vermahnung zur Besserung« angewandt werden sollten, verhielten sich die deutschen »Irrenärzte« im ganzen jedoch ablehnend. In dieser Hinsicht trat in der zweiten Hälfte des 19. Jahrhunderts eine gewisse Wende dadurch ein, daß sich die Warm-Dauerbäder immer mehr durchsetzten. In den 40er Jahren des 19. Jahrhunderts hatte *Brierre de Boismont*, Frankreich, über eine beruhigende Wirkung 6- bis 14stündiger warmer Bäder auf erregte Kranke berichtet. *C. Reinhard* (Hamburg-Friedrichsberg), empfahl in Anlehnung an chirurgische Erfahrungen warme Dauerbäder bei gelähmten Geisteskranken mit Decubitus, hielt sie bei heftiger motorischer Unruhe aber für kontraindiziert

(1863). Die Anwendung von Bädern verbreitete sich in Deutschland in der Folgezeit immer mehr. Auf der 24. Versammlung der Südwestdeutschen Irrenärzte in Karlsruhe am 5. u. 6. 11. 1892 sagte *Feldbausch*, Emmendingen: »Das Wasser ist ein immer unentbehrlicheres Hilfsmittel in der Behandlung und Pflege der Irren geworden und eine gut eingerichtete Anstalt ohne reichliche und bequeme Badegelegenheit nicht denkbar. In den Fachschriften der Hydrotherapie findet sich zuweilen die Klage, daß in der Behandlung der Irren zu wenig Gebrauch von den Methoden, wie sie in Wasserheilanstalten üblich, gemacht werde. Diese Klage ist schon deshalb unbegründet, weil Geisteskranke sich nicht oft freiwillig solchen Kuren unterziehen würden und das Gute, was sie etwa bewirken, doch nicht die Anwendung von Zwangsmaßregeln rechtfertigen kann«. Gleichzeitig verteilte *C. Fürstner*, Strasbourg, 15 Thesen über die Anwendung von Wasser bei Geisteskranken. Die 5. These lautete: »Am meisten empfiehlt sich zu therapeutischen Zwecken das warme Vollbad von 26—28—30° bei 10—15—20 Minuten, evtl. längerdauerndem Aufenthalt des Kranken in demselben …« und die 6. These: »Die Wirkung des warmen Vollbades ist eine dreifache: es beruhigt, es fördert den Schlaf, es steigert den Stoffwechsel. Außerdem erleichtert es die Pflege der Haut, die namentlich bei Unreinlichen, bei Unruhigen oder bei Kranken, die von organischen Leiden betroffen sind, sorgfältigst gehandhabt sollte«. *E. Kraepelin* berichtete in der Diskussion über diese Thesen, daß er stundenlange Bäder bei Aufregungszuständen und akuten Erschöpfungszuständen anwende und niemals Nachteile bei der Anwendung prolongierter Bäder gesehen habe. Als Kautelen empfahl er kleine Alkoholdosen vor und nach dem Bade. Der Erfolg sei häufig eine mehrere Stunden anhaltende Beruhigung. *Thomsen* faßte in seinem Buch »Die Anwendung der Hydrotherapie und Balneotherapie bei psychischen Erkrankungen« (1898) den damaligen Kenntnisstand in 5 Thesen zusammen: »1. eine exakte Hydrotherapie bei der Behandlung der Geisteskrankheiten gibt es noch nicht, weil einerseits die Ursachen und die anatomisch-physiologischen Prozesse der Geisteskrankheiten unbekannt sind und weil andererseits die physiologische Wirkung der Wasserprozeduren vielfach noch dunkel ist. 2. Von allen eingreifenden Prozeduren, starken Duschen, sehr niedrigen Temperaturen etc. ist bei der Behandlung der Psychosen und Neurosen im allgemeinen abzusehen. 3. Bei akuten Psychosen, die mit Erregung einhergehen – Manie, Melancholie, Erschöpfungspsychosen – ist eine systematische und konsequente Hydrotherapie, wenn sie sich auch wissenschaftlich nicht völlig begründen läßt, empirisch von großem Nutzen. Warme Bäder, regelmäßig und oft wiederholt, resp. warme prolongierte Bäder bei Abkühlung des Kopfes, sind die geeignetsten Mittel, Erregung zu bekämpfen und Schlaf zu erzeugen. Dasselbe gilt für alle übrigen Erregungszustände, bei denen symptomatisch das warme resp. die feuchte Einpackung sich als das beste Beruhigungsmittel erwiesen hat. Von dem Kräftezustand des Patienten, von seiner Individualität und von seinem Widerstreben gegen die Maßregel ist es abhängig zu machen, ob man eine Einpackung oder ein warmes Bad wählt. Im Zweifelfalle dürfte letzteres vorzuziehen sein. 4. Bei apathischen, stuporösen und affektlosen Kranken ist neben den warmen Bädern das Halbbad mit nachfolgender Übergießung resp. der kalten Abreibung das geeignetste Mittel, Zirkulation und Stoffwechsel günstig zu beeinflussen.

5. Im übrigen ist die Anwendung hydriatischer Prozeduren bei Psychosen und Neurosen eine symptomatische und nach den allgemeinen Grundsätzen zu bestimmen«.

Es entwickelte sich eine Ära, in der jede Wachabteilung psychiatrischer Krankenhäuser Dauerbäder bekam, teils in besonderen Baderäumen, teils im Wachsaal selbst. Die Dauerbäder haben bis in die dreißiger Jahre des 20. Jahrhunderts hinein ihren wohltuenden Zweck erfüllt. Die recht modernen Umbauten der Heilanstalt Strecknitz-Lübeck (1930) und der Neubau der Psychiatrischen und Nervenklinik Frankfurt a. M. (1929–31) wurden noch mit großen Dauerbädern ausgestattet. Mancherorts waren die Dauerbäder bis in die Zeit nach dem 2. Weltkrieg in Betrieb und verloren erst mit dem Aufkommen der Psychopharmaka an Bedeutung. Seither werden sie nirgends mehr angewandt.

Die rasche Ausbreitung der neuen Behandlungsmethode mit warmen Dauerbädern dürfte als Mittel gegen die »wahre Narrenfreiheit« (*W. Schulte*) stark gefördert worden sein, die sich sowohl infolge der zunehmend liberalen Einstellung in der zweiten Hälfte des 19. Jahrhunderts als auch der immer noch fehlenden wirksamen Behandlungsmöglichkeiten in den psychiatrischen Krankenhäusern entwickelt hatte. Warme Dauerbäder waren eine Möglichkeit, die Kranken zu beruhigen und die oft schwierigen Situationen in den Wachsälen besser zu meistern. Das gleiche gilt auch für die Bettbehandlung (s. Kap. 20.4), die in der gleichen Zeit parallel dazu eingeführt wurde.

20.4 Bettbehandlung

Wie die Anwendung von Wasser wurde auch die Bettbehandlung zunächst zur Behandlung eines bestimmten Krankheitsbildes empfohlen, und zwar von *J. Guislain* (1797–1860), Gent, im Jahre 1852 für die Melancholie. Sein Gedanke war, daß körperliche Ruhe und damit Ruhe des Gehirns diesen Kranken nützlicher sei als Ablenkung und Zerstreuung, die in der Regel angeraten wurden, um sie von ihren traurigen Gedanken abzubringen. In Deutschland wandte als erster *Ludwig Meyer* (1827–1900), Göttingen, die Bettbehandlung systematisch an,

worüber 1881 *Flersheim*, Göttingen, in seiner Dissertation berichtete. Aber erst *D. Neisser*, Leubus/Schlesien, verschaffte ihr allgemeine Geltung. Im Jahresbericht von Leubus für das Jahr 1887 wurde darüber berichtet, daß »bei der Behandlung von Kranken mehr als früher und mit bestem Erfolg von der Bettruhe« Gebrauch gemacht werde. *Neisser* setzte sich in einer Reihe von Vorträgen und Veröffentlichungen für die generelle Einführung der Bettbehandlung ein.

Im Jahre 1894 schrieb er: »Wer je in der Lage

war, eine Anstalt mit durchgeführter Bettbehandlung zu vergleichen mit einer solchen alten Styls und mit der vollbesetzten ›Zellenabtheilung‹ mit den obligaten ›Tobhöfen‹, mit dem Durcheinander verstörter Gestalten wird mit uns fordern, daß dieses letzte Stück einer unmedizinischen Vorzeit aus der praktischen Psychiatrie nun endlich und endgültig verschwinde. Über Einzelheiten läßt sich streiten, die besonderen Indikationen bleiben besonders festzustellen, aber das Prinzip *ist* entschieden und nur Unkenntis des Erreichbaren und an vielen Orten längst Erreichten ist es, was der allgemeinen Einbürgerung des Verfahrens entgegenstand«. Mit der Bettbehandlung verfolgte *Neisser* ein doppeltes Ziel, wie aus seinem Ausruf hervorgeht: Die Bettbehandlung »ist für die günstige Gestaltung des Krankheitsverlaufes in der Mehrzahl der Fälle von einschneidender Bedeutung und zudem für das gesamte Anstaltsregime ein unschätzbarer Segen!«

Einerseits ist sie also ein therapeutisches Verfahren und andererseits ein Anstaltsregime. Das allgemeine therapeutische Prinzip habe er vor Jahren dahin formuliert, »daß alle Elemente, deren Haltung und äußeres Benehmen ungeordnet, erregt oder überhaupt auffällig ist, mögen sie melancholisch, maniakalisch, halluzinatorisch-verwirrt, Paranoiker, Epileptiker, Alkoholdelirante, Paralytiker oder einfach Demente sein, am besten im Bette aufgehoben sind. Sie mögen, wenn der Arzt es für angezeigt hält, zur Teilnahme an der Arbeit und Zerstreuung, zum Gartenbesuch oder vielleicht zum Essen das Bett verlassen, aber ihr stumpfes Umherhocken und ungeregeltes Durcheinanderwirbeln auf Korridoren und in den Aufenthaltsräumen ist unbedingt zu verpönen und durch die Bettruhe zu ersetzen« (1900). Die Bettbehandlung ist um so wirksamer, »je universeller und stürmischer der Bewegungsdrang ist. Je weniger dagegen im maniakalischen Bilde hervortretend der motorische Drang ist oder je lokalisierter der Reiz sich zeigt – beispielsweise in Form von isoliertem Rededrang –, desto geringer ist der Einfluß der Bettruhe.« Zur therapeutischen Wirkung der Bettbehandlung bei verschiedenen Krankheitbildern erklärte *Neisser* selbstkritisch: »Schon vor 10 Jahren, als ich auf dem 10. Internationalen Medizinischen Kongreß zu Berlin in die Pro-

paganda für die Bettbehandlung eintrat, erklärte ich ausdrücklich: Trotz dieser generellen Lobpreisung liegt es mir völlig fern, in der Bettbehandlung etwa eine Panacee zu erblicken, ein besonderes System der Behandlung, welchem ich universellen Wert zuschriebe. Einer solchen unmedizinischen Auffassung, fügte ich hinzu, möchte ich mich nicht schuldig machen. Ich wiederhole es heute nochmals, um jedem Mißverständnis zu begegnen: die Bettbehandlung ist kein spezifisches Heilmittel für Psychosen, ebensowenig wie sie dies für fieberhafte oder andere konsumierende Krankheiten ist. Sie ist nur ein Hilfsmittel der Therapie, welche im übrigen völlig individuell von Fall zu Fall zu gestalten ist. Daß die Bettbehandlung, diese einfachste, nächstliegende und populärste Maßnahme jedes Arztes, in ihrer Ausdehnung auf Geisteskranke fast wie ein neues und eigenartiges ›System‹ wirkt, was sie nicht ist und ihrer ganzen Natur nach nicht sein kann, ist nur im Hinblick auf die historische Entwicklung der Psychiatrie verständlich« (1900). Das eigentliche Anliegen *Neissers* war aber, die Bettbehandlung als neues Anstaltsregime einzuführen und damit der psychiatrischen Anstalt den Charakter eines Krankenhauses zu geben. Von diesem sollte sich die psychiatrische Anstalt nur dadurch unterscheiden, daß sie, weil für längere Aufenthalte berechnet, mehr Komfort und ausreichende Beschäftigungsmöglichkeiten böte. Durch die Bettbehandlung, vor allem der Frischerkrankten, werde diesen bewußt, daß sie nunmehr rein ärztlicher Behandlung und Betreuung unterstünden. Jeder neuangekommene Kranke, durch die Bettbehandlung in eine festgefügte Ordnung und Pflege versetzt, solle mindestens 8 Tage im Bett verbleiben. So könne er sich an das Anstaltsmilieu und an seine ebenso in den Betten liegenden Mitpatienten gewöhnen. *Neisser* hebt immer wieder hervor, wie günstig dieser Einfluß sei, und zwar gerade auch bei unruhigen Kranken, bei manischen Erregungen, Paralysen und sonstigen Psychosen, und wie viel mehr Arzt- und Pflegepersonal in der Lage sei, das Verhalten der Kranken zu beeinflussen. Dabei gelte für den Arzt, daß er bei Tag wie bei Nacht persönlich unermüdlich auf dem Posten zu sein habe, um die Wärter zu ermutigen und zu belehren und wohl auch ihre Stelle einzunehmen. »Immer von neuem muß man die widerstrebenden oder planlos umherirrenden Kranken zu ihrem Bett zurückführen, sie in die Decke hüllen, bei ihnen sitzenbleiben, ihnen zureden oder ihre motorischen Impulse anderweitig abzulenken suchen.« Bei manchen dieser Schwierigkeiten vergesse man nur zu schnell, »wie es ohne Bettbehandlung in der Abteilung der Unruhigen zugegangen ist und daß solche Szenen die Regel bildeten, welche jetzt als Ausnahme so entmutigend wirken«. Deswegen müsse man immer von neuem den Segen der Bettbehandlung beachten und das Begonnene mit frischem Mut weiterführen. »Nur auf diese Weise wird jenes Milieu geschaffen, welches für eine zwanglose Durchführung der Bettbehandlung in denjenigen Fällen, in welchen dieselbe aus therapeutischen Rücksichten sich empfiehlt, die Vorbedingung darstellt.« Denn »ein gutes Regime hat zum Ziele Ruhe, Ordnung und Sauberkeit des Ganzen. Von fast entscheidender Bedeutung für die Erreichung dieses Zieles wie auch für die ganze Beziehung des Kranken zur Anstalt sind die Eindrücke, welche derselbe in der ersten Zeit bei und nach seiner Aufnahme empfängt. Jeder neue Kranke soll deshalb zunächst einer Abteilung zugewiesen werden, in welcher – bei aller Verschiedenheit der Krankheitsformen – nur derartige Elemente sich befinden dürfen, welche die ärztliche Autorität respektieren, so daß die Visite ganz ungestört in den Formen sich vollziehen kann, welche in jedem Hospitale üblich sind«.

20.5 Neuere Therapieformen

In jüngster Zeit wurden, die Gedanken der Beschäftigungstherapie fortführend, viele neue Aktivitäten als weitere Therapien psychisch Kranker entwickelt, z. B. sportliche Betätigungen, wie Schwimmen, Reiten, Mannschaftsspiele, ferner Tanzen, Musizieren, Modellieren. In diesen Aktivitäten wurde immer mehr für psychisch Kranke eine Möglichkeit gesehen, sich selbst zu erfahren und zu finden, und das zu gestalten und auszudrücken. Für diese Anliegen sind noch weitere Verfahren entwickelt worden, etwa die konzentrative Bewegungstherapie im Jahre 1978: durch sie soll über das Erleben des eigenen Körpers und seiner Ausdrucksmöglichkeiten die Wahrnehmung der eigenen Fähigkeiten gefördert werden, insbesondere die des Kontaktes und der Kommunikation sowie die Fähigkeit zu spielen. Eine besondere Bedeutung wird ferner den verschiedenen Formen des Gestaltens als eines schöpferischen Vorgangs zugeschrieben, der heilt und damit das Gefühl der Freude, Heiterkeit und gar der Erlösung vermittelt. Mit seiner Hilfe sollen »Ich-Defekte« ausgeglichen und die seelische Entwicklung gefördert werden. Dafür sind Können, Sauberkeit und sorgfältiges Arbeiten erforderlich, die das Gestalten gleichsam von innen heraus ermöglichen und zu verwirklichen helfen, ohne daß irgendwelche Anweisungen gegeben werden müssen. Man kann in diesem Zusammenhang auch wesentliche Teile der Gesprächstherapie stellen, soweit sie Echtheit vermitteln und durch Spiegeln des affektiven Verhaltens dem anderen helfen will, sich selbst zu finden.

Die Gesprächstherapie steht so in gewisser Weise am Übergang von den geschilderten averbalen Methoden zu den psychotherapeutischen Verfahren anderer Art.

20.6 Milieugestaltung

Im moral management ist alles, was die allgemeine Lebensgestaltung und die Gestaltung des Milieus betrifft, bereits angelegt. Das Milieu psychiatrischer Einrichtungen wird seit je stark mitgeprägt von den baulichen Gegebenheiten und der Organisation ihres Betriebes. Darüber hinaus wird das Milieu beeinflußt von den Aufgaben, die einer psychiatrischen Einrichtung im Versorgungssystem für psychisch Kranke zugedacht sind (z. B. Aufnahmeklinik oder Abteilung für chronisch Kranke). Das alles wiederum ist verwoben mit der Bereitschaft der Öffentlichkeit, Mittel für die Versorgung psychisch Kranker zur Verfügung zu stellen, und der Bereitschaft von Fachkräften, in diesem Bereich tätig zu werden.

Wir stellen die Frage zurück, ob es sich bei der Gestaltung des Milieus um Therapie handelt oder lediglich um eine wichtige Voraussetzung und Unterstützung derselben. Dagegen ist es von großer Bedeutung zu bedenken, daß die Mittel und Möglichkeiten für die Milieu-Gestaltung immer beschränkt sind und sein werden. In gewissen Grenzen kommt es letztlich auch nicht darauf an, was zur Verfügung steht. Entscheidend ist vielmehr, was mit dem Gegebenen gemacht und wie das Milieu mit Leben gefüllt wird. Wir sind heute geneigt zu sagen, daß es nur unter günstigen Voraussetzungen überhaupt einen Sinn hat, tätig zu werden, da mangelhafte Möglichkeiten durch Gesinnung und Einsatzbereitschaft nicht ausgeglichen werden könnten. Wie groß dieses Minimum tatsächlich sein muß, ist bisher ungeklärt. Dabei ist zu beachten, daß nicht nur Mangel, sondern auch Überfluß fruchtbaren Einsatz lähmen, erschweren und gar ersticken kann. Der Hauptgrund für das letzte ist, daß die Energien zu sehr darauf gerichtet werden, immer mehr zu fordern und zu beschaffen, und dadurch dem Einsatz für die Kranken und der Zuwendung zu ihnen verlorengehen (hierzu siehe auch Kap. 2).

Beginnen wir bei den Bauten, die auf keinem anderen Gebiet der Medizin ein so eindrückliches Abbild der wissenschaftlichen Konzeption und der Auffassungen der Umwelt über die psychisch Kranken und ihre Heilbarkeit darstellen (*W. Schulte*, 1962). Die Neubauten zur Versorgung psychisch Kranker in Deutschland im Laufe des 19. Jahrhunderts wurden fast alle als sogenannte relativ verbundene Heil- und Pflegeanstalten errichtet. In der ersten Hälfte des 19. Jahrhunderts waren es langgestreckte Bauten mit Seiten- und Querflügeln, in denen durch Korridore alle Abteilungen miteinander verbunden waren, die in der Regel ganze Zellentrakte enthielten. Diese Art des Anstaltsbaus stand ganz unter dem Einfluß von *Roller*, nach dessen Plänen die Anstalt Illenau bei Achern (Rheinebene) im Jahre 1842 erbaut wurde. In der zweiten Hälfte des 19. Jahrhunderts kamen Einflüsse aus dem Ausland hinzu. Für landwirt-

schaftliche Arbeiten gliederte man der Anstalt jetzt neben dem zentralen Gebäude entsprechende Bauten an. Daraus wurde bei Neubauten ein neuer Anstaltstypus entwickelt, die »koloniale Irrenanstalt im Pavillonsystem«. Das bekannteste Beispiel hierfür ist die Anstalt Alt-Scherbitz bei Breslau, die von *Koeppe* und *Paetz* 1876 errichtet wurde. Man unterschied die »Zentralanstalt«, kleine Häuser (Pavillons) für je 20–40 Patienten, und die Kolonie mit offenen Landhäusern. In der Folgezeit erwiesen sich die zahlreichen kleinen Pavillons auf dem dazu erforderlichen großen Gelände als zu kostspielig. Technische Einrichtungen wie die Kraftanlage, Fernheizung, Warmwasseranlage und zentrale Kochküche zwangen zu einer Verringerung der Zahl der Gebäude, so daß man dazu überging, zweigeschossige Häuser oder Doppelpavillons mit 4 Abteilungen zu bevorzugen. Ein schönes Beispiel für eine Anstalt dieses Typs mit einem modifizierten Pavillonstil ist das psychiatrische Krankenhaus Gütersloh (erbaut von *Hermann Simon* von 1910–1914).

Abgesehen von dem Neubau von Universitäts-Nervenkliniken und dem Psychiatrischen Landeskrankenhaus Nordschwarzwald bei Hirsau wurden seit Beginn des 1. Weltkrieges keine neuen psychiatrischen Krankenhäuser errichtet (von den psychiatrischen Abteilungen an Allgemeinkrankenhäusern abgesehen), so daß man überall mehr oder weniger auf die alte Bausubstanz angewiesen ist. Die einzige Möglichkeit zur Verbesserung der baulichen Substanz sind Um- und Ergänzungsbauten, in wenigen Fällen auch Neubauten. Insgesamt sind hierzu die Möglichkeiten in den psychiatrischen Krankenhäusern günstiger als in den relativ kleinen Universitätskliniken, da jene viel mehr Ausdehnungs- und Entfaltungsmöglichkeiten in ihrem großen Gelände haben.

Entscheidender als das Baukonzept ist für das Milieu in den Häusern die Gestaltung der Abteilungen und der einzelnen Räume. Hier zeigen sich die eigentlichen Probleme. Geht man nach der Maxime vor, das psychiatrische Krankenhaus ist ein Krankenhaus wie jedes andere auch, und gestaltet dementsprechend die Krankenzimmer, so fehlt diesen erfahrungsgemäß der wohnliche Charakter, der für die Mehrzahl der psychisch Kranken unerläßlich ist. Der wohnliche Charakter gerät allerdings unvermeidlich in Konkurrenz mit den erforderlichen Sicherheitsmaßnahmen, die eine gewisse Übersichtlichkeit erfordern und darum insbesondere die Gestaltung der Nebenräume, Waschräume und Toiletten beeinflussen. »Was waren im Laufe der Zeit von Psychiatern und Architekten alles für Vorsichtsmaßregeln erdacht und – man muß schon sagen – angerichtet worden: Zellen, Gitter, offene Toiletten, abgerundete Ecken an Wänden und Möbeln, Einmauerung oder Einschraubung von Bettstellen, Tischen und Schränken auf dem Fußboden, Netzbetten, Gitterbetten mit Eisenstäben, Türen ohne Klinken, Wasserstellen ohne Hähne bis zum Blechgeschirr und Gummivasen – alles Einrichtungen, die dazu beitragen [...], Aggressionsneigungen und Verstimmungen hervorzurufen und zu steigern, Artefakte zu provozieren und zu fixieren. Das Bild wurde dadurch abgerundet, daß Messer und Gabeln zum Essen vorenthalten wurden [...]. In der Tat war der Sicherungsgedanke fast zum Mythos erhoben worden« (W. Schulte, 1962). Nachdem sich herausgestellt hatte, daß den Kranken mehr Freizügigkeit eingeräumt werden kann, gingen die Forderungen dann dahin, jegliche Sicherungsmaßnahmen fallenzulassen und alle Stationen zu öffnen. Auch dies ist möglich, wenn genügend Personal zur Verfügung steht. Der derzeitige Schlüssel für das Pflegepersonal von 1 : 3–3,5 müßte dann nach allen Erfahrungen wenigstens verdoppelt werden. Das würde sich sehr stark auf den Pflegesatz auswirken, bei dem die Personalkosten mit 80% zu Buche schlagen. Pflegesatzerhöhungen sind eine politische Frage. Abgesehen davon ist die Zahl des zur Verfügung stehenden Pflegepersonals begrenzt, so daß schon jetzt nicht alle vorhandenen Stellen besetzt werden können.

Psychiatrische Stationen unterscheiden sich von denen in allgemeinen Krankenhäusern besonders dadurch, daß Tagesräume eine wesentlich größere Rolle spielen. Dort halten sich die Kranken außerhalb der Schlafzeiten, während der Mahlzeiten und in den arbeits- und behandlungsfreien Zeiten auf. Hier müssen aber auch die wenigen Kranken beschäftigt werden, die nicht außerhalb der Krankenstation arbeiten können. Die Tagesräume sind im Zusammenhang mit dem Regime der Bettbehandlung und

der Überfüllung der psychiatrischen Krankenhäuser zunehmend mit Betten vollgestellt worden, so daß den Kranken dieser wichtige Lebensraum entzogen wurde. Das ist eine der wesentlichen Ursachen für die Mißstände, die zur Kritik an der Versorgungssituation in den psychiatrischen Krankenhäusern geführt haben. Bei der Gestaltung der Tagesräume kommt alles darauf an, sie so wohnlich und behaglich wie möglich einzurichten und ihnen nicht den Charakter von Wartesälen zu geben. Unentbehrlich ist in einem psychiatrischen Krankenhaus ein Festsaal, in dem gesellige Veranstaltungen, Feste, Theater und Kinovorführungen, Konzerte, Vortragsabende stattfinden können. Ferner ist von Bedeutung eine Turnhalle, eine Kegelbahn, ein Verkaufsraum und womöglich ein Sportplatz und auch ein Schwimmbad. Sehr bewährt hat sich die Einrichtung von Kaffeestuben, in denen die Kranken sich in der Freizeit treffen und auch ihre Angehörigen empfangen, wenn sie nicht beurlaubt werden können. Insgesamt muß das Grundprinzip gelten, daß das Verhalten der Kranken weithin von der Umwelt und insbesondere von dem Maß des Zutrauens, das man ihnen entgegenbringt, mit geprägt wird. Das gilt auch für alle Aktivitäten, wie Filmvorführungen, gemeinsame Tanzabende, Ausflüge, Gestaltung der Feierabende, Wochenenden. Wichtig ist, hierbei zu beachten, daß nicht nur möglichst viele Kranke einbezogen werden, sondern daß man sich in besonderer Weise um diejenigen kümmert, die an derartigen Veranstaltungen nicht teilnehmen. Dahinter steht bei diesen nicht selten das Gefühl, in der Krankheit solchen Dingen nicht gewachsen zu sein, und die Sorge, daß die Diskrepanz zwischen dem früheren Leben und dem jetzigen zu schmerzlich erfahren werden könnte. Solche Beobachtungen machen deutlich, daß die Kranken in vieler Hinsicht beschützt werden müssen und nicht überfordert werden dürfen. Hier muß ebenso wie bei den Sicherheitsmaßnahmen das rechte Maß gefunden werden.

Das Gesagte zeigt, wie leicht die verschiedenen Maßnahmen in der einen oder anderen Hinsicht zum Nachteil für die Kranken gedeihen können. Es kann zu große Ängstlichkeit den Umgang mit ihnen bestimmen und dadurch ihre Freiheit zu sehr beschnitten werden. Sie können aber auch zu sehr auf sich selbst gestellt und dadurch überfordert werden. Wenn in früheren Zeiten die Tendenz zur Sicherung vorherrschte, so ist die Gefahr heute, daß man die Kranken einer totalen Therapie und Versorgung aussetzt. Wenn die Versorgungskette vom Krankenhaus bis in die Wohnung reicht, stellt sich die Frage, in wie vielen Fällen das eine positive Wirkung hat. Das gleiche gilt für die totale Gestaltung des Lebensraumes innerhalb der Versorgungseinrichtung. Die Kranken leben schon infolge ihrer Krankheit in einer Sondersituation. Diese wird durch das umfassende therapeutische Vorgehen zu einer künstlich gestalteten »Sonderwelt«, der sie sich nicht mehr zu entziehen vermögen.

20.7 Abschließende Bemerkungen zu den Kapiteln 20.1–20.6

Neben den geschilderten therapeutischen Verfahren nahm zu Beginn des 19. Jahrhunderts bei der Behandlung psychisch Kranker die Anwendung von Brech- und Abführmitteln sowie von ableitenden und hautreizenden Mitteln einen breiten Raum ein, was den damaligen medizinischen Anschauungen entsprach. Auf Einzelheiten soll hier nicht näher eingegangen zu werden. Von Bedeutung scheint das folgende zu sein: Die Bettbehandlung ist, ebenso wie die Hydrotherapie, im Grunde eine Frage des managements. Im Vergleich zum moral management, das auf die alten Regeln der Diätetik zurückgriff und eine umfassende Gestaltung des Tageslaufes mit vielfältigem Wechsel zwischen Tätigkeit und Ruhe sowie der gesamten äußeren Lebensumstände und aller Funktionen des Kranken anstrebte, trat bei den neueren Behandlungsformen eine wichtige Änderung ein. Schon mit dem Prinzip des no-restraint (siehe Kap. 17) wurde ein einziger Gesichtspunkt für das management ganz in den Vordergrund gestellt, zweifellos zum Segen für die Kranken und die Entwicklung der Psychiatrie. Bei der Hydrotherapie und ganz ausgeprägt bei der Bettbehandlung kommt wieder nur ein Prinzip für das management zum Tragen, das den Charakter des psychiatrischen Krankenhauses neu prägen soll. Das gleiche gilt für die »Aktivierung der Kranken« (*Hermann Simon*), die im Gegensatz zur Bettbehandlung steht. Die einleitenden Abschnitte des Buches von *Simon* zeigen, daß es sich dabei um eine Gegenreaktion auf die negativen Folgen der übertrieben gehandhabten Bettbehandlung gehandelt hat.

Beachtlich an diesen Entwicklungen ist, daß anstelle des sehr differenzierten moral managements im Laufe der zweiten Hälfte des 19. Jahrhunderts Anstaltsregime treten, die stark von einem einzigen Prinzip bestimmt sind. Im gleichen Zeitraum hat sich die Denkweise der Psychiatrie der allgemeinen Medizin immer mehr genähert.

Hier sind zwei gegenläufige Tendenzen wirksam, und dem Begriff Therapie werden ganz unterschiedliche Bedeutungen beigelegt. Die eine Tendenz ist, der modernen medizinischen Denkweise entsprechend, ein bestimmtes Verfahren zu entwickeln, um damit ein umschriebenes Ziel zu erreichen, d. i. das Krankhafte, zu bekämpfen. Die andere Tendenz steht dem modernen medizinischen Denken diametral entgegen. Sie hat ganzheitlichen Charakter und ist bestrebt, die natürlichen Kräfte des Menschen zu fördern, ihn als Person zu stärken und so zur Heilung wenigstens beizutragen, wenn nicht gar sie zu bewirken. Dennoch ist auch diese Tendenz dem modernen medizinischen Denken verhaftet, denn sie entwickelt auch für das Umfassende ihres Anliegens eine umschriebene Methode. Dazu wird die Person des Menschen gedanklich auf eine psychische Instanz reduziert, dem »Ich«. Diese Unterscheidung von Person und Ich wird allerdings nicht immer exakt gehandhabt und läßt dadurch die Begriffe schillernd werden. Aus dem richtigen Gefühl heraus, daß eine solche methodische Einengung der Person des Menschen nicht angemessen ist, wird neuerdings versucht, unmittelbar, d. h. ohne theoretische Konzepte, auf den Kranken einzuwirken, z. B. durch das Gestalten, z. T. auch durch die Gesprächstherapie. Trotzdem wird auch hier von »Therapie« gesprochen, als ob es sich um ein umschriebenes Vorgehen mit einem entsprechenden Ziel handele. Das Anliegen, die Person des Kranken in den Mittelpunkt therapeutischen Bemühens zu stellen, ist offenbar eine Gegenmaßnahme gegen das Überbetonen des von der Person »losgelösten Krankhaften«, auf dessen Beseitigung die Therapie allein zielt. Die Zusammenhänge und ihre Hintergründe sind zweifellos sehr viel komplizierter, es kann aber an dieser Stelle nicht näher darauf eingegangen werden. Es soll hier lediglich auf das folgende aufmerksam gemacht werden: Obgleich es der Psychiatrie erst sehr lange nach dem Anschluß an die allgemeine Medizin gelang, medizinische Behandlungsverfahren im engeren Sinne zu entwickeln, vollzog sich der Wandel zum Denken in medizinischen Kategorien schon viel früher. Hiermit wurden die Keime für eine Entwicklung in der Psychiatrie gelegt, die bis heute immer wieder Anlaß zu prinzipieller Kritik an ihr gegeben haben.

21. Psychotherapeutische Verfahren

Unter den Begriff der Psychotherapie wird heute eine Reihe von Behandlungsverfahren subsumiert. Deren Gemeinsamkeit besteht nur darin, daß sie allesamt psychische Erscheinungen mit psychologischen Mitteln angehen. In den letzten zwei Jahrzehnten wurden zahlreiche neue Verfahren entwickelt, die teilweise über Nacht zu Illustriertenruhm gelangten, aber genauso schnell wieder fallengelassen wurden, wie sie entstanden waren. Die größte Bedeutung als methodenorientierte Verfahren haben die psychoanalytische Psychotherapie, die klientenzentrierte Gesprächstherapie und die Verhaltenstherapie gewonnen. Auf sie soll in der Folge vor allem eingegangen werden, wobei – wie schon in der Darstellung der Neurosenpsychologie – der Akzent auf der Psychoanalyse liegen wird.

Die Zuordnung der verschiedenen Psychotherapieverfahren unter klassifizierenden Oberbegriffe ist schwierig, weil einzelne Verfahren mit gleichem Recht in der einen wie der anderen Kategorie eingereiht werden können. Mit einer gewissen Berechtigung und Übereinstimmung lassen sich jedoch konfliktzentrierte, suggestive, übende und erlebnisorientierte Verfahren voneinander unterscheiden. Im Anschluß daran soll eingegangen werden auf Fragen der Gruppenpsychotherapie und der stationären Psychotherapie. Ein abschließender Abschnitt soll der Frage der gemeinsamen Wirkprinzipien der verschiedenen Psychotherapieformen gewidmet sein. Am Beginn soll jedoch das traditionellste ärztliche Psychotherapieinstrument stehen, das sogenannte ärztliche Gespräch.

21.1 Das ärztliche Gespräch

Als Psychotherapeut bekommt man in Diskussionen mit Ärzten aller Fachrichtungen regelmäßig ein Argument vorgehalten, das sich etwa wie folgt formulieren läßt: »Das Fach Psychotherapie stellt in der Medizin doch nichts eigentlich Neues dar. Jeder Arzt praktiziert im Gespräch Psychotherapie. Psychotherapeuten sind wir doch alle.« In dieser so oder ähnlich formulierten Aussage wird etwas Zutreffendes über das selbstverständliche ärztliche Tun gesagt. Solange Medizin von Ärzten praktiziert wird, sprechen Ärzte mit ihren Patienten, früher eher mehr, heute eher weniger. Ein solches Gespräch wird als »beratendes« oder »ärztliches« Gespräch bezeichnet. Es hat so viele Erscheinungsformen wie Ärzte, die es praktizieren. Es kennt keine eigentliche Methodik, sondern basiert mehr auf ungeschriebenen Traditionen. Erfahrung, Intuition und Persönlichkeit des jeweiligen Arztes prägen es in besonderer Weise. Wenn der durchführende Arzt in der Lage ist, auch unbewußte Konflikte

des Patienten zu verstehen, sie zu verbalisieren und mit dem Patienten eine gemeinsame Sprache dafür zu finden, so daß die unbewußten Konflikte auf eine Lösung hin bearbeitet werden, dann wird fraglos wichtige psychotherapeutische Arbeit beim ärztlichen Gespräch geleistet. *M. Balint* hat in London als erster versucht, das Sprechstundengespräch des Arztes psychotherapeutisch stärker wirksam werden zu lassen, indem er interessierte praktische Ärzte in Gruppen zusammenfaßte und dort ihre Fälle unter psychodynamischem Aspekt mit ihnen besprach. Dabei kam es zu einer deutlichen Sensibilisierung und Verbesserung der Wahrnehmungsfähigkeit der Mediziner für die unbewußten Probleme ihrer Patienten, was wiederum ihre beratenden und behandelnden Fähigkeiten verbesserte. (Die Institution solcher fallzentrierter Gruppen von in der somatischen Medizin arbeitenden Ärzten wird seither als »Balint-Gruppe« bezeichnet.)

21.2   Konfliktzentrierte Verfahren

Das klassische konfliktzentrierte Psychotherapieverfahren, das während Jahrzehnten überhaupt mit dem Begriff Psychotherapie identisch war, ist die Psychoanalyse. Die Psychoanalyse als Therapieverfahren wurde entwickelt von *Sigmund Freud* (1856–1939). Zentrum des Verfahrens ist die Arbeit am unbewußten Konflikt, den der Psychoanalytiker durch Interpretation (Deutung) zur Auflösung bringt.

Die psychoanalytischen Verfahren

Bei der klassischen Form des Verfahrens der *Psychoanalyse i. e. S.* finden die Sitzungen 4–5mal (ursprünglich sogar 6mal) pro Woche statt. Der Patient ruht auf einer Couch, der Therapeut sitzt außerhalb seines Gesichtsfeldes hinter oder seitlich neben ihm. Dieses Setting geht auf die Hypnosepraxis zurück, mit der *Freud* seine Arbeit anfing, indirekt aber beruht es auf der alten ärztlichen Erfahrung, daß der liegende Patient besser entspannt ist und seine Aufmerksamkeit stärker sich selbst zuwendet. Was *Freud* anfangs nicht wissen konnte, wohl aber intuitiv erfaßt hatte, ist, daß dies Arrangement in erstaunlichem Maß die therapeutisch notwendige »Regression« fördert. Regression meint hier emotionalen Rückschritt auf ontogenetisch früheres Verhalten, d. h. erneutes Erleben, Reaktivierung der alten Konflikte und – was therapeutisch am wichtigsten ist – den Versuch des Patienten, innerhalb der psychoanalytischen Situation die pathogene infantile Situation wiederherzustellen. An diesem Punkt setzt die eigentliche psychoanalytische Arbeit an. – Am Beginn der Behandlung fordert man den Patienten auf, alles auszusprechen, was ihm durch den Kopf geht, und keine Auswahl zu treffen. Man gibt ihm damit die Anweisung für das, was technisch »freies Assoziieren« genannt wird. Dieses Verfahren liefert quasi das Material für die Eingriffe des Therapeuten. Er versucht, sich anhand des Chaos von Gedanken, Wünschen und Einfällen des Patienten Hypothesen über dessen spezielles Problem zu bilden und so das »Material« zu strukturieren. Schweigt der Patient, erzählt er über Stunden Dinge, die offensichtlich den Zweck haben, von

anderen abzulenken, stöhnt er, zeigt er Zeichen von Angst, steht er von der Couch auf, kommt er ständig zu spät usw., dann wird alles dies genauso als »Material« aufgefaßt, das es zu verstehen und dem Patienten (später) zu interpretieren gilt. In einem Satz: Wenn die Psychoanalyse einmal begonnen hat, dann wird alles, was sich in der therapeutischen Beziehung abspielt, in die psychoanalytische Deutung einbezogen. – Ursprünglich hatte die Deutung der Träume des Patienten einen besonderen Stellenwert. *Freud* sprach von einem »Königsweg zum Unbewußten«. Hier ist eine gewisse Wandlung eingetreten. Man fordert heute den Patienten nicht mehr besonders auf, Träume zu berichten, und auch nicht, sie aufzuschreiben. Sie sind Material wie alles andere auch – freilich besonders interessantes. Die Es-Kräfte sind im Traum besser faßbar, denn die »Zensur« des Über-Ich scheint im Schlaf deutlich herabgesetzt. Berichtet der Patient einen Traum, so geht man nach dem vor, was er dazu assoziiert. Hat er keine Einfälle dazu, dann verzichtet man in der Regel auf eine Interpretation des Traumes. (Symboldeutungen, die in der Laienvorstellung eine so wichtige Stellung einnehmen, haben in der Psychoanalyse eine zweitrangige Bedeutung und dienen mehr der Hypothesenbildung des Therapeuten.)

Die verschiedenen *Interventionsformen* des Psychoanalytikers lassen sich am Beispiel des Umgangs mit Träumen aufzeigen: Macht man den Patienten z. B. darauf aufmerksam, daß ihm »absolut nichts« zu seinen Träumen einfällt, dann handelt es sich um die einfachste Form einer Intervention – um die sogenannte »Konfrontation«. Man stellt den Patienten gleichsam sich selbst gegenüber, beschreibt ihm seinen Umgang mit sich selbst. Etwas weiter gehend ist die »Klärung«. Etwa wenn der Patient behauptet, er habe sehr wohl zu dem Traum etwas gesagt, tatsächlich aber hat er das Thema sofort gewechselt und über etwas anderes weitergesprochen. Man geht dann mit ihm die Situation noch einmal durch, zeigt ihm, wo er das Thema wechselte und daß er tatsächlich zu dem eigentlichen Traum nichts gesagt hatte. Die dritte Möglichkeit des therapeutischen Eingriffs, das eigentliche Vehikel der psychoanalytischen Therapie, ist die »Deutung« (*Greenson:* confrontation, clarification, interpretation). Das heißt, man sagt dem Patienten, was man für die Ursache seines Verhaltens hält. Im genannten Falle: »Sie haben große Angst, daß der Traum Ihnen etwas Unangenehmes sagen könnte, und deshalb war es leichter für Sie, daß Ihnen zu diesem Thema überhaupt nichts in den Sinn kam.« Der in diesem Beispiel sehr allgemein gehaltene Charakter der Deutung zeigt, daß auch innerhalb dieses Mittels eine Reihe von sehr unterschiedlichen Nuancen möglich sind. Wichtig ist der rechte Zeitpunkt einer Deutung. Eine »zu frühe« Deutung kann den Ablauf der Behandlung erheblich stören. Sie wird unweigerlich den »Widerstand« des Patienten verstärken. Das Konzept vom *Widerstand* ist eines der wichtigsten der Psychoanalyse. Theoretisch gesehen läuft folgendes ab: Das Ich, das wegen der Aufdeckung von unbewußtem Material in der Behandlung ständig mit dem Über-Ich, das diese Inhalte verwirft, in Konflikt zu kommen droht, setzt der ganzen Behandlung einen sehr vielgestaltigen Widerstand entgegen. Obwohl die Therapie das Ich erstarken lassen soll, wehrt es sich mit seinen unbewußten Anteilen verzweifelt gegen diese Hilfe, während gleichzeitig die unbewußten Anteile des Ich, mit denen sich der Therapeut verbündet (sogenanntes Arbeitsbündnis), stärkstes Interesse am Fortschritt der Therapie haben. *Freud:* »Das ist eine so sonderbare Tatsache, daß wir nicht viel Glauben für sie erwarten dürfen.« In der Tat ist der anhaltende Widerstand innerhalb einer analytischen Psychotherapie eines der beeindruckendsten und im Verlauf der Therapie oft am schwierigsten zu handhabenden Dinge. »Widerstandsanalyse« heißt, dem Patienten immer wieder zu zeigen, wie seine unbewußten Persönlichkeitsanteile ständig den Erfolg der Behandlung zu sabotieren suchen. Man versucht also innerhalb der Therapie das voranzutreiben, was man eine therapeutische »Ich-Spaltung« nennt: die Spaltung des Ich in einen *erlebenden* und einen *beobachtenden Teil.* In geduldiger Arbeit muß dem Patienten – oft sehr zu dessen Unbehagen – gezeigt werden, daß z. B. seine Müdigkeit in der Stunde, sein Schweigen, sein Redefluß ohne Punkt und Komma, daß diese und andere Phänomene verstehbar werden, wenn man sie unter

dem Gesichtspunkt sieht, daß es in ihm Kräfte gibt, die den Erfolg der Behandlung verhindern wollen. Dem Patienten wird zuerst gezeigt, daß es einen Widerstand in ihm gibt, dann wie er beschaffen ist und zuletzt, was der Widerstand eigentlich abwehrt.

Eine der bekanntesten Widerstandsformen ist das sogenannte »Agieren«. Damit ist gemeint: Handeln aus unbewußter Motivation. In der Psychoanalyse, deren therapeutisches Instrument das Wort, das Verbalisieren ist, wirkt jedes Handeln (Agieren) des Patienten als erheblicher Störfaktor. Wenn der Patient darauf besteht, seinen Konflikt auszuagieren (*Freud:* zu wiederholen) und nicht zu verbalisieren (*Freud:* zu erinnern), dann berührt das den Kern der psychoanalytischen Therapie, und man kommt dadurch an die Grenzen der Methode überhaupt. Bei Patienten, die ihre Probleme überwiegend ausagieren müssen und nicht in der Lage sind, sie zu verbalisieren, ist eine psychoanalytische Therapie kontraindiziert (für sie wäre z. B. die Gestalttherapie oder das Psychodrama geeigneter, siehe unten). Die Beobachtung, daß sich praktisch in jedem Patienten die Tendenz findet, Vergangenes eher zu »wiederholen« als zu »erinnern«, ließ *Freud* den Begriff des »Wiederholungszwangs« einführen. In der Entwicklung der Psychoanalyse wurde schon früh erkannt, daß die Deutung des Widerstandes und alles Unbewußten allein nicht ausreicht. Es ist vielmehr ein unermüdliches »Durcharbeiten« des Unbewußten durch den Therapeuten notwendig, bei dem er den Patienten immer wieder auf seine unbewußte Problematik zurückführt. Daß ein unbewußtes Problem durch eine einmalige Deutung schlagartig gelöst wird, ist eine ausgesprochene Seltenheit.

Als stärksten Widerstand gegen die Behandlung hatte *Freud* die sogenannte *»Übertragung«* bezeichnet. In der Praxis ist Übertragungsanalyse oft kaum von Widerstandsanalyse zu trennen, weil sich Übertragung und Widerstand häufig untrennbar miteinander verbinden. *Freud* war schon bei seinen ersten Therapien aufgefallen, daß seine Patienten während der Behandlung sehr intensive Gefühle (starke Verliebtheit, Aggressionen und andere) auf ihn richteten, die sich nicht aus der Hier-und-Jetzt-Situation der Therapie erklären ließen. So entwickelte er die Hypothese, daß die ganze Gefühlsbereitschaft anderswoher stammt, in den Patienten vorbereitet war und bei der Gelegenheit der psychoanalytischen Behandlung auf die Person des Arztes übertragen wird. Er bezeichnete das Phänomen als Übertragung und sprach, je nach Zuneigung und Ablehnung, von positiver oder negativer Übertragung. Man sollte sich klarmachen, daß die positive Übertragung, die Etablierung einer »guten« und verläßlichen Gefühlseinstellung dem Arzt gegenüber, das eigentliche Vehikel der Therapie ist. Diese positive Basis läßt den Patienten letztlich die Belastungen der Therapie »aushalten«. Die Übertragung stellt also einerseits die unerläßliche basale Beziehung zwischen Patient und Therapeut sicher, andererseits führt sie – eben weil sie etwas überträgt – in massive Konflikte. Als Beispiel solcher Übertragung als Widerstand sei angeführt, daß ein Patient etwa ein starkes Mißtrauen, welches eigentlich seinem Bruder gilt bzw. diesem früher galt, auf den Therapeuten überträgt. Er fühlt sich dann ständig von diesem bedroht, kann dessen Assoziationen nicht folgen, weil er glaubt, ständig auf der Hut sein zu müssen, damit seine Äußerungen nicht mißbraucht werden. Es ist die Kunst des Therapeuten, den Hintergrund dieser Übertragung zu verstehen, sie dem Patienten zu deuten, sie ihm bewußt zu machen und durch ständiges Durcharbeiten so weit abzubauen, daß das Hindernis des Mißtrauens, das sich in der Analyse als erheblicher Widerstand auswirkt, zurückgeht und die eigentliche Behandlung fortgeführt werden kann. Bei einer stärker ausgeprägten paranoiden Struktur etwa kann der Erfolg der Psychoanalyse durch das Mißtrauen des Kranken vollends vereitelt werden. Auch von hier aus ergeben sich Kontraindikationen für diese Methode. Für die Psychoneurosen gilt, daß durch die Übertragung während der Behandlung der Therapeut und die Psychoanalyse zum Zentrum der innerpsychischen emotionalen Auseinandersetzungen des Patienten werden. Das ist angestrebt und erwünscht, denn aus dem ubiquitären Phänomen der Übertragung wird dadurch der angestrebte therapeutische Artefakt der »Übertragungsneurose«. Durch sie wird also die Grundforderung der psychoanalytischen Therapie, nicht über pathogene Zustände aufzuklären, sondern den Patienten diese erleben zu lassen, erfüllt. *Freud* hatte schon am Beginn seiner therapeutischen Arbeit verstanden, daß das bloße (emotionslose) Erinnern und Verstehen zu keiner therapeutischen Veränderung führt.

Aus dieser Handhabung der Übertragung als dem eigentlichen Medium der psychoanalytischen Technik leiten sich zwei Forderungen für den Analytiker ab: (1) Er muß eine ausführliche persönliche Analyse absolviert haben, um sicher zu sein, daß seine eigenen Reaktionen nicht mit den Konflikten des Patienten interferieren. Das heißt vor allem: Er muß seine eigenen Reaktionen wahrnehmen und kontrollieren können, und er darf vor denen des Patienten, seien sie aggressiv oder libidinös, keine Angst haben. Die Reaktionen des Therapeuten in der Analyse werden als »Gegenübertragung« bezeichnet. Sie können nie isoliert von den Übertragungsreaktionen des Patienten gesehen werden, sondern bilden mit diesen eine funktionelle Einheit. Sie haben größte diagnostische und therapeutische Bedeutung. (2) Die andere sich ergebende Forderung ist eine strikte Zurückhaltung des Therapeuten gegenüber allen Angeboten, Provokationen, Aggressionen usw. des Patienten. Das ist mit der sog. »Abstinenzregel« gemeint. Was der Patient während der Behandlung verbalisiert, wird mit ihm besprochen, aber der Therapeut läßt sich nicht darauf ein. Damit hat die Abstinenz des Therapeuten für den Patienten eine Schutzfunktion, weil dieser so sicher sein kann, daß er jede noch so abnorme Empfindung äußern darf, ohne daß die Gefahr entsteht, daß der Therapeut darauf »reagiert«. Man kann darum sagen, daß das Agieren in der Psychoanalyse ein Vorrecht des Patienten ist, dem Therapeuten dagegen ist es strikt untersagt. Die »Abstinenz« des Therapeuten kann vom Patienten als Härte, Unmenschlichkeit oder ähnliches erlebt werden, insbesondere dann, wenn der Therapeut nicht bereit ist, auf Zuwendungs- und Anlehnungsbedürfnisse des Patienten einzugehen.

Versucht man zusammenzufassen, so läßt sich die klassische Psychoanalyse als durch ein spezifisches äußeres »Setting« (Patient liegt, Behandler außerhalb seiner Sicht usw.) sowie durch bestimmte Charakteristika der gemeinsamen Arbeit von Therapeut und Patient ausgezeichnet beschreiben. Das Hauptmittel der

»Materialgewinnung« ist die »freie Assoziation« des Patienten, die entscheidende Intervention des Therapeuten ist die »Deutung«, und der eigentliche Gegenstand der Analyse ist die Arbeit an »Widerstand« und »Übertragung« zur Aufklärung der unbewußten Konflikte.

Dieses klassische psychoanalytische Verfahren wurde deshalb ausführlicher beschrieben, weil es alle Bestandteile der heute häufiger angewandten, von ihm abgeleiteten psychoanalytischen Verfahren enthält. Es sind dies vor allem die *psychoanalytisch orientierte Psychotherapie im Sitzen* (synonym oder ähnliche Verfahren bezeichnend, werden auch die Namen »analytische Psychotherapie«, »psychoanalytische Psychotherapie« und »dynamische Psychotherapie« verwandt) und die *psychoanalytische Kurzpsychotherapie*. Beide Verfahren zeigen erhebliche Unterschiede zur »Standardmethode«. Diese Unterschiede beziehen sich in erster Linie auf das äußere Arrangement: Die Sitzungen finden nur noch ein- oder zweimal in der Woche statt oder werden bei der analytischen Kurztherapie in der Gesamtzahl limitiert (15–30 Sitzungen). Bei diesen modifizierten Verfahren sitzen sich Patient und Therapeut gegenüber. Es gibt ferner eine Reihe von Unterschieden in der Behandlungstechnik, auf die hier nicht eingegangen werden soll. Das wichtigste Merkmal ist jedoch, daß man versucht, die beim klassischen Verfahren angestrebte Regression eher gering zu halten. Die niederfrequente analytische Psychotherapie im Sitzen war anfangs aus der Not geboren, daß man nicht genügend Behandlungsplätze für die große Zahl der Hilfesuchenden hatte. Sie ist mittlerweile zu einer eigenen Methode gestaltet und ausgebaut worden. Es werden für sie positive Indikationen gestellt, und sie ist nicht mehr nur eine Notlösung. Für eine niederfrequente analytische Psychotherapie kommen zum einen Patienten in Frage, die durch ihre unbewußten Konflikte nicht stärker beeinträchtigt sind, für diese aber eine psychoanalytische Behandlung wünschen. Zum anderen ist dieses Verfahren die Standardmethode für alle Störungen, denen eine weitergehende Regression nicht zuträglich wäre. Es gilt dies insbesondere für die sog. »frühen Störungen«, für die schizoiden und narzißtischen Neurosen, für Patienten mit psychotischen Episoden und für eine Reihe von Neurosen, bei denen der Therapeut den Eindruck hat, daß mit geringerem Aufwand auch ein ausreichender Erfolg zu erreichen ist. Die psychoanalytische Kurztherapie, auch »*Fokaltherapie*« genannt (weil sie auf einen bestimmten »Konfliktfokus« abzielt), wurde vor etwa 20 Jahren von D. *Malan* und M. *Balint* entwickelt. Sie versucht nur einen bestimmten Konflikt des Patienten anzugehen und verzichtet auf alle weitergehenden Interpretationen.

Die Gesprächstherapie

Die in den vierziger Jahren von *C. Rogers* entwickelte client centered therapy (Patient-zentrierte Therapie) wurde in Deutschland vom Ehepaar *Tausch* unter der Bezeichnung klientenzentrierte Gesprächspsychotherapie (kurz: Gesprächstherapie) eingeführt. Diese ursprünglich als nicht-direktive Therapie bezeichnete Behandlungsform hat mehrere Eigenarten. Zum einen fehlt ihr eine spezielle Neurosentheorie, was sie von der Psychoanalyse und den lerntheoretischen Verfahren grundlegend unterscheidet. Zum anderen wurde das Verfahren von Anfang an unter ständiger experimenteller und empirischer Kontrolle entwickelt, wodurch es sich insbesondere von der Psychoanalyse abhebt, die sich – auch vielerorts heute noch – in der Verschwiegenheit der »privaten Kabinette« beheimatet fühlt. Genaugenommen läßt sich die Gesprächstherapie besonders schlecht in die rubrizierenden Oberbegriffe, unter denen hier die Psychotherapieformen abgehandelt werden, einordnen. Sie ist eine Mischform zwischen den konfliktzentrierten, übenden und erlebnisorientierten Verfahren. Konfliktzentriert ist sie insoweit, als sie sich für die bewußten Konflikte des Patienten interessiert, mit denen dieser den Therapeuten aufsucht. Bei der Konfliktbearbeitung dominiert das Hier-und-Jetzt, wie es auch bei den jüngeren psychoanalytischen Verfahren praktiziert wird. In der Betonung des emotionalen Erlebnisses des Patienten erinnert das Verfahren an die Gestalttherapie (s. u.) oder an die »korrektive emotionale Erfahrung«, wie sie F. *Alexander* für eine bestimmte Variante der Psychoanalyse postulierte. Übendes Verfahren ist die Gesprächstherapie insofern, als sie sich bemüht, die kognitiven Möglichkeiten des Patienten bewußt zu erweitern, mit ihm Strategien zur Lösung seiner Probleme zu entwickeln, und ihn auffordert, sich etwa angstmachende Situationen vorzustellen und darüber zu berichten. Hier erinnert die Vorgehensweise an bestimmte lerntheoretische Verfahren, insbesondere die Desensibilisierung. Dabei klingt an, daß die ursprünglich einzige Interventionsform, die *Rogers* beschrieb, das sogenannte »Spiegeln«, eine bedeutende Ausweitung erfahren hat. Beim Spiegeln ging es darum, dem Patienten nichts als sein Verhalten bzw. sein Erleben konfrontierend gegenüberzustellen. Wie bei anderen Psychotherapieformen auch zeichnet sich jedoch die Bildung von Richtungen ab, die entweder zu einer stärkeren Orientierung an der Tiefenpsychologie, den kognitiven Theorien oder den Lerntheorien neigen.

Die Gesprächstherapie ist die einzige Psychotherapieform, die eine intensive Forschungsarbeit über die Qualitäten des Psychotherapeuten geleistet hat. Mit hohem Erfolg in der Therapie korrelieren folgende Eigenschaften des Behandlers: 1. intensive Anteilnahme, Achtung, Wärme gegenüber dem Patienten, 2. Fähigkeit zur Verbalisierung der vom Patienten geäußerten emotionalen Erlebnisinhalte und 3. Echtheit in der Selbstdarstellung sowie Fähigkeit zur Selbstöffnung. Im Setting erinnert die Gesprächstherapie in manchem an die analytische Fokaltherapie. Die durchschnittliche Behandlung umfaßt etwa 20 Sitzungen. Angestrebtes Therapieziel ist ein erhöhtes Ausmaß »seelischer Funktionsfähigkeit« im emotionalen und sozialen Bereich, entsprechend den eigenen Wünschen, größere Selbstachtung, größere Selbstannahme und Selbstverwirklichung. Ähnlich der Psychoanalyse hat sich die Gesprächstherapie nicht in erster Linie für die Beseitigung von Symptomen interessiert, was bei der Verhaltenstherapie im Vordergrund steht. Die Psychoanalyse ihrerseits hatte mit einer Orientierung an den Symptomen begonnen, sich dann aber zunehmend einer Veränderung der Persönlichkeits- bzw. Charakterstruktur des Menschen als Therapieziel zugewandt.

21.3 Suggestive Verfahren

Wenn man die von der Psychoanalyse kommenden Verfahren mit einem gewissen Recht als »aufdeckende« bezeichnet (bezogen auf den unbewußten Konflikt), so werden die suggestiven Verfahren auch als »zudeckende« bezeichnet. Die Anzahl der nicht wissenschaftlich untersuchten oder praktizierten suggestiven Verfahren, insbesondere in der Hand von Heilpraktikern, Wunderheilern, ist Legion. In der ärztlichen Praxis hat unter diesen Verfahren nur die Hypnose eine Rolle gespielt, die allerdings heute stark zurückgegangen ist.

Als *Hypnose* wird das aktive Herbeiführen eines schlafähnlichen Zustandes bezeichnet, in welchem eine verbale Kommunikation mit dem Patienten möglich ist (»Rapport«). Der Patient wird meist auf einer Couch in Rückenlage gelagert, oft wird durch einen Gegenstand ein Fixieren der Augen nach hinten oben bewirkt. Der Therapeut leitet dann mit der Feststellung: »Sie schlafen jetzt!« die Hypnose ein. Innerhalb dieser ist es möglich, dem Patienten eine Reihe von beruhigenden, entspannenden und stabilisierenden Verhaltensweisungen und -versicherungen zu geben, die nach Beendigung der Hypnose (»Wachen Sie jetzt auf!«) dem Patienten nicht nur eine größere innere Ruhe, sondern auch das Unterlassen neurotischer Handlungen bzw. das Unterdrücken neurotischer Symptome ermöglichen. Die Vorgehensweise ist meist so, daß der mit der Hypnose arbeitende Therapeut während der Sitzung mit dem Patienten z. B. die angstmachende Situation durchgeht und ihm etwa versichert: »Wenn Sie jetzt nach der Sitzung aus der Haustür kommen, werden Sie keine Angst mehr haben und die Straße ohne jede Hemmung überschreiten können.« Die posthypnotische Wirkung kann zeitlich begrenzt sein, bei geeigneten Patienten zur bleibenden Symptomlosigkeit führen.

Die Eignung der Patienten stellt eine gewisse Einschränkung für die Anwendungsmöglichkeit des Verfahrens dar: nur ein Teil aller Menschen ist nämlich hypnotisierbar. Die Hypnose, ebenso wie die anderen suggestiven Verfahren, kommt jedoch dem starken Wunsch eines jeden Menschen, sich *nicht* mit seinen Konflikten auseinanderzusetzen bzw. sein Unbewußtes nicht bewußt zu machen, entgegen. Die Wirksamkeit der außerwissenschaftlichen Suggestionspraktiken läßt sich anders kaum erklären.

21.4   Übende Psychotherapieverfahren

Hier geht es in erster Linie um das Verfahren des autogenen Trainings und die verschiedenen lerntheoretisch begründeten Methoden.

Das autogene Training

Das autogene Training wurde von J. H. *Schulz* eingeführt. Es handelt sich um ein aktives Einüben vegetativer Abläufe, deren Hauptwirkung auf die Psyche allgemeine Entspannung und Ruhe darstellt. Das Verfahren hat große Verbreitung gefunden und wird von vielen niedergelassenen Nervenärzten meist in der Form von Gruppentherapie praktiziert. Während der 10 oder 15 Sitzungen, die ein Kurs dauert, nimmt der Patient eine entspannte Haltung ein (»Droschkenkutscher-Haltung«) und konzentriert sich auf vegetative Abläufe. Die Übungen beginnen damit, daß man sich das Gefühl von Schwere in Armen und Beinen vorstellt, es folgen Vorstellungen von Wärmegefühl in den Gliedmaßen, dann wird gewöhnlich zur Wärmevorstellung in der Magengegend übergegangen. Es folgt die Konzentration auf das ruhig schlagende Herz, und die Übungen enden meist mit der Vorstellung von angenehmer Kühle im Kopf. Anfangs müssen die Übungen über Formeln wie »Meine Arme und Beine sind schwer, meine Arme und Beine sind warm, mein Herz schlägt ruhig und regelmäßig, meine Stirn ist kühl usw.« hervorgerufen werden. Nach intensivem Training jedoch genügt eine kurze Konzentration auf eine bestimmte Übung, um fast schlagartig die gewünschte Reaktion hervorzurufen. Es handelt sich hierbei offensichtlich um konditionierte Lernvorgänge. Der Vorteil des Verfahrens ist, daß es leicht zu lernen ist und ein wirksames Mittel zur raschen Entspannung und Ruhefindung darstellt. Der Nachteil des Verfahrens ist, daß gerade neurotisch gespannte Patienten, die des Effektes am dringendsten bedürften, in der Praxis die Übungen am schlechtesten erlernen. Während in der Theorie das autogene Training z. B. für Asthmatiker besonders geeignet sein müßte, ist es in der Praxis kaum möglich, bei Asthmatikern damit einen anhaltenden Therapieerfolg zu erzielen.

Die lerntheoretischen Verfahren

Den lerntheoretischen Verfahren ist gemeinsam, daß sie auf der experimentellen Lernpsychologie basieren. Heute werden alle diese Verfahren in der Regel *Verhaltenstherapie* genannt, was aber darüber hinwegtäuscht, daß es sich um eine große Zahl teilweise sehr unterschiedlicher Methoden mit divergierendem theoretischem Hintergrund handelt. Im Gegensatz zu den Ansätzen, die auf der psychodynamischen Theorie *Freuds* beruhen, sieht die Lerntheorie in der Neurose keine Folgen von unbewußten Konflikten, sondern *erlernte* Fehlverhaltensweisen, die durch neue, therapeutisch induzierte Lernprozesse korrigiert werden können. Die Vorstellung, daß Neurosen Folge von lerntheoretisch beschreibbaren Vorgängen sind, wurde zuerst von I. *Pawlow* und seinen Schülern entwickelt. In ihrem Petersburger Laboratorium zeigten sie in den zwanziger Jahren, daß sich durch bestimmte Arrangements bei Hunden den menschlichen Neurosen ähnliche Zustände hervorrufen lassen, die sie »experimentelle Neurosen« nannten. Eine Anordnung sah so aus: Ein Hund hat gelernt, bei Exposition eines kreisförmigen Reizes einen Hebel zu drücken, um einen gleichzeitig auftretenden schmerzhaften Stromreiz zu vermeiden. Bei Exposition einer Ellipse brauchte der Hebel nicht betätigt zu werden, weil dann der Stromreiz nicht auftritt. Wenn man nun die Form der Ellipse dem Kreis immer mehr annähert, so daß für das Tier die Unterscheidung immer schwieriger wird und ihm damit die Möglichkeit genommen wird, die schmerzenden Stromreize abzustellen, dann entwickelt der Hund ein extrem gestörtes Verhalten. Es kommt zu Schlaflosigkeit, massiver Unruhe, Angstzuständen und anderem mehr.

Eine systematische Übertragung lerntheoretischer Prinzipien auf die Neurosentherapie erfolgte in größerem Maßstab jedoch erst in den fünfziger Jahren. Dabei waren es vor allem zwei Methoden, die besondere Beachtung fanden: das operante Konditionieren *(B. F. Skinner)* und die Desensibilisierung *(J. Wolpe)*. Trotz der guten methodischen Beschreibbarkeit des Arrangements besteht letztlich noch keine Sicherheit darüber, welches die eigentlich wirksamen Faktoren der Verfahren sind. Man wird die weitere Klärung abwarten müssen. Das praktische Vorgehen in der Verhaltenstherapie verfügt über einige bewährte Elemente. Am Beginn eines Behandlungsplanes steht die möglichst exakte Analyse der einzelnen Störung bzw. des gestörten Verhaltens. Die Aufstellung einer funktionalen Analyse der Verhaltensstörung dient der Suche nach den pathogenen Reizen, von denen man annimmt, daß sie das Verhalten beeinflussen. Die eigentliche Therapie besteht dann in einer Manipulation dieser Reize, so daß es zu einer Verringerung von Fehlverhalten kommt.

Kernstücke des therapeutischen Vorgehens bei der Verhaltenstherapie sind die einzelnen Techniken. Man kann zwei große Gruppen unterscheiden: die *Aneignungs-* und die *Beseitigungstechniken (Bergold* und *Selg)*. Aneignungstechniken sind solche, die eingesetzt werden, um dem Behandelten neue Verhaltensweisen zu vermitteln; Beseitigungstechniken dienen dem Abbau unerwünschten Verhaltens. Die klassische Beseitigungstechnik, mit der auch *Pawlow* seine Hunde behandelte, ist die *Extinktion.* Extinktion tritt dann auf, wenn der bedingte Reiz nicht mehr mit dem unbedingten Reiz zusammen erfolgt, d. h. wenn eine gelernte Verhaltensweise nicht mehr »verstärkt« wird. In der Praxis ist dieses Verfahren nicht so oft angewandt worden, wie es von der theoretischen Bedeutung her zu erwarten gewesen wäre. Erst mit der implosive therapy (Implosionstherapie, *Stampfe)*, in der eine Angstüberflutung (flooding) der Kranken herbeigeführt wird, scheint der Extinktion wieder stärkere Bedeu-

tung zuzukommen. Der Implosionstherapie soll insbesondere bei den sonst sehr schwer zugänglichen Zwangsneurosen wirksam sein, deren Angst stark ansteigt, wenn man sie an der Ausübung ihrer Rituale hindert (symptom prohibition). Auch bei Phobien soll diese Technik Erfolge haben.

Die Beseitigungstechnik, die insbesondere an Phobien erprobt wurde, ist dagegen das *systematische Desensitivieren.* Die Erfolge mit der Desensitivierung sind um so größer, je gerichteter und umschriebener die Angst ist. *Wolpe* begann seine Behandlung, indem er zunächst den Patienten auf einem bequemen Sessel sich entspannen ließ. Diese Entspannungsübungen erinnern an das autogene Training. Danach wurde mit dem Patienten zusammen eine hierarchisch geordnete Reihe von Vorstellungen über das angstmachende Objekt entwickelt, d. h. der Patient legt eine Reihenfolge fest, in der er einen Gegenstand oder eine Situation als mehr oder weniger angstmachend als andere erlebt. Für die Therapie werden dem Patienten nun ausgehend von einem Zustand guter Entspannung, anfangend mit den am wenigsten angstmachenden Reizen, nach und nach die immer stärker belastenden Situationen in seine Vorstellung eingeführt. Das heißt, die ganze Therapie findet im Bereich der Imagination statt. Der Patient stellt sich die Situation vor, und der Therapeut bestimmt Dauer und Ende des Vorstellens, beobachtet das Ausmaß der entstehenden Angst und entscheidet, ob auf einen weniger angstmachenden Reiz zurückgeschritten oder mit einem stärker angstauslösenden Reiz fortgeschritten wird. Therapeutische Arrangements, die mit realen angstmachenden Objekten arbeiten, z. B. bei Tierphobien, werden als »In-vivo-Therapie« bezeichnet.

Als letzte in diese Reihe gehörende Technik ist die *Aversionstherapie* zu besprechen. Das Grundprinzip ist hier, daß das zu vermeidende Verhalten mit einem unangenehmen, aversiven Reiz gekoppelt wird, d. h. daß ein unerwünschtes Verhalten »bestraft« wird. So wird etwa bei der Enuresis, wenn der Patient ins Bett gemacht hat, ein Weckreiz ausgelöst. Es wurde auch versucht, sexuelle Deviationen mit dosierbaren Stromstößen aversiv zu behandeln. Bei Nikotin- und Alkoholabhängigkeit wurde eine Aversionstherapie dadurch versucht, daß die

Zufuhr der Droge unangenehme vegetative Regulationen auslöst. Gegenüber der Technik des Desensitivierens hat die Aversionsbehandlung jedoch eine geringere Bedeutung.

Von den *Aneignungstechniken*, als zweiter großer Gruppe von Techniken, ist das *operante Konditionieren*, bei dem ein erwünschtes Verhalten eine positive Bekräftigung (»Verstärkung«) erfährt, die am häufigsten angewandte. Das Prinzip ist, daß erwünschtes Verhalten »verstärkt« und unerwünschtes Verhalten nicht beachtet wird. Man kann sagen, daß operantes Konditionieren die Basis jeder Belohnung ist. Man verstärkt ein erwünschtes Verhalten und fördert seine Wiederholung. Eine Form des operanten Konditionierens ist die Technik des »token economy«: Antriebsarme Schizophrene bekamen für spontan ausgeführte Leistungen Spielmarken (tokens), die sie in direkte Vorzüge innerhalb der Anstalt (Essen und anderes) umsetzen konnten. Das erwünschte Verhalten im Sinne einer Zunahme der spontanen Aktivität trat rasch ein. In der verhaltenstherapeutischen Praxis von Bedeutung ist die gleichzeitige Verstärkung erwünschter und Auslöschung unerwünschter Verhaltensweisen, was auch als »differentielle Verstärkung« bezeichnet wird.

Zunehmende Bedeutung schließlich hat auch die Aneignungstechnik des »*Lernens am Modell*« (incidental learning, *Bandura*) gefunden. Ohne daß der Patient selbst eine direkte Lernhandlung durchführt, kann er Lernschritte vornehmen, indem er sieht, wie Modelle das für ihn problematische Verhalten mühelos durchführen. Dies geschieht meist über Filme (man zeigt etwa tierphobischen Kindern Filme, in denen Kinder mit Tieren angstfrei spielen), oder der Therapeut selbst wird das Modell, welches die angstbesetzten Inhalte mit ruhiger Stimme furchtfrei verbalisiert. Das macht deutlich, wie sehr sich die einzelnen psychotherapeutischen Techniken überschneiden: In der Psychoanalyse spielt der ruhige Umgang des Therapeuten mit dem konflikthaften Material eine entscheidende Rolle. Der Prozeß wird dort als Identifizierung des Patienten mit dem Analytiker bezeichnet. Auch in der Gesprächstherapie wird das Lernen am Modell gezielt angestrebt.

21.5 Erlebnisorientierte Verfahren

In der letzten Zeit sind besonders viele erlebnisorientierte psychotherapeutische Verfahren entwickelt worden. Einige Publizität hat z. B. die sog. Primärtherapie (»Urschrei«, *Janov*) gefunden. Ausgangspunkt aller erlebnisorientierten Verfahren ist ein intensives emotionales Erlebnis, dem eine korrigierende Potenz zugeschrieben wird. Dazu gehören die Encounter-Gruppen, das sogenannte »Sensitivity-Training« und viele andere Verfahren, denen keine eigentlich therapeutische Bedeutung zukommt.

Eine gewisse Differenzierung dieser Techniken und eine Verbreiterung des theoretischen Ansatzes wurde in der *Gestaltpsychotherapie (F. Perls)* vorgenommen. Die Gestalttherapie leitet sich her aus einem Komplex von Konzepten und Methoden (Psychoanalyse, Gestaltpsychologie, Behaviorismus, Psychodrama u. a.) und ist eine Mischform psychotherapeutischer Methoden. Es wird weniger ein Aufarbeiten frühkindlicher unbewußter Konflikte angestrebt, sondern im Zentrum steht das Schaffen des Bewußtseins für aktuell ablaufende Prozesse. Betont wird die unmittelbare Erfahrung im Hier und Jetzt. Übertragungsphänomene werden im Gegensatz zur Psychoanalyse nicht gefördert, sondern möglichst in die Eigenverantwortlichkeit des Patienten »zurückgegeben«. Wie im Psychodrama, so spiegelt auch die Gestalttherapie die lebendige Verbundenheit ihrer Schöpfer zum Theater. In der Gestalttherapie wird z. B. der Patient aufgefordert, Eindrücke, Gefühle, Traumteile usw. darzustellen, zu verkörpern, zu personifizieren. Dabei kommt es aber in der Regel nicht zu einem Spiel der ganzen Gruppe wie beim Psychodrama. Große Aufmerksamkeit schenkt der Therapeut dem nicht verbalen Verhalten. Er versucht dem Patienten zu helfen, seine Erlebnisse zu intensivieren und sein von ihm nicht akzeptiertes Verhalten annehmen zu können. Eine Grundannahme ist, daß überhaupt nur dann eine Veränderung möglich ist. Das Verhalten des Patienten wird durch die Therapeuten nicht interpretiert.

21.6 Psychotherapie in Gruppen

Die psychotherapeutischen Gruppenverfahren haben eine erstaunliche Entwicklung und Aufwertung erfahren, die oft in keinem Verhältnis zu ihrer Wirksamkeit steht. Prinzipiell ist es so, daß jedes einzelne der bisher beschriebenen Verfahren auch im Rahmen von Gruppen angewandt werden kann. Das heißt, eine bestimmte Therapieform wird mit einem Patienten innerhalb einer Gruppe von etwa 10 Menschen durchgeführt. Die anderen, nicht von der Therapie direkt Betroffenen, partizipieren emotional und profitieren durch das Prinzip des »Lernens am Modell«. In diesem Sinne gibt es *verhaltenstherapeutische Gruppen, gestalttherapeutische Gruppen* und andere. Die Gruppengrößen schwanken. *Individualpsychologische Gruppen (Adler)*, die sich durch eine stark pädagogische Note auszeichnen, werden von manchen Autoren mit mehreren hundert Teilnehmern durchgeführt. Hier ist hinter die postulierte Wirksamkeit ein großes Fragezeichen zu setzen. Natürlich treten auch didaktische Prozesse auf, wenn 500 Menschen einen entsprechenden Film sehen, aber diese Verfahren unterscheiden sich doch sehr weitgehend von dem, was eigentlich als Gruppenpsychotherapie bezeichnet wird.

In der *Psychoanalyse* war es besonders *R. Foulkes*, der vor drei Jahrzehnten dieses Verfahren gezielt auf Gruppenprozesse anwandte. Im Gegensatz zu den bisher geschilderten Vorgängen geht es bei der analytischen Gruppenpsychotherapie nicht um eine »psychotherapy *in* the group«, sondern um eine »psychotherapy *of* the group«. Das heißt, daß der Prozeß der Gesamtgruppe, in Interaktion der einzelnen Teilnehmer, die Entwicklung der kollektiven bewußten und unbewußten Phantasien und das kollektive Abwehrverhalten immer als eine Einheit gesehen und interpretiert werden. Der Therapeut, der diesen Typ analytischer Gruppentherapie praktiziert, macht keine Interventionen, die sich auf Konflikte oder biographische Momente einzelner Gruppenmitglieder richten, sondern er gibt seine Deutungen für den Gesamtvorgang in der Gruppe. *Er behandelt und therapiert die Gruppe als Ganzes.* Dabei kommt es zu hochinteressanten psychodynamischen Konstellationen.

Triebfunktionen, Gewissensfunktionen, Ich-Funktionen und andere voneinander abgrenzbare psychische Wirkbereiche verteilen sich auf einzelne Gruppenmitglieder. Ein Mitglied verkörpert z. B. die Moral der Gruppe und versucht den übrigen Schuldgefühle zu machen. Ein anderes Gruppenmitglied bringt plötzlich Triebimpulse zur Sprache, es verkörpert jetzt innerhalb der Gruppe das, was die Psychoanalyse innerhalb der Persönlichkeit das Es nennt. Stärker ichgesteuerte Gruppenmitglieder verkörpern die Prinzipien der Vernunft und Rationalität, bringen dadurch die Gruppe einerseits voran und können ihrerseits wiederum das Erleben von Konflikten wegen ihrer auch rationalen Abwehr stark verhindern. So orientierte dynamische Gruppen haben in der Regel 7 (± 2) Mitglieder. Mit größeren Zahlen ist ein Arbeiten nach diesem Konzept nicht möglich. In der Praxis wird das Prinzip der Psychotherapie *der* Gruppe mit dem Prinzip der Psychotherapie *in der* Gruppe allerdings oft vermischt. Hier wurden der Deutlichkeit wegen die extremen Konzeptionen dargestellt. Wahrscheinlich ist es von den analytischen Gruppenpsychotherapeuten nur eine Minderheit, die ausschließlich mit der Gruppe als Ganzes arbeitet und nicht im Einzelfalle auch persönliche Interventionen macht.

Während die therapeutischen Gruppen der geschilderten Art, die häufig auch als Selbsterfahrungsgruppen geführt werden, sich ein- oder zweimal in der Woche zu Sitzungen von 90 Minuten treffen, haben andere Experimentalgruppen angefangen, mit der Frequenz und der zeitlichen Ausdehnung der Sitzungen Versuche anzustellen. Bekannt geworden sind »Gruppenmarathons« mit mehrstündigen, ja mehrtägigen Sitzungen. Hierbei wird das Feld zunehmend unübersichtlich. Je weniger die Gruppentrainer ausgebildet sind, desto mehr neigen sie solchen Extremformen zu, und die Anzahl der Komplikationen (emotionale Zusammenbrüche, Suizidversuche) nimmt bei solchen von Unerfahrenen geleiteten Gruppen erheblich zu.

Eine Form der Gruppenpsychotherapie ist seit einigen Jahrzehnten das von *Moreno* eingeführte *Psychodrama*. Hier wird in einer Kombination von Verbalisation und Aktion, vorzugsweise aber mit dem Mittel der Aktion, eine szenische Darstellung der emotionalen Konfliktsituation des einzelnen angestrebt. Wenn ein Mitglied der Gruppe z. B. über ein bestimmtes Phänomen, das ihn belastet, spricht, dann wird er vom Leiter aufgefordert, dies spielerisch darzustellen. Andere Gruppenmitglieder schalten sich ein und spielen die Gegenparts, so daß es im Idealfall zur Ausbildung eines szenischen Ganzen kommt, das die Mitglieder im Verstehen und Erleben ihrer Emotionalität weiterbringt. Dieses Verfahren ist, wie schon erwähnt, besonders geeignet für Patienten, die stärkere Schwierigkeiten mit der Verbalisierung ihrer emotionalen Inhalte haben.

Das Psychodrama steht dem Theater, von dem es seinen Namen ableitet, durchaus nahe. Seine wichtigsten Bestandteile sind der Hauptdarsteller, die »Hilfs-Ichs«, der Spielleiter, die Bühne, das Publikum. *Moreno* hat betont, daß es sich um eine Psychotherapie der Gruppe und nicht von Einzelpersonen handelt. Eine eigentliche Theorie der Therapie des Psychodramas fehlt, was dazu geführt hat, daß verschiedene theoretische Positionen das Psychodrama aufgegriffen haben. Die Praxis dieser Therapieform unterscheidet sich daher je nach Interpretationsart. Deutung des Geschehens, wie dies für die Psychoanalyse dargestellt wurde, wird von *Moreno* explizit verworfen.

Die Wirksamkeit der verschiedenen Gruppentherapien in bezug auf ihre Fähigkeiten zur Symptombeseitigung ist noch nicht gesichert. Gesichert scheint hingegen die Besserung der Fähigkeiten zum sozialen Miteinander und zum Verstehen und Empfinden sozialer Prozesse. Hierin kann eine qualifiziert durchgeführte Gruppentherapie jeder Form von Einzeltherapie überlegen sein. Daraus ergibt sich auch die Indikation: Patienten mit Störungen vorwiegend im sozialen Verhalten und solche, bei denen die Einzeltherapie die Furcht vor emotionaler Anklammerung an den Therapeuten zu sehr verstärken würde, sind besonders für Gruppentherapie indiziert. Aus ökonomischen Gründen neigt man heute zunehmend dazu, auch symptomorientierte Gruppen zu bilden, d. h. man faßt Patienten zusammen, die alle unter dem gleichen Symptom leiden. Diese Praxis ist zwar zunehmend häufiger zu beobachten, sie ist aber in gewissem Sinne ein Anachronismus. In dem Maß, wie man heute begreift, daß spezifische Symptome nur sehr bedingt mit spezifischen Konflikten korrelieren, daß vielmehr praktisch jeder Konflikt zu praktisch jedem Symptom führen kann, muß die Zusammenstellung symptomorientierter Gruppen als nicht sehr sinnvoll erscheinen. Man könnte allerdings dagegenhalten, daß vielleicht über die gemeinsame Abwehrstruktur, die ja erheblich am Zustandekommen des entsprechenden Symptoms beteiligt ist, eine gemeinsame, dem Bedürfnis des einzelnen gerecht werdende therapeutische Gruppensprache zu finden ist. Auch die soziale Entlastung »Ich bin mit meinem speziellen Problem nicht allein« spielt wohl eine Rolle.

21.7 Stationäre Psychotherapie

Abteilungen für stationäre Psychotherapie gibt es in Deutschland erst seit gut zwei Jahrzehnten. Obwohl insbesondere die analytische Psychotherapie auf eine jahrzehntelange Praxis zurückblickt, ist die Verlagerung des psychotherapeutischen Ansatzes in den stationären Bereich nur sehr zögernd und langsam erfolgt. Die gegenwärtig arbeitenden Abteilungen praktizieren meist eine psychotherapeutische Mischform, wobei im Mittelpunkt Gruppen- und Einzelgespräche stehen. Hinzu kommen Beschäftigungstherapie, Gestaltungstherapie, Psychodrama und andere nichtverbale Verfahren. Unter den Psychoanalytikern ist es eine weithin umstrittene Frage, ob stationäre Psychotherapie überhaupt sinnvoll ist. Immer wieder wird die Neigung des Neurotikers zu Regression, die bei der stationären Therapie Vorschub erfahre, als wichtiges Gegenargument herausgestellt. Auch sei es praktisch niemals möglich, innerhalb eines begrenzten, wenn auch sogar mehrmonatigen Klinikaufenthaltes, eine Psychotherapie so weit abzuschließen, daß die Ergebnisse denen ambulanter Psychotherapien vergleichbar wären. Gegen diese Position sind durchaus Einwände möglich. Die Kritik hat ihre Berechtigung, solange die stationäre Therapie nur von der ambulanten Therapie übernommene Verfahren im stationären Setting praktiziert. Zunehmend hat aber an verschiedenen Orten eine Besinnung auf die besonderen Möglichkeiten gerade des stationären Arrangements stattgefunden. An der Freiburger Abteilung für Psychotherapie und Psychosomatische Medizin haben wir für solche Patienten, die nicht in der Lage sind, ein ambulantes Therapiesetting einzuhalten, ein stationäres Psychotherapiemodell für »psychotherapeutische Problempatienten« entwickelt. Diese Patienten haben oft zahlreiche Krankenhausaufenthalte und Therapieabbrüche hinter sich. Wir konnten zeigen, daß zumindest für einen Teil dieser Patienten die stationäre Psychotherapie, wenn sie von dem Konzept der »Station als psychodynamisches Ganzes« ausgeht, eine Chance darstellen kann. Hierzu sind allerdings entsprechend begabte und qualifizierte Psychotherapeuten und Schwestern nötig. In den meisten Fällen wird man die stationäre Psychotherapie als einen Übergang zu ambulanter Psychotherapie ansehen müssen. In weiten Bereichen Deutschlands jedoch, wo insbesondere für die Landbevölkerung kaum die Möglichkeit zu ambulanter Psychotherapie besteht, ist die stationäre Psychotherapie für die Patienten oft die einzige realisierbare Möglichkeit, überhaupt zu einer Psychotherapie zu kommen. – Die Zahl psychotherapeutischer Spezialabteilungen ist in Deutschland noch viel zu gering. Man sollte mit ihnen nicht die ständig wachsende Anzahl von Sanatorien verwechseln, die unter dem Etikett »psychosomatisch« firmieren.

Im Rahmen der psychiatrischen Klinik wurde von *M. Jones* vor 15 Jahren ein Prinzip eingeführt, das seither eine große Verbreitung und Anerkennung, mancherorts auch Überschätzung erfahren hat: die *therapeutische Gemeinschaft* (therapeutic community). *Jones* wollte seinerzeit die starre Struktur der psychiatrischen Krankenhäuser in den Vereinigten Staaten auflockern und den psychiatrischen Patienten aktiv am therapeutischen Prozeß teilnehmen lassen. Statt einer Dekretierung der Entscheidung von »oben«, das ist von seiten des Arztes und der Klinikleitung, bezog *Jones* alle Patienten, unabhängig vom Grad der Schwere ihrer Erkrankung, in die Verantwortlichkeit ein. In täglich stattfindenden Stationsgruppen-Sitzungen wurde die Organisation der Station, Verlegungen auf andere Stationen, Disziplinarvorgänge, Neuaufnahmen und Fragen der Entlassung mit den Patienten gemeinsam erörtert und besprochen. Auch die Arbeitstherapie als Faktor der ökonomischen Basis vieler Großkrankenhäuser wurde in diese Überlegungen mit einbezogen. Dieser Ansatz verlangt eine Änderung des Rollenselbstverständnisses von Arzt, Schwestern, Patienten und allen am therapeutischen Prozeß Beteiligten. Diese kann wiederum nur in dauernder Selbstreflexion des Personals erreicht werden. Hiermit zeichnen sich die immanenten Probleme dieser Therapieform ab. Es gab und gibt nach dem Prinzip der therapeutischen Gemeinschaft organisierte Einheiten, wo offenbar das Personal so nachhaltig und ausdauernd mit seinen eigenen Problemen beschäftigt ist, daß der Freiraum zum Verständnis der Situation und Konflikte des Patienten zunehmend kleiner wird. Neue und progressive Verfahren werden in der Regel am leichtesten von den jüngsten und unerfahrensten Mitarbeitern rezipiert, weil die Bedenken der älteren und erfahrenen Mitarbeiter größer sind und ihre Möglichkeiten zur Änderung der eigenen Rollenauffassung begrenzter. So kann es bei der therapeutischen Gemeinschaft zu einer starken Verunsicherung der Patienten kommen, wenn Ärzte und Schwestern sich für alle Fragen inkompetent erklären und den Patienten auf die gemeinschaftlichen Entscheidungen hinweisen. Auch die persönlichen Verbindungen des Personals untereinander, wenn sie nicht ausreichend selbstdiszipliniert gehandhabt werden, können für den Patienten in der therapeutischen Gemeinschaft zu Problemen neuer Art werden, wie sie auf der üblichen psychiatrischen Station fehlen. – Diese distanzierenden Bemerkungen sollen ausschließlich auf die euphemistische und unkritische Überschätzung der Möglichkeiten dieses neuen Therapiekonzepts hinweisen. In ihrer Bedeutung ist die psychotherapeutische Gemeinschaft kaum zu überschätzen. Vielleicht handelt es sich um die tiefgreifendste Umstrukturierung psychiatrischer Großkrankenhäuser, die seit deren Gründung überhaupt in Gang gekommen ist.

21.8 Wirkprinzipien und Wirksamkeit der Psychotherapien

In eindruckvollem Ausmaß sind in den letzten 25 Jahren immer mehr Arbeiten zum Bereich der Psychotherapieforschung erschienen. Diese Arbeiten untersuchen zum einen die Wirksamkeit der einzelnen Therapieformen, zum anderen die Ursachen ihrer Wirkung. Stichwortartig werden diese beiden Richtungen als Ergebnisforschung (outcome research) und Prozeßforschung (process research) bezeichnet. Die Ergebnisforschung ist insbesondere von Verhaltenstherapeuten betrieben worden, die aufgrund ihrer theoretisch einfachen Basis (»Das Symptom ist die Neurose«) vor allem die Änderung des in Frage stehenden Verhaltens vor und nach der Therapie bzw. einer Therapie- mit einer Kontrollgruppe vergleichen. Für den Psychoanalytiker, dessen Anschauungen auf weitergehenden psychodynamischen Prozessen basieren, und auch teilweise für den Gesprächstherapeuten sind solche Vorgehensweisen problematisch. So hält *D. Malan* das Fehlen allgemein akzeptierter Kriterien für Heilung und Besserung von Neurosen für die entscheidendste Problematik dieser ganzen Forschungsrichtung überhaupt. Dies soll nur ein Hinweis darauf sein, welche Schwierigkeiten sich auftun, wenn man in ihrer Ausgangsbasis grundverschiedene Therapieformen in ihrem Erfolg untereinander vergleichen will.

Vielleicht noch interessanter sind die Fragen nach der Wirksamkeit. Was wirkt eigentlich in den einzelnen Therapien, bzw. wirken in allen therapeutischen Ansätzen nicht ähnliche, gemeinsame, übergeordnete Prinzipien? Es soll vorweggenommen werden, daß die heutige Psychotherapieforschung zu dieser letzten Annahme tendiert. Es war schon an mehreren Stellen darauf verwiesen worden, daß bei den verschiedenen Verfahren in Teilbereichen ausgesprochen ähnliche Techniken, z. B. »Konfrontation« in der Psychoanalyse und »Spiegelung« in der Gesprächstherapie, verwandt werden und daß auch offensichtlich in manchem vergleichbare Wirkfaktoren (z. B. in der Psychoanalyse »Identifizierung«, in der Verhaltenstherapie »Lernen am Modell«) angenommen werden. Eine naive lerntheoretische Kritik an der Psychoanalyse besagt, daß die Psychoanalyse da, wo sie erfolgreich sei, lerntheo-

retische Prinzipien verwende, diese nur nicht richtig benennen könne. Dieses Argument läßt sich mit gleicher Berechtigung natürlich umkehren. Man kann etwa annehmen, daß es in der Lerntheorie theoretisch völlig unerfaßt, deshalb auch praktisch nicht beobachtet z. B. massive Übertragungsphänomene gibt, die zu dem Effekt führen, den die Psychoanalytiker »Übertragungsheilungen« nennen – die schnellste Form der Symptombeseitigung überhaupt. Und hier lassen sich noch einmal die verschiedenen Interpretationsansätze verdeutlichen: Übertragungsheilungen, mögen sie auch nach einer einzigen psychotherapeutischen Sitzung aufgetreten sein, sind für den Psychoanalytiker Durchgangsstadien und als solche unbefriedigend, weil die pathogene Grundstruktur unverändert bleibt. Für den Verhaltenstherapeuten, der mit diesen Differenzierungen nicht arbeitet, ist eine Übertragungsheilung nicht von irgendeiner anderen Verhaltensänderung zu unterscheiden. Das Symptom war vorher da und nach einer Sitzung nicht mehr, also kann es nur durch die definierten Wirkprinzipien der Therapie beseitigt worden sein. Diese Diskussionsaspekte können nur Hinweise auf die sehr weitgehende Problematik sein.

Nun zur Frage der Wirkprinzipien: *Was* wirkt eigentlich als *therapeutisches Agens* in der Psychoanalyse? *Freud* ist wiederholt auf diese Frage eingegangen. Zwei Antworten sind bei ihm nebeneinander zu finden, die er offenbar als eng zusammenhängend ansah. Auf der einen Seite steht ein *Verstehen* auf seiten des Patienten (»Einsicht«), welches Folge der Deutungen ist. Daß der Patient versteht, heißt, daß vorher Unbewußtes bewußt geworden ist. Aber *Freud* hat immer wieder betont, daß es nicht um ein intellektuelles Verstehen gehen könne, sondern um ein gefühlsmäßiges. »Den Ausschlag [. . .] gibt dann nicht seine intellektuelle Einsicht [. . .], sondern einzig sein Verhältnis zum Arzt.« Der angesprochene Zusammenhang ist der der Übertragung. Man könnte diesen zweiten von *Freud* betonten Wirkfaktor der Therapie auch als (emotionale) *Bindung* ansprechen. Das Übertragungserleben in der Therapie wurde von *Freud* offenbar als über den Prozeß von Entstehung, Bearbeitung und Auflösung per se veränderungsbewirkend angesehen. *L. Friedman* hat neben Verstehen und Bindung noch eine dritte bei *Freud* implizite Wirkvariable herausgearbeitet: die *Integration*. Damit ist ein langsames Synthetisieren von Elementen gemeint, die sich eigentlich gegen die Synthese wehren. Den Wirkvariablen Verstehen, Integration und Bindung entsprechen die behandlungstechnischen Begriffe der Deutung, des Durcharbeitens und der Übertragung.

Später war es dann besonders die *Identifizierung mit dem Analytiker*, der eine erhebliche verändernde Potenz zugesprochen wurde. *R. Sterba* sprach von einer »passageren Ich-Stärkung durch Identifizierung mit dem Analytiker«, die Folge der positiven Übertragung sei. *H. Loewald* beschrieb den entscheidenden Vorgang als Identifizierung mit der Arbeit des Analytikers, also Identifizierung mit einem Prozeß des Umgangs mit Konflikten. Vielleicht kann man ad hoc formulieren, daß über die Identifizierung mit der Person des Analytikers infolge der positiven Übertragung der motivationale Schub, der Wille und die Kraft (»Ich-Stärke«) zur Auseinandersetzung mit dem Unbewußten gestärkt werden. Über die Identifizierung mit der Methode des Analytikers würden Strategien des Umgangs, Lösungsentwürfe internalisiert und dem Ich zur Verfügung gestellt.

Über den Einfluß von *R. Schafer, G. S. Klein* und *D. Rapaport* kamen kognitive Betrachtungsweisen in die Diskussion, die letztlich auf *Piaget* zurückgehen. Danach erfolgt die Änderung in der Therapie dadurch, daß *motivationale Systeme für kognitive Ziele eingesetzt* werden. Daß heißt, daß Bedürfnisse durch die Therapie in eine enge Beziehung zu Erkenntnissen, Einsichten und Wahrnehmungen gebracht werden. Die Bedürfnisse stellen dabei den Motor, die kognitiven Veränderungen das Mittel der Therapie dar.

Es war schon erwähnt worden, daß *F. Alexander* (1946, zusammen mit *T. French*) im Zusammenhang mit seinen technischen Neuerungen von »korrektiver emotionaler Erfahrung« gesprochen hatte. Jenseits der Behandlungstechnik ist hier möglicherweise eine Formel gegeben, die die Verbindung von kognitiven und emotionalen Abläufen in kürzeste Form faßt. Es ist keine Frage, daß die angesprochenen Zu-

sammenhänge sich in eine andere, z. B. die lerntheoretische Theoriesprache umformulieren lassen. Es ist allerdings eine große Frage, ob die Beschreibung der entscheidenden Vorgänge dann besser wird. *L. Bellak* und *L. Small* sind diesen Problemen nachgegangen. Drei Lernprinzipien bieten sich nach ihnen als in der Psychoanalyse wirkend an:

1. Ein Einsichtslernen (»Lernen durch Gestalterfassung«, *Köhler*); diesen Vorgang müßte man in engen Zusammenhang mit dem bringen, was die Psychoanalyse »Verstehen« oder »Einsicht« nennt (technisches Mittel Deutung);

2. ein Verstärkungslernen; hier besteht ein Zusammenhang mit der psychoanalytischen Auffassung von der »Integration« (technisches Mittel Durcharbeiten);

3. ein Imitationslernen (incidental learning, *Bandura*); hier ist an das zu denken, was oben als »Identifizierung mit dem Analytiker« beschrieben wurde.

Solche Übersetzungen sind fraglos von großem Wert, wenn sie auch oft sehr naiv eingesetzt wurden. Diese Aussagen können nämlich nicht besagen, daß hinter der psychoanalytischen Therapie eigentlich lerntheoretische Gesetze stünden, sondern nur, daß sich die gleichen oder ähnliche Wirkfaktoren sowohl in einer psychoanalytisch als auch in einer lerntheoretisch begründeten Theoriesprache beschreiben lassen.

Zurück zu den gemeinsamen Wirkfaktoren aller Psychotherapien: *H. H. Strupp*, einer der angesehensten und leidenschaftslosesten vergleichenden Psychotherapieforscher, hat folgende Bedingungen für jede Form psychotherapeutisch bewirkter Veränderung formuliert: 1. eine helfende Beziehung, die sich nach dem Eltern-Kind-Muster aufbaut, 2. die Entstehung einer Macht-Basis, von der aus der Therapeut den Patienten nach allgemeinen psychologischen Prinzipien beeinflußt, und 3. ein Patient, der die Fähigkeit hat, aus solchen Erfahrungen zu profitieren. Es läßt sich leicht einsehen, daß diese Bedingungen bei allen standardisierten Psychotherapieverfahren vorhanden sind. Das interessante ist, daß sie darüber hinaus bei Situationen des täglichen Lebens, z. B. dem Gespräch eines Lehrers mit einem Schüler, ebenfalls vorhanden sind. Das heißt: psychotherapeutische Prinzipien werden hier zu sehr allgemeinen Prinzipien des täglichen Lebens. Und das entspricht wiederum unserer Erfahrung, daß menschliche Veränderungen natürlich nicht nur im Bereiche der Psychotherapie, sondern überall und an jedem Ort vorkommen. Entsprechende Untersuchungen haben ergeben, daß die sogenannten »Spontanheilungen« von Neurosen zwar keine explizite Therapie erhielten, aber einer Unmenge von Einflüssen nichtprofessioneller Psychotherapeuten (Ehepartner, Pfarrer, Lehrer, Freunde usw.) ausgesetzt waren, die methodisch kaum noch einschätzbar sind.

Welche Bedingungen von Patient und Therapeut haben nun eine direkte Beziehung zu guten Behandlungsergebnissen? In einer großen Studie von L. *Luborsky* u. Mitarb. korrelierten folgende Variablen des Patienten mit einem guten Behandlungserfolg: psychische Gesundheit oder adäquates Funktionieren der Gesamtpersönlichkeit, Fehlen von schizoiden Zügen, Motivation zur Behandlung, Intelligenz, ausgeprägte Angst, bessere Schulbildung und soziale Ausgangssituation und schließlich die Fähigkeit, verändernde Erfahrungen zu machen. In der gleichen Studie waren es folgende Faktoren, die auf der Therapeutenseite mit gutem Behandlungserfolg korrelierten: Er-

fahrung und therapeutische Fertigkeiten, die Art seiner persönlichen Haltungen und Interessen (an Problemen interessierte Therapeuten sind viel erfolgreicher als solche, die sich für technische Fragen interessieren), teilnehmende Empathie und eine gewisse Ähnlichkeit von Patient und Therapeut in verschiedenen Bereichen. Hier klingen wieder die Wirkfaktoren auf seiten des Psychotherapeuten durch, die *C. Rogers* für die Gesprächspsychotherapie formuliert hatte: teilnehmende Wärme, Fähigkeit zur Verbalisierung emotionaler Inhalte und Echtheit. Bei den Faktoren der eigentlichen Behandlung in der Studie von *Luborsky* u. Mitarb. korrelierte die Anzahl der Sitzungen am ehesten mit der Qualität des Ergebnisses. Die übrigen Einflüsse ließen sich schwer formulieren. Die Ergebnisse dieser Untersuchung sind wahrscheinlich für die verschiedenen Therapieformen durchaus generalisierbar. Ein renommierter Psychopharmakologe berichtete dem Verfasser dieses Kapitels, daß es auch bei der Therapie mit Psychopharmaka die gleiche Patientengruppe sei, die am besten auf die Therapie ansprächen: die jungen, an einer Behandlung Interessierten, für eine Besserung Motivierten, eher Differenzierten und unter stärkerem seelischen Druck Stehenden.

22. Somatische Behandlungsverfahren

22.1 »Klassische« psychiatrische Behandlungsverfahren

Somatische Therapien im engeren Sinn für bestimmte psychische Krankheiten wurden in der Psychiatrie erst verhältnismäßig spät entdeckt. Der erste entscheidende Schritt gelang *Wagner von Jauregg* im Jahre 1917 mit der Malariabehandlung der progressiven Paralyse. Obwohl man ihre Ursache kannte, stand man ihr bis dahin hilflos gegenüber. Sie führte im Gegensatz zu den meisten psychischen Krankheiten innerhalb von 2–3 Jahren unaufhaltsam zum Tode. Für die Malariabehandlung wurde Malaria-tertiana-Kranken bei einem Fieberanstieg 10 ml Blut entnommen und dem zu behandelnden Paralyse-Kranken intramuskulär gespritzt. Nach einigen Tagen trat dann bei diesem der erste Fieberanstieg auf. Die so künstlich erzeugte Malariaerkrankung wurde nach 10–12 Fieberanstiegen mit dem seinerseit gerade entdeckten Germanin wieder geheilt. Einen ersten Ansatz, endogene Psychosen gezielt medikamentös zu behandeln, machte im Jahre 1922 *Klaesi* in Form von Schlafkuren mit Barbitursäurederivaten, dem entsprechende Versuche von *Wolff* im Jahre 1905 vorausgegangen waren. Da die Schlafkuren nicht den erhofften Erfolg brachten und die 2–3 Wochen dauernde Barbitursäureintoxikation nicht ungefährlich war, setzte sich dieses Behandlungsverfahren nicht durch und wurde bald wieder verlassen.

Eine Wende in der Behandlung endogener Psychosen trat Mitte der dreißiger Jahre ein, als die heute sog. klassischen Behandlungsverfahren in die Psychiatrie eingeführt wurden. Es handelt sich um die »Schock«-Behandlungen mit Kardiazol (*Meduna*, 1934), Insulin (*Sakel* und *Dussik*, 1935) und elektrischem Strom (*Cerletti* u. *Bini*, 1938). Der Ausdruck Schock bezeichnet in diesem Zusammenhang ganz verschiedene medizinische Tatbestände. Durch die Gabe von Insulin wird bei Stoffwechselgesunden ein hypoglykämischer Schock erzeugt, der durch die Gabe von Glukose nach einigen Minuten (0–20) wieder behoben wird. Mit der intravenösen Injektion von Kardiazol und der Anwendung von elektrischem Strom am Kopf werden dagegen epileptische Anfälle (Grand mal) ausgelöst. Die hypoglykämischen Schocks wurden täglich, insgesamt 20–30–40mal herbeigeführt, während große epileptische Anfälle in der Regel 2–3 mal in der Woche ausgelöst wurden, insgesamt 6–8–10mal, bei mangelndem Erfolg auch bis zu 20mal. Lediglich bei schweren Erregungszuständen und bei der lebensbedrohlichen perniziösen Katatonie wurden in Abständen von 10–12 Stunden 2–3 derartige Elektroschocks angewandt. So kritisch man nachträglich diesen Verfahren gegenübersteht, so muß man doch bedenken, daß sie erhebliche, wenn auch nicht durchschlagende Erfolge bei den bis dahin unbeeinflußbaren endogenen Psychosen brachten. Die Dauer der Phasen affektiver Psychosen wurde erheblich verkürzt. Dies war angesichts der Dauer unbehandelter depressiver Phasen von 6–8 Monaten und der seinerzeitigen Regelung, daß die RVO-Kassen Krankenhauskosten nur für 26 Wochen übernahmen, von großer Bedeutung. Bei schizophrenen Erkrankungen besserte sich die Hälfte der Fälle, die einen ungünstigen Verlauf nehmen, erheblich, zum Teil sehr gut, wenigstens für 3–5 Jahre.

Angesichts solcher Ergebnisse und der bis dahin gegebenen Hilflosigkeit endogenen Psychosen gegenüber ist verständlich, daß diese Verfahren sich rasch über die ganze Welt verbreiteten. Nach der Entdeckung der Wirksamkeit der Neuroleptika im Jahre 1952 und der Thymoleptika im Jahre 1957 bei endogenen Psychosen wurden die »klassischen« Verfahren weitgehend wieder aufgegeben. Die Insulinbehandlung, die pflegerisch sehr aufwendig und nicht ganz ungefährlich ist, wurde völlig verlassen, während die Elektroschockbehandlung bei solchen endogenen Depressionen, die auf Psychopharmaka nicht ansprechen, von manchen Therapeuten weiter, insgesamt aber selten angewandt wird. Nur bei den seltenen Fällen sog. perniziöser Katatonien halten viele auch heute noch die Elektroschockbehandlung als lebensrettende Maßnahme für dringend indiziert.

Das Wirkungsprinzip der sog. klassischen Behandlungsverfahren ist bis heute nicht bekannt. *Meduna* und *Mikorey* stellten in den Jahren 1933/34 unabhängig voneinander die Hypothese auf, daß ein Antagonismus zwischen Epilepsie und Schizophrenie vorliege. Sie folgerten daraus, daß durch epileptische Anfälle schizophrene Erkrankungen geheilt werden könnten. Das Auslösen von epileptischen Anfällen bei schizophrenen Erkrankungen ist somit ein Analogon zur Malariabehandlung bei der progressiven Paralyse, bei der ebenfalls eine psychische Krankheit durch das Auslösen einer anderen, somatischen Krankheit, behandelt wird. Der klinisch faßbare, unmittelbare Effekt der Elektroschockbehandlung ist eine passagere Hirnfunktionsstörung, die durch eine Antriebsminderung und Gedächtnisstörungen gekennzeichnet ist.

Die hirnorganische Symptomatik bildet sich nach 8–10 Behandlungen insgesamt und einer Frequenz von 2–3 pro Woche regelmäßig im Verlauf von 2–3 Wochen zurück. Mit zunehmender Gesamtzahl und Steigerung der Frequenz von Elektroschockbehandlungen nimmt die behandlungsbedingte psychoorganische Symptomatik sowie die Intensität und Persistenz von EEG-Veränderungen (Allgemeinveränderungen, abnorme Rhythmisierung) zu. Bei sehr hoher Behandlungsfrequenz und -zahl kommt es zu neurohistologisch nachweisbaren Befunden. Es handelt sich überwiegend um vasomotorisch bedingte Gewebsveränderungen, die erst bei sehr hoher Frequenz nicht mehr reversibel sind.

In einer Hinsicht ist das Vorgehen bei den »klassischen« Behandlungsverfahren das genaue Gegenteil psychotherapeutischen Vorgehens. Die Kranken verlieren bei jenen das Bewußtsein und können somit bei der Behandlung nicht aktiv mitwirken, was für jede Form der Psychotherapie eine unerläßliche Voraussetzung ist, die allerdings bei Kranken mit endogenen Psychosen nur bei einem kleinen Teil der Fälle möglich ist, ganz abgesehen davon, daß psychotherapeutische Verfahren allein bei endogenen Psychosen nur recht bedingt erfolgreich sind.

22.2 Psychopharmakotherapie

Wie eingangs (Teil I) dargelegt, wirken psychotherapeutische Verfahren nicht direkt und ausschließlich auf die Psyche, sondern über die Sinneswahrnehmungen und Psyche auf den Menschen. Ebenso wirken Psychopharmaka als chemische Substanzen nicht nur auf das Soma oder gar direkt auf die Psyche, sondern über das Soma auf den Menschen. *Bonhoeffer* vermißte bei den von ihm sog. akuten psychischen Reaktionstypen das ätiologische Zwischenglied zwischen der somatischen Erkrankung und den psychischen Veränderungen. Die Frage nach dem ätiologischen Zwischenglied zwischen Soma und Psyche stellt sich bei der Anwendung von Psychopharmaka ebenfalls. Die Frage geht aber, wie wir eingangs (Teil I) bereits gezeigt haben, von falschen Voraussetzungen aus, denn die Kausalkette Pharmakon–Gehirn kann nicht zur Psyche weitergeführt werden. Sind doch weder Soma noch Psyche eigenständige Substrate, zwischen denen eine Causa wirksam sein kann! Man muß also sagen, Psychopharmaka wirken über den somatischen Zugang auf den Menschen. Das bedeutet, daß alle Psychopharmaka somatische Wirkungen entfalten und darum im Tierversuch geprüft werden können.

Zur Einteilung der Psychopharmaka

Eine prinzipielle Abgrenzung der Psychopharmaka von anderen Pharmaka ist, wie aus dem eben Gesagten erhellt, nicht möglich. Man kann lediglich Gruppen von Pharmaka mit mehr oder weniger starker »zentraler« Wirkung unterscheiden. Die klinischen Wirkungsweisen der Gruppen mit stärker zentraler Wirkung kann man weiter differenzieren und folgende Gruppe von Psychopharmaka unterscheiden:

- Sedativa und Tranquilizer (Entspannungs- und Beruhigungsmittel)
- Hypnotika (Schlafmittel)
- Narkotika (Betäubungsmittel, Rauschgifte)
- Energetika, Stimulantien, Psychoanaleptika (Weckmittel)
- Psycholeptika = Oberbegriff für Neuroleptika und Thymoleptika

Die Abgrenzung dieser Mittelgruppen untereinander ist nicht exakt möglich. Das gleiche Mittel kann nämlich in kleinen Dosen als Sedativum, in größeren als Hypnotikum und in sehr großen als Narkotikum wirken. Für die Klinik heißt das, man muß von dem angestrebten Ziel ausgehen und hat dafür eine mehr oder weniger große Auswahl unter den Mitteln mit zentralangreifender Wirkung, deren Wirkungsmechanismen verschiedenartig sind.

Eine Einteilung der Mittel anhand des pharmakologischen Wirkungsspektrums hilft nicht weiter, da sich deren Wirkungsmechanismen zwar unterscheiden, aber in der Klinik stark überschneiden.

Bei Psychopharmaka wird in der Regel pauschal zwischen anregenden und sedierenden, dämpfenden Mittelgruppen unterschieden. Die klinische Erfahrung lehrt aber, daß eine solche Unterteilung nur bedingt richtig ist, da alle Mittel auch eine sog. paradoxe Wirkung haben, d. h. »anregende« Mittel können sedierend wirken und umgekehrt. Hierher gehört, daß sich die klinische Wirkung der Mittel mit der Dosis ändert, wobei es große interindividuelle Unterschiede gibt. Daraus folgt, daß es keine Wirkung der Mittel als solche gibt, diese ist vielmehr abhängig von der Reaktionsweise des jeweiligen Organismus auf das Mittel. Eine relativ sicher vorauszusehende Wirkung tritt nur ein, wenn der Organismus von dem Mittel weitgehend »überwältigt« wird.

Das ist bei pharmakologischen Untersuchungen in der Regel der Fall, bei denen einmalig große Dosen gegeben werden. In der Klinik dagegen werden für kürzere oder längere Zeit kleine Dosen verabfolgt, so daß sich ein viel bunteres »Wirkungsspektrum« der Mittel ergibt. Das alles ist nicht nur eine erhebliche Schwierigkeit für die Darstellung der Wirkung von Psychopharmaka, sondern ebenso für ihre klinische Anwendung. Darum kann hier nur das Typische dargelegt werden, von dem bei der klinischen Anwendung ausgegangen werden muß. Die tatsächlich eingetretene Wirkung ist stets genau zu beobachten und die Verordnung darauf abzustellen. Ferner ist zu beachten, daß die Mittel stets ihr gesamtes Wirkungsspektrum entfalten und nicht nur die Wirkungen, die von dem Therapeuten gewünscht werden. Dieser ist darum geneigt, diejenigen Wirkungen, die nicht von ihm intendiert sind, als Nebenwirkungen zu bezeichnen. Bei Nebenwirkungen geht man davon aus, daß sie nur bei einem Teil der Kranken auftreten. Da die »Nebenwirkungen« aber zum Wirkungsspektrum der Mittel gehören, treten sie regelmäßig auf, was bei der klinischen Anwendung im Auge zu behalten ist.

Zur Wirkung der Psychopharmaka

Eine gezielte Behandlung schizophrener Psychosen mit Psychopharmaka ist seit der Entdeckung der Wirkung des Chlorpromazins (Megaphen) im Jahre 1952 möglich geworden. Aufgrund dieser Beobachtung wurden bald weitere Mittel, die bei endogenen Psychosen günstig wirken, die Neuro- und Thymoleptika, entwickelt. Unabhängig davon, aber zeitlich parallel dazu, wurden die modernen Tranquilizer synthetisiert, während die Mehrzahl der Schlaf- und Weckmittel bereits seit längerer Zeit zur Verfügung standen. Wir beschränken uns hier auf die Darstellung der Wirkung der modernen Psychopharmaka. Auf deren Wirkungsmechanismen wird im Kap. 32 eingegangen. Hier wird nur ihre klinische Wirkung erörtert.

Die Hauptgruppe der bei endogenen Psychosen therapeutisch wirksamen Psychopharmaka sind die Neuroleptika und trizyklischen Thymoleptika (Reserpin und Monoaminooxydasehemmer spielen bei der Behandlung psychischer Krankheiten praktisch keine Rolle mehr und haben im wesentlichen theoretisches Interesse). Sie werden beide im Laboratorium anhand des folgenden pharmakologischen Wirkungsspektrums (= neuroplegische Wirkung) als solche erkannt, so daß man sie unter dem Oberbegriff Psycholeptika zusammenfassen kann. Das Wirkungsspektrum umfaßt im Tierversuch:

Dämpfung der arousal-reaction im EEG
Potenzierung von Schmerzmitteln und Narkotika
Katalepsie (nicht identisch mit Katalepsie beim Menschen oder Katatonen)
Labilisierung der Körpertemperaturregulation
Senkung des Blutdruckes
antiemetische Wirkung
Antihistaminwirkung

Bei der weiteren Prüfung zeigen die Mittel Unterschiede, die eine gewisse Differenzierung gestatten. Dies gilt vor allem für

die sog. neuroleptische Potenz und
die sedierende Wirkung und die Wirkung auf die zentralen vegetativen Regulationen.

Unter der *neuroleptischen Potenz* versteht man die Fähigkeit dieser Mittel, ein medikamentöses Parkinsonoid zu erzeugen. Der Einfluß auf die zentralen vegetativen Regulationen geht parallel mit einer sedierenden, schlafanstoßenden Wirkung. Beide Faktoren können bei den verschiedenen Mitteln unterschiedlich stark ausgeprägt sein und sich in verschiedener Weise miteinander kombinieren. Als Faustregel gilt: je höher die neuroleptische Potenz, desto geringer ausgeprägt die Wirkung auf die zentralen vegetativen Regulationen sowie die sedierende Wirkung, und umgekehrt. So können die Psycholeptika in verschiedene Gruppen eingeteilt werden, die sich nicht prinzipiell voneinander unterscheiden, sondern lediglich eine unterschiedliche Ausprägung der verschiedenen Wirkungskomponenten zeigen. Zu diesen Unterschieden kommt hinzu, daß die Mittel fast immer in den ersten Wochen der Anwendung mehr oder weniger stark ausgeprägte Wirkungsphasen zeigen, die hauptsächlich die zentralen vegetativen Regulationen und die sedierende Wirkung betreffen, so daß sich die Mittelgruppen auch in dieser Hinsicht unterscheiden.

Der bekannten Zweiteilung der Psycholeptika in Thymo- und Neuroleptika liegen also komplexe Tatbestände zugrunde, die aber keine prinzipielle Zweiteilung zulassen. Als Neuroleptika werden Mittel bezeichnet, die in klinischen Dosen eine mehr oder weniger ausgeprägte neuroleptische Potenz haben, unabhängig davon, wie stark ausgeprägt die anderen Wirkungskomponenten sind. Thymoleptika

dagegen wirken in klinischen Dosen vornehmlich auf die zentralen vegetativen Regulationen und sedierend und zeigen erst in hohen, dem Zwei- bis Vierfachen der üblichen klinischen Dosen, auch eine neuroleptische Wirkung. Man muß darum sagen, daß die Thymoleptika im Hinblick auf ihre neuroleptische Potenz bei der üblichen klinischen Anwendung unterdosiert werden. Mit Mitteln, bei denen jede der beiden Wirkungskomponenten schwach bis mittelstark ausgeprägt ist, kann sowohl ein thymoleptischer wie auch ein neuroleptischer klinischer Effekt erzielt werden: Niedrige Dosen wirken thymoleptisch, höhere neuroleptisch. Bei Mitteln mit starker neuroleptischer Wirkungskomponente tritt die andere Wirkungsweise ganz zurück, so daß diese Mittel am anderen Ende der Skala der Varianten der Psycholeptika stehen. Untereinander unterscheiden sie sich hauptsächlich durch die Ausprägung der neuroleptischen Potenz. Für die klinische Anwendung der Neuroleptika ist zu beachten, daß nicht das Erzeugen eines voll ausgeprägten Parkinson-Syndroms erforderlich ist, um einen neuroleptischen Effekt zu erzeugen, sondern lediglich das Überschreiten der »neuroleptischen Schwelle« (H.-J. *Haase*). Damit ist gemeint, daß nur eine gering ausgeprägte Hypomimie und Hypokinese eintreten muß, um eine neuroleptische Wirkung der Mittel sicherzustellen. Die sich aus dem Gesagten ergebende Einteilung der Psycholeptika zeigt die folgende Übersicht.

Die einzelnen Psycholeptika in den verschiedenen Gruppen sind natürlich nicht völlig identisch, so daß eine weitere differenzierte Anwendung möglich ist, wenn ein Mittel nicht gut vertragen wird oder eine besondere Nuance der neuro-thymoleptischen Wirkung erwünscht scheint.

Nach dieser Übersicht über die Wirkungsweise der Psycholeptika im allgemeinen sei auf ihre *Wirkungskomponenten im einzelnen* näher eingegangen. Für das Verständnis der sedierenden Wirkung und der Wirkung auf die zentralen vegetativen Regulationen der Psycholeptika mögen als Beispiel die Wirkungsphasen von Narkotika dienen, obwohl sie bei diesen viel rascher durchlaufen werden: Narkotika

Psycholeptika

1. Neuroleptika

Neuroleptische Potenz   Chlorpromazin = 1

Chemische Kurz- bezeichnung (generic name)	Handelsname	Neuroleptische Potenz	Durchschnittliche Tagesdosis zum Über- schreiten der „neuroleptischen Schwelle"
Promazin	Protactyl Verophen	1/4 – 1/3	800 – 1000 mg/die
Imipramin	Tofranil		
Amitriptylin	Laroxyl Saroten Tryptizol	} siehe die Übersicht: Thymoleptika.	
Prothipendyl	Dominal		
Clozapin	Leponex	1/3 – 1/2	600 – 800 mg/die
Thioridazin	Melleril	1/2 – 2/3	300 – 600 mg/die
Sulpirid	Dogmatil		
Pipamperone Floropipamide	Dipiperon		
Laevomepromazin	Neurocil	4/5	200 – 400 mg/die
Sulforidazin	Inofal		
Chlorpromazin	Megaphen	1	150 – 250 mg/die
Perazin	Taxilan		
Oxypertin	Forit		
Fluanisone	Sedalande		
Triflupromazin	Psyquil		
Chlorprotixen	Truxal Taractan	2 – 3	75 –150 mg/die
Clopenthixol	Ciatyl		
Dixyrazin	Esucos		
Prochlorperazin	Nipodal	4 – 5	40 – 80 mg/die
Propericiazin	Aolept		
Homofenazin	Pasaden		

Chemische Kurz-bezeichnung (generic name)	Handelsname	Neuroleptische Potenz	Durchschnittliche Tagesdosis zum Über-schreiten der „neuroleptischen Schwelle"
Thiopropazat	Dartal (Vesitan Tomoquil)	8 – 10	15 – 25 mg/die
(Chlor-)Per-phenazin	Decentan		
Trifluoperazin	Jatroneural (Jatrosom)	10 – 20	10 – 20 mg/die
Butaperazin Butyryl-perazin	Randolectil		
Methylperidol	Luvatrena		
Thiotixen	Orbinamon		
Fluphenazin	Lyogen Omca	20 – 30	5 – 10 mg/die
Pimozide	Orap		
Thioproperazin	Majeptil		
Haloperidol	Haldol	30 – 50	3 – 5 mg/die
Trifluperidol	Triperidol	> 50	1 – 3 mg/die
Benperidol	Glianimon Frenactyl		

Depot-Neuroleptika

Flupentixol-decanoat	Fluanxol-Depot	20 mg	14 – 21 tägig
Fluphenazin-decanoat	Lyogen-Depot Dapotum	10 – 15 mg	14 – 21 tägig
Periflusidol	Semap	10 – 20 mg	8 tägig
Fluspirilene	Imap	3 – 5 mg	8 tägig
Perphenazin-önanthat	Decentan-Depot	100 mg	14 – 28 tägig

2. Thymoleptika

tricyclische:

Amitriptylin	Laroxyl
	Tryptizol
	Saroten
Nortriptylin	Actexa
	Aventyl
	Nortrilen
Protiptylin	Maximed
Imipramin	Tofranil
Desimipramin	Pertofran
Clomipramin	Anafranil
Trimipramin	Stangyl
	Surmontil
Dibenzepin	Noveril
Melitracen	Trausabun
Opripanol	Insidon

Doxepin	Aponal
	Sinquan
Dimethacin	Istonil
Lofepramin	Gamonil

tetracyclische:

Mianserin	Tolvin
Maprotilin	Ludiomil

3. Lithium-Salze

Quilonum (Lithium-acetat)	= 8,1 mval Li
Quilonum retard (Lithium-carbonat)	= 12,2 mval Li
Hypnorex (Lihium-carbonat)	= 10,8 mval Li
Lithium Duriles (Lithium-sulfat)	= 6 mval Li

wirken in kleinen Dosen sedierend, bei Steigerung der Dosis exzitierend und erst bei weiterer Steigerung der Dosis narkotisch.

Psycholeptika werden in relativ kleinen Dosen über längere Zeit gegeben. Da sie eine Halbwertzeit von etwa 1 Tag haben, tritt eine allmähliche Kumulation ein, so daß infolge der so eintretenden »Dosissteigerung« die *Wirkungsphasen* nicht innerhalb von Minuten oder Stunden, sondern in Tagen ablaufen:

– infolge der Wirkung der Psycholeptika *auf die zentralen vegetativen Regulationen* tritt zunächst eine anticholinergische sowie sympathikolytische vegetative Reaktion ein, die von einem sedierenden Effekt begleitet ist und etwa 4–6–10 Tage andauert, anfangs meist besonders stark ausgeprägt ist und sich allmählich zurückbildet. Die folgende zweite Wirkungsphase geht mit exzitatorischen, euphorisierenden und sympathikomimetischen Symptomen einher und dauert wiederum 4–6–10 Tage an. Die Symptomatik steigert sich meist mäßig schnell und bildet sich allmählich wieder zurück. Es tritt dann eine gewisse Adaptation des Organismus an die Mittel ein. Klinisch ist jetzt kein wesentlicher sedierender oder exzitatorischer Effekt mehr zu

erkennen, die vegetativen Regulationen bleiben allerdings etwas labil, so daß bei körperlichen Anstrengungen überschießende, sympathikomimetische Reaktionen auftreten. Insgesamt überwiegt eher die anticholinergische Komponente.

– durch die Wirkung der Psycholeptika *auf die extrapyramidalen Zentren* kann es in den ersten Tagen der Behandlung ebenfalls zu exzitatorischen Phänomenen kommen: extrapyramidale Anfälle mit Dystonien im Mund-Zungen-Bereich, Torsionsbewegungen im Sinne eines Torticollis spasticus oder Torsionsdystonien des Rumpfes und der Extremitäten, manchmal verbunden mit Schauanfällen (Therapie: intravenöse Gabe von 2 ml Akineton [Antiparkinsonmittel], notfalls 0,25 Coffein oder 0,0005 Atropin. Die Anfälle sistieren unter oder unmittelbar nach der Injektion). In den folgenden Tagen kann das Exzitationsstadium die Form der sog. Akathisie annehmen. Es handelt sich dabei um ein starkes Getriebensein, so daß die Betreffenden nicht still sitzen, stehen oder liegen können, sondern ständig ihre Lage ändern müssen. Entsprechend sind sie psychisch stark beunruhigt und können sich nicht konzentrieren. Das Zustandsbild erinnert an den »Grübelzirkel« Depressiver und ist nicht leicht davon zu unterscheiden. Dieser Zustand ist außerordentlich quälend und muß von etwaigen Auswirkungen der psychischen Erkrankung sorgfältig unterschieden werden (einzig mögliche Therapie: Absetzen der Mittel. Antiparkinsonmittel sowie alle anderen medikamentösen Maßnahmen sind wirkungslos). Bei Fortsetzung der Psycholeptika-Gabe, vor allem bei weiterer Steigerung der Dosis entwickelt sich mehr oder weniger rasch ein unterschiedlich stark ausgeprägtes medikamentöses Parkinsonoid. Bei diesem stehen Hypo- bzw. Akinese und ein Rigor der Muskulatur im Vordergrund des klinischen Bildes. Ein Antagonistentremor wird nur selten beobachtet. Orale Gabe von zentralanticholinergisch wirkenden Antiparkinsonmitteln vermögen das Syndrom in der Regel mehr oder weniger rasch zu beseitigen, während es durch Gaben von L-Dopa nicht beeinflußt werden kann. Auch bei geringer Ausprägung der neurologischen Symptomatik kommt es zu einer psychischen Wirkung der Psycholeptika, die von *Flügel* und *Bente* als Abulie bezeichnet wurde. Sie ist durch Antriebsminderung und eine eigentümliche Gleichgültigkeit inneren und äußeren Vorgängen gegenüber charakterisiert. Diese Beobachtungen und Angaben von Patienten wurden im Rahmen von langfristigen Selbstversuchen Gesunder mit klinischen Dosen verschiedener Psycholeptika eingehend untersucht. Es kommt zu einer Unlust, sich zu etwas aufzuraffen und einer Neigung, die Dinge treiben zu lassen. Ferner entsteht eine Tendenz, sich zurückzuziehen, und eine Verminderung der Fähigkeit, sich zu freuen oder zu leiden und stärkeren Anteil an Vorgängen aller Art zu nehmen. Die Reizschwelle ist entsprechend erhöht. Beim Überschreiten dieser erhöhten Reizschwelle kommt es leicht zu überschießenden Reaktionen. Die Betreffenden versuchen infolge der eingetretenen Gleichgültigkeit nicht, solche Reaktionen zu steuern, sondern sind eher geneigt, ihnen freien Lauf zu lassen. In der ersten Behandlungswoche tritt bei mittleren Dosen ferner eine Neigung ein, zu dösen und auch am Tage zu schlafen, die nach 6–8–10 Tagen zurückgeht. Es kann dann zu einer gewissen inneren Anregung oder Beunruhigung kommen,

die den Folgen des Genusses von Kaffee ähnelt. Diese Veränderung klingt nach einigen Tagen wieder ab, und das Zustandsbild ist von einer mäßig ausgeprägten Antriebsminderung gekennzeichnet.

In den letzten Jahren wird die psychische Wirkung der Psycholeptika als *pharmakogene Depression* bezeichnet. Diese Ausdrucksweise ist sehr unglücklich, da sie dazu verleitet, die medikamentös bewirkte »Depression« durch weitere Psycholeptika vom Typ der Thymoleptika zu behandeln, wodurch die medikamentös bedingte psychische Veränderung der Natur der Sache nach nicht gebessert werden kann. Klinisch kann die Beurteilung der psychischen Veränderung dadurch erschwert werden, daß der Kranke auf die mangelnde Besserung und die medikamentös bedingte psychische Veränderung depressiv reagiert. Aber auch dies sollte nicht dazu führen, zusätzliche Psycholeptika zu verordnen. Die Unterscheidung der medikamentös bedingten »Abulie« von einer Depression ist dennoch in der Mehrzahl der Fälle möglich, wenn auf die Antriebsminderung geachtet und diese von der eigentümlichen depressiven Hemmung unterschieden wird. Das subjektive Leiden dagegen kann, wie gesagt, zur Differenzierung nicht wesentlich beitragen. Wichtig ist, daß der Therapeut stets im Auge behält, daß seine Behandlung auch eine unerwünschte Wirkung haben kann.

Die Mittel werden nur *sehr langsam ausgeschieden*. Eine Einzeldosis im Verlauf von 4–8 Tagen. Bei vierwöchiger Verabreichung sind nach abrupter Unterbrechung der Medikation noch 14–30 Tage lang Psycholeptika im Urin nachweisbar. Deswegen bedeutet die Verabreichung gleicher Dosen über längere Zeit eine Dosissteigerung.

Beim *Absetzen der Mittel* werden die Wirkungsphasen häufig rückläufig durchschritten. Es kann nach dem abrupten Absetzen wieder zu einer sympathikomimetischen Reaktion mit Schweißausbrüchen, Tachykardien und einer gewissen Nervosität sowie Schlaflosigkeit kommen. Im extrapyramidalmotorischen Bereich können wieder extrapyramidale Hyperkinesen auftreten, die sich erst nach Wochen oder Monaten vollständig zurückbilden. Sie sind wiederum vornehmlich im oralen Bereich lokalisiert, können aber auch die Extremitäten betreffen und zu Torsionsdystonien im Rumpfbereich führen. Das klinische Bild ist von den initialen extrapyramidalen Hyperkinesen dadurch unterschieden, daß die dystonen Bewegungsstörungen nicht anfallsweise auftreten. Diese laufen vielmehr kontinuierlich mit etwas wechselnder Intensität ab und sistieren nur im Schlaf. Bei Erregung nehmen sie an Intensität zu. Willkürliche Bewegungen steigern die Ausprägung der Hyperkinesen in anderen Körperbereichen (pathologische Mitbewegungen), während sie die Hyperkinesen in den innervierten Muskeln mehr oder weniger vollständig für die Dauer der Willkürbewegung unterdrükken. Danach kommen sie meist erst nach einer gewissen Latenzzeit von einigen Minuten wieder in Gang. Das Auftreten pathologischer Mitbewegungen ermöglicht es, solche Hyperkinesen zum Zwecke der Untersuchung stärker sichtbar werden zu lassen. So kann man z. B. beim Arbeiten mit den Händen oder beim Tanzen eine Intensivierung der oralen Hyperkinesen beobachten.

Diese persistierenden Hyperkinesen gehen ebenfalls mit psychischen Veränderungen einher. Die Betroffenen verspüren eine innere Unruhe, wie bei der Akathisie, die die Konzentrationsfähigkeit und damit die Arbeitsfähigkeit erheblich beeinträchtigt. Ein solcher Zustand kann sehr quälend sein.

Diese neurologischen und psychischen Veränderungen können alle auch bei langfristiger gleichbleibender Dosierung auftreten. Nach dem Absetzen der Mittel klingen sie unterschiedlich schnell ab, manchmal nach wenigen Tagen oder Wochen, manchmal erst nach Monaten, in einzelnen Fällen überhaupt nicht. Die Dauer des Anhaltens der Hyperkinesen entspricht in etwa der Behandlungsdauer. Untersuchungen ergaben, daß nach 3–4jähriger ununterbrochener Psycholeptika-Therapie 10–20% der Patienten irreversible persistierende Hyperkinesen zeigen, nach 10–12jähriger ununterbrochener Behandlung sind es 70% der Fälle. Die Ursache dieser persistierenden Störungen ist bisher ungeklärt. Zur Therapie ist zu sagen: Antiparkinsonmittel helfen hier nicht. Das Abklingen der Hyperkinesen muß vielmehr abgewartet werden. Lediglich bei sehr schweren Fällen, die die Patienten extrem quälen, ist die erneute Gabe von Neuroleptika indiziert, um mit der durch sie erzeugten Akinese die Hyperkinesen klinisch zu unterdrücken.

Kontraindiziert ist die Gabe von Psycholeptika mit stärkerer Wirkung auf die vegetativen Regulationen bei

– kardiovaskulären Erkankungen, da durch die Psycholeptika die Herzmuskelkraft sowie die koronare Durchblutung gemindert wird. Auch das Atemvolumen wird verringert, was bei Emphysemkranken zu beachten ist;

– Glaukom, wegen ihrer anticholinergischen Wirkung;

– Thromboseneigung, die durch die Inaktivierung verstärkt werden kann;

– akuten Alkohol-, Schlafmittel-, Analgetika- und Psychopharmaka-Intoxikationen, da die Psycholeptika die Wirkung dieser Mittel potenzieren und es deswegen zu unvoraussehbaren schweren Intoxikationen kommen kann;

– Prostatahypertrophie wegen einer möglichen Harnverhaltung, die durch eine durch die Mittel bewirkte Erschlaffung des Detrusors der Blase zustande kommt;

– schweren Leber- und Nierenschäden

– und die Kombination mit Monoaminoxydasehemmern.

Bei organischen Hirnschäden sollte wegen der aktivitätsmindernden Wirkung der Psycholeptika ihre Verordnung sehr zurückhaltend gehandhabt werden. Das gleiche gilt für ältere Kranke.

Für die klinische Anwendung der Psycholeptika ist eine weitere wichtige Tatsache zu berücksichtigen, nämlich, daß *die Empfindlichkeit* für diese Mittel interindividuell *sehr stark schwankt,* und zwar um einen Faktor von 30, mit anderen Worten: Manche Patienten zeigen bereits nach 3 × 1 mg Haloperidol ein ausgeprägtes medikamentöses Parkinsonsyndrom, während bei anderen sich dieses erst nach der Gabe von 3 × 30 mg entwickelt. Aus diesem Grunde beobachtet man auch nach der Gabe von trizyklischen Thymoleptika, bei denen es sich ja um schwachwirkende Neuroleptika handelt, immer wieder das Auftreten eines medikamentös bedingten Parkinsonsyndroms, also eine neuroleptische Wirkung, wenn man besonders empfindlich auf Psycholeptika reagierende Kranke behandelt.

Das Wirkungsprinzip der Psycholeptika ist letztlich ähnlich wie das der sog. klassischen psychiatrischen Behandlungsverfahren, nämlich, daß man mit ihrer Hilfe bei psychisch Kranken eine zusätzliche somatische Erkrankung erzeugt, eine Stammhirntrias, die von enzephalitischen Erkrankungen her bekannt ist (Antriebsminderung, extrapyramidale Bewegungsstörungen und zentrale Regulationsstörungen der vegetativen Funktionen). Sie kann man mit *Bleuler* auch als sog. hirnlokales Psychosyndrom bezeichnen. Die durch Medikamente bewirkte somatische Erkrankung ist in ihrer Ausprägung besser steuerbar als die durch die sog. klassische Verfahren bewirkte. Aus dem Gesagten ergibt sich, daß sich die beiden Behandlungsmethoden nicht nur formal, sondern auch inhaltlich stark ähneln, denn bei den sog. klassischen Behandlungsverfahren trat ja nach der Bewußtlosigkeit ebenfalls ein »Durchgangssyndrom« ein. Man kann also alle psychiatrischen Behandlungsmethoden auf einen Nenner bringen. Unbeantwortet bleibt aber die Frage, wie ein hirnlokales Psychosyndrom psychotische Symptome und Syndrome zu beeinflussen vermag. Fragwürdig erscheinen unter diesem Aspekt jedenfalls die Vorstellungen, daß es für die einzelnen Mittel sog. Zielsymptome gibt. Es ist schwer vorstellbar, daß ein hirnlokales Psychosyndrom oder ein »Durchgangssyndrom« gezielt bestimmte psychopathologische Symptome beeinflußt.

Zur Wirkung der Tranquilizer

Die Tranquilizer haben ein ganz anderes Wirkungsprinzip als die Psycholeptika. Sie greifen am limbischen System an und zeigen im Tierversuch eine aggressionshemmende Wirkung. Sie wirken muskelrelaxierend und »antiepileptisch«, haben keinen Einfluß auf die zentralen vegetativen Regulationen und vermögen auch kein medikamentöses Parkinsonsyndrom zu erzeugen. Klinisch wirken sie mäßig stark sedierend, so daß mit ihnen stark erregte Kranke nicht ausreichend beruhigt werden können. Tranquilizer haben eine Halbwertzeit von etwa 2 Tagen und kumulieren infolgedessen bei regelmäßiger Einnahme gleicher Dosen. Der Grund dafür, daß Tranquilizer weltweit in so großen Mengen verwendet werden, ist, daß sie in einem gewissen Dosierungsbereich nicht nur eine entspannende, sondern eine euphorisierende Wirkung zeigen, die meist nach einigen Tagen regelmäßiger Einnahme eintritt.

Wirkungsunterschiede der zahlreichen Tranquilizer aus der Benzodiazepinreihe beruhen weniger auf Unterschieden der chemischen Zusammensetzung, da die Mittel zu ähnlichen Substanzen metabolisiert werden, als auf solchen der galenischen Zubereitung und der durch diese bedingten unterschiedlichen Resorptionsgeschwindigkeit. Eine Übersicht über die Tranquilizer zeigt die folgende Tabelle.

Tranquilizer

chemische Kurzbezeichnung	*Handelsnamen*
Meprobamat	Cyrpon Miltaun
Phenprobamat	Gamaquil
Methylpentynol	Allotropal
Hydroxyzin	Atarax
Hydroxyzin-Pamoat	Masmoran
Benactycin	Suavitil
Meclizin	Calmonal
Diazepam	Valium
Chloridazepoxid	Librium
Nitrazepam	Mogadan
Dikaliumchlorazepat	Tranxilium
Oxazepam	Adumbran Praxiten
Lorazepam	Tavor
Medazepam	Nobrium
Prazepam	Demetrin
Bromazepam	Lexotanil

Als einzige bisher bekannte *Kontraindikation* für Tranquilizer gilt die Myasthenia gravis pseudoparalytica.

Die *tetrazyklischen Thymoleptika* nehmen eine Zwischenstellung zwischen den trizyklischen Thymoleptika und den Tranquilizern ein. (Siehe Übersicht über die Thymoleptika.) Sie haben keine psycholeptischen Eigenschaften, aber eine stärkere antidepressive Wirkung als die Tranquilizer. Sie können vor allem bei älteren Kranken zu Beunruhigung und mäßiger Erregung führen, statt zu der gewünschten Stimmungsanhebung. Kontraindikationen sind die gleichen wie bei den Psycholeptika.

Ein neu entwickeltes Antidepressivum, dessen chemische Struktur nicht in die Gruppe der tri- und tetrazyklischen Antidepressiva eingereiht werden kann, ist das *Nomifensin* (Alival Hoechst). Es zeigt eine ähnliche Wirkung wie die trizyklischen Antidepressiva, es führt aber im Unterschied zu diesen in höherer Dosierung zu einer zentralanregenden Wirkung, so daß die Patienten nicht selten über eine innere Beunruhigung klagen. Infolgedessen sind die Kontraindikation, abgesehen von den für die Psycholeptika genannten, ängstlich-agitierte Zustandsbilder.

Zur Wirkung der Lithiumsalze

Lithiumsalze haben eine therapeutische Wirkung auf affektive Störungen, ohne daß der Wirkungsmechanismus letztlich geklärt ist, der sich aber von dem der Psycholeptika, der Tranquilizer sowie der tetrazyklischen Verbindungen wohl unterscheidet. Für eine günstige Lithiumwirkung muß ein Lithiumserum-Nüchternwert von 0,8 mval, bei über 60jährigen 0,6 mval, bei höherem Lebensalter noch weniger erzeugt werden. Man beginnt mit kleinen Dosen und stellt den Pat. durch regelmäßige Kontrollen des Lithium-Serumspiegels ein. Keinesfalls ist die Einstellung auf Lithium durch die Gabe von Lithiumtabletten ohne Kontrolle des Lithiumspiegels erlaubt, damit man die Kranken nicht unterbehandelt oder die Gefahr der Intoxikationen heraufbeschwört. Ein Hinweis auf eine zu hohe Einstellung auch unterhalb der genannten Lithium-Serum-Spiegel ist das Auftreten von Nebenwirkungen (feinschlägiger Tremor, Magenbeschwerden, evtl. Durchfälle), die dem Kranken nicht zugemutet werden müssen. Es hat sich gezeigt, daß es ausreicht, mit dem Lithium-Serum-Spiegel an der unteren Grenze dieser Nebenwirkungen zu bleiben. Umgekehrt gibt es auch Fälle, die höhere als die genannten Spie-

gel für einen therapeutischen Effekt benötigen. Ferner ist zu beachten, daß zu hohe Dosen, d. h. Werte von 1,0 mval und darüber bzw. 0,8 mval bei Älteren, zu einer Antriebsminderung führen, auch ohne daß die anderen genannten Nebenwirkungen auftreten. Die Patienten haben subjektiv den Eindruck, affektiv abgestumpft zu sein. Die Antriebsminderung und der Tremor werden verstärkt, wenn zusätzlich zu der Lithiumgabe Psycholeptika verordnet werden. Lithium hemmt schließlich die Schilddrüsenfunktion, so daß es bei 10–15% der Patienten zu einer kompensatorischen Entwicklung einer Struma kommt. In solchen Fällen ist die Verordnung von Schilddrüsenpräparaten angezeigt. Nach Absetzen des Lithiums bildet sich die Vergrößerung der Schilddrüse wieder zurück. Bei fieberhaften Erkrankungen und Diarrhöen müssen die Lithiumsalze sofort abgesetzt werden, da bei ihnen die Wasserausscheidung durch die Nieren vermindert wird und deswegen das Lithium, das zu 95% durch die Nieren ausgeschieden wird, nicht mehr in ausreichendem Maße eliminiert werden kann. Das ist einer der Gründe für Lithium-Intoxikationen. Ein anderer ist mangelnde Kontrolle des Lithium-Serumspiegels, die auch nach der Einstellung auf einen therapeutischen Spiegel in wenigstens vierteljährlichen Abständen erfolgen muß, um einen bedenklichen allmählichen Anstieg der Lithium-Serumwerte rechtzeitig zu erkennen. Lithium-Intoxikationen sind klinisch daran zu erkennen, daß es zu Erbrechen, Durchfällen, grobschlägigem Tremor der Hände, Abgeschlagenheit, Schläfrigkeit, Schwindel und dysarthrischen Störungen kommt. Bei weiterer Steigerung der Intoxikation zeigen sich Reflexsteigerung, fasciculäre Muskelzuckungen, Schreibkrämpfe, Rigor, Krampfanfälle, Bewußtseinstrübung bis zum Koma. Bei dem Verdacht einer Lithium-Intoxikation muß der Patient sofort in eine Medizinische Klinik eingewiesen werden.

Kontraindiziert ist die Gabe von Lithiumsalzen bei Nieren- und Herzkrankheiten, da bei Nierenkrankheiten die Lithiumausscheidung beeinträchtigt sein kann und darum Intoxikationen drohen. Lithium ersetzt zum Teil das intrazelluläre Kalium und bewirkt darum bei Herzkranken die Gefahr einer Herzmuskelinsuffizienz. Kontraindiziert sind Lithiumsalze ferner bei Krankheitsbildern, bei denen eine kochsalzarme Diät erforderlich ist sowie bei der Addisonschen Krankheit. Vorsicht ist geboten bei hohem Lebensalter sowie bei stark reduziertem Ernährungs- und Kräftezustand.

Sowohl unter Psycholeptika wie unter Lithium kann es zum erstmaligen Auftreten von *epileptischen Anfällen* kommen, ohne daß eine zerebrale Erkrankung vorliegt. Das Auftreten der epileptischen Anfälle ist bisher nicht hinreichend geklärt.

Schließlich sei darauf hingewiesen, daß die zentralanticholinergisch wirkenden *Parkinsonmittel,* insbesondere das Akineton, eine psychische Eigenwirkung haben. Ihr Effekt bei der Zugabe zu Psycholeptika besteht also nicht nur in einer Minderung des medikamentösen Parkinsonoids. Akineton allein genommen erzeugt eine mäßige Euphorie. Es wird infolgedessen gelegentlich mißbräuchlich verwendet.

Psychopharmaka bei Gravidität

Alle genannten Psychopharmaka sollten während der ersten drei Monate einer *Gravidität* nicht verabfolgt werden. Es liegen Beobachtungen vor, daß Mißbildungen unter der Gabe von Psychopharmaka etwas häufiger als im Durchschnitt der Bevölkerung vorkommen, ohne daß allerdings bisher eine sichere Gefährdung der Leibesfrucht nachgewiesen werden konnte. Dies gilt mit Einschränkungen auch für die Gabe von Lithiumsalzen.

Zu dieser Frage sind mit Lithium Tierversuche durchgeführt worden, deren Ergebnisse aber nicht mit Sicherheit auf den Menschen zu übertragen sind. Aus diesem Grunde wurde ein »Lithium-Baby-Register« angelegt, d. h. eine Dokumentation von Kindern, die von Müttern mit einer Lithiumbehandlung während der ersten drei Monate der Schwangerschaft geboren worden waren. Dieses Register erfaßte im Jahre 1978 217 Kinder, von denen 25 angeborene Mißbildungen zeigten. Die Mißbildung betraf in 18 Fällen das Herz oder die großen Blutgefäße und bei 7 weiteren andere Organe. Diese Ergebnisse lassen auf eine erhöhte Häufigkeit von Mißbildungen, insbesondere des Herzens und der großen Gefäße schließen. Andererseits ist eine Berechnung von Häufigkeiten auf der Grundlage von so wenigen Fällen mit beträchtlichen Unsicherheiten behaftet. Es spricht manches dafür, daß die Zahlen zu hoch angesetzt sind, weil es wahrscheinlicher ist, daß Meldungen über mißgebildete Neugeborene eingehen als über normale. Die relativ hohe Häufigkeit von Mißbildungen des Herzens und der großen Gefäße zeigt aber, daß tatsächlich ein erhöhtes Risiko gerade dieser Abnormitäten vorliegen dürfte. Deswegen ist es angezeigt, die Lithiumbehandlung während des ersten Drittels der Schwangerschaft zu unterbrechen. Dabei müssen aber auch die gesundheitlichen Interessen der Mutter berücksichtigt werden, denn die Unterbrechung der Lithiumbehandlung setzt diese einem erhöhten Risiko aus, wieder an einer affektiven Psychose zu erkranken. Bei dieser schwierigen Entscheidung muß die gesamte Situation der Patientin in Betracht gezogen und diese selbst an der Entscheidung beteiligt werden. Für den Regelfall ist zu empfehlen, bei einer geplanten Schwangerschaft die Lithiumbehandlung zu unterbrechen. Es ist nichts darüber bekannt, daß Mißbildungen auftreten, wenn der Vater des Kindes zur Zeit der Zeugung mit Lithium behandelt wurde.

Die Mehrzahl der »Lithium-Babys« wird ohne Mißbildungen geboren. Denkbar ist, daß sie zu einem späteren Zeitpunkt lithiumbedingte Entwicklungsstörungen zeigen. Eine Untersuchung aller skandinavischen Kinder, die 5 Jahre oder älter geworden waren, ergab, daß deren körperliche und geistige Entwicklung nicht gestört war.

Intoxikationen

Intoxikationen durch Psychopharmaka kommen infolge ihrer weiten Verbreitung häufig vor, nicht nur als Folge von Suizidhandlungen, sondern auch als Folge von Unverträglichkeiten und chronischen Überdosierungen. Sie werden auch immer häufiger bei Kindern beobachtet, die an Medikamente geraten.

Psycholeptika: Ihrem pharmakologischen Wirkungsspektrum entsprechend sind Intoxikationszustände vor allem durch kardiale, extrapyramidale und zentrale Symptome gekennzeichnet. Die kardiotoxischen Reaktionen künden sich durch Verbreiterung und wechselnde Konfiguration des QRS-Komplexes an, die als Warnsymptome kritischer Rhythmusstörungen aufzufassen sind, denen Kammertachykardien, Kammerflattern und -flimmern folgen. Ferner ist mit AV-Überleitungsstörungen und kardio-depressiver Wirkung zu rechnen. Der Blutdruck sinkt in der Regel ab. Die extrapyramidale Symptomatik kann sehr vielfältig sein. Es werden sowohl extrapyramidale Anfälle, wie zu Beginn der Behandlung mit Psycholeptika, beobachtet wie auch ein akinetisch-rigides Parkinsonoid, das bis zur völligen motorischen Erstarrung führen kann mit entsprechender Behinderung bei alltäglichen Verrichtungen und auch bei der Atmung. Ferner kann es zu myoklonieartigen Bildern kommen. Die extrapyramidalen Bewegungsstörungen dürfen nicht mit einem Tetanus, tetanischen Anfällen oder gar epileptischen Anfällen verwechselt werden. Infolge der zentralen Wirkung der Psycholeptika kommt es bei schweren Intoxikationen zur zentralen Atemdepression, komatösen Zuständen und schließlich zum Atemstillstand. Es entwickelt sich außerdem eine Hyperthermie und eine Darmlähmung.

Besonders zu beachten ist, daß Intoxikationszustände auch bei einer Behandlung eintreten können, wenn Patienten besonders empfindlich auf Psycholeptika reagieren. Die Gefahr der Überdosierung ist vor allem bei Erregungszuständen gegeben und dann, wenn sich eine Akathisie entwickelt, die nicht als solche erkannt, sondern für ein Symptom der psychischen Erkrankung gehalten wird. Dies verführt dazu, die Dosis immer weiter zu steigern, um eine Beruhigung herbeizuführen. Bei der Behandlung von Vergiftungszuständen entsteht eine besondere Schwierigkeit dadurch, daß das durch die Intoxikation erzeugte Parkinsonoid wochenlang anhalten kann. Die Patienten sind dann durch hypostatische Pneumonien und Thrombosen besonders gefährdet. Auch die Darmlähmung kann tagelang andauern. Bei in dieser Hinsicht empfindlich reagierenden Patienten kann es schon bei geringen Unverträglichkeitserscheinungen zu ausgeprägten Blähungen des Darmes und dem Bild eines paralytischen Ileus kommen.

Eine weitere Möglichkeit, daß schwere Intoxikationen auftreten, ist die Kombination mit anderen sedierend wirkenden Medikamenten, etwa mit Alkohol oder Schlafmitteln, da sich die Wirkung der Mittel potenziert. Auch hier spielt die unterschiedliche Empfindlichkeit der Patienten für die Psycholeptika eine nicht vorhersehbare Rolle. Deswegen ist vor der Gabe von Psycholeptika zu warnen, wenn nicht bekannt ist, welche Medikamente der Patient eingenommen hat.

Monoaminoxydasehemmer: Überdosen führen zunächst zu zentralen Reizerscheinungen. Es kommt zu Kopfschmerzen, Schwindel, Hyperreflexie, Muskelzuckungen, Gefühl des Ameisenlaufens an Händen und Füßen, und zu Erregungszuständen. Der Blutdruck kann stark abfallen. Bei noch höheren Dosen oder wenn die Ausscheidung durch eine gestörte Nierenfunktion herabgesetzt ist, treten schwere Erregungszustände und epileptische Anfälle auf, denen Somnolenz und komatische Zustände folgen. Schließlich kommt es zu schwerer Zyanose und Exitus infolge von Atemlähmung. Die gleichzeitige Gabe von Monoaminoxydasehemmern und trizyklischen Thymoleptika führt zu schweren Kreislaufstörungen mit Blutdruckabfall, Erregungszuständen und Atemlähmungen. Infolgedessen muß bei dem Wechsel der Medikation eine Pause von 14 Tagen eingelegt werden, bis das erste Mittel zuverlässig ausgeschieden ist. Dadurch, daß Monoaminoxydasehemmer den Abbau von Monoaminen hemmen, kann es dann, wenn diese durch Medikamente oder Nahrungsmittel zugeführt werden, etwa von Käse, zu schweren bedrohlichen Kreislaufreaktionen kommen.

Tranquilizer: Bei etwas höheren Dosen oder bei nicht guter Verträglichkeit bewirken sie ein Gefühl der Gliederschwere, leichten Schwindel und Unsicherheit beim Gehen. Bei weiterer Steigerung der Dosis tritt eine gewisse Benommenheit oder Schläfrigkeit ein. Noch höhere Dosen bewirken eine Steigerung dieser Beschwerden, verbunden mit Obstipation, Libidoverlust. Zu beachten ist der Kumulationseffekt infolge der Halbwertzeit von 2–4 Tagen. Bei noch höheren Dosen kommt es zu mehr oder weniger tiefer Bewußtlosigkeit. Krampferscheinungen treten nicht auf, auch Kreislauf- und Atemdepression sind nur in extremen Fällen beobachtet worden. Die Tranquilizer haben keine Wirkung auf das extrapyramidale System.

Lithium: Siehe Lithiumbehandlung, Seite 329

22.3   Schlafentzug

Auf die Schlafstörungen und die Tagesschwankungen bei endogenen Depressionen wurde im Kap. 7.4 über die affektiven Psychosen bereits eingegangen. Die meisten Kranken schlafen, was auch elektroenzephalographische Untersuchungen bestätigen, schlecht ein, ihr Schlaf ist flach, sie wachen häufig auf und können in den frühen Morgenstunden nicht mehr weiterschlafen, so daß die Gesamtschlafzeit herabgesetzt ist. Diese Befunde deuten darauf hin, daß bei der endogenen Depression der zirkadiane Rhythmus gestört ist. Durch experimentelle Untersuchungen wurde dies bestätigt. Es scheint so, daß bei endogenen Depressionen eine Tendenz zur Verkürzung zirkadianer Abläufe und eine Desynchronisation, d. h. ein Auseinanderlaufen einzelner rhythmischer Funktionen (R. *Tölle*), vorliegt. *Tölle* und *Schulte* beobachteten bei totalem Schlafentzug

für eine Nacht eine antidepressive Wirkung, die sie auf den Eingriff in den zirkadianen Rhythmus zurückführen. Weitere Untersuchungen ergaben, daß die gleiche Wirkung auch der partielle Schlafentzug in der zweiten Hälfte der Nacht zeigt sowie der selektive Schlafentzug, d. h. der Entzug des REM-Schlafes. Dieser erfordert einen großen personellen und apparativen Aufwand. Die Durchführung des totalen und des partiellen Schlafentzuges ist dagegen einfach durchzuführen und kann sowohl im Krankenhaus wie auch ambulant vorgenommen werden. Patienten mit endogenen Depressionen reagieren regelmäßig mit einem Rückgang der Ausprägung der depressiven Symptomatik. Am Tage nach dem Schlafentzug fühlen sich die Patienten oft besonders wohl. Der Effekt hält allerdings oft nicht lange an, bei einem Teil der Kranken nur 1 Tag.

23 Risiken und Kritik der Behandlungsverfahren in der Psychiatrie

Jede wirksame Behandlungsmethode ist mit einem Risiko verbunden, da sie ihrem Wesen nach einen Eingriff darstellt. Man muß darum auch umgekehrt sagen: Ohne Eingriff und damit ohne Risiko ist Behandlung nicht möglich, da durch sie ja etwas bewirkt werden soll. Unsinnig ist es somit, eine Therapie abzulehnen, allein deswegen, weil sie mit Risiken belastet ist, und andere Therapieformen zu fordern, bei denen das nicht der Fall ist. Das Risiko einer therapeutischen Methode kann nicht als solches beurteilt werden, sondern muß in Relation gebracht werden zu ihrem Nutzen und dem Risiko, das die Erkrankung mit sich bringt. Letzteres nimmt in Kauf, wer gar nicht oder ohne Risiko, d. h. wirkungslos zu »behandeln« sucht. In diesem Kapitel wird nur auf die Risiken, die die therapeutischen Maßnahmen bei psychisch Kranken mit sich bringen, eingegangen. Das Abwägen der Risiken mit dem möglichen therapeutischen Erfolg und dem Risiko, das die psychische Krankheit mit sich bringt, ist Gegenstand des folgenden Kapitels 24.

Zu den Risiken einer Behandlungsmethode im eigentlichen Sinne kommen die sog. Neben- und Störwirkungen, die zwar keine Gefahr darstellen, solange sich keine Komplikationen entwickeln, die aber das Befinden des Kranken beeinträchtigen und bei starker Ausprägung einen Abbruch der Behandlung erzwingen können. Solche Neben- oder Störwirkungen treten bei wirksamen Behandlungsverfahren fast regelmäßig auf. Das ist in besonderer Weise bei der medikamentösen Behandlung der Fall, die eben nicht nur den gewünschten Effekt hat

und haben kann. Es wird vielmehr in dem mehr oder weniger breiten Wirkungsspektrum eines Mittels *eine* Wirkung als die therapeutisch erwünschte angesehen und das Mittel deswegen verordnet. Die anderen, dem Medikament eigenen Wirkungen, treten natürlich auch ein und werden, da sie nicht erwünscht sind, zu Unrecht als Neben- oder Störwirkungen betrachtet. Da es große interindividuelle Unterschiede in der Verträglichkeit von Medikamenten gibt, variieren auch die Neben- und Störwirkungen nicht unerheblich. Der Therapeut muß sie alle kennen, um die Auswirkungen seines Vorgehens beurteilen zu können.

Da eine exakte Abgrenzung von Nebenwirkungen, Komplikationen und Risiken bei der Behandlung nicht möglich ist, werden sie im folgenden gemeinsam besprochen. Nicht Gegenstand der folgenden Darlegungen sind die erforderlichen somatischen Behandlungsverfahren bei symptomatischen Psychosen. Hierfür muß auf die entsprechenden Lehrbücher, vor allem der inneren Medizin, verwiesen werden. Es werden ferner nicht alle psychotropen Substanzen abgehandelt, sondern lediglich diejenigen Psychopharmaka, die für die Behandlung psychischer Krankheiten von zentraler Bedeutung sind: die Psycholeptika (Neuro- und Thymoleptika) sowie die Tranquilizer und Schlafmittel, soweit sie zur Behandlung psychisch Kranker eingesetzt werden. Für alle anderen psychotropen Substanzen muß auf die entsprechenden pharmakologischen Darstellungen verwiesen werden.

23.1 Psycholeptika

Das Wirkungsspektrum der Psycholeptika ist außerordentlich breit und bunt. Dementsprechend vielfältig sind ihre »Nebenwirkungen«.

Die Mehrzahl der Mittel wird schnell vom Magen-Darm-Trakt resorbiert, lediglich die

mit einem stärkeren anticholinergischen Effekt langsamer. Dann verlassen sie rasch den Blutkreislauf und sind im Plasma zu 98% an Proteine gebunden. Etwa 70% der eingenommenen Dosis tritt aus der portalen Zirkulation in die

Leber über, wo die Psycholeptika metabolisiert werden. Die Metaboliten sind einem intensiven enterohepatalen Zyklus unterworfen. Die biologische Halbwertzeit ist aufgrund der langsamen Ausscheidung sehr lang, sie dauert mehrere Tage bis Wochen und erfolgt über die Nieren. Phenothiazinderivate passieren die Plazenta und gelangen in minimalen, toxikologisch unbedenklichen Mengen in die Muttermilch. Der toxische Grenzwert liegt etwa bei 1 mg pro kg Körpergewicht, schwere Vergiftungserscheinungen treten nach Einnahme von 3–30 mg pro kg Körpergewicht auf. Bei langfristigen Behandlungen können allerdings relativ hohe Dosen, etwa 10 mg pro kg Körpergewicht, ohne weiteres vertragen werden.

Anstelle der erwarteten Wirkung auf die Psyche kann es gelegentlich in der ersten Behandlungswoche zu Unruhezuständen kommen, die mit Agitation, Ängstlichkeit und innerer Unruhe einhergehen und von Herzjagen, Ansteigen des Blutdruckes, stenokardischen Beschwerden und dem Gefühl der Atemnot begleitet sind. Bei alleiniger Anwendung von Psycholeptika, jedoch vornehmlich in Kombination mit anticholinergisch wirkenden Substanzen (Antiparkinsonmittel), kann es zu Verwirrtheitszuständen und toxischen Delirien kommen (in 1–3% der Fälle). Diese Gefahr steigt mit der Höhe der Dosis, vor allem der Psycholeptika, die eine anticholinergische Wirkung haben. Ist man gezwungen, die Behandlung nach dem Abklingen dieser Komplikationen fortzusetzen, so kann man ihr Wiederauftreten durch eine Vorbehandlung mit Dihydroergotamin (3 × 2–3 mg für 2–3 Tage) verhüten. Nach derartigen Komplikationen beobachtet man oft vorübergehende Besserungen oder Heilungen von Depressionen.

Bei etwa 1 Promille der mit Psycholeptika behandelten Kranken kommt es erstmalig in ihrem Leben bei der üblichen Dosierung von Psycholeptika zu Grand-mal-Anfällen, in der Regel in der ersten Behandlungswoche. Besonders gefährdet sind Patienten mit Hirnschädigungen (z. B. Zustände nach Schädelhirntraumen).

Bei den unerwünschten vegetativen Nebenwirkungen und Komplikationen handelt es sich um überschießende sympathikolytische und sympathikomimetische Regulationen, die die Mittel ohnehin in gewissem Ausmaß bewirken. So kann es sowohl zu Hypo- wie Hypertonien, Hypo- wie Hyperthermien, Tachy- und Bradykardien, Diarrhöen und Obstipation, starken Schweißausbrüchen und Austrocknung der Schleimhäute kommen. Alle diese vegetativen Regulationsstörungen treten während der ersten 2–3 Behandlungswochen besonders stark auf, wobei man als Faustregel sagen kann, daß ein Überwiegen der Sympathikolyse häufiger in den ersten 8–10 Tagen und ein Überwiegen des Sympathikotonus häufiger in den zweiten 10 Tagen der Behandlung vorkommt. Es gibt aber auch das Umgekehrte. Überschießende sympathikotone Reaktionen können die Folge relativ geringer körperlicher Anstrengungen sein. Sie gehen mit Blutdruckanstiegen auf 180/200 mmHg, Tachykardien auf 140/min. und starken stenokardischen Beschwerden einher und lösen starke Angstgefühle aus. Zu derartigen Reaktionen kann es auch noch in den ersten 3–8 Tagen nach dem Absetzen der Mittel bei körperlichen Anstrengungen kommen.

Die häufigsten Komplikationen sind orthostatische Kreislaufdysregulationen, besonders zu Beginn der Behandlung. Bei manchen Kranken genügt schon das Aufsitzen, um eine hypotone orthostatische Kreislaufregulationsstörung in Gang zu bringen. Bei anderen tritt diese erst nach dem Aufstehen ein. Die Kranken müssen entsprechend instruiert und beaufsichtigt werden. Besonders gefährdet sind ältere Patienten, Kranke mit Herzinsuffizienz und Gefäßsklerose. Am Herzen bewirken die Mittel eine Minderung des Minuten- und Schlagvolumens und eine Verschlechterung der Koronardurchblutung.

Manche Kranke klagen über Übelkeit, Erbrechen und auch Diarrhöen. Sehr viel häufiger sind allerdings Obstipationen, die mit einem erheblichen Meteorismus einhergehen. Es wurden auch Fälle mit einem paralytischen Subileus und Ileus beobachtet, die durch konservative Maßnahmen günstig beeinflußt werden konnten. Diese Störungen treten in den ersten 2–3 Wochen der Behandlung auf, vor allem bei den Neuroleptika mit stärker anticholinergischer Wirkung und den entsprechenden Thymoleptika.

Psycholeptika bewirken eine Verstärkung des Sphinktertonus der Harnblase und eine gewisse Erschlaffung des M. detrusor. Hierdurch kann es zu Miktionsstörungen bis zur völligen Harnverhaltung kommen. Diese lassen sich am besten mit Doryl oder Prostigmin behandeln. Besonders gefährdet sind Männer im etwas höheren Lebensalter, auch wenn eine klinisch manifeste Prostatahypertrophie nicht vorliegt.

Eine direkte Leberzellschädigung durch Psycholeptika ist nicht erwiesen. Dagegen kann sich ein cholestatischer Ikterus einstellen infolge einer Verschwellung der Gallengänge. Wahrscheinlich handelt es sich um eine allergische Reaktion. Die Kranken klagen über Druckschmerzen unter dem rechten Rippenbogen, Übelkeit, Erbrechen und auch Kopfschmerzen. Diese Komplikation wurde unter Chlorpromazin verhältnismäßig häufig beobachtet, während dies bei den modernen Psycholeptika kaum je der Fall ist.

Die Häufigkeit von Thrombosen hängt sehr davon ab, ob die Patienten aktiviert werden oder nicht. Haemorrhagische Diathesen sind nur ganz vereinzelt beobachtet worden. Bei Hauterscheinungen handelt es sich fast ausschließlich um allergische Reaktionen, die mit mehr oder weniger heftigem Juckreiz, Erythemen und populomakulösen Exanthemen einhergehen. Diese Erscheinungen können von Fieber, Rhinitis, Asthma bronchiale, Konjunktivitis oder Stomatitis begleitet sein. Die bei der Sensibilisierung entstehenden Antikörper sind in vielen Fällen streng spezifisch, so daß bei dem Übergang auf ein anderes Präparat keine Rezidive auftreten. Es wurden allerdings auch Gruppenallergien beobachtet. Eine große Zahl von Kranken ist unter Psycholeptika für Sonneneinstrahlung besonders empfindlich. Es entwickeln sich rasch starke Erytheme, so daß die Kranken entsprechend geschützt werden müssen.

Störungen im blutbildenden System sind offenbar selten. Beobachtet wurden Leukopenien, Lymphopenien, Eosinophilien und auch Agranulozytosen (letztere in 0,07–0,7% der Behandelten). Bei diesen könnte es sich auch um allergische Reaktionen handeln. Agranulozytosen treten meist zwischen der 6. u. 10. Woche der Behandlung auf.

Ferner zeigten sich Störungen des Wasser- und Zuckerhaushaltes, Menstruationsstörungen, Amenorrhöen und Galaktorrhöen, desgleichen Libido- und Potenzverlust. Inwieweit diese Erscheinungen Folge der psychischen Erkrankung sind, ist im Einzelfall schwer abzugrenzen. Bei der Galaktorrhöe handelt es sich fraglos um eine Medikamentenwirkung. Zu Beginn der Behandlung kann es zu starken Gewichtszunahmen kommen, die wohl im wesentlichen auf Wasserretention zurückgeführt werden müssen. Bei Fortsetzung der Medikation wird das retinierte Wasser wieder ausgeschieden. Ferner wurden Pigmentatrophien der Retina beobachtet sowie Präzipitate in der Linse und im Glaskörper. Teratogene Wirkungen von Psycholeptika wurden bisher nicht sicher nachgewiesen. Auf die persistierenden extrapyramidalen Bewegungsstörungen wurde oben bereits hingewiesen. In den ersten Wochen klagen die Kranken häufig über eine Akkommodationshemmung, die sich nach 2–3 Wochen mildert und jedenfalls zurückbildet, wenn die Mittel abgesetzt werden.

Bei chronischen Intoxikationen, d. h. bei einer relativen Überdosierung im Hinblick auf die individuelle Verträglichkeit, werden bei etwa 50% der Pat. eine QT-Verlängerung und eine Abflachung oder Inversion der T-Welle im EKG gefunden. Die Veränderungen sind reversibel. Ganz selten kommt es zu lebensbedrohlichen intraventrikulären Arrhythmien, die wahrscheinlich auf einer verminderten Durchblutung der Koronargefäße beruhen. Die T-Inversion ist vermutlich auf eine sich entwickelnde Hypokaliämie zurückzuführen. Durch die Verschiebung des Kaliums in die Nervenzelle kann es zu einer paradoxen neuromuskulären Übererregbarkeit kommen. Manche Kranke reagieren auf Psycholeptika mit erheblicher Appetitsteigerung, die zusätzlich zu der Wasserretention zu einer erheblichen Übergewichtigkeit führen kann.

Akute Vergiftungen infolge von Überdosierungen führen zu Schläfrigkeit womöglich bis zum Koma, ferner zu Muskelhypotonie und Hyporeflexie, die durch Muskelkrämpfe und Glottisspasmen abgelöst werden. Diese Krampfzustände dauern 20–30 Sekunden und können mit einem Atemstillstand verbunden sein. Es kann zu einer völligen Erstarrung der Muskulatur als Ausdruck extremer extrapyramidaler Tonussteigerung kommen. Die Kreislaufregulation ist meist durch eine erhebliche

Tachykardie und starken Blutdruckabfall und die schon geschilderten EKG-Veränderungen gekennzeichnet. In etwa 20% der Fälle wird eine Hypothermie beobachtet. Zur Behandlung von Intoxikationen ist zu sagen, daß die initialen anticholinergen Symptome durch Gaben von Physostigmin gut beeinflußt werden können. Zur Bekämpfung des Blutdruckabfalles sind Infusionen mit Plasma oder Plasmaexpandern erforderlich, dagegen sollten keine adrenergisch wirkenden Mittel gegeben werden, da Psycholeptika die Alpharezeptoren blockieren

und gleichzeitig eine adrenerge Potenzierung bewirken. Die forcierte Diurese und Hämodialyse sind wegen der starken Plasmaproteinbindung der Mittel und ihrer raschen Verteilung im Organismus praktisch wirkungslos.

Besonders zu beachten ist die potenzierende Wirkung der Psycholeptika auf andere sedierende Mittel, vor allem Alkohol und Schlafmittel. Erregungszustände infolge von Alkoholwirkung dürfen daher nicht mit Psycholeptika behandelt werden!

Kontraindikationen siehe Seite 327

23.2 Tranquilizer

Meprobamat, der erste Tranquilizer, kann zu paradoxen Reaktionen in Form von Erregungszuständen sowie zur Atonie der Muskulatur führen. Die besondere Gefahr ist die Entwicklung einer Abhängigkeit.

Die toxische Dosis bei Erwachsenen beträgt 6–8 g, Todesfälle wurden bei einer Dosis von 0,24–0,35 g pro kg Körpergewicht beobachtet.

Die akute Vergiftung geht mit einem Blutdruckabfall, Krämpfen, Atemdepression, Hypo- und Areflexie einher. Zur Behandlung ist die forcierte Diurese sowie ein Volumenersatz zur Bekämpfung der schweren Hypotonie angezeigt.

Die Mehrzahl der Tranquilizer sind Benzodiazepin-Derivate. Ihre Resorption aus dem Magen-Darm-Trakt erfolgt rasch, so daß bereits nach einer halben Stunde eine Wirkung zu beobachten ist. Der höchste Blutwert wird allerdings erst nach mehreren Stunden erreicht (bei Chlordiazepoxid nach 8 Std., Diazepam 2–4 Std., Oxazepam 4 Std., Nitrazepam 6–8 Std.). Die Wirkstoffe werden in der Leber metabolisiert und im Urin (80%) und Stuhl ausgeschieden. Die Halbwertzeit beträgt etwa 48 Std., so daß die Wirkung der Mittel 3–7 Tage nach der letzten Dosis anhält.

Beim Beginn der Einnahme der Mittel kommt es häufig zu einem Unsicherheitsgefühl in den Beinen (Muskelrelaxation), auch dem Gefühl der Gliederschwere. Es kann sich ein Gefühl der Benommenheit oder Schläfrigkeit einstellen. Höhere Dosen führen zu einer Steigerung dieser Beschwerden mit Obstipation und Libidoverlust. Infolge der langen Halbwertzeit ist mit einer Kumulation zu rechnen. Die Hauptgefahr liegt in der Entwicklung einer Abhängigkeit. Kontraindikationen sind Myasthenia gravis, akute Barbiturat- und Alkoholintoxikationen.

Leichte Vergiftungserscheinungen treten bei 1–2 mg pro kg Körpergewicht ein, es können sich bei erhöhter Empfindlichkeit für die Medikamente schon bei Einzel-Dosen von 150–300 mg Komata zeigen.

Nach chronischen Intoxikationen (Abhängigkeit) dürfen die Tranquilizer nur langsam abgesetzt werden, um Serien epileptischer Anfälle und Entzugsdelirien zu vermeiden.

Die Kombination von Tranquilizern mit Alkohol kann zu ausgesprochenen Koordinationsstörungen, Schläfrigkeit und Beeinträchtigung der Reaktionsfähigkeit führen.

23.3 Andere Behandlungsverfahren

Die Nebenwirkungen und Risiken der Lithiumbehandlung wurden oben auf Seite 329 besprochen.

Die Nebenwirkungen und Risiken der Elektroschockbehandlung wurden oben auf Seite 320 behandelt.

Auf mittelbare Gefahren der medikamentösen und psychotherapeutischen Therapieverfahren, die vornehmlich in der Entwicklung von Fehlhaltungen und Abhängigkeiten bestehen, wird im nächsten Kapitel eingegangen.

23.4 Kritik an den Behandlungsmethoden

Die Kritik an den psychopharmakologischen Behandlungsverfahren richtet sich vornehmlich gegen die Nebenwirkungen und stellt die therapeutische Wirksamkeit in Frage. Dabei werden die Nebenwirkungen der medikamentösen Therapie oft für schädlich gehalten. Bezüglich der Wirksamkeit der Behandlungsmethoden wird vor allem ihre mangelnde Spezifität kritisiert. Den medikamentösen Verfahren wird von den Kritikern eine lediglich sedierende und inaktivierende Wirkung nachgesagt, den psychotherapeutischen Verfahren dagegen mangelnde Wirkung bei psychischen Krankheiten im engeren Sinne.

Soweit solche Kritik nicht aus grundsätzlicher Ablehnung der einen oder anderen Behandlungsweise entspringt, ist sie wohl vor allem Ausdruck einer gewissen Enttäuschung darüber, daß in der Regel keine so raschen und durchschlagenden Erfolge zu erzielen sind, wie etwa bei der Behandlung von Infektionen mit Antibiotika. Bei psychischem Kranksein ist man viel weniger bereit als bei anderen Krankheiten, Begleiterscheinungen der Behandlungsmaßnahmen hinzunehmen. Der Grund dafür ist, daß psychisches Kranksein die Person des Kranken stärker betrifft als anderen Formen von Kranksein. Deswegen wird die Behandlung psychischer Krankheit als stärkerer Eingriff in persönliche Bereiche empfunden als etwa eine Operation. So wird die inaktivierende Wirkung von Psychopharmaka als Beschränkung der persönlichen Freiheit erfahren und als chemische Zwangsjacke charakterisiert und kritisiert. Psychopharmaka werden ferner oft von manischen und manchen schizophrenen Kranken abgelehnt, die die Sicht ihrer Person und die der Welt nicht verändern lassen möchten, obwohl sie die Folgen ihres Verhaltens oft nicht zu sehen vermögen.

Psychologische Tests werden gelegentlich als unberechtigtes Eindringen in die Privatsphäre erlebt, wenn der Eindruck entsteht, daß der Testende etwas herausbekommen könnte, was der Betreffende nicht preisgeben möchte. Aus dem gleichen Grunde bestehen oft Vorbehalte gegen psychotherapeutische, vor allem psychoanalytische Behandlungen.

Diese besondere Betroffenheit der Person des Kranken ist vom Arzt stets sorgfältig zu beachten und darf nicht wegdiskutiert werden. Sie führt verständlicherweise auch leicht zu einseitiger und überschießender Kritik an allen Behandlungs- und Versorgungsmaßnahmen sowie zu verallgemeinernden Vorwürfen gegen »das« Vorgehen »der« Psychiater, die darum gehalten sind, eine besondere Sensibilität für diese Seite psychischen Krankseins zu entwickeln.

24. Therapie-Indikationen, Behandlungsziele und Erfolgsbeurteilung bei psychischen Krankheiten

24.1 Vorbemerkungen

Nach einer alten ärztlichen Regel muß vor Beginn der Therapie eine Diagnose gestellt werden. Diese selbstverständlich klingende Forderung ist in vielen Fällen psychischer Krankheit nur bedingt zu erfüllen, da eine diagnostische Klärung hier meist einiger Zeit bedarf, aber oft sofort gehandelt werden muß, etwa um die erforderliche Beruhigung des Kranken herbeizuführen. Sie ist die Voraussetzung für weiteres Vorgehen. Die für die diagnostische Klärung benötigte Zeit ist sehr unterschiedlich. Einmal kann die Diagnose gleich auf den ersten Blick gestellt werden, z. B. beim Alkoholdelir und bei manchen Formen der progressiven Paralyse. Zum anderen kann es sich so verhalten, wie *S. Freud* formulierte, daß man bei manchen Fällen erst nach Abschluß der Therapie sagen könne, worum es sich gehandelt habe. Vom Zeitbedarf der Diagnostik ist zu unterscheiden die Reihenfolge der diagnostischen Schritte. Möglichst schnell muß geklärt werden, ob der psychischen Störung eine klinisch nachweisbare somatische Krankheit zugrunde liegt, da diese den therapeutischen Weg bestimmt und in vielen Fällen rasches Eingreifen erfordert. Die Erhebung des psychischen Befundes dagegen bedarf mehr Zeit und gestattet dies auch, ebenso wie meistens, die Beobachtung und Beurteilung der Interaktionsweise des Kranken. Wenn es sofort nötig ist, therapeutische Maßnahmen einzuleiten, etwa die Beruhigung des psychisch Kranken, gehört es zur Kunst und Strategie des Arztes, sich durch vorläufige Maßnahmen die diagnostische Klärung nicht zu erschweren und die weitere Behandlung zu beeinträchtigen. So darf etwa durch Sedierung akuter symptomatischer Psychosen das Erkennen von Komplikationen nicht behindert oder der Kranke, wenn es um die Bewältigung von Problemen geht, durch Psychopharmakagaben davon abgelenkt werden. Solche heterogenen Gesichtspunkte ergeben sich durch die Unterschiedlichkeit der Zustandsbilder nicht nur bei verschiedenen Krankheiten, sondern auch im Krankheitsverlauf bei einem einzelnen Patienten. Darum ist neben der Kenntnis der Eigenart der therapeutischen Ansätze und ihrer Indikationen auch die ständige Beobachtung des Kranken in der sich wandelnden Behandlungssituation gefordert.

Vor diesem Hintergrund wenden wir uns den Einzelheiten der Therapie zu. Die Indikation für eine bestimmte Therapie setzt das Abwägen des Krankheitsrisikos mit den Erfolgsaussichten und Risiken therapeutischer Maßnahmen voraus. Die mit den psychischen Krankheiten einhergehenden Gefahren kann man folgendermaßen zusammenfassend darstellen: unmittelbare Lebensgefahr ist gegeben bei: sog. perniziöser Katatonie, Alkoholdelir, Entziehung von Alkohol, Schlafmitteln und Tranquilizern, wenn sie zu Serien von epileptischen Anfällen oder einem Status epilepticus führt, sowie bei allen akuten symptomatischen Psychosen infolge schwerer somatischer Krankheiten. Mittelbare Gefahren für das Leben resultieren aus der häufigen Suizidalität psychisch Kranker. Ferner können Verkennungen der Situation und Sinnestäuschungen zu gefährlichen Handlungen führen, etwa wenn ein Kranker vor seinem Fenster eine Person zu sehen glaubt, auf sie zugehen will und dabei in die Tiefe stürzt. Alle schweren Formen psychischer Krankheiten führen häufig zur Unfähigkeit, sich selbst zu versorgen. Die Erfahrung lehrt, daß schließlich Intoxikationen aller Art Erregungszustände, Verkennungen der Situation und entsprechende Fehlhandlungen und Selbstbeschädigungen verursachen können. Etwa zwei Drittel aller Aufnahmen in psychiatrische Krankenhäuser erfolgen wegen dieser Gefahren.

Nicht zu unterschätzen, aber viel schwerer zu erfassen sind Schwierigkeiten, die sich für psychisch Kranke dadurch ergeben, daß sie negative Reaktionen der Umwelt auslösen und zu lange von ihrem Arbeitsplatz und ihrer menschlichen Umgebung entfernt sind, auch unabhängig von den Vorurteilen, die gegen psychisches Kranksein bestehen. Unsicherheiten über die eigenen Fähigkeiten, das Leben zu bestehen, eine gewisse Entfremdung von der Umgebung und die sich daraus entwickelnden Fehlhaltungen mit der Neigung zur Regression sind oft entscheidend für das ganze weitere Leben und schwerer zu beeinflussen als die psychische Krankheit selbst. Heilt die Erkrankung nicht aus, so kann dies eine zusätzliche psychische Fehlentwicklung in Gang bringen. Es stellt sich deshalb die Frage, mit welchen Mitteln und welchem Risiko unter diesen Umständen eingegriffen werden darf und muß und welches therapeutische Vorgehen die besten Aussichten auf Erfolg bietet.

24.2 Sedierende und schlafanstoßende Medikamente

Die Beruhigung erregter psychisch Kranker ist eine der schwierigsten und wichtigsten Aufgaben psychiatrischer Tätigkeit, vor allem im stationären Bereich.

Der erste Schritt sollte der Versuch sein, mit dem Kranken in ein Gespräch zu kommen. Dabei ist es nicht in erster Linie angezeigt, auf den Kranken beruhigend einzureden, sondern wichtig, ihm zuzuhören und zu versuchen, etwas über seine Situation und den Grund der Erregung zu erfahren. Dann wird es möglich, ihm eine Hilfe anzubieten und auch die evtl. erforderlichen Maßnahmen verständlich zu machen. Wenn dies nicht gelingt und gehandelt werden muß, ist die Anwendung beruhigender Medikamente indiziert. Je nach dem Grad der Erregung und der damit gegebenen Notwendigkeit, mehr oder weniger rasch eine Beruhigung herbeizuführen, sind in dringenden Fällen Scopolamin in Kombination mit einem Alkaloid oder Barbiturat oder stark sedierende Neuroleptika vom Chlorpromazintyp in größeren Dosen (etwa 100 mg Laevomepromazin) am besten geeignet. Nicht selten reichen auch größere Dosen von kurzwirkenden Hypnotika.

Die intravenöse Gabe all dieser Mittel ist bei akuten heftigen Erregungszuständen gefährlich und darum kontraindiziert. Man weiß sehr oft nicht, was Patienten vorher schon an Medikamenten bekommen oder genommen haben (Potenzierungsgefahr) und ist in einer solchen Situation in Gefahr, zu rasch und zu viel intravenös zu geben, um einen prompten Effekt zu erzielen. Bei einem sich sträubenden Kranken ist es schließlich schwierig und womöglich gefährlich, die Vene zu punktieren. Eine intramuskuläre Injektion dagegen läßt sich in solchen Situationen ohne Gefahr viel rascher durchführen. Die Wirkung nach einer i. m. Injektion tritt nach etwa 10 Minuten ein, wenn man das in solchen Fällen am besten geeignete Scopolamin (0,5 mg) in Kombination mit 10 mg Oxycodon-HCl (10 mg) (im Handel als Eucodal) verwendet. Bei der Dosierung muß berücksichtigt werden, wie schwer, wie alt und wie erregt der Kranke ist. Bei höherem Körpergewicht muß entsprechend mehr, bei abgemagerten und älteren Patienten entsprechend weniger gegeben werden. In hochakuten Situationen ist die Gabe von Neuroleptika nur bedingt geeignet, da nach intramuskulärer Injektion auch größerer Dosen oft weit über eine Stunde vergeht, bis ein stärkerer sedierender Effekt eintritt. Besonders ungeeignet ist Phenyläthylbarbituricum (Luminal), da es nur sehr langsam resorbiert wird und häufig zu paradoxen Reaktionen führt, d. h. die Erregung verstärkt. Bei Alkoholdelirien sind Gaben von Scopolamin kontraindiziert. Bei alkoholischen Erregungszuständen ist in der Regel die beste Maßnahme, den Betreffenden ohne viele Manipulationen zu Bett zu bringen. Solche Patienten nehmen nicht ungern Paraldehyd (6–8 g) ein. Bei Erregungszuständen von Drogenabhängigen ist die Gabe von Diazepam (Valium) die geeignete Maßnahme.

Zur Entspannung bei geringeren Unruhe-, Angst- und Spannungszuständen eignen sich folgende Mittel:

- Tranquilizer: Meprobamat (im Handel als Cyrpon, Miltaun, Aneural) und Benzodiazepin-Derivate (im Handel als

Librium, Adumbran, Valium, Mogadan, Nobrium, Valmane, Tranxilium, Praxiten etc.), siehe Übersicht Seite 328.

- Kleinere Dosen Hypnotika.
- Neuroleptika vom Promazintyp, kleine und mittlere Dosen der trizyklischen Thymoleptika, kleinere Dosen der mittel-und hochpotenten Neuroleptika vom Chlorpromazin- oder Perphenazintyp.

Vor allem bei der Gabe von Neuroleptika, aber auch von trizyklischen Thymoleptika muß beachtet werden, daß nicht wenige Patienten auch bei niedrigen Dosen ein medikamentöses Parkinsonsyndrom und, was unangenehmer ist, eine Akathisie entwickeln. Die Akathisie kann von der bei Depressionen fast immer vorhandenen inneren Bewegtheit und Unruhe nur schwer unterschieden werden. Deswegen gerät man in Versuchung, die medikamentös bedingte Akathisie durch Gabe von weiteren, oft stärkeren gleichartigen Mitteln zu behandeln. Entsprechendes gilt für das medikamentöse Parkinsonsyndrom, das klinisch mit einer Inaktivierung einhergeht, die nicht immer leicht von der Depressionen eigenen Hemmung unterschieden werden kann. Deswegen muß bei zunehmender Verschlechterung der Depression auch stets an diese Komplikation gedacht werden.

Die Gabe von hochpotenten Neuroleptika vom Perphenazintyp, vor allem Butyrophenonderivate, wirkt nicht sehr stark sedierend. Die Beruhigung tritt vornehmlich durch die Entwicklung der Antriebsminderung ein. Bei diesen Mitteln können initiale extrapyramidale Anfälle auftreten, die in solchen Situationen die Behandlung stark belasten. Diese Gefahr kann durch die Gabe von relativ hohen Anfangsdosen gebannt werden. Nicht geschützt ist man dadurch vor der Entwicklung einer Akathisie. Besonders empfindliche Patienten entwickeln ein schweres Parkinsonsyndrom, das sich nicht selten nur langsam zurückbildet. Aus diesem Grunde ist es am Anfang besser, Neuroleptika vom Chlorpromazintyp zu verwenden. Ihre anfangs vorwiegend sedierende Wirkung verschleiert auch das Krankheitsbild weniger als die hochpotenten Neuroleptika. Bei Kranken, die anfänglich mit Scopolamin sediert wurden, sollte anschließend ein stark wirkendes Neuroleptikum aus der Chlorpromazinreihe in Ab-

ständen von 2–3 Stunden gegeben werden, um möglichst rasch eine Beruhigung herbeizuführen.

Zur Beruhigung psychisch Kranker gehört auch die Behandlung der meist gleichzeitig gegebenen Schlafstörung. Vor 60 Jahren schrieb *A. Renner:* »Der Schlaf stellt einen kaum entwirrbaren Komplex somatischer und psychischer Erscheinungen da, der der kausalen experimentellen Forschung äußerst schwer zugänglich ist. Die aufgestellten Theorien berücksichtigen je nach dem Standpunkt ihrer Väter meist nur einseitig eine Seite des Problems.« Hieran hat sich bis heute nichts Entscheidendes geändert. Zu beachten ist, daß Schlaf nicht wie eine Narkose herbeigeführt werden kann. Schlafmittel wirken nämlich dadurch, daß sie lediglich die physiologische Bereitschaft zum Schlafen erhöhen. Bevor Schlafmittel gegeben werden, müssen alle schlafstörenden Faktoren nach Möglichkeit ausgeschaltet werden, wie etwa Schmerzen, Atemnot, Verdauungsstörungen. Vor allem die häufigen psychogenen Schlafstörungen müssen sorgfältig abgeklärt werden, bevor man sich entschließt, Schlafmittel einzusetzen.

Die Kranken klagen über Einschlaf- und Durchschlafstörungen. Bei den Schlafmitteln sind dementsprechend drei Hauptgruppen zu unterscheiden, und zwar

- Einschlafmittel und Wiedereinschlafmittel
- Durchschlafmittel
- Hypnotika mit sehr langanhaltender Wirkung.

Für die Einzelheiten der schlafanstoßenden Medikamente muß auf die einschlägigen pharmakologischen sowie psychopharmakologischen Bücher verwiesen werden. Heute werden vielfach Tranquilizer und Neuroleptika als Schlafmittel verwendet, die beide nur eine mäßige schlafanstoßende Wirkung haben. Ihre Wirkung tritt in der Regel viel langsamer ein als die der »eigentlichen« Schlafmittel. Psycholeptika sind wegen ihrer potenzierenden Wirkung auf Schlafmittel besonders als vorbereitende Mittel für den Schlaf geeignet. Auch Tranquilizer können wegen ihrer entspannenden Wirkung, am Abend genommen, schlaffördernd wirken. Zu bedenken ist, daß die Ausscheidung von Psycholeptika und Tranquilizern wenigstens 2–3 Tage andauert, so daß die am Abend verordneten Mittel auch am folgenden Tag nachwirken und bei wiederholter Verordnung die Gefahr der Kumulation entsteht.

Die beruhigenden medikamentösen Maßnahmen haben im wesentlichen die Aufgabe, den Kranken in die Lage zu versetzen, Abstand von bedrängenden Erlebnissen zu gewinnen, sich selbst zu finden und auf diesem Wege zu befähigen, mit seiner Situation besser umzugehen, die sich aus einer innerpsychischen oder lebensgeschichtlichen Problematik oder einer psychischen Krankheit im engeren Sinne ergibt. Nach der vorbereitenden Beruhigung kann dann die gezielte Therapie eingeleitet werden.

Angemerkt sei, daß bei erregten Kranken häufig eine Exsikkose vorliegt, deren Beseitigung für die Sedierung fast ebenso wichtig ist wie die Verabfolgung sedierender Medikamente. Als Zeichen der Austrocknung findet man häufig eine trockene Straße in der Mitte der Zunge. Die Hämatokritwerte sind an der oberen Grenze der Norm, während die Serummineralien keine sicher pathologischen Werte zeigen. Die reichliche Zufuhr von Flüssigkeit per os oder äquilibrierter Lösungen intravenös trägt häufig erheblich zur Beruhigung der Kranken bei. Diese Maßnahmen sind bei akuten symptomatischen Psychosen, vor allem bei solchen, die mit Flüssigkeitsverlusten einhergehen, und beim Delirium tremens jedenfalls angezeigt und haben oft eine lebensrettende Wirkung.

24.3   Anregende Medikamente

Die medikamentöse Stimulation von psychisch Kranken ist nicht indiziert. Trotzdem werden diese Mittel in großen Mengen verordnet und auch genommen, um Müdigkeit, Schläfrigkeit und Schlappheit zu bekämpfen. Es handelt sich um folgende Substanzen: Coffein, Amphetamine (Benzedrin, Elastonon, Edikat, Isophen, Pervitin), Phenmetrazin (Preludin), Methylphenidath (Ritalin), Phenylpyrrolidinopentan (Katovit), Eventin, Pipradol (Meratran), AN-1, Chlorperphentermin (Avicol), Phentermin (Mirapront), Phenoxazol (Sofro, Tradon), Captagon. Diese Mittel werden z. T. auch als Appetitzügler angepriesen. Bei allen Mitteln besteht eine nicht unerhebliche Gefahr, daß sich eine Abhängigkeit entwickelt. Bei chronischem Mißbrauch treten lucide paranoid-halluzinatorische Psychosen auf, die auch nach dem Absetzen der Mittel wochen-und monatelang andauern können. Das gleiche gilt für Psychosen nach dem Gebrauch von ephedrinhaltigen Appetitzüglern.

Die Behandlung von endogenen Depressionen mit anregenden Mitteln hat sich nicht bewährt. Die gewünschte Umstimmung führen sie nicht herbei. Durch ihre anregende Wirkung fühlen sich die Depressiven eher zusätzlich beunruhigt. Die Thymoleptika sind weder klinisch noch pharmakologisch zu den stimulierend wirkenden Mitteln zu rechnen.

Neben diesen therapeutischen Maßnahmen gibt es solche, die sich auf bestimmte Formen psychischen Krankseins richten.

24.4   Behandlung von Depressionen

Bei »Depressionen« sind nicht automatisch Thymoleptika indiziert, aber auch nicht jedenfalls kontraindiziert. Das Vorgehen muß vielmehr, je nach der Genese und dem Zustandsbild der Depression, modifiziert werden. Stehen Angst und innere Beunruhigung im Vordergrund, so sind Thymoleptika oder Neuroleptika mit einer sedierenden Wirkungskomponente am Anfang angezeigt. Prägt dagegen die Hemmung das Bild, sind nicht stark sedierende Thymoleptika geeigneter. Eine direkt anregende Wirkung wie Stimulanzien haben Thymoleptika nicht. Stärkere Sedierung wird von Depressiven oft als unangenehm empfunden und depressiv verarbeitet. Da die vom sog. Grübelzirkel ausgehende Beunruhigung bei fast allen Depressionen eine Rolle spielt, ist eine gewisse Sedierung für die Kranken meist eine große Hilfe. Die Zugabe von Tranquilizern zu den Thymoleptika hat sich als sehr wirkungsvoll erwiesen, vor allem dann, wenn initiale Ängstlichkeit und Agitation zu überwinden sind. Bei reaktiven Depressionen reicht oft die Gabe von Tranquilizern allein aus. Hier kommt es besonders darauf an, den Patienten zunächst einmal dazu zu verhelfen, einen gewissen Abstand von ihrem Erleben zu gewinnen, damit sie ihre Probleme besser aufarbeiten können.

Da die Patienten heutzutage sehr häufig anbehandelt sind, bevor sie zum Nervenarzt kommen, sollte man sich vor Einleiten einer Behandlung sorgfältig danach erkundigen, nicht nur welche Mittel in welcher Dosis der Patient bisher genommen hat, sondern auch, wie sie gewirkt haben. Dies ist besonders wichtig bei anscheinend chronisch verlaufenden Depressionen. Nach Abklingen endogener depressiver Phasen ist der Patient wieder mehr mit seiner realen Situation und den in dieser gegebenen Problemen konfrontiert. Aus der Angst heraus, mit ihnen nicht fertig zu werden, klagt er über vielfältige Beschwerden, die allerdings einen anderen Charakter haben als in der endogenen Depression. Sie sind vor allem stark an Themen gebunden. Die Weiterbehandlung dieser »Depression« mit dem gleichen Mittel wie vorher ist nicht angezeigt. Man muß jetzt vielmehr psychotherapeutisch vorgehen. Dafür ist wesentlich, sich rechtzeitig über die allgemeine Situation und die besonderen Probleme des Patienten zu unterrichten. Ferner kann infolge langfristiger Gabe von Thymoleptika ein klinisches Bild entstehen, das einer Depression ähnelt. Die Kranken leiden nämlich häufig unter der durch die Mittel bewirkten, mehr oder weniger ausgeprägten Antriebsminderung und werden deswegen als »depressiv« beurteilt. Deswegen ist bei chronischen Depressionen, die schon längere Zeit mit Psycholeptika behandelt werden, zunächst das Absetzen der Mittel indiziert, um evtl. pharmakogene Wirkungen abklingen zu lassen. Die Patienten erholen sich dann von der »Depression« und sind wie befreit.

Bei paranoid gefärbten Depressionen, die im höheren Lebensalter eher häufiger auftreten, ist nicht automatisch die Zugabe von Neuroleptika angezeigt. Wenn es sich um katathyme, d. h. der depressiven Verstimmung entsprechende Wahnideen handelt, ist die Behandlung der depressiven Verstimmung mit Antidepressiva ausreichend. Bei älteren Kranken muß die geringere Toleranz für Medikamente aller Art, so auch für Psycholeptika, beachtet werden, um überstarke Medikamentenwirkungen, vor allem die Antriebsminderung zu vermeiden.

Chronisch verlaufende endogene Depressionen, die auf Thymoleptika nicht ansprechen, lassen sich durch Gaben von Lithium häufig günstig beeinflussen. In solchen Fällen sollte die Lithiumdosis nur ganz allmählich gesteigert werden, damit keine Nebenwirkungen auftreten, unter denen die Kranken infolge ihrer depressiven Erkrankung oft besonders leiden.

Aus dem Ansprechen auf Thymoleptika kann keine Alternativdiagnose zwischen endogenen und reaktiven Depressionen gestellt werden. Eine solche spezifische Wirkung haben die Mittel der Natur der Sache nach nicht.

Zu Beginn der Behandlung endogener Depressionen ist jedenfalls eine gewisse Sedierung anzustreben, um die Patienten aus ängstlicher Erregung, wie auch aus der stets gegebenen, quälenden inneren Unruhe herauszubringen. Schon die Sedierung wird von ihnen in der Regel als sehr erleichternd empfunden, auch wenn die Depression damit noch nicht geheilt ist. Nicht ganz wenigen Depressiven muß man allerdings erklären, daß sie nicht gegen die Sedation ankämpfen, sondern sich einige Tage erlauben sollten, in denen sie sich der Ruhe hingeben. Das bedeutet für sie eine große Entlastung. Der sog. thymoleptische Effekt tritt frühestens nach 6–8–10 Tagen ein. Die sedierende Wirkung der Mittel geht dann zurück, die Patienten fühlen sich freier, die Schlafstörungen nehmen dann allerdings häufig wieder zu. Bei einem Teil der Kranken klingt die Depression allmählich ab. Ist nach 4–6 Wochen thymoleptischer Behandlung keine Besserung eingetreten, sollte man auf ein anderes therapeutisches Wirkungsprinzip, etwa Lithium oder Schlafentzug, übergehen. Sehr häufig werden Patienten in der Klinik so weit gebessert, daß sie nach Hause entlassen werden können. Die depressive Phase ist dann allerdings häufig noch nicht abgeklungen, was sich insbesondere an der weiter bestehenden Schlafstörung erkennen läßt. Die Kranken können dennoch wieder arbeitsfähig sein, dürfen in ihrer Leistungsfähigkeit dann durch die medikamentöse Behandlung nicht beeinträchtigt werden. Insgesamt ist bisher nicht hinreichend geklärt, ob tatsächlich die Dauer der Phasen verkürzt oder ob die depressive Symptomatik nur so weit zurückgedrängt wird, daß der Patient nicht mehr stationär behandlungsbedürftig bzw. arbeitsunfähig ist. Große Untersuchungen haben ergeben, daß etwa 25–30% der endogenen Depressionen durch die Gabe von Thymoleptika nicht wesentlich zu beeinflussen sind. Weder das klinische Zustandsbild noch das Alter, das Geschlecht oder die vorangegangene Dauer der Depression lassen bei Beginn der Behandlung erkennen, ob im Einzelfall ein Erfolg erwartet werden kann oder nicht. Dennoch ist auch bei diesen Fällen durch die Gabe von Thymoleptika oder Tranquilizern eine Erleichterung des Zustandsbildes herbeizuführen.

Die Selbstmordgefahr wird durch die Behandlung mit Psycholeptika nicht direkt beeinflußt. Die von manchen geäußerten Befürchtungen, daß bei ambulanter Behandlung mit »antriebssteigernden Mitteln« die Selbstmordgefahr steige, hat sich nicht bestätigt. In den meisten Fällen wird ein gutes Arzt-Patient-Verhältnis und die Einleitung einer geeigneten Behandlung die Selbstmordtendenz erheblich verringern. Die Kranken sind oft schon dadurch, daß sie nicht mehr arbeiten müssen oder in eine Krankenstation aufgenommen werden, von der täglichen Inanspruchnahme befreit und empfinden ihr Versagen nicht mehr so stark.

24.5 Behandlung von Manien

Viele manische Bilder sprechen ausgezeichnet auf die Gabe von Lithiumsalzen an. Sie müssen in solchen Fällen unter *täglicher* Kontrolle des Blutspiegels in verhältnismäßig hohen Dosen gegeben werden, da oft die zwei- bis dreifachen Lithiummengen im Vergleich zum Gesunden toleriert werden. Der Lithium-Serumspiegel muß nicht selten höher als bei der prophylaktischen Lithiumgabe eingestellt werden, und zwar auf 0,9–1,0 mval. Beim Abklingen der manischen Phase normalisiert sich auch die Lithiumtoleranz. Es entsteht dann die Gefahr einer Lithium-Intoxikation, so daß eine weitere intensive Beobachtung des klinischen Bildes und der Lithium-Serumwerte erforderlich ist. Die Gabe von Lithium wird von den Kranken in der Regel als nicht unangenehm empfunden.

Die Wirkung des Lithium tritt nicht sofort am ersten Tag ein. Deswegen ist am Anfang die Gabe von sedierenden Neuroleptika nicht immer zu vermeiden. Bei Kranken, die nicht auf Lithium ansprechen, muß man mit sedierenden Neuroleptika arbeiten. Ein sich entwickelndes Parkinsonsyndrom wird von manischen Patienten oft als unangenehm empfunden. Lithiumsalze wirken bei klassischen »reinen« Manien am sichersten. Aber auch manische Zustandsbilder anderer Art und Genese, etwa bei schizophrenen Erkrankungen, können durch Lithium günstig beeinflußt werden. Die Dauer der manischen Phasen wird durch die Gabe von Lithium in etwa zwei Drittel der Fälle auf wenige Wochen verkürzt.

24.6 Lithium-Salze als prophylaktische Mittel bei affektiven Psychosen

Bei affektiven Psychosen ist die Gabe von Lithiumsalzen als prophylaktische Maßnahme eine große Hilfe. Die hierfür erforderlichen Lithiumspiegel betragen 0,8 mval, im 6. Lebensjahrzehnt 0,7 mval und in noch höherem Alter entsprechend weniger. Bei diesen Spiegeln handelt es sich um Erfahrungswerte. Niemand weiß genau, wie hoch der Lithiumspiegel sein muß, um einen prophylaktischen Effekt sicher-

zustellen. Es hat sich aber gezeigt, daß die Patienten vor Rückfällen geschützt sind, wenn man die Dosen bis an die untere Grenze von Nebenwirkungen einstellt. Nebenwirkungen, vor allem der Tremor, treten sehr viel häufiger auf, wenn gleichzeitig Psycholeptika gegeben werden.

Ein besonderes Problem ist, wie die Fälle, die einer Lithiumprophylaxe bedürfen, zu erkennen sind. Legt man einen strengen Maßstab an und gibt nur solchen Kranken Lithiumsalze, die in den letzten 3–5 Jahren je eine Phase einer affektiven Psychose hatten, so ist nach den ausgedehnten Untersuchungen von J. Angst bei 80% dieser Fälle die prophylaktische Gabe indiziert. Diese strenge Indikationsstellung führt aber dazu, daß eine nicht ganz geringe Zahl von Kranken, denen durch Lithium geholfen werden könnte, von der prophylaktischen Behandlung ausgeschlossen wird. Bezieht man infolgedessen auch Fälle ein, die nur zwei Phasen in den vergangenen 3 Jahren hatten, so sinkt die Trefferquote auf 50–60% der Fälle ab. Es werden dann etwa 30–40% der Fälle unnötigerweise mit Lithium behandelt. Bei diesen Entscheidungen spielt die konkrete Lebenssituation, z. B. der Eintritt ins Berufsleben, eine entscheidende Rolle. Wenn dagegen die Lebensposition gefestigt ist, ist es eher berechtigt, versuchsweise ohne Lithiumgaben auszukommen.

Bei dem Versuch, Lithium wieder wegzulassen, darf es nicht abrupt abgesetzt werden. Es sollte vielmehr die Dosis schrittweise im Verlaufe von Monaten reduziert werden, um bei einem Rezidiv sofort eingreifen zu können. Das abrupte Absetzen von Lithium provoziert nicht selten neue Phasen.

24.7 Behandlung schizophrener Erkrankungen

Als Symptome schizophrener Erkrankungen, die besonders gut auf Neuroleptika ansprechen, gelten akustische Halluzinationen, Wahnstimmung, Wahneinfälle, Wahnwahrnehmung und Verfolgungsideen, ebenso alle Affektstörungen wie innere Gespanntheit und Aggressivität. Ich-Störungen dagegen sind sehr viel schlechter zu beeinflussen. Als Faustregel gilt, daß man bei Zustandsbildern, die mit innerer Gespanntheit, Erregtheit, Angsterlebnissen und psychomotorischer Unruhe einhergehen, am ehesten eine günstige Wirkung bei neuroleptischer Behandlung erwarten kann.

Die neuroleptische Potenz der Mittel wird von den meisten Autoren als die entscheidende Voraussetzung dafür angesehen, daß sie bei schizophrenen Symptomen und Syndromen günstig wirken. Meinungsverschiedenheiten bestehen lediglich darüber, ob klinisch ein ausgeprägtes Parkinsonsyndrom erzeugt werden muß, wie es vor allem französische Autoren fordern. H. Haase dagegen vertritt die Ansicht, daß lediglich die von ihm so genannte neuroleptische Schwelle überschritten werden muß. Es reicht seiner Ansicht nach aus, »feinmotorische extrapyramidale Störungen« zu erzeugen, d. h. geringe klinische Zeichen eines Parkinsonsyndroms, etwa Veränderungen der Handschrift. Um die initialen extrapyramidalen Anfälle zu vermeiden, empfiehlt es sich, mit relativ hohen Dosen, etwa 3×10 mg, zu beginnen. Dabei geht man allerdings das Risiko ein, daß sich rasch ein starkes Parkinsonsyndrom entwickelt. Wenn dies der Fall ist, ist die Zugabe eines anticholinergisch wirkenden Antiparkinsonmittels indiziert. Man sollte sich aber nicht damit begnügen, sondern die Neuroleptikadosis entsprechend senken.

Wie lange die neuroleptische Behandlung weitergeführt werden muß, ist nicht endgültig geklärt. Sichere prognostische Kriterien lassen sich aus dem Querschnittsbild nicht ableiten. Als Faustregel gilt, daß die Prognose um so günstiger ist, je akuter und dramatischer die Krankheit verläuft und umgekehrt. Langfristige Untersuchungen haben gezeigt, daß für die ersten 3 Jahre nach Beginn der schizophrenen Erkrankung durch die Neuroleptika eine wesentliche Besserung im Vergleich zum Spontanverlauf erzielt werden kann. Nur etwa 25% der Kranken bleiben durch die Behandlung unbeeinflußt. Nach 5 Jahren lassen sich diese Unterschiede nicht mehr nachweisen, wie die großen Verlaufsuntersuchungen von M. Bleuler, L. Ciompi u. Ch. Müller sowie G. Huber u. Mitarb. ergeben haben. Insgesamt gehen die schweren Verläufe zurück, und es treten auch nach 10 und mehr Jahren noch Besserungen ein (M. Bleuler). Es ergibt sich darum auch bei schizophrenen Erkrankungen die schwierige Frage, wie man erkennen kann, ob die Kranken weiterhin neuroleptisch behandelt werden müssen oder nicht. Da prognostische Aussagen nicht möglich sind, bleibt als einziger Weg zu versuchen, die Neuroleptika schrittweise abzusetzen. Dabei dürfen die Schritte nicht zu kurz gewählt werden, da die Rückbildung der extrapyramidalen Symptomatik nicht nur Tage, sondern oft Wochen und manchmal Monate in Anspruch nimmt, sogar auch ausbleiben kann.

Die Vielfalt der psychosozialen Methoden zur Behandlung schizophrener Erkrankungen steht in einem diametralen Gegensatz zu der Zahl der wissenschaftlichen Untersuchungen über ihre längerfristige Wirksamkeit auf den Verlauf schizophrener Erkrankungen. Es besteht kein Zweifel, daß viele Kranke aktivierbar sind und bis zu einem gewissen Grade in das »normale Leben« rehabilitiert werden können. Dabei ist die große Verwundbarkeit dieser Kranken zu beachten, und es dürfen ihnen nicht zu viele soziale Kontakte, Gruppenaktivitäten und ähnliches zugemutet werden. Wenn man ihnen in dieser Weise gerecht wird, ist es möglich, vielen von ihnen zu einem ihren Möglichkeiten angemessenen Leben zu verhelfen. Es kann unter solchen Umständen allerdings schwierig sein, der stets gegebenen Tendenz zur Inaktivität und Regression entgegenzuwirken, ohne die Kranken dabei zu sehr zu bedrängen.

24.8 Behandlung von Abhängigen

Auf die Behandlung von Abhängigen wurde oben (Kap. 7.11) bereits eingegangen. Die Beurteilung der Erfolge ist sehr schwierig, da bei den Aufnahmen in die verschiedenen Behandlungseinrichtungen eine sehr starke positive oder negative Selektion stattfindet. So ist vor allem die Rückfallquote bei Zwangseingewiesenen sehr hoch. Dies darf aber nicht dahingehend gedeutet werden, daß die Zwangsmaßnahme die Rückfallquote erhöht. Es handelt sich vielmehr zum größten Teil um besonders ungünstig gelagerte Fälle. Die Erfolgsquoten von Spezialkliniken, die eine möglichst positive Selektion betreiben, werden dagegen mit 60 bis 70% angegeben. Dabei ist zu berücksichtigen, auf wie lange Fristen sich die Nachbeobachtungen beziehen. Groß angelegte prognostische Studien fehlen bisher.

24.9 Psychotherapeutische Verfahren

Bei nicht hinreichend gelösten innerpsychischen Konflikten und damit zusammenhängenden Fehlhaltungen und Fehlentwicklungen sind *psychotherapeutische Verfahren* angezeigt. Auf seiten des Patienten sind einige Voraussetzungen zu beachten. So ist eigentlich für alle Psychotherapieformen eine ausreichende Motivation für die Behandlung eine unerläßliche Vorbedingung, d. h. der Patient muß selbst ein Interesse an der Durchführung der Behandlung haben. Dies ist meist der Fall bei einem gewissen Leidensdruck und einem geringen sekundären Krankheitsgewinn (Berentung, Zuwendung von anderen aufgrund von Symptomen usw.). Chronifizierte Symptome stellen in der Psychotherapie immer ein Problem dar. Für die analytische Psychotherapie müssen auch genügend intakte Ich-Anteile erkennbar sein, die ja die eigentlichen Träger der Gesundung sind. Schließlich soll der Patient auch eine gewisse Flexibilität besitzen (Alter!), was häufig mit einer Bereitschaft zur Selbstreflexion (»Introspektionsfähigkeit«) zusammenfällt. Eine Reihe weiterer Punkte kann die Psychotherapie erschweren. Dazu gehören real ungünstige Lebensumstände, die zu ändern nicht in der Macht des Patienten liegt. Die Neurose kann so wenig Krankheitswert haben, daß z. B. die Psychoanalyse eine »Über-Therapie« darstellt, oder sie kann im Gegensatz dazu auch derart akut sein, daß die Herstellung eines ruhigen Klimas zur Reflexion aufgrund der Schwere der Symptome gar nicht möglich ist und zuerst andere, vorwiegend medikamentöse Maßnahmen ergriffen werden müssen. Sprachstörungen organischer oder psychogener Art stellen für ein Therapieinstrument, das sich überwiegend auf das Sprechen stützt, natürlicherweise eine Behinderung dar. Die meisten dieser Kontraindikationen und Indikationen sind relativ. Durch Variationen der Technik können einige ausgeglichen werden. Entscheidend für die Indikation ist jedenfalls die Motivation zur Behandlung und das Vorliegen eines Minimums an intakten

Ich-Anteilen, mit denen der Therapeut sich verbünden kann. Es ist kritisch-sarkastisch angemerkt worden, daß der geeignete Patient für die Psychoanalyse der *Yarvis*-Patient sei (young, attractive, rich, verbalizing, intelligent, successful). Auch wenn diese Kritik übertreibt, so kennzeichnet sie doch die Tatsache, daß die Psychoanalyse, zumindest in ihrer klassischen Form, Voraussetzungen fordert, die z. B. viele Unterschichtpatienten gar nicht einbringen können. Es trifft sicher zu, daß der häufigste Analyse-Patient der unteren oder oberen sozialen Mittelschicht angehört; dabei ist die Frage zu stellen, ob man dies der Methode oder der schichtspezifischen Sozialisation anlasten soll.

Verhaltenstherapie braucht zwar weniger Einsichtsfähigkeit des Patienten, aber eine Motivation zur Gesundung ist auch bei ihr unerläßlich. Es ist in der Psychotherapieforschung ziemlich gesichert, daß ein Patient von allen denkbaren Therapieformen, auch der Pharmakotherapie, jedenfalls um so stärker profitiert, je mehr er an Motivation, Differenziertheit, Belastung durch die Krankheit, Ernsthaftigkeit des Gesundungswillens usw. mitbringt. D. h., jüngere, akuter kranke, reflexionsfähigere, differenziertere Patienten profitieren von sämtlichen Therapieformen mehr als Patienten, bei denen dies nicht der Fall ist. Dieses Phänomen ist als »the rich get richer« bezeichnet worden, d. h. die ohnehin besser Ausgestatteten profitieren auch von Psychotherapie am meisten, so wie sie es bei jeder anderen Therapieform auch tun. Sowenig dies einerseits überrascht, sosehr wirft es besondere ethische Probleme auf.

Die Indikation *zur psychotherapeutischen Behandlung* stellt sich von den Störungen her etwa folgendermaßen dar: Eine Therapie endogener Psychosen (manisch-depressive Krankheit, psychotische Depression, Schizophrenie) ist mit psychoanalytischer Methodik in Einzelfällen immer wieder durchgeführt worden, hat aber wegen des großen Aufwandes (tägliche Sitzungen) kaum nennenswerte Bedeutung erlangt. Auch unterscheiden sich die angewandten Techniken deutlich von der psychoanalytischen Standardtechnik. Andere Psychotherapieformen haben sich von vornherein darauf beschränkt, einzelne Verhaltensweisen von Psychotikern zu verändern, worauf im Kapitel 21

über die psychotherapeutischen Verfahren eingegangen wurde.

Als Domäne der psychoanalytischen Verfahren galten und gelten die Psychoneurosen. Am besten beeinflußbar sind Phobien, bestimmte Angstneurosen und bestimmte hysterische Bilder, auch ein Großteil neurotischer Depressionen. Je stärker eine Phobie monosymptomatisch ausgeprägt ist und je geringer das Interesse des Patienten an einer »aufdekkenden« Behandlung ist, desto eher ist gerade bei diesen Bildern die Verhaltenstherapie indiziert. Für die Psychoanalyse ebenfalls indiziert, aber deutlich schwerer zu beeinflussen sind die meisten Zwangsneurosen, die Charakterneurosen und die psychosomatischen Erkrankungen. Gerade bei den Zwangsneurosen muß aber auch an die Möglichkeit von Verhaltenstherapie gedacht werden, die sich vor allem im Bereich der Verhaltensänderung wiederholt als wirksam erwies. Wie noch darzustellen sein wird, verzichtet diese Therapieform darauf, die pathogene Grundstruktur des Patienten zu revidieren. Uneinheitlich wird die Indikation der psychoanalytischen Verfahren für die Suchten, die Perversionen und die Borderline-Zustände beurteilt. Obgleich zweifellos oft beeindruckende Erfolge erreicht wurden, ist angesichts des hohen Aufwandes und der häufigen Mißerfolge die Frage gestellt worden, ob hier die Psychoanalyse überhaupt indiziert sei.

Mit diesen Überlegungen ist bereits das Thema der Erfolgskontrolle der Therapie angeschnitten, auf das unten noch eingegangen werden soll. Die Grundschwierigkeit soll aber bereits hier aufgezeigt werden: Es fehlt an allgemein anerkannten Kriterien der Heilung und des Erfolges. Nimmt man, wie die Psychoanalyse es tut, nur dann einen wirklichen Behandlungserfolg an, wenn eine bessere Konfliktbewältigung, Reifungsprozesse der Persönlichkeit und Änderung der neurotischen Grundstruktur eintreten, läßt sich das Behandlungsziel natürlich nur schwer operationalisieren. Geht man dagegen, wie die Verhaltenstherapie, von einer Änderung des beobachtbaren Verhaltens, d. h. der Symptombesserung, als entscheidendem Kriterium für Heilung und Erfolg aus, dann ist die Operationalisierung zwar einfach, aber die Gültigkeit solcher Erfolgskriterien muß hinterfragt werden. Es soll hier schon auf die Schwierigkeit hingewiesen werden, bei den hier gegebenen Problemen Vergleichsgruppen zur Kontrolle des Behandlungserfolges zu bilden, und auf die Unmöglichkeit, Doppelblindversuche durchzuführen.

24.10 »Personale Therapie«

Entsprechend den oben geschilderten allgemeinen medikamentösen Maßnahmen gibt es auch eine allgemeine, nichtspezifische psychotherapeutische Hilfe. Dabei handelt es sich entweder um die von der Beschäftigungstherapie abgeleiteten averbalen Verfahren zur Selbstfindung (s. Kap. 20.5) oder um sog. personale Therapie, etwa im Sinne von *Victor v. Weizsäcker, P. Christian, L. Binswanger, J. A. Caruso, V. Frankl* u. *E. Wiesenhütter*. Letztere ist eine von tiefenpsychologischen Ansätzen abgeleitete Begleitung des Kranken mit dem Ziel, ihm zu helfen, seine »Aufgaben« zu bewältigen, die er mit sich selbst und in der Um- und Mitwelt hat. Krankheit wird dabei nicht nur als ein negatives, belastendes Ereignis, sondern als ein für die Person des Kranken sinnvolles Geschehen gesehen, das ihn fordert und zu einer tieferen Verinnerlichung und zu neuem Fragen nach dem Sinn des Lebens und seinen Aufgaben zu verhelfen vermag. Für den Arzt ist es eine stets gegebene Aufgabe und Herausforderung, den Kranken dabei zu begleiten und ihm zu helfen, wie in Kap. 2 dargelegt. Es ist allerdings die Frage, ob all dies mit dem Begriff »Therapie« zutreffend benannt wird, denn im Grunde handelt es sich um Seelsorge. Diese ist aber ihrem Wesen nach nicht Therapie. Ärztliches Handeln muß für diese Dimension der menschlichen Existenz allerdings stets offen sein und darf sie nicht durch Einengung auf therapeutisches Vorgehen ausschließen. Zur Seelsorge im eigentlichen Sinn kann ärztliches Handeln seinem Wesen nach nicht werden. Es nimmt darum die Gestalt von allgemein menschlichen Hilfen und Ratschlägen zur Lebensbewältigung an. Bei der Begegnung des Kranken mit dem Arzt und ihrem gemeinsamen Weg geht es aber nicht nur um die genannten »inhaltlichen« Aussagen und Hilfen, sondern um die existentielle Begegnung zweier Personen mit allem, was diese vermittelt, wie im Kap. 2 dargelegt. Das alles ist unendlich wichtig für die Kranken, aber es verliert seinen eigentlichen Wert, wenn man es zu einer »Methode« macht und gar zu operationalisieren sucht. Deswegen sind Indikation, Therapieziel und Erfolgsbeurteilung nicht die dafür angemessenen Kategorien und eine Erfolgsstatistik ausgeschlossen.

24.11 Beurteilung des Behandlungserfolges

Die Beurteilung des Behandlungserfolges scheint auf den ersten Blick keine besonderen Schwierigkeiten zu bieten: Wenn Krankheiten ausgeheilt sind, ist ein positiver Behandlungserfolg zu verzeichnen, der in Prozentzahlen angegeben werden kann. Das gleiche gilt für Mißerfolge. Schwieriger wird die Beurteilung bei partiellen Heilungen. Bedenkt man, daß Krankheit nicht definiert werden kann (s. Kap. 1), dann gerät man auch in Schwierigkeiten, Heilung und partielle Heilung, vor allem im Grenzbereich, exakt zu erfassen. Noch weniger zu fassen ist ein Behandlungserfolg, wenn man die heute immer wieder erhobene Forderung in die Beurteilung einbezieht, daß der Kranke seine Krankheit auch innerlich bewältigt und ihren Sinn erkannt haben soll. Man könnte das verallgemeinernd so formulieren: Nicht allein die Beseitigung der »Symptome«, sondern auch ein Reifungsschritt der Persönlichkeit müssen erreicht sein, wenn man von Behandlungserfolg sprechen will. Eine solche Formulierung bezeichnet das Feld, in dem wir uns bei der Erfolgsfrage bewegen. Sie zeigt auch, daß je begrenzter das Erfolgskriterium ist, desto exakter Erfolg definiert werden kann. Erfolgskriterien der Behandlung psychisch Kranker können sein: Rückbildung von einzelnen oder sämtlichen psychopathologischen Symptomen, Arbeitsfähigkeit, Kontaktfähigkeit, Fähigkeit, sich selbst zu versorgen, ausgeglichene Affektivität, Wohlbefinden etc. Es ist aber stets die Frage, ob das herangezogene Kriterium Heilung bzw. einen Behandlungserfolg signalisiert. So kann es z. B. sein, daß ein schizophrener Kranker unter höheren Dosen von Neuroleptika keine psychopathologischen Symptome zeigt, durch die Wirkung der Mittel aber so beeinträchtigt ist, daß er nicht zu arbeiten vermag. Senkt man die Neuroleptikumdosis, treten die Symptome wieder auf, aber der Kranke kann einer Arbeit in einem beschützten Rahmen nachgehen, wenn auch nicht allein wohnen. Ist es ein Behandlungserfolg, wenn der Kranke nicht arbeitet und sich nicht um seinen Unterhalt kümmert, aber beginnt, sich damit zu beschäftigen, sein Erleben aufzuzeichnen? Wird der Behandlungserfolg verbessert, wenn man ihn dazu bringt, mechanische Arbeiten in einem Industriebetrieb zu verrichten? Solche Fragen können in fast beliebiger Zahl aufgeworfen werden. Sie zeigen, wie vielfältig die Hilfen sein können und müssen, zeigen aber auch, wie anfällig jegliches solches Bemühen für Kritik ist, je nachdem, was der Kranke, seine Betreuer und die Kritiker für das Wesentliche halten, dessen Verwirklichung sie fordern oder zu erreichen suchen.

Ein besonderes Problem besteht darin, daß viele nicht voll wiederhergestellte psychisch Kranke eine gewisse Inaktivität und Neigung zur Regression zeigen. Innerhalb einer psychiatrischen Einrichtung kann man sie aktivieren und dazu bewegen, eine Aufgabe zu übernehmen. Sobald sie aber aus diesem festen Rahmen entlassen werden, haben sie nicht die Eigenständigkeit und Kraft, das gleiche zu tun. Was ist für sie besser? Ist ein Behandlungserfolg erst dann anzunehmen, wenn sie außerhalb einer psychiatrischen Einrichtung existieren, oder auch schon, wenn sie sich innerhalb einer Einrichtung arrangieren, die Vorteile davon, versorgt zu werden, wahrnehmen, aber gleichzeitig auch etwas für die Gemeinschaft erbringen? Eine weitere schwierige Frage ist, inwieweit bei psychisch Kranken das durch Entlastungen verschiedener Art vermittelte Wohlbefinden ein Behandlungserfolg ist. Das gilt in besonderem Maße für alle nichtspezifischen Behandlungen. So werden »Behandlungserfolge«, die durch Tranquilizer bewirkt wurden, berichtet. Die gleiche Entlastung kann eintreten durch die Versorgung in einer Institution oder dadurch, daß der Kranke sich mit allen Fragen und Problemen an einen Therapeuten wenden kann. Vordergründig wird ihm damit geholfen, weil er eine »Therapie« erhält, im großen gesehen entsteht aber zumindest die Gefahr, daß er eine Abhängigkeit entwickelt und Selbständigkeit aufgibt. Wir stehen also wieder vor der gleichen Frage wie oben: Ist die Beseitigung der Beschwerden oder der Krankheit ein Behandlungserfolg oder erst die personale Bewältigung des Lebens? So zu fragen macht deutlich, daß dann, wenn man die Problematik in die Form eines prinzipiellen Entweder-Oder bringt oder Maximalforderungen stellt, keine brauchbare Antwort zu finden ist. Der Arzt muß seinen stets beschränkten Möglichkeiten entsprechend abwägen und versuchen, das jeweils Bestmögliche für den Kranken zu tun und dabei alle Gesichtspunkte im Auge zu behalten, auch wenn er kein bestimmtes Konzept einhält und Erfolgszahlen melden kann. Auf der wissenschaftlichen Ebene stellt sich die Frage der Erfolgsbeurteilung als recht schwierig dar, da, wie gesagt, Krankheit ebenso wie das Befinden und Verhalten von Kranken nur bedingt definierbar sind.

25. Derzeitige Versorgung psychisch Kranker in der Bundesrepublik Deutschland – Fakten[1], Entwicklungen, Tendenzen

25.1 Häufigkeit psychischer Krankheiten

Psychische Krankheiten und Behinderungen sind nicht, wie vielfach angenommen wird, ein quantitativ unbedeutendes Problem. Als dringend psychisch behandlungsbedürftig erweisen sich innerhalb eines Jahres 1,8–2% der Bevölkerung, also rd. 1 Mio. Personen.

Wegen psychischer Krankheiten konsultieren pro Jahr etwa 1% der Bevölkerung = rd. 600 000 Personen einen niedergelassenen Nervenarzt oder Psychotherapeuten. In die psychiatrischen Krankenhäuser und Abteilungen werden innerhalb eines Jahres 0,25–0,40% der Bevölkerung = 150 000 bis 240 000 Personen aufgenommen. Bei etwa der Hälfte der jährlichen Behandlungsfälle wegen psychischer Krankheit handelt es sich um Ersterkrankungen. Rechnet man die Ergebnisse einer für das Jahr 1965 in Mannheim durchgeführten Untersuchung auf die Bevölkerung der Bundesrepublik Deutschland um (was nur unter Einschränkungen zulässig ist), so ergeben sich für die Hauptgruppen psychischer Krankheiten bei den Ersterkrankungen folgende Größenordnungen:

Neurosen und Persönlichkeitsstörungen	ca. 205 000 =	30,2%
Schizophrene, affektive und andere Psychosen	ca. 120 000 =	17,6%
Psychogeriatrische Erkrankungen	ca. 95 000 =	13,8%
Geistige Behinderungen	ca. 90 000 =	13,2%
Abhängigkeit (Alkohol, Drogen, Medikamente)	ca. 43 000 =	6,3%
Cerebrale Anfallsleiden	ca. 27 000 =	3,9%
	580 000 =	85,0%

25.2 Versorgung psychisch Kranker

Im Vorfeld psychiatrischer Behandlung findet eine vielfältige, nichtprofessionelle und professionelle Beratung statt. Lehrer, Kindergärtnerinnen, Erzieher, verschiedene juristische Berufsgruppen sowie Seelsorger stoßen auf psychische Störungen, Krankheiten, Lebenskrisen und schwere Konflikte, so daß sie genötigt sind, Beratungsfunktionen auszuüben, auf die sie oft nur unzureichend vorbereitet sind. Die professionelle Beratung findet im schulpsychologischen Dienst, im Untersuchungs-und Begutachtungsdienst der Arbeitsverwaltung und Sozialversicherung, beim Gesundheitsamt und vor allem in der Sozialarbeit öffentlicher und gemeinnütziger Institutionen statt, obwohl der Schwerpunkt all dieser Dienste in der Regel nicht die Erkennung psychischer Störungen und Behinderungen ist. Darüber hinaus unterhalten private, öffentliche, kirchliche und freigemeinnützige Träger Beratungsstellen mit speziellen Aufgaben, die sich mit Problemen der Lebensplanung, Partner- und Gruppenbeziehungen, der Erziehung und Entwicklung von Kindern und Jugendlichen beschäftigen. Sie haben es dabei nicht selten unmittelbar mit psychischen Störungen, Krankheiten, Konflikten und Krisen zu tun. Schließlich leiden etwa 10–20% derjenigen, die einen praktischen Arzt bzw. einen Arzt für Allgemeinmedizin aufsuchen, an einer psychischen Störung, Krankheit oder Behinderung. Obwohl der überwiegende Teil der dort Ratsuchenden keiner speziellen psychiatrischen Behandlung bedarf, so wird an

---

[1] Diese Ausführungen stützen sich zum großen Teil auf Daten, die von der Enquête-Kommission über die Lage der Psychiatrie in der Bundesrepublik Deutschland erarbeitet und Ende 1975 dem Bundestag vorgelegt wurden.

diesen Zahlen doch die Größe der Aufgabe dieser Art deutlich, die der niedergelassene Arzt zu erfüllen hat.

Die ambulante Behandlung psychisch Kranker wird vornehmlich in den Praxen niedergelassener Nervenärzte und Psychotherapeuten sowie in den Polikliniken der psychiatrischen Universitätskliniken und von beteiligten und ermächtigten Chefärzten vorgenommen. Die scharfe Trennung zwischen ambulanter und stationärer Behandlung, die das gesamte medizinische Versorgungssystem in der Bundesrepublik Deutschland kennzeichnet, wird dem Teil der psychisch Kranken nicht gerecht, die einer stärkeren Vor- und Nachsorge bedürfen. Gemessen an dem Aufwand, mit dem die Versorgung psychisch Kranker im Krankenhaus vorangetrieben wurde, sind die ambulanten Behandlungsangebote für sie nicht entsprechend vermehrt worden.

Am 1. 1. 1978 waren in der BRD 1626 niedergelassene Nervenärzte in freier Praxis tätig, d. h. einer für 36 900 Personen in der Bevölkerung. Die Nervenarztpraxen sind in der BRD aber nicht gleichmäßig verteilt. 60% der Nervenärzte sind in Städten über 100 000 Einwohner niedergelassen. In diesen Städten wohnen 33% der Gesamtbevölkerung. In Gemeinden mit unter 20 000 Einwohnern, in denen 50% der Bevölkerung leben, gibt es kaum niedergelassene Nervenärzte. 42 von ihnen üben eine Belegarzttätigkeit aus. Extrem ungünstig ist die Situation bei den niedergelassenen Kinder- und Jugendpsychiatern. Es gibt nur 34 in der ganzen Bundesrepublik. Die Situation der psychotherapeutisch/psychosomatischen Versorgung der Bevölkerung stellte sich im Jahre 1977 folgendermaßen dar: Die Deutsche Gesellschaft für Psychotherapie, Psychosomatik und Tiefenpsychologie (DGPPT) hatte 700 Mitglieder, davon sind 55% Psychologen. 50% der ärztlichen Psychoanalytiker sind Fachärzte für Nervenheilkunde bzw. Psychiatrie. Die Allgemeine Gesellschaft für Psychotherapie (AÄGP) hatte 500 Mitglieder. Ferner waren 300 Psychagogen (Kinder- und Jugendlichenanalytiker) psychotherapeutisch ausgebildet. In den Instituten der DGPPT befanden sich etwa 400 Weiterbildungskandidaten, ferner wurden 200 Weiterbildungskandidaten für Kinder- und Jugendlichenanalyse herangebildet.

Außerdem bemühten sich 250 Ärzte um die Zusatzbezeichnung »Psychotherapie«. Es gab im Jahre 1977 also rd. 1500 psychoanalytisch weitergebildete Psychotherapeuten. Die Gesamtzahl anderer Fachpsychotherapeuten (Verhaltenstherapie, Gesprächstherapie) ist nicht genau bekannt. Der Anteil der Ärzte ist hier sehr gering. Die regionale Verteilung der Fachpsychotherapeuten (Psychoanalytiker) zeigt, daß in weiten Regionen, vor allem in Bayern, Niedersachsen, Rheinland-Pfalz, Saarland und Schleswig-Holstein, fast jegliche psychotherapeutische Versorgung fehlt. Aber auch in den besser versorgten Gegenden sind Psychotherapeuten fast ausschließlich in einigen wenigen Städten tätig, und zwar in Berlin, Bremen, Frankfurt a. M., Freiburg i. Br., Gießen, Göttingen, Hamburg, Hannover, Heidelberg, München und Stuttgart. Diese Städte zeichnen sich alle dadurch aus, daß sie Sitz alteingesessener oder in den letzten Jahren rasch gewachsener psychoanalytischer/psychosomatischer Weiterbildungsinstitute sind. Die Anzahl der im Rahmen der kassenärztlichen/vertragsärztlichen Versorgung zur Ausübung tiefenpsychologisch fundierter und analytischer Psychotherapie berechtigten Ärzte betrug 1100 (1977).

Die niedergelassenen Nervenärzte versorgen im Jahr rd. 1 Mio. Kranke, davon sind etwa 50–60% psychisch Kranke. 50% der psychiatrischen Fachkrankenhäuser betreiben eine Außenfürsorge. Dies ist in besonderem Umfang bei den Großkrankenhäusern der Fall, die diese Aufgabe fast alle erfüllen.

Eine teilstationäre Versorgung in Tages- und Nachtkliniken gibt es in der BRD bisher nur in verhältnismäßig geringem Umfang.

Die stationäre Versorgung psychisch Kranker erfolgt in

- Fachkrankenhäusern für Psychiatrie und Psychiatrie/Neurologie
- Fachabteilungen für Psychiatrie und Psychiatrie/Neurologie an anderen Krankenhäusern
- psychiatrischen Universitätskliniken
- Fachkrankenhäusern und Fachabteilungen für Kinder- und Jugendpsychiatrie
- Fachkrankenhäusern für Gerontopsychiatrie
- Fachkrankenhäusern für Suchtkranke
- Heimen und Anstalten für chronisch psy-

chisch Kranke sowie für seelisch und geistig Behinderte

In der Bundesrepublik Deutschland gab es im Jahre 1973 3494 Krankenhäuser mit 707 460 Betten und 8 433 615 Aufnahmen im Jahr. An der psychiatrischen Versorgung beteiligt waren davon nach den Erhebungen der Enquête-Kommission im Mai 1973 241 Krankenhäuser mit 111 450 Betten und 225 676 jährlichen Aufnahmen. Zur Psychiatrie zählt somit jedes 6. Bett und jede 37. Krankenhausaufnahme.

Insgesamt haben wir 130 Fachkrankenhäuser mit fast 100 000 Betten. Die 72 öffentlichen psychiatrischen Krankenhäuser sind die größten Häuser, in ihnen stehen 81% aller psychiatrischen Betten. Von den 72 öffentlichen psychiatrischen Krankenhäusern haben 28 mehr als 1000 Betten (1. 10. 1976). Die 23 psychiatrischen Universitätskliniken verfügen insgesamt über 3500 Betten (durchschnittlich 100–150 Betten). Das Verhältnis der Betten in den psychiatrischen Universitätskliniken zu den Betten in den Fachkrankenhäusern beträgt 1:28, das Verhältnis der Aufnahmen 1:5. Heime und Anstalten für chronisch psychisch Kranke sowie seelisch und geistig Behinderte gibt es 92 mit insgesamt rd. 35 000 Betten. Etwa die Hälfte dieser Betten befindet sich in 20 Heimen und Anstalten mit über 200 Betten.

Ganz unzureichend ist die stationäre Versorgung von psychisch kranken Kindern und Jugendlichen. Die psychiatrischen Universitätskliniken und Landeskrankenhäuser haben 30 Abteilungen mit 750 Betten. Ferner gibt es 17 Einrichtungen mit insgesamt 3725 Betten. 27% der Bevölkerung sind Kinder und Jugendliche im Alter bis zu 18 Jahren.

Zu einem übergreifenden Ausbau des gerontopsychiatrischen Versorgungssystems ist es bislang ebenfalls nicht gekommen, obwohl rd. 20% aller hospitalisierten psychisch Kranken 65 Jahre und älter sind, und obwohl psychische Störungen des höheren Lebensalters 20–30% aller Aufnahmen in psychiatrische Krankenhäuser ausmachen.

Unzureichend versorgt sind auch die Alkoholkranken; ihre Zahl schätzte man im Jahre 1969 auf 600 000, jetzt beträgt sie etwa 1,2–1,8 Mio. Die Zahl der Alkoholdelirien, welche in psychiatrische Krankenhäuser aufgenommen wurden, stieg in dieser Zeit um 700%

an. Die Zahl der Drogenabhängigen ist nicht annähernd so groß. Sie beträgt etwa 50 000. Die stationäre Versorgung der rd. 18 000 geistig Behinderten in den psychiatrischen Krankenhäusern ist in vielen Fällen nicht unproblematisch, da diese Einrichtungen Behinderte nicht überall hinreichend fördern können. Ihr Anteil an den Kranken in den psychiatrischen Krankenhäusern beträgt durchschnittlich 18,5%. Es bestehen jedoch große Unterschiede in den einzelnen Bundesländern (Nordrhein-Westfalen 25%, Baden-Württemberg 9,6%). Weitere rd. 36 000 geistig Behinderte und chronisch psychisch Kranke werden in 93 Heimen und Anstalten mit jeweils über 100 Betten betreut.

Der prozentuale Anteil der Hauptgruppen psychischer Krankheiten am Krankenbestand der 130 psychiatrischen *Fachkrankenhäuser* betrug nach den Erhebungen der Enquête-Kommission am 30. 5. 1973:

psychische Störungen des höheren Alters und andere organische psychische Erkrankungen	13,0%
Schizophrene Erkrankungen	36,7%
Affektive und andere Psychosen	8,2%
Neurosen, Persönlichkeitsstörungen, psychosomatische Störungen	4,0%
Abhängigkeit	9,6%
Anfallsleiden	6,0%
Geistige Behinderung	18,5%

Erheblich anders ist die Verteilung bei den Aufnahmen in die *psychiatrischen Einrichtungen*. Hier sind bei den Männern rund ¹/₃ aller Aufnahmen Alkoholkranke, bei den Frauen rund 10%, insgesamt rund 20%. Bei den Alterskranken ist die Verteilung zwischen Männern und Frauen die umgekehrte. Schizophrene Erkrankungen machen insgesamt knapp 20% der Aufnahmen aus, affektive Psychosen 9%, Neurosen und abnorme Reaktionen sowie Persönlichkeitsstörungen 10%, Oligophrenien 3,5%.

Diese Verteilung der psychiatrischen Krankheitsbilder auf die Aufnahmen unterscheidet sich erheblich von der der Zugänge in *nervenärztlichen Praxen*, unter denen Alkoholabhängige rd. 3%, schizophrene Kranke rd. 10%, psychische Alterskranke 2,5%, Kranke mit affektiven Psychosen rd. 30%, Neurosen, abnorme

Reaktionen und abnorme Persönlichkeiten rd. 35% und Oligophrene 2% ausmachen.

In der Altersverteilung der psychisch Kranken, die eine Nervenarztpraxis aufsuchen bzw. in eine psychiatrische Einrichtung aufgenommen werden, gibt es entsprechende erhebliche Unterschiede: In den ärztlichen Praxen machen die 17- bis 42jährigen 60% der Zugänge aus, in den psychiatrischen Krankenhäusern dagegen die, die älter als 43 Jahre sind. Die Hälfte davon ist über 65 Jahre alt.

Die Verweildauer psychisch Kranker in psychiatrischen Fachkrankenhäusern an einem Stichtag betrug, nach der Enquête-Kommission, bei

21,0%	bis zu 3 Monaten
12,0%	bis zu 12 Monaten
8,0%	1–2 Jahre
13,0%	2–5 Jahre
15,0%	5–10 Jahre
31,0%	über 10 Jahre

Dieses Bild täuscht aber darüber hinweg, daß von den Aufnahmen in den psychiatrischen Fachkrankenhäusern 60% nach 3 Monaten, 80% nach 6 Monaten und 91% nach 12 Monaten wieder entlassen sind. Die Verweildauer in den Fachabteilungen an anderen Krankenhäusern und in den psychiatrischen Universitätskliniken ist noch erheblich kürzer.

25.3 Psychiatrische Großkrankenhäuser

Wegen der besonderen Probleme der *psychiatrischen Großkrankenhäuser,* die 80% der stationär aufgenommenen psychisch Kranken versorgen, und der an ihnen geübten Kritik seien für sie noch weitere Zahlen angeführt: Am 1. 10. 1976 waren in ihnen rd. 81 000 psychisch Kranke untergebracht. Die Zahl der Zugänge betrug im Jahre 1975 143 000. Die Zahl der Aufnahmen, bezogen auf die Zahl der Betten, war somit rd. 180%. Zum gleichen Zeitpunkt waren in diesen Häusern 2054 Ärzte tätig, also rd. 1 Arzt für 40 Kranke (wobei es erhebliche Unterschiede in den Bundesländern gibt; in Baden-Württemberg ist die Relation z. B. 1:28).

Bei diesen Zahlen ist zu bedenken, daß sich die Situation in den vergangenen 20 Jahren ganz entscheidend geändert hat. Im Jahre 1958 befanden sich in den psychiatrischen Großkrankenhäusern 66 281 Kranke, die Aufnahmezahl betrug 67 570, also auf die Bettenzahl bezogen 101%. In den Häusern waren 798 Ärzte tätig, d. h. 1 Arzt für 84,3 Kranke. In diesen Zahlen sind die psychiatrischen Einrichtungen der 3 Großstädte Berlin, Bremen und Hamburg mit enthalten, bei denen sich schon damals die Verhältnisse fanden, wie sie heute für alle Großkrankenhäuser gelten. In die dort vorhandenen 4671 Betten wurden 11 424 Kranke im Jahr aufgenommen, d. h. die Aufnahmezahl, bezogen auf die Bettenzahl, betrug 244%. In den Häusern waren 113 Ärzte tätig, also 1 für 41

Kranke. Um so ungünstiger stellte sich die damalige Situation der psychiatrischen Großkrankenhäuser in den Flächenstaaten dar. Hier betrug die Aufnahmezahl nur 91% und die Relation von Arzt:Patient 1:89. Trotz aller heute lautstark geübten Kritik an den Großkrankenhäusern dürfen die genannten enormen personellen Verbesserungen nicht übersehen werden, die Ausdruck davon sind, wie groß die Anstrengungen zur Verbesserung der Versorgung psychisch Kranker vor allem in den letzten 10 Jahren waren. Zudem wurden von 1973 auf 1978 die Psychologen durchschnittlich um 105%, die Sozialarbeiter um 95%, das Pflegepersonal um 12%, Arbeits- und Beschäftigungstherapeuten um 55%, das Personal in speziellen therapeutischen oder diagnostischen Einrichtungen um 41% vermehrt (*D. Lorenzen* u. *F. Reimer*). Der Schlüssel für das Pflegepersonal dagegen ist nicht entsprechend verbessert worden. Er betrug im Jahre 1950 1:4,5 bei einer Arbeitszeit von 48 Stunden pro Woche und beträgt heute 1:4,2 bei 40 Arbeitsstunden pro Woche.

Insgesamt ist also die pflegerische Kraft erheblich reduziert worden. Auch dies ist bei der Kritik zu bedenken. Bei Forderungen nach mehr Personal wird in der Regel nicht beachtet, daß nicht genügend Fachkräfte zur Verfügung stehen, sondern erst herangebildet werden müssen. So betrug z. B. die Zahl der Nervenärzte am 1. 1. 1972 2708 = 2,6% der berufstätigen Ärzte. In den folgenden Jahren betrug der Anteil der Facharztanerkennung bei den Nervenärzten 6%, und ihr Anteil an den berufstätigen Ärzten stieg auf 3,2% im Jahre 1978, in absoluten Zahlen auf 4032. Davon waren in freier Praxis 40% tätig. Auf Grund dieser Zahlen ergibt eine Überschlagsrechnung folgendes: Man rechnet, daß durchschnittlich 2,3% der Ärzte aus dem Berufsleben ausscheiden, d. h. von den Nervenärzten rd. 70 pro Jahr. Bei durchschnittlich 270 Facharztanerkennungen hat die Zahl der Nervenärzte in den letzten Jahren um 200 pro Jahr zugenommen. Bei einer gradlinigen Entwicklung hätte das bedeutet, daß im Jahre 1980 mit 4000, im Jahre 1990 mit 6000 und im Jahre 2000 mit 8000 Nervenärzten zu rechnen ist. Bei 350 Facharztanerkennungen pro Jahr wären die entsprechenden Zahlen 4100 im Jahre 1980, 6800 im Jahre 1990 und 9500 im Jahre 2000. Es hat sich aber gezeigt, daß die Zahl der Facharztanerkennungen von 349 im Jahre 1976 auf 280 im Jahre 1978 zurück-

gegangen ist. Dies dürfte im wesentlichen auf die Kürzung der Assistentenstellen im universitären Bereich zurückzuführen sein. Geht man davon aus, daß die Weiterbildungszeit zum Nervenarzt für diejenigen, die nach der neuen Ausbildungsordnung für Ärzte ihr Studium absolviert haben, von 4 auf 5 Jahre verlängert wurde, so könnte ein weiterer Rückgang der Facharztanerkennungen eintreten. Geht man von der Zahl der Approbationen aus, die sich vom Jahre 1976 mit 7164 auf 11 500 im Jahre 1979 erhöhten, und rechnet ferner, daß die Weiterbildung durchschnittlich 5 Jahre später abgeschlossen ist, und nimmt an, daß 6% der Ärzte Nervenärzte werden, so wäre die Zahl der Facharztanerkennungen von 280 im Jahre 1976 auf 690 im Jahre 1990 angestiegen. Die Enquête-Kommission (1975) hielt in den nächsten 10–15 Jahren, also bis 1990, eine Vermehrung der Psychiater im stationären Bereich um 820 und im ambulanten Bereich um 800, insgesamt also um 1600, für erforderlich.

25.4 Reform des psychiatrischen Versorgungssystems

Die Reformbestrebungen, die durch den Bericht der Enquête-Kommission stark gefördert wurden, haben die Tendenz, zwischen den ambulanten und stationären Bereich Übergangseinrichtungen einzuschieben, die Großkrankenhäuser soweit wie möglich zu verkleinern und durch psychiatrische Abteilungen an Allgemeinkrankenhäusern zu ersetzen sowie den ambulanten Bereich auszubauen. Das zentrale Problem dieser Bestrebungen ist, ebenso wie vor 150 Jahren, die Versorgung der chronisch psychisch Kranken. Dazu sei das Folgende angemerkt: Im Jahre 1831 veröffentlichte *C. F. W. Roller* das seinerzeit zukunftweisende Buch »Die Irrenanstalt nach allen ihren Beziehungen« und sagte im Vorwort: »Der alte Fluch muß sich lösen und eine neue Ära wird beginnen« und weiter: »Hier wird vieles, es wird ein Ganzes gefordert. Halbe Maßregeln erfüllen den Zweck nicht . . . alle Bedingungen müssen erfüllt seyn«. Diese Sätze hätten auch in der Präambel des Enquête-Berichtes stehen können, den man »Die psychiatrische Versorgung nach allen ihren Beziehungen« nennen könnte. Die Ausdrucksweise hat sich in den vergange-

nen 150 Jahren zwar etwas verändert, die Problematik aber offenbar nicht. So sagte *Roller* seinerzeit: »Wie viel muß dem Staat, der vor allem das geistige Wohl seiner Bürger bedenkt, daran gelegen seyn, daß, wo es gefährdet ist, alles zur Hülfe und Rettung bereit sey? Wir dürfen nicht zweifeln, daß die Sorgfalt für die Irren zu den heiligsten Interessen der Menschheit gehört, wir appellieren an das Gefühl in jedes Menschen Brust, in der für großes Unglück großes Mitleid wohnt, das wahre Mitleid aber begnügt sich nicht mit Klagen und Seufzern, es fordert Hülfe und fordert sie, weil hier einzelne zu schwach sind, von der vereinten Kraft im Staate.« In der Präambel des Enquête-Berichtes im Jahre 1975 heißt es: »Auch in Zeiten knapp bemessener Mittel aber muß sich eine Gesellschaft die Frage stellen, wie viel sie einsetzen will, um das Schicksal derer zu erleichtern, die als psychisch Kranke oder Behinderte auf Hilfe angewiesen sind.« *Roller* wünschte sich seinerzeit, daß er auch die erforderlichen Mittel herbeischaffen könne. Er hat aber ebenso darauf verzichtet, eine Kostenrechnung vorzulegen, wie die Enquête-Kommission. Zur Zeit

Rollers gab es eine lebhafte Diskussion über die Versorgung »heilbarer und unheilbarer Irrer«. Er wendet sich ausdrücklich gegen den »Glauben an ihre (der Irren) Unheilbarkeit« und hält wegen der neuentdeckten Heilbarkeit vieler psychisch Kranker ein neues Versorgungssystem, damals neue »Irrenhäuser«, für erforderlich. Die Enquête-Kommission sagt: »Die Entwicklung medikamentöser Behandlung, psychotherapeutischer und rehabilitativer Methoden, neue Versorgungsmodelle und therapeutisch wirksame Reformen sozialer Betreuung haben es ermöglicht, viele psychische Krankheiten erfolgreich zu behandeln und bislang für unheilbar gehaltene Leiden zu beeinflussen.« So könnte man denken, die Zeit sei stehengeblieben, lediglich die Dimensionen haben sich geändert. Zur Zeit *Rollers* hatte Baden 1,2 Mio. Einwohner, der Enquête-Bericht bezieht sich auf 60 Mio. Menschen. Der Zeitraum zwischen den beiden Darlegungen über »die Irrenanstalt bzw. die psychiatrische Versorgung nach allen ihren Beziehungen« war geprägt von einem theoretischen Konzept, das in der Praxis vielfach durchbrochen, jetzt von der Enquête-Kommission aber aufgegeben und durch ein neues ersetzt wurde. An dem Grundproblem der psychiatrischen Versorgung soll die Wesensart dieser Konzepte aufgezeigt werden. Es handelt sich um die Art der Versorgung der »unheilbaren Irren«, wie man in der ersten Hälfte des vorigen Jahrhunderts sagte, bzw. der langfristig Hospitalisierten, wie man heute sagt. Die Lage dieser Gruppe gab den Anstoß zu den heutigen Reformbestrebungen in England und zur Einberufung der Enquête-Kommission im Jahre 1971 in der Bundesrepublik. Zu Beginn des vorigen Jahrhunderts war eine lebhafte Diskussion darüber entstanden, ob die heilbaren und unheilbaren Irren völlig vereint oder völlig getrennt versorgt werden müßten. Fußend auf *Roller* fand *Damerow* schließlich im Jahre 1841 die diese Diskussion beendende Formel: »relative Verbindung der Heil- und Pflegeanstalten«. Zu starke Trennung schien für die Kranken ebenso belastend wie zu starke Vereinigung. Man meinte, bei relativer Verbindung wäre es leichter, die Patienten hin und her zu verlegen, es fände sich leichter Personal, wenn die Trennung der Unheilbaren nicht vollständig sei etc., Argumente, die uns allen bis auf den

heutigen Tag geläufig sind. Die so herbeigeführte Entwicklung störte im Jahre 1865 W. *Griesinger* mit seinen im Kap. 17 bereits angeführten Reformvorschlägen: Heilbare, kurzfristig zu Hospitalisierende sollten in Stadtasylen in der Nähe ihrer bisherigen Umgebung untergebracht werden, langfristig zu Hospitalisierende, »Unheilbare«, dagegen in »ländlichen Asylen«, verbunden mit »agricolen Kolonien«. *Hans Laehr* wies als Vertreter der Krankenhauspsychiater die Forderungen *Griesingers* wegen mangelnder Logik entschieden zurück: Die Nähe der Stadtasyle zu den Angehörigen treffe nur für die Städter zu, eine Integration in die Allgemeinmedizin gelinge auch in den Städten nicht, da *Griesinger* auch dort besonders Einrichtungen für psychisch Kranke fordere. Wenn der Aufenthalt in den Stadtasylen einige Monate dauere, seien Werkstätten erforderlich, die *Griesinger* für überflüssig erkläre usw. Vor allem verwies *Laehr* aber darauf, daß der Vorschlag *Griesingers* die relative Verbindung aufhebe, heilbare und unheilbare, akute und chronische psychisch Kranke wieder trenne. Das Leben erwies sich stärker als alle Theorien: Stadtasyle wurden zwar fast nicht eingerichtet, dafür aber psychiatrische Universitätskliniken, in der von *Griesinger* vorgeschlagenen Größe von 100–150 Betten. Sie übernahmen weitgehend die Aufgaben, die *Griesinger* den Stadtasylen zugedacht hatte: Der größte Teil der Erstaufnahmen psychisch Kranker ging durch ihre Pforten. Die Gemeindenähe war zwar oft nicht gegeben, der »Abfluß der chronisch Kranken« (wie *Griesinger* sagte) blieb immer ein Problem. Es spielte sich für Jahrzehnte ein »relatives« Gleichgewicht in der Versorgung ein, ohne daß alles prinzipiell geregelt war. Dies wurde erst gestört, als die Universitätskliniken sich nach dem Zweiten Weltkrieg ihrer Versorgungsaufgaben zum großen Teil entzogen und die Aufnahmen in den durch die Nazizeit und den Krieg stark vernachlässigten psychiatrischen Landeskrankenhäusern anzusteigen begannen, von 25% der Bettenzahl vor dem Zweiten Weltkrieg auf 100–200% und mehr in den sechziger und siebziger Jahren. Die psychiatrischen Anstalten waren diesem Andrang unter den gegebenen Umständen nicht gewachsen und erhielten auch nicht die erforderliche Hilfe. Die Versorgung der langfristig

Hospitalisierten, »unheilbar« psychisch Kranken verschlechterte sich infolgedessen zusehends. Die Heil- und Pflegeanstalten wurden in psychiatrische Krankenhäuser umgetauft. Die chronisch Kranken wurden aus diesen z. T. in weit entfernte Heime verlegt, da sie nicht »krankenhausbedürftig« sind, wie es im Enquête-Bericht heißt. Dieser erhebt die Trennung der verschiedenen Versorgungsbereiche zum Prinzip seiner Vorschläge und empfiehlt, daß Akut- und chronisch Kranke wieder getrennt werden. So haben die »Griesingers« für diesmal den Sieg davongetragen. Es fragt sich allerdings, wo in dieser Diskussionsrunde die »Laehrs« zu finden waren. Denn gleichgültig, ob man fordert, daß alle Arten psychiatrischer Institutionen auch chronisch Kranke zu versorgen haben oder ob man diese aus den eigenen Institutionen in Heime verlegt oder ob man behauptet, es gäbe sie eigentlich gar nicht oder, etwas milder formuliert, sagt, es bräuchte sie gar

nicht zu geben, wenn man nur richtig in jeder Weise therapiere, so ergibt sich jedenfalls die traurige Bilanz, daß niemand für diese Gruppe recht zuständig sein will. Es bleibt zu hoffen, daß diese Gruppe nicht die eigentlichen Verlierer der Reformbestrebungen sein werden und nicht alle »Laehrs« dem modernen technokratischen Denken verfallen. Die Gruppe der chronisch Kranken und langfristig zu Versorgenden hat ohnehin einige neue Feinde: das Krankenhausfinanzierungsgesetz fördert nur den Akutbereich, die neue Definition von Behandlungsfällen entläßt »Pflegefälle« aus dem Krankenhaus in noch kaum vorhandene Bereiche.

Auf die überstürzt in Gang gebrachten Reformen und die sich daraus ergebenden Probleme wird im Kap. 38 näher eingegangen. Wie vor 100 Jahren stellt sich bei den heutigen Reformbemühungen die Frage: Fortschritt oder Rückschritt?

Teil V

Für die Psychiatrie wichtige Einzelwissenschaften

26. Vorbemerkungen

Zum Verständnis und zur Behandlung und Versorgung psychisch Kranker können viele Wissenschaften beitragen. Es stellt sich deswegen die Frage, ob unter ihnen eine Rangordnung ihrer Bedeutung für den Arzt besteht. Die Antwort hängt davon ab, von welchen Vorstellungen über die Entstehung von psychischer Krankheit ausgegangen wird. Das wird stark vom Zeitgeist bestimmt. Welchen theoretischen Ansätzen tatsächlich nachgegangen wird, ist auch abhängig von den zur Verfügung stehenden Methoden. In diesem Zusammenhang sei daran erinnert, daß der in Ausbildung befindliche Arzt früher ein Philosophikum ablegen mußte, das in der 2. Hälfte des 19. Jahrhunderts durch das Physikum ersetzt wurde. Den Wissenschaften, die das Physikum umfaßt, wurden in der Approbationsordnung für Ärzte im Jahre 1971 die Soziologie und Psychologie hinzugefügt.

Bei allen Wissenschaften, die der Arzt zu Hilfe nehmen muß, besteht die Gefahr, daß sie sich verselbständigen und eine Eigendynamik entwickeln, die nicht selten dazu führt, daß die Beziehung zur ärztlichen Tätigkeit weitgehend verlorengeht. Der Arzt sollte aber am Krankenbett nicht nur den entsprechenden wissenschaftlichen Ansprüchen gerecht zu werden versuchen, indem er ausschließlich streng methodisch mit dem Kranken umgeht. Es gehört vielmehr zu seiner Kunst, in dem Spannungsfeld zwischen seiner Aufgabe am Patienten und den Wissenschaften behutsam vorzugehen, um weder den Kranken noch die wissenschaftlichen Belange aus dem Auge zu verlieren. Dabei ist folgendes zu beachten: Es ist in den Wissenschaften üblich, der Lehre des Normalen die Wissenschaft des Pathologischen gegenüberzustellen, etwa der Anatomie die pathologische Anatomie, der Physiologie die Pathophysiologie und der Psychologie die Psychopathologie. Dabei ist jedoch zu beachten, daß das Pathologische nicht identisch mit krank oder Krankheit ist, denn nur der ganze Mensch ist krank, nicht aber der wissenschaftlich untersuchte Aspekt (s. Kap. 1). Es gibt, mit anderen Worten, innerhalb des jeweiligen Aspektes, keine von der Sache her gegebene Grenze, die zwischen gesund und krank verläuft. Daß man in der Klinik bei vielen Befunden dennoch mit hoher Wahrscheinlichkeit auf »krank« schließen kann, berührt diese grundsätzliche Frage nicht. Ein weiteres wesentliches Problem ergibt sich, wenn der Unterschied zwischen »normal« und »pathologisch« rein quantitativ gesehen wird. Dazu verleiten natürlich insbesondere alle Meßwerte. Krankheit kann darüber hinaus mit komplexeren, qualitativen Veränderungen einhergehen (s. Kap. 1), die mit rein quantitativen Methoden nicht erfaßt werden können.

Für die Behandlung Kranker reichen rein naturwissenschaftliche Kenntnisse, die im Medizinstudium in reichem Maße vermittelt werden, nicht aus. Im folgenden soll darum auf die psychologischen Wissenschaftsbereiche, die für die Psychiatrie in Theorie und Praxis von Bedeutung sind, etwas ausführlicher eingegangen werden.

27. Psychiatrie und Neurologie

Die Beziehungen zwischen Neurologie[1] und Psychiatrie, die in der Ausbildungsordnung für Ärzte von 1971 als nervenheilkundliche Fächer bezeichnet werden, sind vielschichtig und seit eh und je nicht unproblematisch gewesen. Neurologie und Psychiatrie haben viel Gemeinsames, es gibt aber auch tiefgreifende Unterschiede. Im Zuge der zunehmenden Spezialisierung sind heute Neurologie und Psychiatrie organisatorisch fast überall getrennt. Die wenigen Fakultäten, bei denen das bisher nicht der Fall ist, haben die Trennung eingeleitet.

Die Vereinigung von Psychiatrie und Neurologie

Die Vereinigung von Psychiatrie und Neurologie in Klinik und Unterricht wird *W. Griesinger* zugeschrieben, obwohl sie fraglos nicht allein von ihm ins Werk gesetzt wurde. Er ging nämlich von dem gleichen Grundkonzept für neurologische und psychische Krankheiten aus und sprach von spinaler und cerebraler »Irritation«. Er sah darum in jeder psychiatrischen Anstalt »nichts anderes als ein Hospital für Gehirnkranke« und wollte die naturwissenschaftlich orientierte medizinische Forschung auch auf die Psychiatrie angewendet wissen. Von 1860–1865 war *Griesinger* Ordinarius für Innere Medizin und Direktor der Med. Klinik in Zürich. Er richtete dort im Jahre 1863 eine »psychiatrische Klinik« im alten Züricher Stadtasyl ein und wurde im gleichen Jahr neben seinem Amt als Direktor der Med. Klinik zum Ärztlichen Leiter der Irrenanstalt ernannt. Im Jahre 1865 wurde er als Ordinarius für Psychiatrie und Nervenkrankheiten nach Berlin berufen, wo *C. Westphal* bereits 2 Jahre vorher eine Vorlesung über »Die Psychiatrie und die damit zusammenhängenden Nervenkrankheiten« angekündigt hatte. Nach *Griesingers* Tod im Jahre 1868 wurde *Westphal,* ein Schüler *Virchows,* im Jahre 1869 sein Nachfolger.

Das Zusammenführen von Neurologie und Psychiatrie wurde weiter gefördert durch den Aufstieg der Neuropathologie, seinerzeit als Hirnpathologie bezeichnet, und die Lehre, daß bestimmte Funktionen des Nervensystems in umschriebenen Partien der Großhirnrinde lokalisiert sind (Näheres siehe Kap. 28). Im Jahre 1861 entdeckte *Paul Broca* eine besondere Störung der Sprache, nämlich die Unfähigkeit, sich trotz intakter Sprachwerkzeuge sprachlich zu äußern, die er als Aphemie bezeichnete. Diese später sog. motorische Aphasie führte er auf eine Zerstörung des Fußes der dritten frontalen Hirnwindung der dominanten Hemisphäre zurück. Damit schien auch ein erster Schritt zur Klärung des Wesens psychischer Krankheiten getan. *E. Hitzig,* einer der bedeutenden Vertreter der Hirnlokalisationslehre (siehe Kap. 28), nahm auch starken Einfluß auf die gemeinsame Vertretung von Neurologie und Psychiatrie in Personalunion und die Organisation der nur in Deutschland entstehenden »Psychiatrischen und Nervenklinik«, wo sich Psychiatrie und Neurologie unter einem Dach vereinten. Außer in Berlin (1865, W. *Griesinger*) wurden solche Kliniken gegründet z. B. 1891 in Halle, 1896 in Gießen, 1901 in Kiel, 1908 in Bonn, 1913 die Psychiatrische Nervenklinik und Nervenpoliklinik in Königsberg. In Freiburg i. Br. wie auch in Heidelberg (1878), Jena (1879), Leipzig (1882), Würzburg (1893) und Rostock (1895) wurden zunächst »reine« psychiatrische Universitätskliniken eingerichtet. Auf den im Jahre 1886 errichteten Lehrstuhl in Freiburg wurde *H. Emminghaus (1854–1904)* berufen. Sein Nachfolger, A. *Hoche* (1865–1943, im Amt von 1902–1933), forderte im Jahre 1904 auch den Lehrauftrag für Nervenheilkunde. Er erhielt ihn und lehnte daraufhin den Ruf nach Halle ab, wo im Jahre 1891 die erste neuerbaute

---

[1] Der Begriff wurde von dem Anatomen *Thomas Willis* (1627–1667) im Jahre 1664 eingeführt. Nach ihm wird der Circulus arteriosus der Hirnarterien benannt.

Psychiatrische und Nervenklinik Preußens von E. *Hitzig* eröffnet worden war.

Auf die Schwierigkeiten, die Psychiatrischen Anstalten für den Studentenunterricht zu öffnen und ihnen den Anschluß an die Medizinischen Fakultäten zu verschaffen und einige von ihnen zu Psychiatrischen Universitätskliniken umzuwandeln, soll hier nicht im einzelnen eingegangen werden (Näheres siehe Kap. 17). Es sei lediglich erwähnt, daß z. B. in Erlangen mit dem Neubau der Kreisirrenanstalt im Jahre 1846 auch die Möglichkeit zum Unterricht in Psychiatrie geschaffen wurde. Der erste Direktor, *A. Solbrig* (1809–1872), kündigte im Jahre 1849 als Professor honorarius die Vorlesung »Psychiatrische Klinik« an. Im Jahre 1903 wurde eine eigene Psychiatrische Klinik in den Gebäuden der Kreisirrenanstalt eingerichtet und auf den neuen Lehrstuhl der bisherige Extraordinarius (seit 1896) *G. Specht* (1860–1940) im Jahre 1903 berufen. 1866 wurde in Göttingen eine Anstalt »mit der ausdrücklichen Vorbedingung des Unterrichts« errichtet. Ihr Direktor *Ludwig Meyer,* der Vorkämpfer für die No-restraint-Bewegung in Deutschland, wurde gleichzeitig zum Ordinarius für Psychiatrie ernannt. Das gleiche vollzog sich in Marburg (der Direktor der dort 1874 fertiggestellten Anstalt wurde 1877 zum Ordinarius für Psychiatrie ernannt) sowie in Rostock im Jahre 1895. Diese psychiatrischen Einrichtungen wurden im Laufe der Zeit entweder zu Psychiatrischen und Nervenkliniken umgewandelt, wie etwa in Greifswald (1907/8), oder es wurden eigene Psychiatrische und Nervenkliniken in den Universitätskliniken errichtet, wie in Marburg (1913, in Betrieb genommen erst 1920) oder in Göttingen (1955), und damit auch die Verbindung von Anstaltsdirektor und Ordinarius wieder gelöst.

Diese historische Skizze zeigt, daß sich Psychiatrie und Neurologie im deutschen Sprachraum keineswegs überall gemeinsam entwickelten, vielmehr manchenorts erst im Laufe der Zeit vereinigt wurden. In allen anderen Ländern blieben sie gänzlich getrennt. Wesentlich für die Beziehungen zwischen Psychiatrie und Neurologie in Deutschland war und ist, daß die Neurologie von vornherein eine ebenso kräftige Wurzel in der Inneren Medizin hatte wie in der Psychiatrie. Hervorragende

Neurologen waren nicht nur in jüngster Zeit von Hause aus Internisten, sondern von Anbeginn der Entwicklung der Neurologie an. Das wird von psychiatrischer Seite nicht immer genügend beachtet. Internisten waren u. a. *W. H. Erb* (1840–1921), von 1879–83 Ordinarius für Innere Medizin in Leipzig und von 1883–1907 in Heidelberg, *L. Lichtheim* (1845–1928), der bekannte Aphasie-Forscher, Direktor der Med. Univ.-Klinik und Poliklinik des Insel-Spitals in Bern von 1878–1888, dann in Königsberg bis 1912; *H. I. Quincke* (1842–1922), der 1902 die Technik der Lumbalpunktion beschrieb, von 1873–1878 ebenfalls Direktor der Med. Univ.-Klinik in Bern, dann bis 1908 in Kiel; und *H. Sahli* (1856–1933), der die funikuläre Myelose beschrieb, von 1888–1929 auch in Bern. *N. Friedreich* (1825–1882) leitete zunächst die Med. Univ.-Klinik von 1857–1858 in Würzburg und dann von 1858–1882 in Heidelberg, beschrieb die nach ihm benannte Ataxie. Dementsprechend wurden in Deutschland auch »Medizinische und Nervenkliniken«, etwa in Jena und Würzburg, errichtet. In Gießen gab es sogar neben der Psychiatrischen und Nervenklinik eine »Medizinische und Nervenklinik« nach »freundnachbarlicher Übereinkunft mit dem Internisten *H. Reinwein*«, wie *H. Boening* berichtet. In diesem Zusammenhang sei daran erinnert, daß auch eine Reihe bekannter Psychiater ursprünglich Internisten waren, z. B. *J. Chr. Reil* (1759–1813), der von 1788–1810 in Halle die Medizinische Klinik leitete und dann noch 3 Jahre vor seinem Tod in Berlin tätig war; *Chr. F. Nasse* (1778–1851), der das entsprechende Amt von 1816–1819 in Halle und dann bis 1851 in Bonn versah, und nicht zuletzt *W. Griesinger* (1817–1868), der zunächst von 1849–1850 in Kiel, von 1854–1860 in Tübingen und dann von 1860–1865 in Zürich die Med. Univ.-Klinik leitete. Die Innere Medizin verstand sich damals als das geschlossene große Ganze der speziellen Pathologie und Therapie der inneren Krankheiten. Als Glied dieses Ganzen entstand die Neurologie und wuchs zu einer fortgeschrittenen Spezialität der Inneren Medizin heran (W. H. *Erb*).

Der Vereinigung von Neurologie und Psychiatrie hat letzterer einen starken Auftrieb gegeben und unter anderem den Weg dafür gebahnt, daß sich die Psychiatrie als medizinische Spezialität etablieren konnte. Das Einbringen von neurologischen Untersuchungsmethoden, der Neuropathologie, der Neurophysiologie und der Neurobiochemie hat ferner die psychiatrische Forschung stark gefördert und Wesentliches zur Klärung psychischer Störungen und Krankheiten beigetragen. Die Neurobiochemie ist in den letzten Jahrzehnten zu einem wichtigen Forschungsbereich in der Psychiatrie geworden (s. auch Kap. 32). Zur klinischen Diagnostik in der Psychiatrie gehört somit die neurologische und internistische Untersuchung, ebenso wie in beiden auch die technischen Untersuchungsmethoden der Neuroradiologie, Computertomographie, Elektroenzephalographie, Doppler-Sonographie, Liquoruntersuchungen etc. Anwendung finden. Man muß also sagen, daß Psychiatrie ohne Neurologie weder in der Klinik noch in der Forschung denkbar ist. Sie ist allerdings auch nicht nur aus neurologischer Sicht zu begreifen und zu betreiben.

Das Ringen der Neurologie um ihre Selbständigkeit

Von der Neurologie her gesehen stellt sich ihre Entwicklung zum nicht geringen Teil als ein Ringen um ihre Selbständigkeit dar. Der Züricher Neurologe *M. Minkowski* (a.o. Professor von 1928–1954) sagte: »Nach den mächtigen Impulsen, die die Neurologie von solchen Männern wie *Charcot, Dejerine, Pierre Marie, Raymond, Babinski, Hughlings Jackson, Gowers, Henry Head, Charles Mills, Erb, Wernicke, Oppenheimer, Edinger, Nonne, Obersteiner, Marburg, von Monakow, S. E. Henschel, A. van Gehuchten, Ariens Kappers, C. Winkler, I. P. Pawlow, Ramon y Cajal, Golgi,* um nur einige der bedeutendsten aus verschiedenen Ländern zu nennen, erhalten hatte, war sie um die Jahrhundertwende den Fittichen sowohl der Inneren Medizin wie der Psychiatrie, mit denen sie sich historisch in einem mehr oder weniger engen Zusammenhang entwickelt hatte, schon ganz entwachsen und sehnte sich nach einem eigenen Feld der Betätigung in der Forschung, in der Klinik und Praxis, im medizinischen Unterricht und in der Vereinstätigkeit«. *W. H. Erb* hatte dies bereits in seiner Antrittsvorlesung

im Jahre 1880 in Leipzig als eine Forderung vorgetragen und diese im Jahre 1914 in einem eindrucksvollen Appell unter der Überschrift »Was wir erstreben« wiederholt. Er klagte darüber, »daß die Nervenpathologie das ›Aschenbrödel‹ unter den großen medizinischen Disziplinen« sei und führte dazu aus: »Ganz abgesehen davon, daß es noch fast überall an besonderen Krankenhäusern und Kliniken für Nervenkranke, die doch einer ganz spezialistischen Untersuchung und Behandlung bedürfen, fehlt (nur in den großen Krankenanstalten einzelner großer Städte, z. B. Hamburg, Breslau findet sich Derartiges), so sind auch fast überall die Anstalten und Hilfsmittel für die wissenschaftliche Forschung in der Neurologie nur sehr mangelhaft entwickelt und meist unselbständig, werden fast durchweg nicht von Spezialisten geleitet und betrieben. Hervorragende Neurologen haben keine klinischen Institute, sind für ihre Forschungen und ihren Unterricht auf ihre Privat-Polikliniken und ihre Privatklienten angewiesen. Aber auch der Unterricht in der Neurologie, für den ein gewaltiges und stets wachsendes Bedürfnis vorliegt, ruht fast nirgends in den Händen von Spezialisten, sondern wird meist nur im Nebenamt von den Inneren Klinikern und den Psychiatern mit ganz ungenügenden Stundenzahlen erteilt, oder wird von den eigentlichen Neurologen inoffiziell in ganz privater Weise mit großen Opfern geleistet. Darüber geben die Lektionskataloge der Deutschen Universitäten betrübenden Aufschluß. Es fehlt also fast allenthalben an dem Umfang und der Bedeutung der heutigen Neurologie entsprechenden, großzügigen, mit allen notwendigen Laboratorien und sonstigen Hilfsmitteln ausgestatteten Heil-, Forschungs- und Unterrichtsanstalten. Auch im Vergleich mit anderen Ländern und Nationen tritt diese Tatsache in geradezu beschämender Weise hervor.« Daraus folgerte *Erb:* »Natürlich ist aber das ins Auge zu fassende Endziel – wie ich das schon vor Dezennien aussprach – dies, daß die Nervenkliniken ganz selbständig geschaffen und zwischen die Innere und die Psychiatrische Klinik eingegliedert werden; selbstverständlich kann dies nur mit ausgiebiger Berücksichtigung der Grenzgebiete (auf welche die jeweiligen beiden Angrenzer weitgehende Ansprüche haben sollen) geschehen; und das ist auch bei einigem guten Willen und freundnachbarlichem, neidlosem Entgegenkommen gewiß leicht durchzuführen, wenigstens an allen größeren Unterrichts- und Krankenanstalten.« Er beschließt seinen Aufruf mit der Forderung: »Und so mag hier ein erneuter, ernster Appell an die Medizinischen Fakultäten und die Unterrichtsverwaltungen ergehen, sich ihrer großen und schönen Pflichten zu erinnern und den hier noch klaffenden Lücken und schreienden Mängeln ein Ende zu bereiten.« Dieses Ziel hat die Neurologie, wie gesagt, jetzt erreicht, allerdings im deutschsprachigen Raum erst in den letzten beiden Jahrzehnten. Das Selbstverständnis der Neurologie hat sich im Laufe der Zeit etwas gewandelt. Im Jahre 1908 bei der Gründung der Schweizerischen Neurologischen Gesellschaft wurde noch darüber diskutiert, ob sie Neuro-Psychologische Gesellschaft heißen sollte. Das erste Referat auf der ersten Versammlung dieser Gesellschaft hatte den Titel »Die biologische Interpretation in der Psychopathologie«. Auf der 2. Versammlung im Jahre 1909 behandelte das zweite Referat »Die psychologische Konzeption des Ursprungs der Psychopathien« und das dritte »Die anatomische Basis der Psychosen«. In den letzten Jahrzehnten nach dem Weltkrieg sind solche Themen nicht mehr auf der Tagesordnung gewesen.

In Deutschland formulierte *Oppenheim* den Anspruch der Neurologie auf Selbständigkeit, auf eine Verfassung als eigenständige klinische Disziplin innerhalb der Medizin, aus der Überzeugung, daß die Neurologie zu einem Wissensgebiet herangewachsen sei, welches das Gefüge sowohl der Inneren Medizin wie der Psychiatrie überschreite. Mit seinem zweibändigen Lehrbuch der Nervenheilkunde, das in den 20 Jahren vor dem Ersten Weltkrieg 6 Auflagen erlebte und in alle europäischen Sprachen übersetzt wurde, schuf er ein grundlegendes Werk von internationaler Geltung. Er vereinte die Ergebnisse der internistischen Neurologie mit denen der neuropathologischen Schule der Psychiatrie in eigener Erfahrung und ließ zum ersten Mal ein Gesamtbild der Neurologie entstehen. *Oppenheim* gründete im Jahre 1907 die Gesellschaft Deutscher Nervenärzte. Schon auf der 2. Jahrestagung dieser Gesellschaft im Jahre 1908 in Heidelberg war das Hauptthema:

Die Stellung der Neurologie in der Wissenschaft und Forschung, in der Praxis und im Neurologischen Unterricht.

Oppenheim und *Erb* vertraten mit großem Nachdruck den Anspruch der Neurologie auf selbständige Institute. Die Folge davon war, daß seit 1907 aus Inneren Kliniken mehr oder weniger selbständige Nervenabteilungen hervorgingen, so in Heidelberg, Hamburg, Breslau, Würzburg und Düsseldorf.

Mit der jetzt vollzogenen Trennung der Fächer Neurologie und Psychiatrie ist die Verselbständigung der Neurologie erreicht, die von der Mehrzahl der Ordinarien für Psychiatrie und Nervenheilkunde befürwortet und gefördert wurde, da man unter dem Eindruck dessen stand, worauf *Erb* schon hingewiesen hatte, daß beide Fächer in Forschung und Lehre nicht hinreichend von einer Person vertreten werden könnten. Dazu kam in der Psychiatrie eine mehr oder minder ausgeprägte Hinwendung zu tiefenpsychologischen Fragestellungen, womit zum Teil eine »Abwendung« von der neurologischen Seite der Psychiatrie und damit auch von der Neurologie erfolgte.

Solange man nach Selbständigkeit strebt, stehen Vorteile ganz im Mittelpunkt des Blickfeldes. Ist sie erreicht, beginnt man zu spüren, was man aufgegeben hat, und wird eher bereit, auch Nachteile der Verselbständigung zu erkennen. Damit kommen wir wieder zu der sachlichen Seite der Beziehungen von Neurologie und Psychiatrie.

Zur Problematik der Trennung von Neurologie und Psychiatrie

Für die Betrachtung von Neurologie und Psychiatrie von ihrer sachlichen Seite her ist zu unterscheiden zwischen theoretischen Konzepten und den Gegebenheiten bei den Kranken. Das Konzept *Griesingers* für die Psychiatrie war seinem Wesen nach neurologisch, ebenso wie die nachfolgenden neuropathologischen, neuropsychologischen und neurobiochemischen Ansätze. Es wäre darum angemessener bei diesem Konzept, statt von Psychiatrie von »Cerebrologie« zu sprechen. Am konsequentesten hat zweifellos *H. H. Wieck* ein neurologisches Konzept für die Psychiatrie verfolgt. Im Gegensatz zu allen Vorgängern, die diesen Weg beschritten, hat er versucht, das Psychopathologische analog zu den physiologischen Vorgängen im Nervensystem messend zu erfassen mit Hilfe der Psychopathometrie. Dies gelang ihm naturgemäß relativ am besten bei den akuten symptomatischen Psychosen. Er bezeichnete sie als Funktionspsychosen, um zum Ausdruck zu bringen, daß es sich um Psychosen handele, die Folge von Funktionsstörungen des Gehirns seien. Mit Hilfe psychopathometrischer Methoden suchte er das Ausmaß der globalen Funktionsstörung des Gehirns zu messen, analog zu anderen neurologischen Untersuchungsmethoden. Alle anderen, die von einem wie auch immer gearteten neurologischen Ansatz für die Psychiatrie ausgehen, haben versucht und versuchen, die Einzeltatbestände des Seelenlebens des psychisch Kranken zu erfassen.

Wenn von einem neurologischen theoretischen Konzept für die Psychiatrie ausgegangen wird, wird verständlich, daß Neurologen in der psychiatrischen Forschung tätig wurden und auch viel zur Aufklärung des Wesens psychischen Krankseins beitrugen. Das gleiche gilt für Internisten. Die Neurologie ist ihrem Wesen nach eine internistische Spezialität, wie z. B. die Nephrologie oder Kardiologie. Aus dem intern-medizinischen Ansatz ergibt sich, daß auch Internisten sich der Psychiatrie mit einem entsprechenden internistisch-neurologischem Konzept zuwandten.

Das Gesagte könnte dahingehend mißverstanden werden, daß das neurologische theoretische Konzept das einzige Konzept für die Psychiatrie sei. Das ist vielfach auch von den Kritikern der Psychiatrie so verstanden worden, die dann in der Regel nicht von einem neurologischen, sondern von einem medizinischen Krankheitsmodell in der Psychiatrie sprechen. Dabei wird übersehen, daß es sich um ein mögliches theoretisches Konzept zur Erforschung psychischen Krankseins handelt, das sich zudem für einige wesentliche Fragen, vor allem denen der endogenen Psychosen und der Abhängigkeit, nicht als sonderlich erfolgreich erwiesen hat. Dennoch ist es fraglos legitim, jedes Konzept soweit wie irgend möglich auszuschöpfen, um das Rätsel psychischen Krankseins zu lösen. Es geht aber hier bei der Frage

nach den Beziehungen zwischen Neurologie und Psychiatrie nicht darum, ob das Konzept brauchbar oder unbrauchbar ist, sondern lediglich um das Faktum eines solchen Konzepts. Das Gesagte könnte auch in der Weise mißverstanden werden, daß das theoretische Konzept die einzige Beziehung zwischen Neurologie und Psychiatrie darstellte. Das ist nicht der Fall. Es gibt nicht nur umschriebene neurologische, genauer cerebrale Störungen mit »psychischer Komponente«, wie *K. Leonhard* sagt (damit meint er die neuropsychologischen Störungen). Es geht vielmehr die ganz überwiegende Mehrzahl der Hirnerkrankungen mit psychischen Störungen und Veränderungen einher, etwa mit Antriebsminderung, Enthemmung, erhöhter Reiz- und Verstimmbarkeit, der sog. Hirnleistungsschwäche, außer den schon erwähnten neuropsychologischen Störungen (Kap. 28), sowie psychischen Fehlentwicklungen, die durch jegliche der genannten psychischen Veränderungen in Gang kommen können.

Von Nicht-Psychiatern wird die Psychiatrie meist als die medizinische Disziplin angesehen, die sich hauptsächlich mit Kranken, die an schweren Psychosen leiden, beschäftigt und als diejenige unter den medizinischen Spezialitäten, »die einschließt«, wie *Déjèrine* vor über 100 Jahren sagte. Daran, daß die Psychiatrie vielfach so gesehen wird, ist sie selbst nicht ganz unschuldig, da sowohl in der Ausbildung der Studenten als auch in der Weiterbildung zum Facharzt die »großen Psychosen« zu sehr in den Vordergrund dessen gestellt werden, was der Arzt, aber auch der niedergelassene Nervenarzt, für seine Praxis tatsächlich braucht, während die genannten psychischen Störungen, die auf Hirnschädigungen aller Art zurückgehen, die von großer praktischer Bedeutung sind, weniger von ihr beachtet werden. Schon *Bonhoeffer* hat im Jahre 1915 in seiner Antwort auf den Appell *Erbs* darauf hingewiesen, daß es die wesentliche Aufgabe der Psychiatrie sei, die Probleme, die im Sinne von *W. Bräutigam* als »kleine Psychiatrie« bezeichnet werden, im Unterricht zu vermitteln, denn diese seien das, was allen Ärzten begegne, und was sie infolgedessen beherrschen müßten. Die »großen Psychosen« dagegen spielten in der Praxis, auch von Nervenärzten, eine ganz untergeordnete Rolle. Dies wurde in den letzten Jahren durch empirische Untersuchungen belegt (u. a. von *R. Degkwitz, K. Römer* u. *P. W. Schulte* sowie von *Dilling* u. *v. Cranach*), die außerdem ergaben, daß die Nervenärzte nur etwa 10% ihrer psychisch Kranken in stationäre Behandlung einweisen. Entsprechend einseitig wie die Psychiatrie wird die Neurologie als diejenige medizinische Spezialität aufgefaßt und hingestellt, die sich mit anatomischen Veränderungen des Nervensystems und seinen Funktionsstörungen beschäftige und infolgedessen mit der Psychiatrie kaum etwas gemeinsam habe. Bedenkt man, daß bei vielen der »neurologischen Störungen mit psychischer Komponente« psychische Symptome ganz im Vordergrund stehen und daß viele Beschwerden (z. B. Kopfschmerzen) und Störungen (Lähmungen, Bewegungsstörungen) differentialdiagnostische Probleme bezüglich der psychischen und neurologischen Genese aufwerfen und daß schließlich viele psychische Störungen auf Hirnschädigungen zurückgehen, dann wird deutlich, daß die Trennung der beiden Fächer für beide eine erhebliche Verarmung bedeutet und mit der abnehmenden Zahl derjenigen, die in beiden zu Hause sind, zunehmend problematischer werden wird. In diesem Zusammenhang ist noch einmal darauf hinzuweisen, wie sehr sich beide Disziplinen in ihrer historischen Verbundenheit befruchtet haben. Es sind von Psychiatern bedeutende Beiträge zur klinischen Neurologie geleistet worden, z. B. die Beschreibung des Reflexbefundes bei der Tabes dorsalis durch C. *Westphal* und die Entdeckung des EEGs durch H. *Berger*.

Die Tendenz zur Trennung ging zweifellos von den Klinikern, vor allem den Universitätsklinikern, aus und wurde sicher zu recht damit begründet, daß einer beide Fächer nicht mehr hinreichend in der Forschung und Lehre vertreten kann. Dazu trug auch noch bei, daß in den Kliniken hauptsächlich schwere Krankheitszustände versorgt werden, bei denen die Bezeichnung »rein« neurologisch bzw. psychiatrisch vielleicht einigermaßen angemessen sein mag. Ob daraus aber die Konsequenz gezogen werden darf, die Trennung auch für die »Front« zu vollziehen, ist zumindest fraglich. Die Weiterbildungsanforderungen sind jedenfalls zu sehr auf die Klinik zugeschnitten, und es wird dabei so getan, als ob die Praxen »Minikliniken« seien. Dennoch sollte es in Zukunft nicht dahin kommen, daß anstelle eines Nervenarztes ein Neurologe und ein Psychiater nebeneinander praktizieren. Die dahingehende Tendenz zeigt die Problematik, die sich daraus ergibt, daß die Aus- und Weiterbildung ganz ins Krankenhaus verlagert wurde, sowie die Problematik der zunehmenden Spezialisierung. Diese muß soweit wie irgend möglich durch die Art der Weiterbildungsgänge ausgeglichen werden.

28. Neuropsychologie

Die Neuropsychologie hat sich zu einem eigenen Fachbereich entwickelt. Zum Teil wird sie innerhalb der Neurologie und Psychologie betrieben. Ihre psychiatrischen Anteile umfassen alle geistig-seelischen Normabweichungen und Krankheitszustände, bei denen Beziehungen zwischen umschriebenen Hirnstrukturen und klinischen Erscheinungsbildern zu erkennen sind. Sie entwickelte sich aus der klinischen Hirnpathologie. Sie fußt auf Erfahrungen an Kranken mit Hirnläsionen durch Gefäßkrankheiten, Tumoren, Verletzungen, durch operative Eingriffe in Form von Exstirpationen, Durchtrennungen und stereotaktischen Ausschaltungen. Während früher zunächst Darstellung und Analyse der Störungen von Sprache (gesprochen und geschrieben) im Mittelpunkt standen, umfaßt das neuropsychologische Gebiet jetzt alle Bereiche corticaler Störungen und die psychopathologischen Erscheinungen subcorticalen Ursprungs.

Die vorwiegend corticalen Störungsbilder werden unter den Bezeichnungen Aphasie, Apraxie, Agnosie, Alexie, Agraphie, Akalkulie usw. zusammengefaßt.

Bei den Störungen der Sprache (Sprachverständnis und sprachliches Ausdrucksvermögen), des Rechnens, des Erkennens, der Konstruktivleistungen (Zeichnen und Bauen) sowie bei den Mängeln der Speicherung und Reproduktion von Gedächtnisinhalten kann man die Quantität des Versagens messen. Man kann für jeden einzelnen Bereich mit Hilfe von entsprechenden Testverfahren die Normabweichungen quantitativ erfassen. Damit wird man aber nur einem Teil der neuropsychologischen Störungskomplexe gerecht.

Es bleibt ein weites Gebiet geistig-seelischer Normabweichungen, das nicht quantifizierbar ist und das eine besondere Bedeutung für die psychiatrische Diagnostik hat. Es geht dabei um die Störungen des Antriebes, der Initiative, der Ausdauer und des Durchhaltevermögens, die man bei lokalisierten Substanzschäden des Fronthalhirns (oberes Stirnhirn) und des Orbitalhirns (basales Stirnhirn) beobachten kann. Außerdem fallen unter die nicht meßbaren neuropsychologischen Störungen die Beeinträchtigungen der Steuerung von Stimmung, Trieberregung und Affektivität auf dem Boden von Schäden des Schläfenhirns und des Zwischenhirns und dessen Verbindungen zum Orbitalhirn. Auch die Störungen der Psychomotorik im Gefolge von lokalisierten Hirnerkrankungen sind im weiteren Sinne neuropsychologische Beeinträchtigungen. Schließlich können unter den psychiatrisch-neuropsychologischen Bereich fallen die Störungen des Urteilsvermögens, der Selbsteinschätzung, der Bewertung eigener Fähigkeiten und körperlicher und seelischer Veränderungen. Die letzterwähnten Störungsbilder stehen in engem Zusammenhang mit emotional-affektiven Verschiebungen des Befindens (Euphorie, Hypochondrie).

Im Rahmen der psychiatrischen Krankheitslehre werden viele Krankheitserscheinungen, die als neuropsychologische Störungskomplexe betrachtet werden, ätiologisch definierten Krankheiten zugeordnet. Krankheitsart und Krankheitssitz sind mitverantwortlich für die Ausgestaltung geistig-seelischer Erscheinungen und werden damit charakteristische Merkmale für die Diagnose (Antriebsstörung bei Pickscher Atrophie oder Korsakow-Syndrom mit zeitamnestischer Störung bei Schäden der Corpora mammillaria).

Die intensive Beschäftigung mit den neuropsychologischen Störungskomplexen hat auch die Probleme der Hemisphärendominanz stärker in den Mittelpunkt der Aufmerksamkeit gerückt. Durch spezielle Untersuchungen von Patienten mit Durchtrennung des Balkens wurde klargestellt, daß auch die rechte Hemisphäre beim Rechtshänder für bestimmte Leistungen, nämlich die nichtsprachliche Erfassung optisch-räumlicher und physiognomischer Gegebenheiten dominant ist. Der neuropsychologische Aspekt organisch-psychischer Veränderungen ist bei der Psychiatrie der organischen Syndrome wesentlich für Abgrenzung, Zuordnung und Prognose.

Aus neuropsychologischer Sicht kann man eine corticale Symptomatologie mit Trennung beider Hemisphären von einer subcorticalen unterscheiden. In vielen Fällen spielen auch die Verbindungen einzelner Hirnregionen und Zentren eine Rolle, weil Unterbrechungen dieser Verbindungen charakteristische Störungsbilder hervorrufen.

Die neuropsychologischen Untersuchungsverfahren sind nach Zielpunkten ausgerichtet. Es werden jeweils die Schwerpunkte des Störungsbereiches angesprochen und ad hoc untersucht. Die Beeinträchtigungen beim Zeichnen und Bauen müssen durch Anforderungen an die Zeichen- und Konstruktionsfähigkeit getestet werden. Die Merkfähigkeit muß nach Sinnesgebieten akustisch, optisch, taktil und nach Gedächtnisinhalten untersucht werden. Durch Anwendung dieser auf Einzelleistungen gerichteten Verfahren zeigte sich, daß es isolierte Beeinträchtigungen, z. B. der Rechtschreibefähigkeit, des Sinnverständnisses für Gelesenes oder des Rechenvermögens gibt, welche sich unabhängig von sonstigen Sprach- und Denkleistungen manifestieren. Bei alleiniger Anwendung psychologischer Tests, die an der Durchschnittsbevölkerung entwickelt wurden und zur Feststellung von Leistungsnormen dienen, fallen solche für die Beurteilung menschlichen Verhaltens wichtigen Teilleistungsstörungen unter den Tisch.

Bei dem Nachweis von Störungen der Initiative, der Ausdauer, des Stimmungsgleichgewichtes u. ä. auf dem Boden von lokalisierten Hirnschäden ergeben sich zwangsläufig differentialdiagnostische Überlegungen. Die gleichen Symptome Initiativeverlust, mangelnde Ausdauer und affektive Unausgeglichenheit können auch im Rahmen einer Depression oder eines neurotischen Versagens auftreten. Die Erscheinungen sind prognostisch aber völlig verschieden zu bewerten, je nachdem, ob sie einem neuropsychologischen Syndrom oder einer passageren psychischen Krankheit zugeordnet werden können.

29. Psychologische Testverfahren

Im täglichen Leben und auch in der ärztlichen Praxis spielt die intuitive Menschenkenntnis bei der Beurteilung der Persönlichkeit des Mitmenschen eine entscheidende Rolle. Diese wird die intuitive Menschenkenntnis auch immer behalten, obwohl empirische Untersuchungen gezeigt haben, daß man sich dabei leicht vom ersten Eindruck, von persönlichen Einstellungen und Vorurteilen oder gar von Nebensächlichkeiten leiten läßt. Deswegen wird versucht, mit Hilfe psychometrischer Methoden zu objektiven Aussagen zu gelangen. Gegen diese Versuche wird mit einem gewissen Recht eingewandt, daß weder die Persönlichkeit noch gar der Mensch durch Messen zu erfassen seien. Es komme hinzu, daß der Tendenz, alles zu »objektivieren«, das Individuelle geopfert werde. Ein anderer Einwand gegen dieses Vorgehen erwächst aus der Sorge, daß man mit Hilfe psychologischer Verfahren wie mit einem Röntgengerät den Menschen völlig durchschauen und dabei in seine intimsten Bereiche eindringen könne, obwohl er sie nicht preisgeben wolle. Deswegen sei er seinem Untersucher gänzlich ausgeliefert. Einer solchen Sorge entspricht die Überschätzung der Möglichkeiten psychometrischer Verfahren durch die Untersucher, denn letztlich können nur einzelne, empirisch abgegrenzte Persönlichkeitsmerkmale bzw. Leistungen »gemessen« und aufgrund solcher »Messungen« etwas über deren Ausprägung im interindividuellen Vergleich ausgesagt werden. »Messen« in der Psychologie bedeutet nämlich nicht das gleiche wie in der Physik, sondern lediglich das Herausarbeiten numerischer Rangordnungen. Psychometrische Methoden können das Individuelle des Menschen nicht erreichen. Dieser kann sich aber jemandem, etwa dem Arzt, anvertrauen und sich ihm gegenüber öffnen, so daß dieser ihn zu »erkennen« vermag. Ein solches Erkennen übersteigt alle Möglichkeiten der Psychologie. Zwischen ihm und den psychologischen Untersuchungsbefunden ist die intuitive Menschenkenntnis einzuordnen. Wenn man dies im Auge behält, lassen sich Möglichkeiten und Grenzen psychometrischer Verfahren richtig einschätzen und die Indikationen für ihre Anwendung richtig stellen. Das erspart unnötige Arbeit und Enttäuschungen. Zu letzterem kommt es sehr häufig bei Ärzten, da diese von den psychologischen Untersuchungsmethoden mehr erwarten als sie ihrem Wesen nach zu leisten vermögen. Sie haben darum den Eindruck, daß die Psychologen ihre Fragestellungen nicht richtig beantworten. Die Psychologen andererseits sind enttäuscht, da sie oft genug nicht wissen, was der Arzt eigentlich wissen will, und wie er ihre Ergebnisse verwenden wird.

Im klinisch-psychologischen Bereich sind psychologische Testverfahren hauptsächlich für folgende Fragestellungen einzusetzen:

Screening, d. h. eine breite und mit relativ groben Mitteln durchgeführte Erhebung, welche Besonderheiten einzelner Individuen zwecks genauerer Diagnostik und Hilfeleistung identifizieren soll, z. B. Vorsorgeuntersuchungen, systematische Anfangs- und Aufnahmeuntersuchungen und epidemiologische Studien.

Differentialdiagnostik, d. h. objektivierende, gezielte vergleichende Abgrenzung psychopathologischer, psychosomatischer und neurosen-psychologischer Bilder bzw. spezieller Verhaltensstörungen und Syndrome.

Indikation und Kontrolle rehabilitativer und im weiten Sinn psychotherapeutischer Maßnahmen im Einzelfall oder als gruppenstatistische Bewährungskontrollen und Katamnesenstudien.

Grundlagenforschung zur Ätiologie, Pathogenese und Therapie psychisch bedingter oder durch psychische Störungen komplizierter Krankheiten und krankhafter Störungen.

Aus diesen Anwendungsmöglichkeiten läßt sich die Indikationsstellung für den Einzelfall natürlich nicht ableiten. Jedenfalls muß, bevor ein Testverfahren herangezogen wird, nach dem Ziel der Testuntersuchung gefragt werden. Weshalb soll z. B. bei einem Kranken der Intelligenzquotient ermittelt werden? Genügt hier nicht die Information über den erreichten Schulabschluß? Oder liegt eine spezielle Frage vor, die das Durchführen des Tests rechtfertigt? Welche Entscheidungen werden dadurch leichter oder sicherer, wenn der psychiatrische Eindruck vom ängstlich-depressiven Zustand eines Patienten durch Testergebnisse bestätigt wird?

Ein Test ist somit die routinemäßige Anwendung eines wissenschaftlichen Verfahrens zur Untersuchung eines oder mehrerer empirisch abgrenzbarer Persönlichkeitsmerkmale mit dem Ziel einer möglichst quantitativen Aussage über den relativen Grad der individuellen Merkmalsausprägung.

Gütekriterien eines Tests

Objektivität. Objektiv ist ein Test dann, wenn er unabhängig vom Untersucher stets zu denselben Ergebnissen führt. Daß hier Verzerrungen möglich sind, wird u. a. dadurch deutlich, daß etwa Negerkinder bei farbigen Testleitern bessere Ergebnisse erzielen als bei weißen Testleitern.

Reliabilität. Verläßlich ist ein Test dann, wenn er ein Merkmal – unabhängig von der inhaltlichen Bedeutung – bei wiederholter Anwendung mit gleichem Resultat mißt. Wer bei einem Intelligenztest als überdurchschnittlich intelligent erscheint, soll das auch bei der nächsten Testsituation tun. Eine hinreichende Reliabilität haben Tests mit einem Verläßlichkeitskoeffizienten von $r = 0,85$. Einen solchen Wert erhält man, wenn die Ergebnisse von 2 Testanwendungen an einer Stichprobe miteinander verglichen werden. Je mehr sich die Ergebnisse ähneln, desto mehr nähert sich der Verläßlichkeitskoeffizient der Zahl 1, je unähnlicher sie sind, desto weiter bewegt er sich in die Richtung von 0. Das bedeutet auf den IQ angewendet folgendes: Bei einem Verläßlichkeitskoeffizienten von $r = 0,91$ und einem Testergebnis von 103 sind alle Werte zwischen 98 und 108 nicht zu unterscheiden. Das ist der Grund dafür, daß geringe Unterschiede bei Untersuchungsergebnissen keine Aussagekraft haben und für die Beurteilung Intervalle, etwa ein IQ von 105 bis 120, als Ergebnis vorzuziehen sind.

Validität. Gültig ist ein Test dann, wenn er das Merkmal, das er zu messen vorgibt, auch wirklich mißt. Eine vorliegende Verhaltensweise wird als Hinweis auf eine nicht unmittelbar gegebene gewertet, d. h. der Nachweis der Validität ermöglicht erst den diagnostischen Schluß der Voraussage. Diese bezieht sich dabei entweder auf den zeitlichen Querschnitt (Übereinstimmungsvalidität), d. h. zum jetzigen Zeitpunkt ist das Merkmal schon vorhanden, aber noch nicht bekannt, oder auf den zeitlichen Längsschnitt (Vorhersagevalidität), d. h. die Voraussage bezieht sich auf etwas, das sich in der Zukunft ereignen wird, z. B. ob zwischen der Testleistung und dem Erfolg der Gesellenprüfung nach einer dreijährigen Lehre eine angemessene Korrelation besteht. Es handelt sich also bei letzteren um die Voraussage einer Verhaltensweise aus einer Verhaltensweise im Test. Das ist das diagnostische Modell des Behaviorismus. Ein weiteres Problem der Validität ist darum die Spezifität. Denn die Validität kann natürlich immer nur gleich sein für solche Fälle, die denen absolut gleich sind, an denen ursprünglich die Korrelation gefunden worden ist. Jede Generalisierung setzt ja voraus, daß man die Eigenschaften kennt, die sich in verschiedener, funktionell aber ähnlicher Weise im Verhalten zeigen. Die bekannteste Methode, solche hinter dem Verhalten stehenden Eigenschaften (Faktoren) zu ermitteln, ist die Faktorenanalyse. Die Frage der Validität läßt sich bei Leistungstests leichter klären als bei Persönlichkeitstests, denn von Leistungstestsituationen lassen sich leichter Voraussagen auf eine spätere reale Leistungssituation vornehmen.

Normierung. Darunter versteht man, daß über einen Test Angaben vorliegen müssen, die für die Einordnung eines individuellen Testergebnisses als Bezugssystem dienen sollen. So stellt etwa die Skala der Intelligenzquotienten eine Verteilung dar, die einen Mittelwert von 100 hat und eine Standardabweichung von 15. Damit läßt sich jeder einzelne Wert eindeutig festlegen. Damit wird er aber auch erst vergleichbar. Ein nicht normierter Test ist deswegen zur Diagnostik nicht brauchbar.

Eichung. Die letzte Phase der Standardisierung eines Testes stellt die Eichung dar. Sie ist eine

Ausweitung (Generalisierung) von der Personengruppe, an der die Normierung vorgenommen wurde (etwa einer Schulklasse) auf die gesamte Personengruppe, bei der der Test später gültig sein soll. Im Falle eines Intelligenztests ist dies die gesamte Bevölkerung. Hieraus ergibt sich, daß ein Test nur für die Personengruppe gültig sein kann, für die er normiert bzw. geeicht wurde.

Arten von Tests

Psychologische Tests werden traditionellerweise in drei Hauptgruppen eingeteilt:
Leistungs- und Intelligenztests
Persönlichkeitsfragebogen
Projektive Tests
Im folgenden werden insbesondere solche Tests besprochen, die im Rahmen der Klinik angewendet werden, d. h. Berufseignungstests und ähnliches werden ausgeklammert.

29.1 Intelligenz- und Leistungstests

In diesen Bereich gehören allgemeine Leistungstests, Tests zur Messung bestimmter intellektueller Fähigkeiten, etwa auch solcher, die bei hirnorganisch bedingten Ausfallserscheinungen eingeschränkt sein können, so etwa die Leistungs- und Konzentrationsfähigkeit und Ausdauer.

Hamburg-Wechsler-Intelligenztest für Erwachsene (HAWIE)

Für den Begriff der Intelligenz gibt es keine eindeutige Definition. Für *Wechsler,* der die Wechsler Bellevue Adult Intelligence Scale (die deutsche Übersetzung ist als Hamburg-Wechsler-Intelligenztest für Erwachsene, HAWIE bekannt) konstruiert hat, ist Intelligenz »die zusammengesetzte oder globale Fähigkeit des Individuums, zweckvoll zu handeln, vernünftig zu denken und sich mit seiner Umgebung wirkungsvoll auseinanderzusetzen«. Damit fließt das Leistungsvermögen in Bezug auf Lernen durch Erfahrung und damit auch einer Anpassungsfähigkeit an neue Situationen in die Definition von Intelligenz mit ein. Es herrscht Einigkeit darüber, Intelligenzleistungen in möglichst verschiedenen Bereichen zu prüfen. Dem HAWIE liegt die Annahme eines der Intelligenz zugrunde liegenden Generalfaktors und spezieller Begabungsfaktoren zugrunde *(Spearman).* Der im HAWIE gebräuchliche Intelligenzquotient (IQ) ist ein Abweichungsquotient, der das Verhältnis von tatsächlich erreichtem Wert und dem erwarteten Mittelwert der jeweiligen Altersgruppe darstellt. Früher wurde der IQ aus dem Verhältnis von Intelligenz zu Lebensalter errechnet. W. *Stern,* von

dem auch der Ausdruck Intelligenzquotient stammt, machte so einen Vergleich der Intelligenz von Kindern verschiedener Altersstufen möglich.

Der HAWIE besteht aus zwei Testteilen, dem Verbal- und Handlungsteil. Der Verbalteil hat folgende Untertests: Allgemeines Wissen (erreichter Bildungsgrad durch Erfahrung und Unterricht deutet auf Interessen und Aufgeschlossenheit gegenüber allgemeinbildenden Wissensgebieten), Allgemeines Verständnis (Eingepaßtsein in die soziale Umwelt, »Lebenstüchtigkeit«), Zahlen-Nachsprechen (kurzfristige akustische Merkfähigkeit, Aufmerksamkeit und Konzentrationsfähigkeit), Rechnerisches Denken (Konzentrationsfähigkeit, intellektuelle Beweglichkeit), Gemeinsamkeiten-Finden (Eigenarten des Denkprozesses, eher konkretes oder schon entwickeltes Abstraktionsvermögen), Wortschatz-Test (Begriffsbildung, Begriffsdifferenzierung, Interessenbreite, Hinweise auf Denkprozesse, etwa ob treffende Synonyma oder umständliche Umschreibungen gewählt werden).

Der Handlungsteil besteht aus folgenden Untertests: Zahlen-Symboltest (Auffassungsgabe, Ausdauer, Lernfähigkeit in neuartigen Situationen), Bilder-Ordnen (Fähigkeit, sich in Sinnzusammenhänge einzufühlen und soziale Situationen zu überschauen, aber auch Eingepaßtsein in die Umwelt, konkrete Anwendung der Intelligenz), Bilder-Ergänzen (Fähigkeit, zwischen wesentlichen und unwesentlichen Details zu unterscheiden, Wahrnehmungs- und Vorstellungsfähigkeit, konkrete Anwendung der Intelligenz), Mosaik-Test (räumliches Vorstellenkönnen, visuelle und motorische Zusammenarbeit, Organisationsvermögen, synthetisches und analytisches Denken), Figuren-Legen (Zusammenarbeit von optischer Auffassung und motorischer Verarbeitung, Konturierung, Strukturierung, aber auch genau wie im Mosaik-Test Arbeitsstil und Reaktionsweisen auf Fehler).

Aus dem Unterschied zwischen beiden Testteilen, aber auch aus der Variation der einzelnen Untertests lassen sich Rückschlüsse auf hirnorganisch bedingte Ausfälle, emotionale Probleme (neurotische Störungen, Verwahrlosung, mangelnde Förderung intellektueller Anlagen) ziehen.

Der HAWIE bietet so eine gute Grundlage für diagnostisches Vorgehen, da er eine Reihe von Angaben über die allgemeine geistige Leistungsfähigkeit macht, die bei psychischen Störungen nicht selten betroffen sind. Der Nachteil des HAWIE ist vor allem, daß er ein Individualtest ist und deswegen verhältnismäßig viel Zeit für ihn aufgewandt werden muß. Das ist insofern aber auch ein Vorteil, da dadurch eine detaillierte Verhaltensbeobachtung möglich wird, also etwa die Beobachtung der Irritierbarkeit und Reaktionen auf erlebte Mißerfolge.

Intelligenzstrukturtest (IST)

Dieser Intelligenztest, ein Gruppentest, betont den Strukturcharakter der Intelligenz, also der verschiedenen Fähigkeiten. Der IST hat folgende Untertests: Satzergänzung (Urteilsbildung) Wortauswahl (Sprachgefühl, induktives sprachliches Denken), Analogien (Kombinationsfähigkeit), Gemeinsamkeiten (Abstraktionsfähigkeit), Merkaufgaben (Merkfähigkeit, aber auch Belastbarkeit, Dauerkonzentration), Rechenaufgaben (praktisch-rechnerisches Denken), Zahlenreihen (induktives Denken mit Zahlen), Figurenauswahl (Vorstellungsfähigkeit, anschaulich-ganzheitliches Denken), Würfelaufgaben (räumliches Vorstellungsvermögen). Die Belastung beim IST ist wesentlich höher als beim HAWIE, das Vorgehen und die Arbeitsweise des einzelnen kann kaum beobachtet werden. Bei Minderbegabten kann der IST kaum angewandt werden. Sein Vorteil ist jedoch, daß er auch als Gruppentest angewendet werden kann.

Raven-Test (Standard progressive matrices)

Es handelt sich um einen sog. kulturfreien oder nichtsprachlichen Intelligenztest, der die intellektuelle Leistungskapazität am reinsten messen soll. Es müssen 5 x 12 Probleme logisch gelöst werden, in dem angefangene Reihen ergänzt werden. Dieser Test läßt sich gut bei starken Intelligenzhemmungen anwenden.

Benton-Test

In diesem Test werden 10 immer komplexer werdende Figuren (meist nach einer Darbietungszeit von 10 Sekunden) von der Versuchsperson abgezeichnet. Das Ergebnis kann beim Überschreiten einer bestimmten normierten Fehlerzahl als hirnorganisch bedingte Störung der optischen Merk- und Reproduktionsfähigkeit aufgefaßt werden, wobei auch die Intelligenz mitberücksichtigt wird.

Konzentrationstest d_2

Bei diesem, etwa 5 Minuten dauernden Konzentrations- und Belastungstest werden bestimmte Buchstaben herausgestrichen. Dabei liegen Normen vor für die Zeit-, Fehler- und Gesamtleistung, desgleichen sind Altersnormen vorhanden.

Konzentrations-Verlaufs-Test (KVT)

Dieser Test dauert durchschnittlich 10 Minuten. 60 Karten mit jeweils 36 Ziffern müssen nach 4 Kriterien sortiert werden. Die Bewertung erfolgt nach Zeit-, Fehler- und Gesamtleistung. Von Nachteil ist, daß keine Altersnormen vorliegen.

DCS (Diagnosticum für Cerebralschädigungen)

In 10 möglichen Durchgängen müssen bei diesem Lernversuch 9 Zeichen, die aus 5 Strichen bestehen, wiedergegeben werden, d. h. die Zeichen selbst müssen richtig sein, aber auch die Reihenfolge muß angegeben werden. Bei diesem Test besteht eine gute Möglichkeit, den Erfolgszuwachs zu beobachten. Weiterhin können Rückschlüsse auf Gestaltwahrnehmung, Gedächtnis und Merkfähigkeit, Gestaltreproduktion und Übertragung auf die motorische Ebene sowie Aufmerksamkeit und Zuwendungsfähigkeit gezogen werden.

29.2 Persönlichkeitsfragebögen

Persönlichkeitsfragebögen, auch subjektive Tests genannt, gehören zu den psychometrischen Tests, die meist faktorenanalytisch konstruiert wurden, d. h. bestimmte Grundeigenschaften der Persönlichkeit werden rechnerisch ermittelt. Die Gütekriterien, vor allem für den Vergleich von Einzelpersonen hinsichtlich wichtiger Eigenschaften, sind bei dem Test erfüllt.

Bei den subjektiven Tests schätzt man sich selbst ein, meistens in Form von Ja/Nein-Fragen. Zu den psychometrischen Tests gehören auch die objektiven Tests, mit deren Hilfe man Persönlichkeitsunterschiede im psychophysiologischen Bereich untersucht, etwa den galvanischen Hautwiderstand, Lidschlag-Reflex usw.

Der Begriff Persönlichkeit ist nicht eindeutig zu definieren. Bei den Persönlichkeitsfragebögen liegt die Annahme zugrunde, daß alle bei einer Persönlichkeit unterscheidbaren Merkmale mathematisch zu erfassen sind. Den Vorteilen, nämlich geringer Interpretationsspielraum, objektive Auswertung, schnelle Anwendbarkeit, stehen aber auch Nachteile gegenüber, nämlich die verzerrende Wirkung bestimmter Antworttendenzen, es wird z. B. eine Richtung der Frage vermutet und diese deswegen in einer bestimmten Tendenz beantwortet. Verzerrend wirken kann auch der Umstand, daß psychisch Kranke sich selbst nicht selten in besonderer Weise fehleinschätzen, z. B. Depressive und Manische.

Freiburger Persönlichkeitsinventar (FPI)

Erfaßt werden 12 wesentliche Dimensionen der Persönlichkeit, und zwar in bipolaren Skalen: psychosomatisch gestört/psychosomatisch nicht gestört; aggressiv/aggressionsgehemmt; mißgestimmt/zufrieden; reizbar, leicht frustriert/ruhig; gesellig/ungesellig; selbstvertrauend/irritierbar; sich durchsetzend/nach-

giebig; gehemmt/ungezwungen; offen/verschlossen. Zu diesen 9 Skalen werden die Skala E (extravertiert/introvertiert), Skala N (emotional labil/emotional stabil) und Skala M (männliche Selbstschilderung/weibliche Selbstschilderung) hinzugenommen. Die Skala 9 (offen/verschlossen) ist eine Kontrollskala dafür, ob die Testperson die Fragen offen beantwortet hat. Die Skalen E und N beschreiben die von *Eysenck* entwickelten Persönlichkeitsdimensionen, die in der gegenwärtigen Persönlichkeitsforschung eine herausragende Rolle spielen.

MMPI Saarbrücken (Minnesota Multifasic Personality Inventory)

Dieser Persönlichkeitsfragebogen, dem Krankheitsbilder aus der Nosologie von *Kraepelin* zugrunde liegen, erfaßt die Abweichungen von der Norm mit folgenden klinischen Skalen: hypochondrische, depressive, hysterische, paranoide, psychasthenische, hypomanische und psychopathische Tendenzen sowie die Maskulinitäts-/Feminimitätstendenzen. Insgesamt umfaßt der Fragebogen über 550 Fragen. Er ist einer der am meisten angewandten Tests überhaupt. Außerdem liegen Kontroll-bzw. Validitätsskalen vor: Lügenwert, Validitätswert und Korrekturwert.

Gießen-Test

Dieser Test, der nach testtheoretischen Erwägungen konstruiert wurde, legt besonderen Wert darauf zu erfahren, wie ein Proband sich in psychoanalytisch relevanten Kategorien in der Gruppe darstellt. Er enthält folgende bipolare Skalen: negativ sozial resonant–positiv sozial resonant, dominant–gefügig, unterkontrolliert–überkontrolliert, hypomanisch–depressiv, durchlässig–retentiv, sozial potent–sozial impotent.

29.3 Projektive Testverfahren

Projektive Testverfahren sollen etwas hervorrufen, was Ausdruck der Eigenwelt der Persönlichkeit ist. Der Begriff projektiv hat hier also eine andere Bedeutung als in der psychoanalyti-

schen Sprache (dort sind Eigenschaften gemeint, die das Ich bedrohen und deswegen in eine andere Person oder in einem anderen Objekt der Außenwelt gesehen werden). Während bei den Persönlichkeitsfragebögen eher deskriptive Persönlichkeitstheorien zugrunde liegen, die nach wichtigen Persönlichkeitsunterschieden fragen, liegen den projektiven Verfahren andere Persönlichkeitsmodelle bzw. dynamische Persönlichkeitstheorien zugrunde, so etwa die Tiefenpsychologie, oder Modelle, die auf Reifungskonflikte und deren Verarbeitungsmöglichkeiten gegründet sind. Vorteile dieser Tests sind, daß die gesamte Persönlichkeitsstruktur bzw. wichtige Konfliktbereiche erfaßt werden, ohne daß man die Versuchsperson direkt danach fragt. Nachteile dieser Verfahren sind, daß die Gütekriterien von Tests kaum erfüllt werden. So üben u. U. Testleiter einen Einfluß auf die Testergebnisse aus. Auch die Angaben zur Reliabilität schwanken. Die Validitätsbestimmungen werden dadurch erschwert, daß unterschiedliche theoretische Einflüsse auch zu uneinheitlichen Ergebnissen führen. So ist etwa auch ungeklärt, inwieweit Rorschach-Ergebnisse zu validen klinisch-psychologischen Diagnosen führen.

Rorschach-Test

Es handelt sich um ein Formdeute-Verfahren, das aus 10 unbestimmten Klecks-Vorlagen besteht. Die Kleckse sind vieldeutig und unbestimmt, jede Tafel hat unterschiedliche Aufforderungscharakter. Aufgrund der einzelnen Antworten zu den Vorlagen wird ein Psychogramm aufgestellt. Dabei spielt der Erlebnistypus, d. h. das Verhältnis der Bewegungsantworten (es wird in den Klecksen eine Dynamik gesehen) zu den Farbantworten (es fallen vor allem die Farben auf), eine besondere Rolle. Für *Rorschach* war vor allem der formale Aspekt der Auswertung von Bedeutung. Dabei wird jede Antwort nach vier Gesichtspunkten beurteilt, und zwar nach dem Erfassungsmodus (Ganz- oder Detailantwort), nach Determinanten (Form, Farbe, Bewegung), nach Inhalt und nach dem Grad der Originalität. Aus dem so erstellten Psychogramm lassen sich Rückschlüsse auf Intellekt, Affektivität, Sozialkontakt und neurotische, psychotische und psychopathische Störungen ziehen. Sichtbar wird auf diese Weise die Grundeinstellung des Individuums zu sich selbst und zu seiner Umwelt. Schließlich orientiert sich die Inhaltsanalyse des Rorschach-Tests an der Tiefenpsychologie und den hier gewonnenen Kenntnissen (*E. Bohm, R. Brinckenkamp, P. Kerschbaum*).

Thematischer Apperzeptionstest (TAT)

Dieses Verfahren beruht auf der Interpretation von etwa 20 Bildern von insgesamt 31 Bildtafeln, die jeweils für eine Versuchsperson, orientiert etwa am Geschlecht und Alter, zusammengestellt werden. Die Bildtafeln sind mehrdeutig und dramatisch. Sie enthalten zum größten Teil Personen in verschiedenen Situationen. Der mehrdeutige Aufforderungscharakter der Bilder soll zu einem Deutungsprozeß in Abhängigkeit von der Persönlichkeit der Versuchsperson, seinem Erleben und seinen Wünschen führen (*W. J. Revers*). Der TAT stellt damit mehr ein Mittel zur Exploration dar, um in der Versuchsperson sich abspielende Probleme zu erfassen.

29.4   Die Tests störende Einflüsse

Die Anwendung von psychologischen Tests impliziert, daß eine quasi experimentelle Situation geschaffen wird, die die Einflüsse für jede Testperson konstant hält. So wird gewährleistet, daß die Beantwortung der Testaufgabe auf die verhaltensauslösende Reizsituation zurückzuführen ist. Durch die strengen Maßstäbe der Objektivität und Reliabilität wird versucht, störende und verzerrende Einflüsse auszuschalten, denn nur so bleiben die Vorteile der standardisierten (Leistungs-) Test erhalten, die einen Vergleich eines individuellen Testwerts mit einer (implizit enthaltenen) Stichprobe gestatten. Es gibt jedoch eine Reihe von Faktoren, die das tatsächliche Testergebnis beeinflussen und dessen Interpretation erschweren, wenn nicht gar unmöglich machen.

Interaktion Testperson/Testleiter

In die Testsituation gehen eine Reihe von Einflüssen ein, die die Beobachtungsfähigkeit des Testleiters beeinträchtigen und auch die Testperson beeinflussen. So kann die Testperson etwa vermuten, daß der Testleiter von seinen

Auftraggebern abhängig ist. Es wurde nachgewiesen, daß die Antworten der Testperson, etwa bei Rorschach- und TAT-Antworten, durch die Persönlichkeit und das Verhalten des Testleiters beeinflußt werden können (*K. Holzkamp, P. Kerschbaum*).

Pseudogenauigkeit

Es wurde gezeigt, daß sich Testergebnisse erst in weiten Intervallen signifikant voneinander unterscheiden. So dürfte sich ein IQ von 100 erst signifikant (d. h. nur in einem von 100 Fällen tritt ein falsches Ergebnis auf) von Werten unterscheiden, die unter 85 bzw. über 115 liegen. Bei psychologischen Tests wird irrtümlicherweise eine noch größere Genauigkeit vermutet als bei Laborwerten, bei denen zu dem methodischen Fehler noch die biologische Variationsbreite hinzukommt. Da sich in der Testsituation bestimmte Wirkungen einstellen können, die eine Interpretation der Testergebnisse erschweren oder gar unmöglich machen, hat *Holzkamp* vorgeschlagen, eine Analyse der Störbedingungen durchzuführen, wenn es darum geht, erhaltene Daten zu interpretieren. Ferner sollte man bedenken, daß ein auffälliges Ergebnis in einem Test, der bestimmte Leistungen mißt, nicht bedeuten muß, daß in diesem speziellen Fall auch tatsächlich solche Ausfallserscheinungen vorliegen. Es könnten auch andere Faktoren die Leistung beeinflußt haben. Vor allem die psychische Verfassung der Testperson.

Psychische Verfassung der Testperson

Die Aussagekraft psychologischer Testverfahren hängt nicht allein von den äußeren Bedingungen ab, unter denen der Test vorgenommen wird, sondern auch noch von der Motivation des zu Untersuchenden. Als Testmotivation umschreibt man die vorhandene oder fehlende Bereitschaft, sich testpsychologisch untersuchen zu lassen. Man kann sehr verschiedene Haltungen und Rollen beobachten: Eine mißtrauisch-ängstliche Haltung, einen klagsamen und krankheitsfixierten Stil, eine passiv-abhängige Rolle, ein nüchtern-kooperatives Verhalten oder eine Tendenz, einen besonders guten Eindruck zu erwecken und Schwächen zu verbergen. Weiterhin kann sich motivationsmindernd auswirken, daß ein Patient bestimmte ungeprüfte Vorstellungen hat oder populäre Meinungen oder auch Meinungsäußerungen, etwa des Pflegepersonals, darüber übernimmt, was die Testuntersuchung bedeutet und welche Konsequenzen ihm daraus erwachsen können.

Außer der Testmotivation spielt auch die psychische Verfassung der Testperson eine entscheidende Rolle. Wirkt sich die psychische Verfassung leistungsmindernd aus, so kann nicht mehr unterschieden werden zwischen Leistungseinbußen aufgrund objektiver Leistungsmängel und Leistungseinbußen aufgrund der psychischen Verfassung. Hier ist besonders zu denken an Medikamentenwirkungen, Aufmerksamkeitsschwankungen, Bewußtseinstrübungen, aber auch an psychische Erkrankungen, insbesondere Depressionen und akute Psychosen. In solchen Situationen ist das Testergebnis fragwürdig und es kann sich eine Kontraindikation für die Durchführung von Tests ergeben, da Testergebnisse nur dann einen sachlichen Aussagewert haben, wenn sie in einer bekannten psycho-physischen Situation erhoben wurden (*P. Kerschbaum*). In solchen Fällen kann die Beobachtung des Verhaltens beim Test bessere Ergebnisse erbringen als das Testergebnis selbst. Mangelnde Motivation zur Teilnahme am Test kann ebenfalls nachteilig wirken. Motivationsmangel kann verschiedene Gründe haben. Häufig dürften sich Ängste des Patienten auswirken, etwa die Angst, sich zu blamieren. Eine Minderung der Motivation des Patienten kann z. B. durch den Arzt erfolgen, der den Patienten zum Psychologen schickt. Das ist besonders dann der Fall, wenn der Arzt mit dem Patienten nicht über das Ziel der Testuntersuchung gesprochen hat und der Patient aus Unsicherheit und dem Gefühl, nicht verstanden zu werden, im Leistungsbereich abblockt.

Aus dem Gesagten wird deutlich, daß in die Testsituation viele Einflüsse mit eingehen, die »objektive« Ergebnisse verfälschen. Jedoch können Tests über ihre spezifischen Antworten hinaus auch eine Möglichkeit der Beobachtung dafür liefern, wie die Testperson auf eine schwierige Situation unter Streßbedingungen reagiert. So gesehen stellen psychologische Tests ein Lebensereignis »en miniatur« dar, das Informationen über das zwischenmenschliche Verhalten der Testperson und deren Verhalten unter der Reizbedingung »Testsituation« vermittelt. Hierfür ist zwar eine Standardisierung nicht mehr gegeben, jedoch lassen sich aus der Verhaltensbeobachtung Hypothesen über spezifische Probleme der Testperson ableiten, die dann weiter abgeklärt werden müssen.

Zusammenfassend kann man also sagen, daß es sich bei Leistungstests um eine verhältnismäßig eng umgrenzte Situation handelt, die den Schluß auf spätere Leistungssituationen zuläßt. Bei der Persönlichkeitsdiagnostik dagegen werden aufgrund der Testsituation menschliche Verhaltensweisen vorausgesagt. Hierbei gehen viel mehr Implikationen mit ein, die eine Voraussage erschweren bzw. unmöglich machen.

29.5 Neuere diagnostische Ansätze

Das Ziel der traditionellen und der verhaltenstheoretischen Persönlichkeitsdiagnostik ist das gleiche, nämlich zu versuchen, menschliches Verhalten vorauszusagen. Der traditionelle Ansatz der Persönlichkeitsdiagnostik zielt primär auf ein Verstehen der im Individuum zugrunde liegenden Persönlichkeitsmerkmale und Eigenschaften ab, um auf diesem Wege Verhaltensvoraussagen zu begründen.

Im Gegensatz dazu versucht die *verhaltenstheoretische Diagnostik* der Persönlichkeit eine direkte Betrachtung der Reaktionsweisen eines Individuums in Abhängigkeit von verschiedenen Lebenssituationen. Diese werden angesehen nicht nur als bedingt durch die vorangegangene soziale Lerngeschichte, sondern auch durch situative Bedingungen und vor allem durch Konsequenzen, die auf die Verhaltensweisen folgen. Da für den verhaltenstheoretischen Ansatz die maßgeblichen Verhaltensweisen selbst betrachtet werden, sind weniger hypothetische Annahmen und Schlüsse erforderlich. Die Verhaltensweisen werden auf diese Weise empirisch nachprüfbar. Hier wird also der behavioristische Ansatz deutlich sichtbar. Dieser führte im Bereich der klinischen Psychologie zu Techniken der Verhaltensmodifikation, die im allgemeinen unter dem Namen Verhaltenstherapie bekannt sind. Dabei sind insbesondere die Beziehungen und Abhängigkeiten zwischen äußeren Umwelteinflüssen (Reiz, Stimulus) und einzelnen Verhaltensweisen (Reaktion, Response) untersucht worden. Hieraus wurden die sogenannten Lerntheorien entwickelt. *(C. H. Bachmann, J. Bergold u. H. Selb, H. J. Eysenck u. S. Rachmann, P. Halders, J. G. Holland, B. F. Skinner, J. Wolpe).*

Das Ziel des funktionalen Ansatzes in der Persönlichkeitsdiagnostik (Verhaltensanalyse) ist es, prognostische Hypothesen zu erstellen, woraus sich konkrete Handlungsanweisungen für die Verhaltensmodifikation ableiten lassen. Diese wiederum stellt eine Möglichkeit dar, die Richtigkeit der funktionalen Beziehungen zu überprüfen, so daß eine Trennung zwischen Diagnostik und Therapie nicht mehr gegeben ist. Es findet vielmehr ein ständiges Wechselspiel zwischen beiden statt. Dies macht den Unterschied zur traditionellen Persönlichkeitsdiagnostik besonders deutlich.

Die Verhaltensanalyse erfordert eine genaue Untersuchung von einzelnen Verhaltensweisen und die sie bedingenden Umwelteinflüsse. Das heißt, welche besonderen Verhaltensmuster verlangen eine Veränderung hinsichtlich Häufigkeit, Dauer und Intensität? Welches sind die Bedingungen, unter denen diese speziellen Verhaltensweisen erworben wurden und welche Bedingungen erhalten sie aufrecht? Welches sind die praktikabelsten Mittel, um die gewünschten Veränderungen zu erzielen? Dabei wird nicht angenommen, daß Einsicht per se einen Heilerfolg bewirke.

Für die Verhaltensanalyse wird das traditionelle Reiz-Reaktions-Schema erweitert, so daß sich folgende »Verhaltensgleichung« ergibt: S–O–R–K–C. Dabei bedeuten: S – vorausgegangene Reife, O – Variablen, die für den Pat. mit körperlichen Störungen und psychologischen Defiziten von Bedeutung sind, R – beobachtbares oder glaubwürdig geschildertes Verhalten, K – bestimmte Regelmäßigkeiten im Auftreten von Reiz und Reaktion, C – Ereignisse, die der Reaktion folgen, sei es in der Umwelt, sei es im Organismus.

Es wird bei der Verhaltensanalyse nach folgendem Schema vorgegangen:

1. Abklärung der problematischen Situation

2. Motivationale Analyse
3. Entwicklungsanalyse
4. Analyse der Selbstkontrolle
5. Analyse der sozialen Beziehungen
6. Analyse der sozialen, kulturellen und physikalischen Umwelt.

Daten für die Verhaltensanalyse werden aus der Verhaltensbeobachtung gewonnen sowie aus Verhaltensprotokollen, die der Patient selbst erstellt (dies führt zu einer Selbstbeobachtung), Verhaltenstests und verhaltensanalytischen Explorationen. Somit läßt sich die Diagnostik als ein experimentelles Vorgehen verstehen, d. h. die experimentelle Analyse läßt sich auf den Einzelfall übertragen.

Das experimentelle Vorgehen orientiert sich nach den Kriterien des Experimentes:
a) Formulierung des Problems
b) Formulierung einer Hypothese
c) Überprüfen der Hypothese.

Mit diesem Vorgehen besteht die Möglichkeit, eine Erklärung über ein Fehlverhalten aufzustellen und deren Richtigkeit durch das weitere Vorgehen (etwa durch eine Therapie) zu überprüfen und so ggf. zu korrigieren.

Dieser quasi-experimentelle Ansatz stellt damit nach *Arthur* und *Yatez* die Aufhebung des klassischen Ansatz von Diagnostik und Therapie dar, beide verschmelzen hier in eine experimentelle Analyse des einzelnen Falles.

Zur Anwendung psychologischer Diagnostik in der psychiatrischen Klinik

Das Gesagte macht deutlich, daß im psychologischen Test Verhaltensausschnitte deskriptiv und wertneutral betrachtet werden. Dabei muß der Verhaltensausschnitt so organisiert werden, daß er einen Vergleich mit einer »Normpopulation« ermöglicht. So ist auf diesen eng umgrenzten Bereich bezogen eine Prognose möglich. Dies gilt aber nur dann, wenn störende und verzerrende Einflüsse ausgeschaltet werden können. Auf diesem Wege wird also geklärt, wie sich eine untersuchte Person von anderen unterscheidet. Dies ist der diagnostische Aspekt der traditionellen Leistungs- und Persönlichkeitsdiagnostik. Der Verhaltensausschnitt kann aber auch in anderer Weise verwendet werden. Der Vergleich mit der Normpopulation verliert an Wichtigkeit. An dessen Stelle tritt das individuelle Verhalten der untersuchten Person mehr in den Vordergrund. Die Frage ist jetzt, wie das Testergebnis im Hinblick auf seine späteren Auswirkungen interpretiert werden soll. Es handelt sich somit stärker um den prognostischen Aspekt.

Welche Funktion eine testpsychologische Untersuchung haben soll, muß schon vor der Testuntersuchung klar formuliert werden. Das heißt, man muß von einer bestimmten Hypothese ausgehen, die bestätigt oder widerlegt werden soll und dementsprechende Fragen an den Psychologen richten. Dann weiß auch der Psychologe, wozu der Test durchgeführt wird. Diese Grundvoraussetzung für alles psychologische Testen wird nur zu oft nicht beachtet. Psychologische Tests sind keine isolierten und uneingeschränkt gültige Entscheidungsverfahren, sie sind vor allem keine Methode, psychiatrische Diagnosen zu stellen. Sie sind vielmehr nützliche Hilfsmittel, um psychologische Informationen objektiver standarisiert und empirisch gültig zu sammeln, um spontane Eindrücke und Verhaltensbeobachtungen methodisch zu kontrollieren und schließlich die psychosozialen Faktoren in Beratung und Therapie angemessener berücksichtigen zu können.

30. Ethologie[1] (vergleichende Verhaltensbiologie)

Der psychische und somatische Aspekt des Menschen waren bisher Gegenstand der Betrachtung. Innerhalb dieser Aspekte sind weitere Betrachtungsebenen möglich und begrifflich voneinander abzugrenzen, etwa die physikalisch-chemische, die dem pflanzlichen oder tierischen Bereich entsprechende biologische, die vegetativ-affektive usw. bis hin zu Ebene des Fühlens, Denkens und Wollens. Die Betrachtungsebenen sind dabei »horizontal« und entsprechen der Rangordnung in der Natur. Es ist aber auch eine »vertikale« Betrachtungsweise möglich, bei der nicht die aufeinandergetürmten verschiedenen Schichten ins Auge gefaßt werden, sondern ihre Integration in verschieden hoch organisierten Lebewesen. Es werden dadurch die Verhaltensmöglichkeiten in der jeweiligen Umwelt zum Gegenstand der Betrachtung. Man könnte sagen, es handelt sich dabei um eine Hierarchie der »Außenpsychologien«. Ein Gespräch über bzw. ein Einblick in das Innenleben ist ja nur beim Menschen möglich.

Der Gegenstand der Ethologie ist somit die bei jedem Lebewesen phylogenetisch bestimmte Verhaltensweise, die durch bestimmte Reize ausgelöst und geprägt werden kann. Im Gegensatz dazu befaßt sich der Behaviorismus mit Verhaltensmodifikationen durch »Lernen«. D. *Ploog* sagt zur Ethologie im einzelnen: »Die Ethologie bietet eine noch im Werden begriffene Lehre vom Aufbau des Verhaltens an, die sich 1. vom Reiz-Reaktionsmodell im Sinne der Reflexologie und 2. von reinen Lern- und Milieutheorien freimacht. Die Beteiligung von Reflexen am Aufbau des Verhaltens, von Lernprozessen und Umgebungseinflüssen wird nicht etwa bestritten, doch bekommen alte Begriffspaare wie Reiz–Reaktion, Begabung–Lernen, Anlage–Umwelt neue Inhalte. Das erste Begriffspaar ist z. B. in die Lehre von den Auslösermechanismen eingegangen und kann dort, ähnlich wie der Reflex, einen Spezialfall

darstellen. Das zweite Paar erscheint unter dem Aspekt des angeborenen Lernvermögens, des Wachstums und Reifens von Verhaltensweisen. Der Lernprozeß als solcher interessiert den Ethologen weniger als vielmehr die Frage, wie angeborenes und erlerntes Verhalten miteinander verschränkt sind. Das dritte Paar tritt überhaupt nicht mehr in dieser Alternative auf, sondern unter dem Thema des Eingepaßtseins in eine artspezifische Umwelt. Diese drei sind neben einigen anderen Themen Bestandteile des Generalthemas, nämlich einer Triebtheorie auf vergleichend verhaltensphysiologischer Grundlage. Diese Theorie ist durchaus noch nicht geschlossen und wird sich im Gange der weiteren Forschung noch ändern. Sie hat aber den großen Vorteil, daß sie induktiv korrigierbar ist, ja, daß mit ihrer Hilfe z.B. die psychoanalytische Triebtheorie aus einem dogmatischen Stadium befreit zu werden verspricht und eine biologische Grundlage gewinnen kann, die *Sigmund Freud* selbst erhofft hat.«

Der Begriff Ethologie stammt von *John Stewart Mill*. Dieser wollte in seinem »System of Logic« (1943) eine exakte Wissenschaft der menschlichen Natur schaffen, worunter er eine auf Erfahrungsregeln gegründete und zu kausalen Gesetzen verstoßende Lehre vom Charakter verstanden wissen wollte. Die Ethologen gehen davon aus, daß es differenzierte angeborene Verhaltensweisen gibt. Dabei leugnen sie aber keineswegs Umwelteinflüsse, die in das Heranreifen dieser Verhaltensweisen eingreifen. Das Reflexmodell reicht ihrer Ansicht nach nicht aus, dieses Wechselspiel zu erklären. Die Reflexe bilden sozusagen einen Mantel um das angeborene Verhalten. Sie verändern dieses im Rahmen seiner durch die Vererbung bestimmten Variationsbreite.

Zur Erläuterung dieser theoretischen Bemerkungen seien einige Beispiele aus der ethologischen Forschung angeführt: das von *K. Lorenz* so genannte *Appetenzverhalten* besagt: Wer Hunger hat, strebt nach Nahrung (Appetenzverhalten) und vollzieht mit der Nahrungsaufnahme die Endhandlung, ohne dabei den bio-

---

[1] vom griech. ethos = Gewohnheit, Sitte und logos = Kunde, Lehre von der Lebensweise der Tiere.

logischen Zweck der Lebenserhaltung, des Größer- oder Dickerwerdens zu verfolgen. Jede arteigene Endhandlung *(Lorenz)* kann zum Ziel eines Appetenzverhaltens werden, ist selbst aber nicht zweckgerichtet, z. B. auch die sexuelle Appetenz, die den Begattungsakt zum Ziel hat, nicht aber die arterhaltende Fortpflanzung. Ein weiteres Beispiel: Je länger instinktives Verhalten nicht ausgelöst wird, desto stärker versetzt es den ganzen Organismus in Bewegungsunruhe und veranlaßt ihn, aktiv nach einer Reizsituation zu suchen, die den Ablauf der Endhandlung auslösen kann. Aus diesem Handlungsmodell von *Lorenz* lassen sich für die Ethologie wichtige Fragestellungen ableiten: es muß z. B. untersucht werden, welche Reizsituationen Endhandlungen auslösen. Diese Frage führte zu der Entdeckung der sog. Schlüssel- oder Signalreize sowie zu dem für die vergleichende Verhaltensforschung zentralen Begriff des *angeborenen Auslösemechanismus* (AAM), den sein Entdecker *Konrad Lorenz* »angeborenes Schema« nannte. Die Beobachtung, daß Endhandlungen sich umso leichter auslösen lassen, je länger sie nicht abgelaufen sind, legte die Annahme nahe, daß dies die Folge einer Schwellenerniedrigung für Ablauf und Auslösung von Instinktbewegungen sei. *Lorenz* deutete diese Beobachtung mit der Annahme einer Kumulierung artspezifischer Energie infolge einer endogenen Reizproduktion des Nervensystems.

Für das Studium angeborenen Verhaltens beim Menschen ist die Beobachtung des Säuglings während der ersten Lebensmonate am besten geeignet, da in diesem Stadium des Menschseins das aktuelle Verhalten kaum durch Erfahrung beeinflußt wird. Die Beobachtung eines Säuglings gleicht der eines Tieres insofern, als eine sprachliche Verständigung in beiden Fällen nicht möglich ist. Über die Bewegungs- und Reaktionsweisen des Säuglings und Kleinkindes gibt es eine umfangreiche Literatur, die hier nicht referiert werden kann. Ein großer Teil der Reaktionsweisen des Säuglings ist allerdings spezifisch nur für die erste Lebenszeit und kann später nicht mehr beobachtet werden. Von Bedeutung ist ferner der für Mensch und Tier wichtige Vorgang der *Prägung*. Es handelt sich dabei um die bekannte Beobachtungen von *Lorenz*, daß die im Brut-

schrank geschlüpfte Gans Martina ihn als erstes Lebewesen nach dem Schlüpfen sah, und ihn von diesem Augenblick an wie einen »Führkumpan« behandelte. So »geprägte« Tiere lassen sich nicht mehr dazu bringen, einem Artgenossen zu folgen. Dieser »Lernvorgang« hat nur eine sehr kurze sensible Periode. Wird der Zeitpunkt verpaßt, so kann er nicht nachgeholt werden. Geschieht er aber »zur rechten Zeit«, so ist er irreversibel. Instinkthandlungen sind somit nicht nur ausgerichtet auf Nahrungssuche und die Abwehr von Feinden, sondern steuern auch das soziale Verhalten. Hierzu dienen besondere »Ausdrucksbewegungen«, das sind ebenfalls Instinktbewegungen, als Kommunikationsmittel, die den AAM des Partners ansprechen und bestimmte Verhaltensweisen bei ihm auslösen. Hierher gehört das Lächeln des Säuglings als menschliche Ausdrucksbewegung.

Schließlich haben sich Untersuchungen über die Wirkung der Trennung von neugeborenen Tieren (Affen) von der Mutter als sehr aufschlußreich erwiesen für entsprechende Trennungsvorgänge bei menschlichen Säuglingen und Kleinkindern. Tierversuche haben den Vorteil, daß man sie in jeder Hinsicht systematisch variieren und so untersuchen kann, welche Bedeutung Zeitpunkt und Dauer der Trennung haben, sowie welche Möglichkeiten bestehen, deren Folgen zu überwinden. Entsprechende Untersuchungen sind auch für andere affektive Störungen anderer Genese beim Menschen erfolgversprechend.

Ein anderes wichtiges Kapitel für die Erforschung menschlichen Verhaltens ist die Analyse der Folgen der *Domestikation*. *Lorenz* faßt die domestikationsbedingten Veränderungen angeborenen Verhaltens in drei Gruppen zusammen:

1. Die endogene Reizerzeugung mancher Instinktbewegungen unterliegt erheblichen quantitativen Veränderungen, so daß es zur Hypertrophie oder zur Atrophie des Instinktverhaltens kommt.
2. Bei den meisten Haustieren geht die spezifische Selektivität der angeborenen Auslösemechanismen weitgehend verloren.
3. Funktionell zusammengehörige Verhaltensweisen können völlig unabhängig voneinander werden.

Viele Haustiere verlernen beispielsweise, die Eihüllen unmittelbar nach dem Partus zu zerreißen, so daß das Neugeborene ohne menschliche Hilfe in den Embryonalhüllen ersticken würde. Solche domestikationsbedingten Ausfälle bedeuten aber nicht nur einen Rückschritt. *Witman* sagt, daß diese »Instinktfehler« das offene Tor sind, durch das Erfahrung und Lernen in das starre Aktionssystem eines Tieres eindringen und alle Wunder der »Intelligenz« bewirken können. Dissoziationen in diesem Sinne sind die ersten Zeichen einer größeren Plastizität innerhalb der angeborenen Koordination und führen zu Neubildungen von Handlungskombinationen, die eine »Wahlfreiheit des Handelns« mit sich bringen. Mit anderen Worten: Die Freiheitsgrade des Handelns nehmen mit Abnahme instinktiver Koppelungen zu.

Es liegt nahe, das Instinktverhalten und die Trieblehre der Tiefenpsychologie miteinander zu vergleichen. *Stierlin* führt dazu aus: »Die Libido-Theorie von *Freud* baut auf dem Lustprinzip auf, während das physiologische Triebmodell von *Lorenz* von der Aufspeicherung und Entladung endogen erzeugter aktionsspezifischer Energie ausgeht«. Für *Freud* war der Trieb die »psychische Repräsentanz einer kontinuierlich fließenden innersomatischen Reizquelle« und seine Triebpsychologie ein auf diesem organischen Fundament errichteter Überbau. Trotz dieser Gemeinsamkeiten können weitere Vergleiche nur mit Zurückhaltung gezogen werden. Denn obwohl »jedem menschlichen Trieb ein Bedürfnis innewohnt und wohl auch nahezu jedes menschliche Bedürfnis aus ursprünglich Triebhaftem erwächst, berechtigt uns dies nicht dazu, die menschlichen Bedürfnisse mit den Trieben und Bedürfnisspannungen mit Triebspannungen ohne weiteres gleichzusetzen. Im Gegensatz zu dem Verhalten von Tieren ist das menschliche Verhalten stets durch Einsicht in die Zwecke des Handelns mitbestimmt.« *(D. Ploog)*. »Eine geschlossene, umfassende Theorie der Ethologie steht noch aus. Andererseits liegen zahlreiche Beobachtungen vor, die für stammesgeschichtliche Anpassungen, auch im menschlichen Verhalten, sprechen. *Hess* nennt als großen allgemeinen Beitrag, den die Ethologie zur Psychiatrie leistet, die Wiederentdeckung der Tatsache, daß der Mensch ein biologischer Organismus ist mit einem Repertoire von Verhaltensweisen als stammesgeschichtlichem Erbe, die sich für das Überleben einmal als wichtig erwiesen haben. Die vielen Befunde zur Ethologie des Menschen im allgemeinen und die Beziehungen der Verhaltensforschung zur Psychopathologie im besonderen können hier nicht einmal angedeutet werden. Gewarnt wird von zahlreichen Autoren vor der Gefahr einer voreiligen Inanspruchnahme ethologischer Begriffe, wie Übersprungshandlungen (»Übersprungsharnen« für Bettnässen) oder Leerlaufaktivität, durch die Psychiatrie und andere Wissenschaften. Voreilig heißt hier, daß unter Verzicht auf die rigorose kausale Verhaltensanalyse, wie sie der Ethologie eigen ist, Begriffe ihrer vergleichsweise präzisen Bedeutung entkleidet und einfach übernommen werden, wenn eine u. U. pathologische Verhaltensweise dem von den ethologischen Konzepten gedeckten Verhalten ähnlich zu sein scheint. Im magischen Umgang mit Worten wird hier dann das Belegen mit Begriffen, das Benennen, mit Erklären verwechselt.« *(H. G. Eisert)*.

31. Neurophysiologie

31.1 Vorbemerkungen

Die Neurophysiologie hat Beiträge zur Erforschung des Bewußtseins und Schlafes, der Affekte, Triebe und der Sinnesfunktionen geleistet, deren Bedeutung für die Psychiatrie vorwiegend theoretischer Natur ist. Das, was sie untersucht, sind organische Vorgänge, in ihren Methoden ist sie aber dem anorganischen physikalisch-chemischen Bereich verhaftet. Der Psychiatrie steht sie umso ferner, je mehr diese sich mit lebensgeschichtlich begründeten Fehlentwicklungen und interindividuellen sozialen Interaktionen befaßt. Zum eigentlichen Verstehen psychologisch-psychiatrischer Phänomene kann die Neurophysiologie nichts beitragen. Diese Begrenzung ergibt sich aus ihren Methoden. Sie registriert physikalische und elektrophysiologische Begleitvorgänge seelischen Erlebens und bleibt auf die Feststellung von Korrelaten zu diesen beschränkt. Die Integration der innerseelischen Vorgänge im Menschen bleibt ihren Methoden unzugänglich.

Durch Reizversuche von Hirnstrukturen, Mikro-Elektrodenableitungen vom Cortex und Registrierung cerebraler Aktionspotentiale nach lokalen Reizen (evoced potentials) wurden einige Einblicke in hirnlokalisatorische Korrelationen von psychischen Vorgängen gewonnen:

Penfield konnte szenische Halluzinationen vom temporo-okzipitalen Übergangsgebiet und illusionäre Verkennungen von der Schläfenrinde der nicht dominanten Hemisphäre auslösen, während Reizung der Sehrinde durch *Foerster* elementare Photismen hervorrief. Gehörshalluzinationen wurden außerhalb der Sprachregionen durch Reizung der ersten Temporalwindung der dominanten Hemisphäre erzeugt.

Es wurden Zusammenhänge von Hypothalamus, Mandelkern und limbischem System mit Affekten, Instinkten und Trieben erfaßt, jedoch noch ohne präzise Lokalisationsmöglichkeit dieser seelischen Teilbereiche.

Mikroelektrodenableitungen haben geklärt, daß der »Sitz des Bewußtseins« nicht ausschließlich in die Formatio reticularis des Hirnstamms verlegt werden kann, da geregelte Wechselwirkungen von Cortex und Subcortex mit gegenseitiger Hemmung aufgezeigt werden konnten. Die Kennzeichnung der Formatio reticularis als unspezifisches, aktivierendes System erfaßt nur einen Teilaspekt, es wird nämlich auch das »Passive« des Schlafes von ihr gesteuert. Ihre weiteren Funktionen sind spezifischer Art, z. B. die Einstellung der Aufmerksamkeit auf bestimmte Einzelobjekte und Sinnesgebiete sowie die Regulationen der optisch-vestibulären Koordination der Augen- und Körpermotorik.

Zur Klärung der Gedächtnisleistungen hat die Neurophysiologie bislang keinen entscheidenden Beitrag geleistet. Anatomische und physiologische Spuren von Engrammen sind nicht gefunden worden, obwohl ihre neuronale Fixierung anzunehmen ist. Sowohl um die zeitliche Ordnung des Gedächtnisses, die nach den Beobachtungen am amnestischen Syndrom offenbar besonders störanfällig ist, als auch um die Einordnung der Gedächtnisinhalte in höhere Zusammenhänge verständlich zu machen, bedürfte es komplizierter veränderlicher Schaltungen der Neurone, die über die Möglichkeiten experimenteller Prüfung erheblich hinausgehen. Aus der klinischen Beobachtung retrograder Amnesien ist auf eine allmähliche Fixierung der Gedächtnisinhalte zu schließen. Die physiologische Erklärung hierfür fehlt allerdings ebenso wie die für das Wiedererkennen komplexer Gedächtnisinhalte. Für planvolles Handeln auf der Grundlage intakter Gedächtnisfunktionen gibt es lediglich im Hinblick auf kurzdauernde Verzögerungen des Handelns Erklärungsansätze durch die von *W. S. Walter* beschriebene »Erwartungswelle«. Das ist ein oberflächen-negatives, auf einen erneuten Reiz gerichtetes Potential. Ähnliche Potentiale bei Handlungsbereitschaft vor Willkürinnervationen mit Spannungsumschlag nach erfolgter Handlung hat *Kornhuber* gefunden.

Von den Eigenschaften des Bewußtseins sind Wachheit und Aufmerksamkeit neurophysiologisch mit dem Elektroenzephalogramm (EEG) erfaßbar. Korrelate zwischen Bewußtseinsinhalten und EEG-Befunden bestehen nicht. Auf die Bedeutung der Formatio reticularis für das Wachbewußtsein wurde bereits hingewiesen. *Moruzzi* u. *Magoun* haben im Jahre 1949 bei ihren Untersuchungen der Formatio reticularis unterschiedliche EEG-Veränderungen in Abhängigkeit von der Lokalisation der Reize festgestellt: bei Reizen der mesencephalen Reticularis ergab sich ein Desynchronisationseffekt mit Abflachung und Auftreten schneller Wellen, bei Reizen der bulbären Reticularis ein Synchronisierungseffekt mit Auslösung langsamer Wellen. Damit verbunden waren eine Aktivierung des Cortex bei mesencephaler Reizung und eine Inaktivierung bei bulbärer Reizung. Abflachung und Desynchronisation des EEG ist aber nicht nur die Folge einer Weckreaktion, sie findet sich auch im Übergang zum Einschlafen und im Traumschlaf. Anhand der Reaktion auf Sinnesreize lassen sich die verschiedenen Ursachen der Desynchronisation voneinander unterscheiden.

Als gemeinsames psychisches Korrelat ist an eine Affektspannung gedacht worden.

Die Neurophysiologie hat nichts zur Aufklärung der höheren Hirnleistungen des Sprechens, Erkennens und Handelns beitragen können. Bei der Komplexität, die bereits einfachere Leistungen zeigen, kann dies nicht verwundern. So wurde z. B. im vestibulären Cortex eine komplizierte multisensorielle Konvergenz von vestibulären, visuellen, akustischen und somatoproprioceptiven Afferenzen gefunden. Um etwa die neuronalen Mechanismen der Motivationen des Antriebs- und Affektverhaltens zu erforschen, bedürfte es einer außerordentlich großen Zahl von Einzelableitungen repräsentativer Neuronenpopulationen, die bereits im Tierversuch kaum zu realisieren sind.

Gegenüber einseitigen Lokalisierungsversuchen ist darauf hinzuweisen, daß anatomische und funktionelle Lokalisation sich nicht decken und Strukturgrenzen keine Funktionsgrenzen darstellen. Außerdem entsprechen kortikale Reizversuche nicht physiologischen Vorgängen. Nach einem Vergleich von *Tönnis* entsprechen sie eher einem Blitzschlag in eine Telefonzentrale. Schließlich darf nicht übersehen werden, daß die Befunde nicht die zugrunde liegenden neuronalen Mechanismen erklären.

31.2   Das Elektroencephalogramm (EEG)

Seit der Entdeckung des menschlichen EEG durch *H. Berger* (1873–1941), Ordinarius für Psychiatrie in Jena von 1919–1938) in den zwanziger Jahren hat die Neurophysiologie praktische klinische Bedeutung erlangt. Damit ist es erstmals gelungen, normale und pathologische Hirntätigkeit direkt zu untersuchen. Allerdings blieb das EEG entgegen den Erwartungen seines Entdeckers für die endogenen Psychosen unergiebig. Es hat nur für die Epilepsien spezifische Befunde ergeben, ist aber dennoch durch seine unspezifischen Befunde bei der hirnorganischen Ausschlußdiagnostik seelischer Störungen zu einer unverzichtbaren Methode geworden.

Obwohl das EEG verbreitete klinische Anwendung und Anerkennung gefunden hat, sind seine strukturellen neurophysiologischen Grundlagen bisher nicht aufgeklärt. Lediglich

darüber, daß der Entstehungsort der Hirnrhythmen in der Hirnrinde liegt, besteht weitgehende Übereinstimmung. Die Generatoren der Hirnrhythmen sind dagegen umstritten. Die von der Kopfhaut abgeleiteten Makrorhythmen können zu den Soma- und Axonpotentialen der Ganglienzellen nur in lockerer Zuordnung stehen, da diese eine mehr als zwanzigfache kürzere Dauer haben. Die exzitatorischen und inhibitorischen postsynaptischen Dendritenpotentiale sind den Makrorhythmen zwar ähnlicher, doch sind auch diese als Spannungsquelle des EEG bisher nicht erwiesen. Auch die bestehenden subkortikalen Einflüsse auf den Cortex vermögen den Mechanismus der langsamen Makrorhythmen nicht zu erklären. Global kann gesagt werden, daß das EEG die integrierte Aktivität großer kortikaler Nervenzellverbände erfaßt. Die Makrorhythmen verkörpern offenbar ein mittleres, regulierendes und stabilisierendes Erregungsniveau. *R. Jung* hat mit Nachdruck darauf hingewiesen, daß ohne diese Stabilisierung mit Überwiegen der Hemmungsvorgänge die grundsätzliche Krampfbereitschaft jedes Gehirns zur Katastrophe führen würde.

Normalbefunde des Grundrhythmus erstrecken sich auf den Alpha-Frequenzbereich von 9–13/sec. Im Alter bis zu max. 12 Jahren kann auch ein langsamer Alpha-Rhythmus von 8/sec. noch physiologisch sein. Die mittlere Grundrhythmusfrequenz des Erwachsenen liegt bei 10–10,5/sec. Als Normvarianten bei jeweils einigen Prozent der Normalpopulation kommen Beta-Wellen (14–30/sec.) und flache = niedergespannte EEGs vor. Die Grundrhythmusfrequenz ist genetisch fixiert und bleibt bei Wachheit und Medikamentenfreiheit und Fehlen von cerebralen Funktionsstörungen bis in das 7. Lebensjahrzehnt hinein stabil.

Pathologisch sind Verlangsamungen von mehr als 1/sec. gegenüber einem vorgegebenen Ausgangswert. Verlangsamungen sind meist mit vermehrten Unregelmäßigkeiten verbunden. Nach dem Ausmaß der Verlangsamung werden leichte Allgemeinveränderungen (verlangsamte Alphawellen), mittelschwere Allgemeinveränderungen (Theta-Wellen = 4–7/sec.) und schwere Allgemeinveränderungen (Delta-Wellen = 1–3/sec.) unterschieden. Beschränkt sich die Verlangsamung auf einen umschriebenen Bezirk, liegen Herdbefunde vor, die nach der vorherrschenden Wellenart benannt werden. Gesteigerte cerebrale Krampferregbarkeit wird festgestellt, wenn sog. hypersynchrone Potentiale einstreuen: Spikes (Dauer unter 80 msec), SW-Komplexe (Spitzenpotentiale mit langsamer Nachschwankung) und scharfe Wellen (Dauer 80–250 msec). Zu diesen Grundelementen pathologischer Befunde kommen intermittierende Verlangsamungen und paroxysmale Dysrhythmien ergänzend hinzu. Die Möglichkeiten und Grenzen des EEG für die Psychiatrische Klinik werden aufgezeigt, nach dem die EEG-Befunde im Schlaf und bei Bewußtseinsstörungen dargestellt werden.

31.3 Neurophysiologie von Schlaf und Traum sowie Störungen des Schlafes und des Wachbewußtseins

Schlaf und Traum können als physiologische Parallelen abnormer Bewußtseinsveränderungen angesehen werden (s. Kap. 9.2). Schlaf als unabdingbares biologisches Erfordernis erweist sich neurophysiologisch als ein aktiver Vorgang, bei welchem lebensnotwendige motorische Funktionen und, im Traum, seelisches Erleben vorhanden sind, und die kortikalen Neuronenentladungen zumindest quantitativ keine Veränderungen zeigen.

Schlafperiodik

Seit den Veröffentlichungen von *Dement* u. *Kleitman* im Jahre 1957 weiß man, daß der Schlaf in 3–5 zyklischen Perioden mit anfangs tiefen und später oberflächlicheren Schlafstadien abläuft, die jeweils durch eine Phase des Traumschlafes voneinander getrennt sind, der mit Re-Synchronisation und Abflachung des EEG, raschen Augenbewegungen (rapid eye movements = REM-Schlaf), herabgesetztem Muskeltonus und Erektionen einhergeht. Wegen der Dissoziation von Aktivierung von Bewußtseinsvorgängen und desynchronisiertem EEG einerseits und somatischen Tiefschlaferscheinungen mit erhöhter Weckschwelle andererseits, wird der REM-Schlaf auch als dissoziierter oder paradoxer Schlaf bezeichnet.

Traumschlaf (REM-Schlaf)

Der Traumschlaf macht etwa 1/5 des Gesamtschlafes aus. Nach Schlafentzug verkürzt sich sein Anteil. Die anschließende Verlängerung weist auf das physiologische Erfordernis eines mittleren Bedarfes hin. REM-Schlaf-Entzug erzeugt Reizbarkeit, Angst, Spannung und Konzentrationsstörungen. Abnahme des REM-Anteiles des Schlafes wird durch manche Medikamente verursacht, z. B. durch Barbiturate, Weckamine und Neuroleptika. Beim Alkoholdelir wird einerseits der Schlaf verkürzt, andererseits bricht die Traumtätigkeit in den Wachzustand ein. Während der produktiv-psychotischen Erlebnisse des Delirs findet man oft ein desynchronisiertes EEG, das dem im REM-Schlaf ähnelt.

Trauminhalte

Die neurophysiologischen Erkenntnisse über die Gesetzmäßigkeiten der Schlafperiodik relativieren die tiefenpsychologischen Trauminterpretationen zu einem Teilaspekt. Im Traum können Konfliktspannungen Bearbeitung erfahren, geträumt wird aber physiologisch zwingend, unabhängig von dem Bestehen verdrängter Bewußtseinsinhalte. Wenn Träume verneint werden, so kann daraus weder auf das Fehlen von Träumen noch auf das Wirksamwerden einer Zensur geschlossen werden, da es neurophysiologisch erwiesen ist, daß der größte Teil der Träume ohne zwischenzeitliches Wecken der Amnesie verfällt und die Rückerinnerung sich vorwiegend auf Träume unmittelbar vor dem Erwachen beschränkt. Auch für die Erektionen in den Traumphasen können triebdynamische Interpretationen keine Allgemeingültigkeit haben, weil diese Erektionen eine quantitative Gesetzmässigkeit haben und keineswegs immer mit sexuellen Trauminhalte korreliert sind. Die Ergebnisse der neurophysiologischen Schlafforschung bestätigen die Erkenntnis, daß neben psychodynamisch wirksamen Konflikten für die Traumgestaltung Tageserlebnisse, Sinnesreize während des Schlafes und aktuelle Konflikte von Bedeutung sind.

Schlafstörungen

Mit Nachtschlafregistrierungen hat das EEG einiges zur Klinik der Schlafstörungen beigetragen. Die Schlaflosigkeit neurasthenischer Patienten hat sich quantitativ nicht als solche bestätigt, sondern sich als subjektiv verstärkte Beachtung und Überbewertung der physiologischen Aufwachperioden bei allgemein niedriger Weckschwelle erwiesen. Bei Schlafstörungen des höheren Lebensalters findet man im

EEG häufig eine Verschiebung der Tiefschlafphasen in den Morgenschlaf hinein. Beim Schlafwandeln und pavor nocturnus erlaubt das EEG Differenzierung rein psychogener Mechanismen von psychomotorischen Dissoziationsphänomenen im Tiefschlaf. Im Zusammenhang mit den klinischen Beobachtungen traumhafter Zustände mit Halluzinationen beim Einschlafen von Narkoleptikern zeigt das EEG ein auffallend frühes Auftreten von REM-Schlaf.

Störungen des Wachbewußtseins

Störungen des Wachbewußtseins sind meist mit EEG-Veränderungen verbunden. Ein normales EEG schließt Bewußtseinsstörungen aber nicht aus, und aus dem veränderten EEG allein kann der Bewußtseinszustand nicht sicher bestimmt werden:

Bewußtlosigkeit durch cerebrale Anoxie ist mit einem Nulllinien-EEG als Ausdruck der elektrischen Ruhe korreliert. Bewußtlosigkeit tritt bereits ein, wenn die Entladungsfrequenz der kortikalen Neuronen auf etwa $1/3$ abgesunken ist. Die anoxiebedingte elektrische Ruhe tritt bei Tierversuchen im Großhirn nach 20 sec., in der Medulla oblongata nach 30–90 sec. ein. Irreversibilität wurde festgestellt, wenn die elektrische Ruhe länger als 2 Minuten andauerte.

Bei Hypoxie kündigt das Auftreten von Delta-Wellen Bewußtseinsstörungen an, das Bewußtsein muß aber dabei zunächst noch nicht erkennbar gestört sein.

In der Narkose zeigt das EEG im Exzitationsstadium zunächst eine Aktivierung mit schnellen Wellen, bevor in der tieferen Narkose große Delta-Wellen und schließlich bei kritischer Dosierung Pausen der elektrischen Aktivität (electrical black out) auftreten.

Bei toxischen Psychosen, die mit Bewußtseinsstörungen einhergehen, zeigt das EEG weniger Verlangsamungen als Desynchronisation und Abflachung. EEG und Klinik erinnern dabei übereinstimmend an traumhafte Zustände.

Bewußtseinsstörungen der verschiedensten Ursachen korrelieren in der Regel mit einem unterschiedlich verlangsamten, stärker synchronisierten EEG. Seltener korrelieren sie mit Schlafmustern, deren Abnormität u. a. an der mangelnden physiologischen Periodizität und der mangelnden Durchbrechbarkeit durch Sinnesreize zu erkennen ist. Solche Korrelate finden sich bevorzugt im Beginn traumatischer Psychosen. In sehr seltenen Fällen zeigt das EEG eines Bewußtlosen einen normfrequenten Alpha-Rhythmus, bei dem lediglich die fehlende Reaktion auf Sinnesreize auffällig ist. Diese Beobachtung ist bei Basilaristhrombosen gemacht worden. Zusammenhänge mit der inaktivierenden und synchronisierenden Wirkung der bulbären Formatio reticularis sind naheliegend.

31.4 Praktisch-klinische Bedeutung des EEG bei psychischen Störungen und Krankheiten

Während Hirnreizversuche und direkte Ableitungen der hirnelektrischen Erscheinungen im wesentlichen von theoretischer Bedeutung geblieben sind, hat die Neurophysiologie mit dem EEG praktische klinische Beiträge, auch für die Psychiatrie, geleistet. Direkte Aussagen über psychische Vorgänge erlaubt es allerdings nicht. Es war ernüchternd, als *Adrian* u. *Matthews* im Jahre 1934 zwischen den Spontanrhythmen des Gehirns eines Nobelpreisträgers und demjenigen des Kopfganglions eines Wasserkäfers keinen wesentlichen Unterschied fanden. Dennoch und obwohl spezifische Befunde nur bei der Epilepsie erhoben worden sind, hat sich das EEG bei der hirnorganischen Ausschlußdiagnostik seelischer Störungen zu einer unentbehrlichen Methode entwickelt. Die weitgehende Unspezifität pathologischer EEG-Befunde weist dem EEG aber den engen Rahmen einer Hilfsmethode zu, die Interpretationen nur in Verbindung mit den klinischen Zustandsbildern erlaubt.

Befunde bei Psychosen

Auf die Bedeutung des EEG für die hirnorganische Ausschlußdiagnostik bei Psychosen wurde bereits hingewiesen. Endogene Psychosen haben keine Korrelate im EEG. Wenn bei Katatonien von unspezifischen allgemeinen Abnormitäten berichtet worden ist, so ist darauf hinzuweisen, daß Katatonie nicht einfach mit Schizophrenie gleichgesetzt werden kann. Die von *Gibbs* beschriebenen »mitten patterns« im Schlaf-EEG Schizophrener sind sicher nicht krankheitsspezifisch, nachdem sie auch bei Epilepsien und Parkinsonismus häufig gefunden wurden. Symptomatische Psychosen haben im EEG umso eher ein Korrelat, je deutlicher sie mit Bewußtseinsveränderungen einhergehen. Aber auch bei luciden symptomatischen Psychosen ist das EEG in der Regel verlangsamt, wenngleich im allgemeinen nicht in dem Ausmaß, wie bei Bewußtseinstrübung. Unter Umständen ergibt sich hier die Verlangsamung überhaupt erst aus der Verlaufsbeobachtung. Bleibende psychische Veränderungen nach akuten organischen Psychosen zeigen in der Regel keine EEG-Verlangsamung mehr. Eine allmählich sich entwickelnde Demenz kann im EEG spurlos bleiben. Wenn ein Vergleich mit früheren EEG-Befunden möglich ist, wird man aber häufig doch wenigstens leichte Verlangsamungen feststellen können.

Eine Unterscheidung infektiöser, exo- oder endotoxischer oder anderer Ursachen symptomatischer Psychosen ist trotz mancher Besonderheiten mit dem EEG nicht zuverlässig möglich. Einige dieser Besonderheiten sollen aber dennoch besprochen werden:

Traumatische Psychosen

Für die traumatischen Psychosen wurde bislang eine besonders gute Korrelation zwischen EEG-Verlangsamung und Dauer der Psychose angenommen. Langzeituntersuchungen haben aber gezeigt, daß die Normalisierung des EEG oft wesentlich länger dauert und sich über das erste Halbjahr hinaus hinziehen kann. Die Verlangsamungen im Alphawellenbereich erweisen sich auch bei traumatischen Hirnschäden ohne begleitende Psychose als langwieriger und häufiger als bisher vermutet. Damit wurde auch offenbar, daß die lokalen Veränderungen sich nicht langsamer, sondern im Gegenteil rascher als die allgemeinen Veränderungen zurückbilden. Schließlich zeigte sich, daß die deutlich größere Häufigkeit linksseitiger Herdbefunde nicht als pathoplastischer Faktor für traumatische Psychosen aufgefaßt werden kann, weil Hirntraumen ohne Psychosen ebenfalls sehr viel häufiger linksseitige Herde haben. Die Regel, daß das EEG bei Defektzuständen keine veränderten Befunde zeigt, trifft hinsichtlich des Grundrhythmus auch bei den Folgen traumatischer Psychosen zu. In der Größenordnung von max. 10% bleiben aber Herdbefunde dauernd bestehen.

Barbituratentzugs-Psychosen

Bei diesen zeigt das EEG, entsprechend der antiepileptischen Wirksamkeit der Medikamente und dem klinischen Auftreten von Krampfanfällen im Entzug, fast immer paroxysmale Veränderungen und häufig auch Krampfpotentiale und trägt damit zur Aufklärung der Psychosen als epileptische Hirnveränderungen durch Medikamentenentzug bei. Selbst bei Fehlen von klinischen Entzugserscheinungen zeigt das EEG nach abruptem Absetzen noch fast in der Hälfte der Fälle paroxysmale Veränderungen, die über Wochen nachweisbar sein können.

Alkoholentzugs-Psychosen

Hubach hat die Alkoholentzugs-Psychosen mit einer antikonvulsiven Wirkung des Alkohols erklärt. Die Ähnlichkeit der klinischen Bilder mit den Barbituratentzugs-Psychosen und das Auftreten von Krampfanfällen, das nach unseren Beobachtungen auch ähnlich häufig ist, unterstützt diese Deutung. Hier enttäuschen allerdings die EEG-Befunde. Bei Alkoholdelirien, die im Beginn mit Krampfanfällen einhergehen, findet man, ebenso wie bei unkomplizierten Delirien, vorwiegend desynchronisierte Kurven und nur ausnahmsweise Krampfpotentiale. Das Fehlen von Krampfpotentialen im desynchronisierten EEG bei manifesten Anfällen liefert darum differentialdiagnostisch einen gewissen Hinweis auf ausschließlich entzugsbedingte Anfälle.

Epilepsie-Psychosen

Episodische psychische Störungen bei Epilepsie lassen je nach Zeitpunkt ihres Auftretens und ihrer Ausgestaltung unterschiedliche EEG-Veränderungen erwarten. Normalbefunde sind dabei die Ausnahme.

Bei postparoxysmalen Dämmerzuständen findet man stets Allgemeinveränderungen, die sich mit dem Abklingen der Umdämmerung zurückbilden. Falls Krampfaktivität weiter besteht, besteht auch erhöhte Wahrscheinlichkeit für weitere Anfälle, die aber ihrerseits die Umdämmerung beenden können. Bei Dämmerzuständen ohne zeitliche Bindung an einen Krampfanfall und ohne produktiv psychotische Symptomatik kann das EEG differentialdiagnostisch eindeutig klären, ob ein Petitmal-Status oder ein Status von Temporallappenanfällen zugrunde liegt, da diese spezifische Krampfwellenmuster bewirken.

Dämmerzustände mit produktiv psychotischer Symptomatik, die die Epilepsie-Psychosen im engeren Sinne ausmachen, zeigen, wenn sie sich im Anschluß an Anfälle entwickeln, anstelle der postparoxysmalen Allgemeinveränderung häufig weiterbestehende Krampfaktivität. Als Sonderfall kann im EEG aber auch ein Normalbefund erhoben werden, der von *Landolt* als medikamentös erzwungene, »forcierte Normalisierung« eines zuvor pathologischen EEGs beschrieben worden ist. Im Rahmen episodischer psychischer Störungen bei Epilepsie spielen die Epilepsie-Psychosen infolge forcierter EEG-Normalisierung eine untergeordnete Rolle. Sie sind zwar von grundsätzlichem Interesse und müssen bei normalem EEG stets in die differentialdiagnostischen Überlegungen einbezogen werden, die Verdachtsdiagnose läßt sich aber, gemessen an der Gesamthäufigkeit von Epilepsie-Psychosen, nur selten erhärten. Forcierte EEG-Normalisierung findet man häufiger bei epileptischen Verstimmungszuständen ohne produktive Symptome einer Psychose. Wichtig ist, daß epilepsiespezifische Befunde auch ohne Anfallsmanifestation vorkommen. Wenn gleichzeitig Verstimmungszustände oder Verhaltensstörungen vorliegen, erscheint ein antikonvulsiver Behandlungsversuch vor psychologischen Behandlungsansätzen gerechtfertigt.

Frühkindliche Hirnschäden, Verhaltensstörungen

Abgesehen von epilepsiespezifischen Befunden ist das EEG für die Feststellung einer frühkindlichen Hirnschädigung von untergeordneter Bedeutung. Der Befund einer verzögerten EEG-Ausreifung mit einem für das Lebensalter zu langsamen Grundrhythmus und persistierender Dysrhythmie erlaubt nur bei einem klinisch überzeugenden Befund eine entsprechende Interpretation. Evtl. Herdbefunde können nur in Verbindung mit weiteren klinischen und röntgenologischen Befunden auf eine einseitige frühkindliche Hirnschädigung bezogen werden.

Abnorme Persönlichkeiten

Die Feststellung, daß bei abnormen Persönlichkeiten statistisch häufiger Allgemeinveränderungen im EEG vorkommen als bei »Normalen«, ist für die klinische Diagnose nur selten eine Hilfe. Soweit es sich um konstitutionelle Charakterstörungen handelt, kann man vom EEG kaum etwas erwarten. Nur wenn eine Hirnschädigung die Grundlage devianten Verhaltens ist, kann das EEG mitunter einen Beitrag leisten. Wenn üblicherweise bei 5-10% der »Gesunden« von einer leichten Allgemeinveränderung im EEG ausgegangen wird, erscheint es zweckmäßiger, die Kriterien der leichten Allgemeinveränderung zu überprüfen und hierfür auch eine durchgehende Verlangsamung des Grundrhythmus zu fordern. Damit ließe sich die Anzahl abnormer EEG-Befunde ohne pathologische Bedeutung erheblich reduzieren.

Medikamentöse Einflüsse

Die medikamentöse Ursache psychischer Veränderungen ist mit dem EEG immer dann mit einiger Sicherheit zu erfassen, wenn Bewußtseinsstörungen eingetreten sind. Ein von höher gespannter Beta-Aktivität beherrschtes EEG läßt dann auf akute und ein von einer Grundrhythmusverlangsamung beherrschtes EEG auf chronische Medikamentenwirkung schließen. Bei unklarer Bewußtseinstrübung oder beginnendem Koma erlaubt ein Beta-EEG die sichere Aussage, daß eine Barbiturat-Überdosierung vorliegt, womit dem Pat. eingreifendere Untersuchungsmethoden erspart werden können.

Eine Differenzierung der Medikamente mit Wirkung auf das ZNS ist nur begrenzt möglich. Tranquilizer und Barbiturate wirken vor allem beta-aktivierend. Neuroleptika, Antikonvulsiva und Lithium führen, je nach individueller Disposition und gegebener Dosis, zu unterschiedlichen Verlangsamungen der Hirnwellen. Der medikamentös bedingten Verlangsamung psychischer Abläufe entspricht nicht selten auch ein verlangsamtes EEG. Nochmals zu unterstreichen ist die u. U. über Monate sich erstreckende Erholungszeit des verlangsamten EEG. Zu den Mechanismen der Medikamentenwirkung hat die Neurophysiologie noch kein umfassendes Konzept entwickelt. Synapsenwirkungen sind für Acetylcholin nachgewiesen worden. Unter Barbituraten wurden kortikale Gleichspannungsänderungen mit negativer Spannungsverschiebung gefunden.

32. Neurobiochemie

Das Zentralnervensystem (ZNS) ist für die biochemische Forschung ein besonders schwieriges Organ, da es in seiner morphologischen und funktionalen Organisation sehr komplex und außerdem sehr schwer zugänglich ist. Bei Untersuchungen der Körperflüssigkeiten psychisch Kranker erhebt sich immer die Frage, ob abnormale Befunde eine Folge von pathologischen Vorgängen im ZNS sind oder ob umgekehrt das ZNS durch Veränderungen im übrigen Organismus in seiner Tätigkeit beeinträchtigt wird. Letzteres ist ein besonderes Problem, da das Gehirn in mancher Hinsicht besonders vor Veränderungen im übrigen Organismus geschützt und diesen in weiten Bereichen nicht einfach »ausgeliefert« ist, so z. B. die Hirndurchblutung bei Kreislaufstörungen. Bei biochemischen Untersuchungen muß beachtet werden, daß es fast keine Substanzen gibt, die nur im Gehirn vorkommen. Abnormale Werte in den Körperflüssigkeiten weisen deswegen bei psychischen Erkrankungen nicht zwingend auf Störungen im Hirnstoffwechsel hin, etwa die Erhöhung von Stoffwechselprodukten biogener Amine im Blut oder Urin. Bei allen derartigen Untersuchungen ergibt sich schließlich die weitere Frage, ob mit ihrer Hilfe Veränderungen in bestimmten Hirnbereichen zu erfassen sind, da angesichts der komplexen Funktionseinheit des Gehirns ja in solchen die Ursache für psychische Störungen zu suchen ist. Für Untersuchungen biochemischer Vorgänge im Gehirn überhaupt und erst recht in bestimmten Hirnregionen ist man deswegen weitgehend auf Tiere angewiesen.

Zur Biochemie des menschlichen Gehirns

Bei der Entwicklung des menschlichen Gehirns lassen sich vier Phasen unterscheiden:
1. Phase der Zellvermehrung. Dauer bis etwa zum 200. Tag der Gravidität. In dieser Phase vermehren sich die Hirnzellen auf nahezu die endgültige Zahl, obwohl das Hirngewicht nicht annähernd das des Erwachsenen erreicht. In dieser Phase nimmt hauptsächlich der absolute Gehalt an Desoxyribonukleinsäure (DNA) zu.
2. Phase des Zellwachstums. Dauer vom 200. Tag bis zur Geburt. Mit der Zellvergrößerung und Differenzierung, insbesondere des Auswachsens von Axonen und der Ausbildung dendritischer Verbindungen nimmt der Gehalt an Ribonucleinsäure (RNA) stark zu. Es beginnt sich die Nisslsubstanz zu bilden.
3. Phase der Myelinisierung. In den ersten Monaten nach der Geburt nehmen die Wachstumsraten der Zellen langsam ab, während sich jetzt die Markscheiden ausbilden. Der Lipidanteil des ZNS erhöht sich stark, wobei der Lipidstoffwechsel in der Oligodendroglia besonders gesteigert ist. Aber auch Proteinkonzentration und -umsatz nehmen zu. Entsprechend der Ablösung des vorwiegend anaeroben durch den vorwiegend aeroben Stoffwechsel nach der Geburt vermehrt sich die Zahl der Mitochondrien, in denen chemische Energie in Form von ATP gebildet wird.
4. Phase der Ausreifung. Die Myelinisierung und das Wachstum des Gehirns gehen langsam ihrer endgültigen Form entgegen, eine Entwicklung, die erst gegen Ende des ersten Lebensjahrzehntes ihren Abschluß findet.

Im ausgereiften Gehirn verändert sich die Zusammensetzung allmählich. Es nimmt die Konzentration des S-100-Protein während des ganzen Lebens zu, während die ATP-ase der Hirnmitochondrien abnimmt. Der Gehalt an gesättigten C_{18}-Fettsäuren nimmt von der Geburt an stetig langsam ab, während sich dies bei mehrfach ungesättigten Fettsäuren umgekehrt verhält.

Seinen großen Energiebedarf befriedigt das Gehirn in erster Linie durch oxidativen Glukoseabbau. Obwohl das Gehirn nur etwa 2% des Körpergewichts ausmacht, beansprucht es 14,5% des Herzminutenvolumens, wobei die normale Durchblutung des Hirngewebes 55 ml/100 g/Min. beträgt. 19% des gesamten Sauerstoffverbrauchs des Organismus benötigt das Gehirn. Warum der Energieverbrauch des Gehirns, gemessen am O_2-Verbrauch, so hoch ist, läßt sich schwer begründen. Ein Grund mag die ständige Aktivität des Organs sein und der Energieaufwand zur Erhaltung der »Grundstruktur« der Zellen, das ist vermutlich eine bestimmte Molekularstruktur. Die einzelnen Areale des Gehirns haben einen unterschiedlichen O_2-Verbrauch. Dementsprechend sind sie auch gegen Sauerstoffmangel nicht gleich empfindlich. So sind die Medulla oblongata und das Mittelhirn gegen Hypoxie weniger empfindlich als die Hirnrinde und die Stammganglien, die einen sehr hohen O_2-Verbrauch haben.

Die Größe der Durchblutung läßt in der Regel auf die Intensität des Stoffwechsels schließen. Hierbei muß jedoch berücksichtigt werden, daß die Durchblutung nicht nur dem Transport von Sauerstoff und Glukose, sondern auch von Wasser, Stoffwechselprodukten und Inkreten dient. Es besteht bisher keine Möglichkeit, den Stoffwechsel der einzelnen Hirnareale in situ zu messen. Jedenfalls bleibt die Hirndurchblutung eine wichtige Größe für die Funktionstüchtigkeit des Gehirns. Die Hirndurchblutung erreicht ihr Maximum im Alter von 2–5 Jahren und fällt bis zum Ende der Pubertät auf den schon genannten Wert von 55 ml/100 g/Min. ab. Sie erhält sich dann in dieser Höhe und kann von der 6. Lebensdekade an in Abhängigkeit von sklerotischen Prozessen in den Hirngefäßen bis auf Werte um 40 ml/100 g/Min. absinken. Das muß aber nicht der Fall sein. Entsprechend wie die Hirndurchblutung verhält sich auch der Sauerstoffverbrauch, der sein Maximum zwischen dem 2. und 5. Lebensjahr hat. Vom 6. Lebensjahrzehnt an kann er parallel zur Hirndurchblutung absinken.

Da die Hirndurchblutung für die Erhaltung und Funktion des Hirngewebes von so außerordentlicher Bedeutung ist, unterliegt sie besonderen Gesetzmäßigkeiten, worin sie sich von anderen parenchymatösen Organen unterscheidet. Im Gegensatz zu Organen wie Haut, Darm, Niere und Muskel sind die vasomotorisch-reflektorischen Regulationen der Durchblutung für das Gehirn kaum von Bedeutung.

Es handelt sich um ein reguliertes und nicht um ein regulierendes Gefäßgebiet *(Max Schneider)*. Eingriffe am vegetativen Nervensystem wie die Sympathikusdurchschneidung oder die Blokkade des Ganglion stellatum haben keine Auswirkung auf die Hirndurchblutung. Pharmaka, die in anderen Gefäßgebieten eine sehr augenfällige Veränderung bewirken, sei es im Sinne einer Verengung oder Erweiterung der Gefäße, haben an den Hirngefäßen nur eine sehr geringe und therapeutisch nicht ins Gewicht fallende Wirkung. Mechanismen, die sich auf die Hirndurchblutung auswirken, sind von der Blutseite der pO_2 und pCO_2 bzw. der pH des arteriellen Blutes, der Blutdruck und die Viscosität sowie die aktive Autonomie und passive Elastizität der Blutgefäße des Gehirns und schließlich die Höhe des durch die Stoffwechselvorgänge beeinflußten pO_2 im Gewebe. Sinkt die arterielle O_2-Spannung ab, so kommt es von einer gewissen Grenze an (art. pO_2 < 60 Torr) zu einer zunehmenden Steigerung der Hirndurchblutung, deren wichtigster Regulator normalerweise die CO_2-Spannung ist. Bei absinkendem pO_2 steigt die pCO_2 im Hirngewebe, die zur genannten Erhöhung der Hirndurchblutung führt. Auf diese Weise kann ein Absinken des arteriellen pO_2 auf 50% des Normalwertes ausgeglichen werden. Kritisch für die O_2-Versorgung des Hirngewebes ist ein Absinken des venösen pO_2 unter 19 Torr. Dies kann durch Steigerung der Hirndurchblutung nicht mehr ausgeglichen werden. Es kommt dann zu psychischen Störungen und schließlich zur Beeinträchtigung der lebenswichtigen Kreislauf-und Atemzentren.

Hieraus könnte man ableiten, daß Kohlensäure für die Verbesserung der Hirndurchblutung das ideale Mittel ist. Das trifft jedoch nur in gewissen Grenzen zu. Bei einer mäßigen Hypoxidose kann durch Zugabe von CO_2 zur Atmungsluft durch die vasomotorische Wirkung des CO_2 die Sauerstoffversorgung des Gehirns verbessert und die Gewebsacidose vermindert werden. Bei kritischem allgemeinen Sauerstoffmangel aber, bei dem die Gehirndurchblutung allein schon durch den Sauerstoffmangel erhöht ist, kann die Kohlensäuregabe die Hirndurchblutung nicht mehr entsprechend verstärken. CO_2 vermag also nur in einem gewissen Bereich günstig zu wirken. Bei ausgeprägten

Hypoxidosen führt sie vielmehr zu einer Störung des Säure-Basen-Gleichgewichtes und damit zu dem gefürchteten Hirnödem. Bei lokalisiertem Sauerstoffmangel liegen die Verhältnisse allerdings anders. Hier kann durch eine Erweiterung von Anastomosen und Erschließung extrazerebraler Zuflüsse die Durchblutung und damit die Sauerstoffversorgung verbessert werden.

Störungen der biochemischen Vorgänge im Gehirn

Störungen der biochemischen Vorgänge können sowohl die Hirnfunktion beeinträchtigen als auch zum Untergang von Hirnsubstanz führen. Bei der Beeinträchtigung der Hirnfunktionen muß berücksichtigt werden, daß die gleiche Noxe sowohl erregend wie hemmend wirken kann. Es ist allerdings die Frage, ob man angesichts der komplexen Funktionszusammenhänge im Gehirn mit einem so einfachen Schema wie Erregung und Hemmung auskommt.

Die möglichen Störungen sind sehr vielfältig. Im Jahre 1884 sagte *Thudichum*[1] in diesem Zusammenhang: »Viele Formen von psychischer Krankheit sind fraglos der äußere Ausdruck schädigender Einflüsse auf die Hirnsubstanz *durch Gifte*, die im Körper ›fermentiert‹ werden, ebenso wie psychische Auffälligkeiten infolge einer chronischen Alkoholintoxikation die sich summierenden Effekte einer relativ einfach gebauten giftigen Substanz sind, die außerhalb des Körpers ›fermentiert‹ wird. Diese Gifte werden wir, daran zweifle ich nicht, isolieren können, sobald wir die chemische Zusammensetzung kennen. Diese wird zu den entscheidenden Entdeckungen führen, um die wir uns letztlich bemühen müssen, nämlich die Entdeckung von Antidota zu den Giften und den fermentativen Vorgängen, aus denen die Gifte entstehen.« Es ist berechtigt zu fragen, wieweit wir in den vergangenen 100 Jahren in der Richtung, die *Thudichum* uns gezeigt hat, tatsächlich vorangekommen sind. *Bonhoeffer* prägte

im Jahre 1909 den Ausdruck akuter exogener psychischer Reaktionstyp und fragte nach dem ätiologischen Zwischenglied, das die Wirkung der innerhalb und außerhalb des Körpers entstandenen Toxine auf die Psyche erklären könnte. Wir würden heute nicht mehr nach *einem* ätiologischen Zwischenglied fragen. Wie Toxine psychische Störungen hervorrufen, vermögen wir aber auch heute noch nicht zu sagen. Die das Gehirn schädigenden Noxen lassen sich nach biochemischen Gesichtspunkten folgendermaßen einteilen:
1. Störungen des Gaswechsels
2. Störungen des Wasser- und Elektrolythaushaltes
3. Störungen der Nahrungsstoffaufnahme
4. Störungen der Verdauung, der Resorption, des Transportes und der Ausscheidung
5. Störungen des Intermediärstoffwechsels
6. Intoxikationen durch verschiedenartige Substanzen und deren Metaboliten.

Als Beispiel für eine biochemisch bedingte Störung sei angeführt: Im Jahre 1934 beschrieb *Fölling* eine Form der Oligophrenie, bei der die Aktivität des Enzymkomplexes Phenylalanin-Hydrolase soweit herabgesetzt ist, daß die normalerweise stattfindende Oxydation der essentiellen Aminosäure Phenylalanin zu Tyrosin nicht zustandekommt (Phenylketonurie, Brenztraubensäure-Schwachsinn, Föllingsche Krankheit). Die weitere Forschung ergab, daß in fast allen Stoffwechselbereichen solche Enzymdefekte vorkommen können. Die meisten derartigen Störungen sind bisher beim Aminosäurestoffwechsel gefunden worden (z. B. Ahornsirup-Krankheit, Hartlup-Syndrom). Ferner wurden Störungen des Kohlehydratstoffwechsels (z. B. Galaktosenie), Störungen im Lipoid- und Mucopolysaccharid-Stoffwechsel (z. B. amaurotische Idiotie), Gargoylismus oder Pfaundler-Hurler-Syndrom (metachromatische Leukodystrophie) entdeckt. Abgesehen von einigen Resorptionsstörungen handelt es sich hierbei meist um eine »Ein-Gen-Ein-Enzym-Störung«, so daß ein bestimmtes Enzym nicht oder nicht funktionstüchtig gebildet werden kann. Daraus resultiert eine Abbau- oder Umbaustörung der Substanz, für die das Enzym zuständig ist. Die Folgen davon sind, daß unphysiologisch große Mengen normaler oder anormaler Substanzen ge-

---

[1] *Thudichum* war ein Schüler von *Liebig*, praktizierte später in London und gilt als einer der ersten Biochemiker.

speichert oder unphysiologische Substanzen gebildet werden, die ihrerseits störend in den Stoffwechsel eingreifen.

Eine andere Möglichkeit ist, daß das Enzym trotz des genetischen Defektes noch gewisse Aktivitäten aufweist, so daß es erst im späteren Lebensalter zur Dekompensation des Stoffwechsels kommt. Als Beispiel hierfür sei die hepatolentikuläre Degeneration genannt, bei der es sich um eine autosomal rezessiv vererbte Störung einer mangelhaften oder fehlenden Umwandlung der Vorstufe des Caeruloplasmins in seine aktive kupferbindende Form handelt. Über 90% des Serumkupfers sind normalerweise an das Caeruloplasmin (entdeckt durch *Holberg* und *Laurell* 1948) gebunden. Bei seinem Fehlen oder der Minderung seiner kupferbindenden Aktivität ist das freie Kupfer im Serum vermehrt. Dieses wird dann nicht nur vermehrt mit dem Urin ausgeschieden, sondern lagert sich in verschiedenen Organen ab, besonders in der Leber, den Nieren und dem Gehirn. Nach außen hin sichtbar wird diese Ablagerung in der Cornea (Kaiser-Fleischerscher Cornealring).

Zu Störungen kommt es natürlich auch dann, wenn *Stoffe*, die das ZNS für seine Funktion und seinen Aufbau benötigt, *nicht in genügender Menge zur Verfügung stehen.*

So wurden in Gehirnen von Kindern, die an Unterernährung gestorben waren, eine erheblich verringerte Zellzahl gefunden. Der DNA-Gehalt war entsprechend erniedrigt. Die Entwicklungsstörung ist naturgemäß umso größer, je früher der Eiweißmangel während der Entwicklung eintritt. Ob ein solcher Entwicklungsrückstand wieder eingeholt werden kann, ist nicht sicher geklärt.

Die Erfahrungen im Kriege und in der Nachkriegszeit haben gezeigt, daß auch das Gehirn Erwachsener durch Unterernährung geschädigt werden kann. Dies scheint besonders dann der Fall zu sein, wenn in der Nahrung Eiweiß fehlt und dadurch die Entwicklung von Ödemen begünstigt wird. Klinisch bewirkt die Unterernährung Gedächtnisstörungen und in schweren Fällen Zustände von Benommenheit. Letztere treten dann auf, wenn es zu stärkeren Ödembildungen kommt. Es resultieren später mehr oder weniger starke Erweiterungen der Seitenventrikel. Klinisch können sich die Aus-

fallserscheinungen zurückbilden, aber die Hungerdystrophie kann auch eine Hirnleistungsschwäche, vegetative Regulationsstörungen und in seltenen schweren Fällen erhebliche cerebrale Dauerschäden hinterlassen. Im extremen Hungerzustand tritt der Tod nicht selten plötzlich durch die zunehmende intrakranielle Druckerhöhung ein, die zu Streckkrämpfen führt.

Glukosemangel ist klinisch vor allem bei Diabetikern zu beobachten. Bei geringem Absinken des Blutzuckerwertes auf 50–60 mg% kommt es nicht selten zu geordneten Dämmerzuständen. Die Betroffenen verrichten manchmal auch ihre alltägliche Arbeit weiter, haben aber hinterher für diese Zeit eine Amnesie. Solche Zustände treten auf, wenn zuviel Insulin gespritzt wird oder der Betreffende ungewohnte, schwere körperliche Arbeit verrichtet. Bei stärkerem Absinken des Blutzuckers kommt es zu einer zunehmenden Benommenheit, die schließlich in ein Koma übergeht. Alle diese Zustände sind reversibel, wenn frühzeitig in genügender Menge Glukose zugeführt wird. Bei jugendlichen Diabetikern, die häufig hypoglykämische Schocks durchmachen, können sich im Laufe der Zeit bleibende Hirnschädigungen einstellen, die psychisch in Form von mehr oder weniger ausgeprägten Wesensveränderungen in Erscheinung treten.

Auch *Sauerstoffmangel* kann zu verschiedenartigen, vorübergehenden und bleibenden psychischen Störungen führen. Sinkt das Sauerstoffangebot für das Gehirn unter 15% des Bedarfs ab, kommt es zu irreversiblen Schädigungen der Hirnsubstanz, wenn die Sauerstoffzufuhr erst nach 4 Minuten wieder einsetzt, weil dann die Energiereserven zur Erhaltung des Gewebes nicht so lange ausreichen. Sauerstoffmangelzustände geringeren Grades führen zu Funktionsstörungen im Gehirn in Abhängigkeit von der Geschwindigkeit ihres Auftretens. Parallel zur Zunahme des Sauerstoffmangels zeigt sich eine Minderung des Wachbewußtseins bis zum Koma. Bei gering ausgeprägtem chronischen Sauerstoffmangel können symptomatische Psychosen mit deliranten Zuständen, Halluzinosen oder paranoid-halluzinatorischen Bildern auftreten.

Bei den geschilderten psychischen Veränderungen ist das entscheidende das Sauerstoffangebot an das Hirngewebe. Sauerstoffmangel im Hirngewebe kann deswegen nicht nur durch Minderung des Sauerstoffgehaltes in der Atemluft, sondern auch durch Ateminsuffizienz, Verschlechterung der Hirndurchblutung, Verminderung der Erythrozytenzahl oder Verminderung oder Schädigung des Sauerstoffträgers in den Erythrozyten eintreten.

Die Auswirkungen des Sauerstoffmangels können zusätzlich von Veränderungen des Gefäßsystems bestimmt werden. Bei umschriebener Mangeldurchblutung resultieren fokale Ausfallserscheinungen der Hirnfunktion oder des Hirngewebes.

Schließlich spielt für das Auftreten von akuten symptomatischen Psychosen auch der *Mangel an Wasser* eine Rolle, etwa bei Diarrhöen oder im Wochenbett infolge sehr rascher Ausscheidung der während der Gravidität retinierten Flüssigkeit. Da ein Mangel an Flüssigkeit auch zu anderen Störungen führt, ist es allerdings fraglich, ob die Ursache allein in einem Wassermangel gesucht werden kann. Allerdings kann die Zufuhr entsprechender Flüssigkeitsmengen allein nicht selten derartige akute symptomatische Psychosen kupieren.

Obwohl das ZNS im ganzen gegen Einflüsse von Störungen im übrigen Organismus gut geschützt ist, können unter bestimmten Umständen doch Funktionsstörungen im Gehirn auftreten. Als Beispiele seien angeführt Kaliummangel postoperativ oder nach chronischem Laxantienabusus, Vitaminmangel (Thiamin, Vitamin B_{12}). Da die Nikotinsäure als Co-Enzym in den Kohlehydratstoffwechsel eingreift, kommt ihr möglicherweise in diesem Zusammenhang eine besondere Bedeutung zu. Bei Funktionsstörungen der Leber sowie bei endokrinen Störungen, um einige weitere Beispiele zu nennen, können die Störungsmechanismen bisher nicht auf einen einfachen Nenner gebracht werden. Wesentlich ist für alle diese biochemischen Störungen, daß die in ihrer Folge auftretenden psychischen Störungen in einem engen zeitlichen Zusammenhang mit ihnen stehen. Auf die Wirkung von pflanzlichen, tierischen und chemischen Giften, insbesondere Arzneimittel und Rauschgiften, sei an dieser Stelle nur hingewiesen. Ihre biochemischen Wirkungsmechanismen sind weitgehend ungeklärt.

Mit dem Energiestoffwechsel im ZNS ist der Stoffwechsel der *biogenen Amine* eng verknüpft. In den letzten Jahren wurden vor allem Störungen in diesem Bereich für das Auftreten von psychischen Störungen, insbesondere der endogenen Psychosen, verantwortlich gemacht. Damit kommen wir zu einem besonders schwierigen Bereich der Theorienbildung sowie der Forschung, in dem trotz zahlreicher interessanter Befunde bisher keine hinreichende Klarheit gewonnen werden konnte. Zunächst sei die Entwicklung der biochemischen Forschung im Hinblick auf die endogenen Psychosen skizziert, wobei es uns mehr auf die Art der Ansätze als auf Vollständigkeit ankommt. Einer der ersten derartigen Ansätze ging von einer Störung des Adrenalinstoffwechsels aus, nachdem sich gezeigt hatte, daß Andrenochrom in der Lage ist, Halluzinationen zu erzeugen. Darum wurde vermutet, daß eine möglicherweise genetische Enzymstörung zu diesem Stoffwechselprodukt des Adrenalins führe. In den folgenden Jahren wurde der Adrenalinstoffwechsel vollständig aufgeklärt. Dabei zeigte sich, daß abnorme Stoffwechselprodukte wie Adrenochrom und auch Adrenolutin sowohl bei psychisch Gesunden wie bei psychisch Kranken in sehr unterschiedlichen Mengen gefunden wurden. Diese Unterschiede korrelieren mit dem Ascorbinsäurespiegel im Blut, aber nicht mit der psychischen Verfassung der Untersuchten.

Seit einiger Zeit wird die Annahme diskutiert, daß eine Störung des Serotoninstoffwechsels bei der Genese psychischer Störungen eine besondere Rolle spielen könnte. Der Ausgangspunkt für die Serotonintheorien war der Befund, daß LSD in extrem niedrigen Dosen in der Lage ist, den Serotonineffekt auf glatte Muskulatur zu blockieren. Hieraus folgerten *Woolley* und *Shaw* im Jahre 1954: »Die demonstrierten Fähigkeiten von solchen Substanzen (Halluzinogenen, LSD) antagonistisch auf den Serotonineffekt bei glatten Muskeln zu wirken, sowie der Nachweis von Serotonin im Gehirn, legen nahe anzunehmen, daß die durch die Halluzinogene hervorgerufenen psychischen Veränderungen das Ergebnis eines Serotoninmangels sind, der durch sie im Gehirn hervorgerufen wird. Wenn dies zutrifft, dann können auch die in der Natur vorkommenden psychischen Störungen, z. B. die Schizophrenie, die durch die Wirkung der Drogen imitiert wird, als ein Serotoninmangel aufgefaßt werden als Folge einer entsprechenden Stoffwechselstörung.« Gleichzeitig hielt *Gaddum* es für möglich, daß Serotonin eine entscheidende Rolle dabei spiele, uns psychisch gesund zu halten, und daß der Effekt von LSD auf dessen hemmende Wirkung auf das Serotonin im Gehirn zurückzuführen sei. Diese Thesen lösten eine starke wissenschaftliche Aktivität aus. Zunächst wurde ein besonders hoher Serotoningehalt im limbischen System festgestellt, das mit der Affektivität in Beziehung stehen soll. Andere Befunde sprachen allerdings eher gegen die Serotoninthese, vor allem weil es möglich ist, durch 5-Hydroxytryptophan, der Vorstufe von Serotonin, den Serotoninspiegel im Gehirn deutlich zu erhöhen, 5-Hydroxytryptophan aber den gleichen klinischen Effekt zeigt wie LSD. Ein weiterer Einwand ist der günstige therapeutische Effekt von Reserpin, das den Spiegel von Serotonin und Noradrenalin im Gehirn senkt. Da die Gabe von Monoaminoxydasehemmern, also Stoffen, die das zum Abbau biogener Amine erforderliche Enzym blockieren, zu einer Erhöhung der biogenen Amine im Gehirn führt und bei Depressionen günstig wirkt, wurde ein Mangel der biogenen Amine bei endogenen Depressionen vermutet. Gegen diese These kann angeführt werden, daß der potenteste bekannte Monoaminoxydasehemmer, das Iproniazid, toxische Psychosen hervorrufen kann. Das gleiche vermag auch das Isoniazid, das die Monoaminoxydase nicht hemmt und den Serotoninspiegel im Gehirn kaum beeinflußt.

Diese Widersprüche konnten auch in der Folgezeit nicht aufgelöst werden. 1970 wurde das G-Dimethylserotonin, eine halluzinogene Substanz, im Urin von Schizophrenen nachgewiesen (*Tanimukai* et al. 1970). Andere Untersucher konnten diesen Befund allerdings nicht bestätigen. Eine neuere Hypothese besagt, daß bei der Schizophrenie eine mangelhafte Aktivität der Dopamin-Beta-Hydroxylase, die das Dopamin in Noradrenalin überführt, vorliegt. Hierdurch käme es zu einem Überschuß an Dopamin und damit zu einer Überaktivierung dopaminerger Neurone. Die Gabe von L-Dopa, der Vorstufe von Dopamin, das zur Behand-

lung von Parkinsonkranken gegeben wird, kann ebenfalls symptomatische Psychosen hervorrufen. Es wurde vermutet, daß das überschüssige Dopamin zu 6-Hydroxydopamin oxydiert würde. Chlorpromazin soll die Effekte dieses Metaboliten blockieren.

Im Gegensatz zu den ursprünglichen Theorien geht also die Tendenz zur Zeit eher dahin, bei psychischen Störungen, die mit Halluzinationen und Wahnideen einhergehen d.h. schizophrenen Erkrankungen, ein Überangebot von Transmittersubstanzen bzw. deren Metaboliten anzunehmen. Dabei muß es sich allerdings nicht um eine absolute Vermehrung dieser Substanzen handeln, sondern es könnte auch eine relative vorliegen, etwa bei einer Überempfindlichkeit der Rezeptoren oder einem Ungleichgewicht sich gegenseitig regulierender Systeme.

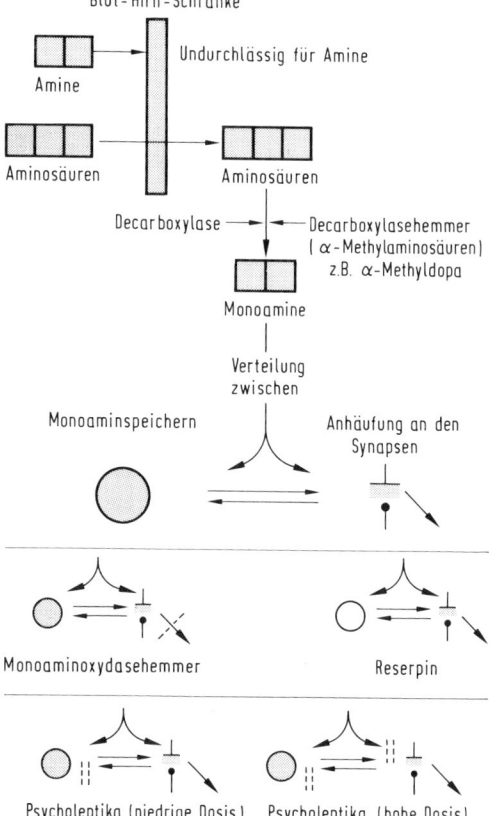

Verteilung der Monoamine zwischen Monoaminspeichern und Rezeptoren (Synapsen) und pharmakologische Einwirkungsmöglichkeiten in den Monoaminstoffwechsel.

Bei psychischen Zuständen, die mit Depressionen einhergehen, wird dagegen ein Mangel von biogenen Aminen an den Synapsen im Gehirn vermutet. Da sich die genannten psychischen Störungen in der Klinik nicht in entsprechender Weise polar gegenüberstehen, ist es fraglich, wieweit diese Theorien zutreffen. Diese werden auf der anderen Seite durch die Wirkung der Psycholeptika in gewisser Weise unterstützt. Diese Mittel greifen nicht in den Stoffwechsel der biogenen Amine ein, sie blockieren aber die Permeation der biogenen Amine von den Depots zu den Rezeptoren und umgekehrt, je nach der Höhe der Dosis, wie das Schema auf S. 392 zeigt. Bei geringen Dosen kommt es demnach zu einem Anstieg freier Amine an den Synapsen, bei höheren Dosen zu einer Verminderung derselben. Da schwachwirkende oder geringe Dosen stärker wirkender Psycholeptika einen antidepressiven Effekt haben und starkwirkende Psycholeptika oder hohe Dosen schwachwirkender Mittel günstig auf Halluzinationen und Wahnideen wirken, scheint sich hier nicht nur ein Verständnis für die Wirkung dieser Mittel, sondern auch für die den psychischen Erkrankungen zugrunde liegende biochemische Störung anzubahnen.

Auf weitere, in eine ähnliche Richtung gehende Untersuchungen und Hypothesen über Störungen in anderen Transmittersystemen gehen wir hier nicht ein, ebenso nicht auf die möglicherweise bei schizophrenen Erkrankungen vorhandenen spezifischen Eiweißkörper. Alle diese Befunde konnten von Nachuntersuchern bisher nicht bestätigt werden.

Abschließende Bemerkungen

Wesentlicher als Einwände gegen einzelne Untersuchungsbefunde dürfte für die Beurteilung der Bedeutung der Neurobiochemie für die Psychiatrie sein, daß so komplexe Funktionsabläufe wie psychische Störungen mit so verschiedenen Bildern wohl kaum auf *einen* ursächlichen Nenner zu bringen sind. Die Hoffnung, daß eine chemische Substanz, welcher Herkunft auch immer, die »Ursache« der Schizophrenie sein könnte, stützt sich zum Teil auf die Versuche, Modellpsychosen zu erzeugen, die in den dreißiger Jahren mit Mescalin und

seit 1943 auch mit dem damals entdeckten LSD gemacht wurden. Der Ansatz impliziert, daß es sich bei der Schizophrenie um eine symptomatische Psychose handelt. Das Problematische dieser Ansätze liegt nicht nur darin, daß es wohl kaum möglich ist, ein so komplexes Organ wie das Gehirn in seiner Struktur und Funktion zu verstehen, sondern auch darin, daß wir das ätiologische Zwischenglied zwischen biochemischen Veränderungen und psychischen Erscheinungen nicht kennen, wie *Bonhoeffer* bereits Anfang dieses Jahrhunderts sagte. Eine weitere Schwierigkeit ist, daß wir vom Klinischen her Schizophrenie bisher nicht exakt definieren können. Es ist eben die Frage, ob diese Erkrankung allein durch bestimmte Symptome charakterisiert ist. *Kurt Schneider* sprach von Symptomen ersten und zweiten Ranges für die Diagnose Schizophrenie, mußte aber die Einschränkung machen, daß sie nur dann gültig seien, wenn keine schwere körperliche Erkrankung vorliege. Andere Autoren, wie etwa *Bleuler*, sprechen von einer Grundstörung und bezeichnen die von *Kurt Schneider* herausgestellten Symptome ersten und zweiten Ranges nur als akzessorische Symptome; um nur zwei verbreitete Auffassungen anzuführen, die nicht auf einen Nenner zu bringen sind. Daher ist die Forderung, die Krankheitsbilder, an denen biochemische Untersuchungen vorgenommen werden, exakt zu definieren, verständlich. Die Frage, wie dies geschehen könne, ist allerdings bisher nicht gültig zu beantworten. In dieser Hinsicht ist aber in letzter Zeit eine Sensibilisierung für die Problematik eingetreten. Lange Zeit war es so, daß mit neuen Methoden Untersuchungen an schizophrenen Kranken durchgeführt wurden, weil man hoffte, daß die neue Methode zur Lösung des Rätsels »Schizophrenie« etwas beitragen könnte, ohne auch nur eine Hypothese zu formulieren. Im Grunde handelt es sich aber nicht nur um unzureichendes methodisches Vorgehen, sondern um eine prinzipielle Schwierigkeit, da die Diagnose »Schizophrenie« infolge ihrer mangelnden Präzisierbarkeit nicht geeignet ist, mit biochemischen Befunden in Beziehung gesetzt zu werden. Schließlich ist bisher auch nicht genügend geklärt, ob biochemische Befunde Ursache oder Folge der fraglichen schizophrenen Erkrankung sind.

33. Psychiatrische Genetik

Bei psychischen Krankheiten spielt der Gedanke, daß sie erblich sein könnten, in der Bevölkerung eine große Rolle. Derartige Vorstellungen werden fraglos durch die von den Nationalsozialisten propagierten Rassen- und Vererbungstheorien sowie durch das im Jahre 1934 erlassene »Erbgesundheitsgesetz« stark gefördert. Aufgrund dieses Gesetzes wurden viele psychisch Kranke sterilisiert. Dadurch wurde der Vorstellung Vorschub geleistet, daß Nachkommen psychisch Kranker mit hoher Wahrscheinlichkeit auch psychisch krank werden. Schon damals vorliegende Untersuchungen besagten, daß diese Annahme wissenschaftlich nicht zu begründen war. Dennoch wird heute sehr oft die Frage gestellt, ob man als Angehöriger eines psychisch Kranken Gefahr laufe, ebenfalls zu erkranken, und ob man Kinder haben dürfe bzw. wie stark diese gefährdet seien.

Das ehemals sehr große Interesse an der Erforschung der Genetik psychischer Krankheiten ging bei uns nach dem 2. Weltkrieg stark zurück, vermutlich zum Teil als Reaktion auf die Überbetonung dieser Problematik durch die Nationalsozialisten. Von Bedeutung hierfür ist fraglos auch das Aufkommen der psychogenetischen und soziogenetischen Thesen über die Entstehung psychischer Krankheiten, insbesondere der Schizophrenie. Diese Thesen kamen der Tendenz entgegen, äußeren Umständen überhaupt eine entscheidende Bedeutung für die Entwicklung des Menschen und die Entstehung von Krankheiten zuzusprechen. Da zudem ererbt mit unbeeinflußbar bzw. therapieresistent gleichgesetzt wurde, entstand eine Neigung, die Möglichkeit der Vererbung psychischer Krankheiten außer Betracht zu lassen. Insgesamt spielen bei der Beurteilung der Genetik psychischer Krankheiten aus der Zeitgeschichte und dem Zeitgeist stammende Vorurteile eine nicht zu übersehende Rolle. Es sei hierzu angemerkt, daß bis zum 2. Weltkrieg Befunde über die Vererbung endogener Psychosen als ein wesentlicher Beweis für ihre somatische Natur angesehen wurden.

Es führt in die Irre, Vererbung und Umwelteinflüsse als sich gegenseitig ausschließende Faktoren der Genese psychischer Krankheiten hinzustellen, da alles gegen die Verabsolutierung der einen oder anderen Position spricht. Es werden nämlich nicht unbeeinflußbare Zustandsbilder vererbt, sondern Informationen, die in Form von DNS-Sequenzen verschlüsselt niedergelegt sind. Die Erbinformationen zeichnen den Rahmen möglicher Reaktionen ab, die Umwelt bestimmt aber mit darüber, wie das Ergebnis gestaltet wird. Der Weg vom Geno-Typ zum Phäno-Typ geht über lange und komplizierte Wirk- und Reaktionsketten, in denen die Umwelt als Wirkfaktor eine erhebliche Rolle spielt, wobei es umweltlabilere und umweltstabilere Eigenschaften der Gene gibt. Die Alternative Anlage versus Umwelt ist also gegenstandslos. Das eigentliche Problem ist vielmehr die Interaktion dieser beiden Faktoren. Dabei ist der Zeitpunkt einer Umwelteinwirkung oft von Bedeutung.

Die häufig vertretene Ansicht, daß Vererbung ein somatischer Vorgang sei, impliziert, daß Genetisches »an den Menschen nicht heranreiche«. Das schließt die Annahme einer psychischen bzw. personalen Ebene des Menschen ein, die unabhängig vom Soma ist. Diese Problematik wurde bereits mehrfach angesprochen.

Zu den Methoden der psychiatrischen Genetik

Die ohnehin nicht ganz leichte *Identifikation von Chromosomen* spielt in der Psychiatrie bisher keine entscheidende Rolle. In gewissen Fällen sind Chromosomenaberrationen morphologisch feststellbar. Es kann sich dabei um Abweichungen sowohl der Zahl als der Form von Chromosomen handeln. Abnormitäten der Zahl können dadurch entstehen, daß sich bei der Keimzellbildung die Mitglieder eines Paares nicht trennen. Das Ergebnis sind dann zwei neue Zellen, von denen die eine beide Paarlinge, die andere keinen enthält. Im Falle der

Befruchtung durch normale Gameten entstehen dann entweder Zygoten mit drei Exemplaren des betreffenden Chromosoms (Trisomie) oder solche mit nur einem (Monosomie). Ein solcher Zusammenhang wurde von *Lejeune* und Mitarbeitern im Jahre 1959 für den Mongoloismus festgestellt, der in den meisten Fällen auf Trisomie des Chromosoms 21 zurückgeführt werden kann. Analoge Befunde wurden später bei einigen sehr seltenen Entwicklungsstörungen erhoben.

Besondere Bedeutung hat in den letzten Jahren die *Heterozygotenforschung* erlangt. Bei rezessivem Erbgang sind ja im allgemeinen nur die Homozygoten Merkmalsträger. Es wäre von größter Bedeutung für die Eugenik, wenn auch die Heterozygoten mit dieser Eigenschaft identifiziert werden könnten. Das ist bisher bei psychiatrischen Krankheiten u. a. für die juvenile amaurotische Idiotie gelungen sowie für einzelne andere seltene enzymatische Störungen. Wegen dieser Schwierigkeiten orientiert sich die psychiatrische Genetik an Unterschieden der Häufigkeit einer psychischen Krankheit in der Durchschnittsbevölkerung, den verschiedenen Verwandtschaftsgraden der Probanden (Familienmethode) sowie an den Unterschieden der Manifestation von psychischen Krankheiten bei ein- und zweieiigen Zwillingen (Zwillingsmethode).

Für die dem *epidemiologischen Ansatz* innewohnenden Schwierigkeiten sei auf die Ausführungen im Kap. 37.2 verwiesen.

Durch die *Familienforschung* wurden die früheren Ergebnisse im wesentlichen bestätigt. *Zerbin-Rüdin* berichtete 1971 über das Erkrankungsrisiko an Schizophrenie und stellte die Ergebnisse der wichtigsten Untersuchungen verschiedener Autoren zusammen:

Für die Ergebnisse der Familienforschung bei affektiven Psychosen sei auf die Übersicht von *Bleuler* in Kap. 7.4 verwiesen.

Bezüglich der Methodik der *Zwillingsforschung* seien anhand der Ausführungen von *E. Zerbin-Rübin* (1980) einige Bemerkungen vorausgeschickt: »Die Zwillingsforschung geht bekanntlich von der Voraussetzung aus, daß eineiige ebenso wie zweieiige Zwillingspartner in gleicher oder zumindest ähnlicher Umwelt aufwachsen. Die eineiigen Zwillinge (EZ) haben außerdem noch gleiches Erbgut, die

Erkrankungsrisiko an Schizophrenie, Zusammengestellt aus den wichtigsten Untersuchungen verschiedener Autoren.
In Klammern stehen die aus allen verfügbaren Untersuchungen errechneten Mittelwerte (Zerbin-Rüdin, 1971)

Verwandtschaftsgrad zu einem Schizophrenen	Erkrankungswahrscheinlichkeit (korrigierte Prozentziffern)	
Eltern	5 – 10	(6,3 ± 0,3)
Kinder	9 – 16	(13,7 ± 1,0)
Geschwister	8 – 14	(10,4 ± 0,3)
Zweieiige Zwillinge	5 – 16	
Eineiige Zwillinge	20 – 75	
Kinder zweier erkrankter Eltern	40 – 68	
Halbgeschwister	1 – 7	(3,5 ± 1,7)
Stiefgeschwister	1 – 8	
Enkel	2 – 8	(3,5 ± 0,7)
Vettern und Basen	2 – 6	(3,5 ± 0,4)
Neffen und Nichten	1 – 4	(2,6 ± 0,3)
Onkel und Tanten	2 – 7	(3,6 ± 0,3)
Großeltern	1 – 2	(1,6 ± 0,5)
Durchschnitt	0,85	

Die in Klammern angeführten Zahlen sind die aus allen verfügbaren Untersuchungen errechneten Mittelwerte.

zweieiigen (ZZ) nicht, sie sind sich darin nicht ähnlicher als gewöhnliche Geschwister. Sind EZ für ein bestimmtes Merkmal häufiger konkordant als ZZ, so spricht dies für Erblichkeit. Andererseits sind Unterschiede zwischen EZ-Partnern Ausdruck der Spielbreite der Erbanlage und deuten auf nicht erbliche Einflüsse hin«. Zu den Einwänden gegen dieses Konzept ist zu sagen, daß beim Menschen nichts darauf hindeutet, daß eine erbungleiche Teilung einer befruchteten Eizelle vorkommt. Menschliche eineiige Zwillinge stimmen vielmehr in allen untersuchten Erbmerkmalen überein. Die Umwelt ist aber für eineiige Zwillinge nicht so gleichartig, wie dies in der Regel angenommen wird. Schon die intrauterine Umwelt kann recht verschieden sein, etwa die gemeinsame Plazenta zu ungleicher Blutverteilung führen. Auch die spätere Umwelt ist bei eineiigen Zwillingen nicht durch besondere Ähnlichkeit ausgezeichnet. Es werden fast ebenso viele ZZ (40) wie EZ (50) gleich gekleidet. Dennoch ist die Umwelt für Zwillingspartner, seien sie ein- oder zweieiig, sicher ähnlicher als für Zwillinge und ihre Geschwister. Das Erkrankungsrisiko für Schizophrenie verhält sich aber gerade umgekehrt und zeigt größere Unterschiede zwischen EZ und ZZ als für ZZ und Geschwister.

Die psychiatrische Genetik wandte sich insbesondere dem Problem der Schizophrenie zu. Vergleiche der Konkordanz bei eineiigen und zweieiigen Zwillingen ergaben insgesamt nicht unerhebliche Unterschiede, die Konkordanz bei den eineiigen und zweieiigen Zwillingen zeigte aber ebenfalls erhebliche Unterschiede. So berichtet *Zerbin-Rüdin* für zweieiige Zwillinge über Konkordanzunterschiede von 2,1 bis 19,5% und für eineiige Zwillinge zwischen 13,8 und 85,8%, abgesehen von einer Untersuchung in Finnland, bei der in einer kleinen Serie keine wesentlichen Unterschiede gefunden wurden. Die Konkordanzrate von 85,8% hatte *F. J. Kallmann* 1946 gefunden. Er hatte sie mit starken mathematischen Alterskorrekturen errechnet. Eine Neuberechnung nach der üblichen Methode ergab die wesentlich niedrigere Konkordanzziffer von 59% bzw. 69% unter Einschluß wahrscheinlicher Schizophrenien (*J. Shields, Gottesman* u. *E. Slater*, 1967). Der Finne *P. Tienari* stellte bei einer Nachuntersuchung nach 5 Jahren fest, daß ein bzw. sechs Zwillingspartner auffällig geworden waren, was einer Konkordanz von 6% sicherer schizophrener Erkrankung bzw. 36% einschließlich wahrscheinlicher schizophrener Erkrankung entspricht. Trotz der Annäherung der beiden Extremwerte bleiben erhebliche Unterschiede zwischen den verschiedenen Untersuchungen bestehen, wobei zu sagen ist, daß die älteren Serien höhere als die neueren, und die skandinavischen insgesamt die niedrigsten Werte ergeben. Als Erklärungen für diese Unterschiede kommen in Betracht, daß die einzelnen Serien unterschiedlich zusammengesetzt sind, die Diagnose Schizophrenie nicht stets anhand gleicher Kriterien gestellt wurde, und auch der Konkordanzbegriff unterschiedlich aufgefaßt wird. Manche Autoren sehen Konkordanz nur dann als gegeben, wenn beide Zwillingspartner sehr ähnliche Symptome von sehr ähnlicher Stärke aufweisen (Konkordanz im engeren Sinne), andere Autoren dagegen nehmen sie schon dann an, wenn der Partner eines Schizophrenen ähnliche, aber weit schwächere und weniger behin-

dernde Symptome zeigt oder schwere psychotische Manifestationen anderer Art aufweist (Konkordanz im weiteren Sinne). Ferner ist zu beachten, daß ein niedriges Lebensalter der Zwillinge zu niedrige Konkordanzen ergibt, so daß lange Beobachtungszeiten erforderlich sind. Schließlich kann es sich auch um echte Unterschiede zwischen den Serien und einer Heterogenität der Populationen, aus denen sie stammen, handeln.

Insgesamt hat die Zwillingsforschung die Existenz einer erblichen Anlage bestätigt, so daß man nicht annehmen kann, daß schizophrene Erkrankungen eine ausschließlich psychische Genese haben können. Gleichzeitig zeigen die Untersuchungen aber auch, daß der Umwelt eine nicht unerhebliche Bedeutung für das Manifestwerden schizophrener Erkrankungen zukommt.

Eine weitere Methode zur Analyse der Bedeutung der Erbanlage und von Umwelteinflüssen, die sich in der psychiatrischen Genetik sehr bewährt hat, ist die Untersuchung frühadoptierter Kinder psychisch kranker biologischer Eltern, und umgekehrt, die Untersuchung biologisch gesunder Eltern frühadoptierter Kinder, die später psychisch krank wurden. Diese *Adoptionsstudien* bilden eine wichtige Ergänzung der Zwillingsuntersuchungen. *Zerbin-Rüdin* führt dazu aus: »Die erste und am klarsten definierte Untersuchung stammt von *L. Heston* (1966). Sie ging aus von 47 Kindern schwer schizophrener Mütter, die in einer psychiatrischen Klinik geboren, innerhalb von 3 Tagen von der Mutter getrennt wurden und in Heimen, Pflegestellen oder Adoptivfamilien aufwuchsen, aber niemals bei Verwandten mütterlicherseits. Im Alter von durchschnittlich 36 Jahren waren fünf Kinder schizophren geworden; das entspricht mit 16% genau dem Risiko, welches *Kallmann* generell für die Kinder Schizophrener festgestellt hatte. In der Kontrollgruppe erkrankte kein Kind. Sie bestand aus Kindern nichtpsychotischer Eltern, die ebenfalls ganz früh von der Mutter getrennt und nach Geburtsjahr, Geschlecht, Länge des Heimaufenthaltes und Art der endgültigen Erziehung den Probanden angeglichen worden waren. *J. Higgins* (1976) fand für die Kinder Schizophrener ebenfalls eine etwa gleichhohe Erkrankungsrate, ob sie nun zu Hause oder in

Pflegestellen aufgewachsen waren. In *Hestons* Serie zeigten weiterhin 13 Kinder eine soziopathische Persönlichkeit und 9 neurotische Persönlichkeitsstörungen, was *Heston* als Manifestation der schizophrenen Anlage ansieht. Andererseits gab es aber auch einige besonders »farbige« und positive Persönlichkeiten, wie sie in der Kontrollgruppe nicht zu verzeichnen waren. In der isländischen Untersuchung von *J. L. Karlsson* (1966) erkrankten die weggegebenen Kinder Schizophrener gar zu 29% (5 von 17). Jedoch ist die Serie sehr klein, einige Kinder waren von Verwandten aufgenommen worden, wobei selektive Einflüsse hereinspielen könnten. Breit angelegt und einfallsreich ist die amerikanisch-dänische Adoptionsstudie der Arbeitsgruppe um *S. S. Kety, D. Rosenthal, P. H. Wenders* und *S. Schulzinger* (1968). Im Jahre 1962 begann man, 5384 Adoptionsfälle aus den Adoptionsregistern von Groß-Kopenhagen mit dem psychiatrischen Zentralregister Dänemarks zu vergleichen und diejenigen Fälle herauszuziehen, in denen leibliche Eltern, Adoptiveltern oder Adoptivkinder an Schizophrenie erkrankt waren. Die Autoren verfolgten drei Hauptstrategien: Sie gingen aus 1. von Kindern schizophrener Eltern, die früh zur Adoption freigegeben worden waren (Methode von *Heston*), 2. von Adoptivkindern, die später an Schizophrenie erkrankten und 3. von Kindern nicht schizophrener Eltern, die von Schizophrenen adoptiert wurden. Dazu untersuchten sie Kontrollgruppen. Erste Befunde erschienen 1968 (*Rosenthal* u. *Kety*). Im weiteren Verlauf ergänzte man die ursprüngliche Beurteilung nach Aktenlage durch persönliche Interviews, bildete »gereinigte« und »erweiterte« Gruppen, berücksichtigte den psychischen Zustand des zweiten biologischen, nicht-schizophrenen Elternteiles (*Rosenthal* 1975) und sammelte Informationen über die Auskunft verweigernden Familien (*Paikin* et al., 1974). Die Untersuchungen sind noch in Gang und werden auf ganz Dänemark ausgedehnt.

In der ersten Gruppe erkrankten die adoptierten Nachkommen schizophrener Eltern zu 4% an einer klassischen Schizophrenie, d. h. fünfmal so oft wie die durchschnittliche Erwartung von 0,85% in der Bevölkerung. In der Kontrollgruppe war kein einziges Kind an Schizophrenie erkrankt. Bei der zweiten Gruppe, also bei den Adoptivkindern, die später schizophren wurden, untersuchte man ihre Verwandten. Es ergab sich, daß schizophrene Erkrankungen in den biologischen Familien weit häufiger vorkamen als in den Adoptivfamilien, allerdings waren klassische Schizophrenien bei den Verwandten relativ selten, und die schizophren gewordenen Adoptivkinder litten selbst nur zur Hälfte an einer klassischen Form einer schizophrenen Erkrankung. Die dritte Studie verfolgte das Schicksal von Kindern nicht schizophrener Eltern, die von Schizophrenen adoptiert worden waren. Kein einziges Kind erkrankte an einer schweren schizophrenen Erkrankung, aber 10,7% (3 von 28) an einer schizophrenen Erkrankung im weitesten Sinn. In der Kontrollgruppe war die Erkrankungsziffer genauso hoch, nämlich 10,1%, unter den Adoptivkindern mit leiblichen schizophrenen Eltern dagegen 18,8%.«

Die Adoptionsstudien haben bestätigt, daß bei der Genese schizophrener Erkrankungen ein Erbfaktor eine Rolle spielt. Darüber hinaus haben sie das Interesse an psychischen Störungen, die der Schizophrenie »verwandt« sind, neu belebt. Außerdem ergaben diese Studien weitere wichtige Ergebnisse, nämlich, daß Heimerziehung an sich das Risiko, an einer Schizophrenie zu erkranken, nicht vergrößert (*Heston* u. *Benney*, 1968), daß die Zugehörigkeit zu einer niedrigen sozialen Schicht die Genese schizophrener Erkrankungen nicht begünstigt (*Wender* u. Mitarb., 1973) und daß zwischen gestörten Eltern-Kind-Beziehungen und Auftreten psychischer Störungen beim Kind nur eine schwache Korrelation besteht (*Rosenthal* u. Mitarb., 1975).

Die Ergebnisse dieser Untersuchungen kann man dahingehend zusammenfassen, daß die Zwillingsuntersuchungen die Wichtigkeit der Umweltfaktoren zeigen konnten, während die Adoptiv-Studien die Bedeutung der Genetik demonstriert haben (*E. Kringlen*, 1981).

Hinsichtlich des *formalen Erbganges* ist eine sichere Aussage derzeit nicht möglich, da wir den Genotyp bei den endogenen Psychosen nicht kennen. Die gefundenen Erkrankungsziffern können weder mit einem dominanten noch mit einem rezessiven Erbgang in Einklang gebracht werden. Man kommt für beide nicht ohne Hilfshypothesen, wie Manifestations-schwankungen, Nebengene und Umwelteinflüsse aus. Darum hat die Annahme einer Polygenie, d. h. Beteiligung nicht nur eines Gen-Paares, sondern mehrerer, immer mehr an Bedeutung gewonnen, da hierbei die Erkrankungsziffern ja nicht einem dominanten oder rezessiven Erbgang entsprechen müssen. Auch Heterogenie ist in Betracht zu ziehen, d. h. verschiedene Gene oder Gen-Komplexe können jedes für sich eine endogene Psychose bewirken.

Alle so gewonnenen Befunde sprechen also dafür, daß die endogenen Psychosen keine reinen Erbkrankheiten sind und daß psychosoziale Faktoren allein ebenfalls für ihre Entstehung nicht verantwortlich gemacht werden können.

Teil VI

Ethische, rechtliche und sozialmedizinische Fragen und Probleme der Psychiatriereform

34. Ethische Fragen in der Psychiatrie

Bei psychisch Kranken ergeben sich für den Arzt ethische Fragen, die sich zum Teil von denen bei anderen Kranken unterscheiden. Der Grund dafür ist, daß ein Teil der psychisch Kranken sich nicht krank fühlt und deswegen Hilfs- und Behandlungsmaßnahmen nicht für erforderlich hält, während die Umgebung sich veranlaßt sieht, solche Maßnahmen zu ergreifen. Diese Maßnahmen müssen, wenn sie unumgänglich sind, auch gegen den Willen des psychisch Kranken durchgeführt werden. Die aus dieser Schwierigkeit resultierenden ethischen Fragen bei psychisch Kranken stellen sich insbesondere bei der

Unterbringung in einer geschlossenen Abteilung (Kap. 34.1)

Unterrichtung der Kranken über ihre Krankheit (Kap. 34.4) und die Notwendigkeit einer Behandlung (Kap. 34.1)

Einverständniserklärung zu therapeutischen Maßnahmen (Kap. 34.2) und der

Erprobung neuer Behandlungsverfahren (Kap. 34.3)

Zur Illustration der Problematik soll folgendes Beispiel dienen:

Ein etwa 30jähriger Mann übernachtet eines Tages im Freien auf einem unbebauten Grundstück. Bald stellt die Nachbarschaft fest, daß er dies regelmäßig tut. Da er sich aber sonst ganz unauffällig verhält und niemanden belästigt, wird er geduldet. Tagsüber ist er unterwegs. Was er treibt, bleibt verborgen. Als er beginnt, auf dem Grundstück aus aufgesammelten Hölzern eine Hütte zu bauen, die er zum Schlafen benützt, beobachten ihn die Nachbarn zunächst mit erhöhter Aufmerksamkeit. Da er weiterhin niemanden stört und offensichtlich über keinerlei Mittel für den nötigen Lebensbedarf verfügt, geben sie ihm einige Decken. Er nimmt sie wortlos an. Nachdem er sich auch tagsüber in der Hütte aufhält und offensichtlich nichts zu essen hat, beginnt die Nachbarschaft, ihm regelmäßig einen Topf Essen vor die Hütte zu stellen. Der Mann bedankt sich schweigend, spricht aber kein Wort mit seinen Helfern. Allen Versuchen, mit ihm ins Gespräch zu kommen, entzieht er sich, legt sich in seine Hütte und stellt sich schlafend. Als es Herbst wird, beginnen die Nachbarn sich Sorgen zu machen, da der Unbekannte nichts Warmes anzuziehen hat. Es besorgt sie auch, daß er offensichtlich weder sich noch seine Sachen wäscht. Obwohl er zunehmend schlechter aussieht, scheint ihm das alles nichts auszumachen. Er sitzt vielmehr häufig stundenlang in hoheitsvoller Haltung unbeweglich im Freien und schaut in die Ferne. Schließlich raffen sich die Nachbarn auf und begeben sich gemeinsam zu ihm, um die Situation zu besprechen. Der Unbekannte spricht zum ersten Mal und erklärt in heftigem Ton, das Grundstück gehöre ihm. Es sei unerhört, daß man ihn ständig bestrahle und so seine geistigen Kräfte beeinflusse. Er müsse sich durch die Anspannung aller Kräfte dagegen wehren, um nicht zu erliegen. Man solle sich gefälligst entfernen, denn es sei schon genug, daß man ihn durch Strahlen belästige und schädige. Die Nachbarn ziehen sich betroffen zurück. Unter ihnen entsteht dann eine lebhafte Diskussion darüber, was jetzt zu machen sei. Die einen meinen, man dürfe den Mann, der doch offensichtlich krank sei, nicht sich selbst überlassen, es müsse etwas geschehen. Die anderen vertreten die Ansicht, er tue doch nichts Böses, man habe deswegen kein Recht einzuschreiten. Wo käme man hin, so argumentieren sie, wenn immer gleich etwas gemacht werde, wenn jemand mal seine komische Tour habe. Schließlich setzt sich die Meinung durch, man müsse das Gesundheitsamt verständigen, da der Mann infolge Verschmutzung Ungeziefer anzöge und darum zu einer Infektionsgefahr werde. So geschieht es. Der Amtsarzt gewinnt den Eindruck, es handle sich um einen psychisch Kranken, der sich selbst gefährde und infolgedessen in einer geschlossenen psychiatrischen Abteilung untergebracht werden müsse. Es wird ein Krankenwagen bestellt. Der Unbekannte weigert sich, in diesen einzusteigen, leistet aber keinerlei Widerstand, als die Sanitäter sagen, sie würden ihn in den Wagen hineintragen. In der psychiatrischen Klinik paßt er sich in den Stationsbetrieb ohne weiteres ein, sitzt aber immer für sich und spricht kein Wort. Er versorgt sich ordentlich, fällt lediglich dadurch auf, daß er viele Stunden unbeweglich auf einem Stuhl im Tagesraum oder Garten sitzt und angespannt in die Ferne schaut. So geht es über drei Wochen. Eines Tages schaut er den Arzt, der sich neben ihn setzt, plötzlich durchdringend an, faßt ihn fest am Arm und erklärt, er sei königlicher Herkunft und stehe in einem schweren Kampf mit einer Gruppe von Jesuiten, die ihn durch Strahlen auf seinen Kopf und die inneren Organe vernichten wollten. Sie wüßten über seine Gedanken Bescheid und nähmen auch Einfluß auf diese, so daß er nicht denken könne, was er wolle. Nur durch die Anspannung aller Kräfte könne er ihnen widerstehen. Er habe den Eindruck, von dem Arzt ginge eine Kraft auf ihn über, so daß er die Oberhand gewonnen habe und darum jetzt sprechen könne. Nach einem ausführlichen Gespräch über seine Situation erklärt er sich damit einverstanden, Medikamente einzunehmen, um seine Kräfte in dem Kampf zu stärken bzw. sich gegen die Einflüsse zu schützen, da der Arzt ja nicht ständig neben ihm bleiben könne. Nach dreiwöchiger Behandlung spürt der Kranke keine Beeinflussung mehr und fühlt sich wie von einem Bann befreit, was er immer wieder bestätigt. Über seine königliche Abstammung spricht er nicht gern, dabei hält er daran fest, ein Sohn von Jesus Christus zu sein. Er wünscht jetzt seine Entlassung. Als er auf die Frage, wohin er gehen wolle, keine Antwort geben kann, ist er damit einverstanden, in der Klinik zu bleiben, bis ein Zimmer und ein Arbeitsplatz gefunden sind. Obwohl er Diplom-Ingenieur

ist, will er nicht mehr in diesem Beruf arbeiten. Seine Absicht ist vielmehr, eine einfache Arbeit zu verrichten, bei der er sich mit seinen religiösen Problemen beschäftigen könne und gerade so viel verdiene, wie er fürs Leben brauche. So nimmt er eine Stelle als Küchenhilfe in einem großen Betrieb an. In den folgenden Jahren arbeitet er zu aller Zufriedenheit. Er gilt als Sonderling. Regelmäßig kommt er von sich aus zum Arzt, um seine Probleme mit ihm zu besprechen. Dabei spielt sich das Gespräch so ab, daß er seine Gedanken vorträgt, ohne eine Stellungnahme zu erwarten. Zeitweise fühlt er sich wieder bestrahlt und nimmt dann für einige Wochen wieder das Medikament. Weitere Einzelheiten der Krankengeschichte sind hier nicht von Bedeutung und werden deswegen nicht referiert.

Dem Mann selbst erscheint sein Leben durchaus sinnvoll. Er stellt aber die Umgebung vor schwierge Probleme, die jedenfalls eine Entscheidung erfordern. Denn was man auch tut, in jedem Fall übernimmt man eine erhebliche Verantwortung. Bei der folgenden Erörterung geht es nicht darum zu klären, ob die Entscheidungen, die in diesem Fall gefällt wurden, richtig waren, sondern darum aufzuzeigen, um welche Art von ethischen Entscheidungen es sich in solchen Fällen handelt. Weil es immer wieder Anlaß zu Mißverständnissen gibt, sei ausdrücklich darauf hingewiesen, daß es bei diesen ethischen Entscheidungen keine letzte Sicherheit geben kann, es muß vielmehr immer ein Ermessensspielraum bleiben, der die Individualität des Kranken und des Arztes sowie die gesamte Situation berücksichtigt. Ist das nicht der Fall, dann wird über den Kranken verfügt. Gewisse Richtlinien für das Vorgehen sind aber jedenfalls berechtigt und erforderlich.

34.1 Unterbringung in einer geschlossenen Abteilung

Beginnen wir mit dem schwersten Eingriff in den persönlichen Bereich, der bei obigem Fall vorgenommen wurde, nämlich der Unterbringung in einer geschlossenen psychiatrischen Abteilung. Hieran läßt sich die bei solchen Fällen gegebene Schwierigkeit am besten erörtern. Die Unterbringung in einer geschlossenen Abteilung bedeutet einen Entzug von Freiheit.

Geschlossene Abteilung bedeutet darüber hinaus stärkeres Eingefügtwerden in eine bestimmte Ordnung und Gemeinschaft in einem beschränkten Raum und Unterwerfung unter bestimmte Gegebenheiten als auf jeder anderen Krankenstation. Auf die juristische Seite der Problematik wird hier nicht eingegangen. Sie ist durch die Unterbringungsgesetze der einzelnen

Bundesländer geregelt (s. Kap. 35). Trotz des äußerlichen Freiheitsentzuges muß man sich fragen, inwieweit dem Kranken im obigen Fall tatsächlich die Freiheit entzogen wurde, mit anderen Worten, ob er tatsächlich innerlich »frei« war, juristisch ausgedrückt, ob er geschäftsfähig war bzw. seine Angelegenheiten besorgen konnte, oder ob er diese Freiheit infolge seiner psychischen Störung verloren hatte. Ist das der Fall, kann ein Eingriff nicht nur berechtigt, sondern geradezu gefordert sein, wenn Gefahr für den Betreffenden besteht. Es ist natürlich die Frage, ob zu der Hilfe auch die Unterbringung in einer geschlossenen Abteilung gegen den Willen des Betreffenden gehört. Die berichtete Geschichte zeigt, daß bei dem Unbekannten tatsächlich ein gewisser Verlust an Freiheit eingetreten war. Er konnte sich nicht selbst versorgen, bettelte nicht, war vital dadurch gefährdet, daß seine abnormen Erlebnisse ihn ganz bannten. Rechtfertigt das einen solchen Eingriff? Die Unterbringung in einer geschlossenen Abteilung ist nur zu rechtfertigen, wenn mit anderen Mitteln die vorhandene Gefahr nicht abgewendet werden kann. Die Nachbarn haben die Gefahr der Mangelernährung mit allen ihren Folgen lange Zeit behoben. Es stellt sich darum die Frage, wie lange Derartiges von der Umgebung geleistet, aber auch gefordert werden kann. Im vorliegenden Fall trat eine Zuspitzung der Situation durch die kühlere Jahreszeit ein. Im Winter wären die Gefahren für den Mann weiter angestiegen, und man hätte den Aufwand für eine ausreichende Versorgung erheblich steigern müssen. Wieweit ist die Umgebung hier verpflichtet? Hätte die Versorgung auch noch einen weiteren Sommer und Winter von den Nachbarn geleistet werden müssen? Modifiziert man das Beispiel in der Weise, daß der Betreffende für seinen Unterhalt sorgt, sei es durch Betteln oder Gelegenheitsarbeit, ergibt sich die Frage, ob das abnorme Verhalten als solches ein hinreichender Grund gewesen wäre, einzugreifen und den Betreffenden in einer geschlossenen Abteilung unterzubringen. Dagegen, daß man den Betreffenden gewähren läßt, könnte eingewandt werden, daß ein Ingenieur doch ein anderes Leben führen kann, als der Unbekannte es für sich erwählt hat. Solange der Gedanke nicht auftaucht, daß eine psychische Krankheit vorliegt, muß man

einen Sonderling zweifellos willfahren lassen. Aber, so wird nicht selten eingewandt, ein Sonderling ist doch nicht psychisch gesund. Wenn man so argumentiert, entsteht die Gefahr, daß die eigenen Maßstäbe oder kollektive Vorstellungen verabsolutiert werden und das Gebot der Toleranz nicht beachtet wird. Hält man unter diesen Gesichtspunkten einen Eingriff tatsächlich für berechtigt, bleibt immer noch die Frage, ob die Unterbringung in einer geschlossenen Abteilung gerechtfertigt ist. Das macht deutlich, daß man nicht der Versuchung erliegen darf, alles regeln zu wollen, wobei sich die Frage stellt, anhand welcher Maßstäbe das zu geschehen hätte. Wenn ein Eingriff für erforderlich gehalten wird, muß man dem Kranken gegenüber zu diesem Entschluß stehen, d. h. man darf dem Betreffenden z. B. nicht vorspiegeln, es sei lediglich noch eine zusätzliche Untersuchung erforderlich, wenn man ihn in Wirklichkeit in die geschlossene Station einer psychiatrischen Klinik verlegen will. In der gleichen Weise, wenn auch etwas versteckter, sind die Nachbarn in unserem Beispiel vorgegangen. Auch sie haben nicht gewagt, den wahren Sachverhalt anzusprechen, sondern haben mit der Gefahr, daß der Unbekannte Ungeziefer anzöge, ihr Eingreifen begründet. Es besteht nämlich im allgemeinen eine Scheu, psychisch Kranke direkt anzusprechen. Statt dessen werden »außerpersönliche«, »objektive« Argumente herangezogen, die ein Verfügen über den Kranken rechtfertigen sollen.

Angefügt seien hier noch einige Bemerkungen über die Unterbringung psychisch Kranker in geschlossenen Abteilungen. Diese Maßnahme wird seit jeher immer wieder kritisiert und wurde neuerdings von K. *Dörner* (1969) als »Ausgrenzung der Unvernunft« apostrophiert. Dazu ist zunächst zu sagen, daß keineswegs »die« Unvernunft ausgegrenzt wird. Es werden überhaupt nur 10% der psychisch Kranken stationär behandelt und hiervon nicht annähernd alle in geschlossenen Abteilungen, in denen sich im Jahre 1973 nur 54% der Betten psychiatrischer Einrichtungen befanden (Enquête-Bericht, 1975). Ferner ist zu beachten, daß auch andere Kranke »ausgegrenzt« werden, wenn die Kraft, sie zu Hause zu pflegen, nicht ausreicht. In der Psychiatrie handelt es sich insofern um ein besonderes Problem, da psychisch

Kranke, wie gesagt, nicht sehr häufig, aber doch immer wieder eine Gefahr für sich selbst, seltener eine Gefahr für andere darstellen. Nur dann ergibt sich die Frage der Unterbringung in einer geschlossenen Abteilung. Die Unterbringung ist also in der Regel eine fürsorgliche Maßnahme zum Schutz des psychisch Kranken, nur in seltenen Fällen der Umgebung. Die Selbstgefährdung ist hauptsächlich durch Suizidalität gegeben, kann aber auch in einer Gefährdung der Gesundheit oder drohenden Verwahrlosung bestehen. Da die Selbstgefährdung vorübergehend ist, müssen zwei Möglichkeiten abgewogen werden: darf man den Kranken, der die Gefahr mangels Einsicht und der Unmöglichkeit, gemäß der Einsicht zu handeln, aus eigenem Vermögen nicht abwenden kann, sich selbst überlassen, oder ist man gehalten, ihn zur Abwendung dieser Gefahren vorübergehend in einer geschlossenen Abteilung unterzubringen, also einen nicht unerheblichen Eingriff in die persönlichen Rechte vorzunehmen. Beim Abwägen der beiden Möglichkeiten spielen die äußeren Umstände natürlich eine Rolle. Das darf aber nicht darüber hinwegtäuschen, daß jedenfalls eine sehr verantwortungsvolle Entscheidung getroffen werden muß. Überläßt man den Kranken sich selbst, ist man zwar der Unterbringung aus dem Weg gegangen, aber man ist auch gefragt, ob man die erforderliche Hilfe geleistet hat. Ist man gewillt, eine Unterbringung vorzunehmen, wird einem womöglich vorgehalten, daß man einen unverhältnismäßig schweren Eingriff in die Grundrechte des Kranken vorgenommen habe. Entscheidet man

sich für die Unterbringung, muß man selbstverständlich auch in besonderer Weise für den Kranken sorgen.

Die Gefährlichkeit psychisch Kranker für andere wird erfahrungsgemäß weit überschätzt. Gewalttaten begehen psychisch Kranke nicht häufiger als Gesunde, wie *W. Böker* und *H. Häfner* in einer umfangreichen Studie gezeigt haben (»Gewalttaten Geistesgestörter«, 1973).

Die Notwendigkeit, psychisch Kranke aus einem der genannten Gründe in geschlossenen Abteilungen unterzubringen, wird mitbestimmt von der Zahl des für die Betreuung der Kranken zur Verfügung stehenden Personals. Ist es möglich, jedem gefährdeten Kranken Tag und Nacht eine Pflegeperson zuzuordnen, erübrigen sich geschlossene Abteilungen. Diejenigen Einrichtungen in der Welt, in denen das möglich ist, haben allerdings zehn- bis zwölfmal soviel Pflegepersonal im Verhältnis zur Zahl der Kranken wie unsere psychiatrischen Einrichtungen und nehmen obendrein Schwerstkranke nicht auf. Es ist leicht zu fordern, geschlossene Abteilungen seien aufzulösen. Zu verantworten ist das nur, wenn die Voraussetzungen dafür auch gegeben sind. Es darf, mit anderen Worten, an der Realität von Schwierigkeiten, die es bei der Versorgung psychisch Kranker durchaus geben kann, nicht vorbeigeredet werden. Man wird dadurch nicht nur den Kranken nicht gerecht, sondern gerät auch dahin, Schwierigkeiten und letztlich die Existenz solcher Kranken überhaupt zu leugnen.

34.2   Einwilligung zur Behandlung

Ist der Kranke untergebracht, ist die nächste Frage, ob eine Behandlung einzuleiten ist, um die Ursache der entstandenen Gefahr zu beseitigen, d. h. darf oder muß man, notfalls gegen den Willen des Kranken, eine Therapie durchführen. In dem vorliegenden Fall wurde eine Behandlung erst einige Zeit nach der Einlieferung eingeleitet. Behandlung, die ja stets einen Eingriff bedeutet, ist nur bei Zustimmung des Betreffenden oder seines gesetzlichen Vertreters berechtigt. Hat der Kranke in unserem Fall der Behandlung wirksam zugestimmt? Er

wurde ja lediglich seinem Verständnishorizont gemäß über die Wirkung der Mittel unterrichtet. Da die kurzfristige Gabe dieser Mittel ungefährlich ist, bestand kein Mißverhältnis zwischen Ausführlichkeit der Aufklärung und dem Behandlungsrisiko. Hätte man mit einer derartigen Aufklärung aber auch einen operativen Eingriff, ja auch nur eine Lumbalpunktion vornehmen dürfen? Könnte man eine solche ohne sachgerechte Aufklärung rechtfertigen, wenn, eine andere Modifikation unseres Beispiels, eine progressive Paralyse differentialdiagnostisch in Betracht gekommen wäre? Wiederum hätte sich die Situation verändert, wenn eine akute Gefahr, etwa durch eine akute Appendizitis, eingetreten wäre, der Unbekannte die durch sie bedingten Beschwerden aber auf die »Bestrahlung« zurückführt und darum einen Eingriff abgelehnt hätte. Im allgemeinen ist aus der klinischen Erfahrung zu sagen, daß sich psychisch Kranke, von ganz seltenen Ausnahmen abgesehen, bei solchen Ereignissen situationsgerecht verhalten. Wäre bei nicht situationsgerechtem Verhalten ein operativer Eingriff zu rechtfertigen?

Die Frage der Aufklärung stellt sich auch bei psychotherapeutischem Vorgehen, denn auch dieses stellt einen Eingriff dar: die Absicht etwa einer psychoanalytischen Behandlung ist ja, nicht das Symptom als solches zu beseitigen, sondern die Persönlichkeitsstruktur zu verändern, von der es ausgeht. Dabei handelt es sich natürlich nicht um akute Lebensgefahr, auch nicht um die Gefahr von Verwahrlosung und Verhungern, sondern um einen Eingriff in die Eigenart des Betreffenden, der ihn von der psychischen Störung befreien soll. Daher ist eine eingehende Aufklärung über die Art des Eingriffes und mögliche Schwierigkeiten, die dabei auftreten, etwa Ängste, angezeigt, da der Eingriff ja nicht unter dem Druck einer vitalen Gefährdung erforderlich ist. Bemerkenswerterweise wird übrigens ein operativer Eingriff in der Regel als gravierender empfunden als ein solcher, der die Persönlichkeit verändern soll. Die Zustimmung zur psychoanalytischen Behandlung wird zudem unter Leidensdruck gegeben. Man muß darum nach der Freiheit fragen, die dem Kranken in einer solchen Situation verbleibt.

Insgesamt darf die Entscheidungsfreiheit des Kranken aber auch nicht durch die Art der Aufklärung eingeschränkt werden, etwa dadurch, daß gesagt wird: Wenn er den Eingriff nicht dulde, sei der Betreffende in wenigen Tagen tot oder die weitere Behandlung werde dann abgelehnt. Keinerlei Zustimmung zur Behandlung können Bewußtlose nach Suizidhandlungen geben. Auch wenn sie durch einen Abschiedsbrief ihre Absicht, nicht mehr leben zu wollen, kundgetan haben, ist man verpflichtet, den Betreffenden zu behandeln. Man darf einen Hilflosen nicht seinem Schicksal überlassen, ganz unabhängig davon, wie er in diese Lage gekommen ist, denn man muß sich in einer Gemeinschaft darauf verlassen können, daß einem Hilfe zuteil wird, wenn man in Not gerät. Bei Suizidanten können dabei sehr schwierige Situationen entstehen. Als Arzt darf man sich dabei aber nicht dazu drängen lassen, darüber zu entscheiden, ob das Leben des Betreffenden »lebenswert« sei (s. Kap. 36). Es handelt sich also bei der Rettung von Suizidanten eben nicht um Probleme der modernen Intensivmedizin, nämlich darum, ob das Leben eines Menschen so lange wie möglich erhalten werden muß, wenn bei kritischer Abwägung letztlich keine Aussicht mehr besteht, ihn retten zu können.

34.3 Erprobung neuer Behandlungsverfahren

Sehr komplex wird die ethische Fragestellung, wenn neue Behandlungsverfahren in der Klinik erprobt werden sollen. Erprobungen sind immer erforderlich, da die bisherigen Behandlungsverfahren durchaus noch verbesserungsbedürftig sind. Hier ist eine dem Verstehenshorizont entsprechende Aufklärung, die natürlich sehr eingehend sein muß, unabdingbar. Eine weitere wichtige Voraussetzung, etwa bei neuen Pharmaka, sollte sein, daß langfristige Selbstversuche Gesunder, womöglich der Untersucher selbst, vorausgegangen sind, so daß man eine Schädigung beim Menschen ausschließen und dem Kranken klarmachen kann, daß man versuche, ihm mit dem neuen Mittel auf bestmögliche Art zu helfen. Schließlich ist die Versuchsplanung und die Art der Durchführung einem Gremium (Ethikkommission) vorzulegen, das nicht an der Untersuchung beteiligt ist.

34.4 Aufklärung von psychisch Kranken und deren Angehörigen

Die Aufklärung von psychisch Kranken und ihren Angehörigen ist eine wichtige Aufgabe des Arztes. Hierbei muß man sich dem Kranken gegenüber ebenfalls in seinem Verstehenshorizont bewegen, wie dies bereits für die medikamentöse Behandlung dargelegt wurde. Schwieriger ist in der Regel die Informierung der Angehörigen. Dabei ist zu beachten, wer unterrichtet werden darf. Dies sind, juristisch gesehen, nur die Eltern unmündiger Kinder. Sonst gilt z. B. auch Ehepartnern gegenüber die ärztliche Schweigepflicht. Wird diese rigoros gehandhabt, so wird die Verweigerung der Auskunft womöglich als schlimme Nachricht ausgelegt, die sich zum Nachteil des Kranken auswirken kann. Man ist aus diesem Grunde nicht selten genötigt, im Interesse des Kranken doch gewisse Auskünfte zu geben. Diese beziehen sich erfahrungsgemäß vor allem auf die Prognose. Die Angehörigen haben im Hinblick auf diese meist erhebliche Ängste und Befürchtungen, da in der medizinischen Laienliteratur und in Gesundheitslexika psychische Krankheiten häufig pauschal als unheilbar beschrieben werden und von der Notwendigkeit gesprochen wird, psychisch Kranke lebenslänglich zu internieren. Die Ängste und Befürchtungen werden in der Regel aber nicht direkt geäußert und geringste Andeutungen des Arztes stark überbewertet. Besonders gefürchtet ist der Ausdruck Geisteskrankheit, der als Bezeichnung für »hoffnungslos verrückt« verstanden wird. In gerichtlichen Beschlüssen zur Unterbringung wird im juristischen Sinn von »Geisteskrankheit« gesprochen (s. Kap. 35), was zu schweren Mißverständnissen führen kann. Aus diesen Gründen sind Auskünfte mit großer Behutsamkeit und wohlbedacht zu geben, ohne dabei die tatsächliche Situation zu verschleiern, und es ist zu bedenken, mit welcher Gewißheit man Aussagen machen kann. Die Möglichkeit, daß man sich als Arzt irren und eine falsche Prognose stellen kann, ist in diese Überlegungen jedenfalls einzubeziehen. Diese Behutsamkeit darf aber nicht zu einem Drumherumreden werden, und die Auskunft darf auch nicht lediglich beschwichtigend sein. Zu beachten ist ferner, daß psychisch Kranke dem Arzt oft sehr persönliche Dinge anvertrauen, die keinesfalls weitergegeben werden dürfen, auch nicht an Ehepartner, Eltern oder Kinder, auch nicht, wenn die Kranken sich mit Auskünften an die nächsten Angehörigen einverstanden erklären. Sehr wesentlich ist weiter, die Angehörigen nicht nur mit einer Information zu entlassen, sondern ihnen auch zu helfen, mit dieser und vor allem mit dem Kranken in angemessener Weise umzugehen. Mit anderen Worten: So wie der Kranke müssen auch die Angehörigen als Partner ernstgenommen werden, sie müssen wahrheitsgemäß unterrichtet werden über das, was für sie wesentlich ist, aber nicht über die gesamte medizinische Problematik.

35. Psychisch Kranke betreffende Rechtsfragen und Gutachtertätigkeit

In einer Rechtsgemeinschaft wird davon ausgegangen, daß ihre erwachsenen Mitglieder fähig sind, verantwortlich zu handeln. Diese Fähigkeit kann bei psychisch Kranken beeinträchtigt oder aufgehoben sein. Die sich hieraus ergebenden Fragestellungen seien für die Bereiche des Privatrechtes und des öffentlichen Rechtes dargelegt.

35.1 Privatrecht

Das Privatrecht basiert auf dem Prinzip der Privatautonomie, d. h. der einzelne kann seine Rechtsbeziehungen frei nach seinem Willen gestalten. Die Art, wie dies in unserer Rechtsgemeinschaft zu geschehen hat, ist im Bürgerlichen Gesetzbuch (BGB) geregelt. Gegenstand des Privatrechts sind die Verhältnisse der einzelnen, z. B. ihre vertraglichen und sonstigen Schuldverhältnisse (Kauf, Miete, Darlehen, Schadenersatz), die Eigentumsverhältnisse, die Familienverhältnisse, die Zusammenschlüsse zu Vereinen und Gesellschaften, also all diejenigen Rechtsverhältnisse des einzelnen im gesellschaftlichen Zusammenleben, die von der Gleichberechtigung der Bürger untereinander ausgehen. Bei der Realisierung von Interessen entstehen entweder einseitige Rechtsgeschäfte, zu denen die Abgabe der Willenserklärung eines Menschen genügt (z. B. Errichtung eines Testaments) oder zweiseitige Rechtsgeschäfte, wenn zwei Parteien sich über einen Sachverhalt einig geworden sind und einen Vertrag geschlossen haben (z. B. bei einem Kauf). Um selbständig Rechtsgeschäfte zu tätigen, muß man fähig sein, verantwortlich zu handeln, im BGB heißt das geschäftsfähig sein. Unter Geschäftsfähigkeit, die im Gesetz nicht definiert ist, versteht man die Fähigkeit, selbständig mit voller Wirksamkeit Rechtsgeschäfte vorzunehmen. Die volle Geschäftsfähigkeit entsteht erst im Laufe des Lebens. Das Kind ist zunächst geschäftsunfähig. Mit Vollendung des 7. Lebensjahres wird es beschränkt geschäftsfähig (§ 106 BGB). Mit dem 18. Lebensjahr wird die volle Geschäftsfähigkeit erreicht, und die elterliche Gewalt über ihn (§ 1626 BGB) endet. Das BGB geht stillschweigend davon aus, daß jeder voll geschäftsfähig ist. Es regelt lediglich die Ausnahmefälle der Geschäftsunfähigkeit und beschränkten Geschäftsfähigkeit (§ 104 und § 105 BGB). Ein Sonderfall der Geschäftsfähigkeit ist die Testierfähigkeit, d. h. die Fähigkeit, ein Testament zu errichten. Die Fragen der Testierunfähigkeit sind im § 2229 BGB geregelt. Ferner ist anzuführen die Deliktfähigkeit, d. h. die Verschuldenshaftung im Privatrecht. Wer infolge ungenügender geistiger Entwicklung (§ 828 BGB) oder geistiger Störung (§ 827 BGB) für seine Handlung nicht verantwortlich gemacht werden kann, ist für den verursachten Schaden nicht haftbar.

Die Geschäftsfähigkeit bezieht sich nur auf bestimmte Rechtsgeschäfte. Da es aber Personen gibt, die ihre Angelegenheiten nicht zu besorgen vermögen, kann zu ihrem Schutze eine Vormundschaft errichtet werden, etwa für Minderjährige (§ 1773 BGB). Tritt bei einem Volljährigen eine solche Unfähigkeit ein, so kann in der Weise für ihn gesorgt werden, daß er entmündigt wird und einen Vormund erhält (§ 6 BGB), oder dadurch, daß eine Pflegschaft errichtet wird (§ 1910 BGB). Der Schutzgedanke für den einzelnen ist im § 6 Abs. 2 (wer durch Verschwendung sich oder seine Familie der Gefahr des Notstandes aussetzt) und in § 6 Abs. 3 BGB (wer infolge von Trunksucht seine Angelegenheiten nicht zu besorgen vermag oder sich oder seine Familie der Gefahr des Notstandes aussetzt oder die Sicherheit anderer gefährdet) auch auf andere ausgedehnt.

Dem bisher geschilderten materiellen Privatrecht steht das Verfahrensrecht gegenüber. Das Recht der streitigen Durchsetzung des Privatrechtes ist in der Zivilprozeßordnung (ZPO) und ihren Nebengesetzen geregelt. Um in den angeführten Fällen evtl. Prozesse zu führen, muß die betreffende Person geschäftsfähig und für diese spezielle Aufgabe prozeßfähig sein. In § 52 Abs. 1 ZPO heißt es: »Eine Person ist insoweit prozeßfähig, als sie sich durch Verträge verpflichten kann«.

35.2 Strafrecht

Im Gegensatz zum Privatrecht steht das öffentliche Recht, zu dem z. B. das Staats- und Verwaltungsrecht (Kommunalrecht, Beamtenrecht, Polizei- und Ordnungsrecht usw.) und auch das Strafrecht gehören. Es ist von der Unterordnung des Bürgers unter den Träger der Staatsgewalt gekennzeichnet. Das Strafrecht, auf das wir hier allein eingehen wollen, wird üblicherweise umschrieben als der Teil der Rechtsordnung, der die Merkmale krimineller Handlungen festlegt (Deliktvoraussetzungen) und an sie eine Strafe oder Maßregelung zur Besserung und Sicherung knüpft (Deliktfolgen). Nicht zum Strafrecht gehört das Recht der sog. nicht-kriminellen Strafen. Zwar handelt es sich auch hier um Unrechtsfolgen, die an ein bestimmtes Verhalten anschließen, und doch sind sie nach Voraussetzung und Wesen von der eigentlichen Kriminalstrafe verschieden. Während die Kriminalstrafe an die Verletzung sozialethischer Elementarwerte anknüpft und demgemäß immer auch einen sozialethischen Tadel gegen den Täter ausdrückt, trifft dies bei den nicht-kriminellen Strafen nicht oder nur am Rande zu. Zu diesen zählen insbesondere die sog. Zwangsstrafen, die Ordnungsstrafen, Disziplinarstrafen und Geldbußen des Ordnungswidrigkeitenrechts.

Die Aufgabe des Strafrechts besteht darin, ganz allgemein Vorkehrungen zu treffen für ein gedeihliches oder jedenfalls ungefährdetes Zusammenleben der im Verband einer Rechtsgemeinschaft zusammengefaßten Menschen. Hierzu greift es aus der Vielzahl werthafter Gegenstände diejenigen heraus, die als unerläßliche Voraussetzung für eine gemeinsame Existenz besonders wichtig sind. Diese Rechtsgüter (z. B. Leben, Gesundheit, Freiheit, Eigentum, Bestand des Staates usw.) umgibt das Strafrecht mit einem besonderen Schutz, indem es ihre Verletzung mit Strafe bedroht. Der Katalog der strafrechtlich geschützten Rechtsgüter ist nicht unumstößlich festgelegt. Ein gewisser Grundbestand strafrechtlich geschützter Güter hat sich im Wandel der Zeiten aber erhalten. Der Kreis der Rechtsgüter wird im übrigen durch die besonderen gesellschaftlichen, kulturellen, wirtschaftlichen und sozialen Gegebenheiten der jeweiligen historischen Situation bestimmt. Aus dem Gesagten ergibt sich, daß das Strafrecht nur dann angewendet werden kann, wenn die Gemeinschaft vor schweren Schädigungen geschützt werden muß und wenn eine Strafe als stärkste Reaktion der Rechtsgemeinschaft zu diesem Zweck erforderlich ist. Das Strafrecht ist also kein allgemeiner Sittenkodex. Es kann vielmehr nur das begrenzte Ziel verfolgen, solche Verhaltensweisen und Lebensformen zu bekämpfen, die die Gemeinschaft und ihre Glieder in grober Weise gefährden.

Das Strafrecht ist im Strafgesetzbuch (StGB) niedergelegt. Der Nachweis der Rechtswidrigkeit einer Tat erlaubt ihre negative Bewertung zunächst nur in dem Sinne, daß das fragliche Verhalten nicht dem entspricht, was gemäß den Rechtsbestimmungen von jedermann erwartet wird. Für eine strafrechtliche Maßnahme reicht das allein nicht aus. Dazu ist vielmehr erforderlich, daß die rechtswidrige Tat dem Täter persönlich zugerechnet werden kann, d. h. daß er für das von ihm verwirklichte Unrecht verantwortlich ist. Verantwortlichkeit für rechtswidrige Handlungen ist die Grundlage der Schuld, d. h. es wird dem Täter persönlich vorgeworfen, daß er die rechtswidrige Handlung nicht unterlassen hat, obwohl er anders hätte handeln können. Erst wenn dem Täter dieser Vorwurf gemacht werden kann, wird seine rechtswidrige Tat zu einem Verbrechen.

Ohne Schuldfähigkeit, d. h. ohne die Fähigkeit, das Unrecht der Tat einzusehen und nach dieser Einsicht zu handeln, gibt es keine Schuld im strafrechtlichen Sinne. Es handelt sich dabei um einen Teil der allgemeinen Fähigkeit des

Menschen zu sinngemäßer Selbstbestimmung, der sog. Willensfreiheit. Der Gesetzgeber versucht nicht, diese positiv zu formulieren. Im Gesetz wird deswegen auch die Schuldfähigkeit nicht von der positiven, sondern von der negativen Seite her umschrieben: Es werden Zustände genannt, in denen aus besonderen Gründen die Fähigkeit sinngemäßer Selbstbestimmung nicht gegeben ist. Im einzelnen ergibt sich daraus folgende gesetzliche Regelung der Schuldfähigkeit: schuldunfähig ist das Kind bis zum vollendeten 14. Lebensjahr infolge vom Gesetz angenommener Unreife (§ 1 Abs. 3 Jugendgerichtsgesetz, § 19 StGB). Bedingt schuldfähig sind Jugendliche vom vollendeten 14. bis zum vollendeten 18. Lebensjahr. Nach § 3 des Jugendgerichtsgesetzes ist ein Jugendlicher strafrechtlich verantwortlich, wenn er zur Zeit der Tat nach seiner sittlichen und geistigen Entwicklung reif genug ist, das Unrecht der Tat einzusehen und nach dieser Einsicht zu handeln. Die Schuldfähigkeit muß also in jedem Einzelfall geprüft und festgestellt werden. Nur wenn sie bejaht wird, unterliegt der Jugendliche den besonderen Mitteln des Jugendstrafrechts (Jugendstrafe, Zuchtmittel, Erziehungsmaßregeln), im anderen Fall können lediglich die Maßnahmen des Vormundschaftsrechts verhängt werden. Grundsätzlich schuldfähig sind Personen über 18 Jahre. Das Gesetz geht davon aus, daß der Mensch bei normaler Entwicklung mit 18 Jahren in seinem Reifungsprozeß soweit fortgeschritten ist, daß er als eine verantwortliche Persönlichkeit angesehen werden kann. Personen zwischen 18 und 21 Jahren haben aber eine Sonderstellung insofern, als bei ihnen an die Stelle der Strafen des Erwachsenenstrafrechts die für Jugendliche vorgesehenen Maßnahmen treten können, wenn sie zur Zeit der Tat in ihrem Entwicklungsstand noch einem Jugendlichen entsprachen oder wenn die Tat nach Art, Umständen oder Beweggründen eine Jugendverfehlung war (§ 105 Jugend-

gerichtsgesetz). Ihre Schuldfähigkeit wird dadurch jedoch nicht grundsätzlich in Frage gestellt. Das Gesetz beschränkte sich deshalb bei Personen über 18 Jahren darauf, solche Fälle zu regeln, bei denen die normalerweise unterstellte Einsichts- und Bestimmungsfähigkeit wegen besonderer seelischer Störungen nicht vorausgesetzt werden kann. Dabei gelten in solchen Fällen die Bestimmungen über die Schuldunfähigkeit (§ 20 StGB) ebenso wie bei allen Erwachsenen. Im § 20 StGB hat das Gesetz gewisse abnorme Seelenzustände bezeichnet und an sie den Ausschluß der Schuld geknüpft: »Ohne Schuld handelt, wer bei Begehung der Tat wegen einer krankhaften seelischen Störung, wegen einer tiefgreifenden Bewußtseinsstörung oder wegen Schwachsinns oder einer schweren anderen seelischen Abartigkeit unfähig ist, das Unrecht der Tat einzusehen oder nach dieser Einsicht zu handeln«. Verminderte Schuldfähigkeit liegt vor, wenn »die Fähigkeit des Täters, das Unrecht der Tat einzusehen oder nach dieser Einsicht zu handeln, aus einem der in § 20 bezeichneten Gründe bei Begehung der Tat erheblich gemindert« ist (§ 21 StGB). Die Strafe kann dann gemildert werden.

Wurde Schuldunfähigkeit festgestellt, so kann der Täter nicht bestraft werden. Es kommt möglicherweise die Unterbringung in einer psychiatrischen Anstalt (§ 63 StGB), Entziehungsanstalt (§ 64 StGB) sowie in einer sozialtherapeutischen Anstalt (§ 65 Abs. 3 StGB) in Betracht[1].

Im Falle der verminderten Schuldfähigkeit können neben die Strafe besondere Maßregeln der Besserung und Sicherung treten. Sind nach dem Zustand des Täters besondere therapeutische Mittel und soziale Hilfen in einer sozialtherapeutischen Anstalt zur Resozialisierung besser geeignet als die Behandlung in einer psychiatrischen Krankenanstalt, kann er in eine solche eingewiesen werden (§ 65 Abs. 3 StGB). Anders als bei Schuldunfähigen kommt bei vermindert Schuldfähigen auch die Sicherungsverwahrung in Betracht, wenn sie die besonderen Voraussetzungen des § 66 StGB erfüllen. Wenn die öffentliche Sicherheit es erfordert und dringende Gründe dafür sprechen, daß die Unterbringung nach § 63 StGB angeordnet werden wird und daß der rechtskräf-

---

[1] Die in dem seit dem 1. 10. 1973 gültigen 2. Strafrechtsreformgesetz vorgesehenen sozialtherapeutischen Anstalten, für die es im bis dahin gültigen deutschen Recht kein Vorbild gibt, sind eine der wichtigsten Neuerungen dieses Reformgesetzes. Ihre Realisierung steht allerdings bis jetzt noch aus.

tige Abschluß des Straf- und Sicherungsverfahrens wegen der Gefährlichkeit des Täters nicht abgewartet werden kann, so kann dieser gemäß § 126a der Strafprozeßordnung (StPO) in einer psychiatrischen Krankenanstalt, einer Entziehungs- oder sozialtherapeutischen Anstalt untergebracht werden.

Einer ambulanten Untersuchung auf seinen Geisteszustand muß sich der Beschuldigte in jedem Fall unterziehen (§ 81a StPO). Ist eine Begutachtung der Frage der Schuldfähigkeit jedoch nur möglich, wenn der Sachverständige Gelegenheit erhält, den Beschuldigten für eine gewisse Zeit in einer Anstalt zu beobachten, so ist zur Vorbereitung eines Gutachtens über den Geisteszustand für die Dauer von höchstens 6 Wochen eine Unterbringung in einer psychiatrischen Krankenanstalt möglich (§ 81 StPO).

Da es psychisch Kranke gibt, die keine kriminellen Delikte begangen haben, aber dennoch eine Gefahr entweder für die Allgemeinheit, für bestimmte Dritte oder für sich selbst darstellen, kann auch für sie eine *Unterbringung* erforderlich sein. Diese Unterbringung wird nicht im Rahmen des Strafrechtes, sondern im Rahmen besonderer Unterbringungsgesetze der einzelnen Bundesländer geregelt. Es handelt sich um eine fürsorgliche Maßnahme, um die Gefahr einer Gesundheitsschädigung, Verwahrlosung oder Selbsttötung, oder eine Gefahr für die Umgebung abzuwenden.

35.3 Sozialrecht

Das Sozialrecht hat auch eine Schutzfunktion. Es bezweckt, den Versicherten gegenüber wirtschaftlichen Folgen bestimmter Ereignisse oder Zustände zu sichern, nämlich vor den Folgen von Gesundheitsstörungen, dem Tod des Ernährers und der Beeinträchtigung der Erwerbsfähigkeit. Sozialleistungen können nur gewährt werden, wenn ein Ereignis oder Zustand eintritt, der juristisch als Versicherungsfall bezeichnet wird. Für Klagen bei solchen Fragen sind in der ersten Instanz die Sozialgerichte zuständig, die Berufungsgerichte sind die Landessozialgerichte und das Bundessozialgericht. Das Sozialrecht ist im Laufe der Jahrzehnte eine außerordentlich umfangreiche Spezialmaterie geworden. Durch den ständigen Wechsel der jeweils maßgebenden Vorschriften und deren Verstreuung auf eine Unzahl von Gesetzen, Verordnungen und Erlassen ist es selbst für Fachleute schwierig, das gesamte Sozialrecht zu übersehen. Deswegen sollen im folgenden nur seine wichtigsten Grundzüge dargestellt werden.

Die gesetzliche Krankenversicherung geht in Deutschland zurück auf die sog. Kaiserliche Botschaft vom 17. 11. 1881 und wurde im Jahre 1883 begründet. Im darauffolgenden Jahr wurde die Unfallversicherung geregelt, im Jahre 1889 die Invalidenversicherung, im Jahre 1911 die Angestelltenversicherung, im Jahre 1923 die Knappschaftsversicherung und 1927 wurde schließlich die Arbeitslosenversicherung geschaffen.

Die wesentliche Grundlage der Krankenversicherung ist das wiederholt geänderte zweite Buch der Reichsversicherungsordnung (RVO) vom 19. 7. 1911. Träger der gesetzlichen Krankenversicherung sind die Orts- und Landkrankenkassen, die Betriebs-, Innungs- und Ersatzkassen sowie die Seekrankenkasse und die Bundesknappschaft. Insgesamt handelt es sich um rd. 2000 Kassen. Der gesetzlichen Krankenversicherungspflicht unterliegen die in einem abhängigen Beschäftigungsverhältnis stehenden Personen sowie Rentner, Arbeitslose und eine gewisse Gruppe von Selbständigen. Versicherungsschutz genießen jedoch nicht nur die Versicherten selbst, sondern nach § 205 RVO auch ihre unterhaltsberechtigten Ehegatten und Kinder. Die Leistungspflicht der Krankenkasse entsteht, wenn ein Versicherungsfall, nämlich eine Krankheit, eingetreten ist. Krankheit im Sinne der Krankenversicherung ist jeder regelwidrige Körper- oder Geisteszustand, der Heilbehandlung erfordert oder Arbeitsunfähigkeit zur Folge hat. Selbst ein Dauerleiden ist Krankheit im Sinne der Krankenversicherung, wenn die allgemeinen Voraussetzungen, die für eine Krankheit gelten, erfüllt sind. Im Versicherungsfall haben der Betreffende sowie seine Angehörigen Anspruch auf ärztliche Versorgung und die Versorgung mit Arzneimitteln, die zur Heilung oder Linderung nach dem Stande der Heilkunde zweckmäßig und ausreichend sind. Die Leistungspflicht der Krankenversicherung ist gemäß § 216 RVO bei Geisteskrankheiten und bei langwierigen Altersleiden zu einem gewissen Grade eingeschränkt, und zwar solange sie in einer Anstalt zur Pflege untergebracht sind und die Krankenhilfe für die Untergebrachten in der Anstalt im Rahmen der durch den Pflegesatz abgegoltenen Leistungen sichergestellt ist.

Zu den Krankenleistungen gehört auch die tiefenpsychologisch fundierte und analytische Psychotherapie (Nr. 754, 758 und 759 der Gebührenordnung für Ärzte [GOÄ] vom 18. 3. 1965), nachdem die Richtlinien des Bundesausschusses für Ärzte und Krankenkassen am 1.10.1967 in Kraft getreten sind. Durch diese Richtlinien wurden Neurosen als behandlungsfähige und behandlungsbedürftige Krankheiten im Sinne der Versicherung anerkannt und damit auch die analytische Psychotherapie als eine den Regeln der ärztlichen Kunst entsprechende Behandlungsmethode. Hier gilt allerdings eine Sonderregelung, nämlich, daß die Krankenkassen ihre Leistungspflicht überprüfen, bevor eine langfristige analytische Psychotherapie durchgeführt wird. Der Arzt, der die Behandlung durchführen will, muß nach Abschluß der speziellen Psychodiagnostik (höchstens 5 Sitzungen, Nr. 754 GOÄ) einen Bericht vorlegen, der von Gutachtern überprüft wird. Die Kasse ist nach Nr. 2 der Psychotherapie-Richtlinien nicht zur Leistung verpflichtet, wenn die analytische Psychotherapie nicht der Heilung oder Besserung einer Krankheit, sondern z. B. ausschließlich der sozialen Anpassung, der Besserung der Fähigkeit zur Berufsausbildung, der Verhütung oder Behebung der Berufs- oder Erwerbsunfähigkeit dienen soll.

Stellt sich infolge von Krankheit, anderer Gebrechen oder von Schwäche der körperlichen und geistigen Kräfte eine bleibende Verminderung der Erwerbsfähigkeit ein, so tritt die Rentenversicherung für den Betreffenden ein. Leistungen aus dieser gibt es allerdings nur, wenn der Betreffende genügend lange der Versicherung angehört hat. 60 Versicherungsmonate sind erforderlich für Renten wegen Berufs- und Erwerbsunfähigkeit sowie für die Hinterbliebenenrenten (§§ 1263 ff. RVO). Ausnahmen hiervon gibt es insbesondere dann, wenn der Versicherte infolge eines Arbeitsunfalles oder während oder infolge seines Wehrdienstes berufs- oder erwerbsunfähig geworden oder gestorben ist (§ 1252 RVO).

Seit der Rentenreform im Jahre 1957 wurden einheitliche Definitionen der beiden Grade der Minderung der Erwerbsfähigkeit für die Rentenversicherung festgelegt: Berufsunfähig ist ein Versicherter, dessen Erwerbsfähigkeit infolge von Krankheit oder anderen Gebrechen oder Schwäche seiner körperlichen oder geistigen Kräfte auf weniger als die Hälfte derjenigen eines körperlich und geistig gesunden Versicherten mit ähnlicher Ausbildung und gleichwertigen Kenntnissen und Fähigkeiten herabgesunken ist.

Erwerbsunfähig ist der Versicherte, der infolge von Krankheit oder anderen Gebrechen oder von Schwäche seiner körperlichen und geistigen Kräfte auf nicht absehbare Zeit eine Erwerbstätigkeit in gewisser Regelmäßigkeit nicht mehr ausüben oder nicht mehr als nur geringfügige Einkünfte durch Erwerbstätigkeit erzielen kann (§ 1247 Abs. 2 RVO). Erwerbsunfähigkeit liegt also dann vor, wenn der Versicherte nicht mehr in gewisser Regelmäßigkeit erwerbstätig sein kann, unabhängig davon, welche Einkünfte er erzielt oder noch erzielen kann. Ist er aber noch in der Lage, regelmäßig erwerbstätig zu sein, so liegt Erwerbsunfähigkeit dann dennoch vor, wenn er höchstens noch geringfügige Einkünfte zu erzielen vermag.

Krankheit im Sinne der §§ 1246 und 1247 RVO ist ein regelwidriger Zustand des Körpers oder des Geistes, der die Fähigkeit zum Erwerb beeinträchtigt.

Besteht begründete Aussicht, daß die Berufs- oder Erwerbsunfähigkeit in absehbarer Zeit wieder behoben werden kann, so kommt die Gewährung einer Rente auf Zeit (§ 1276 RVO) in Betracht. Die Rentenversicherung kann ferner Maßnahmen zur Erhaltung, Besserung und Wiederherstellung der Erwerbsfähigkeit gewähren, wenn diese infolge von Krankheit oder anderen Gebrechen oder Schwäche der körperlichen oder geistigen Kräfte gefährdet oder gemindert ist und durch diese Maßnahmen voraussichtlich erhalten, wesentlich gebessert oder wiederhergestellt werden kann.

Erleidet ein Erwerbstätiger auf dem Wege von und zur Arbeitsstätte (Wegunfall) oder während der Arbeit (Arbeitsunfall) einen Unfall, so tritt für seine Folgen die gesetzliche Unfallversicherung ein, deren Aufgaben im dritten Buch der RVO geregelt sind. Nach § 537 der RVO ist es die Aufgabe der Unfallversicherung

1. Arbeitsunfälle zu verhüten
2. Nach Eintritt eines Arbeitsunfalles den Verletzten, seine Angehörigen und seine Hinterbliebenen zu entschädigen
   a) durch Wiederherstellung der Erwerbsfähigkeit des Verletzten, durch Arbeits- und Berufsförderung (Berufshilfe) und durch Erleichterung der Verletzungsfolgen
   b) durch Leistungen in Geld an den Verletzten, seine Angehörigen und seine Hinterbliebenen.

Die Unfallversicherung ist also nur für Unfälle in dem genannten Rahmen zuständig. Die gesetzliche Unfallversicherung beruht auf dem Gedanken, daß der zivilrechtliche Schadenersatzanspruch des Arbeitnehmers gegen seinen Arbeitgeber abgelöst wird und er einen von einem Verschulden des Arbeitgebers unabhängigen Entschädigungsanspruch hat, der darüber hinaus auch bei eigener Fahrlässigkeit gilt. Dieser Entschädigungsanspruch muß gegen die genossenschaftlich zusammengefaßten Unternehmer, die sog. Berufsgenossenschaften, geltend gemacht werden. Die Unternehmer müssen dementsprechend auch die Beiträge für die gesetzliche Unfallversicherung aufbringen.

Die gesetzliche Unfallversicherung kommt ihrem Wesen nach nicht für jedes gesundheitsschädigende Ereignis auf, das während der Arbeit oder auf dem Wege von und zur Arbeitsstätte eintritt, sondern nur dann, wenn es sich um einen Unfall handelt. In der RVO ist nicht festgelegt, was ein Unfall ist. Nach herrschender Ansicht wird unter einem Unfall ein von außen auf den Menschen einwirkendes, körperlich schädigendes, plötzliches, d. h. zeitlich begrenztes Ereignis verstanden, wenn es in Zusammenhang mit den genannten Tätigkeiten steht. Hieraus folgt, daß schädigende Dauereinwirkungen grundsätzlich keine Unfälle darstellen können. Eine Ausnahme hiervon sind die sog. Berufskrankheiten (§ 551 RVO). Sie werden als Unfall gewertet.

In gewisser Weise entspricht der gesetzlichen Unfallversicherung das Bundesversorgungsgesetz. Dieses tritt ein, wenn nach § 1 Abs. 1 jemand durch eine militärische oder eine militärähnliche Dienstverrichtung oder durch einen Unfall während der Ausübung des militärischen oder militärähnlichen Dienstes oder durch die diesem Dienst eigentümlichen Verhältnisse eine Gesundheitsschädigung erlitten hat. Auch hier gelten nicht alle Schädigungen und Krankheiten, die während der genannten Tätigkeit eintreten, als Versorgungsfälle, sondern nur solche, die Folge dieses Dienstes sind. Entsprechendes gilt auch für die Wiedergutmachung von Folgen nationalsozialistischer Gewaltmaßnahmen. Es werden also bei der gesetzlichen Unfallversicherung, bei der Kriegsopferversorgung und beim Entschädigungsrecht nur Folgen von Schädigungen anerkannt, die auf bestimmten Ursachen beruhen.

Die Lücken, die das skizzierte soziale Sicherungssystem läßt, werden durch soziale Hilfe mit Mitteln der öffentlichen Fürsorge geschlossen, gemäß dem Bundessozialhilfegesetz (BSHG) vom 30. 6. 1961. Anspruch auf Sozialhilfe hat grundsätzlich jeder, der mangels eines entsprechenden Einkommens oder Vermögens sich nicht selbst unterhalten kann und die notwendige Hilfe zum Lebensunterhalt auch nicht von anderer Seite, insbesondere nicht von Angehörigen oder von Trägern der Sozialversicherung, erhält. Zu den tragenden Grundsätzen des Sozialhilferechts gehört die Gewährung der Hilfe nach den Besonderheiten des Einzelfalles, dazu gehört auch die Krankenhilfe. Die Sozialhilfeträger sind ferner verpflichtet, die ihnen zur Verfügung stehenden und mit vertretbaren Kosten erreichbaren Hilfen einzusetzen, um den Hilfesuchenden in den Arbeitsprozeß einzugliedern. Dieses soziale Sicherungssystem wurde im Jahre 1974 durch das Rehabilitationsangleichungsgesetz ergänzt, in dem medizinische, berufliche und soziale Rehabilitation unterschieden werden. Alle diese Hilfsmaßnahmen werden ergänzt durch das Gesetz zur Sicherung der Eingliederung Schwerbehinderter in Arbeit, Beruf und Gesellschaft (Schwerbehinderten-Gesetz = SchwbG) vom 29. 4. 1974. Die aufgrund dieses Gesetzes möglichen Vergünstigungen kommen allen Schwerbehinderten zugute, unabhängig davon, welcher Art die Behinderung ist und welche Ursache sie hat, wenn der Grad der Erwerbsminderung mehr als 50% beträgt. In den Genuß der Vergünstigungen können neben Hirnverletzten, Minderbegabten auch Kranke mit Neurosen und chronisch verlaufenden endogenen Psychosen kommen. Die Vergünstigungen bestehen, wie der Name des Gesetzes sagt, in Eingliederungshilfen, darüber hinaus in Steuervergünstigungen, wenn ein besonderer Aufwand erforderlich ist, evtl. auch für die einen Schwerbehinderten betreuenden Angehörigen, Kostenfreiheit für gerichtliche und außergerichtliche Beurkundungen, Kündigungsschutz, Gewährung von zusätzlichem Urlaub.

So großartig das gesamte soziale Sicherungssystem ist, so viele Probleme bringt die zunehmende Differenzierung mit sich, vor allem da für die verschiedenen Zweige verschiedene »Träger« zuständig sind. Da die Gelder der Träger entweder Versicherungsbeiträge oder Sozialabgaben der Gemeinden (örtliche und überörtliche Sozialhilfeträger) sind, entsteht in zunehmendem Maße die Tendenz, die Frage der Zuständigkeit der Träger für eine Hilfsmaßnahme zum Nachteil der Betroffenen hin und her zu schieben. Dies wirkt sich besonders aus bei der Unterscheidung von Behandlungs- und Pflegefällen sowie der verschiedenen Arten von Rehabilitation (medizinische, berufliche, soziale).

35.4 Zusammenfassung von Kap. 35.1 bis 35.3

Diese Übersicht über die rechtlichen Bestimmungen kann man im Hinblick auf psychisch Kranke so zusammenfassen: Die Fähigkeit des Erwachsenen, den Anforderungen des Lebens gerecht zu werden, wird allgemein unterstellt. Die Fähigkeiten, etwa erwerbstätig zu sein oder verantwortlich zu handeln, können beeinträchtigt sein. Ist das der Fall, dann stehen die zuständigen Instanzen = Gerichte vor der Frage, ob Veränderungen in der Person des Betreffenden vorliegen, die zur Minderung oder Aufhebung der fraglichen Fähigkeit geführt haben. Zur Beantwortung dieser Frage werden Sachverständige herangezogen. Ihre Aufgabe ist es, die Art der Veränderung und die durch sie bedingte Beeinträchtigung der Fähigkeit im Hinblick auf die gestellte Frage nach der Schuldfähigkeit, Geschäftsfähigkeit, Erwerbsfähigkeit etc. festzustellen. In manchen Fällen ist eine Abstufung der Beeinträchtigung im Gesetz genannt, etwa bei der Schuldfähigkeit oder Geschäftsfähigkeit. In der Rentenversicherung gibt es die Abstufung berufsunfähig und erwerbsunfähig, bei Beeinträchtigung durch Arbeitsunfälle, Kriegsdienst und Verfolgungsmaßnahmen muß die Beeinträchtigung in Prozenten angegeben werden, während bei der Frage der Arbeitsfähigkeit in der Krankenversicherung keine Abstufung möglich ist.

35.5 Aufgaben des forensisch psychiatrischen Gutachters

Grundsätzliches

Der Gutachter hat bei seiner Tätigkeit folgende Dinge zu beachten: In den Gesetzestexten sind die möglicherweise in der Person des Betreffenden jetzt vorliegenden Veränderungen bzw. die, die zum fraglichen Zeitpunkt vorgelegen haben, in allgemeiner Weise umschrieben, nicht aber medizinische Tatbestände konkret benannt. Gleichwohl entsteht immer wieder der Eindruck, daß juristischerseits medizinische Formulierungen gewählt wurden, wie etwa Bewußtseinsstörung oder krankhafte Störung der Geistestätigkeit. Es handelt sich dabei aber um juristische Termini, die sehr verschiedene psychopathologische Veränderungen umfassen, hingegen nicht dem medizinischen Inhalt dieser Begriffe entsprechen. Der Gutachter muß darum die Beschreibung der von ihm erhobenen Befunde aus seiner medizinischen Fachsprache in die juristische Terminologie übersetzen.

In der Rechtsprechung wird von der gemischten oder kombinierten »biologisch-psychologischen Methode« gesprochen, der sich der Gutachter bedient, um die an ihn gerichteten Fragen zu beantworten. Damit ist gemeint, daß er zunächst die »biologischen Voraussetzungen«, etwa die der Schuldfähigkeit, untersucht, um dann die Frage zu prüfen, welche Auswirkungen das »Biologische« (»I. Stockwerk«) auf das »Psychische« (»II. Stockwerk«) hat. Das sieht auf den ersten Blick sehr einleuchtend aus, vor allem, da damit auch das jeweils erforderliche methodische Vorgehen aufgezeigt zu sein scheint: im biologischen Bereich wird gemessen (z. B. Hirnstromkurven, Röntgenbefunde, Blutspiegel-Untersuchungen etc.), für den psychischen Bereich ist das Verstehen die geeignete Art und Weise des Vorgehens. Da psychologische Tests auch messen, etwa die Leistungsfähigkeit oder Intelligenz, ergibt sich die vordergründige Problematik, inwieweit die Psyche dem biologischen Bereich des Menschen zugeordnet werden darf und welcher »Teil« der Psyche so geartet ist, daß ihm Einsichtsfähigkeit und Schuldfähigkeit zugesprochen werden müssen. Da es aber keine Antwort auf die Frage gibt, wie das »Biologische« und »Psychologische« im Menschen zusammenwirken, ergibt sich die unbeantwortbare Frage, wie forensische Gutachter mit Hilfe dieses Denkmodelles überhaupt zu einer Aussage kommen können. Es sei hier noch einmal darauf hingewiesen, daß die Psyche nicht denkt und handelt, infolgedessen auch nicht geschäfts- oder schuldfähig bzw. unfähig ist. Das alles kann nicht das Gedankending »Psyche«, sondern nur der Mensch, und zwar der ganze Mensch. Die juristische Konstruktion der verschiedenen Stockwerke erweist sich bei der Zusammenarbeit von Juristen mit Medizinern auch deswegen als unzweckmäßig, da (wie auch immer »Biologisch« und »Psychologisch« gefaßt werden) Juristen und Mediziner diesen Begriffen unterschiedliche Bedeutungen zuordnen.

Die Aufgabe des Gutachters ist, mit anderen Worten, Veränderungen in der Person des Betreffenden im somatischen und psychischen Bereich zu untersuchen und zu prüfen, inwieweit hierdurch dessen Fähigkeiten, um die es im konkreten Fall geht, beeinträchtigt sind. Dabei ist darauf zu achten, daß die Art der Fragestellung in den verschiedenen Verfahren unterschiedlich ist. So muß etwa bei der Frage nach der Schuldfähigkeit der Zustand des Betroffenen an einem bestimmten Zeitpunkt in der Vergangenheit beurteilt werden, während in einem Entmündigungsverfahren die Fähigkeit des Betreffenden, seine Angelegenheiten zu besorgen, für die Zukunft eingeschätzt werden muß. In der Unfallversicherung geht es, ebenso wie beim Bundesversorgungsgesetz und Entschädigungsgesetz rassisch und politisch Verfolgter, um die Frage, ob es sich um ein schädigendes Ereignis im Sinne des Gesetzes handelt, das sich in der Vergangenheit ereignet hat, und das Folgen für die Zukunft zeitigt. Mit anderen Worten, es können die Ursachen für Veränderungen in der Person des Betreffenden sowie deren Folgen für einen bestimmten Zeitpunkt in der Vergangenheit und ihr Einfluß auf die Fähigkeit des Betroffenen für die Folgezeit sowie unabhängig von der Ursache die Fähigkeit einer Person für die Zukunft zu beurteilen sein. Zu beachten hat der Gutachter ferner, welche Anforderungen an die Sicherheit seiner Aussagen in den verschiedenen Verfahren gestellt werden. Im Strafrecht muß das Gericht sicher sein, daß der Angeschuldigte schuldfähig ist, ein erheblicher Zweifel wirkt sich zu seinen Gunsten aus. Im Privatrecht dagegen muß der behauptete Zweifel vom Zweifler bewiesen werden. Es werden deswegen hier ganz andere Anforderungen an die Sicherheit der Aussagen des Gutachters gestellt als im Strafrecht. Zweifel genügen hier nicht. Entsprechendes gilt für die Testierfähigkeit, zu deren Überprüfung häufig behandelnde Ärzte als sachverständige Zeugen gehört werden, die diese Problematik nicht hinreichend beachten.

Zur Sicherheit gutachterlicher Aussagen

Mit welcher *Sicherheit* kann der Gutachter zu der gefragten Fähigkeit des Betreffenden eigentlich Aussagen machen. Allgemein ist dazu folgendes zu sagen: medizinisch-psychiatrische Erkenntnis bezieht sich auf Regelhaftigkeit anhand der Beobachtungen an mehreren Menschen. Das Gericht und damit auch der Gutachter sind aber gezwungen, über eine konkrete Person Aussagen zu machen bzw. zu urteilen. Wie wir eingangs schon gesehen haben, ist das Individuelle des einzelnen Menschen wissenschaftlich nicht zu fassen, »Individuum est ineffabile«. Das gilt natürlich auch für die das Individuum in besonderer Weise kennzeichnende Willensfreiheit. Alle positiven Aussagen über die mit ihr zusammenhängenden Fähigkeiten einer bestimmten Person in einer bestimmten Situation gehen darum unzweifelhaft über das hinaus, was Menschen, auch Wissenschaftler, über einen anderen Menschen mit Bestimmtheit aussagen können. Aus diesem Grunde sind auch in den Gesetzen Willensfreiheit, Geschäftsfähigkeit, Schuldfähigkeit und Gesundheit nicht positiv definiert, es werden vielmehr Möglichkeiten der Beeinträchtigung dieser Grundeigenschaften des Menschen angeführt. Der Mensch ist nicht reiner Geist, sondern sein Geist ist in Raum und Zeit eingebunden, in das »Psychologisch-Biologische«, in Kategorien, die seine Willensfreiheit und damit seine Fähigkeiten ohnehin einschränken und unter Umständen in besonderer Weise weiter beeinträchtigen können. Hierüber sind regelhafte Aussagen möglich. Die Aufgabe des Sachverständigen ist es, das zu tun. Dabei muß er sich hüten, die ihm damit gegebene Grenze zu überschreiten. Aufgabe des Gerichts ist es, in dem so abgesteckten Rahmen zu entscheiden bzw. Urteile zu fällen, die sich dem Wesen der Sache nach nicht exakt voraussagen lassen.

Prinzipien zur Beurteilung der Schuldfähigkeit

Außer der Frage, mit welcher Sicherheit Gutachter Aussagen machen können, stellt sich die andere, anhand welcher *Kriterien* der Gutachter die Beeinträchtigung der Schuldfähigkeit beurteilt. Auf die klinischen Einzelheiten kann hier natürlich nicht eingegangen werden. Es seien deswegen lediglich einige Bemerkungen über die Beurteilungsprinzipien angefügt. Es ist selbstverständlich Aufgabe des Gutachters, die psychologische Situation des Täters zur Zeit der in Rede stehenden Tat soweit wie möglich zu ergründen. Dazu gehört auch das Aufzeigen der Motivation. Das wirft immer wieder die Frage auf, ob ein vertieftes Verstehen der Tatmotive allein ausreicht für die Beurteilung der Schuldfähigkeit. Dies ist zu verneinen, denn jede Tat ist irgendwie motiviert. Das Aufzeigen der ihr

zugrunde liegenden Motivation ist sicherlich eine wesentliche Ergänzung der Erkenntnisse des Tatablaufs nach der psychologischen Seite hin. Die an den Gutachter gerichtete Frage lautet aber, ob der Täter in der Lage war, das Unerlaubte seines Tuns einzusehen bzw. gemäß dieser Einsicht zu handeln, mit anderen Worten: ob er seinen Motiven mehr oder weniger vollständig ausgeliefert war oder ob er diesen etwas entgegenzusetzen vermochte, wenn sie ihn in eine unerlaubte Richtung drängten.

Die Ergründung der Motivation allein kann somit zur Beurteilung der Schuldfähigkeit nicht ausreichend sein. Es muß vielmehr zusätzlich untersucht und geprüft werden, welche Faktoren die Fähigkeit des Täters, das Unerlaubte seines Tuns einzusehen oder gemäß dieser Einsicht zu handeln, beeinträchtigt haben und in welchem Maße. Weiter muß untersucht und geprüft werden, ob diese Faktoren zu ungewöhnlicher Motivation oder zu ungewöhnlicher Intensität bestimmter Motive geführt haben. Die möglichen Faktoren sind, wie gesagt, in § 20 StGB in allgemeiner Weise mit juristischen Begriffen umschrieben. Mit welcher Sicherheit angesichts einer so komplexen Problematik vom Gutachter Aussagen gemacht werden können, wurde oben bereits erörtert.

Diese Schwierigkeiten machen verständlich, daß immer wieder versucht wird, durch quantitative Untersuchungen das Ausmaß der psychischen Störung zu »objektivieren«, um so aus der Subjektivität der Beurteilungen herauszukommen. Man setzt dabei auf röntgenologische Darstellungen der inneren und äußeren Liquorräume, die Ableitung von Hirnstromkurven und vor allem auf die Bestimmung von Blutspiegeln, etwa von Alkohol, anderen Drogen und Medikamenten, aber auch auf psychologische Testuntersuchungen. Natürlich sind bei stärker oder stark von der Norm abweichenden Befunden bzw. höheren oder hohen Blutspiegeln entsprechend stärkere anormale psychische Befunde oder Verhaltensweisen mit einer gewissen Wahrscheinlichkeit zu erwarten. Ein konkreter Rückschluß von solchen Befunden auf die Fähigkeiten des Betreffenden ist aber nur in Extremfällen möglich. Solche Rückschlüsse sind auch deswegen problematisch, da die individuelle Reaktionsweise auf Noxen sowie der Einfluß der Umwelt und der konkreten Situation auf den Betreffenden aus den Meßwerten allein nicht abgelesen werden können. Darum sind die Meßwerte lediglich als Hinweise, aber niemals als Beweise für den Grad der Beeinträchtigung, etwa der Schuldfähigkeit, zu bewerten.

Gutachten und Diagnose

Die Aufgabe des forensischen Gutachters unterscheidet sich von der des behandelnden Arztes, dessen Aufgabe es ist, durch Behandlung zu verändern. Der Gutachter dagegen soll »objektiv« feststellen. Das ist nur bedingt möglich, denn er begegnet ja einem lebendigen Menschen, der auf ihn einwirkt, und auf den er in der Begegnung einwirkt (Näheres s. Kap. 4). Hierbei ist es für ihn, ebenso wie für den behandelnden Arzt, von besonderer Bedeutung, daß er sich von dem zu Untersuchenden nicht zu sehr beeinflussen läßt, aber auch nicht zu sehr distanziert. Nur dann wird er in der Lage sein, dem Betreffenden gerecht zu werden. Das Ziel der Untersuchung besteht nach dem Gesagten ja darin, die regelhaften, krankhaften Veränderungen bei dem Betreffenden mit Hilfe erfahrungswissenschaftlicher Methoden festzustellen und außerdem zu verstehen, wie der Betreffende unter den gegebenen Bedingungen gesundheitlicher und sozialer Natur der geworden ist, der er ist, und schließlich abzuschätzen, inwieweit seine Fähigkeiten beeinträchtigt sind. Es mag befremdlich erscheinen, daß bei der so beschriebenen Aufgabe des forensischen Psychiaters die Diagnosestellung keine zentrale Rolle spielt, die sonst als erste Aufgabe des Arztes angesehen wird. Die Ärzte selbst haben das Gefühl, mit einer Diagnose auf sicheren Boden zu gelangen und es befällt sie ein Unbehagen, wenn in der Weise, wie es hier geschehen ist, die Person des Betreffenden ganz in den Mittelpunkt der Aufgabenstellung gerückt wird. Es wird befürchtet, daß damit dem »Subjektiven« ein zu breiter Raum gegeben wird und das »immer bessere Verstehen« lediglich dazu führt, die stets vorhandenen Schwächen des Untersuchten eingehender aufzuzeigen und dabei den Boden für eine Beurteilung zu verlieren. Dem liegt ein doppeltes Mißverständnis zugrunde. Das eine ist, daß das Verstehen in dem hier dargelegten Sinne nicht Beurteilen der Fähigkeiten ist. Das andere Mißverständnis besteht darin, daß, worauf oben schon hingewiesen wurde, die Krankheitsdiagnose nicht automatisch eine Aussage über die Beeinträchtigung der Fähigkeit beinhaltet, nach der der Gutachter gefragt ist. Es wäre ein Irrtum, daraus den Schluß zu ziehen, der Gutachter dürfe keine Diagnose stellen. Unbedingt erforderlich ist aber, den Stellenwert der Krankheitsdiagnose bei der gutachterlichen Aufgabe zu berücksichtigen. Die Krankheitsdiagnose ist auch nicht, wie man das Gesagte mißverstehen könnte, eine Behinderung, sondern eine große Hilfe, da man aus der Kenntnis des Krankheitsbildes ja wesentliche Hinweise auf mögliche Beeinträchtigungen der Fähigkeiten des Menschen gewinnen kann. In den Fällen, in denen der forensische Psychiater für die Zukunft etwas aussagen muß, etwa bei einem Entmündigungsverfahren, sagt die Diagnose auch etwas über die Prognose der Krankheit aus.

Die Beurteilung der »Reife« bei Jugendlichen und Heranwachsenden

Für die forensisch-psychiatrische Tätigkeit besonders wichtig ist die Problematik der Beurteilung der Reife von Jugendlichen und Heranwachsenden. Die 14 bis 17 Jahre alten Minderjährigen bezeichnet das Gesetz als Jugendliche, die 18- bis 20jährigen als Heranwachsende. Beim Jugendlichen ist die Frage zu beantworten, ob er »nach seiner sittlichen und geistigen Entwicklung reif genug ist, das Unrecht der Tat einzusehen und nach dieser Einsicht zu handeln« (§ 3 JGG), beim Heranwachsenden geht es um die Frage, ob er »zur Zeit der Tat nach seiner sittlichen und geistigen Entwicklung noch einem Jugendlichen gleichstand« (§ 105 JGG). Die Absicht dieser Bestimmungen, dem Reifegrad noch in der Entwicklung Befindlicher und sich verzögernd Entwickelnder Rechnung zu tragen, ist offenkundig, und diese Regelungen sind zu begrüßen. Sie stellen den Gutachter allerdings vor kaum lösbare Fragen. Wie ist z. B. »sittliche Reife« zu definieren? Wie ist ein Mangel an geistiger Reife, die nach der Tendenz des Gesetzgebers aber noch entwicklungsfähig sein soll, von Schwachsinn abzugrenzen? Was spricht dafür, daß ein Heranwachsender »einem Jugendlichen gleichstand«? Der Kern des Problems ist, daß die Fragestellung implizite davon ausgeht, daß der Erwachsene (in der Regel mit 18 Jahren, in manchen Fällen eben erst mit 21 Jahren, § 105 JGG) »reif« oder besser »ausgereift« ist, während die Lebenserfahrung lehrt, daß die Reifung eines Menschen keineswegs mit 18 Jahren oder etwas später abgeschlossen ist, sondern sich auch bei jedem Erwachsenen viel »Unreife« findet. Es kommt hinzu, daß der Mensch nicht in allen Bereichen gleichmäßig schnell heranreift. Den Grad der Reife von Jugendlichen und Heranwachsenden zu klären, ist somit mit erfahrungswissenschaftlichen Methoden im Grunde nicht möglich. Mit anderen Worten, jede Beurteilung des Reifegrades eines Jugendlichen oder Heranwachsenden ist ein Ermessensentscheid, der seinem Wesen nach niemals frei von Wertungen und subjektiven Gesichtspunkten ist. Für diesen Ermessensentscheid sind verschiedene Kriterien als Richtlinien aufgestellt worden. So wurde »dem statisch orientierten Begriff der Verstandesschwäche« ein »dynamischer Begriff der Verstandesreife« gegenübergestellt *(Stutte)* und von einer »Reifungsdiskrepanz« gesprochen (*Ilchmann-Christ*), die besagt, daß die körperliche Reife der seelischen vorauseilt, was insbesondere bei der sog. Pubertätskrise von Bedeutung sein kann. Ferner wird für Jugendliche auf die Umweltsituation verwiesen, von der sie mehr als Erwachsene abhängig sind. Neben Dauereinflüssen müsse dabei auch die zufällige Fremdmotivation beachtet werden. Für Heranwachsende sind die sog. Marburger Richtlinien von einem Ausschuß der Deutschen Vereinigung für Jugenspsychiatrie (Jugendpsychologische Richtlinien zu § 105 JGG) ausgearbeitet worden, die negative Merkmale enthalten, welche sozial labile und wenig differenzierte Jugendliche und Heranwachsende kennzeichnen, aber nicht »den Jugendlichen« bzw. »den Heranwachsenden« schlechthin: ungenügende Ausformung der Persönlichkeit, Hilflosigkeit, die sich nicht selten hinter Trotz und Arroganz verstecke, naiv-vertrauensseliges Verhalten, Leben im Augenblick, starke Anlehnungsbedürftigkeit, spielerische Einstellung zur Arbeit, Neigung zu Tagträumen und

abenteuerlichem Handeln, Hineinleben in selbstwerterhöhende Rollen, mangelnder Anschluß an Altersgenossen. Derartige »jugendliche Züge« sind bei der Mehrzahl der heranwachsenden Rechtsbrecher und durchaus auch bei Erwachsenen zu finden. Deswegen hat *Th. Würtenberger* empfohlen, den sog. Entwicklungstäter zu erfassen. Damit ist gemeint, daß die Tat Symptom einer Entwicklungskrise und darum der Täter prognostisch günstig zu beurteilen ist. Eine weitere Schwierigkeit bleibt, daß die Begriffe Jugendlicher und Heranwachsender eine Spanne von mehreren Jahren umfassen. Deswegen fällt die Zuordnung natürlich leichter, wenn die unteren Grenzen gerade überschritten sind, sie wird mangels eindeutiger Kriterien für den Reifegrad problematischer am Ende der festgelegten Zeiträume. Wegen der angeführten Schwierigkeiten wird schließlich, wenn der Grad der Reife nicht sicher zu beurteilen ist, geraten, zu fragen, ob der Heranwachsende durch die Erziehungsmaßnahme des Jugendrechts noch beeinflußbar erscheint oder nicht. Es wird, mit anderen Worten, empfohlen, eine Erziehungsprognose zu stellen. Dies ist aber auch nicht mit größerer Sicherheit möglich, als die Beantwortung der Frage nach dem Reifegrad.

Die Beurteilung der Auswirkungen akuter und chronischer Intoxikationen

Sie ist ein weiteres, besonders schwieriges Problem der forensischen Psychiatrie, dem angesichts des weitverbreiteten Gebrauches und Mißbrauches von Drogen und zentralangreifenden Medikamenten eine große praktische Bedeutung zukommt. Eine Schwierigkeit ist darin gegeben, daß der Gutachter oft allein auf die Angaben des Betreffenden angewiesen ist. Aber auch, wenn verwertbare Angaben über die zugeführten Mengen und selbst Blutspiegelbestimmungen vorliegen, ist es nicht möglich, sichere Aussagen über die Wirkungen auf die Psyche zu machen, da diese nicht in einem einfachen Zusammenhang mit der Dosis und dem Blutspiegel stehen. Die anfängliche Wirkung ist abhängig von der Geschwindigkeit der Zufuhr bzw., bei oraler Zufuhr, von der Resorptionsgeschwindigkeit, die wiederum von der

Magenfüllung beeinflußt wird, und von der Gewöhnung an das Mittel. Die vegetativen Erscheinungen und das Gefühl der Benommenheit bei neuer Mittelzufuhr nehmen bei Gewöhnung zum Teil ab. Bei kleinen und mittleren Dosen ist die Wirkung mehr oder weniger mitbestimmt von der Verfassung des Betreffenden und von der Umgebung, dem sog. setting. Die vorliegende Stimmung kann verstärkt werden, das gilt vor allem bei depressiver Verstimmung, wenn der Betreffende allein ist und schwache oder mittelstarke Mittel verwendet werden. Starke Mittel dagegen, wie Heroin und hohe Dosen schwächerer Mittel, überwältigen den Organismus, wobei Mittel mit betäubendem Charakter (Schlafmittel, Alkohol, Tranquilizer, Opiate) Benommenheit, bei sehr hohen Dosen gar Bewußtlosigkeit bewirken, während Mittel mit anregendem Charakter (Halluzinogene, Weckamine, sehr hohe Dosen hustenreizdämpfende Mittel und Haschisch) innere Unruhe und Angst erzeugen, die mit optischen und akustischen Sinnestäuschungen und Wahnerlebnissen, meist in Form eines Verfolgungswahnes, verbunden sein können. Anders als die genannten Mittel verhalten sich Psychopharmaka im engeren Sinne, die Thymo- und Neuroleptika. Sie wirken weder stärker euphorisierend noch stärker sedierend. Die sedierende Wirkungskomponente ist bei den schwachen Neuroleptika vom Promazintyp, den trizyklischen Thymoleptika und den mittelstarken Neuroleptika vom Chlorpromazintyp, stärker ausgeprägt als bei den starken hochpotenten Neuroleptika vom Chlorperphenazin-und Haloperdiol-Typ. Bei allen tritt eine antriebsmindernde Wirkung ein, die zu der letztgenannten Gruppe hin immer stärker ausgeprägt ist und in etwa parallel mit der Entwicklung des medikamentösen Parkinsonsyndroms in Erscheinung tritt. Die Mittel haben alle eine potenzierende Wirkung auf sedierend, schlafanstoßend und betäubend wirkende Drogen und Medikamente. Für weitere Einzelheiten muß auf pharmakologische und psychopharmakologische Lehrbücher verwiesen werden (siehe auch Kap. 22.2 und 23.1 sowie 25.2).

Für den forensischen Psychiater ist von Bedeutung, zu prüfen, welche von den möglichen Wirkungen tatsächlich eingetreten ist. Hierfür sind neben der Schilderung der Veränderungen und deren Verlauf Beobachtungen Dritter von entscheidender Bedeutung. Der Untersucher muß mit den möglichen Wirkungen der Drogen und zentralangreifenden Medikamenten vertraut sein und sich von dem zu Untersuchenden sehr detaillierte Schilderungen geben lassen, um sich ein Bild machen zu können. Intoxikationspsychosen durch Überdosen können bei dem Gebrauch von Weckmitteln auftreten, regelmäßiger ist das der Fall bei häufiger Einnahme von LSD, seltener bei hohen Dosen von Haschisch. Absetzen sowie Dosisreduktionen bewirken vor allem bei den betäubend wirkenden Mitteln mehr oder weniger stark ausgeprägte Entziehungserscheinungen, die bei einem Teil der Fälle allerdings auch weitgehend fehlen können. Ihre Ausprägung hängt weniger ab von der Dauer des Mißbrauches, als von dem Alter des Betreffenden (in höherem Alter oft geringer ausgeprägt), von der Geschwindigkeit der Ausscheidung, die bei den verschiedenen Mitteln unterschiedlich rasch vor sich geht, und nicht unerheblich von der Angst vor ihnen. Bei der Reduktion oder dem Absetzen von Schlafmitteln, Tranquilizern und Alkohol kann es zu epileptischen Anfällen und Delirien kommen. Die akuten Entziehungserscheinungen dauern nur wenige Tage an, während Schlafstörungen, vegetative Fehlregulationen in Form von Schwitzen, feuchten Händen, vegetativem Tremor, innerer Unruhe, Konzentrationsunfähigkeit, sich erst im Verlauf von 6–8 Wochen zurückbilden. Erst dann ist die akute Entziehung abgeschlossen. In dieser Zeit ist die Rückfallquote außerordentlich hoch, die Symptome haben aber nicht den außerordentlich quälenden und bedrängenden Charakter, der vor allem bei der Entziehung von Alkaloiden in den ersten Tagen auftreten kann.

Spezielle Aufgaben des forensisch-psychiatrischen Gutachters

Der Gutachter muß das Ergebnis seiner Untersuchung zunächst in seiner medizinischen Sprache darlegen, um es dann mit den juristischen Umschreibungen, den sog. biologischen Merkmalen, die in den Gesetzestexten angeführt sind, in Beziehung zu bringen. Das heißt, er muß die Formulierung seiner Untersuchungsergebnisse aus der medizinischen in die juristische Sprache übersetzen. Hier ergibt sich eine grundsätzliche Schwierigkeit: In § 20 StGB sind die Tätermerkmale bzw. die sog. biologischen Merkmale genannt, derentwegen der Betreffende bei Begehung der Tat unfähig ist, das Unrecht der Tat einzusehen oder nach dieser Einsicht zu handeln. Diese Tätermerkmale sind: eine krankhafte seelische Störung, eine tiefgreifende Bewußtseinsstörung, Schwachsinn oder eine andere, schwere seelische Abartigkeit. In der forensisch-psychiatrischen Literatur werden diese juristischen Umschreibungen »biologischer Merkmale psychiatrischen Diagnosen zugeordnet. So heißt es etwa: als krankhafte seelische Störung seien »eindeutig alle Zustände zu bezeichnen, die entweder zum Formenkreis der endogenen Psychosen oder zu den körperlich begründbaren Psychosen gehören« (*A. Langelüdecke* u. *P. H. Presser*, 1976); oder: als »krankhafte«, d. h. »somatogene« psychische Störungen imponieren: »a) exogene Psychosen, b) endogene Psychosen« (*G. Schewe*, 1976). Die »tiefgreifende Bewußtseinsstörung« wird als »nichtkrankhafte Bewußtseinsstörung« aufgefaßt: »a) physiologische: Schlaftrunkenheit, Erschöpfung, b) psychogene: ›Affekte‹ usw.» *(G. Schewe).* Der Begriff Schwachsinn wird aus der Psychiatrie direkt übernommen. Mit »schwerer anderer seelischer Abartigkeit« sind Psychopathien, Neurosen und sexuelle Triebstörungen gemeint. Auf eine kurze Formel gebracht bedeuten diese Gleichsetzungen, daß medizinische Diagnosen in juristische Diagnosen umgemünzt werden und man dabei auf der Ebene der Diagnose bleibt. Das Schwergewicht der forensisch-psychiatrischen Tätigkeit wird darin gesehen, dem Gericht diese Diagnosen schlüssig zu erläutern und zu begründen. Dabei wird davon ausgegangen, daß »auf der 2. Ebene der Betrachtung« (dem »psychologischen Stockwerk«) dann, wenn eine Diagnose gestellt ist, »vom Sachverständigen meist nicht mehr viel zu sagen« ist (*A. Langelüdecke* u. *P. H. Presser*, 1976).

Der Sachverständige ist aber nicht nur nach einer medizinischen bzw. juristischen Diagnose gefragt, sondern muß dem Gericht darüber hinaus erläutern und begründen, inwiefern die in Frage stehenden Fähigkeiten beeinträchtigt sind oder waren. Hierfür sind ihm bei drei der biologischen Merkmale im Gesetzestext Hinweise an die Hand gegeben, und zwar »krankhaft«, »tiefgreifend« und »schwer«. Hierbei wird, wie die oben angeführten Zitate zeigen, krank bzw. krankhaft explizit oder implizit mit »somatisch« gleichgesetzt. Dadurch, daß mit der Reform des Strafgesetzes die schwere andere seelische Abartigkeit in den gesetzlichen Tatbestand des § 20 StGB eingefügt wurde, ist der Gutachter der Problematik enthoben, zu klären, ob eine psychische Störung »Krankheitswert« hat. Er ist, mit anderen Worten, nicht mehr genötigt, sich am Begriff »krank« zu orientieren. Es ist ihm damit aber auch verwehrt, »tiefgreifend« und »schwer« auf »krank« zu beziehen. Der Bezug auf »krank« und damit womöglich auch »somatisch krank« bedeutet nur eine Pseudogenauigkeit und -abgrenzung, da es ja für »krank« keine allgemeingültige Definition gibt (siehe Kap. 1.3). Damit stellt sich die Frage, wie bei den speziellen Definitionen von »krank« im Hinblick auf bestimmte Fähigkeiten (etwa Arbeitsfähigkeit, Schuld- und Geschäftsfähigkeit) und Bedürftigkeiten (Krankenhausbehandlungsbedürftigkeit, Pflegebedürftigkeit) zwischen »krank« und »nicht-krank« im Grenzbereich zu unterscheiden ist (Näheres hierzu wurde bereits in Kap. 1. ausgeführt). Da eine »objektive« scharfe Grenzziehung nicht möglich ist, muß der Gutachter auch seine Grenzen kennen und diese dem Gericht ebenfalls erläutern und begründen. Das bedeutet aber nicht, daß er als »Agnostiker« erklären muß, er sei außerstande, überhaupt etwas über die in Frage stehenden Fähigkeiten des Betreffenden auszusagen. Er überschreitet seine Möglichkeiten aber, wenn er als »Gnostiker« auch im Grenzbereich »sichere« Aussagen macht. Diese werden erfahrungsgemäß häufig mit »objektiven« Befunden begründet. Es wird aber auch nicht selten vom Gutachter erwartet, daß er seine Aussagen mit solchen belegt, etwa mit Röntgenbefunden, Ableitungen von Hirnstromkurven oder psychologischen Tests, obwohl solche Befunde auch keine sichere Aussage über die in Rede stehenden Fähigkeiten des Untersuchten zu dem fraglichen Zeitpunkt gestatten. Die Problematik des Grenzbereichs stellt sich im Strafrecht in verschärfter Weise, da nur ein Schuldfähiger verurteilt werden darf. Im Privatrecht ergibt sich angesichts der Notwendigkeit, einen *Beweis* für das Vorliegen einer psychischen Störung, die freie Willensbestimmung ausschließt (z. B. § 104 Abs. 2 BGB), zu erbringen, diese Grenzproblematik nicht. Deswegen kann es sein, daß jemand im Strafverfahren wegen einer krankhaften seelischen Störung freigesprochen wird, weil Zweifel an seiner Schuldfähigkeit nicht auszuräumen sind, daß sich aber seine Geschäftsunfähigkeit für den gleichen Zeitpunkt und für die gleiche Handlung nicht beweisen läßt.

Zu beachten ist, daß im § 104 Abs. 2 BGB von einem Zustand der Störung der Geistestätigkeit gesprochen wird, der »seiner Natur nach« nicht vorübergehend ist. Positiv formuliert heißt das, es muß ein Dauerzustand vorliegen. Ein solcher ist auch dann anzunehmen, wenn die krankhaften Erscheinungen nur in Zwischenräumen auftreten, jedoch eine dauernde Erkrankung gegeben ist. Erfahrungsgemäß lassen kurzdauernde, psychische Störungen, wie etwa Rauschzustände und Fieberdelirien, dagegen die Geschäftsfähigkeit unberührt. Hingegen kann »eine Willenserklärung, die im Zustand der Bewußtlosigkeit oder vorübergehender Störung der Geistestätigkeit abgegeben wird« (§ 105 Abs. 2 BGB) nichtig sein. Mit Bewußtlosigkeit ist hier gemeint, daß das Bewußtsein in einem solchen Grade getrübt ist, daß die Person Inhalt und Wesen der vorgenommenen Handlung nicht zu erkennen vermag. Dabei ist gleichgültig, ob der Zustand physiologischer oder pathologischer Art ist. In Betracht kommen etwa epileptische oder hysterische Dämmerzustände, Fieberdelirien, aber auch Schlaftrunkenheit und schwere Trunkenheit. Aus dem Wortlaut des Gesetzes in § 104 Abs. 2 BGB ergibt sich, daß eine Person nur

geschäftsunfähig ist, solange sie sich in dem die freie Willensbestimmung ausschließenden Zustand krankhafter Störung der Geistestätigkeit befindet. Dies gewinnt besondere Bedeutung bei den sog. lucida intervalla bei älteren Leuten, die zeitweise verwirrt und zeitweise geordnet erscheinen. Letzteres muß jedenfalls ebenso bewiesen werden, wie die Tatsache, daß eine krankhafte Störung der Geistestätigkeit die freie Willensbestimmung ausschließt. Das gleiche gilt für die Testierunfähigkeit wegen geistiger Störung, die in § 2229 Abs. 4 BGB geregelt ist und den §§ 104 Abs. 2 und 105 Abs. 2 BGB entspricht.

Bei der Entmündigung wegen Geisteskrankheit oder Geistesschwäche (§ 6 Abs. 1 Ziff. 1 BGB) sind die Begriffe Geisteskrankheit und Geistesschwäche als rein rechtliche zu verstehen. Sie dienen ausschließlich dazu, eine festgestellte psychische Störung nach dem Grad ihrer Schwere im Einzelfall zu bezeichnen, wobei Geisteskrankheit die schwerere, Geistesschwäche die leichtere psychische Störung bezeichnet. Die Kriterien für die Unterscheidung zwischen Geisteskrankheit und Geistesschwäche im Sinne des § 6 Abs. 1 Ziff. 1 BGB ergeben sich aus dem Zweck der Entmündigung und aus den unterschiedlichen Folgen: Entmündigung wegen Geisteskrankheit bewirkt Geschäftsunfähigkeit (§ 104 Abs. 3 BGB). Der Entmündigte wird damit einem Kind unter 7 Jahren gleichgestellt. Erfolgt die Entmündigung wegen Geistesschwäche, erhält der Betreffende beschränkte Geschäftsfähigkeit, wie sie ein Minderjähriger zwischen 7 und 18 Jahren besitzt (§ 106 BGB). Im Zivilrecht werden die medizinischen Diagnosen also nicht in der gleichen Weise wie im Strafrecht in »juristische Diagnosen« umgeschrieben, es sind vielmehr die Besonderheiten der medizinisch klingenden juristischen Begriffe zu beachten.

35.6 Erstellung des Gutachtens

Beim Erstellen des Gutachtens ist das folgende zu beachten: Bevor der Gutachter mit seiner Untersuchung beginnt, muß er dem Betreffenden klarlegen, daß er nicht als behandelnder Arzt, sondern als Gutachter im Auftrage des Gerichts oder einer Versicherung tätig ist. War

der Gutachter vorher der behandelnde Arzt, so muß der zu Begutachtende damit einverstanden sein, daß der Gutachter sein Vorwissen verwendet. Der Gutachter kann sich vor allem nach längeren Behandlungen oder bei Vorkenntnissen aufgrund von Auskünften Dritter befangen fühlen und dann den Gutachterauftrag ablehnen. Wenn Krankenunterlagen anderer behandelnder Ärzte beigezogen werden, ist eine Entbindung von der Schweigepflicht erforderlich. Bei der Anforderung der Krankengeschichten muß der Grund der Anforderung angegeben und die Entbindung von der Schweigepflicht beigelegt werden.

Der Gutachter ist verpflichtet, alles, was ihm als Gutachter zur Kenntnis gelangt, dem Gericht mitzuteilen. Er darf dem zu Begutachtenden gegenüber nicht zeitweise die Rolle des behandelnden Arztes einnehmen, dem dieser alles anvertrauen kann und hinterher auswählen, was er für das Gutachten verwenden will.

Zur Erfüllung seiner Aufgabe muß der Gutachter alles untersuchen, was nötig, aber nicht alles, was möglich ist. Ist er z.B. nach der Testierfähigkeit gefragt, so genügt die Feststellung, daß eine Demenz vorliegt. Die weitere Klärung ihrer Genese, eine biographische Anamnese oder ein psychologischer Test mit der Fragestellung, ob eine hirnorganische Veränderung vorliegt, erübrigen sich hier. Dagegen ist es wichtig zu klären, welches Ausmaß die Demenz hatte, als das Testament errichtet wurde.

Bei allen diagnostischen Eingriffen ist der zu Begutachtende ebenso aufzuklären wie auch sonst bei der ärztlichen Tätigkeit. Mit der Einführung der Computer-Tomographie hat sich hier die Situation erheblich verändert, da dem zu Untersuchenden nicht mehr die schmerzhafte Pneumencephalographie zugemutet werden muß, die in manchen Fällen erforderlich war.

Bei der Abfassung des Gutachtens muß zunächst die Fragestellung angeführt und außerdem dargelegt werden, auf welche Unterlagen sich das Gutachten stützt, das sind in der Regel die Akten, die beigezogenen Krankengeschichten, fremdanamnestische Angaben. Ferner ist der Termin der Untersuchung und der Ort, wo sie durchgeführt wurde, anzugeben.

Ein Aktenauszug ist nicht unbedingt erforderlich, da die Akten dem Gericht ja bekannt sind. Es muß aber deutlich gemacht werden, auf welche Aktenangaben sich der Gutachter bezieht, sei es in einem Aktenauszug oder in der Beurteilung. Da der Gutachter sein Gutachten sehr oft erhebliche Zeit nach der Untersuchung vor Gericht vertreten muß, und dann die Akten nicht mehr zur Verfügung hat, muß er anhand des Gutachtens wissen, worauf er sich stützt. Hierfür ist es aber nicht erforderlich, den gesamten Akteninhalt mehr oder weniger vollständig abzuschreiben.

In dem nun folgenden Abschnitt des Gutachtens sind die Angaben des zu Untersuchenden (dieser ist kein Patient) darzulegen. Dabei muß nicht nur auf die Fragestellung, sondern auf die gesamte Vorgeschichte eingegangen werden. Hierbei müssen aber, je nach der Fragestellung, besondere Akzente gesetzt und es sollte nicht alles, was man in Erfahrung bringen kann, einfach zusammengetragen werden. Im Anschluß hieran folgt die Darlegung der erhobenen Befunde und der Ergebnisse der zusätzlichen Untersuchungen. Der entscheidende Abschnitt des Gutachtens ist die diagnostische Würdigung und Beurteilung der erhobenen Befunde im Hinblick auf die Persönlichkeit und das Zustandsbild zum fraglichen Zeitpunkt. Die Diagnosen sind aufgrund der erhobenen Befunde zu begründen. Auch Unstimmigkeiten, Schwierigkeiten bei der Untersuchung, mangelnde Unterlagen oder fehlende Angaben des Betreffenden zu irgendwelchen Sachverhalten sind ausdrücklich zu erwähnen. Auch zum Sicherheitsgrad der Diagnose ist Stellung zu nehmen. Im letzten Schritt des Gutachtens wird das Untersuchungsergebnis zu der juristischen Fragestellung in Beziehung gesetzt. Es muß im einzelnen dargelegt werden, ob und ggf. welche Umstände z.B. die Fähigkeit, verantwortlich zu handeln, beeinträchtigen oder aufheben. Es reicht keinesfalls aus zu sagen, daß aufgrund des Untersuchungsergebnisses die Voraussetzungen zur Anwendung dieser oder jener rechtlichen Bestimmung gegeben sind. Es muß vielmehr deutlich gemacht werden, wie der Gutachter zu seinem Ergebnis gekommen ist. Ist aufgrund der vorhandenen Unterlagen eine endgültige Beurteilung nicht möglich, so ist darauf ausdrücklich hinzuweisen.

36. Zur Problematik des sog. lebensunwerten Lebens und der Euthanasie

Die Frage, ob das Leben eines Menschen lebenswert ist, ergibt sich dann, wenn Leben nicht als in sich sinnvoll, sondern sein Wert unter pragmatischen Gesichtspunkten beurteilt wird. Es handelt sich somit in der Sache keineswegs um ein spezifisch psychiatrisches Problem. Dennoch sind psychisch Kranke und Behinderte in besonderer Weise davon betroffen, denn die Schwierigkeiten, die chronisch psychisch Kranke sowie geistig und seelisch Behinderte oft haben, sich im Leben zurechtzufinden und »aktiv« zu sein, führen immer wieder zu der Versuchung der Gesunden, keinen Sinn in einem solchen Leben zu sehen. Die Folge davon ist, daß diese Kranken und Behinderten unzureichend versorgt werden. Die »Starken« sorgen eben zunächst für sich selbst. Ganz extrem geschieht das, wenn sie sich Schwacher und Kranker als eines Ballastes zu entledigen suchen. Auch hier werden positiv erscheinende Argumente herangezogen. So wird davon gesprochen, dies sei für die Kranken und Schwachen eine Erlösung. Derartiges wird nicht nur gedacht, sondern wurde und wird bis auf den heutigen Tag in die Tat umgesetzt.

»Euthanasie« im »Dritten Reich«

Die Psychiatrie in Deutschland ist dadurch belastet, daß der Freiburger Ordinarius für Psychiatrie A. Hoche (1865–1943) im Jahre 1920 zusammen mit K. Binding eine Schrift mit dem Titel »Die Freigabe der Vernichtung lebensunwerten Lebens« herausgab und daß an der Leitung der »Euthanasie«-Aktion im nationalsozialistischen Deutschland eine größere Zahl von Psychiatern, darunter Hochschullehrer, maßgeblich beteiligt waren. »Nach dem Ende des Zweiten Weltkrieges erfuhr die Welt, daß dieser Aktion etwa 80 000 Menschen zum Opfer gefallen waren. Vor allem durch die Prozesse gegen die beteiligten Ärzte wurden viele

Einzelheiten über die Art des Vorgehens bekannt. In den ersten Nachkriegsjahren war es den maßgeblichen Kreisen der deutschen Ärzteschaft ein Anliegen, mit Freimut auf diese fürchterlichen Verbrechen hinzuweisen. Vom 51. Deutschen Ärztetag wurde eine Kommission zu den Ärzteprozessen an den Nürnberger Gerichtshof entsandt, die die Dokumente sammeln und für alle Zeiten zur Warnung das Geschehene darstellen sollte« (*Mitscherlich* u. *Mielke*: »Wissenschaft ohne Menschlichkeit«). Deswegen sei anhand der Darstellung von *H. Ehrhardt* zunächst das Wesentliche der »Euthanasie«-Aktion skizziert:

Ende 1938 oder Anfang 1939 befand sich in der Universitäts-Kinderklinik in Leipzig, die seinerzeit von Prof. *W. Catel* geleitet wurde, ein blindes, idiotisches Kind mit nur zwei Extremitäten. Die Großmutter dieses Kindes richtete ein Gesuch um Gewährung des sogenannten Gnadentodes an *Hitler*. Er schickte seinen Leibarzt *Brandt* nach Leipzig. Nach einem Konsilium mit *Catel* wurde dem Gesuch entsprochen. Dieser Fall soll der Anlaß dafür gewesen sein, daß *Hitler* den Reichsleiter *Bouhler* und seinen Leibarzt *Brandt* mündlich ermächtigte, ähnliche Fälle entsprechend zu behandeln. Um dies im größeren Stil durchführen zu können, wurde eine Meldepflicht für mißgestaltete Neugeborene am 18. 8. 1939 eingeführt. So war es möglich, alle für die Aktion in Frage kommenden Kinder zu erfassen. Drei Gutachter, darunter *Catel*, entschieden aufgrund des Meldebogens über Tod und Leben des Kindes und stellten eine Ermächtigung aus. Aufgrund dieser Ermächtigung erhielt das Gesundheitsamt ein Schreiben, in dem es hieß, »daß eine Behandlung in einer bestimmten Kinderfachabteilung vorgesehen sei, da dort aufgrund der durch den Reichsausschuß getroffenen Einrichtung die beste Pflege und im Rahmen des Möglichen neuzeitliche Therapie durchgeführt werden könne«. Die Ärzte der 21 Kinderfachabteilungen waren mündlich darüber unterrichtet worden, daß mit diesem Schreiben die Ermächtigung zur Tötung des Kindes erteilt war. Nach den Nürnberger Protokollen wurden die Kinder in den Ausrottungsanstalten Eichberg, Idstein, Kantenhof, Goerden durch Gaben von Morphium oder Luminal getötet, während man in anderen Anstalten, z. B. in Eglfing-Haar, das systematische Aushungern ganzer Stationen bevorzugte, wie *Leibbrand* berichtete. Die Zahl der getöteten Kinder wird auf 5000 geschätzt.

Mit dem Näherrücken des Krieges kam nach *Hitlers* Ansicht offenbar der geeignete Zeitpunkt für eine generellere Lösung des Problems der »Gnadentötung«. Im August 1939 erteilte er *Brandt* und *Bouhler* einen entsprechenden mündlichen Auftrag. Ende Oktober 1939 unterzeichnete *Hitler* einen Erlaß, der auf den 1. September 1939, den Tag des Kriegsbeginns, zurückdatiert wurde. Der Erlaß lautete: »Reichsleiter Bouhler und Dr. med. Brandt sind unter Verantwortung beauftragt, die Befugnisse namentlich zu bestimmender Ärzte so zu erweitern, daß nach menschlichem Ermessen unheilbar Kranken bei kritischster Beurteilung ihres Krankheitszustandes der Gnadentod gewährt werden kann.« Daneben hat wohl die Beschaffung von Lazarettraum und die Freistellung von Ärzten und Pflegepersonal für Kriegszwecke bei der Einleitung der Tötungsmaßnahmen eine Rolle gespielt.

Prof. *Heyde*, Ordinarius für Psychiatrie an der Universität Würzburg, und Prof. *Nitsche*, Leiter der Anstalt Sonnenstein bei Pirna, übernahmen die Leitung der »Euthanasie«-Aktion. Außerdem wurden zwölf weitere Ärzte »ermächtigt«. Es wurden wieder Meldebogen »begutachtet«. Aus einem Schriftwechsel zwischen *Heyde* und dem Leiter der Heil- und Pflegeanstalt Eglfing-Haar ist erkennbar, daß in der Zeit vom 14. 11. bis 1. 12. 1940, also innerhalb von zwei Wochen, über 2100 Fälle »begutachtet« und die Unterlagen an *Heyde* zurückgeschickt wurden.

Die Kranken wurden zunächst in Sammelanstalten verlegt und von dort in eine der sechs Tötungsanstalten gebracht. In diesen fanden sich als Duschräume getarnte Vergasungsräume und die Krematorien zum Verbrennen der Leichen. So ist etwa einem Schreiben an den Reichsminister für Justiz vom Dezember 1939 zu entnehmen: »Die Ankömmlinge werden

alsbald in einen Gasraum verbracht, wo sie mit Blausäure und einem betäubenden Zusatzgas liquidiert werden. Die Leichen werden auf einem laufenden Band in einen Verbrennungsraum geschafft, jeweils 6 in einen Ofen, die anfallende Asche werde auf 6 Urnen verteilt und den Angehörigen zugeschickt.« Obwohl die »Euthanasie«-Aktion geheimgehalten wurde, blieben die Massenverlegungen von einer in andere Heil- und Pflegeanstalten der Öffentlichkeit nicht verborgen. Hinzu kamen einige organisatorische Pannen, z. B. versehentliches Verschicken von falschen Urnen, Bekanntgaben falscher Todesursachen, z. B. an Blinddarmentzündung gestorben, obwohl zehn Jahre vorher eine Blinddarmoperation durchgeführt worden war, Angabe über ein Rückenmarksleiden bei körperlich völlig Gesunden usw. Infolge von zahlreichen Protesten von verschiedenen Seiten ließ *Hitler* die Aktion am 24. 8. 1941 einstellen.

Die wesentliche Begründung für die Aktion war unzweifelhaft der nationalsozialistische Rassengedanke. *Hitler* hatte schon im 11. Kapitel seines Buches »Mein Kampf« über Volk und Rasse gesagt: »Alle großen Kulturen der Vergangenheit gingen zugrunde, weil die ursprünglich schöpferische Rasse an Blutvergiftung abstarb.« »Deren Erhaltung ist aber gebunden an das eherne Gesetz der Notwendigkeit und des Rechtes des Sieges des Besten und Stärkeren« (S. 316). Seine biologische Weltanschauung äußerte *Hitler* besonders eindrucksvoll in den Gesprächen mit dem Danziger Senatspräsidenten *Rauschning*. So sagte er etwa, »wer den Nationalsozialismus nur als politische Bewegung versteht, weiß fast nichts über ihn. Er ist mehr noch als Religion, er ist der Wille zur neuen Menschenschöpfung«.

Der geistesgeschichtliche Hintergrund des »Euthanasie«-Bestrebens

Nach dem Gesagten könnte man denken, daß es sich um nationalsozialistisches Ideengut handelte, das zur Tötung der Hälfte der seinerzeit im Deutschen Reich stationär versorgten psychisch Kranken führte. Daß das nicht zutrifft, zeigt die Untersuchung des ideengeschichtlichen Hintergrundes. Der Gedanke, bessere Menschen zu züchten, entstammt dem Sozialdarwinismus, der die Thesen *Darwins* über das Gesetz der Selektion im Kampf ums Dasein auf die Probleme der Entwicklung von Völkern und Staaten übertrug: So wie sich von selber durch den Kampf ums Dasein die jeweilige Art von der primitivsten zur höchsten Lebensform hinaufentwickele, so bilde sich auf wirtschaftlich-soziologischem Felde durch Konkurrenz die bestmögliche Wirtschafts-und Gesellschafts-form heraus.

Die folgenden Bemerkungen über den Sozial-darwinismus und die sich aus ihm ergebenden Entwicklungen stützen sich vornehmlich auf *Conrad-Martius* (Utopien der Menschenzüch-tung, 1955). Die Zeit des Darwinismus war zu-gleich die Zeit des aufbrechenden Sozialismus. Da im sozialen Bereich der Kampf ums Dasein keineswegs dahin führte, wohin er nach Ansicht der Darwinisten eigentlich hätte führen müssen, erwies es sich als notwendig, Maßnahmen zu ergreifen, um dem Walten des reinen Konkur-renzkampfes Grenzen zu setzen. Die Menschen mußten sich zur Wahrung ihrer gemeinsamen Interessen organisieren. Hiermit geschieht aber genau das, was die darwinistischen Soziologen ablehnen: Denn innerhalb solcher Organisa-tionen und mit ihrer Hilfe wird das Schwache geschützt, dem Kranken aufgeholfen, der Minderwertige vorwärts gebracht, kurz demje-nigen zu einer Existenz und damit zur Fami-lienbildung und Fortpflanzung verholfen, des-sen Qualitäten für sein Volk und seine Gemein-schaft die sichere Degeneration bedeuten. So-bald sich zeigte, daß einerseits der sich selbst überlassene Konkurrenzkampf keineswegs ganz von selbst das Wohl der Menschheit för-dert, aber andererseits die zivilisatorisch-sozia-len Maßnahmen zur biologischen Degenera-tion der Menschen führen, mußte der Gedanke entstehen, zwar »zu organisieren und zu totali-sieren«, aber nicht im rassisch-verderblichen (human-zivilisatorischen), sondern in einem rassisch-fördernden Sinne. So sagte *Hitler* zu *Rauschning*: »Nachdem so lange Jahrhunderte vom Schutz der Armen und Elenden gefaselt worden ist, mag es an der Zeit sein, sich zum Schutz der Starken vor den Minderwertigen zu bekennen.« Und: »Der Sozialismus, wie wir ihn verstehen, betrifft nicht das Glück des einzel-nen, sondern die Größe und Zukunft der Ge-samtheit des Volkes.«

Für die Darwinisten ist der Mensch eine höchste animalische, damit letztlich eine rein biologische Lebensform. Die Sozialdarwinisten haben ursprünglich an eine Höherentwicklung der menschlichen Rasse als Ganzes gedacht. Da diese Ideen im Zeitalter des Nationalismus und Patriotismus entwickelt wurden, ist verständ-lich, daß dieser allgemeine Gedanke auf das eigene Volk eingeengt wurde. Man überlegte, wie dieses in seiner rassischen vitalen Qualität zu erhalten sei, etwa durch eine Sexualordnung: Durch diese sollte denjenigen Männern, die sich durch überdurchschnittliche Leistungen auszeichneten und voraussichtlich einen über-durchschnittlichen Rassenwert besäßen, ein entsprechend größerer Anteil an der Fortpflan-zung des Volkskörpers eingeräumt werden. So schlug *Hentschel* (1901) z. B. vor, einen Men-schengarten zu gründen, der aus einer ländli-chen Siedlung mit etwa 1000 Frauen und 100 Männern bestehen sollte, die einen durch Sachverständige ausgelesenen rassischen Überdurchschnitt der Gesellschaft bilden. »Vor dem Gemeinderat würden vorübergehend Ehen geschlossen, aber der Mann bleibt bei sei-nen Genossen im Männerhof und kommt zu seiner Frau nur als Gast. Sobald diese sich Mut-ter fühlt, wird die Ehe gelöst.« Auf die seiner-zeit erörterten Probleme, welches Ziel die Men-schenzüchtung eigentlich haben solle, kann hier nicht näher eingegangen werden.

Die Erfolge der Hygiene führten Anfang des 20. Jahrhunderts dazu, daß man hoffte, bald eine Therapie im großen, eine Volkshygiene, betreiben und so den Volkskörper als Ganzen heilen zu können. Jegliche Krankheit, Behin-derung und Leiden bedeuten aus biologischer Sicht eine Einengung und Verminderung der persönlichen und sozialen Leistungsfähigkeit. Den Betreffenden bietet sich unter dieser Vor-aussetzung für einen Beitrag zur Förderung des Volkskörpers lediglich die Möglichkeit, durch einen freiwilligen Tod die Krankheit und damit das Übel abzukürzen, d. h. den biologischen Ablauf zu beschleunigen, der ja ohnehin mit dem Tod endet. Der freiwillige Tod, so schrieb *Haeckel* 1904 (»Die Lebenswunder«), durch den der Mensch seinem unerträglichen Leiden ein Ende mache, sei tatsächlich ein Akt der Er-lösung. Man sollte daher denselben vernünfti-gerweise als Selbsterlösung (Autolyse) bezeichnen und mit aufrichtiger Teilnahme der christlichen Nächstenliebe betrachten (S. 127). Er fährt dann in der für diese Gedanken charakteristischen Weise fort: »Wenn man mit Recht Tiere, die hoffnungslos erkrankt oder gepeinigt sind, töte, so habe man das Recht oder, wenn man will, die Pflicht, den schweren Leiden der Mitmenschen ein Ende zu bereiten, wenn schwere Krankheit ohne Hoffnung auf Besserung ihnen die Existenz unerträglich macht und wenn sie selbst um Erlösung vom Übel bitten.« Es sei darauf hingewiesen, daß hier nicht nur vom Recht des Kranken auf einen schmerzlosen Tod, sondern vom Recht, ja der Pflicht, dem schwerleidenden Mitmenschen ein Ende zu bereiten, gesprochen wird.

So wird aus dem Gedankengut des Sozialdarwinismus das Recht auf den Tod und die Pflicht, in bestimmten Fällen zu töten, abgeleitet. *A. Jost* weist in seiner Schrift »Das Recht auf den Tod«, die im Jahre 1895 erschien, auf die deprimierende Wirkung der hoffnungslos Kranken auf die Umgebung hin und sagt: »All dies hoffnungslose Elend und dieser nutzlose Schmerz, den der Kranke erduldet, wirken auf alle in seiner Nähe befindlichen Menschen im höchsten Grade deprimierend. Ja noch mehr, selbst der dem Kranken mehr oder weniger Fernstehende wird aufs peinlichste berührt, wenn ihm die Tatsache zum Bewußtsein kommt, daß wieder einmal ein Mensch hoffnungslos leidet.« Hieraus leitet er die Forderung ab, die Tötung auf Verlangen bei Schwerkranken zu legalisieren. Er geht dann aber in seinen Überlegungen weiter und fordert nicht unter biologischen, sondern ökonomischen Gesichtspunkten die Tötung nutzloser Mitglieder der Gemeinschaft. Es ist nicht nur die Art der Argumentation, sondern vor allem die Verschiebung der Gesichtspunkte zu beachten, der man in diesem Bereich regelmäßig begegnet. So fragt *Jost* nicht nur nach dem Wert des Lebens für das Individuum, wenn es bei unheilbarer Krankheit Schmerzen zu ertragen hat, sondern nach dem Wert dieses Lebens für die Gesellschaft. Der Kranke belaste diese durch den Verbrauch materieller Werte (Nahrung und Arzneien), und absorbiere Arbeitskraft für die Pflege, produziere aber in der Regel nichts und sei zudem eine Ansteckungsgefahr für seine Umgebung. Wenn der Wert des Lebens für das Individuum und die Gesellschaft negativ werden, d. h. wenn Schmerz und Schaden überwiegen, sei das Leben weder für das Individuum selbst noch für die Gesellschaft wünschenswert. Das Problem ist für *Jost* also nicht mehr, ob der leidende Mensch ein Anrecht auf Sterbehilfe, sondern inwieweit er einen Anspruch auf Hilfe der Gemeinschaft hat. Dennoch spricht *Jost* vom Mitleid, das die vorzeitige Beendigung des Lebens fordere.

Auch K. *Binding* u. A. *Hoche* gehen in ihrer 1920 erschienenen Schrift »Die Freigabe der Vernichtung lebensunwerten Lebens« zunächst von der Frage aus, ob die Beihilfe zum Selbstmord und die Tötung auf Verlangen bei Schwerkranken berechtigt sind und wieweit sie freigegeben werden sollen. *Binding*, bekannter Strafrechtslehrer aus Leipzig, schreitet dann in seinen rechtlichen Überlegungen fort und fragt: »Gibt es Menschenleben, die so stark die Eigenschaft des Rechtsgutes eingebüßt haben, daß ihre Fortdauer für die Lebensträger wie für die Gesellschaft dauernd allen Wert verloren haben?« (S. 27). Er antwortet sich selbst: »Daß es lebende Menschen gibt, deren Tod für sie eine Erlösung und zugleich für die Gesellschaft und den Staat insbesondere eine Befreiung von einer Last ist, deren Tragung außer dem einen, ein Vorbild größter Selbstlosigkeit zu sein, nicht den kleinsten Nutzen stiftet, läßt sich in keiner Weise bezweifeln. Ist dem aber so – dann steht die Rechtsordnung vor der verhängnisvollen Frage, ob sie den Beruf hat, für deren unsoziale Fortdauer tätig einzutreten oder unter bestimmten Voraussetzungen ihre Vernichtung freizugeben?« (S. 28). *Binding* kommt zu dem Ergebnis: »Ich kann nun vom rechtlichen, dem sozialen, dem sittlichen, dem religiösen Gesichtspunkt aus schlechterdings keinen Grund finden, die Tötung solcher den Tod dringend verlangender Unrettbarer nicht an die, von denen er verlangt wird, freizugeben, ja, ich halte diese Freigabe einfach für eine Pflicht gesetzlichen Mitleides, wie es sich ja doch auch in anderen Formen vielfach geltend macht« (S. 30–31). Er geht dann zu der zweiten Gruppe über, die für ihn aus den »unheilbar Blödsinnigen« besteht. Sie haben nach seinen Worten weder den Willen zu leben noch zu sterben. »So gibt es ihrerseits keine beachtliche Einwilligung in die Tötung, andererseits stößt diese auf keinen Lebenswillen, der gebrochen werden müßte. Ihr Leben ist absolut zwecklos, aber sie empfinden es nicht als unerträglich. Für ihre Angehörigen wie für die Gesellschaft bilden sie eine furchtbar schwere Belastung. Ihr Tod reißt nicht die geringste Lücke – außer vielleicht im Gefühl der Mutter oder der treuen Pflegerin. Da sie großer Pflege bedürfen, geben sie Anlaß, daß ein Menschenberuf entsteht, der darin aufgeht, absolut lebensunwertes Leben für Jahre und Jahrzehnte zu fristen.« (S. 31–32). *Binding* faßt das Ergebnis seiner Überlegungen folgendermaßen zusammen: »Wieder finde ich weder vom rechtlichen, noch vom sozialen, noch vom sittlichen, noch vom religiösen Standpunkt aus schlechterdings keinen Grund, die Tötung dieser Menschen, die das furchtbare Gegenbild echter Menschen bilden und fast in jedem Entsetzen erwecken, der ihnen begegnet, freizugeben« (S. 32). *A. Hoche*, Ordinarius für Psychiatrie an der Universität Freiburg i. Br. von 1902–1933, hat in seinen ergänzenden Ausführungen den juristischen Fragen von der psychiatrischen Seite folgendes hinzugefügt: »Zustände endgültigen unheilbaren Blödsinns oder, wie wir in freundlicherer Formulierung sagen wollen, Zustände geistigen Todes sind für den Arzt, insbesondere für den Irrenarzt und Nervenarzt, etwas recht Häufiges. Man trennt recht zweckmäßigerweise in zwei große Gruppen: 1. in diejenigen Fälle, bei denen der geistige Tod im späteren Verlaufe des Lebens nach vorausgehenden Zeiten geistiger Vollwertigkeit oder wenigstens Durchschnittlichkeit erworben wird, 2. in diejenigen, die aufgrund angeborener oder in frühester Kindheit einsetzender Gehirnveränderungen entstehen« (S. 51). *Hoche* führt im einzelnen aus, daß ein gewisser Unterschied zwischen der ersten und zweiten Gruppe insofern bestehe, als die erstere doch einen geistigen Rapport mit der Umgebung gehabt habe, um dann fortzufahren: »In wirtschaftlicher Beziehung bedeuten die geistig Toten eine schwere Belastung für die Allgemeinheit. Die Belastung ist zum Teil finanzieller Art und berechenbar anhand der Aufstellung der Jahresbilanzen der Anstalten. Ich habe es mir angelegen sein lassen, durch eine Rundfrage bei sämtlichen deutschen in Frage kommenden Anstalten hierüber brauchbares Material zu beschaffen. Es ergibt sich

daraus, daß der durchschnittliche Aufwand pro Kopf und Jahr für die Pflege der Idioten bisher 1300,– Mark betrug. Wenn wir die Zahl der in Deutschland zur Zeit gleichzeitig vorhandenen in Anstaltspflege befindlichen Idioten zusammenrechnen, so kommen wir schätzungsweise auf eine Gesamtzahl von 20000 bis 30000. Nehmen wir für den Einzelfall eine durchschnittliche Lebensdauer von 50 Jahren an, so ist leicht zu ermessen, welches ungeheuere Kapital in Form von Nahrungsmitteln, Kleidung und Heizung dem Nationalvermögen für einen unproduktiven Zweck entzogen wird« (S. 54). »Ein Pflegepersonal von vielen tausend Köpfen wird für diese gänzlich unfruchtbare Aufgabe festgelegt und fördernder Arbeit entzogen. Es ist eine peinliche Vorstellung, daß ganze Generationen von Pflegern neben diesen leeren Menschenhülsen dahinaltern« (S. 55). Derartige ökonomische Fragen spielten, wie oben bereits erwähnt, bei der Einleitung der Euthanasieaktion der Nationalsozialisten zu Kriegsbeginn ebenfalls eine Rolle.

So sind bei der Vernichtung lebensunwerten Lebens durch die Nationalsozialisten verschiedene Bestrebungen zusammengekommen: einerseits sollte die deutsche Rasse verbessert, gleichzeitig der negativen Auslese des Krieges entgegengewirkt und deswegen aus diesen und aus ökonomischen Gründen die Ballastexistenzen beseitigt werden. Die Darlegung der ideengeschichtlichen Hintergründe darf nicht als Entschuldigung mißverstanden werden. Es sollte zunächst nur aufgezeigt werden, daß es sich bei dem »Euthanasie«-Gedanken nicht um spezifisch nationalsozialistisches Gedankengut handelt. Von den Nationalsozialisten wurde vielmehr das, was vorlag, übernommen und in ihrem Sinn ausgebaut. Das Umsetzen der geschilderten Ideen in eine Vernichtungsaktion so ungeheuerlichen Ausmaßes setzt eine entsprechende totalitäre Staatsmacht voraus, die allein dazu in der Lage ist. Aber auch totalitäre Staatsmacht und Schreckensherrschaft sollen hier nicht alles, was geschehen ist, entschuldigen. Es ist immerhin dem energischen Widerstand der Bevölkerung und den öffentlichen Äußerungen mutiger Männer zu verdanken, daß Hitler sich genötigt sah, die Aktion nach knapp 2 Jahren einzustellen. An diesem Widerstand sind zweifellos nicht alle Psychiater beteiligt gewesen. Der Gerechtigkeit wegen sei aber auch gesagt, daß das, was Gewaltherrschaft bedeutet, von denen, die nicht unter ihr leben oder gelebt haben, schwer beurteilt werden kann. Bevor man andere verurteilt, möge man sich darum prüfen, welches Risiko man selbst, angesichts von Konzentrationslagern und der damit verbundenen Lebensgefahr, bereit wäre einzugehen. Nur in der Theorie ist Heroismus unproblematisch.

Zum Begriff der »Euthanasie«

Bevor wir auf die Euthanasie-Problematik weiter eingehen, muß zunächst der Begriff genauer analysiert werden: In der Antike verstand man unter Euthanasie, wörtlich: gutes Sterben, in erster Linie die menschliche Haltung, dem Tod ruhig entgegenzusehen, und die Kunst, einen glücklichen und womöglich ehrenhaften Tod zu sterben. Der Begriff Euthanasie bezieht sich hier also auf die Haltung und das Tun des Sterbenden selbst. Der Arzt hat dabei die Aufgabe, dem Sterbenden zur Seite zu stehen. Die Gabe von Medikamenten gehört nicht dazu. Im Hippokratischen Eid wird die Gabe von Medikamenten ausdrücklich verboten, da in den meisten Stadtstaaten des alten Griechenlands die Beihilfe zum Selbstmord unter Strafe stand. Diese Sterbehilfe wird als »reine Euthanasie« bezeichnet.

Alle anderen Fassungen des Begriffes Euthanasie beachten nur das Tun des Arztes und dessen Intention. Die Verlagerung der Bedeutung des Begriffes von der Haltung des Sterbenden auf die Aktivität des Arztes scheint auf den ersten Blick geringfügig zu sein, sie kennzeichnet aber den Kern der modernen Euthanasieproblematik. Bei der Verabreichung von Medikamenten ergibt sich das Problem, daß hierdurch vielleicht der Tod etwas früher eintritt, als dies ohne Medikamente der Fall wäre. Wenn solche gegeben werden, um den Zustand des Sterbenden zu erleichtern, und wenn der das Leben möglicherweise geringfügig verkürzende Effekt in Kauf genommen wird, spricht man von indirekter Euthanasie. Moraltheologisch handelt es sich dabei um eine »actio duplicis effectus«. Eine weitere Möglichkeit ärztlichen Verhaltens besteht darin, daß Sterbehilfe durch Sterben-

lassen geleistet und dadurch auf eine vielleicht mögliche kurzfristige Lebensveränderung verzichtet wird.

Schließlich ist die Sterbehilfe mit gewollter Lebensverkürzung zu nennen, die als »direkte Euthanasie« bezeichnet wird. Diese wird vom Arzt aktiv bewirkt, sei sie vom entscheidungsfähigen Sterbenden ausdrücklich gewünscht, stillschweigend gewollt oder geduldet, oder sei es, daß sie am entscheidungsunfähigen Sterbenden mit oder ohne eventueller früherer Einwilligung vorgenommen wird. *Catel* nennt dies »Euthanasie im engeren Sinne«. Die verschiedenen Fassungen des Begriffes Euthanasie beinhalten eine unterschiedliche ärztliche Aktivität bei der Sterbehilfe.

Unter »Euthanasie im weiteren Sinne« versteht *Catel* schließlich »die Auslöschung frühkindlicher Idioten und erwachsener, unheilbar geisteskranker Menschen«. Da es sich bei solchen Maßnahmen nicht um Sterbehilfe handelt, ist die Verwendung des Begriffes Euthanasie in diesem Zusammenhang irreführend. Es wird darum auch, wie wir gesehen haben, von der Vernichtung lebensunwerten Lebens gesprochen.

Die neuere Entwicklung des »Euthanasie«-Gedankens

Für die Analyse der Problematik sei die Darstellung der historischen Gegebenheiten noch vervollständigt: Im Hippokratischen Eid (Ende des 5. bzw. Beginn des 4. Jahrhunderts vor Christus) steht u. a. die Verpflichtung: »An niemand werde ich ein tödlich wirkendes Gift abgeben, auch dann nicht, wenn man mich drum bittet, ich werde auch keinen solch verwerflichen Rat erteilen...« Der Sache nach waren in der Antike wie bei vielen Naturvölkern alle Variationen des Problemkreises bekannt. Die Ausweitung des Begriffs auf die Vernichtung lebensunwerten Lebens trat erst am Ende des 19. Jahrhunderts ein, wie oben bereits dargelegt.

Kaum beachtet bei uns wurde die seit etwa 1930 in Gang gekommene Euthanasiebewegung in England und etwas später in den USA. Der Präsident der Society of Medical Officers of Health, Dr. *K. Millart*, forderte 1932 die Legalisierung des »mercy-killing« und fand dafür viel Zustimmung. Zur Intensivierung dieser Bestrebungen wurde 1935 The Euthanasia-Society unter dem Vorsitz von Lord *Moynihan*, dem Präsidenten des Royal College of Surgeons, gegründet. Die Gesellschaft bereitete einen Gesetzentwurf vor, der einem Patienten auf Antrag ermöglichen sollte, bei Aussichtslosigkeit seiner Erkrankung eine Euthanasie durchführen zu lassen. Der Antrag wurde abgelehnt, mit der Begründung, das vorgeschlagene Verfahren mit seiner Fülle von juristischen Formalitäten störe die Ruhe des Krankenzimmers zu sehr. Der nächste Versuch einer gesetzlichen Regelung im Jahre 1950 scheiterte schon vor der Abstimmung. In den USA erfolgte die Gründung der Euthanasie-Gesellschaft im Jahre 1938. Bei einer Rundfrage im Staate New York hatten sich 88% der befragten Ärzte für die freiwillige Euthanasie ausgesprochen und 1776 schlossen sich einem Komitee für Legalisierung der Euthanasie an. Auch hier wurde im Jahre 1947 ein Gesetzentwurf ohne Erfolg eingebracht. Im Jahre 1952 wurde eine Petition an die Vereinten Nationen organisiert mit 2500 Unterschriften von zum Teil prominenten Persönlichkeiten aus den verschiedensten Lebens- und Wissensbereichen in den USA und England. Mit dieser Petition wurde eine Ergänzung der Erklärung der Menschenrechte durch Aufnahme des Rechtes unheilbar Leidender auf freiwillige Euthanasie angestrebt, aber ebenfalls ohne Erfolg.

In den letzten Jahren ist wieder eine lebhafte Diskussion über die »Euthanasie« in Gang gekommen. Dabei zeigte sich, daß es nicht nur in Deutschland viele Befürworter einer aktiven Euthanasie für Schwerkranke gibt. Aufgrund einer Umfrage des Institutes Scope in der Schweiz Anfang 1975 befürworteten diese 60% der Bevölkerung. In diesem Zusammenhang sind zwei Gerichtsurteile, die ein positives Echo in der Bevölkerung hatten, von Bedeutung: 1. das Urteil des Schwurgerichtes in Lüttich im November 1962: Das Ehepaar van de Putt wurde freigesprochen, das seine ohne Arme geborene Tochter (unter Mithilfe der Großmutter, der Tante und des Hausarztes) durch eine Überdosis eines Schlafmittels einige Tage nach der Geburt getötet hatte. 2. Ein holländisches Gericht verurteilte am 21.2. 1973 die Ärztin

Postma van Bern zu einer symbolischen Freiheitsstrafe von einer Woche, die ihre schwerkranke, teilgelähmte und depressive Mutter auf deren Verlangen hin durch eine Überdosis Morphium getötet hatte. Diese Gerichtsurteile und die positiven Reaktionen der Öffentlichkeit auf sie zeigen, daß aktive Euthanasie nicht allein Folge der Naziideologie und des Geistes bzw. Ungeistes der Medizin ist, sondern ihre Befürwortung offenbar auch aus anderen Wurzeln genährt wird. In diesem Zusammenhang gehört auch die Änderung des § 218 StGB (Strafrechtsänderungsgesetz vom 18. 5. 1976). Der neue § 218a, in dem die Indikation zum Schwangerschaftsabbruch geregelt ist, lautet im Absatz 2, Satz 1: »Wenn nach ärztlicher Erkenntnis dringende Gründe für die Annahme sprechen, daß das Kind infolge einer Erbanlage oder schädlicher Einflüsse vor der Geburt an einer nicht behebbaren Schädigung seines Gesundheitszustandes leiden würde, die so schwerwiegt, daß von der Schwangeren die Fortsetzung der Schwangerschaft nicht verlangt werden kann«, ist der Abbruch der Schwangerschaft durch einen Arzt nicht nach § 218 strafbar. Damit ist dem Anliegen von *Binding* und *Hoche*, die Tötung lebensunwerten Lebens freizugeben, zum Teil entsprochen worden.

Die gleiche Problematik ergibt sich bei der Frage nach den Grenzen ärztlichen Tuns. Sie ist in den letzten Jahren in dem Bereich höchster ärztlicher Aktivität brennend geworden, insbesondere in der Intensivmedizin. Im Gegensatz zu früher besteht heute bekanntlich die Möglichkeit, mit Hilfe von künstlicher Beatmung und Ernährung Menschen lange Zeit am Leben zu erhalten. Diese Möglichkeit wird immer problematischer, wenn die Aussichten auf eine Erholung sinken und schließlich mit großer Sicherheit ausgeschlossen werden können. So haben die ungeheuren Fortschritte der Medizin, die das Bewältigen vieler, auch schwerster Krankheitszustände ermöglichen, denen sehr viele ihr Leben verdanken, nicht nur Begeisterung ausgelöst, sondern in dieser existentiellen Frage auch Angst bewirkt. Sie haben die Fragwürdigkeit unserer modernen technischen Möglichkeiten, ja untergründig des ganzen technischen Fortschrittes überhaupt, nicht nur erkennen, sondern auch verspüren lassen. Es ist so, als ob man ein Auto immer vollkommener ausrüstet, es immer bequemer macht und überall Automatiken einbaut. Aber: Je mehr dies der Fall ist, um so deutlicher wird, daß man sich nur mit der Verbesserung des Fahrens beschäftigt hat, nicht aber mit dem Ziel der Fahrt. Anders ausgedrückt: Unser technisches Denken und der technische Fortschritt, so gut und notwendig sie sind, können keine Antwort auf die Fragen des Wohin und Wozu unseres Lebens geben. Das einseitige technische Denken hat aber auch die mitmenschliche Aufgabe, Schwache und Behinderte zu versorgen, fragwürdig werden lassen: nicht nur, ob man einer alten Frau, die nicht mehr weiß, wo sie ist, und ihre Angehörigen nicht mehr erkennt, noch Penicillin geben soll, wenn sie eine Lungenentzündung bekommt, sondern auch, wozu man sie überhaupt pflegen soll. Ähnliches gilt für von Geburt an geistig Behinderte, aber auch für körperlich Behinderte, wie der schon zitierte Fall aus Lüttich und die Reform des § 218 StGB zeigt. Das Fragen dehnt sich aus auf die Folgen von schweren Verletzungen, auch wenn das Gehirn nicht betroffen ist, etwa bei Querschnittslähmungen. Soll man bei solchen Fällen Infektionen jedenfalls mit unseren modernen Möglichkeiten bekämpfen oder nicht? Unversehens sind wir wieder bei der Frage, ob das Leben in solchen Fällen noch lebenswert ist oder nicht. Die Problematik ist aber nicht die der Sozialdarwinisten und ihrer geistigen Nachfolger. Es ist nicht die Verbesserung der Rasse oder die Abwendung ökonomischer Schwierigkeiten. Es sind nicht mehr einige, die den Fortschritt behindern und darum beseitigt werden dürfen oder müssen, sondern wir alle sind vor die Frage gestellt, wozu weiterleben, wenn wir nicht mehr aktiv sein können und schwere Lasten zu tragen haben.

Der Kern der Frage ist also, ob das Leben überhaupt und vor allem dann, wenn es unter »erschwerten Bedingungen« gelebt werden muß, lebenswert ist. Es ist hier nicht der Ort, diese Grundfrage des menschlichen Lebens zu erörtern. Nur soviel sei gesagt: Jeder, der mit Behinderten und Sterbenden, also Menschen umgeht, bei denen »nichts (mehr) zu machen ist«, muß einen Standpunkt in dieser Hinsicht beziehen. Allein aus wissenschaftlicher Distanz heraus die hier gegebenen Möglichkeiten zu betrachten, reicht hier nicht aus.

Abschließende Bemerkungen

Schließlich sei noch auf das folgende hingewiesen: Wir hatten oben gesehen, daß bei der ursprünglichen Form, der »reinen Euthanasie«, die Aktivität beim Sterbenden liegt, während bei allen weiteren Formen, die seit dem Ende des 19. Jahrhunderts entwickelt wurden, unterschiedliche Intensität der Aktivitäten des Arztes die Art der Euthanasie bestimmt. Das berührt das Selbstverständnis des Arztes im Innersten. Es fragt sich weiter, was aus ihm wird, wenn er in dieser Weise »aktiv« wird. Hierzu sei eine Äußerung von *Heyde* zitiert, die er kurz vor seinem Selbstmord machte: »Nach reiflicher Überlegung glaubte ich, daß – ganz gleichgültig wie man zur Euthanasie steht – dieses Problem an seiner praktischen Undurchführbarkeit scheitert, und zwar in jedem politischen System, und zwar einfach wegen der Unvollkommenheit der Menschen, auch wenn sie noch so idealistisch gesinnt sind. Auch gut gemeinte Gesetzestexte können daran nichts ändern«. *Heyde* hat zweifellos ganz besonders gute Kenntnisse von den Vorgängen im Zusammenhang mit der »Euthanasie«-Aktion gehabt. Hinter seinen Worten steht offenbar die Erkenntnis, daß man in einer noch so gut organisierten und gesetzlich abgesicherten Euthanasie bei den Helfern Sinn und Gefühl für den Schutz des Lebens nicht pflegen kann, der für eine Gemeinschaft unerläßlich ist. Es gibt eben keinen Menschen, dessen Haltung durch eine regelmäßig ausgeübte derartige Tätigkeit nicht verändert wird.

Wir werden diesem ganzen Komplex der »Euthanasie« nicht gerecht, wenn wir nur die Vernichtung des Lebens anderer ins Auge fassen und zu Recht voller Empörung Maßnahmen fordern, die das verhindern. Das Ausmaß der nationalsozialistischen »Euthanasie«-Aktion mit allen ihren Auswüchsen hat die Ansichten über die Euthanasie offenbar nicht nachhaltig beeinflußt, wie die Entwicklung in den vergangenen Jahren zeigt. Daraus folgt, daß die Vernichtung »lebensunwerten« Lebens nur die Spitze eines Eisberges, d. h. der Auswuchs einer viel allgemeineren Problematik ist. Sie beginnt mit dem Verfügen über andere und gipfelt in der Euthanasie, d. h. Vernichtung von Leben. Verfügen ist das Wesen technischen Denkens und Handelns, wo immer sie angewandt werden. In unserem technischen Zeitalter ist darum das Verfügen über andere die große Versuchung, sei es bei den Ideen zur Verbesserung der Welt, bei der Gesetzgebung, in der Verwaltung, im zwischenmenschlichen Bereich und auch in der Medizin. Angeblich wird natürlich nur zum »Wohl« der anderen über sie verfügt, wobei das Wohl, dem Ansatz entsprechend, technischer Natur ist und somit dem Wesen des Menschen im Innersten widerspricht. Als Ärzte müssen wir uns darum fragen, wieweit unsere Haltung den Worten *Heydes* entsprechend durch das technische Denken und die technischen Möglichkeiten bereits geprägt ist.

37. Fragen der Sozialmedizin

Beim Kranken ist, wie wir im Kap. 1 gesehen haben, das »Sein« verändert, so daß ein mehr oder weniger ausgeprägtes »Nichtkönnen« eintritt. Infolge ihres krankheitszentrierten Denkens ist die moderne Medizin geneigt, die Aufmerksamkeit lediglich auf die krankhaften Veränderungen in dem Betreffenden selbst zu richten und nicht darauf, wie sich diese auf die Beziehung des Kranken zu seiner Mitwelt auswirken, und umgekehrt, wie sich die Mitwelt zum Kranken verhält. Diese zwar immer vorhandenen, in den letzten Jahren immer stärker beachteten Aspekte des Krankseins sind der Gegenstand der Sozialmedizin, die in eine große Zahl von Problemkreisen gegliedert ist: gesellschaftliche Einflüsse auf Wohlbefinden und Gesundheit (soziale Schichtung, Bevölkerungsstruktur, Beruf, Arbeitsplatz), Rollen-Beziehungen und -Konflikte einschließlich Arzt-Patient-Beziehung, Epidemiologie, Prävention, Rehabilitation, soziale Sicherung und Gesundheitswesen. In dieser Sicht ist Krankwerden stets auch ein soziales Ereignis. Sozialmedizin darf nicht verwechselt werden mit sozialisierter, schon gar nicht mit sozialistischer Medizin und auch nicht mit intensivem Engagement für die sozial Schwachen und Gefährdeten. Der Gegenstand der Sozialmedizin ist vielmehr wissenschaftlich neutral definiert als die Untersuchung der spezifischen Wechselwirkungen zwischen dem der Gesundheit dienenden System, dem gesellschaftlichen Gesamtsystem und dem Individuum *(H. Schäfer)*. Das bedeutet, der einzelne und die Gesellschaft werden unter dem Aspekt der gegenseitigen Wechselwirkungen gesehen. Die menschliche Gesellschaft wird für diesen Ansatz auf ein »System« reduziert, um sie wissenschaftlich handhabbar zu machen. Dem Wesen des wissenschaftlichen Ansatzes entsprechend bedeutet »sozial« im Zusammenhang mit krank bzw. Medizin somit nicht Zuwendung zum Kranken und Behinderten oder Hilfsbereitschaft, sondern wissenschaftlich begründetes Vorgehen (s. auch Kap. 18). Die Methoden der Sozialmedizin richten sich nach ihrer jeweiligen Fragestellung. Die Daten werden natürlich großenteils mit Hilfe klinischer Methoden gesammelt und unter sozialmedizinischen Gesichtspunkten ausgewertet. Dabei sind statistische Methoden naturgemäß von hervorragender Bedeutung.

37.1 Sozialmedizinische Probleme in der Psychiatrie

Sozialmedizinische Gedanken haben in der Psychiatrie von jeher eine sehr wichtige Rolle gespielt. So wurden etwa die Wechselwirkungen zwischen Individuum und Gesellschaft immer stark beachtet und führten einerseits – unter der Vorstellung, psychisch Kranke könnten in ihrer gewohnten Umgebung nicht genesen – zu Maßnahmen der Isolation, andererseits zu Versuchen der Reintegration, also Rückführung in die Gesellschaft, etwa im Erlanger oder Gelsenkirchener System oder der Familienpflege. Wir sprechen heute von Rehabilitation (Näheres hierzu s. Kap. 17). Diese ehemals starken Bemühungen traten zurück, als die Entwicklung somatischer Behandlungsmethoden das krankheitszentrierte Denken begünstigte. Trotz der so erzielten unbestrittenen therapeutischen Erfolge rückten mit dem Anwachsen des Interesses für sozialmedizinische Fragen die Schattenseiten des krankheitsorientierten medizinischen Vorgehens stärker ins Bewußtsein. Sie wurden dort besonders deutlich, wo mit der somatischen Behandlung kaum Erfolge zu erzielen waren, d. h. bei den langfristig hospitalisierten chronisch psychisch Kranken. Der nachteilige Einfluß der Unterbringung in großen Institutionen und die damit einhergehende Absonderung von der Umgebung wurde immer deutlicher erkannt. Solchen Einflüssen, die alle Institutionen mit sich bringen, sind chronisch psychisch Kranke infolge ihrer ohnehin verminderten Aktivität in besonderer Weise ausgesetzt. Die von England ausgehenden Reformen galten deswegen vor allem dieser Gruppe von Kranken. Vielerorts, vor allem in den USA und bei uns, entwickelte sich aus diesem Reformansatz eine institutionsfeindliche Bewegung. Allenthalben erscholl der Ruf nach Auflösung jeglicher stationärer psychiatrischer Einrichtung oder zumindest nach radikaler Verkleinerung. An die Stelle der stationären = intramuralen psychiatrischen Einrichtungen sollten nun halbstationäre treten, wie Tages- und Nachtkliniken, Polikliniken, Wohnheime, Patientenclubs etc. Bei der Weiterentwicklung der Reformvorstellungen verlor man allerdings die Gruppe der chronisch psychisch Kranken bald aus den Augen und ging dazu über, umfassende Pläne für eine generelle Reform der Versorgung psychisch Kranker zu entwerfen, wobei die sozialpsychiatrischen Bemühungen in ein technisch-organisatorisches Fahrwasser gerieten (s. auch Kap. 25 u. 38). Die Entstehung psychischer Krankheiten wird von manchen – es sind in der Mehrzahl Soziologen – als ein rein sozialmedizinischer Vorgang betrachtet, der von ungünstigen sozialen Konstellationen ausgelöst wird. Andere vertreten die These, psychische Krankheit gäbe es überhaupt nicht. Mißliebige erhielten vielmehr lediglich dieses Etikett, um sie scheinbar legal aus der Gesellschaft entfernen zu können. Hiermit wird ein wichtiger Sachverhalt angesprochen, gleichzeitig aber eine vorwissenschaftliche Überzeugung als Ergebnis wissenschaftlicher Überlegungen vertreten. Es handelt sich, allgemein gesagt, um das wichtige sozialmedizinische Problem, wie eine Gemeinschaft reagiert, wenn einer in ihrer Mitte krank wird. Betroffenheit, Bereitschaft zu helfen, aber auch Ablehnung, weil man Krankes nicht ertragen kann, sind oft die Reaktionen. Diese beeinflussen positiv oder negativ die Kräfte, die für eine Pflege erforderlich sind. Dabei darf nicht übersehen werden, daß es Schwerkranke gibt, die zu Hause nicht hinreichend versorgt werden können und darum in eine Institution gebracht werden müssen. Daß Angehörige versuchen, sich um die zumutbare Pflege zu drük-

ken und Kranke als schweren Pflegefall »abschieben«, gehört zu möglichen menschlichen Verhaltensweisen, die deshalb aber auch nicht die Regel sind. Bei psychisch Kranken ist der Sachverhalt in der Regel komplexer und erhält seine besondere Akzentuierung dadurch, daß möglicherweise die Verbringung in eine geschlossene Abteilung in Betracht gezogen werden muß. Es dauert häufig recht lange, bis die Umgebung erkennt und sich eingesteht, daß psychische Krankheit vorliegt, und sich zum Handeln entschließt. Dabei sehen wir von dramatischen Situationen ab, wie Suizidhandlungen, zunehmendem Bewußtseinsverlust oder gefährlichen Aggressionen, die ein unmittelbares Eingreifen erfordern. Die Schwierigkeit bei den anderen Fällen liegt darin, daß die Angehörigen oft längere Zeit nicht recht wissen, was eigentlich los ist, ob der Betreffende nicht will oder nicht mehr kann. Schwierig ist auch die Entscheidung, ob man abwarten darf oder handeln muß. Versuche, mit dem Betreffenden zu reden, bringen kein rechtes Ergebnis. Der Betreffende fühlt sich nicht krank und ist deswegen nicht bereit, zum Arzt zu gehen. Gleichzeitig wird das Zusammenleben immer schwerer erträglich, da eben eine Verständigung über die eingetretene Veränderung im Verhalten und im zwischenmenschlichen Kontakt nicht möglich ist. So schwankt die Umgebung hin und her zwischen Hilflosigkeit und Verantwortungsgefühl für ihren Mitmenschen. Daß das, was sie schließlich tut, durch verschiedenartige Motive mitbestimmt ist, liegt auf der Hand, ebenso daß in derartigen Situationen nicht immer das gemacht wird, was Außenstehende für »optimal« halten. Wenn man schließlich den Betreffenden als psychisch krank anzusehen bereit ist, der Problematik damit einen Namen gibt und so einen Ansatz dafür findet, zu handeln und zu behandeln, dann ist dieses Vorgehen keineswegs nur das Entfernen eines Mißliebigen aus der Gemeinschaft (siehe Kap. 34). Mit einer solchen Aussage wird die Not und die Schwierigkeit solcher Situationen nicht angemessen beurteilt. Das Formale dieses Vorgehens, nämlich, daß man einen Sachverhalt benennt, um einen Ansatz zum Handeln zu finden, ist eine allgemein menschliche Gegebenheit (Näheres hierzu siehe Kap. 1). Darum gibt es das überall, nicht nur in der Medizin, und es ist keineswegs spezifisch für die Psychiatrie. Die Etikettierungs-(Labeling-)Theorie der Soziologen (wonach das psychiatrische Etikettieren eine Handhabe dafür bietet, sich Sich-nicht-Anpassender zu entledigen) ist selbst formal so geartet: es wird dem beobachteten Phänomen ein Name gegeben, der einen Handlungsansatz, in diesem Fall die Möglichkeit der Kritik, vermittelt. Diese Kritik geht allerdings in die Irre. Die Erfüllung der Forderung, das »Etikettieren« abzuschaffen, würde nicht nur jeglichem Handeln den Boden entziehen, sondern auch jegliche Wissenschaft unmöglich machen. Das Problem ist nicht, *daß* so vorgegangen wird, sondern, daß zu ausschließlich so vorgegangen wird (was im Kap. 2 eingehend erörtert wurde). Mit der Einführung der Etikettierungstheorie in die Diskussion, wurde zweifellos auf einen wichtigen Aspekt im Umgang mit psychisch Kranken hingewiesen, dessen Bedeutung bislang nicht nur in der Psychiatrie unterschätzt wurde. Kritik allein hilft hier aber, wie auch sonst, nur wenig. Wesentliche sozialmedizinische Probleme in der Psychiatrie werden an anderer Stelle in diesem Buch besprochen, und zwar das Arzt-Patient-Verhältnis im Kap. 2, die Prävention und Psychohygiene im Kap. 18, die Versorgung psychisch Kranker in der Bundesrepublik Deutschland in den Kapiteln 17 und 25. Hier seien lediglich einige Bemerkungen zur psychiatrischen Epidemiologie angefügt.

37.2 Epidemiologie

Der Ausdruck Epidemiologie wurde ursprünglich nur für die Untersuchung der Verteilung von Infektionskrankheiten in Zeit und Raum sowie der Faktoren, die diese Verteilung beeinflussen, verwendet. Diese Einschränkung ist unter dem Einfluß angelsächsischer Autoren weltweit verlassen worden. Epidemiologie sieht darum jetzt die Erforschung der Verbreitung jeglicher Art von Krankheit als ihren Gegenstand an. In der Psychiatrie hat sich die Erkenntnis erst in jüngster Zeit durchgesetzt, daß die Untersuchung von Populationen und die Korrelation von Erkrankungshäufigkeiten mit quantifizierbaren äußeren oder inneren Faktoren wichtige Einsichten für die Entstehung sowie die Behandlungs- und Rehabilitationsmöglichkeiten liefern können. Die Gründe hierfür sind u. a., daß das auf die »Innenpsychologie« des Einzelfalles gerichtete Interesse einer epidemiologischen Betrachtungsweise entgegensteht. Hinzu kommt eine sachliche Schwierigkeit: Die Grundlage jeglicher Epidemiologie ist, daß man definieren kann, was ein »Fall« ist. Um die Fälle einer bestimmten Krankheit in einer Bevölkerungsgruppe zu erfassen, müssen alle Kranken, d. h. die irgendwo bereits in Erscheinung getretenen bekannten Kranken, gezählt und die noch nicht erfaßten unbekannten Kranken ermittelt und dazugerechnet werden. Das klingt sehr einfach und unproblematisch und ist es auch bei akuten Infektionskrankheiten, bei denen das klinische Bild durch einen nachweisbaren Erreger bewirkt wird. Bei nicht infektiösen Erkrankungen treten aber große Schwierigkeiten auf, die noch größer werden, je chronischer sich der Verlauf gestaltet. Eine besondere Schwierigkeit bieten hier naturgemäß psychische Krankheiten. Was ist hier ein »Fall«? Dieser ist, wie wir in Kap. 1 gesehen haben, nicht allein durch die Diagnose definiert. Das trifft nur bei akut Schwerkranken zu, eben bei denjenigen Fällen, mit denen sich die Epidemiologie ursprünglich beschäftigte. Bei chronisch Kranken verhält sich dies aber ganz anders. Hier muß zu der diagnostischen noch eine andere Beurteilungskategorie hinzukommen. Handelt es sich um einen »Fall«, wenn der Betreffende schuldunfähig, behandlungsbedürftig, rehabilitationsbedürftig, arbeitsunfähig oder pflegebedürftig ist? Die immer weiter verfeinerte Sozialgesetzgebung hat versucht, solchen möglichen unterschiedlichen Gegebenheiten bei Kranken gerecht zu werden. Tagtäglich erfährt man infolgedessen, daß ein Behandlungsfall ein Fall für die Krankenkasse, ein Pflegefall kein Fall für die Krankenkasse, sondern für die Sozialhilfe ist. Unter welchen Voraussetzungen handelt es sich aber um einen Fall für die Epidemiologie? Die Antwort ist anscheinend einfach, wenn man sagt, die Notwendigkeit stationärer Betreuung in einer Institution definiert den »Fall«, wie dies lange Zeit geübt wurde. Nachdem sich gezeigt hat, daß die stationäre Versorgung nicht in erster Linie von der Schwere des Krankheitsbildes, sondern von den sozialen Gegebenheiten bei dem Betreffenden abhängig ist, wird die so klar erscheinende Aussage fragwürdig. Hat der Betreffende nämlich Angehörige, die bereit und in der Lage sind, ihn aufzunehmen und zu versorgen, dann ist stationäre Betreuung auch bei »schweren Fällen« oft nicht nötig. Sind diese Voraussetzungen nicht gegeben, müssen sogar »leichte« Fälle stationär betreut werden. Wenn schon für die stationäre Betreuung nicht eindeutig gesagt werden kann, was ein Fall ist, um wieviel schwieriger wird dies bei Kranken, die ambulant betreut werden. Sind diejenigen, die eine Beratungsstelle aufsuchen, »Fälle«, oder nur solche, die auch behandelt werden? Die Epidemiologen sprechen deshalb davon, der Schweregrad der Krankheit müsse »gemessen« werden, um zu einer Aussage darüber zu gelangen, was ein Fall ist. Es stellt sich aber nicht nur die Frage, was zu messen ist: der medizinische Befund, das Maß der geklagten Beschwerden oder der Leidensdruck, sondern auch die Frage, welche Umstände, die nicht in dem Betreffenden liegen, einen »Fall« konstituieren.

Wenn schon die Definition eines »Falles« derartig problematisch ist, wird das Auffinden der »unbekannten Fälle« erst recht zu einem Problem. Ermessensentscheide der Untersucher erhalten dabei sehr großes Gewicht. Eines der wichtigsten Anliegen der Epidemiologie, nämlich von vergleichbaren Untersuchungsergebnissen auszugehen, kann darum nur bedingt erfüllt werden.

Diese Schwierigkeiten sind der Grund für die bekannten Diskrepanzen bei Aussagen über die Häufigkeit von psychischen Krankheiten, etwa von Neurosen. Die Schätzungen gehen dahin, daß bis zu 20, 30 oder gar 40% der Bevölkerung an Neurosen leiden. In dem Bericht an die Bundesregierung über die Lage der psychisch Kranken wurden nur 2% als behandlungsbedürftig bezeichnet. Aber nicht nur Schätzungen, sondern auch wissenschaftliche Untersuchungen führen zu sehr unterschiedlichen Ergebnissen. So berichtete etwa *Davies* über die Häufigkeit (Prävalenz) psychiatrischer Morbidität

unter ambulanten Patienten aufgrund englischer und amerikanischer Untersuchungen. Die Prozentsätze schwanken zwischen Werten von 12 und 49%. Verschiedene Erhebungen über psychische Erkrankungen in Gemeinden ergaben, daß die Risikoraten pro 1000 in der Bevölkerung zwischen 10,8 und 234,0 schwanken (*Cooper* u. *Morgan*). Der Zeitraum der Erhebungen umfaßte jeweils 1 Tag. Die Prävalenzraten steigen insgesamt an, wenn längere Erhebungszeiträume gewählt werden, aber auch hier gibt es sehr große Schwankungsbreiten. *Shepherd* und Mitarb. weisen in diesem Zusammenhang ferner darauf hin, daß »die Zahl der Fehlerquellen mit der Zahl der Hilfskräfte steigt, die ein Mediziner im Ablauf seines Projektes beschäftigen muß«. Diese Problematik wird durch die modernen Möglichkeiten der elektronischen Datenverarbeitung natürlich keineswegs gelöst. Diese setzt ja Genauigkeit der Definition und Präzision der erhobenen Daten voraus.

Bei Aussagen über Prävalenz und Inzidenz psychischer Störungen ist das alles zu beachten, natürlich auch bei weitergehenden Aussagen über die Häufigkeiten psychischer Störungen in Bevölkerungsschichten, Wohngegenden und an Arbeitsplätzen. Häufigkeiten bedeuten außerdem natürlich nicht ohne weiteres Kausalität. Epidemiologie ist eine der Grundwissenschaften für den öffentlichen Gesundheitsdienst und die Planung der gesundheitlichen Versorgung der Bevölkerung. Die zahlreichen Reformpläne für die Verbesserung der Versorgung psychisch Kranker, die in den letzten Jahren auf Bundes- und Länderebene vorgelegt wurden, hätten derartiger Unterlagen dringend bedurft. Sie schlagen unter bestimmten Gesichtspunkten, etwa denen der Gemeindenähe und Bevorzugung ambulanter anstelle von stationärer Behandlung und Betreuung, Änderungen des Versorgungssystems vor. Da sie sich nach dem Gesagten nur sehr bedingt auf wissenschaftliche Unterlagen stützen können, spielen Meinungen darüber, von welchen Gegebenheiten auszugehen ist, eine die Diskussionen verwirrende Rolle. Bei den Diskussionen geht es zudem vornehmlich um die Qualität der Versorgung, die mit sozialmedizinischen Methoden ohnehin nicht erfaßt werden kann. Hier liegt das eigentliche Problem. Es lassen sich eben nur die äußeren Umstände, also die Quantität, zählen, messen und erfassen. Wie an vielen Stellen, so stehen wir auch hier vor dem zentralen medizinischen Problem, was die Quantität der Maßnahmen über die Qualität der Versorgung aussagen kann (Näheres hierzu siehe Kap. 4).

38. Psychiatrie und Antipsychiatrie

Die Psychiatrie ist von jeher die am stärksten angefochtene und am heftigsten umstrittene medizinische Disziplin. Von allen Seiten wurden, mit wechselnder Akzentuierung, immer wieder Zweifel an ihr laut und mit unterschiedlicher Intensität Kritik und auch schwere Vorwürfe gegen sie vorgebracht. Es waren sowohl einzelne als auch mehr oder minder große Gruppen, die sich aus verschiedenen Anlässen und mit unterschiedlichen Vorwürfen gegen die Psychiatrie wandten, z. B. gegen fragwürdige Diagnosen, unberechtigte Aufnahmen in eine psychiatrische Einrichtung, schlechte Behandlung, Ausnutzung von Kranken als Arbeitskraft, aber auch gegen die Psychiatrie als Institution. In letzter Zeit hat sich dieser stets vorhandene und immer wieder einmal in dieser oder jener Weise stärker hervorbrechende Unmut zu einer antipsychiatrischen Bewegung gesteigert, die von verschiedenen Gruppen innerhalb und außerhalb der Psychiatrie getragen wird und verschiedene Zielrichtungen hat. Allen Gruppen und Zielrichtungen ist gemeinsam, daß sie Gegner der sog. klassischen Psychiatrie sind und diese als Ganzes oder in Teilbereichen bekämpfen. Dabei haben sie eine Reihe wichtiger Fragen aufgeworfen. Es ist ihnen gelungen, eine nicht unerhebliche Publizität zu erreichen und dadurch den Anstoß zu Reformen zu geben. Die von dieser Bewegung ausgehende Kritik an unserem Fach betrifft nicht nur Unzulänglichkeiten in einzelnen Punkten, die man auf menschliche Schwäche und das Versagen einzelner Psychiater zurückführen könnte, sondern geht ins Grundsätzliche. Sie gilt der Art und Größe psychiatrischer Krankenhäuser, dem Versorgungssystem für psychisch Kranke, der sozialen Auswirkung psychiatrischer Diagnosen, die die Kranken mit einem psychiatrischen Etikett versähen, dem theoretischen Ansatz der Psychiatrie, vor allem dem sog. somatischen Krankheitsmodell, der Psychiatrie als Wissenschaft, und letztlich der Frage, ob es psychische Krankheit überhaupt gibt. Das alles mündet in Forderungen, das gänzlich unzureichende Versorgungssystem und die mangelhafte Betreuung psychisch Kranker grundsätzlich umzugestalten. Die Kritik, auch die grundsätzlicher Art, ist fraglos in mancher Hinsicht berechtigt und hat auch das Überdenken überkommener Positionen in Gang gebracht. Gleichzeitig ist die Kritik aber einseitig und überschießend.

Das Kreuzfeuer, in das die »klassische Psychiatrie« dabei geraten ist, verunsichert Kranke, die auf diese Psychiatrie dennoch angewiesen sind, aber auch ihre Angehörigen und alle in dieser »alten«, viele sagen veralteten, Psychiatrie oft unter schwierigen Umständen Tätigen. Die Auseinandersetzungen zwischen Psychiatern und Antipsychiatern, die sich mit etwas wechselnden Nuancen, im Grunde aber in immer gleicher Art fast 2 Jahrzehnte hinziehen, sind bisher wenig fruchtbar gewesen. Im folgenden soll zunächst versucht werden, sie in groben Zügen zu skizzieren und die Grundpositionen der Kontrahenten zu charakterisieren, um dann an einem konkreten Beispiel die Art der Auseinandersetzungen zu analysieren und so Voraussetzungen für einen fruchtbaren gemeinsamen Weg im Interesse der Kranken zu suchen.

Grundpositionen der Auseinandersetzung

Als in der alten, »klassischen« Psychiatrie Tätiger wird man angesichts so grundsätzlicher Zweifel, einer so breiten Welle der Kritik und Vielfalt von Vorwürfen, von allen Seiten gefragt und fragt sich natürlich auch selbst, was es mit dieser Psychiatrie eigentlich auf sich hat, daß sie so viele und ernste Zweifel bewirkt. Bei dem Versuch, sich über die entstandene Situation Rechenschaft zu geben, zeigt sich zunächst, daß die Kritiker der Psychiater ein langes Gedächtnis haben für Dinge, die vorangegangene Generationen mühsam zu bessern und überwinden suchten. Dennoch wird den heutigen Psychiatern die Verantwortung auch für das, was es an unguten und schlimmen Dingen einmal gegeben hat, zugeschrieben. Die Psychiater dagegen haben keine Möglichkeit, sich von den negativen historischen Gegebenheiten zu distanzieren, ohne das preiszugeben, was von ihren psychiatrischen Ahnen positiv erarbeitet wurde und die Grundlage für ihre heutige Tätigkeit darstellt. Die Hypothek, die die »klassischen« Psychiater mitschleppen, kann man etwa folgendermaßen umschreiben: Hilflose, unbequeme Menschen wurden als Irre bezeichnet, unter diesem Vorwand in weitabgelegene, viel zu große, kasernenartige Einrichtungen verbracht, dort in geschlossene Abteilungen gesteckt und dem Hospitalismus ausgesetzt. Das ist der Hauptvorwurf. Es fragt sich aber, ob diese Schilderung zutrifft. In den zeitgenössischen Darstellungen liest sich das alles jedenfalls erheblich anders: Man sprach zunächst nicht von psychisch Kranken, sondern von Irren(den), also von solchen, die sich auf einem Irrweg befinden. Von diesen wurden, wie die Zahlen zeigen (s. Kap. 17), fraglos nur sehr wenige, stark Störende in recht fragwürdigen Institutionen, z.B. den sog. Tollkoben, verwahrt und dort zum Teil »in schwere Banden« und auch Ketten gelegt. Gegen dieses unmenschliche Vorgehen wandten sich die damaligen Psychiater und forderten spezielle Einrichtungen für psychisch Kranke, wobei sie zudem, wie im Kap. 17 bereits dargelegt, von der »Heilbarkeit der Irren« ausgingen. Im Laufe des 19. Jahrhunderts wurden die stationären Behandlungsmöglichkeiten für psychisch Kranke auf dem damaligen deutschen Boden, absolut gesprochen, verzwanzigfacht, in bezug auf die sich verdoppelnde Bevölkerung verzehnfacht. Diese stationären Einrichtungen sollten dazu dienen, die Kranken von ihrem bisherigen spannungsreichen Milieu zu trennen, da sie in diesem nicht gesunden könnten. Deswegen wurden die speziellen Einrichtungen in der Mitte des jeweiligen Landes bzw. Bezirkes errichtet, gleichzeitig aber in der Nähe einer kleinen Stadt, damit die Kranken die Möglichkeit hatten, dort die Rückkehr in das normale Leben einzuüben (s. Kap. 17). Die vorangegangenen Psychiater-Generationen haben nicht nur die Fesseln, sondern allen mechanischen Zwang abgeschafft und die psychisch Kranken in Kolonien und in Form der Familienpflege frei behandelt, soweit dies möglich war. Allenthalben wurden von ihnen Hilfsvereine ins Leben gerufen, um den Kranken nach der Entlassung materiell zu helfen und ihre Wiedereingliederung zu unterstützen. Die Pflegeanstalten wurden mit den Heilanstalten verbunden, um Kranke nicht von vornherein als unheilbar abzustempeln, sondern ihnen den Weg zurück offenzuhalten. Sollten die früheren Psychiatergenerationen tatsächlich so blind für die Motive der Gesellschaft, in der sie lebten, gewesen sein und nicht erkannt haben, daß man eigentlich nur Unliebsame abschieben wollte? War alles Bemühen um bessere und neuere Versorgungsmöglichkeiten nur eine Möglichkeit, dieser Gesellschaft weiteres Abschieben zu erleichtern? Hat es sich bei alledem in Wirklichkeit nur um eine mit schönen Worten verbrämte Ausgliederung unliebsamer Mitbürger gehandelt? Nur wenn man von vornherein weiß, daß es sich so verhalten hat, wie etwa K. Doerner in »Bürger und Irre«, ordnen sich alle historischen Vorkommnisse zu einem derartigen Bild. Damit sollen schlimme Verhältnisse natürlich nicht geleugnet werden. Es bleibt aber zu fragen, ob tatsächlich alles in dieser Sicht betrachtet werden darf. Für die psychisch Kranken war es jedenfalls eine wesentliche Verbesserung ihrer Situation, explizit als Kranke angesehen zu werden. Aber auch das, so heißt es jetzt, verbesserte nur die Möglichkeit, sie leichter als Auszusondernde zu kennzeichnen, zu »etikettieren«. Auch die Tatsache, daß man sie in den psychiatrischen Heil- und Pflegeanstalten mitarbeiten ließ, sei nicht ein Mittel gewesen, sie zu aktivieren, wie H. Simon es verstand, sondern angeblich nur ein weiterer Trick, sie solange wie möglich in der Anstalt zu halten und diese mit billigen Arbeitskräften zu versorgen. Arbeit in der Anstalt sei aber keine Rehabilitation. Davon könnte man nur sprechen, wenn die Kranken außerhalb einer Anstalt eine Tätigkeit ausüben würden. Damit nicht genug. Auch die Therapie sei verdächtig. Die Psychopharmaka helfen angeblich den Kranken nicht wie andere Medikamente, sondern werden als chemische Zwangsjacke, ja sogar als systematische Inaktivierung der Kranken apostrophiert, die ihren Aufenthalt in dem psychiatrischen Krankenhaus nur verlängere. Alle statistischen Untersuchungsergebnisse sprechen allerdings dafür, daß es mit Hilfe der Psychopharmaka gelang, viel mehr Kranke viel schneller als jemals früher aus den psychiatrischen Krankenhäusern wieder zu entlassen. Werden dann Wiederaufnahmen erforderlich, wird von »Drehtürpsychiatrie« gesprochen, die noch schlimmer sei als die bisherige »kustodiale Psychiatrie«.

Mit diesen groben Strichen ist in etwa das Feld, in dem die Auseinandersetzungen seit zwei Jahrzehnten hin und her wogen, gezeichnet und sind die gegensätzlichen Positionen der Kontrahenten umrissen. Etwa in dieser Weise wird die Psychiatrieproblematik auch in der Öffentlichkeit dargestellt, und die Diskussionen verlaufen in der immer gleichen Art: mit pauschalierenden, anklagenden Vorwürfen. Die Diskussionen sind darum bisher auch ganz unfruchtbar und bewirken wenig. Infolgedessen greift auf beiden Seiten eine gewisse Resignation Platz, bei den einen, weil ihr Eifer nicht zu raschen Veränderungen geführt hat, wofür sie die Reformunwilligkeit der anderen und die Bürokratie verantwortlich machen; bei den anderen, weil ihnen durch die ständigen Angriffe auf ihr Bemühen, die Kranken unter den gegebenen unzulänglichen Verhältnissen so gut wie möglich zu versorgen, auch noch der Elan genommen wird. Es gilt, aus diesem Dilemma herauszukommen und im Interesse der psychisch Kranken wieder zu einer Gemeinsamkeit zu finden.

Der Streit um die psychiatrischen Krankenhäuser

Das Wesen der Auseinandersetzungen zwischen den »klassischen Psychiatern« und den engagierten kritischen Gruppen sei an einem Brennpunkt unterschiedlicher Meinungen herausgearbeitet, an den Vorstellungen über die Zukunft der psychiatrischen Krankenhäuser. Bei ihrer Gestaltung sollen die antipsychiatrischen Ideen in die Tat umgesetzt werden: Es wird ihre radikale Verkleinerung, wenn nicht völlige Auflösung gefordert, da es sich um »therapiefeindliche« totale Institutionen handle, aus denen die psychisch Kranken, wie einst von ihren Ketten, befreit werden müßten. Sie würden am besten in der Gemeinde betreut und könnten nur so geheilt werden. Dagegen wird von der anderen Seite eingewandt, daß wir, trotz vieler unbestrittener Mängel, für lange Zeit auf die vorhandenen psychiatrischen Krankenhäuser angewiesen sein werden, da man, wie die Erfahrung lehre, akut Erkrankte in vielen Fällen nicht hinreichend ambulant betreuen, und chronisch Kranke, die auf die psychiatrischen Krankenhäuser angewiesen seien, nicht zusammen mit diesen abschaffen könne. Darum müsse zunächst etwas für die vorhandenen psychiatrischen Krankenhäuser getan, die Mißstände müßten an ihnen beseitigt werden, damit die Kranken dort angemessen betreut werden können, solange keine Alternativen in Sicht sind.

Welche Hintergründe haben diese kontroversen Aussagen? Für die Antwort ist es nötig, einen Blick in die Entwicklung der jetzigen Situation zu tun. Wir hatten schon gesehen (Kap. 17 u. 25), daß die psychiatrischen Krankenhäuser in Deutschland nach dem Zweiten Weltkrieg in eine zunehmend schwierige Lage geraten waren: Sie mußten unter äußerst schlechten Bedingungen, in heruntergewirtschafteten, veralteten Gebäuden und mit schlechter personeller Besetzung, in steigender Zahl die akuten Aufnahmen psychisch Kranker übernehmen, da sich die nicht aufnahmepflichtigen, relativ gut ausgestatteten Universitätskliniken dieser Aufgabe zunehmend entzogen. Gleichzeitig mußten die psychiatrischen Krankenhäuser die langfristig zu betreuenden Kranken irgendwie mitversorgen, nachdem das ausgedehnte extramurale sozialpsychiatrische Versorgungssystem der zwanziger Jahre in der Nazizeit zerschlagen worden war. Diese Kranken konnten, wie eingehende Untersuchungen gezeigt haben, fast ausschließlich (in 96% der Fälle) nur aus sozialen Gründen nicht entlassen werden. Aber auch innerhalb der psychiatrischen Krankenhäuser standen für sie immer weniger Möglichkeiten zu einer sinnvollen, wenn auch begrenzten Tätigkeit, zur Verfügung, nachdem die Landwirtschaft und die Handwerksbetriebe, in denen sie früher einen Platz und damit auch Anerkennung gefunden hatten, in zunehmendem Maße mechanisiert wurden. Die Arbeitskraft der Pfleger und Ärzte wurde immer stärker von der steigenden Zahl akuter Aufnahmen beansprucht, so daß die langfristig Hospitalisierten auch dadurch benachteiligt wurden. Die Häuser wurden schließlich immer mehr überfüllt, da die wachsende Bevölkerung und die Verstädterung ständig mehr Behandlungsplätze erforderlich machten. So führten eine Reihe von Faktoren zu einer starken Benachteiligung der langfristig hospitalisierten Kranken, die sonst keinen Platz auf der Welt haben. Mit fortschreitendem Alter wurden sie immer schwerer betroffen. Trotz der Überfüllung der psychiatrischen Krankenhäuser auf durchschnittlich 160 bis 200 der ursprünglich vorgesehenen Bettenzahl, war die Gesamtzahl der im Verhältnis zur Bevölkerung zur Verfügung stehenden psychiatrischen Betten bei uns im Vergleich zum Ausland relativ gering. Sie betrug bei uns im Durchschnitt 1,8% gegenüber 4–4,5% z. B. in den angelsächsischen Ländern und in Skandinavien. Ein wesentlicher Grund für diese unterschiedliche Entwicklung ist, daß bei uns seit dem Ersten Weltkrieg praktisch keine Bautätigkeit im Bereich der psychiatrischen Krankenhäuser mehr stattfand, zunächst aus wirtschaftlichen Gründen, dann infolge der Nazi-Ideologie und schließlich als Folge des Zweiten Weltkrieges. Dafür ließen sich bei uns viel mehr Nervenärzte nieder als in irgendeinem anderen Land und versorgten einen großen Teil der Kranken »extramural«.

Wegen der in den genannten Ländern ebenfalls, wenn auch früher, eingetretenen Mißstände wurde dort die Notwendigkeit zu Reformen eher drängend als bei uns. Untersuchungen hatten eindringlich gezeigt, daß die übergroßen Institutionen vor allem auf ihr Eigenleben bedacht sind, sich zu »totalen Institutionen« entwickeln und darum immer »therapiefeindlicher« werden. Aus den Zahlen ergibt sich, daß das für das Ausland in einem viel größeren Maße als bei uns zutraf. Die psychiatrischen Universitätskliniken spielten dort, im Gegensatz zu den bei uns bis zum Zweiten Weltkrieg gegebenen Verhältnissen, eine ganz untergeordnete Rolle, so daß die Mehrzahl der akut Erkrankten dort nicht zunächst in relativ gut ausgerüstete psychiatrische Einrichtungen aufgenommen wurden. Zur Verbesserung der psychiatrischen Versorgung wurde in diesen Ländern deswegen gefordert, die psychiatrischen Krankenhäuser zu verkleinern und gemeindenahe Einrichtungen zu schaffen. Diese Reformgedanken wurden mit einer gewissen zeitli-

chen Verzögerung zu uns importiert und gefordert, bei uns ebenso zu verfahren. Die Mißstände waren bei uns in mancher Hinsicht ähnlich, es gab aber auch wichtige Unterschiede in den Versorgungssystemen. Betrachtet man die Art der Forderungen, so scheint es, daß das ausgedehnte extramurale Versorgungssystem, das bei uns seit Mitte des 19. Jahrhunderts bis zum Beginn der Hitlerzeit ausgebaut worden war, wieder eingeführt werden soll. In einer Hinsicht gehen die Reformgedanken allerdings wesentlich darüber hinaus, nämlich mit der Forderung, zwischen die stationäre und ambulante Betreuung halbstationäre Einrichtungen verschiedener Nuancierung einzuschieben. Damit soll der bei uns in der gesamten Medizin gegebene schroffe Übergang zwischen den beiden Behandlungsarten möglichst ausgeglichen und die Kranken sollen besser auf die Rückkehr in das »normale« Leben vorbereitet werden. Mit der Forderung nach kleinen psychiatrischen Abteilungen an Allgemeinkrankenhäusern wurde ein Anliegen von *W. Griesinger* aus dem Jahre 1865 wieder aufgegriffen, das allerdings in den letzten Jahrzehnten des 19. Jahrhunderts nur in Form der psychiatrischen Universitätskliniken realisiert wurde. Zwischen dem Anliegen *Griesingers* und der neuaufgetretenen Forderung nach kleinen Abteilungen an Allgemeinkrankenhäusern besteht allerdings auch ein entscheidender Unterschied. *Griesinger* hielt eine rasche Verlegungsmöglichkeit von denjenigen Kranken, die einer längeren Betreuung bedurften, aus den psychiatrischen Stadtasylen an Allgemeinkrankenhäusern für nötig. Die jetzigen kleinen Abteilungen sollen dagegen die »Totalversorgung« übernehmen, d. h. Kranke nicht weiterverlegen. Dabei wird vorausgesetzt, daß die gemeindenahe Behandlung die Entwicklung chronischer psychischer Krankheit verhindere.

Die unseren Gegebenheiten teilweise zuwiderlaufenden Reformvorstellungen führten verständlicherweise zu Widerständen und zu einer Scheidung der Geister, die sich vertiefte, als es um die Frage ging, wie bei der Reformierung des psychiatrischen Versorgungssystems weiter zu verfahren sei. Dabei kam es zu einer Verschiebung der Akzente. Aus der ursprünglichen Forderung, die psychiatrischen Krankenhäuser durch kleine psychiatrische Abteilungen zu ergänzen, wurde jetzt die Forderung, sie durch solche Abteilungen zu ersetzen. Einfache Rechnungen zeigten allerdings, daß kleine Abteilungen aus rein organisatorischen Gründen sehr große Personalschlüssel benötigen, damit z. B. ein Arzt nicht mehrmals in der Woche Tagesdienst verrichten muß und Urlaube und Krankheiten aufgefangen werden können. So sind für 60 Betten neben dem Chefarzt 7 Ärzte erforderlich, damit jeder außerhalb der Urlaubzeit und solange keiner erkrankt ist, nur einmal in der Woche Dienst machen muß. Hieraus ergibt sich ein Schlüssel von 1 Arzt für 7,5 Betten, während in den psychiatrischen Krankenhäusern zur Zeit der Schlüssel durchschnittlich 1:40 beträgt. (Dort, wo von den Trägern der psychiatrischen Krankenhäuser mehr Stellen für Ärzte zur Verfügung gestellt wurden, können diese mangels entsprechender Bewerber nicht besetzt werden). Entsprechendes gilt für alle anderen in einem psychiatrischen Krankenhaus Tätigen. In der Bundesrepublik sind etwa 35 000 Schwesternstellen nicht zu besetzen! Dabei ist zu berücksichtigen, daß diese Rechnung nur das Personal für die stationäre Versorgung betrifft, nicht aber für die halbstationäre. Es kommt hinzu, daß sich bei der Einrichtung psychiatrischer Universitätskliniken mit 100–150 Betten und einigen entsprechend großen Abteilungen an Allgemeinkrankenhäusern von jeher zeigte, daß diese nicht in der Lage sind, eine »Totalversorgung« durchzuführen. Diese Erfahrung hat sich bei den neueingerichteten kleinen Abteilungen an Allgemeinkrankenhäusern bestätigt. Alle verlegen länger zu betreuende Kranke in das benachbarte »therapiefeindliche«, aufzulösende psychiatrische Großkrankenhaus. Dennoch werden die kleinen psychiatrischen Abteilungen an Allgemeinkrankenhäusern als Modelle gepriesen. Dies bereitet den in den psychiatrischen Großkrankenhäusern Tätigen erhebliche Sorgen. Sie befürchten, daß ihnen durch die günstigeren Arbeitsbedingungen in den kleinen Abteilungen Personal abgeworben wird und daß sie dadurch noch weiter zurückfallen. Trotz der sonstigen Institutionsfeindlichkeit sollen ferner alle extramuralen halbstationären Versorgungseinrichtungen zu öffentlichen Einrichtungen gemacht und den Gesundheitsämtern zugeordnet werden. Außerdem sollen an den psychiatrischen Krankenhäusern, trotz der Klagen über die Abgelegenheit, Ambulanzen eingerichtet werden, die ebenfalls zusätzliches Personal erfordern, das nicht vorhanden ist oder innerhalb des psychiatrischen Krankenhauses von anderen Tätigkeiten abgezogen werden muß.

Ungeachtet dieser vorauszusehenden Schwierigkeiten – die sich bei vorausschauend geplantem Vorgehen fraglos lösen ließen – und ohne daß zuvor entsprechende halbstationäre, »flankierende« Einrichtungen in größerer Zahl geschaffen wurden, hat man die Verkleinerung psychiatrischer Krankenhäuser in die Wege geleitet. Da die Träger dieser Häuser trotz erheblicher Reduktion der Bettenzahl den Personalschlüssel bisher nicht entsprechend verkleinerten, bedeutete dies für das psychiatrische Krankenhaus selbst natürlich einen großen Vorteil. Es fragt sich jedoch, was mit den Kranken geschieht, die aus den psychiatrischen Krankenhäusern verlegt oder dort nicht mehr aufgenommen werden. Die Erfahrungen in Kalifornien und in New York, z. T. auch in England, zeigen, daß dies dazu führt, daß hilflose psychisch Kranke Obdachlosenunterkünfte, Gefängnisse und Elendsquartiere bevölkern und auf den Straßen herumlungern. Ihre Situation ist also erbärmlicher als je zuvor. Bei uns sind derartig skandalöse Zustände zum Glück bisher nicht eingetreten. Die bei uns üblich gewordene Verlegung chronisch Kranker in private Pflegeheime ohne qualifiziertes Personal führt zu einer Verlagerung der schlechten Lage der chronisch Kranken aus den psychiatrischen Krankenhäusern in diese »gemeindenahen Einrichtungen«, die häufig noch abgelegener sind als die psychiatrischen Krankenhäuser. In einem Bericht der Weltgesundheitsorganisation aus dem Jahre 1978 heißt es: »Es ist leichter, ein psychiatrisches Krankenhaus zu schließen, als die soziale Wiedereingliederung der Patienten sicherzustellen«. *E. Cumming* warnte davor, chronisch Kranke planmäßig zu verbergen. Trotzdem schien eine Einigung auf einer pragmatischen Ebene möglich, solange man den Bedürfnissen der Kranken gerecht zu werden suchte, da alle im Grunde von der Richtigkeit der Reformgedanken überzeugt waren. Der beste Beweis dafür ist der Bericht der Enquête-Kommission, die von der Bundesregierung eingesetzt wurde, um die Lage der psychisch Kranken in der Bundesrepublik zu untersuchen. Es zeigte sich aber bald, daß dieser Kompromiß die Probleme nicht ausgeräumt hat. Bald wurden die alten Forderungen wieder laut, aber in radikalerer Form: Die psychiatrischen Krankenhäuser sollen aufgelöst werden. Damit wird deutlich, daß der Dissens tiefer geht, als es bisher schien.

Unterschiede des Therapie-Begriffs

Die eigentliche Dimension des Dissenses wird deutlich, wenn man fragt, was mit Therapie eigentlich gemeint sei. Zur Klärung dieser Frage muß etwas weiter ausgeholt werden. Zunächst scheint es, daß die Definition des Begriffes Therapie eindeutig ist und lautet: Therapie ist Behandlung von Krankheit, Betreuung in der Rekonvaleszenz und Hilfe bei evtl. verbliebenen Behinderungen. Eine so allgemeine Aussage macht es aber nicht möglich, Therapie gegen allgemeine pflegerische, ärztliche und menschliche Betreuung abzugrenzen. Versucht man, Therapie hiervon abzugrenzen, so muß man sagen: Therapie ist methodisches Angehen eines umschriebenen, als abnorm beurteilten Sachverhaltes somatischer oder psychischer Art (siehe auch Kap. 19). Wir müssen also, mit anderen Worten, um therapeutisch tätig zu werden, einen Bereich des Menschen, eben den krankhaft veränderten, ins Auge fassen. Dabei gehen wir stillschweigend von der Annahme aus, daß der Kranke nach Behebung der Krankheit wieder in die Lage kommt, sein Leben zu meistern. Kann dieses Ziel nicht erreicht werden, werden weitere Maßnahmen erforderlich, um dem Betroffenen dabei zu helfen, mit seiner verbliebenen Behinderung fertig zu werden. Das ist selbstverständlich, impliziert aber eine entscheidende Veränderung des therapeutischen Konzeptes, bei dem es, wie gesagt, um Bekämpfung und Beseitigung von etwas geht, während die bei nicht völliger Wiederherstellung erforderlichen Maßnahmen ganz anderer Art sind. Es muß etwas aufgebaut werden, der Kranke soll z. B. arbeitsfähig oder, global ausgedrückt, zu einem möglichst normalen menschlichen Leben geführt werden. Auch das ist selbstverständlich, und

die Reform der psychiatrischen Versorgung soll offenbar in diese Richtung gehen. Handelt es sich dabei tatsächlich um eine Ausweitung des krankheitsorientierten therapeutischen Konzeptes oder eine Verschiebung der therapeutischen Bemühungen auf eine ganz andere Ebene? Das Ziel der zusätzlichen Maßnahmen ist ja offensichtlich nicht die Krankheit, sondern die Förderung des Menschen. Es wird, mit anderen Worten, also gerade das als Gegenstand der Bemühungen ins Auge gefaßt, von dem beim Erarbeiten eines therapeutischen Konzeptes begrifflich abstrahiert wurde, nämlich die Person des Kranken. Damit bekommt Behandlung einen ganz anderen Sinn und wird mit einem anderen Ziel betrieben als dies dem medizinischen Verständnis entspricht. Wenn dennoch in beiden Fällen von »Therapie« gesprochen wird, ist das die Quelle von Verständigungsschwierigkeiten.

Es kommt hinzu, daß auch die Ansichten über die Prognose psychischer Krankheiten auseinandergehen. Das hat seinen Grund im folgenden: die psychosozialen Therapeuten gingen zunächst von tiefenpsychologischen Ansätzen aus. Ohne auf die Einzelheiten ihrer vielfältigen weiterentwickelten Konzepte einzugehen, kann man sagen, daß sie zwar weit über diese hinausgegangen sind, aber einen wesentlichen Grundzug aller psychotherapeutischen Ansätze beibehalten haben, nämlich, daß *ein* Erklärungsprinzip für alle psychischen Vorgänge, sowohl für gesunde als auch für kranke, gilt, also einen qualitativen Unterschied zwischen gesund und krank verneinen. Der psychopathologische Ansatz dagegen besagt, daß pathologische psychische Vorgänge andere Erklärungsprinzipien erforderlich machen als »normale« psychische Vorgänge (Näheres hierzu siehe Kap. 8).

Das Ausgehen von *einem durchgehenden Erklärungsprinzip* verführt dazu, das Erklärte, d. h. gesunde und kranke psychische Vorgänge, ebenfalls als »einheitlich« anzusehen, im Gegensatz zu dem psychopathologischen Ansatz, der von einer Veränderung des »Seins« des Menschen in der Krankheit ausgeht. Das durchgehende Erklärungsprinzip und die von ihm induzierte Ansicht über das Wesen psychischen Krankseins macht auch den grundsätzlichen Optimismus der Sozialpsychiatrie verständlich, der ihre Anstrengungen beflügelt. Diese Ansicht besagt ja, daß letztlich nichts Pathologisches im engeren Sinne vorliege und darum volle Reversibilität des Abnormen prinzipiell nicht in Frage gestellt ist. Verständlich macht das durchgehende Erklärungsprinzip auch, daß den nachteiligen Wirkungen äußerer Umstände und ihrer Beseitigung so große Bedeutung beigemessen wird. Psychopathologisches im engeren Sinn trägt demgegenüber das Stigma des Unbeeinflußbaren, da es nicht allein Folge widriger äußerer Umstände ist, sondern auch eine von diesen unabhängige Eigengesetzlichkeit zeigt. Aufs Ganze gesehen enthalten natürlich beide Aussagen etwas Richtiges, denn der Mensch bleibt auch in schwerster Krankheit immer Mensch und verhält sich als solcher, gleichzeitig ist ihm aber nicht Gesundheit unabdingbar gegeben, wie die tägliche Erfahrung lehrt. Es ist darum auch in dieser Hinsicht durchaus eine Verständigung möglich. So verschieden die beiden Ansätze und die sich aus ihnen ergebenden Konsequenzen auch sind, sie stehen dennoch gemeinsam vor der Aufgabe, das Ziel ihrer therapeutischen Bemühungen zu bestimmen. Es muß also definiert werden, was mit Gesundheit, Reife, erfülltem menschlichem Leben, oder welche Bezeichnung man immer wählt, gemeint ist. Eine solche umfassende Definition hat bekanntlich die WHO geliefert, als sie sagte, daß es sich bei Gesundheit nicht nur um die Abwesenheit von Krankheit, sondern um völliges psychisches, physisches und soziales Wohlbefinden handle. Die Bedeutung dieser Aussage wird erst deutlich, wenn man ihren Kontext ins Auge faßt. Sie ist nämlich eingebettet in die Erklärung der allgemeinen Menschenrechte der Vereinigten Nationen vom 10. 12. 1948. In dieser werden bekanntlich in den ersten 21 Artikeln die Bürgerrechte behandelt und in den folgenden 7 die Rechte auf soziale Sicherheiten. Bürgerrechte werden in einem Rechtsstaat von diesem garantiert, und der einzelne kann sich an die staatlichen Instanzen wenden, die ihm sein Recht gewähren bzw. verschaffen müssen. Bei den sozialen Rechten verhält sich dies anders. Artikel 22 der allgemeinen Erklärung der Menschenrechte beginnt mit dem Satz: »Jeder Mensch hat als Mitglied der Gesellschaft Recht auf soziale Sicherheit.« Die Gesellschaft ist aber keine

Rechtsgemeinschaft. Das bedeutet, daß der einzelne seine sozialen Rechte nur geltend machen kann, wenn Gesellschaft und Staat identisch sind oder, allgemein ausgedrückt, wenn der einzelne in einem geschlossenen System lebt. Nur in einem solchen kann Gesundheit und »das Wohl des Menschen« definiert und ein Recht auf beides in Anspruch genommen werden (Näheres hierzu siehe Kap. 18).

In der Psychiatrie ist die Problematik der unterschiedlichen Fassungen des Begriffes Therapie nicht neu. Es war am Ende der ersten Hälfte des 19. Jahrhunderts ein entscheidender Schritt, als man in der Psychiatrie begann, statt von Tollen und Irren von psychisch Kranken zu sprechen und damit bei ihnen wie bei anderen Kranken auch eine umschriebene Störung anzunehmen. Für diese Störung wurden die unterschiedlichsten theoretischen Konzepte entwickelt, wie die Geschichte der psychiatrischen Krankheitslehren zeigt. Mit diesem Schritt hat die Psychiatrie Anschluß an die allgemeine Medizin gefunden. Damit war die Voraussetzung dafür gegeben, das moral management, das im Verständnis aufklärerischen Denkens Rückführung zur Vernunft und damit Wiedereingliederung in die Gesellschaft bedeutet, aufzugeben und einen medizinisch-therapeutischen Ansatz zu suchen. Die Psychiatrie hat auf diesem Wege, wie gesagt, lange Zeit kaum Erfolge erzielt. Als ihr solche schließlich gelangen, wurde ihr der gleiche Vorwurf zuteil, wie der übrigen Medizin, nämlich der, daß sie Krankheiten und nicht Kranke behandle. Jeder methodische therapeutische Ansatz ist seinem Wesen nach eben nicht direkt auf die Person des Kranken, sondern auf das wie auch immer verstandene Krankhafte an ihm gerichtet. Das gilt für die psychopharmakologische Therapie genauso wie – trotz gegenteiliger Behauptungen – für jegliche Psychotherapie und sozialpsychiatrische Behandlung.

Von einer ganz anderen Seite betrachten manche Soziologen, die prononciertesten Antipsychiater, psychisches Kranksein. Ihr methodischer Ansatz erfaßt nur der (wie auch immer definierten) sozialen Norm konformes oder von ihr abweichendes Verhalten. Alle anderen Kategorien, die zum Wesen des Menschen gehören, etwa Intelligenz, Ehrlichkeit, Aufrichtigkeit, werden durch den methodischen Ansatz ausgeklammert, so auch psychische Krankheit. Trotz der methodischen Reduktion wurden generalisierende Aussagen darüber gemacht, ob es psychische Krankheit gibt oder nicht. Diese Schlußfolgerung hat den gleichen Aussagewert, wie die dem Pathologen *R. Virchow* unterstellte, daß es keine Seele gäbe, weil er bei einer Sektion nie eine gesehen habe. *Virchow* wollte damit aber nur das Wesen der methodischen Reduktion charakterisieren, das immer außer acht gelassen und vernachlässigt wird.

Die Aussage mancher Soziologen, daß es keine psychische Krankheit gebe, ist natürlich im Prinzip anderer Art als die der Psychotherapeuten, daß sich gesunde und kranke psychische Vorgänge ihrem Wesen nach nicht unterschieden. Der Unterschied dieser Aussagen wird aber häufig nicht beachtet, so daß zwei verschiedene methodische Ansätze miteinander vermengt werden. Hierzu trägt bei, daß manche praktische Forderungen identisch sind, die aus den beiden Ansätzen abgeleitet werden, vor allem die nach der Auflösung psychiatrischer Krankenhäuser. Ob man damit den Kranken gerecht wird, muß allerdings bezweifelt werden. Untersuchungen über den Anlaß zur Aufnahme in psychiatrische Krankenhäuser haben nämlich folgendes ergeben: Der größte Anteil der Kranken wird gebracht, weil sie hilflos sind, sei es, daß sie verwirrt sind oder eine Bewußtseinsstörung vorliegt, oder daß man nach langem Überlegen bei aufgetretenen Schwierigkeiten zu dem Schluß kommt, es sei eine psychiatrische Hilfe angezeigt. Nur ein

winziger Bruchteil (unter 10%) wird in die psychiatrische Einrichtung gebracht, weil er ein nicht konformes Verhalten zeigt und dadurch die Umgebung belastet. Das bedeutet aber doch, daß es sich bei der Unterbringung in einem psychiatrischen Krankenhaus in der Regel nicht um einen Freiheitsentzug handelt, sondern um die Sorge für solche, die ihre Freiheit infolge ihrer psychischen Krankheit bereits vorher verloren haben, und deswegen dieser Hilfe bedürfen.

Auch über diese unterschiedlichen Ansätze und Erklärungsprinzipien ist durchaus eine Verständigung möglich, solange es darum geht, allen psychisch Kranken unter den gegebenen Umständen so gut wie möglich gerecht zu werden und Wege zur Verbesserung ihrer Versorgung zu suchen. Wenn sich aber diese oder jene Gesichtspunkte verselbständigen und zum eigentlichen Ziel der Bemühungen werden, dann stehen sich Leute gegenüber, von denen die einen die ihnen anvertrauten Kranken so gut wie möglich zu versorgen suchen, während die anderen nicht mehr suchen, sondern bereits eindeutig wissen, was das beste ist. Ihnen geht es infolgedessen nur noch darum, ihre nicht mehr in Frage stehenden und zu prüfenden Gesichtspunkte durchzusetzen. Eine Verständigung ist dann schlechterdings nicht mehr möglich, da diese »Reformen« unvermeidlich auf Kosten der Kranken gehen, vor allem der Schwächsten unter ihnen, wie die Erfahrung zeigt, nämlich der chronisch psychisch Kranken.

Anhang

39. Glossar: Psychiatrische Begriffe und deren Definitionen

(soweit sie im Text nicht oder nicht ausreichend erläutert sind, ebenso einige andere zugehörige Begriffe)

Abulie. Krankhafte Willensschwäche im Unterschied zur Antriebsstörung (bei höheren Graden sind Antriebsstörungen u. Abulie klinisch nicht zu unterscheiden). Die Wirkung der Neuroleptika wurde zunächst nicht ganz zutreffend als abulisch-akinetisches Syndrom beschrieben *(F. E. Flügel*, 1953). Die Neuroleptika erzeugen eine Antriebsstörung.

Affektive Psychosen (ergänzende klinische Hinweise). Die Morbidität der affektiven Psychosen beträgt in Europa etwa 0,8% der Bevölkerung. Monopolare Verläufe mit ausschließlich depressiven Phasen zeigen etwa 66%, monopolare Verläufe mit ausschließlich manischen Phasen 6% und bipolare Verläufe mit depressiven und manischen Phasen 28%. Das Lebensalter bei der Ersterkrankung ist über das gesamte Leben von der Pubertät bis ins hohe Alter fast gleichmäßig verteilt. Es finden sich gewisse Häufungen zu Beginn des 3. und besonders im 5. Lebensjahrzehnt. Bei Heranwachsenden zeigen die depressiven Phasen häufig nicht das »typische« klinische Bild wie bei Erwachsenen. Im höheren Lebensalter haben endogene Depressionen häufiger eine paranoide Färbung. Im 6. Lebensjahrzehnt und später erstmalig auftretende Manien zeigen häufig einen monopolaren Verlauf.

Agitiertheit, agitiert (lat. agitare = betreiben, Tätigkeit) = psychomotorische Unruhe, Erregung, meist infolge starker affektiver Betroffenheit. Agitierte Depression = Zustandsbild bei endogenen Depressionen, bei denen die stets vorhandene innere Beunruhigung nach außen stark in Erscheinung tritt.

Agnosie. Unfähigkeit, Wahrgenommenes zu erkennen bei erhaltener Fähigkeit der sinnlichen Wahrnehmung. Es werden verschiedene Arten von Agnosien unterschieden, die die Beeinträchtigung des Erkennens auf verschiedenen Sinnesgebieten betreffen, z. B. akustische Agnosie, optische Agnosie, räumliche Agnosie, taktile Agnosie.

Agraphie. Störung der Fähigkeit zu schreiben und sich schriftlich auszudrücken bei uneingeschränkter Bewegungsfähigkeit und normaler Intelligenz.

Akalkulie. Störung der Fähigkeit zu rechnen bei normaler Intelligenz.

Akoasmen. Akustische Halluzinationen, bei denen der Betreffende Geräusche zu hören meint, wie z. B.

Krachen, Zischen, Trappeln, die aber auch oft nicht zu charakterisieren sind und deswegen vergleichend beschrieben werden. Sie können für den Betreffenden eine besondere Bedeutung haben.

Alkoholhalluzinosen. Im Gegensatz zum Alkoholdelir ein von akustischen Halluzinationen geprägtes Krankheitsbild ohne Vigilanzstörungen, das während chronischen Alkoholmißbrauchs oder nach dem Absetzen auftreten kann. Insgesamt ein seltenes Krankheitsbild, das Wochen, aber auch Monate andauert. Die Kranken fühlen sich durch die Stimmen bedroht (Belagerungssyndrom, *Bilz*) und hören nicht selten auch Vorwürfe. Die Behandlung ist schwierig, da die Kranken durch verstärkten Alkoholgenuß oft eine Erleichterung verspüren.

Alkoholismus. Es werden verschiedene Typen des Alkoholismus unterschieden, und zwar der Alpha-Typ mit zeitweiliger psychischer Abhängigkeit ohne Kontrollverlust und ohne Unfähigkeit zur Abstinenz und ohne Zeichen von Progredienz (Konflikterleichterungs- oder -betäubungstrinker). Der Beta-Typ zeigt einen übermäßigen, aber nicht regelmäßigen Alkoholkonsum ohne kontinuierliche Alkoholabhängigkeit (Wochenend- und Gelegenheitstrinker) mit somatischen Komplikationen (Polyneuropathie, Gastritis und Leberzirrhose). Beim Gamma-Typ besteht eine psychische und später auch physische Abhängigkeit mit Toleranzerhöhung und Entziehungssymptomen. Im weiteren Verlauf treten soziale und somatische Schäden (organische Wesensveränderung) ein. Der Delta-Typ unterscheidet sich vom Gamma-Typ durch die Unfähigkeit zur Abstinenz, während kein Kontrollverlust eintritt. Diese Alkoholiker können ihr Trinken kontrollieren, sind aber kaum je ganz nüchtern. Unter Epsilon-Typ versteht man episodische, mit Kontrollverlust verbundene, mehrtägige Alkoholexzesse aufgrund von Verstimmungszuständen (Dipsomanie, umgangssprachlich Quartalsäufer). Meist entwickelt sich früher oder später ein Alkoholismus vom Gamma-Typ. Insbesondere beim Gamma-Typ wurden von *Jellinek* eine präalkoholische, prodromale, kritische und chronische Phase unterschieden, die sich in stark variierenden Zeitspannen entwickeln können. In der präalkoholischen Phase werden mäßige Alkoholmengen bei bestimmten Gelegenheiten getrunken, um Spannungen zu beseitigen, in der Prodromalphase nimmt der Alkoholkonsum zu und es wird täglich und heimlich getrunken und es können sich Erinnerungslücken einstellen. Die kritische Phase ist durch Kontrollverluste gekennzeichnet, während es in der chronischen Phase zu immer häufiger vorkommenden tagelangen Rauschzuständen kommt, die ein soziales Absinken bewirken. In seltenen Fällen kommt es zu wahnähnlichen Entwicklungen im Sinne der Eifersucht, bei deren Genese die alkoholbedingte Impotenz eine Rolle spielt. Die *Wernicke*sche Enzephalopathie ist neben einem organischen Psychosyndrom (Korsakowsyndrom) durch Blickparesen, zerebelläre Ataxie sowie durch zentrale vegetative Regulationsstörungen charakterisiert und nicht selten mit einer Polyneuropathie kombiniert. Die häufigsten somatischen Folgen des chronischen Alkoholismus sind im übrigen Gastritiden, Magengeschwüre, Fettleber, Leberzirrhose, Pankreatitis, Herzmuskelschädigung, Impotenz und Atrophien des Groß- und Kleinhirns. Praeventiv wirken beim Alkoholismus wie bei jeder Abhängigkeit vor allem das Vorbild der Eltern, Lehrer und Ausbilder, eine nicht verwöhnende Erziehung und die Mitarbeit in stabilen, aktiven Gruppen.

Alkoholrausch. Eine kurzdauernde symptomatische Psychose im weiteren Sinne (s. Kap. 7.2), die durch vegetative Symptome (Erweiterung der Hautgefäße mit Konjunktivitis, Gerichtsrötung, Pulsbeschleunigung) zerebellären Erscheinungen (Gleichgewichtsstörungen, Nystagmus) und in der Regel mit einer euphorischen Stimmungslage einhergeht mit dem subjektiven Gefühl erhöhter Leistungsfähigkeit bei objektiver Herabsetzung der Reaktionsfähigkeit. Nicht selten kommt es zu depressiven und reizbaren Verstimmungen. Im Alkoholrausch wird häufig die vor dem Beginn des Alkoholgenusses gegebene Stimmungslage stärker ausgeprägt, z. B. depressive Verstimmungen so stark vertieft, daß es zu Suizidhandlungen kommt.

Anosognosie. Wörtlich: die Unfähigkeit, die (eigene) Krankheit zu erkennen. Im engeren Sinne: Unfähigkeit, die eigene Halbseitenlähmung zu erkennen infolge einer Hirnschädigung in der subdominanten Hemisphäre *(Babinski,* 1914); Nichtwahrnehmung einer Rindenblindheit (Antonsches Zeichen).

»Antipsychotikum«. Unsinnige und irreführende Bezeichnung für neuroleptisch wirkende Medikamente. Der Begriff ist eine Folge unpräziser Verwendung von Begriffen: *E. Bleuler* sprach von den schizophrenen Erkrankungen als denjenigen, die unter den Psychosen in besonderer Weise den Eindruck psychischen Krankseins vermitteln. Daraus wurde: Schizophrenie = Psychose. Neuroleptika sind Medikamente, die bei bestimmten Formen und Zustandsbildern schizophrener Erkrankungen therapeutisch wirken. Daraus wurde: Neuroleptika = Antipsychotika.

apallisches Syndrom. Von *E. Kretschmer* (1940) beschriebenes, auch als Coma vigile bezeichnetes Syndrom, das nach dem Überleben länger andauernder, tiefer Comata infolge ausgedehnten Hirnödems auftritt. Die lebenswichtigen Regulationen der Atmung, der Herz- und Kreislauffunktionen sowie der Körpertemperatur und der Schlaf-Wach-Funktionen im Mittelhirn erholen sich eher und rascher als die dem Hirnmantel (Pallidum) zuzuordnenden »psychischen Funktionen«, wie Wahrnehmen, Erkennen, Sprechen und das Ausführen von erlernten Bewegungsabläufen und Handlungen. Infolgedessen liegt der Kranke wach da, mit offenen Augen, wobei der Blick ins Leere geht und nicht fixiert werden kann. Ansprechen und Anfassen bewirken keine Reaktionen. Die Fähigkeit zu schlucken ist erhalten. Die von extremer Antriebsminderung geprägte Symptomatik bildet sich im Laufe von Monaten mehr oder weniger vollständig zurück. Es bleiben, je nach Verteilung der Hirnschädigungen, unterschiedlich stark ausgeprägte Wesensänderungen und Werkzeugstörungen (s. Kap. 28).

Apraxie. Unfähigkeit, komplexere Handlungen vorzunehmen, bei intakter Fähigkeit zu Einzelbewegungen *(Steinthal,* 1871 u. *Liepmann,* 1900). Es werden verschiedene Formen unterschieden, und zwar die gliedkinetische oder innervatorische Apraxie = Fehlen der Geschicklichkeit beim Ausführen von Bewegungen; ideokinetische Apraxie = Unfähigkeit, Ausdrucksbewegungen vorzunehmen, z. B. Winken, Drohen, Anklopfen; konstruktive Apraxie *(K. Kleist)* = Unfähigkeit zur räumlichen Zusammenordnung von Bewegungen, so daß z. B. beim Zeichnen kein Bild zustande kommt; ideatorische Apraxie = fehlerhafter Bewegungsentwurf. Diese werden allerdings nicht einheitlich verwandt.

Assoziations-Psychologie. Alle psychischen Vorgänge werden auf Assoziationen zurückgeführt, d. h. daß ein Bewußtseinsinhalt einen anderen ins Bewußtsein ruft. War um die Jahrhundertwende die beherrschende Theorie in der Psychologie *(Ebbinghaus, Ziehen)* u. gewann zeitweise starken Einfluß auf die Psychiatrie, vor allem durch *K. Wernicke* u. indirekt durch *S. Freud.*

Autismus. Rückzug aus dem Zusammenleben mit anderen. Als pathologisches Symptom: Unfähigkeit, mit anderen in eine Beziehung zu treten. Kann in der frühen Kindheit *(Kanner*-Syndrom) oder bei schizophrenen Erkrankungen auftreten (nach *E. Bleuler,* 1911, eine der Grundstörungen der Schizophrenie).

Behaviorismus. Verhaltenspsychologie (Behavior engl. = Verhalten). Geht auf *J. B. Watson* u. *E. L. Thorndike,* 1913, zurück. Versucht, psychische Vorgänge »objektiv« durch Verhaltensbeobachtung = »Außenpsychologie« zu erfassen, schließt aus methodischen Gründen die Beschäftigung mit der »Innenpsychologie« aus.

Bipolare affektive Psychose. Form einer affektiven psychischen Krankheit, bei der die krankhafte Veränderung wechselnd sowohl zu dem depressiven als auch zu dem manischen »Pol« geht. Frühere Bezeichnungen: manisch-depressive Krankheit, Zyklothymie, zyklische Psychose.

Bradyphrenie. griech. bradys = langsam, phrene = Zwerchfell, im erweiterten Sinn = Seele). wörtlich: verlangsamtes Seelenleben. Klinisch gleichbedeutend damit, daß Äußerungen des Seelenlebens wie Sprechen, Bewegung, Ausdrucksverhalten, Reaktionsweise etc. verlangsamt und erschwert ablaufen.

Coenästhesie. Störungen der Leibempfindungen, die sich nicht durch Veränderungen in einem bestimmten Organ erklären lassen und von den Kranken in bizarren Bildern und Vergleichen beschrieben werden. Coenästhetische Schizophrenie = eine Sonderform schizophrener Erkrankungen, bei der Leibgefühlsstörungen das Krankheitsbild prägen *(G. Huber,* 1957). (Vom griech. koinos = gemein, Coenaesthesie = »Gemeingefühl«).

Computer-Tomogramm. Aus Unterschieden der Durchlässigkeit intrakranieller Strukturen für Röntgenstrahlen (Hirnrinde, Mark, Stammganglien, Liquor, Blut, Ödem, Tumorgewebe etc.) mit Hilfe elektronischer Datenverarbeitung errechnetes Bild der Ebene, in der Röntgenstrahlen durch den Kopf geschickt werden. Eine nicht invasive, schmerzlose Untersuchungstechnik mit geringer Röntgenstrahlenbelastung.

Contusio cerebri. Hirnquetschung, Hirnprellung, substantielle Hirnschädigung infolge eines Schädelhirntraumas.

Contusionsherd. Umschriebene Schädigung der Hirnrinde bei Schädelhirntrauma (Rindenprellungsherd), der sich nicht nur dort findet, wo der Kopf aufgeschlagen ist oder von einem harten Gegenstand getroffen wurde, sondern vor allem an der »Gegenschlagseite« (contre coup), d. h. an der gegenüberliegenden Stelle. Die Gegenschlagherde sind in der Regel größer als die an der »Schlagstelle«. Besondere Bedeutung haben die Contusionsherde der Stirnhirn-und Schläfenhirnrinde (Kapitel 7.15).

Dementia praecox, wörtlich: früh (schon in der Adoleszenz) eintretende Demenz. (Der Begriff wurde 1896 von *E. Kraepelin* als Oberbegriff für die Hebephrenie, Katatonie und Paranoia verwendet = Dementia-praecox-Gruppe.) Diese Krankheitsgruppen wurden 1911 von *E. Bleuler* als schizophrene Erkrankungen bezeichnet.

Demenz. Irreversible Veränderung der Persönlichkeit bei Hirnschädigungen, die nicht nur die Intelligenz und das Gedächtnis, sondern auch den Antrieb, die Affektivität und die Kritik- und Urteilsfähigkeit betrifft. Der Begriff wird oft ungenau auch bei Demenzprozessen gebraucht, d. h. bei einem zur Demenz hinführenden Krankheitsprozeß. Es tragen auch gängige klinische Bezeichnungen zu dieser ungenauen Verwendung bei, wie etwa senile Demenz, bei der es sich um einen fortschreitenden Demenzprozeß handelt, im Gegensatz etwa zu einer traumatischen Demenz oder der Demenz von Boxern (Dementia pugilistica), die nicht mehr fortschreitet. Bei einer progressiven Paralyse handelt es sich, solange sie nicht behandelt ist, um einen Demenzprozeß. Wenn die Behandlung zu einem Stillstand des Prozesses aber zu keiner vollen Wiederherstellung geführt hat, liegt eine paralytische Demenz vor. Den Begriff Demenz auf schizophrene Residualzustände anzuwenden, führt zu weiterer Verwirrungen, da sich diese von den hirnorganisch bedingten Demenzformen grundlegend unterscheiden (s. Kap. 7.1). Die hirnorganisch bedingte Demenz ist nicht einförmig in der Weise, daß alle psychischen Eigenschaften und Fähigkeiten mehr oder minder gleichmäßig stark betroffen sind. Hier kann es erhebliche Variationen geben. Klinisch ist es nicht möglich, sicher zwischen Demenz und Demenzprozeß bei einmaliger Untersuchung zu unterscheiden. Dennoch muß an den begrifflichen Unterschieden festgehalten werden, da sie für die Prognose eine große Bedeutung haben.

Deprivation. Beraubung der Beziehungen zur Umgebung. Experimentell wird sog. sensorische Deprivation herbeigeführt (dunkler Raum, monotones Geräusch, völlige Bewegungslosigkeit) – das Ergebnis entspricht den Folgen extremer sozialer Isolierung, z. B. von Schiffbrüchigen, Polarforschern, bei denen Konzentrations- und Denkstörungen, starke Suggestibilität und auch Halluzinationen auftreten. Als Deprivation wird auch die mangelnde emotionale Zuwendung bezeichnet.

Dermatozoenwahn. Wahnhafte Überzeugung, daß auf oder in der Haut kleine Tiere (Würmer, Insekten, Bakterien) umherkriechen *(K. A. Ekbom,* 1938). Kann bei verschiedenen psychischen Krankheiten vorkommen. Meist handelt es sich um ältere Frauen, die besonnen sind und ihre Überzeugung mit großer Lebhaftigkeit vorbringen (wird auch als taktile Halluzinose bezeichnet).

Drogenabhängigkeit. Im Vorfeld spielen Nikotin, Alkohol und Schlaf- und Beruhigungsmittel eine erhebliche Rolle. Eine Repräsentativerhebung in Bayern (1974) ergab: 25% der 12 Jährigen, 50% der 14–15 Jährigen und über 60% der 16 Jährigen rauchen durchschnittlich 12 Zigaretten pro Tag, zwei Drittel aller Jugendlichen nehmen leichte Schmerzmittel, 10% Schlaf- und Beruhigungsmittel, 6% Anregungsmittel und 3% starke Schmerzmittel ein. 12% der Jugendlichen hatten Rauschmittel gebraucht, 4% waren abhängig.

Durchgangssyndrom. Hirnorganisch bedingte, vorübergehende psychische Störung ohne Beeinträchtigung des Wachbewußtseins. Zeigt verschiedene Schweregrade, die mit Hilfe psychometrischer Verfahren *(Böker-*Test) unterschieden werden. Ausdruck wurde 1956 von *H.-H. Wieck* geprägt für diejenigen symptomatischen Psychosen, die nicht mit Störungen der Vigilanz einhergehen. Dabei werden nicht die unterschiedlichen Bilder, sondern allein der Grad der Minderung verschiedener Leistungen beachtet. Der Begriff wird oft ungenau auf alle hirnorganisch bedingten Störungen (vor allem bei Intoxikationen und Zuständen nach Schädelhirntrauma) ohne weitere Differenzierung angewandt.

Dysästhesie. Mißempfindung. Als Terminus technicus in der Neurologie: Berührung der Haut wird als unangenehm empfunden und nicht dem Sinnesreiz entsprechend wahrgenommen = verfälschte, unangenehme Wahrnehmung sensibler Reize. In der Psychiatrie: Alle äußeren Eindrücke werden als unangenehm erlebt.

Dysphorie. Mißstimmung mit gereizten, pessimistischen und mürrischen Zügen.

Encephalon. Das im Kopf Befindliche = Gehirn.

Encephalopathie. Gehirnkrankheit.

Einheitspsychose. Der Begriff besagt, daß alle Erscheinungen psychischen Krankseins als verschiedene Stadien einer psychischen Krankheit und nicht als verschiedene Krankheitseinheiten aufgefaßt werden. *E. A. Zeller* vertrat zusammen mit *Griesinger* 4 Stadien der Einheitspsychose, und zwar: Melancholie, Manie (Tollheit), Verrücktheit, Blödsinn. *H. N. Neumann* unterschied nur 3 Stadien, und zwar: produktive pathologische Geisteserzeugnisse, Lokkerung der Vorstellungszusammenhänge, geistiger Zerfall. Der Gedanke der Einheitspsychose wurde neuerdings von *H. Rennert* (1966) wiederbelebt.

Ekstase, ekstatische Erlebnisse (Außer-sich-Sein, Entrückung). Ins Extreme gesteigertes Glücksgefühl, das in der Regel von religiös gefärbten Inhalten begleitet oder erfüllt ist. Geht bei psychischer Krankheit häufig mit akustischen, katathymen Halluzinationen und Wahnideen einher.

Erklärungswahn. Versuch des psychisch Kranken, sich sein abnormes Erleben zu »erklären«, z. B. daß Verfolgungs- und Beeinträchtigungsmaßnahmen mit Hilfe von Apparaten (Antennen, Wasserleitungen, Radargeräten u.a.) vorgenommen werden. Neben einer rationalen Komponente findet sich dabei die wahnhafte Überzeugung, daß derartiges mit Hilfe der genannten Geräte möglich ist.

Euphorie. Gehobene optimistische Stimmung, besonderes Wohlbefinden unabhängig von der Art der krankhaften psychischen Störung.

Extramural, wörtlich: außerhalb der Mauern. Kurzfassung für Behandlung und Versorgung psychisch Kranker außerhalb eines psychiatrischen Krankenhauses oder einer psychiatrischen Abteilung.

Familientherapie. Therapeutisches Verfahren, bei dem die gestörte Kommunikation eines Familienverbandes Zentrum der therapeutischen Bemühungen ist. Die Symptome, welche sich bei einem oder mehreren Mitgliedern zeigen, werden nicht nur als Ausdruck der Psychopathologie der Betroffenen angesehen, sondern als Folge eines spezifischen Prozesses gestörter Familienbeziehungen. Im Rahmen der Familiendynamik sind dabei umschriebene Störungsweisen, bzw. Beeinflussungsweisen der familiären Interaktion und der einzelnen Mitglieder beschrieben worden (*Stierlin:* »Binden«, »Vertreiben«, »Delegieren«). Therapieziel ist die Verbesserung der familiären Interaktion, die allen (bzw. mehreren) Mitgliedern und nicht nur einem Individuum eine Verbesserung seiner psychischen Möglichkeiten verschafft.

Galaktorrhoe. Milchfluß, Milchabsonderung außerhalb von Gravidität und Wochenbett. Auftreten bei Syringomyelie, Tabes dorsalis und nach Gaben von Neuroleptika (ganz selten auch von trizyklischen Thymoleptika).

Halbierungserlaß. Im Jahre 1942 erlassene Regelung zur Verwaltungsvereinfachung, die besagt, daß bei psychischer Krankheit nicht geprüft wird, ob ein Krankheitsfall (für den die Krankenkasse aufkommen muß) oder ein Pflegefall (für den der örtliche oder überörtliche Sozialträger (Landeswohlfahrtsverband) zuständig ist) vorliegt, sondern von vornherein die Kosten von der Krankenkasse und dem Sozialträger je zur Hälfte zu übernehmen sind. Das belastet die Kranken oder die Familien, da die Kosten an den Sozialträger fast vollständig zurückzuerstatten sind. Wird heute nicht mehr überall gehandhabt, ist aber bis heute trotz jahrelanger Bemühungen nicht aufgehoben.

Halluzinose. Ausschließlich mit Halluzinationen optischer, akustischer oder taktiler Art einhergehende psychische Krankheit verschiedener Ätiologie.

Heboid. Von *Kahlbaum* (1889) als eigenes Krankheitsbild neben der Hebephrenie beschrieben, das im Gegensatz zu dieser eine günstige Verlaufsform zeigt.

Hirnhemisphären-Dominanz. Für die Sprachstörungen (Aphasien), die Störungen des Schreibens (Agraphie), Rechnens (Akalkulie) des Erkennens (Agnosien) und Handelns (Apraxien) haben die Hirnhemisphären eine unterschiedliche Bedeutung. Beim Rechtshänder finden sich die Hirnschädigungen bei den genannten Werkzeugstörungen in der sogenannten dominanten, d.h. der linken, beim Linkshänder in der rechten Hirnhemisphäre. Das optisch-räumliche Erkennen dagegen ist bei Schädigungen im parietalen Bereich der jeweils subdominanten Hirnhemisphäre beeinträchtigt. Die hirnorganisch bedingten Wesensänderungen sind nicht abhängig von der Hemisphärendominanz, aber ausgeprägter bei doppelseitiger Schädigung der Frontal- oder Temporalhirns.

Hydrocephalus externus. Erweiterung der Liquorräume an der Hirnoberfläche, eine Folge einer Schädigung der Hirnrinde.

Hydrocephalus internus. Erweiterung der inneren Liquorräume (Hirnventrikel), eine Folge eines Schwundes des Hirnmarkes oder einer Behinderung des Abflusses des Liquors aus den inneren Liquorräumen.

Hypochondrie, hypochondrisch. Ausgeprägte, schwer korrigierbare Besorgtheit um die Gesundheit. Die Sorge kann allgemeiner Art sein oder sich auf bestimmte Organe oder Vorgänge im Körper (Herztätigkeit oder Stuhlgang) beziehen. Beziehen sich die Befürchtungen auf einen eng umschriebenen Bereich = zirkumskripte Hypochondrie, die vor allem im Mund- und Rachenbereich vorkommt *(K. Bonhoeffer,* 1941, *Hallen,* 1970). *H. Schwarz* bezeichnete 1939 den Dermatozoenwahn als zirkumskripte Hypochondrie.

Intramural, wörtlich: innerhalb der Mauern. Kurzfassung für die Unterbringung, Versorgung und Behandlung psychisch Kranker in einem psychiatrischen Krankenhaus oder einer psychiatrischen Abteilung.

Katathym, Katathymie (griech.: kata = nieder, herunter u. thymos = Stimmung) bedeutet beeinflußt durch Affektivität *(H. W. Maier,* 1912). Bezeichnung für die Auswirkung stark affektbetonter Erlebnisse oder Vorstellungen auf das Denken und Erleben mit der Tendenz, alles nur unter dem Eindruck dieser Wirkung zu sehen und zu beurteilen. So sind Depressive z. B. geneigt, nur ihrer Stimmung entsprechende Gedanken und Vorstellungen zuzulassen.

Kinästhesie, kinästhetisch. Gefühl für die Bewegungen und Lage des eigenen Körpers (Bewegungsempfindung).

Neurologisch: Qualität der Tiefensensibilität.

Psychopathologisch: halluzinatorische Trugwahrnehmungen von eigenen Bewegungen.

Kontaktstörungen. Unter Kontaktstörungen wird die Unfähigkeit, mit anderen Menschen problemlos zu kommunizieren, verstanden. Kontaktstörungen sind nicht identisch mit Beziehungsstörungen. Es gibt kontaktgehemmte Menschen, deren Beziehungen jedoch nicht stärker gestört zu sein brauchen. Andererseits ist große Kontaktfreudigkeit oft ein Hinweis auf eine Unfähigkeit, tiefere Beziehungen einzugehen. Bei der schizoiden Persönlichkeit z. B. fallen Kontaktstörungen und Beziehungsstörungen zusammen. Als Symptom sind Kontaktstörungen weit verbreitet und nosologisch unspezifisch. In der Regel sind sie Ausdruck von Selbstwertproblemen und Erwartungsängsten (»Ich genüge den anderen nicht, also bleibe ich ihnen lieber fern«).

Korsakow-Psychose, -syndrom. *Korsakow* beschrieb (1887) ein Syndrom bei Alkoholikern, das sowohl Störungen des Alt- und Neugedächtnisses zeigt als eine Erkrankung der peripheren Nerven (Polyneuropathie) = Korsakowsche Krankheit. In der Mehrzahl der Fälle chronischer symptomatischer Psychosen sind die genannten Gedächtnisstörungen nicht mit einer Polyneuropathie kombiniert. Darum spricht man in der Klinik von einem Korsakow-Syndrom = amnestischer Symptomenkomplex. Handelt es sich um eine symptomatische Psychose, die lediglich mit Störungen des Gedächtnisses ein-

hergeht, kann man von einer Korsakow-Psychose sprechen.

Lucid, bewußtseinsklar. Lucide symptomatische Psychosen gehen nicht mit einer Störung des Wachbewußtseins einher. Klinisch ergibt sich dadurch oft eine differentialdiagnostische Schwierigkeit bei der Abgrenzung gegen endogene Psychosen.

Monopolare affektive Psychose. Form affektiver Psychosen, die nur mit Depressionen oder nur mit Manien einhergehen (die krankhafte Veränderung der Affektivität geht stets nur in die Richtung des einen oder des anderen affektiven »Pols«).

Motilitätspsychose. Von *C. Wernicke, K. Kleist* u. *K. Leonhard* beschriebene Sonderform affektiver Psychosen, bei denen die Psychomotorik in besonderer Weise verändert ist, entweder in Form einer Akinese (zuwenig Psychomotorik) oder durch Hyperkinesen = Steigerung der Ausdrucksbewegung.

Mutismus. Schweigen aus psychogener Ursache bei intakten Sprachorganen (keine artikulatorische Sprechstörung) und ungestörter Sprachmöglichkeit (keine Aphasie).

Nacht-Klinik. Übergangseinrichtung, in der psychisch Kranke, die noch nicht nach Hause entlassen werden können, aber arbeitsfähig sind, versorgt werden. Sie erhalten dort Frühstück, Abendbrot und Übernachtung und werden in dieser Zeit behandelt, während sie tagsüber einer Arbeit nachgehen. Besonders geeignet für Kranke, die keine Angehörigen haben und in Ballungsräumen leben, in denen die Wege zu den Arbeitsplätzen nicht zu weit sind. Die Räume können tagsüber für eine Tagesklinik genutzt werden.

Narkolepsie. Krankheitsbild ungeklärter Genese, durch Schlafanfälle, affektiven Tonusverlust (der Willkürmuskulatur), Wachanfälle und hypnagogen Halluzinationen charakterisiert, das nach Schädigungen verschiedener Art der mesodienzephalen Übergangsregion und genuin mit familiärer Häufung auftreten kann *(Gelino,* 1881). Im Schlaf-EEG findet sich ein sog. desynchronisierter Schlaf.

Negativismus. Psychopathologisches Symptom: der Kranke reagiert entweder gar nicht auf Anregungen oder antwortet mit dem Gegenteil von dem, was von ihm erwartet wird *(Kahlbaum).*

Neurolepsie. Der durch die Gabe von Neuroleptika bewirkte psychopathologische Zustand, gekennzeichnet durch Antriebsminderung, emotionale Gleichgültigkeit und Verlangsamung *(Delay, Denikker,* 1952). Wird heute oft als »pharmakogene Depression« bezeichnet (s. Kap. 22.2).

Ödem. Wassersucht, Ansammlung von Flüssigkeit im Gewebe. Beim Hirnödem ist das Hirngewebe durch Flüssigkeit verquollen, als Folge u. a. von Entzündungen oder Verletzungen. Die inneren Liquorräume werden durch die Volumenzunahme des Gehirns verkleinert. Da das Hirnödem für Röntgenstrahlen eine andere Durchlässigkeit zeigt als das gesunde Hirngewebe, kann es durch die Computer-Tomographie röntgenologisch nachgewiesen werden.

Ödempsychose. Durch ein Hirnödem bedingte akute symtomatische Psychose, z. B. nach Schädelhirntraumen, Insolation, Strangulation, die einen eigengesetzlichen Verlauf von bis zu sechswöchiger Dauer zeigt *(C. Faust)*. Relativ häufig klingen Ödempsychosen mit einer ausgesprochenen Euphorie aus, die nicht als Zeichen für Entlassungsfähigkeit oder gar Wiederherstellung fehlgedeutet werden darf.

Oligophrenie. Geistige Entwicklungsstörung, die verschiedene Grade zeigt und mehr oder weniger stark alle Eigenschaften der Persönlichkeit betrifft, nicht nur die Intelligenz, was der übliche deutsche Ausdruck Schwachsinn nahelegt. Das Wachbewußtsein ist nie betroffen.

Orbitalhirn. Basale Anteile des Stirnhirns, die den Augenhöhlen aufliegen. Schädigungen führen zur »orbitalen Wesensänderung« (Persönlichkeitsveränderung), die gekennzeichnet ist durch Enthemmung, vor allem im Hinblick auf ethisches Verhalten und Takt. Führt ferner zu Distanzlosigkeit, Geschwätzigkeit und der sog. Witzelsucht (Moria). Hinzu kommt nicht nur mangelhaftes Empfinden für das eigene Befinden und Verhalten, sondern die Unfähigkeit, aus Erfahrungen zu lernen.

Paartherapie. Therapeutisches Verfahren für zwei Personen, meist ein Ehepaar. Es wird dabei weniger auf die psychischen Störungen des einzelnen Partners abgehoben, sondern man versucht, die fehlgeleitete Kommunikation, die Interaktion zwischen beiden Teilen zu beeinflussen. Paartherapie meint somit mehr als die gleichzeitige Behandlung von zwei Personen.

Paraphasie. Sprachstörung, bei der im Wort einzelne Buchstaben ausgelassen oder falsch eingefügt werden (literale Paraphasie) oder ganze Worte falsch verwendet werden (verbale Paraphasie) oder Worte durch solche mit ähnlicher (oft allgemeiner) Bedeutung ersetzt oder umschrieben werden (semantische Paraphasie).

Paraphrenie. Bei *Guislain* ein Ausdruck für Geistesstörung. *E. Kraepelin* (1909) bezeichnete damit chronisch verlaufende wahnbildende schizophrene Erkrankungen, die er als zwischen der reinen Wahnkrankheit (Paranoia) und der paranoid-halluzinatorischen Schizophrenie stehend einordnete. *K. Leonhard* bezeichnet eine besondere Form schizophrener Erkrankungen als affektvolle Paraphrenie.

Perseveration, wörtlich: beharren, Beharrlichkeit. Krankhaftes Haften an einem Wort, Gedanken bzw. die Schwierigkeit, sich auf ein anderes Thema umzustellen *(C. Neisser)*. Vorkommen bei allen hirnorganischen Störungen.

Person. Mensch in seiner einmaligen besonderen Eigenart. Umgangssprachlich = Ich, das in der psychoanalytischen Theorie eine psychische Instanz ist, also nicht die Person des Menschen bezeichnet. Im Unterschied zur Persönlichkeit, die, früher als Charakter bezeichnet, die Eigentümlichkeit der Person des Menschen meint (s. dort).

Persönlichkeit. Eigentümlichkeit der menschlichen Person (s. dort). Entweder mehr statisch = Summe der Eigenschaften oder mehr dynamisch *(Heiss)* verstanden. *K. Jaspers* u. *K. Schneider* ordnen die Persönlichkeit der Psyche, nicht der Person des Menschen zu, indem sie sagen, sie sei das unendliche Ganze der verständlichen Zusammenhänge des nicht leiblichen Fühlens, Wollens, Strebens und Werdens einer Person. Früher sprach man statt von Persönlichkeit von Charakter, dem aber ein wertender Beiklang nachgesagt wird, so daß der Ausdruck heute vermieden wird.

Pfropfschizophrenie. Schizophrene Erkrankung bei Oligophrenen *(E. Kraepelin)*. Weitere Fassung: Psychosen bei Oligophrenen. Es handelt sich nicht selten um situationsbedingte extreme abnorme Reaktionen oder Entwicklungen Oligophrener, die durch Änderung der Situation behoben werden können.

Phase (Krankheits-). Vorübergehende, völlig ausheilende Krankheitsepisode bei affektiven Psychosen. Entwicklungsphasen des Kindes, wobei *S. Freud* eine orale, anale und phallische Phase unterschied.

Phonem. Akustische Halluzinationen, bei der der Betreffende Worte und Sätze zu hören meint im Gegensatz zu Akoasmen.

Pneumenzephalographie. Neuroradiologische Untersuchungsmethode, bei der Liquor gegen Luft oder Helium ausgetauscht wird, so daß die inneren und äußeren Liquorräume röntgenologisch dargestellt werden können *(Bingel,* 1920). Seit Entwicklung der Computer-Tomographie praktisch obsolet.

Praecox-Gefühl (praecox = vorzeitig). Gesamteindruck, daß eine schizophrene Erkrankung = Dementia praecox *(E. Kraepelin)* vorliegt, der sich auf eine eigentümliche Störung der zwischenmenschlichen Kommunikation stützt, die nicht definierbar ist *(Rümke,* 1958). Warnung: Es darf keineswegs jede Schwierigkeit der Kommunikation mit Kranken in diese Richtung gedeutet werden!

Präseniler Beeinträchtigungswahn. Im 6. Lebensjahrzehnt oder später auftretende psychische Krankheit mit Beeinträchtigungsideen, die sich auf den Besitz, die geschlechtliche Integrität, das Ansehen der Person beziehen. Die Beeinträchtigungen werden auf Personen aus dem unmittelbaren Lebensbereich bezogen (keine Gruppen oder anonymen Mächte wie bei schizophrenen Erkrankungen). Führt nicht zu Persönlichkeitsveränderungen schizophrener Art *(Kraepelin)*.

Pseudologia phantastica, wörtlich: phantastisches Lügen, vor allem bei geltungsbedürftigen abnormen Persönlichkeiten *(Delbrück)*. Großmann (1930) unterschied eine genuine und symptomatische Pseudologia phantastica.

Psychiker. Vertreter des theoretischen Ansatzes, psychische Krankheiten = Erkrankungen der Seele. Diese mache sich selbst und auch den Körper krank durch falsches Verhalten, Schuld und Sünde (in einem säkularisierten Sinne), »Wucherung der Leidenschaften«. Psychiker zu Beginn des 19. Jahrhunderts waren *J. C. A. Heinroth, K. W. Ideler, J. G. Langermann.* Moderne Psychiker sind viele Psychologen, Psychotherapeuten und Vertreter der psychosomatischen Medizin sowie Soziologen und die Antipsychiater, die dieses theoretische Konzept nicht auf die symptomatischen Psychosen, sondern neben den abnormen Reaktionen und Entwicklungen z. T. auch auf die endogenen Psychosen, hier vor allem oder nur auf die schizophrenen Erkrankungen beziehen. Näheres hierzu siehe Kap. 1, Kap. 4 und Kap. 38.

Psychometrie, wörtlich: Messung des Psychischen. Methode der experimentellen Psychologie, um psychische Vorgänge mit Hilfe des Tests quantitativ zu erfassen.

Psychomotorik. Von der Psyche und damit auch (aber nicht nur) vom Willen abhängige (Ausdrucks-)Bewegungen der quergestreiften Skelettmuskulatur im Gegensatz zu den unwillkürlichen Bewegungen der glatten Muskulatur der inneren Organe. Mit dem Einfluß psychischer Vorgänge auf diese beschäftigt sich vornehmlich die psychosomatische Medizin. Hierbei wird nicht von Psychomotorik gesprochen.

Raptus. Plötzlicher Ausbruch. Raptus melancholicus: plötzliche Suizidhandlung bei endogenen Depressionen.

Rausch, abnormer. Heftiger Erregungszustand infolge von Alkoholgenuß, meist situativ bedingt, im Unterschied zum pathologischen Rausch.

Rausch, pathologischer. Infolge von meist nur mäßigem Alkoholgenuß auftretender Dämmerzustand (akute symptomatische Psychose). Kommt vor allem bei Hirnverletzten vor. Sehr seltenes Ereignis.

Schizoid, wörtlich: einer schizophrenen Erkrankung ähnlich. *E. Kretschmer* (1921) bezeichnete damit Persönlichkeitseigenschaften wie autistisch, introvertiert, ungesellig und Unfähigkeit, Wärme anderen gegenüber zu zeigen und Ablehnung von anderen zu ertragen, mit der Tendenz, starke innere affektive Betroffenheit nicht nach außen zu zeigen. Es handelt sich *nicht* um eine »Vorstufe« schizophrener Erkrankungen.

Schizophrene Psychosen (ergänzende Angaben). Ca. 1% der Bevölkerung im westeuropäischen Bereich erkrankt im Laufe seines Lebens wenigstens an einer schizophrenen Krankheitsepisode. 0,3% ist jeweils wegen einer schizophrenen Erkrankung behandlungsbedürftig. Diese beginnt vor dem 14. Lebensjahr bei 2% der Fälle, vom 15.–30. Lebensjahr in rd. 50%, vom 31.–40. Lebensjahr in 24%, nach dem 40. Lebensjahr in 2% der Fälle. Frauen erkranken etwas häufiger und später als Männer. Differentialdiagnostisch ist die Abgrenzung zum primären Autismus erforderlich (einer zwischenmenschlichen Kontaktstörung mit Deformierungen und Defekten im emotional-affektiven Bereich, Aufbau einer intellektuellen Eigenwelt bei normaler Begabung). Als Vorstadien gelten uncharakteristische asthenische, coenästhetische, depressivhypochondrische, pseudoneurotische Syndrome, die entweder vorübergehend bestehen (Vorposten-Syndrome) oder aber unmittelbar in die schizophrene Psychose übergehen (Prodromi). Psychodiagnostische Testverfahren sind von klinischer Bedeutung zur Abschätzung von Leistungsbeeinträchtigung und/oder zur Differenzierung des Leistungsprofils.

Schub (Krankheits-). Ein Krankheitsschub heilt definitionsgemäß nicht vollständig aus. Deswegen wird bei akuten oder subakuten Krankheitsepisoden, bei Krankheiten mit einer Tendenz zum chronischen Verlauf von Schüben gesprochen, etwa bei der multiplen Sklerose oder schizophrenen Erkrankungen. Die Erfahrung lehrt aber, daß vor allem die ersten Schübe durchaus ausheilen können und bei diesen Krankheiten auch keine weiteren Schübe auftreten müssen. Richtiger wäre es, in diesen Fällen von Krankheitsphasen (s. dort) zu sprechen.

Sensitiver Beziehungswahn. Paranoide Entwicklung bei sensitiven und asthenischen Persönlichkeiten nach beschämenden Erlebnissen, z. B. Gefühl, daß abnormes sexuelles Verhalten beobachtet wurde *(E. Kretschmer*, 1918).

Somatiker. Vertreter des theoretischen Ansatzes, psychische Krankheit sei stets eine somatische Krankheit. Diese allgemeine Fassung der Somatiker zu Beginn des 19. Jahrhunderts wurde von *W. Griesinger* 1845 dahin präzisiert, daß es sich um Krankheiten des Gehirns handele. »Somatiker« zu Beginn des 19. Jahrhunderts waren: *C. F. Flemming, J. B. Friedrich, M. K. W. Jacobi, F. C. Nasse, J. Chr. Reil.* Im 20. Jahrhundert führender Somatiker: *K. Schneider.* Die heutigen Somatiker haben sich in der »Gesellschaft für biologische Psychiatrie« zusammengeschlossen. Deutsche Sektion 1978. Der theoretische Ansatz der Somatiker besagt letztlich, daß es sich bei allen psychischen Krankheiten um symptomatische Psychosen handelt. Näheres s. Kap. 1. u. 4.

Somatose. Bei den Auseinandersetzungen über das Wesen psychischen Krankseins geprägter Begriff für »körperliche Krankheit«, die sich in psychischen Störungen zeigt oder »körperlich bedingte psychische Krankheit«. Der Begriff Somatose ist im Gegensatz zu Psychose gebildet, wobei unterstellt wird, daß es um die Alternative geht, psychisches Kranksein ist entweder psychischer oder somatischer Natur. Ursprünglich sollte der Begriff Psychose Derartiges nicht herausstellen, sondern war eine allgemeine Bezeichnung für psychisches Kranksein. Die Entwicklung ging dann zunächst dahin, Psychose dem Organischen, d. h. dem Somatischen zuzuordnen. Erst durch die Psychoanalyse und die mit ihr in Gang gekommene starke Beachtung des Psychischen, psychischer Störungen und psychischen Krankseins werden Psychosen, insbesondere »die Schizophrenie« als im Grunde psychische bzw. psychosoziale Störungen angesehen, denen die Somatosen gegenübergestellt werden. Damit sind aber nicht nur die »organischen« Psychosen gemeint. Es wird vielmehr auch das Konzept für das Wesen psychischer Krankheit überhaupt angesprochen, das besagt, Krankheit gibt es grundsätzlich nur im Somatischen, darum sei psychisches Kranksein ebenfalls stets somatischer Natur *(Kurt Schneider)*.

Spinal. Das Rückenmark bzw. die Wirbelsäule betreffend.

Status epilepticus. Rasch aufeinanderfolgende epileptische Anfälle, ohne daß zwischen den einzelnen Anfällen das Bewußtsein wiederkehrt. Ist das der Fall, spricht man von einer Anfallsserie. Ein Status epilepticus mit großen epileptischen Anfällen (Grand-mal-Status) ist ein lebensbedrohlicher Zustand.

Stupor, wörtlich: Betäubung, Erstarrung. Trotz ungestörtem Wachbewußtsein zeigen die Betreffenden keine Reaktionen auf Außenreize und keinerlei Aktivität. Dabei kann in den Betreffenden nichts vor sich gehen, sie sind gleichsam psychisch total gelähmt, oder sie können von (in der Regel abnormen) Erlebnissen so stark in Anspruch genommen sein, daß sie auf nichts anderes ansprechen. Schließlich kann auch die völlige Hemmung, sich zu äußern, trotz Ansprechbarkeit das Bild eines Stupors bewirken.

Suizidalität (ergänzende Angaben). Gefährdung, Intensität und Abschätzung der Wiederholungsgefahr einer Suizidhandlung sind abhängig von der jeweiligen Grundkrankheit und/oder von der allgemeinen Einstellung zu Leben und Tod. Wenig Möglichkeiten zur **Prophylaxe** von Suizidhandlungen, am ehesten noch engmaschige therapeutische Kontakte zwischen Suizidgefährdetem, Arzt und Beratungsstelle. Indirekte und direkte Suizidäußerungen erfordern sofortiges Eingreifen. Unabdingbar ist eine sorgfältige differentialdiagnostische Klärung und Analyse des Einzelfalls durch **psychiatrisch-psychotherapeutische Kompetenz.** Beste **Therapie**möglichkeit unmittelbar nach mißglückter Suizidhandlung, da hier größere Kooperationsbereitschaft vorhanden.

Tages-Klinik. Übergangseinrichtung für psychisch Kranke, die zu Hause wohnen können, aber tagsüber noch einer Behandlung bedürfen, d. h. einer Kombination von ambulanter und stationärer Behandlung. Geeignet für Kranke, die aus der stationären Behandlung entlassen werden sollen oder bei denen eine stationäre Wiederaufnahme vermieden werden soll. Vorbedingung: nicht zu weite Wege, was in der Regel nur in Großstädten gegeben ist. Die Räume werden nachts häufig als Nacht-Klinik genutzt.

Wahrnehmungsveränderungen, die keine Sinnestäuschungen im engeren Sinn (Kap. 9.8) sind. Bei den Wahrnehmungsanomalien wird die Umwelt richtig erkannt, sie erscheint jedoch entstellt oder verzerrt, vor allem auf optischem, aber auch akustischem, olfaktorischem und gustatorischem Gebiet. Zum Beispiel treten Verschwommen- und Trübsehen, Lichtüberempfindlichkeit, Mikropsien und Makropsien, veränderte Wahrnehmung von Farben auf, so daß Gesichter entstellt, verschoben und verzerrt aussehen, die Augen- und Haarfarbe verändert ist, Stimmen hohl und schrill klingen, Scheinbewegungen wahrgenommen werden und das Geruchs- und Geschmacksvermögen als herabgesetzt oder überempfindlich erlebt wird. Diese Störungen treten bei einem Teil (ungefähr 15% der schizophrenen Erkrankungen) in den Anfangsstadien auf und bei hirnorganischen Erkrankungen verschiedener Lokalisation.

Zyklische Psychose. Affektive Psychose mit wechselnden depressiven und manischen Phasen. Gegensatz: monopolare affektive Psychose.

Zyklothymie. Eigentümlichkeit der Persönlichkeit, bei der die Stimmung zwischen Heiterkeit und Traurigkeit schwankt *(E. Kretschmer)*. Von *Kahlbaum* wurde der Begriff für leichte Formen affektiver Erkrankungen verwendet. *Kurt Schneider* dagegen verwendet den Ausdruck Zyklothymie synonym mit manisch-depressive Krankheit bzw. bipolare affektive Psychose.

40. Biographische Daten im Text erwähnter und zitierter Psychiater

Um dem Leser einen Eindruck davon zu vermitteln, wer die Leute waren, die in den vergangenen 200 Jahren an der Entwicklung der Psychiatrie im deutschsprachigen Raum mitgearbeitet haben, wurden die Daten ihres beruflichen Werdegangs und die Einrichtungen, an denen sie tätig waren, zusammengestellt. Da es bei dieser Zusammenstellung vor allem darum geht, einen Eindruck von dem Lebensweg der Psychiater zu vermitteln, nicht aber ein historisches Werk vorzulegen, wurden, um den Text nicht unnötig zu belasten, einige Abkürzungen und Vereinfachungen der Bezeichnungen verwendet. Diese Abkürzungen bedeuten:

Prom. = Promotion, wenn nicht anders angeführt für Medizin

Ass. = Assistententätigkeit

OA = Oberarzt

Habil. = Habilitation, Ernennung zum Privatdozenten, wenn nichts anderes angeführt, für Psychiatrie u. Neurologie

a.o.P. = Ernennung zum außerordentlichen Professor oder außerplanmäßigen Professor

P. = Verleihung des Professortitels, Titularprofessor, Professor h.c.

o.P. = Ernennung zum ordentlichen Professor und Lehrstuhlinhaber, wenn nichts anderes angeführt, gleichzeitig auch zum Direktor der entsprechenden psychiatrischen oder Psychiatrischen und Nervenklinik der Universität

Dir. = Direktor, Leitender Arzt, einer psychiatrischen Einrichtung, sei es eine psychiatrische Anstalt, ein psychiatrisches Landeskrankenhaus oder eine psychiatrische Abteilung

psych. Anst. = Irrenhaus, Irrenanstalt, Heil- und Pflegeanstalt, Psychiatrische Anstalt, Psychiatrisches (Landes-)Krankenhaus

psych. Abt. = Psychiatrische Abteilung an einem Krankenhaus (nicht Universitätsklinik)

psych. Unikl. = Psychiatrische Universitätsklinik, Universitäts-Nervenklinik, Psychiatrische u. Nervenklinik der Universität

Die Angaben in biographischen Lexika, im Gelehrtenkalender, in Nachrufen, die sich in den psychiatrischen Zeitschriften finden, und in den Zusammenstellungen, die von *Theodor Kirchhoff* (»Deutsche Irrenärzte«) 1921–24 und von *Kurt Kolle* 1956–1961 (»Große Nervenärzte«) herausgegeben wurden, sind nicht vollständig und auch nicht immer widerspruchsfrei. Dennoch wurden die vorliegenden Angaben aufgeführt, ohne in den Archiven nachzuforschen, da sie auch so etwas von denjenigen zu vermitteln vermögen, die die Entwicklung der Psychiatrie in der Theorie und Praxis gefördert haben. Hierfür scheinen uns Angaben über die Zeit und den Ort ihrer Lehr- und Wanderjahre und die Stätten, an denen sie in Forschung und Lehre wirkten bzw. wirken, besonders geeignet, aber auch ausreichend. In den genannten Unterlagen und in Zusammenstellungen wie dieser sind die Namen derjenigen nicht zu finden, die keine neuen Konzepte und Reformvorschläge vorlegen, sondern »nur« unter oft schwierigen Umständen die ihnen anvertrauten Kranken versorgt haben und heute versorgen. Diese Tätigkeit wird in unserer, zu einseitig wissenschaftlich orientierten Zeit, nicht immer hinreichend geachtet, da Forschung von vielen wesentlich höher bewertet wird als ärztliche Tätigkeit. Darum sei allen denen, die sich dieser allein verpflichtet haben, an dieser Stelle besondere Anerkennung ausgesprochen und im Namen der Kranken gedankt.

Abraham, Karl (1877 - 1925)
1901 Prom., Freiburg i. Br.
1901 Ass. psych. Anst. Dalldorf, Berlin
1904 Ass. psych. Anst. Burghölzli, Zürich
1907 Niederlassung in Berlin als Psychoanalytiker

Gründer der Berliner Psychoanalytischen Gesellschaft (1910)

Adler, Alfred (1870 - 1937)
1895 Prom., Wien
Ass. Innere Med. u. Neurologie
1899 Allgemeine Praxis, Wien
Doz. am Pädagogischen Institut, Wien

1901 Anschluß an Freud
1911 Trennung von Freud
1912 Begründung der Individualpsychologie
1916 Militärarzt
1926 Visiting Prof. an Columbia Univ. New York
1934 Emigration nach USA

Begründer der Individualpsychologie (1912)

Albrecht, Kurt (1894 - 1945)
1940 o.P., Prag
bis 1945

Alexander, Franz (1891 - 1964)
stud. med. in Göttingen
1921 Psychoanalytische Ausbildung, Berlin
1930 Emigration nach USA
Gründung des Psychoanalytischen Inst. in Chicago
1955 Studienjahr im Center for Advanced studies in Behavioral Sciences at Palo Alto, Calif.
1956 Dir. Dept. f. Psychiatry and Psychoanalytic Research Mt. Sinai Hosp., Los Angeles

»Our Age of Unreason« (1942)
»The western Mind in Transition« (1960)

Alzheimer, Alois (1864 - 1915)
1887 (?) Prom., Würzburg
1888 Ass. und OA Anst. Frankfurt a. M.
1903 Ass. b. Kraepelin, Heidelberg. Ging mit Kraepelin nach München, dort Dir. des Anatom. Labors der Psych. Unikl.
1912 o.P., Breslau
bis 1915

Beschreiber einer Sonderform der präsenilen Demenz (Alzheimersche Krankheit)

Amelung, Ludwig Franz (1798 - 1849)
1821 Arzt in Anst. Hofheim (Goddelau)
»Beiträge zur Lehre von den Geisteskrankheiten« zus. mit F. Bird, Siegburg (1832 und 1836)

Betonte die »zerebrale Ursache des Irreseins«

Angst, Jules (1926)
1966 Habil., Zürich
1969 o.P., Zürich

Anton, Gabriel (1858 - 1933)
1882 Prom., Prag
1882 Ass. psych. Anst. Dobrzan und Prag
1887 Ass. bei Meynert, II. psychiatr. Klinik, Wien
1889 Habil., Wien
1891 a.o.P., Innsbruck
1894 o.P., Graz
1905 o.P., Halle
bis 1926

Arieti, Silvano (1914)
1938 Prom., Pisa
1946 Psychoanalyt. Ausbildg. am William A. White Inst., New York

1952 Training Analyst am W. A. White Inst., New York
Clinical Prof. of Psychiatry, New York, Medical College

Arndt, Rudolf Gottfried (1835 - 1900)
1860 Prom., ?
1861 prakt. Arzt, Militärarzt in Kriegen 1864, 1866, 1870/71
1867 Habil., ?
1868–1873? o.P., Greifswald
bis 1900

Histologische Untersuchungen des Nervensystems

Aschaffenburg, Gustav (1866 - 1944)
1890 Prom., Straßburg
1890 Ass. b. Meynert, Wien
Ass. b. Kraepelin, Heidelberg
1895 Habil., Heidelberg
1900 a.o.P.
1905 o.P., Köln und Dir. Anst. Lindenthal
bis 1934

»Lokalisierte und allgemeine Ausfallserscheinungen nach Hirnverletzungen« (1916)
»Psychiatrie u. Strafrecht« (1928)

Autenrieth, Ferdinand (1772 - 1835)
1792 Prom., Tübingen
Reise nach Pavia, Triest, Wien zur med. Weiterbildung
1794 Reise nach Baltimore und Lancaster, dort als Arzt tätig
1795 Hofmedicus in Stuttgart und Aufseher des zoologischen Naturalien Kabinetts
1796 Vorlesungen in Wien über Anfangsgründe der Naturgeschichte und Chemie
1797 o.P., Tübingen, Vorlesungen über Anatomie, Physiologie, Chirurgie
1805 o.P. und Dir. Med. Klinik
1822 o.P. und Kanzler der Univ. Tübingen

Erfinder der Autenriethschen Birne zur Beruhigung der Irren
»Bemerkungen über die Seelenkrankheit« (1796)
»Handbuch der empirischen menschlichen Physiologie« (1801/03)

Babinski, Joseph (1857 - 1932)
Schüler von J.-M. Charcot
1890 Chef de clinique bei Charcot

Babinski-Reflex (1896)
Physiopathologie des Cerebellum

Baeyer, Walter Ritter von (1904)
1928 Prom.
1946 Habil., Erlangen
1947 a.o.P.
1945 Dir. psych. Abt. Nürnberg
1955 o.P., Heidelberg
bis 1972

Balint, Michael (1890 - 1970)
1920 Prom., Budapest
1923 Prom., Biochemie
Psychoanalytische Ausbildung in Berlin, weiter bei
Ferenczi, Budapest
1937 Dir. Psychoanalyt. Klinik, Budapest
1938 Emigration nach England, Manchester
1948 Tavistork Inst. of Human Relation
bis 1961

»The Doctor, his Patient and the Illness« (1956)

Bandura, Albert (1925)
1952 Prom., Psychol.
1953 Doz. u. später P. für Psychol. an der Stanford
Univ. Californien

»Social learning and Personality Development«
(1963)
»Psychological Modeling, Conflicting theories«
(1971)

Bash, Kenower (1913)
1956 Habil., Bern
1958 a.o.P.

»Allgemeine klinische Psychopathologie« (1955)

Battie, William (1704 - 1776)
1730 prakt. Arzt in Cambridge
Anatom. Vorlesungen
1737 Prom., Cambridge
ging dann nach London
1764 Physikus des St. Luke's Hosp. u. Eigentümer
einer großen Privatanst.

»A treatise on madness« (1758)

Beard, George Miller (1839 - 1882)
1862 Studium beendet in Yale, Conn.
1866 College of Physicians, New York

»The scientific basis of delusions« (1877)
Prägte den Ausdruck Neurasthenie (1880)

Bechterew, Wladimir (1857 - 1927)
1878 Ass. Psych. Kl. St. Petersburg bei Mershejewsky
1881 Habil.
1884 Ass. bei Wundt (Psychologie), Leipzig
Ass. bei Flechsig, Leipzig
Ass. bei Charcot, Paris
1885 o.P., Kasan
1893 o.P., St. Petersburg

Bechterewsche Krankheit
»Die Leitungsbahnen im Gehirn und Rückenmark«
(1896)
»Die Grundlagen der Lehre von den Hirnfunktionen« (1908–11)
»Grundzüge der Reflexologie des Menschen«
(1918)

Beers, Clifford W. (1876 - 1943)
1909 Gründung des National Committee for Mental
Hygiene

War selbst psychisch krank (wohl affektive Psychose) und setzte sich später für die Verbesserung der
Versorgung psychisch Kranker ein

Benedetti, Gaetano (1920)
1953 Habil., Zürich
1956 Doz. Rom
1956 Dir. des Inst. f. Psychohygiene u. Psychotherapie, Riehen/Basel

Benkert, Otto (1940)
1968 Prom.
1976 Habil. bei Hippius, München
1981 o.P., Mainz

Benton, A. L. (1909)
Psychologe in USA
Benton-Test (1945)

Berger, Hans (1873 - 1941)
1897 Prom., Jena
1901 Habil., bei O. Binswanger, Jena
1905 a.o.P
1919 o.P., Jena
bis 1938

»Über die Lokalisation im Großhirn« (1927)
Erfinder des Elektroenzephalogramms (1929)

Beringer, Kurt (1893 - 1949)
 ? Prom.
1920 Ass. bei Wilmanns, Heidelberg
1924/25 niedergelassener Nervenarzt in Karlsruhe
1932 OA bei Bumke, München
1934 o.P., Freiburg i. Br.
bis 1949

Selbstversuche mit Mescalin
»Spannweite des intentionalen Bogens«
Gründer des »Nervenarzt« (1928) zusammen mit W.
Mayer-Gross u. E. Straus

Berner, Peter, (1924)
1951 Prom., Wien
1966 Habil., Wien
1972 o.P., Wien

Bertha, Hans (1901 - 1964)
1939 Habil., Graz
1954 a.o.P., Graz, vertretender Dir.
bis 1964

Berze, Joseph (1866 - ?)
1891 Prom., Wien
Ass. Niederösterreichische Anst. Wien
1912 Habil.
1919 Dir. Anst. Am Steinhof (Wien)
bis 1928
1921 a.o.P.

»Über das Primärsymptom der Paranoia« (1903)
»Die hereditären Beziehungen der Dementia praecox« (1910)
»Die primäre Insuffizienz der psychischen Aktivität« (1929)

Bilz, Rudolf (1898 - 1978)
1957 Habil., Mainz
1959 a.o.P.
1961 wissenschaftl. Rat
bis 1963

»Belagerungssyndrom« bei Alkoholhalluzinosen
(1958)

Binet, Alfred (1857 - 1911)
Schüler von Charcot
1889 erstes franz. Labor für Psychologie unter Charcot
1894 Leiter dieses Labors

Zus. mit Ribot Repräsentant der franz. Psychopa-
thologie
Binet-Simon-Kramer-Intelligenztest (1908)
Psychologie des Kindesalters

Bing, Robert (1878 - ?)
1902 Prom., Basel
1905 Niederlassung als Nervenarzt in Basel
1907 Habil.
1918 a.o.P. und Dir. d. Neurol. Ambulanz und des
Labors

»Kompendium der topischen Gehirn- und Rücken-
marksdiagnostik (1909)
»Gehirn und Auge« (1914)
Gründer der Schweizer Neurolog. Gesellschaft
(1908)

Binswanger, Ludwig (1820 - 1880)
? Dir. Anst. Münsterlingen
1857 Gründung der Kuranstalt Bellevue, Kreuzlingen

Binswanger, Ludwig (1881 - 1966)
1907 Prom., Zürich
Ass. in Anst. Burghölzli u. psych. Unikl., Jena
1910 Dir. der Kuranstalt Bellevue, Kreuzlingen

»Einführung in die Probleme der Allgemeinen Psychologie« (1922)
»Daseinsanalyse«

Binswanger, Otto Ludwig (1852 - 1929)
1877 Prom., Göttingen
Ass. bei L. Meyer, Göttingen
Ass. Path. Institut, Breslau
Ass. Path. Institut, bei C. Westphal, Charité, Berlin
1879 Habil., Berlin
1882 a.o.P., Jena
1891 o.P., Jena
bis 1919

»Genuine Epilepsie«

Binswanger, Robert (1850 - 1910)
Sohn des älteren Ludwig B.
? Ass. von L. Meyer, Göttingen
? Dir. der Kuranstalt Bellevue, Kreuzlingen
bis 1910

Bird, Friedrich Ludwig Heinrich (1793 - 1851)
1810 Med. Studium beendet
1815 OA beim Feldlazarett
1817 Prom., Halle
1820 Niederlassung in Rees / Niederrhein
1830 2. Arzt in Anst. Siegburg
bis 1834

Zog sich zurück und fertigte literarische psychia-
trische Arbeiten an: »Beiträge zur Lehre von den
Geisteskrankheiten« (1832 u. 1836) zus. mit F. L.
Amelung

Birnbaum, Karl (1878 - ?)
1902 Prom., Freiburg
Ass. Anst. Herzberge, Berlin
1923 Habil., Berlin
1927 a.o.P.
1930 Dir. Anst. Buch, Berlin
1933 Emigration

»Kriminalpsychopathologie«

Blankenburg, Wolfgang (1928)
1956 Prom.
1967 Habil., Freiburg
1973 a.o.P., Heidelberg
1975 Dir. Psychiatr. Abt. Bremen
1979 o.P., Marburg a. d. L.

Bleuler, Eugen (1857 - 1939)
1881 Ass. Anst. Waldau, Bern und Burghölzli, Zürich
1883 Prom.
1886 Dir. Anst. Rheinau
1898 o.P., Zürich
bis 1927

»Schizophrenie« (1908)
»Hirnorganisches Psychosyndrom«

Bleuler, Manfred (1903)
1929 Prom., Zürich
1942 Habil., Zürich
1942 o.P., Zürich
bis 1969

»Die schizophrenen Geistesstörungen im Lichte
vieljähriger Kranken- und Familiengeschichte«
(1972)

Bochnik, Hans Joachim (1920)
1955 Habil., Hamburg
1961 a.o.P. Hamburg
1967 o.P., Frankfurt a. M.

Bodelschwingh, Friedrich von (1831 - 1910)
Ev. Geistlicher
1877 Gründung der Anstalten Bethel b. Bielefeld

Boening, Heinrich (1895 - 1960)
? Prom.
? Ass.
1927 Habil., Jena
1936 a.o.P.
1938 o.P., Gießen
bis 1960

»Über das seelische Verhalten des Lungentuberku-
lösen und die Maßnahmen zu seiner Beeinflussung«
(1938)

Bonhoeffer, Karl (1868 - 1948)
1892 Prom., Tübingen
Ass. bei C. Wernicke, Breslau
1897 Habil., Breslau
1903 o.P., Königsberg
1904 o.P., Heidelberg
1904 o.P., Breslau
1912 o.P., Berlin

»Beitrag zur Kenntnis des großstädtischen Bettel-
und Vagabundentums« (1900)
»Akute exogene psychische Reaktionstypen« (1909)

Bostroem, August (1886 - 1943)
1910 Prom.
Ass. Path. Inst. Gießen
Ass. bei M. Nonne, Hamburg
Ass. bei Kleist, Rostock
Ass. bei O. Bumke, München
1924 Habil., München
OA Leipzig u. München
1926 a.o.P.
1939 o.P., Leipzig
1942 o.P., Straßburg
bis 1943 (?)

Bräutigam, Walter (1920)
1946 Prom., Hamburg
1960 Habil., Heidelberg
1968 o.P. Psychosomat. Medizin, Heidelberg

Braun, Ernst (1893)
? Prom.
? Ass.
1928 Habil., Kiel
1934 a.o.P.
1936 o.P., Rostock
bis 1945

»Psychogene Reaktionen« (1928)

Braunmühl, Anton von (1901 - 1957)
1926 Prom.
1926 Ass. bei Spielmeyer in Forschungsanst. f.
Psychiatrie, München

1927 Ass. Anst. Eglfing-Haar, München
OA Anst. Eglfing-Haar, München
1934 Habil. aus politischen Gründen verweigert
1945 Dir. Anst. Kaufbeuren
1946 Dir. Anst. Eglfing-Haar, München
1947 P., München
Dir. Anst. bis 1957

Elektroschock- und Insulinbehandlung Schizophrener

Brenner, Friedrich (1809 - 1874)
1830 Prom., Freiburg
1833 Ass. Anst. Basel
1835 Habil., Basel
1842 Dir. Anst. Friedmatt, Basel
1856 P., Basel
Dir. Anst. bis 1874

Brill, Abraham Ayden (1874 - 1948)
1889 von Wien nach USA emigriert
1903 Prom. Columbia Univ., New York
Ass. ISLIP State Hosp., New York
1907 Paris, bei Pierre Marie, Bicêtre
Ass. bei E. Bleuler, Zürich
1908 New York

Übersetzte die Bücher von E. Bleuler, S. Freud,
C. G. Jung ins Englische
Gründer der New Yorker Psychoanalyt. Society
(1911)

Broca, Paul (1824 - 1880)
1841 Studium der Medizin
1843 Externe Hôpital Bicêtre bei Lauret
1849 Prom.
1853 P. agrégé, Chirurg des hôpital
1860 Anthropolog. Institut
1861 bis 1863 Arbeiten über Hirnwindungen und
über Hirnlokalisation im Bulletin des Anthropolog.
Instituts veröffentlicht:
Motorische Aphasie (v. B. sog. Aphemie, 1861)
Lokalisationslehre (1865)
Limbisches System (1878)

Brosius, Casper Max (1825 - 1910)
1847 Prom., Bonn
1849 prakt. Arzt in Burgsteinfurt
1857 Dir. Anst. Bendorf
1860 Mitredakteur und
1878 Alleiniger Redakteur der Zeitschrift »Irren-
freund, psychiatrische Monatsschrift für prakt.
Ärzte«

Übersetzung des Buches v. J. Conolly: »Die Behandlung der Irren ohne mechanischen Zwang«
(1860)

Bühler, Karl (1879 - 1963)
Arzt u. Psychologe
Ass., Berlin
Ass. bei Külpe (Psychologie), Würzburg

1909 o.P. Psychologie, Bonn
1913 o.P. Psychologie, München
1918 o.P. Psychologie, Wien
1939 Emigration nach USA

Entwicklungstest

Bürger-Prinz, Hans (1897 - 1976)
1923 Ass. bei Aschaffenburg, Köln
1925 Ass. bei Wilmanns, Mayer-Gros u. Gruhle, Heidelberg
1931 Habil. bei Aschaffenburg, Köln
1932 OA bei Schroeder, Leipzig
1937 o.P. Hamburg
bis 1966

Bumke, Oswald (1877 - 1950)
1901 Prom., Kiel
1901 Ass., Freiburg i. Br.
1904 Habil., Feiburg i. Br.
1910 a.o.P., Freiburg i. Br.
1914 o.P., Rostock
1916 o.P., Breslau
1921 o.P., Leipzig
1924 o.P., München
bis 1945

Herausgeber des Handbuchs der Geisteskrankheiten, zus. m. O. Foerster (1928–1939)
Herausgeber des Handbuchs der Neurologie, zus. m. O. Foerster (1935–1937)

Bumm, Anton (1849 - 1903)
1872 Prom., Würzburg
Ass. in Anst. Werneck (b. Hubrich)
Ass. bei v. Gudden, München
Ass. bei Hagen, Erlangen
1884 Dir. Anst. Deggendorf
Dir. Anst. Erlangen
Dir. Anst. München
1888 a.o.P., München
1896 o.P., München
bis 1903

Caruso, Igor, A. (1914)
Prom. phil.
1956 o.P. Psychologie Univ. Peotas, Brasilien
1967 Hon. P., Salzburg
1972 o.P. Psychoanalyse, klin. Psychologie, Sozialpsychologie
Dir. Psychol. Inst. Salzburg

Gründer des Wiener Arbeitskreises für Tiefenpsychologie
»Psychoanalyse und Synthese der Existenz« (1952)
»Bios, Psyche, Person« (1957)

Cassirer, Richard (1868 - 1925)
1891 Prom., Freiburg i. Br.
1891 Ass. bei Wernicke, Breslau
1895 Ass. in Poliklinik f. Nervenkranke, Breslau
1903 Habil. bei Oppenheim, Berlin

1912 a.o.P.
1919 Dir. der Poliklinik, Berlin
bis 1925

Charcot, Jean-Martin (1825 - 1893)
1862 Dir. der Salpêtrière, Paris
1872 P. für path. Anatomie
1882 o.P. für Nervenkrankheiten

Charcotsche Krankheit (Gelenkerkrankung bei Tabes dorsalis) (1865)
Charcotsche Trias bei multipler Sklerose (1879)
Claudicatio intermittens

Berühmte Patientenvorstellungen in den »Dienstag-Vorlesungen«

Chiarurgi, Vincenzo (1759 - 1820)
1782 Ass. im Krankenhs. S. Maria Nuova, Florenz
1788 Dir. Anst. Bonifazio

Einer der ersten Reformer der Behandlung der Irren

Conolly, John C. (1794 - 1866)
1821 Prom.
1821 Niederlassung als prakt. Arzt
1827 Übersiedlung nach London
1828 P. für prakt. Medizin
1830 psychiatr. Unterricht
1838 Umzug nach Birmingham
1839 Resident Physic. in Anst. Hanwell, Middlesex

Begründer der No-restraint-Bewegung (1839)
»The treatment of the insane without mechanical restraints« (1856)

Conrad, Klaus (1905 - 1961)
Ass. bei Pötzl, Wien; Magdeburg; Paris und München
1938 Habil., München
OA bei E. Kretschmer, Marburg
1946 OA bei Villinger, Marburg
1948 o.P., Homburg/S.
1958 o.P., Göttingen
bis 1961

»Die beginnende Schizophrenie« (1958)

Cramer, August (1860 - 1912)
1887 Prom., München
Ass. in München u. Freiburg
Ass. in Anst. Eberswalde b. Berlin
1895 Dir. Anst. Göttingen
1895 Habil., Göttingen
1897 a.o.P.
1900 o.P., Göttingen u. Dir. Anst. Göttingen
bis 1912

Cramer, Heinrich (1831 - 1893)
1860 Prom., Göttingen
Ass. Anst. Pickberg u. St. Pirminsberg
Dir. Anst. Solothurn

1874 Dir. Anst. Marburg
1877 P. für Psychiatrie, Marburg
bis 1893

Creutzfeld, Hans-Gerhard (1885 - 1964)
1909 Prom., Kiel
Ass. Neurologie, Hamburg
Ass. in Frankfurt a. M.
Ass. in Breslau, Kiel, Berlin
Ass. Forschungsanstalt, München
1920 Habil., Kiel
1926 a.o.P., Berlin
1938 o.P., Kiel
bis 1953

»Histologische Besonderheiten und funktionelle
und pathologische Veränderungen des nervösen
Zentralorgans« in Handb. d. normalen u. path. Physiologie (1929)

Crinis, Maximilian de (1889 - 1945)
1912 Prom., Graz
Ass. Med. Chem. Institut Innsbruck u. Graz
1913 Ass., Graz
1920 Habil., Graz
1924 a.o.P.
1938 o.P., Berlin
bis 1945

Cullen, William C. (1710 - 1796)
1740 Prom., Glasgow
1751 P., Glasgow
1755 P. der Chemie in Edinburgh
1766 P. des Inst. für theoret. Medizin

»Neurose« (1766) = alle nicht entzündlichen
Krankheiten des Nervensystems (im Gegensatz zur
Neuritis)

Czermak, Joseph (1825 - 1872)
1848 Prom., Prag
1848 Ass. in Anst. Prag
1863 Dir. der Anst. Brünn
1869 o.P., Graz u. Dir. der Anst. Steiermark
bis 1872

Damerow, Heinrich Philipp August (1798 - 1866)
Ass. von H. Neumann u. Esquirol
1822 Habil., Berlin
1830 a.o.P., Greifswald
1836 Dir. der provisorischen Anst. Halle
1844 Eröffnung der neuen Anst. Halle, Dir.

»Über die relative Verbindung der Irren-, Heil- und
Pflegeanstalten in historischer, kritischer sowie mo-
ralischer u. administrativer Beziehung« (1841)
Mitbegründer der Allgem. Zeitschrift für Psychiatrie
zus. mit C. F. Flemming u. C. F. W. Roller (1844)
»Sefologe«, eine Wahnsinnsstudie (1853)

Darwin, Charles Robert (1809 - 1882)
1825-27 Studium der Medizin in Edinburgh, der

Theologie in Cambridge und Studium der Naturwissenschaften

»On the origins of species by means of natural selection, or the preservation of favoured races in the
struggle of life« (1859)
»The descent of man and on selection in relation to
sex« (1871)

Degkwitz, Rudolf (1920)
1943 Prom., München
1959 Habil., Frankfurt a. M.
1964 a.o.P.
1967 Direktor Psychiatr. Landeskrankenhaus Weißenau und Akadem. Krankenhaus Univ. Ulm
1968 o.P., Freiburg i. Br.

Déjerine, Jules-Joseph (1849 - 1917)
1872 Ass.
1879 Prom.
1895 Chef de Clinique Charité an der Salpêtrière
1901 o.P. für Medizingeschichte, Paris
o.P. für Pathologie u. Neurologie, Paris

Derwort, Albert (1911 - 1979)
? Prom.
1948 Habil., Freiburg i. Br.
1954 a.o.P., Freiburg i. Br.
1963 o.P., Gießen
bis 1979

Dilling, Horst (1933)
1959 Prom.
1976 Habil., München
1978 o.P., Lübeck

Dilthey, Wilhelm (1833 - 1911)
1852 stud. theol., Heidelberg
1854 stud. Geschichte, Berlin
1856 theolog. Examen
1864 Doz. Theologie
1866 P. Theologie, Basel
? P., Kiel u. Breslau
1882 o.P. Theologie, Berlin
bis 1905

»Ideen über eine beschreibende und zergliedernde
Psychologie«. Ges. Werke, Band 5, 1924

Dührssen, Annemarie (1916)
o.P. Psychotherapie u. Psychosomatik, Berlin
und Dir. Inst. f. psychogene Erkrankungen der
AOK, Berlin

»Psychogene Erkrankungen bei Kindern u. Jugendlichen« (1954, 10. Aufl. 1972)

Economo, Constantin von (1876 - 1931)
1900 Prom., Wien
Ass. bei v. Magnam, Paris
1904 Ass. bei Kraepelin, München
1905 Ass. Med. Klinik, Wien

1906 Ass. bei Wagner v. Jauregg, Wien
1913 Habil., Wien
1921 a.o.P. für Neurol. u. Psychiatr., Wien

»Die Encephalitis lethargica« (1918)
»Zellaufbau der Großhirnrinde des Menschen«
(1927)

Edinger, Ludwig (1855 - 1918)
1876 Prom.
1877 Ass. b. Kussmaul (Med. Klinik)
1880 Ass. b. Riegel, Gießen
1881 Habil., Gießen
1883 Niederlassung als Nervenarzt in Frankfurt
a. M.
1883-88 Vorlesungen über den Bau des Nervensystems
1885 Tätigkeit am Senckenbergschen Inst., Frankfurt a. M.
1905 eigene Abt. am Senckenbergschen Inst. Frankfurt a. M.
1912 o.P. Neurologie, Frankfurt a. M.

»Einführung in die Lehre vom Bau und Verrichtungen des Nervensystems« (1909)

Elsaesser, Karl-Heinz (1912)
1965 o.P., Greifswald

Emminghaus, Hermann (1845 - 1904)
1870 Prom., Jena
1870 Ass. psych. Anst. Jena
Ass. Med. Klinik, Jena
1873 Habil. für Innere Medizin, Würzburg, Vorlesungen über Innere Medizin u. Psychiatrie
1880 o.P., Dorpat/Litauen
1886 o.P., Freiburg i. Br.
bis 1902

»Allgemeine Psychopathologie« (1878)

Engelmeier, Max-Paul (1921)
1957 Habil., Münster
1963 a.o.P.
1965 o.P., Bochum u. Dir. Psych. Kl., Essen

Erb, Wilhelm (1840 - 1921)
1864 Prom., Heidelberg
1865 Habil. für Medizin
1869 a.o.P.
1880 o.P. für spez. Pathologie u. Therapie, Leipzig
1883 o.P. Med. Klinik, Heidelberg
bis 1907

Beschreibung der Myasthenia gravis pseudoparalytica (1878)

Erlenmeyer, Adolf Albrecht (1822 - 1878)
? Prom. bei Riedel, Prag
? Ass. bei Jacobi, Siegburg
1848 Gründung der Privatanst. Benndorf
1867 Erweiterung der Anst. durch landwirtschaftl. Kolonie

»Die luetischen Psychosen«
»Die Gehirnatrophie bei Erwachsenen«

Esquirol, Jean-Etienne-Dominique (1772 - 1840)
Nach Med. Studium in Paris Arzt in Narbonne
Zwei Jahre später nach Montpellier für ärztl. und naturwissenschaftl. Studien
1805 Prom., Paris, berühmte Dissertation über »Die Leidenschaften als Ursachen u. Symptome der Geisteskrankheit, sowie als Mittel zu deren Beeinflussung«
1810 Nachfolger von Pinel als Leiter der Salpêtrière
1825 (oder 1826) Dir. Anst. Charenton, Paris (Anst. Charenton galt lange Zeit als Musteranst.)

Bewirkte die Gründung vieler psych. Anst. in Frankreich.
Einer der bedeutendsten Psychiater zu Anfang des 19. Jahrhunderts

Ewald, Gottfried (1888 - 1963)
1912 Prom., Erlangen
Ass. physiol. Institut Heidelberg u. Halle
Ass. Rostock
1916-1918 Ass. bei Bonhoeffer, Berlin
1919 Ass. bei Specht, Erlangen
1920 Habil. bei Specht, Erlangen
1922 OA
1923 a.o.P., Erlangen
1933 o.P., Greifswald
1934 o.P., Göttingen u. Dir. Anst. Göttingen
bis 1958

Eyseneck, Hans Jürgen (1916)
1934 Emigration nach London
? Prom. Psychol., London
1955 o.P. Psychologie, London

»Dimensions of Personality« (1947)

Falret, Jean-Pierre (1794 - 1870)
1819 Prom.
durch Pinel u. Esquirol zur Psychiatrie
1822 Gründung der Privatanst. Vauvre b. Paris
1851 Dir. Anst. Salpêtrière, Paris
bis 1867

Beschrieb als erster das zirkuläre Irresein (1851)
»De la folie circulaire ou forme de maladie mentale characterisée par alternative régulière de la manie et de la mélancholie«
Beschrieb »innere Halluzinationen« (1854) (Körperempfindungsstörungen)
Beschrieb zusammen mit C. Lasègue als erster die Folie à deux (1877) (induzierte paranoide Psychose)

Faltlhauser, Valentin (1876 - 1961)
1929 Dir. Anst. Kaufbeuren-Irsee
bis 1945

Mitherausgeber der »Irrenpflege«

Fauser, August (1856 - 1938)
   ? Prom.
1880 Ass. Poliklinik, Leipzig
1882 Ass. Priv. Anst. Christophsbad, Göppingen
Ass. Chirurg. Ludwigsspital, Stuttgart
1884 prakt. Arzt in Untertürkheim u. Cannstadt
1888 Stadtarzt, Stuttgart
1907 Dir. Bürgerhospital, Stuttgart
bis 1924

Machte aus dem Notasyl für Geisteskranke ein modernes Krankenhaus mit vielen Spezialabteilungen
»W. Wundt und seine Bedeutung für die wissenschaftliche Psychiatrie« (1929)

Faust, Clemens (1913)
1940 Prom., Frankfurt a. M.
1950 Habil. Mainz
1956 a.o.P., Freiburg i. Br.
1964 Abt. Vorsteher Freiburg i. Br.
bis 1979

Federn, Paul (1871 - 1950)
1895 Prom., Wien
Ass. Allg. Krankenhaus, Wien
1904 Anschluß an den inneren Kreis um Freud
1926 Mitherausgeber der Internat. Zeitschrift f. Psychoanalyse
1938 Emigration nach USA
Präsident der Psychoanalytischen Gesellschaft

»Zur Psychologie der Revolution: die vaterlose Gesellschaft« (1919)

Fenichel, Otto (1898 - 1946)
1935 Ausbildungsleiter für Psychoanalyse, Prag
1938 Emigration nach USA; Ausbildungsleiter in Los Angeles

»The outline of Clinical Psychoanalysis« (1934)
»The psychoanalytic Theory of Neurosis« (1945)

Ferenczi, Sándor (1873 - 1938)
stud. med., Wien
1894 Prom.
1900 Niederlassung als Nervenarzt in Budapest
1905 Beratender Psychiater am Königl. Gericht in Budapest
1913 Gründung der Ungarischen Psychoanalyt. Gesellschaft

»Bausteine der Psychoanalyse« (1927)

Feuchtersleben, Ernst von (1806 - 1849)
Studium der Medizin u. Philosophie
1834 Prom.
Arbeitete als Schriftsteller, Dichter u. Kritiker
1847 Vize-Dir. des »Med.-Chir. Studiums«, Wien

»Lehrbuch der ärztlichen Seelenkunde« (1845)
Prägte den Begriff »Psychose«

Fischel, Jakob (1813 - 1892)
1841 Prom., Prag
1848 Habil., Prag
1850 OA Anst. Prag
1867 Dir. Anst. Prag
1874 a.o.P.
bis 1885

Fischer-Homberger, Esther (1940)
1972 Habil., Geschichte der Medizin, Zürich

»Die traumatische Neurose. Vom somatischen zum sozialen Leiden« (1975)

Flechsig, Paul (1847 - 1929)
1870 Prom., Leipzig
1872 Ass. Path. u. Histologie, Leipzig
1877 a.o.P., Psych. Leipzig
1882 Dir. der neuen Anst., Leipzig
1884 o.P., Leipzig
bis 1921

Beschrieb das Flechsigsche Bündel (Tractus spinocerebellaris dorsalis)

Flemming, Carl Friedrich (1799 - 1880)
1821 Prom., Berlin
Ass. Anst. Sonnenstein
1824 zum Dir. Anst. Sachsenberg b. Schwerin/Mecklenbg. berufen, die 1830 nach seinen Plänen fertiggestellt wurde
bis 1854

Flügel, Fritz Eugen (1897)
   ? Prom.
   ? Habil.
1939-49 o.P., Halle
1951 o.P., Erlangen
bis 1965

Beschrieb das abulisch-akinetische Syndrom der klinischen Neuroleptikawirkung

Foerster, Otfried (1873 - 1941)
1897 Prom., Breslau
1897 bei Déjerine, Salpêtrière, Paris
1899 Ass. bei Wernicke, Breslau
1903 Habil., Breslau
1921 o.P., Breslau
1934 Dir. des Neurol. Forschungsinst., Breslau

Herausgeber des Handbuchs der Geisteskrankheiten, zus. m. O. Bumke (1928–1939)
Herausgeber des Handbuchs der Neurologie, zus. m. O. Bumke (1935–1937)

Forel, August (1848 - 1931)
1872 Prom., Zürich
1873 Ass. bei v. Gudden, München
1877 Habil., München
1879 o.P., Zürich, Dir. Anst. Burghölzli
bis 1898

Forster, Edmund (1878 - 1933)
1901 Prom., Straßburg
Ass. path.-anat. Institut, Genf
Ass. Halle
Ass. Berlin
1909 Habil., Berlin
1913 a.o.P.

Frankl, Victor (1905)
1947 Habil., Wien
1955 a.o.P., Dir. Neurol. Abt. Allgemeine Poliklinik, Wien

»Ärztliche Seelsorge« (1946, 7. Aufl., 1965)
»Ein Psychologe erlebt das Konzentrationslager« (1946)
»Grundriß der Existenzanalyse und Logotherapie« (1959)

Freedman, Daniel (?)
1951 Prom., Yale Univ. Conn. USA
1951 Int. in Pädiatrie
1952 Res. in Psychiatrie Med. School, Yale
1955 Doz. in Psychiatrie Med. School, Yale
1955 National Institut of Mental Health, Bethesda
1958 Ass. P. Yale
1961 o.P., Yale
1964 o.P., Chicago

Frerichs, Friedrich Theodor (1819 - 1885)
1841 Prom., Göttingen
1841 Niederlassung in Aurich
1846 (?) Habil. für Medizin, Göttingen
1849 o.P. Innere Medizin, Kiel
1851 o.P. Innere Medizin u. path. Anatomie, Breslau
1859 o.P. Innere Medizin, Berlin

Freud, Anna (1895)
jüngste Tochter von S. Freud
1914 1. Pädagogik-Examen
2 Jahre als Lehrerin tätig
1917 2. Pädagog. Examen
bis 1920 Lehrerin
1922 Mitglied der Wiener psychoanalyt. Gesellschaft
1938 Emigration nach London
1947 Gründung des Hampstead Child-Therapy Course and Clinic u. Dir.

Freud, Sigmund (1856 - 1939)
1882 Ass. im Physiolog. Institut u. Neurolog. Klinik, Wien
1885 Habil. für Neuropathologie, Wien
1886 Leiter der Neurol. Abt. des Kinderkrankeninstituts
Eröffnung der Praxis
1902 P.
1920 o.P. für Neuropathologie, Wien
1938 Emigration nach London

Begründer der Psychoanalyse

Friedländer, Käte (1903 - 1949)
1926 Prom., Innsbruck
Ass. b. Bonhoeffer, Berlin
1935 England
1943 Diploma in Psychological Medicine

Mitbegründerin der Hampstead Child Therapy Clinic (1947) zus. mit A. Freud

Friedreich, Johannes Baptista (1796 - 1862)
1820 a.o.P., Lehrer der Heilkunde, Würzburg
1830 o.P., Lehrer der Heilkunde, Würzburg
1832 Gerichtsarzt in Weißenburg
1838 Physikat in Straubing
1843 Physikat in Ansbach
1850 Gerichtsarzt in Erlangen

»Handbuch der Allgemeinen Pathologie der psychischen Krankheiten« (1839)

Friedreich, Nikolaus (1825 - 1882)
1850 Prom., Heidelberg
1853 Habil. für spez. Pathologie und Therapie, Heidelberg
1857 o.P. für Pathologie, Würzburg
1858 o.P. für Pathologie u. Therapie, Dir. der Med. Klinik, Heidelberg
bis 1882

Beschrieb die »Friedreichsche Ataxie«

Fromm, Erich (1900 - 1979)
1934 Emigration nach USA
1952 P. an Univ. Mexiko
bis 1967
1958 gleichzeitig P. an der Univ. Michigan
1962 gleichzeitig P. an der Univ. New York

Hauptvertreter der Neopsychoanalyse zus. mit Karen Horney u. H. S. Sullivan
»Escape from freedom« (1941)
»Man for himself« (1947)
»The art of loving« (1956)

Fünfgeld, Ernst (1895 - 1948)
? Prom.
? Ass.
1926 Habil. bei Kleist, Frankfurt a. M.
1937 a.o.P.
1938 o.P., Köln
bis 1948

Fürstner, Carl (1848 - 1906)
1871 Prom., Berlin
Ass. Pathologie, Greifswald
OA Psych. Charité, Berlin
1878 o.P., Heidelberg
1891 o.P., Straßburg
bis 1906

Führte die Gewichtsbestimmungen bei psychisch Kranken ein

Gall, Franz Joseph (1758 - 1828)
1785 Prom., Wien
prakt. Arzt in Wien, gleichzeitig Vorlesungen über
seine Lehre, die Gehirnwindungen seien Endigun-
gen der Nervenbahnen und Charakter, Gemüt und
psychische Eigenschaften an der Schädelform erkennbar. Diese Lehre wurde später von seinem
Schüler J. Chr. Spurzheim als Phrenologie bezeichnet
1807 Übersiedlung nach Paris, dort wieder prakt.
Arzt, weitere Vorlesungstätigkeit
1810–1818 Veröffentlichung seines Hauptwerkes
über die Phrenologie

Gamper, Eduard (1887 - 1938)
1911 Prom., Innsbruck
1911 Ass. Nervenklinik Innsbruck
1920 Habil., Innsbruck
1930 o.P., Prag
bis 1938

»Der endemische Kretinismus«

Ganser, Sigbert (1853 - 1931)
1876 Prom., München
Ass. bei Rinecker, Würzburg
Ass. bei v. Gudden, München
1880 Habil., München
1884 Anst. Sorau
1886 Dir. psych. Abt. Dresden
bis 1918

»Ganser-Syndrom« (1898)

Gaupp, Robert (1870 - 1953)
1894 Prom., Tübingen
Ass. bei Wernicke, Breslau
1900 Ass. bei Kraepelin, Heidelberg
1901 Habil., Heidelberg
1905 OA bei Kraepelin, München
1906 o.P., Tübingen
bis 1936

»Dipsomanie« (1901)

Gelb, Adhémar (1887 - 1936)
1919 Habil., Psychol., Frankfurt a. M.
1924 a.o.P.
1931 o.P. Psychologie, Halle
bis 1933

Untersuchungen über die Psychologie Hirnverletz-
ter zus. mit Goldstein

Glover, Edward (1888 - ?)
1909 Prom.
Ass. in Glasgow, Med.
Ass. in Birmingham u. London
1920 Berlin, psychiatrische Tätigkeit
psychiatrische Praxis in London

Begründer der British Psychoanalytic Society

Dir. of Research at the Psych. Anal. Inst.
»The Technique of Psychoanalysis«

Göllnitz, Gerhard (1920)
1959 o.P., Rostock

Goldstein, Kurt (1878 - 1965)
1903 Prom., Breslau b. Wernicke
1903 Ass. b. Hoche, Freiburg i. Br.
1904 Ass. b. Edinger, Frankfurt a. M.
1905 Ass. b. Oppenheim, Berlin
1906 Ass. Psych. Klinik, Königsberg
1908 Habil., Königsberg
1914 Ass. b. Edinger, Neurolog. Institut, Frankfurt
a. M.

Errichtete selbst ein Inst. zur Erforschung der Folgeerscheinungen von Hirnverletzungen
1922 o.P. Psych. Frankfurt a. M.
bis 1933

Gowers, William Richard (1845 - 1915)
1867 Hausarzt u. Privatsekretär seines Lehrers W.
Jenner
1870 Medical Registrator
1872 Ass. Univ. College Hospital
1873 Ass. Hosp. f. Paralytiker u. Epileptiker
1883 Dir. u. später P. am Univ. College Hosp. für
klin. Medizin, London

»Medical Ophthalmology« (1879)
»A Manual of the Diseases of the Nervous system«
(1886)

Grashey, Hubert (1839 - 1914)
1866 Prom.
Ass. bei Rinecker, Würzburg
Ass. bei Meynert, Wien
Ass. bei v. Gudden, Werneck
   ? Dir. Anst. Deggendorf, Niederbayern
1884 o.P. der Med. Fakultät u. Dir. der psych. Abt. im
Julius-Hospital, Würzburg
1886 o.P. München u. Dir. der Anst. München
bis 1896

Griesinger, Wilhelm (1817 - 1868)
   ? Prom.
1838 Ass. in Paris
1839 prakt. Arzt in Friedrichshafen, Bodensee
1840 Ass. bei Zeller, Anst. Winnental b. Stuttg.
1842 prakt. Arzt in Stuttgart
1843 Ass. in Med. Klinik Tübingen
1845 Habil. für Medizin
1847 a.o.P., Lehrauftrag für allgemeine Pathologie,
Materia medica und Geschichte der Medizin
1850 o.P. Med., Kiel
1850–1852 Leibarzt des Vizekönigs von Ägypten
und Präsident des Gesundheitswesens in Kairo
1854 o.P. Med., Tübingen
1860 o.P. Med., Zürich und Dir. der Anst. Zürich
1865 o.P., Berlin
bis 1868

Lehrbuch »Pathologie u. Therapie der psychischen Krankheiten« (1845). Enthält den Satz: »Welches Organ muß also überall u. immer notwendig erkrankt sein, wo Irresein vorhanden ist? Die Antwort auf diese Frage ist die erste Voraussetzung der ganzen Psychiatrie. Zeigen uns physiologische und pathologische Tatsachen, daß dieses Organ nur das Gehirn sein kann, so haben wir vor allem in den psychischen Krankheiten jedesmal Erkrankungen des Gehirns zu erkennen.« Dieser Satz wird meist kurz in der Form zitiert: Geisteskrankheiten sind Gehirnkrankheiten.

Befürworter von psychiatrischen Stadtasylen an Allgemeinkrankenhäusern

Groos, Friedrich G. (1768 - 1852)
Jurastudium in Tübingen und Stuttgart
1792 Medizinstudium in Freiburg
1796 Prom., Freiburg
Praxis in Karlsruhe
1805 Ass. des Stadtphysikats Karlsruhe
1813 Amtsphysikus in Schwetzingen
1814 Leiter der Heil- u. Pflegeanst. für Sieche und Irre in Pforzheim
1826 Mit der jetzt abgetrennten Irrenanst. Umzug nach Heidelberg

Vorträge über Psychiatrie

Gruhle, Hans Walter (1880 - 1958)
1904 Prom., München
1904 Ass. bei Kraepelin, München
1905 Ass. bei Nissl, Heidelberg
1913 Habil., Heidelberg
1919 a.o.P.
1934 Komm. P. u. Dir. Bonn
Berufung auf den Lehrstuhl vom Ministerium aus politischen Gründen abgelehnt
1934 Dir. Anst. Zwiefalten
1940 Dir. Anst. Weißenau
1946 o.P., Bonn
bis 1952
1955 Erneut komm. o.P. u. Dir., Bonn
bis 1956

»Psychologie des Abnormen« (1922)
»Verstehende Psychologie« (1948)
»Verstehen und Einfühlen« (1953)

Gudden, Bernhard Aloys von (1824 - 1886)
1848 Prom.
1849 Ass. bei Jacobi, Siegburg
1851 Ass. bei Roller, Anst. Illenau b. Achern
1855 Dir. Anst. Werneck
1869 o.P., Zürich u. Dir. Burghölzli
1872 o.P., München u. Dir. Anst. München
bis 1886

Konstruierte zusammen mit Bandorf u. Forel das erste für Hirnserienschnitte geeignete Mikrotom

Guislain, Joseph (1797 - 1860)
1819 Prom., Gent
1828 Dir. Anst. Gent
1835 o.P. Physiologie, Gent

Vereinigte damit Tätigkeit in Klinik für psychisch Kranke
Reformer des Irrenwesens in Belgien

Häfner, Heinz (1926)
1950 Prom.
1951 Prom. phil.
1960 Habil., Heidelberg
1966 a.o.P.
1967 o.P., Mannheim (2. Med. Fakultät der Uni. Heidelb.) u. Dir. des Zentralinstituts für Seelische Gesundheit, Mannheim

Hagen, Friedrich Wilhelm (1814 - 1888)
1836 Prom., Erlangen
prakt. Arzt
1844 Ass. Anst. Erlangen
1849 Dir. Anst. Irsee, Bayern
1859 Dir. Anst. Erlangen
1859 a.o.P., Erlangen
bis 1888

»Über Nierenkrankheiten als Ursache von Geisteskrankheiten«
»Statistische Untersuchungen über Geisteskrankheiten« (1876)

Haindorf, Alexander (1782 - 1862)
    ?   Prom.
1810 Habil., Heidelberg
1811 Tätigkeit in Frankreich
1815 OA am Akadem. Hosp., Göttingen
1816 Doz. für Chirurgie, Geburtshilfe u. Psychiatrie, Münster

»Versuch einer Pathologie und Therapie der Geisteskrankheiten« (1811)

Hartmann, Friedrich (1871 - 1937)
1896 Prom., Graz
Ass., Graz
1902 Habil., Graz
1907 a.o.P.
1907 Dir. Anst. Graz
1911 o.P., Graz
bis 1934

Hartmann, Heinz (1894)
1920 Prom., Wien
Ass. Pharmakologie
1921 Ass. in Psych. u. Neurol., Wien
1932–41 Herausgeber d. Internat. Zeitschrift f. Psychoanalyse
1934 Doz. u. Lehranalytiker, Wien
1938 nach Paris
1941 nach New York

1945 Gründer: The Psychoanalytic Study of the Child zus. mit A. Freud u. Ernst Kris

Hauptmann, Alfred (1881 - 1948)
1905 Prom., Heidelberg
Ass. bei Erb, Med. u. Neurologie, Heidelberg
Ass. bei Nonne, Hamburg
Ass. bei Hoche, Freiburg
1912 Habil., Freiburg
1918 a.o.P.
1926 o.P., Halle
1935 nach USA emigriert

Behandlung der Epilepsie mit Luminal

Hayner, Christian August Fürchtegott
(1775 - 1837)
Studium der Theologie und Medizin
1798 Prom.
Praxis in Mittweida
Kaufte dort Apotheke
1806 Ernannt zum Arzt am Zucht-, Armen- u. Waisenhaus, Waldheim
1807 Antritt des Amtes in Waldheim
1834 Dir. der neuen Anst. Schloß Colditz

»Anforderungen an Regierungen zur Abstellung einiger schwerer Gebrechen in der Behandlung der Irren« (1817)

Head, Henry (1861 - ?)
stud. in Hall, Cambridge, Prag, London
1890 Prom., London
Ass. College Hosp., London
1896 Lector am London Hosp.

Headsche Zonen (1893)
»Studies in Neurology« (1920)
»Aphasia and kindred disorders of speech« (1926)

Hecker, Ewald (1843 - 1909)
1866 Prom., Königsberg
Ass. Anst. Allenberg, Ostpr.
Dort zusammen mit Kahlbaum
1867 Mit Kahlbaum in die Priv. Anst. Görlitz
1876 Dir. Anst. Plagwitz
1881 Erwarb Wasserheilanst. Johannesberg/Rh.
1891 Nach Wiesbaden
1907 P.

Beschrieb die Hebephrenie (1871) zus. mit Kahlbaum
»Anleitung für Angehörige von Gemüts- und Geisteskranken« (1873)
»Die Ursachen und Anfangssymptome der psychischen Krankheiten« (1876)

Heermann, Georg (1807 - 1844)
1833 Ass. bei Jacobi, Siegburg
1835 Habil., Med. Heidelberg
1840 Als a.o.P. nach Tübingen
1842 o.P. Med., Tübingen

»Über das Studium der psychischen Medizin auf Universitäten als das nächste Erfordernis ihrer Förderung« (1837)

Heilbronner, Karl (1869 - 1914)
1893 Prom. bei Grashey, München
1893 Ass. bei Wernicke, Breslau
OA bei Hitzig, Halle
1903 o.P., Utrecht

»Aphasie und Geisteskrankheit« (1896)

Heimann, Hans (1922)
? Prom.
1953 Habil., Bern
1963 a.o.P., Bern
1974 o.P., Tübingen

Heinrich, Kurt (1925)
1952 Prom.
1964 Habil., Mainz
1966 OA, Mainz
1969 a.o.P.
1971 Dir. Anst. Landeck
1972 o.P., Düsseldorf

Heinroth, Johann Christian August (1773 - 1843)
1805 Prom., Leipzig
1806 Habil. »Über das Bedürfnis des Studiums der medizin. Anthropologie«
1806 Militärarzt in franz. Spitälern
1811 Arzt am Zucht-, Waisen- u. Versorgungshaus St. Georgen, Leipzig
1817 Habil. Philosophie »De voluntate medici, medica mento insaniae hypothesis«
1819 Ruf nach Dorpat/Litauen abgelehnt
1827 o.P. für Philosophie, Leipzig
1829 Ruf nach Petersburg, abgelehnt
1830 Übertritt zur Med. Fakultät
bis 1843

»Lehrbuch der Störungen des Seelenlebens« (1818)
»Lehrbuch der Seelengesundheitskunde« (1823)

Hellpach, Willy Hugo (1877 - 1955)
1899 Prom. Phil., Leipzig
1903 Prom. Med., Heidelberg
Ass. bei Kraepelin, Heidelberg
Ass. bei Oppenheim, Berlin
1904 Niedergelassener Nervenarzt in Karlsruhe
1906 Habil. für Psychologie an der TH
1911 a.o.P.
1920 P.
1922 Bad. Unterrichtsminister
1924–1925 Bad. Staatspräsident
1926 o.P. hon. für Philosophie, Heidelberg

»Grenzwissenschaften der Psychologie« (1902)
Prägte den Begriff Psychom für psychische Veränderungen bei körperlicher Krankheit u. Medikamenteneinwirkung (1946)

Helmchen, Hanfried (1933)
1946 Prom.
1967 Habil., Berlin, F.U.
1972 o.P., Berlin, F.U.

Heyde, Werner (1902 - 1964)
? Prom.
? Habil.
1938 a.o.P., Würzburg und OA.
1939 o.P., Würzburg
bis 1945

Einer der Hauptverantwortlichen für die Euthanasie-Aktion der Nazis.
Lebte nach dem 2. Weltkrieg unter dem falschen Namen Dr. Fritz Sawade in Schleswig-Holstein

Heygster, Hans (1905 - 1961)
Ass. bei Sterz, Kiel
1947 Habil. bei Wachholder, Rostock
1949 o.P., Rostock
bis 1953

Hilpert, Paul (1893 - 1939)
? Prom.
? Habil.
1937 a.o.P., Greifswald, komm.
1937 a.o.P., Halle
1939 o.P., Halle
bis 1939

Hippius, Hanns (1925)
1950 Prom.
1963 Habil., Berlin, F.U.
1968 o.P., Berlin, F. U.
1971 o.P., München

Hitzig, Julius Eduard (1838 - 1907)
1862 Prom., Berlin
1872 Habil., Berlin
1875 o.P., Zürich u. Dir. Anst. Burghölzli
1879 o.P., Halle u. Dir. Anst. Nietleben
1885 Neue Psych. Uni. Kl. eröffnet in Halle
bis 1903

Durch Reizung der Hirnrinde beim Hund erstmalig Muskelbewegungen erzeugt (1870)

Hoch, Paul (1902 - 1964)
1890 Prom., Univ. of Maryland
Ass. bei Osler u. Thomas, Johns Hopkins, Baltimore
1893 Tätigkeit in Europa bei Schwalbe, Gehirnanatomie und bei Wundt, Psychologie, Leipzig
1895 nach Boston
1909 o.P. Cornell Medical College, New York

Hoche, Alfred Erich (1865 - 1943)
? Prom.
1888 Ass. Kinderklinik, Heidelberg
1890 Ass. bei Fürstner, Heidelberg
Ass. bei Fürstner, Straßburg

1891 Habil., Straßburg
1899 a.o.P.
1902 o.P., Freiburg
bis 1933

»Freigabe der Tötung lebensunwerten Lebens« zus. mit Binding (1920)

Hoff, Hans (1897 - 1969)
? Prom.
? Habil.
1949 o.P., Wien
bis 1969

Hoffmann, Heinrich (1809 - 1894)
1833 Prom., Halle
1 Jahr Aufenthalt in Paris
1834 Niederlassung als prakt. Arzt in Frankfurt a. M., Gründung einer Armenklinik
1835 Leicheninspektor in Sachsenhausen/Frankfurt a. M.
1844 Lehrer der Anatomie am Senckenbergschen Institut, Frankfurt a. M.
1845 Gründung des Ärztl. Vereins zu Frankfurt a. M.
1851 Arzt an der Frankfurter Anst. f. Irre u. Epileptische in der Kastenhospitalgasse
1864 Dir. der neuerrichteten Anst. Frankfurt a. M.
bis 1888

»Struwwelpeter« (1845)
»Die Physiologie der Sinneshalluzinationen« (1851)
»Beobachtungen über Seelenstörung und Epilepsie« (1859)

Hoffmann, Hermann (1891 - 1944)
1916 Prom., Tübingen
Ass. bei Gaupp, Tübingen
1922 Habil., Tübingen
1927 a.o.P.
1934 o.P., Gießen
1936 o.P., Tübingen
bis 1944

»Vererbung und Seelenleben« (1921)

Hoffmann, Sven Olaf (1939)
1964 Prom., Hamburg
1977 Habil., Freiburg i. Br.
1980 a.o.P., Freiburg i. Br.

Holst, Erich von (1908 - 1962)
stud. in Kiel, Wien, Berlin
1932 Prom.
Ass. Physiologie b. Betke, Frankfurt a. M.
1934 Zoolog. Station, Neapel
1936 Ass. Berlin
1938 Habil., Physiol. Göttingen
1946 o.P. Zoologie, Heidelberg
1948 Max-Planck-Institut Meeresbiologie, Wilhelmshaven

1957 Dir. Max-Planck-Inst. Verhaltensphysiologie, Seewiesen, München
bis 1962

Holzer, Wolfgang (1906)
  ? Prom.
1945 Habil., Wien
1946 o.P., Graz
bis 1949

Horn, Ernst (1774 - 1848)
1797 Prom., Göttingen
1798 Garnisonsarzt
1800 P. der Klinik für Wundärzte, Berlin
1804 o.P. Med., Wittenberg
1804 o.P. Med., Erlangen
1806 o.P. Med. u. Chir. in der Militärakademie d. Charité
1821 o.P. für Heilkunde, Berlin u. Lehrer für Psychiatrie
bis 1830

Huber, Gerd (1921)
1948 Prom.
1957 Habil., Heidelberg
1961 a.o.P.
1968 o.P., Ulm-Weißenau
1974 o.P., Lübeck
1978 o.P., Bonn

Hübner, Arthur (1878 - 1934)
1903 Prom., München
Arzt am Siechenhaus in Frankfurt a. M.
Ass. in Anst. Herzberge, Berlin
1906 Ass. bei Westphal, Bonn
1907 Habil., Bonn
1912 a.o.P.
1919 Lehrauftrag für gerichtl. Psychiatrie
1929 o.P., Bonn
bis 1934

Huguenin, Gustav (1840 - 1920)
1865 Prom., Zürich
1866 Ass. Med., Zürich
1867 Habil., Innere Med.
1868–1871 OA Anst. Burghölzli, Zürich
1874 o.P. Innere Med., Zürich
1885 Praxis in Zürich
bis 1903

Huntington, George (1851 - 1916)
1871 Prom., New York
Allgemeine Praxis in Pomery/Ohio
dann in La Grangeville/N.Y.
dann in Hopewell Junction, N.Y.

Beschrieb erbliche Form der Chorea, die schon von seinem Großvater und Vater erkannt worden war (1872)

Ideler, Karl Wilhelm (1795 - 1860)
1815 als Chirurg Teilnahme am Feldzug nach Paris
1818 Arzt in Berlin
1820 Prom.
1821 prakt. Arzt in Bernau, Berlin
1822 prakt. Arzt in Genthin
1828 Dir. der Irrenabt. der Charité, Berlin
1831 Habil., Berlin
1840 o.P., Berlin
bis 1860

»Anthropologie für Ärzte« (1826)
»Grundriß der Seelenheilkunde« (1835–38)
»Biographien Geisteskranker in ihrer psychologischen Entwicklung dargestellt« (1841)
»Allgemeine Diätetik für Gebildete« (1846)
»Lehrbuch der gerichtl. Psychologie« (1851)

Jackson, John Hughlings (1834 - 1911)
1860 Prom.
1863 Ass. physician am Hosp. London
1874 Physician am Hosp. London

Beschrieb die »Jackson-Anfälle« (1863)
Beschrieb die Agnosie (1866)
»A Study on Convulsions« (1869)
»On the Localisation of movements in the cerebral Hemispheres« (1875)

Jacob, Hans (1907)
  ? Prom.
1940 Habil., bei Bürger-Prinz, Hamburg
1946 a.o.P.
1959 o.P., Marburg
bis 1975

Jacobi, Maximilian Karl Wigand (1775 - 1858)
1797 Prom., Erfurt
prakt. Arzt in Vaals/Aachen
1800 prakt. Arzt in Eutin/Holstein
1802 nach London zur chirurg. Ausbildung
1805 Obermedizinalrat für das ganze Sanitärwesen in Bayern
1811 Dir. des St.-Johann-Spitals, Salzburg
1816 Regierungsmedizinalrat bei der Regierung in Düsseldorf
1820 als Berater über die »Anlegung von Irrenanstalten« vom Minister von Altenstein, Berlin, zugezogen
1822 Pläne für die Verwendung der ehemaligen Abtei Siegburg als Psych. Anst.
1825 Eröffnung der Anst. Siegburg
1831 Definitiv zum Dir. der Anst. Siegburg ernannt
bis 1858
Was für Frankreich Esquirol, war für Deutschland M. Jacobi
Bekannte sich von Anfang an zu der Ansicht, daß »jede Seelenstörung oder Geisteszerrüttung sich auf somatische Krankheit gründet und auch nur insofern sie das tut, ist sie ein Gegenstand der Heilkunde« (1822)

Jacobi, Walter (1889 - 1937)
  ? Prom., Jena
1920 Habil. bei Berger, Jena
1924 Dir. der Anst. Stadtroda/Jena
1934 o.P., Greifswald
bis 1937

Jahnel, Franz (1885 - 1951)
1910 Ass., Prag
1918 habil. bei Sioli, Frankfurt a. M.
1922 a.o.P.
1923 Dir. der serolog. Abt. an der Forschungsanst.
für Psychiatrie, München

»Über einige Beziehungen der Spirochäten zu dem
paralytischen Krankheitsvorgang« (1918)

Jakob, Alfons Maria (1884 - 1931)
1908 Prom., Straßburg
Ass. bei Wollenberg, Straßburg
Ass. bei Alzheimer, München
1914 Dir. der neuropathol. Abt. der Anst. Friedrichsberg, Hamburg
1919 Habil. bei Weygandt, Hamburg
1924 a.o.P.

Janet, Pierre (1859 - 1947)
1882 Agrégé
1890 Leiter des psycholog. Labors der Salpêtrière b.
Charcot
1892 Prom., Paris
Niederlassung in Paris
1895 o.P. für Psychologie (Nachfolger von Ribot)
bis 1934

Prägte den Begriff Psychasthenie (1903)

Janov, Arthur (19?)
Prom. Psychologie
1970 Gründung des »Primal Inst.«, Los Angeles

»Urschrei« (1967)

Janzarik, Werner (1920)
  ? Prom.
1959 Habil., Mainz
1965 a.o.P.
1973 o.P., Heidelberg

Jaspers, Karl (1883 - 1968)
1909–15 Unter Nissl in Heidelberg
1913 Habil. für Psychologie
1916 a.o.P.
1921–37 sowie 1945–48 o.P. für Philosophie, Heidelberg
1948 o.P. für Philosophie, Basel

Dissertation »Eifersuchtswahn« (1909)
»Zur Analyse der Trugwahrnehmung« (1911)
»Die phänomenologische Forschungsrichtung in
der Psychopathologie« (1912)

»Allgemeine Psychopathologie« (1913). Wurde
1946 noch einmal völlig neu überarbeitet und erheblich erweitert.

Jessen, Peter Willers (1793 - 1875)
1820 Prom., Kiel
1825 Dir. der neuen Anst. Schleswig
bis 1845
1845 Priv. Anst. Hornheim (nach seinen Lehrern
Horn und Heim benannt)
bis 1875

Einer der ersten Psychiater, der eine freie Behandlung psychisch Kranker anstrebte

Jolly, Friedrich (1844 - 1904)
1867 Prom., München
1868 Ass. bei v. Gudden, München
1870 Ass. bei Rinecker, Julius-Hosp., Würzburg
1870 Habil., Würzburg
1873 a.o.P.
1874 o.P., Straßburg
1890 o.P., Berlin
bis 1904

Jones, Maxwell (1907)
1942 Vorversuche zur therapeutischen Gemeinschaft im Ministry of Health Hosp. in Mill Hill and
Dartford
1947 Industrial Neurosis Unit des Belmont Hosp.
Sutton, London
1947 P. Stanford Univ. Californien
1959 P. Univ. Oregon
1960 Dir. of Education and Research, Oregon State
Hosp. Salem
1962 Fortlogan Mental Health Center, Denver, Col.
1969 senior Consultant
1975 privat Consulting Psychiatrist, Phoenix, Ari-
zona

»The Therapeutic Community« (1953)
»Social Psychiatry« (1962)

Jung, Carl Gustav (1875 - 1961)
1900 Ass. bei E. Bleuler, Zürich
1902 Prom.
1905 OA Burghölzli
1905 Habil., Zürich
1907 Zusammenarbeit mit Freud
1912 Abkehr von Freud
1933 P. für Psychologie an der TH Zürich
1944 o.P. Medizin. Psychologie, Basel

Prägte den Begriff »Komplex« (1905)

Kafka, Victor (1881 - 1955)
1906 Ass., Prag. Tätigkeit in Psychiatrie u. Serologie
1911 Ass., Hamburg
1933 Emigration über Oslo nach Stockholm

Quantitative Bestimmung des Liquor-Eiweiß mit
Pikrinsäure

Kahlbaum, Karl Ludwig (1828 - 1899)
Strudium der Mathematik, Naturwissenschaften
und Medizin
1844 Prom.
1856 Ass. Anst. Allendorf/Ostpr.
1863 Habil. Königsberg
1867 Dir. Priv. Anst. Görlitz
bis 1899
»Die Gruppierung der Psychischen Krankheiten
und die Einteilung der Seelenstörungen« (1863)
»Die Sinnesdelirien« (1866)
Beschrieb die Hebephrenie zus. mit Hecker (1871)
»Die Katatonie, eine neue klinische Krankheitsform« (1874)

Kahn, Eugen (1887 - ?)
1910 Prom., München b. Kraepelin
Ass. bei Kraepelin, München
1924 Habil. bei Bumke, München
1930 o.P., Universität Yale, New Haven, Conn.

»Schizoid und Schizophrenie im Erbgang« (1923)

Kallmann, Franz (1897 - 1965)
1919 Prom. Breslau
1919 Ass. Anst. Plagwitz u. psych. Klin. Breslau
1921 Ass. bei Bonhoeffer (Psychiatrie) u. Creutzfeld
(Pathologie), Charité, Berlin
1928 Ass. Anst. Herzberge, Berlin
1931 Dt. Forschungsanst. f. Psychiatrie, München b.
Rüdin
1936 Emigration nach USA
Ass. New York State Psychiatric Institute, das zum
Zentrum für genetische Psychiatrie New York
wurde
1955 o.P. für das Sonderfach Genetik in der Psychiatrie, New York

»The Genetics of Schizophrenia«
Zwillingsforschung

Kauders, Otto (1893 - 1949)
Ass. bei Wagner von Jauregg
1945 o.P., Wien
bis 1949

Kauffmann, Franz (1889 - 1945)
1934 o.P., Med. Akademie, Danzig
bis 1945

Kehrer, Ferdinand Adalbert (1883 - 1966)
1908 Prom., Heidelberg
1908 Ass. bei Hoche, Freiburg
1911 Ass. bei Siemerling, Kiel
1914 Habil. bei Alzheimer, Breslau
1914 OA in Freiburg u. Dir. Kriegsneurotiker-Laza-
rett
1919 a.o.P. und OA bei Wollenberg, Breslau
1925 o.P., Münster
bis 1953

Keyserlingk, Hugo von (1909)
1958 o.P., Jena

Kielholz, Paul (1916)
1945 Prom., Zürich
1956 Habil. bei Staehelin, Basel
1959 o.P., Basel u. Dir. Anst. Friedmatt

Kieser, Dietrich Georg von (1779 - 1862)
Studium der Medizin u. Philosophie
1804 Prom., Göttingen
1804 Prakt. Arzt in Winsen a. d. Luhe
1806 Stadtphysikus Nordheim b. Göttingen
1812 P. für Medizin, Jena
1814 Feldzug nach Frankreich
1824 o.P. für Medizin, Jena
1831–47 Dir. der Med.-chirurg. u. ophthalmiatri-
schen Priv. Klinik, Jena
1846 Dir. der Anst. Jena
1847 o.P., Jena
bis 1862

»Elemente der Psychiatrik« (1855)

Kihn, Berthold (1895 - 1964)
1927 Habil., Erlangen
1933 a.o.P., Jena
1936 Dir. Anst. Stadtroda
1938 o.P., Jena
bis 1945
1952 Hon.P., Erlangen
1956 Präsident d. Internat. Krebsforschungsgesell-
schaft

»Die Behandlung der quartären Syphilis mit akuten
Infektionen« (1927)

Kindt, Hildburg (1941)
1971 Prom., Freiburg i. Br.
1977 Habil., Freiburg i. Br.
1980 a.o.P., Freiburg i. Br.

Kirchhoff, Theodor (1853 - 1922)
Als Student tätig in Anst. Schleswig
1877 Prom., Kiel
Ass. Med., Kiel
1880 Ass. Anst. Schleswig
1888 Habil., bei Jessen, Kiel
1893 Dir. Anst. Neustadt/Holstein
1901 P.
1902 Dir. Anst. Schleswig

»Geschichte der Psychiatrie« (1912)
»Deutsche Irrenärzte« (1921–24)

Kirn, Ludwig (1839 - 1899)
1861 Prom., Wien
1864 Ass. bei Roller, Anst. Illenau b. Achern
1879 Habil. Med., Freiburg
1883 a.o.P., Freiburg

»Die periodischen Psychosen« (1878)
»Die einfachen Psychosen und die durch fortschrei-

tende geistige Schwäche charakterisierten Seelenstörungen« (1882)

Kisker, Karl-Peter (1926)
1952 Prom., Heidelberg
1955 Prom. phil.
1957 Habil., Heidelberg
1963 a.o.P.
1966 o.P., Hannover

Klaesi, Jakob (1883 - 1980)
1933 a.o.P. u. Dir. Anst. Waldau, Bern
1936 o.P., Bern und Dir. Anst. Waldau
bis 1953

Erster Ansatz, endogene Psychosen gezielt medikamentös zu behandeln, in Form von Schlafkuren mit
Barbitursäurederivaten im Jahre 1922

Klages, Ludwig (1872 - 1956)
stud. Chemie, Physik, Philosophie in München
1901 Prom. Phil.
Tätigkeit als Psychologe
Gründete Seminar für Ausdruckskunde
Dir. Seminar f. Ausdruckskunde in Kilchberg b. Zürich

»Handschrift und Charakter« (1917)

Klages, Wolfgang (1924)
 ? Prom.
1959 Habil. bei Panse, Düsseldorf
1965 a.o.P.
1968 o.P., Aachen

Klein, Melanie (1882 - 1960)
stud. Kunst und Geschichte (nicht abgeschlossen)
1919 »The Development of a child«, Vortrag in der
Psychoanalyt. Ges. Budapest
1926 nach England, British Psychoanalyt. Society

Kleist, Karl (1879 - 1961)
1902 Prom., München
Ass. bei Bumm, München
1903 Ass. bei Ziehen u. Wernicke, Halle
1909 OA bei Specht, Erlangen
1909 Habil., Erlangen
1914 Militärarzt
1916 o.P., Rostock
1919 o.P., Frankfurt a. M.
bis 1950

»Involutionsparanoia« (1913)
»Die symptomatische Labilität« (1920)
»Episodische Dämmerzustände« (1926)
»Kriegsverletzungen des Gehirns und ihre Bedeu-
tung für die Hirnlokalisation und Hirnpathologie«
(1934)

Koch, Julius Ludwig August (1841 - 1908)
1867 Prom., Tübingen
Ass. in Prag u. Berlin

Praxis in Laichingen/Württ.
Hausarzt an der Priv. Anst. Landerer, Göppingen
1874 Dir. Anst. Zwiefalten/Württ.
bis 1898

»Psychopathische Minderwertigkeit« (1891–93)

Köhler, Wolfgang (1887 - 1967)
1909 Prom., Psych., Bonn
Ass. Frankfurt a. M.
seit 1910 Entwicklung der Gestalt-Psychologie zus.
mit Kafka u. Wertheim
1913 Dir. Anthropoid Station on the Island of Tene-
rife
1920 o.P. Psychologie, Berlin
1921 o.P. Psychologie, Göttingen
1922 o.P. Psychologie, Berlin
1935 Emigration nach USA, Swartmore College

»Gestalt-Psychologie« (1929)

Koeppe, Johannes Moritz (1832 - 1879)
1856 Prom., Halle
1857 Ass. Med. Klinik, Halle
1858 Ass. bei Damerow, Anst. Nietleben, Halle
1866 Dir. Anst. Nietleben, Halle
1869 Habil., Halle
1876 Kaufte Rittergut Altscherbitz (Prov. Sachsen),
um dort Anst. einzurichten. Konnte Pläne nicht zu
Ende führen.

»Gehörstörungen und Psychosen« (1867)

Köstl, Franz (? - ?)
1854 Dir. Anst. Prag
1854 Habil., Prag
1864 P., Prag
bis 1867

Kolb, Gustav (1870 - 1938)
 ? Ass. Anst. Bayreuth
 ? OA Anst. Bayreuth
1908 Dir. Anst. Kutzenberg
1912 Dir. Anst. Erlangen
bis 1934

»Erlanger-System«. Offene, von der Anst. ausgehende Außenfürsorge in Verbindung mit Familienpflege

Kolle, Kurt (1898 - 1975)
1923 Ass. Anst. Sachsenberg, Mecklenbg.
Ass. bei H. Berger, Jena
Ass. bei G. Sterz, Kiel
1928 Habil. bei Sterz, Kiel
1933 Niederlassung als Nervenarzt
1952 o.P., München
bis 1966

»Große Nervenärzte« (1956–62)
»Die Bedeutung der typologischen Psychologie für
die Psychiatrie« (1964)

Korsakow, Sergej (1854 - 1900)
1887 Prom., Moskau
1888 Habil., Moskau
1892 a.o.P., Ass. Anst. Preobrazenski bei Moskau
1899 o.P., Moskau
bis 1900

Amnestisches Syndrom (1887)
»Krankhafte Störungen des Gedächtnisses und ihre
Diagnose« (1890)

Kraepelin, Emil (1856 - 1926)
1877 als Student Mitarbeiter psych. Unikl. Würzburg
1878 Prom., Würzburg
1878 Ass. bei Rinecker, Würzburg
1878 Ass. bei v. Gudden, München
1882 Habil., Leipzig
1882/3 Ass. bei Erb, Nervenpoliklinik d. Med. Klinik Leipzig
1884 Ass. bei v. Gudden, München
1885 OA der Städt. Anst. Dresden
1886 o.P., Dorpat/Litauen
1891 o.P., Heidelberg
1904 o.P., München
bis 1922
1917 Gründung der Forschungsanstalt für Psychiatrie, München
bis 1926

Als Student preisgekrönte Arbeit »Über den Einfluß
akuter Krankheiten auf die Entstehung von Geisteskrankheiten«
»Pharmakopsychologische Untersuchungsmethoden« (1892)
»Systematik psychischer Krankheiten« (1893)
Begriff der Dementia praecox auf Katatonie, Hebephrenie und Paranoia erweitert (1899)

Krafft-Ebing, Richard von (1840 - 1902)
1863 Prom., Heidelberg
Ass. bei Roller, Anst. Illenau b. Achern
1868 Praxis als Nervenarzt in Baden-Baden
1872 o.P., Straßburg
1873 o.P., Graz
1889 I. Klinik, Wien
1892 II. Klinik, Wien
bis 1902

Prägte den Begriff »Masochismus« (1898) nach dem
Schriftsteller Sacher-Masoch (1835–1895)

Kranz, Heinrich (1901 - 1979)
1926 Landarzt in der nördl. Eifel
1930 Ass. bei v. Verschuer, Kaiser-Wilhelm-Inst. f.
Anthropologie
1936 Habil. bei Lange, Breslau
1938 Militär-Arzt und Praxis in Frankfurt a. M.
1949 Dir. Anst. Wiesloch
1948 a.o.P., Heidelberg
1951 o.P., Mainz
bis 1969

Kretschmer, Ernst (1888 - 1964)
1913 Ass. bei Gaupp, Tübingen
OA bei Gaupp, Tübingen
1918 Habil. bei Gaupp, Tübingen
1923 a.o.P.
1926 o.P., Marburg
1946 o.P., Tübingen
bis 1960

»Sensitiver Beziehungswahn« (1919)
»Körperbau und Charakter« (1921)
»Medizinische Psychologie« (1922)

Kreuser, Heinrich (1855 - 1917)
1879 Prom., Tübingen
Ass. Krankenhs. Stuttgart
Ass. Anst. Winnental
1892 Dir. Anst. Schussenried
1902 Dir. Anst. Winnental

»Krankheit und Charakter, Wandlungen der Persönlichkeit in gesunden und kranken Tagen« (1916)

Kulenkampff, Caspar (1921)
1957 Habil., Frankfurt a. M.
1962 a.o.P.
1967 o.P., Düsseldorf
bis 1971

Laehr, Heinrich (1820 - 1905)
1843 Prom., Halle
Ass. Chirurgie, Halle
1848 Ass. bei Damerow, Anst. Nietleben, Halle
1850 2. Arzt Anst. Nietleben, Halle
1853 Begründer des Privatasyls Schweizerhof für
weibl. Nerven- u. Gemütskranke bei Zehlendorf,
Berlin
bis 1889
1898 Auf dem Gelände Heilstätte für minderbemit-
telte Nervenkranke eingerichtet

Redakteur der Allg. Zschr. f. Psych.
Hrsg. »Die Heil- und Pflegeanstalten für psychisch
Kranke in Deutschland, Schweiz und den benach-
barten deutschen Ländern«. Seit 1856 immer wieder
ergänzt.
Im Streit mit Griesinger, Streitschrift: »Fortschritt?
– Rückschritt!« (1868)

Lange, Johannes (1891 - 1938)
1917 Prom., München
Ass. bei Kraepelin, München
1922 Habil. bei Kraepelin, München
1926 a.o.P.
1930 o.P., Breslau
bis 1938

Langermann, Johann Gottfried (1768 - 1832)
1789 Jurastudium
1794 Medizinstudium
1797 Prom., Leipzig
Praxis in Bayreuth

1805 Dir. Entbindungs- u. Irrenanst. St. Georgen, Bayreuth
1810 nach Berlin berufen als Organisator für Irrenwesen in Preußen. Gründete Anst. Siegburg (1820, eröffnet 1825) und Anst. Leubus, Schlesien (1830)

Bewirkte die Umwandlung der Tollhäuser in »psychische Heilanstalten für Geisteskranke«

Lauter, Hans (1928)
? Prom.
1964 Habil., Göttingen
? a.o.P.
1972 Dir. Anst. Ochsenzoll, Hamburg
1979 o.P. an Med. Fakultät an der TU München

Leidesdorf, Max (1816 - 1889)
? Prom., Bonn
1856 Habil., Wien
Praxis in Wien
1860 Dir. Priv. Anst. Döbling
1866 a.o.P.
1872 Dir. d. psych. Kl. am Allgem. Krankenhs. Wien
1875 Dir. d. Anst. Wien
bis 1889

Lemke, Rudolf (1906 - 1957)
1931 Ass. von Berger, Jena
1935 OA
1950 o.P., Jena
bis 1957

Lempp, Reinhart (1923)
? Prom. 1963 Habil., Tübingen
1968 a.o.P. u. Dir. Kinder- u. Jugendpsychiatrie, Tübingen
1970 o.P. Kinder- u. Jugendpsychiatrie, Tübingen

Leonhard, Karl (1904)
? Prom.
Ass. bei Kleist, Frankfurt a. M.
OA bei Kleist, Frankfurt a. M.
1955 o.P. Med. Akademie Erfurt
1958 o.P. Charité, Berlin
bis 1972

Prägte den Begriff Angst-Glück-Psychose
»Aufteilung der endogenen Psychosen« (1957)

Leupoldt, Johann Michael (1794 - 1874)
1818 Prom., Erlangen
1818 Habil. Med.
1820/21 Reisestipendium zum Studium der Psychiatrie und des Irrenwesens von der Bayerischen Regierung
1821 a.o.P.
1826 o.P. Med., Erlangen

Las über alle Fächer der Medizin, incl. Psychiatrie
»Heilwissenschaft, Seelenheilkunde u. Lebensmagnetismus« (1821)
»Über wohlfeile Irrenanstalten« (1825)
»Über Leben u. Wirken in einer Irrenanstalt« (1826)

»Über den Entwicklungsgang der Psychiatrie« (1834)
»Lehrbuch der Psychiatrie« (1837)
Berater u. Planer b. d. Errichtung d. ersten Irrenanstalt in Bayern in Erlangen 1845

Lichtheim, Ludwig (1845 - 1928)
1867 Prom., Berlin
1869 Ass. Med., Breslau
1872 Chirurgie, Breslau
1873 Med. Poliklinik, Breslau
1876 Habil. Med., Breslau
1877 a.o.P. u. Dir. Med. Poliklinik, Jena
1877 o.P. Innere Med., Königsberg
1878 o.P. Med., Bern
1888 o.P. Königsberg
bis 1912

Transcorticale Aphasie (Lichtheim-Aphasie)
Aphasie-Schema
Mitbegründer der »Dt. Zschr. f. Nervenheilk.« (1891) zus. mit Strümpell, Erb u. F. Schultze

Liepmann, Hugo (1863 - 1925)
1885 Prom. phil.
1895 Prom.
1895 Ass. bei Wernicke, Breslau
1900 Dir. Anst. Dalldorf, Berlin
1904 Habil. bei Ziehen, Berlin
1905 P.
1914 Dir. Anst. Herzberge, Berlin
bis 1917

Apraxie (1900)

Lissauer, Heinrich (1861 - 1891)
1886 Prom.
Ass. bei Wernicke, Breslau

Lissauersches Faserbündel
Lissauersche Paralyse – Sonderform der progressiven Paralyse mit Herdsymptomen, wurde nach einem hinterlassenen Manuskript im Jahre 1901 veröffentlicht.

Loewenhardt, Oskar Emil (1827 - 1869)
1851 Prom., Halle
1852 Ass. in Danzig
1853 OA bei Damerow, Anst. Nietleben, Halle
1855 Habil., Halle
1858 Dir. Priv. Anst. Kennenberg
1862 Dir. Anst. Münsterlingen/Schweiz
1863 Dir. Anst. Sachsenberg b. Schwerin
bis 1869

Lorenz, Konrad (1903)
1928 Prom., Wien
stud. Zoologie
1933 Prom. Zool., Wien
Ass. bei Hochstetter, Anatomie

»Der Kumpan in der Umwelt des Vogels« (1935)

Ludwig, Georg (1826 - 1910)
1849 Ass. Med. Heidelberg
1849 Ass. Landeshosp. Hofheim (Goddelau)
1853 Prom.
1855 Dir. von Hofheim
1866 Gründung Anst. Heppenheim a. d. B. und deren Dir.

»Versuche einer Entwicklung der einzelnen Verrücktheitsformen aus dem besonderen menschlichen Vermögen« (1853)
Gründung des »Hülfsvereins für Geisteskranke in Hessen« (1874)
»Die Überfüllung der Landesirrenanstalten Hofheim u. Heppenheim, ihre Ursachen u. Folgen u. Mittel zur Abhilfe« (1886)

Magnan, Valentin von (1835 - 1916)
Interné in Lyon u. Paris
1866 Prom., Paris
Dir. des Asile de Sainte-Anne

Maier, Hans Wolfgang (1882 - 1945)
1905 Prom., Zürich
Ass. bei Bleuler, Zürich Burghölzli
1912 Habil., Zürich
1916 a.o.P.
1927 o.P., Zürich
bis 1941

»Über katathyme Wahnbildung und Paranoia« (1912)
»Der Kokainismus« (1926)

Mann, Friedrich Alexius (1822 - 1869)
1848 Prom., Halle
Ass. Med. Klinik, Halle
1859 (?) Habil., Halle
1861 (?) P.
1862 o.P. u. Dir. Anst. Nietleben, Halle
bis 1869

Marcus, Karl Friedrich (1802 - 1862)
1822 Prom., Würzburg
1822 Ass. Med. Würzburg
1832 Dir. Innere Klinik, Würzburg
1833 Dir. der Irrenabt. d. Julius-Spitals, Würzburg
1834 Vorlesungen über Psychiatrie
1848 Dir. der Psychiatr. Klinik
bis 1862

Marie, Pierre (1853 - 1940)
stud. jur. (3 Jahre)
stud. med.
1878 Interné d. Hôpitaux de Paris b. Broca, Bouchard (Pathologie) u. Charcot
OA bei Charcot
Leiter des Laboratoriums
1883 Prom.
1888 Leitender Arzt (Médecin des Hôpitaux de Paris)

1899 a.o.P., Paris
1907 o.P. path. Anatomie
1910 vom Bicêtre nach Salpêtrière
1917 o.P. für Krankheiten des Nervensystems
bis 1924

Beschrieb Akromegalie (1888)
Hereditäre cerebelläre Ataxie (1893)
»Vorlesungen über Erkrankungen des Rückenmarks« (1892)

Maudsley, Henry (1834 - 1918)
1857–60 Dir. der Anst. Manchester
1869 o.P. für Medizin und Jurisprudenz am University College, London

Mauz, Friedrich (1900 - 1979)
? Prom.
1928 Habil. b. Kretschmer, Marburg
1934 a.o.P.
1941 o.P., Königsberg
bis 1945
1946 Dir. Anst. Ochsenzoll, Hamburg
1953 o.P., Münster
bis 1968

Mayer, Carl (1862 - 1936)
1886 Prom., Wien
1886 Ass. bei Nothnagel, Wien
1887 Ass. b. Meynert, Wien
1887 Ass. bei Krafft-Ebing, Wien
1893 Habil., Wien
1904 a.o.P., Innsbruck
bis 1936

Mayer-Gross, Wilhelm (1889 - 1961)
1912 Prom., Kiel
1912 Ass. bei Nissl, Heidelberg
OA bei Wilmanns, Heidelberg
1914 Sanitätsoffizier an einem Lazarett f. Nervenkranke
1924 Habil.
1929 a.o.P.
1933 nach England emigriert
1939 Dir. Forschungsabt. am Crichton Royal Hosp. Dumfries, Schottland
1956 Mitarbeiter an Abt. f. exp. Psychiatrie an der Uffculme Clinic, Birmingham
»Pathologie der Wahrnehmung« (1928)
»Die Auslösung psychischer Krankheit durch körperliche u. seelische Schädigung«
Gründete zus. mit Behringer und E. Strauss den »Nervenarzt« (1928)

Meggendorfer, Friedrich (1880 - 1953)
1909 Prom., München
1910 Ass. b. Kraepelin, München
1913 Ass. b. Nonne, Hamburg
1918 Ass. Friedrichsberg, Hamburg
1921 Habil., Hamburg

1927 a.o.P. b. Förster, Breslau
1934 o.P., Erlangen
bis 1945

»Intoxikationspsychosen« (1928)
Führte die Elektroschockbehandlung in Deutschland ein

Meng, Heinrich (1887 - ?)
Lehre als Geigenbauer
stud. med. Freiburg i. Br.
1901 Prom.
1918 Wien, Begegnung mit S. Freud
1925 Dir. Med. Robert-Bosch-Krankenhs. Stuttgart
1930 Begründer u. Dir. zus. mit K. Landauer d.
Psych. Anal. Inst. Frankfurt a. M.
1933 Emigration nach Basel
1937 P. Basel
bis 1957

Mitbegründer der Psychohygiene in der Schweiz

Meschede, Franz (1832 - 1909)
1856 Prom., Greifswald
1857 OA Anst. Schwetz, Westpreußen
1873 Dir. der Städt. Krankenanst. Königsberg
1875 Habil., Königsberg
1888 Prof. Med.
1892 Dir. der Psychiatr. Kl.
1893 a.o.P.
1895 o.P., Königsberg
o.P., Münster
bis 1909

Meyer, Adolf (1866 - 1950)
1892 Prom., Zürich
Ausbildung in Paris, Edinburgh, London, Wien
1892 Auswanderung nach USA
1893 Habil., Chicago
1895 Doz. an der Clark Univ. Worcester/Mass.
1902 Dir. des Path. Instituts der State Hosp. New York
1904 P. Cornell Univ. New York
1910 P. Johns Hopkins, Baltimore

Arbeiten über normale und pathologische Hirnanatomie
Traumatische Psychosen
Psychobiologie und Psychopathologie

Meyer, Ernst (1871 - 1931)
1893 Prom., Göttingen
Ass. Pathologie, Göttingen
Ass. in Pathologie der Anst. Herzberge, Berlin
Ass. Pathologie, Tübingen
Ass. Pathologie, Kiel
1900 Habil., Tübingen
1904 a.o.P., Königsberg
1904 o.P., Königsberg
bis 1931

»Pathologische Anatomie der Psychosen«

Meyer, Hans-Hermann (1909)
1949 Habil. bei Kurt Schneider, Heidelberg
1954 a.o.P.
1958 o.P., Homburg/S.
bis 1979

Meyer, Joachim-Ernst (1917)
1952 Habil., Freiburg i. Br.
1958 a.o.P.
1963 o.P., Göttingen

Meyer, Ludwig (1827 - 1900)
1852 Prom., Berlin
Ass. bei Ideler, Charité, Berlin
Ass. in Anst. Schwetz
1857 OA bei Ideler, Charité, Berlin
1857 Habil., Berlin
1858 OA Allgem. Krankenhs. St. Georg, Hamburg,
Auftrag, die Behandlung psychisch Kranker zu
reorganisieren
1864 Anst. Friedrichsberg, Hamburg, nach seinen
Plänen eingerichtet
1866 o.P., Göttingen u. Dir. Anst. Göttingen
bis 1900

»Das No-restraint und die deutsche Psychiatrie«

Meynert, Theodor (1833 - 1892)
1861 Prom., Wien
1865 Habil., Wien
1866 Prosektor der Anst. Wien
1870 o.P. I. Klinik, Wien
1875 II. Klinik, Wien
bis 1892

Prägte den Begriff Amentia (1890)

Minkowski, M. (1884 - 1972)
1913 Habil., Zürich
1926 P.
1928 o.P. Neurologie, Zürich
1932 Dir. Neurol. Poliklinik u. klinisch hirnanatom.
Institut
bis 1954

Möbius, Paul Julius (1853 - 1907)
Studium der Theologie und Philosophie, Prom.
1877 Prom.
Arzt beim Militär
Nervenarzt in Leipzig
Ass. bei Strümpell, Neurolog. Abt.
Dir. der Neurolog. Abt., Leipzig
1883 Habil. für Neurologie
1893 Amt niedergelegt und Tätigkeit als Nervenarzt
bis 1907

»Migraine opthalmoplégique« (1884)
»Über den physiologischen Schwachsinn des Weibes« (1900)

Monakow, Constantin von (1853 - 1930)
als Student Ass. b. Hitzig, Zürich u. b. v. Gudden,
München (Hirnanatomie)
1878 Prom.
1878 Schiffsarzt
1878 Ass. Anst. St. Pirminsberg (St. Gallen)
1885 Niederlassung als Nervenarzt, Zürich
1885 Habil, Zürich

Gründete private Nervenpoliklinik u. Hirnlaboratorium, die später der Universität angegliedert wurden
1894 a.o.P. für Hirnanatomie

»Die Lokalisation im Großhirn und der Abbau der Funktion durch corticale Herde« (1914)

Moniz, Egas (1874 - 1955)
1911 o.P. Neurologie, Lissabon
1930 o.P., Lima
bis ?

Versuche, psychische Störungen durch operativen Eingriff am Gehirn therapeutisch zu beeinflussen.
Am 12. 11. 1935 Injektion von Alkohol in die weiße Masse des Frontallappens
Am 27. 12. 1935 erstmalige Durchtrennung der Faserverbindungen des Frontalhirns mit dem Leukotom

Morel, Benedikt Augustin (1809 - 1873)
1839 Prom., Paris
Ass. b. Falret, Salpêtrière, Paris
1843–45 Reisen zum Studium der Anst.
1848 Dir. der Anst. Maréville
1856 Dir. der Anst. Saint-Yon (Seine-Inferieur)

»Traité des dégénérescences physique, intellictuelles et moral de l'espèce humaine« (1857)
Begründer der Degenerationslehre

Moreno, Jacob L. (1892)
Psychiater in USA. Begründer der Soziometrie
»Psychodrama« (1946)
»Gruppenpsychotherapie und Psychodrama« (1959)
»Die Grundlagen der Soziometrie« (1954)

Müller, Anton (1755 - 1827)
Tätigkeit als Landarzt
1798 Arzt im Julius-Spital, Würzburg
1799 OA am Julius-Spital, Würzburg, für dessen psychiatr. Abt.
bis 1824

Müller, Max (1894 - 1980)
1954 o.P., Bern
bis 1963

Müller-Hegemann, Dietfried (1910)
1953 o.P., Leipzig
bis 1964

Nasse, Friedrich Christian (1778 - 1851)
als Student Lieblingsschüler von Reil, Halle
1800 Prom.
niedergelassener Arzt in Halle
1810 Armenarzt in Halle
1815 o.P. und Dir. der neuen Med. Klinik, Halle
1819 o.P. d. Heilkunde und Dir. Med. Klinik, Bonn

»Leichenöffnungen, zur Diagnostik und path. Anatomie« (1821)
»Die Behandlung der Gemütskranken u. Irren durch Nichtärzte« (1844)
Herausgeber der »Jahrbücher f. Anthropologie u. z. Pathologie und Therapie des Irreseyns« (1830)

Nasse, Karl Friedrich Werner (1822 - 1889)
1845 Prom., Bonn
1847 prakt. Arzt
1848 Dir. Priv. Anst.
1854 Dir. Anst. Sachsenberg b. Schwerin
1863 Dir. Anst. Siegburg
1876 Dir. Anst. Bonn
bis 1882

»Wie können die deutschen Irrenärzte zur Beseitigung des Schadens, den der Alkoholmißbrauch in unserem Volk anrichtet, mitwirken?« (1876)
Gründung der deutschen Vereinigung gegen den Mißbrauch geistiger Getränke (1883), deren Vorsitzender bis 1887

Neisser, Clemens (1862 - ?)
1886 Ass. in Leubus/Schlesien
1902 Dir. Anst. Lublinitz
1904 Dir. Anst. Bunzlau

»Bettbehandlung akuter Psychosen« (1900)
Prägte den Begriff Perseveration

Neumann, Heinrich (1814 - 1884)
1836 Prom., Breslau
Regimentschirurg
Ass. geburtshilfliche Klinik
1846 Ass. in Anst. Leubus
1849 Militärarzt
1852 Dir. Priv. Anst. Pöpelwitz bei Breslau
1862 a.o.P.
1867 Dir. psych. Abt. des Allerheiligenhosp. Breslau
1874 o.P., Breslau
1881 Priv. Anst. Pöpelwitz verkauft

Vertreter der »Einheitspsychose«, die er in drei Stadien unterteilte im Gegensatz zu Zeller (vier Stadien)

Nissl, Franz (1860 - 1919)
1885 Prom. bei v. Gudden, München
1885 Ass. bei v. Gudden u. Grashey, München
1889 OA bei Alzheimer, Frankfurt a. M.
1895 Ass. bei Kraepelin, Heidelberg
1896 Habil., Heidelberg
1901 a.o.P.

1904 o.P., Heidelberg
bis 1918
1918 Abteilungsleiter der Dt. Forschungsanst. München

Beschrieb die Nissl-Schollen und deren Färbung

Nonne, Max (1861 - 1959)
1884 Prom., Heidelberg
Ass. von Erb, Heidelberg
Ass. Chirurgie, Kiel
Ass. Neurologie, Hamburg
1889 Nervenarztpraxis in Hamburg
1889 OA im Rotkreuz-Hosp., Hamburg
1896 OA der Neurolog. Klinik Hamburg
1919 Lehrauftrag für Neurologie, Hamburg
1925 o.P. für Neurologie, Hamburg
bis 1933

Obersteiner, Heinrich (1847 - 1922)
1870 Prom., Wien
1872 Dir. Priv. Anst. Oberdöbling, Wien
1873 Habil. Anatomie u. Pathologie d. Nervensystems
1880 a.o.P.
1883 o.P.

»Die Lehre vom Hypnotismus« (1893)
»Funktionelle u. organische Nervenkrankheiten«
(1900)

Oppenheim, Hermann (1858 - 1919)
1881 Prom., Berlin
1882 Ass. Maison de Santé, Berlin
1883 Ass. b. Westphal, Berlin
1886 Habil., Neurologie
1891 Gründung Privatklinik
1893 P.
1898 Dozentur niedergelegt

»Myatonia congenita« (1900)
»Die Neurosen infolge von Kriegsverletzungen«
(1916)

Paetz, Albrecht (1851 - 1922)
1874 Prom., Berlin
Ass. bei Koeppe, Anst. Nietleben, Halle
1879 Dir. Anst. Nietleben, Halle
bis 1922

Befürworter der Bettbehandlung
»Die Kolonisierung der Geisteskranken in Verbindung mit dem Offen-Thür-System« (1893)

Panse, Friedrich (1898 - 1973)
1923 Prom. bei Bonhoeffer, Berlin
1923 Ass. bei Bonhoeffer, Berlin
1942 Dir. neurol. Reserve-Lazarett, Köln
1950 Dir. Hirnverletzten-Inst. Langenberg, das
1954 nach Bonn verlegt wurde als »Rheinische Landesklinik für Hirnverletzte«

1955 o.P., Düsseldorf u. Dir. Anst. Grafenberg, Düsseldorf
bis 1966

»Die Erb-Chorea« (1942)

Pawlow, Iwan Petrowitsch (1849 - 1936)
1883 Prom., Petersburg
1884 Habil. für Physiologie
1890 a.o.P. für Pharmakologie an der Militärakademie
1891 Dir. der physiolog. Abt.
1895 a.o.P. für Physiologie
1897 o.P. für Physiologie

Entdecker des bedingten Reflexes (1897)

Pelmann, Carl (1838 - 1916)
1860 Prom., Bonn
Ass. bei Hoffmann, Siegburg
1871 Ass. Anst. Stephansfeld, Elsaß
1876 Dir. Anst. Grafenberg, Düsseldorf
1889 o.P., Bonn u. Dir. Anst. Bonn
bis 1904

Perls, Friedrich Salomon (1893 - 1970)
1914 Prom., Berlin
Niederlassung in Berlin als Nervenarzt
Psychoanalytische Ausbildung bei Karen Horney, Clara Happel u. Wilhelm Reich
Ass. bei Paul Schilder u. K. Goldstein (Neurologie), Wien
1927 nach Wien
1928 zurück nach Berlin
1933 Emigration, zuerst nach Holland
1935 gründete er das Psychoanalytische Institut in Johannesburg, Südafrika

»Ego, Hunger and Aggression« (1947)
»Gestalt Therapy« (1951)

Peters, Uwe Henrik (1930)
1957 Prom., Kiel
1965 Habil., Kiel
1969 o.P., Mainz
1979 o.P., Köln

Petrilowitsch, Nikolaus (1924 - 1970)
? Prom.
? Prom. phil.
1957 Habil. b. Kranz, Mainz
1964 OA und a.o.P., Mainz
bis 1970

»Beiträge zur Strukturpsychopathologie« (1958)
»Abnorme Persönlichkeiten« (1960)

Piaget, Jean (1896 - 1980)
1915 stud. Mathematik u. Naturwissenschaft in Neuchâtel
1918 Prom. Naturwissenschaft
1919 Studium in Paris

1925 Doz. Psychologie, Philosophie der Naturwissenschaft in Neuchâtel
1929 P. für Wissenschaftsgeschichte, Genf
1933 Dir. Inst. Univ. d. Sciences de l'Education
1940 o.P. Psychologie, Genf

Pick, Arnold (1851 - 1924)
? Ass. bei Meynert, Wien
? Ass. bei Westphal, Berlin
1880 Dir. Anst. Debrzan, CSSR
1886 o.P., Prag
bis 1922

Beschrieb die Picksche Hirnatrophie (1892)

Pienitz, Ernst Gottlob (1777 - 1853)
1795 stud. an med.-chirurg. Akademie, Dresden
1800 stud. med. Leipzig
1804 Ass. bei Pinel, Paris u. Ass. in Wien
1806 Prom., Leipzig
1807 Arzt am Armen- u. Zuchthaus Torgau
1811 Dir. Anst. Sonnenstein b. Pirna/Sachsen
bis 1851

»Nachricht von der Heil- und Verpflegungsanstalt Sonnenstein« (1819)

Pinel, Philippe (1745 - 1826)
Zunächst Studium der Theologie, dann Studium der Medizin
1773 Prom., in Toulouse
1774 Ass. in Montpellier
1778 Arzt in Paris
1789 o.P. für Physique médical et d'hygiène
1793 Auftrag, die Krankenhäuser in Paris zu reformieren
1795 o.P. für Pathologie der inneren Krankheiten und Dir. der Salpêtrière, einem Asyl für Geisteskranke. Pinel soll die psychisch Kranken von den Ketten befreit haben.

»Traité médico-philosophique ou la méthode de l'analyse appliquée à la médecine« (1801)

Ploog, Detlev (1920)
1945 Prom.
1955 Habil., Marburg
1961 a.o.P.
Dir. des Max-Planck-Instituts für Psychiatrie, München
Hon. Prof. der Universität München

Pönitz, Karl (1888 - ?)
1950 o.P., Halle
bis 1958

Pötzl, Otto (1877 - 1962)
1901 Prom., Wien
Ass. Chirurgie, Wien
Ass. bei Wagner v. Jauregg, Wien
1911 Habil. bei Wagner v. Jauregg, Wien
1919 a.o.P.

1922 o.P., Prag
1928 o.P., Wien
bis 1945

Pohlisch, Kurt (1893 - 1955)
1921 Ass. bei Bonhoeffer, Berlin
1934 o.P., Bonn u. Dir. Anst. Bonn
bis 1945
1952 o.P., Bonn u. Dir. Anst. Bonn
bis 1955

Quincke, Heinrich Irenaeus (1847 - 1922)
1863 Prom., Berlin
1865 Ass. Physiol. Inst. b. Brück, Wien
1866 Ass. Diakonissenhs. Bethanien
1867 Ass. bei Frerichs, Berlin
1870 Habil. Innere Med., Berlin
1873 o.P. Med., Bern
1878 o.P. Med., Kiel
bis 1908

Quinckescher Kapillarpuls
Quinckesches akutes umschriebenes Hautödem
»Die Technik der Lumbal-Punktion« (1902)

Rado, Sándor (1890 - ?)
Stud. jur. Budapest
1911 Prom. Political Sciences
1913 Sekretär der ungar. psychoanalytischen Gesellschaft
1915 Prom., Budapest
1922 nach Berlin, Psychoanalyt. Inst. b. K. Abraham
1923 Sekretär der Dt. Psychoanalyt. Gesellschaft
1931 nach New York, organisierte dort das psychoanalyt. Institut
1944 P. Columbia University New York u. Dir. Psychoanalyt. Inst. New York

Rank, Otto (1884 - 1939)
1906 gehörte zum ursprünglichen Kreis um Freud
1912 Prom., Wien
Herausgeber der Zeitschrift IMAGO, zus. mit Sachs
1913 Herausgeber der Internat. Zeitschrift f. Psychoanalyse
1924 »The Trauma of Birth«, Trennung von Freud
1926 nach Paris
1935 nach New York

Rapaport, David (1911 - 1960)
Stud. math. u. phys.
1935 Prom., Budapest
1938 Prom. phil.
1938 Emigration nach USA
Ass. Mount Sinai Hosp. New York
1940 Ass. Memminger Clinic, Topeca
Dir. Dept. of Psychology
1948 Autar Riggs Foundation at Stockbridge, Mass. USA

»Emotions and Memory« (1942)
»Diagnostic Psychological Testing« (1945)
»The Structure of Psychoanalytic Theory« (1959)

Reich, Wilhelm (1897 - 1957)
Kriegsdienst im I. Weltkrieg
1918 stud. med. Wien
1920 Mitglied der Psychoanalyt. Gesellschaft, Wien
Prom., Wien
Ass. bei Wagner von Jauregg, Wien
1924 Dir. Psychoanalyt. Seminar
1930 nach Berlin, Kopenhagen, Oslo
1939 Emigration nach USA

Gründete eigenes Institut; experimentierte »on bio-nes«
Glaubte, kosmische Strahlen zur Heilung bündeln zu können
Wurde zu Haft verurteilt

Reichardt, Martin (1874 - 1966)
1900 Prom., München
Ass. bei Rieger, Würzburg
1906 Habil. bei Rieger, Würzburg
1911 a.o.P.
1924 o.P., Münster
1925 o.P., Würzburg
bis 1939

Prägte den Begriff Stammhirntrias (1911)

Reil, Johann Christian (1759 - 1813)
1782 Prom., Halle
prakt. Arzt in Ostfriesland
1787 Extraordinarius in Halle
1788 P. der Medizin u. Leiter des klin. Instituts in Halle
1789 Stadtphysikus Halle
1810 o.P. klin. Medizin, Berlin

»Rhapsodien über die psychischen Kurmethoden« (1803)
Prägte den Begriff Psychiatrie (1808)
Hauptvertreter des Vitalismus. Abhandlung »Von der Lebenskraft« im Archiv f. Physiologie (1796)

Reisch, Otto (1891)
1940 o.P., Graz
bis 1945

Reisner, Herbert (1912)
1968 o.P., Graz

Rennert, Helmut (1920)
1958 o.P., Halle

Ribot, Armand (1839 - 1916)
Psychologe an der Salpêtrière
Ribotsche Regel über den Verfall des Altgedächt-nisses

Riedel, Joseph Gottfried (1803 - 1870)
1828 OA Anst. Prag
1830 Prom., Prag
1831 Dir. Cholera-Spital in Galizien

1837 Dir. Anst. Prag
1842 Trennung von Anst. u. Allgemeinem Kran-kenhs.
1853 Dir. Anst. Niederösterreich, Wien

Rieger, Konrad (1855 - 1939)
1878 Prom., Würzburg
1878 Ass. bei Rinecker, Würzburg
1882 Habil. bei Rinecker, Würzburg
1887 Extraordinarius Würzburg u. Dir. Julius-Spital
1895 o.P., Würzburg
bis 1925

Rinecker, Franz von (1811 - 1883)
1832 Prom., München
1833 Ass. im Julius-Spital, Würzburg
1837 Habil. Med.
Dir. der Med. Ambulanz, Würzburg
1838 o.P. Med. Poliklinik u. Arzneimittellehre
1863 o.P. Psych. u. Dir. der Psychiatr. Klinik, Würzburg
1872 Dir. der Abt. f. Syphilis u. Hautkrankheiten, Würzburg
bis 1883

Rittershaus, Ernst (1881 - ?)
1904 Prom., Bonn
Ass. im Philippshosp. Goddelau
Ass. Münster/Westf.
Ass. bei Specht, Erlangen
1920 Habil. bei Weygandt, Friedrichsberg-Hamburg
1926 a.o.P.
1927 OA, Hamburg-Friedrichsberg

»Irrsinn und Presse« (1913)

Roemer, H. (1878 - ?)
1916 Dir. Anst. Illenau b. Achern
bis 1940

Rogers, Carl Ransom (1902)
Psychiater und Psychologe
1940 P. an Univ. Ohio
1945 P. an Univ. Chicago
1957 P. an Univ. Wisconsin

»Clientcentered Therapy« (1951)
»On becoming a person« (1961)

Roller, Christian Friedrich Wilhelm (1802 - 1878)
1822 prakt. Arzt in Pforzheim
  ? Ass. bei Groos, Pforzheim
1827 Ass. bei Groos, Heidelberg
1836 Prom., Heidelberg
1842 Dir. d. neuerbauten Anst. Illenau b. Achern

»Die Irrenanstalt nach allen ihren Beziehungen« (1831)
Mitbegründer der allgemeinen Zschr. f. Psychiatrie, zus. mit Damerow u. Flemming (1844)

Rorschach, Hermann (1884 - 1922)
Ass. in Anst. Münsterlingen, Schweiz
1915 OA in Anst. Herisau/Schweiz

Rorschachscher Formdeutungstest (1921)

Rosenfeld, Max (1871 - 1956)
1898 Prom., Straßburg
Ass. bei Naunyn
Ass. bei Fürstner, Straßburg
1903 Habil. bei Fürstner
1907 a.o.P.
1920 o.P., Rostock
bis 1936

»Der vestibuläre Nystagmus« (1911)
»Die Physiologie des Großhirns« (1913)

Rüdin, Ernst (1874 - 1952)
1901 Prom., Zürich
1901 Ass. bei Kraepelin, Heidelberg
Ass. bei E. Bleuler, Zürich
Ass. Psych. Abt. Moabit, Berlin
Ass. bei Wolff, Basel
1904 OA bei Kraepelin, München
1909 Habil., München
1925 o.P., Basel
1928 Leiter der Geneologisch-demographischen Abt. an der Forschungsanstalt für Psychiatrie, München

»Zur Vererbung und Neuentstehung der Dementia praecox« (1916)

Ruer, Wilhelm Julius (1784 - 1864)
1806 Prom.
Praxis in Neheim
1812 Ass. in Anst. Marsberg/Westf.
1813 Dir. der Anst. Marsberg/Westf.
1835 Dir. der neuerbauten Anst. Marsberg
bis 1850
1860 Priv. Anst. in Hamm/Westf.

Ruffin, Hanns (1902 - 1979)
? Prom.
1933 Habil., Köln
1934 Doz. Freiburg i. Br.
1939 a.o.P., Freiburg i. Br.
1946 o.P., Mainz
1951 o.P., Freiburg i. Br.
bis 1967

Rush, Benjamin (1745 - 1813)
1768 Prom., Edinburgh
1769 Praxis in Philadelphia
1779 P. der Chemie
1783 Arzt am Pennsylvania Krankenhaus
1789 P. der Med. in Philadelphia
1791 P. an der Univ. Pennsylvania

»Vater« der amerikanischen Psychiatrie

Sakel, Manfred (1900 - 1957)
1925 Prom., Wien
Ass. bei Pötzl, Wien

»Neue Behandlungsmethoden der Schizophrenie« (1935) (Insulinbehandlung)

Schärer, Rudolf (1823 - 1890)
1861 Dir. Waldau, Bern
1873 a.o.P., Bern
bis 1889

Scharfetter, Christian (1936)
1960 Prom.
1971 Habil., Zürich
1973 Ass. P. f. Psychiatrie, Psychopathologie, Genetik u. Psychotherapie, Zürich

»Symbiontische Psychosen« (1970)
»Allgemeine Psychopathologie« (1976)

Scharfetter, Helmut (1893)
1938 o.P., Innsbruck
bis 1946

Scheid, Werner (1909)
1941 Habil., Hamburg
1947 a.o.P.
1950 o.P., Köln
bis 1979

Scheller, Heinrich (1907 - 1972)
1925 Ass. b. Bonhoeffer, Berlin
1931 Ass. b. E. Bleuler, Burghölzli, Zürich
? Habil.
1941 Beratender Psychiater an der Ostfront
1943 a.o.P.
1947 Dir. Neurol. Abt. St.-Georg-Krankenhaus, Hamburg
1947 o.P., Erlangen
1951 o.P., Würzburg
bis 1969

Schilder, Paul Ferdinand (1886 - 1940)
1909 Prom., Wien
1919 Ass. b. Wagner v. Jauregg, Wien
Emigration nach USA
1930 Dir. der Psych. Abt. d. Bellevue-Hosp., New York

Prägte den Begriff Körperschema (1923)
»Schildersche Krankheit« (= Encephalitis paraxialis diffusa)
»Entwurf zu einer Psychiatrie auf psychoanalytischer Grundlage« (1926)
»The Image and Appearance of the human Body« (1935)

Schneider, Carl (1891 - 1946)
? Prom.
1919 Ass. Leipzig
1920 Ass. Breslau

1921 Ass. Leipzig
1922 Anst. Arnsdorf/Sachsen
1930 Leit. Arzt Anst. Bethel
1933 o.P., Heidelberg
bis 1945

»Psychologie der Schizophrenie« (1930)
»Behandlung und Verhütung von Geisteskrankheiten« (1939)

Schneider, Kurt (1887 - 1967)
1912 Prom., Tübingen
1919 OA bei Aschaffenburg, Köln
1919 Habil., Köln
1921 Prom. phil., Köln
1922 a.o.P.
1931 Dt. Forschungsanst. f. Psychiatrie, München
1946 o.P., Heidelberg
bis 1955

»Psychopathologie im Grundriß« (1931)
Erschien als »Klinische Psychopathologie« in vielen Auflagen.
»Die psychopathischen Persönlichkeiten« (1923)

Schömann, Xaver (1807 - 1864)
1832 Prom., Jena
1832 Ass. Anst. Jena
1835 Habil. Med., Jena
1837 a.o.P.
1838 P. für Chirurgie und Verbandslehre u. Ophthalmologie
Stadtphysikus in Jena
1858 Dir. Anst. Jena
bis 1864

Schrappe, Otto (1924)
1949 Prom., Hamburg
1958 Habil., Hamburg
1965 a.o.P., Marburg
1970 o.P., Würzburg

Schroeder, Paul (1873 - 1941)
1897 Prom., Berlin
Ass. b. Wernicke, Breslau
Ass. b. Kraepelin, Heidelberg
Ass. b. Bonhoeffer, Königsberg
1905 Habil. bei Bonhoeffer, Breslau
1912 o.P., Greifswald
1925 o.P., Leipzig
bis 1939

»Intoxikationspsychosen«

Schuchardt, Fedor (1848 - 1913)
1879 Ass. Anst. Andernach
1880 Prom., Straßburg
Ass. bei K. F. W. Nasse, Bonn
1885 Habil., Bonn
1886 Dir. Anst. Sachsenberg/Schwerin
1895 o.P., Rostock u. Dir. Anst. Gehlsheim
bis 1913

Schüle, Heinrich (1840 - 1916)
1863 Prom., Freiburg i. Br.
1863 Ass. b. Roller in Anst. Illenau b. Achern

Erhielt 1869 Ruf nach Zürich, 1873 nach Sachsenberg/Schwerin, 1874 nach Marburg, 1876 nach Basel, 1879 nach Saargemünd u. 1879 zum zweiten Mal nach Zürich. 1886 erster Anwärter für den Lehrstuhl für Psychiatrie in Freiburg i. Br. Alle Rufe lehnte er ab.
Auf der Illenau zunächst leitender Arzt der Männerseite, dann nach Rollers Tod (1878) leitender Arzt der Frauenseite u. Stellvertreter des Dir. Hergk.
Nach dessen Tod
1890 Dir. Anst. Illenau
bis 1916

Schulte, Walter (1910 - 1972)
1933 Prom.
1934 Ass. Med. Erfurt
1936 Ass. b. Berger, Jena
1941 OA Jena
1942 Habil., Jena
1947 Leitender OA im Haus Moria, Bodelschwinghsche Anst. Bethel
1954 Dir. Anst. Gütersloh
1960 o.P., Tübingen
bis 1972

Schultz, Johannes Heinrich (1884 - 1970)
1907 Prom., Göttingen
Ass. Med. Poliklinik, Breslau
Ass. Dermatologie, Breslau
Ass. Paul-Ehrlich-Institut, Frankfurt a. M.
Ass. Anst. Chemnitz
Ass. b. O. Binswanger, Jena
1915 Habil. bei Binswanger, Jena
1919 a.o.P.

Niederlassung in Berlin als Nervenarzt u. Psychotherapeut
»Das autogene Training« (1930)

Schultze, Ernst (1865 - 1938)
1890 Prom., Bonn
Vol. Ass. Anst. Bonn
Ass. Anst. Düsseldorf
Ass. Anst. Bonn
OA Anst. Andernach
OA Anst. Bonn
1895 Habil., Bonn
1904 a.o.P., Bonn
1906 o.P., Greifswald
1912 o.P., Göttingen und Dir. Anst. Göttingen
bis 1933

»Über Psychosen bei Militärgefangenen nebst Reformvorschlägen« (1904)

Schultz-Hencke, Harald (1892 - 1953)
Mitbegründer der Neopsychoanalyse

Schumacher, Willy (1928)
1952 Prom.
1955 Prom. rer. nat.
1967 Habil., Gießen
1980 o.P., Gießen

Schwarz, Bernhard (1918)
1965 o.P., Leipzig

Schwarz, Hanns (1898)
1946 o.P., Greifswald
bis 1965

Selbach, Helmut (1909)
1940 Habil., Berlin
1949 a.o.P., Marburg
1950 o.P., Berlin, Freie Universität
bis 1976

Siebert, Friedrich (1829 - 1882)
1853 Prom., Jena
1853 Ass. Med., Jena
1854 Ass. Chirurgie, Jena
1855 Habil. Patholog. Anatomie, Jena
1865 Physikat in Jena
1866 Dir. Anst. »Irrenkolonie«, Jena
1870 P. für Psychiatrie
1879 Eröffnung der Staatl. Irrenanst. Jena

Siebold, Christoph (1765 - 1798)
Studium der Philosophie, Naturwissenschaften und Medizin
1790 P. für allgemeine Therapie u. Diätetik, Würzburg
1794 OA psych. Abt. im Julius-Spital Würzburg
1796 o.P. Physiologie, Würzburg u. 1. dirigierender Arzt des Julius-Spitals

Siemerling, Ernst (1857 - 1931)
1882 Prom., Marburg
Ass. am Physiolog. Inst., Halle
Ass. bei Hitzig, Halle
1884 Ass. bei C. Westphal, Charité, Berlin
1888 Habil., Berlin
1892 a.o.P.
1893 o.P., Tübingen
1901 o.P., Kiel
bis 1925

Simmel, Ernst (1882 - 1947)
1908 Prom.
Niederlassung in Berlin als allgemeiner Praktiker
1914 Militärarzt
1919 Mitbegründer des Berliner psychoanalyt. Inst.
1925 Präsident des Berliner psychoanalyt. Inst.
1933 nach Zürich
1934 nach Los Angeles
1946 Gründer des psychoanalyt. Instituts in Los Angeles
»Zur Psychoanalyse der Kriegsneurosen« (1921)

Simon, Hermann (1867 - 1947)
1897 Ass. in Anst. Saargemünd
1902 Ass. in Anst. Aplerbek (?)
1905 Dir. Anst. Warstein
1914 Dir. Anst. Gütersloh
bis 1934

Berichtete auf der Tagung des Dt. Vereins für Psychiatrie in Innsbruck im Jahre 1924 erstmalig über die aktivere Behandlung der psychisch Kranken
»Die aktivere Krankenbehandlung in der Irrenanstalt« (1929)

Sioli, Emil Franz (1852 - 1922)
1875 Prom., Halle
Ass. bei Waldeyer, Straßburg
Ass. bei C. Westphal, Charité, Berlin
1881 OA in Leubus/Schlesien
1883 Dir. Anst. Bunzlau
1888 Dir. Anst. Frankfurt a. M.
1914 o.P., Frankfurt a. M.
bis 1919

Begründete die Trinker- und Nervenheilstätte Köppern/Ts.

Sioli, Franz (1882 - 1949)
1906 Prom., Halle
Ass. Med., Halle
1908 Ass. Anst. Bonn
1919 Habil. bei A. Westphal, Bonn
1922 a.o.P.
1923 o.P., Med. Akademie Düsseldorf u. Dir. Anst. Grafenberg
bis 1949

Skinner, B. F. (1904)
P. Psychologie in USA, seit 1948 Psychol. Inst. Harvard, Boston, USA

Beschrieb das operante Konditionieren
»Behavior of Organisms« (1938)
»Science and Human Behavior« (1953)

Snell, Ludwig Daniel Christian (1817 - 1892)
1839 Prom., Würzburg
1840 prakt. Arzt in Hochheim
1845 Anst. Eberbach/Rhg.
1846–47 Reisen im Auftrag der Regierung
1849 Dir. der neuen Anst. Eichberg/Rhg.
1856 Dir. Anst. Hildesheim

Gründung des Vereins der Irrenärzte in Niedersachsen und Westfalen (1868)

Solbrig, Karl-August (1809 - 1872)
1831 Prom., Erlangen
prakt. Arzt in Fürth
1841 Organisation der Anst. Erlangen
1846 Dir. Anst. Erlangen
1855 Auftrag, Plan für Anst. in Oberbayern zu erstellen

1859 Dir. der neuen Anst. München
Hon.P.
1864 o.P., München
bis 1872

Kämpfte für Gleichstellung der Psychiatrie mit den anderen medizinischen Fächern.
Es war ihm eine »heilige Mission«, daß die Psychiatrie Gemeingut der Ärzte und obligatorischer Lehr- und Prüfungsgegenstand werde.

Sommer, Robert (1864 - 1937)
Studium der Philosophie und Medizin
1887 Prom. phil., Berlin
1889 Ass. Anst. Rybnik/Schlesien
1890 Ass. bei Rieger, Würzburg
1891 Prom., Würzburg
1892 Habil., Würzburg
1895 o.P., Gießen
bis 1934

Prägte Begriff »Psychohygiene«
Übernahm den Begriff »endogen« in die Psychiatrie (1893)

Spatz, Hugo (1888 - 1969)
1914 Prom., Heidelberg
1914 Ass. Psych. Klinik
1919 Ass. Anatom. Abt. d. Dt. Forschungsanst. f. Psych., München
1923 Habil.
1927 a.o.P. und Ass. b. Bumke, München u. Leiter der anat. Abt.
1927 Kaiser-Wilhelm-Inst. f. Hirnforschung, Berlin-Buch
1937 Dir. Kaiser-Wilhelm-Inst. f. Hirnforschung
1948 Dir. Max-Planck-Inst. f. Hirnforschung, Gießen
bis 1957
1958 Neuroanatom. Abt. des Max-Planck-Inst. f. Hirnforschung, Frankfurt a. M.
bis 1961

Specht, Friedrich (1924)
1950 Prom.
1965 Habil.
1970 P. u. Abt. Leiter Kinder- u. Jugendpsych., Göttingen

Specht, Gustav (1860 - 1940)
1896 a.o.P., Anst. Erlangen
1902 o.P., Anst. Erlangen
bis 1934

Speyr, Wilhelm von (1852 - 1939)
1890 o.P., Bern
bis 1933

Spielmann, Johann (1820 - 1882)
1847 Prom., Prag
Ass. in Med., Prag

Ass. in Anst., Prag
1852 OA in Anst. Prag
1853 legte sein Amt nieder
1855 niedergelassener Arzt in Tetschen

»Diagnostik der Geisteskrankheiten« (1855)

Spielmeyer, Walter (1879 - 1935)
1902 Prom., Halle
Ass. Path. Inst. Halle
Ass. bei Hoche, Freiburg
1906 Habil., Freiburg
1912 Leiter des hirnanatom. Labors der Psychiatr. Klinik München unter Kraepelin
1913 a.o.P.
1917 Leiter der histolog. Abt. der Forschungsanst. f. Psychiatrie, München

Beschrieb die juvenile Form der amaurotischen Idiotie zus. mit O. Vogt (1905)

Spitz, René Arpad (1887 - 1974)
seit 1933 als Psychotherapeut tätig in USA
seit 1956 Univ. Denver, Colorado

»Untersuchung des psychischen Hospitalismus bei Heimkindern« (1946) (Hospitalism, Psychoanal. Stud. Child. 1, 53–74)
»Vom Säugling zum Kleinkind« (1967)

Spurzheim, Karl (1809 - 1872)
Neffe von J. Chr. Spurzheim (1776-1832), Vertreter der Phrenologie
1835 Prom., Wien
2 Jahre lang Reisen in Deutschland, Belgien, Frankreich zum Besuch von Irrenanstalten
1837 »Konzeptspraxis« bei der niederösterreichischen Landesregierung
1840 Sekundararzt im Lazarett Wien
1841 komm. Primararzt der psych. Abt. des Ybbser Versorgungshauses
1842 Primararzt der psych. Abt. am Versorgungshaus Ybbs, die auf die ganze Anstalt erweitert wurde
1859 Dir. der Anst. Ybbs
1869 Dir. der Anst. Wien
bis 1872

Staehelin, John Eugen (1891 - 1969)
1926 Habil., Zürich
1929 o.P., Basel
bis 1959

Stahl, Karl Friedrich (1811 - 1873)
1833 Prom., Würzburg
1834 Ass. (?) Würzburg
1837 Arzt in Sulzheim, Unterfranken
1853 Ass. in Anst. St. Georgen b. Bayreuth
1860 OA Anst. Karthaus-Prüll b. Regensburg

Als niedergelassener Arzt Untersuchungen über den Kretinismus

Stertz, Georg (1878 - 1959)
1903 Prom., Breslau
1911 Habil. bei A. Westphal, Bonn
1914 a.o.P. bei Alzheimer, Breslau
OA bei Bumke, Breslau
1918 OA bei Kraepelin, München
1921 o.P., Marburg
1926 o.P., Kiel
bis 1937
1947 o.P., München
bis 1952

Stockert-Meynert, Franz-Günther v.
(1899 - 1967)
    ? Ass. bei Wagner von Jauregg, Wien
    ? Habil
    ? a.o.P. bei Anton, Halle
    ? Ass. bei Reichardt, Würzburg
    ? Ass. bei Rosenfeld, Rostock
    ? Ass. bei Kleist, Frankfurt a. M.
1954 o.P., Rostock
1964 o.P. für Kinder- u. Jugendpsychiatrie, Frankfurt a. M.
bis 1967

Stoerring, Gustav (1903)
1933 Habil. bei Bumke, München
1939 a.o.P.
1949 o.P., Düsseldorf
1954 o.P., Kiel
bis 1971

Storch, Alfred (1888 - 1962)
Ass. bei Weygandt, Hamburg
Ass. bei Gaupp, Tübingen
1927 Ass. bei Sommer, Gießen
1928 Habil., Gießen
1933 Emigration in die Schweiz zu M. Müller, Anst. Münsingen
1950 Habil. für Philosophie

Stransky, Erwin (1877 - 1962)
1900 Prom., Wien
1900 Ass. in Dermatologie u. Nervenabt. d. I. Med. Klinik, Wien
1902 Ass. b. Wagner v. Jauregg, Wien
1908 Habil., Wien
1915 a.o.P.
1945 Dir. Anst. Rosenhügel, Wien
bis 1951

Straus, Erwin (1891 - ?)
1919 Prom., Berlin
Ass. b. Cassim, Charité, Berlin
1927 Habil. b. Bonhoeffer, Berlin
1931 a.o.P. und Niederlassung als Nervenarzt, Berlin
Emigration nach USA

»Sinn der Sinne« (1935)
»Geschehnis und Erlebnis« (1930)

Strauss, Hans (1898)
1929 Habil. b. Kleist, Frankfurt a. M.
1935/36 Emigration nach USA

Erstbeschreiber der Depression nach Verfolgungsmaßnahmen

Strümpell, Adolf (1853 - 1925)
1875 Prom., Leipzig
1876 Ass. b. Wunderlich, Med., Leipzig
1878 Habil. Med.
1883 a.o.P. und Dir. Med. Klinik
1886 o.P. Med., Erlangen
1903 o.P., Breslau
1909 o.P., Wien
1910 o.P. Med., Leipzig

»Familiäre und hereditäre spastische Spinalparalyse« (1886)
»Leitfaden für die Untersuchung und Diagnostik der wichtigsten Nervenkrankheiten« (1924)

Tausch, Reinhard (1921)
1960 Habil., Psychologie, Marburg
1961 o.P. Psychologie u. Dir. Forschungsinst. f. Psychologie PH Kettwig/Ruhr
1961 Doz. Psychologie, Köln
1964 o.P. Psychologie, Hamburg

»Das psychotherapeutische Gespräch« (1960)
Führte die klientenzentrierte Gesprächstherapie nach C. Rogers in Deutschland ein

Tellenbach, Hubert (1914)
1936 Prom.
1939 Prom. phil.
1952 Habil., München
1958 a.o.P., Heidelberg
1971 Dir. Abt. f. klin. Psychopathologie, Heidelberg
bis 1979

»Melancholie« (1961)

Thiele, Rudolf (1888 - 1960)
1926 Habil. bei Bonhoeffer, Berlin
1929 a.o.P.
Dir. Anst. Herzberge, Berlin
1938 o.P., Greifswald
bis 1946
1949 o.P. Charité, Berlin
bis 1957

Tiling, Theodor (1842 - 1913)
1868 Ass. Anst. Rothenberg b. Riga
1869 Prom. Dorpat/Litauen
Ass. bei Meynert, Wien
1871 »Ordinator der Petersburger Anst. ›Nikolai der Wundertäter‹«
1884 Dir. Anst. Rothenberg b. Riga
bis 1913

Tölle, Rainer (1932)
1946 Prom.
1965 Habil., Tübingen
1972 o.P., Münster

Tuczek, Franz (1852 - 1925)
1876 Prom., München
1877 Ass. Kölner Bürgerhosp.
1879 Ass. bei C. Westphal, Berlin
Ass. bei Cramer, Anst. Marburg
1884 Habil., Marburg
1894 o.P. u. Dir. Anst. Marburg
bis 1919

»Die wissenschaftliche Stellung der Psychiatrie«
(1906)

Tuke, Henry (1755 - 1814)
Unterstützte seinen Vater William Tuke bei Durchführung der Reformen schon vor der Gründung des »Friends Retreat«, York im Jahre 1796

Tuke, Samuel (1784 - 1857)
Sohn von Henry Tuke
1803 Dir. »Friends Retreat« York
bis 1853

Tuke, William (1732 - 1822)
Quäker, Kaufmann, widmete einen großen Teil seiner Zeit dem öffentlichen Wohl
Gründer des »Friends Retreat« York
1792 geplant
1796 eröffnet »als eine Zufluchtstätte für die Unglücklichen, ein ruhiger Hafen, wo die zerschmetterte Barke ausgebessert oder doch in Sicherheit gebracht werden könnte«
Dir. bis 1820

Urban, Hubert (1904)
1937 Habil., Wien
1938 o.P., Innsbruck
bis 1938
1946 o.P., Innsbruck
bis 1975

Villinger, Werner (1887 - 1961)
1932 a.o.P., Hamburg
1934 Chefarzt in Bethel
1940 o.P., Breslau
1946 o.P., Marburg
bis 1959

Begründer der Kinder- und Jugendpsychiatrie in Deutschland

Wagner von Jauregg, Julius (1857 - 1940)
1877 Wissenschaftl. Hilfskraft im Patholog. Institut, Wien
1880 Prom., Wien
1881 Ass. im path. Institut, Wien
1883 Ass. bei Leidesdorf, Wien

1885 Habil. für Neurologie
1888 Dozentur auch für Psychiatrie
1889 o.P., Graz
1893 o.P., Wien u. Dir. I. Psych. Kl. in Anst. Wien
1903 o.P. u. Dir. II. Psych. Kl. im Allgem. Krankenhs. Wien
1911 o.P. für Psychiatrie u. Neurologie, Wien
bis 1928

Malariabehandlung der progressiven Paralyse (1917)
Nobelpreis 1927

Wagner, Werner (1904 - 1956)
Ass. bei Lange, Breslau
1949 Leiter d. klin. Instituts d. Dt. Forschungsanst. f. Psych. München
bis 1956

Wahrendorff, Ferdinand (1826 - 1898)
1850 Arzt in Geestdorf
1852 Studienreise nach Wien u. Prag. Dort durch Fischl für Psychiatrie interessiert
1862 Gründung der Priv. Anst. Ilten b. Hannover

Walter-Büel, Hans (1913)
1951 Habil., Zürich
1954 Umhabil. nach Bern
1956 a.o.P.
1963 o.P., Bern
bis 1979

»Die Psychiatrie der Hirngeschwülste« (1951)
»Gestaltungen sozialen Lebens bei Tier und Mensch« (1956)
»Seele – Entwicklung – Leben« (1966)

Weitbrecht, Hans Jörg (1909 - 1975)
1933 Ass. bei Wetzel, Psych. Abt. d. Bürgerhosp., Stuttgart
1936 OA Priv. Klin. Christophsbad, Göppingen
1944 Habil. als Externer b. Beringer, Freiburg i. Br.
1956 o.P., Bonn
bis 1975

Weizsäcker, Victor von (1886 - 1957)
1911 Prom., Heidelberg
1911 Ass. b. Krehl, Med. Klinik, Heidelberg
1917 Habil. für Med.
1923 a.o.P.
1930 Dir. d. Neurol. Abt. d. Med. Klinik, Heidelberg
1941 o.P., Breslau
bis 1945

»Über medizinische Anthropologie« (1927)
»Rechtsneurose (= Rentenneurose)« (1929)
»Der kranke Mensch« (1951)

Wernicke, Carl (1848 - 1905)
1870 Prom., Breslau
1875 Habil. bei Neumann, Breslau

1876 Ass. bei C. Westphal, Berlin
1885 a.o.P. u. Dir. Allerheiligenhosp., Breslau
1890 o.P., Breslau
1904 o.P., Halle
bis 1905

Entdecker der corticalen sensorischen Aphasie (1874)
Pseudoencephalitis acuta haemorrhagica (1881)

Westphal, Alexander Karl Otto (1863 - 1941)
Sohn von C. F. O. Westphal
1888 Prom., Berlin
Ass. bei Erb, Med. Klinik, Heidelberg
Ass. bei Curschmann, Med. Kl., Leipzig
Ass. bei Jolly, Med. Kl., Berlin
1894 Habil., Berlin
1902 a.o.P., Greifswald u. Dir. d. Anst.
1904 o.P., Bonn
bis 1928

Westphal, Carl Friedrich Otto (1833 - 1890)
1857 Ass. in Pockenabt. d. Charité
1858 Ass. bei Ideler, Charité, Berlin
1861 Habil. bei Ideler, Berlin
1869 P. und Dir. d. psych. Abt. an der Charité
1874 o.P., Berlin
bis 1890

»Über einige durch mechanische Einwirkung auf Sehnen und Muskeln hervorgebrachte Bewegungs-erscheinungen, Knie-Fuß-Phänomen« (1875) = Beschreibung des Patellarsehnenreflexes

Weygandt, Wilhelm (1870 - 1939)
Studium der Theologie und Philosophie, Psychologie u. Medizin
1893 Prom. phil
1896 Prom., Würzburg
Ass. bei Kraepelin, Heidelberg
1899 Habil. bei Rieger, Würzburg
1904 a.o.P.
1909 Dir. Anst. Friedrichsberg, Hamburg
1919 nach Gründung der Hamburger Uni o.P.
bis 1935

Wieck, Hans-Heinrich (1918 - 1980)
   ? Prom.
1953 Habil., Köln
1959 a.o.P.
1966 o.P., Erlangen
bis 1980

Wieser, Stephan (1917 - 1973)
1943 Prom., Wien
1943 Militärarzt
1944 Gefangenschaft
1949 Ass. bei Kretschmer, Tübingen
1954 OA bei Conrad, Homburg/S.
1957 Habil.
1958 OA bei Conrad, Göttingen

1962 a.o.P.
1964 Dir. Städt. Nervenklinik Bremen
bis 1973

Wildermuth, Hermann Adalbert (1852 - 1907)
1876 Prom., Tübingen
Prosektor in Anatomie
1878 Ass. Chirurg. Stuttgart
Ass. Priv. Anst. Göppingen
1880 Dir. Heilanst. f. Epileptiker u. Schwachsinnige Stetten i. R.
1889 niedergelassener Nervenarzt, Stuttgart

Gründer der Priv. Kl. Ottilienhaus, Stuttgart

Wille, Ludwig (1834 - 1912)
1857 Ass. b. Solbrig, Anst. Erlangen
1858 Prom.
1859 OA b. Solbrig, München
1864 OA Priv. Anst. Göppingen
1864 OA Anst. Münsterlingen/Schweiz
1867 Dir. Anst. Rheinau/Schweiz
1873 Dir. Anst. St. Urban, Basel
1875 o.P., Basel u. seit 1886 Dir. d. Anst. Friedmatt, Basel
bis 1904

Wilmanns, Karl (1873 - 1945)
1897 Prom., Bonn
Ass. St.-Jürgens-Hosp., Bremen
Ass. b. Pelman, Bonn
Ass. b. Nissl, Heidelberg
1906 Habil., Heidelberg
1918 o.P., Heidelberg
1933 aus politischen Gründen aus dem Amt entfernt

Wollenberg, Robert (1862 - 1942)
1885 Prom., Leipzig
1885 Ass. Anst. Nietleben, Halle
1888 Ass. bei C. Westphal, Charité, Berlin
1891 OA bei Hitzig, Halle
1892 Habil., Halle
1896 a.o.P.
1901 o.P., Tübingen
1906 o.P., Straßburg
1919 o.P., Marburg
1921 o.P., Breslau
bis 1930

Wolff, Gustav (1865 - 1941)
1904 a.o.P. u. Dir. Anst. Friedmatt, Basel
1907 o.P. u. Dir. Anst. Basel
bis 1925

Wolpe, Josepf (1915)
1948 Consulting Psychiatrist, Johannesburg
1960 P. of Psychiatry, Univ. Virginia, USA
1965 P. of Psychiatry und Dir. of the Behavior Therapy Unit, Temple Univ. Medical Center, Philadelphia, USA

Zeller, Ernst Albert von (1804 - 1877)
1825 Besuch der Anst. Sonnenstein, Pirma
1926 Prom., Tübingen
1827 Reise nach Norddeutschland
1828 prakt. Arzt, Stuttgart
1832 Reise durch Europa zum Studium der Psychiatrie und deren Anstalten als Vorbereitung für seine Aufgabe
1834 Gründer der Anst. Winnental (adaptiertes Jagdschloß) und dessen Dir.
bis 1877

Vertreter der Einheitspsychose (4 Stadien) »Irre, Irren, Irrenden und Irrehandeln«
»Irrenanstalten und Irrenhäuser«

Ziehen, Theodor (1862 - 1950)
1885 Prom.
Ass. bei Kahlbaum, Priv. Anst. Görlitz
OA bei Otto Binswanger, Jena
1887 Habil., Jena
1892 a.o.P.
1900 o.P., Utrecht
1903 o.P., Halle
1904 o.P., Berlin
bis 1912

1917 o.P. für Philosophie, Halle
bis 1930

Zinn, August Friedrich Karl (1825 - 1897)
Forstbeamter, floh 1849 in die Schweiz. Medizinstudium
1853 Prom., Zürich
1853 Ass. b. Griesinger im Stadtasyl Zürich
1856 prakt. Arzt in Thalwil b. Zürich
1864 Dir. Anst. St. Pirminsberg (St. Gallen)
1872 Dir. Anst. Eberswalde, Brandenburg

Zulliger, Hanns (1893)
1913 Studium als Lehrer abgeschlossen
Arbeitet in Ittigen b. Bern. Begründete »Pädoanalyse«
Ittigen = »Geburtsort der Pädoanalyse«
1952 Dr. h.c., Bern

Zutt, Jürg (1893 - 1980)
 ? Prom.
1933 Habil. bei Bonhoeffer, Berlin
1937 a.o.P. u. Dir. Kuranst. Westend, Berlin
1946 o.P., Würzburg
1950 o.P., Frankfurt a. M.
bis 1964

41. Hinweis-Index auf den Gegenstandskatalog

Gegenstandskatalog für den Zweiten Abschnitt der ärztlichen Prüfung (GK 3) 2. Aufl. Nervenheilkundliches Stoffgebiet

Die im folgenden angegebenen Seitenzahlen verweisen auf den Schwerpunkt der Darstellung der einzelnen „Gegenstände" in diesem Buch

1.2   zerebrale Syndrome

1.2.2   Hemisphären-Syndrome
Neuropsychologische   S. 163 u.
Störungen . . . . S. 366-367

1.2.3   apallisches Syndrom . . . . . S. 93 u.
                 S. 445

1.2.5   extrapyramidale Syndrome bei Psycholeptika-Medikation . . . . S. 325-327

2.1   Hemisphärendominanz . . S. 366-367 u.
                 S. 448

2.3   Aphasien . . . . S. 366-367

2.4   Apraxien . . . . S. 366-367 u.
                 S. 447

2.5   andere hirnlokale Syndrome
Frontal-, Parietal- u.   S. 162 u.
Temporalhirn-Syndrom . . S. 366-367

3   Psychopathologische
Symptome und Syndrome . . . . Kap. 9 (S. 170-192)

3.1   Sinnestäuschungen und Wahrnehmungsveränderungen . . . . S. 185-188

3.1.1   Typen und ihre Definition . . . . S. 185

3.1.2   Vorkommen und diagnostische Bedeutung . . . . . . S. 85, 96, 110, 187

3.1.3   Halluzinationen . . . . S. 185, 188

3.1.4   Illusionen, Affektillusionen . . . . S. 187

3.1.5   einfache Wahrnehmungsveränderungen . . . . S. 452

3.2   Wahnerscheinungen . . . . . S. 185-188

3.2.1   Wahnkriterien . . . . S. 185-186

3.2.2   Formen des Wahns . . . . . . S. 99, 109, 187-188

3.2.3   Wahnthemen . . . . S. 113, 188

3.2.4   Erklärungswahn . . . . S. 99 u.
                 S. 448

3.2.5   Folgen wahnhafter und anderer psychotischer Erlebnisse . . . . S. 114, 249

3.3   Denkstörungen . . . . S. 183-188

3.3.1   Definition . . . . S. 184, 185

3.3.2   Einzelformen formaler Denkstörungen . . . . S. 183-185

3.4   Gedächtnisstörungen . . . . S. 86, 189

3.4.1   Merk- und Erinnerungsstörungen . . . . S. 189

3.4.2   Amnesien . . . . S. 189

3.4.3   retrograde Amnesie . . . . . . S. 189

3.4.4   anterograde Amnesie . . . . S. 189

3.4.5   Korsakow-Syndrom . . . . . S. 90

3.5   Ichstörungen, Entfremdungserlebnisse . . . . S. 190

3.5.1   Ichstörungen . . . . S. 98

3.5.2   Entfremdungserleben . . . . S. 98, 125-126

3.6   Zwangssymptome . . . . S. 122-124

3.7   Antriebsstörungen . . . . S. 181-183

3.7.1   herabgesetzter Antrieb . . . S. 181-182

3.7.2   Antriebsenthemmung . . . . S. 182

3.8   Störungen der Affektivität . . . . S. 176-179

3.8.1   Begriffsbestimmung . . . . . S. 103-105

3.8.2   Affekthandlung . . . . S. 177, 249

3.8.3   inadäquater Affekt ...... S. 177
3.8.4   affektive Verarmung ..... S. 177
3.8.5   Affektinkontinenz .... S. 178
3.8.6   Affektlabilität .... S. 178
3.8.7   Angst .... S. 109,
         118-120
3.8.8   Phobien .... S. 119
3.9   Kontaktstörungen .... S. 449
3.10   organische Psychosen:
         Durchgangssyndrome,
         Bewußtseinstrübung ..... S. 81-94
3.10.1   Definition .... S. 81-85
3.10.2   Symptomatik .... S. 85-93
3.10.3   besondere klinische Bil-
         der.................... S. 91
         Delirien............... S. 85
         Dämmerzustände .... S. 86
         Verwirrtheit .... S. 86
         Halluzinosen .... S. 188, 252
3.10.4   Diagnostik .... S. 248-250
3.11   organische Wesensände-
         rung, Demenz .... S. 83-85
3.11.1   Definitionen .... S. 90-91,
         161-162, 448
3.11.3   Symptomatik .... S. 83,
         366-367

4   Krankheiten und Schäden
         des Gehirns und seiner
         Hüllen
4.3   sog. degenerative Pro-
         zesse .... S. 88-93
4.3.1   Klinik .... S. 88-90
4.3.2   Therapie .... S. 93-94
4.5   Schädelhirntraumen ..... S. 160-163

9   Affektive Psychosen 103-114
9.1   Vorkommen und Entste-
         hungsbedingungen....... S. 108
9.1.1   Erkrankungsrisiko ...... S. 108
9.1.2   Entstehungsbedingun-
         gen.................... S. 108
9.1.3   biochemische Befunde ... S. 391-393
9.1.4   Auslöung der Phasen .... S. 108
9.1.5   Erkrankungsalter .... S. 445

9.2.   Symptomatik .... S. 106-107,
         109-110
9.2.1   endogene Depression .... S. 106
9.2.2   vegetative („larvierte")
         Depressionen........... S. 110, 178
9.2.3   Manie, endogene .... S. 107, 110
9.2.4   mögliche soziale und
         rechtliche Folgen .... S. 112
9.3.   Verlauf .... S. 107-108
9.3.1   Verlaufsformen .... S. 108
9.3.2   Verlauf der einzelnen
         Phasen .... S. 107
9.3.3   Prognose............... S. 107, 108
9.4.   Diagnose und Differen-
         tialdiagnostik
9.4.1   Diagnostik der endoge-
         nen Depression und
         Manie.................. S. 110-111
9.4.2   Differentialdiagnose der
         endogenen Depression
         und Manie .... S. 110-111
9.5.   Therapie .... S. 332,
         341-344
9.5.1   endogene Depression .... S. 111-112,
         341-343
9.5.2   endogene Manie .... S. 111-112,
         343
9.5.3   Lithiumprophylaxe 343-344

10   Schizophrene Psychosen   S. 94-101
10.1   Vorkommen und Entste-
         hungsbedingungen
10.1.1   Erkrankungshäufig, Ma-
         nifestitationsalter .... S. 451
10.1.2   Bedeutung hereditärer
         und peristatischer Fakto-
         ren.................... S. 394-398
10.1.3   Auslösung der Schübe ... S. 99
10.1.4   Primärpersönlichkeit .... S. 232-235
10.2   Symptomatik .... S. 97-99
10.2.1   psychopathologische
         Symptome.............. S. 96-98
10.2.2   Wahn .... S. 99
10.2.3   Halluzinationen .... S. 97-99
10.2.4   leibliche Beeinflussungs-
         erlebnisse .... S. 96
10.2.5   Zoenästhesien .... S. 178

10.2.6 formale Denkstörungen .. S. 98, 184

10.2.7 sprachlicher Ausdruck ... S. 97

10.2.8 emotionale und Antriebsstörungen .... S. 97

10.2.9 Störungen des Icherleb-
nisses .... S. 98

10.2.10 Autismus .... S. 98

10.3 Verlauf .... S. 99-101

10.3.1 Vorposten-Syndrome,
Prodrome .... S. 451

10.3.2 Verlauf und Ausgang .... S. 99-101

10.3.3 soziale Heilung .... S. 100

10.3.4 Kriterien für psychopathologische und soziale
Langzeitprognose .... S. 99-101

10.3.5 schizophrene Persönlichkeitsveränderungen, Re-
sidualzustände .... S. 100-101

10.3.6 Unterformen .... S. 100

10.4 Diagnostik und Differentialdiagnostik........... S. 99-101

10.4.1 diagnostische Bedeutung
der Symptome .... S. 96

10.4.2 Differentialdiagnose..... S. 99

10.4.3 psychodiagnostische
Testverfahren........... S. 451

10.5 Therapie .... S. 101,
344-345

10.5.1 Therapie akuter schizophrener Psychosen mit
Neuroleptika........... S. 339, 344

10.5.2 Medikamentöse Langzeittherapie............. S. 344-345

10.5.3 psychotherapeutische
Maßnahmen............ S. 346

10.5.4 Soziotherapie .... S. 299-302

10.5.5 Arten von Behinderungen, Rehabilitationsmaß-
nahmen .... S. 291-296

12 Alkoholmißbrauch und
Drogenabhängigkeit

12.1 Allgemeines über Abhängigkeit .... S. 141-143

12.1.1 Definition .... S. 142

12.1.2 Faktoren für Entstehung
von Abhängigkeit .... S. 144-146

12.1.3 präventive Maßnahmen   S. 446

12.1.4 Entwicklung psychischer
und körperlicher Abhän-
gigkeit .... S. 147-148

12.1.5 psychische Auswirkungen
der Abhängigkeit .... S. 147-148

12.1.6 körperliche Auswirkungen der Abhängigkeit .... S. 148

12.1.7 soziale Folgen .... S. 147-148

12.1.8 Behandlung (Entgiftung
und Entwöhnung) .... S. 148-150

12.2 Alkoholismus

12.2.1 Verbreitung .... S. 351

12.2.2 Formen des Alkoholismus................... S. 445

12.2.3 Alkoholtoleranz........ S. 327, 331

12.2.4 einfacher Alkoholrausch   S. 446

12.2.5 pathologischer Rausch ... S. 143, 175

12.3 Mißbrauch von Drogen
und Drogenabhängigkeit   S. 141-150

12.3.1 Verbreitung .... S. 144-148

12.3.2 Typen der Drogenabhängigkeit .... S. 143

12.3.3 Analgetika und Schlafmittel .... S. 143

12.3.4 Tranquillantien .... S. 336

12.3.5 Clomethiazol........... S. 150

12.3.6 Psychostimulantien ...... S. 341

12.3.7 Cannabis und Halluzinogene .... S. 148

12.3.8 Opiate .... S. 143

12.4 Folgen des Alkoholkon-
sums und des Mißbrauchs
von Drogen und Arznei-
mitteln

12.4.1 Delir .... S. 148

12.4.2 Halluzinosen .... S. 445

12.4.3 Wahnbildungen .... S. 446

12.4.4 Wernickesche Enzephalopathie .... S. 446

12.4.5 irreversible psychiatrische
Folgezustände des chro-
nischen Alkoholismus
und der Drogenabhängig-
keit .... S. 446

13   Abnorme Erlebnisreak-
        tionen, Neurosen, Per-
        sönlichkeitsstörungen

13.1.1 Entstehungsbedingun-
        gen.................... S. 138-139

13.1.2 ausgewählte Beispiele .... S. 138-139

13.1.3 Therapie .... S. 308

13.2   allgemeine Neurosen-   S. 193-196,
        lehre 203-214

13.2.1 Pathogenese in psychody-
        namischer Sicht .... S. 206-207

13.2.2 Pathogenese in lerntheo-
        retischer Sicht .... S. 195

13.2.3 Symptomatik .... S. 116-126

13.2.4 Differentialdiagnose..... S. 193-194

13.2.5 Prognose, Verlauf .... S. 316

13.3   spezielle Neurosenlehre .. S. 116-126,
                                   197-199

13.3.1 Angstneurosen .... S. 118

13.3.2 neurotische Depressio-
        nen .... S. 120

13.3.3 Zwangsneurosen .... S. 122

13.3.4 Phobien................ S. 119

13.3.5 Konversionsreaktionen
        und hysterische Cha-
        rakterneurose........... S. 124

13.3.6 hypochondrische Reak-
        tionen und Entwicklun-
        gen.................... S. 120

13.3.7 masochistische Reaktio-
        nen und Entwicklungen .. S. 120

13.4   Persönlichkeitsstörun-   S. 126-128,
        gen.................... 242-244

14.3   umschriebene Funktions-
        störungen des Gehirns im
        Kindesalter .... S. 153- 154

15   Sexualstörungen und Se-
        xualabweichungen....... S. 139-141

16   Suizidalität.............. S. 150-153

16.4   Prophylaxe suizidaler
        Handlungen............. S. 452

16.4.1 Hinweise auf Suizidge-
        fahr................... S. 452

16.4.2 Möglichkeiten der Pro-
        phylaxe .... S. 452

16.5   therapeutisches Handeln
        nach Suizidversuchen .... S. 452

16.5.1 Abschätzung des Wieder-
        holungsrisikos und The-
        rapie.................. S. 452

16.5.2 Therapie .... S. 452

18   Psychotherapie-Verfah-
        ren.................... S. 304-318

18.1   Definition .... S. 304

18.2   psychoanalytische Ver-
        fahren................. S. 305-308

18.3   klientenzentrierte Psy-
        chotherapie............. S. 308-309

18.4.   Verhaltenstherapie ...... S. 310-312

18.5.   suggestive Verfahren ..... S. 309-310

18.6.   führende und stützende
        Psychotherapie auf län-
        gere Sicht .... S. 308

18.7.   ärztlich-psychotherapeu-
        tisches Gespräch .... S. 304

18.8.   psychologische Beratung
        durch den Arzt .... S. 308

18.9.   Gruppenpsychothera-
        pien................... S. 313-315

18.10   Paartherapie und Fami-
        lientherapie .... S. 448, 450

42. Namensverzeichnis

Weitere Namensnennungen s. a. Kap. 40, Biographische Daten

Adler, A. 313
Adrian, E. D. 384
Alexander, F. 129f., 133f., 197, 224, 308, 317
Alzheimer, A. 232
Angst, J. 344
Arieti, S. 224
Arthur, G. 376
Aschaffenburg, G. 233
Avenarius, R. 201

Babinski, J. 362, 447
Bachmann, C.H. 375
Balint, M. 304
Bandura, A. 312, 317
Barraclourgh, B.M. 284
Bash, K.W. 172f., 188, 191
Battie, W. 289
Bechterew, W.M. 17
Beers, C. W. 280ff.
Bellak, L. 317
Benney, D. 397
Bente, D. 326
Berger, H. 365, 381
Bergmann, B. 145
Bergold, J. 311, 375
Beringer, K. 92, 184, 227
Berner, P. 186
Berze, J. 227
Bibring, E. 121
Binder, H. 177
Binding, K. 422
Binding, V. 425
Binding, K. 426, 428
Bingel, ?. 451
Bini, L. 319
Binswanger, L. 43, 347
Bleuler, E. 90, 95, 96, 97, 98, 102, 145, 180, 190, 241f., 292, 393, 447f.
Bleuler, M. 89, 90f., 91, 92, 104, 108, 227, 241, 328, 344
Böker, W. 7, 404
Boening, H. 361
Bohn, E. 373
Boismont, B. de 296
Bonhoeffer, K. 50, 82ff., 88, 111, 231, 233ff., 320, 364, 389, 393, 449
Boring, E. G. 179
Bowlby, J. 244, 283
Bräutigam, W. 364
Brinckenkamp, R. 373
Briquet, ?. 124
Broca, P. 81, 360
Brücke, E. W. 204
Bürger-Prinz, H. 103

Bumke, O. 145, 232f.
Burt, C. 179

Cajal, R. 362
Caruso, J.A. 347
Catel, W. 422, 427
Cerletti, U. C. 98, 319
Charcot, J.-M. 362
Chiarugi, V. 292
Christian, P. 347
Ciompi, L. 344
Claude, Ch. 227
Comte, A. 40
Condillac, E. B. de 40
Conolly, J. 266, 292
Conrad, K. 98, 114
Conrad-Martius, H. 424
Cooper, B. 434
Cranach, V. 365
Cullen, W. 225
Cumming, E. 440

Damerow, H. 266f., 294, 354
David, C. 220
Davies, D. L. 434
Degkwitz, R. 54, 365
Déjèrine, J.-J. 362, 364
Delay, J. 450
Delbrück, A. 451
Dement, W. 382
Denicker, P. 450
Descartes, R. 16, 22
Dilling, H. 365
Dilthey, W. 40f., 43
Dörner, K. 403, 437
Drye, R. C. 226
Dührssen, A. 196
Dussik, K. Th. 319

Ebbinghaus, H. 447
Edinger, L. 362
Ehrhardt, H. 422
Eisert, H.G. 379
Ekbom, K.A. 448
Elsässer, E. 103
Emminghaus, H. 360
Engel, G. L. 196f.
Erb, W.H. 361ff.
Erikson, E.H. 206f.
Esquirol, E. 265
Eysenck, H.J. 194, 372, 375

Fain, M. 220
Faltlhauser, V. 267
Fauser, A. 233
Faust, C. 91, 154, 450
Fechner, G. Th. 204
Federn, P. 215

Feldbausch, ?. 296
Fenichel, O. 123, 127, 205, 217
Feuchtersleben, E. Freiherr von E.
Fischer, F. 267
Fischer-Homberger, E. 225
Flemming, C.F. 452
Flersheim, ?. 297
Flügel, F.E. 326, 447
Fölling, A. 389
Foerster, O. 380
Forel, A. 280
Foulkes, R. 313
Fouquet, P. 145
Frankl, V. 347
Freeman, F.S. 179
Freedman, D. 214, 251
French, T. 317
Freud, A. 209f., 214, 244
Freud, S. 17, 81, 124, 127, 140, 175, 183, 198, 203f., 215, 217, 219, 236f., 243, 305f., 310, 316, 338, 377, 379, 447
Friedmann, L. 317
Friedrich II von Hohenstaufen 24
Friedreich, J.B. 290, 452
Friedreich, N. 361
Fromm, E. 24
Fromm-Reichmann, F. 214
Fürstenau, P. 214, 243f.
Fürstner, C. 296

Gadamer, H.-G. 41
Gaddum, J. H. 392
Ganser, S. 247
Gardiner-Hill, R. 266
Gaupp, R. 96, 103, 233
Gebsattel, V. von 43
Gehuchten, A. van 362
Gelineau, J. B. E. 450
Gibbs, F. A. 384
Gottesman, J. 396
Gowers, W.R. 362
Grace, W. J. 133
Graham, D. T. 133
Greenson, R. 306
Griesinger, W. 16, 81f., 267f., 279, 292, 354f., 360f., 363, 439, 449, 452
Grinker, R. R. 226
Großmann, A. 451
Grotian, ?. 145
Gruhle, H.W. 186
Gudden, B. A. von 266
Guislain, J. 297, 450

Haase, H. 344
Haase, H.-J. 322
Haeckel, E. 424
Häfner, H. 7, 404
Halders, P. 375
Hallen, O. 449
Hartmann, F. 206
Head, H. 362
Heinrich, K. 107
Heinroth, J.C.A. 16, 218, 451
Heisenberg, W. 168
Heiss, R. 451
Helmchen, H. 54
Helmholtz, H. 204
Henschel, S.E. 362
Henseler, H. 153
Hentschel, W. 424
Herbart, J. F. 204
Hess, R. W. 379
Heston, L. 396f.
Heyde, W. 423, 429f.
Higgins, J. 396
Hitzig, E. 360f.
Hoch, P. 227
Hoche, A.E. 49, 233, 360, 422, 425f., 428
Hoffmann, H. 103
Holmberg, C. G. 390
Holland, J.G. 375
Holst, E. von 230
Holt, R. 217f.
Holzkamp, K. 374
Hubach, H. 385
Huber, G. 178, 344, 448
Hume, D. 17, 40

Ideler, K.W. 451
Ilchmann-Christ, A. 417

Jackson, J.H. 233, 362
Jacobi, M.K.W. 290, 296, 452
Jacobson, E. 214, 216
Jakobi, M. 292
James, W. 280
Janov, A. 312
Janzarik, W. 102, 172
Jaspers, K. 13, 17, 170f., 187, 190f., 202, 233, 236, 240, 255, 451
Jauregg, W. von 319
Jennings, C. 284
Jensen, R. A. 179
Jetter, D. 264, 279
Jones, M. 315
Jost, A. 425
Jung, C.G. 188
Jung, R. 382

Kahlbaum, K. L. 95, 449f., 452
Kahn, E. 103, 227,234
Kallmann, F. 396
Kappers, A. 362
Karlsson, J.L. 397
Kernberg, O. 229
Kerschbaum, P. 373, 374
Kety, S.S. 397
Kisker, K.P. 236
Klaesi, J. 319
Klages, W. 181
Klein, G.S. 218, 317
Kleist, K. 81, 91, 96, 103, 115, 181, 231,234, 241, 447, 450
Kleitmann, N. 382
Klicpera, C. 54
Knight, R. 228
Kockott, G. 54
Köhler, W. 317
Koeppe, J.M. 300
Kolb. G. 267, 282
Kornhuber, H. 381
Kraepelin, E. 49f., 95f., 115f., 186, 231, 233, 241, 296, 372, 448, 450f.
Kretschmer, E. 93, 96, 103, 116, 227, 233, 240, 451f.
Kringlen, E. 397
Kulenkampff, C. 43

Laehr, H. 268, 354f.
Landolt, H. 385
Lange, J. 154, 227
Langelüdecke, A. 419
Langermann, J.G. 451
Laurel, C. B. 390
Leibbrand, W. 423
Lejeune, J. 395
Lempp, R. 154
Leonhard, K. 81, 96, 102f., 140, 145, 241, 364, 450
Lersch, P. 17
Leupoldt, J.M. 294
Lewin, B. 214
Lewin. K. 176
Lichtheim, L. 361
Liebig, J. 389
Liepmann, H. 81, 447
Lindpaintner, ?. 267
Locke, J. 17, 40, 291
Loewald, H.. 317
Lorenz, K. 230, 377ff.
Lorenzen, D. 352
Luborsky, L. 318
Lusseyran, J. 25
Luxenburger, H. 96

Mach, E. 201
Machover, S. 145
Magnan, V. von 231, 233
Magoun, H. W. 381
Maier, H.W. 449
Malan, D. 308, 316
Marburg, O. 362

Marie, P. 362
Marty, P. 220
Matthews, B. H. C. 384
Matussek, P. 145, 187
Mauz, F. 103
Meduna, L. 319f.
Mentzos, S. 102f., 125
Meyer, A.96, 224, 242, 280
Meyer, L. 266, 297, 361
Mielke, F. 422
Mikorey, M. 320
Mill, J. 377
Millart, K. 427
Mills, C. 362
Minkowski, M. 362
Mitscherlich, A. 422
Möbius, P.J. 95, 230
Mombour,W. 54
Monakow, C. von 362
Morel, B.A. 230f.
Moreno, J.L. 313f.
Morgan, H. G. 434
Moruzzi, G. 381
Moss, J.R. 284
Moynihan, ?. 428
Müller, Ch. 344
Müller, M. 232
M'Uzan, M. de 220

Naske, R. 186
Nasse, F. Chr. 361. 452
Neisser, C. 450
Neisser, D. 297f.
Neumann, H. 294
Neumann, H. N. 449
Nitsche, P. 423
Nonne, M. 362

Obersteiner, H. 362
Oppenheimer, H. 362f.

Paetz, A. 266, 300
Paikin, H. 397
Pauleikoff, B. 102
Pawlow, I.P. 17, 310f., 362
Penfield, W. 380
Perls, F. S. 312
Peters, U.H. 87, 116, 186
Petrilowitsch, N. 172
Piaget, J. 317
Pinel, P.265, 289f., 292f.
Ploog, D. 377, 379
Pöldinger, W. 150
Polatin, Ph. 227
Popper, E. 217, 227, 234
Presser, P.H. 419

Qincke, H.I. 361
Quint, H. 123

Rachmann, S. 375
Rapaport, D. 205, 217, 317
Rauschning, H. 423f.
Raymond, R. 362
Redlich, F. C. 214, 251
Reichardt, M. 153

Reil, J.Chr. 35, 290ff., 361, 452
Reimer, F. 352
Reinhard, C. 296
Reinwein, H. 361
Remschmidt, H. 54
Renner, A. 340
Rennert, H. 449
Repond, A. 281f.
Revers, W.J. 373
Rieger, C. 153
Ringel, E. 152f.
Rittershaus, E. 234
Roemer, H. 267, 282, 365
Rogers, C.R. 308f., 318
Roller, Chr.F.W. 260f., 290ff., 300, 353f.
Rosenfeld, M. 214
Rosenthal, D. 397
Rudolph, E. 262
Rüdin, E. 96
Rümke, H. C. 98, 451

Sahli, H. 361
Saint-Exupery, Antoine de 24
Sakel, M. 319
Schäfer, H. 431
Schäfer, R. 218, 317
Schewe, G. 419
Schmidt, M. 54
Schneider, K. 14, 82, 84, 96, 99, 102, 126f., 177f., 183, 187, 194, 223, 231, 234ff., 238, 241f., 251, 393, 451f.
Schneider, M. 388
Schrenk, M. 264f., 289f.
Schulte, W. 292, 297, 300f., 332, 365
Schultz-Hencke, H. 207, 237
Schultz, J. H. 310
Schulzinger, S. 397
Schwarz, H. 449
Scott, C. 214
Searless, H. 214
Selb, H. 311, 375
Shaw, E. 391
Shepherd, M. 434
Shields, J. 396
Simon, H. 267f., 282, 292, 300, 302, 437
Skinner, B.F. 311, 375
Slater, E. 396
Small, L. 317
Socarides, ?. 141
Solbrig, K.-A. 361
Sommer, R. 231, 280, 282
Spatz. H. 92
Spearman, C. E. 370
Specht, F. 179f.
Specht, G. 235, 361
Spitz, R. A. 24
Staehelin, J.E. 145
Stampfel, G. T. 311
Steinthal, ?. 447
Sterba, R. 317

Stern, W. 370
Stern, W.L. 179
Stertz, G. 85
Stierlin, H. 379
Stransky, E. 28, 234
Straus, E. 43
Strupp, H.H. 317
Strümpell, A. 231
Stumme, W. 7
Stutte, H. 417

Tanimukai, ?. 392
Tausch, R. 308
Tellenbach, H. 232
Thorndike, E.L. 447
Thudichum, J. W. L. 389
Tiling, Th. 233, 240
Thomsen, ?. 296
Tienari, P. 396
Tölle, R. 332
Tönnis, J. F. 381
Tuke, S. 289, 293

Uexküll, T. von 129, 194

Virchow, R. 170, 360, 443
Vaihinger, H. 201

Waelder, R. 194
Walter, W. G. 380
Ward, M.J. 21
Watson, J. B. 17, 447
Wechsler, D. 179, 370
Weinschenk, C. 85
Weitbrecht, H.J. 102f., 237
Weizsäcker, V. von 23, 347
Wender, P. H. 397
Wenders, P. H. 397
Werble, B. 226
Wernicke, C. 49, 81, 114, 241, 362, 447, 450
Westphal, C.F.O. 360, 365
Weygandt, W. 282
Wieck, H.H. 84, 87, 89f., 231, 237, 363, 448
Wiesenhütter, E. 347
Willi, J. 125
Willis, F. 289
Willis, Th. 360
Wilmanns, K. 233
Winkler, C. 362
Winkler, Th. 241
Whitman, C. O. 379
Wolff, Chr. 17
Wolff, O. H. 319
Wolpe, J. 311, 375
Woolley, D. W. 391
Würtenberger, Th. 417
Wundt, W. 17

Yatez, A. 376

Zeller, E.A. von 449
Zerbin-Rübin, E. 395f.
Ziehen, Th. 447
Zilbrog, G. 227
Zutt, J. 43, 145, 173

43. Sachverzeichnis

Abhängigkeit 141f.
- Alkaloidtyp 143
- Alkohol 69
- - Häufigkeit 349
- - ICD, V. Kapitel 251
- Amphetamintyp 69
- anthropologische Erklärung 145
- Barbiturattyp 69
- Barbiturat-/Alkoholtyp 143
- Behandlung 345
- Cannabistyp 69, 143
- Drogen 69, 141
- - Häufigkeit 349
- - andere, Begriffsbestimmung in der ICD 70
- Entziehungsbehandlung 144
- Entzugserscheinungen 144
- feeling 146
- Fehlhaltung 145
- Genese 144
- Halluzinogentyp 70, 143
- ICD. V. Kapitel 251
- Khattyp 143
- Kokaintyp 69, 143
- Medikamente 69, 141
- - Häufigkeit 349
- Morphintyp 69
- orale Stufe 145
- Persönlichkeit 145
- physische 142
- Psychostimulantien 69
- Therapie 144, 149
- - Ziel 149
- Weckamintyp 143
Abhängigkeitskonflikte 211
Abstinenzsymptome 148
Abteilung, geschlossene, Unterbringung 403, 404
- - - Gefährdung der Gesundheit 404
- - - Selbstgefährdung 404
- - - Suizidalität 404
- - - Unterbringung, Ethik 401f.
- - - Kritik 403
- - - Verwahrlosung 404
- - Allgemeinkrankenhaus 265, 268, 300, 353, 439
Abulie 190, 447
- Antriebsstörung 190, 447
- Depression, pharmakogene 326
- Neuroleptika 190, 447
- schizophrene Psychose 190
- Stirnhirnerkrankung 190
- Thymoleptika 190

Abwehr 206, 212
- Depression 209
- Kränkung 209
- interpersonale 209
- psychosoziale 209
- Trauer 209
- Verletztwerden 209
- Ziel 210
- Zwangsneurose 123
Abwehrmechanismus 209ff.
- Formen 210
- Neurosen 118
- Suizidhandlung 152
- Validierung 217
Abwehrstruktur, Persönlichkeitsstörungen 127
Abwehrtypen 211
Adoptionsstudien, Schizophrenie 397
ärztliches Gespräch 304f.
- - Schizophrenie 101
- - Gesprächs-Technik 26
- - zwischenmenschliche Begegnung 26
Ätiologie, Definition 200
Affekt 176
- Affektivität 104
- Denken 249
- Entwicklung 204, 206
- Hypothalamus, Neurophysiologie 380
- inadäquater 177
- Neurophysiologie 380
- Wahrnehmung 249
Affektinkontinenz 178
affektiv-vegetativ-triebhafter Bereich 104
affektive Psychose 60, 176f., 235, 445
- - siehe auch Psychose, affektive
- - ausgelöste 108
- - Denken 249
- - Diagnose 110, 111
- - Differentialdiagnose 110
- - endogene 108
- - epileptische Anfälle 111
- - Handeln 249
- - ICD, V. Kapitel 251
- - Konflikte 112
- - Lithium-Behandlung 111
- - Lithium-Prophylaxe 112
- - Pathogenese 109
- - Phase, abklingende 111
- - Prognose 108

affektive Psychose
- - psychoanalytische Deutung 237
- - Psychomotorik 249
- - Schlafentzug 111
- - Selbstmordgefahr 112
- - Symptom ersten Ranges 234
- - Symptomatik 234
- - Syndrom 111
- - Thymoleptika, trizyklische 111
- - Ursache (Ätiologie) 108
- - Vorstellen 249
- - Wahrnehmung 249
- Störung, typische 102
- Versandung, Schizophrenie 98
Affektivität 103, 167, 176
- Ansprechbarkeit 177
- Aspekte 104
- ,,Ausgangslage" 104, 177
- Definition 104
- - Jung. C. G. 176
- Drogen 105
- endokrine Vorgänge 104
- - - Kreislauf 104
- - - Vegetatives 104
- - - Verdauung 104
- Erregbarkeit, erhöhte 177
- herabgesetzte 177
- bei Hirngeschädigten 178
- körperliche Funktionen 104
- Lebenserfahrung 104
- Medikamente 105
- Mittellage 176
- Objektbezogenheit 178
- Persönlichkeit 104
- polare Struktur 176f.
- Psychose, schizophrene 177
- symptomatische 177
- - - chronische 89
- Psychosyndrom, hirnlokales 93
- - hirnorganisches 181
- Reaktionen 105
- Schizophrenie 96f.
- Störung 245
- Stumpfheit 177
- Verdrängen 105
Affektlabilität 178
- chronische symptomatische Psychose 89
Affektstörungen, Diagnostik 250
Aggressionen, Oligophrenie 157
- gegen das Selbst 118
Aggressionskonflikte 211

aggressive Impulse 211
Aggressivität 207
– Temporallappenschädigung 92
Agitiertheit 445
Agnosie 81, 366, 445
– akustische 445
– optische 445
– räumliche 445
– taktile 445
– Teilleistungsstörung 154
Agoraphobie siehe Phobie
– 116
Agraphie 81, 366, 445
Akalkulie 81, 366, 445
– Intelligenz 445
Akathisie, Psycholeptika 325, 327
Akoasmen 188, 445
Aktion psychisch Kranke 282
Aktivierung 267, 268, 302
Aktivität, Definition 181
– Depression, neurotische 121
Aktualneurose 219
Alexie 366
Alexithymie 199
Alkaloide, Toleranz 144
Alkohol 418
– Blutspiegel, Gutachten 415
– Toleranz 144
Alkoholabhängigkeit 69
Alkoholdemenz 56
Alkohol-Entzug 148
Alkohol-Halluzinose 56, 445
Alkohol-Intoleranz bei
Hirnleistungsschwäche 91
Alkoholismus 351, 445
Alkoholkater, ICD 252
Alkoholpsychose 55f.
Alkoholrausch 143, 446
– ICD 252
Alkoholtoleranz 327, 331
allogen, Definition 248
Altern, Psychiatrie 157
Altgedächtnis 449
– Psychose, chronisch symptoma-
tische 89
Altgedächtnisstörung 189
Ambivalenz, Schizophrenie 96
Ambivalenzkonflikt 193
Amenorrhoe; Psychose, affektive
107
Amentia (Verwirrtheit) 82
Amitriptylin 323, 325
Amnesie 85, 189
– anterograde 189
– kongrade 189
– Neurose, hysterische 124
– psychogene 82
– retrograde 86, 189
– – Neurophysiologie 380
– Schädel-Hirn-Trauma 160

Amphetamine, Abhängigkeit 341
– Psychose, luzide paranoid-hallu-
zinatorische 341
anaklitische Impulse 211
anal/zwangsneurotisch 118
anale Entwicklung 211
Anfall, epileptischer, Lithium 330
– extrapyramidaler 340
– – Psycholeptika 325
– Neurose, hysterische 124
Anfallsleiden, Häufgkeit 349
– traumatisches 162
Angestelltenversicherung 410
Angst 212, 219
– Abwehr 119, 209
– – Projektion 119
– – Versagen 119
– – Verschiebung 119
– alltägliches Erleben 193
– Bewußtseinsfeld 175
– Depression, endogene 110
– Differentialdiagnose der
Genese 119
– frei flottierende 119
– freisteigende 177
– Kastrationsangst 209
– körperliche Integrität 209
– Liebesverlust 209
– neurotische 208
– Psychoneurose 198
– Realangst 208f.
– Strafe 209
– Trennungsangst 209
– Vergessen 210
– Verlassenheitsängste 209
– Vermeidung 209
– Zwangsneurose 122
Angstbewältigung 209
Angstneurose 64, 117f., 198, 219
– Erregung, sexuelle 220
– Symptome, körperliche 220
Angstspannung 209
Anlage, Definition 238
– endogen 238
– erblich bedingte 239
– schizothyme 233
Anonyme Alkoholiker 148
Anorexia nervosa 72, 129
– – Klassifizierung, nosologische
138
– – Persönlichkeit 136
– – Psychodynamik 135
– – Symptomatik 135
– – Therapie 137
Anorgasmie 140
Anosognosie 81, 447
Anpassungsstörung 74f.
Anstalten, Ausrottungsanstalten
423
– psychiatrische 280, 361
– relativ verbundene 266
– psychiatrische, Adaptation 265

Anstalten
– Sammelanstalten 423
– Tötungsanstalten 423
Anstaltspsychiatrie 268
Anstaltsregime 302
Antipsychiater, Soziologie 442
Antipsychiatrie 436
– Grundpositionen 436
Antipsychotikum 446
Antrieb 190
– Definition 181
– Depression, neurotische 120
– Hirnleistungsschwäche 91
– spontaner 182
– organische Wesensänderung
162
Antriebshemmung, endogene
Psychose 183
Antriebskraft 181
Antriebsmangel 181
– endogene Psychose 183
– Grade 182
– hochfrontale Hirnschädigung
91
– Interesse 182
– Intoxikation, chronische 182
– klinisches Bild 181
– Orbitalhirnverletzung 162
– chronische symptomatische
Psychose 89
– Residualzustände, schizophrene
183
– Stammhirn 182
– Stirnhirnrinde, hochfrontale
182
– Stupor, katatoner 183
Antriebsminderung 450
– Depression, pharmakogene 326
– Lithium 329
Antriebsschwäche, Geronto-
psychiatrie 159
Antriebssteigerung 182
– Antriebsimpulse 182
– Betriebsamkeit 183
– Erregung, psychomotorische
183
– Intoxikationen, Schlafmittel 183
– Katatonie 183
– Rededrang 183
– Schilddrüse 183
– Stirnhirn, orbitaler Anteil 182
– Tatendrang 183
– Triebhaftigkeit 183
Antriebsstörungen 181
– Psychose, endogene 183
apallisches Syndrom 93, 445
Aphasie, motorische 81, 360
– Schädel-Hirn-Trauma 163
– sensorische 81
Aphemie 81, 360
Apparat, psychischer 175
Appetenzverhalten 377

Appetitzügler, Abhängigkeit 341
- Psychosen, luzide paranoid-
  halluzinatorische 341
Apraxie 81, 366, 446
- gliedkinetische 446
- ideatorische 446
- ideokinetische 446
- innervatorische 446
- konstruktive 446
- Teilleistungsstörung 154
Arbeit 268, 289
- psychoanalytische 305
- Rehabilitation 437
Arbeitsbündnis 306
Arbeitsfähigkeit 419
- Psycholeptika 327
Arbeitskreise, psychosoziale 282
Arbeitslosenversicherung 410
Arbeitstherapie 266, 287, 294
- Aktivierung 292
- Arbeit, Entgelt 294
- Arbeitsleistung 292
- Aufgaben 295
- Irrenanstalt 292
- Milieutherapie 294
- Schizophrenie 101
- Umschreibung 291
- Ziel 292
Arbeitsunfähigkeit 410
Arbeitsunfälle, Folgen 413
Arthritis rheumatica, Auslösungs-
  mechanismus, psychodynami-
  scher 134
- - Persönlichkeit 134
- - Therapie 135
- rheumatoide, Psychosomatosen
  129
Arzt, Behandeln 43
- Behandlung von Kranken bzw.
  Krankheiten 6
- Beruf, spezielle Begabung 25
- einzige Bezugsperson des
  Kranken 33
- Erklären 43
- Hausarzt 26
- Methode, geisteswissenschaft-
  liche 43
- - hermeneutische 43
- Mitleid 23
- psychisch Kranker 28f.
- - - zwischenmenschliche
  Beziehung 30
- Sachverständiger 26
- Verstehen 42f.
- Vorgehen, krankheitsorientiert
  287
- - personzentriert 287
Arzt-Patient-Beziehung 27
- Annehmen des Kranken als Per-
  son 32
- Demenz 32
- Führungsrolle 32

Arzt-Patient-Beziehung
- Gestaltung 31
- psychotherapeutische
  Techniken 32
- symptomatische Psychose,
  akute 32
Aspekt, Krankheitsmodell 8
- psychischer 7, 9, 15, 19, 238
- - Absehen vom Menschen 7
- - erfahrungswissenschaftliche
  Methoden 40
- psychologischer 239
- Reduktionscharakter 19
- reduzierende Wirkung 8
- somatischer 7, 9, 15, 19, 201
- - Absehen vom Menschen 7
- sozialer 19
- Voraussetzung für Wissenschaft
  39
Assoziation 17
- freie 195
- Klangassoziation 184
Assoziationspsychologie 202, 447
Assoziationsstörung, Schizo-
  phrenie 96
Asthma bronchiale 197
- - Auslösungsmechanismus,
  psychodynamischer 132
- - Persönlichkeit 132
- - Psychosomatosen 129
- - Therapie 132
- psychogenes 79
Asyle, ländliche 354
- Stadtasyle 354
Athymie, Schizophrenie 98
Atmungsorgane, funktionelle
  Syndrome 130
Auffassung, Psychosyndrom,
  hirnorganisches 181
Aufforderungscharakter 176
Aufklärung 406
- Prognose 406
Aufmerksamkeit, Bewußtseins-
  störung 174
- Hirnleistungsschwäche 91,
  161
- Neurophysiologie 380f.
- chronische symptomatische
  Psychose 89
- Schizophrenie 96
Aufwachen, Derealisations-
  erlebnis 126
Ausbildung, ärztliche, Psychiatrie
  202
- - Psychologie 202
Ausdruckskrankheit, primäre 129
- sekundäre 130
Ausdrucksstörungen, Schizo-
  phrenie 97
Ausdrucksverhalten 171
Ausrottungsanstalten 423

Außenpsychologie 17, 191, 377
- siehe Psychologie, Außen-
  psychologie
Außenwelt, Projektion 209
Autismus 447
- frühkindlicher 63
- Schizophrenie 94, 96, 98, 117
Autoaggression 141
autogenes Training 310
- - Gruppe 310
- - Lernvorgänge, konditionierte
  310
Automatismen, Schizophrenie 97
Autonomiekonflikte 211
Aversionstherapie, Abhängigkeit
  311

Balint-Gruppe 304
Bedeutungserlebnis, affektive
  Psychose 109
Bedürfnis, aggressives 207
- sexuelles 207
- vitales, Antriebsmangel 182
Beeinflussungserlebnis, leibliches
  234
- Schizophrenie 96
Beeinträchtigungswahn,
  präseniler 451
- - Gerontopsychiatrie 159
Befehlsautomatie, Schizophrenie
  96
Befriedigung, sexuelle 140
Befund, psychopathologischer 168
Begegnung, zwischenmenschliche
  23
- - Aggressionen 31
- - Angst 31
- - Arzt-Patient 25
- - Arzt-psychisch Kranker 27
- - Bezugsperson 24
- - Erfahrungswissenschaften 43
- - Sprache 25
- - Umschreibung 23
Begriffe, Tendenz zur Reinheit 245
Begutachtung (§ 81 a StPO) 410
- Unterbringung, psychiatrische
  Krankenanstalt, § 81 StPO 410
Behandlung, Aufklärung 404
- - Einwilligung 404
- - Leidensdruck 405
- - Suizidhandlung 405
- - Kritik 348
- - Malariabehandlung 320
- psychisch Kranke 261, 264
- psychoanalytische Aufklärung
  405
- - Ich 306
- - Kritik 337
- - Über-Ich 306
- sozialpsychiatrische 442
- stationäre 266

Behandlungserfolg 347
– Arbeitsfähigkeit 347
– Heilung 347f.
– Persönlichkeit 347
– Reifung 347
– Symptome 347
– psychopathalogische 347
– Tranquilizer 348
– Wohlbefinden 348
Behandlungsfälle 413
Behandlungsverfahren,
    Erprobung 405
– – Aufklärung 405
– – Selbstversuche 405
– Kritik 333, 337
– Nebenwirkungen 333
– psychotherapeutische 304
– – erlebnisorientierte 304
– – konfliktzentrierte 304
– – suggestive 304
– – übende 304
– Risiken 333
Behaviorismus 17, 203, 447
Behinderte, Euthanasie 155, 422
– geistig 35
– – § 218 StGB 429
– – Euthanasie 422
– – psychiatrisches Krankenhaus
    155
– Heim 157
– körperlich 35
– – § 218 StGB 429
– Kolonisierung 157
– Pflegeanstalt 157
– seelisch, Euthanasie 422
– Therapie 287
– Versorgung 157
– – psychiatrische 157
Behindertenwerkstatt 157
Behinderung, angeborene 154
– Definition 154
– erworbene 154
– geistige 155, 180
– – Angehörige 155
– – Häufigkeit 349
– – klinisches Bild 155
– seelische = psychische,
    Ursachen 155
Belagerungssyndrom 86
Benommenheit 173
– Unterernährung 390
Benperidol 324
Bereitstellungskrankheiten 129
Berufsgenossenschaften 412
Berufsunfähigkeit 413
– Rente auf Zeit 411
Beschäftigung 268, 289
Beschäftigungstherapie, Arbeit
    293
– Aufgaben 295
– Entwicklung 295
– funktionelle 295

Beschäftigungstherapie
– Irre 293
– Irrenanstalt 293
– Musik 293
– psychiatrische 295
– Schizophrenie 101
– Umschreibung 291
Besetzung 205
– affektive 113
– – Überzeugungen 113
– – Urteilsfähigkeit 113
Betäubungsmittel 321
Bettbehandlung 287, 302
– Anstalt, psychiatrische 298
– Anstaltsregime 298
– Arbeit 298
– Aufenthaltsräume 298
– Entwicklung 297
– Melancholie 297
– Milieu 299
– Psychiatrie, historische Entwick-
    lung 298
– Psychosen 298
– Ziel 298
Bewegung, stereotype 72
Bewegungsapparat, psychosoma-
    tische Störungen und Krankhei-
    ten 129
Bewegungsstereotypie, Schizo-
    phrenie 97
Bewegungstherapie, konzentrative
    299
– – Kommunikation 299
– – Kontakt 299
Bewegungtrieb 183
Bewußtes, relativ 175
– Vorbewußtes 175
Bewußtlosigkeit 82, 173, 189
– Erwachen 184
– Grade 173
– Psychose, traumatische 161
Bewußtsein 176, 205
– Denken 249
– Formatio reticularis 380
– Handeln 249
– Helligkeit 173
– Hirnstamm 380
– Neurophysiologie 380
– polare Struktur 173
– Psychomotorik 249
– Schizophrenie 97
– Schlaf 173, 380
– Vorstellen 249
– Wachbewußtsein 173
– Wachheit, Neurophysiologie
    381
– Wahrnehmung 249
Bewußtseinserweiterung, Drogen
    146
bewußtseinsfähig 205
Bewußtseinsfeld 174
– Einengung 175

Bewußtseinsfeld
– Erweiterung 175
– Umfang 175
Bewußtseinshelligkeit 174
– abnorme, Ablenkbarkeit 174
– – Angst 174
– – Bewußtseinsfeld,
    Erweiterung 174
– – Halluzinogene 174
– – Leistungsbereitschaft 174
– – Verunsicherung 174
– – Weckamine 174
Bewußtseinsinhalt 173, 446
Bewußtseinspsychologie 171
Bewußtseinsstörung, Diagnostik
    250
– EEG 250
– Neurose, hysterische 124
– psychogene 139
– Reaktionsverlangsamung 174
– Ursachen, Hirnerkrankung 174
– Wahninhalt 250
Bewußtseinsstrom 175
Bewußtseinsvorgang 173
Beziehung, ambivalente,
    Depression, neurotische 121
Beziehungsidee 115, 177
– affektive Psychose 109
– Gerontopsychiatrie 159
– Manie 110
Beziehungswahn 115
– sensitiver 452
Bezugsperson 206
– soziale 208
– zwischenmenschliche
    Begegnung 24
Bildungsfähigkeit, Oligophrenie
    156
biogene Amine, Mangel 392
– – Monoaminoxydasehemmer
    392
– – Reserpin 392
– – Stoffwechsel, Psycholeptika
    393
Blindheit, hysterische 219
– psychogene 197
Böker-Test 84, 448
Borderland 226
– of insanity 226
Borderland-Erkrankung 227
Borderline, Begriff 222, 226
– Definition 226
– states 102, 226, 228f.
– vegetative Dystonie 229
Borderline-Erkrankung 226, 228
– Neurose, schizoide 228
– Persönlichkeit, schizoide 228
– Psychoanalyse 229
– Schizophrenie, latente 228
Borderline-Fälle 235
Borderline-Syndrom 198f., 226,
    229

Borderline-Syndrom
- Diagnosenschlüssel, ICD 228
- Ich-Grenzen 229
- Ich-Schwäche 229
- Objektbeziehungen 229
- personality organisation 229
- Psychosen, affektive 226
- - endogene 226, 228
- - schizophrene 226f.
- - symptomatische 226f.
- - zyklothyme 227
- Reaktion, schizophrene 227
- Realitätskontrolle 229
- Schizoid 227
- Schizophrenie, ambulatorische 227
- - latente 227
- - pseudoneurotische 227
Bradyphrenie 184, 447
Bundessozialgericht 410
Bundessozialhilfegesetz 412
Bundesversorgungsgesetz 412
Butaperazin 324

Cannabis, Toleranz 144
Charakter, abnorm, Abhängigkeit 145
- hysterisch, Abhängigkeit 145
- neurotisch 199
- organische Wesensänderung 162
- schizoid, Abhängigkeit 145
- sensitiv, Abhängigkeit 145
- stimmungslabil, Abhängigkeit 145
- willensschwach, Abhängigkeit 145
Charakterneurose 126, 128, 196, 198f.
- Begriffsbestimmung in der ICD 66
- hysterische Persönlichkeit 198
- ICD, V. Kapitel 251
- Psychodynamik 128
- Psychotherapie 346
- Zwangscharakter 198
Charakterstörungen 198
- siehe Persönlichkeitsstörungen
- Differentialdiagnose Schizophrenie 100
- Störung, ich-synton 224
(Chlor)Perphenazin 324
Chlorpromazin 323
Chlorprotixen 323
Chromosomen, Aberration 394
- Identifikation 394
Clomipramin 325
Clopenthixol 323
Clozapin 323
Coenästhesie 178, 448
Colitis mucosa, psychogene 79
- ulcerosa 197

Colitis
- - Auslösungsmechanismus, psychodynamischer 131
- - Persönlichkeit 131
- - psychogene 79
- - Psychosomatosen 129
- - Therapie 132
Computertomographie 90, 162, 362, 421, 448, 451
Contusio cerebri 448
Contusionsherd 448
Cycloidie 233

Dämmerzustand 82, 86, 174, 235
- Aggressivität 86
- Bewußtseinsveränderung 86
- geordneter 86
- Halluzination, akustische 86
- - optische 86
- hysterischer 247
- - Bewußtseinsfeld 175
- psychogener 82, 139
- - Neurose, hysterische 124
- verworrener 86
- Wahnbildung 86
Daseinsanalyse, Interpretation der Schizophrenie 99
Dauerbadbehandlung 287
Dauerbäder 296
- Krankenhäuser, psychiatrische 297
- Wachabteilung 297
- Wachsaal 297
Debilität 80, 156
Degeneration siehe Entartung
- hepatolentikuläre 390
- - Differentialdiagnose affektive Psychose 111
- Sozialdarwinismus 424
Deliktfähigkeit 407
Deliktfolgen 408
Deliktvoraussetzungen 408
Delinquenz 199
Delirium 82, 85, 88, 174, 235
- Beschäftigung 85
- tremens 55
Dementia praecox 95, 236, 448
- - Autoerotismus, infantiler 237
- - Definition von E. Kraepelin 95
Demenz 88, 180, 448
- Alkoholdemenz 56
- andere körperliche Krankheiten, Begriffsbestimmung in der ICD 57
- arteriosklerotische 55
- Begriffsbestimmung 83, 90, 448
- Differentialdiagnose hirnlokales Psychosyndrom 93
- hirnorganische 81
- paralytische 84
- präsenile 55, 83

Demenz
- Schweregrade 91
- senile 54, 84
- traumatische 163
Demenzprozeß 84, 240, 245, 448
Denken 183
Denkstörung, Aktivitätssteigerung 184
- Enthemmung 184
- formale 184
- - Schizophrenie 94
- Haften 184f.
- Hemmung 184
- - Stupor 184
- Ideenflucht 184
- inhaltliche 184f.
- - Schizophrenie 94, 98
- inkohärentes 86, 184
- Manie 110
- Psychosyndrom, hirnorganisches 181
- Verarmung, Demenzprozeß 184
- Verlangsamung 184
- zerfahrene 184
Denkzerfahrenheit, Schizophrenie 98
Depersonalisation, neurotische 65
- Schizophrenie 98
Depersonalisationserleben 190
- Psychoneurose 198
Depersonalisationssyndrom 125
- Epilepsie, Temporallappen 125
- neurotisches 117
Depot-Neuroleptika, Übersicht s. Neuroleptika, Depot-Neuroleptika
Depression, Abgrenzung 192
- agitierte 109, 447
- akute symptomatische Psychose 87
- Altersdepression, Suizidhandlung 151
- Angstdepression 109
- Behandlung 341
- - Angst 341
- - Grübelzirkel 341
- - Hemmung 341
- - Stimulanzien 341
- - Tranquilizer 341
- Bewußtseinsfeld 175
- chronisch symptomatische Psychose 89
- chronisch verlaufende Behandlung 342
- - - endogene Lithium 342
- chronische, Psycholeptika 342
- Deprivation 283
- Einsicht, Krankheitseinsicht 106
- endogene 60f., 103, 106
- - agitierte 245
- - biogene Amine 392

Depression, endogene
- – – Differentialdiagnose 112
- – – gehemmte 245
- – – Gerontopsychiatrie 159
- – – Konflikt 112
- – – auslösender 113
- – – Konfliktstoff 113
- – – Konfliktthema 112
- – – Psychopharmaka, anregende 341
- – – Schuldgefühl 113
- – – Suizidhandlung 151
- – – Wahnbildung 245
- – Erlebnisse, belastende 106
- – Erschöpfungsdepression 110
- – Erstarrung 106
- – Gefühl, Gefühllosigkeit 106
- – – Hoffnungslosigkeit 107
- – Grübelzirkel 107
- – Herabgestimmtsein 107
- – juvenile, Suizidhandlung 151
- – larvierte 114
- – Lithium 342
- – monopolare 103
- – – periodische 107
- – neurotische 65, 116f., 120, 198, 210
- – – Differentialdiagnose 121
- – – Erscheinungsbild, klinisches 121
- – – Krankheitsbild 120
- – – Suizidhandlung 151
- – paranoid gefärbte, Neuroleptika 342
- – periodische 103
- – pharmakogene 326, 450
- – reaktive 199
- – – Thymoleptika 342
- – – Tranquilizer 342
- – Schlafentzug 342
- – Sedierung 342
- – Trauer 106
- – Traurigkeit 178
- – Versteinerung 106
- – Wahnidee, katathyme, Neuroleptika 342
- – Zwangsdepression 109
Deprivation 283, 448
Derealisation 190
Derealisationserlebnis 126
- Psychoneurose 198
- Schizophrenie 98
Derealisationssyndrom, neurotisches 117
Dermatitis, psychogene 79
Dermatozoenwahn 448
Desimipramin 325
Desorientierung, örtliche 85
- – Schädel-Hirn-Trauma 160
- zeitliche 85
- – Schädel-Hirn-Trauma 160

Deutsche Gesellschaft für soziale Psychiatrie (DGSP) 282
Deviation, sexuelle 139
- – Psychodynamik 140f.
DGPPT 350
Diagnose, Definition 254
- juristische, Strafprozeß 419
- krank 256
- Krankheit-Haben 254
- Krankheitsprozeß 255
- Kranksein 254
- Krankwerden 254
- medizinische, Strafprozeß 419
- Neuropathologie 256
- Neuropsychologie 256
- Pathogenese 256
- psychiatrisch-biologische Merkmale im § 20 StGB 419
- psychiatrische 254f.
- – chronische 255
- – Demenz 255
- – Läsion, organische 255
- – Oligophrenie 255
- – symptomatische Psychose, akute 255
- – Vigilanzstörungen 255
- psychische Krankheiten 256
- Symptome 256
Diagnostik, ätiologische 250
- – Bewußtseinsveränderter 250
- – Wahninhalt 250
- klinische 246
- Persönlichkeit 375f.
- psychiatrische 254, 366
- – Vorgehen 255
- psychische Krankheiten 256
- – Methoden 36
- Psychodiagnostik 256
- – Psychopathologie, Umschreibung 256
- – Vermögen, neuropsychologisches 256
- psychologische, Klinik, psychiatrische 376
- psychopathologische 256
- verhaltenstheoretische 375
Dibenzepin 325
Dimethacin 325
Dissozialität, frühe Störung 212
Dixyrazin 323
Domestikation 378
double-bind 209
Doxepin 325
Drogenabhängigkeit 69, 141f
- Verlauf 146
Drogenentzugssyndrom 56
Drogenmißbrauch 142f.
- Reaktion der Umgebung 147
Drogenpsychose 56f.
Drogenrausch, pathologischer 57
Durchgangssyndrom 90, 448
- Psycholeptika 328

Durchgangssyndrom
- Schädel-Hirn-Trauma 160
- Schweregrade 84
- Umschreibung 84
Dysästhesie 448
- psychogene 197
Dysphorie 449
Dysregulation, neurovegetative 194
Dystonie, Psycholeptika 325
- vegetative 194

Echopraxie, Schizophrenie 96
EEG siehe Elektroenzephalogramm
ego-distortion 213, 243
Egozentrik 125
Eifersuchtswahn 115, 187, 240
- alkoholischer 56, 446
- Prozeß, psychischer 240
Eigenantrieb 92
Einheitspsychose 50, 449
Einrichtung, flankierende 440
- gemeindenahe 440
- halbstationäre 440
- psychiatrische 440
Einschlafen, Derealisationserlebnis 126
- EEG 381
Einwilligung in Tötung 425
Einzeltatbestände, Seelenleben 171, 190f., 202
Ekstase 449
- Manie 110
Ekzem, psychogenes 79
Elektroenzephalogramm (EEG) 381
- abnorme Persönlichkeit 386
- Alkohol-Entzugs-Psychose 385
- Allgemeinveränderungen, Schädel-Hirn-Trauma 160
- Barbiturat-Entzugs-Psychose 385
- Bewußtlosigkeit 383
- endogene Psychose 384
- Entstehungsort 381
- Epilepsie 384
- Epilepsie-Psychose 385
- Grundrhythmus 382
- Hirnschädigung, frühkindliche 385
- Medikamentenwirkung 386
- Narkose 383
- pathologische Veränderungen 382
- Psychose, symptomatische 384
- – – lucide 384
- – toxische 383
- – traumatische 384
- Schizophrenie 384
- Schlaf-EEG 450

Elektroenzephalogramm
- Wachbewußtsein, Störungen 383
- Wesen 381
Elektroenzephalographie 362
- siehe Elektroenzephalogramm
Elektroschockbehandlung 319
- Katatonie, perniziöse 319
- Phase, depressive 319
- Psychose, affektive 319
- - endogene 319
- Schizophrenie 101
Emotionalität 103
Emotionen, Affektivität 104
- Entwicklung 204, 206
Empirie 200
- Definition 201
- psychiatrische 201
- „reine" 201
Empirio-Kritizismus 201
Empirismus 39
- Definition 201
- Kritik 40
Encephalitis lethargica 92
Encephalon 449
Encephalopathie 449
Encounter-Gruppe 312
Endhandlung 377
- arteigene 378
- Auslösungsmechanismus, angeborener (AAM) 378
- Auslösung 378
- Schema, angeborenes (Lorenz) 378
endogen, Bedeutung, Entwicklung 232
- Begriff 230, 232
- - Einführung in die Psychiatrie 231
- - historisch 230
- Definition 237
- Endon 232
- Lebenskraft 232
- Leerlaufreaktion 230
- Verhaltensphysiologie 230
- Zentralnervensystem 230
endogene Depression, siehe Depression, endogene
- Psychose 169
- - Definition 237
- - Disposition, erbliche 237
- - Eigengesetzlichkeit 237
- - Genetik, formaler Erbgang 397
- - ICD 252
- - siehe Psychose, endogene
endokrines System, psychosomatische Störungen und Krankheiten 129
Energetika 321
energetisches Potential, Verlust, Schizophrenie 98

Energie, psychische 181
Enkopresis 73
Enquête-Kommission 282, 353
Entartung 230
- Fehlverhalten 231
- Idiotie 231
Entfremdungserlebnis 178
- Schizophrenie 98
Entfremdungsgefühl 190
Entgiftung 148
Enthemmung 182
- Orbitalhirn 182
- Orbitalhirnschädigung 92
- Stammhirn 182
Entmündigung 407
- Geisteskrankheit 420
- Geistesschwäche 420
Entschädigungsrecht 412
Entwicklung 117
- Abhängigkeit 240
- abnorme 245
- - spezielle Formen 141
- Definition 238
- Drogen 240
- gestörte 208
- Konstitution 242
- Medikamente 240
- Mißbrauch 240
- neurotische 196, 199, 246
- - Suizidhandlung 152
- normale 240
- paranoide 215, 245
- psychische Krankheit 200
- psychologisch verständliche 240
- psychosexuelle 206, 211
- Residuum 240
- Restzustand 240
- sensitive, Psychoneurose 198
- spezielle 239
- süchtige 245
- Umschreibung 239
- Verlauf 239
- Wahn 240
- wahnhafte 113
Entwicklungskonflikt 213
Entwicklungskrise 417
Entwicklungsprozeß 238ff.
- fortschreitender 239
- psychologisch verständlicher 240
Entwicklungspsychologie, psychoanalytische 204, 206
Entwicklungsrückstände, intellektuelle 180
- umschriebene 78, 153
- frühe Störungen 118
- Konfliktverarbeitung 118
- Krankheitsprozeß 240
Entwicklungstäter 417
- frühe Störung 243
Entziehungserscheinungen 148
- Abhängigkeit 144

Entziehungserscheinungen
- Alkohol 418
- Anfälle, epileptische 418
- Delirien 418
- Drogenmißbrauch 143
- Schlafmittel 418
- Tranquilizer 418
Entziehungskur, Rauschmittel 147
Entzugsdelir 148
Entzugsbehandlung, Rückfall 148
Entzugssyndrom, Drogen 56
Enuresis 73
Enzephalitis, epidemische 182
- luetische 84
Epidemiologie, psychiatrische 433
- Diagnose 433
- Fall 433
- Grundlage 433
- Krankheiten, psychische 433
- Krankheitsbild 433f.
- psychiatrische 433
- psychische Störungen 434
- Psychologie, Innenpsychologie 433
Epilepsie, Dämmerzustand, Bewußtseinsfeld 175
- Denken 249
- endogene 247
- - Stoffwechselkrankheiten 247
- forcierte Normalisierung 385
- Genese, Hirnschäden, frühkindliche 247
- - Hirntumoren 247
- Neurophysiologie 381
- Temporallappen, Depersonalisations-Syndrom 125
Erbanlage 238
Erbgesundheitsgesetz 269, 394
Erfahrungswissenschaften 39
- ärztliche Tätigkeit 44
- Geisteswissenschaften 40
- Naturwissenschaften 40
- Positivismus 39
- Sensualismus 39
Erinnerungsinsel 85
Erinnerungslücke 85
Erinnerungsstörungen, Formen 86
Erklären 40
- Natur 43
- somatischer Bereich 202
Erklärungswahn 448
Erleben, alltägliches 193
- bewußtes 171, 239
- eigener Körper 206
- neurotisches 193
Erlebnis, traumatisierendes 116
Erlebnisreaktion, abnorme 236
- paranoide 116
Erregbarkeit, Oligophrenie 157
Erregungszustand, reaktiver, ICD 252
- psychogener 139

Erregungszustand
- Schizophrenie 97
Erschöpfungszustand 139
- Antriebskraft 182
- Konzentrationsfähigkeit 185
Erwerbsfähigkeit 410
Erwerbsunfähigkeit 413
- Rente auf Zeit 411
Erythrophobie siehe Phobie
Eßstörungen 73
Ethik, Abteilung, geschlossene 401
- Aufklärung 401
- Einverständniserklärung 401
- Psychiatrie 401
Ethologie 239, 377
- Anlage 377
- Behaviorismus 377
- Psychiatrie 379
- Triebtheorie, psychoanalytische 377
- Umschreibung 377
- Umwelt 377
- Verhalten, angeborenes 377
Etikettierungstheorie 433
- Soziologie 432
- - Gesellschaft 432
Euphorie 449
- Abgrenzung 192
- Halluzination 249
- chronische symptomatische Psychose 89
- Wahnvorstellung 249
Euthanasie 269, 422
- aktive 428
- Arzt 429
- Auswirkung auf Ausführende 429
- Begriff 427
- direkte 427
- im Dritten Reich 422
- im engeren Sinne 427
- freiwillige 428
- geistesgeschichtlicher Hintergrund 423
- geistig Behinderte 155
- indirekte 427
- Menschenrechte 428
- reine 427, 429
- im weiteren Sinne 427
Euthanasie-Aktion 422
- Ablauf 423
- Ärzte, beteiligte 422
- Ärzteprozesse 422
- Motive 426
Euthanasiebewegung, England 427
- heutige 28
- USA 427
Euthanasiegedanke, neuere Entwicklung 427
Euthanasie-Gesellschaft 428
Evidenzerlebnis 186

Exhibitionismus 68, 139
- Oligophrenie 157
exogen, Bedeutung, Entwicklung 232
- Begriff 230
- - historisch 230
- - psychologischer 231
- Hirnerkrankung 231
- Hirnschädigung 231
- Intoxikation, Autointoxikation 231
exogene Noxen, Gehirn 82
- Psychose, allogene 248
- - organische 231
- - somatogene 248
extramural 449
extramurale Versorgung, Nervenärzte 439

Familientherapie 448
Faseln 184
feeling, Drogenmißbrauch 143
Fehlentwicklung 239
- geistige Behinderung 155
- bewußte Konfliktsituation 117
- neurotische 117
Fehlhaltung 200
- geistige Behinderung 155
- Suizidhandlung 152
Fetischismus 140
Fettsucht 129
flash back, Abhängigkeit 144
Floropipamide 323
Fluanisone 323
Fluchtreaktion 139
Flupentixol-decanoat 324
Fluphenazin 324
Fluphenazin-decanoat 324
Fluspirilene 324
Formatio reticularis, Wachbewußtsein 381
Fremdanregbarkeit 92
Fremdantrieb 181
Fremdwertgefühl 176
Freude, Affektivität 104
Frigidität 68
Frontalhirn-Syndrom 75
Frontalhirnverletzung 177
frühe Störungen 198f., 211, 214
- - Anlage 242
- - Formen 198, 212
Frustrationstoleranz 118
Fürsorge, offene 269
- - Erlanger System 267
- - Gelsenkirchener System 267
- soziale, Menschenrecht 284
funktionelle Störungen, Begriffsbestimmung in der ICD 71
- - Atmungsorgane 71
- - endokrine 71
- - Haut 71
- - Herz 71

funktionelle Störungen, Begriffsbestimmung in der ICD
- - Kreislauf 71
- - Magen-Darm-Trakt 71
- - Muskulatur 71
- - Sinnesorgane 72
- - Skelettsystem 71
- - Urogenitalsystem 71
Funktionspsychose 84, 231
- Definition 237
- Durchgangssyndrom 84
- Syndrom — Test nach Böcker 84

Galaktorrhoe 449
Gangstörung, hysterische 219
Gedächtnis, Altgedächtnis 449
- Definition 189
- Neugedächtnis 449
- Neurophysiologie 380
Gedächtnisbesitz 189
Gedächtnislücke 189
Gedächtnisstörungen 189
- Arten 189
- hysterische 124
- Psychosyndrom, hirnlokales 93
- - hirnorganisches 181
- Unterernährung 390
Gedankenausbreitung 234
- Schizophrenie 96
Gedankenbeeinflussung 234
- Schizophrenie 96
Gedankenentzug 234
- Schizophrenie 96
Gedankenlautwerden 234
- Schizophrenie 96
Gefährlichkeit psychisch Kranker 404
Gefühl, Fremdwert 176
- Gefühllosigkeit 106
- Kraft 176
- Leibgefühl 176
- Minderwertigkeit 176
- Schuld 176
- Selbstgefälligkeit 176
- Selbstgefühl 176
- Sicherheit 176
- Überlegenheit 176
Gefühllosigkeit, Gefühl 177
Gefühlsleben 103
- siehe Affektivität 176
Gefühlsverarmung, erlebte 234
- Schizophrenie 96
Gegenstandskatalog 6, Kap. 43
Gegenübertragung 204
Gehirn 387
- Biochemie 387
- biogene Amine 391
- Durchblutung 388
- Energiebedarf 387
- Energiestoffwechsel 391
- Entwicklungsphasen 387
- exogene Noxen 82

Gehirn
- Intoxikationen 82
- Ödem 389f.
- Organ der Psyche 236
- Sauerstoffmangel 390
- Sauerstoffverbrauch 388
- Serotonin 391
- Störungen der biochemischen Vorgänge 389
Gehirnmark, frontales 182
Gehirnschädigungen, Oligophrenie 156
Geisteskrankenfürsorge, offene 266
Geisteswissenschaften, Gegenstand 41
- Methodik 41
- objektive Erkenntnis 42
- Verstehen 41
Geltungssucht 125
Gemeinschaft, therapeutische 315
- - Psychiatrisches Krankenhaus 315
Gemütserregung, Affektivität 104
Genese, Definition 200
- Krankheiten, psychische 231
- - - endogen, Umschreibung 230f.
- - - Persönlichkeitsstruktur 247
- - - psychogen, Umschreibung 246
- - - symptomatisch, Umschreibung 248
Genetik, Adoptionsstudien 396
- - schizophrene Erkrankungen, Genese 397
- Genese psychischer Krankheiten 394
- Methoden 394
- psychischer Krankheiten 394
- Psychiatrie 394
- Schizophrenie 394f.
- Umwelteinflüsse 394
Gerontopsychiatrie 158
- klinische Bilder 158
Geschäftsfähigkeit 407, 413, 419
- Beeinträchtigung 420
- - Bewußtlosigkeit 420
- - Dämmerzustände, epileptische 420
- - - hysterische 420
- - Delirien, Fieber 420
- - lucida intervalla 420
- - Schlaftrunkenheit 420
- beschränkte 407, 420
- Gesetz, Definition 415
Geschäftsunfähigkeit 407
Geschlechtsidentität 207
Geschlechtstrieb 183
Gesetzbuch, Bürgerliches 407
Gespräch, ärztliches 304
- - beratendes 304

Gesprächspsychotherapie, siehe Gesprächstherapie
Gesprächstherapeuten, Anzahl 350
Gesprächstherapie 302, 308
- Desensibilisierung 309
- Empathie 318
- Fokaltherapie 309
- klientenzentrierte 304
- Konfliktbearbeitung 308
- Konflikte, bewußte 308
- Persönlichkeitsstörungen 128
- Spiegeln 309
Gestalten 299, 302
- Entwicklung, seelische 299
- Gesprächstherapie 299
- Ich-Defekt 299
Gestalttherapie 306, 308
- Übertragungsphänomen 312
Gesundheit, Definition 431, 442
- Menschenrecht 284
Gesundheitsamt 349, 440
Gewichtsverlust, Psychose, affektive 107
Gewissen, Depression, neurotische 121
- Masochismus, psychischer 121
Gewöhnung 142
Gießen-Test 372
Glücksgefühl, Manie 110
Gnadentod 422f.
Greifreflex, apallisches Syndrom 93
Grenzpsychose 102
Größenidee 177
Größenwahn 187f.
- Schädel-Hirn-Trauma 160
Grübelzirkel, depressiver 107
Grundbefindlichkeit, psychische 249
- - Affektivität 249
- - Wachbewußtsein 249
- - Vigilanz 249
Grunderfahrung, affektive 105
- krank 167, 171, 186
Grundpersönlichkeit 126
- Persönlichkeitsstörungen 127
Grundstörung, affektive 101f., 106
- schizophrene 101
Gruppe, fallzentrierte, Medizin, somatische 304
- gestalttherapeutische 313
- individualpsychologische 313
- verhaltenstherapeutische 313
Gruppenpsychotherapie 304, 313, 314
- analytische 313
- siehe Psychotherapie, Gruppenpsychotherapie
Gutachten, Abfassung 418
- Alkohol, Blutspiegel 415
- Aussagen, Agnostiker 419

Gutachten
- - Gnostiker 419
- Diagnose 416
- Erstellung 420
- Hirnstromkurven 415
- Krankheitsdiagnose 416
- Methode, biologisch-psychologische 413f.
- Privatrecht 414
- Strafrecht, Sicherheit der Aussage 414
- Test, psychologischer 414f.
- Verstehen 416
Gutachter, Arzt, behandelnder 420f.
- Aufgabe 414
- - Bundesversorgungsgesetz 414
- - Entmündigung 414
- - Entschädigungsgesetz rassisch und politisch Verfolgter 414
- - Fähigkeit, seine Angelegenheiten zu besorgen 414
- - Schuldfähigkeit 414
- - Unfallversicherung 414
- forensisch psychiatrischer, Aufgabe 413
- Schweigepflichtentbindung 421
- Testierfähigkeit 414
Gutachterauftrag, Befangenheit 421

Haftpsychose, Sinnestäuschung 247
- Wahn 247
Haftreaktion 116
Halbierungserlaß 37, 449
halbstationäre Einrichtung 439
Halluzination, affektive Psychose 110
- akustische 188, 447, 451
- - Diagnostik 250
- - Neuroleptika 344
- - Neurophysiologie 380
- Definition 185, 202
- Diagnostik 250
- Genese 187
- - psychoanalytische Deutung 215
- hypnagoge, Derealisationserlebnis 126
- katathyme 449
- - Körperhalluzination 188
- - Gerontopsychiatrie 159
- optische 188
- - Hirnschädigung, okzipitale 172
- - Psychose, schizophrene 172
- - - symptomatische 172
- - Schizophrenie 98
- szenische, Neurophysiologie 380

Halluzination
- taktile 188
Halluzinogene 418
- flash back 144
- Serotoninmangel 391
- symptomatische Psychose 148
Halluzinose 188, 449
- Alkohol-Halluzinose 56, 445
- Schädel-Hirn-Trauma 160
Haloperidol 324
Haltungsverharren, Schizophrenie 97
Haschisch 418
- Intoxikationspsychose 418
- symptomatische Psychose 148
Hautkrankheiten, psycho-
  somatische Störungen und
  Krankheiten 129
Hebephrenie 58, 95, 448
Heboid 449
Heilanstalten 294
Heil- und Pflegeanstalt 265f., 294
- gemischte 266
- Krankengut 201
- Krankenhaus, psychiatrisches
  155
- relativ verbundene 266, 300, 354
- Totalversorgung 268
Heilbarkeit psychisch Kranker
  266, 270, 300, 354, 437
Heiler 286
Heime, psychisch Kranke 294
Hemisphäre 367
- dominante, Neurophysiologie
  380, 448
- nicht dominante, Neurophysio-
  logie 380, 448
- rechte 366
- subdominante 448
Hemisphärendominanz 366, 448
Hemmung, alltägliches Erleben
  193
- depressive 245
- Depression, pharmakogene 326
Heranwachsende, Beurteilung der
  Reife 416f.
- Marburger Richtlinien 417
Heroin 418
- Mißbrauch 143
Herzhypochondrie 120
Herz-Kreislauf-System, psycho-
  somatische Störungen und
  Krankheiten 129
Herzneurose 116, 119, 197
- Therapie 120
Herzphobie 118, 197
Heterozygoten 395
Hilfsverein 269, 437
- Außenfürsorge 267
- psychisch Kranke 267
Hirnatrophie, Picksche 366
Hirnhemisphären 336, 448

Hirnleistungsschwäche 84, 88, 91
- Differentialdiagnose organi-
  sches Psychosyndrom 93
- Grundumsatz 91
- Hungerdystrophie 390
- Infektionskrankheiten 161
- irreversible 161
- Konzentrationsstörung 91
- reversible 161
- Temperaturschwankung 91
Hirnödem 450
- Psychose, traumatische 161
Hirnpathologie 360
- klinische 366
Hirnrindenprellungsherd 161
- Orbitalhirn 161
- Schläfenhirn 161
- Stirnhirn 161
Hirnschädigung 181
- bleibende, ICD, V. Kapitel 251
- Denken, Verlangsamung 184
- Intelligenzstörung 75
- Persönlichkeitsstörung 75
- postkontusionelles Syndrom
  76
- psychische Störung 75
- Schweregrade, ICD 253
- umschriebene 90
- - Folgen 181
Hirnstammsyndrom 92
Hirnverletzungsfolgen,
  apallisches Syndrom 163, 446
- Bewußtseinsstörungen 163
- Epilepsie 163
- Hirnleistungsschwäche 163
- psychische 160
- Syndrom, amnestisches 163
- Verhaltensstörung 163
- Werkzeugstörungen 163
- Wesensänderung 163
Homofenazin 323
Homosexualität 68, 139
Hospitalismus, bakterieller 286
- psychischer 241, 292, 437
Hungerdystrophie, Koma 390
Huntington Chorea 240
Hydrocephalus externus 449
- internus 449
- - Psychose, traumatische 161
Hydrotherapie 302
- Anstalt, psychiatrische 296
- Entwicklung 296
- Erregung 297
- Manie 297
- Melancholie 296f.
- Neurosen, Behandlung 297
- Psychosen, Behandlung 297
- Schlaf 297
Hygiene, Volkshygiene, Behinde-
  rung 424
- - Krankheit 424f.
- - Leiden 424

*Hygiene, Volkshygiene, Behinde-
rung*
- - Leistungsfähigkeit, persön-
  liche 424
- - - soziale 424
- - Tod, freiwilliger 424
Hyperkinese, initiale extrapyrami-
  dale, Psycholeptika 327
- orale, Psycholeptika 327
- persistierende, Psycholeptika
  327
- Schizophrenie 96
Hypermnesie 86
Hyperthyreose, Auslösungsmecha-
  nismus, psychodynamischer 133
- Persönlichkeit 133
- Psychosomatosen 129
- Therapie 133
Hypertonie, essentielle 197
- - Auslösungsmechanismus,
  psychodynamischer 133
- - Persönlichkeit 133
- - Psychosomatosen 129
- - Therapie 133
Hypnorex (Lithium-carbonat) 325
Hypnose, Angst 309
- Definition 309
- Konflikt 310
- Symptome, neurotische 309
Hypnotika 321
Hypochondrie 118, 120, 449
- chronische 120
- Genese, psychodynamisch 120
- Herzhypochondrie 120
- zirkumskripte 449
Hypokinese 322
Hypomimie 322

ICD, V. Kapitel 52, 251
- - Aufbau 52
- - Glossar 52
- - Krankheitsbild 52
- - 9. Revision, allgemeine
  Umschreibung 54
Ich 450
- Definition 190
- Es 190
- Kompromißschließung 212
- psychische Instanz 190
- Reizbewältigung 190
- Selbsterhaltung 190
- Über-Ich 190
- Verdrängung 190
- Verhalten, aggressives 243
- Zensur 190
Ich-Bild 119
Ich-Defekt 213
- Delinquent 243
- Dissozialer 243
- Gemütskalter 243
- Schizoider 243
ichdyston 128

Ich-Entwicklung 119
- Fehlverhalten 243
Ich-Erleben, Störungen 190
Ich-Fremdheit 194
- Derealisationserlebnis 126
Ich-Funktion, Derealisations-
  erlebnis 126
- Hypochondrie 120
Ich-Ideal 205
Ich-Komponenten 212
Ich-Leistung 243
Ich-Schwäche 119, 213
- Abhängigkeit 149
- Entwicklungsstörung 213
Ich-Störung 190
- Abhängigkeit 145
- Abwehrorganisation 220
- Defekt 243
- Neuroleptika 344
- Objektbeziehung 220
- akute symptomatische Psychose
  87
- Psychotherapie 244
- Schizophrenie 98
- Verhalten 243
- Zwangsneurose 123
ichsynton 128
Ich-Theorie 202
Ich-Versagen 215
Ich-Versatzfunktion 243f.
- Perversion 243f.
- psychosomatische Störung 243f.
Ich-Verzerrung 127, 243
Idee, überwertige 114
Ideenflucht 184
Identifizierung 210f.
Identität, Geschlechtsidentität 207
Idiotie 80, 156
- juvenile amaurotische, Hetero-
  zygoten 395
Illusion, Definition 185
- Genese 187
- Klinik 188
Imbezillität 80, 156
Imipramin 323, 325
Impotentia coeundi 140
- generandi 140
- satisfactionis 140
Impotenz 68
- Formen 140
Impulse, anal-sadistische, Zwangs-
  neurose 123
- Formen 211
Impulse, narzißtische 211
- Zwangsneurose 122
Impulsivität, Schizophrenie 96
Infantilität 125
Inkohärenz, Definition 184
Innenpsychologie 17, 191
Instanz, psychische 175
Instinkt, Hypothalamus, Neuro-
  physiologie 380

Instinkt
- limbisches System, Neuro-
  physiologie 380
- Mandelkern, Neurophysiologie
  380
Instinktbewegung, Ausdrucks-
  bewegung 378
- Reizerzeugung, endogene 378
Instinktfehler 379
Instinktverhalten 378
- Libido-Theorie 379
- Lustprinzip 379
Insulinbehandlung 319
- Schizophrenie 101
Intellektualisierung 210f.
Intelligenz, Antrieb 179
- Auffassungsgabe 179
- Begriff 179
- Definition 370
- Denken 179
- Gedächtnis 179
- Konzentrationsvermögen 179
- Lernen 179
- Lernfähigkeit 179
- Merkfähigkeit 179
- Reifen der Persönlichkeit 179
- Schizophrenie 96
- Schulleistung 179
- Teilleistungsstörungen 153
- Urteilsfähigkeit 179
- Wesensänderung, organische
  162
- Zwillinge, eineiige 179
Intelligenzmängel, erworbene,
  Ursache 181
Intelligenzquotient 179, 369f.
Intelligenzstörung 179f.
- angeborene 180
- erworbene 180
- Persönlichkeit 180
Intelligenzstrukturtest 371
Intelligenztest 179
- Hamburg-Wechsler, Handlungs-
  teil 370
- - Test, Untertest 370
- - Verbalteil 370
- - Verhaltensbeobachtung 371
- Raven-Test 371
Intensivmedizin 93, 287, 428
intentionaler Bogen 184
Interaktionsprozeß, affektiver 204
International Classification
  of Diseases (ICD) 52
Intervention, psychoanalytisch
  305
Interviewtechnik, psychoanaly-
  tische 195
Intoxikation 126
- Beurteilung rechtlicher Auswir-
  kungen, Blutspiegel 417
- - - Drogen 417

Intoxikation
- - - Medikamente, zentralan-
  greifende 417
- chronische, Gerontopsychiatrie
  159
- - Rauschmittel 147
- Denken, Verlangsamung 184
- Gehirn 82
- Konzentrationsfähigkeit 185
intramural 449
Introjektion 210
Intuieren 188
Intuition, Definition 188
Invalidenversicherung 410
Involutionsparanoia 115
Inzidenz, psychische Krankheit
  434
Irre 35f., 264, 291, 442
- Aufklärung 264
- Gesellschaft 437
- Heilbarkeit 265
Irrenanstalt 265, 267, 289
- Fürsorge, offene 267
- koloniale, Pavillonsystem 300
- Umschreibung Roller, Johann
  Christian 265
- Verpflegung, familiäre 267
Irrenasyl 265
Irrenhilfsverein 281
Irresein, degeneratives 231
- Entartungsirresein 233
- manisch-depressives siehe
  Psychose, affektive
Irritation, spinale 225
- zerebrale 225
Isolation 289
Isolierung von Affekt 210f.
- Inhalt 210f.

Jugendgerichtsgesetz 409
- Schuldfähigkeit 409
Jugendliche, Reife, Beurteilung
  416
- Reifegrad, Beurteilung 417
- Marburger Richtlinien 417
Jugendpsychiater, niedergelassene
  350
Jugendstrafe 409

Kanner-Syndrom 447
kaptativ 207
kardiovaskuläres System, funktio-
  nelles Syndrom 130
Kastrationsangst 209
Katalepsie, Schizophrenie 96
Katastrophenreaktion 139
katathym 113, 449
Katatonie 59, 95, 448
- perniziöse, Elektroschock 320
Ketten 437
- Befreiung 265
Kinästhesie 449

Kinder- und Jugendpsychiatrie
157
Kinderpsychiater, niedergelassene
350
Kindesalter, hyperkinetisches
Syndrom 78
Kindes- und Jugendalter,
Störungen 77
Kindheit, Konflikt 246
Klangassoziation 184
Klassifikationssystem 50
– künstliches 50
– natürliches 50
– Problematik 253
– Dokumentation 253
– ICD, Nervenärzte, niedergelas-
sene 253
– – Problematik 252
– Problematik, ICD, V. Kapitel
253
Klaustrophobie siehe Phobie
Kleinheitswahn 187f.
Knappschaftsversicherung 410
Körperbild 206
– Derealisationserlebnis 126
– Hypochondrie 120
Körperhalluzination 188
Körpersprache, Psychosomatose
197
Kokain, Toleranz 144
Kolonisierung 266
Koma 83, 173
– Sauerstoffmangel 390
– vigile siehe apallisches Syndrom
Komplexe 208
Kompromißbildung 208f.
– Konflikte 118
Konfabulation, Schädel-Hirn-
Trauma 160
Konflikt, Abhängigkeitskonflikt
207, 211
– Abwehrkonflikt 212
– Aggressionskonflikt 211
– aktueller 208, 212, 247
– alltägliches Erleben 193
– Ambivalenzkonflikt 193
– Arten 211
– Ausgang, Ich-Störung,
strukturelle 214
– Autonomiekonflikt 211
– dyadischer 207
– emotionaler 193
– endogene Depression 112
– Entwicklungskonflikt 213
– Genese 208
– infantiler 118, 194, 208, 212
– innerer, Dissozialität 243
– – Fehlverhalten 243
– – Kriminalität 243
– – sexuelle Devianz 243
– – Suchtverhalten 243
– internalisierter 208

Konflikt
– intrapsychischer 207
– Konversion 197
– neurotischer 208
– ödipaler 207, 209, 211
– pathogener, seelischer 208
– Reaktualisierung 212
– sexueller, Zwangsneurose 123
– sozialer 208
– Suizidbehandlung 152
– Triebimpuls-Abwehr-Konflikte
194, 212
– unbewußter 118, 195, 208
– – Psychosomatose 197
– unlösbarer 212
– verinnerlichter 208
– Verstärkung 212
Konfliktbasis 208
Konfliktlösungsvermögen 118
Konfliktphase 118
Konfliktreaktion 198
Konfliktsituation, objektive 212
Konfliktspannung 212
Konfliktthema, endogene
Depression 112
Konfliktverarbeitung,
Hirnleistungsschwäche 91
Konfrontation, Intervention 305
Konstitution, Krankheit,
psychische 233
– zyklothyme 233
Kontaktstörungen 449
Kontrollzwang 122
Konversionsbegriff Freud 219
Konversionsmodell Freud 219
Konversionsneurose 117, 124,
196ff., 219
– Begriff 124
– Definition, Alexander 218
– geltungsbedürftig 124
– Konversionssymptom 197
– Persönlichkeit, hysterische 125
– Phantasie, unbewußte 197
– Psychotherapie 125
Konzentrationsfähigkeit,
Bewußtseinsstörung 174
– Depression, neurotische 120
– Störung, Ursachen 185
Konzentrationsstörungen 185
Konzentrationsvermögen,
Hirnleistungsschwäche 161
Konzept, lerntheoretisches 221
Kopfschmerzen, funktionelle
Syndrome 130
– Hirnleistungsschwäche 91
– psychosomatische Störungen
und Krankheiten 129
– Schwächezustand, hyper-
ästhetisch-emotioneller 88
Korsakow-Krankheit 449
Korsakow-Psychose 55, 449
– Schädel-Hirn-Trauma 163

Korsakow-Syndrom 449
– alkoholisches 55
– Schädel-Hirn-Trauma 160
krank, Bedeutung 3
– Definition durch objektive
Befunde 11
– Grunderfahrung 3, 19
– nicht-können 3
– Sinnfrage 6
– Umschreibung 3
Krankenversicherung, gesetzliche
410
Kranker, Behandlungsansatz 7
– Mitleid 23
– psychisch 290, 442
– – chronisch 268f.
– – Irrer 437
– unheilbar, Gnadentod 423
Krankenhäuser, psychiatrische
269f., 302, 350, 436, 449
– – Anzahl 351
– – Auflösung 441
– – Aufnahmeanlaß 443
– – Aufnahmedruck 265
– – Außenfürsorge 350
– – Bettenzahl 351
– – Entwicklung siehe 270f.
– – Großkrankenhäuser 352
– – – Arzt: Patient-Relation 352
– – – Entwicklung seit II. Welt-
krieg 352
– – – Zugänge an psychisch
Kranken 352
– – Krankengut 201
– – Selbstverständnis 294
– – Stationsmilieu 288
– – Überlastung 439
– – Unterricht, Studenten 268
Krankheit 241
– Abgrenzung von Gesundheit 10
– Abstraktion von Kranken 5
– Definitionen 5, 11
– – Störung im somatischen
Bereich 14
– – subjektives Leiden 14
– – Versicherung, Kranken-
versicherung 410
– Gedankending 5
– Grundkrankheit, körperliche
234
– Korsakow-Krankheit 449
– Lokalisationslehre 35
– manisch-depressive 233, 237,
447, 452
– Menschenrecht 284
– Psyche 8
– psychische, Definition
W. Griesinger 267
– – Diagnostik, Affektivität 248
– – – Denken, formales 248
– – Gestik 248
– – Haltung 248

Krankheit, psychische
- – Kontaktfähigkeit 248
- – Mimik 248
- – Sprechweise 248
- – Stimmung 248
- – Verhalten, Spontan-
  verhalten 248
- – – sprachliches 248
- – Störungen, präformierte 234
- – Symptome, neurologische 248
- – – organische 248
- – Ursachen, heteronome 234
- – – hirnfremde 234
- – – hirnverwandte 234
- – – homonome 234
- Reaktionen der Umgebung 7
- im Sinne der RVO, Definition
  411
- Sinnfrage 28
- Wesen 35
Krankheitsbegriff, psychiatrischer
  203, 255
Krankheitsbild 47ff.
- atypisches 244
- funktionelles 195
- Genese 245
- neurotisches 118
- psychiatrisches 246
- psychosomatisches 129
- reines 244
- schönes 244
- typisches 244
Krankheitseinheit 47, 49, 52
- Eingrenzen 167
- Gliederung 50
Krankheitslehre 48, 254
- ICD, V. Kapitel 251
- psychiatrische 52, 256, 442
- – Borderline-Erkrankungen
  229
Krankheitsmodell 8f.
- Abbildung des Krankseins 9
- medizinisches 195
- Reduktionscharakter 19
- richtiges 9
- – Erklären 18
Krankheitsprozeß 240
Krankheitssystem, psychiatri-
  sches, somatische Medizin 256
Krankheitstypen 50
Krankheitswert, Störung,
  psychische 236
Krankheitszustand 48f.
Kriegsdienst, Folgen 413
Kriminalität, frühe Störung 212
Kuren, psychische 289
Kurmethoden, psychische 291
- – Arbeit 291
- – Gehorsam 291
- – Krankenhäuser,
  psychiatrische 291
- – moral management 291

Kurmethoden, psychische
- – Musik 291
- – Theater 291

Labeling siehe Etikettierungs-
  Theorie
Labilität, symptomatische Kleist
  235
Lähmung, funktionelle 197
- hysterische 219
- Konversionssymptom 197
- psychogene, bei Neurose,
  hysterische 125
Längsschnitt 241, 246
- Diagnostik 242
- Verlauf 241
Laevomepromazin 323
Landessozialgericht 410
Landstreicherei, Orbitalhirn-
  schädigung 92
Langdon-Down-Syndrom 156
Latenz 206, 211
Leben, Freigabe der Vernichtung
  lebensunwerten 425
- lebensunwertes 422
- – Anstalten, psychiatrische 426
- – Idioten 426
- – Pflegepersonal 426
- – Tötung 428
- – Vernichtung 427
- – – Euthanasie 429
Lebenshilfe für geistig Behinderte
  282
Legasthenie 153, 181
- Diagnose 154
- Therapie 154
Leibgefühl 176
Leibgefühlsstörung 178
- coenästhetische 178
- – endogene 110, 178
- Manie 110
- Psychose, affektive 109
Leib-Seele-Dualismus 171
Leib-Seele-Einheit 8, 10
Leiden, Ichdystonie 195
- Ich-Fremdheit 195
- Psychopathie 194
Leistung, assoziative 181
- Depression, neurotische 120
Leistungsfähigkeit, Schädel-Hirn-
  Trauma 163
Leistungstest 375
Lernangebot 179
Lernen am Erfolg 221
Lernpsychologie, experimentelle
  310
Lernschwächen, andere, Begriffs-
  bestimmung in den ICD 78
Lerntheorie 195, 203, 207, 375
- Angst 221
- Psychoanalyse 195
Lernvorgang 208

Lernvorgang
- sensible Periode 378
- verfehlter 195
Lese-Rechtschreibschwäche 78,
  153f.
- Ganzwortmethode 154
Lesen, Legasthenie 154
- Teilleistungsstörung, umschrie-
  bene 153
Leukotomiesyndrom 75
Libido 181, 206
Libido, Psychose, affektive 107
Libido-Ablösung 236
Lithium, Absetzen, Rezidiv 330
- Anfälle, epileptische 330
- Gravidität 330
- Kombination mit Psycholeptika
  329
- Kontraindikation 329
- Nebenwirkungen 329, 336
- Psychose, affektive, Prophylaxe
  343
- – schizophrene, maniform 343
- Risiken 336
- Schilddrüsenfunktion 329
Lithiumintoxikation 329
- Bewußtseinstrübung 329
- Koma 329
Lithiumprophylaxe, Auswahl der
  Fälle 343
Lithiumsalze 325
- Übersicht 325
- Wirkung 329
Lithium-Serum-Spiegel 329
Lösungsmittel, Mißbrauch 143
Lösungsversuche 208
- Konflikte 118
Lofepramin 325
LSD 391, 393
- flash back 144
- Intoxikationspsychose 418
Lust, Affektivität 104
luzid 449

Mäuse-Phobie siehe Phobie
Magen, funktionelles Syndrom
  130
Magenulkus, psychogenes 79
Manie 107, 190
- Behandlung 343
- endogene 60, 103, 106
- Lithium 343
- Lithiumintoxikation 343
- Lithium-Serum-Spiegel 343
- monopolare 103
- – periodische 107
- periodische 103
Manirismus, Schizophrenie 96
manisch-depressive Krankheit
  siehe Psychose, affektive
Maprotilin 325
Masochismus 139

Masochismus
- psychischer 120
- – Krankheitsbild 121
- – Therapie 121
Medikamentenabhängigkeit 69
Medikamentenmißbrauch 142f.
Medizin, Aspekt, psychischer 44
- – somatischer 16
- erfahrungswissenschaftliche
  Methode und Gegenstand der
  Erfahrungswissenschaften 43
- Humanisierung 19
- Intensivmedizin 428
- naturwissenschaftlich
  orientierte 35
- – – Aspekt, somatischer 202
- patientenzentrierte 194
- psychische 35, 37
- – Psychiatrie 37
- psychosomatische 194
- – Alexithymie-Modell
- – Antriebe, erotische 219
- – – verdrängte feindselige 219
- – Definition 218
- – Desomatisierung 220
- – Französische Schule 220
- – Konflikt, Abhängigkeits-
  konflikt, Alexander 219
- – Konfliktsituation 219
- – Leib-Seele-Problem 218
- – Minderwertigkeitsgefühl 219
- – Organneurose 218
- – psychogenes Körper-
  symptom, S. Freud 219
- – Reaktion, physiologische 219
- – Resomatisierung, Schur 220
- – Schuldgefühl 219
- – Symptomatik, psychogene
  somatische 218
- – Symptombildung 219
- – Theorie, F. Alexander 218
- somatische 35, 37
- – Psychiatrie 37
- Sozialmedizin 431
- Spezialisierung 26, 35
- Tendenz zur Spaltung in soma-
  tische und psychische
  Medizin 18
- technische Medizin 37
- wissenschaftliche 40, 262, 286
- – Methoden 40
Medizinische und Nervenklinik
  361
Melancholie, psychoanalytische
  Deutung 237
Melitracen 325
Menschenkenntnis, intuitive 368
Merkfähigkeit 85f., 367
- Hirnleistungsschwäche 161
- Psychose, chronische symptoma-
  tische 89
- Psychosyndrom, hirnlokales 93

Merkfähigkeit
- Schwächezustand, hyperästhe-
  tisch-emotioneller 88
Merkfähigkeitsstörung 189
- Demenz 189
- Psychose, symptomatische 189
- Schädel-Hirn-Trauma 160
Mescalin 393
Methode, erfahrungswissenschaft-
  liche, Verabsolutierung 44
- geisteswissenschaftliche 41
- hermeneutische 41
- historische 41
- psychotherapeutische 44
- wissenschaftliche 39
Methylperidol 324
Mianserin 325
Milieu, dissoziales 213
- versagendes 213
Milieugestaltung 299
- Bettbehandlung 301
- Festsaal 301
- Gitterbetten 301
- Krankenhäuser, allgemeine 301
- – psychiatrische 301
- Netzbetten 301
- Sicherheitsmaßnahmen 301
- Stationen 300
- – psychiatrische 301
- Tagesräume 301
- Therapie 300
- – totale 302
- Versorgung, totale 302
- Zellen 301
Mimik, Schizophrenie 97
Minderwertigkeitsgefühl,
  Behinderte, körperlich 247
Mischpsychose, (Gaupp) 227
Mißbrauch, Alkohol 70
- Amphetamin 70
- Antidepressiva 70
- Barbiturate 70
- Begriffsbestimmung in der ICD
  71
- Cannabis 70
- Cocain 70
- Drogen 70, 142f.
- Halluzinogene 70
- Haschisch, ICD 252
- LSD, ICD 252
- Medikamente 70, 142f.
- Morphin 70
- Nikotin 70
- Tranquilizer 70
- Weckamine, ICD 252
Mitleid 23
- Hilfe bei Krankheit 28
Mittel-Zwischenhirnbereich,
  Psychose, traumatische 160
Modell, Entstehung neurotischer
  Symptome, psychoanalytisch
  212

Modell
- Reflexbogenmodell 205
- Schichtenmodell 205
- strukturelles Persönlichkeits-
  modell, Psychoanalyse 205
- tiefenpsychologisches 175
Monoaminoxydasehemmer,
  Intoxikationen 331
- Kombination mit trizyklischen
  Thymoleptika 331
Mongoloismus 156, 395
Monosomie 395
moral management 289, 302, 442
- – Ärzte 290
- – Arbeit 290
- – Definition 290
- – Pädagogen 290
- – Philosophen 290
- – Sensualismus 291
- – Therapeut 290
Morbidität, psychische Krankheit
  434
Motilitätspsychose 450
Motivation, unbewußte 204
Motivationspsychologie,
  psychoanalytische 204
Motivationstheorie,
  Psychoanalyse 205
Motive, unbewußte 196
Müdigkeit, Bewußtseinsfeld 174
- Konzentrationsfähigkeit 185
Muskulatur, quergestreifte 197
Mutismus 450
Mutter-Kind-Beziehung,
  Abhängigkeit 145

Nachtklinik 350, 432, 450
Nachtwandeln 174
Nahrungstrieb 183
Narkolepsie 249, 383, 450
Narkotika 321
Naturwissenschaften, Erklären 40
- methodische Reduktion 40
- Sinnhaftigkeit 42
Negativismus 450
- Schizophrenie 96
Neologismen, Schizophrenie 98
Nervenabteilung, Innere Medizin
  363
Nervenärzte, Belegarzttätigkeit
  350
- Krankengut 364
- niedergelassene, Anzahl 350
- – Versorgung psychisch
  Kranker 350
- Niederlassung, Beginn 268
- Spezialisierung 365
- Statistik 352
Nervenklinik, Universität 300
Nervensystem, Reifung 239
- vegetatives, Alexander 218

Neugedächtnis 449
Neurasthenie 219
– Neuropathie 225
Neurobiochemie 362, 387
– endogene Psychose 391
– psychische Krankheit 393
Neurodermitis, atopische,
   Auslösungsmechanismus,
   psychodynamischer 134
– – Psychosomatosen 129
– Persönlichkeit 134
– Therapie 134
Neurolepsie 450
Neuroleptika 418, 447, 450
– Anfälle, initiale extrapyrami-
   dale 344
– Antriebsmangel 182
– Depot-Neuroleptika 324
– Gerontopsychiatrie 159
– hochpotente 418
– Potenz, neuroleptische 322
Neurologie, Entwicklung 362
– Medizin, Innere 362
– Psychiatrie 362
– selbständige Disziplin 363
Neuropathie, Begriff 225
Neuropathologie 223, 360, 362
Neurophysiologie 362, 380
– Aktionspotential 380
– evoced potentials 380
– Schlaf 382
– Traum 382
– Wachbewußtsein, Störungen
   382
Neuropsychologie 81, 364, 366
– Affektivität 366
– Antrieb 366
– Euphorie 366
– Frontalhirn 366
– Hypochondrie 366
– Orbitalhirn 366
– Stimmung 366
– Syndrome, hirnorganische 366
– Testverfahren 366
neuropsychologische Befunde,
   Schizophrenie 97
Neurose 169, 308
– Aktualneurose 219
– Angstneurose 64, 117f.
– – Medikamentenabhängigkeit
   120
– – Psychotherapie, stützende 120
– – Therapie 120
– – – anxiolytische 120
– Angstsymptomatik 118
– atypische 198f.
– Bedeutungswandel 223
– Begriff 167, 194, 222, 225
– Begriffsbestimmung in der ICD
   63
– Borderline States 228
– Charakterneurose 126ff.

Neurose
– Chorea 225
– Definition 193, 226
– – psychoanalytisch 196
– – Schweregrad 214
– depressive 65, 211, 245
– Deprivation 283
– Diagnose 117, 194
– Differentialdiagnose
   Schizophrenie 100
– Epilepsie 225
– experimentelle 310
– Formen, Abgrenzung 117
– Genese 206f.
– Häufigkeit 349
– Heilung, Kriterien 316
– Herzneurose 116, 119
– – Konflikte, Trennungs-
   konflikte 120
– – Psychogenese 120
– Hypochondrie 65, 225
– hysterische 64, 117, 124, 210f.,
   225, 245
– – Anfall, Hyperventilations-
   anfall 124
– – – hysterischer 124
– – Anfall, psychogener 124
– – arc de cercle 124
– – Häufigkeit 124
– – Konversionsmechanismus
   125
– – Symptome, Konversions-
   symptome 124
– – Psychodynamik 125
– – Therapie 125
– ICD 252
– – Einteilung 53
– – V. Kapitel 251
– Konfliktlösung, unteroptimale
   212
– Konversionsneurose 117, 124
– manifeste 209
– narzißtische 198f.
– Nervenkrankheiten 225
– – organische 225
– Nervensystem 225
– Organneurose 129
– phobische 117, 119, 198
– Psychoneurose 225
– Realitätsverlust 215
– Rechtsneurose 116
– Sexualneurose 116
– Symptome 194
– – körperliche 197
– Symptomneurose 128
– traumatische 116
– Umschreibung 193
– Zerebralirritation 225
– Zwangsneurose 64, 116f., 119,
   211
Neurosebegriff, Entwicklung 225
Neuroseformen, Abgrenzung 197

Neurosenlehre 117
– allgemeine 118
– psychoanalytische 118, 195
Neurosenmodell, lerntheoretisches 194
– psychoanalytisches 194
Neurosenpsychologie, Entwicklung 207
– psychoanalytische 195
Neurosentheorie, lerntheoretische
   195
Neurosetypen, Formen 211
Nikotin-Intoleranz, Hirnleistungsschwäche 91
no-restraint 266, 302, 361
Nortriptylin 325
Nosographie 47f., 52
Nosologie 48, 254
– Gerontopsychiatrie 158
– Kinder- und Jugendpsychiatrie
   158

Ödem 450
Ödempsychose 160, 450
ödipal/hysterisch 118
Ödipus-Komplex 204, 207
Öffentlichkeitsarbeit 282
Oligophrenie 154, 180, 450f.
– Anfallsleiden 157
– angeborene 181
– Begriffsbestimmung in der ICD
   79
– Brenztraubensäure-Schwach-
   sinn 389
– Einteilung in der ICD 53
– Enzymstörung 389
– erethische, stereotaktischer
   Eingriff 157
– Familienplanung 156
– Föllingsche Krankheit 389
– Formen 156
– leichten Grades 156
– mittleren Grades 156
– schweren Grades 156
– ICD, V. Kapitel 251
– Neurobiochemie 389
– Neuroleptika 157
– Phenylketonurie 389
– Prophylaxe 156
– Therapie 156
– Ursache 156
– Verhaltensstörungen 157
– Verlauf 156
– Versorgung 157
Open-door-System 266
Opiate 418
Opripanol 325
oral/depressiv 118
orale Entwicklung 211
Orbitalhirn 450
Orbitalhirnschädigung, Syndrom
   92

Orbitalhirnverletzung 162
Ordnungswidrigkeit 408
Organe, glatte Muskulatur 197
organische Wesensänderung,
　Hysteroid, organisches 162
– – Pubertät 162
– – Reaktion, Primitivreaktion
　162
– – Reifungshemmung 162
– – Reifungsstillstand 162
– – siehe auch Wesensänderung,
　organische
– – Urteilsvermögen 162
Organneurose 129, 197, 199, 214
Orientierung, optisch-räumliche,
　Teilleistungsstörung, umschrie-
　bene 153
– Psychosyndrom, hirnorgani-
　sches 181
– Schizophrenie 97
Oxypertin 323

Paartherapie 450
Pädiatrie 35, 158
Pädophilie 68, 139
Parästhesie, psychogene 197
– Schwächezustand, hyper-
　ästhetisch-emotioneller 88
Paralyse, progressive 84, 177, 235,
　240, 255, 320
– – Malariabehandlung 319
Paramnesie 86
Paranoia 61, 114f., 215, 236, 448,
　450
– Abwehr homosexueller
　Regungen 236
– Autoerotismus 236
– Begriff 115
– Ich-Grenzen 115
– Involutionsparanoia 115
– Wahnsystem 115
Paranoid, Begriff 114
paranoides Syndrom, Charakter-
　neurose 115
paranoisch, Begriff 115
Paraphasie 450
– literale 450
– semantische 450
– verbale 450
Paraphrenie 61, 114, 116, 450
– affektvolle 450
Parkinsonsyndrom,
　medikamentöses 111, 326
– – Akathisie 340
– – Antriebsminderung 340
Partialtrieb 140
Pathogenese, Definition 200
Patientenclub 432
Perazin 323
Periflusidol 324
Perphenazin-önanthat 324
Perseveration 185, 450

Perseveration, hochfrontale Hirn-
　schädigung 92
– chronische symptomatische
　Psychose 89
Persönlichkeit 368, 451
– abnorme 236
– anankastische 67
– antisoziale 127
– asthenische 67, 127, 177, 245
– Definition 372
– – ICD 126
– depressive 127, 177
– dissoziale 127
– erregbare 66
– explosible 177
– fanatische 177
– geltungsbedürftige 177
– gemütslose 177
– Hirnleistungsschwäche 91
– hyperthymische 177
– hysterische 67, 127
– leicht kränkbare, empfindliche
　247
– paranoide 66, 127, 245
– psychopathische 194
– Reaktionsweise 174
– schizoide 66, 127
– selbtunsichere 177
– sensitive 215
– stimmungslabile 177
– thymopathische 66
– Wesensänderung, organische
　162
– willenlose 177
– zyklothyme 66, 127
– zwanghafte 127
Persönlichkeitsfragebögen 372
Persönlichkeitsinventar,
　Freiburger 372
– MMPI Saarbrücken (Minnesota
　Multifasic Personality
　Inventory) 372
Persönlichkeitsmerkmal 375
Persönlichkeitsmodell, psychoana-
　lytisches, Reflexbogenmodell
　205
– – Schichtenmodell 205
– – Substruktur, psychische 205
– – strukturelles 190, 217
– – Es 215
– – Ich-Leistung 215
– – Realitätskontrolle 215
– – Realitätsprüfung 215
Persönlichkeitspsychologie,
　psychoanalytische 204
Persönlichkeitsstörungen 126, 198
– asoziale 67
– Begriffsbestimmung in der ICD
　63, 66, 67
– Einteilung in der ICD 53
– Häufigkeit 349
– ICD 252

Persönlichkeitsstörungen, ICD
– – V. Kapitel 251
– psychodynamische 127
– Schizophrenie 94
– soziopathische 67
– Therapie 128
Persönlichkeitsstruktur,
　Depressionen, neurotische 121
Persönlichkeitstheorie 205
– psychoanalytische 205
Persönlichkeitsveränderung,
　Orbitalhirnschädigung 92
Person 190, 450f.
personality disorder 128
Perversion, frühe Störung 212
– Konflikte, innere unbewußte
　141
– Psychodynamik 140
Pflegefälle 413
Pfropfschizophrenie 451
Phänomenologie 48
phallisch/ödipale Entwicklung
　211
Phantasien, Neurose, hysterische
　125
– Zwangsneurose 122
Pharmakologie, Arndt-
　Schultzsche Regel 174
Phase 99, 451
– anale 206f.
– ausgelöste endogene 110
– orale 206f.
– phallische 206f.
Phenacetin, Mißbrauch 143
Phenylketonurie 156
Phobie 64, 118, 210
– Agoraphobie 119
– Erythrophobie 119, 196
– Gegenstand 119
– Genese, psychodynamisch 119
– Herzphobie 118
– kindliche 196
– Klaustrophobie 119
– Konflikte, sexuelle 119
– Mäuse-Phobie 119
– Psychotherapie, aufdeckende
　120
– Therapie 120
– Verhaltenstherapie 120
– Xenophobie 119
– Zoophobie 119
– Zwangsneurose 119
Phonem 188, 451
Photom 188
Picksche Erkrankung 240
Pimozide 324
Pipamperone 323
Placebo 286
Platzangst siehe Phobie
Pneumenzephalographie 421, 451
Poliklinik 432
Polytoxikomanie 70

Positivismus 39, 201
– Kritik 40
Potenz, neuroleptische 322
– – Psycholeptika 322
Praecox-Gefühl 451
– Schizophrenie 98
Prägung 378
präsuizidales Syndrom 152
– – Bewußtseinsfeld 175
Prävalenz, psychische Krankheit
    434
Prävention 280
– genetische 280
– Primärprävention 280, 283
– Sekundärprävention 280
– Tertiärprävention 280
Primärprävention 280, 283
Primärprozeß 216
Primärvorgang 216
Primärtherapie 312
Privatrecht 407
– Gutachten, Aussagen 420
– Sicherheit der Aussagen 414
– Verfahrensrecht 408
Prochlorperazin 323
Projektion 210f.
Promazin 323
Propericiazin 323
Prophylaxe, effektive Psychose,
    Lithium, Nebenwirkungen 343
– – – Lithium-Serum-Spiegel 343
Prostitution, Oligophrenie 157
Prothipendyl 323
Protriptylin 325
Prozeß, Definition 238
– Entwicklungsprozeß 239f.
– irreversibler psychischer 240
– Krankheit, Defekt 240
– – Definition 240
– – endogene Psychose 240
– – psychische 233
– – Residualzustand 240
– – Restzustand 240
– paranoider 245
– Persönlichkeit 240
– psychopathologischer 240
– Reifeprozeß 239
– süchtiger 245
– Umschreibung 239
Prozeßfähigkeit 408
Pseudohalluzination, Definition
    185
– Genese 187
Pseudologia phantastica 451
Psychalgie 73
Psyche 233, 451
– Aspektcharakter 7
– Gedankending 7, 19
Psychiater, Verstehen 42
– Weg zum 27
Psychiatrie, Anstaltspsychiatrie
    268

Psychiatrie
– anthropologische 43
– Aspekt, somatischer 43
– Ausgliederung aus Medizin 35
– Begriff 35
– Beziehung zur Medizin 35, 37
– biologische 18, 452
– Deutscher Verein 282
– dynamische 18
– – USA 280
– Einzelwissenschaften 358
– Entwicklung 302, 361f.
– forensische, Diagnose 416
– Hochschulpsychiatrie 268
– Innere Medizin 361
– klassische 169
– kleine 364
– Krankheitsbegriff 235
– Krankheitsmodell, medizini-
    sches 364
– – neurologisches 364
– – psychisches 9, 18
– – somatisches 9, 18
– – soziales 9
– Kritik 245, 269, 433, 436
– – Aufnahme 436
– – Behandlung 436
– – Diagnose 436
– – – psychiatrische 436
– – Grundpositionen 436
– – Krankheitsmodell, somati-
    sches 436
– – Soziologie 270
– – Versorgungssystem,
    psychisch Kranke 436
– kustodiale 438
– Medizin 267
– methodische Offenheit 17
– moderne, Beginn 265
– Naturwissenschaften 43
– Neurologie 360, 365
– – Innere Medizin 361
– – Trennung 363
– Neurophysiologie 380
– nordamerikanische 242
– psychologische 18
– Psychotherapie 36
– soziale 18
– sozialmedizinische Probleme
    431
– Sozialpsychiatrie 441
– Tendenz zur Spaltung in
    somatische und psychische
    Psychiatrie 18
– theoretische Positionen 39
– Universitätspsychiatrie 268
– Unterricht 361
– wissenschaftliche Methoden 40
Psychiatrische und Nervenklinik
    360f.
psychiatrisches Krankenhaus 21
– – Ambulanzen 440

psychiatrisches Krankenhaus
– – siehe auch Krankenhaus, psy-
    chiatrisches
– – Zukunft 438
Psychiker 16, 37, 451
– theoretischer Ansatz 16
psychisch, Abgrenzung 171
– abnorm, Art des Nicht-Könnens
    7
– – Umschreibung 6
– krank 167, 264
– – Anerkennung 28
– – Arbeitsunfähigkeit 14
– – Begreifen 10, 167
– – Beurteilung 13
– – chronisch, Aktivitätsminde-
    rung 432
– – – Euthanasie 422
– – – Heime 355
– – Definition aus dem Einfühl-
    baren 13
– – – durch Hilfsbedürftigkeit 11
– – Eingrenzen 167
– – – = Abgrenzen 10
– – – Methoden 15
– – Euthanasie 422
– – Gefährlichkeit 7, 404
– – Geschäftsunfähigkeit 14
– – Grunderfahrung 12, 19
– – Krankheitsmodell, somati-
    sches 15
– – – verschiedene 15
– – Leiden 14
– – Nicht-Können spezielles 14
– – Rechtsfragen 407
– – Schuldunfähigkeit 14
– – Selbsteinschätzung 372
– – Streit der Somatiker und
    Psychiker 16
– – Umschreibung 6f.
– – Verhalten 7, 11
– – Versorgung 36
– – – Entwicklung 36
– – Verweildauer in psychiatri-
    schen Krankenhäusern 352
– – Wesen des Begriffes 7, 15
Psychische Krankheiten,
– Aufnahme in psychiatrische
    Einrichtungen 351
– Gefahren 338
– – – Alkoholdelir 338
– – – Entziehung, Alkohol 338
– – – – Schlafmittel 338
– – – – Tranquilizer 338
– – – Fehlhaltungen 339
– – – Katatonie, perniziöse 338
– – – Regression 339
– – – Sinnestäuschungen 338
– – – Suizidalität 338
– – Häufigkeit 349
– – Nervenarzt, niedergelassen
    351

Psychische Krankheiten,
Aufnahme in psychiatrische
Einrichtungen
– – psychogene Definition 237
– – – Vorgänge, psychodyna-
mische 237
– – Hirnkrankheit 16
– – Reaktion, abnorme 168
– – Stichtagserhebung 351
– – im Urteil der Bevölkerung 7
– – Wesen 18, 168
– Störung, Genese, ICD 252
– – psychogene 237
– – – ICD, V. Kapitel 251
Psychisches, Außen 203
– Innen 202
– Kranksein 364
– – Beschreibung 45
– – Eingrenzung 47
– – Erklärung 200
– – Gliederung 45
– – Krankheitsbilder 47
– – Krankheitslehre 47
– – psychoanalytischer Ansatz
203
– – verschiedene Auffassungen
36
– Pathologie 170
Psychoanalyse 36, 169, 314, 452
– Apparat, seelischer 203
– Beziehung, therapeutische 305
– Biologie 204
– Deutung 305
– Entwicklung 203
– Gruppe Konflikt 313
– Heilung, Kriterien 346
– Ich-Stärkung 317
– Indikation 345
– Interpretation der Schizo-
phrenie 99
– Kindheit 207
– Konflikt, unbewußter 305
– Konfliktbewältigung 346
– Kontraindikationen 307, 345
– Lerntheorie 317
– Medizin 204
– Motivationstheorie 205
– Modell, topographisches 206
– Naturwissenschaften 204
– Objekt 203
– Ödipus-Komplex 205
– Physik 204
– Physiologie 204
– Prozesse, Reifungsprozesse 346
– Psychologie 204
– – allgemeine 214
– Reifungsprozesse 346
– Sexualität 205
– Symptome-Beseitigung 309
– Theorie 22
– – Falsifizierung 217
– – Validierung 217

Psychoanalyse
– Therapie, psychologische 204
– Übertragungserleben 316
– Umschreibung 307
– Unbewußtes 205
– Verdrängung 205
– Verhalten 205
– Verstehen 202
– Widerstand 205, 306
– Wirkprinzip 316
Psychodrama 306, 312
– Definition 313
– Psychotherapie der Gruppe 314
Psychodynamik, Definition 200
psychodynamische Denkansätze
196
psychogen, Bedeutung, Entwick-
lung 232
– Begriff 230
psychogene Reaktion s. auch
Reaktion, psychogene
Psychogenese, Psychose,
endogene 236
Psychohygiene 280
– Aufgabe, Alkoholismus 281
– – Erblichkeit 281
– – Erziehung 281
– – Familie 281
– – Gesellschaft, psychiatrische
282
– – Hygiene, geistige 282
– – Kriminalität 281
– – Prophylaxe 282
– – Psychiater 282
– – Toxikomanie 281
– Deutscher Verband 282
– Entwicklung 280
– Gesundheit, psychische 283
– mental health 283
– – – World Federation 282
– Prävention 283
– Prophylaxe 281f.
– Umschreibung 280
– Versorgung psychisch Kranker
285
Psychohygiene-Bewegung,
internationale 281
Psycholeptika 321f.
– Absetzen 326
– Abulie 326
– Agranulozytosen 335
– aktivitätsmindernde Wirkung
327
– Akathisie 331
– allergische Reaktionen 335
– Antiparkinsonmittel 326
– Appetitsteigerung 335
– Ausscheidung 340
– Begriff 321
– biogene Amine 393
– blutbildendes System 335
– Depression, pharmakogene 326

Psycholeptika
– extrapyramidale Zentren 325
– Galaktorrhöen 335, 449
– Halbwertzeit 334
– Harnverhaltung 335
– Hyperkinese, extrapyramidale
326
– individuelle Empfindlichkeit
327
– Intoxikationen 330
– – akute 335
– – Komplikationen 334
– – kardiale 335
– – Kreislaufregulationsstörung,
hypotone orthostatische 334
– Kontraindikation 327
– L-Dopa 326
– Leberzellschädigung 335
– Leukopenien 335
– Menstruationsstörungen 335
– Metaboliten 334
– Miktionsstörung 335
– Nebenwirkungen 333f.
– – Anfälle, Grand-mal-Anfälle
334
– – Delir, toxisches 334
– – Hyperthermie 334
– – Hypothermie 334
– Parkinsonsyndrom, medikamen-
töses 322, 327
– persistierende Hyperkinesen
320, 327
– Potenz, neuroleptische 322ff.
– potenzierende Wirkung,
Alkohol 336
– – – Schlafmittel 336
– psychische Wirkung 326
– Regulationen, vegetative 322
– Schwelle, neuroleptische 323ff.
– Selbstmordgefahr 343
– Selbstversuch 326
– Sonneneinstrahlung 335
– Symptom, Zielsymptom 328
– teratogene Wirkung 335
– Thrombosen 335
– Torsionsdystonie 327
– Übersicht 322ff.
– Wirkung 418
– – antiemetisches 322
– – Antihistaminwirkung 322
– – arousal-reaction im EEG 322
– – Katalepsie 322
– – Potenzierung 322, 418
– – Psyche 334
– – sedierende 322
– – Wirkungskomponenten 322
– – Wirkungsphasen 322
– – Wirkungsprinzip 328
– – Wirkungsspektrum 321, 333
– zentrale vegetative Regulation
325
Psychologe, klinischer 202

Psychologie, Affektivität 105
- Alltagspsychologie 214
- Assoziationspsychologie 202, 447
- Außenpsychologie 17
- Bewußtsein 17, 44, 171
- Einfluß auf Psychiatrie 16
- Entwicklung 16, 44, 204, 239
- Erleben 44
- Gegenstand 17
- Innenpsychologie 17
- klinische, psychoanalytische 204
- - Verhaltensmodifikation 375
- Menschenkenntnis 8, 37
- Motivationspsychologie 204
- Neurosenpsychologie 207
- - Motivationstheorie 205
- - Persönlichkeitstheorie 205
- Persönlichkeitspsychologie 204
- Seelsorge 44
- Tiefenpsychologie 15, 17, 202
- Triebpsychologie 217
- Verhaltenspsychologie 15, 202, 446
- Vermögenspsychologie 17
- Verstehen 44
- Volkspsychologie 193
- Wissenschaft 37
Psychometrie 451
- Grenzen 368
- Indikation 368
Psychomotorik 451
psychomotorische Störungen bei Schizophrenie 97
Psychoneurose 116, 196, 199
- Einteilung in akute und langdauernde 117
- - nach Art der Symptome 116
- - Genese 117
- - Verarbeitungsmöglichkeit 116
- - vorübergehende und chronisch verlaufende 117
- Erlebnis, auslösendes 116
- Formen 117
- psychische Symptomatik 198
- Symptome 117
Psychopath, Definition, K. Schneider 128
Psychopathie 198, 238
- asthenische 127
- Begriffsbestimmung in der ICD 63, 66
- depressive 127
- explosible 127
- fanatische 127
- frühe Störung 212
- geltungssüchtige 127
- gemütlose 127
- hyperthymische 127
- ICD, V. Kapitel 251

Psychopathie
- selbstunsichere 127
- stimmungslabile 127
- willenlose 127
- Psychopathie-Begriff, Psychiatrie 128
Psychopathologie 171, 223
- Affektivität 172
- allgemeine 170, 172, 191
- Begriff 169
- Diagnose 172
- Eingrenzung 172
- Einzeltatbestände 172
- - „reine“ 172
- Ethologie 379
- Hirnpathologie 90
- Innenpsychologie 171, 202
- Intelligenz 172
- klinische 234 f.
- Krank 172
- Neurologie 364
- Persönlichkeitsstörung 172
- psychisches Kranksein, Genese 172
- Sinneswahrnehmung 172
- spezielle 170
- Wachbewußtsein 172
- zerebrale Herdstörungen 92
Psychopathometrie 364
Psychopharmaka 269, 288, 418
- anregende 341
- - Thymoleptika 341
- Drehtürpsychiatrie 438
- Einteilung 320
- Gravidität 330
- Intoxikationen 330
- Nebenwirkungen 321
- Suizidhandlungen 330
- Wirkung 320 f.
- Wirkungsspektrum, klinisches 321
- - pharmakologisches 321
- Zwangsjacke, chemische 337
Psychopharmakatherapie 320
Psychophysiologie 372
- Hautwiderstand, galvanischer 372
- Lidschlag-Reflex 372
Psychose 447, 452
- Abgrenzung, S. Freud 214
- ängstlich-ekstatische 103
- affektive 53, 61, 233, 452
- - Beginn, Kopfschmerzen 107
- - - Schlafstörungen 107
- - Differentialdiagnose Schizophrenie 99
- - Erblichkeit 108
- - Erinnerungslücke 108
- - Fehlentwicklung 108
- - Genese der Sinnestäuschung 187
- - Häufigkeit 107, 349

Psychose, affektive
- - Liebesobjekt 237
- - Narzißmus 237
- - Objektwahl 237
- - Phasen 107
- - Phasendauer 107
- - Prognose 108
- - Regression 237
- - somatische Symptome 107
- - Syndrome, rein psychopathologische 107
- - Tränenfluß 107
- - Verlauf, phasischer 103
- akinetisch-hyperkinetische 103
- akute exogene, Differentialdiagnose endogene Psychose 82
- symptomatische 364, 451
- - - Dauer der Rückbildung 88
- - - Eigengesetzlichkeit des Verlaufs 87
- - - fieberhafte Erkrankung 87
- - - als Folge des Absetzens vom Mißbrauch, Alkohol 87
- - - - - LSD 87
- - - - - Schlafmittel 87
- - - - - Tranquilizer 87
- - - - - Weckmittel 87
- - - Infektionskrankheit 87
- - - klinische Bilder bei langsamer Rückbildung 88
- - - Prognose 83
- - - ohne Störung des Wachbewußtseins 86
- - - Verlauf 87
- - - - und Ausgang 87
- - - im weiteren Sinn 87
- Alkoholpsychose 55 f.
- allogene 231
- andere, ICD 252
- - - V. Kapitel 251
- - im Kindesalter, Begriffsbestimmung in den ICD 63
- - nichtorganische, Begriffsbestimmung in den ICD 62
- - - ICD 252
- - nicht-symptomatische 114
- Angst-Glücks-Psychose 103
- - atypische, Leonhard 227
- - Affektpsychose, Kurt Schneider 227
- Aufbaupsychose, Birnbaum 227
- Begleitpsychose 235
- Begriff 167, 222
- Begriffsbestimmung in den ICD 54
- Bewußtseinsstörungen 223
- bipolare affektive 447
- Definition, Schweregrad 214
- chronische symptomatische, Korsakow-Syndrom 90

Psychose
– – – – Psychosyndrom,
    amnestisches 90
– – – – hirnorganisches 90
– – – – organisches 90
– – – Diagnose 90
– – – Differentialdiagnose zu
    endogenen Psychosen 89
– – – EEG 90
– – – epileptische Anfälle 90
– – – Hirnerkrankung 90
– – – klinische Bilder 88
– – – Niereninsuffizienz 90
– – – Prognose 83
– – – Thyreotoxikose 90
– – – Vigilanzstörung 90
– Degenerationspsychose,
    Schröder 227
– delirante Intoxikation 85
– depressiv endogen, Differential-
    diagnose zu chronischer sympto-
    matischer Psychose 89
– desintegrierte 63
– Drogenpsychose 56 f.
– Einheitspsychose 449
– endogene 95, 223, 233
– – atypisch 101 f.
– – Diagnostik 247
– – Differentialdiagnose 99
– – – akute symptomatische
    Psychose 83
– – Epilepsie 247
– – Erbbiologie 103
– – Erblichkeit 235
– – ICD, V. Kapitel 251
– – Konstitution 103
– – Mischbild 103
– – Mischzustand 103
– – Neurophysiologie 381
– – Prognose 95
– – Prozeßhaftigkeit 223
– – psychogene 247
– – Sinngesetzlichkeit 223
– – somatische Störung 14
– – Syndrom, paranoides 114
– – Ursache, exogene 247
– – Verlauf, eigengesetzlicher 223
– Entfieberungspsychose 87
– Enzephalopathie 223
– ephedrinhaltige Appetitzügler
    341
– exogene 95, 233
– – Differentialdiagnose
    endogene Psychose 83
– frühe Störungen 216
– Funktionspsychose 84
– Grenzpsychose 102
– – Benedetti 228
– – Depersonalisation 228
– – Hypochondrie 228
– Haftpsychose 247
– ICD, V. Kapitel 251

Psychose
– Ich-Defekt 216
– Ich-Funktion 215
– Ich-Störungen, strukturelle 216
– induzierte 61, 114, 116
– intermediäre Kretschmer 227
– Irresein 222
– Kindesalter 63
– – ICD 252
– körperlich begründbare 82, 84,
    231, 236
– kombinierte, Siemens,
    Kraft-Ebing 227
– Konzentrationsfähigkeit 185
– Korsakow-Psychose 55, 449
– – Schädel-Hirn-Trauma 163
– Krankheit, somatische 223
– Krankheitseinheit 223
– Kriterien 224
– – Bewußtheit 225
– – Bewußtseinsstörungen 225
– – Persönlichkeit, Desintegra-
    tion 225
– – Realitätsbezug 225
– – Realitätsverlust 225
– – Vigilanzstörungen 225
– manisch-depressive 60, 95
– – Differentialdiagnose
    Schizophrenie 99
– manisch-endogene, Differential-
    diagnose chronische symptoma-
    tische Psychose 89
– metabolische, Schröder 227
– mischbildhafte 103
– Mischpsychosen 101
– monopolare affektive 450
– Motilitätspsychose 103, 450
– Ödempsychose 160, 450
– organische 53, 452
– – Begriffsbestimmung in der
    ICD 54
– – ICD 252
– – – Umschreibung 252
– – Umschreibung 82
– – vorübergehende, Begriffs-
    bestimmung in der ICD 57
– paranoide, Genese, psycho-
    analytische 214
– – – – Validierung 217
– paranoid-halluzinatorische,
    Regression 216
– Persönlichkeit 224
– – Desorganisation 224
– – Porphyrinstoffwechsel-
    störung 252
– – präsenile 54
– – Prognose 224
– – Prozeß 240
– psychische Störung, psychogene
    224
– – – somatogene 224
– Psychoanalyse 224

Psychose
– psychoanalytische Auffassung
    215
– psychogene 53, 62, 231, 247
– – ICD 252 f.
– – sprachfremde Umgebung 247
– Randpsychosen 102
– – Kleist 227
– Reaktion, psychische 224
– reaktive depressive 62
– – paranoide, ICD 252
– Realitätsersatz 215
– schizoaffektive 60, 101, 103, 227
– – atypische 102
– schizophrene 58, 94
– – Behandlung 344
– – – Neuroleptika 344
– – Genese der Sinnestäuschung
    187
– – Suizidhandlung 151
– – Unheilbarkeitsannahme 95
– Selbstheilungsversuch 215
– Selbstwahrnehmung 216
– senile 54
– Sinngesetzlichkeit 236
– somatogene 53, 231
– Störung, ich-syntone 224
– symptomatische 86, 95, 169, 223
– – verschiedene Ätiologien 83
– – Begriffsbestimmung in der
    ICD 83
– – Definition 81, 237
– – Diagnostik 93
– – Differentialdiagnose
    Schizophrenie 99
– – Drogenmißbrauch 143
– – Hirnödem 93
– – ICD, V. Kapitel 251
– – – Umschreibung 252
– – klinische Formen 84
– – zugrunde liegende Krankheit
    83
– – Neuroleptika 111
– – paranoide 115
– – Sedierung 338
– – Stoffwechselstörung 83
– – Syndrom, paranoides 114
– – Therapie 93
– – – Beruhigungsmittel 93
– – – Neuroleptika 93
– – – psychotherapeutische 94
– – – Schlafmittel 93
– – Thymoleptika, trizyklische
    111
– – Hirntraumen 93
– – Intoxikationen 93
– – Stoffwechselstörungen 93
– – Verlauf, Krise 94
– – – Verhalten 94
– – Zustandsbilder 84
– traumatische, Folgen 161
– – Ursache 160

Psychose
- Umwelt 224
- Verhalten, unverständlich 236
- Verlauf 233
- Wahnpsychose, Schwerhöriger 247
- Wahnsinn 222
- Wahrnehmung, soziales Gegenüber 216
- zirkuläre 61, 103, 233
- – atypische 101
- – atypische phasische 103
- zyklische 103, 447, 452
- – affektive 108
- zykloide 103
- – Randpsychosen 101
Psychose-Begriff 214
Psychose-Partner 116
Psychosentherapie, psychoanalytische 214
psychosomatische Einheit 8
- Erkrankungen 79
- – Psychotherapie 346
- Störungen 171
- – Krankheiten, Klassifikation 129
psychosomatischer Ansatz 9
Psychosomatose 194, 196ff., 214
- Ausdruckskrankheiten, von Uexküll 129
- Definition 129, 197
- holy seven 129, 197
- Syndrome, funktionelle 129
Psychosyndrom, hirndiffuses 90
- hirnlokales 90, 92, 111
- – Psycholeptika 328
- hirnorganisches 87, 181
psychotherapeutische Verfahren 270
Psychotherapie 288, 442
- Allgemeine Gesellschaft (AÄGP) 350
- analytische 308, 314, 345
- – Ich-Anteile, gesunde 345
- – Ich-Spaltung 306
- – Introspektionsfähigkeit 345
- – Konflikt, Ausagieren 306
- – Widerstand 306
- – Widerstandsanalyse 306
- Arten 304
- aufdeckende 309, 346
- Auflage, richterliche, bei Persönlichkeitsstörung 128
- Deutsche Gesellschaft 350
- dynamische 308
- erlebnisorientierte Verfahren 312
- Fokaltherapie 308
- – Konfliktfokus 308
- Forschung 316
- Gesprächstherapie siehe Gesprächstherapie

Psychotherapie
- Gestalttherapie siehe Gestaltpsychotherapie
- Gruppe 304, 313
- Gruppe, Abwehr 313
- – analytische 313
- – Es 313
- – Gruppenmarathon 313
- – Indikation 314
- – Lernen am Modell 313
- – Suizidversuch 313
- – Symptom-Beseitigung 314
- Indikation 345f.
- Indikation, Angstneurosen 346
- – Borderline-Zustände 346
- – Depressionen, neurotische 346
- – Perversion 346
- – Phobie 346
- – Psychoneurose 346
- – Psychosen, endogene 346
- – Schizophrenie 346
- – Sucht 346
- Konfliktzentrierte 305
- Krankheitsgewinn, sekundärer 345
- Leidensdruck 345
- lerntheoretisch 310
- nicht-direktive 308
- niederfrequente analytische 308
- – analytische, Konflikte, unbewußte 308
- – – Neurose, narzißtische 308
- – – – schizoide 308
- – – Regression 308
- psychoanalytisch orientierte, Sitzen 308
- psychoanalytische 304
- – Abstinenzregel 307
- – Agieren 307
- – Gegenübertragung 307
- – Kurztherapie 308
- – Übertragung 306
- – Übertragungsanalyse 306
- – Übertragungsneurose 306
- – Übertragungsreaktion 307
- – Unbewußtes, Deutung 306
- – Widerstand, Deutung 306
- – Widerstandsanalyse 306
- – Wiederholungszwang 306
- stationäre 314
- – Beschäftigungstherapie 314
- – Gestaltungstherapie 314
- – Psychodrama 314
- – Regression 314
- suggestive 309
- therapeutische Gemeinschaft 315
- übende 310
- Verfahren, verschiedene 345
- Verhaltenstherapie siehe Verhaltenstherapie

Psychotherapie
- Voraussetzungen 345
- Wirkprinzipien 316f.
- Wirksamkeit 316
- zudeckende 309
- Zusatzbezeichnung 350
Pubertät 206, 211
- geistige Behinderung 155
- Oligophrenie 157
Pubertätskrise 417

Querschnittsbild 47, 241, 246
Querulantenwahn 187
Quilonom (Lithium-acetat) 325
- retard (Lithium-carbonat) 325

Randpsychosen 102, 227
Raptus 451
- melancholicus, Depression, endogene 110
Rationalisierung 210f.
Rationalismus 201
Ratlosigkeit, Schizophrenie 96
Rausch, abnormer 451
- Alkohol 87
- anthropologisch 146
- Coffein 87
- Drogenmißbrauch 143
- Drogenrausch, pathologischer 57
- LSD 87
- pathologischer 56, 143, 451
- – Bewußtseinsfeld 175
- Pervitin 87
Rauscherleben 143
Rauschgift 321
Rauschmittel 143
- Intoxikation, chronische 147
- Verführung 147
- Wirkung 144
Rauschmittelexzeß 147
Rauschmittelgebrauch 147
Rauschmittelkarriere 147
Reaktion 238
- abnorme, ICD, V. Kapitel 251
- affektive 105, 176
- – inadäquate 178
- – Psychosyndrom, hirnorganisches 181
- – Suizidhandlung 178
- akute 117
- paranoide 62
- – – ICD 252
- Belastungsreaktion 138f.
- depressive 74
- Haftreaktion 116
- Katastrophenreaktion 139
- Konfliktreaktion 198
- kurzdauernde 117
- Kurzschluß-Reaktion, Suizid-handlung 152

Reaktion
- längerdauernde psychogene
  Formen 139
- masochistische 121
- normale 199
- paranoide 116
- – selbstunsichere Persönlichkeit 116
- primär somatische 197
- psychogene 138
- – Formen 138
- – ICD 253
- schizophrene 242
- Schreckreaktion 116
- sensitive 215
- Streßreaktionen 138
- Umwelteinflüsse 239
- vegetative, Alexander 219
Reaktionsbereitschaft,
  Hirnleistungsschwäche 161
Reaktionsbildung 210f.
- Zwangsneurose 118, 123
Reaktionsmuster 239
Reaktionstyp, akuter exogener 57,
  84
- – – psychischer 82
- exogen psychischer 50, 231,
  233f.
- schizoider 234
- zirkulärer 234
Reaktionsweise, affektive 104
- Gerontopsychiatrie 159
Realangst 208f.
Realitätsersatz, Psychose 216
Rechenschwäche 78, 154, 181
Rechnen, Teilleistungsstörung,
  umschriebene 153
Recht auf soziale Sicherheit 442
Rechtsfragen, psychisch Kranke
  407
Rechtschreib-Lese-Schwäche 181
Rechtschreibefähigkeit 367
Rechtsgemeinschaft, Menschen-
  recht 284
Rechtsgeschäfte, einseitige 407
- zweiseitige 407
Rechtsneurose 116
Rechtswidrigkeit 408
Reduktion, wissenschaftliche 8, 39
Reflex, spinaler 225
Reflexologie 17
- Pawlows 203
Reformen, England 432
- Folgen für psychisch Kranke,
  chronisch 443
- heutige Bestrebungen, Enquête-
  Kommission 354
- Versorgung psychisch Kranker
  441
Regression 138, 208, 212, 236, 308
- Dementia praecox 237

Regression
- psychosomatische, Definition
  220
Rehabilitation 241, 294
- Aktivierung 292
- berufliche 413
- medizinische 413
- soziale 18, 413
Rehabilitationsangleichungs-
  gesetz 412
rehabilitative Verfahren 270
Reichsversicherungsordnung
  (RVO) 410
Reife, geistige 416
- sittliche 416
Reifungsprozeß, Zentralnerven-
  system 180
Reizproduktion, endogene 378
REM-Schlaf 382
- Gerontopsychiatrie 159
- Konflikte 383
- Trauminhalte 383
- Weckamin-Entzug 148
REM-Schlaf-Entzug 382
Residualzustand, Prozeß, Krank-
  heitsprozeß 240
- – psychische Krankheiten 240
- schizophrener 448
Residuum, schizophrene Erkran-
  kung 241
Resomatisierung, Reaktion, soma-
  tische 220
Respirationstrakt, psycho-
  somatische Störungen und
  Krankheiten 129
retentiv 207
Rhesusfaktor, Oligophrenie 156
Rhythmus, zirkadianer 332
Ribot-Regel 189
Ritual 122
Rorschach-Test 373
Ruhetrieb 183

Sachverständige, Aufgabe 413
Sadismus 139
Sammelanstalten 423
Schädel-Hirn-Trauma, Anfälle,
  epileptische 162
- – temporale 162
- Bereich, optisch-räumlicher 163
- Bewußtlosigkeit 160
- Bewußtsein 160
- Bewußtseinsveränderung 160
- Dämmerzustand 160
- Folgen, Denken,
  Verlangsamung 184
- – Differentialdiagnose
  affektive Psychose 111
- Frühsymptomatik 160
- gedecktes 161
- Hirnleistungsschwäche 91
- Hirnödem 160

Schädel-Hirn-Trauma
- Hirnstammirritation 160
- Katatones Zustandsbild 160
- Neurosestationen 161
- Psychose, traumatische 160
- Riechnerven 161
- Spätfolgen 160
- Werkzeugstörungen 163
schizoid 233, 240, 451
schizophrene Psychose siehe Schi-
  zophrenie
Schizophrenia simplex 58, 100
Schizophrenie 58, 94, 103, 169, 214,
  235, 237, 447, 452
- Adoptionsstudien 397
- akzessorisches Symptom
  (Bleuler) 96
- andere Formen, Begriffs-
  bestimmung in der ICD 60
- Behandlungsmethoden, psycho-
  soziale 345
- biogene Amine 392
- coenästhetische 448
- Defektzustand 59
- Definition 241, 393
- Diagnose 99, 234
- – Symptome I. Ranges 99
- – – II. Ranges 99
- Differentialdiagnose symptoma-
  tische Psychose 99
- Dopamin 392
- Dopamin-β-Hydroxylase 392
- Epilepsie 320
- Episode 59
- erbbiologische Faktoren 99
- G-Dimethyl-Serotonin 392
- Gestik 97
- Grundstörungen 95, 447
- Grundsymptome 97, 241
- Häufigkeit 349
- Hebephrenie 100
- ICD, V. Kapitel 251
- Katatonie 100
- Krankheitseinheiten 241
- latente 59
- paranoid-halluzinatorische 100,
  450
- paranoide 59, 114f.
- Persönlichkeit, prämorbide 99
- Pfropfschizophrenie 451
- Potenz, neuroleptische 344
- Residualsymptom 102
- Residualsyndrom 100
- Residualzustand 59
- – Diagnose 100
- Restzustand 59
- Schwelle, neuroleptische 344
- Serotonin 392
- Schizophrenia simplex 100
- Schrift 96
- Sinngesetzlichkeit 236

Schizophrenie
- Symptom, akzessorisches 241
- – I. Ranges 96, 234
- – II. Ranges 96, 234
- – Residualsymptom 102
- symptomatische, Schädel-Hirn-Trauma 234
- Syndrom 241
- Therapie 101
- typische 102
- Unterformen 100
- Ursache, Neurobiochemie 393
- Verlauf 241
- Verlaufsformen 99
- Verlaufsuntersuchungen 241
- Vigilanz 94
- Wachbewußtsein 94
- Zwillinge, Konkordanz 395f.
Schizophrenie-Begriff 95
- Definition 97
Schizothymie 233, 240
Schläfenlappenherd, Affektstörungen 162
- Verstimmungen episodischer Art 162
Schläfenrinde, Neurophysiologie 380
Schlaf, Abstinenz 148
- Alkoholdelir 383
- beim Entzug 148
- Gerontopsychiatrie 159
- Neurophysiologie 380
- REM-Schlaf 382
- REM-Schlaf-Entzug 382
- Traumschlaf 382
Schlafbedürfnis, Psychose, affektive 107
Schlaf-EEG 450
Schlafentzug 332
- Depression, endogene 332
- Hirnleistungsschwäche 91
- partieller 332
- REM-Schlaf 332
- selektiver 332
Schlafkuren 319
Schlafmittel 321, 340, 418
- Antriebsmangel 182
- Durchschlafmittel 340
- Einschlafmittel 340
- Gerontopsychiatrie 159
- Neuroleptika 340
- nicht-barbitursäurehaltige, Mißbrauch 143
- Toleranz 144
- Tranquilizer 340
- Wiedereinschlafmittel 340
Schlafmittelentzug 148, 150
- Anfälle, epileptische 150
Schlafperiodik 382
Schlafstadium 174
Schlafstörungen 73, 383

Schlafstörungen
- Durchschlafstörungen, Psychose, affektive 107
- Einschlafstörungen, Psychose, affektive 107
- Hirnleistungsschwäche 91
- Psychose, affektive 107
- Therapie 340
- Weckamin-Entzug 148
Schlaftrieb 183
Schlangengrube 21
- Folge wissenschaftlicher Einstellung 26
- fortschrittliches Krankenhaus 27
- zwischenmenschliche Kommunikation 22
Schmerzmittel, Mißbrauch 144
Schockbehandlung 319
- Elektroschock 319
- – Risiken 336
- Insulin 319
- Kardiazol 319
Schreckreaktion 116
Schreiben, Legasthenie 154
- Teilleistungsstörung, umschriebene 153
Schub 99, 451
Schuld, Strafrecht 408
Schuldfähigkeit 408, 413, 419
- biologische Voraussetzungen 414
- Gesetz, Definition 415
- Motivation 415
- Prinzipien zur Beurteilung 415
- verminderte, Folgen 409
- – Voraussetzungen 409
- Verstehen, Tatmotive 415
Schuldgefühl 177, 210
- Masochismus, psychischer 121
Schuldunfähigkeit 409
- Voraussetzungen 409
Schuldwahn 188
Schuldzeiger, Depression, endogene 110
Schulreife 180
Schwachsinn 180, 416
Schwächezustand, hyper-ästhetisch-emotioneller 83, 88
- – Schmerzen 88
- – Zustand, hypnagoger 88
Schweigepflicht 406
Schweißausbrüche, Rauschmittelgebrauch 144
Schwelle, neuroleptische, Psycholeptika 322
Schwerbehindertengesetz 412
- endogene Psychose 413
- Hirnverletzte 413
- Minderbegabte 413
- Neurosen 413

Schwindel, Rauschmittelgebrauch 144
Sedativa 321
Sedierung, psychisch Kranke 339
- – Drogenabhängige 339
- – Hypnotika 340
- – Neuroleptika 339f.
- – Potenzierung 339
- – Scopolamin 339
- – – kontraindiziert 339
- – Tranquilizer 339
Sekundärprävention 280
Sekundärprozeß 216
Sekundärvorgang 216
Selbst 190
Selbstbezogenheit 207
Selbstbild 119, 206f.
- instabiles, Depression, neurotische 121
- Neurose, hysterische 125
Selbstbild-Impulse 211
Selbsteinschätzung, Depression, neurotisch 120f.
- Orbitalhirnverletzung 162
- organischer Wesensänderung 162
Selbstgefühl 176, 207
Selbsthilfegruppen 148f.
Selbstmord, siehe Suizidhandlung
Selbsttötung siehe Suizidhandlung
Selbstversuch, Psycholeptika 326
Selbstvorwürfe, Depression, neurotische 121
Selbstwertgefühl, Behinderte, körperlich 247
- Derealisationserlebnis 126
Sensitivity-Training 312
Sensualismus 17, 39
- Kritik 40
Serotonin, G-Dimethyl 392
Serotoninspiegel im Gehirn 392
Serotoninstoffwechsel 391
Sexualenergie 206
Sexualität 207
- Neurose, hysterische 124
Sexualneurose 116
Sexualtrieb 140
sexuelle Impulse 211
Sinnestäuschung, Definition 185
- Klinik 188
- Schizophrenie 96
Situation, auslösende 212
Sodomie 68, 139
Soma, Aspektcharakter 7
- Gedankending 7, 19
Somatiker 16, 37, 235, 452
- theoretischer Ansatz 16
somatogen, Definition 248
Somato-Psychosomatose 196f., 199
Somatose 452
Sopor 83, 173

Sozialdarwinismus 424
- Nationalismus 424
- Recht auf Tod 425
Sozialgericht 410
Sozialhilferecht 412
Sozialhilfeträger, örtliche 413
- überörtliche 413
Sozialmedizin 431
- Arzt-Patient-Beziehung 431
- Epidemiologie 431
- Gesellschaft 431
- gesellschaftliche Einflüsse,
  Gesundheit 431
- Gesundheit 431
- Gesundheitswesen 431
- Individuum 431
- Konflikte 431
- Medizin, sozialistische 431
- Methoden 431
- Prävention 431
- Rehabilitation 431
- Psychiatrie 431
- - Erlanger System 431
- - Familienpflege 431
- - Gelsenkirchener System 431
- - Rehabilitation 431
Sozialpsychiatrie 441
- siehe Psychiatrie, soziale
Sozialrecht 410
Sozialverhalten, Störungen 76
Soziologe, darwinistischer 424
Soziologie 37
- Etikettierungstheorie 432
- Verhalten, abweichendes 442
- - normales 12
Soziopathie 199
- frühe Störung 212
Soziotherapie, Perönlichkeits-
  störungen 128
Speichelfluß, Psychose, affektive
  107
Sperrung 184
spinal 452
Spinalirritation 225
Sprache, Kommunikationsmittel
  25
- Schizophrenie 96 f.
Stadtasyl 267
- allgemeine Krankenhäuser 268
- Durchgang 267
- psychiatrisches 439
Stammeln 72
Stammhirn 92
Stammhirntrias, Psycholeptika
  328
Status epilepticus 452
- - im Entzug 148
Stereotypie, Schizophrenie 96
Stimmen, kommentierende 188
- siehe Halluzination, akustische
Stimmen-Hören siehe
  Halluzination, akustische

Stimmung 105, 176
- Affektivität 104
- gedrückte 106
- Schizophrenie 97
- organische Wesensänderung
  162
Stimulantien 321
Stirnhirn 450
Stirnhirnschäden 92
- Syndrome 92
Stirnhirnsyndrom 92
Störung, erlebnisreaktive 198
- neuropsychologische 153
- psychogen entstandene 226
- psychosomatische 129
Stottern 72
Strafe 408
Strafgesetzbuch 408
Strafprozeßordnung
  (§ 126a StPO) 410
Strafrecht 408
- Anstalt, Entziehungsanstalt
  (§ 64 StGB) 409
- - sozialtherapeutische
  (§ 65 StGB) 409
- Aufgabe 408
- biologische Merkmale
  § 20 StGB, Bewußtseins-
  störung, tiefgreifende 419
- - - - Schwachsinn 419
- - - - seelische Abartigkeit,
    andere schwere 419
- - - - seelische Störung,
    krankhafte 419
- Gutachten, Aussage 419 f.
- Rechtsgüter 408
- Unterbringung, psychiatrische
  Anstalt (§ 63 StGB) 409
Streßreaktion 138
Stuhlverstopfung, Psychose,
  affektive 107
Stupor 452
- Emotionsstupor 178
- Schädel-Hirn-Trauma 160
- Schizophrenie 96
Substruktur, psychische, „Es" 205
- - „Ich" 205
- - „Über-Ich" 205
Sucht siehe Abhängigkeit
- frühe Störung 199, 212
süchtig 141
Suggestibilität, Neurose,
  hysterische 125
Suizidalität 141, 150, 452
- Beurteilung 152
- Depression, endogene 110
- neurotische 121
Suizidhandlung 150
- Alter 150
- Beihilfe 425, 427
- erweiterte 151
- Jugend 150

Suizidhandlung
- Lebensmitte 150
- nicht vollendete 150
- psychisch Kranke 150
- Umschreibung 150
- vollendete 150
- Wesen 151
Suizidmittel 150
Suizid-„versuch" 150
Sulforidazin 323
Sulpirid 323
Symptom 48
- Abstinenzsymptom 148
- akzessorisches, Schizophrenie
  96, 102
- Elementarsymptom 49
- Genese psychischer Krankheit
  241
- Grundsymptom 48
- - Schizophrenie 102
- heteronomes, K. Kleist 234
- homonomes, K. Kleist 234
- hysterisches, Konflikt, sexueller
  219
- körperliches, S. Freud 218
- - sekundäre Somatisierung 197
- Konversionssymptom 197
- Krisen 117
- neurotisches 194, 243
- - Spezifität 117
- Persönlichkeitsstörung 117
- primäres 49
- psychiatrisches 195
- psychoanalytisches 49, 195, 212
- psychopathologisches,
  Auftreten 171
- I. Ranges, Schizophrenie 96, 102
- II. Ranges, Schizophrenie 96,
  102
- Reaktionen 117
- „reines" psychopathologisches
  49
- sekundäres 49
- Verkupplung (A. Hoche) 233
- Zwangssymptom 122
Symptomatik, katatone,
  Schizophrenie 97
- neurotische, Charakterneurosen
  198
- psychogene körperliche 197
symptomatische Psychose 169,
  177, 235
- - akute 252, 320
- - chronische 177
- - Definition 248
- - Denken, Verlangsamung 184
- - Dopamin, L-Dopa 392
- - Erscheinungsbild 248
- - ICD, V. Kapitel 251
- - luzide 234, 250
- - - Amnesie 250

symptomatische Psychose, luzide
– – – Merkfähigkeitsstörungen
250
– – Mangel an Wasser 391
– – somatogene 248
– – Symptomatik, somatogene
psychische 218
Symptomatologie 49
Symptombildung 209, 212
– Persönlichkeitsstörungen 128
Symptomenkomplex 49
Symptomneurose 128, 196
– Psychodynamik 128
Symptomprothese 244
Syndrom 47 ff.
– amentielles 86
– amnestisches 49
– – Neurophysiologie 380
– – Schädel-Hirn-Trauma 163
– andere paranoide, Begriffsbestimmung in der ICD 62
– apallisches 93
– Belagerungssyndrom 86
– Depersonalisationssyndrom
125
– – neurotisches 117
– depressives 49, 190
– Derealisation, neurotische 117
– exogen paranoid-halluzinatorisches 87
– funktionelles 199
– Genese 49
– Hirnstammsyndrom 92
– hypochondrisches 49, 120, 191
– Korsakow-Syndrom 366, 449
– – Schädel-Hirn-Trauma 160
– Krankheitseinheit 241
– manisches 49
– neurotisch-hypochondrisches
117
– neuropsychologisches 367
– organisches 49, 191
– paranoides 114 f.
– – Begriffsbestimmung in der
ICD 61
– – Gerontopsychiatrie 159
– – ICD 252
– – symptomatische Psychose 83
– paranoid-halluzinatorisches 49,
116, 186, 191
– – chronische symptomatische
Psychose 89
– phobisch-anankastisches 49,
191
– präsuizidales 152
– – Aggressionsumkehr 152
– – Einengung, affektive 152
– – – dynamische 152
– – – situative 152
– – Isolierung, menschliche 152
– – nosologische Einheit 153

Syndrom, präsuizidales
– – Phantasie, Todesphantasie
152
– – Sehnsucht, Todessehnsucht
153
– – Selbstschädigung 152
– – Todessehnsucht 153
– Prognose 241
– psychopathologisches 47, 49,
190
– – akute symptomatische
Psychose 82
– Querschnitt 241
– Residualsyndrom,
Schizophrenie 100
– schizophrenes 115
– Schläfenlappensyndrom, Diffe-
rentialdiagnose Demenz 93
– spezifisches 49
– Stirnhirnsyndrom 92
– – Differentialdiagnose organi-
sches Psychosyndrom 93
– Ursache 49
– Verfolgungssyndrom 139
Syndromdiagnose 241 f.
– Krankheitsdiagnose 191
Syndromlehre 50

Tagesklinik 350, 432, 452
Tages-Nacht-Rhythmus,
Depression, endogene 110
Tagesschwankungen, Psychose,
affektive 107
Tagträume 175
Taubheit, hysterische 219
– psychogene 197
Teilleistungsstörung, Diagnose
154
– Hirnschädigung, frühkindliche
154
– soziale Folgen 154
– sprachliche Äußerung 153
– umschriebene 153
– – Hirnschädigung 153
Temperament 104 f., 176
– hyperthym 177
– melancholisch 177
Temporallappen-Schädigung 92
Tertiärprävention 280
Test, Arten 370
– Aufmerksamkeitstest,
Hirnleistungsschwäche 161
– Benton-Test 371
– DCS (Diagnosticum für Cere-
bralhirnschädigungen) 371
– Definition 369
– Eichung 369
– Gießen-Test 372
– Gütekriterien 369
– Hamburg-Wechsler-Intelligenz-
test (HAWIE) 370
– Intelligenzstrukturtest 371

Test
– Intelligenztest 370
– Konzentrationstest d₂ 371
– – Hirnleistungsschwäche 161
– Konzentrations-Verlaufs-Test
371
– Leistungstest 370, 375
– Normierung 369
– objektiver 369, 372
– Persönlichkeit, Grundeigen-
schaften 372
– Persönlichkeitsfragebogen 370
– projektiver 370, 372
– – Gütekriterien 373
– – Ich 372
– – Konflikt 373
– – Persönlichkeit 372
– – Reliabilität 373
– – Validität 373
– psychologischer 337, 367 f.
– – Antriebsmangel 182
– – Diagnostik 368
– – Differentialdiagnostik 368
– – Epidemiologie 368
– – Gutachten 414
– – Intelligenz 414
– – Kontraindikation 374
– – Leistungsfähigkeit 414
– – Objektivität 373
– – Reliabilität 373
– – Screening 368
– – Stirnhirnschädigungen 92
– – störende Einflüsse 373
– – Vorsorgeuntersuchungen 368
– psychometrischer 372, 448
– Raven-Test 371
– Reliabilität 369
– Rorschach-Test 373
– Schädel-Hirn-Trauma 163
– subjektiver 372
– Validität 369
Testaufgabe 373
Testergebnis 374
Testierfähigkeit 407
– Sicherheit der Aussagen 414
Testierunfähigkeit 407, 420
Testleiter 373
Testmotivation 374
Testperson 373
– psychische Verfassung 374
– Testleiter 374
Testsituation 373
– Einfluß 374
Testuntersuchung, Diagnose,
psychiatrische 376
– Klinik, psychiatrische 376
Thematischer Apperzeptions-
test (TAT) 373
Therapie, Begriff 302, 441
– – Wandel 442
– Definition 441
– kausale 286

Therapie
- Kranke, chronisch 287
- Kritik 287
- personale 347
- - Krankheit 347
- psychiatrische, Entwicklung 287
- - Milieu 288
- - psychischer Zugang 289
- - somatischer Zugang 289
- - Tendenzen 288
- psychische Methoden 36
- psychisches Kranksein,
  Definition 286
- Psychopharmaka 437
- psychosoziale 441
- Sinn des Lebens 347
- somatische, Elektroschock 319
- - - Depression, endogene 319
- - Krankheiten, psychische,
  Entwicklung 319
- - Psychose, endogene,
  Schlafkuren 319
- - Schock-Behandlung 319
- - Wirkprinzip 320
Thiopropazat 324
Thioproperazin 324
Thioridazin 323
Thiotixen 324
Thymoleptika 321f., 341
- Antriebsmangel 182
- Antriebsminderung 342
- Depression, pharmakogene
  326, 342
- Gerontopsychiatrie 159
- Parkinson-Syndrom, medika-
  mentöses 327
- Potenz, neuroleptische 322
- tetrazyklische 325, 328
- trizyklische 111, 325, 328, 418
- Übersicht 325
Thymopath 177
Tick 72
Tiefenpsychologie 17f., 171, 202,
239
- Deutsche Gesellschaft 350
- Menschenkenntnis 8
Tobzellen, allgemeines Kranken-
haus 268
Tod, geistiger 426
Tötung auf Verlangen 425
Tötungsanstalten 423
Toleranz, Abhängigkeit 144
Toleranzentwicklung,
Drogenmißbrauch 143
Toller 35f.
Tollhäuser 264
Tranquilizer 321, 336, 418
- Abhängigkeit 336
- Antriebsmangel 182
- Atonie der Muskulatur 336
- Ausscheidung 340
- Entzug 148

Tranquilizer
- Intoxikationen 331
- - akute 336
- - chronische 336
- Kontraindikation 328, 336
- Mißbrauch 143
- Muskelrelaxation 336
- paradoxe Reaktion 336
- Übersicht 328
- Wirkung 328
Transsexualität 68, 140
Transvestitismus 68, 139
Trauer, Affektivität 104
- Depression 106
- pathologische 139
Trauerreaktion 139, 199
Traurigkeit, vitale 178
Traum 174
- Deutung 195
- - Intervention 306
- - psychoanalytische 305
- - Zeitpunkt 306
- Einfälle 305
- Es 305
- Schwächezustand, hyper-
  ästhetisch-emotioneller 88
- Über-Ich 305
- subjektiver Schweregrad 118
Traumschlaf, EEG 381
Trennungsangst 209
Trieb 190, 204
- Bewegungstrieb 183
- Definition 183
- Entwicklung 206
- Geschlechtstrieb 183
- Hypothalamus,
  Neurophysiologie 380
- leiblicher 183
- limbisches System,
  Neurophysiologie 380
- Mandelkern, Neurophysiologie
  380
- Nahrungstrieb 183
- Neurophysiologie 380
- Ruhetrieb 183
- Schlaftrieb 183
- seelischer 183
Triebabfuhr 190
Triebbefriedigung 190
Triebhaftigkeit 183
- Affektivität 104
Triebimpuls 204, 212
- Depression, endogene 110
Triebimpuls-Abwehr-Konflikte
212
Trieblehre Freuds 183
- Tiefenpsychologie 379
Triebmodell, physiologisches 379
Triebpsychologie 217
Triebregungen, organische
Wesensänderung 162
Triebstruktur, Entwicklung 206

Triebtheorie 202
- Grundtriebe 206
- psychoanalytisch 217
Trifluoperazin 324
Trifluperidol 324
Triflupromazin 323
Trimipramin 325
Trisomie 395
Trugwahrnehmung 185
Trunksucht 407

Übelkeit, Rauschmittelgebrauch
144
Übergangseinrichtung 353, 450
Über-Ich, Zwangsneurose 123
Über-Ich-Bildung 213
Über-Ich-Defekt 213
Über-Ich-Schwäche 213
Übertragung 204
- negative 307
- positive 307
Übertragungsmechanismus 116
Übertragungsneurose 198f.
überwertige Idee 187
Ulcus pepticum, Auslösungsme-
chanismus, psychodynamischer
130
- - duodeni 197
- - Psychosomatosen 129
- - ventriculi 197
Ulcustyp, aktiver, Persönlichkeit
130
- passiver, Persönlichkeit 131
Umstellfähigkeit, Orbitalhirnver-
letzung 162
Unbewußtes 17, 205
- deskriptives 204
- dynamisches 204
- relativ 175
Unechtheit 125
Unfall, Definition 412
Unfallversicherung 410
- Arbeitsunfall 412
- Aufgaben 412
- Berufskrankheiten 412
- Wegunfall 412
Unheilbarkeit 354
- Tolle 266
Universitätskliniken,
psychiatrische 268, 440
- - Anzahl 351
- - Aufnahmen 269
- - Bettenzahl 351
- - Gemeindenähe 354
- - Krankengut 201
- - Stadtasyle 354
- - Versorgungsaufgaben 438
- „reine" psychiatrische 360
Unlust, Affektivität 104
Unruhe, psychomotorische 447
Unterbegabte 156
Unterbringungsgesetz 402, 410

Unterricht, psychiatrischer 267
Urmißtrauen 206
Urogenitaltrakt, psycho-
    somatische Störungen und
    Krankheiten 129
Ursachen, exogene, Krankheiten,
    psychische 248
Urschrei 312
Urticaria, psychogene 79
Urvertrauen 206

Vegetative Dystonie 199
Verarbeitungsbereitschaft 118
Verarbeitungsform, psychisch
    bewußte 220
– sekundär prozeßhafte 220
Verarbeitungsmechanismen,
    Suizidhandlung 152
Verarbeitungsmöglichkeit,
    Suizidhandlung 152
Verarmungswahn 187
Verdauungstrakt, funktionelle
    Syndrome 130
– psychosomatische Störung und
    Krankheiten 129
Verdrängung 204f., 208, 210
– hysterisch 118
– Neurose, hysterische 125
– Trieb 183
Verfolgungsidee 177
– Manie 110
– Neuroleptika 344
Verfolgungsmaßnahmen, Folgen
    413
Verfolgungssyndrom 139
Verfolgungswahn 115, 187
– affektive Psychose 109
Verhalten, abnormes, Abteilung,
    geschlossene, Unterbringung
    403
– abweichendes 12, 171
– aktives, Trieb 183
– angeborenes, Ethologie 377
– – Veränderung, domestikations-
    bedingte 378
– Antriebsmangel 182
– asoziales 213
– Beurteilung 12
– erlerntes, Ethologie 377
– gestörtes 213
– intelligentes 180
– Krankheitszustand,
    psychogener 247
– Manie 110
– neurotisches 194
– normales 171
– phylogenetisch bestimmtes 377
– Psychose, chronische symptoma-
    tische 89
– Schizophrenie 96
– unangepaßtes 195
– Voraussage 375

Verhaltensabweichung, sexuelle
    68
– – ICD, V. Kapitel 251
Verhaltensanalyse 375
– deskriptive 195
– Ethologie 379
Verhaltensausschnitt 376
Verhaltensbiologie 239
– vergleichende 377
Verhaltensforschung,
    vergleichende 378
Verhaltensmodifikation 375
Verhaltensmöglichkeiten 377
Verhaltensmuster 375
Verhaltenspsychologie 202, 239,
    447
Verhaltensstörungen,
    Oligophrenie 157
Verhaltenstherapeuten, Anzahl
    350
Verhaltenstherapie 36, 203, 221,
    304, 310, 346, 375
– Aneignungstechnik 311
– Angst 311
– Aversionstherapie 311
– Beseitigungstechnik 311
– Desensibilisierung 311
– Einsichtsfähigkeit 346
– Enuresis 311
– Fehlverhalten, erlerntes 310
– Heilung, Kriterien 346
– Implosionstherapie 311
– Konditionieren, operantes 311f.
– Konflikte, unbewußte 310
– Lernen am Modell 312
– Lernprozeß 310
– Neurose-Definition 310
– Phobie 311
– Schizophrene 312
– Symptome-Beseitigung 309
– token economy 312
– Verstärkung 312
– Zwangsneurose 311
Verhaltensweise, erworbene 239
Verkennung, illusionäre, Genese,
    psychoanalytische 215
– – Neurophysiologie 380
– Psychose, chronische symptoma-
    tische 89
Verlassenheitsängste 209
Verlauf, eigengesetzlicher 242
– – Psychose, endogene 95
– – – schizophrene 99
Verleugnung 210f.
– Neurose, hysterische 125
Vernachlässigung, emotionale 243
Verschiebung 208, 210
– phobisch 118
Versicherung, Angestellte 410
– Arbeitslose 410
– Invaliden 410

Versicherung
– Krankenversicherung,
    gesetzliche 410
– – Leistungspflicht 411
– – Neurosen 411
– – Psychotherapie 411
– – – analytische 411
– – – tiefenpsychologisch fun-
    dierte und analytische 411
– – Psychotherapie-Richtlinien
    411
– Knappschaft 410
– Rentenversicherung 411
– – Arbeitsunfall 411
– – Berufsunfähigkeit 411
– – Erwerbsunfähigkeit 411
– – Maßnahmen zur Erhaltung
    der Erwerbsfähigkeit 411
– Unfall 410
Versorgung psychisch Kranker
    261, 264, 349
– – – Alkoholkranke 351
– – – ambulante Behandlung 350
– – – Anstalten 351
– – – Behinderte, geistig 351
– – – – seelisch 351
– – – chronisch 267, 351
– – – Drogenabhängige 351
– – – Enquête-Kommission,
    Ergebnis 351
– – – extramural 268, 448
– – – Gerontopsychiatrie 351
– – – Heime 351
– – – Hochschulpsychiatrie 268
– – – intramural 448
– – – Kinder und Jugendliche
    351
– – – Kritik 270
– – – Nervenärzte,
    niedergelassene 350
– – – Polikliniken 350
– – – Psychotherapeut 350
– – – psychotherapeutisch-
    psychosomatische 350
– – – Reform 155, 268
– – – stationär 350
– – – teilstationär 350
– – – Vorfeld 349
Versorgungssystem, extramurales,
    19. Jahrhundert 439
– – sozialpsychiatrisches 438
– psychiatrisches, psychisch
    Kranke, chronisch 353
– – Reform 353
– – – Enquête-Kommission 353
– – – heutige Bestrebungen 354
– – – Irrenanstalt 353
– – – Irrenhäuser 354
Verstehen 40
– Neurophysiologie 380
– psychischer Bereich 41, 202
– Seelenleben 43

Verstehen
- verschiedene Arten 41
Verstimmung, alltägliches Erleben 193
- depressive, Gerontopsychiatrie 159
- Gerontopsychiatrie 159
Versündigungswahn 187f.
Verwahrlosung 13
- Oligophrenie 157
- Orbitalhirnschädigung 92
- Schizophrenie 97
Verwirrtheitszustand, akuter 57
- subakuter 57
- reaktiver 62
- - ICD 252
Verwöhnung, Abhängigkeit 145
- Kindesalter 119
Vigilanz 167, 173
Vigilanzstörung 245
- Einschlafen 249
- Minderung 173
- Schizophrenie 94
- Störung 82
- toxisch gesteigerte 249
- - - Affektivität 249
- - - Bewußtsein 249
- - - Enthemmung 250
- - - Halluzination, akustische 249
- - - Hemmung, psychomotorische 250
- - - Sinnestäuschung 250
- Verkennung, illusionäre 249
- Wahnerlebnis 249
Vitalstörungen 178
Volkspsychologie 193
Vorbewußtes 205
Vormundschaft 407
Vormundschaftsrecht 409
Vorstellungen, ödipale, Neurose, hysterische 125
Vorstellungsvermögen, optisch-räumliches 181

Wachbewußtsein 173, 176
- siehe auch Vigilanz
- Sauerstoffmangel 390
- Störung 82
Wachheit, gesteigerte 173
- Überwachheit 173
Wachstumsprozeß 238
Wahn 185
- Beeinträchtigungswahn, präseniler 451
- Beziehungswahn 115
- Definition 185
- Eifersuchtswahn 113, 115, 187, 240
- Erfinderwahn 113
- Genese 187

Wahn
- Größenwahn 187f.
- - Schädel-Hirn-Trauma 160
- hypochondrischer 120, 188
- - Diagnostik 250
- - Psychose, affektive 109
- Kleinheitswahn 187f.
- Psychose, akute, symptomatische 87
- Querulantenwahn 113, 187
- Schizophrenie 98
- Schuldwahn 188
- - Psychose, affektive 109
- sensitiver Beziehungswahn 452
- Verarmungswahn 187
- - Diagnostik 250
- - Psychose, affektive 109
- Verfolgungswahn 115, 187
- Versündigungswahn 187f.
- - Diagnostik 250
Wahnbildung 236
- Genese, psychoanalytisch 215
Wahneinfall 234
- Neuroleptika 344
- Schizophrenie 96
Wahngedanken, Diagnostik 250
Wahnidee 449
- Definition 185
- Genese 187
- Schizophrenie 94, 96
Wahninhalt, Diagnostik 250
Wahnkrankheiten 113f.
Wahnstimmung, Neuroleptika 344
Wahnsymptomatik 114
Wahnsystem 115
- Schizophrenie 94
Wahnwahrnehmung 234
- Definition 185
- Genese 187
- Neuroleptika 344
- Schizophrenie 96, 98
Wahrnehmen 185
- Wesen 186
Wahrnehmungsveränderungen 187
Waschzwang 122
Weckamine 418
- Mißbrauch 143f.
- symptomatische Psychose 148
- Toleranz 144
Weckmittel 321, 418
Werktherapie 296
Werkzeugstörungen 81, 181
Wesensänderung, hirnorganische 81, 83, 88
- organische 162, 181
- - Affektivität 162
- - siehe auch organische Wesensänderung
Widerstand, Agieren 306
Willen 181
- Schizophrenie 96

Willensanstrengung, Antriebsmangel 182
Wissenschaft, Gesundheit 262
- Heilung 263
- Reduktionscharakter 39
- Umschreibung 39
Wohlbefinden, Menschenrecht 284
Wohnheim 432
Wollen, Definition 190
- Manie 110
Wünsche, Kindheitswünsche 236
Wut, alltägliches Erleben 193

Xenophobie siehe Phobie

Zellentrakt 300
Zensur 175, 205
Zentralnervensystem, Ausreifung 180
- psychosomatische Störungen und Krankheiten 129
Zerfahrenheit 184
- Definition 184
- Schizophrenie 98
Zielsymptom, Psycholeptika 328
Zoophobie siehe Phobie
Zorn, Affektivität 104
Zuchthäuser 264
Zucht- und Tollhäuser 264
- - - Arbeit 293
Zustandsbild 50
Zwang, Kontrollzwang 122
- mechanischer 437
- Ordnungszwang 122
- Waschzwang 122
Zwangsanfall 122
Zwangsantrieb 122
Zwangscharakter 123
Zwangseinfall 122
Zwangshandlung 122
- sekundäre 122
Zwangsimpuls 122
Zwangsjacke, chemische 437
- - Psychopharmaka 270
Zwangskrankheit, Prognose 224
Zwangsmaßnahmen 266
- Ketten 266
- mechanische 266
- no-restraint 266
- Zwangsjacken 266
Zwangsneurose 64, 116f., 198, 210
- ICD, V. Kapitel 251
- Differentialdiagnose 123
- Hirnoperation, stereotaktische 124
- Implosionstechnik 123
- infantile Form 122
- Pathogenese, Erbfaktoren 123
- Phobie 122
- Psychodynamik 122

Zwangsneurose
- Psychopharmakotherapie 124
- Psychotherapie 346
- Symptome 122
- Therapie 123
- Verhaltenstherapie 123, 346
- Verlauf 123

Zwangsneurose
- Vermeidungsritual 122
Zwangspsychose, ICD, V. Kapitel 251
Zwangsritual 122
Zwangssymptome 122
Zwangsvorstellungen 122

Zwillingsforschung 395
- Schizophrenie, Diagnose 396
- Zwillinge, eineiige 395
- - Konkordanz 396
- - zweieiige 395
Zwischenglied, ätiologisches 236
Zyklothymie 234 f., 447, 452